Śaiva Dharma

কাশ্মীরের শৈবধর্ম

Śaiva Dharma
কাশ্মীরের শৈবধর্ম

Translated from
English to Bengali
Translated by
Amitava Guha

Jaideva Singh

Motilal Banarsidass Publications

MOTILAL BANARSIDASS
PUBLICATIONS

4741/23, Ansari Road, Daryaganj, New Delhi - 110002 (India)
Email: publications@mlbd.com | sales@mlbd.com | exports@mlbd.com
Indian Website: www.mlbdonline.com | Foreign Website: www.mlbd.com

Śaiva Dharma
কাশ্মীরের শৈবধর্ম
by
Amitava Guha

First Edition Published in 2025

Published in India by
Motilal Banarsidass Publications
and
Amitava Guha

ISBN : 978-81-97087-00-4 (PB)

Printed and bound in India

কাশ্মীরের শৈবধর্ম

বাংলা অনুবাদ প্রসঙ্গ

কাশ্মীর ভ্রমণে (conducted tour) বিক্ষিপ্তভাবে কয়েকটা শিবমন্দির দেখেছি। শ্রীনগরে শঙ্করাচার্য যে মন্দির প্রতিষ্ঠা করেছিলেন উঁচু টিলার উপর সেখানে বাঁধানো চত্বরে গড়া পাথরের মন্দির; বাকি যা দেখেছি সেগুলো টিনের এবং তাদের লক্ষণ হল মন্দিরের চূড়ায় কলস প্রতিষ্ঠিত। শিবের মন্দিরের যা বৈশিষ্ট, নির্বান্ধবতা, এই মন্দিরগুলোতেও তা লক্ষণীয়। অমরনাথের কথা বলছি না কারণ তা সরকারী তত্ত্বাবধানে রক্ষিত।

পশ্চিমবঙ্গে ফিরে খোঁজখবর করতে দেখেছি শিবের পূজাপাঠে যে নিয়ম নেই নেই করে জনসমাজে আছে তাতে শিবের বিষয়ে শাস্ত্রচর্চা দেখা যায় না। পুরোহিতেরা শিবের পূজায় কিছু মন্ত্র ব্যবহার করে এই যা, এমনকি কোনও পুরাণ চর্চাও নেই শিবের আখ্যান হিসাবে।

এই পরিপ্রেক্ষিতে শৈবধর্মের চর্চা ও তার শাস্ত্রের বিষয়ে বাংলা ভাষায় লেখালেখি খুঁজতে গিয়ে হতাশই হতে হয়। একটু একটু করে জানতে পারি যে শৈবধর্মের প্রগাঢ় চর্চা উত্তর ভারতে, বিশেষ করে কাশ্মীরে ও দক্ষিণ ভারতে তৎকালীন মাদ্রাজ (বর্তমান চেন্নাই) প্রদেশ ও তার সন্নিহিত অঞ্চলে হয়েছে। তাছাড়া শিবের প্রতিষ্ঠা পার্বতী সহযোগে বিভিন্ন মন্দিরে আছে।

বাংলার মন্দিরগুলোতেও অনাদৃত শিবই প্রকট অথচ গ্রামেগঞ্জে অজস্র শিবমন্দির ছড়িয়ে আছে ভরসাস্থল হিসাবে, সেখানে অনেক স্থানেই নিত্যপূজার আচার নেই। এর এক কারণ মনে হয়েছে জল ঢালা ও বেলপাতা চড়ানো ছাড়া পূজার আর কোনও উপকরণ বা বাধ্যবাধকতা নেই। ফলে ভক্তেরা শিবকে ধরা ছোঁওয়ার মধ্যে আনতে পারে না। আর একটা কারণ বাংলায় চৈতন্যের ভক্তি ধর্মের প্রাবল্য যা বাংলাকে পাঁচশো বছরের উপর হল মথিত করে রেখেছে। বাংলায় প্রাকৃতিক নমনীয়তার কারণে শিবের প্রতিভূ দেবীরূপা শক্তিও বেশ উল্লাসের সঙ্গে পূজিত। অথচ শিব এক প্রতিষ্ঠিত অতি প্রাচীন ধারণা (a class apart)।

অনুসন্ধানে এদেশে (বাংলায়) পুরাণ ছাড়া শিবের চর্চার অন্য বিশেষ সামগ্রী আমার চোখে পড়েনি। ড. দেবব্রত সেনশর্মা রচিত এবং রামকৃষ্ণ মিশন ইনস্টিটিউট অব কালচার দ্বারা প্রকাশিত (নভেম্বর 2016) সংক্ষিপ্ত বইয়ের সাক্ষাৎ আমাকে কাশ্মীর শৈবদর্শন বিষয়ে আগ্রহান্বিত করে।

যথারীতি ইন্টারনেটে খোঁজ করে জানতে পারি হাজার বা ততোধিক কয়েক শতাব্দী পুরানো এই ধর্ম ও তার দর্শনের চর্চার বিষয়। সবচেয়ে সাম্প্রতিক চর্চা হল পণ্ডিত জয়দেব সিং প্রণীত ইংরেজি গ্রন্থ সম্ভার। তিনি এবিষয়ে পূর্বসূরীদের গ্রন্থ ও ভাষ্যের সার সংকলন করে প্রচলিত চার ধারায় ইংরেজিতে প্রণয়ন করেছেন। পুস্তকগুলি হল প্রত্যভিজ্ঞহৃদয়ম, স্পন্দকারিকা, বিজ্ঞানভৈরব ও শিবসূত্র; এছাড়াও তার শৈবতন্ত্র অলম্বনে ইংরেজি গ্রন্থ হল 'পরাত্রিংশিকা বিবরণ'।

আমি তন্ত্রের চর্চায় না গিয়ে পূর্বোক্ত চারটি শৈবধর্মের গ্রন্থকেই বেছে নিয়েছি বাংলায় প্রচার ও প্রসারের জন্য। আমার সীমিত সংস্কৃত ভাষার জ্ঞানের জন্য এই কাজ খুবই কঠিন বলে মনে হয়েছে। তবু উৎসাহের আতিশয্যে এর গূঢ়তাকে মাথায় রেখে কষ্টসাধ্য কাজে অগ্রসর হয়েছি।

জয়দেব সিংয়ের ইংরেজি ভাষায় শৈবধর্মের চারটি পুস্তকের প্রকাশের ক্রম যথাক্রমে 1)প্রত্যভিজ্ঞহৃদয়ম- 1963, 2)শিবসূত্র-জানুয়ারী 1979, 3)বিজ্ঞানভৈরব-জুন 1979, 4) স্পন্দকারিকা-এপ্রিল 1980; বাংলা ভাষায় গ্রন্থগুলো উপরোক্ত ক্রমেই পুস্তকাকারে একত্রে সাজানো হয়েছে। ছাপার ব্যয়বাহুল্যের কথা মাথায় রেখে এবং পাঠকের সংগ্রহের সুবিধার্থে বর্তমান পুস্তকে শৈবধর্মের উপরোক্ত চারটি বিষয়কে সন্নিবেশিত করা হয়েছে। পাঠক শৈবধর্মের মূল বিষয়ে (তন্ত্র ছাড়া) চারটি বিচার্য বিষয়ের তুলনামূলক চর্চা করতে পারবেন।

প্রতিটি গ্রন্থের শেষে সংস্কৃত শব্দের অর্থ ছাড়াও, শব্দের পৃষ্ঠা নির্দেশ করা হয়েছে। দ্বিতীয় কাজটি, একহাতে করা খুব পরিশ্রম সাপেক্ষ DTP পদ্ধতিতে। একটি পৃষ্ঠা সংখ্যার অদল-

বদল হলে পরবর্ত্তী সব পৃষ্ঠা সংখ্যা পরিবর্তিত হয়ে যাবে ফলে শব্দের পৃষ্ঠা নির্দেশ বদলে যাবে। তাই পৃষ্ঠা নির্দেশের শৃঙ্খলা বজায় রাখতে গিয়ে বিষয়-সূচী, শব্দার্থ, সংস্কৃত শব্দের পৃষ্ঠা নির্দেশ সূচী কখনো পৃষ্ঠার মাঝখান থেকে শুরু হয়ে সূচীর সৌষ্ঠব নষ্ট করেছে। সেইজন্য আমার অক্ষমতা প্রকাশ করছি।

মূল ইংরেজি গ্রন্থের প্রকাশক মোতিলাল বানারসীদাস ইন্টারন্যাশনাল, বাংলায় আমার অনুবাদ গ্রন্থগুলো একত্রে প্রকাশ করতে সম্মত হওয়ায় আমি বাধিত। দুরূহ গ্রন্থগুলো বিদ্বৎজনের নজরে বঙ্গানুবাদে আনার এই দুঃসাহসের জন্য পাঠকের উদারমনস্কতা প্রার্থনীয়। আনুষাঙ্গিক ভুল ত্রুটির জন্য আমি দায়ী। আমার এই প্রয়াস গুণীজনেরা স্বীকার করলেই আমি কৃতজ্ঞ।

জানুয়ারী 2024

অমিতাভ গুহ
9969554453

প্রত্যভিজ্ঞাহৃদয়ম

(স্বরূপোপলব্ধি)

প্রথম সংস্করণের ভূমিকা

প্রত্যভিজ্ঞহৃদয়ম, কাশ্মীরের প্রত্যভিজ্ঞা দর্শনের একটি উৎকৃষ্ট প্রস্তাব (introduction)। অধ্যাপক কে.এফ.লিডেকর-এর (K.F.Leidecker) একটি ইংরেজি সংস্করণ আছে। তথাপি আমার এই ইংরেজি সংস্করণটি প্রকাশনার পক্ষে বিনীত নিবেদন এই যে উক্ত অনুবাদটি অসংখ্য ভুলে ভরা এবং কোনো কোনও স্থানে ভুল যথেষ্ট গুরুতর। সুতরাং আমার কাজ হল সেইসব ভুল নতুন করে সংশোধন করা। এই বিষয়ে মূল সংস্কৃত পাঠ যদি কেউ কোনও আচার্যের কাছে না নিয়ে থাকেন তবে তাঁর পক্ষে শুধুমাত্র শব্দকোষ এবং ব্যাকরণের সহায়তায় প্রত্যভিজ্ঞার পাঠ হৃদয়ঙ্গম করা সম্ভব নয়।

আমার পরম সৌভাগ্য যে আমি স্বামী লক্ষণ জু-র কাছে এই জ্ঞানের পাঠ নিতে পেরেছি। স্বামী লক্ষণ জু-ই সম্ভবত এ বিষয়ে বর্তমানে একমাত্র জীবিত তাত্ত্বিক, যিনি শুধু বিষয়ের চর্চাই করেন নি বরং যোগের মাধ্যমে আত্মস্থ করেছেন এবং এই জ্ঞানের ঐতিহ্যকে বজায় রেখেছেন। তিনি আমার মধ্যে শুধু বিষয়ের পরিভাষাগত (technical) শব্দার্থই রোপণ করতে সহায়ক হননি, বিভিন্ন বিষয়ে উক্তিরও (excerpts) সন্ধান দিয়েছেন। আমি তাঁর এই সহৃদয়তায় গভীরভাবে কৃতজ্ঞ।

আমার এই অনুবাদে যে সংস্কৃত পাঠ (text) গ্রহণ করা হয়েছে তা কা্শ্মীরের সংস্কৃত ভাষায় লিখিত সাহিত্যের অংশ। ইংরেজি ভাষায় অনুবাদে প্রত্যভিজ্ঞহৃদয়ম-এর প্রতিটি পৃষ্ঠার অনুপুঙ্খ অনুবাদ করা হয়েছে মূলের প্রতি দায়বদ্ধ থেকে। কোথাও কোথাও সহজবোধ্যতার জন্য বন্ধনীতে ব্যাখ্যা দেওয়া হয়েছে। পাঠকের যদি অল্পবিস্তর সংস্কৃতের জ্ঞান থাকে তাহলেই তিনি অনুবাদের বিষয়গত উপলব্ধি করতে পারবেন। ইংরেজি অনুবাদ ত্রুটিমুক্ত ও স্বচ্ছন্দ করার চেষ্টা হয়েছে। কিছু মূল পরিভাষা ব্যবহৃত হলেও তার ব্যাখ্যায় পাদটীকা দেওয়া হয়েছে বা আলাদা করে মন্তব্য করা হয়েছে।

এই গ্রন্থ প্রত্যভিজ্ঞা শাস্ত্রের একটি সূচনা দিয়ে শুরু করা হয়েছে। সূচনায় বিষয়সার দেওয়া হয়েছে। তদুপরি বিভিন্ন সূত্রের ব্যাখ্যা করে সাড়ম্বর মন্তব্য করা হয়েছে দুরূহ শব্দের উপর আলোকপাত করে্। সেইসাথে পরিভাষার একটি শব্দক্রমও সংযোজন করা হয়েছে।

পুস্তকের মুদ্রণকালে কিছু সূত্রের ব্যাখ্যার জন্য আমি মহামহোপাধ্যায় ড. গোপীনাথ কবিরাজের স্মরণাপন্ন হই ও বিষদ জ্ঞানে উপকৃত হই এবং পুস্তকে যথোচিত সংশোধন করি। আচার্য পণ্ডিত রামেশ্বর ঝা-ও আমাকে শাস্ত্রের বিভিন্ন অংশের ব্যাখ্যায় সাহায্য করেছেন। এঁদের আমি আমার আন্তরিক ধন্যবাদ জানাই। গ্রন্থটি স্বামী লক্ষণ জু-কে উৎসর্গিত।

—জয়দেব সিং

1963

দ্বিতীয় সংস্করণের ভূমিকা

এই সংস্করণে সূচনা (introduction) এবং মন্তব্যে (notes) অনেক সংযোজন করা হয়েছে।

সূচনাতে তিনটি নতুন বিষয় যথা, 1) স্বাতন্ত্র্যবাদ ও আভাসবাদ, 2) ষড়াধ্ব এবং 3) শঙ্করাচার্যের অদ্বৈতবাদের সঙ্গে তুলনা ও তফাৎ নির্ণয় করা হয়েছে। মন্তব্যেরও পরিবর্ধন করা হয়েছে।

পুস্তকে কোনো কোনও স্থানে অনুবাদের পরিবর্তন করা হয়েছে সহজবোধ্য করার জন্য।

উপরোক্ত পরিবর্তনের মাধ্যমে অনুবাদ সমৃদ্ধ হয়েছে এবং আশাকরি পাঠক যথেষ্ট উপকৃত হবেন।

—জয়দেব সিং

বারাণসী, 1977

তৃতীয় সংস্করণের ভূমিকা

এই সংস্করণে কিছু মুদ্রণ ত্রুটির সংশোধন করা হয়েছে।

পুস্তকের দু/চার ক্ষেত্রে অনুবাদের পরিবর্তন করা হয়েছে সহজবোধ্য করার জন্য। কিছুক্ষেত্রে মন্তব্যের পরিবর্ধন করা হয়েছে।

—জয়দেব সিং

বারাণসী, 1980

চতুর্থ সংস্করণের ভূমিকা

এই সংস্করণে কিছু মুদ্রণ ত্রুটির সংশোধন করা হয়েছে। পুস্তকে কোনো কোনও ক্ষেত্রে অনুবাদের পরিবর্তন করা হয়েছে আরও সহজবোধ্য করার জন্য।

কিছুক্ষেত্রে মন্তব্যের বিস্তৃতি করে সুগম করা হয়েছে।

—জয়দেব সিং

বারাণসী, 1982

বিষয় সূচী

সংস্কৃত শব্দের পৃষ্ঠা নির্দেশ মূল পাঠে দু/তিন পাতা কখনো নিচে হতে পারে।

সূচনা (Introduction)

প্রারম্ভ

শৈবধর্ম পৃথিবীতে সম্ভবত সবচেয়ে প্রাচীন ধর্মমত। স্যার জন মার্শাল (Sir John Marshall) তার লেখা 'মহেঞ্জোদারো ও সিন্ধু সভ্যতা'য় উল্লেখ করেছেন যে মহেঞ্জোদারো ও হরপ্পার খননে (excavation) একটি গুরুত্বপূর্ণ বিষয় উদ্ঘাটিত হয়েছে যে প্রস্তর যুগের শেষাবধি (খৃষ্টপূর্বাব্দ 10000 বছর পূর্বে যখন মানুষ কাঠকয়লা ও অন্যান্য সামগ্রীর মাধ্যমে গুহার গায়ে বিভিন্ন অঙ্কন করতো (charcolithic period) তখন বা তারও পূর্ব থেকে তাদের মধ্যে শৈবধর্মের জাগরণ হয়েছিল। শুধু তাই নয়, যত রকমের প্রাচীন ধর্ম বিশ্বাস ছিল সবেতেই শৈবধর্মের প্রভাব দেখা যায়। এইসব ধর্ম বিশ্বাসের অনেক বৈচিত্র ছিল। ভারতে প্রাচীন ধর্ম দর্শন তিন প্রকার। 1) দাক্ষিণাত্য ও কর্ণাটকের বীরশৈব, 2) তামিলনাড়ুতে শৈবসিদ্ধান্ত এবং 3) কাশ্মীরে অদ্বৈত শৈবধর্ম। এই তিন ধারার মধ্যে মিল থাকলেও অনেক অমিল দেখা যায় বিশেষ ভাবে। আমাদের এখানে বিচার্য বিষয় কাশ্মীরের শৈব দর্শন।

ভারতে ঘরে বসে ধর্মচর্চা (arm-chair philosophy) কোনও দিনই ছিল না। তাছাড়া জীবনে, সমাজে ধর্মচর্চা ছিল দর্শন প্রসূত (way of life and thought)। শুধুমাত্র উৎসাহের বশে বা বুদ্ধির খেলায় এই চর্চা হত না। ভারতে প্রতিটি দার্শনিক চিন্তার সঙ্গে ধর্ম জড়িত জীবন যাত্রার অঙ্গ হিসাবে। সেখানে দার্শনিক কোনও উচ্চতর ব্যক্তি নন তার শিষ্যকে তর্কের জালে আবদ্ধ করার জন্য। তিনি অন্তরে প্রণোদিত জীবনের অর্থ খোঁজার জন্য এবং গভীর অধ্যয়নের মাধ্যমে জীবনকে উদ্ভাসিত করার জন্য নিজের ও সবার জীবনকে। অপরের দুঃখে কাতর হয়ে গুরু যুক্তি তর্কের মাধ্যমে সত্যকে অনুধাবন করেন দুঃখ নিবারণের জন্য। এই বোধ এবং দৃষ্টিভঙ্গী থেকেই ভারতে দর্শনের অভিগমন বা চলন।

অদ্বৈত শৈব দর্শনও একই পথের পথিক। কাশ্মীরে শতাব্দীর পর শতাব্দী ধরে এই ধর্মের চর্চা হয়েছে গুরু শিষ্য পরম্পরায় ও অনুভবে। কিন্তু কালক্রমে দার্শনিক তত্ত্বের অনুধ্যান পরিণত হয়েছে মন্ত্র-তন্ত্র (cult) ও আচার-বিচারে। সম্ভবত অতি সামান্য ব্যক্তি রয়ে গেছেন শ্রুতি-শাস্ত্র চর্চার জন্য। প্রথম যিনি এই শ্রুতি, শাস্ত্র লিপিবদ্ধ করেছেন বলে ধরা হয় তার নাম বসুগুপ্ত। এই চিন্তক অষ্টম শতকের শেষ পাদে ও নবম শতকের শুরুতে জীবিত ছিলেন বলে মনে করা হয়। এঁর পর থেকেই লিখিত দর্শন শাস্ত্রের

উৎসাহের সাথে প্রচলন শুরু হয় কাশ্মীরে, যা প্রায় চার শতক ধরে চলে। ক্রমে এই লিখিত শাস্ত্রের পরিমাণ এত বৃদ্ধি পায় যে কোনও পাঠকের দ্বারা সারাজীবন লেগে যাবে পঠন পাঠনে। এরমধ্যে অনেক লেখাই এখনও পর্যন্ত প্রকাশিত হয়নি (unpublished)।

শৈব সাহিত্য

শৈব সাহিত্য বা 'ত্রিকা'-র তিন ভাগ— (1) আগম শাস্ত্র, (2) স্পন্দ শাস্ত্র ও (3) প্রত্যভিজ্ঞা শাস্ত্র।

(1) আগম শাস্ত্র

এই শাস্ত্রকে মনে করা হয় স্বতোৎসারিত এবং গুরু শিষ্য পরম্পরায় প্রবাহিত। এবিষয়ে উল্লেখযোগ্য গ্রন্থ সমূহ হল-মালিনীবিজয়, স্বচ্ছন্দ, বিজ্ঞানভৈরব, মৃগেন্দ্র, রুদ্রযামল ও শিব-সূত্র। শিব-সূত্রের তিনটি ব্যাখ্যা বা বৃত্তি প্রসিদ্ধ; ভাস্করের ও বরদরাজনের বার্ত্তিক এবং ক্ষেমরাজের বিমর্শিনী। তন্ত্রশাস্ত্রেরও কিছু ভাষ্য উপলব্ধ।

(2) স্পন্দ শাস্ত্র

শৈব ধর্মের বিশেষ বিশেষ তত্ত্বের উল্লেখ আছে স্পন্দ শাস্ত্রে। শিবসূত্রের ব্যাখ্যা বিস্তৃতভাবে আছে স্পন্দসূত্র ও স্পন্দকারিকায়। অন্যান্য ভাষ্যগুলো হল রামকণ্ঠের বৃত্তি, উৎপল বৈষ্ণবের প্রদীপিকা, ক্ষেমরাজের স্পন্দসন্দোহ ও স্পন্দনির্ণয়। স্পন্দসন্দোহে স্পন্দকারিকার শুধু প্রথম কারিকার ব্যাখ্যা আছে।

(3) প্রত্যভিজ্ঞা শাস্ত্র

এতে সন্নিবেশিত হয়েছে শৈবধর্মের আলোচনা, তর্ক বিতর্ক ও যুক্তির। বিভিন্নভাবে যুক্তি দিয়ে শৈবধর্মকে ব্যাখ্যা করা হয়েছে।

সোমানন্দ লিখেছেন 'শিবদৃষ্টি'; সোমানন্দের শিষ্য উৎপলদেব লিখেছেন উল্লেখনীয় 'ঈশ্বরপ্রত্যভিজ্ঞা'। এই গ্রন্থের কয়েকটি ভাষ্য আছে। গ্রন্থকারের নিজের লেখা একটি ভাষ্য (বৃত্তি) 'প্রত্যভিজ্ঞা বিমর্শিনী' এবং অভিনবগুপ্তের লেখা 'প্রত্যভিজ্ঞা-বিবৃতি-বিমর্শিনী'।

ক্ষেমরাজ একটি সংক্ষিপ্তসার (Digest) লিখেছেন 'প্রত্যভিজ্ঞাহৃদয়ম' নামে।

অভিনবগুপ্ত বারো খণ্ডে লিখেছেন তন্ত্রালোক এবং তাঁরই রচিত তন্ত্রালোকসারে আছে কাশ্মীরের শৈবধর্মের* বিভিন্ন মত ও পথের সামূহিক বিচার (exhaustive treatment)।

প্রত্যভিজ্ঞাহৃদয়ম

পূর্বে বলা হয়েছে প্রত্যভিজ্ঞাহৃদয়ম হল প্রত্যভিজ্ঞার ক্ষেমরাজ লিখিত একটি সারসংক্ষেপ। ক্ষেমরাজ ছিলেন অভিনবগুপ্তর এক উজ্জ্বল শিষ্য, অসাধারণ পাণ্ডিত্য এবং বিভিন্ন বিষয়ে অধিকার ছিল তাঁর। তন্ত্র, যোগ, দর্শন, কাব্য নাট্যশাস্ত্র সবেতেই তাঁর গভীরতা ছিল। ড. কে.সি.পাণ্ডের মতে অভিনবগুপ্ত দশম শতাব্দীর লোক ছিলেন, অভিনবগুপ্তের শিষ্যও সে কারণে দশম শতাব্দীতে বর্তমান ছিলেন। তাঁর লিখিত গ্রন্থাবলী হল- প্রত্যভিজ্ঞাহৃদয়ম, স্পন্দসন্দোহ ও স্পন্দনির্ণয় স্বচ্ছন্দোদ্যত, বিজ্ঞানভৈরবোদ্যত, শিবসূত্রবিমর্শিনী, স্তবচিন্তামণিতীকা, পরাপ্রবেশিকা, তত্ত্বসন্দোহ।

ক্ষেমরাজের জীবন ও তাঁর পিতৃমাতকুল সম্পর্কে অতি অল্পই জানা যায়। তাঁর লিখিত প্রত্যভিজ্ঞাহৃদয়ম, শৈব ও ত্রিকা শাস্ত্রে যে স্থান অধিকার করে আছে তা বেদান্ত শাস্ত্রের বেদান্তসার গ্রন্থের সমতুল্য বলা হয়। প্রত্যভিজ্ঞাহৃদয়ম বাহুল্য বর্জিত বিক্ষেপহীন সার। ক্ষেমরাজ তাঁর গ্রন্থ সম্বন্ধে গ্রন্থের শুরুতেই লিখেছেন

'ইহ যে সুকুমারমতয়োহকৃততীক্ষ্ণতর্কশাস্ত্রপরিশ্রমাঃ শক্তিপাতোন্মিষিত পারমেশ্বরসমাবেশাভিলাষিণঃ কতিচিৎ ভক্তিভাজঃ তেষামীশ্বরপ্রত্যভিজ্ঞো-পদেশতত্ত্বং মনাক্ উন্মীল্যতে' অর্থাৎ, এ জগতে কিছু লোক আছেন যারা মানসিক দিক থেকে ভগবৎ তত্ত্বে অপরিণত এবং তর্কশাস্ত্র ও সূক্ষ্মবিচারের ক্লেশ স্বীকারে অপারগ; কিন্তু তারা ভগবানের সাক্ষাৎ পেতে উদগ্রীব। সেই ভগবান যিনি শক্তির আচ্ছাদনে ধরাধামে স্ফুরিত হন। সেইসব আগ্রহীদের জন্য ঈশ্বরপ্রত্যভিজ্ঞার সত্য তাদের কাছে সংক্ষেপে এই শিক্ষায় ব্যক্ত করা হয়েছে।

---

* উপরে শৈব ধর্মের যে পুরাতাত্ত্বিক ও ঐতিহাসিক বর্ণনা করা হল তার জন্য লেখক জয়দেব সিং কৃতজ্ঞ ঐতিহাসিক জে.সি.চ্যাটার্জী-র (J.C.Chatterjee) প্রতি।

উৎপলাচার্যের ঈশ্বরপ্রত্যভিজ্ঞা শৈবধর্মে একটি মহতী কর্ম। ক্ষেমরাজের প্রত্যভিজ্ঞাহৃদয়ম হল তাঁর মাধ্যমে অনুসূচিত একটি সংক্ষিপ্ত নির্দেশিকা (manual)। ক্ষেমরাজকৃত যথার্থ এই সহজগম্য নির্দেশিকা ভগবৎকৃপায় প্রত্যভিজ্ঞার বিষয়গুলো (principles) উপস্থাপিত করেছে সাধারণ মানুষের জন্য যারা তর্কশাস্ত্র ও সূক্ষ্মবিচারে অক্ষম। উৎপলদেবের গ্রন্থে যে তত্ত্বগত তার্কিক কঠিন উপস্থাপনা আছে ক্ষেমরাজ তা পরিহার করেছেন। তিনি সূত্র রচনা করে সর্বত্র তার ভাষ্যও দিয়েছেন।

প্রত্যভিজ্ঞার অর্থ হল পুনর্জ্ঞান বা পুনঃ পরিচয়। জীবাত্মা শিবরূপী কিন্তু সে তাঁর পূর্ব পরিচয় বিস্মৃত হয়ে তার বর্তমান শারীরিক ও মানসিক অবস্থার দ্বারা অভিভূত। প্রত্যভিজ্ঞার শিক্ষা ব্যক্তিকে তার এই জাগতিক অবস্থা থেকে মুক্ত করে তার স্বরূপ জ্ঞানের জন্য। এই শিক্ষা বিস্তারে বিবৃত তথা ব্যাখ্যাত প্রত্যভিজ্ঞাহৃদয়মের নিম্নোক্ত বিভাগে।

1. মূল সত্য (ultimate reality), 2. বিশ্বের নীতি ও নিয়ম (the Universe or the World process), 3. স্বাতন্ত্র্যবাদ ও আভাসবাদ, 4. ষড়ধ্বা (স্থান- মন্ত্র, বর্ণ, পদ ও কাল-কলা, কাল, ভুবন), 5. শঙ্করের অদ্বৈতবাদের বিষয় ও বৈপরীত্য (comparison and contrast with Sankara's Advaitavada), 6. জীবের স্বত্ব (individual self), 7. বন্ধন (bondage) ও 8. মুক্তি (liberty)।

1. মূল সত্য (ultimate reality)

সত্য নামে যা পরিচিত, সর্বোত্তম তা হল চিৎ বা পরাসম্বিত, একে ভাষায় প্রকাশ করা যায় না। সাধারণত একে চেতনা বলে এবং প্রকৃত শব্দ না থাকায় আমরা চেতনা নামেই চিনি। কিন্তু এটা নিশ্চিত যে চিৎ বা চেতনা সঠিকভাবে পরাসম্বিত নয়। এই চেতনায় জ্ঞাতা ও জ্ঞেয়র (subject-object) দ্বৈত সম্পর্ক আছে যা চিৎ-তে নেই। সেই চেতনা হল শুধুমাত্র সাক্ষী এক অবিক্ষিপ্ত তত্ত্ব (changeless principle) যার সম্মুখে সব কিছু ঘটে যায় (changing), সে সাক্ষীস্বরূপ পরাসম্বিত। এ হল অহম ও ইদমের (I am this) এক ঘনীভূত রূপ (coalescences into undivided unity)। সম্ভবত ইংরেজিতে 'sciousness' চিৎ বা পরাসম্বিতের নিকটস্থ শব্দ। মূল সত্য (supreme self) সংক্ষোভ (self sciring itself)। প্রত্যভিজ্ঞা শাস্ত্রে একে বলা হয় প্রকাশবিমর্শময়, যেখানে প্রকাশ

(sciousness) বিমর্শময় (scires itself)। এই প্রকাশই মূল সত্য (supreme self) যা পরম শিব এবং সাধারণ অর্থে শুধুমাত্র আলোর প্রকাশ নয়। এই 'প্রকাশ' শব্দকেও সঠিকভাবে বর্ণনা করা যায় না। আক্ষরিক অর্থে আলো হল উজ্জ্বলতা (illumination) যার মাধ্যমে সবকিছু দৃশ্যমান হয়। কঠোপনিষদে আছে-'তমেব ভান্তম অনুভাতি সর্বম, তস্য ভাসা সর্বমিদম বিভাতি।' অর্থাৎ, তার উজ্জ্বলতায় সবকিছু দৃশ্যমান হয়। শঙ্করের বেদান্তে মূল সত্যকে প্রকাশ (আলো) বলা হয়েছে, সূর্যে যেমন প্রকাশ আছে, একটি হীরক খণ্ডও প্রকাশিত বা উজ্জ্বল; এ দুইয়ের তফাৎ কি? শৈব দর্শন বলে মূল সত্য শুধু প্রকাশমাত্র নয়, প্রকাশবিমর্শ। যেমনটা ক্ষেমরাজ তাঁর পরাপ্রবেশিকায় (পৃঃ 2) বর্ণনা করেছেন— 'অকৃত্রিমাহম ইতি বিস্ফুরণম।' এ হল অনাশ্লিষ্ট (non-relational) ও সতঃসচেতন (immediate awareness পৃঃ 1)। এই অকৃত্রিম অহমের বিষয়ে আমরা পরে আরও বিস্তৃত আলোচনা করব।

মূল সত্য যদি শুধুমাত্র প্রকাশ হত তবে সেই প্রকাশ অবিবেকী সংক্ষোভহীন অশক্ত জড় (inert) হত 'যদি নির্বিমর্শঃ স্যাত অনীশ্বরো জড়শ্চ প্রসজ্যেত' (পরাপ্রবেশিকা, পৃঃ 2)। কিন্তু শুদ্ধ সচেতনতার (pure I-consciousness) সংক্ষোভই হল তার বিমর্শতা যা জগতের সৃষ্টি ও সংহারের (reabsorption) কারণ যুক্ত।

চিৎ-এর ক্ষোভ (scires) হল চিদরূপা শক্তি। এই চিদরূপা শক্তিই এক অর্থে বিমর্শ যাকে বিভিন্ন নামে আখ্যায়িত করা হয় যথা-পরাশক্তি, পরাবাক, স্বাতন্ত্র্য, ঐশ্বর্য্য, কর্তৃত্ব, স্ফুরত্ত, সার, হৃদয়, স্পন্দ (পরাপ্রবেশিকা, পৃঃ 2)।

অতএব মূল সত্য শুধু বিশ্বময় চেতনাই নয় এর সঙ্গে জড়িত আছে বিশ্বের শক্তিমত্ততা (psychic energy or power)। সর্বব্যাপক বিশ্বচৈতন্যকে 'অনুত্তর'ও বলা হয়, অর্থাৎ সর্বোচ্চ সত্য। এই সত্য বিশ্বোত্তীর্ণ আবার বিশ্বব্যাপী বিরাজিত।

শৈবদর্শনকে কেই কেই বলেন বাস্তব ভাব (realistic idealism)। মনে হয় এটা কোনো সুখশ্রাব্য বিশেষণ নয়। পশ্চিমী সভ্যতায় আদর্শের (principal) ভাব (ideation) শৈব দর্শন থেকে পৃথক, বরং সত্যের সন্ধানে ভ্রমের উদ্রেক করে। মূল সত্য শুধুমাত্র কোনও ধারণা (ideation) নয় তা সে যে অর্থেই হোক, বরং নিরূপ উন্মুখী তত্ত্ব

(changeless principle of manifestation) যা সর্বপ্রকার বাস্তবতার সূত্রবাহী (self underlying all reality)।

বিশ্বের উন্মেষ (World unfolding)

মূল সত্যকে (ultimate reality) আমরা চিৎ (sciousness) বা চেতনা (consciousness) যাই বলি না কেন সেই সত্য রিক্ত (blank) নয় কারণ তা শক্তিমত্ত (potential ever)। এ হল মূল সত্যের উন্মেষের প্রকৃতির স্বভাব যুক্ত। মূল সত্যের উন্মেষের আগে তাতে চেতনারও প্রকাশ থাকে না শুধু শূন্যের সত্তা থাকে (something like an object)। অভিনবগুপ্ত তন্ত্রালোকে (III-100) সে কথাই বলেছেন—

'অস্থাস্যদেকরূপেণ বপুষা চেন্মহেশ্বরঃ।
মহেশ্বরত্বং সংবিত্ত্বং তদত্যক্ষ্যদ্ ঘটাদিবৎ।।'

অর্থাৎ, সর্বোচ্চ সত্য নিজের বৈচিত্র প্রকাশ করে না, বরং একত্বে ঘনীভূত থাকে। শক্তি ও চেতনা উভয়েই তাতে অদৃশ্য তার ঘটবৎ (আধার) স্থিতিতে।

আমরা জানি মূলসত্য বা পরম শিব 'প্রকাশবিমর্শময়'। তাতে অহম-ইদম অভেদরূপে স্থিত। তাঁর চৈতন্য তাঁর বিমর্শতা বা স্বতঃবিবিক্ততা স্বাতন্ত্র্য ও শক্তিমত্ত। এই শক্তিকে ক্ষেমরাজ তার 'পরাপ্রবেশিকা' গ্রন্থে পরম প্রভুর হৃদয় বলে আখ্যায়িত করেছেন— হৃদয়ম পরমেশিতুঃ। কিন্তু শক্তিকে আমাদের প্রভুর এক বিবৃতি (aspect) বলে বুঝতে হবে এবং প্রভু নিজেতেই মগ্ন থাকেন (self experiencing)। অপরপক্ষে শক্তির উন্মেষে থাকে সবকিছুর সম্ভাবনা (contains all that is to be)।

'যথা ন্যগ্রোধবীজস্থঃ শক্তিরূপো মহাদ্রুমঃ।
তথা হৃদয়বীজস্থং বিশ্বমেতচ্চরাচরম্।।'

(পরাত্রিংশিকা-24)

অর্থাৎ, বটবৃক্ষের বীজে যেমন বিশাল বৃক্ষের সম্ভাবনা সুপ্ত থাকে সেই রকম স্থাবর-জঙ্গম বিশ্বব্রহ্মাণ্ড পরম প্রভুর হৃদয়ে সুপ্ত থাকে।

আরেকটি প্রচলিত উদাহরণ হল ময়ূর; তার চিত্রবিচিত্র বর্ণিল পালকের সম্ভাবনা তার ডিমের রসে সুপ্ত থাকে। প্রভুর এই হৃদয়ের শক্তি পরাশক্তি বা পরাবাক, চিতি নামে অভিহিত। পরম শিবের অসীম শক্তি যার মধ্যে নিম্নোক্ত পঞ্চশক্তি উল্লেখনীয়।

i) চিৎ—স্বপ্রকাশ শিবের জ্যোতি।

ii) আনন্দ—স্বাতন্ত্র ইচ্ছাময় আনন্দ।(স্বাতন্ত্র্যমআনন্দশক্তিঃ-তন্ত্রসার আহ্নিক-I) চিৎ ও আনন্দ পরমের স্বরূপ, বাকি সব তাঁর নিম্নোক্ত শক্তি।

iii) ইচ্ছাশক্তি—করা, না করার শক্তি হল সদাখ্যা বা সদাশিব।

iv) জ্ঞানশক্তি—ঈশ্বরীয় জ্ঞাত হওয়ার শক্তি।

v) ক্রিয়াশক্তি—যেকোনো রূপ পরিগ্রহ। (সর্বকার্যোগিত্বম ক্রিয়াশক্তিঃ তন্ত্রসার আহ্নিক-I)

এই জগৎ পরমের শক্তির প্রকাশ বা বিস্তার।

2. বিশ্বের নীতি নিয়ম (Universe or World process)

I বিশ্বের প্রকাশের উপরোক্ত পাঁচ তত্ত্ব (সূত্র 1-5)

(Universal experience)

আমরা জানি পরম শিবের দুই অবস্থার কথা— বিশ্বোত্তীর্ণ ও বিশ্বময়তা, এ হল পরম শিবের সৃষ্টির শিবতত্ত্ব।*

i) চিৎ—

শিবতত্ত্ব হল পরম শিবের প্রাথমিক সৃষ্টিশক্তি বা প্রথম স্পন্দ, যেমন বলা হয়েছে ষটত্রিংশৎ-তত্ত্ব-সন্দোহে

'যৃদয়মনুত্তরংমূর্তির্নিজেচ্ছয়াখিলমিদং জগৎস্রষ্টুম।
পস্পন্দে স স্পন্দঃ প্রথমঃ শিবতত্ত্বমুচ্যতে তজ্জৈঃ।।' (শ্লোকঃ 1)

---

* শিবতত্ত্বকে ব্যাখ্যা করা মুস্কিল (untranslatable), এর অর্থ হল 'ইহা'-র বিশেষত্ব (thatness), বস্তু বা বক্তব্যের নীতি (principle)।

অর্থাৎ, যখন অনুত্তর বা চরম স্বাতন্ত্র্য শক্তির ইচ্ছায় বিশ্বব্রহ্মাণ্ডের আবির্ভাব হয় তখন যে প্রথম কম্পনের থেকে এই সৃষ্টি হয় সেই প্রাথমিক কম্পনই হয় শিব সৃষ্টির কারণে শিবতত্ত্ব।

ii) আনন্দ—

শক্তিতত্ত্ব হল শিবেরই শক্তি। শক্তিরূপা-র জ্ঞান নঞর্থক (negation)— নিষেধ ব্যাপার রূপা। শক্তি প্রথমে শিবের অহমভাবকে নিষেধ করে শিবের থেকে ইদম (objective) গ্রহণ করে। শক্তির এই ইদমের অভিজ্ঞতাও ক্ষীণ হয়ে লয় হলে সেটাই হল শূন্যাবস্থা (void)।

চিৎ বা পরা সম্বিতে অহম (I) আর ইদমের (this) ভেদ নেই। শিবতত্ত্বের ইদম্ শক্তিতত্ত্বে গৃহীত হলে, শিবে আর ইদম্ থাকে না, শুধু অহমই অবশিষ্ট থাকে। ক্ষেমরাজ শিবে এই অবস্থাকে বলেছেন 'অনাশ্রিত- শিব'—

> 'শ্রীপরমশিবঃ...পূর্ব চিদৈক্যাখ্যাতিময়ানাশ্রিতশিবপর্যায় শূন্যাতিশূন্যাত্মতয়া
> প্রকাশাভেদন প্রকাশমানতয়া স্ফুরতি।'

অর্থাৎ, শিবের এই অবশিষ্ট 'অহম্' এক বিষয়হীন অবস্থা, শিব এর থেকে পৃথকীকৃত হয়ে বিশ্বরূপ পরিগ্রহ করেন ইদমে। এই বিশ্বরূপও আবার গম্যমান অবস্থা (a passing phase) যা কালক্রমে সংহৃত হয়ে অহমে লীন বা একীভূত (inseparable) হয়। তৎপূর্বে বিষয়ী বিষয়রূপ বা বিশ্বরূপ গ্রহণ করে বিষয়ে অভিন্ন থাকেন।

শিবের শক্তিই তাঁর মধ্যে অহম আর ইদমের বিভেদ ঘটায়। শক্তি শিবের থেকে আলাদা কিছু নয়, তাঁর সৃজনের বিশেষতা। শক্তি হল শিবের সৃষ্টির উন্মুখতা। আচার্য মহেশ্বরানন্দের কথায়—

> 'স এব বিশ্বমেষিতুং জ্ঞাতুং কর্তুং চোন্মুখো ভবন্।।
> শক্তিস্বভাবঃ কথিতো হৃদয়ত্রিকোণমধুমাংসলোল্লাসঃ।।'

—মহার্থমঞ্জরী, পৃঃ 40, ত্রিবান্দ্রম সংস্করণ

অর্থাৎ, শিব তাঁর হৃদয়ে ত্রিমাত্রিক মধু জ্ঞান, ইচ্ছা ও ক্রিয়ার সংযোগে সদানন্দে তাঁর নিজের বিভা (own splendour) প্রত্যক্ষ করেন; এই বিভাই শক্তি।

আচার্য মহেশ্বরানন্দেরই ব্যাখ্যা—যদাস্বহৃদয়বর্তিনমুক্ত-রূপমর্থতত্ত্বং বহিঃকর্তুমুন্মুখো ভবতি তদা শক্তিরিতি ব্যবহ্রিয়তে (ঐ পৃঃ 40)। অর্থাৎ, তিনি যখন তাঁর হৃদয়ের বিভাকে সৃষ্টিতে উন্মুখ করেন বা সৃষ্টিসাধন করেন, সেটাই তাঁর শক্তিরূপ।

শক্তি হল শিবের হৃদয়ে সৃষ্টির সুপ্ত বাসনা; শক্তি শিবের সচেতনতার গতিময় প্রকাশ।

ছান্দোগ্যোপনিষদেও (6.2 1-3) বিমর্শের উন্মুখতা বিষয়ে বলা হয়েছে—

'সদেব সৌম্য ইদমগ্র আসীদেকমেবাদ্বিতীয়ম্...তদৈক্ষত, বহু স্যাম, প্রজায়েয় ইতি।'

অর্থাৎ, সর্বপ্রথম যুক্তিসিদ্ধভাবে শুধু সৎ-ই ছিল, ঘটনা রহিত ক্রমবিহীন। তাঁর এককত্বে তিনি নিজেতে দ্বিত্বের উদ্ভবের আকাঙ্খী হলেন (may I be many, may I procreate!)।

এই ঈক্ষিতৃত্ব বা ঈক্ষিত কর্মের সূচনা শঙ্করাচার্যের বেদান্তে নেই। শৈবধর্মে পরমেশ্বর আত্মাভিমানী (logomachist) নন বরং তিনি দ্বৈতে রূপাগ্রহী (artist); বিরোধহীন শিল্প সম্ভাবী। অপরপক্ষে বেদান্তে আছে একের সঙ্গে বহুর অসামঞ্জস্য।

একজন শিল্পী তাঁর শৈল্পিক আনন্দকে নিজের মধ্যে ধরে স্থিত থাকতে পারে না যতক্ষণ তাকে ভাষায়, লেখায়, বর্ণনার কৃতকর্মে প্রকাশ করতে পারে। সেইরকম পরমেশ্বরও তাঁর বিস্ময়াবিষ্ট আনন্দকে (delightful wonder) বিচিত্র উন্মেষে উদ্গীর্ণ করেন। ক্ষেমরাজ তাঁর উৎপলদেবের 'স্তোত্রাবলী'র ভাষ্যে উল্লেখ করেছেন—

'আনন্দোচ্ছলিতা শক্তিঃ সৃজত্যাত্মানমাত্মনা।'

অর্থাৎ, আনন্দে শক্তির উদ্গিরণ-ই শক্তিকে সৃষ্টিশীল করে। সুতরাং শিবের শক্তির মাধ্যমে এই উন্মেষ, শিবেরই এক সৃষ্টিধর্মী অভিজ্ঞতা (experience) যাকে তিনি আস্বাদন করেন অনাশ্লিষ্ট হয়ে। শক্তিতত্ত্বে শিবের আনন্দানুভূতির তাই প্রাধান্য।

শিব ও শক্তিকে তাই কখনো পৃথক করা সম্ভব নয়, একই অঙ্গে তাঁরা সৃষ্টি ও সংহারে বিরাজমান। শক্তিতত্ত্বে আছে শিবের আনন্দের গভীর প্রেরণা (সম্পর্ক)। প্রকৃতপক্ষে শিবে শক্তিতত্ত্ব কোনও কিছুর আভাস (emanation) নয়, একত্বেই সৃষ্টির আভাসের বীজ নিহিত।

iii) ইচ্ছাশক্তি (সদাশিব বা সদাখ্যা তত্ত্ব)

'ইদম' যে ইচ্ছাশক্তির বশ সেই তত্ত্বই হল সদাশিব তত্ত্ব। এ হল বিশ্বের আর এক পিঠ (experience) যেখানে ভগবৎ ইচ্ছার প্রাধান্য। বিশ্বের এই অভিজ্ঞতা হল বর্তমানত্ব (I am being)। আমি কে? আমি ইহ (I am this)। কিন্তু এই 'ইহ'-র অনুভব অস্পষ্ট, অস্ফুট, প্রধান হল আমিত্ব (I)। বিশ্বের আসল অনুভবই চেতনায় অস্পষ্টরূপে আভাসিত তাই তার এক অভিধা 'নিমেষ'।

নিমেষোহন্তঃ সদাশিবঃ

অহমের কাছে এই ইদম আভাসিত হয়। রাজানক আনন্দ 'ষটত্রিংশৎ-তত্ত্ব-সন্দোহে'র উপর বিবরণে এ বিষয়ে সঠিক মন্তব্য করেছেন— 'তত্র প্রোন্মীলিতমাত্র চিত্রকল্পতয়া ইদমংশস্য অস্ফুটত্বাৎ ইচ্ছাপ্রধান্যম্।' (পৃঃ 3)

অর্থাৎ, ইহ-র অভিজ্ঞতা চিত্র শিল্পীর চিত্র রচনার আগের যে মানসিক আভাস চিত্র সম্বন্ধে, তার সঙ্গে তুলনীয়; এখানে ইচ্ছাটাই বড়। ক্ষেমরাজ তাই 'প্রত্যভিজ্ঞাহৃদয়মে' বলেছেন—

'সদাশিবতত্ত্বেহন্তাচ্ছাদিতাস্ফুটেদন্তাময়ং বিশ্বম্।'

অর্থাৎ, বিশ্ব সদাশিব তত্ত্বে অস্ফুট কিন্তু অহমের চেতনায় সম্ভাবিত। সদাশিব তত্ত্বই বস্তুর আবির্ভাবের প্রথম আভাস বা প্রারম্ভ যা জ্ঞাতার দ্বারা অবহিত। অর্থাৎ জ্ঞাতা ও জ্ঞেয় (knower and knowable) উভয়ই বর্তমান, জগতের ক্ষেত্রে চেতনার বন্ধনে। এই চেতনা পরমেশ্বরের অনুভব।

iv) জ্ঞানশক্তি (ঈশ্বর বা ঐশ্বর্যতত্ত্ব)

ভগবৎ প্রচোদনার বা অনুভবের পরবর্তী স্তরে আরও পরিস্ফুটন হয়। এই স্তর ঈশ্বর তত্ত্বের স্তর, এখানে জগৎ উন্মেষে প্রাধান্য হল জ্ঞানশক্তির প্রাথমিকতায়। অর্থাৎ সৃষ্টির ধাঁচা সম্বন্ধে স্পষ্ট ধারণার উদ্ভব হয়। রাজানক আনন্দ তাঁর বিবরণে বলেছেন—

'অত্র বেদ্যজাতস্য স্ফুটাবভাসনাৎ জ্ঞানশক্ত্যুদ্রেকঃ।'

অর্থাৎ, এই স্তরে পরমেশ্বরের অভিজ্ঞতায় বিশ্বের অনুভব স্ফুরিত হয় প্রধানত জ্ঞানশক্তির মাধ্যমে। যেন এক শিল্পী তার অঙ্কন শুরু করার পূর্বমুহূর্তে পুরোটা আকৃতিগতভাবে ধারণায় আনতে পেরেছেন। সদাশিবের ভাব তখন 'আমি এইরূপ'।

v) ক্রিয়াশক্তি (সদবিদ্যা বা শুদ্ধবিদ্যা তত্ত্ব)

এই তত্ত্বে অহম আর ইদম সমানভাব— সমধৃততুলাপুটন্যায়েন। এই স্তরে হয় শক্তির ক্রিয়া সংঘটনের উদ্যোগ। এই স্তরে অহম আর ইদম উভয়েই সমানভাব পরিস্ফুট— ভেদাভেদবিমর্শনাত্মক। অহম আর ইদম একই বলে বলীয়ান— সমনাধিকরণ্য।

বিশ্বের প্রকাশ তত্ত্বে সর্বপ্রথম উক্ত শিবতত্ত্বে অহমের প্রাধান্য (অহম্-বিমর্শ), সদাশিব তত্ত্বে অহম ইদমের ক্রম প্রাধান্য (অহম্-ইদম্-বিমর্শ), ঈশ্বর তত্ত্বে ইদম অহমের ক্রম প্রাধান্য (ইদমাহম-বিমর্শ)। এই প্রাধান্যের অর্থ হল তাদের অনুভব (experience)। এদের অনুগামী তত্ত্ব শুদ্ধবিদ্যা বা সদবিদ্যা যেখানে অহম ও ইদমের সমান সমান অধিকার এবং এর অন্তবর্ত্তী; একে পরা ও অপরার মাধ্যমিক দশাও বলতে পারি। এই অবস্থাকে সদবিদ্যা বলা হয় কারণ এই অবস্থায় বস্তু সম্পর্কে জানার (বিদ্যা) সূচনা হয়।

উপরোক্ত সব স্থিতিই ধর্তব্য (ideal) অর্থাৎ ধারনায় আবির্ভূত (ideation)। এই অবস্থা শুদ্ধ অবস্থা (pure order)- শুদ্ধাধ্বন; যাতে তখনও পর্যন্ত কোনও আবিলতা (veil) আসেনি—পরমেশ্বর স্বরূপেস্থিত অনাবিল।

II ব্যক্তিমুখী জাগতিক তত্ত্ব (সূত্র 6-11)
(limited to individual experience)

এখান থেকে মায়ার খেলা শুরু হয়। আগের স্থিতি ছিল শিবের শুদ্ধ ভাবনা। মায়ার খেলায় সেই ভাবনা আবৃত হয় মায়ার দ্বারা বিভিন্নভাবে তাই শুরু হয় অশুদ্ধাবস্থা।

'মায়াবিভেদবুদ্ধির্নিজাংশজাতেষু নিখিলজীবেষু।'

—(ষটত্রিংশৎ-তত্ত্ব-সন্দোহ V-5)

মায়া শব্দ 'মা' থেকে শুরু যার অর্থ পরিমাপ করা, এই পরিমাপ বস্তুগত যা একের থেকে অপরকে পৃথক করে। সদবিদ্যা পর্যন্ত যে ধারণা তা বিশ্বব্যাপী সুতরাং অমেয় বা অপরিমেয়, মাপা সম্ভব নয়। সেখানে ইদমের অর্থ হল সমগ্র অনন্ত বিশ্বব্রহ্মাণ্ড, যাতে আছে মায়ার অধিকার। এই অধিকার পঞ্চ প্রকারে কুক্ষিগত যার এক সাধারণ নাম পঞ্চকঞ্চুক; যথাক্রমে, i) সর্বকর্তৃত্বের সঙ্কোচন, ii) সর্বজ্ঞত্বের সঙ্কোচন, iii) পূর্ণত্বের সঙ্কোচন, iv) নিত্যত্বের সঙ্কোচন, ও v) স্বাতন্ত্র্যতার সঙ্কোচন, তথা নিয়তির অধীন হওয়া। এদের অভিধা

হল ক্রমান্বয়ে কলা, বিদ্যা, রাগ ও কাল এই সঙ্কুচিত বিশেষত্ব এবং পঞ্চমটি হল নিয়তি তথা স্বাতন্ত্র্যতার ব্যাপকত্বের হরণ।

III ব্যক্তির সীমিত অবস্থার তত্ত্ব (সূত্র 12-13)

(Abiding qualities of limited individual)

উদ্দেশ্য-বিধেয় (subject-object)

সূত্র 12. পুরুষ (উদ্দেশ্য-subject)

শিব যখন মায়ায় অভিষ্ঠিত হন পঞ্চকঞ্চুকের দ্বারা তখন ব্যক্তির হয় পুরুষ রূপ, তার সজ্ঞানতায় অভিহিত। পুরুষকে বিন্দু বা অনুসমও বলা হয়। এই বিন্দু বিস্তারহীন দৈবত্ব (in esence divine, not spatial)। পুরুষত্বের স্বাতন্ত্র্যতা দৈব কিন্তু এক্ষেত্রে সীমাবদ্ধ। এই দৈবত্ব হল পূর্ণতার ভাব—'পূর্ণত্বাভাবেন পরিমিতত্বাদণুত্বম্।'

সূত্র 13. প্রকৃতি (বিধেয়-object)

পুরুষ হচ্ছে অহম্ বা অনুভবী সদবিদ্যা (subjective manifestation) আর ইদম্ হচ্ছে সদবিদ্যার প্রকৃতি (objective manifestation)। ত্রিকা বিশ্লেষণে প্রকৃতি হল কাল আধারিত।

'বেদ্যমাত্রং স্ফুটং ভিন্নং প্রধানং সূয়তে কলা' (তন্ত্রালোক, আহ্নিক-9)

পুরুষ হল ভেদক (subject) যে প্রকৃতিতে স্থিত, আর প্রকৃতি হল ভেদ্য যে গুণের স্থাপত্য এবং গুণসমূহে সমভাবে থাকে (in equilibrium)।

সাঙ্খ্যের প্রকৃতি আর ত্রিকার প্রকৃতিতে (পরা, অপরা, পরাপরা) কিছু তফাৎ আছে। সাঙ্খ্যের মতে পুরুষ একই রূপ এবং সকলের মধ্যে বিরাজমান। ত্রিকায় পুরুষের প্রকৃতি বিভিন্ন ব্যক্তিতে বিভিন্ন রকম। প্রকৃতি হল বিষয়ের (object) মূল ধাঁচা (matrix) যাকে ভিত্তি করে ব্যক্তির বিভিন্ন ছাঁচ গড়ে ওঠে। প্রকৃতির তিন গুণ, সত্ত্ব (সুখ), রজঃ (দুঃখ) ও তম (মোহ)। প্রকৃতি হচ্ছে শিবের 'শান্তা শক্তি' আর প্রকৃতির সত্ত্ব, রজঃ, তম গুণগুলো

শিবের শক্তির স্থূলাবস্থা (gross form) যথাক্রমে জ্ঞান, ইচ্ছা ও ক্রিয়া। 'শান্তা'র অর্থ এখানে অভেদ, অসীম। অর্থাৎ পুরুষের সঙ্গে অঙ্গাঙ্গীভাবে জড়িত।

অপর পক্ষে পুরুষ ভোক্তা এবং প্রকৃতি তার ভোগ্য (experient and experienced)।

IV মনের তত্ত্ব (mental operation) (সূত্র 14-16)

প্রকৃতিতে ক্রিয়াত্মক তিন ভাগ (compartmentalisa-tion)- অন্তঃকরণ, ইন্দ্রিয় ও ভূত (বস্তু)। আমরা প্রথমে অন্তঃকরণের (psychic apparatus) চর্চা করবো। এতে আছে তিন তত্ত্ব মন, বুদ্ধি ও অহঙ্কার যার মাধ্যমে মানসিক ক্রিয়া সংঘটিত হয়। প্রথমেই উল্লেখনীয় বুদ্ধিতত্ত্ব (intelligence) যাকে বলা হয়েছে- ব্যবসায়িত্মিকা (calculative)। বুদ্ধির দুই ভেদ- এক হল বহির্মুখী (external) বা গ্রাহ্য, যেমন কোনো দৃশ্যের অনুভব। দ্বিতীয় হল অন্তর্মুখী (internal), যেমন সংস্কার বশে কোনো ধারণা (impression in mind)। বুদ্ধির পরে আসে অহঙ্কার (আমিত্ব) যা বুদ্ধি থেকে উদ্ভূত। তৃতীয় হল মন যার উৎপত্তি অহঙ্কার থেকে কারণ প্রত্যেক ব্যক্তির মন পৃথক। এই মন ইন্দ্রিয়ের সহযোগে বিভিন্ন আকার প্রকারের (images and concepts) সৃষ্টি করে মনে।

V-VII ইন্দ্রিয় তত্ত্ব (sensible experience) (সূত্র 17-31)

i) অহঙ্কারে আছে পাঁচ জ্ঞানেন্দ্রিয়র শক্তি যথা গন্ধের বোধ, রসাস্বাদন শক্তি, দর্শনশক্তি (দৃশ্য গ্রহণ), স্পর্শানুভব ও শ্রবণ।

ii) কর্মেন্দ্রিয়ে আছে বাকশক্তি, হস্তের অধিগ্রহণ, পদের চলন, পায়ুর ত্যক্তি ও উপস্থের যৌনতা ও স্থিত্ব (restfulness)।

ইন্দ্রিয়গুলো শুধুমাত্র অনুভূতি বা কর্ম সম্পাদনের শারীরিক অঙ্গ নয়, প্রত্যেকটির নির্ধারিত শক্তি আছে।

iii) পাঁচ তন্মাত্র— শব্দ, স্পর্শ, বর্ণ, রস (স্বাদ) ও গন্ধ যারা অহঙ্কারের বশ। তন্মাত্রের আক্ষরিক অর্থ 'সেই মাত্র' (that only) কিন্তু এই পাঁচই অহমে (অহঙ্কারে) ইন্দ্রিয়ের বোধ জগতে ব্যাপ্ত, অর্থাৎ জগৎ বোধেরই বিভিন্ন মাত্রা।

VIII বাস্তব তত্ত্ব (Materiality) (সূত্র 32-36)

পঞ্চ মহাভূতের পাঁচটি স্থূল তত্ত্ব তথা রূপ হল—

i) আকাশ— শব্দ সম্ভূত (তন্মাত্র)

ii) বায়ু— স্পর্শ তন্মাত্র

iii) তেজ (অগ্নি)— রূপ তন্মাত্র

iv) অপ (জল)— রস তন্মাত্র

v) পৃথিবী (মৃত্তিকা)— গন্ধ তন্মাত্র

3. স্বাতন্ত্র্যবাদ ও আভাসবাদ

স্বাতন্ত্র্যবাদ

এর মূল হল চিৎ বা মহেশ্বর বা পরমশিব। এই মূল (absolute) শুধু মহেশ্বর নামধারী কোনও দেবতা অর্থে নয় বরং প্রকৃতির ক্রমের মূল এই মহেশ্বর, তাঁর আছে সার্বভৌমিক ইচ্ছা (absolute sovereignity or free will), স্বাতন্ত্রতা। এই স্বভাব (own being) হল বিশ্বচেতনা (universal consciousness) বা চিৎ। এই সার্বভৌমিক ইচ্ছার থেকেই সৃষ্টির ধারণার উৎপত্তি হয় (objective ideation)। এই ইচ্ছা স্বাধীন কারণ তা অন্য কিছুর অপেক্ষা করে না, স্থান-কাল-পাত্রের উর্দ্ধে।

'চিতিঃ প্রত্যবমর্শাত্মা পরাবাক্'স্বরসোদিতা।
স্বাতন্ত্র্যমেতন্মুখ্যম্ তদৈশ্বর্যং পরামাত্মনঃ।।'

—ঈশ্বরপ্রত্যভিজ্ঞা I পৃঃ 203-4

অর্থাৎ, ভগবৎ শক্তি হল চিতি এবং এর সার হল ভগবৎ চেতনা যা পরাবাক্ নামেও জানা যায়। এই শক্তি সতত বর্তমান, অনন্ত ও স্বাতন্ত্র্য। পরাবাক্, বিমর্শ, ঐশ্বর্য্য ইত্যাদি স্বাতন্ত্র্য এরই বিভিন্ন নাম।

স্বা স্ফুরত্তা মহাসত্তা দেশকালাবিশেষিণী।
সৈষা সারতয়া প্রোক্তা হৃদয়ং পরমেষ্ঠিনঃ।।

—ঈশ্বরপ্রত্যভিজ্ঞা I পৃঃ 207-8

এই চিতি সৃষ্টির দ্যুতির (flash) সূচনা করে যদিও নিজে অপরিবর্তিত থাকে। একে মহাসত্তাও বলে (absolute being) কারণ এর আছে সম্পূর্ণ স্বাধীনতা এবং এর থেকে অন্যান্য সত্তার যথা সময়, স্থান ইত্যাদির উদ্ভব। ভগবানের এই স্বতন্ত্র স্বাধীনতা বা স্বাধীন ইচ্ছাকে ভগবানের হৃদয়বৃত্তিও বলা যেতে পারে যা অপ্রতিরোধ্য- 'স্বাতন্ত্র্য চ নাম যথেচ্ছং তত্রেচ্ছাপ্রসরস্য অবিঘাতঃ।' অর্থাৎ, ভগবৎ ইচ্ছার বাস্তব প্রকাশ কারও নিয়ন্ত্রণ বা বাঁধার উর্দ্ধে। অভিনবগুপ্ত অতি সুন্দরভাবে ব্যাখ্যা করেছেন—

'তস্মাদনপহ্নবনীয়ঃ প্রকাশবিমর্শাত্মা সংবিৎস্বভাবঃ পরমশিবো ভগবান্ স্বাতন্ত্র্যাদেব রুদ্রাদিস্থাবরান্তপ্রমাৎরূপতয়ানীল-সুখাদিপ্রমেয়রূপতয়া চ অনতি-রিক্তয়াপি অতিরিক্তয়া ইব স্বরূপানাচ্ছাদিকয়া সংবিদ্রূপনান্তরীয়কস্বাতন্ত্র্যমহিম্না প্রকাশত ইতি অয়ম্ স্বাতন্ত্র্যবাদঃ প্রোন্মীলিতঃ।'

—(ঈশ্বরপ্রত্যভিজ্ঞা-বিবৃতি-বিমর্শিনী ভাগ I পৃঃ-9)

অর্থাৎ পরমশিব (absolute reality) প্রকাশ ও বিমর্শ বা চিতি, তিনিই মূল বিষয়ী (subject); স্থাবর, জঙ্গম (রুদ্র), বর্ণ, আনন্দ তাঁর স্বাতন্ত্রতায় যা ভিন্ন ভিন্ন প্রকারে অভিব্যক্ত।

আভাসবাদ

পরমশিব (ultimate truth) যে সৃষ্টি সম্ভব করেন তাকে বলা হয়েছে তাঁর স্বাতন্ত্রবাদ। প্রকৃত সৃষ্টির উন্মেষের উদ্গম হল আভাসবাদ। পরম সত্যে এই সৃষ্টির আভাস আর পূর্ববর্ত্তী সৃষ্টির সম্ভবনা দুটোই ঐকে স্থিত (undifferentiated) যেমন ময়ূরের পেখমের রঙের বৈচিত্র তার ডিমের রসে সম্ভাবিত। এই স্থিতির আর এক নাম 'ময়ূরাণ্ডরসন্যায়'।

সুতরাং সৃষ্টির মূল সূত্র হল চিৎ; জগতের বৈচিত্রের ক্রম প্রকাশের কারণ হল চিৎ-এর সম্বিত। তৎ পরবর্ত্তী যা কিছু যথা জ্ঞান, ক্রিয়া, ইন্দ্রিয় ও তার আসক্তি, সব 'আভাসে' সঞ্চারিত সম্বিতের মাধ্যমে। অপরপক্ষে 'আভাসের' বিশ্লেষণ নিম্নরূপ—

'আ' অর্থাৎ ইষৎ (সঙ্কোচন), 'ভাসঃ' অর্থাৎ ভাসনম বা প্রকাশনা। আভাস হল সংক্ষিপ্তাকারে দৃশ্যমান হওয়া বা উন্মেষিত হওয়া। প্রত্যেক দৃশ্যমানতাতেই সীমাবদ্ধতা আছে (manifestation limitation)। প্রত্যেক বস্তুই আভাসের এক আকার প্রাপ্ত।

'দর্পণবিম্বে যদ্বন্ নগরগ্রামাদিচিত্রমবিভাগি।
ভাতি বিভাগেনৈব চ পরস্পরং দর্পণাদপি চ।।
বিমলতমপরমভৈরববোধাৎ তদ্বৎ বিভাগশূন্যমপি।
অন্যোন্যং চ ততোহপি চ বিভক্তমাভাতি জগদেতৎ।।

—(পরমার্থসার, শ্লোক-12,13)

অর্থাৎ, জগতের বৈচিত্র যেমন দর্পণে প্রতিবিম্বিত হয় অভেদ রূপে তেমনি পরম শিবের বিশ্বচেতনায় (universal conscience) জগৎ প্রতিবিম্বিত হয়।

দর্পণের প্রতিবিম্ব দর্পণ থেকে পৃথক কিছু নয় আবার দর্পণেরও নয়। তেমনি বিশ্ব চেতনায় জগৎ অস্থির ঢেউয়ের মতো। বিশ্ব চেতনার বিমর্শ শক্তিতে এসব পরমে দৃশ্যমান, পরম অবিচলিত। সেকথাই যোগরাজ 'পরমার্থসারে'র টীকায় (পৃঃ 39) উল্লেখ করেছেন।

অন্তর্বিভাতি সকলং জগদাত্মনীহ
যদ্বদ্ বিচিত্ররচনা মকুরান্তরালে।
বোধঃ পুনর্নিজবিমর্শনসারযুক্তয়া
বিশ্বং পরামৃশতি নো মকুরস্তথা।।

অর্থাৎ, বৈচিত্রময় জগতকে দর্পণে প্রতিফলিত দেখলে মনে হয় তারা দর্পণে স্থিত তেমনি পরম শিবের অনুভব্য বিমর্শের দ্বারা (বিচার ও বিশ্লেষ বা বিবৃতি) জগৎ বিশ্বচেতনায় বর্তমান।

আভাস হল ভগবৎ ধারণার (divine ideation) বহির্মুখী প্রক্ষেপণ।

'চিদাত্মৈব হি দেবোহন্তঃস্থিতমিচ্ছাবশাদ্বহিঃ।
যোগীব নিরূপাদানমর্থজাতং প্রকাশয়েৎ।।'

—(ঈশ্বরপ্রত্যভিজ্ঞা I 5.7)

অর্থাৎ, ভগবত্বের সার হল চিৎ (বিশ্বচেতনা) যাতে দৃশ্যমান জগৎ সহ সবকিছু সঞ্চিত অবস্থায় থাকে এবং ভগবৎ ইচ্ছায় প্রকাশিত হয়, যেমন যোগী যোগবলে তার ইচ্ছালব্ধ বস্তুর প্রকাশ ঘটাতে পারে।

ভগবান কুম্ভকারের মতো কোনও ঘটের সৃষ্টি করেন না। তাঁর সৃষ্টি অন্তর্নিহিতের উন্মেষ মাত্র, ইচ্ছাশক্তির বশে। ভগবানে যা সমাবিষ্ট তাকে বলে জ্ঞান আর যা তাঁর ইচ্ছায় জানা যায় তাকে বলে জ্ঞেয়, যা তাঁরই এক বিভূতি (emperical subject appearance)।

ভগবানের বিশ্বচেতনাই এক্ষেত্রে বিষয়ী ও বিষয় (subject and object)।

সুতরাং এই জ্ঞেয়, ভগবানের পূর্ণত্বের (fullness or perfection) তুলনায় অসত্য নয়। এই দর্শন একাধারে স্বাতন্ত্র্যবাদী আবার আভাসে বিবর্তন বা পরিণামবাদী। আভাস হল ভগবানের জ্ঞানের বহির্মুখী প্রক্ষেপণ (external projection of divine ideation)।

4. ষড়ধ্বা

শিবের যে পরাশক্তি তার উন্মেষকে অন্য দৃষ্টিকোণ থেকেও ব্যাখ্যা করা হয়েছে। এই অমিত শক্তি গ্রাহ্যরূপে হল নাদ যা সতত উৎসারিত (continuum of power)। এই শক্তি বিন্দুবৎ প্রকাশিত (condensed dynamic point)। এই বিন্দুত্ব কাল ও স্থানের পরিপ্রেক্ষিতে সংঘটিত উৎসরণ থেকে। উৎসরণকালে বাচক ও বাচ্য (sound and word) একই। এই উৎসরণের ছয়ভাগ (ষড়ধ্বা)। প্রথম অধ্বে বর্ণ ও কলার (stages) বিভেদ। স্বামী প্রত্যগাত্মানন্দ সরস্বতীর ভাষায়- এখানে বর্ণ কোনো অক্ষর বা রং নয় বা স্তর নয়, কিন্তু বিন্দু থেকে প্রক্ষিপ্ত বস্তুগত প্রকাশমানতার অবয়ব (function-form)। বর্ণ তাহলে বস্তুর অবয়বী চরিত্র বা চারিত্রিক মাপ (measure index)। বর্ণ যেখানে অবয়বী, কলা সেখানে ঘটনা (predicable)। পরবর্ত্তী অধ্ব মন্ত্র ও তত্ত্ব। মন্ত্র হল সুনির্দিষ্ট অবয়ব (appropriate function-form) বা সৃষ্টির অবতরণের (creative descent) মূলসূত্র (basic formula)। মন্ত্রের তত্ত্ব বলতে বোঝায় মন্ত্রের অন্তর্নিহিত শক্তি (structured principle) যা সূক্ষ্ম আকৃতির স্রষ্টা (subtle structural form)। শেষপাদে (তৃতীয়) আছে পদ ও ভুবনের দ্বৈত স্থিতি। পদ হল বিশ্বের বোধগম্য শব্দরূপ আর ভুবন হল হল দৃশ্যমান জগৎ যা পদের মাধ্যমে উল্লেখ্য। সুতরাং ষড়ধ্বার ছয়ভাগ নিম্নরূপ—

বাচক বা শব্দ	বাচ্য বা শব্দার্থ
বর্ণ	কলা
মন্ত্র	তত্ত্ব
পদ	ভুবন

বাচক পক্ষের ত্রিকা বা ত্রয়ীকে বলে কালাধ্ব আর বাচ্য পক্ষের ত্রয়ীকে বলে দেশাধ্ব।

বর্ণাধ্ব হল প্রমা যেখানে প্রমেয় (object), প্রমাণ (means of knowledge) এবং প্রমাতা (সাক্ষী-experient) স্থিত। বর্ণ দুরকম i) মায়ীয়, ii) অ-মায়ীয়। অ-মায়ীয় বর্ণ অসীম, অনন্ত ও শুদ্ধ; মায়ীয় বর্ণ এর বিপরীত। অ-মায়ীয় বর্ণের বাচক শক্তি (indicative word power) সুপ্ত অবস্থায় বর্তমান, মায়ীয় বর্ণে তা রূপময় (যেমন অগ্নি অর্থে)।

কলা পঞ্চবিধ— i) নিবৃত্তি কলা, ii) প্রতিষ্ঠা কলা, iii) বিদ্যা কলা, iv) শান্তা বা শান্তি কলা, এবং v) শান্ত্যতীতা কলা। প্রতিটি কলার তত্ত্ব ও ভুবন নির্দেশ করা হয়েছে 174-সংখ্যক মন্তব্যের নীচে প্রদত্ত ছকে। অভিনবগুপ্তের মতে 118টি ভুবন আছে অন্যেরা বলেন 224টি ভুবন।

5. শঙ্করের অদ্বৈতবাদের বিষয় ও বৈপরীত্য (তুলনা)
(comparison and contrast with Sankara's Advaitavada)

শঙ্করাচার্যের দর্শনকে বলা হয় শান্ত ব্রহ্মবাদ বা কেবলাদ্বৈতবাদ, কখনো বা মায়া-বেদান্ত-বাদও বলা হয়। কাশ্মীরের শৈব দর্শনকে ঈশ্বরাদ্বয়বাদ বা প্রত্যভিজ্ঞা বা ত্রিকা দর্শন বলা হয়। শঙ্করাচার্যের মতে ব্রহ্ম নিকর্মা (কর্মহীন) তাই তাঁর দর্শন অনেকাংশে শান্ত ব্রহ্মবাদ, অপরদিকে কাশ্মীরের শৈবধর্মে (দর্শনে) ব্রহ্ম অকর্মা (কার্মিক নন) বা উদ্যোগী নন উদ্দেশ্যমূলক ভাবে। কর্ম তার আনন্দের এক মাত্রার প্রকাশ।

শঙ্করাচার্যের শান্ত ব্রহ্মবাদ ও কাশ্মীরের শৈব দর্শনের ঈশ্বরাদ্বয়বাদের প্রাথমিক অন্তর হল প্রথমটিতে ঘটে জ্ঞানের প্রকাশ বস্তুতে চিৎ থেকে। দ্বিতীয়টি শুধু প্রকাশ নয় এতে আছে বিমর্শ (বিচার ও বিবৃত্তি)। শঙ্করের কথায় ব্রহ্ম শুধু জ্ঞান সমৃদ্ধ কিন্তু শৈবধর্মে ব্রহ্মের জ্ঞান ও কর্ম সম্বন্ধ দুটোই আছে (কর্তৃত্ব)। শঙ্করের মতে ক্রিয়া জীব ও বস্তুগত এবং

ব্রহ্মের অংশ নয়, অর্থাৎ তিনি কর্মকে অতিক্ষীণভাবে উপলব্ধি করেছেন। শৈবধর্মে কর্তৃত্বের ভূমিকা ব্যাপক। এই দর্শনে এমনকি জ্ঞানও একপ্রকার কর্ম! কর্ম না থাকলে চিৎ-ও জরাগ্রস্ত, অক্ষম (inert and incapable)। পরমশিবের যেহেতু নিজস্ব স্বাতন্ত্রতা আছে তাই তিনি কর্তাও। পানিনি বলেছেন, তিনি 'স্বতন্ত্রঃকর্তা'। স্বাতন্ত্র্য ও কর্তৃত্ব মূলত একই অর্থ।

অপরদিকে শান্তব্রহ্মবাদে ব্রহ্ম সততই (মূলত) নিকর্মা, যখন তিনি অবিদ্যার সংস্পর্শে আসেন তখনই তিনি কেবলমাত্র ক্রিয়াশীল হয়ে ওঠেন। এই ক্রিয়া অবিদ্যায় প্রযুক্ত, ঈশ্বর কর্তারূপে জগতে প্রতিভাত। শঙ্করাচার্য ব্রহ্মসূত্রে বলেছেন (ব্রহ্মসূত্র 2.1.14)—

'তদেবমবিদ্যাত্মকোপাধিপরিচ্ছেদাপেক্ষমেবেশ্বরস্যেশ্বরত্বং সর্বজ্ঞত্বং সর্বশক্তিত্বং চে, ন পরমার্থতো বিদ্যয়াপাস্তসর্বোপাধি-স্বরূপে আত্মনীশিত্রীশিতব্যসর্বজ্ঞত্বাদি ব্যবহার উপপদ্যতে।'

অর্থাৎ, ঈশ্বরের বাস্তব ক্ষমতা হল সর্বজ্ঞের ও সর্বশক্তিমানের যা অবিদ্যার (primal ignorance) মধ্যে সম্ভবিত সীমিতাবস্থায়। যখন বিদ্যার দ্বারা আত্মার আবরণ দূরীভূত হয়ে যায় তখন উপরোক্ত সীমিত সর্বজ্ঞতা ও শক্তির আর কোনও অর্থ থাকে না। তাই শঙ্করাচার্যের ভাষ্য অনুযায়ী ঈশ্বরের বাস্তবে প্রযোজ্য শক্তি (power) ও সর্বজ্ঞতা (omniscience) অবিদ্যার সঙ্গে জড়িত। মনে রাখতে হবে শঙ্করাচার্যের ঈশ্বর তত্ত্ব (ইদম্-অহম্) শিব, শক্তি বা সদাশিব (ইচ্ছাশক্তি) অনুসারী ক্রিয়াশক্তি নয়; এ হল বাস্তবের জ্ঞানময়।

অপরদিকে ঈশ্বরাদ্বয়বাদে জ্ঞাতৃত্ব ও কর্তৃত্ব (knowledge and activity) পরমেশ্বরেরই, কর্তৃত্ব বিনা তাঁর অবস্থান নেই। শৈবধর্মে কর্ম পরমেশ্বরেরই প্রকৃতি বিশেষ (specific nature)। সাধারণভাবে পরমেশ্বরের প্রকৃতিগত রূপ পাঁচপ্রকার যথা— সৃষ্টি (emanation), স্থিতি (maintenance), সংহার (withdrawal), বিলয় (concealment of real nature) ও অনুগ্রহ (grace)। এ হল তাঁর চিরকালের আচরণ, এমনকি জীবেও (emperical ego)। ঈশ্বরাদ্বয়বাদ অনুযায়ী, শিব হল পঞ্চকৃত্যকারী। অপরপক্ষে শঙ্করাচার্যের মত অনুযায়ী ব্রহ্ম নিষ্ক্রিয়। মহেশ্বরানন্দের মতে নিষ্ক্রিয় ব্রহ্ম অসত্য সমতুল্য।

'তথাহি পরমেশ্বরস্য হ্যয়মেবাসাধারণস্বভাবো যৎ সর্বদা সৃষ্ট্যাদিপঞ্চকৃত্য-কারিত্বম্। এতদনঙ্গীকারাদ্ধি মায়াবেদান্তা-দিনির্ণীতস্যাত্মনঃ স্বস্ফুরণামোদমানন্ধ-লক্ষণমসৎকলাপত্বাপতিতম্।' (মহার্থমঞ্জরী পৃঃ 52)

অর্থাৎ, পরমেশ্বরের প্রকৃতির এই হল বিশেষত্ব যা পঞ্চকৃত্য। মায়াবেদান্তবাদে যদি তা স্বীকৃত না হয়, তবে জীবে (পরমেশ্বরের সীমিত কণা) কর্মের তথা প্রাণের যে আলোড়ন হয় সেটাও মিথ্যা।

ঈশ্বরাদ্বয়বাদে (শৈবধর্মে) অবিদ্যা বা মায়াকে স্বীকার করা হয়েছে কিন্তু এই অবিদ্যা ঈশ্বরকে প্রভাবিত করে না বরং স্বআরোপিত তাঁর এক সীমাবদ্ধতা। শঙ্করাচার্যের অদ্বৈতবাদে ব্রহ্ম নিষ্ক্রিয়, যা কর্ম সব মায়ার; ঈশ্বরাদ্বয়বাদে কর্ম ঈশ্বরের, মায়া তার প্রয়োগ (activity derived)।

তাছাড়া শঙ্করের শান্তব্রহ্মবাদে মায়াকে বিশেষণ রহিত (indefinable) বলা হয়েছে, কিন্তু ঈশ্বরাদ্বয়বাদ অনুযায়ী মায়ার শক্তি ঈশ্বরের তথা শিবের, এই শক্তি বাস্তবিক, জীবে বিবিধ রূপ ও ইন্দ্রিয়ের প্রণয়নকারী। যেহেতু শক্তি বাস্তব সুতরাং শক্তির সৃষ্ট জগতও বাস্তব (real)।

শঙ্করাচার্যের মতে মায়া বাস্তবও নয় অবাস্তবও নয় (সদসদ্'ভ্যাম-নির্বচনীয়) তাই শঙ্করাচার্যের অদ্বৈতবাদ স্বতন্ত্র (exclusive)। তাঁর অদ্বৈতবাদ, একাধারে ব্রহ্ম সত্য (real) আবার মায়া অনির্ধারিত (indeterminate), সত্যও নয় অসত্যও নয়। তবে কি শঙ্করাচার্যের দর্শনে দ্বৈতের আভাস (tinge) আছে? শৈবধর্মের দ্বৈততা একত্বে সর্বগ্রাহী (integral, all-inclusive), এবং তাতে জীবের যে অহম বোধ (অহঙ্কার-emperical ego) তার সীমিত অবস্থার (পঞ্চকঞ্চুক) কারণ শিব। কিন্তু বেদান্তের (শঙ্করাচার্যের) শান্তব্রহ্মবাদে, আত্মা (জীবে) নিষ্ক্রিয়। সক্রিয়তা শুধু বুদ্ধিতে।

শঙ্করাচার্যের মতে বিবর্তন হয় শুধু নামে (নামমাত্র), নাম রূপ নয় অর্থাৎ নাম-রূপ (form) সত্য নয়। ঈশ্বরাদ্বয়বাদে আভাস সত্যেরই হয় এবং এই সত্য শিবের। জীবের কাছে যে সত্য ধরা দেয় তা সাকুল্যে (সর্বতো) পরমশিবের সত্য নয় আংশিক সত্য, কারণ তা সীমিত (limited)। কিন্তু সত্যের আভাস সত্যেরই সার বহনকারী যা আছে পরমশিবে, তার ধারণাও (ideation) সত্য।

শঙ্করাচার্যের মতে মুক্তিতে (liberation) জগৎ অসিদ্ধ হয়ে যায়। শৈবধর্মে শিবের চৈতন্যে জগৎ স্ফুলিঙ্গ কণা রূপে (gleam) বর্তমান তাঁর আনন্দে (wonderous delight)। নিচে উভয় তত্ত্বের তুলনামূলক সারণী দেওয়া হল।

6. জীব (individual self)

শৈবধর্মে জীব শুধুমাত্র দেহ দ্বারা গঠিত বস্তু নয় তার উর্দ্ধেও জীবের এক অস্তিত্ব আছে। দেহ পঞ্চভূতে (ক্ষিতি, অপ, তেজ, মরুৎ ও ব্যোম) গঠিত, যাকে বলা হয় স্থূল শরীর। এছাড়াও তার আছে অন্তঃকরণ যার চলন অহঙ্কার, মন ও বুদ্ধির সহযোগে।

বুদ্ধি, অহঙ্কার ও মন পঞ্চ তন্মাত্রের সাথে (group) থাকে যাকে বলা হয় পুর্যষ্টক, সূক্ষ্ম শরীর গঠন করে যাতে স্থিত আত্মা; এই আত্মা মৃত্যুর পর স্থূল শরীর ত্যাগ করে। এছাড়াও আছে প্রাণশক্তি যা ঐশ্বরিক, বিশ্বে ও জীবে সর্বত্র বর্তমান। এই প্রাণশক্তিই ব্যক্তির বাহক। কুণ্ডলিনী হল শক্তির এক বাস্তু যা সুপ্ত থাকে দেহের মূলাধারে। সর্বোপরি শিবের চৈতন্য কণা পরিমান সঞ্চারিত জীবে তার অস্তিত্বের মূল হিসাবে; এটাই জীবের সত্ত্বা (self) কিন্তু তা অণু পরিমান এবং আণব মলে আবৃত।

7. বন্ধন (bondage)

জীবের বন্ধন তার এক অন্তর্নিহিত অজ্ঞতা (innate ignorance) যাকে বলা হয় আণব মল। এই মলের কারণেই জীব বিশ্বময়তা থেকে সঙ্কুচিত হয়ে কণায় (অণুতে) পর্যবসিত হয় সীমিত শক্তির আধারে। এই সীমাবদ্ধতার কারণেই জীব নিজের পৃথক অস্তিত্ব সম্পর্কে সচেতন হয়। জীবের অশুদ্ধ অধ্বা (order of) হল তার বহিঃপ্রকাশ (extrinsic manifestation); জীব তখন সঙ্কুচিত থাকে তার মায়ীয় মল ও কার্মিক মলের দ্বারা। মায়ীয় মল হল মায়ার দ্বারা জীবের সঙ্কোচন; এর দ্বারা বস্তুতে বস্তুতে বা ব্যক্তিতে ব্যক্তিতে পৃথকত্বের বোধ হয় (ভিন্নভেদ্য-প্রথা), এ হল জ্ঞানশক্তির সীমাবদ্ধতা। এই সীমাবদ্ধতার কারণে জীব বিভিন্ন যোনিতে পরিভ্রমণ করে।

শান্তব্রহ্মবাদ	ঈশ্বরাদ্বয়বাদ
1. চিৎ বা ব্রহ্মন হল প্রকাশ মাত্র (light) বা জ্ঞান (knowledge), নিষ্ক্রিয় প্রকৃতি।	1. চিৎ, প্রকাশ ও বিমর্শ উভয়ই (light & activity)। সুতরাং জ্ঞাতৃত্ব (knowledge) ও কর্তৃত্ব (activity) যুক্ত, ঈশ্বরের পঞ্চকৃত্যে (সৃষ্টি, স্থিতি, সংহার, বিলয় ও অনুগ্রহ)।
2. কর্ম মায়া বা অবিদ্যা। ঈশ্বর মায়ার মাধ্যমে কর্ম করেন।	2. মায়া মহেশ্বরের নিজস্ব শক্তি। এই শক্তি বাস্তব (real) এবং এর দ্বারাই বহুত্ব ও বিভিন্ন ইন্দ্রিয়বোধ। কিন্তু এতৎ সত্ত্বেও মহেশ্বর এর দ্বারা প্রভাবিত নন।
3. মায়া অনির্বচনীয়।	3. মায়া শক্তিরূপ মহেশ্বরের, সম্পূর্ণ নির্বচনীয় (বিশেষ কথন)।
4. মায়া একটি নিজস্ব তত্ত্ব যা প্রকৃতপক্ষে বাস্তব নয় (অলীক-unreal), তাই শঙ্করাচার্যের অদ্বৈত তত্ত্বের থেকে পৃথক, যদিও মায়ার বন্ধন অদ্বৈতে সাধারণভাবে দৃশ্যমান।	4. মায়া শিবময়ী, চিন্ময় শিবের শক্তি, পৃথক কিছু নয়। সুতরাং শৈব অদ্বৈতে মায়া অঙ্গাঙ্গী (inclusive and integral)।
5. জীবেও আত্মা নিকর্মা, প্রকৃতি (nature) উদ্ভূত বুদ্ধিই কারক।	5. জীবে শিবের দ্বারাই প্রদত্ত পঞ্চ কর্তৃত্ব (কঞ্চুক)(সীমিত সর্বজ্ঞতা, পূর্ণত্ব, নিত্যত্ব, সর্বকর্তৃত্ব ও স্বাতন্ত্রতা) মায়ার মাধ্যমে।
6. জগৎ মিথ্যা, জগৎপ্রকাশের উন্মেষ নামমাত্র, সত্য নয়। শঙ্করাচার্যের অদ্বৈতবাদই সত্য।	6. জগৎ-ই শিব-রূপ, আভাস হল শিবের ধারণা (ideation) যা কখনো অসত্য হতে পারে না।

7. জীবের মুক্তিতে জগৎ অস্তিত্বহীন।	7. জীবের মুক্তি জগত থেকে শিবময়তার চৈতন্যে বিলয়ে।
8. শঙ্করাচার্যের বেদান্তে বিদ্যার দ্বারা অবিদ্যা দূরীভূত হয় এবং মুক্তি লাভ হয়। বিদ্যা লাভ হয় শ্রবণ, মনন ও নিদিধ্যাসনের দ্বারা।	8. শৈবধর্মে অজ্ঞানতা (অবিদ্যা) দুই রকমের। পুরুষ অজ্ঞানতা যা আণব (ব্যক্তিতে, বস্তুতে), দ্বিতীয় হল বৌদ্ধিক অজ্ঞানতা যা তার মেধায় (intellect) স্থিত। বিদ্যায় দ্বিতীয়টিই শুধু দূরীভূত হয়। এমতাবস্থায় মানসিক নিশ্চলতা হয় (blank abstraction) কিন্তু শিবভাব প্রাপ্তি হয় না। গুরুর দীক্ষা বা স্বচেষ্টায় শক্তিপাত হলে ভগবৎ কৃপায় শিবত্ব লাভ হয়।

8. মুক্তি (liberty)

মুক্তির অর্থ হল স্বরূপোপলব্ধি (re-cognition) বা প্রত্যভিজ্ঞা। এই স্বরূপোপলব্ধি হল অন্তরে বিশ্বময় চেতনার (I-consciousness) শুদ্ধ (original) অনুভব— অকৃত্রিম-অহম-বিমর্শতা। উৎপলদেব বলেছেন—

অহং প্রত্যবমর্শো যো বিমর্শাত্মাপি বাগ্বপুঃ।
নাসৌ বিকল্পঃ, স হ্যুক্তো দ্বয়াপেক্ষী বিনিশ্চয়ঃ।

—(ঈশ্বরপ্রত্যভিজ্ঞা I 6.1)

শুদ্ধ চেতনা বিকল্পর প্রকৃতি নয় কারণ বিকল্পের একটি স্বকল্পের (another) আবশ্যকতা আছে। সাধারণ মানসিক ব্যক্তির চেতনা এই রকম পরনির্ভরশীল চেতনা (psychologically relational)। শুদ্ধ চেতনা তা নয় এই চেতনা স্বতঃজ্ঞান

(immediate awareness)। এই জ্ঞান ব্যক্তির হলে ব্যক্তি তার স্বরূপ খুঁজে পায়। এটাই মুক্তি। অভিনবগুপ্ত বলেছেন

মোক্ষো হি নাম নৈবান্যং স্বরূপপ্রথনং হি তৎ।

—(তন্ত্রালোক I পৃঃ 192)

অর্থাৎ, মোক্ষ হল স্বরূপ চেতনা। এই শুদ্ধ চেতনার মাধ্যমে ব্যক্তি চিদানন্দ লাভ করে যা বিশ্বময়ের চেতনার আনন্দ। ব্যক্তির চিত্ত তখন বিশ্ব চিৎ-এ পরিবর্তিত হয়ে যায় (প্রত্যভিজ্ঞাহৃদয়ম সূত্র-13)। এই চেতনাই শিবের চেতনা যা নিজেতে অনুভূত হয়।

শৈবধর্মে এই বিশ্বময়তার চেতনার আনন্দকে জগদানন্দও বলে। মোক্ষ শুধুমাত্র যুক্তির দ্বারা সিদ্ধান্তে উপনীত হওয়া (logic-chopping) বা বুদ্ধির সঞ্চালনে (intellectual pyrotechnic) লাভ হয় না; ঐশ্বরিক কৃপা (divine grace) ও শক্তিপাতে (descent of divine Sakti) সম্ভব হয়।

শক্তিপাত বা অনুগ্রহ

পূর্বজন্মের প্রারব্ধ সংস্কার ও তীব্র নিদিধ্যাসনে শক্তিপাত হয়। ভগবৎ শক্তিপাতে সাধনার আর অপেক্ষা থাকে না মুক্তির জন্য। যারা শক্তিপাতের মাধ্যমিক স্তরে থাকে তাদের আবশ্যক হয় গুরুর, যোগ সাধনার। কালক্রমে তাদের মুক্তি হয়। যারা থাকে আরও নিচের স্তরে (মন্দ শক্তিপাত-moderate level) তারা জ্ঞান ও ধ্যানে আগ্রহী। চেষ্টায় তারাও মোক্ষ লাভ করে।

উপায়

ভগবানের কৃপা অকারণ (outcome of caprice) লাভ করা যায় না; যম, নিয়মের মাধ্যমে (spiritual discipline) অর্জন করতে হয়। কৃপা লাভের চারটি পন্থা আছে— i) আণবোপায়, ii) শাক্তোপায়, iii) শাম্ভবোপায় ও iv) অনুপায়। এই উপায় অনুসারে মলের নাশ হয়।

আণবোপায়ে ব্যক্তি তার করণ (কার্যের কারণ) ব্যবহার করে সিদ্ধি লাভে। সংযম, ধর্মীয় আচরণ, পূজা-পাঠ, প্রাণশক্তির যথাযথ নিয়ন্ত্রণ সুষুম্নায়, এসবই আত্মোপলব্ধি সুগম করে।

একে ক্রিয়ার উপায়ও বলে কারণ ক্রিয়া হল মন্ত্র পাঠ, পূজা অর্চনা এইসব প্রাথমিক ভাবে। এর আর এক নাম ভেদোপায়; কারণ এর দ্বারা পূজকের সঙ্গে পূজ্যের ভেদ প্রাথমিকভাবে হয় উপস্থাপিত।

'শাক্তোপায়ে' ব্যক্তি তার আন্তরিক শক্তিকে মানসিক ক্রিয়ায় নিজের ঐশ্বরিক চেতনায় সমাবিষ্ট করে। মন্ত্রশক্তির সহায়তায় মূলত এই ক্রিয়া সম্পন্ন করা হয় যার দ্বারা ব্যক্তির সত্যজ্ঞানের উপলব্ধি হয়, এই উপলব্ধির আর এক নাম 'প্রতিভা জ্ঞান'। ধীরে ধীরে দ্বৈত ধারণা একে অন্যতে লীন (merge) হয়ে যায় পরাসম্বিতে। এই উপায়ের (discipline) চর্চায় 'আমিই শিব', ব্যক্তিতে এই ভাব গ্রহণ হয়। তাঁর বোধে তখন জগৎ শিবের বিস্তার মাত্র।

'আণবোপায়ে' ইন্দ্রিয়ানুভূতিতে, প্রাণ ও মন একত্রিত হওয়ার প্রচেষ্টা হয়। 'শাক্তোপায়ে' মনই শুধু মন্ত্র উচ্চারণের মাধ্যমে ক্রিয়াশীল, যে পদ্ধতির আর এক নাম 'জ্ঞানোপায়' কারণ জ্ঞানের (সত্য উদ্ঘাটনের মন্ত্রের দ্বারা) সেখানে প্রাধান্য। 'আণবোপায়'কে ভেদাভেদ-উপায় নামেও জানা যায় কারণ অণু এক নির্দিষ্ট খণ্ডিত রূপ তার পরিপার্শ্বের সাপেক্ষে, অণুই আবার পূর্ণরূপ নিজেতে; এই পূর্ণরূপে আছে বিশ্বময়তা। এই তত্ত্বে ভেদও আছে আবার অভেদও আছে। এই উপায়ে কুণ্ডলিনীকে মূলাধার থেকে সহস্রারে (শিরোপরি) সহস্রদল কমলে বিকশিত করলে আত্মোপলব্ধি (self-realisation) হয়।

'শাম্ভবোপায়ে' অগ্রসর সাধক তপ বা শিবতত্ত্বের ধ্যানে শিবময়তা প্রাপ্ত হয়। এই পথ সম্বিত প্রাপ্তির (constant awareness)। এর শুরু প্রথমে সাধকের পঞ্চকৃত্য (যম-control, নিয়ম, প্রাণায়াম, মুদ্রা ও দেহবন্ধনাদি) চর্চায়, পরে বিকল্প (everything else) ক্ষয়ের সাধনা, তারপর চিত্তের (যাতে জগৎ প্রতিবিম্বিত) অনুধ্যান। পরে সেই ধ্যান থেকে বিশ্বচেতনায় উত্তরণ।

'অনুপায়ে'-র পথকে ঠিক কোনও উপায় বলা যায় না কারণ ভগবৎ অনুগ্রহই এই পথের উপায়। এই অনুগ্রহ গুরুর মাধ্যমেও হতে পারে আবার সরাসরি সাধকের কাছে উদ্ভাসিত হতে পারে। অনুপায় শব্দের 'অন' উপসর্গকে কেই কেউ 'ঈষৎ' বা অতি অল্প এই অর্থে গ্রহণ করেছেন; তখন 'অনুপায়ে'র অর্থ হয় অল্পপ্রয়াসে বা সহজেই ভগবৎ কৃপায়

(শক্তিপাতে)। যেমন কখনো কখনো প্রকৃত সন্তের দর্শনেই ভগবৎ অনুভূতি হয়। 'অনুপায়ে'র আবার সাধারণ অর্থ হয় আনন্দোপায়।

আচার্য ক্ষেমরাজের মতে, ব্যক্তির 'মধ্যে'র (কেন্দ্রস্থলের) উত্তরণে (deveopment) চিদানন্দের সংযোজন হয়। এই 'মধ্যে'র সাধনাকে পূর্বোক্ত 'শাক্তোপায়', 'আণবোপায়' ও 'শাম্ভবোপায়' থেকে পৃথক করে দেখতে হবে। 'আণবোপায়ে' 'মধ্য' হল সুষুম্না নাড়ী, 'শাক্তোপায়ে' 'মধ্য' হল 'পরাসম্বিত' আর 'শাম্ভবোপায়ে'র 'মধ্য' হল 'অকৃত্রিম অহম্', সেটাই আবার বিশ্বচেতনার কেন্দ্রবিন্দু (মধ্য)। এর প্রাপ্তিই সাধকের সাধনার উদ্দেশ্য।

'মধ্য'-কে ব্যক্তিতে বিকশিত করতে (unfolding) ক্ষেমরাজ বিভিন্ন সম্ভাবনার (উপায়) উল্লেখ করেছেন যথা, বিকল্প ক্ষয় হল 'শাম্ভবোপায়', শক্তি-সঙ্কোচ ও শক্তি-বিকাশ হল 'শাক্তোপায়', এবং 'বাহ-চ্ছেদ ও আদ্যন্ত-কোটিনিভালন' হল 'আণবোপায়'। 'বাহ' হল প্রাণশক্তি যা ইড়া ও পিঙ্গলা নাড়ী দিয়ে প্রবাহিত; 'বাহ-চ্ছেদ' হল এই প্রাণ প্রবাহের বিরতি (cessation)। `নিভালনে'র অর্থ হল অনুবৃত্তি বা মনন, আণবোপায়ে বহিরঙ্গ থেকে মুক্ত হয়ে ব্যাপ্ত জীবন ও জগতের শুরু ও শেষের (আদ্যন্ত) বিন্দুতে (কোটি) পুনঃপুনঃ মনঃসংযোগ সাধককে একাগ্র করে মুক্তির পথে নিয়ে যায়।

শিবের পঞ্চকৃত্য (সৃষ্টি, স্থিতি, সংহার, বিলয় ও অনুগ্রহ) ব্যক্তিতেও সিদ্ধ। প্রত্যভিজ্ঞা, সাধনায় বিকল্প ক্ষয়ের জন্য এই পঞ্চকৃত্যের মননের (ধ্যান) আবশ্যকতা। সাধক সর্বদা এই পঞ্চকৃত্যের ভাবনা করবে উচ্চস্তরের চেতনায় স্থিত হওয়ার জন্য। ব্যক্তির কোনো স্থান-কালের ধারণা তার কাছে সেখানকার সৃষ্টি স্বরূপ। এই ধারণার জন্য যদি তার মনে কোনও ভালো-মন্দ বোধের উদয় হয় তবে সেটাই সৃষ্টির স্থিতি। ব্যক্তির বিশ্ব-চেতনায় যদি এর অন্তর্ধান হয় তবে তা হবে স্থিতির সংহার। যদি এই সংহার সত্ত্বেও ব্যক্তির মনে স্থিতির পুনরার্বিভাবের সম্ভাবনা থাকে তবে এই সংহার বিলয়রূপী। যখন বিষয়ী ভগবান তাঁর বিষয়কে সবলে (persistently) আত্মসাৎ (completely absorb) করেন চিতিতে তখন তাকে বলে তাঁর হঠপাক অনুগ্রহ (ব্যক্তি বা বস্তুতে)। ব্যক্তি চিদানন্দ প্রাপ্তির যোগ্য হয়।

আরেকটি পথ হল বিকল্প ক্ষয়। মানুষের মনে জগৎ সংসারের বিভিন্ন ধারণা ঢেউয়ের মতো ভেসে ওঠে আবার তলিয়ে যায়। এইসব ধারণার বশবর্ত্তী হলে অন্তর্নিহিত নিস্তরঙ্গ

চেতনার হদিশ আমাদের হয় না। বিকল্প ক্ষয়ের চর্চায় এই ক্ষোভের তরঙ্গকে দূর করার প্রয়াস করা হয়। জোর করে করা যায় না কারণ তাতে বিপরীত বাধার (resistance) সম্মুখীন হতে হয়। এই প্রয়াস হয় ব্যক্তির চিত্তের অকর্মক মননের (alert passivity) দ্বারা। মনের (চিত্ত) এই মননে কোনও বিষয় নির্দিষ্ট থাকে না কিন্তু মন থাকে সচেতন (aware)।

উপরোক্ত প্রয়াসের ফলে ভগবৎ চেতনার (I-consciousness) 'সমাবেশ' হয় মনে। এই 'সমাবেশ'কে মনে চিরস্থায়ী করার জন্য প্রয়োজন 'ক্রম-মুদ্রা'র চর্চা। 'ক্রম-মুদ্রা' হল ব্যক্তির বহির্জগতের অনুভূতিকে বিশ্বানুভূতিতে (universal consciousness) রূপান্তরিত করা। সমাধিষ্ট অবস্থায় ব্যক্তি ভগবৎ চেতনায় সমাবিষ্ট থাকে, সমাধি ভঙ্গে তা অবসিত হয় এবং বিশ্বানুভূতিও বিঘ্নিত হয়। 'ক্রম-মুদ্রা'য় এই অনুভবকে (বিশ্বানুভূতি) চিরস্থায়ী করার প্রয়াস করা হয়। তখন এই জগতকে অস্বীকার করার আর প্রয়োজন হয় না, এই জগতই হয় 'জগদানন্দ' (eternal delight)। তখন ব্যক্তির কাছে আর বাস্তব জগতের স্থিতি থাকে না, সবকিছু তার কাছে 'অকৃত্রিম-অহম-বিমর্শ' বা শিবের শুদ্ধ চেতনা (pure I-consciousness)।

এই হল জীবন্মুক্তি। জগতে অবস্থান করেও শিবের বিশ্বময়তা (toto caelo-চিদাকাশ), ব্যক্তির দেহ ও মনে অনুভূত হয় (physical and psychic attainment)। সাধক সেটাই ধরে রাখতে আগ্রহী হয়। একদিনে এই প্রাপ্তি সম্ভব নয়, সাধক ধীরে ধীরে এই স্তরে উন্নীত হন যখন চিদাকাশের এই অনুভূতি দেহে ও মনে স্থিতি লাভ করে।

সাধারণ ব্যক্তিকে জানা যায় 'সকল' রূপে; তার মধ্যে বর্তমান থাকে কার্ম, মায়ীয় ও আণব মল। বহু জন্মের কর্মফলে ব্যক্তির মনে তার কোথা থেকে আগমন এবং কোথায় গমন, সে বিষয়ে জিজ্ঞাসার উদয় হয়। অনুগ্রহের এটাই প্রথম লক্ষণ।

সেই সময়ে ব্যক্তি যদি জগতের সঙ্গে নিজেকে দৈনন্দিনতায় যুক্ত রাখে, তাহলে সে 'প্রলয়াকল'-এর শিকার হয়ে জন্ম-মৃত্যুর চক্রেই থেকে যায়। তার সাধনায় কার্মমল দূরীভূত হলেও মায়ীয় ও আণব মল থেকে বন্ধন ছিন্ন হয় না, শক্তির জ্ঞান ও ক্রিয়ার অনুভব হয় না। জগতের বিনাশে ব্যক্তি প্রলয়াকলেই থেকে যায়। যখন ব্যক্তিতে জ্ঞানের উদয় হয় (বিজ্ঞানাকল) তখন ব্যক্তি ধীরে ধীরে মন্ত্র, মন্ত্রেশ্বর, মন্ত্র-মহেশ্বর ও শেষে শিব-প্রমাতার

স্তরে উন্নীত হয়ে জগতের অবিচল আদি রূপের (fons et origo) ব্যাপক অনুভূতি প্রাপ্ত হয়।

এই অন্তর্দৃষ্টি (involution) শিবভাবেরই। অর্থাৎ ব্যক্তির বহুকালের গমনাগমন এতদিনে তার মূলগৃহে (শুরুতে) শেষ হয় যা তার কাম্য আলোকময় স্থিতি। বহু আবরণ ছিন্ন করে, উন্মেষে প্রত্যাগমন করে অন্তরে স্থিতি লাভ করে। ব্যক্তি তখন উল্লসিত হয়। অভিনবগুপ্তের ভাষায়—

স্বতন্ত্রঃ স্বচ্ছাত্মা স্ফুরতি সততং চেতসি শিবঃ
পরাশক্তিশ্চেয়ং করণসরণিপ্রান্তমুদিতা।
তদা ভোগৈকাত্মা স্ফুরতি চ সমস্তং জগদিদম্
ন জানে কুত্রায়ং ধ্বনিরনুপতেৎ সংসৃতিরিতি।।

—(মহার্থমঞ্জরী পৃঃ 25)

অর্থাৎ, 'এই সেই শিব, অবাধ, স্বচ্ছচিত্ত (pellucid consciousness) যা আমার হৃদয়ের প্রভাস্বরূপ (ever sparkling), তাঁর শক্তিরূপ আমার ইন্দ্রিয় শক্তির মেখলা (কটিবন্ধন)। সমগ্র বিশ্বব্রহ্মাণ্ড জাজ্জ্বল্যমান (gleams) তাঁর চিদাকাশে। আমি জানিনা এর পরেও জগতের কি অর্থ থাকতে পারে।'

বিষয় ব্যাখ্যা (Content Analysis)

সূত্র-1 : পরম চিত্তই ইচ্ছার দ্বারা জগতকে সিদ্ধ করে। জগত অর্থে সবকিছুই, সদাশিব থেকে শুরু করে মেদিনী পর্যন্ত। সিদ্ধির অর্থ হওয়া (being happened)- সৃষ্টি, স্থিতি, বিনাশসহ। চিতি- সেই সর্বোচ্চ শক্তি যা উন্মেষ ঘটায়; মায়া বা প্রকৃতির উন্মেষের কারণ নয়। যেহেতু চিতি নিজেই সবকিছু, উদ্দেশ্য ও বিধেয় এবং প্রমাণ স্বরূপ তাই তাকে কেউ প্রমাণিত করতে পারে না। সিদ্ধিতে আছে ভোগ (experience) ও মুক্তি (liberation) উভয়ই। সিদ্ধি কার্যের কারণ হল চিতি।

সূত্রে দেওয়া 'হেতু'র অর্থ শুধু কারণ নয়, এর অন্য অর্থ উপায় (means)। সেই অর্থে সূত্রে উল্লিখিত 'চিতি'-কে হেতু বলার উদ্দেশ্য চিতি ব্যক্তির উত্তরণের সোপান। চিতির একত্ব স্থান-কালে ব্যাপ্ত তাই স্বতন্ত্র এবং মায়ার প্রভাবের পূর্বেই জগতের সূচনা করতে

সক্ষম তাঁর ভাবনায় (ideation)। জগতের এখানেই শুরু ও শেষ। প্রত্যভিজ্ঞাহৃদয়ের প্রথম সূত্রেই সমগ্র গ্রন্থের মূল ব্যাখ্যা (key note) বিধৃত।

সূত্র-2 : তাঁর স্বইচ্ছায় চিতি সমগ্র সৃষ্টির উন্মেষ ঘটান আপন চিত্তে।

চিতির শক্তি জগতের ঘটক, কোনও বহির্শক্তি নয়। শিবে যে জগত অন্তর্নিহিত, শক্তি তার বহির্প্রকাশ ঘটায়।

সূত্র-3 : জগত অসংখ্য শক্তি ও সৃষ্টির (subject and object) পূর্বাপর গ্রাহ্যরূপ (reciprocal adaptation)।

জগতের বিভিন্নতা ও বৈচিত্রের কারণ সাক্ষ্য ও সাক্ষীর বৈচিত্র যার ব্যাখ্যা নিম্নরূপ।

i) সদাশিব তত্ত্বে অহমের (I-consciousness) প্রাধান্য বেশি, দৃশ্যমান জগৎ (ইদম্) তখন আভাসরূপ (incipient stage)। ব্যক্তির এই উপলব্ধিকে মন্ত্র-মহেশ্বর বলে। ব্যক্তি তখন সদাশিব তত্ত্ব থেকে অনুভব করে 'আমিই এসব' (I am this)। ব্যক্তির আমিত্বে তখনও বর্তমান জগৎ দৃশ্যমান হয় না।

ii) এরপরে ঈশ্বর তত্ত্বে অহম্ ও ইদম্ ধীরে ধীরে দৃশ্যমান হয় ব্যক্তির অনুভবে পৃথক অবস্থায়। ব্যক্তির এই স্তর মন্ত্রেশ্বর। ঈশ্বর এই স্তরের কর্তা।

iii) এরপরে বিদ্যাতত্ত্ব, যখন জগৎ পৃথকরূপে প্রতিভাত হয়। এই স্তরে ব্যক্তি মন্ত্রের ধারক হয়। অনন্ত-ভট্টারক (অনন্তের দেবতা) তখন মন্ত্রের চালক, দৃশ্যমান জগতের উদ্গাতা রূপে।

iv) বিদ্যাতত্ত্ব বা শুদ্ধ বিদ্যার পরে এবং মায়ার পূর্বে (উর্দ্ধে) হল বিজ্ঞানাকল। বিজ্ঞানাকলে অবস্থান সকল ও প্রলয়াকলের। ব্যক্তি উভয় অবস্থায় সঞ্চালিত হয়।

এরপর মায়ার জগৎ, এই জগতে ব্যক্তি প্রলয়ের অধীন- প্রলয়কেবলিন। অহম্ ও ইদমের ধারণাও তখন ব্যক্তিতে অস্বচ্ছ, পরিষ্কার গড়ে ওঠেনি।

vi) মায়া থেকে মেদিনী পর্যন্ত থাকে 'সকল' অবস্থা, সর্বত্রবৈচিত্রমানতা, যা একটা সাধারণ ব্যক্তি দেখে ও অনুভব করতে পারে।

শিবই এসবের মূল যার কারণে সদাশিব থেকে মেদিনী পর্যন্ত সবকিছুর উন্মেষ হয়।

সূত্র-4: ব্যক্তিচিত্তে চিৎ সঙ্কুচিত অবস্থায় থাকে, তাই বিশ্বও ব্যক্তিতে সঙ্কুচিত।

অর্থাৎ, শিব বা বিশ্বব্যাপী চিৎ, বিশ্ব ও তার সাক্ষী উভয়রূপেই সঙ্কুচিত হয়ে ব্যক্তিতে অবস্থান করে। এই জ্ঞান লাভ হলেই ব্যক্তির মুক্তি হয়।

সূত্র-5: চিতিই ব্যক্তিতে চেতনা বা চিত্তে পর্যবসিত হয়। অর্থাৎ বিশ্বচেতনা হয় ব্যক্তি চেতনা। সঙ্কুচিত বিশ্বচেতনা ব্যক্তিতে সীমিত চিৎ। অর্থাৎ, ব্যক্তিতে প্রথমে চিৎ-এর প্রাধান্য এবং পরে তা সীমিত।

প্রথম প্রাধান্যে বিজ্ঞানাকল অর্থাৎ শুদ্ধবিদ্যা ও মায়ার মধ্যবর্ত্তী অবস্থা ব্যক্তিতে উন্মেষিত (প্রকাশিত); এই অবস্থায় উন্মেষ ও বিচার সামর্থ্যের (প্রকাশ ও বিমর্শের) সহাবস্থান যা শুদ্ধবিদ্যা জাত, যার আর এক নাম

শুদ্ধ-বিদ্যা-প্রমাতা। কিন্তু চিৎ-এর সীমিতাবস্থায় শুদ্ধবিদ্যার পরবর্ত্তী বিকাশ হয় না, তাই শুদ্ধবিদ্যায় প্রমাতার করণীয় অতিরিক্ত কিছু থাকে না। এই অবস্থাকে অনাশ্রিত-শিবাবস্থাও বলে।

বিশ্বচেতনার জ্ঞান, ক্রিয়া ও সঞ্চারিত মায়া ব্যক্তিতে সত্ত্ব, রজ ও তম গুণে গুণময়তা রূপে ব্যক্তিকে সীমিত করে।

সূত্র-6 : ব্যক্তিতে সঙ্কুচিত চিৎ বা চিত্ত অনাশ্রিত-শিবাবস্থার পরের অবস্থা মায়া-প্রমাতা।

সূত্র-7 : শিব বা চিৎ বিশ্বব্যাপী এক হলেও জীবে সীমিতাবস্থায় ভোক্তা ও ভোগ্য (experient and its object) উভয়ই, তার তখন দ্বৈতাবস্থা; মলে তিন বিভাজন— আণব, মায়া ও কার্মিক মল; প্রকৃতিতে চার বিভাজন- স্থূল দেহ, প্রাণ, পুর্যষ্টক ও শূন্যতা। শিবের পর ব্যক্তিতে পর্যবসিত হওয়ার আগে পর্যন্ত পাঁচ স্তর যথা, শক্তি (expression of pleasure), সদাশিব (willingness), ঈশ্বর (knowledge), সদ্-বিদ্যা (to act) ও মায়া (consummation)। এরপরে ব্যক্তিত্বের (individuality) সীমিতাবস্থা— কর্তৃত্বের, জ্ঞানের, পূর্ণত্বের, কালের, স্বাতন্ত্রতার (নিয়তির বা ঘটনাক্রমের পরাধীনতা)। এরপরে মায়ার খেলা পঁচিশ তত্ত্বে- পুরুষ, প্রকৃতি দিয়ে শুরু; বাকি প্রকৃতির তেইশ তত্ত্ব যথা— মন সহ একাদশটি ইন্দ্রিয়, পঞ্চ প্রপঞ্চ (ক্ষিতি, অপ, তেজ, মরুৎ ও ব্যোম), পঞ্চ প্রপঞ্চের পর পঞ্চ তন্মাত্র (শব্দ, স্পর্শ ইত্যাদি) এবং মহতত্ত্ব বা অহঙ্কার ও বুদ্ধি। এসব মায়াতে সম্মিলিত; সব মিলে শিবের পরে পঁয়ত্রিশ তত্ত্ব। সবকিছুর সাক্ষী ব্যক্তি তথা শিবের চিৎ প্রতিভূ।

শিবতত্ত্ব হল সর্বোত্তম, বাকি পঁয়ত্রিশটির সাত ভাগ, প্রতিটিতে পাঁচটি করে তত্ত্ব। প্রথম পাঁচটি সবচেয়ে গুরুত্বপূর্ণ এতে আছে সৃষ্টির ধরায় আগমনের সূচনা। এই পাঁচটি হল যথাক্রমে শক্তিতত্ত্ব, সদাশিব তত্ত্ব, ঈশ্বরতত্ত্ব, সদবিদ্যা তত্ত্ব এবং মায়া তত্ত্ব। এর মধ্যে শক্তিতত্ত্ব (আনন্দ), ও সদাশিব তত্ত্ব (শিবের ইচ্ছা) এবং সর্বোত্তম শিব (চিৎ) হল অনন্ত শুদ্ধ তত্ত্ব। শক্তিতত্ত্ব শিবে আধারিত। এরপরে ঈশ্বরতত্ত্ব থেকে সদবিদ্যা ও মায়াতে সৃষ্টির আভাস, তাই অশুদ্ধ যদিও অসীম। দ্বিতীয় ভাগে পঞ্চ কুঞ্চক যথা, কলা, বিদ্যা, রাগ, কাল ও নিয়তি। তৃতীয় ভাগে পাঁচটি হল পুরুষ, প্রকৃতি, মন, বুদ্ধি ও অহঙ্কার। চতুর্থ ও পঞ্চম ভাগে যথাক্রমে পাঁচ প্রপঞ্চ (ক্ষিতি, অপ, তেজ, মরুৎ ও ব্যোম) এবং পাঁচ তন্মাত্র (গন্ধ, রস, বর্ণ, স্পর্শ, ও শব্দ)। ষষ্ঠ ভাগে পাঁচ জ্ঞানেন্দ্রিয় ও সপ্তম ভাগে পাঁচ কর্মেন্দ্রিয়। এই সাত-পাঁচের ভাগাভাগি সম্পৃক্তও বটে আবার পৃথকও বটে।

সূত্র-৪ : দর্শনের বিভিন্ন ভাগ শিবের মূল তত্ত্বেরই প্রকারভেদ, বিভিন্ন প্রথায় (roles) দার্শনিকদের কাছে প্রতিভাত। ভেদগুলো তেরো প্রকারে উপস্থাপন করা যেতে পারে নিম্নরূপে।

i) চার্বাকের মত হল দেহেই চিত্ত বিবৃত (characterised by self awareness)।

ii) ন্যায় দর্শনে বুদ্ধিকেই মহত্ত্ব দেওয়া হয়েছে এবং ব্যক্তিসত্ত্বা বুদ্ধিতেই থাকে। মৃত্যুর পরে এই সত্ত্বা শূন্যে লীন হয়ে যায়।

iii) মীমাংসকের মত হল বুদ্ধি ও ব্যক্তিসত্ত্বা যেমন একই সেইরকম চেতনা ও সত্ত্বাও এক, অর্থাৎ ব্যক্তির চেতনাই সব।

iv) বৌদ্ধ দর্শনের সত্ত্বাও বুদ্ধি বিশেষ।

v) অনেক বেদান্তি প্রাণকে সত্ত্বা মনে করেন।

vi) বেশির ভাগ বেদান্তি ও মাধ্যমিক মতবাদী বস্তুর নিষেধকেই (non-being) মূলতত্ত্ব (fundamental principle) মনে করেন।

vii) পঞ্চরাত্র সাধনার অনুগামীরা বাসুদেবকে সর্বকারণের কারণ বলেন।

viii) সাঙ্খ্যদর্শনে বিজ্ঞানাকল তথা শুদ্ধ বিদ্যা ও মায়ার মিলন স্বীকৃত সত্য।

ix) কিছু বৈদান্তিক ঈশ্বরতত্ত্ব (ইদম্-অহম্) বা জ্ঞানশক্তিকে সর্বোচ্চ মনে করেন।

x) বৈয়াকরণ সিদ্ধান্তে ‘পশ্যন্তি’ বা বাক্-এর উন্মেষ (আভাস) হল সদাশিব যা সৃষ্টির ইচ্ছা এবং সেটাই সর্বোচ্চ।

xi) তান্ত্রিকেরা মনে করেন আত্মন্ যা সর্বব্যাপ্ত সেটাই সর্বোচ্চ।

xii) কৌল মতাবলম্বীরা বিশ্বময়তাই আত্মতত্ত্ব মনে করেন।

xiii) ত্রিকাদর্শনে সত্যের ত্রয়ী (শিব, শক্তি ও সীমিত আত্মা) সম্পর্ক অন্তর্লীন ও অসীম (immanent and transcedent) উভয়ই।

অষ্টম সূত্রকে অন্যভাবেও ব্যাখ্যা করা যেতে পারে, যথা বর্ণ, গন্ধময় জগতের অভিজ্ঞতা ও অন্তরের সুখ দুঃখের অনুভূতি এসবই শিবের প্রকৃতির প্রকাশের উপায় (means), যে শিব মূলসত্য (highest reality)।

সূত্র-9 : জীবের সীমাবদ্ধতার কারণে জীবভূত শুদ্ধ শক্তি মলের দ্বারা আবরিত থাকে। এই মল জাগতিক আণব, মায়া ও কার্মিক মল; মায়ার জগতকে জানাকে জগতের জ্ঞানের মল বলে। এই জ্ঞান সীমিত, জ্ঞানের সীমাবদ্ধতা বা মায়ীয় মলের কারণে ব্যক্তি একে অপরের ও বস্তুতে বস্তুতে পৃথকত্ব বোধ হয়।

ব্যক্তি আবরণ মুক্ত হলে, শক্তির উন্মোচনে তার শিবভাব হয়।

সূত্র-10 : ব্যক্তির সীমাবদ্ধ অবস্থাতেও শিবের পঞ্চকৃত্য ব্যক্তিতে সংঘটিত হতে পারে। দৃশ্যানুভূতির কালে ব্যক্তি স্রষ্টা, কারণ তখন জগৎ তার কাছে প্রকাশমান (emanating)। আবার অদৃশ্যমানতার কালে সেই জগৎ তার কাছে সংহৃত (withdrawn)। ব্যক্তির কাছে জগতের অস্তিত্বের ধারাবাহিকতা হল জগতের স্থাপকত্ব (maintenance)। তেমনি কোনও নির্দিষ্ট ব্যক্তি বা বস্তুর একের ক্ষেত্রে অন্যের না হওয়া, পারস্পরিক বিলয় বোধ (concealment of commonality)। যখন ব্যক্তির চিত্তের আলোকে সবকিছু একাকার (object merged in light of consciousness) তখন ব্যক্তির অনুগ্রহ (grace) প্রাপ্তি হয়।

সূত্র-11 : ব্যক্তিতে পঞ্চকৃত্যের আর এক রূপ উন্মেষ, আস্বাদন, চিন্তন, স্থাপন (setting of seed) এবং হরণ (dissolution) যা তন্ত্র যোগের (চর্চা) আধারে সম্ভব।

যা কিছু ধারণা করা হয় সেটাই সৃষ্টির আভাস বা প্রারম্ভ। এই ধারণাকে কিছু সময় ধরে রাখাই হল তার আস্বাদন, এর নাম ধারণায় রক্তি বা স্থিতি। এই ধারণা অবসিত হয়ে (সংহৃত-withdrawal) আকার প্রাপ্ত হয় (রূপময়) জ্ঞানে।

জ্ঞানের দ্বারাই হয় কোনোকিছুর বীজ স্থাপন এবং তাৎক্ষণিক ধারণার বিলয় হয়। এই সৃষ্টিময়তার চিত্তে (অন্তরে) বোধ হলে হয় অনুগ্রহ লাভ।

সূত্র-12 : সংসারী হওয়ার অর্থ হল অজ্ঞানতা বশত নিজের কর্তৃত্বকে সর্বোপরি মনে করা এবং পঞ্চকৃত্যের মূল কর্তাকে অস্বীকার করা। শক্তির বিষয়ে অনুভবনীয় সর্বোচ্চ বাক্ শক্তি তা আসলে অহমের বোধ। শক্তির মন্ত্রের ব্যাপ্তি 'অ' থেকে 'ক্ষ' পর্যন্ত এবং সমস্ত জগৎ (emperical experience) তাতেই বিধৃত। শক্তি অভেদ চিৎ-কে (distinctionless consciousness) সঙ্কুচিত করে জগতের খেলাকে নবোন্মেষিত করে অব্যাহত রাখে। যদিও ব্যক্তি (emperical experient) তখন নিজেকেই কর্তা ধর্তা মনে করে এবং ব্রাহ্মী (ব্রহ্মের সৃষ্টির) ও অপরাপর শক্তির প্রভাবে পশুদশা (জাগতিক বাস্তবতা) প্রাপ্ত হয়।

যখন পশুপতিত্ব বোধহয় অর্থাৎ পশুত্বের উপর আধিপত্য হয় তখন ধীরে ধীরে ব্যক্তি অবিকল্পের দিকে অগ্রসর হয়। এই প্রক্রিয়াকে বলে শাম্ভবোপায়ে একত্বের অনুভব (unity-consciousness)।

শাক্তোপায়ে চিৎ-শক্তির অধিষ্ঠাত্রী বামেশ্বরী। তাঁর রাজত্বে আছে খেচরী, গোচরী, দিক্'চরী ও ভূচরী শক্তি।

এই চার শক্তির মাধ্যমে বিশ্বচেতনা রূপময় হয়। খেচরী শক্তির দ্বারা বিশ্বচেতনা ব্যক্তিত্ব লাভ করে, গোচরী শক্তিতে তৈরী হয় মানসিকতা, দিক্'চরী হয় বহিরঙ্গের বোধ, এই বোধ যেন নিজেরই; আর ভূচরী শক্তিতে হয় বহির্মুখীনতা বা ব্যাপ্তী।

তৃতীয় হল আণবোপায়। এই উপায়ে ভগবানের ঐশ্বর্য্য ঢাকা পরে যায় ব্যক্তির কাছে এবং প্রাণের বোধ সক্রিয় হয়। এই প্রাণের বোধের দ্বারাই জগতের ছোট বড় সবকিছু ব্যক্তি বিচার করে। আবার যখন যোগের দ্বারা উদান বায়ু (উর্দ্ধমুখী প্রাণ) ও ব্যান বায়ু (দেহে প্রাণের বিস্তার) অনুভূত হয় তখন ব্যক্তির তুরীয় অবস্থা প্রাপ্তি হয় এবং ক্রমে ব্যক্তি সাধনায় তুরীয়াতীত অবস্থা প্রাপ্ত হয় মুক্ত হয়।

সূত্র-13 : পঞ্চকৃত্যের পূর্ণ জ্ঞান হলে ব্যক্তির চিত্ত যখন চিৎ-এর অনুভবী হয় তখন তার প্রকৃত চেতনা লাভ হয়।

পঞ্চকৃত্যের বোধ ব্যক্তিতে অবতরণ করে তখন ব্যক্তির সঙ্কুচিত জ্ঞানের অজ্ঞতা দূর হয়; ব্যক্তির চিত্ত চেতনার স্বাধীনতা প্রাপ্ত হয়, জগতের স্বরূপ জেনে চিতিতে (universal consciousness) উন্নীত হয়।

সূত্র-14 : চিতি-র তেজ অবতরণের দরুণ ব্যক্তির মায়ার আবরণ অনেকাংশে নির্মূলিত হয় এবং দৃশ্যমান জগতের রূপের (objects) তথা অগ্নির রসদের (fuel) অবলুপ্তি প্রধানত ঘটে।

চিতি মূলত অভেদ চেতনা, কিন্তু ব্যক্তিতে এই চেতনা অন্তর্নিহিত থাকা সত্ত্বেও তার বস্তুর ভেদজ্ঞান হয় কেন ? এই প্রশ্নের উত্তর হল, ব্যক্তিতে চিতির অভেদত্ব সব সময়েই বজায় থাকে এবং বস্তুর পৃথক বাস্তবতাও তাতে সমাহিত থাকে; যেমন অগ্নিতে নিক্ষিপ্ত সব পদার্থই দগ্ধ হয়ে অগ্নিময় হয়। মায়া যখন চিতিকে আবৃত করে, ব্যক্তির সংস্কার সত্ত্বেও চিতির কোনও ক্ষতিবৃদ্ধি হয় না। মায়া পঞ্চকৃত্যের তেজে আংশিক অবসিত হলে বস্তুতে চিতির বোধ হয়।

সূত্র-15 : ব্যক্তি যখন তার অন্তর্নিহিত (intrinsic) চিৎ-শক্তির সাক্ষাৎ পায় (re-asserts) তখন বিশ্বই ব্যক্তির হয় (own it)। এক্ষেত্রে বল বা শক্তির অর্থ চিতির মূল প্রকৃতির জ্ঞান।

সমগ্র বিশ্বই চিতিতে স্থিত; বিশ্বের চিতিতে স্থিতি কোনও সাময়িক বিষয় নয়, চিতি সব সময়েই ধারক (inclusive)। সুতরাং ব্যক্তিতে চিৎ-শক্তির বোধের উজ্জীবন হল ব্যক্তির নিজের সম্বন্ধে বস্তু জ্ঞানের লয়।

সূত্র-16 : চিৎ-শক্তির আনন্দানুভবে সবকিছুই চিৎসম বোধ হয়।

ব্যক্তির চিৎ-এর সঙ্গে সমতার অনুভবই তার জীবন্মুক্তি (liberation even in physical body)। অজ্ঞতার অবসানে নিজের প্রকৃতিতে চিৎ-শক্তির উপলব্ধি হয়।

সূত্র-17 : ব্যক্তির অন্তঃস্থলের (centre) উত্তরণে (development) তার আত্মা চিদানন্দ স্বরূপ হয় (becomes blissful spirit)। সম্বিত বা চেতনার শক্তিই অন্তঃস্থলে

স্থিত যা ব্যক্তির তথা জগতের ধারক। ব্যক্তিতে এর পরিচিতি সুষুম্নায়। এই নাড়ীর সক্রিয়তায় (development) ব্যক্তির বিশ্বানুভবের আনন্দ হয়।

সূত্র-18 : সুষুম্নায় অনুভবের সক্রিয়তার অর্থ হল জগৎ-রূপ বিকল্পতার অবসান (dissolution), শক্তির অন্তরে বিকাশ, বহির্মুখীভাবের অন্তরে লোপ এবং মননে জগতের শুরু ও শেষের বিন্দুবৎ (কোটি) স্মরণ (contemplation)।

প্রথম পদক্ষেপ হল বিকল্প ত্যাগ, তার জন্য অন্তরে (হৃদয়ে) অবিকল্পের চিন্তন করতে হবে নিজের চেতনাকে সাক্ষী মনে করে। এর ফলে 'মধ্যা'বস্থার (consciousness of central reality) অনুভব হবে যা তুরীয় ও তুরীয়াতীত অবস্থার সোপান। এই প্রক্রিয়াই হল মধ্য-বিকাশ বা প্রত্যভিজ্ঞা।

দ্বিতীয় যে প্রক্রিয়া, সঙ্কুচিত শক্তির বিকাশ (unfolding), তার দ্বারা ইন্দ্রিয়ানুভূতি বশীভূত করা হয় চেতনাকে অন্তর্মুখী করে। সঙ্কুচিত শক্তির বিকাশের অর্থ, চেতনাকে অন্তর্মুখী করে মনকে (দশেন্দ্রিয়র চালক) নিষ্ক্রিয় করে দেওয়।

এই বিকাশের আর একটি উপায় হল কুণ্ডলিনী উর্দ্ধগতি দেওয়ার প্রয়াস, যার দ্বারা কুণ্ডলিনী শক্তি প্রসরিত হলে শক্তির বিশ্রান্তি হয় চেতনায়। সমাধি থেকে জাগরণে সমাধির ভাব বজায় রাখাতেও শক্তির প্রসরণ বা বিকাশ হয় এবং পুনঃসমাধিস্থ হওয়াও বিশ্রান্তি। সঙ্কুচিত শক্তির বিকাশে শক্তির দৈহিক গ্রাহ্যতার বিশ্রান্তি হয়।

তৃতীয় পন্থা হল বাহ-চ্ছেদ। এই পন্থায় প্রাণ ও অপান বায়ুকে স্থির করে (cessation) অন্তরে (মননে) স্বরবর্ণ বর্জিত ক থেকে হ এসব বর্ণ ক্রমাগত উচ্চারণে, বর্ণের অনোচ্চারিত মূলে (source) অভিগমন হয়।

চতুর্থ পন্থা হল 'আদ্যন্ত-কোটি-নিভালন', মনকে প্রাণবায়ুর 'আদিতে' (মধ্যচ্ছদার কেন্দ্রে) অর্থাৎ অন্তরে স্থাপন করে তাকে ভ্রূ-মধ্যস্থিত বিন্দু পার করে বারো আঙুল উপরে (অন্ত) চালনা এবং নিভালন অর্থাৎ এই দুই বিন্দুতে সঞ্চালন।

সূত্র-19 : সমাধির পর জাগরণ এবং আবার সমাধিতে মগ্ন হওয়া ও আবার জাগরণ (ব্যুত্থান), এই প্রক্রিয়া বারংবার চলতে থাকলে চিৎ-বোধ (universal consciousness) হয়। তখন জাগরণেও (ব্যুত্থানে) যোগী সমস্ত সংসারকে চিত্তেই নিমজ্জিত দেখেন তার নিমীলন সমাধিতে। ক্রম-মুদ্রার উক্ত প্রয়াসে যোগীর অচল সমাধি প্রাপ্ত হয়।

সূত্র-20 : উপরোক্ত ভাবে স্থায়ী উপলব্ধি চিৎ ও আনন্দের, মন্ত্র শক্তির সহায়তায় হলে, জাগতিক প্রকাশের অধিষ্ঠাত্রী পূজ্য দেবদেবীও তখন বশীভূত হয়ে যায় অর্থাৎ বিলয় হয় শিবের মহিমায়।

ক্রম-মুদ্রার দক্ষতায় (mastery), যে চিৎ-শক্তির স্বরূপোপলব্ধি হয় তাতে জগতের সৃষ্টি চক্রের দেবদেবীরা বশীভূত হয় এবং স্থূল, সূক্ষ্ম শরীর, প্রাণের অহম বোধ, ইন্দ্রিয়ত্ব সবই সম্বিত, সদাশিব, মহেশ্বরে পর্যবসিত হয়ে জাগতিক বোধ লুপ্ত হয়। প্রকাশের মাধ্যম মন্ত্র তখন তার মূলে তথা চেতনায় ফিরে যায় শক্তি রূপে। যা থাকে তা চিৎ, সৃষ্টির সহায়ক শক্তির কারক বা প্রভু।

ওঁ নমো মঙ্গলমূর্তয়ে

অথ

প্রত্যভিজ্ঞাহৃদয়ম্

[The secret of Recognition] (1)

(প্রারম্ভিক প্রথম স্তব)

নমঃ শিবায় সততং পঞ্চকৃত্যবিধায়িনে।
চিদানন্দঘনস্বাত্মপরমার্থাবভাসিনে।।

(প্রারম্ভিক দ্বিতীয় স্তব)

শাঙ্করোপনিষৎসারপ্রত্যভিজ্ঞামহোদধেঃ।
ক্ষেমেণোদ্'ধ্রিয়তে সারঃ সংসারবিষশান্তয়ে।।

উপরোক্ত স্তবদ্বয়ের অর্থ নিম্নরূপ

শিবে(2) আমার প্রণতি যিনি চিরকাল(3) পঞ্চকৃত্যের(4) মাধ্যমে সর্বোত্তম শক্তি ও মহত্ত্বের(5) (value) প্রকাশ ঘটান অর্থাৎ তাঁর সত্ত্বা(6), যা জীবেও প্রতিভাত (real self of individual) এবং যা চেতনা ও আনন্দঘন স্বরূপ(7)। প্রত্যভিজ্ঞা তত্ত্বের সমুদ্রের সার (quintessence) গুহ্য তত্ত্ব(8) যা শঙ্করের(9) তত্ত্বসার (cream), সেই তত্ত্ব ক্ষেমরাজ এখানে পরিবেশন করেছেন সংসারের(10) বিষ নাশ করার জন্য।

ওঁ মূর্ত মঙ্গলময়তাকে প্রণতি

স্বরূপোপলব্ধিসারের শুভারম্ভ।

এখন 'প্রত্যভিজ্ঞাহৃদয়ম্' তত্ত্বের (the secret of recognition) শুভ সূচনা করা হচ্ছে।

'প্রত্যভিজ্ঞাহৃদয়মে'র প্রয়োজন ইহ যে সুকুমারমতয়োঽকৃততীক্ষ্ণ-তর্কশাস্ত্রপরিশ্রমাঃ শক্তিপাতোন্মিষিতপারমেশ্বর-সমাবেশাভিলাষিণঃ কতিচিৎ ভক্তিভাজঃ তেষাম্ ঈশ্বরপ্রত্যভিজ্ঞোপদেশতত্ত্বং মনাক্ উন্মীল্যতে।

অর্থাৎ, এই জগতে কিছু সুকুমারবৃত্তি সম্পন্ন লোক আছে যারা যুক্তি তর্ক দ্বারা (logic and dialectics) জগৎ সম্পর্কে অত মাথা ঘামায় না। কিন্তু তারা ভক্তরূপে ভগবানে সমাবেশিত(11) শক্ত্যাবেশে(12) (with descent of Sakti)। তাঁদের জন্যই মূল 'ঈশ্বরপ্রত্যভিজ্ঞা'(১) গ্রন্থটির ক্ষেমরাজকৃত 'প্রত্যভিজ্ঞাহৃদয়মে' উপস্থাপনা।

~~

তত্র স্বাত্মদেবতায়া এব সর্বত্র কারণত্বং সুখোপায়প্রাপ্যত্বং মহাফলত্বং চ অভিব্যঙ্ক্তুমাহ—

অর্থাৎ, জগতের কারণ যে ভগবত্তা, সেটাই সবকিছুর সত্ত্বা। সহজে এই সত্ত্বার উপলব্ধিই হল অনন্য লাভ।

সূত্র-1

'চিতিঃ স্বতন্ত্রা বিশ্বসিদ্ধিহেতুঃ'

সূত্রের অর্থ—সূত্রে(13) যে পরম(14) (absolute) চিতির(15) কথা বলা হয়েছে সেই পরম চিতি বা চিৎ জগতের সম্ভাবনা সফল (সিদ্ধি)(16) করে। চিতি হল চিৎ-এর ক্রিয়াত্মিকা।

ভাষ্যের প্রথমাংশ

'বিশ্বস্য'— সদাশিবাদেঃ ভূম্যন্তস্য 'সিদ্ধৌ'-নিষ্যতৌ, প্রকাশনে, স্থিত্যাত্মনি, পরপ্রমাতৃবিশ্রান্ত্যাত্মনি চ সংহারে, পরাশক্তিরূপা 'চিতিঃ' ভগবতী।

'স্বতন্ত্রা'— অনুত্তরবিমর্শময়ী শিবভট্টারকাভিন্না 'হেতুঃ'-কারণম। অস্যাং হি প্রসরন্ত্যাং জগৎ উন্মিষতি ব্যবতিষ্ঠতে চ, নিবৃত্তপ্রসরায়াং চ নিমিষতি;—ইতি স্বানুভব এব অত্র সাক্ষী। অন্যস্য তু মায়াপ্রকৃত্যাদেঃ চিৎপ্রকাশভিন্নস্য অপ্রকাশমানত্বেন অসত্ত্বাৎ ন ক্বচিদপি হেতুত্বম্; প্রকাশমানত্বে তু প্রকাশৈকাত্ম্যাৎ প্রকাশরূপা চিতিরেব হেতুঃ; ন ত্বসৌ কশ্চিৎ। অত এব দেশকালাকারা এতৎসৃষ্টা এতদনুপ্রাণিতাশ্চ নৈতৎস্বরূপং ভেত্তুমলম্;—ইতি ব্যাপক-নিত্যোদিত পরিপূর্ণরূপা ইয়ম্-ইত্যর্থলভ্যমেব এতৎ।

ভাষ্যের অর্থ

ব্রহ্মাণ্ড বা বিশ্বের অর্থ সদাশিব(17) ইত্যাদি থেকে শুরু করে জগৎ(earth) পর্যন্ত, সিদ্ধির অর্থ ফলপ্রসূতা (effectuation) এবং সেই অর্থে সৃষ্টির শুরু, স্থিতির অর্থ সৃষ্টির পোষণ এবং সংহার অর্থ সৃষ্টির অন্তিম বা অবলুপ্তি বা স্থানুত্ব (resting) সর্বোত্তম সাক্ষীতে (highest experient)(18), যার কারণে এসব সম্ভব হয়েছে। এই সম্ভাব্যতা সাক্ষীর সর্বোচ্চ শক্তির(19) মাধ্যমে। এই সর্বোচ্চ শক্তিতে সর্বোত্তম সাক্ষীরই শক্তি যা তার স্বাধীন ইচ্ছায়(২) সঞ্চারিত। এই সঞ্চারের নাম বিমর্শ(20) যা সবকিছুর 'হেতু' স্বরূপ 'শিবভট্টারক'। 'ভট্টারকে'র অর্থ পোষণ করা, সম্মানার্থে শিব উপসর্গ যুক্ত হয়েছে। চিতি-র মাধ্যমে চেতনা যখন রূপময় হয় (সৃষ্টি), বিমর্শ তখন জগতের উন্মীলনে সৃষ্টির পোষণ তত্ত্ব। বিমর্শের নিবৃত্তি হয় জগতের নিমীলনে।

মায়া, প্রকৃতি প্রভৃতি যেহেতু 'চিতি'র জ্যোতি থেকে ভিন্ন তাই সেসব সৃষ্টির মূল কারণ নয়, 'চিতি' স্থান-কালে সর্বত্র ব্যাপ্ত(22) প্রাথমিক এবং চিরকালীন ও পূর্ণ। বিমর্শ হল 'চিতি' এবং মায়া, প্রকৃতি প্রভৃতির সংযোজক এক বিচারক্ষম গুণ যার কারণে জগৎ প্রকাশিত। সূত্রের এই অর্থ বিশেষ করে অনুধাবনীয়।

ভাষ্যের দ্বিতীয়াংশ

ননু জগদপি চিতো ভিন্নং নৈব কিঞ্চিৎ; অভেদে চ কথং হেতুহেতুমদ্ভাবঃ উচ্যতে। চিদেব ভগবতী স্বচ্ছস্বতন্ত্ররূপা তত্তদনন্তজগদাত্মনা স্ফুরতি, ইত্যেতাবৎপরমার্থোঽয়ং কার্য-কারণভাবঃ যতশ্চ ইয়মেব প্রমাতৃ-প্রমান-প্রমেয়-ময়স্য বিশ্বস্য সিদ্ধৌ-প্রকাশনে হেতুঃ,

ততোহস্যাঃ স্বতন্ত্রাপরিচ্ছিন্ন-স্বপ্রকাশরূপায়াঃ সিদ্ধৌ অভিনবার্থপ্রকাশনরূপং ন প্রমাণবরাকমুপযুক্তম্ উপপন্নং বা। তদুক্তং ত্রিকসারে—

ভাষ্যের দ্বিতীয়াংশের অর্থ

তর্ক উঠতে পারে যে সবকিছুই যদি চিৎ বা বিশ্বচৈতন্য হয় তবে বস্তুগত বিশ্বের স্থান কোথায় ? যদি বলা হয় জাগতিক বিশ্ব, বিশ্বচেতনা থেকে ভিন্ন কিছু নয় তাহলে চিৎ থেকে বিশ্বে কার্য-কারণ সম্পর্ক(৩) আসে কোথা থেকে?

উত্তর হল, ভগবৎ চৈতন্য (চিদেব ভগবতী) স্বপ্রভব (luminous), পরম (absolute), স্বেচ্ছাধীন (free- willed); যা জ্বলে ওঠে (flashes) অসংখ্য জগৎ সৃষ্টির জন্য। এ ঘটনাই কার্যের কারণ (causal relate)। এ হল সূক্ষ্ম স্তরের কথা(৪) (highest sense)। যেহেতু এই চিৎ থেকেই জগৎ সম্ভব হয়েছে (সিদ্ধি) তাই বস্তুগতভাবে সিদ্ধিতে অবস্থিত তার কর্তা বা বিষয়ী তথা প্রমাতৃ (subject or knower)(23)। প্রমাণ(24) বা জ্ঞান ও তার লাভের উপায় (knowledge and its means) এবং প্রমেয় (object or known)(25) উভয়ই হল প্রমাতৃ কৃত এক অভিজ্ঞতা যা কখনো চিরস্থায়ী হতে পারে না চিৎ-এর মতো। এটাই নিম্নে উক্ত 'ত্রিকা'-র সন্দেশ বা ত্রিকাসার।

ভাষ্যের তৃতীয়াংশ

'স্বপদা স্বশিরশ্ছায়াং যদ্বল্লঙ্ঘিতুমীহতে।
পাদোদ্দেশো শিরো ন স্যাত্তথেয়ং বৈন্দবী কলা।।' ইতি।

যতশ্চ ইয়ং বিশ্বস্য সিদ্ধৌ পরাদ্বয়সামরস্যাপাদনাত্মনি চ সংহারে হেতুঃ, তত এব স্বতন্ত্রা। প্রত্যভিজ্ঞাতস্বাতন্ত্র্যা সতী, ভোগমোক্ষস্বরূপাণাং বিশ্বসিদ্ধীনাং হেতুঃ।—ইতি আবৃত্ত্যা ব্যাখ্যেয়ম্।

ভাষ্যের তৃতীয়াংশের অর্থ

কেউ যদি তার মস্তকের ছায়াকে লাফ দিয়ে অতিক্রম করার চেষ্টা করে তবে তার পা কখনোই মস্তকের ছায়ার উপরে উঠতে পারবে না, সেই রকমই হল বৈন্দবী কলা(26)।

যেহেতু চিৎ হল সিদ্ধির কারণ, আবার সংহারও তাতেই সমাহিত হয়, সামরস্য(27) বা সমতায় তিনি স্বতন্ত্র(28)। তাঁর স্বইচ্ছাতেই সিদ্ধি(৫) (attainment of universe), সিদ্ধির ভোগ ও মোক্ষ লাভ, বন্ধন মুক্তি(29) (liberation)।

ভাষ্যের শেষাংশ

অপি চ 'বিশ্বং'-নীল-সুখ-দেহ-প্রাণাদি; তস্য যা 'সিদ্ধিঃ'- প্রমাণোপারোহক্রমেণ বিমর্শময়প্রমাত্রাবেশঃ, সৈব 'হেতুঃ'-পরিজ্ঞানে উপায়ো যস্যাঃ। অনেন চ সুখোপায়ত্বমুক্তম্। যদুক্তম শ্রীবিজ্ঞানভট্টারকে—

'গ্রাহ্যগ্রাহকসংবিত্তিঃ সামান্যা সর্বদেহিনাম্।
যোগিনাং তু বিশেষোহয়ং সম্বন্ধে সাবধানতা।।' ইতি।

'চিতিঃ'-ইতি একবচনং দেশকালাদ্যনবচ্ছিন্নতাম্ অবিদধৎ সমস্তভেদ-বাদানাম্ অবাস্তবতাং ব্যনক্তি। 'স্বতন্ত্র'-শব্দো ব্রহ্মবাদবৈলক্ষণ্যম্ আচক্ষাণঃ চিতো মাহেশ্বর্যসারতাং ব্রূতে। 'বিশ্ব'-ইত্যাদিপদম্ অশেষশক্তিত্বং, সর্বকারণত্বং, সুখোপায়ত্বং মহাফলং চ আহ।

ভাষ্যের শেষাংশের অর্থ

বিশ্ব হল বর্ণময় দৃশ্যমান জগৎ, জীবের আনন্দ বিহ্বলতার সীমিত অনুভব। বিশ্বে এই সিদ্ধি চিতির হেতু বা কার্য-কারণের দ্বারা সম্ভব হয়, 'হেতু'র আর এক অর্থ হল উপায়। বিশ্বে সিদ্ধিতে পরমের আবেশ হয়। এই আবেশের পথই (gradual merging) হল বিমর্শতা যার জগতে শুরু জ্ঞান বা প্রমাণে(30), শেষ প্রমাতাতে (জ্ঞাতা)। বিজ্ঞানভট্টারকে (বিজ্ঞানভৈরব শ্লোক-106) এই উপায়কে বলা হয়েছে সহজ উপায় (easy means) বা সুখোপায়(৬)।

বিষয় (object) ও বিষয়ীতে (subject) যে চেতনা সর্বত্র তা একই এবং রূপময় (embodied)। যোগীরা বস্তু ও চেতনাকে আলাদা করে বুঝতে পারে। যোগী আরও বুঝতে পারে যে বিষয় ও বিষয়ী পারস্পরিক (related)। বাস্তবে বিষয় না থাকলে বিষয়ী থাকে না। যোগী তার মানসিকতায় সদাই সতর্ক (always conscious) যে চিত্ত সাক্ষী স্বরূপ হয়েও তার থেকেই বিষয়ী তথা বিষয়ের উদ্ভব এবং তাতেই বিলয়।

এখানে (সূত্রে) 'চিতি'কে একবচনে উল্লেখ করা হয়েছে কারণ তা সর্বব্যাপ্ত স্থান, কাল ব্যতিরেকে; ফলে চিত্তের প্রসঙ্গে দ্বৈত তত্ত্বের সুযোগ নেই (real/unreal)। সূত্রে যে স্বতন্ত্রের স্বাধীন ইচ্ছার (absolute, free will) কথা বলা হয়েছে, সেই চিত্ত শঙ্করাচার্যের বেদান্তের ব্রহ্ম(31) (Brahman) থেকে বা নিষ্ক্রিয় ব্রহ্ম থেকে পৃথক সিদ্ধান্ত।

'ঈশ্বরপ্রত্যভিজ্ঞায়' চিত্তের সর্বত্র ব্যাপ্তি বা বিশ্বময়তা তার অমিত শক্তির বোধক যা মুক্তিকেও সম্ভব করে।

টীকা—

(১) যে উৎপলাচার্য ঈশ্বরপ্রত্যভিজ্ঞা গ্রন্থটি মূলত রচনা করেছিলেন, তিনি নবম শতকের লোক।

প্রোঃ লিডেকারের (Prof. Leidecker) 'ঈশ্বরপ্রত্যভিজ্ঞা'র ইংরেজিতে অনূদিত গ্রন্থটি ক্ষেমরাজের 'প্রত্যভিজ্ঞাহৃদয়মে'র মতো সারগ্রাহী হয়নি।

(২) স্বাধীন ইচ্ছার স্বরূপ 'বিমর্শতা' গভীর অর্থবহ (technical)। প্রোঃ লিডেকার বিমর্শের আক্ষরিক অর্থ করেছেন 'কারণ' যা শব্দটির সঠিক অর্থ প্রতিপন্ন করে না। 'কারণের স্বাধীনতা'ও (absolute freedom) শব্দটির সঠিক অর্থ নয়; বরং শিবের চেতনায় সচেতনতা (conscious of consciousness) বা বিমর্শ সৃষ্টির কারণ বলা যেতে পারে।

(৩) কার্য-কারণ সম্পর্কে, কারণ ও কার্য পৃথক, প্রথমটি কারণ, দ্বিতীয়টি তার ফল। বিশ্বচৈতন্য অদ্বৈত হওয়ায় তার পৃথক অবস্থা কি করে সম্ভব ? সেক্ষেত্রে বিশ্বচৈতন্য কারণ ও কার্য উভয়ই, সেটাই সিদ্ধ।

(৪) সূক্ষ্মস্তরে কার্য-কারণের কোনও ক্রম (succession) থাকা সম্ভব নয়, দুটোই সমোদ্ভূত (simultaneous)। চিৎ-এর সক্রিয়তাই বিশ্ব প্রকরণ (manifestation of the universe)।

(৫) সিদ্ধির সাধারণ অর্থ ফলপ্রসূ হওয়া লেখক এখানে চিৎ-এর জগত সৃষ্টি, অর্থেই ব্যবহার করেছেন।

(৬) 'সুখোপায়'-এর অর্থ প্রোঃ লিডেকারের মতে 'সুখের পথ', এটি বেঠিক। বিজ্ঞানভৈরবের 106-সংখ্যক শ্লোকে উদ্ধৃত বিজ্ঞানভট্টারকের ব্যাখ্যা অনুযায়ী চিদানন্দের উপায় জ্ঞানই 'সুখোপায়'।

~~

ননু বিশ্বস্য যদি চিতিঃ হেতুঃ, তৎ অস্যা উপাদানাদ্যপেক্ষায়াং, ভেদবাদাপরিত্যাগঃ স্যাৎ-ইত্যাশঙ্ক্য আহ—

অর্থাৎ, যেহেতু চিতি জগতের কারণ তাই চিতি ও জগতের মাঝে এক কারণ ও কার্যের সম্পর্ক বর্তমান তথা দ্বৈতাবস্থা (dualism) আছে বলে মনে হয়। এই ভ্রান্তির অবসানের জন্য উপরোক্ত সূত্র।

সূত্র-2

'স্বেচ্ছয়া স্বভিত্তৌ বিশ্বমুন্মীলয়তি'

সূত্রের অর্থ—চিতি (যখন সৃষ্টিমুখী তখন স্ত্রী-শক্তি) তাঁর স্বাধীন ইচ্ছায় বিশ্বের প্রস্ফুটন (unfolding) ঘটান নিজেতে (দর্পণে)।

ভাষ্য

'স্বেচ্ছয়া',ন তু ব্রহ্মাদিবৎ অন্যেচ্ছয়া, তয়ৈব চ, ন তু উপাদানাদ্যপেক্ষয়া, এবং হি প্রাগুক্তস্বাতন্ত্র্যহান্যা চিত্ত্বমেব ন ঘটেত-'স্বভিত্তৌ',ন তু অন্যত্র ক্বাপি, প্রাক্ নির্ণীতং 'বিশ্বং' দর্পণে নগরবৎ অভিন্নমপি ভিন্নমিব উন্মীলয়তি।

ভাষ্যের অর্থ

'স্বেচ্ছয়া' অর্থাৎ নিজের ইচ্ছা যা ব্রহ্মবাদ বা অন্যান্য দার্শনিক মতবাদে বিরল, দ্বিতীয়ত শুধুমাত্র তাঁর নিজের শক্তি কেবল তাঁরই শক্তি থেকে উৎপন্ন। চিতির এই ইচ্ছাশক্তি যদি সম্ভব না হয় তবে চিৎ-এরই প্রয়োজনীয়তা থাকে না। ইচ্ছাশক্তির দ্বারা সম্ভব এই সৃষ্টি কি ভাবে প্রকটিত? ভাষ্যের পুনঃ উক্তি—

উন্মীলনং চ অবস্থিতস্যৈব প্রকটীকরণম্।— ইত্যনেন জগতঃ প্রকাশৈকাত্ম্যেন অবস্থানম উক্তম্।

অর্থাৎ, ইচ্ছাশক্তির দ্বারা উন্মীলিত এই জগৎ এবং চিতিতেই স্থিত। এই স্থিতি কি রকম ? ভাষ্যের প্রথমাংশে উল্লেখ করা হয়েছে-'স্বভিত্তৌ', যার অর্থ হল নিজেতে প্রতিফলিত, অর্থাৎ সদাশিব থেকে মেদিনী পর্যন্ত যে বিশ্ব ব্যাপ্ত তা দর্পণে একটি শহরের মতো 'চিতি'তে প্রতিবিম্বিত।

~~

অথ বিশ্বস্য স্বরূপং বিভাগেন প্রতিপাদয়িতুমাহ—

অর্থাৎ, এই বিশ্ব অসংখ্য কার্য়-কারণে সমন্বিতরূপে উপস্থাপিত।

সূত্র-3

তন্নানা অনুরূপগ্রাহ্যগ্রাহকভেদাৎ

সূত্রের অর্থ-এই বিশ্ব অসংখ্য কারণ জগৎ (গ্রাহ্য-object) এবং তার কারকের (গ্রাহক-subject) বিভিন্ন পুনরাবৃত্তির ফলে অগণিত।

ভাষ্য

'তৎ' বিশ্বং 'নানা'-অনেকপ্রকারম্। কথং ? 'অনুরূপাণাং' পরস্পরৌচিত্যা-বস্থিতীনাং 'গ্রাহ্যাণাং গ্রাহকাণাং' চ 'ভেদাৎ'-বৈচিত্র্যাৎ। তথা চ সদাশিবতত্ত্বে অহন্তাচ্ছাদিত-অস্ফুটেদন্তাময়ং যাদৃশং পরাপররূপং বিশ্বং গ্রাহ্যং, তাদৃগেব শ্রীসদাশিবভট্টারকাধিষ্ঠিতো মন্ত্রমহেশ্বরাখ্যঃ প্রমাতৃবর্গঃ পরমেশ্বরেচ্ছাবকল্পিতথা-বস্থানঃ। ঈশ্বরতত্ত্বে স্ফুটেদন্তাহন্তাসামানা-ধিকরণ্যাত্ম যাদৃক্ বিশ্বং গ্রাহ্যং, তথাবিধ এব ঈশ্বরভট্টারকাধি-ষ্ঠিতো মন্ত্রেশ্বরবর্গঃ। বিদ্যাপদে শ্রীমদনন্তভট্টারকাধিষ্ঠিতা বহুশাখাবান্তরভেদভিন্না যথাভূতা মন্ত্রাঃ প্রমাতারঃ, তথাভূতমেব ভেদৈকসারং বিশ্বমপি প্রমেয়ম্। মায়োর্ধ্বে যাদৃশা বিজ্ঞানাকলাঃ কর্তৃতাশূন্যশুদ্ধবোধাত্মানঃ, তাদৃগেব তদভেদসারং সকল-প্রলয়াকলাত্মক-পূর্বাবস্থাপরিচিতম্ এষাং প্রমেয়ম্। মায়ায়াং শূন্যপ্রমাতৃণাং প্রলয়কেবলিনাং স্বোচিতং প্রলীনকল্পং প্রমেয়ম্। ক্ষিতিপর্যন্তাবস্থিতানাং তু সকলানাং সর্বতো ভিন্নানাং পরিমিতানাং তথাভূতমেব প্রমেয়ম্। তদুত্তীর্ণশিবভট্টারকস্য প্রকাশৈকবপুষঃ প্রকাশৈকরূপা এব ভাবাঃ। শ্রীমৎপরমশিবস্য পুনঃ

বিশ্বোত্তীর্ণ-বিশ্বাত্মক-পরমানন্দময়-প্রকাশৈকঘনস্য এবম্বিধমেব শিবাদি-ধরণ্যন্তম্ অখিলম্ অভেদেনৈব স্ফুরতি; ন তু বস্তুতঃ অন্যৎ কিঞ্চিৎ গ্রা্হ্যং গ্রাহকং বা; অপি তু শ্রীপরমশিবভট্টারক এব ইত্থং নানাবৈচিত্রসহস্রৈঃ স্ফুরতি।— ইত্যভিহিতপ্রায়ম্।

ভাষ্যের অর্থ

'তৎ' হল বিশ্ব এবং 'নানা' হল একাধিক রকম। একাধিক কেন ? কারণ পারস্পরিক অনুপূরক (reciprocally adapted)।

দর্পণে যা কিছু প্রতিফলিত হয় সেটা দর্পণেরই অংশ তবু প্রতিফলনকে অন্যকিছু বলে মনে হয়(32)। উন্মীলনের অর্থ যা কিছু চিতিতে আগে থেকেই আছে (implicit) তার উন্মীলন (become explicit)। এর অপর অর্থ হল চিতির জ্যোতিতে বিশ্বের পূর্বাবস্থিতি।

আমরা এবার বিশ্লেষণ করবো জগৎ ও তার কারকের (object and subject) পারস্পরিকতা।

সদাশিব তত্ত্বের(33) পরাপর প্রকৃতিতে (অহম্-ইদম্) শিবের অহম শক্তি ইদমের দ্বারা আচ্ছাদিত থাকে একযোগে (তথাবিধ এব); এই সংযোগের ফলে অহমের বিভিন্নরূপে শক্তির সাক্ষাৎ (মন্ত্রেশ্বর) ঘটে। উদ্ভব হয় জ্ঞানের বৈচিত্রের বা ঈশ্বর তত্ত্বের (ইদমম-অহম্)(34)।

পরবর্ত্তীতে উদ্ভব হয় ক্রিয়াশক্তির, যার সূচনা বিদ্যা বা শুদ্ধবিদ্যাতে বিভিন্ন মন্ত্ররূপে। মন্ত্রের এই বিভিন্ন শক্তির নাম অনন্তভট্টারক, এই অনন্ততা জ্ঞানের বৈচিত্রময়তা (প্রমেয়র বিভিন্নতা)(35)। শুদ্ধবিদ্যার পরে ও মায়ার উর্দ্ধে, অন্তবর্ত্তী স্তরে স্থিত 'বিজ্ঞানাকল' যা কর্তৃত্বহীন 'শুদ্ধ-বোধাত্মানঃ, সক্রিয় (চেতন সাপেক্ষ) বোধ। এই চেতনায় হয় বিভিন্ন অভিজ্ঞতা (প্রমেয়) যা মিলিতভাবে চিতিতে সকল ও প্রলয়াকলের ধারাবাহিকতা (36)। এই অবস্থায় সৃষ্টির অভিমুখী শুদ্ধবিদ্যার বৈচিত্রের শুরু হয় সৃষ্টির বিভিন্নতায় তাই একে বলে 'তদভেদসারম্'।

শুদ্ধাবস্থার পরে এবং মায়ার সূচনা অবধি সৃষ্টির এই অভিমুখকে বলে 'পূর্বাবস্থা'। মায়া শুরুতে শূন্যেরই সাক্ষী বা শূন্যাবস্থায় থাকে পূর্ববর্ত্তী প্রলয়কালে (প্রলয়কেবলীন) যা সৃষ্টি চক্রের পূর্বাবস্থা(37)।

প্রলয়কালের শেষে মায়ার 'সকল' অবস্থা সৃষ্টি অবধি। সেখানে খেলে বেড়ায় মায়ার পঞ্চ কঞ্চুক বা জগতের সীমিত শক্তি বা জগৎসম্ভব শক্তি (তথাভূতম)(38)।

শিবভট্টারক, যিনি মন্ত্রাদি ও 'সকলে'র উর্দ্ধে, হলেন আলোক বা চেতন সম্পদ, প্রকাশ সমৃদ্ধ(39)। আবার আনন্দময় পরমশিব এবং তার প্রভা সর্বত্র ব্যাপ্ত বিশ্বব্রহ্মাণ্ডে। পরমশিবে গ্রাহক (subject) বা গ্রাহ্য (object) বলে কোনো ভেদ থাকে না কিন্তু তিনি রূপের অভিমুখী (অভিহিতপ্রায়ম)।

~~

যথা চ ভগবান বিশ্বশরীরঃ, তথা

অর্থাৎ, ভগবান সমগ্র বিশ্বব্রহ্মাণ্ড নিজ শরীরবৎ ধারণ করে আছেন।

সূত্র-4

চিতিসঙ্কোচাত্মা চেতনোহপি সঙ্কুচিতবিশ্বময়ঃ

সূত্রের অর্থ— ব্যক্তির বোধে (চেতনায়) ভগবৎ চৈতন্য সঙ্কুচিত অবস্থায় বর্তমান(৭) যেমন ওতপ্রোত বিশ্বময়।

ভাষ্য

শ্রীপরমশিবঃ স্বাত্মৈক্যেন স্থিতং বিশ্বং সদাশিবাদ্যুচিতেন রূপেণ অববিভাসয়িষুঃ পূর্বে চিদৈক্যাখ্যাতিময়ানাশ্রিত-শিবপর্যায়শূন্যাতিশূন্যাত্মতয়া প্রকাশাভেদেন প্রকাশমানতয়া স্ফুরতি; ততঃ চিদ্রসাশ্যানতারূপাশেষতত্ত্বভুবনভাব-তত্তৎপ্রমাত্রাদ্যাত্মতয়াপি প্রথতে। যথা চ এবং ভগবান্ বিশ্বশরীরঃ, তথা 'চিতিসংকোচাত্মা' সঙ্কুচিতচিদ্রূপঃ; 'চেতনো' গ্রাহকোহপি বটধানিকাবৎ সঙ্কুচিতাশেষবিশ্বরূপঃ। তথা চ সিদ্ধান্তবচনম্

'বিগ্রহো বিগ্রহী চৈব সর্ববিগ্রহবিগ্রহী।'

ইতি ত্রিশিরোমতেহপি

'সর্বদেবময়ঃ কায়স্তং চেদানীং শৃণ প্রিয়ে।
পৃথিবী কঠিনত্বেন দ্রবত্বেঽম্ভঃ প্রকীর্তিতম্।।'

ইত্যুপক্রম্য

'ত্রিশিরোভৈরবঃ সাক্ষদ্বয়াপ্য বিশ্বং ব্যবস্থিতঃ।।'

ইত্যন্তেন গ্রন্থেন গ্রাহকস্য সঙ্কুচিতবিশ্বময়ত্বমেব ব্যাহরতি।

অয়ং চ অত্রাশয়ঃ— গ্রাহকোঽপি অয়ং প্রকাশৈকাত্ম্যেন উক্তাগমযুক্ত্যা চ বিশ্বশরীরশিবৈকরূপ এব, কেবলং তন্মায়াশক্ত্যা অনভিব্যক্তস্বরূপত্বাৎ সঙ্কুচিত ইব আভাতিঃ সংকোচোঽপি বিচার্যমাণঃ চিদৈকাত্ম্যেন প্রথমানত্বাৎ চিন্ময় এব, অন্যথা তু ন কিঞ্চিৎ। — ইতি সর্বো গ্রাহকো বিশ্বশরীরঃ শিবভট্টারক এব। তদুক্তং ময়ৈব

'অখ্যাতির্যদি ন খ্যাতি খ্যাতিরেবাশিষ্যতে।
খ্যাতি চেৎ খ্যাতিরূপত্বাৎ খ্যাতিরেবাশিষ্যতে।।'

ইতি। অনেনৈব আশয়েন শ্রীস্পন্দশাস্ত্রেষু

'যস্মাৎসর্বময়ো জীবঃ....।'

ইত্যুপক্রম্য

'তেন শব্দার্থচিন্তাসু ন সাবস্থা স যঃ শিবঃ।।'

ইত্যাদিনা শিবজীবয়োরভেদ এব উক্তঃ। এতত্তত্ত্বপরিজ্ঞানমেব মুক্তিঃ, এতত্তত্ত্বপরিজ্ঞানমেব চ বন্ধঃ; -ইতি ভবিষ্যতি এব এতৎ।।

ভাষ্যের অর্থ

পরমশিবে যে বিশ্ব সমাবিষ্ট থাকে সদাশিবে তা প্রভাসিত হয় (প্রকাশমানতয়া স্ফুরতি) প্রথমে শিবের অদ্বৈত (non-different) চেতনার আলোয় (প্রকাশাভেদেন) একক রূপে 'চিদৈক অখ্যাতিময়'(৮), যার আর এক নাম 'অনাশ্রিত-শিব'(40)। এই অনাশ্রিত-শিব-পর্যায়, প্রকাশের অপেক্ষায় শূন্য থেকেও শূন্য (void)(41)। শূন্য থেকে শুরু হয় উন্মেষের, যথা তত্ত্বের, জগতের (worlds), ভাবের (entities) এবং এদের প্রত্যেকের সাক্ষীর বা প্রমাতার (experients)। এই প্রমাতার হল বিভিন্ন অভিলাষের ঘনীভূত রূপ

(আশ্যান্তারূপ) যা চিৎ থেকে উদ্ভূত(৯)। চিৎ প্রমাতার অভিলাষের বিভিন্নতায় লিপ্ত হয়(manifestation of subtle essence of 'Cit', cit-ras)।

ভগবান হলেন বিশ্বশরীর, ব্যক্তি এই শরীরের এক অনুভবী; ভগবানের চিতি-র কণা ব্যক্তিতে অধিষ্ঠিত, যেমন বটবৃক্ষ তার ক্ষুদ্রবীজে সুপ্ত থাকে। তাই সূত্রে সিদ্ধান্ত করা হয়েছে যে 'এই শরীরে অপরাপর দেহেরও বর্তমানতা (embodied) থাকে। 'ত্রিশিরোমাতা'তেও(42) সেকথা বলা হয়েছে- 'শরীরে সর্ব দেবতার অধিষ্ঠান(43) সর্বদা যা প্রীতির কারণ(44), স্থূলভাবে মেদিনী (earth), তরলিত ভাবে জলময়।'

ভাষ্যে যে 'ত্রিশিরোভৈরবে'র কথা(45) (three-headed-Bhairav) বলা হয়েছে তা সৃষ্টি-স্থিতি-সংহারের রূপ (ভ-ভরণ, র-রাবণ বা সংহার, ব-বমন বা উদ্গম) যা ব্যক্তিতেও বিধৃত (সাক্ষাৎ ব্যবস্থিতঃ)।

ব্যক্তি শিবের কণা, সুতরাং তাতেই আছে সাক্ষাতের (বিশ্বের) ক্ষমতা এবং শৈব আগম সম্মত বিচারশীলতা (reasoning of the 'Agama's – justification); মায়াশক্তির দ্বারা আবৃত হওয়ায় সেই ক্ষমতা সীমিত বা সঙ্কুচিত। সেভাবে দেখতে গেলে এই সঙ্কোচন জীবে চিতি-রই সঙ্কোচন কারণ তার থেকেই জাগতিক উন্মেষ সম্ভব হয়। অন্যথায় জগৎ শূন্য (void)।

'যদি বলা হয় অখ্যাতিও অব্যক্ত (nescience) যা অপ্রকাশিত, তবে এর অপর পিঠ হল যা জ্ঞাত বা জ্ঞান (knowledge)(46)।

জীব ও শিবের ভেদে এই অভেদত্ব স্পন্দশাস্ত্রে(47) উল্লেখ করা হয়েছে।

'যেহেতু জীব বিশ্বের সঙ্গে তুলনীয়, সেই হেতু বিষয়গতভাবে সেসবই শিবের(১০)।' (স্পন্দকারিকা-নিষ্যন্দ II-34)

এই জ্ঞান লাভই মুক্তির পথ, এর অজ্ঞানতাই 'বন্ধন'। এ বিষয় প্রসঙ্গক্রমে বিস্তৃতাকারে আলোচনা করা হবে।

টীকা—

(৭) প্রোঃ লিডেকারের ভাষান্তর হল— 'ব্যক্তি চেতনায় চিতি-র যে সঙ্কোচন তা হল বিশ্বব্রহ্মাণ্ডের সঙ্কোচন।' এই বাক্যের নির্দিষ্ট কোনও অর্থ হয় না।

(৮) ব্যক্তির চিত্তের 'অখ্যাতি' হল সেই অবস্থা যে অবস্থায় শিবের পূর্ণ চেতনার (শিব স্বরূপাপোহনম) অনুভব ব্যক্তিতে হয় না।

(৯) প্রোঃ লিডেকার এক অদ্ভুত ভাষান্তর করেছেন এই বাক্যের। তিনি লিখেছেন— 'পরম (চিৎ) হল প্রকৃত প্রকৃতি (true nature), প্রকৃতির বিভিন্ন রূপের আস্বাদনে চিৎ-এর স্বাদ রয়ে যায়।' কিন্তু চিৎ-রস অর্থ চিৎ-এর আস্বাদনের (savour) রস নয়, বরং চিৎ-এর সার। আবার 'আশ্যান্তারূপে'র অর্থ অভেদ নয়, চিৎ-এর বিভিন্ন ঘনীভূত রূপ। চিৎ-এর রসে ঘনীভবন অর্থাৎ নির্দিষ্ট প্রকারের রূপময়তা।

(১০) প্রোঃ লিডেকারের ভাষান্তর— 'এর নিহিতার্থ শিবময়তা নয়।' তার এই অর্থ করা ভুল, তিনি বুঝতে পারেননি কারণ তারই গ্রন্থে (Page-116) তিনি 'শিবময়তা'কে অবোধ্য বলেছেন (this is not the condition, not the one i.e. Siva)। সহজার্থ, সবকিছুই শিবময়—'না সাবস্থা ন যা শিবঃ'।

~~

ননু গ্রাহকোহয়ং বিকল্পময়ঃ, বিকল্পনং চ চিত্তহেতুকং; সতি চ চিত্তে, কথমস্য শিবাত্মকত্বম্ ?—ইতি শঙ্কিত্বা চিত্তমেব নির্ণেতুমাহ—

তর্ক উঠতে পারে যে বিষয়ী সাক্ষী (subject) বিষয় থেকে ভিন্ন বা বিকল্প(48) এবং এই বিকল্পতা চিত্তে(49)। ব্যক্তির চিত্ত বিষয় (object) সম্বন্ধী হওয়ায় শিবভাবী (nature of Siva)(১১) হয় কি করে?

সূত্র-5

চিতিরেব চেতনপদাদবরূঢ়া চেত্যসঙ্কোচিনী চিত্তম্

সূত্রের অর্থ- চিতি (বিশ্বময় চৈতন্য) যখন সঙ্কুচিত চেতন স্তরে নেমে আসে তখন তা চিত্তে পর্যবসিত হয় এবং বস্তুর অবস্থান্তর চেতনায় (চেত্য) গ্রহণ করে।

ভাষ্য

ন চিত্তং নাম অন্যৎ কিঞ্চিৎ, অপি তু সৈব ভগবতী তৎ। তথা হি সা স্বং স্বরূপং গোপয়িত্বা যদা সঙ্কোচং গৃহ্নাতি তদা দ্বয়ী গতিঃ, কদাচিৎ উল্লসিতমপি সঙ্কোচং গুণীকৃত্য চিৎপ্রাধন্যেন স্ফুরতি, কদাচিৎ সঙ্কোচ-প্রধানতয়া। চিৎপ্রাধান্যপক্ষে সহজে,

প্রকাশমাত্রপ্রধানত্বে বিজ্ঞানাকলতাঃ প্রকাশপরামর্শপ্রধানত্বে তু বিদ্যাপ্রমাতৃতা। তত্রাপি ক্রমেণ সঙ্কোচস্য তনুতায়াম্, ঈশ-সদাশিবানাশ্রিতরূপতা। সমাধিপ্রয়ত্নোপার্জিতে তু চিৎপ্রধানত্বে শুদ্ধাধ্ব-প্রমাতৃতা ক্রমাৎক্রমং প্রকর্ষবতী। সঙ্কোচপ্রাধন্যে তু শূন্যাদিপ্রমাতৃতা। এবমবস্থিতে সতি, 'চিতিরেব' সঙ্কুচিতগ্রাহকরূপা 'চেতনপদাৎ অবরূঢ়া'-অর্থগ্রহণোন্মুখী সতী 'চেত্যেন'-নীলসুখাদিনা 'সঙ্কোচিনী' উভয়সঙ্কোচ-সঙ্কুচিতৈব চিত্তম্। তথা চ—

'স্বাঙ্গরূপেষু ভাবেষু পত্যুর্জ্জানং ক্রিয়া চ যা।
মায়াতৃতীয়ে তে এব পশোঃ সত্বং রজস্তমঃ।।'

ইত্যাদিনা স্বাতন্ত্র্যাত্মা চিতিশক্তিরেব জ্ঞানক্রিয়া-মায়াশক্তিরূপা পশুদশায়াং সঙ্কোচপ্রকর্ষাৎ সত্ব-রজস্তমঃ-স্বভাব-চিত্তাত্মতয়া স্ফুরতি; ইতি শ্রীপ্রত্যভিজ্ঞায়াম্ উক্তম্। অত এব শ্রীতত্ত্বগর্ভস্তোত্রে বিকল্পদশায়ামপি তাত্ত্বিকস্বরূপসদ্ভাবাৎ তবনুসরণাভিপ্রায়েণ উক্তম্—

'অত এব তু যে কেচিৎপরমার্থানুসারিণঃ।
তেষাং তত্র স্বরূপস্য স্বজ্যোতিষ্টঃ ন লুপ্যতে।।'

ভাষ্যের অর্থ

প্রকৃতপক্ষে চিত্ত পৃথক কিছু নয়, বরং চিতির এক বিকশিত (exalted) রূপ। চিতি যখন নিজেকে জীবে সঙ্কুচিত অবস্থায় পায় তখন তার দুরকম স্থিতি (অবস্থা) হতে পারে। এক হল প্রকাশমাত্র (বিমর্শ ব্যতিরেকে), যখন চিতি অন্তঃসলিলা; সেই অবস্থায় চিতি সাক্ষীরূপে বিজ্ঞানাকল (50) এবং সেটাই 'প্রমাতৃ'। অপর অবস্থায় জীবের প্রকাশ ও বিমর্শ দুটোই সমান প্রাধান্যযুক্ত (প্রকাশ-পরামর্শ-প্রধানত্বে)(১২); এখানে পরামর্শ ও বিমর্শ সমার্থক। তখন সাক্ষী হয় 'বিদ্যা-প্রমাতা'(51)।

এই সীমাবদ্ধতা সমাধিতে (contemplation) ধীরে ধীরে শিথিল হলে (ব্যাপ্ত হলে) জীবের চিত্তে তার স্বরূপের (পূর্বাবস্থা- ঈশ, সদাশিব, অনাশ্রিত-শিব)(52) অনুভব হয়। সমাধির মাধ্যমে ব্যক্তির শরীরে (ক্রমেণ তনুতায়াম্)(১৩) চিৎ প্রাধান্য লাভ করলে ব্যক্তির জ্ঞাতৃত্ব (knowership) শুদ্ধ পথের(53) অনুধ্যানের মাধ্যমে সর্বোচ্চ স্তরে পৌঁছতে পারে।(১৪)

কিন্তু যখন চিত্ত ব্যক্তিতে সঙ্কুচিত অবস্থায় থাকে প্রধানত, তখন ব্যক্তির জ্ঞাতৃত্ব বিশেষত শূন্যই (void etc.) বোধ করে(54)।

এমতাবস্থায় চিতি (universal consciousness) চেতনার সীমাবদ্ধতায় অধিষ্ঠান করে (descending) দৃশ্যমান জগতকেই অন্তরে-বাহিরে বর্ণে রূপে উপভোগ করে। শ্রীপ্রত্যভিজ্ঞায় সুচারু রূপে বলা হয়েছে-'জ্ঞান, ক্রিয়া মায়াদি শিব থেকে সত্ত্ব, রজ ও তম গুণ সমন্বিত হয়ে বাস্তব বোধে জীবের সত্তায় অনুভূত হয়। জীবের এই পশুভাব শিবেরই অঙ্গপ্রত্যঙ্গের (limbs) মতো।'(55)

'প্রত্যভিজ্ঞাহৃদয়মে'র এই বক্তব্য ও অন্যান্য অনুশীলনের মাধ্যমে আমরা জানতে পারি যে চিতি-র স্বেচ্ছাশক্তি জীবের চিত্তে সীমিতাবস্থা প্রাপ্ত হয় সত্ত্ব, রজ ও তম গুণের অবধারণে(56)। উৎপলদেব ঈশ্বরপ্রত্যভিজ্ঞায় (ভাগ I.4 সূত্র 3) সে কথা বলেছেন।

শ্রীতত্ত্বগর্ভস্তোত্রে সুন্দরভাবে বলা হয়েছে যে, ব্যক্তির চিত্ত শিবেরই পরম প্রকৃতির 'বিকল্প'(57), তাই তার শিবভাবে উত্তীর্ণ হওয়া স্বাভাবিক।

টীকা—

(১১) তর্কের খাতিরে বলা যেতে পারে, ব্যক্তির চিত্ত (subject) বিকল্পের (বৈচিত্রের) চিন্তা করতে থাকে; যতদিন ব্যক্তি চিত্তের দ্বারা প্রবৃত্ত ততদিন তার শিবের নির্বিকল্পতা কোথায়?

উপরোক্ত আশঙ্কায় রচয়িতা চিত্তের স্বরূপ নির্ণয় করতে চেয়েছেন।

(১২) প্রোঃ লিডেকারের ভুল ব্যাখ্যা—এ অবস্থায় ভগবৎ জ্যোতি সীমিত হয়ে যায়।

(১৩) প্রোঃ লিডেকার 'তনুতায়াম্'-এর ভাষান্তর করেছেন দৈহিক (corporeal)। এই ভাষান্তর সঠিক নয় কারণ ভাষ্যে বলা হয়েছে— 'সঙ্কোচস্য তনুতায়াম্, ঈশ-সদাশিব-অনাশ্রিত-রূপতা', অর্থাৎ তনুপ্রাপ্তির সঙ্কোচনে ঈশ-সদাশিব-অনাশ্রিত অবস্থাভেদের স্তর আছে। যদি তনুতাকে শুধুমাত্র দৈহিক (corporeal) মনে করি তবে 'ঈশ-সদাশিব-অনাশ্রিত' শুধু দৈহিক বলেই পরিগণিত হয়, যা অসম্ভব। 'তনুতা' অর্থ এখানে কৃশতা বা সঙ্কোচ।

(১৪) ব্যক্তিতে চিৎ প্রধানত্ব প্রকৃতিগত ভাবে (সহজে) অথবা সমাধির (প্রযত্নোপার্জিত) মাধ্যমে অনুভূত হয় বলে মনে করা হয়। সহজাত প্রকৃতিগত অনুভবে ব্যক্তিতে যে 'প্রকাশ' হয় তা 'বিজ্ঞানাকল' অবস্থা।

তাছাড়া সমাধিতে প্রকাশ ও বিমর্শের যুগ্ম 'বিদ্যা-প্রমাতা' অবস্থাও হতে পারে।

~~

চিত্তমেব তু মায়াপ্রমাতুঃ স্বরূপম্-ইত্যাহ-

অর্থাৎ, প্রয়াসের মাধ্যমে সমাধিতে যে চিৎ-এর প্রাধান্য অনুভূত বা উপলব্ধ হয় তা শুদ্ধ প্রমাতারস এবং এই রস ব্যক্তির পক্ষে সর্বোচ্চ স্তরীয়।

সূত্র-6

তন্ময়ো মায়াপ্রমাতা

সূত্রের অর্থ- যেহেতু চিত্তই কেবলমাত্র মায়াপ্রমাতৃ(58) তাই মায়াপ্রমাতৃতেই চিত্ত স্থিত। ভাষ্যে অর্থ প্রকটিত।

ভাষ্য

দেহ প্রাণপদং তাবৎ চিত্তপ্রধানমেব; শূন্যভূমিরপি চিত্তসংস্কারবত্যেব; অন্যথা ততো ব্যুত্থিতস্য স্বকর্তব্যানুধাবনাভাবঃ স্যাৎ; ইতি চিত্তময় এব মায়ীয়ঃ প্রমাতা। অমুনৈব আশায়েন শিবসূত্রেষু বস্তুবৃত্তানুসারেণ

'চৈতন্যমাত্মা' (শিবসূত্র I-1)

ইত্যভিধায়, মায়াপ্রমাতৃলক্ষণাবসরে পুনঃ

'আত্মা চিত্তম্' (শিবসূত্র III-1)

ইত্যুক্তম্।

ভাষ্যের অর্থ

জীবনে ও দেহে চিত্তই প্রধান। শূন্যের চৌহদ্দিতে চিত্তের সংস্কার বর্তমান থাকে, না হলে শূন্য থেকে জাগরিত হয়ে কোন সাক্ষী তার সংস্কার বশত জগতে পরবর্ত্তী কর্মে ব্রতী হবে? সুতরাং কারক মায়াপ্রমাতৃ চিত্তেই থাকে। অর্থাৎ মায়াপ্রমাতৃ গুণের ব্যাখ্যা ব্যক্তির

চিত্তেই অনুসন্ধান করতে হয়। শিবসূত্রের এই ব্যাখ্যা (বস্তু-বৃত্তি-অনুসারেণ) সর্বব্যাপ্ত চৈতন্যের প্রয়াস জনিত।

~~

অসৈব সম্যক্ স্বরূপজ্ঞানাৎ যতো মুক্তিঃ, অসম্যক্ তু সংসারঃ, ততঃ তিলশ এতৎ স্বরূপং নির্ভঙ্গক্তুমাহ—

যেহেতু ব্যক্তির নিজের প্রকৃতি সম্পর্কে সঠিক জ্ঞানে মুক্তি সম্ভব, নচেৎ সংস্কার বশত জীব অজ্ঞতায় জন্ম থেকে জন্মান্তরে চালিত হবে সুতরাং একটু একটু করে নিজেকে বিশ্লেষণ করে নিজেতে উদ্ঘাটন করতে হয়।

সূত্র-7

স চৈকো দ্বিরূপস্ত্রিময়শ্চতুরাত্মা সপ্তপঞ্চকস্বভাবঃ

সূত্রের অর্থ— সত্ত্বার (self) সঠিক জ্ঞানে মুক্তি সম্ভব হয়। সে চিৎ-সত্তা হওয়া সত্ত্বেও ব্যাপৃত থাকে সপ্ত পঞ্চকে; যথা— i) শক্তিতত্ত্ব থেকে মায়াতত্ত্ব, ii) মায়ার পঞ্চ কঞ্চুক, iii) পুরুষ-প্রকৃতি-মন-বুদ্ধি ও অহঙ্কার, iv) পঞ্চ কর্মেন্দ্রিয়, v) পঞ্চ জ্ঞানেন্দ্রিয়, vi) পঞ্চ প্রপঞ্চ এবং তার vii) পঞ্চ তন্মাত্র শব্দ, গন্ধ ইত্যাদি।

ভাষ্য

নির্ণীতদৃশা চিদাত্মা শিবভট্টারক এব 'এক' আত্মা, ন তু অন্যঃ কশ্চিৎ; প্রকাশস্য দেশকালাদিভিঃ ভেদাযোগাৎ; জড়স্য তু গ্রাহকত্বানুপপত্তেঃ। প্রকাশ এব যতঃ স্বাতন্ত্র্যাৎ গৃহীতপ্রাণাদি-সঙ্কোচঃ সঙ্কুচিতার্থগ্রাহকতামশ্লুতে, ততঃ অসৌ প্রকাশরূপত্ব-সঙ্কোচাবভাসবত্ত্বাভ্যাং 'দ্বিরূপঃ'। আণব-মায়ীয়-কার্মমলা-বৃতত্বাৎ 'ত্রিময়ঃ'। শূন্য-প্রান-পুর্যষ্টকশরীরস্বভাবত্বাৎ 'চতুরাত্মা' সপ্তপঞ্চকানি-শিবাদিপৃথিব্যন্তানি পঞ্চত্রিংশত্তত্ত্বানি 'তৎস্বভাবঃ'। তথা শিবাদি সকলান্ত-প্রমাতৃসপ্তকস্বরূপঃ; চিদানন্দেচ্ছা-জ্ঞান-ক্রিয়াশক্তিরূপত্বেহপি অখ্যাতিবশাৎ কলা-বিদ্যা-রাগ-কাল-নিয়তিকঞ্চুকবলিতত্বাৎ পঞ্চকস্বরূপঃ। এবং চ শিবৈকরূপত্বেন পঞ্চত্রিংশত্তত্ত্বময়ত্বেন, প্রমাতৃসপ্তকস্বভাবত্বেন চিদাদিশক্তিপঞ্চ-কাত্মকত্বেন চ অয়ং প্রত্যভিজ্ঞায়মানো মুক্তিদঃ; অন্যথা তু সংসারহেতুঃ।

ভাষ্যের অর্থ

পূর্বোক্ত বিবরণ অনুযায়ী উত্থিত (exalted) শিবময়তাই হল চিৎ-এর প্রকৃতি এবং তাতেই একক আত্মার নিবাস, কারণ সর্বাত্মক চেতনার দ্যুতিকে (light of consciousness) বিভক্ত করা যায় না স্থানে-কালে বা নির্জীব বস্তুতে। জড়ের অর্থ হল সেটা বিষয়ীর (subject) অভিজ্ঞতার বিষয় (object) মাত্র।

যেহেতু চেতনার দ্যুতি বা চেতনা স্বাধীন (free will)(59), সেই হেতু সেই দ্যুতি অংশবিশেষে প্রাণ ইত্যাদিতে সীমিত হতে পারে। এই সীমিতাবস্থা (limited manifestation) দ্যুতির দ্বৈততা।

দ্বৈত (secondary) রূপ, অনু-মায়া-কর্মের মলে(60) আবৃত হয়ে ত্রিভেদ (three fold) গ্রহণ আবার এতেই চতুর্ভেদ সংস্থাপিত হয়, i) শূন্য(61), ii) প্রাণ, iii) পুর্যষ্টক(62) ও iv) স্থূল শরীরের সংস্কার।

উপরে বর্ণিত যে শিবের জ্যোতির চৈতন্যময় অবস্থা থেকে স্থূল শরীরে উত্তরণ (অবধারণ) তাতে আছে পঁয়ত্রিশ তত্ত্ব (7×5) যার বর্ণনা আগে দেওয়া হয়েছে। কিন্তু এই পঁয়ত্রিশ তত্ত্বকে সঠিকভাবে জানতে হলে চিৎ-এর সমুদ্গত দুই প্রকার (সীমিত ও অসীমিত) ভেদ ও পঁয়ত্রিশ তত্ত্ব (7×5) বুঝতে (জ্ঞাত) হবে।

প্রথমত শিব থেকে 'সকল' অবধি সৃষ্টির বিস্তার (শিব-প্রমাতা, মন্ত্র-মহেশ্বর, মন্ত্রেশ্বর, মন্ত্র, বিজ্ঞানাকল, প্রলয়াকল ও সকল)(১৫)। চিৎ-এর মূল প্রকৃতি হল আনন্দ (bliss), ইচ্ছা (will), জ্ঞান (knowledge) ও ক্রিয়া (action-সর্বগত) এবং স্বতঃচিৎ ভাব (চেতনা) এই পঞ্চত্ব। এসবই সাক্ষীভাব। তাছাড়া চিৎ-এর অবতরণেই উদ্ভূত হয় পঞ্চক্রিয়া (শক্তি) ভাবের যা চিৎ-কে সীমিত করে (অখ্যাতি-nescience), যথা- কলা, বিদ্যা, রাগ, কাল ও নিয়তিতে(63)। যখন উপরোক্ত পঁয়ত্রিশ তত্ত্বের আধার সাক্ষী ও শক্তিকে আমরা বুঝতে (জানতে) পারি তখন মুক্তি সম্ভব হয়।

টীকা—

(১৫) শিব-প্রমাতা-শিবের জ্ঞাতৃত্ব, মন্ত্র-মহেশ্বর-সদাশিব বা ইচ্ছাশক্তি, মন্ত্রেশ্বর-ঈশ্বর তত্ত্ব বা জ্ঞানশক্তি, মন্ত্র-সদবিদ্যা তত্ত্ব বা ক্রিয়াশক্তি, বিজ্ঞানাকল-সদবিদ্যা ও মায়াশক্তির

মধ্যে (in between) বিরাজিত আণবমলযুক্ত সাক্ষী চেতনা যাতে কর্ম ও মায়ার বিকার শুরু হয়নি। প্রলয়াকল-মায়াতে স্থিত প্রলয়, সকল— মায়াতে সমাহিত দৈব ও জগৎ।

~~

এবং চ

সুতরাং,

সূত্র-৪

তদ্ ভূমিকাঃ সর্বদর্শনস্থিতয়ঃ

সূত্রের অর্থ— শিবের সাত সাক্ষীরূপ ও পাঁচ শক্তি ব্যতিরেকে অবশিষ্ট অংশ, সবই সাংসারিক বা জাগতিক। এ বিষয়ে দর্শনের বিভিন্ন ধারা চিৎ-এর বিভিন্ন ভূমিকা বর্ণনা করেছে।

ভাষ্য

'সর্বেষাং' চার্বাকাদিদর্শনানাং 'স্থিতয়ঃ'—সিদ্ধান্তাঃ 'তস্য' এতস্য আত্মনো নটস্যেব স্বেচ্ছাবগৃহীতাঃ কৃত্রিমা 'ভূমিকাঃ'। তথা চ

'চৈতন্যবিশিষ্টং শরীরমাত্মা।'

ইতি চার্বাকাঃ

নৈয়ায়িকাদয়ো জ্ঞানাদিগুণগণাশ্রয়ং বুদ্ধিতত্ত্বপ্রায়মেব আত্মানাং সংসৃতৌ মন্যন্তে, অপবর্গে তু তদুচ্ছেদে শূন্যপ্রায়ম্।

অহংপ্রতীতিপ্রত্যেয়ঃ সুখদুঃখাদ্যুপাধিভিঃ তিরস্কৃতঃ আত্মা- ইতি মন্বানা মীমাংসকা অপি বুদ্ধাবেব নিবিষ্টাঃ।

জ্ঞানসন্তান এব তত্ত্বম— ইতি সৌগতা বুদ্ধিবৃত্তিষু এব পর্যবসিতাঃ।

প্রাণ এব আত্মা— ইতি কেচিৎ শ্রুত্যন্তবিদঃ।

অসদেব ইদমাসীৎ— ইত্যভাবব্রহ্মবাদিনঃ শূন্যভুবমবগাহ্য স্থিতাঃ।

মাধ্যমিক অপি এবমেব।

পরা প্রকৃতিঃ ভগবান্ বাসুদেবঃ তদ্বিস্ফুলিঙ্গপ্রায়া এব জীবা—

ইতি পাঞ্চরাত্রাঃ পরস্যা প্রকৃতেঃ পরিণামাভ্যুপগমাৎ অব্যক্তে এব অভিনিবিষ্টাঃ।

সাঙ্খ্যাদয়স্তু বিজ্ঞানাকলপ্রায়াং ভূমিমবলম্বন্তে।

সদেব ইদমগ্র আসীৎ- ইতি ঈশ্বরতত্ত্বপদমাশ্রিতা অপরে শ্রুত্যন্তবিদঃ।

শব্দব্রহ্মময়ং পশ্যন্তীরূপম্ আত্মতত্ত্বম্-ইতিবৈয়াকরণাঃ শ্রীসদাশিবপদ-মধ্যাসিতাঃ। এবমন্যদপি অনুমন্তব্যম্। এতৎ চ আগমেষু

'বুদ্ধিতত্ত্বে স্থিতা বৌদ্ধা গুণেষ্বেবার্হতাঃ স্থিতাঃ।

স্থিতা বেদবিদঃ পুং সি অব্যক্তে পাঞ্চরাত্রিকাঃ।'

ই্ত্যাদিনা নিরূপিতম্।

বিশ্বোত্তীর্ণমাত্মতত্ত্বম্-ইতি তান্ত্রিকাঃ।

বিশ্বময়ম্ ইতি-কুলাদ্যাম্নায়নিবিষ্টাঃ।

বিশ্বোত্তীর্ণ বিশ্বময়ং চ-ইতি ত্রিকাদি দর্শনবিদঃ।

এবম্ একসৈব চিদাত্মনো ভগবতঃ স্বাতন্ত্র্যাবভাসিতাঃ সর্বা ইমা ভূমিকাঃ স্বাতন্ত্র্যপ্রচ্ছাদনোন্মীলনতারতম্যভেদিতাঃ। অতঃ এক এব এতাবদ্ব্যাপ্তিক আত্মা। মিতদৃষ্টয়স্তু অংশাংশিকাসু তদিচ্ছয়ৈব অভিমানং গ্রাহিতাঃ যেন দেহাদিষু ভূমিষু পূর্বপূর্বপ্রমাতৃব্যাপ্তিসারতা- প্রথায়ামপি উক্তরূপাং মহাব্যাপ্তিং পরশক্তিপাতং বিনা ন লভন্তে। যথোক্তম—

'বৈষ্ণবাবাদ্যাস্তু যে কেচিদ্বিদ্যারাগেণ রঞ্জিতাঃ।

ন বিদন্তি পরং দেবং সর্বজ্ঞং জ্ঞানশালিনম্।।'

ইতি। তথা

'ভ্রময়ত্যেব তান্মায়া হ্যমোক্ষে মোক্ষলিপ্স্যা।'

ইতি।

'ত আত্মোপাসকাঃ শৈবং ন গচ্ছন্তি পরং পদম্।।'

ইতি চ।

অপি চ 'সর্বেষাং দর্শনানাং'- সমস্তানাং নীলসুখাদিজ্ঞানানাং যাঃ 'স্থিতয়ঃ'— অন্তর্মুখরূপা বিশ্রান্তয়ঃ তাঃ 'তদ্'ভূমিকাঃ'—চিদানন্দঘনস্বাত্মস্বরূপাভিব্যক্ত্যু-পায়াঃ। তথা হি যদা যদা বহির্মুখং রূপং স্বরূপে বিশ্রাম্যতি, তদা তদা বাহ্যবস্তুপসংহারঃ, অন্তঃ প্রশান্তপদাবস্থিতিঃ; তত্তদুদেষ্যৎসংবিৎসংতত্যা-সূত্রণম;— ইতি সৃষ্টি-স্থিতি-সংহারমেলনরূপা ইয়ং তুরীয়া

সংবিদভট্টারিকা তত্তৎ-সৃষ্ট্যাদিভেদান্ উদ্বমন্তী সংহরন্তী চ, সদা পূর্ণা চ, কৃশা চ, উভয়রূপা চ অনুভয়াত্মা চ, অক্রমমেব স্ফুরন্তী স্থিতা। উক্তং চ শ্রীপ্রত্যভিজ্ঞাটীকায়াম্—

'তাবদর্থাবলেহনে উত্তিষ্ঠিতি, পূর্ণা চ ভবতি'

ইতি। এষা চ ভট্টারিকা ক্রমাৎক্রমম্ অধিকমনুশীল্যমানা স্বাত্মসাৎকরোত্যেব ভক্তজনম্।

ভাষ্যের অর্থ

বিশেষ দর্শন শাস্ত্রে, যথা চার্বাক দর্শনে সত্ত্বা (self) তাকেই মনে করা হয় যে নিজের কাজ (roles) করে, যেমন নাটকে চরিত্রাভিনেতা করে। তাই চার্বাক মতে সত্ত্বা দেহের সমতুল। ন্যায়, বৈশেষিক মতে সত্ত্বাকে জগৎ প্রভাবিত বুদ্ধি বিশেষ (intuitive faculty) মনে করা হয় যা বর্তমান থাকে জগতের পরিপ্রেক্ষিতে জ্ঞান ও বোধের এক স্তরে (substratum of knowledge and related quantities)। মুক্তিতে বুদ্ধি শূন্যে লীন হয়।

মীমাংসকদের মতেও সত্ত্বার বোধ (cognition) বুদ্ধিই যা তার (সত্ত্বার) সীমিত জ্ঞানের উপাধি(64)। সত্ত্বায় সুখদুঃখের অনুভব হয়।

বৌদ্ধমতাবলম্বীরাও (সুগত)(65) তাদের দর্শনকে বুদ্ধি অবধি জ্ঞান করেন। তাদের মতে দর্শন জ্ঞানেই (জানাতেই) প্রসারিত। কিছু বৈদান্তিক প্রাণকেই সত্ত্বা মনে করেন।

ব্রহ্মবাদীরা (যারা বেদের অনুসারী) রিক্ততা (অভাব) দর্শনের সার (উপনিষদীয়) মনে করেন। মাধ্যমিকদেরও এই ধরণের অভিমত(66), অর্থাৎ শুরুতে কিছুই ছিল না।

পাঞ্চরাত্রে (শাস্ত্র বিশ্বাস)(67) কথিত ভগবান বিষ্ণুই (বাসুদেব) সর্ব কারণের কারণ (cause) প্রকৃতি(68) বা পরম প্রকৃতি এবং জীব তাঁর কণামাত্র, জীবাত্মা (সত্ত্বা) দেহ দেহান্তরে গমন করে জন্মান্তরে(69)। পরম প্রকৃতি পরম পুরুষে সমাবিষ্ট যা অপ্রকাশ্য(70) চিদানন্দ।

সাঙ্খ্য(71) সমতুল্য দর্শন 'বিজ্ঞানাকলে'(72) বিধৃত।

'শুরুতে শুধুমাত্র তিনিই ছিলেন', এই মতের বেদান্তবাদীরা সেই তিনিকেই ঈশ্বর মনে করেন।

বৈয়াকরণেরা(73) আত্মা বলেন শব্দ-ব্রহ্মকে(74) যার রূপের আভাস হয় পশ্যন্তিতে(75) যার পরাবস্থা সদাশিব (ইচ্ছাশক্তি)। এই তথ্য আগমের(76) শ্লোকে উদ্ধৃত— 'বিশ্বোত্তীর্ণমাত্মতত্বম..... ইতি ত্রিকাদি দর্শনবিদঃ।'

বৌদ্ধমতে অন্তিমে বুদ্ধি হল বিশেষ গুণ (অর্হত)(77) বিশিষ্ট।

বেদজ্ঞরা সর্বজ্ঞ পুরুষকে স্বীকার করে, পাঞ্চরাত্রিকায়(78) সেই পুরুষই অব্যক্ত (অপ্রকাশ্য)।

তন্ত্রে(79) আত্মা বিশ্বোত্তীর্ণ। যারা কুলক্রমের অনুসারী(80) (sacred texts `Kula' etc.) তারা বিশ্বকে আত্মার রূপ মনে করেন (steeped in the universe)। যারা 'ত্রিকা' দর্শনের মতাবলম্বী(81) তারা আত্মাকে একই সঙ্গে জগতের ও জগৎ উত্তীর্ণ মনে করেন। সুতরাং একই আত্মন্-কে দার্শনিক দ্রষ্টারা বিভিন্নভাবে দেখেন বিভিন্ন ভূমিকায় (roles)।

যারা নিজেদের সীমিত দৃষ্টিতে সজ্ঞানকে নিজেদের সত্ত্বার সঙ্গে এক করে দেখেন তারা আত্মার সর্বব্যাপকত্ব উপলব্ধি করতে পারেন না। ত্রিকা দর্শন অনুসারে অন্তরাত্মা ও তার ব্যাপকত্ব একযোগে অনুভব করা সম্ভব নয় যদি না পরমের করুণায় সেই অনুভবের শক্তি(82) প্রাপ্তি হয়।

বৈষ্ণব ও সমধর্মী বিশিষ্টাদ্বৈতবাদীরা যারা জগতকে অনুধাবন যোগ্য মনে করে তারা মায়ার পঞ্চ কঞ্চুকের বিদ্যার(83) বশীভূত (coloured) এবং সর্বজ্ঞ ভগবানকে জানতে পারে না। স্বচ্ছন্দ তন্ত্রে (দশম পটল শ্লোক-1141) সেরকমই বলা হয়েছে- 'সেই মুক্তিকামীরা মায়ার ঘূর্ণাবর্তেই আবদ্ধ থাকে।' নেত্রতন্ত্রের অষ্টম পটল শ্লোক-30) বলা হয়েছে— 'যারা বুদ্ধি ইত্যাদি সীমিত অবস্থাকেই সত্ত্বা মনে করে তারা শিবকে জানতে পারে না।'(১৬)

অষ্টম সূত্রের অন্য ব্যাখ্যাও আছে। সেখানে দর্শন শুধু জানা, দ্রষ্টার দৃষ্টি নয়। স্থিতির অর্থ কোনও অবস্থা (stage) নয় বরং অন্তরে স্থিতি (inward cessation); ভুমিকার অর্থ কোনও বিষয়ে অংশ গ্রহণ নয়, উপায় গ্রহণ। অর্থাৎ অন্তরে স্থিতি হলে দৃশ্যমান জগৎ ও তার সুখ দুঃখ সবই শিবের প্রকাশ (manifestation) বলে মনে হয়। যখন এই বহিরাবস্থা প্রকাশের অন্তিম দশা প্রাপ্ত হয় তখন সংহার ঘটে। এই সংহার অন্তর্মুখী

নিস্তরঙ্গতা (inner peace)। যার পরে আবার শুরু হয় 'উদেষ্যত' (arising anew), চিৎ-এর বিভিন্ন ক্রমান্বয়ী অভিজ্ঞতা (সম্বিত-সন্ততি) (series of experiences)।

জীবের তুরীয়(84) অবস্থায়ও সৃষ্টি-স্থিতি-সংহারের ঝলক (flashes) থাকে যাতে সে সর্বদাই নিজেতে চতুর্থদশা(১৭) প্রাপ্ত হয়ে সমাহিত বোধ করে। সূক্ষ্মত্ব ও স্থূলত্বের কোনও ভেদাভেদ তার কাছে থাকে না; শরীরের শূন্যতা বোধ হয় দেহ ও মনে। শ্রীপ্রত্যভিজ্ঞা টীকায় বলা হয়েছে—

'তাবদর্থাবলেহেন(১৮) উত্তিষ্ঠিতি, পূর্ণা চ ভবতি'

অর্থাৎ যখন জগতের সংহার হয় তখন শক্তি প্রজ্জ্বলিত হয়ে ওঠে (flashed), (আক্ষরিক অর্থে জেগে ওঠে) তাঁর স্বমহিমায় (in her nature)। যেহেতু শক্তি নিজে থেকে জেগে ওঠে তাই শক্তি তখন স্বয়ংসম্পূর্ণ (full)। শক্তির এই সক্ষমতাই (venerable power) ভক্তকে ধীরে ধীরে আকর্ষিত করে।

টীকা—

(১৬) প্রোঃ লিডেকার এই অংশের ভাষান্তর করেছেন— 'আত্মার অনুসন্ধান (worshipping) সর্বোচ্চের (highest place) সাধনা নয়।' এই অর্থ খুবই ভ্রান্ত (misleading); সঠিক অর্থ আত্মানুসন্ধান ভ্রান্ত নয় বরং যারা দেহবুদ্ধিকে আত্মা (self) মনে করে তারা ভ্রান্ত ।

(১৭) সাধক চতুর্থ (তুরীয়) দশায় যে সম্বিতে থাকে সেখানে জগৎ অন্তর্হিত, অর্থাৎ সাধক শূন্য অবস্থা প্রাপ্ত হয়। এই শূন্য অবস্থা আবার তার জাগরণে অন্তর্হিত হয়। সাধকের সাধনায় যে শক্তি লাভ হয় তুরীয় দশায় তাতে জগতের উপলব্ধি শূন্য, আবার জাগরণে আবির্ভূত।

(১৮) প্রোঃ লিডেকারের মতে 'অবলেহ'র কোনও বিশেষ অর্থ নেই। কিন্তু অবলেহ-র (চাটা) অর্থ হল, তুরীয় অবস্থায় সাধকের স্থান-কাল ইত্যাদির কোনও অস্তিত্ব থাকে না, শুধু চেতনা থাকে সাধকের।

~~

যদি এবম. ভূতস্য আত্মনো বিভূতিঃ, তৎ কথম্ অয়ং মলাবৃতঃ অণুঃ কলাদি—বলিতঃ সংসারী অভিধীয়তে?—ইত্যাহ

অর্থাৎ প্রশ্ন ওঠে, উপরোক্ত আত্মন্ (self) যদি এত মহৎ (great) হয় তবে জীবে তার কণামাত্র কেন থাকে এবং মল দ্বারাই বা কি করে আবৃত হয় এবং সংসারে সেই আত্মা কেন পঞ্চ কঞ্চুক ও বিভিন্ন কলায়(৪6) সমন্বিত থাকে? এর উত্তর রচয়িতা নবম সূত্রে দিয়েছেন।

সূত্র-9

চিদ্বত্তচ্ছক্তিসংকোচাৎ মলাবৃতঃ সংসারী

সূত্রের অর্থ— শক্তির কঞ্চুকিত বা সীমিত অবস্থার ফলে, সংসারে বিশ্বব্যাপী চিৎ(১৯), মলের (ক্লেদ) দ্বারা আবৃত হয়ে দেখা দেয়।

ভাষ্য

যদা 'চিদাত্মা' পরমেশ্বরঃ স্বস্বাতন্ত্র্যাৎ অভেদব্যাপ্তিং নিমজ্জ্য ভেদব্যাপ্তিং অবলম্বতে, তদা 'তদীয় ইচ্ছাদিশক্তয়ঃ' অসঙ্কুচিতা অপি 'সঙ্কোচবত্যো' ভান্তি; তদানীমেব চ অয়ং 'মলাবৃতঃ সংসারী' ভবতি। তথা চ অপ্রতিহতস্বাতন্ত্র্যরূপা ইচ্ছাশক্তিঃ সঙ্কুচিতা সতী অপূর্ণমন্যতারূপম্ আণবং মলং; জ্ঞানশক্তিঃ ক্রমেণ সঙ্কোচাৎ ভেদে সর্বজ্ঞত্বস্য কিঞ্চিৎজ্ঞত্বাপ্তেঃ অন্তঃকরণ-বুদ্ধীন্দ্রিয়তাপত্তিপূর্বম্ অত্যন্তং সঙ্কোচগ্রহণেন ভিন্নবেদ্যপ্রথারূপং মায়ীয়ং মলং; ক্রিয়াশক্তি ক্রমেণ ভেদে সর্বকর্তৃত্বস্য কিঞ্চিৎকর্তৃত্বাপ্তেঃ কর্মেন্দ্রিয়রূপ-সঙ্কোচগ্রহণপূর্বম্ অত্যন্তং পরিমিততাং প্রাপ্তা শুভাশুভানুষ্ঠানময়ং কার্ম মলং। তথা সর্বকর্তৃত্ব-সর্বজ্ঞত্ব-পূর্ণত্ব-নিত্যত্ব-ব্যাপকত্বশক্তয়ঃ সঙ্কোচং গৃহ্লানা যথাক্রমং কলা-বিদ্যা-রাগ-কাল-নিয়তিরূপতয়া ভান্তি। ততাবিধশ্চ অয়ং শক্তিদরিদ্রঃ সংসারী উচ্যতে; স্বশক্তি-বিকাসে তু শিব এব।

ভাষ্যের অর্থ

যখন পরম প্রভু (highest lord) যার মূল (essence) হল চৈতন্য এবং স্বইচ্ছায় দ্বৈতে প্রসারিত (assumes duality all round) তখন তাঁর ইচ্ছা ও শক্তি উভয়ই বাস্তবে সীমিত অবস্থা প্রাপ্ত হয়। তখন জীবের চিত্ত মলাবৃত হয়ে জন্মান্তরে দেহ থেকে দেহে ভ্রমণ

করে। জীবে আণবমলের উদ্ভব হয় যা সম্পূর্ণরূপে শুদ্ধ (perfect) নয়। যদি তার (জীবের) শুরুর সূক্ষ্ম উদ্ভবের এবং ক্রমে অন্যান্য দেহগত অংশের (extreme limited beginning and bodily ramification) প্রকাশের উপক্রম হয় তবে তা সম্ভব হয় মায়ীয় মলের(87) কারণে। এই মায়ীয় মলই ব্যক্তিভেদ ও বস্তুভেদের কারণ। ক্রিয়াশক্তির প্রকাশ এই মায়ীয়। ক্রিয়াশক্তি মল মায়ীয় মলের অংশ আরও ক্ষুদ্র কার্ম-মলের(88) প্রকাশ ঘটায়, যার দ্বারা ভাল-মন্দ সংঘটিত হয়।

সুতরাং শক্তির সর্বশক্তিমানতা, সর্বজ্ঞতা, অভ্রান্ততা, অসীমতা, সর্বব্যাপকতা যথাক্রমে কলা (সীমিত স্থিতি), বিদ্যা (সীমিত গ্রাহ্যতা), রাগ (সীমিত আকাঙ্খা), কাল (সীমিত সময়) ও নিয়তি (সীমিত কর্মনিবন্ধন- স্থানিক কর্ম ও তার ফল)(89); যা ব্যক্তির আত্মায় (self) বর্তায় সেটাই শক্তির সাংসারিক ঘটনা, ব্যক্তিতে তখন শক্তি সীমিত অবস্থায় বর্তমান।

টীকা—

(১৯) প্রোঃ লিডেকার 'চিদ্বৎ' বা বিশ্বব্যাপী চিৎ-এর অনুবাদ করেছেন চিৎ-রূপ (Cit-like), '-বৎ' প্রত্যয়ের অর্থ এখানে 'মতো' নয় বরং 'সম্পূর্ণরূপে' বিশ্বব্যাপী, চিৎবৎ। শিব চিৎ-এর মতো (Cit-like) নয়, শিবই সম্পূর্ণ চিৎ। ক্ষেমরাজ এই সূত্রে চিদ্বৎ-এর ব্যাখ্যা তার ভাষ্যে করেছেন 'চিদাত্মা' বলে অর্থাৎ চিৎ যার সার বা যে চেতনায় ব্যাপ্ত বা চেতনাময়।

~~

ননু সংসার্যবস্থায়াম্ অস্য কিঞ্চিৎ শিবতোচিতম্ অভিজ্ঞানমস্তি যেন শিব এব তথাবস্থিতঃ ? —ইত্যুদ্'ঘোষ্যতে। অস্তি ইত্যোহ—

গৃহী কি নিজের মধ্যে শিবের উপলব্ধি করতে পারে ? উত্তর হল পারে। সে কথাই দশম সূত্রে বলা হয়েছে।

সূত্র-10

তথাপি তদ্বৎ পঞ্চ কৃত্যানি করোতি

সূত্রের অর্থ—সাংসারিক জীবনেও ব্যক্তি শিবের মতো পাঁচটি কৃত্য সম্পাদন করে।

ভাষ্য (প্রথমাংশ)

ইহ ঈশ্বরাদ্বয়দর্শনস্য ব্রহ্মবাদিভ্যঃ অয়মেব বিশেষঃ, য'

'সৃষ্টিস্থিতিসংহারকর্তারং বিলয়স্থিতিকারকম্।
অনুগ্রহকরং দেবং প্রণতার্তিবিনাশনম্।।' (২০)

ইতি শ্রীমৎস্বচ্ছন্দাদিশাসনোক্তনীত্যা সদা পঞ্চবিধকৃত্য-কারিত্বং চিদাত্মনো ভগবতঃ।

ভাষ্যের অর্থ (প্রথমাংশ)

এখানে ঈশ্বরাদ্বয়(90) ও ব্রহ্মবাদ(91) দর্শনের প্রভেদের কথা বলা হয়েছে; অদ্বয় ঈশ্বর চিদাত্মময় অর্থাৎ মূল চৈতন্য যা থেকে পঞ্চক্রিয়া(92) তথা বিভিন্ন ভাবের উদ্ভব। সে কথা শৈব দর্শন ও স্বচ্ছন্দতন্ত্রে (প্রথম পটল, শ্লোক-3) উল্লেখিত; যথা, (i) প্রথম প্রকাশ— সৃষ্টি (emanation), ii) স্থিতি— পোষণ (maintenance), iii) সংহার— প্রলয় (re-absorption), iv) সঙ্কোচন— বিলয় (concealment) ও v) অনুগ্রহ— কৃপা (grace) তথা তাপিত ভক্তের তাপ (ক্লেশ) হরণ।

ভাষ্য (শেষাংশ)

যথা চ ভগবান্ শুদ্ধেতরাধ্বস্ফারণক্রমেণ স্বরূপবিকাসরূপাণি সৃষ্ট্যাদীনি করোতি, 'তথা' সঙ্কুচিতচিচ্ছক্তিতয়া সংসারভূমিকায়ামপি 'পঞ্চকৃত্যানি' বিধত্তে। তথা হি

'তদেবং ব্যবহারেহপি প্রভুর্দেহাদিমাবিশন্।
ভান্তমেবান্তরর্থৌঘমিচ্ছয়া ভাসয়েদ্বহিঃ।।'

ইতি প্রত্যভিজ্ঞাকারিকোক্তার্থদৃষ্টয়া দেহপ্রাণাদিপদম্ আবিশন্ চিদ্রূপো মহেশ্বরো বহির্মুখীভাবাবসরে নীলাদিকমর্থং নিয়তদেশকালাদিতয়া যদা আভাসয়তি, তদা নিয়তদেশকালাদ্যাভাসাংশে অস্য স্রষ্টৃতা; অন্যদেশকালাদ্যাভাসাংশে অস্য সংহর্তৃতা; নীলাদ্যাভাসাংশে স্থাপকতা; ভেদেন আভাসাংশে বিলয়কারিতা; প্রকাশৈক্যেন প্রকাশনে অনুগ্রহীতৃতা। যথা চ সদা পঞ্চবিধকৃত্যকারিত্বং ভগবতঃ, তথা ময়া বিতত্য 'স্পন্দসন্দোহে' নির্ণীতম্।

এবমিদং পঞ্চবিধকৃত্যকারিত্বম্ আত্মীয়ং সদা দৃঢ়প্রতিপত্ত্যা পরিশীল্যমানং মাহেশ্বর্যম্ উন্মীলয়ত্যেব ভক্তিভাজাম্। অত এব যে সদা এতৎ পরিশীলয়ন্তি, তে স্বরূপবিকাসময়ং বিশ্বং জানানা জীবন্মুক্তা ইত্যাম্নাতাঃ। যে তু ন তথা, তে সর্বতো বিভিন্নং মেয়জাতং পশ্যন্তো বদ্ধাত্মানঃ।

ভাষ্যের অর্থ (শেষাংশ)

যেমন প্রোজ্জ্বল (exalted) শিব তাঁর বহির্ব্যাপ্তিতে (extrinsic course)(93) জগতকে প্রকাশিত করে (mundane manifestation) যা তার প্রকৃতিতে অধিষ্ঠিত, সেটাই সংসারে তাঁর চৈতন্যের সীমিত রূপ (ঈশ্বরপ্রত্যভিজ্ঞা, আহ্নিক VI শ্লোক-VII)। তৎ-এর এই অবস্থায় (তৎ এবম সতি) বা তাঁর ব্যবহারিক অবস্থায় (ব্যবহার'পি) পরম প্রভু জীবে ও বস্তুতে প্রবেশ করেন বহিরঙ্গে (outwardly), যদিও এসবই তাঁর মধ্যেই স্থিত (appearing within himself)। তাঁর অন্তরঙ্গ স্থিতি সর্বদা অবিকৃত অবিচল।

প্রত্যভিজ্ঞাকারিকার মতে পরমেশ্বরের এই প্রকাশ প্রাণ ইত্যাদির মাধ্যমে স্থানে, কালে, তাঁর স্রষ্টৃতা। যখন এই সৃষ্টি পুনঃপ্রকাশিত হয় তার আগে সংহার (withdrawal) হয়, সংহর্তৃতা। মধ্যকালীয় রূপময় অবস্থা হল স্থাপকতা। যখন বস্তুতে বস্তুতে ও জীবে পারস্পরিক ভেদ প্রতিপন্ন হয় তখন পরমেশ্বর নিজের স্বরূপকে লুক্কায়িত (বিলয়কারিতা) করেন(94)। যখন কেউ এই ভেদাভেদকে পরমেশ্বরের চিৎ-জ্যোতির (light of consciousness)(95) সঙ্গে এক করে বুঝতে পারে তখন তার উপর ভগবৎ কৃপা বর্ষিত হয়। একে বলে অনুগ্রহ (grace)। যখন ভক্ত ভগবানের উপরোক্ত পঞ্চবিধকৃত্য অনুধাবন করতে পারে তখন তার মুক্তি হয়। এই হল ধারাবাহিকতা— ইত্যাম্নাতাঃ।

যারা পরমেশ্বরের ক্রিয়াকে এইভাবে বুঝতে পারে না তারা চিরকাল জগতের বন্ধনে আবৃত থাকে।(২১)

টীকা—

(২০) প্রোঃ লিডেকার 'প্রণতার্তিবিনাশনম্'-এর অনুবাদ করেছেন- 'দুঃখের বিনাশ তার অধস্তন (subordinate)'। এ এক অদ্ভুত (curious) অর্থহীন ব্যাখ্যা।

(২১) প্রোঃ লিডেকার উপরোক্ত ভাষ্যের ব্যাখ্যা করেছেন- 'যারা ভগবানের সামগ্রিক ক্রিয়াকে সবকিছুতে খণ্ডিতরূপে দেখতে পান না (totality of objects differentiated everywhere)'। এই ভাষান্তর মূল ভাষ্যের ঠিক বিপরীত। সঠিক ভাবে বোধগম্য হয় যখন 'তথা, তে সর্বতো বিভিন্নং মেয়জাতং পশ্যন্তো বদ্ধাত্মানঃ', বাক্যাংশে 'তথা'-র পরের 'কমা'কে (,) প্রাধান্য দেওয়া হয়।

~~

ন চ অয়মেব প্রকারঃ পঞ্চবিধকৃত্যকারিত্বে, যাবৎ অন্যোহপি কশ্চিৎ রহস্যরূপোহস্তি। ইত্যাহ—

পূর্বোক্ত পঞ্চবিধকৃত্যের অনুধাবনই মুক্তির একমাত্র পন্থা নয়, অন্য রহস্যময় (esoteric) পন্থাও আছে যা এখন বলা হচ্ছে।

সূত্র-11

আভাসন-রক্তি-বিমর্শন-বীজাবস্থাপন-বিলাপনতস্তানি

সূত্রের অর্থ— তন্ত্রে (esoteric mode) যোগির (তান্ত্রিক) শক্তি সাধনায় শক্তির উন্মেষ, আস্বাদন, তাদাত্ম্য (experiencing as self), বীজস্থাপন এবং লয় হল অপর মুক্তির উপায়।(96)

ভাষ্য

'পঞ্চবিধকৃত্যানি করোতি' ইতি পূর্বতঃ সংবধ্যতে। শ্রীমন্মহার্থদৃষ্ট্যা দৃগাদিদেবীপ্রসরণক্রমেণ যৎ যৎ আভাতি, তৎ তৎ সৃজ্যতে; তথা সৃষ্টে পদে তত্র যদা প্রশান্তনিমেষং কঞ্চিৎ কালং রজ্যতি, তদা স্থিতিদেব্যা তৎ স্থাপ্যতে; চমৎকারাপরপর্যায়-বিমর্শনসময়ে সংহ্রিয়তে। যথোক্তং শ্রীরামেণ—

'সমাধিবজ্রেণাপ্যন্যৈরভেদ্যো ভেদভূধরঃ।
পরামৃষ্টশ্চ নষ্টশ্চ ত্বদ্ভক্তিবলশালিভিঃ।।'

ইতি। যদা তু সংহ্রিয়মাণমপি এতৎ অন্তঃ বিচিত্রাশঙ্কাদিসংস্কারম্ আধত্তে, তদা তৎ পুনঃ উদ্ভবিষ্যৎসংসার-বীজভাবমাপন্নং বিলয়পদম্ অধ্যারোপিতম্। যদা পুনঃ তৎ তথা অন্তঃ স্থাপিতম্ অন্যৎ বা অনুভূয়মানমেব হঠপাকক্রমেণ অলংগ্রাসক্যুত্যা চিদগ্নিসাদ্ভাবম্ আপদ্যতে,

তদা পূর্ণতাপাদনেন অনুগৃহ্যতে এব। ইদৃশং চ পঞ্চবিধকৃত্যকারিত্বং সর্বস্য সদা সংনিহিতমপি সদ্গুরুপদেশং বিনা ন প্রকাশতে, ইতি সদ্গুরুসপর্যৈব এতৎপ্রথার্থম অনুসর্তব্যা।

ভাষ্যের অর্থ

এই পঞ্চকৃত্য (তান্ত্রিক) পূর্বোক্ত উপায়ের সঙ্গে সম্পৃক্ত (syntactic) সর্বোচ্চ স্তরে (মহার্থদৃষ্ট্যা)(97)। যা কিছুই আমরা দেখি বা অনুভব করি সেসবই শক্তিরূপা যা ক্রমান্বয়ে আভাসিত হয় সৃজনে। অর্থাৎ সৃষ্টির আগে সবকিছুই ক্ষণিকের তরে উন্মেষে আস্বাদিত হয়। এবং তার পরে প্রকাশ পায়। সৃষ্টির পরে তার পোষণ হয় স্থিতিতে। তারপরে কালে হয় সংহার। এই সংহার ঘটে যোগির 'বিমর্শন-সময়ে' অর্থাৎ যখন তাঁর কাছে সবকিছু সংহৃত বোধ হয় ক্ষণিকে। এই সংহার ক্ষণকালে সিদ্ধ এক চমৎকার(98)।

জ্ঞানের (জানার) অবশেষকে সংহার(99) নামে অভিষিক্ত করা হয়। রামকণ্ঠ বলেছেন—

'ব্যক্তির জগৎ শুধু তার ধ্যানে (সমাধিতে) সমাহিত হয় না, যদি না পরমেশ্বরের কৃপা হয় (power that accrues from devotion)।'

সেই জন্য ভগবৎ কৃপায় ব্যক্তির পূর্ব ও বর্তমান সংস্কারেরও অবসান (বিলয়) হওয়া দরকার। অন্যথা একে 'হঠপাক'-এর(100) মাধ্যমে অন্তর্হিত (reduced to germinal form) করতে হয় সম্পূর্ণ হজম করে (অলংগ্রাস)(101)। এই 'অলংগ্রাস' হল আত্মসাক্ষাৎকার, 'হঠপাকে' যা সম্ভব হয় গুরু ও ভগবৎ কৃপায়।

সৎ গুরুর সংস্পর্শে এই পঞ্চকৃত্যের উপলব্ধি হয়। যতদিন তা হয় না ততদিন জাগতিক প্রকাশিত শক্তিই প্রাধান্য পায়, পঞ্চকৃত্যের শক্তি তার জ্ঞানের বাইরে রয়ে যায়।

~~

যস্য পুনঃ সদ্গুরুপদেশং বিনা এতৎপরিজ্ঞানং নাস্তি তস্য অবচ্ছাদিতস্বস্বরূপাভিঃ নিজাভিঃ শক্তিভিঃ ব্যামোহিতত্বং ভবতি। ইত্যাহ

যেহেতু সদগুরুর উপদেশ বিনা পঞ্চকৃত্যের জ্ঞান হয় না সেইহেতু সংসারী তার অজ্ঞতার কারণে এই জ্ঞান থেকে বঞ্চিত হয়।

সূত্র-12

তৎপরিজ্ঞানে স্বশক্তিভির্ব্যামোহিততা সংসারিত্বম্

সূত্রের অর্থ— সংসারী হওয়ার অর্থ নিজের জাগতিক ক্ষমতার কারণে মোহিত হয়ে পঞ্চকৃত্যের শক্তির উৎস (authorship) সম্পর্কে অজ্ঞতা পোষণ করা।

ভাষ্য

'তস্য' এতস্য সদা সম্ভবতঃ পঞ্চবিধকৃত্যকারিত্বস্য 'অপরিজ্ঞানে'— শক্তিপাতহেতুকস্ববলোন্মীলনাভাবাৎ অপ্রকাশনে 'স্বাভিঃ শক্তিভিঃ ব্যামোহিতত্বং'— বিবিধলৌকিকশাস্ত্রীয়শঙ্কা-শঙ্ককীলিতত্বং যৎ, ইদমেব 'সংসারিত্বম্'।

তদুক্তং শ্রীসর্ববীরভট্টারকে

'অজ্ঞানাচ্ছঙ্কতে লোকস্ততঃ সৃষ্টিশ্চ সংহৃতিঃ।।'

ইতি।

'মন্ত্রা বর্ণাত্মকাঃ সর্বে সর্বে বর্ণাঃ শিবাত্মকাঃ।।'

ইতি চ। তথা হি—চিৎপ্রকাশাৎ অব্যতিরিক্তা নিত্যোদিত-মহামন্ত্ররূপা পূর্ণাহংবিমর্শময়ী যা ইয়ং পরা বাক্'শক্তিঃ আদি-ক্ষান্ত-রূপাশেষক্তিচক্রগর্ভিণী, সা তাবৎ পশ্যন্তীমধ্যমাদিক্রমেণ গ্রাহকভূমিকাং ভাসয়তি। তত্র চ পরারূপত্বেন স্বরূপম্ অপ্রথয়ন্তী মায়াপ্রমাতুঃ অস্ফুটাসাধারণার্থাবভাসরূপাং প্রতিক্ষণ নবনবাং বিকল্পক্রিয়ামুল্লাসয়তি, শুদ্ধামপি চ অবিকল্পভূমিং তদাচ্ছাদিতামেব দর্শয়তি। তত্র চ ব্রাহ্ম্যাদিদেবতাধিষ্ঠিতককারাদিবিচিত্রশক্তিভিঃ ব্যামোহিতো দেহপ্রাণাদিমেব পরিমিতম্ অবশম্ আত্মানং মন্যতে মূঢ়জনঃ। ব্রাহ্ম্যাদিদেব্যঃ পশুদশায়াং ভেদবিষয়ে সৃষ্টিস্থিতী, অভেদবিষয়ে চ সংহারং প্রথয়ন্ত্যঃ, পরিমিতবিকল্প-পাত্রতামেব সম্পাদয়ন্তি; পতিদশায়াং তু ভেদে সংহারম্ অভেদে চ সর্গস্থিতী, প্রকটয়ন্ত্যঃ, ক্রমাৎক্রমং বিকল্পনিঃহ্রসিনেন শ্রীমদভৈরবমুদ্রানু—প্রবেশময়ীং মহতীম্ অবিকল্পভূমিমেব উন্মীলয়ন্তি।

'সর্বো সমায়ং বিভব ইত্যেবং পরিজানতঃ।
বিশ্বাত্মনো বিকল্পানাং প্রসরেহপি মহেশতা।।'

ইত্যাদিরূপাং চিদানন্দাবেশমগ্নাং শুদ্ধবিকল্পশক্তিম্ উল্লাসয়ন্তি ততঃ উক্তনীত্যা স্বশক্তিব্যামোহিততৈব সংসারিত্বম্।

কিন্তু চিতিশক্তিরেব ভগবতী বিশ্ববমনাৎ সংসারবামাচারত্বাচ্চ বামেশ্বর্যাখ্যা সতী, খেচরী-গোচরী-দিক্চরী-ভূচরীরূপৈঃ অশেষৈঃ প্রমাতৃঅন্তঃকরণবহিষ্করণ-ভাবস্বভাবৈঃ পরিস্ফুরন্তী, পশুভূমিকায়াং শূন্যপদবিশ্রান্তা কিঞ্চিৎকর্তৃত্বাদ্যাত্মক-কলাদিশক্ত্যাত্মনা খেচরী-চক্রেণ গোপিতপারমার্থিকচিদ্গগনচরীত্বস্বরূপেণ চকাস্তি; ভেদনিশ্চয়াভিমান–বিকল্পনপ্রধানান্তঃকরণদেবীরূপেণ গোচরীচক্রেণ গোপিতাভেদ-নিশ্চয়াদ্যাত্মকপারমার্থিকস্বরূপেণ প্রকাশতে; ভেদালোচনাদি-প্রধানবহিষ্করণদেবতাত্মনা চ দিক্চরীচক্রেণ গোপিতাভেদপ্রথাত্মকপার-মার্থিকস্বরূপেণ স্ফুরতি; সর্বতো ব্যবচ্ছিন্নাভাসস্বভাবপ্রমেয়াত্মনা চ ভূচরীচক্রেণ গোপিতসার্বাত্ম্য-স্বরূপেণ পশুহৃদয়-ব্যামোহিনা ভাতি। পতিভূমিকায়াং তু সর্বকর্তৃত্বাদিশক্ত্যাত্মকচিদ্গগনচরীত্বেন, অভেদনিশ্চয়াদ্যাত্মনা গোচরীত্বেন, অভেদালোচনাদ্যাত্মনা দিক্চরীত্বেন, স্বাঙ্গকল্পাদ্বয়-প্রথাসারপ্রমেয়াত্মনা চ ভূচরীত্বেন, পতিহৃদয়বিকাসিনা স্ফুরতি। তথা চ উক্তং সহজচমৎকার-পরিজনিতাকৃতকাদরেণ ভট্টদামোদরেণ বিমুক্তকেষু—

‘পূর্ণাবচ্ছিন্নমাত্রান্তর্বহিষ্করণভাবগাঃ।
বামেশাদ্যাঃ পরিজ্ঞানাজ্ঞানাৎস্যুর্মুক্তিবন্ধদাঃ।।’

ইতি এবং চ নিজশক্তিব্যামোহিততৈব সংসারিত্বম্।

অপি চ চিদাত্মনঃ পরমেশ্বরস্য স্বা অনপায়িনী একৈব স্ফুরত্তাসারকর্তৃতাত্মা ঐশ্বর্যশক্তিঃ। সা যদা স্বরূপং গোপয়িত্বা পাশবে পদে প্রাণাপন-সমান-শক্তিদশাভিঃ জাগ্রৎস্বপ্ন-সুষুপ্তভূমিভিঃ দেহপ্রাণ-পুর্যষ্টককলাভিশ্চ ব্যামোহয়তি, তদা তদ্বয়ামোহতিতা সংসারিত্বম্; যদা তু মধ্যধামোল্লাসাম্ উদানশক্তিং, বিশ্বব্যাপ্তিসারাং চ ধ্যানশক্তিং, তুর্যদশারূপাং তুর্যাতীতদশারূপাং চ চিদানন্দঘনাম্ উন্মীলয়তি তদা দেহাদ্যবস্থায়ামপি পতিদশাত্মা জীবন্মুক্তির্ভবতি। এবং ত্রিধা স্বশক্তিব্যামোহিততা ব্যাখ্যাতা। ‘চিদ্বৎ’ ইতি সূত্রে(৭) চিৎপ্রকাশো গৃহীতসঙ্কোচঃ সংসারী ইত্যুক্তম্, ইহ তু স্বশক্তিব্যামোহিতত্বেন অস্য সংসারিত্বং ভবতি,-ইতি ভঙ্গ্যন্তরেণ উক্তম্। এবং সঙ্কুচিতশক্তি প্রাণাদিমানপি যদা স্বশক্তিব্যামোহিতো ন ভবতি তদা অয়ম্ ‘.....শরীরী পরমেশ্বরঃ।’

ইত্যাম্নায়স্থিত্যা শিবভট্টারক এব,— ইতি ভঙ্গ্যা নিরূপিতং ভবতি।যদাগমঃ—

'মনুষ্যদেহমাস্থায় ছন্নাস্তে পরমেশ্বরাঃ।'

ইতি উক্তং চ প্রত্যভিজ্ঞাটীকায়াম্—

'শরীরমেব ঘটাদ্যপি বা যে ষটত্রিংশত্তত্বময়ং শিবরূপতয়া পশ্যন্তি তেহপি সিধ্যন্তি।' ইতি।

ভাষ্যের অর্থ

সূত্রে 'তৎ'এর অর্থ পঞ্চকৃত্যের অধিকর্তা (authority)। এই পঞ্চকৃত্য ক্রমান্বয়ে ঘটতে থাকে। 'অপরিজ্ঞানেন' অর্থ যা জ্ঞানের আলোকে উদ্ভাসিত হয় না (not flashing out) ব্যক্তির কাছে। সংসারের ভ্রান্তিতে ডুবে যাওয়ায় (delusion-ব্যামোহিতত্বম্), ব্যক্তি বিভিন্ন শাস্ত্রোক্ত বিচার ও জগতের ধন্দে পরে। সর্ব্বীরভট্টারকে সুন্দর ভাবে বলা হয়েছে— 'অজ্ঞতার কারণে ব্যক্তি ভ্রমিত হয়ে জন্ম-মৃত্যুর আবর্তনে ঘোরে।'

'মন্ত্রোচ্চারণে মন্ত্রের(102) অক্ষরের যে শক্তি, তা শিবময়।' বাক্ শক্তি হল পরা (supreme)(103), প্রকৃতপক্ষে চেতনার আলোয় শিবময়। এই পরাশক্তি সর্বদাই নিনাদিত হয় (eternally sounded) এবং তাতে আছে 'অ' থেকে 'ক্ষ'(104) পর্যন্ত অক্ষরের বিস্তৃতি যার মাধ্যমে জগতের প্রকাশ ঘটে। এই শাব্দিক প্রকাশের ক্রম হল পশ্যন্তি(105), মধ্যমা, বৈখরী ইত্যাদি। প্রকাশমান শক্তি পরাশক্তির সীমিতাবস্তা, মায়া-প্রমাতুঃ যার পর্যান্তর বা বিকল্পান্তর(106) ঘটতে থাকে প্রতিমুহূর্তে। এই বিকল্পতাই শক্তির অবিকল্পতাকে(107) যা শুদ্ধ স্বরূপ, আবৃত করে রাখে। বিকল্প শক্তি 'ক' ইত্যাদি ব্যঞ্জনবর্ণ সমন্বিত এবং ব্রাহ্মীর(108) দ্বারা পরিচালিত (presided over) অন্যান্য দৈবীশক্তির সহযোগে। এই শব্দভূত জগতে ব্যক্তি বিভ্রান্ত হয়ে নিজের প্রাণেই নিজেকে সীমিত রাখে।

ব্রাহ্মী ও অক্ষরের অন্যান্য দেবদেবীরা জীবের বিকল্প (পশু) অবস্থার কারণ ঘটায় সীমিতার্থে। এই পশুর পতি (প্রভু) অবিকল্প (non-different)(109) পশুপতি। এই পশুপতির হল আনন্দময় ভৈরব-মুদ্রা(110) যাতে জীব প্রবেশের জন্য উন্মুখ। এই অবস্থায় শক্তি পর্যবসিত হয় 'শুদ্ধ বিকল্প শক্তিতে'(111)। ব্যক্তিতে এর অনুভব ঈশ্বরপ্রত্যভিজ্ঞায়,

আগমাধিকার, দ্বিতীয় আহ্নিক, দ্বাদশ শ্লোকে বর্ণিত হয়েছে- 'ব্যক্তির মনে হয় এই জগতের উন্মেষও তারই এবং জগতও তার মহেশতা(112), বিকল্পতার(113) ঘটমানতায়।'

সুতরাং সংসারে সংসারীর গতি (অবস্থা) নিজকৃত। তাই ব্যক্তির মুক্তির পথ পশুপতির প্রতি উন্মুখতায়। এরই নাম শাম্ভবোপায়। শাক্তোপায়ে মুক্তির পথ নিম্নোক্ত।

উদ্বোধিত চেতনার শক্তিকে (power of exalted consciousness) বা চিতি-শক্তিকে বলে বামেশ্বরী(114) কারণ তখন তাঁর শক্ত্যাবেশ বা শক্তিরূপা খেচরীশক্তি(115) প্রয়োগশীল (emperical subject) হয়। এই বিষয়ের বিষয়ী বা অন্তঃশক্তি (inner organ) হল গোচরী এবং বহিরঙ্গ (outer organ) হল দিক্চরী আর বাস্তব অস্তিত্ব (objective existence) হল ভূচরী। শক্তির মূল উৎস চিদাকাশের শূন্যতায়, তিনি চিদ্-গগন-চারী এবং তাঁর বহির্মুখী শক্তি, কলা, বিদ্যা ইত্যাদি গোচরীর মাধ্যমে উৎসারিত, অর্থাৎ জাগতিক প্রকৃতিগত সীমাবদ্ধতা (limited bound doership of Pasu)। গোচরীর মাধ্যমে উৎপন্ন তাঁর (শক্তির) প্রকাশ প্রথমে অন্তঃকরণ শক্তি(116) যা শক্তিরূপা হিসাবে পশুতে দানা বাঁধে (takes fom) যার মূল প্রকাশিত কর্ম হল বুদ্ধির কাজ যার মাধ্যমে বিষয়ী (self) তফাৎ নির্ণয় করে (ভেদ-নিশ্চয়) বিষয়ের (object)। প্রথমত একে বলে ভেদ-অভিমান যা বুদ্ধির দ্বারা পশুর মনন ক্রিয়ায় (মানসে) উদ্ভূত হয়; তারপরে হয় বিষয়ের মধ্যে ভেদের বোধ (ভেদ-বিকল্প) যা বস্তু ও অন্যান্য পশুর সঙ্গে ব্যক্তির অভেদত্বকে আবৃত করে রাখে। দিক্চরীতে শক্তি হল বহিরঙ্গ শক্তিরূপা, ভূচরীতে জ্ঞাত বস্তুর (objective existence) শক্তিরূপা। এসবই বিভিন্ন শক্তিরূপে বোধ হয় যা ব্যক্তি হৃদয়ে মূলশক্তির অভিব্যক্তি রূপে, অনুধাবন করতে পারে না।(২২)

শক্তিপতির (মূলশক্তি) অবস্থা হল 'চিদ্-গগন-চারী' যেহেতু গোচরীর মূল ভাব হল অভেদত্ব, যার থেকেই দিক্চরী, ভূচরী সঞ্চারিত। সুতরাং শক্তির এই পৃথক পৃথক আচরণে (চরাচর ব্যাপ্তিতে) এবং বিচ্ছিন্নতা তথা অবিচ্ছিন্নতার জ্ঞানে অজ্ঞানতা (bondage of ignorance) দূরীভূত হলে ব্যক্তিতে হয় পূর্ণত্বের বোধ। তাই সংসারে বহমান ব্যক্তি পূর্ণশক্তি বুঝতে অক্ষম হয়।

এবার আমরা আণবোপায়ে মুক্তির বিষয় জানব। পরম প্রভু যাঁর মূল প্রকৃতি হল চৈতন্য তিনি ঐশ্বর্য শক্তির(117) অধিকারী, এই শক্তি অনুপ (unique) ও অটুট (unfailing)

এবং যাঁর প্রকৃতি কৃত্যে (doership)(118), যাতে তাঁর স্ফুরত্ব (flashing forth)(119)। যখন পরম প্রভুর ঐশ্বর্য-শক্তি শক্তিরূপাতে লুক্কায়িত থাকে তখন পশুতে প্রাণের পর্যায়ে (প্রাণ-অপান-সমান)(120) ভ্রান্তির উৎপাদন হয়, সঙ্কুচিত শক্তির কলায়(121) এবং পুর্যাষ্টকে (সূক্ষ্ম শরীরের বোধে)(122)। যখন উদান শক্তির উত্থান(123) হয় ব্যক্তির মধ্যম-ধামে(124) বা মধ্যনাড়ী সুষুম্নায় তখন ব্যক্তি তুরীয়(125) স্তরে উপনীত হয়। এরপরে ব্যান শক্তির(126) প্রভাবে ব্যক্তি নিজেকে সর্বব্যাপ্ত অনুভব করে; এ হল তার তুরীয়াতীত(127) অবস্থা; দুটোই চিদঘন আনন্দের অবস্থা। ব্যক্তি দেহে স্থিত হয়েও পতিত্বের(128) মুক্তি অনুভব করে।

উপরোক্ত তিন উপায় হল নিজত্ব বোধ থেকে মুক্তি।

টীকা—

(২২) গোচরী, ভূচরী ইত্যাদি চক্রকে (groups) ছেদ করে বিশ্বময়তা লাভ হয়, ভাষায় ব্যক্ত করা দুরূহ।

~~

'চিদ্.বৎ...'(129) সূত্রে(সূত্র-9), বলা হয়েছে চেতনার দীপ্তি সংসারীতে ব্যক্তিতে সীমিত রূপ প্রাপ্ত হয়। সংসারী কথাটির অর্থ হল নিজের প্রকৃত সত্ত্বা ও শক্তি সম্পর্কে বিস্মৃত হওয়া। অন্যভাবে বলা যায় এই বিস্মরণের অবসানে ব্যক্তি নিজের শিবত্ব সম্পর্কে (শিবোহম) সচেতন হয়। আগম শাস্ত্রে বলা হয়েছে— 'পরমেশ্বর (highest lord) সংসারী ব্যক্তিতে তখন আবৃত অবস্থায় (veiled form) প্রবৃষ্ট হন।'

প্রত্যভিজ্ঞার ভাষ্যেও(130) এই রকম বলা হয়েছে— 'ব্যক্তির নিজের শরীরে ও ঘট, পটে ছত্রিশ তত্ত্ব সমন্বয়ে শিবেরই অভিজ্ঞতা হয়'।

উক্তসূত্রার্থপ্রাতিপক্ষ্যেণ তত্ত্বদৃষ্টিং দর্শায়তুমাহ

অর্থাৎ, উপরোক্ত সম্যক সত্যকে (essential truth) উপস্থাপিত করার জন্য ত্রয়োদশ সূত্রে সেটাই বিপরীতক্রমে (conversely) ব্যক্তির চিত্ত থেকে শুরু করে চৈতন্য প্রাপ্তি পর্যন্ত সুত্রবদ্ধ করা হয়েছে।

সূত্র-13

তৎপরিজ্ঞানে চিত্তমেব অন্তর্মুখীভাবেন চেতনপদাধ্যারোহাৎ চিতিঃ

সূত্রের অর্থ— ব্যক্তির চিত্তের(131) পঞ্চ-কৃত্যে অধিকারের বলে তার অন্তর্যাত্রায় (inward movement) হয় চেতনার উর্দ্ধগতি চিতিতে (132) যা চৈতন্য বা সর্বব্যাপক এক চেতনা(133)।

ভাষ্য

পূর্বসূত্রব্যাখ্যাপ্রসঙ্গেন প্রমেয়দৃষ্টয়া বিতত্য ব্যাখ্যাতপ্রায়মেতৎ সূত্রম্; শব্দসংগত্যা তু অধুনা ব্যাখ্যায়তে। 'তস্য' আত্মীয়স্য পঞ্চকৃত্যকারিত্বস্য 'পরিজ্ঞানে' সতি অপরিজ্ঞানলক্ষণকারণাপগমাৎ স্বশক্তিব্যামোহিততানিবৃত্তৌ স্বাতন্ত্র্যলাভাৎ প্রাক্ ব্যাখ্যাতং যৎ 'চিত্তং' তদেব সঙ্কোচিনীং বহির্মুখতাং জহৎ, 'অন্তর্মুখীভাবেন চেতনপদাধ্যারোহাৎ'— গ্রাহকভূমিকাক্রমণক্রমেণ সঙ্কোচ-কলায়া অপি বিগলনেন স্বরূপাপত্ত্যা 'চিতির্' ভবতি; স্বাং চিন্ময়ীং পরাং ভূমিমাবিশতি ইত্যর্থঃ।

ভাষ্যের ভাবার্থ

এই সূত্র পূর্বোক্ত সূত্রের আধারে ব্যাখ্যাত হয়েছে; এখন বর্তমান সূত্রের ব্যাখ্যা দেওয়া হচ্ছে।

ব্যক্তির নিজের পঞ্চকৃত্যের ক্ষমতার জ্ঞানের পর যখন তার ভ্রমাত্মক জাগতিক শক্তির (শরীর, মনের) অজ্ঞানতা দূরীভূত হয় তখন তার চিত্তের সত্ত্বার (স্বাতন্ত্রতার) বোধ হয় (সূত্র-5)। ব্যক্তি তখন বহির্মুখী থেকে অন্তর্মুখী হয়। তার চিত্ত ব্যাপকতা অনুভব করে এবং সর্বোচ্চ চিৎ-এ গমনের উপক্রম করে।

~~

ননু যদ্ভি পারমার্থিকং চিচ্ছক্তিপদং সকলভেদকবলনস্বভাবং (২৩), তৎ অস্য মায়াপদেহপি তথারূপেণ ভবিতব্যং যথা জলদাচ্ছাদিতস্যাপি ভানোঃ ভাবাবভাসকত্বম্। ইত্যাশঙ্ক্য আহ—

প্রশ্ন ওঠে যে চিৎ-শক্তি সর্বোচ্চ সুতরাং ভেদাভেদহীন, তবে মায়ার দ্বারা আবৃত হয় কি করে ? এর উত্তর এই যে সূর্য মেঘে ঢাকা পরলেও তা সদৈব প্রকাশক।

সূত্র-14

চিতিবহ্নিরবরোহপদে ছন্নোহপি মাত্রয়া
মেয়েন্ধনং প্লুষ্যতি

সূত্রের অর্থ— চিতি-র অগ্নি (তেজ) যখন ধরায় নেমে আসে, সেই অগ্নি আবৃত থাকলেও বিষয়ের (object) আংশিক দহনে সমর্থ হয়।

ভাষ্য

'চিতিরেব' বিশ্বগ্রসনশীলত্বাৎ 'বহ্নিঃ'; অসৌ এব 'অবরোহপদে'—মায়াপ্রমাতৃতায়াং 'ছন্নোহপি'-স্বাতন্ত্র্যাৎ আচ্ছাদিতস্বভাবোহপি, ভূরিভূতিচ্ছন্নাগ্নি-বৎ 'মাত্রয়া'-অংশেন, নীলপীতাদিপ্রমেয়েন্ধনং 'প্লুষ্যতি'-স্বাত্মস্যাৎকরোতি। মাত্রাপদস্য ইদম্ আকূতম্-যৎ কবলয়ন্ অপি সার্বাত্ম্যেন ন গ্রসতে, অপি তু অংশেন; সংস্কারাত্মনা উত্থাপয়তি। গ্রাসকত্বং চ সর্বপ্রমাতৃণাং স্বানুভক্ত এব সিদ্ধম্। যদুক্তং শ্রীমদুৎপলদেবপাদৈঃ নিজস্তোত্রেষু

'বর্তন্তে জন্তবোহশেষা অপি ব্রহ্মেন্দ্রবিষ্ণবঃ।
গ্রসমানাস্ততো বন্দে দেব বিশ্বং ভবন্ময়ম্।।' ইতি।

ভাষ্যের ভাবার্থ

চিতি-র অগ্নিতে দ্বৈতকে দহনের ক্ষমতা আছে। অবতরণ কালে চিতি মায়ার সাক্ষী রূপে (মায়া-প্রমাতা) অবতরণ করে। বৈচিত্রে ভরা বিষয়ে চিতির দহনের ক্ষমতায়, দগ্ধে উদ্ভূত ফলস্বরূপ ভস্মই সামান্য রূপে চিতিকে আচ্ছাদিত করে রাখে।(২৪)

সূত্রে মাত্রা'র (মাত্রয়া) (in part) অর্থ হল বিষয়ের (objects) জ্ঞানকে আংশিক গ্রাস করা, যা সংস্কার সম্ভূত তার থেকে আবার সৃষ্টির সূচনা হয়। উৎপলদেব(134) যথার্থ বলেছেন—

'হে প্রভু যেহেতু সমস্ত জীব এমনকি ব্রহ্মা, ইন্দ্র এবং বিষ্ণু(135) জগতের সবকিছুই আপনার ভক্ষ্য, আপনাতেই সমাহিত হয়, আমি আপনার এই বিশ্বময়তাকে তাই প্রণতি করি।'(২৫) (শিবস্তোত্রাবলি, সত্র-XX শ্লোক-17)

টীকা—

(২৩) প্রোঃ লিডেকার 'সকল-ভেদ-কবলন-স্বভাবং'-এর অর্থ করেছেন ভেদছেদক; এ অর্থ সঠিক নয়। সঠিক অর্থ ভেদাভেদহীন।

(২৪) 'ভূতি' অর্থ ভস্ম বা মায়ার অবশেষ এবং চিতি হল অগ্নি। প্রোঃ লিডেকার ভূতি-র অর্থ করেছেন 'বিপুল শক্তি' (great power), যা ঠিক নয়।

(২৫) প্রোঃ লিডেকার 'গ্রসমানাঃ'-এর অনুবাদ করেছেন সবকিছুকে গ্রাস করা (as being devoured), যা ব্যাকরণগত ভাবে ভুল। সঠিক অর্থ ভগবানের বিশ্বময়তায় সবকিছু সমাহিত (আত্মস্থ) হয়।

~~

যদা পুনঃ করণেশ্বরীপ্রসরসঙ্কোচং সম্পাদ্য সর্গসংহারক্রম-পরিশীলনযুক্তিম্ আবিশতি তদা

অর্থাৎ, ভগবৎ উন্মুখ ব্যক্তি (যোগী) তার ইন্দ্রিয় সমূহকে সৃষ্টিতে প্রসারিত করতে (সর্গে) পারে এবং পরবর্ত্তীতে নিজেকে সঙ্কোচকৃত্যে (সংহারে)(২৬) গুটিয়েও নিতে পারে, তখন—

সূত্র-15

বললাভে বিশ্বমাত্মসাৎকরোতি

সূত্রের অর্থ- তখন ব্যক্তি নিজ বলে (inherent power) বিশ্বকে নিজের মধ্যে চিতিস্বরূপ অনুভব করে।

ভাষ্য

চিতিরেব দেহপ্রাণাদ্যাচ্ছাদননিমজ্জনেন স্বরূপম্ উন্মগ্নত্বেন স্ফারয়ন্তী বলম্; যথোক্তমং তদাকম্য বলং মন্ত্রাঃ.....।

ইতি। এবং চ 'বললাভে'—উন্মগ্নস্বরূপাশ্রয়ণে ক্ষিত্যাদি-সদাশিবান্তং 'বিশ্বম্ আত্মসাৎ করোতি'—স্বস্বরূপাভেদেন নির্ভাসয়তি। তদুক্তং পূর্বগুরুভিঃ স্বভাষাময়েষু ক্রমসূত্রেষু

'যথা বহ্নিরুদ্বোধিত দাহ্যং দহতি, তথা বিষয়পাশান্ ভক্ষয়েৎ' ইতি।

'ন চৈবং বক্তব্যম্- বিশ্বাত্মসাৎকাররূপা সমাবেশভূঃ
কাদাচিৎকী। কথম্ উপাদেয়া ইয়ং স্যাৎ ইতি; যতো
দেহাদ্যুন্মজ্জননিমজ্জনবশেন ইদম্ অস্যাঃ কাদাচিৎকত্বম্
ইব আভাতি।' বস্তুতস্তু চিতিস্বাতন্ত্র্যাবভাসিত-
দেহাদ্যুৎমজ্জনাৎ এব কাদাচিৎকত্বম্। এষা
তু সদৈব প্রকাশামানা; অন্যথা তৎ দেহাদি অপি ন
প্রকাশতে। অত এব দেহাদিপ্রমাতৃতাভিমাননিমজ্জনায়
অভ্যাসঃ ন তু সদা প্রথমানতাসারপ্রমাতৃতাপ্রাপ্ত্যর্থম্,
ইতি শ্রীপ্রত্যভিজ্ঞাকারাঃ

ভাষ্যের ভাবার্থ

চিতি ব্যক্তির আবরণ, প্রাণ ইত্যাদিকে গ্রহণ করে (submergence) ঐশ্বরিক বল উন্মোচিত করে। স্পন্দকারিকায় (দ্বিতীয় ভাগ, শ্লোক-10) বসুগুপ্ত বলেছেন মন্ত্রের(136) শক্তি সর্বশক্তিমান শিবেরই শক্তি। যার মাধ্যমে ব্যক্তি ইন্দ্রিয়ের ক্রিয়াকর্ম অব্যাহত রেখেও শক্তিমান হতে পারে।

যখন চিতির শক্তির উপলব্ধি হয় (অনুভূত হয়) তখন ব্যক্তি তার প্রকৃত সত্ত্বায় উপনীত হয় এবং ক্রমোন্বয়নে জগৎ থেকে সদাশিবে বিশ্বকে নিজেতে অনুভব করে। 'ক্রমসূত্রে' অতীতে আচার্যরা এ কথা বলেছেন—

'অগ্নি যেমন তার জ্বালানিকেও অন্যান্য বস্তুর মতোই গ্রাস করে তেমনি চিতি-র পরিচালিত শক্তি ব্যক্তিতে বস্তুর বন্ধন (fetters) নাশ করে।'

সর্বাত্মক (২৭) চিতিতে পরিবর্তনশীল জগতের সমাবেশ চিতিকে সাময়িক প্রতিপন্ন করে না। কারণ চিতি থেকে জগতের উন্মেষ এবং নিমীলনই (emergence and immergence) মাত্র সাময়িক। বস্তুর বা জীবের এই ক্রিয়া ভগবৎ ইচ্ছায়, তা নাহলে জগতেরও উদ্ভব হত না।

যোগীর সাধনার প্রয়োজন নিজেকে দেহের সঙ্গে একত্ব বোধ না করা এবং দেহে সাক্ষী হওয়ার চেষ্টা না করা, যে সাক্ষী সদা জ্যেতির্ময় (luminous)।

'প্রত্যভিজ্ঞা'কারের এই বক্তব্য।

টীকা—

(২৬) প্রসরের অর্থ সৃষ্টি (সর্গ), ও সঙ্কোচকৃত্যের অর্থ স্থিতির পরে সংহার।

(২৭) সর্বাত্মক অর্থ সর্বাধার (all inclusive)।

~~

এবং চ

তৎ পশ্চাৎ

সূত্র-16

চিদানন্দলাভে দেহাদিষু চেত্যমানেষ্বপি
চিদৈকাত্ম্যপ্রতিপত্তিদার্ঢ্যং জীবন্মুক্তিঃ

সূত্রের অর্থ—যখন চিদানন্দ প্রাপ্তি হয় সাধকের তখন চৈতন্যের সঙ্গে সে একাত্মতা বোধ করে এবং দেহও সেই বোধে সম্মিলিত হয়। সাধক জীবিত অবস্থাতেই জীবন্মুক্তি হৃদয়ঙ্গম করে।

ভাষ্য

বিশ্বাত্মসাৎকারাৎমনি সমাবেশরূপে 'চিদানন্দে লব্ধে' ব্যুত্থানদশায়াং বলকল্পতয়া দেহপ্রাণনীলসুখাদিষু আভাসমানেষু অপি, যৎসমাবেশসংস্কারবলাৎ প্রতিপাদয়িষ্যমাণযুক্তিক্রমোপ-বৃংহিতাৎ 'চিদৈকাত্ম্যপ্রতিপ্রত্তিদার্ঢ্যম্' –অবিচলা, চিদেকত্বপ্রথা, সৈব জীবন্মুক্তিঃ— জীবতঃ প্রাণান্ অপি ধারয়তো মুক্তিঃ, প্রত্যভিজ্ঞাতনিজস্বরূপ-বিদ্রাবিতাশেষপাশরাশিত্বাৎ যথোক্তং স্পন্দশাস্ত্রে—

'ইতি বা যস্য সংবিত্তিঃ ক্রীড়াত্বেনাখিলং জগৎ।
স পশ্যন্সততং যুক্তো জীবন্মুক্তো ন সংশয়ঃ।।' ইতি।

ভাষ্যের অর্থ

চিৎ-এর আনন্দের অনুভূতি হয় সাধকের, ধারণার ধ্যানে একত্বের সমাবেশে(137)(contemplative experience of unity)। এমন কি ব্যুত্থানে(138) যখন প্রাণ, দৃশ্যমান জগৎ ও জাগতিক সুখ ইত্যাদি অভিজ্ঞতা(139) বিভিন্ন স্তরে দর্শন হয় তখন চিৎ অবিচল থাকে। চিৎ-এর এই অবিচলতার অনুভূতিই ব্যক্তির দেহতে স্থিত থেকেও জীবন্মুক্তি, নিজের পরিচয় জ্ঞান। স্পন্দকারিকার দ্বিতীয়ভাগে (শ্লোক-5) উল্লেখ আছে- 'যে জানে সে বিশ্বব্রহ্মাণ্ডের সঙ্গে একাত্ম এবং জগৎ এক ক্রীড়াভূমি (world as a play), তার অবশ্য মুক্তি লাভ হয়।'

~~

অথ কথং চিদানন্দলাভো ভবতি ? ইত্যাহ—

চিত্তে আনন্দের উদ্ভব কি করে হয় ? এর উত্তর এই সূত্রে দেওয়া হয়েছে।

সূত্র-17

মধ্যবিকাসাচ্চিদানন্দলাভঃ

সূত্রের অর্থ— মধ্যের বিকাসে (দীর্ঘস্থায়িত্বতায়) চিত্তে আনন্দ স্ফুরিত হয়।

ভাষ্য

সর্বান্তরতমত্বেন বর্তমানত্বাৎ তদ্ভিত্তিলগ্নতাং বিনা চ কস্যচিৎ অপি স্বরূপানুপপত্তেঃ সংবিদেব ভগবতী 'মধ্যম্'। সা তু মায়াদশায়াং তথাভূতাপি স্বরূপং গূহয়িত্বা

'প্রাক্ সংবিৎপ্রাণো পরিণতা'

ইতি নীত্যা প্রাণশক্তিভূমিং স্বীকৃত্য, অবরোহক্রমেণ বুদ্ধিদেহাদিভবম্ অধিশয়ানা, নাড়ীসহস্রসরণিম্ অনুসৃতা। তত্রাপি চ পলাশপর্ণমধ্যশাখান্যায়েন আব্রহ্মরন্ধ্রাৎ অধোবক্ত্রপর্যন্তং প্রাণশক্তিব্রহ্মাশ্রয় মধ্যমনাড়ীরূপতয়া প্রাধান্যেন স্থিতা; তত এব সর্ববৃত্তীনাম্ উদয়াৎ, তত্রৈব চ বিশ্রামাৎ। এবং ভূতাপি এষা পশুনাং নিমীলিতস্বরূপৈব স্থিতা। যদা তু উক্তযুক্তিক্রমেণ সর্বান্তরতমত্বে মধ্যভূতা সংবিদ্ভগবতী বিকসতি, যদি বা বক্ষ্যমাণক্রমেণ মধ্যভূতা ব্রহ্মনাড়ী বিকসতি, তদা 'তদ্বিকাসাৎ চিদানন্দস্য' উক্তরূপস্য 'লাভঃ'— প্রাপ্তির্ভবতি। ততশ্চ প্রাগুক্তা জীবন্মুক্তিঃ।

ভাষ্যের অর্থ

উদ্বোধিত সম্বিত (exalted consciousness) জীব ও জগতের মূল ভিত্তি (ground support)। এই 'সম্বিত'ই প্রাণের কারণ (it transformed into Pran), তার স্বরূপ মায়ার জগতে লুক্কায়িত করে প্রাণশক্তি রূপে(140) আবির্ভূত হয়। প্রাণশক্তির অধিষ্ঠান বুদ্ধিতে, দেহে ইত্যাদি অবরোহক্রমে (descending order) অসংখ্য নাড়ীর মাধ্যমে। ব্যক্তিতে এই শক্তি মধ্যম নাড়ী(141) বা সুষুম্নাতে সংহৃত থাকে। অর্থাৎ মধ্যনাড়ীতেই জীবনের শক্তি ব্রহ্মন্ তথা প্রাণশক্তির অবস্থান (substratum)। এই শক্তির সঞ্চালন 'ব্রহ্মরন্ধ্র' (142) থেকে 'অধোবক্ত্র'(143) পর্যন্ত, পলাশের পাতার(144) মূল শিরার পথের মতো ব্যাপৃত। জীবের সব কর্মশক্তি সেখান থেকেই উদ্ভূত এবং সেখানেই স্থিত। জীবে প্রাণশক্তির সঞ্চালন ক্রিয়া(145) তথা পঞ্চকৃত্যের উপায় চর্চা ব্রহ্মনাড়ী(146) উজ্জীবিত (develops)(147) করে; তখন চিত্তে আনন্দ স্ফুরিত হয় এবং জীবিতাবস্থায়ই মুক্তির পথ উন্মুক্ত হয়।

~~

মধ্যবিকাসে যুক্তিমাহ

মধ্যবিকাসের উপায় সম্বন্ধে নিম্নোক্ত সূত্রে এখন বলা হচ্ছে

সূত্র-18

বিকল্পক্ষয়-শক্তিসঙ্কোচবিকাস-বাহচ্ছেদাদ্যন্তকোটি-
নিভালনাদয় ইহোপায়াঃ

সূত্রের অর্থ- মধ্যাবস্থার উজ্জীবনের জন্য প্রয়োজন বিকল্পের ক্ষয়, সঙ্কুচিত শক্তির বিকাস, বহিরাবস্থার ভেদ (ছেদ) এবং মধ্যাবস্থার শুরু ও শেষে সূক্ষ্মাতিসূক্ষ্মের (কোটি-র, উপান্তের বিন্দু) চিন্তন।

ভাষ্য

ইহ মধ্যশক্তিবিকাসে 'বিকল্পক্ষয়াদয় উপায়াঃ'। প্রাগুপদিষ্টপঞ্চবিধকৃত্য-কারিত্বাদ্যনুসরণেন। সর্বমধ্যভূতায়াঃ সংবিদো বিকাসো জায়তে— ইতি অভিহিতপ্রায়ম্।

উপায়ান্তরম্ অপি তু উচ্যতে;-প্রাণায়াম-মুদ্রাবন্ধাদিসমস্তযন্ত্রণা-তন্ত্রত্রোটনেন সুখোপায়মেব, হৃদয়ে নিহিতচিত্তঃ, উপযুক্ত্যা স্বস্থিতিপ্রতিবন্ধকং বিকল্পম্ অকিঞ্চিচিৎচিন্তকত্বেন প্রশময়ন্, অবিকল্পপরামর্শেন দেহাদ্যকলুষস্বচিৎ—প্রমাতৃতানিভালনপ্রবণঃ, অচিরাদেব উন্মিষদ্বিকাসাং তুর্যতুর্যাতীত-সমাবেশদশাম্ আসাদয়তি, যথোক্তম্—

'বিকল্পহানেনৈকাগ্রয়াৎক্রমেণেশ্বরতাপদম্।'

ইতি শ্রীপ্রত্যভিজ্ঞায়াম্। শ্রীস্পন্দেঽপি

'যদা ক্ষোভঃ প্রলীয়েত তদা স্যাৎপরমং পদম।।'

ইতি শ্রীজ্ঞানগর্ভেঽপি

'বিহায় সকলাঃ ক্রিয়া জননি মানসীঃ সর্বতো
বিমুক্ত-করণ-ক্রিয়ানুসৃতি-পারতন্ত্র্যোজ্জ্বলম্।
স্থিতৈসৎবদনুভাবতঃ সপদি বেদ্যতে সা পরা
দশা নৃভিরতন্দ্রিতাসমসুখামৃতস্যন্দিনী।।'

ইতি। অয়ং চ উপায়ো মূর্ধন্যত্বাৎ প্রত্যভিজ্ঞায়াং প্রতিপাদিতত্বাৎ আদৌ উক্তঃ। শক্তিসঙ্কোচাদয়স্তু যদ্যপি প্রত্যভিজ্ঞায়াং ন প্রতিপাদিতাঃ, তথাপি আম্নায়িকত্বাৎ অস্মাভিঃ প্রসঙ্গাৎ প্রদর্শ্যন্তে; বহুষু হি প্রদর্শিতেষুকশ্চিৎ কেনচিৎ প্রবেক্ষ্যতি ইতি।

'শক্তেঃ সঙ্কোচ'—ইন্দ্রিয়দ্বারেণ প্রসরন্ত্যা এব আকুঞ্চনক্রমেণ উন্মুখীকরণম্। যথোক্তম্ আথর্বণিকোপনিষৎসু কঠবল্ল্যাং চতুর্থবল্লীপ্রথমমন্ত্রে।

'পরাঞ্চি খানি ব্যতৃণৎস্বয়ম্ভূস্তস্মাৎপরাঙ্ পশ্যতি নান্তরাত্মন্।
কশ্চিদ্ধীরঃ প্রত্যগাত্মানমৈক্ষদ্ আবৃত্তচক্ষুরমৃতত্বমশ্নন্।।'

ইতি। প্রসৃতায়া অপি বা কূর্মাঙ্গসঙ্কোচবৎ ত্রাসসময়ে হৃৎপ্রবেশবচ্চ সর্বতো নিবর্তনম্। যথোক্তম্

'তদপোদ্ধৃতে নিত্যোদিতস্থিতিঃ।'

ইতি।

অন্তর্নির্গূঢ়ায়া অক্রমমেব সকলকরণচক্রবিস্ফারণেন
অন্তর্লক্ষ্যো বহির্দৃষ্টির্নিমেষোন্মেষবর্জিতঃ।'

ইতি। ভৈরবীয়মুদ্রানুপ্রবেশযুক্ত্যা বহিঃ প্রসরণম্। যথোক্তং কক্ষ্যাস্তোত্রে

'সর্বাঃ শক্তীশ্চেতসা দর্শানাদ্যাঃ স্বে স্বে বেদ্যে যৌগপদ্যেন বিষ্বক্।

ক্ষিপ্ত্ব মধ্যে হাটকস্তম্ভভূতস্তিষ্ঠন্বিশ্বাধার একোঽবভাসি।।'

ইতি শ্রীভট্টকল্লটেনাপি উক্তম্

'রূপাদিষু পরিণামাৎ তৎসিদ্ধিঃ।'

ইতি শক্তেশ্চ সঙ্কোচবিকাসৌ, নাসাপুটস্পন্দনক্রমোন্মিষৎ-সূক্ষ্মপ্রাণশক্ত্যা ভ্রূভেদনেন ক্রমাসাদিতোর্ধ্বকুণ্ডলিনীপদে প্রসরবিশ্রান্তি-দশাপরিশীলিনম্; অধঃকুণ্ডলিন্যাং চ ষষ্ঠবক্ত্ররূপায়াং প্রগুণীকৃত্য শক্তিং, তন্মূল-তদগ্রতন্মধ্য-ভূমিস্পর্শাবেশঃ। যথোক্তং বিজ্ঞানভট্টারকে

'বহ্নের্বিষস্য মধ্যে তু চিত্তং সুখময়ং ক্ষিপেৎ

কেবলং বায়ুপূর্ণং বা স্মরানন্দেন যুজ্যতে।।' ইতি।

অত্র বহ্নিঃ অনুপ্রবেশক্রমেণ সঙ্কোচভূঃ, বিষস্থানম্ প্রসরযুক্ত্যা বিকাসপদম্, 'বিষ্লৃ ব্যাপ্তৌ' ইতি অর্থানুগমাৎ।

'বাহয়োঃ'- বামদক্ষিণগতয়োঃ প্রাণাপানয়োঃ 'ছেদো'- হৃদয়-বিশ্রান্তি-পুরঃসরম্ অন্তঃ ককারহকারাদিপ্রায়ানৎ ক বর্ণোচ্চারেণ বিচ্ছেদনম্। যথোক্তং জ্ঞানগর্ভে

'অনচ্ককককৃতায়তিপ্রসৃতপার্শ্বনাড়ীদ্বয়চ্ছিদো

বিধৃতচেতসো হৃদয়পঙ্কজস্যোদরে।

উদেতি তব দারিতান্ধতমসঃ স বিদ্যাঙ্কুরো

য এষ পরমেশতাং জনয়িতুং পশোরপ্যলম্।। ইতি।

'আদিকোটিঃ' হৃদয়ম্, 'অন্তকোটিঃ' দ্বাদশান্তঃ, তয়োঃ প্রাণোল্লাসবিশ্রান্ত্যবসরে 'নিভালনং'-চিত্তনিবেশনেন পরিশীলনম্। যথোক্তং বিজ্ঞানভৈরবে

'হৃদ্যাকাশে নিলীনাক্ষঃ পদ্মসম্পুটমধ্যগঃ।

অনন্যচেতাঃ সুভগে পরং সৌভাগ্যমাপ্নুয়াৎ।।'

ইতি। তথা

'যথা তথা যত্র তত্র দ্বাদশান্তে মনঃ ক্ষিপেৎ।

প্রতিক্ষণং ক্ষীণবৃত্তের্বৈলক্ষণ্যং দিনৈর্ভবেৎ।।'

ইতি। আদিপদাৎ উন্মেষদশানিষেবণম্। যথোক্তং

'উন্মেষ স তু বিজ্ঞেয়ঃ স্বয়ং তমুপলক্ষয়েৎ।'

ইতি। স্পন্দে। তথা রমণীয়বিষয়চর্বণাদয়শ্চ সংগৃহীতাঃ। যথোক্তং বিজ্ঞানভৈরবে এব

'জগ্ধিপানকৃতোল্লাসরসানন্দবিজৃম্ভনাৎ।
ভাবয়েদ্ভরিতাবস্থাং মহানন্দময়ো ভবেৎ।।
গীতাদিবিষয়াস্বাদাসমসৌখ্যৈকতাত্মনঃ।
যোগিনস্তন্ময়ত্বেন মনোরূঢ়েস্তদাত্মতা।
যত্র যত্র মনস্তুষ্টির্মনস্তত্রৈব ধারয়েৎ।
তত্র তত্র পরানন্দস্বরূপং সম্প্রকাশতে।।'

ইতি। এবমন্যদপি আনন্দপূর্ণস্বাত্মভাবনাদিকম্ অনুমন্তব্যম্। ইত্যেবমাদয়ঃ অত্র মধ্যবিকাসে উপায়াঃ।

ভাষ্যের অর্থ

বিকল্পের নাশ ও শক্তির বিকাশ হল উপায়, যা পূর্বে সম্বিতের উন্মোচন প্রসঙ্গে আলোচিত হয়েছে। আর একটি সহজ উপায় হল প্রাণায়াম(148), মুদ্রা(149), বন্ধন(150), ইত্যাদির দ্বারা হৃদয়ে(২৮) সম্বিত বা চিৎ-এর অনুসরণ। এর জন্য প্রয়োজন বিকল্পকে(151) দূরে রেখে অবিকল্পকে ধরা(২৯) (not thinking about anything whatsoever)। এর ফলে ব্যক্তি অতি সত্বর তুরীয়(152) ভাব প্রাপ্ত হয় এবং সে তুরীয়াতীত(153) অবস্থার দিকে অগ্রসর হয়। এমনটাই ঈশ্বরপ্রত্যভিজ্ঞায় (চতুর্থ পাদ, শ্লোক-11) বলা হয়েছে- 'বিকল্পের ত্যাগে এবং সূক্ষ্মে মনোনিবেশ করলে সাধক ক্রমে ক্রমে ঈশ্বরত্বে উপনীত হয়।'

স্পন্দকারিকাতেও সে কথা আছে (প্রথম ভাগ শ্লোক-9)- 'সাধক যখন নিজের মনকে নিস্তরঙ্গ করতে পারে তখন পরমপদ প্রাপ্ত হয়।'

জ্ঞানগর্ভেও ভিন্নভাবে প্রার্থনায় বলা হয়েছে– 'হে মাতা, মানুষ তার মানসিক ক্রিয়াকর্ম তথা ইন্দ্রিয়াসক্তি রুদ্ধ করলে ঈশ্বরের কৃপা লাভ করে যা অমৃত ধারায় বর্ষিত হয়ে তার অপার সুখের (unparalleled happiness) কারণ হয়।'(৩০)

এই উপায়ের কথা 'প্রত্যভিজ্ঞা'য় বর্ণিত হয়েছে কারণ এ হল সর্বোচ্চ উপায়। শক্তির সঙ্কোচের উপায় 'প্রত্যভিজ্ঞা'য় বর্ণিত হয়নি কিন্তু আমাদের আলোচনায় শাস্ত্রের উল্লেখ (sacred tradition) করে বলা হয়েছে।

মুক্তির পথে একাধিক উপায়ের বর্ণনা করা হয়েছে, সাধক যেকোনো উপায় নিজের উপর আরোপ করতে পারে।

শক্তির সঙ্কোচ হল শক্তির অন্তর্মুখীনতা, ইন্দ্রিয়ের দ্বার রুদ্ধ করা। অথর্ব উপনিষদের(154) অংশ 'কঠবল্লী'র চতুর্থ পরিচ্ছেদে বলা হয়েছে—

'স্বয়ম (self- existent), ইন্দ্রিয়ের আবরণ ছেদ করে
ব্যাপক (outward) হয়, আবার জ্ঞানী চিরজীবী
হওয়ার জন্য নিজেকে অন্তর্মুখী করে অন্তরাত্মায়
মগ্ন হয় (beholds immanent self)।'

শক্তির এই সঙ্কোচন তাৎক্ষণিক, যেমন একটি কচ্ছপ ভয়ে নিজেকে নিজের মধ্যে তৎক্ষণাৎ গুটিয়ে ফেলে। কিন্তু এই সঙ্কোচনের ফল হয় ব্যক্তির আত্মনে(155) সদা স্থিতি। শক্তির এই আন্তরিক উদ্ভাস ইন্দ্রিয়ের মাধ্যমেই অনুভূত হয়।

'ব্যক্তির উন্মুখতা (inner inspiration) বহির্জগতে দৃষ্টি উন্মোচিত থাকলেও (steady sight without closing or opening eyelids) অন্তর্মুখী থাকে। এই অন্তর্লীনতাকে বলে 'ভৈরবীমুদ্রা'। কক্ষ্যাস্তোত্রে বলা আছে—

'নিজের সব ইন্দ্রিয়গত দর্শন ইত্যাদি শক্তিকে বিসর্জন দিয়ে এবং দশদিশাকে অস্বীকার করে অন্তরের স্বর্ণস্তম্ভে নিবিষ্ট হলে নিজেকেই শিবানুভূতিতে জগৎ-কারণ মনে হয়।'

বিখ্যাত পণ্ডিত কল্লট বলেছেন— 'রূপাদিষু পরিণামাৎ তৎসিদ্ধিঃ।' 'মধ্যশক্তির (সম্বিতশক্তি) ব্যক্তিতে বিকাসে তথা স্থায়িত্বে চেতনা অন্তর-বাহির উভয়তো অবস্থান(৩১) (forms) করে।'

শক্তির, দেহে বিকাসের অর্থ হল উর্দ্ধকুণ্ডলিনীতে(156) স্থিত হয়ে প্রাণশক্তিকে সূক্ষ্মরূপে (subtle Pran) দুই ভ্রূ-মধ্যে অবধারণ। এই প্রক্রিয়া সম্ভব হয় দুই নাসায় বায়ুর চলাচলকে (vibration) নিয়ন্ত্রণ (restraint) করা যায়।

'বক্ত্র'-এর সরলার্থ হল অঙ্গ; পঞ্চবক্ত্র হল কর্ণ, চক্ষু, নাসিকা, মুখ ও পায়ু এবং ষষ্ঠ অঙ্গ এই স্রোতে (ধারায়) মূলাধারের নীচে পায়ুর সন্নিকটে মেঢ্র-কাণ্ডের (জননেন্দ্রিয়ের) ক্রোড়। এসবই গ্রাহ্য বা গ্রহণ তথা উপভোগের অঙ্গ। অধঃকুণ্ডলিনী(157) এই মেঢ্র-কাণ্ডের(158) সঙ্গে সম্পৃক্ত, প্রাণশক্তির গমন পথে, যেমন বলা হয়েছে বিজ্ঞানভৈরবে (বিজ্ঞানভট্টারক শ্লোক-68)।

বিজ্ঞানভট্টারকে বলা হয়েছে— 'বহ্নের্বিষস্য মধ্যে তু চিত্তং সুখময়ং ক্ষিপেৎ।' অর্থাৎ সাধক তার সুখবোধকে (delight) নিবিষ্ট (concentrate) করবে বহ্নি ও বিষের(159) মধ্যস্থলে স্বতঃপ্রণোদিত হয়ে (by itself); অথবা 'কেবলং বায়ুপূর্ণং বা স্মরানন্দেন যুজ্যতে।', প্রাণিক বায়ুর উপযুক্ত সঞ্চালনে (permeated by Vayu), প্রাণ-অপান সংযোগে, স্মরণানন্দে(160) তথা সম্ভোগানন্দে (bliss of sexual union)।

এখানে 'বহ্নি' হল অধঃকুণ্ডলিনীর দিকে প্রাণবায়ুর সঙ্কোচন আর 'বিষ' হল অপান বায়ুর উর্দ্ধকুণ্ডলিনীতে বিক্ষেপ বা উর্দ্ধগতি (rising)। 'বিষে'র(৩২) ব্যুৎপত্তিগত অর্থ হল বিকাস, প্রসরণ(161)।

'বাহয়োঃ'-এর অর্থ প্রাণবায়ুর বাম ও দক্ষিণ (প্রাণ ও অপান) উভয় গতি। ছেদ অর্থ বিশ্রান্তি, ক্ষণিক রুদ্ধতা (অনচক- ক, হ ইত্যাদি শব্দে)(162)। প্রাণবায়ুর এই স্তব্ধতা হৃদয়ে অনুভূত অন্তর্মুখী (inwardly) তন্ময়তায় (ends in heart)। এ প্রসঙ্গে জ্ঞানগর্ভে বলা হয়েছে—

'হৃৎকমলে মনকে সংযত করে, ইড়া ও পিঙ্গলা নাড়ীতে বায়ু সঞ্চালন স্থির করে, বিসর্গরহিত 'ক' বর্ণের (vowel-less K) উচ্চারণে মনের অন্ধকার দূরীভূত হয় এবং জগৎ-মাতৃকার(163) 'ও' বর্ণের সাধকের অন্তরে সূচনা হয়, যা পরমেশ্বরেরই অনুভবের সূচনা।'

এই অনুভবের স্থান নির্ণয়ের প্রথম অবস্থান হল হৃদয় ও শেষ তার থেকে বারো আঙুল দূরত্ব অবধি(164)। 'নিভালন' অর্থ হল মনকে প্রাণবায়ুর উর্দ্ধগতিতে উপরোক্ত প্রথম ও শেষ (165) অবস্থানের মধ্যে স্থিত করা (হৃদয় ও দ্বাদশান্ত)। বিজ্ঞানভৈরবে (শ্লোক-49) উদ্গত হয়েছে—

'হে সুন্দর যার ইন্দ্রিয়াসক্তি হৃদয়ে নিমজ্জিত হয়েছে (merged-নিলীনাক্ষঃ) এবং মন হৃৎকমলে স্থিত হয়েছে, যে নিজেকে চেতন মাত্র বোধ করে (one-point in consciousness), সে পরম সুখী।'(166)

আবার বিজ্ঞানভৈরবে (শ্লোক-51) উল্লেখ আছে—

'যদি সাধক তার মনকে দ্বাদশান্ত স্থানে পরিচালিত করে (পাঠিয়ে) কোনও ভাবে ধীরে ধীরে স্থির করতে পারে তবে কিছুদিনের মধ্যেই অতি উত্তম অবস্থা (extra-ordinary status) প্রাপ্ত হবে।'

স্পন্দকারিকায় 'আদি' শব্দের অর্থ বলা হয়েছে (ভাগ-III, শ্লোক-9), উন্মেষ(167) যা সাধকের অনুভব।

বিজ্ঞানভৈরবে (শ্লোক-72,73,74) আস্বাদন ও আনন্দ প্রাপ্তির বিষয় অতি সুন্দর ভাবে বলা হয়েছে—

'যখন কেউ কিছু খাওয়ার আনন্দ উপভোগ করে তখন তার ভাবা উচিৎ এই আনন্দ কেন এবং কোথায় হয়, তাহলেই সে পূর্ণানন্দ (full bliss) উপলব্ধি করবে।' (শ্লোক-72)

'যখন যোগী অতুলনীয় আনন্দের উৎসে মনোনিবেশ করে তখন সে আনন্দেরই অংশে (identity) পর্যবসিত হয়।' (শ্লোক-73)

'যখন ব্যক্তির মনে কোনও আনন্দের সূচনা হয় তখন সেই আনন্দের মগ্নতায় (concentration) সে পূর্ণানন্দে (highest bliss) উদ্ভাসিত(168) (shines) হয়। (শ্লোক-74)

সূত্রে যে 'ইহোপায়' তথা মনে আনন্দের বিভিন্ন উপায়ের কথা বলা হয়েছে, সেখানে প্রতিটি উপায়েই মধ্যাবস্থার (centre of bliss) বিকাস ঘটে।

টীকা—

(২৮) হৃদয়ের অর্থ এখানে বক্ষস্থিত হৃৎপিণ্ড নয়, অন্তর্নিহিত চেতনা। এটাই কেন্দ্রস্থিত সত্য বা ব্যক্তির আলোকিত সত্ত্বা (spiritual centre)।

(২৯) প্রোঃ লিডেকারের ভাষান্তর— 'দুঃখ যন্ত্রনা থেকে মুক্ত হলে ব্যক্তি বিকল্পকে যা তার প্রফুল্লতার বাধা, তাকে নির্বাসিত করে।' লিডেকারের এই ভাষান্তর দুর্বোধ্য, অস্বচ্ছ (incomprehensible)।

(৩০) 'বিমুক্ত-করণ-ক্রিয়ানুসৃতি-পারতন্ত্রোজ্জ্বলম্' এই বাক্যাংশকে প্রোঃ লিডেকার অনুবাদ করেছেন— 'তার (ব্যক্তির) নির্ভরতা অগ্নিতে সমর্পিত হয় (ends in flames) কারণ তার ক্রিয়া অন্যে ব্যাপ্ত হয় (devoted to activity of organ of those saved)। অতি অসার্থক অনুবাদ।

(৩১) প্রোঃ লিডেকার, শ্রীভট্টকল্লটের 'রূপাদিষু পরিণামাৎ তৎসিদ্ধিঃ' শ্লোকের অর্থ করেছেন— আকৃতির রূপান্তর হেতু। এই অর্থ সঠিক নয় কারণ মধ্যশক্তির উজ্জীবন কোনও রূপান্তর নয় বরং চিত্তে চেতনার স্থায়ী অভিব্যক্তি।

(৩২) 'বিষ'-এর বিষয় বোধ খুবই দুরূহ (mystic)- শব্দার্থ তাৎপর্য (notes-156-61) দ্রষ্টব্য। গুরু ছাড়া এই অনুভব সম্ভব নয়। প্রোঃ লিডেকার বিষয়টি আদৌ অনুধাবন করতে পারেন নি।

~~

মধ্যবিকাসচ্চিদানন্দলাভঃ, স এব চ পরমযোগিনঃ সমাবেশসমাপত্ত্যা-দিপর্যায়ঃ সমাধিঃ, তস্য নিত্যোদিতত্বে যুক্তিমাহ—

অর্থাৎ, 'মধ্যে'র উজ্জীবনে স্ফুর্তি অনুভূত হয় (bliss of spirit)। যোগীর এই স্ফুর্তি হয় তার লব্ধ সমাধির সমাপত্তিতে যা সমাবেশ(169) নামেও ব্যাখ্যাত। এই সমাধিকে প্রলম্বিত করতে উনবিংশ সূত্রের অবতারণা।

সূত্র-19

সমাধিসংস্কারবতি ব্যুত্থানে ভূয়ো ভূয়শ্চিদৈক্যা-
মর্শান্নিত্যোদিতসমাধিলাভঃ

সূত্রের অর্থ— 'ব্যুত্থান' যা সমাধির অব্যবহতি পরের অবস্থা, সেই অবস্থায় সমাধিকে বজায় রাখতে হলে বিশ্বময় চিৎ-এর সঙ্গে একাত্মতার বোধ বজায় রাখতে হবে।

ভাষ্য

আসাদিতসমাবেশো যোগিবরো ব্যুত্থানে অপি সমাধিরসংস্কারেণ ক্ষীব (মত্ত) ইব সানন্দং ঘূর্ণমানৌ, ভাবরাশিং শরদভ্রলবম্ ইব চিদ্গগন এব লীয়মানং পশ্যন্, ভূয়ো ভূয়ঃ অন্তর্মুখতাম্ এব সমবলম্বমানো, নিমীলনসমাধিক্রমেণ চিদৈক্যমেব বিমৃশণ্ ব্যুত্থানাভিমতাবসরে অপি সমাধ্যেকরস এব ভবতি। যথোক্তং ক্রমসূত্রেষু

'ক্রমমুদ্রয়া অন্তঃস্বরূপয়া বহির্মুখঃ সমাবিষ্টো
ভবতি সাধকঃ। তত্রাদৌ বাহ্যাৎ অন্তঃ প্রবেশঃ,
আভ্যন্তরাৎ বাহ্যস্বরূপে প্রবেশঃ আবেশবশাৎ
জায়তে;- ইতি সবাহ্যাভ্যন্তরোহয়ং মুদ্রাক্রমঃ'

ইতি। অত্রায়মর্থঃ সৃষ্টি-স্থিতি-সংহৃতিসংবিচ্চক্রাত্মকং ক্রমং মুদ্রয়তি, স্বাধিষ্ঠিতম্ আত্মসাৎ করোতি যেয়ং তুরীয়া চিতিশক্তিঃ, তয়া 'ক্রমমুদ্রয়া'; 'অন্তরিতি'-পূর্ণাহন্তাস্বরূপয়া; 'বহির্মুখ'-ইতি, বিষয়েষু ব্যাপৃতঃ অপি; 'সমাবিষ্টঃ'- সাক্ষাৎকৃতপরশক্তিস্ফারঃ 'সাধকঃ'- পরমযোগী ভবতি। তত্র চ 'বাহ্যাদ্' গ্রস্যমানাৎ বিষয়গ্রামাৎ 'অন্তঃ' পরস্যাং চিতিভূমৌ, গ্রসনক্রমেণৈব 'প্রবেশঃ'- সমাবেশো ভবতি। 'আভ্যন্তরাৎ' চিতিশক্তিস্বরূপাৎ চ সাক্ষাৎকৃতাৎ 'আবেশবশাৎ'- সমাবেশসামর্থ্যাৎ এব 'বাহ্যস্বরূপে'-ইদন্তানির্ভাসে বিষয়গ্রামে, বমনযুক্ত্যা 'প্রবেশঃ'- চিদ্রসাশ্যানতাপ্রথনাত্মা সমাবেশো জায়তে;-ইতি 'সবাহ্যাভ্যন্তরঃ অয়ং' নিত্যোদিতসমাবেশাত্মা 'মুদো'-হর্ষস্য বিতরণাৎ, পরমানন্দস্বরূপত্বাৎ, পাশদ্রাবণাৎ, বিশ্বস্য অন্তঃ তুরীয়সত্তায়াং মুদ্রণাৎ চ মুদ্রাত্মা, ক্রম অপি সৃষ্ট্যাদিক্রমাভাসকত্বাৎ তৎক্রমাভাসরূপত্বাৎ চ 'ক্রম' ইতি অভিধীয়তে ইতি।

ভাষ্যের অর্থ

সার্থক যোগী সমাধির ব্যুত্থানে(170) সমাবিষ্ট হলে বিশ্ব যোগীর চিদাকাশে শরৎ কালের এক টুকরো শুভ্র ভাসমান মেঘের মত অনুভূত হয়(৩৩)। সতত উৎফুল্ল (reeling joyfully) সমাধির আনন্দের অন্তর্মুখী তন্ময়তায় (intoxicating) নিমীলন-সমাধিতে (171) চিৎ-এর অনুধ্যানে (meditating on identity of 'Cit') এই অনুভূতি হয়।

ক্রমসূত্রে বলা হয়েছে সাধক তখন দৃশ্যমান জগতকে দেখলেও (outward gazjng) ক্রম-মুদ্রায় (172) অন্তর্মুখে (inwardly) সমাবিষ্ট থাকে। সাধক আবেশের বশে, মুদ্রার চর্চিত ক্রমে, চেতনায় অন্তর্মুখী হয়, বাহির থেকে অন্তরে। 'ক্রমে'-র অর্থ হল সৃষ্টি, স্থিতি ও শেষে সংহৃত হওয়া। আর মুদ্রা-র অর্থ মুদ্রায়িত, অর্থাৎ তুরীয় অবস্থা প্রাপ্তি। সার্বিক রূপে নিজেতে সৃষ্টি-স্থিতি-সংহৃতি-র আত্মস্থী করণের পর অন্তঃস্বরূপ তথা অয়মে (I) অবস্থান, যা সর্বোচ্চ স্থিতি। সর্বোচ্চ স্তরের (that type) যোগী যার উচ্চতম শক্তির অনুভব হয়েছে সে বহির্মুখী ইন্দ্রিয়ের জগতে থাকলেও অন্তরে সেই শক্তির প্রস্ফুটন হয়। ক্রমমুদ্রায় পূর্ণময় চৈতন্য ঘটে সাধকের, সমাবিষ্টভাবে (penetrating in process of assimilation)। এই সমাবিষ্টতায় চিৎ-শক্তির জ্ঞান হয় দৃশ্যমান জগতের (ইদন্তা) ত্যাগে (বমনে) (externalisation)। এই প্রবেশ বা সমাবেশ প্রকৃতপক্ষে চিৎ-এর উন্মেষের ঘনীভবন (solidification of essence of Cit)।

পরমেশ্বরের নিত্যোদিত স্বভাব (externally active) যা একাধারে অন্তর ও বাহিরে ব্যাপ্ত, তা মুদ্রা বিশেষ(৩৪), কারণ তিনি চক্রের কারণ আবার ক্রম বা মুদ্রার চক্রে স্থিত(appears in it)।

টীকা—

(৩৩) যখন দেহাত্ম-ভাব বিলুপ্ত হয় তখন এই অবস্থার উদয় হয়।

(৩৪) মুদ্রার ত্রিবিধ শব্দার্থ- i) মুদম রতি (দদাতি), যা আনন্দদায়ক; ii) মুম দ্রাবয়তি, যা মুম (বন্ধন) দ্রবিভূত (dissolve) করে; iii) মুদ্রয়তি ইতি- বিশ্বকে মুদ্রিত (seal) করে।

~~

ইদানীম অস্য সমাধিলাভস্য ফলমাহ

সমাধির ফল কি এখন সেটাই বর্ণিত হচ্ছে।

সূত্র-20

তদা প্রকাশানন্দসারমহামন্ত্রবীর্যাত্মকপূর্ণাহন্তাবেশাৎসদা
সর্বসর্গসংহারকারিনিজসংবিদ্দেবতাচক্রেশ্বরতাপ্রাপ্তির্ভবতীতি শিবম্।

সূত্রের অর্থ—ক্রম-মুদ্রায় সার্থকতা লাভে যখন যোগী চেতনার সর্বোচ্চ স্তরে (perfect I-consciousness) প্রবেশ করে তখন সে প্রকৃতপক্ষে চিৎ-এর আনন্দ যা মন্ত্রশক্তির দ্বারা উপলব্ধ এবং বিভিন্ন দৈবীশক্তি যার বশ, সেই পীঠের (group) প্রভুত্ব লাভ করে সৃষ্টি ও স্থিতিতে। এসবই সাধকে শিবের প্রকৃতি।

ভাষ্য

নিত্যোদিতে সমাধৌ লব্ধে সতি, 'প্রকাশানন্দসারা'-চিদাহ্লাদৈকঘনা 'মহতী মন্ত্রবীর্যাত্মিকা'-সর্বমন্ত্রজীবিতভূতা 'পূর্ণা' পরাভট্টারিকারূপা যা ইয়ম্ 'অহন্তা'-অকৃত্রিমঃ স্বাত্মচমৎকারঃ, তত্র 'আবেশাৎ' 'সদা' কালাগ্ন্যাদেঃ চরমকলাপর্যন্তস্য বিশ্বস্য যৌ 'সর্গসংহারৌ'-বিচিত্রৌ সৃষ্টিপ্রলয়ৌ 'তৎকারি' যৎ 'নিজং সংবিদ্দেবতাচক্রং' 'তদৈশ্বর্যস্য' 'প্রাপ্তিঃ'— আসাদনং 'ভবতি' প্রাকরণিকস্য পরমযোগিন ইত্যর্থঃ; 'ইতি' এতৎ সর্বং শিবস্বরূপমেব ইতি উপসংহারঃ- ইতি সংগতিঃ। তত্র যাবৎ ইদং কিঞ্চিৎ সংবেদ্যতে, তস্য সংবেদনমেব স্বরূপং; তস্যাপি অন্তর্মুখবিমর্শময়াঃ প্রমাতারঃ তত্ত্বম্; তেষামপি বিগলিতদেহাদ্যুপাধিসঙ্কোচাভিমানা অশেষশরীরা সদাশিবেশ্বরতৈব সারম্; অস্যা অপি প্রকাশৈকসদ্ভাবাপাদিতাশেষবিশ্বচমৎকারময়ঃ শ্রীমান্ মহেশ্বর এব পরমার্থঃ;— নহি পারমার্থিক-প্রকাশাবেশং বিনা কস্যাপি প্রকাশমানতা ঘটতে- স চ পরমেশ্বরঃ স্বাতন্ত্র্যসারত্বাৎ আদি-ক্ষান্তামায়ীয়শব্দরাশি-পরামর্শময়ত্বেনৈব এতৎস্বীকৃতসমস্তবাচ্য-বাচকময়াশেষজগদানন্দসদ্ভাবা-পাদনাৎ পরং পরি-পূর্ণত্বাৎ সর্বাকাঙ্খাশূন্যতয়া আনন্দপ্রসরনির্ভরঃ; অত এব অনুত্তরাকুলস্বরূপাৎ অকারাৎ আরভ্য শক্তিস্ফাররূপহকলাপর্যন্তং যৎ বিশ্বং প্রসৃতং, ক্ষকারস্য প্রসরশমনরূপত্বাৎ; তৎ অকার-হকারাভ্যামেব সম্পুটীকারযুক্ত্যা প্রত্যাহার-ন্যায়েন অন্তঃ স্বীকৃতং সৎ অবিভাগবেদনাত্মকবিন্দুরূপতয়া স্ফুরিতম্ অনুত্তর এব বিশ্রাম্যতি;—ইতি শব্দরাশিস্বরূপ এব অয়ম্ অকৃতকো বিমর্শঃ। যথোক্তং

'প্রকাশস্যাত্মবিশ্রান্তিরহংভাবো হি কীর্তিতঃ।
উক্তা চ সৈব বিশ্রান্তিঃসর্বাপেক্ষানিরোধতঃ।।
স্বাতন্ত্র্যমথ কর্তৃত্বং মুখ্যমীশ্বরতাপি চ।'

ইতি। এষৈব চ অহন্তা সর্বমন্ত্রাণাম্ উদয়বিশ্রান্তিস্থানত্বাৎ এতৎবলেনৈব চ তত্তদর্থক্রিয়াকারিত্বাৎ মহতী বীর্যভূমিঃ। তদুক্তম্

'তদাক্রম্য বলং মন্ত্রা....।' ইত্যাদি

.....ত এতে শিবধর্মিণঃ।।'

ইত্যন্তম্ শ্রীস্পন্দে। শিবসূত্রেষু অপি

'মহাহ্রদানুসন্ধানাৎমন্ত্রবীর্যানুভবঃ। (শিবসূত্র-ভাগ। সূত্র 22)

ইতি। তদত্র মহামন্ত্রবীর্যাত্মিকায়াং পূর্ণাহন্তায়াম্ 'আবেশো'-দেহপ্রাণাদিনি-মজ্জনাৎ তৎপদাবাপ্ত্যবষ্টম্ভেন দেহাদীনাং নীলাদীনামপি তদ্রসাপ্লাবনেন তন্ময়ীকরণম্। তথা হি - দেহসুখনীলাদি যৎ কিঞ্চিৎ প্রথতে, অধ্যবসীয়তে, স্মর্যতে, সংকল্প্যতে বা, তত্র সর্বত্রৈব ভগবতী চিতিশক্তিময়ী প্রথা ভিত্তিভূতৈব স্ফুরতি;-তদস্ফুরণে কস্যাপি অস্ফুরণাৎ ইতি উক্ততাৎ। কেবলং তথা স্ফুরন্ত্যপি সা তন্মায়াশক্ত্যা অবভাসিতদেহনীলাদ্যুপরাগদত্তাভিমানবশাৎ ভিন্ন-ভিন্নস্বভাবা ইব ভান্তী জ্ঞানসংকল্পাধ্যবসায়াদিরূপতয়া মায়াপ্রমাতৃভিঃ অভিমন্যতে; বস্তুতস্তু একৈব অসৌ চিতিশক্তিঃ। যথোক্তম্—

'যা চৈষা প্রতিভা তত্তৎপদার্থক্রমরূষিতা।
অক্রমানন্তচিদ্রূপঃ প্রমাতা স মহেশ্বর।।

ইতি। তথা

মায়াশক্ত্যা বিভোঃ সৈব ভিন্নসংবেদ্যগোচরা।
কথিতা জ্ঞানসংকল্পাধ্যবসায়াদিনামভিঃ।।

ইতি। এবম্ এষা সর্বদশাসু একৈব চিতিশক্তিঃ বিজৃম্ভমাণা যদি তদনুপ্রবেশ-তদবষ্টম্ভযুক্ত্যা সমাসাদ্যতে, তৎ তদাবেশাৎ পূর্বোক্তযুক্ত্যা করণোন্মীলননিমীলন-ক্রমেণ সর্বস্য সর্বময়ত্বাৎ তত্তৎসংহারাদৌ অপি 'সদা সর্বসর্গসংহারকারি' যৎ 'সহজসংবিত্তিদেবতাচক্রং'-অমায়ীয়ান্তর্বহিষ্করণম-রীচিপুঞ্জঃ, তত্র 'ঈশ্বরতা'-সাম্রাজ্যং পরভৈরবাত্মতা, তৎপ্রাপ্তিঃ ভবতি পরমযোগিনঃ। যথোক্তম্—

যদা ত্বেকত্র সংরূঢ়স্তদা তস্য লয়োদ্ভবৌ।
নিয়চ্ছন্ভোক্তৃতামেতি ততশ্চক্রেশ্বরী ভবেৎ।।'

ইতি। অত্র একত্র ইতি

'একত্রারোপয়েৎসর্বম.....।'

ইতি। চিৎসামান্যস্পন্দভূঃ উন্মেষাত্মা ব্যাখ্যাতব্যা। তস্য ইতি অনেন

'পুর্যষ্টকেন সংরুদ্ধ.....।'

ইতি উপক্রান্তং পুর্যষ্টকম্ এব পরাভ্রষ্টব্যম্; ন তু যথা বিবরণকৃতঃ 'একত্র সূক্ষ্মে স্থূলে শরীরে বা' ইতি ব্যাকৃতবন্তঃ। স্তুতং চ ময়া

'স্বতন্ত্রশ্চিতিচক্রাণাং চক্রবর্তী মহেশ্বরঃ।
সংবিত্তিদেবতাচক্রজুষ্টঃ কোঽপি জয়ত্যসৌ।।'

ইতি। ইতিশব্দ উপসংহারে, যৎ এতাবৎ উক্তপ্রকরণশরীরং তৎ সর্বং 'শিবম্-শিবপ্রাপ্তিহেতুত্বাৎ শিবাৎ প্রসৃতত্বাৎ শিবস্বরূপাভিন্নত্বাৎ চ শিবময়মেব ইতি শিবম্।

দেহপ্রাণসুখাদিভিঃ প্রতিকলং সংরুধ্যমানো জনঃ
পূর্ণানন্দঘনামিমাং ন চিনুতে মাহেশ্বরীং স্বাং চিতিম্।
মধ্যেবোধসুধাব্ধি বিশ্বমভিতস্তৎফেনপিণ্ডোপমং
যঃ পশ্যেদুপদেশতস্তু কথিতঃ সাক্ষাৎ স একঃ শিবঃ।।
যেষাং বৃত্তঃ শাঙ্করঃ শক্তিপাতো যেঽভ্যাসাত্তীক্ষ্ণযুক্তিষ্বযোগ্যাঃ।
শক্তা জ্ঞাতুং নেশ্বরপ্রত্যভিজ্ঞামুক্তস্তেষামেষ তত্ত্বোপদেশঃ।।

সমাপ্তমিদং প্রত্যভিজ্ঞাহৃদয়ম্।।
কৃতিস্তত্রভবন্মহামাহেশ্বরাচার্যবর্যশ্রীমদভিগুপ্তপাদপদ্মোপজীবিনঃ
শ্রীমতো রাজানকক্ষেমরাজাচার্যস্য।।
শুভমস্তু।।

ভাষ্যের ভাবার্থ

প্রলম্বিত সমাধি লাভে চিত্তে দৈবীশক্তির সঙ্ঘ (group)(173) বশীভূত হয়। এদের ক্রিয়া হল কালাগ্নির(174) সঞ্চার যা শেষ হয় কালের শেষাবস্থায় বা 'শান্ত কালে'। চিৎ-এর যে স্বাভাবিক 'চমৎকার' বা আনন্দের ঘনীভূতরূপ তা হল একাধারে পূর্ণ ও বিমর্শ

(পরাভট্টারিকারূপা) আত্মমগ্ন(175), সর্ব মন্ত্রের মূল (soul)- সর্বমন্ত্র-জীবিত-ভূতা। অর্থাৎ এসবই শিবত্ব। এমতাবস্থায় জগতে যা কিছুই উদ্ভাসিত সব কিছুই প্রমেয় ও প্রমাণ (cognised and cognition); সাক্ষীর অবস্থান অন্তর্মুখীনতায় (প্রমাতা-experient) যার সত্যরূপ হল চৈতন্যমাত্র।

এই সাক্ষীর বাস্তবে অবতরণের পূর্বরূপ হল সদাশিব - ঈশ্বরতত্ত্ব যা জ্ঞানেন্দ্রিয় সমূহের অনুভবের সূচনা করে ব্যক্তিতে সঙ্কুচিত ক্ষমতায় (sense identification with limiting adjuncts)। সদাশিব ও ঈশ্বরতত্ত্বের উর্দ্ধতন অবস্থা হল পরমেশ্বরের চমৎকার(176) যার আনন্দময় মগ্নতায় (বিমর্শ) সবকিছুই একরূপ 'একসদ্ভাব'(৩৫) প্রকাশের(177) (sub-stratum of all manifestation)।

বস্তুত কোনও কিছুই দৃশ্যমানতা লাভ করতে পারে না যদি না তা ভগবৎ জ্যোতিতে উদ্ভাসিত (প্রকাশিত) হয়। ভগবান সর্বশক্তিমান ও কৃপাময় (benevolent) হওয়ায় তিনি জগদানন্দ(178) এবং বাচক (word) ও বাচ্যের (object) সূচক অমায়ীয়(৩৬) (yet to be expressed) 'অ' থেকে 'ক্ষ' পর্যন্ত শব্দ(179)।

সুতরাং জগতের সৃষ্টি ও ব্যাপ্তির সূচনা 'অ' থেকে যা 'অকুলে'র(180) সর্বোচ্চ স্তর থেকে শুরু করে 'হ' পর্যন্ত বিকসিত (unfolding); শক্তির অক্ষরে প্রকাশ-'ক্ষ' হল বিকাসের ঝলক (finis) যা 'অ' আর 'হ'-এর স্পন্দিত প্রকাশ (vibrating flash point)। 'অ' এবং 'হ', 'ক্ষ'-এর প্রকাশে অন্তর্মুখী হয়ে 'প্রত্যাহার'(181) হয় মূলসত্য (highest reality) বিন্দুতে(182) যা মূলত অভেদী চৈতন্য (non-different consciousness)। তাই স্বাভাবিক বা প্রকাশমান যে চেতনা বা চিন্তন (বিমর্শতা) তা হল শব্দ সমাহার (congregation of words)। ক্ষেমরাজকৃত এই 'প্রত্যভিজ্ঞাহৃদয়ম'-এর দ্বাদশ সূত্রের ভাষ্যে শ্রীসর্ববীরভট্টারকের তদ্রূপ মন্তব্য—

'মন্ত্রা বর্ণাত্মকাঃ সর্বে সর্বে বর্ণাঃ শিবাত্মিকাঃ।।'

অর্থাৎ মন্ত্রের অক্ষরের যে শক্তি, তা শিবময়।

উৎপলদেব তাঁর 'অজড়-প্রমাতৃ-সিদ্ধি'তে (শ্লোক-22, 23) বলেছেন— 'সকল বস্তুগত (প্রকাশিত)(৩৭) অনুভব ব্যক্তির সত্তায় (I-feeling) হয়। এই বিশ্রান্তিস্থলই তার কর্তৃত্ব (sovereignity of will, doership) যা মূলত কোনও কিছুর সম্পর্ক রহিত (non-relational)(৩৮)।' এই কর্তৃত্ব (I-feeling) শক্তিমান এবং মন্ত্রের আবাস। স্পন্দকারিকায় দ্বিতীয় ভাগে প্রথম দুই শ্লোকে একথা সুন্দর ভাবে উল্লেখিত- 'সর্বমন্ত্রের শক্তিতে আছে শিবের স্পর্শ (mark of Siva)(৩৯)।'

শিব-সূত্রেও একথা বলা হয়েছে- 'শিব (183) সরোবরে নিমজ্জনে মন্ত্রের শক্তি অনুভূত হয় (unification with great lake)।' বুদ্ধি, দেহ, মন ও প্রাণের চিতি-শক্তিতে এই নিমজ্জন (immersion) মায়াশক্তির দ্বারা বিক্ষেপিত নয়; তথাকথিত জ্ঞান, ধারণা বা সংকল্পের (knowledge, ideation, resolution) বশীভূত নয়। ঈশ্বরপ্রত্যভিজ্ঞার, জ্ঞানাধিকার সত্রে, সপ্তম আহ্নিকের প্রথম শ্লোকে বলা হয়েছে—

'চিত্তে যে বিভিন্ন বর্ণের, বিভিন্ন রূপের (তৎ তৎ পদার্থক্রম) উদয় হয়, সেসবই সর্বজ্ঞের (highest knower) অসীম ক্রমহীন (successionless)(৪০) চেতনায় অবস্থান করে।'

সুতরাং চিতি-শক্তিই বিভিন্ন প্রকারে প্রকাশিত হয়, যেমন ঈশ্বরপ্রত্যভিজ্ঞার, জ্ঞানাধিকার সত্রে, পঞ্চম আহ্নিকের সূত্র-18-তে বলা হয়েছে। 'সবকিছুই অন্তর বাহিরে সবকিছুর অংশ। উচ্চস্তরের যোগীর সেই অ-মায়ীয় জ্ঞান হয় যখন তিনি পরভৈরবত্ব (highest bhairava) লাভ করেন।'

স্পন্দকারিকায় তৃতীয় ভাগে (শ্লোক-19) বলা হয়েছে— 'যখন সাধক স্পন্দতত্ত্বের ভূমে (perfect I-consciousness) অধিষ্ঠান করে চিত্তে জগতের উন্মীলন ও নিমীলনকে স্থিরভাবে গ্রহণ করতে পারে, তখন সে জাগতিক চক্রের অধিকর্তার আনন্দ লাভ করে।'

স্থিরভাবে অর্থ একস্থানে (in one place), অর্থাৎ চিৎ-শক্তিতে সমাবিষ্ট হওয়া চিৎ-এর স্পন্দনে (স্পন্দকারিকা III শ্লোক-12)।

ভাষ্যে উল্লেখিত 'যদা ত্বেকত্র সংরূঢ়স্তদা তস্য লয়োদ্ভবৌ।' শ্লোকে 'তস্য' অর্থ 'পুর্যষ্টক' (সূক্ষ্ম শরীর); স্বামী 'লক্ষ্মণ জু' যাকে শক্তি-চক্র বা উদ্ভব, লয়ের আধারিত বলে মনে করেছেন। এই 'তস্য'-কে কখনোই স্থূল রূপে কল্পনা করা যাবে না যেমন বসুগুপ্তের শিষ্য কল্লটাচার্য তাঁর লিখিত 'বিবরণ' গ্রন্থে করেছেন। কল্লটাচার্য নবম শতাব্দীর দ্বিতীয়ার্ধের লোক, তিনি বসুগুপ্তের স্পন্দসূত্রের উপর একটি বৃত্তি রচনা করেছিলেন।

ভাষ্যে উল্লেখিত 'স্বতন্ত্রশ্চিতিচক্রাণাং চত্রবর্ত্তী মহেশ্বরঃ।... জয়ত্যসৌ।।' শ্লোকের অর্থ— 'যিনি স্বাধীন কর্তা (independent ruler)(184) চিতি-চক্রের পরমেশ্বর এবং ইন্দ্রিয়ের দেবতাদের(185) অধীশ্বর, তিনি বিরল (rare) ও সর্বোত্তম (excels all)। সূত্রের শেষে যে 'ইতি'র ব্যবহার হয়েছে (ইতিশব্দ উপসংহারে), তার অর্থ সমাপন এবং তৎপশ্চাৎ ব্যবহৃত 'শিবম্'-এর প্রয়োগের অর্থ হল, যা কিছুই বলা হল সেসব শিব প্রাপ্তির জন্য কারণ শিবই সত্য (true nature) বিশ্বসংসারে।

ব্যক্তি স্বপ্নে, জাগরণে ও গভীর নিদ্রায় যে তার দেহ, প্রাণ ও অনুভূতিতে জীবন ধারণ করে তখন তার নিজের চিতিকে (own consciousness) ভুলে খাকে যা তার মূল শক্তি ও আনন্দ।

যিনি 'প্রত্যভিজ্ঞাহৃদয়ম্'-এর পাঠে সেই সত্য উপলব্ধি করেন তিনি বুদ্বুদবৎ (foam) বিশ্বে অমৃতের সন্ধান পান এবং শিবত্বের সুখ অনুভব করেন।

এই উপদেশ তাদের জন্য যারা শিবে শক্তিরূপার অধিষ্ঠানকে (descent) অধীত করতে পারেন সূক্ষ্ম বিচারের মাধ্যমে, অন্যেরা উৎপলদেবের 'ঈশ্বরপ্রত্যভিজ্ঞা'য় (প্রত্যভিজ্ঞা দর্শন) প্রবেশে অক্ষম।

'প্রত্যভিজ্ঞাহৃদয়ে'র (The secret of Recognition) বক্তব্যের এখানেই ইতি। এই পাঠ (work) প্রখ্যাত শৈব আচার্য রাজানক ক্ষেমরাজকৃত যিনি মহামান্য অভিনবগুপ্তের শিষ্য।

সকলের মঙ্গল হোক!

টীকা—

(৩৫) 'প্রকাশে'র সঙ্গে 'একসদ্ভাবে'র অর্থ প্রোঃ লিডেকার করেছেন- একমাত্র বাস্তবতা নয় (not the only reality)।

(৩৬) প্রোঃ লিডেকার 'অমায়ীয় শব্দরাশি'র অর্থ করেছেন 'অ' থেকে 'ক্ষ' পর্যন্ত শব্দ-মায়া, যদিও 'অমায়ীয়'র অর্থ 'মায়া নয়' (yet to be expressed)।

(৩৭) এখানে প্রকাশের অর্থ সকল বস্তু, সুখ ইত্যাদি (ঘটসুখাদি-বেদ্য প্রকাশস্য)।

(৩৮) ক্ষেমরাজের বর্তমান ভাষ্যের শুরুতে (সূত্র-20) উল্লেখিত 'সর্বাপেক্ষানিরোধতঃ'-এর অর্থ, প্রোঃ লিডেকার করেছেন 'জগৎ প্রতিবন্ধিত' যা সঠিক নয়। সঠিক অর্থ সম্পর্ক রহিত (non-relational)।

(৩৯) প্রোঃ লিডেকার ভুল অর্থ করেছেন, যারা শিবের পথে চলে (who abides Siva's law)। সঠিক অর্থ 'শিবের স্পর্শ (mark of Siva)'।

(৪০) মহেশ্বরের শক্তি 'অক্রম', অনন্ত; তিনি 'ক্রমে' সীমিত হতে পারেন না।

ব্যবহৃত বিষয়ের তাৎপর্য (Notes)

(1) প্রত্যভিজ্ঞা (Recognition)—এই মতবাদে (doctrine) নর ও জীব জগতের সঙ্গে একীভূত (identical)। সে তার নিজের সত্ত্বাকে ভুলে থাকে তার মানসিক ও দৈহিক সীমিত অবস্থার কারণে (limited mechanism)। কাশ্মীরের শৈব মতকে বলে প্রত্যভিজ্ঞা দর্শন কারণ ব্যক্তি তার পূর্বাপর সত্ত্বা, অহঙ্কার মুক্ত হলে তার নিজস্বতার প্রকৃত জ্ঞান হয়। এই নিজস্বতার জগৎ (বিশ্ব) ব্যাপী। অভিনবগুপ্ত তাঁর 'ঈশ্বরপ্রত্যভিজ্ঞা-বিমর্শিনী'তে প্রত্যভিজ্ঞার ব্যাখ্যা করেছেন।

'প্রতীপমাত্মাভিমুখ্যেন জ্ঞানং প্রকাশঃ প্রত্যভিজ্ঞা। প্রতীপম্ ইতি—স্বাত্মাবভাসো হি ন অননুভূতপূর্বোহবিচ্ছিন্নপ্রকাশত্বাৎ তস্য, স তু তচ্ছক্তয়ৈববিচ্ছিন্ন ইব বিকল্পিত ইব লক্ষ্যতে ইতি বক্ষ্যতে। প্রত্যভিজ্ঞা চ-ভাতভাসমান-রূপানুসন্ধানাত্মিকা, স এবায়ং চৈত্র-ইতি প্রতিসন্ধানেন অভিমুখীভূতে বস্তুনি জ্ঞানং; লোকেহপি এতৎপুত্র এবংগুণ এবংরূপক ইত্যেবং বা, অন্ততোহপি সামানাৎমনা বা জ্ঞাতস্য পুনরভিমুখীভাবাবসরে প্রতিসন্ধিত-প্রাণিতমেব জ্ঞানং প্রত্যভিজ্ঞা-ইতি ব্যবহ্রিয়তে। ইহাপি প্রসিদ্ধপুরাণসিদ্ধান্তাগমানুমানাদিবিহিত-পূর্ণশক্তিস্বভাব ঈশ্বরে, সতি স্বাত্মন্যভিমুখীভূতে তৎপ্রতিসন্ধানেন জ্ঞানং উদেতি, নূনং স এব ঈশ্বরোহহম্-ইতি।' (ঈশ্বরপ্রত্যভিজ্ঞা-বিমর্শিনী পৃষ্ঠা 19-20)

প্রতি + অভি + জ্ঞা > প্রত্যভিজ্ঞা; 'প্রতি' অর্থ প্রতিপম অর্থাৎ বিপরীত, জ্ঞাত বিষয়ের ভ্রমের কারণে অজ্ঞাত অবস্থা, বিষয় সম্মুখে বর্তমান (facing it) থাকা সত্ত্বেও। প্রতিপম অর্থে এখানে, নিজের চৈতন্যের জ্ঞান ছিলনা এমন নয়, কিন্তু সেই সদা জ্যেতিষ্মানের জ্ঞান দেহ ও মনে জানা ছিল না। প্রত্যভিজ্ঞার অর্থ তাকে জানা (Re-cognotion)। পুনরপি

জানার অর্থ এখন যা জেনেছি (অজ্ঞতার জ্ঞান) তার সঙ্গে আসল জ্ঞানের (সত্ত্বার) একাত্ম করণ। যেমন বিচারে (judgement) কাউকে শনাক্ত করা হয় 'এই সেই চৈত্র' বলে।

আমাদের প্রাত্যহিক জীবনেও কারো পরিচয় দিতে বা পেতে গেলেও আমরা পূর্ববর্ত্তী কোনও কিছুর উপমা বা সম্পর্ক স্থাপন করি; এই অভিজ্ঞতার অনুসরণ হল একাত্মতা (unification of experience)। বর্তমান প্রসঙ্গেও সর্বশক্তিমান প্রভু সম্বন্ধে জ্ঞান যা বিভিন্ন পুরাণ, সিদ্ধান্ত আগম, অন্যান্য শাস্ত্রগ্রন্থ ও অনুমানের (inference) মাধ্যমে উপলব্ধ সেসব নিজেকে ফিরে দেখার মতই (re-cognotion) এবং অনুভব্য- 'ঈশ্বরোঽহম্', আমিই সেই (certainly I am that very lord)।

একে 'ত্রিকা' দর্শনও বলা হয় (triad)— i) নর (জীবাত্মা-bound soul), ii) শক্তি (the divine power), iii) শিব যিনি বদ্ধ জীবকে মুক্ত করেন। একে 'স্পন্দ-শাস্ত্র'ও বলা হয়, শিবের যে শক্তির কারণে জগৎ প্রকাশিত।

(2) শিব-এই শব্দের উদ্ভব 'শি' (শয়ন) থেকে এবং 'শ্বি' অর্থ 'ছেদ' থেকে। শিব শব্দের দুটো মূলই আমাদের শিব চর্চায় প্রযোজ্য কারণ শিবে সবকিছু সমাহিত; তিনি আবার সব পাপের ছেদকারী—'শ্যতি পাপমঃ ইতি শিবঃ'। শিব পাপ নাশ করে জীবের মঙ্গল সাধন করেন। এই মঙ্গল জীবের আধ্যাত্মিক মুক্তি। শিব হল সর্বোচ্চ সত্য বা চিরকালীন বাস্তব এবং শুভ ইচ্ছা (Happy choice)।

প্রত্যভিজ্ঞা, ত্রিকা, স্পন্দ ছাড়াও এই মতকে শৈব-দর্শন বা ভৈরব-দর্শন নামেও আখ্যায়িত করা হয় যার ভিত্তি একক রূপে শিব। অনেক সময় একে কাশ্মীরি অদ্বৈত শৈব দর্শনও বলা হয়; কারণ দক্ষিণ ভারতের শৈব দর্শন দ্বৈতভাবাপন্ন।

(3) সততম্— চিরকালীনতা যা 'নমঃ' সহযোগে উচ্চারিত হয় বা পঞ্চকৃত্য-বিধায়িনে। প্রথম অর্থ হল শিব আমার চিরকালীন পূজ্য। পরবর্ত্তী অর্থ হল তিনি চিরকাল পঞ্চকৃত্যের দ্বারা প্রকাশিত। তাঁর পঞ্চকৃত্য হল সৃষ্টি-স্থিতি-সংহার-বিলয়-অনুগ্রহ। বিলয়ে তাঁর মূল প্রকৃতি আবৃত থাকে আর অনুগ্রহে জীবের মুক্তি হয়। সুতরাং দ্বিতীয় অর্থ আরও গ্রহনীয়।

(4) পঞ্চকৃত্য—

(i) সৃষ্টি-সৃষ্টিকে আক্ষরিক অর্থে গ্রহণ না করে (creation) বলা যেতে পারে উদ্গম (letting go)। আক্ষরিক অর্থ হল স্রষ্টার কোনও কিছু থেকে অন্য কিছু গড়া; কিন্তু

জগতের সৃষ্টি শুধু গড়া নয়, বরং শিবের থেকে উদ্গত। সৃষ্টি শব্দের উদ্ভব 'সৃজ' থেকে যার অর্থ হল কোনও কিছু থেকে ক্ষরণ (pour forth-projected)। এর অর্থ হল জগৎ আগে থেকেই শিবে সমাহিত। জগৎ সংসারের প্রকাশ যেন দৈবেরই প্রকাশ (theophany)।

ii) স্থিতি-জগতের পোষণ।

iii) সংহার বা সংহৃতি—জগতের সঙ্কোচন শিবে, ধ্বংস নয়।

iv) বিলয় বা পিধান বা আবরিত হওয়া—সত্ত্বার অদর্শন, দেখতে না পাওয়া।

v) অনুগ্রহ—জীবে ভগবানের কৃপা লাভ।

শিবের এই পঞ্চকৃত্যে জগতের প্রকাশ ও বিলয় চিরকাল ধরে আবর্ত্তিত। একেকটি চক্রের নাম কল্প।

অনুগ্রহের একটি ব্যাখ্যা হল জীবের ভগবৎ কৃপায় মুক্তি সাধন আর একটি ব্যাখ্যা হল পঞ্চকৃত্যের প্রথম চারটি কার্যই হল অনুগ্রহ, কারণ এর দ্বারাই জগৎকে শিবানন্দে অনুভব করা যায়।

(5) পরমার্থ > পরম + অর্থ। পরমের অর্থ সর্বোচ্চ আর অর্থ হল যা উদ্দেশ্যমূলক এবং বাস্তবিক বোধগম্য (real goal)।

(6) 'স্বাত্ম' হল নিজ বা নিজ প্রকৃতি। নিজ প্রকৃতি যখন বলবো তখন সে—'চিদানন্দঘন-স্বাত্ম-পরমার্থাবভাসনে'; তার সত্ত্বা বা চিৎ আনন্দঘন প্রকৃতির, আর 'নিজ' হল তার বাস্তবিক (বস্তুগত) স্থিতি। এই দ্বৈতভাব জীবে মিশে আছে (double entendre)। এই ধারণাই (ব্যাখ্যা) সর্বজন গ্রাহ্য।

(7) চিদানন্দঘন—ঘনীভূত চৈতন্যের আনন্দ। বৈদান্তিক শঙ্করাচার্য একে সচ্চিদানন্দ (সৎ-existence, চিৎ-consciousness এবং আনন্দ-bliss) বলে অভিহিত করেছেন। অন্যপক্ষে শৈবদর্শনে 'সৎ'-কে অতিরিক্ত মনে করা হয়েছে কারণ চিৎ-ই হল সৎ। শঙ্করাচার্যও বলেছেন— 'সৎ এব বোধ এবং বোধ এব সত্তা', অর্থাৎ চেতনাই সৎ।

(8) উপনিষৎ>উপ-নি-সদ্(সিত), অর্থাৎ সন্নিকটে অবস্থান করে শিক্ষক বা গুরুর কাছে শ্রবণ করা। তার অর্থ হল শিক্ষকের কাছে রহস্য বা শিক্ষণীয়ের জ্ঞান লাভ করা।

শঙ্করাচার্য অর্থ করেছেন অজ্ঞানতার নাশ করে সর্বোচ্চ শক্তিমানকে সাধনার মাধ্যমে জানা (secret of esoteric doctrine)।

(9) শঙ্কর— 'শম্ করোতি ইতি শঙ্করঃ', যিনি মঙ্গল বিধান করেন তিনিই শঙ্কর। শিবের আর এক নাম শঙ্কর। 'শঙ্করোপনিষৎ'-এর অর্থ হল শিবের আধ্যাত্মিক (esoteric) জ্ঞান লাভ যা শৈব দর্শনের বিষয়।

(10) সংসার— 'সংসারতি ইতি সংসারঃ', অর্থাৎ যা সবসময় সংসরতি হয় বা গমন করে সেটাই সংসার। এই গমন হল প্রক্রিয়া যা চলতেই থাকে (continuous process)। শুধু জগৎ বা বিশ্ব বললেই 'সংসারে'র অর্থ প্রতিপাদিত হয় না শব্দের ব্যুৎপত্তি অনুসারে যা এক অবস্থা থেকে আর এক অবস্থায় ভ্রমণ করে সেটাই সংসার। এই কথা জীবের ক্ষেত্রে বিশেষভাবে প্রযোজ্য যে জগৎ থেকে অন্য জগতে যায় না বরং এক জীবন থেকে জন্মান্তরে অন্য জীবনে প্রবেশ করে তার কৃতকর্মে, নিজের সত্ত্বাকে বুঝতে না পেরে। কৃতকর্মের দরুণ সে জগতের বিষ সঞ্চয় বা নিবারণ করে নিজের জীবনে। 'বিষ'-এর প্রযোজ্য একটি অর্থ হল যা নিজেকে ব্যাপ্ত করে প্রসরণে (বেবেষ্টি) বিষবৎ; আর একটি অর্থ হল পৃথক হওয়া (বিষ্ণাতি)। একথাও বলা যেতে পারে যে সংসার সেই অর্থে আমাদের পরমেশ্বর থেকে পৃথক করে, দূরে সরিয়ে দেয়।

(11) সমাবেশ— সমাবেশ শব্দটি বিচ্ছেদ করলে হয় সম-আ-বিশ, সমাবেশ একটি বিশেষ্য পদ যার অর্থ প্রবেশ করা। পরমেশ্বরের সঙ্গে সমাবেশের অর্থ তার সঙ্গে একাত্ম হওয়া, নিজের সত্তাকে বিশ্ব সত্ত্বার সঙ্গে মেলানো। ব্যক্তি তখন নিজেকে শিবে সমাহিত মনে করে। অভিনবগুপ্তের মতে 'আবেশে'র অর্থ হল ব্যক্তি নিজেকে শিবের অধীন জ্ঞানে শিবের প্রকৃতিতে নিজেকে বিলীন করে (disappers in the nature of Siva)।

'আবেশশ্চ অস্বতন্ত্রস্য স্বতদ্রূপনিমজ্জনাৎ।
পরতদ্রূপতা শমভোরাদ্যাচ্ছক্ত্যবিভাগিনঃ।।'

—(তন্ত্রালোক, প্রথমপাদ আহ্নিক-I শ্লোক-173)

অর্থাৎ, 'আবেশ' হল নিজের স্বতন্ত্রতাকে বিসর্জন দিয়ে মঙ্গলের জন্য পরমেশ্বরের শক্তিতে সম্মিলন।

(12) শক্তি— শক্তি মূলত শিবেরই; শক্তিতে শিব পঞ্চকৃত্যের দ্বারা জাগতিক (cosmic) প্রক্রিয়া ঘটান। 'শক্তিপাত' হল শক্তির অবতরণ। ব্যক্তিতে শক্তিপাত হল ব্যক্তির প্রতি ভগবানের অনুগ্রহ।

(13) সূত্র আক্ষরিক অর্থ সূতা, তন্তু, যা এক বা একাধিক উপাদানকে গ্রথিত করে। এই গ্রন্থনের নির্দিষ্ট দিক বা নিয়ম থাকতে পারে। গ্রন্থনের সমরূপ শব্দ লাটিনে 'sutura' এবং ইংরেজিতে 'Suture'। সূত্রে যথাসম্ভব স্বল্প শব্দ বা পদ থাকবে এবং দ্ব্যর্থহীনভাবে তা সার্বিক অর্থবহ এবং ত্রুটিহীন হবে।

(14) স্বতন্ত্রা— চিতি'র বিশেষণ, অর্থাৎ চিতি নিজের উপরেই নির্ভর অন্য কিছুর উপরে নয় এবং স্বেচ্ছাধীন। সুতরাং স্বতন্ত্র শব্দের দুই অভিমুখ, এক অনুপ (absolute) এবং দ্বিতীয় নিজের ইচ্ছাধীন।

(15) চিতি— সংস্কৃতে চিতি স্ত্রীলিঙ্গ এবং অর্থ হল বিশ্বব্যাপী চেতন শক্তি। 'চিৎ' সাধারণত শিবের প্রেক্ষিতে ব্যবহার করা হয় এবং তাঁর শক্তি 'চিতি'। চিৎ বা চিতি, চিত্ত থেকে পৃথক যার অর্থ ব্যক্তির চেতনা।

(16) সিদ্ধি— এর আক্ষরিক অর্থ হওয়া (effectuation), যেমন প্রকাশ বা সৃষ্টি, স্থিতি বা সৃষ্টির পালন এবং সংহার বা লয় (re-absorption)।

(17) সদাশিবাদেঃ ভূম্যন্তস্য—সদাশিব থেকে মেদিনী ব্যাপী। এই মতে শৈব দর্শনের ছত্রিশ তত্ত্ব শিব থেকে শুরু করে ইন্দ্রিয় অবধি। এই তত্ত্বগুলো দ্বিধা বিভক্ত, এক হল 'শুদ্ধা অধ্ব' যা বেমিশাল (supramundane) বা মায়ার উর্দ্ধে, দ্বিতীয় হল 'অশুদ্ধা অধ্ব' যেখানে বর্তমান দ্বৈতের বিভিন্নতা। এই ছত্রিশ তত্ত্বে শিব হচ্ছে একক সর্বোচ্চ তত্ত্ব (supreme principle)। শিব ও শিবের শক্তি প্রকাশের পূর্বাবস্থা প্রকাশের মূল।

'শুদ্ধা অধ্বা তৃতীয় স্তর হল সদাশিব যা সদা হিতৈষী। এই তত্ত্বে অহন্তা (I-consciousness) এবং ইচ্ছাশক্তির প্রাধান্য। একে 'সাদাখ্য' তত্ত্বও বলা হয় (সৎ-আখ্যা-যতঃ), কারণ প্রথম অস্তিত্বের বোধ এখানেই হয়। এই বোধ জগৎ প্রকাশের পূর্বাবস্থা (incipient material world)। এই অবস্থায় অহম্ ও ইদমের (I am this) পার্থক্য অনুভূত হয় না।

চতুর্থ স্তর হল ঈশ্বর তত্ত্ব, এখানে অহম্ ও ইদম্ সমভাবাপন্ন, অর্থাৎ সমান প্রাধান্য এবং জ্ঞানের হয় উন্মেষ- 'ইদম্-অহম' (I am this), আমিই বিশ্বময়। বিশ্বে ও আমাতে অভেদ তত্ত্ব।

পঞ্চম স্তর শুদ্ধবিদ্যা বা সদবিদ্যা- 'অহম্ ইদম্ চ', আমি এবং আমার এই বিশ্ব, চেতনা ভেদাভেদ অবস্থায় স্থিত। বিশ্ব আমাতেই স্থিত এবং আমি বিশ্বের। একে বলা হয় এককের দ্বৈতানুভূতি। এখান থেকে ক্রিয়াশক্তির প্রকাশ।

উপরোক্ত পাঁচটি তত্ত্বকে 'শুদ্ধ অধ্বা' বলে কারণ এমতাবস্থায় বিষয় ও বিষয়ীকে (object and subject) পৃথক করা যায় না। এই পাঁচ তত্ত্বই বিশ্বময় চৈতন্যের অঙ্গীকার (aspect)।

অশুদ্ধ অধ্বা (জাগতিক প্রকাশ- mundane manifesta-tion)—

ষষ্ঠ তত্ত্ব মায়া— এই তত্ত্বকে অনেকে পঞ্চ কঞ্চুকের তত্ত্বে সম্মিলিত করেন না। কারণ পঞ্চকঞ্চুক মায়া নয় পঞ্চকঞ্চুক (কলা, বিদ্যা, রাগ, কাল ও নিয়তি) মায়ার আবরণ এবং পৃথক পৃথক বিশেষণ; যার কারণে জীব ও জগৎ নিজের স্বরূপ সম্পর্কে অজ্ঞান থাকে। পঞ্চ কঞ্চুক নিম্নরূপ—

কলা (সপ্তম তত্ত্ব)— স্বাতন্ত্রের সীমাবদ্ধতা।

বিদ্যা (অষ্টম তত্ত্ব)— জ্ঞানের (জানার) সীমাবদ্ধতা।

রাগ (নবম তত্ত্ব)— প্রবৃত্তির সীমাবদ্ধতা।

কাল (দশম তত্ত্ব)—অসীমের সীমাবদ্ধতা, ভূত-বর্তমান-ভবিষ্যতের জ্ঞানে।

নিয়তি (একাদশ তত্ত্ব)— ঘটনাক্রমে স্থান-কালের নির্দিষ্টতা অর্থাৎ পারস্পরিকতা বা আবহমানতায় ছেদ।

মায়ার দুই প্রধান ভেদ পুরুষ ও প্রকৃতি।

দ্বাদশ তত্ত্ব— পুরুষ; মায়ার জাগতিক অবতরণের মাধ্যম হল পুরুষ। এই অবস্থায় সর্বময় কর্তা (সর্বকর্তৃত্ব) 'কলায়' বা সীমিত কর্তৃত্বে পুরুষে প্রকাশিত হন। তাঁর সর্বজ্ঞতা সীমিত বিদ্যায় (knowledge) প্রকাশিত হয়। তাঁর পূর্ণত্ব 'রাগে' বা সীমিত বাসনায় প্রকাশিত হয়। তাঁর 'নিত্যত্ব' বা অসীমতা সীমিত কালে (সময়ে) প্রকাশিত হয়। তাঁর ব্যাপকত্ব সীমিত হয় স্থান-কালে এবং কার্য-কারণে।

ত্রয়োদশ তত্ত্ব-প্রকৃতি— এই তত্ত্ব অহঙ্কার থেকে শুরু করে বাকি তেইশ তত্ত্বে বিস্তৃত স্থূল জগৎ অবধি।

চতুর্দশ তত্ত্ব-অহঙ্কার— ব্যক্তির আমিত্ব বোধের তত্ত্ব।

পঞ্চদশ তত্ত্ব-বুদ্ধি— জীবের বিচারের তীক্ষ্ণতা (intellect) স্মৃতি ও মনের সমন্বয়ে বা সহযোগিতায়।

ষোড়শ তত্ত্ব-মন— একাদশতম ইন্দ্রিয়, চিত্তে ধারণা (conceptive consciousness)।

সপ্তদশ থেকে একবিংশ তত্ত্ব— পঞ্চ জ্ঞানেন্দ্রিয় (চক্ষু, জিহ্বা, কর্ণ, নাসিকা, ও ত্বক)।

দ্বাদশ থেকে ষোড়বিংশ তত্ত্ব— পঞ্চ কর্মেন্দ্রিয় (হস্ত, পদ, মুখ, পায়ু ও উপস্থ)।

সপ্তবিংশ থেকে একত্রিংশ তত্ত্ব— পঞ্চতন্মাত্র (রূপ, রস, শব্দ, গন্ধ ও স্পর্শ)।

দ্বাত্রিংশ থেকে ষট্'ত্রিংশ তত্ত্ব— পঞ্চমহাভূত (তেজ, অপ, ব্যোম, ক্ষিতি, ও মরুৎ)। পঞ্চতন্মাত্র সূক্ষ্মভূত এবং পঞ্চমহাভূত স্থূলভূত।

(18) পরপ্রমাতৃ— সর্বোচ্চ সাক্ষী। প্রমাতৃ হল সাক্ষের বিষয়ী (subject) যে পরিমাপ করে বিষয়ের। সর্বোচ্চ সাক্ষী হল পরম-শিব।

(19) পরাশক্তি— সর্বোচ্চ শক্তি। শক্তির অনেক পরিচয় (aspect) আছে। পরমেশ্বরের শক্তি হল সর্বোচ্চ শক্তি যা চেতনা সম্ভূত এবং সর্বত্র ব্যাপ্ত হয়ে বিভিন্ন রূপ ও গুণে প্রকাশিত হয় (gets manifested)।

(20) বিমর্শ— বি + মৃশ। মৃশ-র অর্থ হল ছোঁওয়া আর বিমর্শ হল মানসিক ভাবে ছোঁওয়া, স্পর্শ করা। পরমশিব শুধু তাঁর জ্যোতির প্রকাশ বা চিৎ-এর ব্যাপ্তিতে সীমাবদ্ধ নন, বিমর্শও বটে অর্থাৎ চিতের চেতনায় রত। চেতনায় রত হওয়ার কারণেই সৃষ্টি-স্থিতি-বিনাশ সম্ভব হয়। পরাপ্রবেশিকায় (পৃঃ 1-2) বলা হয়েছে—

'ইহ খলু পরমেশ্বরঃ প্রকাশাত্মা; প্রকাশশ্চ বিমর্শ-স্বভাবঃ; বিমর্শো নাম বিশ্বাকারেণ, বিশ্বপ্রকাশনেন, বিশ্বসংহরণেন চ অকৃত্রিমাহম ইতি বিস্ফুরণম।'

অর্থাৎ, সমগ্র বিশ্বই সর্বোচ্চ চেতনায় সমাবিষ্ট আছে, যেমন ময়ূরের অণ্ডে তার পেখমের বৈচিত্র ধরা থাকে (ময়ূরাণ্ডরস-ন্যায়েন)। বিমর্শ হল সেই অণ্ডের (স্বয়মের) উন্মোচন বোধ যার থেকে উন্মেষ হয়।

(21) শিব-ভট্টারক— ভট্টারক, ভট্টার ও ভট্ট সমার্থক এবং এর মূল 'ভট্' অর্থাৎ পোষণ। সার্বিক অর্থ হল যিনি পোষণ করেন সেই পরমেশ্বর।

(22) নিত্যোদিত— নিত্য+উদিত। উদিতের বিশ্লেষণ— উদ্ + হি + ক্ত অর্থাৎ জাগরিত। সুতরাং নিত্যোদিত-যা চিরকাল জাগরিত। চৈতন্য কখনো নিদ্রা যায় না। যরি উদয় ও অস্ত হয় তা 'শান্তোদিত' অপরপক্ষে যা অস্ত যায় না তা নিত্যোদিত, এতে সর্বদাই স্পন্দ বিরাজমান।

(23) প্রমাতৃ— বিষয়ীর (subject) জ্ঞান।

(24) প্রমাণ— জ্ঞানের উপায়।

(25) প্রমেয়— বিষয়ের (object) জ্ঞান (of knowledge)।

(26) বৈন্দবী কলা— পরঃ প্রমাতা, 'বেত্তি ইতি বিন্দুঃ'— বিদ্ (to know) যার মূল এবং যা সর্বোচ্চ সত্ত্বার জ্ঞাত। বৈন্দবী-র অর্থ 'বিন্দু সম্বন্ধীয়', কলা অর্থ শক্তি। সুতরাং 'বৈন্দবী কলা' হল সর্বোচ্চ সত্ত্বার যা জ্ঞাত আছে অর্থাৎ তাঁর চৈতন্যরূপা। ভাষ্যে উল্লেখিত 'স্বপদা....বৈন্দবী কলা' শ্লোকে 'প্রমাণ' বা জানার উপায় হল তাঁর পদদ্বয়, 'প্রমাতা' হল তাঁর শির, শিবের সত্ত্ব বা চৈতন্য জ্ঞান। একজন ব্যক্তি কখনোই তার মস্তকের ছায়াকে পদলাঞ্ছিত করতে পারে না, তেমনি কোনও উপায়ে প্রমাতাকে জানা যায় না।

(27) সমরস- চেতনা এবং অনুভব যখন ব্যক্তিতে একত্ব লাভ করে তখন সেই অবস্থা হয় 'সমরস্য'। সংহারে চিতি বিশ্বকে বিলয় প্রাপ্ত (সর্বোচ্চ সত্যে নিমজ্জিত) করে। এই চিতি'ই (foundational consciousness) হল বিশ্বে

সূক্ষ্ম রূপ (alpha) এবং অসীমে ব্যাপ্ত বৃহৎ (omega) রূপ।

(28) স্বতন্ত্রা— চিতি'ই স্বতন্ত্র কারণ তা কোনও কিছুতে নির্ভরশীল নয়।

(29) বিশ্ব-সিদ্ধি হল যা ফলকারক ভোগে ও মোক্ষে। চিতি-র শক্তিই আনন্দ ঘটায় আবার মুক্ত করে। তাই সেই শক্তিরূপাই বিশ্ব-সিদ্ধির কারণ।

(30) 'প্রমাণোপারোহক্রমেণ'— জ্ঞানের প্রক্রিয়া থেকে শুরু করে উর্দ্ধগামী হওয়া (gradual mounting)। যা জ্ঞাত সেই প্রমাণ থেকে শুরু করে সাধককে জ্ঞানে (knowledge) পৌঁছতে হয় অর্থাৎ জ্ঞাত-র কারণে। সেখান থেকে জ্ঞাতায় (knower) বা

সর্বোচ্চ সত্ত্বায় পৌঁছতে হয়, যাকে বলা হয় প্রমাতা। সব প্রমাণই প্রমাতায় অবশেষ প্রাপ্ত হয়।

(31) ব্রহ্মবাদ— শঙ্করাচার্যের বৈদান্তিক মতবাদ, ব্রহ্ম যেখানে নিকর্মা।

(32) দর্পণে নগরবৎ— দর্পণে নগর যখন প্রতিবিম্বিত হয় সেই প্রতিবিম্ব নগরবৎ কিন্তু তা নগর থেকে পৃথক; সেইরকম চিতি জগৎ থেকে পৃথক না হলেও পৃথক বলে বোধ হয়।

(33) সদাশিব তত্ত্ব— এই তত্ত্বকে জগতের উন্মেষের প্রথম তত্ত্ব বলা যেতে পারে। শিব-শক্তি সহযোগে সদাশিবের উদ্ভব, 'অহম্-ইদম্'— আমি এই জগৎ (I am this), তথা আমার ইচ্ছায় এই জগৎ। এই অহম বা আমি হল ভগবৎ সাক্ষী (অহন্তা) এবং ইদম্ বা ইদন্তা হল গোটা বিশ্বব্রহ্মাণ্ড যা শুরুতে অহন্তায় সুপ্ত ছিল (incipient) বীজের মতো (germinal form)। সদাশিবের ইচ্ছায়— 'অহন্তাচ্ছাদিত-অস্ফুট-ইদন্তাময়ম', ক্রমে অহন্তার ইদন্তে আচ্ছাদিত অস্ফুট রূপে (পরাপর রূপম) সদাশিবে উদ্গাম। যেহেতু সদাশিবের ইচ্ছা এখানে প্রধান তাই হওয়ার (being) বা সৎ-এর ইচ্ছার কারণ রূপ সদাশিব তত্ত্বকে সদাখ্যা তত্ত্বও বলে।

শিবের সাক্ষীরূপ (universal experient) থেকে জাত সদাশিবের ইচ্ছার ভাব (I am this), সাধক মন্ত্রমহেশ্বর তন্ত্রের (mystic) মাধ্যমে প্রাপ্ত হন।

(34) ঈশ্বর তত্ত্ব— সদাশিব তত্ত্বে প্রাধান্য ছিল 'অহমে'র ইচ্ছা শক্তির। ঈশ্বর তত্ত্বে অহম্ ও ইদম্ উভয়েই সম প্রাধান্য যুক্ত। বিশ্ব এই তত্ত্বে চেতনায় উদিত হয়। বিশ্বের এই উদয়ের জ্ঞান বা জ্ঞানতত্ত্ব হল ঈশ্বর তত্ত্বের পরিচয়।

সাধকের পক্ষে এই পরিচয় প্রাপ্তি হয় মন্ত্রেশ্বর তন্ত্রে। মন্ত্রেশ্বরে সাধক জগতকে আভাসিত অনুভব করে এবং জগৎ ধীরে ধীরে পরিস্ফুট হয়। সদাশিব তত্ত্বে চৈতন্যে উদয় হয় অহম্-ইদমের (I am this) আর ঈশ্বর তত্ত্বে উদয় হয় ইদম্-অহমের (This I am)।

(35) বিদ্যা বা শুদ্ধবিদ্যা হল পরবর্ত্তী স্তর যেখানে অহম্ ও ইদম্ পৃথকভাবে প্রতিভাত, ভেদের সূত্রপাত 'ক্রিয়া'র মাধ্যমে। সাধক এখানে মন্ত্রের শক্তিকে অনুভব করেন। পরমেশ্বর এইসব অনুভবের অধীশ্বর ''অনন্তভট্টারক' নামে। চৈতন্যের উপাধি তখন-'অহম্ ইদম্ চ', অর্থাৎ অহমের থেকে বিশেষিত (ব্যতিরেক) হলেও তারা অভেদ তাই শুদ্ধ।

(36) বিজ্ঞানাকল হল শুদ্ধবিদ্যার নিম্নস্তর কিন্তু মায়ার উর্দ্ধে। এই স্তরেও পরমেশ্বর শুধুমাত্র চৈতন্য আধারিত কারণ তখনও জগৎ স্ফুরিত হয়নি। তাঁর জগতের জ্ঞান আছে জগত সংঘটনের ক্রিয়াশক্তি আছে কিন্তু তখনও জগত সুপ্ত তাঁর চেতনায়। এই অবস্থায় জগতের সম্ভাবনা (সকল) যেমন থাকে তেমনি জগৎ-হীনতাও (প্রলয়াকল) থাকে; তা হল— 'তদভেদসারম', তথা জগতের অনুভবমাত্র অভেদ রূপে।

(37) প্রলয়াকল— মায়া তথা সৃষ্টির পূর্বাবস্থায় মায়া থাকে প্রলয়াকলে। চিৎ-এ অহম্-ইদম্ তথন অস্বচ্ছ, চিৎ-এ শূন্যাবস্থা, মায়া যেন গভীর নিদ্রায় আচ্ছন্ন। প্রলয়াকলে সৃষ্টির প্রমাতা বা কারক হল প্রকৃতি যা সৃষ্টির সংহারে রয়ে যায় প্রমাতা-প্রকৃতি রূপে। নিষ্ক্রিয় যোগীর চিৎ-এর এই শূন্যাবস্থার অনুভব হয় শূন্যতায়, তার কাছে আণব ও মায়ার আভাসে (i.e. subject to Aanava and Mayiyamala)।

(38) 'সকল' দৈব এবং অজ্ঞান জীবের অবস্থা যেখানে দেবতা ও জীব নিজেদের পৃথক সত্তা সম্পর্কে সচেতন কিন্তু প্রকৃত সত্ত্বা সম্পর্কে অজ্ঞাত। 'সকল'-এ আণব, মায়ীয় ও কার্মমলের গুণাগুণ বর্তমান।

(39) উপরোক্ত অবস্থায় চিৎ-এর জ্ঞান (বিমর্শ) সুপ্ত, অর্থাৎ 'সকলে' শুধু প্রকাশের প্রাধান্য। আমাদের এযাবৎ সিদ্ধান্তকে আমরা প্রত্যভিজ্ঞাহৃদয়মের তৃতীয় সূত্রের সম্বোধনে, একটা সারণীর মাধ্যমে সাজাতে পারি।

সূত্র-3 (তন্নানা অনুরূপগ্রাহ্যগ্রাহকমেদাৎ)
তাঁর নানাপ্রকার অভিব্যক্তি

i. **তত্ত্ব**— শিব; **তত্ত্বের শুদ্ধশক্তি** - শিব; **তত্ত্বের সাক্ষী** - শিব-প্রমাতা; **তত্ত্বের বিষয়** - শিবের জগৎ-প্রকাশ

ii. **তত্ত্ব**— সদাশিব ও তাঁর ইচ্ছাশক্তি; **তত্ত্বের শুদ্ধশক্তি** - সদাশিব-ভট্টারক; **তত্ত্বের সাক্ষী** - মন্ত্র-মহেশ্বর, শিবের অহম্ ও অস্বচ্ছ সৃষ্টির পূর্বাভাস; **তত্ত্বের বিষয়** - সৃষ্টির আভাস

iii. **তত্ত্ব**— ঈশ্বর তত্ত্ব; **তত্ত্বের শুদ্ধশক্তি** - ঈশ্বর-ভট্টারক; **তত্ত্বের সাক্ষী** - মন্ত্রেশ্বর যাতে আছে অহম্; **তত্ত্বের বিষয়** - অহমে সৃষ্টির উপস্থিতি বোধ ও সৃষ্টির সম্ভাব্যতা

iv. **তত্ত্ব**— ক্রিয়াত্মক সদবিদ্যা বা শুদ্ধবিদ্যা; **তত্ত্বের শুদ্ধশক্তি** - অনন্ত-ভট্টারক; **তত্ত্বের সাক্ষী** - মন্ত্র ও সৃষ্টি সঙ্কেত; **তত্ত্বের বিষয়** - মন্ত্রে (প্রবক্তা) উদ্গত সৃষ্টি

v. **তত্ত্ব**— মহামায়া তত্ত্ব; **তত্ত্বের শুদ্ধশক্তি** --; **তত্ত্বের সাক্ষী** - বিজ্ঞানাকল জ্ঞানাত্মক অণু (মায়ার পূর্বাবস্থা); **তত্ত্বের বিষয়** - 'প্রলয়াকলে' স্থিত 'সকল'

vi. **তত্ত্ব**— মায়া তত্ত্ব; **তত্ত্বের শুদ্ধশক্তি** --; **তত্ত্বের সাক্ষী** - প্রলয়াকল বা শূন্য-প্রমাতা, কার্মমল ব্যতিরেকে আণব ও মায়ীয় মল; **তত্ত্বের বিষয়** - সৃষ্টির শূন্যাবস্থা

vii. **তত্ত্ব**— মায়ায় মেদিনীব্যাপী বাকি তত্ত্ব; **তত্ত্বের শুদ্ধশক্তি** --; **তত্ত্বের সাক্ষী** - আণব, মায়ীয় ও কার্মমলযুক্ত 'সকল'; **তত্ত্বের বিষয়** - জগতের বিভিন্ন বস্তুর পৃথকীকৃত অভিজ্ঞতা

উপরোক্ত সারণীতে (V, VI, ও VII) মহামায়া থেকে শুরু করে মেদিনী ব্যাপ্তি পর্যন্ত কোনও তত্ত্বের শুদ্ধশক্তির প্রয়োগিক (direct) ভূমিকা নেই কারণ মহামায়া তত্ত্বের স্তর থেকে অশুদ্ধ সৃষ্টি তত্ত্বের শুরু।

(40) অনাশ্রিত— 'অনাশ্রিত-শিব-পরায়', অর্থাৎ শিব কারো আশ্রিত নন। এটা কোনও তত্ত্ব নয়, এটা শিবের অবস্থা। জগতের প্রকাশে শিবের শক্তি নিজেকে আবরিত (veils) করে, অর্থাৎ শিবের অখ্যাতি প্রাপ্তি হয়— 'স্ব-স্বরূপাপোহনাত্মাখ্যাতিময়ী নিষেধব্যাপাররূপা' ('পরমার্থসারে' কথিত, পৃঃ 10)।

জীবেরও মুক্তি হয় এই অনাশ্রিত (পূর্বজ্ঞান) বোধে, যখন অহম্ ও ইদম একত্রে (একত্ব) অনুভূত হয়।

(41) শূন্যাতিশূন্যতয়া— শূন্যের থেকেও শূন্য অবস্থা। এখানে শূন্যের অর্থ বিশ্বের অদৃশ্যমানতা (absense of objective content)। প্রকৃতপক্ষে শৈবধর্মে শূন্যে জগৎ সুপ্ত থাকে ফলে অতিশূন্য অবস্থা সেখানে নেই।

(42) 'ত্রিশিরোমতে'- ভৈরবের ত্রিশির এক গূঢ় (mystic) অবস্থা। ভৈরবের ত্রিশির হল ত্রিশক্তি- পরা, পরাপরা ও অপরা। পরা হল সর্বোচ্চ স্তর যেখানে শিব ও তাঁর শক্তিতে কোনও ভেদ নেই। পরাপরা অবস্থা হল শক্তির উন্মেষ মুখীনতা আর অপরা হল শক্তির শিবের থেকে পৃথক অবস্থা।

(43) সর্বদেবময়ঃ কায়ঃ- বিশ্বজগৎ ঐশ্বরিক শক্তিতে সৃষ্ট মনে করা হয়। দেবদেবীরা স্রষ্টা ও সৃষ্টির অংশ বিশেষ (প্রমাতা ও প্রমেয়) বা কর্তৃত্ব ও কর্ম। আর একটি পাঠ হল— 'সর্ব-তত্ত্ব-ময়ঃ কায়ঃ', অর্থাৎ বিশ্বজগৎ বিভিন্ন তত্ত্বে গঠিত।

(44) প্রিয়ে- আমার প্রীতিভাজন। আগম শাস্ত্রে শিব ও তাঁর সহচরী পার্বতীর কথোপকথনের সময় পার্বতীকে শিব 'প্রিয়ে' বলে সম্বোধন করেছেন।

(45) 'ভৈরব' শিবের উপাধি এবং তখন তাঁর রূপ হল ভয়ঙ্কর যা সব দুর্বলতার নাশক। ভৈরবে আছে তিনটি অক্ষর- 'ভ', 'র' ও 'ব'। 'ভ' অর্থ ভরণ, 'র' অর্থ রাবণ বা জগৎ সংহার এবং 'ব' অর্থ বমন বা জগতের উদ্গীরণ। সুতরাং ভৈরবের অর্থ তিনটি ক্রিয়া জগতের- সৃষ্টি, স্থিতি ও বিলয়, তাই ভৈরবের ত্রিশির। এই ত্রিশির বা ত্রিশিরের কর্মই অপরা, পরাপরা ও পরা যথাক্রমে সৃষ্টি, স্থিতি ও বিলয়। জগতে শিবের অবতরণের ধারায় এই ত্রিশির আবার শিব, শক্তি ও নর।

(46) 'অখ্যাতির্যদি ন খ্যাতি খ্যাতিরেবাবশিষ্যতে।
খ্যাতি চেৎ খ্যাতিরূপত্বাৎ খ্যাতিরেবাবশিষ্যতে।।'

ভাষ্যের উপরোক্ত শ্লোকের হদিশ বর্তমান পুস্তকের লেখক জয়দেব সিং অন্য কোথাও খুঁজে পাননি। অখ্যাতির অর্থ জ্ঞানহীনতা (nescience or non-knowledge?) যার অস্তিত্ব সম্বন্ধে সন্দেহের অবকাশ আছে। অর্থাৎ এই অবস্থা অনুভব করা যায় কি যায় না? অখ্যাতি যদি অনুভব করা না যায় তাহলে শুধু খ্যাতিই অবশেষ থাকে, অর্থাৎ জ্ঞান অবশিষ্ট থাকে।

(47) স্পন্দকারিকার দ্বিতীয় পরিচ্ছেদ, (বৃত্তিবার্ত্তিক 3-4)।

(48) 'বিকল্পে'র অর্থ বোধের বা পরিচয়ের ভেদ (difference in perception)। 'বিশেষণ বিবিধেন কল্পনম', অহম্, ইদমের বিবিধ ধারণা (variety in different ideation)। ব্যক্তির চিত্তে এই বিকল্পভাব সদৈব অনুভূত হয়। তুলনায় অভিনবগুপ্তের 'পরমার্থসারে'র একাদশ শ্লোকের প্রসঙ্গে যোগরাজের মন্তব্য (ভাষ্য) (বিবৃতি (পৃঃ-33), অনুধাবনীয়- 'বিকল্পো হি অন্যাপোহ-লক্ষণো' দ্বয়ম ঘটাঘটরূপম আক্ষিপন, অঘটাৎ ব্যবচ্ছিন্নম ঘটম নিশ্চিন্তোতি।' অর্থাৎ বিকল্প হল একের থেকে অপরকে পৃথক করে দেখা বা বোঝা। যেমন ঘটের অভিজ্ঞতা বা অনভিজ্ঞতা লাভে।

(49) চিত্ত অর্থ ব্যক্তিগত চেতনা যার দ্বারা ব্যক্তি অনুভব করতে পারে দেহে ও মনে।

(50) বিজ্ঞানাকল— 36-সংখ্যক মন্তব্য দ্রষ্টব্য।

(51) বিদ্যাপ্রমাতৃতা— বিদ্যাতত্ত্বের সাক্ষী অর্থাৎ মন্ত্রসমূহ।

(52) সদাশিব, ঈশ, 'অনাশ্রিত-শিব'— 33,34,40-সংখ্যক মন্তব্য দ্রষ্টব্য।

(53) শিব, সদাশিব, ঈশ্বর ও শুদ্ধবিদ্যা একযোগে শুদ্ধাধ্বা নামে অভিহিত, অর্থাৎ শুদ্ধ উচ্চমার্গীয় পথ। মন্ত্র, মন্ত্রেশ্বর, মন্ত্রমহেশ্বর ইত্যাদি এই পথের সাক্ষী। বিদ্যা-প্রমাতারস এবং শুদ্ধাধ্বা-প্রমাতারস, দুইয়েই চিৎ-এর আধিপত্য (predominance)। প্রথমোক্তে 'চিৎ' সহজে উপলব্ধ দ্বিতীয় ক্ষেত্রে সমাধির মাধ্যমে উপলব্ধ। অর্থাৎ প্রথম ক্ষেত্রে যিনি বিদ্যা তথা জ্ঞানের কর্তৃত্বের রস পেয়েছেন তিনি সহজেই চিৎ-এর অস্তিত্ব অনুভব করতে পারেন। দ্বিতীয় ক্ষেত্রে সমাধি বা যোগের মাধ্যমে 'চিৎ' অনুভবনীয়।

(54) শূন্যপ্রমাতৃ— 37-সংখ্যক মন্তব্য দ্রষ্টব্য। 'আদি' অর্থাৎ ইত্যাদি যাতে 'সকল'ও অন্তর্ভুক্ত।

(55) উল্লিখিত শ্লোকের অর্থ— শিবে যা জ্ঞান জীবে তা সত্ত্বা, শিবে যা ক্রিয়া জীবে তা রজগুণ, শিবে যা মায়া জীবে তা তমগুণ।

(56) সত্ত্ব, রজ ও তম হল প্রকৃতির তিন গুণ যা প্রকৃতির উন্মেষের সহায়ক বা চলনের শক্তি। সাঙ্খ্যদর্শনে এ বিষয়ে বিস্তৃতভাবে বলা হয়েছে। গুণ হল প্রকৃতির এক একটি স্বভাবজাত বিশিষ্টতা যার আধারে প্রকৃতির স্ফুরণ হয় বিভিন্ন ভাবে। সত্ত্ব হল শুভ, সম (harmony) ও উচ্চতর বোধের সুখকারী (enlightening pleasure); রজ ক্রিয়াত্মক যা থেকে সুখ ও দুঃখ উৎপন্ন হতে পারে; তম হল জড়ত্ব, মোহ।

(57) বিকল্প- 48-সংখ্যক মন্তব্য দ্রষ্টব্য।

(58) মায়াপ্রমাতা হল অশুদ্ধ পথের, সীমিতাবস্থার সাক্ষী। 'সকলে'র আণব ও মায়ীয়মলযুক্ত এবং 'প্রলয়াকল' সহ মায়াপ্রমাতা। মায়ার কর্ম মায়াপ্রমাতায় বর্তায় না তাই কার্মমল থাকে না। 37 ও 38-সংখ্যক মন্তব্য দ্রষ্টব্য।

(59) স্বাতন্ত্র্য স্বতন্ত্র-র বিশেষ্যরূপ অর্থাৎ যা মায়ার বশীভূত নয়, স্বাধীন মুক্ত চৈতন্য যা কার্য-কারণের অধীন নয়।

(60) মল- বর্জ্য, বাহ্য যা স্বর্ণিল চৈতন্যকে আবরিত করে রাখে (conceal)। শৈবদর্শনে জগতের মল তিন প্রকার- কার্মমল, আণবমল ও মায়ীয়মল। এই দর্শনে মলের অর্থ হল দৈব ও ব্যক্তিগত সীমাবদ্ধতা যার দরুণ ব্যক্তির সত্ত্বের (spirit) প্রকাশ (প্রকট) হতে পারে না। এই প্রকটতার অর্থ হল ব্যক্তির কাছে প্রকৃত সত্ত্বার উজ্জীবন।

আণব-মল হল ব্যক্তির প্রাথমিক সীমাবদ্ধতা (primal limiting condition) যে কারণে তার চিত্ত অণুবৎ ক্ষুদ্র হয়ে যায় ব্যাপকত্ব থেকে সঙ্কুচিত হয়ে। এর দরুণ ব্যক্তিতে অপূর্ণতার সৃষ্টি হয়। আণব মলের উদ্ভব দুইভাবে হয়, এক হল নির্মল জ্ঞানের স্বাতন্ত্রতা নষ্ট হওয়া, দ্বিতীয় হল ব্যক্তির শক্তির সেই বোধ নষ্ট হওয়া।

মায়ীয়-মল হল মায়ার দ্বারা ব্যক্তির সীমাবদ্ধতা, অভেদ বোধের নাশ। এই মল দৈবিক (cosmic), এর দরুণ-'ভিন্ন-বেদ্য-প্রথা', অর্থাৎ বিভিন্ন সীমিত অবস্থার বোধ হয়।

কার্মমল হল বাসনার মল যা জ্ঞানেন্দ্রিয় ও কর্মেন্দ্রিয় থেকে সঞ্জাত, অন্তঃকরণ (ব্যক্তির ইচ্ছা) প্রসূত। এই বাসনার প্রকোপেই জীব এক জন্ম থেকে পর জন্মে গমন করে।

এ প্রসঙ্গে উল্লেখনীয় যে বিজ্ঞানাকলে হয় আণবমল, প্রলয়াকলে হয় আণব ও মায়ীয়মল এবং সকলে হয় আণব, মায়ীয় ও কার্মমল।

(61) শূন্যাবস্থায়, শূন্য প্রমাতায় বা কর্তৃত্বে নতুন করে অভিজ্ঞতার সঞ্চয় হয় না প্রলয়ে (প্রলয়কেবলি)।

(62) পুর্যষ্টক— আক্ষরিক অর্থে আটটি নগরের সমাবেশ। এই আটটি নগর হল পঞ্চতন্মাত্র ও মন, বুদ্ধি, অহঙ্কার। পুর্যষ্টককে সূক্ষ্ম শরীর বা লিঙ্গ শরীরও বলে যা জন্ম জন্মান্তরে 'সংস্কার' বহন করে।

(63) পঞ্চকঞ্চুক (অখ্যাতি)— 17-সংখ্যক মন্তব্য দ্রষ্টব্য।

(64) উপাধি (উপ + আ + ধা)— আক্ষরিক অর্থে সন্নিকটে স্থিত, ব্যক্তির সীমিত পরিচয় যা ব্যক্তি নয়।

(65) সুগত- আক্ষরিক অর্থে সুকৃত (fared well), গৌতম বুদ্ধ। বুদ্ধের অনুসারীদের বলা হয় সৌগত।

(66) মাধ্যমিক— এরা মধ্যপন্থার দর্শন শূন্যকে মূল তত্ত্ব মনে করেন।

(67) পাঞ্চরাত্র তথা ভাগবৎ হল বৈষ্ণব দর্শনের মূল। পাঞ্চরাত্রের অর্থোদ্ধার জটিল (obscure); সংক্ষেপে ভগবানের (পরমেশ্বরের) আরাধনায় বিভিন্ন কর্তব্যকর্ম যা পঞ্চরাত্রি ব্যাপীও হতে পারে। পঞ্চরাত্র-র অনুসারীদের পাঞ্চরাত্র বলা হয়। এ সম্বন্ধে স্যর আর. জি. ভাণ্ডারকরের গ্রন্থ 'বৈষ্ণব মত, শৈব মত ও গৌণ ধর্মমত' দ্রষ্টব্য।

(68) প্রকৃতি-র অর্থ এখানে সাঙ্খ্যদর্শনের সৃষ্টির সহভাগী (মূল) প্রকৃতি নয়। এই প্রকৃতি বৈষ্ণব শাস্ত্রের 'পরা প্রকৃতিঃ' যা সৃষ্টির আদি, বা কারণ। পাঞ্চরাত্র মতে বাসুদেব সৃষ্টির জাগতিক উন্মেষ ও পালনের কারণ, সুতরাং প্রকৃতি স্বরূপ।

(69) প্রোঃ লিডেকারের মতে 'পরিণাম' অর্থে পরিবর্তন (transformation) নয়। কিন্তু পাঞ্চরাত্র মতে জীব ও নির্জীবের পরিণাম বাসুদেব থেকেই। শঙ্করাচার্য তাঁর ভাষ্যে পাঞ্চরাত্রের সমালোচনা না করে 'ব্রহ্মসূত্রে'র প্রসঙ্গে 'উপপত্ত্যসমভবাধিকরণে' বলেছেন সুনির্দিষ্ট ভাবে— 'তেষাম বাসুদেবঃ পরা প্রকৃতির- ইতরে সংকর্ষণাদয়ঃ কার্য্যম্।' অর্থাৎ, বাসুদেব পরাপ্রকৃতি, জগৎ কার্যে তাঁর বিভিন্ন রূপ সংকর্ষণাদি (বলদেব ইত্যাদি) ব্যাপৃত।

(70) ক্ষেমরাজ এই পর্যায়ে সম্ভবত দ্বিধাগ্রস্থ (confusion) ছিলেন। পাঞ্চরাত্র অব্যক্ত কে স্বীকার করে না; আবার বাসুদেব অব্যক্তেরও উর্দ্ধে। শঙ্করাচার্য বাসুদেবের সঠিক স্থান নির্ণয় করেছেন পূর্বোক্ত ভাষ্যে (মন্তব্য-69)। —'তত্র যৎ তাবদুচ্যতে যোহসৌ নারায়ণঃ পরোহব্যক্তাৎ প্রসিদ্ধঃ পরমাত্মা সর্বাত্মা স আত্মনাত্মানমনেকধা ব্যুহাবস্থিত ইতি, তন্ন নিরাক্রিয়তে।'

অর্থাৎ, যেখানে তিনি অব্যক্ত অবস্থায় স্থিত সেখানে তিনি 'নারায়ণ' নামে প্রসিদ্ধ। সর্বআত্মার পরমাত্মা, আত্মা হোক বা অনাত্মা এই চরাচরের ব্যূহের মধ্যস্থলে যিনি অবস্থিত মূল তিনি নিকর্মা, নিজে থেকে কোনও কর্মের উদ্যোগ করেন না।

(71) 'সাঙ্খ্য' অর্থাৎ সাঙ্খ্যদর্শনের অনুসারী।

(72) 36-সংখ্যক মন্তব্য দ্রষ্টব্য।

(73) বৈয়াকরণেরা ব্যাকরণের দর্শনে বিশ্বাসী এবং ব্যাকরণকেই মুক্তির পন্থা মনে করেন যার নাম 'পাণিনি-দর্শনম্' বলে 'সর্ব-দর্শন-সংগ্রহে' মাধবাচার্য উল্লেখ করেছেন। ভর্তৃহরির 'বাক্যপদীয়' গ্রন্থ এই দর্শনের এক দিকদর্শক যেখানে 'পশ্যন্তি'তে শব্দব্রহ্ম সৃষ্টির মূল স্পন্দন (vibrational reality) বলা হয়েছে।

(74-75) শব্দব্রহ্মের শব্দ হল চেতন যেখান থেকে অক্ষর ও নাম-রূপ বাচক শব্দের উৎপত্তি। ব্রহ্ম এক অনাদি পদ (word) যার থেকেই সব কিছুর আবির্ভাব।

'ত্রিকা' মতে সব বস্তু ও ধারণা শিবের; একে বলে পরাবাক্ অবস্থা যার থেকে প্রকাশ হয় (Manifest)। এর পরের স্তর আভাসযুক্ত কিন্তু জীবের কাছে অব্যক্ত। শব্দের সঙ্গে সৃষ্টির সম্পর্কে, ক্ষেমরাজের মতে বৈয়াকরণেরা সৃষ্টির পূর্বাবস্থায় পরমশিব পরবর্ত্তী, অর্থাৎ পরাবাকের পরে শব্দের শুরু 'পশ্যন্তি' দিয়ে ধারণা করতে সক্ষম যা সদাশিবের ক্ষেত্র। পশ্যন্তির পরে মধ্যমা যেখান থেকে উন্মেষ শুরু হয়, অভেদ থেকে ভেদে গমন। মধ্যমা হল পশ্যন্তি ও ভেদের সংযোগ স্থল। মধ্যমার পরে বৈখরী, যেখানে বস্তুর ভেদ, ভাবনা ও অনুভবের মাধ্যমে সম্পন্ন হয়। বৈখরীতে বস্তু ও ভাবনা, ভাষা লাভ করে।

(76) 'আগম'-এর অর্থ হল ঐতিহ্য যা কালে কালান্তরে বহমান। আগম অর্থে শৈব আগম বুঝতে হবে।

(77) আর্হত— জৈনদের কাছে আর্হত (যিনি অর্হত) হল নমস্য, শ্রদ্ধেয়।

(78) পাঞ্চরাত্রিক— মন্তব্য-67 দ্রষ্টব্য।

(79) তান্ত্রিক— তন্ত্রের সাধকদের তান্ত্রিক বলে। তন্ত্রকে দুইভাবে ব্যাখ্যা করা যায়। i) তন-এর অর্থ বিস্তার; যার দ্বারা বাস্তব বিস্তারিত হয় তাই তন্ত্র। ii) তন্ত্রের অপর অর্থ হল নিয়ন্ত্রণ বা ভার গ্রহণ (harness)। সুতরাং যা নিজেকে নিয়ন্ত্রণ করে লক্ষ্য প্রাপ্তিতে সেটাই তন্ত্র।

(80) কুল-এর অর্থ শক্তি। এখানে কুল শাক্তদের উদ্দেশ্যে বলা হয়েছে যারা শক্তিকেই প্রকাশের প্রধান লক্ষণ বলে মনে করে (dlvlne manifest)।

(81) ত্রিকা— প্রত্যভিজ্ঞা দর্শনই ত্রিকা যার তিন স্তর শিব, শক্তি ও নর, যাকে ত্রিপুর বা মহার্থ বলা হয়।

(82) পরশক্তিপাত— পরমেশ্বরের কৃপা। এই কৃপা দু-ভাবে সম্ভব হয়, পরা (সর্বোচ্চ) এবং অপরা (নিম্ন)। পরশক্তিপাতে বদ্ধ অহঙ্কার (সত্তার) থেকে জীব মুক্ত হয়। 'অপর'শক্তিপাতে জীব নিজেকে পরমেশ্বরের কৃপাপ্রাপ্ত বলে মনে করে কিন্তু তখনও নিজেকে বিশ্বময় বলে মনে করতে পারে না। এই শক্তিপাত গুরু বা ভগবৎ কৃপায় সম্ভব হয়।

(83) বিদ্যা— পঞ্চকঞ্চুকের দ্বিতীয় কঞ্চুক হল বিদ্যা (কঞ্চুকে অশুদ্ধ)। এর দ্বারা ব্যক্তি সীমাবদ্ধতার কারণে বাস্তব জগতকেই শুধু সত্য বলে মনে করে।

(84) তুরীয়— সংস্কৃতে 'চতুর' অর্থ চার; ইয়ৎ প্রত্যয় যুক্ত করে ইয়ৎ-এর 'ৎ' এবং 'চ' উপসর্গ বাদ দিলে হয় 'তুরীয়' যার অর্থ হয় চতুর্থ। 'চ' এবং 'ৎ' উভয়ই বাহ্য। চতুর্মুখ ব্রহ্মার আর এক নাম 'তুরীয়'। মানুষের সত্তায় চেতনার তিনটি স্তরের উপলব্ধি হয়, জাগ্রত, স্বপ্ন ও সুষুপ্তি। চতুর্থ স্তর হল তুরীয় যার অন্য তিন স্তরের তুলনায় আর কোনো ক্রম নেই, তাই মনে করা হয় এটাই অন্য তিন স্তরের সাক্ষী বা প্রহরীর মতো। মানুষের যে অহং প্রবৃত্তি দেহ, প্রাণ ও মনের দ্বারা গঠিত সেখানে 'তুরীয়'র কোনও স্থান নেই যদিও তুরীয় অবস্থা সর্বদা বিদ্যমান ব্যক্তিতে। ব্যক্তির চেতনায় এটাই সার যা সূক্ষ্মরূপে জাগ্রত, স্বপ্ন ও সুষুপ্তিকে আশ্রয় দেয়। স্থূলরূপে ব্যক্তির উন্মীলন-নিমীলন তথা সৃষ্টি-স্থিতি-সংহার সম্ভব করে— 'সৃষ্টি-স্থিতি-সংহার-মেলন-রূপা ইয়ম তুরীয়া'। 'তুরীয়' হল সঙ্ঘবদ্ধ চেতনা (integral awareness) যাতে সৃষ্টি-স্থিতি-সংহার ব্যক্তিতে ফুলের মালার মতো গাঁথা। 'তুরীয়' অবস্থায় ব্যক্তিতে জগৎ অন্তর্হিত হয়।

'তুরীয়' অবস্থা পূর্ণাবস্থা। তুরীয় অবস্থায় ব্যক্তি সংবদ্ধ হয় এবং শক্তি কৃশতা প্রাপ্ত হয় বা বাহ্যশক্তি (প্রকাশ) ক্ষীণ হয়। সুতরাং তুরীয় অবস্থায় ব্যক্তি 'উভয়-রূপা' এবং অনেকাংশে শক্তির সঙ্কোচনে পূর্ণরূপা। সুতরাং ব্যক্তিতে 'তুরীয়' উভয়-রূপা কিন্তু সর্বোচ্চ স্তরে এই 'উভয়-রূপ' অন্তর্হিত হয় ব্যক্তির আত্মা শুধু একলা বিদ্যমান থাকে, উর্দ্ধে- 'অনুভয়াত্মা'।

(85) 'অণু' ও 'মল'— মন্তব্য-60 দ্রষ্টব্য।

(86) 'কলা'— সীমিত কর্তৃত্ব ও ফল লাভ। মন্তব্য-17 দ্রষ্টব্য।

(87) 'মায়ীয় মল'— মন্তব্য-60 দ্রষ্টব্য।

(88) 'কার্ম-মল'— মন্তব্য-60 দ্রষ্টব্য।

(89) ভাষ্যের (সূত্র-9) শেষে উক্ত 'কলা-বিদ্যা-রাগ-কাল-নিয়তিরূপতয়া ভান্তি।'— মন্তব্য-17 দ্রষ্টব্য। শক্তিসঙ্কোচকে (কঞ্চুক) নিম্নোক্ত সারণীতে ব্যাখ্যা করা হয়েছে—

শিবের শক্তি	মনুষ্য-শক্তি
i) সর্বকর্তৃত্ব— Omnipotence	কলা— Limited authority
ii) সর্বজ্ঞতা— Omnicsience	বিদ্যা—Limited knowledge
iii) পূর্ণত্ব-নিত্যতৃপ্ত— Perfect & full	রাগ— Limited desirability
iv) নিত্যত্ব— Eternity	কাল— সাময়িক (temporal)
v) স্বাতন্ত্র্য বা ব্যাপকত্ব— Pervasive freedom	নিয়তি— সীমিত স্থান-কালে বদ্ধ (destined)

(90) 'ঈশ্বরাদ্বয়-দর্শন'— শৈবমতে পরমেশ্বর ছাড়া আর কোনও অদ্বৈত তত্ত্ব নেই। এই তত্ত্বে ঈশ্বরই শিব, তিনি জগৎ অর্থাৎ ক্ষেত্র এবং ক্ষেত্রজ্ঞ উভয়ই; জ্ঞাতা (প্রমাতা), জ্ঞান (প্রমাণ), ও জ্ঞেয় (প্রমেয়)।

(91) 'ব্রহ্মবাদিন্'— বেদান্তি যারা ব্রহ্ম ব্যতীত (ব্রহ্মকে পৃথক করলে) এই জগৎ মায়ার আশ্রয়ে বিস্তারিত বলে মনে করেন। জগৎ ক্ষণস্থায়ী, ব্রহ্মই স্থায়ী।

(92) পঞ্চবিধ-কৃত্য— মন্তব্য-4 দ্রষ্টব্য। দশম সূত্রে বলা হয়েছে ব্যক্তিতেও এই শক্তি সঙ্কুচিত রূপে নিহিত।

(93) শুদ্ধেতর-অধ্বা— অশুদ্ধ-অধ্বা অর্থাৎ যা শুদ্ধ পথ নয়, পার্থিব বহিরঙ্গ পথ। সদাশিব-ঈশ্বর-শুদ্ধবিদ্যা হল শুদ্ধ-অধ্বা। মায়া এবং তার ক্ষেত্র হল অশুদ্ধ পথ যেখানে ভেদ তত্ত্ব বর্তমান।

(94) বিলয়— পঞ্চকৃত্যে ব্যক্তির সত্ত্বার আবরিত স্থিতি।

(95) প্রমিতি— পূর্ণজ্ঞান। এতে প্রমেয়র (known object) ভেদ নেই। প্রমাতৃ বা জ্ঞাতা সর্বব্যাপ্ত।

(96) তন্ত্র উপায় (esoteric mode)-এ হল যোগীর পঞ্চকৃত্যের পথ। এই পথে আভাস-সৃষ্টি, রক্তি-স্থিতি, বিমর্শন-সংহার(বিমর্শ নয়), বীজাবস্থাপন-বিলয় ও বিলাপন-অনুগ্রহ এই পঞ্চকৃত্যের যোগ্য হয়।

(97) 'মহার্থ'— যোগীর সর্বোচ্চ প্রাপ্তি দৈহিক স্থিতিতে।

(98) বিমর্শন বা চমৎকার- আহা, কি প্রীতিপদ! এই ভাব। চমৎকার হলে যোগীর চিত্তের উন্মাদনার ভাব (intuitive flash) হয়।

(99) বিষয়ের সঠিক জ্ঞান হলে বিষয় থাকে না শুধু জ্ঞান থাকে।

(100) হঠপাক— যোগীর গতি (সংহৃতি) দুইভাবে হতে পারে— i) শান্তি প্রশম— অর্থাৎ ক্ষীণ হয়ে সাক্ষীতে মিশে যাওয়া, সাধনায় ধীরে ধীরে সেটা সম্ভব হতে পারে। অথবা, ii) যোগীর একাগ্রতায় (doggedness) ও হঠপাকে (persistent process) সেই প্রাপ্তি হতে পারে।

(101) 'অলংগ্রাস'— অলম + গ্রাস; গ্রাসের অর্থ গিলে ফেলা, অলমের অর্থ— 'পরিপূর্ণরূপতয়া, নিঃসংস্কারতয়া'। চিত্তে যখন সংস্কারের লেশ থাকে না তখন হয় গ্রাস অর্থাৎ 'স্বাত্মসাৎকরণম', নিজেতে নিজের আত্মীকরণ।

(102) মন্ত্র— মন্ত্রে দুটি পদ আছে-'মন' ও 'ত্র'। 'মন' অর্থ মননাৎ (মনন-pondering) 'ত্র' অর্থ ত্রায়তে, ত্রাণ করে (saves)। মন্ত্র অর্থাৎ মননের দ্বারা যা রক্ষা করে। সঠিক উচ্চারণে ও চিন্তনে মন্ত্র ফল দায়ক।

(103) পরাবাক্- চিতিতে (চেতনার শক্তি) অন্তর্নিহিত নাদ (inner sound) থাকে যা মায়ার দ্বারা প্রভাবিত নয় এবং তা অশ্রুত ও সতত স্পন্দিত। এতেই আছে স্বাতন্ত্র্য শক্তি যা পরমেশ্বরের স্বাতন্ত্র্য ভগবৎ মহিমা— 'পূর্ণত্বাৎ পরা, বক্তি বিশ্বমভিলপতি প্রত্যবমর্শেন ইতি চ বাক্।'

(ঈশ্বরপ্রত্যভিজ্ঞা পৃঃ 253)

এই অশ্রুত স্পন্দন সর্বোচ্চ এবং পূর্ণ তাই পরা, বাক্ অর্থে এর থেকে অর্থাৎ সেই অশ্রুত নাদ থেকে জগৎ-এর চিন্তন হয়।

(104) 'অ' থেকে 'ক্ষ' সমুদায় দেবনাগরী বর্ণমালা বর্ণিত। শৈব দর্শন মতে প্রতিটি বর্ণ এক একরূপ শক্তি।

(105) মন্তব্য-74,75 দ্রষ্টব্য।

(106) শক্তির বিক্ষেপে হয় বিকল্পের ক্রিয়া যার দরুণ হয় বিচিত্র (various) ভেদের আবির্ভাব। আচ্ছাদন অর্থ শক্তির আবরণ যে কারণে অবিকল্প (মূল শক্তি) ঢাকা পরে যায় সৃষ্টিতে।

(107) অবিকল্প অর্থাৎ যাতে স্থিত অদ্বৈত চৈতন্য, যাতে একে অন্যের ভেদ নেই। এ হল তুরীয়াতীত অবস্থা। নিজের (সাধকের) সত্তাও তখন বিলুপ্ত।

(108) ব্রাহ্মী-র আক্ষরিক অর্থ 'ব্রহ্মে'র (pertaining to Brahma)। ব্রাহ্মী ছাড়া অন্যান্য শক্তিরা হলেন- মহেশ্বরী, কৌমারী, বৈষ্ণবী, বারাহী, ইন্দ্রানী, চামুণ্ডা, ও মহালক্ষ্মী এদের সংশ্লিষ্ট আটটি অক্ষর বর্গ আছে।

ব্রাহ্মী— ক বর্গ, মহেশ্বরী— চ বর্গ, কৌমারী— ট বর্গ , বৈষ্ণবী— ত বর্গ, বারাহী— প বর্গ, ইন্দ্রানী— য বর্গ, চামুণ্ডা— শ বর্গ, ও মহালক্ষ্মী— অ বর্গ।

(109) এখানে অর্থ হল যতক্ষণ জীবের আত্মা পশু-পাশে (বন্ধনে) আবদ্ধ থাকে ততক্ষণ সে শক্তিচক্রে (সৃষ্টি-সংহারের চক্র) ভ্রমণ করে। বন্ধন দূর হলে সে এসবের 'পতি' হয়ে পূর্ব-পূর্ব অবস্থায় গমন করে, 'অনাদি সিদ্ধ' শিবাবস্থা (eternally present) প্রাপ্ত হয়। শিবভাবের অনতি পূর্বাবস্থা হল যোগীদশা; এই পূর্বাবস্থা হল যোগীর 'পতিদশা'। পতিদশায় সাধকে শক্তির ভেদভাব অন্তর্হিত হয়। তখন আর যোগীর কাছে খেচরীচক্র, গোচরীচক্র, দিকচরীচক্র, বা ভূচরীচক্র বলে শক্তি সম্বন্ধীয় পৃথক পৃথক অনুভব থাকে না। সবই তখন চিদ্গগনচারী অর্থাৎ সাধকের অন্তর্লীন।

(110) ভৈরবমুদ্রা—

অন্তর্লক্ষ্যো বহির্দৃষ্টির্নিমেষোন্মেষ বর্জিতঃ।
ইয়ং সা ভৈরবীমুদ্রা সর্বতন্ত্রেষু গোপিতা।।

অর্থাৎ, নজর থাকবে অন্তরে, দৃষ্টি থাকবে বহির্মুখী পলকহীন। এই মুদ্রা সব তন্ত্রেই অন্তঃসলিলা (secret)।

(111) শুদ্ধ (নির্মল)— এই অবস্থায় সাধক— 'সর্বো মমায়ম বিভবঃ', অর্থাৎ উন্মেষের গৌরবে সাধক (self) গৌরবান্বিত শিবভাবে।

(112) মহেশতা— মহেশ অর্থ শিব, মহেশতা অর্থ শিবের শক্তি বা ক্ষমতা (power)। ব্যক্তির ক্ষেত্রে মহেশের ভাব অর্থাৎ সেই বলে বলীয়ান।

(113) বিকল্পসমূহ— মন্তব্য-48 দ্রষ্টব্য।

(114) বামেশ্বরী— বাম শব্দের উদ্ভব 'বম' বা বমন (to spit out) থেকে। শক্তি সর্বোচ্চের প্রকাশ (eject) তাই তিনি বামেশ্বরী। 'বামে'র আর এক অর্থ বিপরীত। জগৎ-

সংসার শিবের এককত্বের দ্বৈতরূপ এবং জগৎ নিজেকেই দেহে, প্রাণে, বস্তুতে পৃথক মনে করে (contrary) তাই তার অধিশ্বরী বামেশ্বরী।

(115) খেচরী, গোচরী, দিক্চরী, ও ভূচরী এরা বামেশ্বরীর অধস্তন (sub-species) শক্তি। খেচরী বামেশ্বরীর সাক্ষীশক্তি সম্পন্ন (সীমিত সাক্ষী জগতের); গোচরী বামেশ্বরীর অন্তঃকরণ, দিক্চরী বহিষ্করণ বা বাহ্যজ্ঞান (senses)। ভূচরী হল বামেশ্বরীর ভাব বাহ্যজগৎ সম্বন্ধীয়। খেচরীচক্রে ব্যক্তির চিত্ত সীমিত সাক্ষী হয় জগতের। গোচরীতে তার অন্তঃকরণের বোধ হয়, দিকচরীতে হয় বহির্জগতের বোধ (senses); ভূচরীতে হয় মানসিক সম্পর্ক স্থাপন (ভাব)। সুতরাং বস্তু বা অন্যান্য জীবের অভিজ্ঞতা ব্যক্তিতে হয় ভূচরী শক্তির কারণে। ব্যক্তির সাক্ষীরূপ পরিপার্শ্বের বোধ এবং তার সঙ্গে মানসিক সম্পর্ক সম্ভব হয় বিভিন্ন শক্তিচক্রের সহযোগে।

(116) অন্তঃকরণের তিন বিষয় (aspect)— অহঙ্কার, বুদ্ধি ও মন। বুদ্ধি নির্ণয়াত্মক, অহঙ্কার দেহের নিজত্ব (self) ভাব এবং মন হল নির্ধারক।

(117) ঐশ্বর্যশক্তি হল পরমেশ্বরের সর্বশক্তিমত্তা (sovereign power)। এতে আছে স্বাতন্ত্র্য শক্তি (absolute free will)।

(118-119) স্ফুরত্ব প্রকাশের আর এক নাম বলা যেতে পারে। তেমনি বিমর্শ (বিমর্শন-চিৎ চেতনায় রত) কর্তৃত্বের অপর নাম। মন্তব্য-20 দ্রষ্টব্য।

(120) প্রাণ, অপান, সমান তিনশক্তি। প্রাণ পাঁচ প্রকার-প্রাণ, অপান, সমান, উদান ও ব্যান। এসবই প্রাণশক্তি (vital air) বায়ুর। প্রাণ-বায়ুর দ্বারা জীবের পোষণ হয়। ভারতীয় দর্শনে জীব জড় থেকে কিয়দংশে পৃথক। প্রাণ অত্যন্ত স্পর্শকাতর (palpable) যার দ্বারা জীব বেঁচে থাকে, অপানও প্রাণ-বায়ু কিন্তু অধোমুখী। প্রাণ-বায়ু দেহের প্রাথমিক শ্বাস। সমান-বায়ু নাভিতে আশ্রিত এবং দেহের সর্বত্রগামী, শৃঙ্খলা রক্ষক। উদান উর্দ্ধমুখী বিশেষ শক্তি, শারীরক বেঁচে থাকার জীবন শক্তি। বিভিন্ন নামে বিভিন্নপ্রকার ক্রিয়াশীলতা। প্রাণ, অপান ও সমান জীবের আত্মাকে দেহে আবদ্ধ করে রাখে। ব্যান সর্বশরীর ব্যাপী বায়ু। উদান জীবন ধারণের শক্তি। উদান ও ব্যান অপর তিন শক্তির উপর কর্তৃত্ব করতে পারলে, পতিত্ব অর্জন করতে পারলে জীবের মুক্তি সম্ভব হয়।

(121) কলা হল বিভিন্ন পর্যায় যা জীবকে জগতে আবদ্ধ করে।

(122) পুর্যষ্টক— ব্যক্তিতে/জীবে পাঁচ তন্মাত্র এবং মন, বুদ্ধি ও অহঙ্কার যা মৃত্যুতে স্থানান্তরিত হয়।

(123) উদান শক্তি জীবের ধারক। যখন প্রাণ ও অপানে সামঞ্জস্য হয় উদান শক্তি প্রকটতা প্রাপ্ত হয়। এই উর্দ্ধমুখী শক্তি যখন মধ্য-ধামে অর্থাৎ সুষুন্না নাড়ীতে সচল (active) হয়, উর্দ্ধমুখে চলে তখন ব্যক্তি তুরীয় ভাবাপন্ন হয়।

(124) সুষুন্না নাড়ীর সমান্তরাল দুইপাশে আরও দুটো নাড়ী আছে; ব্যক্তির সুষুন্নার বাঁয়ে ইড়া ডানদিকে পিঙ্গলা। এসবই মেরুদণ্ডে কাল্পনিক নাড়ী, এদের বলা হয় প্রাণিক নাড়ী, গ্রাহ্য (physical) নয়। প্রাণ ইড়ার মাধ্যমে সঞ্চালিত হয় আর অপান পিঙ্গলার মাধ্যমে। সাধারণত প্রাণ ও অপান শক্তি স্বচ্ছন্দ (alone active)। যোগ সাধনায় যখন তাদের মধ্যে সমতা স্থাপন হয় তখন সুষুন্না নাড়ীর দ্বার খুলে যায় এবং উদান বায়ু (শক্তি) উর্দ্ধমুখে চলতে থাকে, ব্যক্তির শীঘ্রই তুরীয় অবস্থা প্রাপ্তি হয়।

(125) তুরীয়— আক্ষরিক অর্থে চতুর্থ স্তর, জাগ্রত, স্বপ্ন, ও সুষুপ্তির পর। যখন উদান শক্তি প্রকট (সচল-active) হয় সুষুন্নায় তখন ব্যক্তি চিত্তের অদ্বৈত ভাবের আনন্দে (bliss of consciousness), তুরীয় অবস্থা প্রাপ্ত হয়।

জাগরণে ব্যক্তি দেহ, প্রাণ ও মন সচকিত থাকে। স্বপ্নে প্রাণ ও মন শুধু সচকিত থাকে। গভীর নিদ্রায় মনও অকর্মণ্য হয়, তখন সত্তা শূন্যে স্থিত হয় (void)। চতুর্থ স্তরে ব্যক্তির সত্ত্বা প্রকট হলে অর্থাৎ আত্মা সীমিত অবস্থা থেকে মুক্ত হলে ব্যক্তি হয় শুদ্ধ চৈতন্য বা চিদানন্দ প্রাপ্ত। এই স্তরগুলো একে অন্যের সঙ্গে সম্পর্কিত কিন্তু তুরীয় অবস্থা প্রাপ্তি হলে ব্যক্তি পূর্ব-পূর্ব অবস্থার দ্বারা প্রভাবিত হয় না। কারণ তুরীয় অবস্থায় পূর্বাপর উদ্দেশ্য-বিধয়ের (subject-object) দ্বৈততা নষ্ট হয়ে যায়। যোগরাজ 'পরমার্থসারে'র একটি শ্লোকের (শ্লোক-35) ভাষ্যে (পৃঃ 80) বলেছেন—

'তুরীয়ম গ্রাহ্য-গ্রাহক-ক্ষোভ-প্রলয়সংস্কার-পরিক্ষয়াৎ জ্ঞানঘন-প্রকাশানন্দমূর্তি; অতঃ তদন্তঃস্থমপি তাভ্যো'বস্থাভ্যঃ চিন্ময়তয়া সমুত্তীর্ণত্বাৎ 'পরং' অন্যৎ-ইতি।'

অর্থাৎ তুরীয় অবস্থায় বাস্তবের উদ্দেশ্য-বিধেয় এবং তজ্জনিত বিবাদ ও বাস্তবের সম্পন্নতা (সংস্কার) সবই ক্ষয়প্রাপ্ত হয় এবং চিন্ময় ভাবের অবতরণে ব্যক্তিতে জ্ঞানের

প্রকাশের আনন্দমূর্তি চিদানন্দ অনুভূত হয়; যা পরমপদ প্রাপ্তিযোগ্য। (অনুবাদকের ভাষান্তর)

(126) ব্যান-শক্তি— এই শক্তি বিশ্বব্যাপী বিস্তৃত, ব্যক্তিতে সঙ্কুচিত। কুণ্ডলিনীর জাগরণে শরীরে ব্যাপ্ত প্রাণ বায়ুর ব্যান-শক্তিতে বিকাশ হয়। তখন ব্যক্তি তুরীয়াতীত অবস্থায় উপনীত হয়।

(127) তুরীয়াতীত অবস্থায় ব্যক্তি চতুর্থ তুরীয় স্তরকেও অতিক্রম করে যায়। তুরীয় বা চতুর্থ অবস্থায় ব্যক্তি পূর্ববর্ত্তী তিন অবস্থার সঙ্গে (জাগ্রত, স্বপ্ন ও সুষুপ্তি) সম্পর্কিত কিন্তু প্রভাবিত নয়। তুরীয়াতীত অবস্থায় প্রথম তিন অবস্থারই অবসান হয়। তখন ব্যক্তি নিজেকে বিশ্বময় মনে করে অথবা 'শিবোহম' বোধ হয়। তুরীয় অবস্থায় মন ক্ষীণ হয় (attenuated) কিন্তু তুরীয়াতীত অবস্থায় মনের শক্তিতে লয় হয়। তুরীয় অবস্থার পূর্ণত্বে তুরীয়াতীত অবস্থার প্রাপ্তি হয়। তখন ব্যক্তিতে সবকিছুই শিবত্বে অবস্থান করে বা শিবময় হয়।

(128) পতি— ব্যক্তির সত্তার শিব বা পতি রূপ।

(129) নবম সূত্রে 'সংসারিত্ব'কে বলা হয়েছে পশুদশা। দ্বাদশ সূত্রে এই পশুদশার সীমিত অবস্থা (bounded state) থেকে ব্যক্তির মুক্তির (পতিদশা- liberated state) ব্যাখ্যা করা হয়েছে।

(130) এখানে কোন 'প্রত্যভিজ্ঞা'-টীকার কথা বলা হয়েছে তা পরিষ্কার নয়। সম্ভবত অধুনা অপ্রাপ্য উৎপলাচার্য লিখিত 'প্রত্যভিজ্ঞাকারিকা'র টীকা 'বিবৃতি'র উল্লেখ করা হয়েছে। উৎপলাচার্য 900-950 খৃষ্টাব্দে বর্তমান ছিলেন।

(131) চিত্ত— ব্যক্তির সীমিত চেতনা, মানসিক অবস্থা।

(132) চিতি— বিশ্বময় চেতনা যাকে 'চিৎ'ও বলা হয়।

(133) এখানে চিত্ত তথা ব্যক্তির চেতনার কথা বলা হয়েছে।

(134) উৎপলাচার্য 'স্তোত্রাবলী'তে শিবের খ্যাতি করেছেন এই শ্লোকে।

(135) ঐতিহ্যগতভাবে 'ত্রয়ী' (Trinity) হল ব্রহ্মা, বিষ্ণু ও মহেশ্বর। এই 'ত্রয়ী'তে ইন্দ্রের স্থানে শিবকে উল্লেখ করা হয়েছে, যিনি সর্বোত্তম (absolute)।

(136) বসুগুপ্ত লিখিত 'স্পন্দকারিকা'র দ্বিতীয় ভাগের দশম পূর্ণাঙ্গ শ্লোক নিম্নরূপ—

'তদাক্রম্য বলং মন্ত্রাঃ সর্বজ্ঞবলশালিনঃ।
প্রবর্তন্তেহধিকারায় করণানীব দেহিনাম্।।'

অর্থাৎ, চিৎ-এর ক্ষমতা ও দক্ষতা যা সর্বজ্ঞ শৈবরূপের (শিবের), সেই যোগ্যতা মন্ত্রের মাধ্যমে ব্যক্তিতে সঞ্চারিত হয় অভীষ্ট সাধনে; যেমন ব্যক্তি ইন্দ্রিয়ের সহায়তায় কর্ম করে, ইন্দ্রিয় নয়। ব্যক্তি শূন্য দৃষ্টিতেও চেয়ে থাকতে পারে, চোখের দৃষ্টিশক্তি সেখানে কর্মহীন এই বক্তব্য।

(137) সমাবেশ বা ব্যক্তির সমাবিষ্ট অবস্থা হল তার সমাধি, এ হল ব্যক্তিতে একত্বের অভিজ্ঞতা, যার দরুণ তার দেহের নিজত্বভাব লুপ্ত হয় শিব ভাবের উদয় হয়।

(138) ব্যুত্থানের অর্থ উত্তিষ্ঠিত হওয়া (rising up), সাধারণ জীবন যাত্রায়।

(139) দেহ-প্রাণ-নীল-সুখাদিষু। ব্যক্তির দেহ প্রাণের তুলনায় তার বহিরঙ্গ, আর প্রাণ হল অন্তরঙ্গ (inner), উভয়ই ব্যক্তির (subject) সঙ্গে অঙ্গাঙ্গী যুক্ত। নীল সুখের নীল হল বর্ণময় জগৎ (object) যা বাইরের অভিজ্ঞতা আর সুখ হল অন্তরের অভিজ্ঞতা।

(140) প্রাণশক্তি হল ব্যক্তির জীবিত থাকার প্রাথমিক শক্তি (primal energy)। চিত্তকে প্রাণে বোধ করা হল বাস্তব ধর্মীতা (materialisation of life)। প্রাণশক্তিকে মহাপ্রাণও বলা হয়।

(141) মধ্য বা মধ্য-নাড়ী শিবতত্ত্বে (শাম্ভো) অস্তিত্বের সার, বিশ্বময় চৈতন্য যার কণা ব্যক্তিতে সুষুম্নায় বাস করে। এই মধ্যই আবার শক্তিরূপে জ্ঞানের ক্রিয়া (spiritual urge)। সুষুম্না নাড়ীর দুই পাশে আরও দুই বহমান নাড়ী ইড়া ও পিঙ্গলা। নাড়ীর ধাতুমূল নড় বা ভ্রংশ বা পতন, স্খলন। সুষুম্নাকে মধ্য-নাড়ী বলা হয় কারণ শরীরের মধ্যভাগে (central) এই নাড়ীর উলম্ব স্থিতি ধারণা করা হয়। 'শব্দকল্পদ্রুম'তে সুষুম্নার ব্যাখ্যা করা- 'সু ষু ইত্যোক্তশব্দম স্নায়তি',অর্থাৎ যেই নাড়ীতে অস্ফুট 'সু ষু' ধ্বনি রণিত।

সুষুম্না মেরুদণ্ডে স্থিত, মূলাধার থেকে সহস্রার, শিরোপরি বা শিরের উপর পর্যন্ত ব্যাপ্ত। সুষুম্নার বহিরঙ্গে জ্বলন্ত অঙ্গারের (fiery red) তামসিক বর্ণ, অন্দরে রাজসিক বজ্রবর্ণ (বজ্রিণী নাড়ী); তারও অন্দরে বিবর্ণ (pale) সাত্ত্বিক চিত্রা বা চিত্রিণী নাড়ী যার আর এক নাম ব্রহ্মদ্বার। এই ব্রহ্মদ্বার দিয়েই কুণ্ডলিনীর উর্দ্ধমুখে গমন হয় (mounts up)।

ইড়া, পিঙ্গলা ও সুষুম্না ভ্রূমধ্যে (আজ্ঞাচক্রে) মিলিত হয়। এই মিলনকে ত্রিবেণী সঙ্গম বলে। সুষুম্নার সমান্তরাল ইড়া ও পিঙ্গলা ধনুকের মতো বাঁকা হয়ে ভ্রূমধ্যে সংযোযিত হয় সুষুম্নায়। অনেকে এই নাড়ীসমূহকে স্নায়ু বা কোষের সমষ্টি মনে করেন কিন্তু এগুলোর কোনও বস্তুগত অবস্থান নেই; এসব ব্যক্তির সুক্ষ্ম শরীরের প্রাণময় কোষ, এদের উপস্থিতি শরীরের অন্যান্য স্নায়ু ও কোষের ক্রিয়ায় টের পাওয়া যায়। শরীরে শক্তির স্থিতিই মূলাধার থেকে আজ্ঞা পর্যন্ত ষট্.চক্রে।

(142) ব্রহ্মরন্ধ্র— তন্ত্রমতে প্রাণেরই চক্র প্রাণময় কোষে যা দেহকে সঞ্চালিত করে। যখন সর্বোচ্চ চক্র আন্দোলিত হয় (activated) ব্যক্তির দেহে, তখন তার সূক্ষ্ম ও ঐশ্বরিক (mysteric) অনুভূতি হয়। দেহে চক্রসমূহের অবস্থান নিম্নরূপ।

নিকটতম দৈহিক অঙ্গ	চক্র
i) উপস্থের নিচে মেরুদণ্ডের নিম্নতল	মূলাধার
ii) উপস্থের উর্দ্ধে মেরুদণ্ডে অবস্থিত	স্বাধিষ্ঠান
iii) মেরুদণ্ডের উপর নাভিতে	মণিপুর
iv) মেরুদণ্ডের উপর বক্ষঃস্থলে (কেন্দ্রে)	অনাহত
v) কণ্ঠমূলে	বিশুদ্ধ
vi) ভ্রূমধ্যে	আজ্ঞা
vii) শিরোপরি	সহস্রার, ব্রহ্মরন্ধ্র

(143) অধো-বক্ত্র— আক্ষরিক অর্থে নিম্নাঙ্গ; উপস্থিতি মূলাধারের নিচে পায়ুতে, মেঢ্রকাণ্ডে।

(144) পলাশ— সুষুম্নাকে পলাশ বৃক্ষের পাতার মধ্যশিরার সঙ্গে তুলনা করলে তার সঙ্গে সংযোজিত অসংখ্য শিরা উপশিরা যুক্ত সুষুম্নার ক্ষেত্র।

(145) প্রাণশক্তির সঞ্চালন ক্রিয়া হল মধ্যনাড়ীর উচ্চকিত (exalted) সম্বিত; শাম্ভবোপায় বা শাক্তোপায়ে জীবের উন্নতির পথ।

(146) ব্রহ্মনাড়ী সুষুম্নার আর এক নাম।

(147) ব্রহ্মনাড়ীর উজ্জীবন- পঞ্চকৃত্যের মাধ্যমে শরীরে আণবোপায়ে উন্নয়ন।

(148) প্রাণায়াম— শ্বাসের সঞ্চালনে নিয়ন্ত্রণ।

(149) মুদ্রা— আক্ষরিক অর্থে বিভিন্ন পদ্ধতি বা ভঙ্গীর নামকরণ (seal)। যোগে অঙ্গুলির ও উপবেশনের বিভিন্ন ভঙ্গী; অঙ্গ প্রত্যঙ্গের নিয়ন্ত্রণও বোঝায়, অভিনিবেশও বোঝায় যেমন 'ভৈরবীমুদ্রা'— ঘেরাণ্ড সংহিতার তৃতীয় উপদেশ দ্রষ্টব্য।

(150) বন্ধ— যোগ সাধনায় শরীরের কিছু অঙ্গকে নিরুদ্ধ করা (সঙ্কুচিত)।

(151) মন্তব্য-48 দ্রষ্টব্য।

(152) তুরীয়— মন্তব্য-84 দ্রষ্টব্য। তুরীয় অবস্থায় প্রাণশক্তি উদান বায়ু সক্রিয় হয়ে জগতের নিরাকরণ করে।

(153) তুরীয়াতীত— তুরীয়-র পরে ব্যক্তির সর্বোচ্চ অবস্থা। তুরীয়াতীত অবস্থায় দেহে ব্যানশক্তি সক্রিয় হয়।

—ঈশ্বরপ্রত্যভিজ্ঞা বিমর্শিনী দ্বিতীয় ভাগ, পৃঃ 246-247

(154) কঠবল্লী (কঠোপনিষদ)— কৃষ্ণযজুর্বেদের অংশ। মূল পাঠ ইচ্ছন (আগ্রহ)। এখানে আস্বাদনে আগ্রহী।

(155) ব্যক্তির চৈতন্যের দুই স্থিতি। i) শান্তোদিত, ii) নিত্যোদিত। প্রথমে আত্মোপলবদ্ধি (self-consciousness) আভাসিত, পরে পূর্ণ আত্মোপলবদ্ধি (complete conscious-ness)।

(156) উর্দ্ধ কুণ্ডলিনী— এই অবস্থায় প্রাণ ও অপান সুষুম্নায় স্থিত হয় এবং কুণ্ডলিনী শক্তি মূলাধার থেকে উর্দ্ধগামী হয় সুষুম্নায়। কুণ্ডলিনী তিন বলয় ও চতুর্থ অর্ধাংশে (three and half) মূলাধারে সুপ্ত অবস্থায় থাকে। 'লম্বিকা' হল তালুতে ('আল্.জিহ্বার' মূল) প্রাণশক্তির চারটি উলম্ব নাড়ীর সংযোগ স্থল (cross section)। কুণ্ডলিনী সুষুম্নায় উর্দ্ধগতি সম্পন্ন হয়ে 'লম্বিকা'কে অতিক্রম করে ব্রহ্মরন্ধ্র ভেদ করে। এই ব্রহ্মরন্ধ্র ভেদ করাকে বলে কুণ্ডলিনীর বিকাস বা বিষ। তালুর থেকে কুণ্ডলিনীর উর্দ্ধভাগ হল 'উর্দ্ধ কুণ্ডলিনী'। কুণ্ডলিনীর উর্দ্ধগমনের চার পথ, ইড়া, পিঙ্গলা এই দুই পথ দিয়ে প্রাণ ও অপান বায়ুর চলন সাধারণ মানুষের জন্য উপলব্ধ। প্রাণ ও অপান বায়ুর মাধ্যমে সকল জীব জীবন ধারণ করে। যোগীরা প্রাণ ও অপান বায়ুকে সুষুম্নায় উর্দ্ধমুখে পরিচালিত করতে পারেন। তৃতীয় বা উর্দ্ধমুখী উদান বায়ুর (শক্তি) মাধ্যমে যোগী নিজের মুক্তির জন্য উন্মুখ হয়

মূলাধারে কুণ্ডলিনীকে উজ্জীবিত (rise) করে সুষুম্নার মাধ্যমে ব্রহ্মরন্ধ্র ভেদ করতে। উত্তম যোগীরা মূলাধার থেকে সুষুম্নার পথ গ্রহণ না করে প্রাণবায়ুকে সরাসরি চতুর্থ নাড়ী দিয়ে ব্রহ্মরন্ধ্রে চালনা করে ব্রহ্মরন্ধ্র ভেদ করাতে পারেন।

(157) অধঃ-কুণ্ডলিনী— অধোকুণ্ডলিনীর ব্যাপ্তি 'আল্.জিহ্বার' মূল থেকে মূলাধার অবধি যেখানে কুণ্ডলিনী চক্রাকারে সাড়ে তিন বলয়ে সুপ্ত থাকে। যখন কুণ্ডলিনীর সঙ্কোচন হয়, সেই সঙ্কোচনকে বহ্নি বলে। তখন কুণ্ডলিনীর অধোগমন হয়।

(158) ষষ্ঠ-বক্ত্র— প্রোঃ লিডেকার 'বক্ত্র' অর্থে মুখ বলেছেন, ষষ্ঠ-বক্ত্র (sixth orifice) তাঁর মতে অবোধ্য (unintelligoble)। কিন্তু এখানে 'ষষ্ঠ-মুখে'র (orifice) কোনও প্রয়োগ নেই। পঞ্চ কর্মেন্দ্রিয় (বাক্, পাদ, পাণি, উপস্থ ও পায়ু) এবং ষষ্ঠ অঙ্গ হল মেঢ্রকাণ্ড (rectum), মূলাধারের নিচে পায়ুর কাছে এই ষষ্ঠ-বক্ত্র হল ষষ্ঠ ইন্দ্রিয় (sixth organ)।

(159) বহ্নি-বিষ— বহ্নি হল অধঃ-কুণ্ডলিনী আর বিষ হল বিকসিত উর্দ্ধ-কুণ্ডলিনী। বহ্নি প্রাণবায়ু আর বিষ অপান বায়ুর দ্যোতক। প্রাণবায়ুর সুষুম্নার মাধ্যমে মূলাধারে গতি হল বহ্নি। অধঃ-কুণ্ডলিনীর মধ্যভাগের অর্ধেক এবং কুণ্ডলিনীর নিম্নভাগে প্রাণবায়ুর সুষুম্নার মাধ্যমে গমনে হয় বহ্নি স্থিতি। বহ্নির অর্থ বহন করা, অগ্নিকে বহ্নি বলে কারণ দেবতাকে দেয় আহূতি অগ্নি বহন করে। অধঃ-কুণ্ডলিনীর মধ্যভাগের বাকি অর্ধেক ও উর্দ্ধভাগ উর্দ্ধ-কুণ্ডলিনীর মূল অবধি প্রাণবায়ুর সুষুম্নায় বিস্তার যা উর্দ্ধমুখী তাকে বিষ বলে। বিষ হল প্রকাশ বা বিকাস যা ছড়িয়ে যায় বিষের মতো। অধঃ ও উর্দ্ধ কুণ্ডলিনীর সংযোগ স্থলে বহ্নি ও বিষের মধ্য অবস্থায় তথা প্রাণ অপানের মিলনে ব্যক্তির আত্মসচেতনতা (individual consciousness) অপসারিত হয়।

চিত্ত ও বায়ুর মধ্যে নিকট সম্বন্ধ আছে। শরীরের বায়ু অচল করতে পারলে দেহে শ্বাস-বায়ু নাসিকা, মুখ, উপস্থ ও পায়ুপথে বের হতে পারে না, রুদ্ধ হয়। এই অবস্থায় চিত্ত নিরোধ হয়। চিত্ত নিরোধে আত্মসচেতনতা ক্ষীণ হয়, আত্মার উন্নতি সাধন হয়।

(160) স্মরানন্দ (bliss of sexual union)— চিত্তকে অধঃ ও উর্দ্ধ কুণ্ডলিনীর মধ্যে আবদ্ধ করতে পারলে সঙ্গমের সুখ অনুভূত হয়। এ হল অধোমুখী (inverted) কাম। ব্যক্তিতে ব্যক্তিতে (স্ত্রী-পুরুষে) যৌন সংসর্গ বহির্মুখী কাম; অধঃ ও উর্দ্ধ কুণ্ডলিনীর মধ্যভাগে প্রাণবায়ুর অবস্থানে হয় চিত্তের অন্তর্মুখী কামে পূর্ণতা। যোগী হয় আপ্তকাম।

(161) শৈবধর্মে 'বিষ'-এর চর্চা এক প্রকার যোগ সাধনা। সুষুম্নাস্থিত প্রাণশক্তির উজ্জীবন (evolvement) হয় মধ্যনাড়ীতে শক্তির সঙ্কোচ ও বিকাশে। এই সঙ্কোচে ইন্দ্রিয়সমূহ বহির্মুখী হলেও ধ্যান (attention) অন্তর্মুখী (turned internally) যা বহির্জগতকে ধরে রাখে। বিকাশ হল বহির্জগতে থেকেও ইন্দ্রিয়সমূহের দ্বারা চালিত না হওয়া (ভৈরবীমুদ্রা)। সঙ্কোচের অর্থ আত্মকেন্দ্রিক হওয়া আর বিকাশের অর্থ সেই আত্মকেন্দ্রিকতা থেকে বিক্ষিপ্ত না হওয়া বহির্জগতে থেকেও; চোখ, কান ইত্যাদি ইন্দ্রিয়ের ক্রিয়াকে অস্বীকার না করেও আত্মস্থ থাকা।

সঙ্কোচ ও বিকাশের আরও উন্নতি সাধন হয় (development) উর্দ্ধকুণ্ডলিনীতে 'প্রসার-বিশ্রান্তি'র মাধ্যমে। প্রসারের অর্থ হল বিকাশ আর বিশ্রান্তির অর্থ সঙ্কোচ। সুষুম্নানাড়ীতে প্রসারিত প্রাণশক্তি বিশ্রান্তি লাভ করে অর্থাৎ সঙ্কুচিত হয় যোগীর সাধনায় দুই ভ্রূ-র মধ্যস্থলে।

অধঃকুণ্ডলিনীতেও সঙ্কোচ ও বিকাশের উন্নতি সাধন হয়। অধঃকুণ্ডলিনীর নিম্নভাগের মূলে অপান বায়ুর গতি হল সঙ্কোচ বহ্নি। অধঃকুণ্ডলিনীর বাকি শক্তির উপরিতল (Tip) উর্দ্ধকুণ্ডলিনীর মূলে (নিম্নতল) মিলন হল বিকাশ বা বিষ, তখন যোগীর উন্মীলন সমাধি হয়।

(162) অনচক— 'অচ' হল বারোটি স্বরবর্ণ যা 'অ' থেকে শুরু। 'অনচক' হল ক্, হ্... ইত্যাদি স্বরসংযোগ রহিত ব্যঞ্জনবর্ণ। যোগে 'অনচক' অর্থ হল মন্ত্রের অক্ষরের অস্ফুট ধ্বনিতে মনোনিবেশ।

(163) জগদম্বা বা জগৎমাতা হল বিশ্বপ্রসবিনী (প্রণয়নকারী) মাতা যার এখানে বন্দনা করা হয়েছে। প্রোঃ লিডেকার অন্য অস্পষ্ট অর্থ করেছেন।

(164) দ্বাদশান্তঃ— দ্বাদশ অঙ্গুলির দ্বারা প্রতিস্থাপিত মাপ।

(165) প্রাণের শুরু (শ্বাস ত্যাগ) হৃদয়ে (প্রাণোল্লাস) যা স্থিত মধ্যচ্ছদার

কেন্দ্রে (centre of diaphram) এবং শেষ ভ্রূ-মধ্য থেকে দ্বাদশ অঙ্গুলি নিম্নে (কণ্ঠকূপে)। অপান বায়ুর (শ্বাস গ্রহণ) শুরু নাসিকার অগ্রে (বহির্ভাগে) দ্বাদশ অঙ্গুলির অন্তে (বাহ্য দ্বাদশান্ত) এবং শেষ হৃদয়ে (অন্তর দ্বাদশান্ত)। চিত্তকে প্রাণের শুরু থেকে শেষে ((শ্বাস ত্যাগে) এবং অপানের শুরু থেকে শেষে (হৃদয়ে শ্বাস গ্রহণে) নিবেশ করলে তাকে

'নিভালন' বলে। বৌদ্ধ শাস্ত্রে (যোগে) এই পদ্ধতির নাম প্রাণাপান স্মৃতি বা মাধ্যমিকা; শৈবমতে শক্তি-দ্বাদশান্ত বা কৌণ্ডলিনী। তাছাড়া মস্তকের শীর্ষদেশে (crown of the head) দ্বাদশান্তের একটি সাধনা আছে তাকে বলে 'শিব দ্বাদশান্ত' বা প্রক্রিয়ান্ত।

(166) সুভদ্রে, সুন্দরী— শিব ও পার্বতীর কথোপকথনে পার্বতীকে শিবের সম্বোধন।

(167) উন্মেষ— আক্ষরিক অর্থে উন্মোচন (unfolding)। যোগ সাধনায় একে নিম্নে বিশেষিতে করা হয়েছে-

'এক-চিন্তা প্রসক্তস্য যতঃ স্যাদ্ অপরোদয়ঃ,
উন্মেষঃ স তু বিজ্ঞেয়ঃ স্বয়ম তম উপলক্ষয়েৎ।'

অর্থাৎ, যখন এক চিন্তায় অন্য চিন্তার উদয় হয় তখন উভয় চিন্তার মধ্যে নিজেকে স্থাপন করা হল উন্মেষ। অর্থাৎ নিরপেক্ষভাবে নিজেকে চেতনার স্পন্দনে স্থাপন করা; বাকি সব ঘটনাক্রম মাত্র। এ হল শাক্তোপায়ে যোগীর সাধনা। ভক্তিযুক্ত পারমার্থিক উন্মেষ হয় শাম্ভবোপায়ে।

(168) পূর্ণানন্দ— ব্যক্তি জাগতিক জীবনে পূর্ণানন্দ লাভ করে তিন উপায়ে— i) আস্বাদ-ধারণা, ii) শব্দ-ধারণা, iii) মনস্তুতি-ধারণা। এখানে আস্বাদ হল আস্বাদন, শব্দ হল সুমধুর ধ্বনি, মনস্তুতি হল মনের সুখ।

(169) অভিনবগুপ্ত তন্ত্রালোকে (প্রথম সত্র-173) অর্থ করেছেন—

আবেশশ্চাস্বতন্ত্রস্য স্বতদ্রূপনিমজ্জনাৎ।
পরতদ্রূপতা শম্ভোরাদ্যাচ্ছক্ত্যবিভাগিনঃ।।

আবেশ বা সমাবেশের অর্থ হল অসহায় সত্তার শিবে নিমজ্জন। সমাবেশ হল সবিশেষ পরমেশ্বরের অধীনতা।

(170) ব্যুত্থান— যোগ প্রক্রিয়ায় মননের মাধ্যমে চেতনা লাভ করা, জ্ঞান হওয়া।

(171) নিমীলন সমাধি— ধ্যানে অন্তর্মুখী হয়ে চিত্তে পূর্ণহন্তা হওয়া (full I-consciousness)।

(172) মুদ্রা-ক্রম বা ক্রম-মুদ্রা— ক্রমসূত্রে বলা হয়েছে মন সর্বদা বহির্মুখী ও অন্তর্মুখী। এই দোদুল্যমানতায় ব্যক্তির চিত্ত কখনো বিশ্বময় ব্যাপ্ত কখনো আবার বস্তুগত হয়।

(173) সম্বিত-দেবতা-চক্রম— সম্বিত দেবতা হল স্থূলরূপে (বিস্তারিত) খেচরী, ভূচরী-চক্র ইত্যাদি। সূক্ষরূপে সীমিত বস্তুগত জ্ঞান ও অনুভব।

(174) কালাগ্ন্যাদেঃ— চরম-কলা-পর্যন্তস্য। 'রুদ্র কালাগ্নি ভূবনেশ', রুদ্র হল কালাগ্নি ভূবনের অধিপতি। সর্বনিম্ন নিবৃত্তি কলা থেকে শুরু করে চরম কলা বা সর্বোচ্চ স্তর হল শান্ততীতা। কলার অর্থ প্রকাশের স্তর। অভিনবগুপ্ত উল্লেখিত কলা ও তার ভুবনের চক্রের শ্রেণীবিভাগ নিম্নরূপ।

চক্রের কেন্দ্রে নিবৃত্তি কলা (0); পরবর্ত্তী বৃত্তের ক্রম যথাক্রমে, 1. প্রতিষ্ঠা

কলা, 2. বিদ্যা কলা, 3. শান্তা কলা, 4. শান্ততীতা।

নিবৃত্তি কলার মূলে পৃথ্বী তত্ত্ব এবং তার ষোলো ভুবন (16 plane)। সর্বনিম্ন তলের নাম কালাগ্নি রুদ্র-ভুবন। এই ভুবনকে ক্ষেমরাজ অভিহিত করেছেন 'কালাগ্ন্যাদেঃ' বলে।

প্রতিষ্ঠা কলা- এই দ্বিতীয় কলায় আছে 23 তত্ত্ব ও তার 56 ভুবন।

বিদ্যা কলা— পরবর্ত্তী তৃতীয় কলায় পুরুষ তত্ত্ব থেকে শুরু করে মায়া তত্ত্ব পর্যন্ত আছে 7 তত্ত্ব ও তার 28 ভুবন।

শান্তা কলা— চতুর্থ শান্তা কলায় আছে শুদ্ধবিদ্যা, ঈশ্বর ও সদাশিব এই 3 তত্ত্ব ও 18 ভুবন।

শান্তাতীতা— এতে শিব ও শক্তি বিদ্যমান, সেখানে স্তরীয় সীমাবদ্ধ ভুবনের আবশ্যকতা নেই। এরও উর্দ্ধে অব্যাখ্যাত পরমশিব। মোট তত্ত্ব (1+23+7+3+2=36) ছত্রিশ ও মোট ভুবন (16+56+28+18=118) একশো আঠারো।

(175) পরা-ভট্টারিকা – সর্বোচ্চ বিমর্শ। বিমর্শ তিন প্রকার- পরা, অপরা ও পরাপরা। পরা হল শিবভাবে চিন্তন, অভেদ চিন্তন। অপরা হল অণু বা ব্যক্তির ভেদযুক্ত চিন্তন- অহম্ (knower), ইদম্ Known)। তৃতীয় পরাপরা হল শক্তিরূপা ক্ষেত্রের ভেদাভেদ চিন্তন যাতে ভেদ ক্রমান্বয়ে অভেদাত্মক ও ভেদাত্মক হয় সময়ের পরিপ্রেক্ষিতে।

(176) চমৎকার হল সৃষ্টির উল্লাস। চমৎকার হয় অহম্ বিমর্শে, জগতকে যখন নিজেরেই চৈতন্যের আনন্দময় (bliss) যথাযথ (perfect) উন্মেষ বলে মনে হয়। এ যেন প্রকাশের আনন্দিত মনন- প্রকাশ বিমর্শময়। এই জগতে যোগীর বিশ্বময়তার একত্ব

অনুভব (manifested and unmanifested state) হয়। যোগীর এই চমৎকার চেতনায়, শক্তি অবিভাজ্য ও আবহমান (permanent sub-stratum)।

এখানে সৃষ্টি তথা শক্তির (চক্রে) আবহমানতায় সাঙ্খ্য দর্শনের আভাস আছে বলে মনে হয়—অনুবাদক।

(177) ক্ষেমরাজ এখানে অবস্থান্তরে আরোহণ নির্দেশ করেছেন। প্রথমে সমবেদ্য বা প্রমেয় যা জ্ঞাত (known) হয়, পরে সমবেদন বা প্রমাণ, 'জ্ঞাত'র বিষয়ের জ্ঞান (knowledge), তারপরে প্রমাতা বা সাক্ষী বা জ্ঞাতা যাতে জ্ঞান স্থিত (experient-self conscious)। চতুর্থ অবস্থা হল সদাশিব যাতে জগৎ প্রকাশিত এবং যিনি প্রকাশিত জগৎ (entire manifestation is identical with his Prakasa)।

(178) এখানে 'জগদানন্দ' বিশেষ অর্থে ব্যবহৃত হয়েছে জগৎ প্রকাশের দরুণ উদ্ভূত আনন্দ রূপে। বিশ্ব কোনও ভগবানের আনন্দময় জগৎ থেকে চ্যুত বস্তু নয় বরং সেই আনন্দই যা দৃশ্যমান। অভিনবগুপ্ত তন্ত্রালোকের পঞ্চম ভাগে (শ্লোক 50-51) বলেছেন—

যত্র কোহপি ব্যবচ্ছেদো নাস্তি যদ্বিশ্বতঃ স্ফুরৎ।
যদনাহতসংবিত্তি পরমামৃতবৃংহিতম্।।
যত্রাস্তি ভাবনাদীনাং ন মুখ্যা কাপি সংগতিঃ।
তদেব জগদানন্দমস্মভ্যং শম্ভুরূচিবান।।।

অর্থাৎ, এই জ্যোতি অভেদরূপে সর্বত্র প্রকাশমান যাতে 'চিৎ' সমাহিত (consciousness intact) প্রমেয়, প্রমাণ ও প্রমাতা (সাক্ষী) রূপে একাধারে; ভগবৎ আনন্দের অমৃতে এই 'চিৎ' সমৃদ্ধ, কোনো কল্পনা বা ধারণা (imagination or meditation) ছাড়াই। অভিনবগুপ্ত শম্ভুর কাছ থেকে এই শিক্ষাই পেয়েছেন। এই শম্ভু ত্রিকাদর্শনে অভিনবগুপ্তের প্রধান গুরু।

তন্ত্রালোকের ভাষ্যে বলা হয়েছে—

'জগতা নিজানন্দাদ্যাত্মনা বিশ্বেন রূপেণানন্দো যত্র যতশ্চেতি জগদানন্দশব্দবাচ্যম্।'

অর্থাৎ, সেটাই জগদানন্দ যা বিশ্বরূপে পরমেশ্বরের (ultimate Self) আনন্দময় আবির্ভাব (visible form of bliss of Self)।

(179) তন্ত্রে পরা-শক্তি যা সৃষ্টির সর্বভূত (sum total of all objects) কারণ এবং পরা-বাক্ যা আদি শব্দ (অস্ফুট) ও সর্বশব্দ সমন্বিত, এ দুইয়ের মধ্যে এক সম্বন্ধ বর্তমান। মন্ত্রের মাধ্যমে শক্তির সঙ্গে এই সম্পর্ক স্থাপন করা যায়। প্রত্যেক শব্দই সৃষ্টির প্রকাশের বাচক এবং প্রত্যেক কিছুই বাচ্য বক্তব্য। বাচ্য আর কিছুই নয় ঐশ্বরিক ভাবনার (intent of divine word) প্রকাশ (which is visible)।

(180) অকুল— 'কুলম শক্তিরিতি প্রোক্তম, অকুলম শিব উচ্যতে'- স্বচ্ছন্দতন্ত্র।

অর্থাৎ, কুল হল শক্তি এবং অকুল হল শিব। সার্বভৌম কুলের প্রকাশ (উন্মেষ) হল শক্তি। যিনি এই সৃষ্টিতে নিজেকে হারিয়ে ফেলেন না তিনিই অকুল শিব। 'অ' অক্ষর আদি হওয়ার কারণে 'মাতৃকাচক্রে' শিব।

(181) প্রত্যাহারের অর্থ প্রোঃ লিডেকার করেছেন নিজেকে গুটিয়ে নেওয়া (withdrawal) যা এখানে প্রযোজ্য নয়। এখানে সংস্কৃত ব্যাকরণের আধারে অর্থ নির্ণয় করতে হবে। যেখানে পদাংশের (syllable) প্রথম অক্ষর বাকি অক্ষরগুলো ধারণ করে শেষ অক্ষরের নির্দেশে, তাকে ব্যাকরণে প্রত্যাহার বলে। যেমন পাণিনির মাহেশ্বর চতুর্দশ সূত্রের পরিপ্রেক্ষিতে উক্ত 'অচ' প্রত্যাহারের অর্থ হল 'অ,ই,উ,ঋ,৯,এ,ও' এই অক্ষর সমুদায় যা শেষে 'চ' দ্বারা নির্দেশিত। সম্পূর্ণ সূত্র হল- অইউণ্, ঋ৯ক্, এওঙ্, ঐঔচ্। এ হল সমগ্র স্বরবর্ণের নির্দেশ। স্বরবর্ণ ও ব্যঞ্জনবর্ণ মিলিয়ে 'অ' থেকে 'হ' অর্থাৎ 'অহ' প্রত্যাহার যা 'অহম্'-এর অর্থ বোধক। এই অহম্ ঈশ্বর অর্থাৎ পরমেশ্বর যিনি বর্ণিত সব হয়েছেন।

(182) বিন্দুঃ— এক কণ। অনড় শান্ত অবস্থা (অনুত্তর- highest reality) এক আধ্যাত্মিক (metaphysical) পীড়ন (চাপ-point of pressure) বিশেষ। একে বলে ঘনীভূত শক্তি (creative compactpointed force) যা তখনও বস্তুরূপ ধারণ করেনি। এ হল চিদঘন (massive consciousness) জগৎ-সম্ভব।

সংস্কৃত ভাষায় বিন্দু হল অনুস্বার, নাসিকায় স্বল্প উচ্চারিত শূন্যমাত্রা (dot in a letter)। এই বিন্দুই 'অহ' শব্দকে অহং-এ পূর্ণরূপ দেয়। অহং-এ সর্ব অক্ষর 'অ' থেকে 'হ' নিমজ্জিত, সব প্রকাশ ধৃত। এই 'অহং'ই শিব— 'অবিভাগ-ভেদনাত্মক-বিন্দু-রূপতয়া'।

(183) মহাহ্রদ— বিশাল গভীর জলাশয়, সর্বোচ্চ ঐশ্বরিক (spiritual) চেতনা।

(184) চক্রবর্ত্তী-র দ্বিবিধ অর্থ। এক হল বিভিন্ন দৈব চক্রের অধিকর্তা; দ্বিতীয় অর্থ হল যিনি সর্ব অধিগত (universal sovereign) সার্বভৌম।

(185) চেতনা যখন ভাগবত হয় বা ভগবতত্ব প্রাপ্ত হয় ব্যক্তিই কারণ বা করণেশ্বরী হয়, তার সম্বিত 'দেবতা-চক্র' বা দৈবত্ব লাভ করে।

সংস্কৃত পরিভাষার শব্দার্থ

(Technical terms)

'অ'- শিবের অর্থবহ।

অধঃকুণ্ডলিনী— আল্.জিহ্বার (লম্বিকা) মূল থেকে মূলাধার অবধি কুণ্ডলিনীর বিস্তৃতি। মন্তব্য-157 দ্রষ্টব্য।

অধো-বক্ত্র— 'মেঢ্রকাণ্ড' পায়ুমূলে স্থিত।

অহম্ ভাব— নিজ-জ্ঞান বা আমিত্ব ভাব।

অহন্তা— অহমত্ব

অখ্যাতি— অজ্ঞতা

অকুল— শিব

অলংগ্রাস— বস্তুর অভিজ্ঞতার চৈতন্যে লয়— একাকার।

অমায়ীয়— মায়ার উর্দ্ধে। 'অমায়ীয়' শব্দের অর্থ যা বস্তুর, জাগতিক ভাবের নির্দেশক নয়।

অনচক— স্বরবর্ণের সহায়তা ব্যতীত ব্যঞ্জনবর্ণের উচ্চারণ। মন্ত্রের মূল সন্ধান।

আনন্দ— পরম সুখকর শক্তি।

অনন্ত ভট্টারক— মন্ত্রের সাক্ষী দেবতা।

অনাশ্রিত শিব— সৃষ্টিবিহীন শিব।

অন্তকোটি— পূর্বোক্ত 'আদিকোটি' থেকে প্রাণের যাত্রা পথের শেষ বা বিশ্রান্তি

স্থান, ভ্রূমধ্য থেকে বারো অঙ্গুলি নিচে কণ্ঠে।

অন্তরমুখী ভাব— চেতনার অন্তর্মুখীনতা (introversion)।

অনুগ্রহ— কৃপা

অনুত্তর— সর্বোচ্চ, পরম।

অপান— প্রাণ-বায়ু (শ্বাস) যা পায়ুর দিকে নিম্নগামী।

অপরী নিম্ন বা সর্বনিম্ন।

অপবর্গ— মুক্তি

অব্যক্ত— অপ্রকাশিত (unmanifest)

আর্হত— জৈনমতে বিশ্বাসী।

অর্থ— বিষয়

অসৎ— অচির

আত্মসাৎ করা— ব্যক্তির সত্তায় বা চিতে মিলে যাওয়া।

আত্ম-বিশ্রান্তি— সত্ত্বায় স্থিতি।

আদিকোটি— দেহে প্রাণের যাত্রাপথের শুরু হৃদয় স্পর্শ করে যার ধারণা মধ্যচ্ছদার কেন্দ্রে (centre of diaphragm)। এই স্থানকে বলে আদিকোটি। প্রাণের বিশ্রান্তি হৃদয় থেকে বারো অঙ্গুলি উপরে কণ্ঠস্থলে।

আণব মল— মল অর্থ কণায় রূপাবস্থা বা জীবের প্রাথমিক অজ্ঞতা যা তাকে ফলতঃ সীমাবদ্ধ করে মনে, দেহে ও বুদ্ধিতে।

আভাসন— প্রকট হওয়া, ঐশ্বরিক অর্থে (esoteric) সৃষ্টি।

আশ্যানতা— সঙ্কুচিত অবস্থা।

ইচ্ছা— প্রবৃত্তি, সদাশিবের সংকল্প শক্তি।

ইদন্ত— 'ইহ' বোধ।

ঈশ্বর তত্ত্ব— সৃষ্টিতে শিব থেকে শুরু করে চতুর্থ তত্ত্ব। এখানে সৃষ্টির পূর্বাবস্থায় অহম ও ইদম সমভাবাপন্ন। তৃতীয় সদাশিব তত্ত্বে অহম ও ইদমের পার্থক্য দৃষ্ট হয় না শুধু ইচ্ছা আভাসিত হয় (I am this)। ঈশ্বর তত্ত্বে জ্ঞানের সূচনা হয় (This I am)।

ঈশ্বর ভট্টারক- মন্ত্রেশ্বর, সূচনার বা ঈশ্বর তত্ত্বের দেবী।

উদান— ঐশ্বরিক সাধনার উন্নতিতে যখন প্রাণবায়ু সুষুম্নায় উর্দ্ধমুখী হয়, প্রাণবায়ুর সেই শক্তি।

উৎক্রমন্তী— আক্ষরিক অর্থে বমন, বহির্বিশ্বরূপ উদ্গীরণ।

উন্মেষ— আক্ষরিক অর্থে দৃষ্টি, শৈবযোগে ভগবৎ চৈতন্যের উন্মোচন।

উন্মীলন— উদ্ঘাটন

উপাদান— জাগতিক কারণ (material cause)।

উপাধি— সীমিত ভাবে বিশেষিত করা।

উর্দ্ধ কুণ্ডলিনী— সুষুম্নায় প্রাণ ও অপানের প্রবেশে কুণ্ডলিনীর উত্থান।

কলা— উন্মেষের (manifest) সীমিত অবস্থা, সৃষ্টির সীমাবদ্ধতা— (ভঙ্গ শব্দরূপ হ-কলাপর্যন্ত্যম)।

কাল— সময়, সময়ের পর্যায় (ক্রম)।

কালাগ্নি— ভুবনের সর্বনিম্ন তল, নিবৃত্তি কলা (মন্তব্য-174 দ্রষ্টব্য)।

কঞ্চুক— আবৃত

কারণ— হেতু

করণেশ্বরযঃ— খেচরী, গোচরী, দিকচরী ও ভূচরী চক্র।

কার্মমল— বাসনার দরুণ কৃতকর্মে মনে যে মল উৎপন্ন হয়।

কার্য্য— কর্ম, কর্মফল (effect)।

ক্রিয়া— কর্ম (action), শুদ্ধবিদ্যার শক্তি।

কুল— শক্তি

কুলাম্নায়— শাক্তপথ বা পদ্ধতি।

খেচরী— চিৎ-এর উপাধি যা 'খ' বা আকাশময় ব্যাপ্ত।

খ্যাতি— জ্ঞান

গোচরী— অন্তঃকরণ। গো অর্থ ইন্দ্রিয় ও তার বোধ, অন্তঃকরণ ইন্দ্রিয়ের আসন, গোচরী তার সম্বন্ধযুক্ত।

গ্রাহক— জ্ঞাতা (sublect)

গ্রাহ্য— বিষয় (object)

চমৎকার— চিত্তের অনুভবের আনন্দ।

চরমকলা— প্রকাশের সর্বোচ্চ স্তর, শান্তাতীতাকলা বা শান্ত্যতীতকলা (highest manifest phase)।

চার্বাক— জাগতিক মতবাদী (materialist)।

চার্বাক দর্শন— চার্বাকি দর্শন।

চেতনা— চৈতন্য সত্ত্বা, পরমশিব।

চেত্য— জ্ঞেয় (knowable)

ছেদ— 'অনচক' শব্দের দ্বারা প্রাণশক্তি ও অপান-শক্তির বিচ্ছেদ।

চিদানন্দ— বিশ্বময় চেতনার আনন্দ।

চিন্তা— মনন

চিৎ— অন্তিম একক।

চিতি— জগৎ সূচনার চিৎ-শক্তি।

চিতি-চক্র— সম্বিত-চক্র, ইন্দ্রিয়বোধ সমূহ।

চিত্ত— ব্যক্তির সত্তাবোধ।

জগদানন্দ— জগতের আবির্ভাবের আনন্দ (bliss of divine made visible)।

জগৎ— ঘটমান বিশ্ব।

জাগ্রত— জাগরিত অবস্থা।

জীব— ব্যক্তি বা পশু সত্তা।

জ্ঞান— ঈশ্বরের বা ঈশ্বর প্রদত্ত জ্ঞাতব্য শক্তির শিক্ষা।

তমস— প্রকৃতির স্থবিরতা।

তান্ত্রিক— তন্ত্র সাধক।

তনুতা— ক্ষীণ হওয়া।

ততত্ব— তাহা

ত্রিকা— শিব, শক্তি, নর তত্ত্ব।

তুরীয়— ব্যক্তির সচেতনতার চতুর্থ দশা, চেতন যেখানে সাক্ষী স্বরূপ।

তুর্য— উপরোক্ত

তুরীয়াতীত— তুরীয় দশার পরে আনন্দময় চেতনা।

দর্শন— দেখা, দর্শন করা, দর্শন শাস্ত্র সম্বন্ধীয় (philosophy)।

দেশ— স্থান

দিকচরী— দিক অর্থ স্থান নির্দেশক, চর অর্থ স্থান সম্বন্ধীয়; দিকচরী অর্থ স্থানের (to do with space)।

নৈয়ায়িক— ন্যায় দর্শনের অনুসারী, যুক্তিবাদী, দ্বান্দ্বিক।

নিভালন— 'নিভালনে'র অর্থ হল অনুবৃত্তি বা মনন, ধারণা (perception in practice)।

নিমেষ— জগতের বিলুপ্তি।

নিমীলন সমাধি— অন্তর্মুখী ধ্যান।

নিত্যত্ব— সতত, চিরকালীনতা।

নিয়তি— কার্য-কারণে সীমিত, ভবিতব্য।

পঞ্চকৃত্য— সৃষ্টি, স্থিতি, সংহার, বিলয় ও অনুগ্রহ; বা সৃষ্টির আভাসন, রক্তি, বিমর্শন, বীজস্থাপন ও বিলাপন।

পঞ্চরাত্র— বৈষ্ণব দর্শন ও এই দর্শনের অনুসারী।

পর— পরম

পরামর্শ— মানসিক বিচার।

পরম শিব— সর্বোচ্চ স্থিতি।

পরাপর— অন্তবর্ত্তী স্থিতি।

পর-প্রমাতা— পরম সাক্ষী শিব।

পরাশক্তি— চিতি, ঐশ্বরিক শক্তি।

পরাবাক— অপ্রকাশিত শক্তি, বিশ্বব্রহ্মাণ্ডের ধারণা (cosmic ideation)।

পরিচ্ছিন্ন— সীমিত

পরিণাম— রূপান্তর

পাশ— জাগতিক বন্ধন।

পশু— যে বন্ধনে জড়িত।

পশ্যন্তি— জগতের শব্দাভাস; বাচক (শব্দ) ও বাচ্যের (বিষয়) অপরিস্ফুটন।

পতি— কর্তা, শিব।

পতিদশা— সর্বোচ্চ সাক্ষীর অবস্থা, মুক্তি।

পূর্ণাহন্তা— সম্পূর্ণ নিরপেক্ষ চেতনা।

পূর্ণত্ব— নিখুঁত

পুর্ষ্টক— পঞ্চতন্মাত্র (রূপ, রস, শব্দ, গন্ধ, স্পর্শ) ও মন, বুদ্ধি, অহঙ্কার; এই আটে গঠিত সূক্ষ্ম শরীর।

পৃথিবী— ধরাতলের তত্ত্ব।

প্রকাশ— যে তত্ত্বে সব কিছু জ্ঞাত, উন্মোচিত।

প্রকৃতি— বুদ্ধি থেকে শুরু করে মেদিনী পর্যন্ত বিস্তৃত বিষয়।

প্রলয়াকল বা প্রলয়কেবলিন— জগৎ নিরপেক্ষভাবে মায়া তত্ত্বে অবস্থান।

প্রমাণ— উদাহরণের সাহায্যে বা তুলনামূলক ভাবে জানার উপায়।

প্রমাতা— জ্ঞাতা (subject)

প্রমেয়— জ্ঞেয় (object of knowledge)

প্রাণ— প্রাণিক শক্তি, বায়ু।

প্রাণায়াম— শ্বাসের নিয়ন্ত্রণ।

প্রসর— শক্তির মাধ্যমে জগতে শিবের বিস্তার।

প্রথ— উন্মোচন, আবির্ভাব, জ্যোতির বিকাশ।

প্রথা— নিয়ম।

প্রত্যভিজ্ঞা— স্বরূপোপলব্ধি (re-cognition)

প্রত্যাহার— যোগ সাধনায় ইন্দ্রিয় সঙ্কোচন। ব্যাকরণে, পদের প্রথমে স্থিত অক্ষরের দ্বারা বাকি পদাংশের, শেষ অক্ষর নির্দেশিত শিক্ষা। মন্তব্য-181 দ্রষ্টব্য।

বহির্মুখতা— বাহির অভিমুখী (extroversion)।

বহির্মুখীভাব— বহিরাত্মক (externalisation)

বৈন্দবী কলা— পরম শিবের মুক্তাবস্থা (বিন্দু তথা কেন্দ্রীভূত বা বুঁদ অবস্থা), জ্ঞাতা।

বল— চিৎ-এর বল যা বিশ্বময় চেতনা।

বন্ধ— যোগীর অঙ্গ প্রত্যঙ্গের সকৃত বন্ধনী করণ।

বীজবস্থাপন— বীজস্থাপন; ঐশ্বরিক অর্থে বিলয় (concealment)।

বিন্দু— ঘনীভূত শক্তি, পরঃপ্রমাতা (highest self), সংস্কৃত ভাষায় অনুস্বার (.) যা শিবের একক অভিব্যক্তি। মন্তব্য-182 দ্রষ্টব্য।

ব্রহ্মনাড়ী— প্রাণিক সুষুম্না নাড়ী।

ব্রহ্মরন্ধ্র— সহস্রচক্র (সহস্রার)

ব্রহ্মবাদ— শঙ্করাচার্যের বৈদান্তিক মতবাদ।

বুদ্ধি— চেতনার স্বতঃপ্রণোদিত নির্ণায়ক ব্যবহার (ascertain)।

ভৈরব— 'ভ'-ভরণ, 'র'-সংহৃতি, 'ব'-বমন (জগৎ) তথা শিব।

ভাব— ব্যক্তির অন্তর, বাহিরের অনুভব।

ভোগ— উপভোগ (experience)।

ভোক্তা— উপভোগকারী

ভূচরী— বস্তুগত জগৎ।

ভূমিকা— বিষয়ের অংশ (role)।

ভুবন— রূপ লাভ করা (becoming)।

মধ্য— সম্বিৎ, সুষুম্না বা মধ্যস্থিত প্রাণিক নাড়ী।

মধ্যধাম— সুষুম্না, প্রাণময় কোষ, ব্রহ্মনাড়ী।

মধ্যমা— শব্দের প্রকাশের আগে অন্তঃকরণ স্থিত অবস্থা।

মধ্যশক্তি— সম্বিৎ শক্তি।

মাধ্যমিকা— বৌদ্ধ দর্শনে প্রাণ ও অপানের মিলন স্মৃতি; এই মতবাদ। মন্তব্য—165 দ্রষ্টব্য।

মহামন্ত্র— শুদ্ধ সত্ত্বা।

মহার্থ— মনের ক্রমোন্বয়নে পরম প্রাপ্তি (the greatest end), বা চৈতন্যের বোধ।

মহেশ্বর— পরম শিব।

মহেশ্বর্য্য— শিবের ক্ষমতা।

মল— অজ্ঞতা, ক্লেদ (dross)।

মন্ত্রেশ্বর— ঈশ্বর তত্ত্বে সাক্ষী। সৃষ্টির সূচকের সাক্ষী।

মন্ত্র— শুদ্ধবিদ্যা, আমি এবং আমার বিশ্ব, চেতনায় এই ভেদাভেদ, ক্রিয়াত্মক জ্ঞান।

মন্ত্রমহেশ্বর- সদাশিব তত্ত্ব জ্ঞান, সৃষ্টি-সম্ভব জ্ঞান।

মায়া— মা অর্থ মাপ বা পরিমাপ, শুদ্ধবিদ্যার পরবর্ত্তী স্থিতি, যা পরমশিবের সীমিতাবস্থা পঞ্চকঞ্চুকত্ব।

মায়াপ্রমাতা— মায়ায় ব্যক্তির নিজত্ব, স্বাধীন ভাব।

মায়ীয়মল— মায়ার কারণে চিত্তের মল ও তৎ সংসর্গ সূক্ষ্ম শরীর।

মেয়— প্রমেয় (object)।

মীমাংসক— মীমাংসা দর্শনের অনুসারী।

মোক্ষ— মুক্তি (liberation)।

মুদ্রা— 'মুদ' অর্থ আনন্দ এবং 'র' অর্থ দেওয়া। মুদ্রার অর্থ অন্তরে আনন্দ উৎপন্ন হওয়া।

যোগী সংযমে তুরীয়ভাবে নিমগ্ন হলে সেই মুদ্রায় তার আনন্দ উপলব্ধ হয়।

মুদ্রা-ক্রম— মন আবিষ্ট হয়ে (সমাবেশ) অন্তর্মুখ (শিবে) ও বহির্মুখে আন্দোলিত হয়।

মুক্তি— মোক্ষ লাভ (liberation)।

রাগ— মায়ার এক কুঞ্চিত অবস্থা যাতে বাসনা (desire) সীমিত।

রজস— সক্রিয় প্রকৃতি (active aspect of nature)।

রক্তি— আস্বাদন (স্থিতি)

বাচক— শব্দের নির্দেশক।

বাচ্য— নির্দেশিত বিষয় (referent)।

বাহ— ইড়া নাড়ীতে প্রাণ ও পিঙ্গলা নাড়ীতে অপানের বহমানতা।

বহ্নি— বহ্নি অর্থে বহন করা। শৈবযোগে প্রাণের নিম্নমুখী গতিতে অধঃকুণ্ডলিনীর মূলে এবং মধ্যাংশের অর্ধেকে প্রবেশ।

বৈখরী— শক্তির অক্ষরে প্রকাশ।

বৈষ্ণব— বিষ্ণুর অনুরাগী।

বামেশ্বরী— শিবের থেকে শক্তির বামে (reverse) প্রকাশ অর্থাৎ সীমিত রূপে প্রকাশ যাতে জগৎ দ্বৈততায় প্রকট হয়, সেই শক্তি।

বিভূতি— সমৃদ্ধি, ভস্ম। দৈব ঐশ্বর্যের অষ্টরূপ প্রকাশ যথা, অণিমা, লঘিমা, ব্যাপ্তি, প্রাকাম্য (ইচ্ছাপুর্তি), মহিমা, ঈশ্বর, বশিত্ব, কামাবসায়িতা (কামবিলোপ)।

বিদ্যা—সীমিত জ্ঞান।

বিগ্রহ—মূর্ত্ত রূপ

ব্যান—শরীরে বিস্তৃত প্রাণ-শক্তি।

বিজ্ঞানাকল—শুদ্ধবিদ্যার নিচে এবং মায়ার উর্দ্ধে স্থিত চেতনা যা কার্ম ও মায়ীয় মল থেকে মুক্ত কিন্তু আণব মলগ্রস্ত অক্রিয়া স্থিতি।

বিকল্প—অন্যরূপ বোধ (ideation)।

বিকল্প-ক্ষয়—বিকল্পের নিবারণ (dissolution)।

বিকল্পনম—মনে ভেদ জ্ঞান (differentiation)।

বিকাস—উজ্জীবন (development)।

বিলাপন—ঈশ্বরের অনুগ্রহ, লয় (dissolution)।

বিলয়—সঙ্কোচন (concealment)

বিমর্শ—আক্ষরিক অর্থে অভিজ্ঞতা লাভ। বিশেষ অর্থে (technically) পরমেশ্বরের চেতনায় জ্ঞান ও ক্রিয়ার সংযোগে জগৎ প্রসব।

বিমর্শন— বুদ্ধির সক্রিয়তা (intuitive awareness), ঐশ্বরিক (esoteric) অর্থে (absorption) সংহার।

বিষ—শৈবযোগে প্রাণবায়ুর অধঃকুণ্ডলিনীতে প্রবেশে অধঃকুণ্ডলিনীর উর্দ্ধভাগের শেষ (Tip) এবং উর্দ্ধকুণ্ডলিনীর তলের সংযোগ স্থলে ব্যাপ্তি।

বিশ্ব—সমগ্র বিশ্ব-ভূমণ্ডল।

বিশ্বময়তা— বিশ্বাত্মার সর্বে স্থিতি (immanent)।

বিশ্বোত্তীর্ণ— জাগতিকতার উর্দ্ধে।

ব্যামোহিততা— বিমোহন (delusion)

ব্যাপকত্ব— বিস্তৃত (pervasiveness)

ব্যুত্থান—আক্ষরিক অর্থে উত্থান; চিন্তনে চেতনার বোধ (consciousness after contemplation)।

শব্দ— অক্ষরের সমন্বয় (word)।

শব্দব্রহ্ম— অন্তিম (ultimate) বাস্তবতা যেখানে শব্দই চিন্তন (thought and word are one); কম্পন (vibration) যা থেকে শব্দ উদ্ভূত।

মন্তব্য-74-75 দ্রষ্টব্য।

শক্তিপাত— শক্তির অবতরণ (বিশেষ করে জীবে)।

শক্তি প্রসর— সাধকে শক্তির বিকাশ। সমাধি ভঙ্গেও শক্তির অনুভব।

শক্তি সঙ্কোচ— ইন্দ্রিয় নিগ্রহের দ্বারা অন্তর্মুখীনতা (মন্তব্য-161 দ্রষ্টব্য)।

শক্তি-বিকাস— বহির্জগতে থেকেও অন্তর্মুখী (মন্তব্য-155 দ্রষ্টব্য)।

শক্তি—বিশ্রান্তি— সমাধিতে পুনঃস্থিতি।

ষষ্ঠ-বক্ত্র— মেঢ্রকাণ্ড (ষষ্ঠ অঙ্গ-root of rectum juxtaposed)।

সদাশিব— ঐশ্বরিক ইচ্ছাশক্তি জগতের সৃজনে। শিবের তৃতীয় তত্ত্ব যা 'সাদাখ্য' নামেও অভিহিত।

সহজ— বিশ্বময় চৈতন্যের পরিপ্রেক্ষিতে যা স্বভাবতই সিদ্ধ।

সকল— দৈব (Gods), জীব থেকে শুরু করে নির্জীব যা কিছু মায়াতত্ত্বে স্থিত।

সমাধি— মানসিক অন্তর্মুখীনতা (mental absorption)।

সমান— প্রাণ-বায়ু যা পাচক, নাভিতে স্থিত ও প্রাণ-অপানের সমাপাত্তিক।

সমাপত্তি— সমাধি অর্থক (consummation)।

সমরস— একত্ব বোধ।

সামরস্য— শিব ও শক্তির মিলন।

সমাবেশ— ভাগবত, ভগবানে অনুভূতি হওয়া।

সংহার— সৃষ্টির সঙ্কোচন করা।

সংসার— রূপান্তরকামী সৃষ্টি (world process)।

সংসারিন— সংসারী

সংসৃতি— ঘটমান জগৎ (world process)।

সম্বিত-দেবতা— অন্তর-বাহিরের সূক্ষ্মরূপে সচেতনতা। স্থূলরূপে খেচরী, গোচরী, দিক্চরী, ভূচরী স্থিতি।

সাঙ্খ্য— দুই মূল সত্য পুরুষ ও প্রকৃতি বিশিষ্ট দর্শন।

সঙ্কোচ— সীমিত ভবন।

সর্বজ্ঞত্ব— সবকিছুর কারণ অবজ্ঞাত (omniscience)।

সর্বকর্তৃত্ব— সর্ব ক্ষমতার অধিকারী (omnipotent)

সৎ— চিৎ-এর সার্বিক বাস্তবতা।

সত্ত্বা— প্রকৃতির জ্যোতি, সমভাব, স্থিতির তত্ত্ব।

সৃষ্টি— উদ্ভব (emanation)

স্থিতি— পালন

সৌগত— বুদ্ধের অনুসারী।

শাসন— শাস্ত্র

শিব— মঙ্গল, ভগবান শিব।

শিব তত্ত্ব— শিবরূপ চিৎ ও তার ছত্রিশ তত্ত্ব।

শুদ্ধ-বিদ্যা— যে বিদ্যায় অহম্ ও ইদম্ একীভূত (equally prominent), যদিও জগতে পৃথকরূপে দৃষ্ট। অর্থাৎ, আমি নিজে ও উপস্থিত জগৎ, এই ভাব।

শুদ্ধ-অধ্বা— শুদ্ধমার্গ-শিব, শক্তি, সদাশিব, ঈশ্বর ও শুদ্ধ-বিদ্যা।

শূন্য— যেখানে বস্তুর ভেদ হয় না (void)।

শূন্য-প্রমাতা— শুধুমাত্র শূন্যতার বোধ, প্রলয়াকলের স্থিতি।

সুষুপ্তি— স্বপ্নহীন নিদ্রা।

স্বপ্ন— স্বপ্নাবস্থা

স্বরূপাপত্তি- স্বরূপে স্থিতি।

স্বতন্ত্র— নির্বাধ ইচ্ছা

স্বাতন্ত্র্য— স্বতন্ত্রতা

স্বাত্মসাৎকৃ— নিজেতে সন্নিবেশ (integrate to oneself)।

স্বেচ্ছা— স্ব-ইচ্ছা, শিব শক্তির ইচ্ছা।

স্বরূপ— সার (essence)

'হ'— শক্তির অর্থবহ।

হঠপাক— অভিজ্ঞতা জ্ঞানের আত্মীকরণের প্রক্রিয়া (সাধনা)।

হেতু— কার্য্যের কারণ।

হেতুমল— কার্য্যের ফল।

হৃদয়— হৃৎ, যোগ সাধনায় চেতনার কেন্দ্র (central consciousness)।

সংস্কৃত শব্দের পৃষ্ঠা নির্দেশ
(Sanskrit words used in text)

....

=====

শিব সূত্র

(The Yoga of supreme identity)

মুখবন্ধ

আমার শ্রদ্ধেয় গুরুদেব মহামহোপাধ্যায় গোপীনাথ কবিরাজ মহাশয় তাঁর মৃত্যুর এক বছর আগে আমাকে ডেকে বলেন তাঁর নজরে একটি ইংরেজি এবং একটি হিন্দি পুস্তক এসেছে শিবসূত্র সম্বন্ধে যা দেখে তিনি ব্যথিত হয়েছেন। পুস্তক দুটি শিবসূত্র বিষয়ে ভুলে ভরা। তিনি আমাকে এবিষয়ে একটি উপযুক্ত পুস্তক ইংরেজিতে লিখতে বলেন।

আমার গুরুর ইচ্ছা আমার কাছে নির্দেশ স্বরূপ। সুতরাং আমি প্রথমে উল্লিখিত পুস্তক দুটি দেখি। যেকোনো নতুন ব্যাখ্যা সবসময়ই আদরনীয় কিন্তু তা হতে হবে বিষয়ানুগ তা না হলে সেটি দুষ্কর্মে (pernicious procedure) পর্যবসিত হয়। উদাহরণ স্বরূপ বলা যেতে পারে শিবসূত্রের প্রথম পর্বের পঞ্চম সূত্রের কথা- 'উদ্যমো ভৈরব'। ইংরেজি গ্রন্থে উদ্যম অনূদিত হয়েছে পরিশ্রম (exertion) অর্থে। শিবসূত্রে প্রথম শাম্ভবোপায় আলোচিত হয়েছে। শৈবাগমের একজন প্রাথমিক শিক্ষার্থীও জানে যে শাম্ভবোপায়ের চর্চায় পরিশ্রম কথাটির কোনও প্রাসঙ্গিকতা নেই উদ্যম অর্থে। এ হল পূর্বানুমানের দ্বারা সংস্কৃত শব্দের বিকৃত প্রয়োগ। এ ধরণের আরোপিত অর্থের প্রয়োগ শাস্ত্রে অনধিকার চর্চার (literary crime) সমান।

গুরুর নির্দেশ মেনে আমি তাই প্রথমে শিবসূত্রের অধ্যয়ন করি বিষয় জ্ঞানের জন্য, যা আমার কাছে সমুদ্রবৎ গভীর মনে হয়। শাস্ত্রের প্রতি অবমাননার ভয়ে প্রথমে আমি কিছু লিখতেই সাহস পাচ্ছিলাম না। কবিরাজজীও শারীরিকভাবে অসুস্থ হওয়ায় আমাকে কিছু শেখানো তার পক্ষে সম্ভব ছিল না। তাই আমি আচার্য রামেশ্বর ঝা'র তত্ত্বাবধানে শিবসূত্রের জ্ঞানলাভে সাবধানী পদক্ষেপে অগ্রসর হই। রামেশ্বর ঝা একজন সংস্কৃত ভাষার পণ্ডিত এবং শৈবাগমের বিষয়ে বিশেষভাবে অবগত। আমার শিক্ষার জন্য আমি তাঁর কাছে কৃতজ্ঞ। আমি তবু বিষয়ের গভীরে যাওয়ার জন্য সহায়তা চাইছিলাম এমন লোকের যিনি শৈবাগমের ঐতিহ্যে লালিত। আমি আমার পূর্বতন গুরু স্বামী লক্ষণ জু-র স্মরণ গ্রহণ করি। তিনি তাঁর বৃদ্ধাবস্থা এবং অন্যান্য সমাবেশ ও গুণীজনের সঙ্গে বিভিন্ন কর্মব্যস্ততা থাকা সত্ত্বেও আমাকে সাহায্য করতে স্বীকৃত হন। তিনি আমাকে প্রতিটি সূত্র এবং সেই সঙ্গে ক্ষেমরাজের সূক্ষ্ম বিষয়ে মন্তব্য সরলীকরণে উজ্জ্বল ব্যাখ্যা (luminous exposition) দেন। আমি এই দুরূহ শাস্ত্রের উপলব্ধির জন্য তাঁর কাছে সবিশেষ কৃতজ্ঞ।

ক্ষেমরাজ তাঁর ভাষ্যের শুরুতে সে সময়ে প্রচলিত অস্বচ্ছ অসংগঠিত ধারণাকে ঐতিহ্যের পরিপ্রেক্ষিতে সংগঠিত করে তাঁর লেখার সূচনা করেছিলেন নতুন ভাবে। আমি সেইমতো

সূত্রের সঙ্গে ভাষ্যের (বিমর্শিনী) সংগতি রেখে ভাষান্তর (বর্ণনা) করার চেষ্টা করেছি। ক্ষেমরাজের ভাষা খানিকটা অন্তরগ্রাহী (involved) ফলে ইংরেজিতে ভাষান্তর কষ্টসাধ্য। আমি যথাসাধ্য চেষ্টা করেছি বিষয়কে সুগম এবং বস্তুনিষ্ঠ করার।

বর্তমানে শিবসূত্রের চারটি ভাষ্য উপলব্ধ। তার মধ্যে ক্ষেমরাজের ‘বিমর্শিনী’ এবং এক অজ্ঞাতনামা লেখকের ভাষ্য ‘শিবসূত্র-বৃত্তি’ গদ্যে লেখা। ভাস্করের ‘শিবসূত্র-বার্ত্তিকম’ এবং একই নামে বরদরাজের ভাষ্য শ্লোকের মাধ্যমে লেখা।

‘শিবসূত্র-বৃত্তি’র সঙ্গে ‘বিমর্শিনী’র নিকটত্ব এত বেশি যে সম্ভবত এই ভাষ্য ক্ষেমরাজের ভাষ্যের ভিত্তি অথবা পরবর্ত্তী সংক্ষিপ্ত (abstract) রূপ। উভয়ই ক্ষেমরাজকৃত বলে মনে হয়। বরদরাজের ‘শিবসূত্র-বার্ত্তিকম’ ক্ষেমরাজের লেখা ভাষ্যেরই শ্লোকবদ্ধ রূপ। ভাস্করের ‘শিবসূত্র-বার্ত্তিকম’ একটি স্বতন্ত্র ভাষ্য। ভাস্কর তার ভাষ্যে স্থানে স্থানে ক্ষেমরাজ থেকে ভিন্নমত পোষণ করেছেন। সে বিষয়ে আমার এই গ্রন্থে উল্লেখও আছে। ক্ষেমরাজের ভাষ্য এত বিস্তৃত ও গভীর যে অন্যান্য বেশিরভাগ ভাষ্যই তার কাছে স্তিমিত; তাই এই ভাষ্যই কাছে বেশি গ্রহণযোগ্য ও আমার মনমতো।

আমার লিখিত গ্রন্থে দেবনাগরীর পাশাপাশি সূত্রের ইংরেজি অক্ষর নির্দেশ (diacritical letter) করা হয়েছে। প্রতিটি শব্দের এবং সম্পূর্ণ সূত্রের অর্থ দেওয়া হয়েছে। শেষে ভাষ্যে ব্যবহৃত সংস্কৃত শব্দ ও তার ইংরেজি অর্থ দেওয়া হয়েছে। এছাড়াও অসংখ্য মন্তব্য (notes) ও বিশিষ্ট সংস্কৃত শব্দের বিশদ অর্থ (শব্দকোষ) দেওয়া হয়েছে। পুস্তকে ব্যবহৃত বিভিন্ন সংস্কৃত সূত্রের (শাম্ভবোপায় ইত্যাদির) পুস্তকে সন্ধানের পৃষ্ঠা নির্দেশও (page index) দেওয়া হয়েছে।

মৎকৃত গ্রন্থের শুরুতে বিভিন্ন সংস্কৃত সূত্রের একটি দীর্ঘ ভূমিকা ছাড়াও গ্রন্থের শেষে ব্যবহৃত সংস্কৃত শব্দ বিশেষের একটি তালিকাও সংলগ্ন করা হয়েছে।

এই গ্রন্থ রচনায় কোনো প্রাতিষ্ঠানিক সাহায্য গ্রহণ করা হয়নি, আমার বিষয়ের প্রতি আন্তরিকতা ও তজ্জনিত শ্রম এই পুস্তক রচনা সম্ভব করেছে। আমার গুরু মহামহোপাধ্যায় গোপীনাথ কবিরাজ এই গ্রন্থ প্রকাশের পূর্বেই দেহত্যাগ করেন। এই গ্রন্থ তাঁর নামে উৎসর্গ করেই শান্তি লাভ করতে চাই।

বারানসী, 1-1-1979

জয়দেব সিং

বিষয় সূচী (Subject Index)

সংস্কৃত শব্দের পৃষ্ঠা নির্দেশ মূল পাঠে এক পাতা কখনো উপর নিচে হতে পারে।

ভূমিকা

অদ্বৈত শিব তত্ত্বের উৎস এবং যোগ সাধনা, শৈবধর্মে দর্শন ও যোগের এই একত্র সম্মিলনকে সাধারণত আগম বলে। আগম হল ঐতিহ্যবাহী এক ধর্মীয় ধারা যার নীতি ও নিয়ম (doctrine and system) বিশ্বাসযোগ্য (commands faith)।

শৈবধর্মের অন্য নামও আছে যেমন শৈবশাসন, শৈবাগম ইত্যাদি। এই অদ্বৈত ধর্মীয় তত্ত্বকে কাশ্মীরে লোকে ত্রিকা-শাসন, ত্রিকা-শাস্ত্র বলে জানে। এবং অনুগামীরা রহস্য-সম্প্রদায় নামেও পরিচিত। শাসন বা শাস্ত্রের অর্থ তাৎপর্যপূর্ণ। দুইয়ের মূলই শাস যার অর্থ নিয়ম পালন। ভারতে শাস্ত্র বা শাসন বলতে কখনোই কোনও প্রথার বুদ্ধিগত বিশ্লেষণ বোঝায় নি। বরাবরই কতকগুলো মূল তত্ত্বকে বুঝিয়েছে যা বাস্তবের সঙ্গে সম্পর্কিত এবং কতকগুলো নিয়মের দ্বারা পালনীয়, ফলপ্রসূ হওয়ার জন্য। শাস্ত্র দৈনন্দিন জীবন যাপনের জন্য রচিত হয়নি কিন্তু নির্দিষ্ট পথে নির্দিষ্ট মতের সিদ্বি প্রাপ্তির উদ্দেশে প্রণোদিত। কাশ্মীরের শৈবদর্শনকে ত্রিকা-শাস্ত্র সমন্বিত বলা হয় কারণ এতে বিশ্বব্রহ্মাণ্ডের তিন রূপের ধারণা করা হয়েছে, তা হল i) শিব, ii) শক্তি ও iii) নর বা সীমিত সত্ত্বা; অপর পরিচয় i) পরা, ii) পরাপর, ও iii) অপরা। পরা অর্থ সর্বোচ্চ ধারক বা তাঁর ধারণ শক্তি, পরাপর অর্থ সর্বোচ্চ ও তার রূপের প্রকাশের শক্তি, অপরা হল প্রকাশিত রূপ। ত্রিকা-শাস্ত্র তিন প্রকারে নির্দেশিত, i) আগম, ii) স্পন্দ ও iii) প্রত্যভিজ্ঞা।

আগম –

আগম শাস্ত্রের দ্বারা শিবের পরিচয় পাওয়া যায় (revelation of Siva)। এই শাস্ত্রে তত্ত্ব ও প্রণালী দুইয়েরই উল্রেখ আছে। আগমের বিভাগ নিম্নোক্ত তন্ত্রের (পদ্ধতি) মাধ্যমে উপলব্ধ। যথা, 'মালিনীবিজয়, বা 'মালিনীবিজয়োত্তর, স্বচ্ছন্দ, 'বিজ্ঞানভৈরব, 'মৃগেন্দ্র' 'নেত্র', 'রুদ্র-যামল' 'শিবসূত্র', ইত্যাদি। এসবের বেশির ভাগই দ্বৈততা বা কার্য-কারণ আধারিত। সবচেয়ে উল্লেখযোগ্য হল শিবসূত্র।

শিব-সূত্র তন্ত্র –

এই তন্ত্রের উদ্দেশ্য হল দ্বৈত থেকে অদ্বৈতে (শিবে) উন্নয়ন (revealed to counter effects of dualism)। শিবোপনিষৎ সংগ্রহে (V-5) বলা হয়েছে-

'কদাচিৎ চ অসৌ দ্বৈতদর্শনাধিবাসিতপ্রায়ে জীবলোকে রহস্যসম্প্রদায়ো মা বিচ্ছেদি ইত্যাশয়তঃ অনুজিঘৃক্ষাপরেণ পরমশিবেন স্বপ্নে উন্মিষিত-প্রতিভঃ কৃতঃ।'

উক্ত সংগ্রহ আচার্য বসুগুপ্তের কাছে প্রথমে উদ্ভাসিত হয়; এ সম্বন্ধে তিনটি বিবরণ পাওয়া যায়। কল্লট লিখিত স্পন্দ-বৃত্তিতে উল্লেখ আছে যে বসুগুপ্ত যখন শালিমার উদ্যানের পিছনে হর্বন নদীর উপত্যকায় মহাদেব গিরিতে অধিষ্ঠান করছিলেন তখন তিনি স্বপ্নে শিবের কাছ থেকে শিব-সূত্রের শিক্ষা লাভ করেন।

ভাস্কর তাঁর বার্ত্তিকে উল্লেখ করেছেন এক সিদ্ধ সাধু বসুগুপ্তের কাছে শিবসূত্র প্রকট করেন।

ক্ষেমরাজ তাঁর 'বিমর্শিনী' ভাষ্যে উল্লেখ করেছেন, স্বপ্নে শিব তাকে বলেছেন যে মহাদেব পর্বতের একটা পাথরের নিচে শিবসূত্র লেখা আছে উপযুক্তের কাছে ব্যক্ত করার জন্য। বসুগুপ্ত নিদ্রাভঙ্গে নির্দিষ্ট স্থানে গিয়ে সেখানে একটা পাথর স্পর্শ করা মাত্র সেটি উল্টে যায়, সেখানে শিবসূত্র লেখা আছে পাথরে খোদিত, কৃপাপ্রার্থীদের হিতার্থে। সেই স্মারক উপল এখনও আছে পাহাড়ে কিন্তু কোনও লেখা তাতে নেই।

শিবসূত্র প্রকাশের বিষয়ে যে সাধারণ সম্মত মত তা হল i) এই সূত্র শিবেরই উল্লেখিত, মানুষের নয় এবং ii) এই সূত্রসমূহ বসুগুপ্তের কাছেই প্রকটিত হয়েছিল। সুতরাং শিবসূত্র প্রকাশের কাহিনী গৌণ, বক্তব্যই মুখ্য।

শিবসূত্রের প্রকাশ কাল –

কল্লটের 'রজতরঙ্গিনী' কাশ্মীরের রাজা অবন্তী বর্মনের জীবনেতিহাসের সময়কাল, খৃষ্টীয় নবম শতক। বসুগুপ্ত ছিলেন কল্লটের গুরু। সেই হিসাবে মনে করা হয় বসুগুপ্ত অষ্টম শতকের শেষে অথবা নবম শতকের শুরুতে জীবিত ছিলেন, যখন এই সূত্র আবিষ্কৃত হয়।

শিবসূত্রের ভাষ্য -

ক্ষেমরাজের সময়ে যে বিভিন্ন ভাষ্য উপলব্ধ ছিল তাতে তিনি অসংগতি দেখে তাঁর 'বিমর্শিনী' নামে নতুন ভাষ্য লেখেন। যদিও তিনি কোন কোন ভাষ্যে অসংগতি দেখেছেন সে বিষয়ে কিছু উল্লেখ করেননি কিন্তু আরও তিনটি ভাষ্যের সন্ধান পাওয়া গেছে। i) 'বৃত্তি', ii) ভাস্কর লিখিত – 'বার্ত্তিক', iii) বরদরাজ বা কৃষ্ণদাস লিখিত –'শিবসূত্র বার্ত্তিকম'। 'বৃত্তি'র লেখক সম্বন্ধে বিশেষ কিছু জানা যায় না কিন্তু 'বৃত্তি'র সঙ্গে পদে পদে 'বিমর্শিনী'র মিল পাওয়া যায় তাই মনে করা হয় 'বৃত্তি' ও 'বিমর্শিনী' সম্ভবত একে অপরের পৃষ্ঠভূমি।

ভাস্কর তার বার্ত্তিকের সূচনায় লিখেছেন বসুগুপ্ত প্রথমে তাঁর শিষ্য কল্লটকে শিবসূত্রে পাঠ দেন। কল্লট তাঁর ভাগ্নে প্রদ্যুম্নভট্টকে এবং তিনি তাঁর সন্তান প্রাজ্ঞার্জুনকে এই শিক্ষা

দেন। প্রাজ্ঞার্জুন তাঁর শিষ্য মহাদেবভট্টকে এবং তিনি তাঁর পুত্র শ্রীকান্তভট্টকে শিক্ষা দেন। ভাস্কর শ্রীকান্তভট্টর কাছ থেকে শিবসূত্রের শিক্ষা পান। ভাস্কর একাদশ শতকে জীবিত ছিলেন সুতরাং তাঁর 'বার্ত্তিক' সেই সময়ে লিখিত। 'বৃত্তি' গদ্যে এবং 'বার্ত্তিক' পদ্যে (শ্লোক) লেখা হয়েছে। 'বৃত্তি' সংক্ষিপ্তাকারে বিষয়ানুগ লেখা অপরপক্ষে 'বিমর্শিনী' সুললিত গদ্যে বিস্তৃত। 'বিমর্শিনী'তে অন্যান্য শাস্ত্র গ্রন্থের প্রাসঙ্গিক অংশের উল্লেখ আছে।

ক্ষেমরাজ দশম/একাদশ শতকের মহান আচার্য অভিনবগুপ্তের খ্যাতনামা শিষ্য ছিলেন। সুতরাং 'বিমর্শিনী' সে সময়ে লেখা। ক্ষেমরাজের বহুগ্রন্থ তাঁর লেখনীর উর্বরতার প্রমাণ। অন্যান্য গ্রন্থের মধ্যে আছে, প্রত্যভিজ্ঞাহৃদয়ম, স্পন্দসন্দোহ, স্পন্দনির্ণয়, স্বচ্ছন্দোদ্দ্যোত, নেত্রোদ্দ্যোত, বিজ্ঞানভৈরবোদ্দ্যোত, স্তবচিন্তামণিটীকা, পরাপ্রবেশিকা, তত্ত্বসন্দোহ, উৎপলদেবের 'স্তোত্রাবলী'র টীকা।

বরদরাজের যে 'শিবসূত্র বার্ত্তিকম'-এর উল্লেখ করা হয়েছে সেটি 'বিমর্শিনী'র পদ্য রূপ। তিনি নিজে কোনো মত প্রকাশ করেননি এই বার্ত্তিকে। বরদরাজ পঞ্চদশ শতকে জীবিত ছিলেন। প্রাপ্ত ভাষ্যের মধ্যে 'বিমর্শিনীই প্রাচীন ও প্রজ্ঞাপূর্ণ।

স্পন্দ-শাস্ত্র –

স্পন্দ-শাস্ত্রে শিবসূত্রেরই ব্যাখ্যা করা হয়েছে শক্তি-র দৃষ্টিকোণ থেকে। স্পন্দ-শাস্ত্রের উপর কয়েকটি ভাষ্যের উল্লেখ আছে যেমন, উৎপল বৈষ্ণব লিখিত 'প্রদীপিকা', রামকণ্ঠের 'বৃত্তি', ক্ষেমরাজের 'স্পন্দসন্দোহ', 'স্পন্দনির্ণয়'। স্পন্দসন্দোহে স্পন্দ-শাস্ত্রের প্রথম কারিকারই শুধু ভাষ্য আছে। ক্ষেমরাজের মতে স্পন্দ-শাস্ত্র বসুগুপ্তের লেখা। অনেকে মনে করেন বসুগুপ্তের শিষ্য কল্লটের লেখা।

প্রত্যভিজ্ঞা শাস্ত্র –

প্রত্যভিজ্ঞা শাস্ত্রে শৈবধর্মের দার্শনিক দিক (ত্রিকা দর্শন) তর্ক বিতর্কের মাধ্যমে উপস্থাপন করা হয়েছে। এ বিষয়ে প্রথম গ্রন্থ সোমানন্দের 'শিব-দৃষ্টি'। সোমানন্দ বসুগুপ্তের শিষ্য ছিলেন এবং নবম শতকে তিনি সমৃদ্ধি লাভ করেন। 'শিব-দৃষ্টি' যদিও দর্শনের একটি উল্লেখযোগ্য গ্রন্থ কিন্তু বর্তমানে উপলব্ধ নয়।

সোমানন্দের 'শিব-দৃষ্টি'র উপর লিখিত একটি 'বৃত্তি'ও অনুপলব্ধ। প্রত্যভিজ্ঞা শাস্ত্রের সবচেয়ে উল্লেখযোগ্য ও উপলব্ধ গ্রন্থ হল উৎপল লিখিত ঈশ্বরপ্রত্যভিজ্ঞা বা প্রত্যভিজ্ঞা

-সূত্র। উৎপল সোমানন্দের শিষ্য ছিলেন। কাশ্মীরের শৈবধর্মে প্রত্যভিজ্ঞার স্থান এত উচুঁতে যে এই শাস্ত্রকে প্রত্যভিজ্ঞা দর্শন নামে জানা যায়। প্রত্যভিজ্ঞা দর্শনের নিম্নোক্ত ভাষ্যসমূহ উল্লেখনীয়।

i) উৎপলের অসম্পূর্ণ বৃত্তি, ii) অভিনবগুপ্তের 'প্রত্যভিজ্ঞা বিমর্শিনী', iii) অভিনবগুপ্তের 'প্রত্যভিজ্ঞা-বিবৃতি-বিমর্শিনী'। এছাড়াও শৈবধর্মে অভিনবগুপ্তের বৃহৎ ও বিখ্যাত 'তন্ত্রালোক' দ্বাদশ খণ্ডে উপলব্ধ যাতে আছে শৈবধর্মের তত্ত্ব ও পদ্ধতির বিবরণ। তন্ত্রালোকের সংক্ষিপ্ত রূপ 'তন্ত্রসার'ও উপলব্ধ। জয়রথ 'বিবেক' নামে তন্ত্রালোকের একটি ভাষ্য লিখেছেন।

শিবসূত্রের দার্শনিক অবস্থানে (philosophical background) শিবসূত্রে যোগের সমন্বয় বর্তমান। সুতরাং প্রথমে শিবসূত্রের দর্শনের বিষয়ে সম্যক উপলব্ধি না হলে যোগ চর্চার বিষয় অফলপ্রসূ থেকে যাবে। এই যোগ সমন্বিত দর্শনকে আমরা চারভাগে ভাগ করতে পারি। 1. সর্বোচ্চ সত্য (ultimate reality), 2. জগতের উন্মেষ (manifestation of world process), 3. বন্ধন (bondage) ও 4. মুক্তি (liberation)।

1. সর্বোচ্চ সত্য (ultimate reality) –

সর্বোচ্চ সত্য হল চিৎ বা পরম শিব। সর্বোচ্চ সত্য হল অসংশ্লিষ্ট চেতনা। সেই চেতনার কোনও পরিবর্তন হয় না। যার মধ্যে বিষয় ও বিষয়ীর কোনও ভেদ নেই, ভেদ নেই অহম্ ইদমের, যিনি সর্বদা নিজেকেই সর্বেক্ষণ করেন (surviving itself)। প্রত্যভিজ্ঞা শাস্ত্রের ভাষায় এই স্থিতিকে বলা হয়েছে প্রকাশ বিমর্শময়। প্রকাশ হল সেই অনাদি জ্যোতি যাতে সব দৃশ্যমান হয় আর বিমর্শ হল সেই দেদীপ্যমান শক্তি যা জ্যোতির স্বভাব, শিবের অস্তিত্বের ব্যবহার। যে শক্তিতে শিব তাঁর পরিচয় প্রতিবিম্বিত (like a mirror) দেখেন ঐশ্বর্য, ক্ষমতা ও সৌন্দর্য সৌরভে। বিমর্শে নিহিত আছে আবার শিবের কর্তৃত্ব শক্তি। জ্যোতি সার্বিক সত্য নয়। হীরকের দ্যুতি হীরক নয়। জ্যোতির প্রকাশের বিমর্শই তার আসল পরিচয় যা কর্ম সম্বন্ধী। ক্ষেমরাজ পরাপ্রবেশিকায় (পৃঃ 2) বলেছেন বিমর্শের অর্থ- 'অক্রিত্রিমাহম ইতি বিস্ফুরণম'। এ হল অহমের(I) অসংশ্লিষ্ট (non-relational) আত্যন্তিক চেতনা (immediate awareness)। ক্ষেমরাজ পরাপ্রবেশিকায় (পৃঃ 2) আরও বলেছেন- 'যদি নিবিমর্শঃ স্যাৎ অনীশ্বরো জড়শ্চ প্রসজ্যেত'। অর্থাৎ সর্বোচ্চ সত্য যদি বিমর্শরহিত প্রকাশ হত তবে তা হত অশক্ত জড়সুলভ। সর্বোচ্চ সত্ত্বার (I-consciousness) এই সর্বোচ্চ সত্য বিমর্শযুক্ত যা জগতের উন্মেষ, পোষণ ও নিমীলনের কারণ।

চিৎ নিজের সম্বন্ধে সচেতন চিদ্’রূপিনী শক্তি। চিদ্’রূপিনী শক্তির নিজের সম্বন্ধে এই সচেতনতাই বিমর্শ। বিমর্শের অনেক নাম, পরাশক্তি, স্বাতন্ত্র্য, ঐশ্বর্য্য, কর্তৃত্ব, স্ফুরত্তা, সার, হৃদয়, স্পন্দ (পরাপ্রবেশিকা পৃঃ 2)।

শঙ্কর বেদান্তে শুধু প্রকাশকে (light of illumination) শুদ্ধ জ্ঞান বা সত্য বলা হয়েছে। যেখানে বিমর্শের অবকাশ নেই। সেখানে মায়ার সাহায্য নিয়ে জগৎ প্রকাশিত বা দৃষ্ট হয়। ব্রহ্মন বা শুদ্ধ জ্ঞানের এ ধরণের কোনো কর্ম নেই। প্রকাশ বা জ্যোতি বা শুদ্ধ জ্ঞানই তার সর্বস্ব, অকর্মক অনির্বচনীয়। ঈশ্বর-রূপ মায়োপহিত বা মায়াসক্ত চৈতন্যের সহযোগে জগৎ প্রকাশিত। এই ঈশ্বর শুদ্ধ জ্ঞানের (তত্ত্বের) প্রকাশের সম্ভবনাপূর্ণ ঐশ্বর্য, প্রচলিত দৈনন্দিন আরাধ্য দেবদেবী নয়।

মায়ার কখন আবির্ভাব হয় জগৎ সাধনে ? শঙ্কর বেদান্তে বা সাঙ্খ্য দর্শনে মায়াকে ব্রহ্মে বা পুরুষে নিহিত মনে করা হয়; মায়ার কোনও কারণ দর্শানো হয় না। সেখানেই শঙ্কর বেদান্তে বা সাঙ্খ্য দর্শনে দ্বৈততার সূত্রপাত। শৈবধর্মে এই মায়াকে শিবের ইচ্ছাশক্তি বলে ব্যাখ্যা করা হয়েছে যা সৃষ্টিতে সর্বত্র বিকশিত সূক্ষ্মরূপে।

শৈবধর্মে শিবের স্বাতন্ত্র্য শক্তিই (par excellence characteristic) হল মায়া যার সূত্রপাত শিবে প্রকাশের সম্ভবনায় (প্রকাশিত হবার) বিমর্শতা বা ইচ্ছাশক্তি। এই ইচ্ছাশক্তিই জ্ঞান ও ক্রিয়ায় পর্যবসিত হয় জগৎ প্রকাশে। সুতরাং সর্বোচ্চ সত্য শুধু সর্বোচ্চ চৈতন্য নয় সর্বোচ্চ শক্তিও তাতে লিপ্ত (সমাহার)। এই সামূহিক চৈতন্যকে অনুত্তর (Absolute) বলা হয় যা বিশ্বোত্তীর্ণ, বিশ্বময় (universal consciousness)।

2. জগতের উন্মেষ (manifestation of world process) –

সর্বোচ্চ সত্যের স্বভাবই হল উন্মেষশীলতা। তাঁর যদি কোনও উন্মেষ না হয় তবে তাঁকে স্বীকার করারও প্রয়োজন হয় না। অভিনবগুপ্ত তন্ত্রালোকে (III-100) বলেছেন-

‘অস্থাস্যদেকরূপেণ বপুষা চেন্মহেশ্বরঃ।
মহেশ্বরত্বং সংবিত্ত্বং তদত্যক্ষদ্ ঘটাদিবৎ।।’

অর্থাৎ সর্বোচ্চ সত্য যদি নিজেকে বিভিন্ন রূপে প্রকাশিত না করতো এবং নিজেতে ঘনীভূত থাকতো তবে তা সর্বোচ্চও হত না চৈতন্যও হত না ঘটের মতো কোনও পরোক্ষ (তদত্যক্ষদ্) কিছু হত।

সর্বোচ্চ সত্য পরমশিব প্রকাশ বিমর্শময়। পরাত্রিংশিকায় (পৃঃ 34) বলা হয়েছে-

'যথা ন্যগ্রোধবীজস্থঃ শক্তিরূপো মহাদ্রুমঃ।
তথা হৃদয়বীজস্থং বিশ্বমেতৎ চরাচরম্।।'

অর্থাৎ বৃহৎ বটবৃক্ষের মূল তার বীজে সুপ্ত থাকে, সেইরকম সর্বোচ্চ সত্যের হৃদয়ে এই বিশাল সৃষ্টি সম্ভাবিত অবস্থায় থাকে। সর্বোচ্চ সত্যের শক্তিকে চিতি, পরাশক্তি বা পরাবাক বলা হয় যা সৃষ্টির খেলা করে। পরমশিবের অমিত শক্তি পঞ্চরূপে দৃষ্ট হয়। i) চিৎ- উন্মেষ সম্ভাবনার শক্তি।

ii) আনন্দ- সর্বোত্তম হর্ষতা। চিৎ এবং আনন্দ পরম শিবের স্বরূপ। বাকি সব তাঁর শক্তি বলা যেতে পারে।

iii) ইচ্ছা- সৃষ্টির সম্ভাবনার ঐশ্বর্য সমন্বিত ঈশ্বর তত্ত্বের পূর্ববর্ত্তী সৃষ্টি উন্মুখী শুদ্ধ তত্ত্বের আখ্যা, সদাখ্যা বা সদাশিব।

iv) জ্ঞান- সৃষ্টির জ্ঞানযুক্ত ঈশ্বর।

v) ক্রিয়া- রূপ পরিগ্রহের শক্তি সদবিদ্যা বা শুদ্ধবিদ্যা।

বিশ্বব্রহ্মাণ্ড প্রসরণশীল উন্মেষ। এই উন্মেষের প্রয়োজনে বিভিন্ন তত্ত্বের আবির্ভাব যা পরবর্ত্তী বিভিন্ন সূত্রে বর্ণিত হয়েছে।

I বিশ্ববোধের তত্ত্ব (universal experience) (সূত্র 1-5)

আগেই বলা হয়েছে পরম শিবের দুই রূপ (aspect) বিশ্বোত্তীর্ণ (transcendental) ও বিশ্বময় (immanent)। বিশ্বময়তা হল তাঁর সৃষ্টির সাধন (creative aspect) যা শিবতত্ত্ব নামে অভিহিত। শিব তত্ত্বের প্রাথমিক দুই স্তর। প্রথম স্তর হল স্পন্দ, সৃষ্টির জনক শিব। দ্বিতীয় স্তর হল সৃষ্টির শক্তি। পরম শিবের সৃষ্টিমুখীনতায় অহম্ ও ইদমের দুই ভাব একত্র বর্তমান। এই দুই ভাব বিষয়ী (subject) ও বিষয়ের (object)। শক্তি শিবের থেকে আলাদা কিছু নয়, তাঁর সৃষ্টির শক্তি। তাঁর অহমবিমর্শতা সৃষ্টির উদ্যোগী।

একটি শিল্পী যেমন তার সৃষ্টির আনন্দ অন্তরে অনুভব করে সৃষ্টিতে তেমনি তাঁর আনন্দ পরমশিব ঢেলে দেন সৃষ্টির কণায় কণায় যেন সৃষ্টি সেই আনন্দের আশ্রয়ে নিজেকে প্রকাশ করতে পারে। এখানে স্রষ্টা ও তাঁর অভিব্যক্তির মধ্যে এক প্রগাঢ় সম্পর্ক স্থাপিত হয় যেমন সুর ও তার স্রষ্টার সম্পর্ক।

শক্তি তত্ত্বে পরমশিবের আনন্দ প্রধান উপজীব্য, সুতরাং শক্তিতত্ত্ব থেকে শিবকে কখনো পৃথক ভাবা সম্ভব নয়।

পরবর্ত্তী পর্যায় হল সদাখ্যা বা সদাশিব তত্ত্বের। এই পর্যায়ে সৃষ্টির বস্তুরূপ অর্জনের 'ইচ্ছা' (affirm this), যা সদাখ্যা বা সদাশিব নামে অভিহিত। সদাখ্যার অর্থ সদ্ এই স্তরে আখ্যায়িত হবেন বলে মনস্থ করেন বা সৎ-এর অশিব ভাব ধারণ। এই ভাব অস্ফুট অবস্থায় থাকে অর্থাৎ অন্তরে সৎ (I) তাঁর (This) সৃষ্টির আবরণ গ্রহণে উদ্যোগী; কিন্তু সৃষ্টি তখনও সম্ভব হয়নি, সুতরাং সৎ-এর অহমই মুখ্য এই উদ্যোগে। সৃষ্টিতে একরূপ আভাস (first manifestation) বলা যেতে পারে সদাশিব তত্ত্বকে। সর্বত্র বিষয়ী ও বিষয় (subject and object) চেতন। সৃষ্টির পূর্বে বিষয়ীর আধিপত্য প্রধান।

চতুর্থ পর্যায়ে সৃষ্টির রূপলাভের জন্য ইদমের আধিপত্য হয়। এই আধিপত্যকে বলে ঈশ্বর তত্ত্ব। তখন সৃষ্টির উন্মেষের প্রকোপ হয় (blossoming of universe), এবং সৃষ্টির উন্মেষের এই সম্ভবনাকে জ্ঞান বলে। প্রথমে জ্ঞান ও তার থেকে সৃষ্টির ক্রিয়া সম্ভব হয়। ঈশ্বর হল- 'আমিই এই সৃষ্ট' (This I am) তত্ত্ব।

পঞ্চম পর্যায়ে সৃষ্টির সম্ভবনায় অহম্ ও ইদম্ প্রথমে সমানুপাতে অবস্থান করে- 'সমাধৃত-তুলা-পুতন্যায়েন' (held in balance)। এ হল সদবিদ্যা বা শুদ্ধবিদ্যার স্তর যখন ক্রিয়াশক্তির উদ্যম হওয়ায় অহম্ ও ইদমের বিশিষ্টতা সমাধৃত (in balance) হয়ে প্রকট হয়। এই অবস্থাকে বলে 'ভেদাভেদ-বিমর্শতাত্মা' যাতে অহম্ ও ইদমের সমান পৃথকত্ব-সমানাধিকরণ। এই অবস্থার অভিজ্ঞতা হল পরাপর দশা অর্থাৎ উচ্চ ও নিম্নদশার মধ্যবর্ত্তী অবস্থা। এই অবস্থায় সৃষ্টির সব অভিজ্ঞতা ধারণা মাত্র তাই এই অবস্থাকে বলে 'শুদ্ধাধ্বা'। এই অবস্থায় শিবের শক্তি (real nature) সৃষ্টির দ্বারা তখনও আবৃত হয় না (Divinity is not yet veiled)।

II ব্যক্তির সীমিত বোধের তত্ত্ব (limited experience principle) (সূত্র 6-11)

এখানে মায়া তত্ত্বের বা অশুদ্ধ স্তরের শুরু। এই স্তরে সৎ বা সর্বোচ্চ সত্য থাকে মায়ার কঞ্চুকে (limited in shells of Maya) আচ্ছাদিত। মায়া শব্দের মূল হল 'মা' যার এক অর্থ হল পরিমাপ বা পরিমিত অর্থাৎ অভিজ্ঞতা বা অনুভব সেখানে পরিমাপ যোগ্য। ফলে প্রতি বস্তু ও ব্যক্তির পৃথকত্ব হয় এই স্তরে।

সদবিদ্যা পর্যন্ত অভিজ্ঞতা বা জগতের অনুভব বিশ্বময়; ইদম বা ইহা নির্দিষ্ট নয়। মায়ার প্রভাবে তা নির্দিষ্ট হয় একে অপরের থেকে। এমতাবস্থায় বিশ্ব বিভাজিত ও এবং বিভিন্নতায় সঙ্কুচিত হতে থাকে। এই সঙ্কোচন হয় মায়ার আবরণে যার দরুণ বিশ্বে ব্যাপ্তির

অনুভব (সত্য) ঢাকা পরে যায় এবং বাহিরের আবরণে সৃষ্টির প্রয়োজনে বিভিন্ন রকম বিশিষ্টতার সৃষ্টি হয়। এই বিশিষ্টতাকে বলে কঞ্চুক যা পাঁচ প্রকার।

i) কলা- বিশ্বময় চৈতন্য তার সর্ব কর্তৃত্ব হারালে বা সীমিত হলে যে পৃথকত্ব হয় তাকে বলে কলা।

ii) বিদ্যা- এতে সর্বজ্ঞতা বিভাজিত হয়ে সীমিত হয়।

iii) রাগ- এই সঙ্কোচনে পূর্ণত্বের বিভাজন হয়।

iv) কাল- সময়ের স্থানের প্রেক্ষিতে কোনোকিছুর নিত্যতা সীমিত হয় এবং তাতে অতীত, বর্তমান ও ভবিষ্যৎ সময়ের উদয় হয়।

v) নিয়তি- উপরোক্ত সীমিত অবস্থার ফলে ঘটনাক্রমের সূচনা হয় যা কার্য-কারণের অধীন এবং ব্যক্তিতে, বস্তুতে স্বাতন্ত্র্যতার, একত্ব (সর্বত্র এক) ও ব্যাপকত্ব, স্থান-কাল ও রূপের দ্বারা সীমিত ও ব্যাখ্যয়িত হয়।

এখানে উল্লেখযোগ্য একটি বিষয় হল ত্রিকা দর্শন জার্মান দার্শনিক কান্টের এ ধরণের বিচারের এক হাজার বছর আগেই জগৎ ও জীবের অস্তিত্বের উপযুক্ত তত্ত্বের ধারণা করেছে।

হিউমের মতে কোনও কিছুর অভিজ্ঞতা হল তার তাৎক্ষণিক ধারণা (কল্পনা) (passing phantasmagoria of ideas)। কোপার্নিকাস যেমন ভূমণ্ডলের গতি প্রকৃতি সম্পর্কে পাশ্চাত্যে এক যুগান্তকারী চিন্তার সূচনা করেন, দর্শনে তেমনি কান্টের মতে বিশ্বময়তা সৃষ্টির কোনও প্রযোজনের দ্বারা সিদ্ধ নয়, আগে থেকেই বর্তমান (a priori), পাশ্চাত্যে এ হল আর এক যুগান্তকারী চিন্তা। বিশ্বময়তা ও সৃষ্টির দার্শনিক সম্পর্কের (synthetic judgement) অর্থাৎ বিশ্বময়তার পরিপ্রেক্ষিতে সৃষ্টি, সৃষ্টির জন্য বিশ্বময়তা নয় এই সম্পর্ক আগে কারও ধারণায় ছিল না।

সৃষ্টিতেই জগতে অভিজ্ঞতা বা অনুভবের জন্ম এবং পরিমাপের উদ্ভব। এই পরিমাপের কারণেই জ্ঞানের অনুভব যা সর্বত্র ব্যাপ্ত। জ্ঞানের মনুষ্যকৃত বিভাগই হল নিয়ম (laws) যা মনকে চালিত করে বিভিন্ন অনুসন্ধানে।

ত্রিকা বা প্রত্যভিজ্ঞা দর্শনের অভিমত হল জাগতিক অভিজ্ঞতা মায়ার দ্বারা সীমিত (কঞ্চুকিত) এবং কঞ্চুকের পাঁচ রূপ- কলা, বিদ্যা, রাগ, কাল ও নিয়তি। কান্টের মতে স্থান ও কাল প্রণোদিত (forms of intuition)। মানুষের অভিজ্ঞতা সবই স্থান ও কালে

সীমিত। প্রত্যভিজ্ঞা দর্শনেও বলা হয়েছে সব অভিজ্ঞতাই কাল ও নিয়তি (ঘটনা পরম্পরা) আধারিত।

দর্শনে মায়ার অর্থ হল যাকে দিয়ে অভিজ্ঞতাকে মাপা যায়- 'মিয়তে অনয়া ইতি মায়া'। প্রত্যভিজ্ঞা দর্শনে মায়া-প্রমাতা, চিত্ত-প্রমাতা, সকল, অণু, এবং জীব সবই অভিজ্ঞতা প্রসূত। প্রত্যভিজ্ঞা দর্শনে নিয়তির তিন রূপ, স্থান, কার্য-কারণ (causality) এবং বিষয়ের পরিমিতি। কান্ট প্রথম দুটি সম্পর্কে ওয়াকিবহাল থাকলেও তৃতীয়টির প্রয়োজনীয়তা অনুভব করেন নি। ফলে বিষয়ে বিষয়ে পার্থক্য তিনি কার্য-কারণেই অনুভব করেছেন।

কান্টের জ্ঞানের বিষয়ে ধারণা (epistemology) জাগতিক জ্ঞানেই সীমাবদ্ধ। প্রত্যভিজ্ঞা দর্শনে স্থান-কাল ব্যতীতও বস্তুর ক্রিয়াজনিত সম্পর্ক (ক্রিয়াম্বয়) বস্তুর অস্তিত্বের কারণ। এই স্বতন্ত্র পরিমিত অস্তিত্বই মানুষকে ক্রিয়াশীল করে।

কান্টের দর্শনে কলা ও রাগেরও কোনো অবস্থান নেই। কলা (খণ্ডত্ব) ও রাগ (সীমিত অনুভব) একে অপরের সঙ্গে জড়িত; যার দরূণ মানুষ ক্রিয়াশীল। রাগে আছে বিচার, কলায় আছে অপূর্ণতা, এই দুই তত্ত্বই মানুষকে কর্মে উদ্বুদ্ধ করে।

কান্টের মতে জ্ঞানে দুটোই স্রোত আছে বস্তু ও তার রূপ। বস্তু প্রকৃতির দান এবং রূপ মানুষের মনের দ্বারা আরোপিত। এটাই হল কান্টের দ্বৈততা (dualism)।

প্রত্যভিজ্ঞা দর্শনে বস্তু ও তার রূপ মায়ার কঞ্চুকে উদ্ভূত। বস্তু মায়ায় উদ্ভূত এবং রূপ হল বিদ্যা (সীমিত জ্ঞান), কাল ও নিয়তির দ্বারা সৃষ্ট। শুদ্ধ তত্ত্বে আমরা দেখেছি জ্ঞানের (ঈশ্বরতত্ত্ব) পরে ক্রিয়ার (সদবিদ্যা) পরম্পরা। এই ক্রিয়া সৃষ্টিমুখী, এর পরে মায়ার প্রথম পদক্ষেপ। মায়ার পদক্ষেপে বিশ্বময় চৈতন্য সীমিত (কলা) হলে প্রকৃতির উদ্ভব হয় সৃষ্টির জন্য। অর্থাৎ জ্ঞানের ক্রমে সৃষ্টি- 'বেদ্যমাত্রং স্ফুটং ভিন্নং প্রধানং সূয়তে কলা'। (তন্ত্রালোক পৃঃ 2)

প্রকৃতি থেকে অহঙ্কার, বুদ্ধি ও মনের উদয়। অহঙ্কার থেকে পাঁচ জ্ঞানেন্দ্রিয় ও তার তন্মাত্রের বোধ, তন্মাত্র থেকে পঞ্চভুতের (ক্ষিতি, অপ, তেজ, মরুৎ, ব্যোম) উদয়। সুতরাং প্রত্যভিজ্ঞা দর্শনে, কান্টের বস্তু ও তার রূপ মায়ার সৃষ্টি। প্রত্যভিজ্ঞা দর্শনে এই মায়া শিবের শক্তি বা শিব-শক্তি থেকে ক্রমান্বয়ে উদ্গত। শিব-শক্তি দ্বৈততার দ্যোতক কিন্তু মূলে শিব, এখানেই প্রত্যভিজ্ঞা দর্শনের অদ্বৈততা।

কান্টের মতে জগৎ, ব্যক্তি ও পরমেশ্বর (God) প্রত্যক্ষ জ্ঞানের বিভাজনের দ্বারা

(categorisation) জানা যায় না। প্রত্যভিজ্ঞা দর্শনে, মায়ার ধারণার পূর্বে শুদ্ধ (পরম-God) ও মায়া থেকে আরম্ভ করে আছে অশুদ্ধের (জাগতিক, ব্যক্তিক) ভেদ। অশুদ্ধে আছে বিকল্পতা (mental distinction)। যতক্ষণ এই বিকল্পতা বোধের সৃষ্টি না হয় ততক্ষণ এই মহাবিশ্ব, ব্যক্তি, ও পরমেশ্বর সব এক বা নির্বিকল্প (non-distinctive, non-discursive)।

কান্টের মতে মহাবিশ্ব, ব্যক্তি, ও পরমেশ্বরের জ্ঞান হতে পারে নৈতিক ও আধ্যাত্মিক (moral and spiritual) শুচিতার (discipline) মাধ্যমে; যদিও এই জ্ঞানের তিনি কোনও ব্যাখ্যা দেননি।

প্রত্যভিজ্ঞা দর্শনে, সর্বোচ্চ সত্যের প্রাপ্তির পথ সাধনার পথ বলা হয়েছে। তার তিন উপায়- আণবোপায়, শাক্তোপায় ও শাম্ববোপায়।

III কঞ্চুকের উদ্ভব তত্ত্ব (emergence of limited identity) (শ্লোক-12-13)

পুরুষ: (শ্লোক-12)

শিব মায়া শক্তির বশে জগতে সীমিত আধারে পুরুষরূপে প্রকটিত হন। প্রকটে পুরুষের অর্থ তখন জগৎ এক চেতন অস্তিত্ব।

জগৎ সংসারে (world system) পুরুষ এক অণু হিসাবেও জ্ঞাত। অণুর অর্থ তখন সীমিত ঐশ্বরিক অস্তিত্ব।

প্রকৃতি: (শ্লোক-13)

পুরুষ যখন জগৎ প্রকাশের বিষয়ী (subject) তখন বিষয় (object) হল প্রকৃতি। ত্রিকা দর্শন এবং সাঙ্খ্য দর্শনে প্রকৃতির ধারণায় কিছু ভেদ আছে। সাঙ্খ্য মনে করে প্রকৃতি বিশ্বব্যাপী প্রতিটি জীব ও বস্তুতে বর্তমান পুরুষের পরিপ্রেক্ষিতে। ত্রিকার মত প্রতিটি পুরুষে (initiated identity) প্রকৃতি পৃথক এবং প্রকৃতির সংগঠন (matrix) বিষয় কেন্দ্রিক।

প্রকৃতির (প্রতিটি) তিন গুণ সত্ত্ব, রজ ও তম। প্রকৃতি বিষয়ীভূত হওয়ার পূর্বে এই তিনগুণের সমত্ব রক্ষিত হয় (perfectly equiposed)। সত্ত্ব গুণ হল স্বচ্ছ ও উজ্জ্বল (transparent and bright) যা আনন্দময় ও শান্ত (joyous and peaceful)। সত্ত্ব শুভের (goodness) প্রতীক। তম হল অন্ধকার ও জড়ত্বের প্রতীক (dark and inertness) যার ভাব হল নির্জীবত্ব ও অজ্ঞানতা (debasement)। রজ হল ক্রিয়াত্মক (active) ও প্রবণতা (passationate) সম্পন্ন। এতে আছে আগ্রহ (craving)। প্রত্যভিজ্ঞা

দর্শন অনুযায়ী প্রকৃতি শিবের শান্তা শক্তি এবং সত্ত্ব, রজ ও তম গুণ হল সেই শান্তা শক্তির যথাক্রমে জ্ঞান, ইচ্ছা ও ক্রিয়া। পুরুষ হল সাক্ষী (ভোক্তা) আর প্রকৃতি হল সাক্ষ্য (ভোগ্য)।

IV মনের তত্ত্ব (Mental operation)

বুদ্ধি, অহঙ্কার ও মন (শ্লোক 14-15)

মানসিক দিক থেকে মনের তিন প্রকরণ, অন্তঃকরণ (psychic apparatus), ইন্দ্রিয় সমূহ (senses) ও ভূত (matter)। অন্তঃকরণ হল ব্যক্তির সত্তা যাতে আছে ক্রিয়াশীল বা ক্রিয়ার উদ্যোগকারী মানসিকতার তত্ত্ব, বুদ্ধি, অহঙ্কার ও মন।

i) বুদ্ধি-ব্যবসায়াত্মিকা বা বিচারশীল। বুদ্ধি বিচার করে দুই রূপে, a) বহির্ভাগে (externally), যেমন ঘটের দৃশ্যে এবং b) অন্তরে (internally), পূর্ব সংস্কারের দ্বারা ঘটের জ্ঞানে, নামে।

ii) অহঙ্কার বুদ্ধি প্রসূত যার লক্ষণ হল আমিত্ব (I-making principle)।

iii) মন- অহঙ্কার থেকে মনের উৎপত্তি ব্যক্তিতে যা কোনোকিছু সম্পর্কে ধারণার সৃষ্টি করে।

এ সবের মূল হল অহম্-ইদম্ সম্পর্কের ব্যক্তিতে অহমভাব।

V-VII ইন্দ্রিয়জাত অভিজ্ঞতার তত্ত্ব (sensibility) (শ্লোক 7-31)

1. জ্ঞানেন্দ্রিয় পাঁচ প্রকার- i) ঘ্রাণেন্দ্রিয়, ii) রসনেন্দ্রিয়, iii) দর্শনেন্দ্রিয়, iv) স্পর্শনেন্দ্রিয় ও v) শ্রবণেন্দ্রিয়।

2. কর্মেন্দ্রিয় পাঁচ প্রকার- i) বাগেন্দ্রিয় ii) হস্তেন্দ্রিয় iii) পাদেন্দ্রিয় iv) পায়ইন্দ্রিয় ও v) উপস্থেন্দ্রিয় বা জননেন্দ্রিয়।

3. পঞ্চ তন্মাত্র হল অহমের সহায়ক পাঁচ অনুভব যথা, শব্দ, স্পর্শ, রূপ, রস ও গন্ধ।

VIII (materiality) (শ্লোক 32-36)

পাঁচ তন্মাত্রের কারণে পাঁচ মহাভূতের উদ্ভব।

i) শব্দের কারণে আকাশ

ii) স্পর্শের কারণে বায়ু

iii) তেজের (অগ্নি) কারণে রূপ

iv) রসের কারণে জল

v) গন্ধের কারণে ক্ষিতি

জীবের সত্তা বা জীব-

চৈতন্য বা শিব হল প্রতিটি জীবের সত্তার মূল বা সত্ত্বা। ব্যক্তির জাগতিক বা জগৎ বোধের সত্তার গঠন হয় উপরোক্ত পাঁচ মহাভূতের দ্বারা যা তার সুবিন্যস্ত শরীর। প্রাণশক্তি এই স্থুল শরীরের চালক ও ধারক।

ব্যক্তির সত্তা তথা অন্তঃকরণ মন, বুদ্ধি, অহঙ্কার এবং পাঁচ তন্মাত্রের শক্তিকে একত্রে বলে পুর্যষ্টক যা তার শরীররূপ পুরীকে ধরে রাখে। ত্রিকা দর্শনে এই মিলিত রূপকে বলে সূক্ষ্ম-শরীর যাতে ঐশ্বরিক সত্ত্বার বাস। ব্যক্তির জাগতিক সত্তার বাস অন্তঃকরণে।

প্রতিটি জীবে তার শরীরের মূলে এক রক্ষক শক্তি কুণ্ডলাকারে অবস্থান করে সুপ্ত অবস্থায়, যাকে কুণ্ডলিনী চক্র নামে জানা যায়। প্রতিটি জীবের জাগ্রত, স্বপ্ন ও নিদ্রা বা গভীর নিদ্রার অনুভব হয়। এই তিন অবস্থার উর্দ্ধে ব্যক্তির চেতনা তুরীয় অবস্থা প্রাপ্ত হয়। সেই অবস্থায় ব্যক্তির চেতনা সাক্ষীভাব অনুভব করে। শিবের আনন্দময়তার (চিদানন্দ-চিৎ-এর আনন্দ) বোধ তুরীয় ব্যক্তিতে অনুভূত হয়। ব্যক্তির মন পূর্বজীবনের বাসনার দ্বারা প্রভাবিত কিন্তু যোগ সাধনায় সেই মনকে নিয়ন্ত্রিত করা যায়। সম্পূর্ণ নিয়ন্ত্রিত মন বাস্তব বা পরিপার্শ্ব দ্বারা প্রভাবিত হয় না এবং যোগী জীবিত অবস্থায় নিজেকে জীবনের জাগতিক দৈনন্দিন বন্ধন থেকে মুক্ত, জীবন্মুক্ত মনে করে।

3. বন্ধন (bondage)-

বন্ধনের কারণ মূল শিবরূপ অণুতে মলের আবরণ যাকে আণবমল বলে। এটাই হল ব্যক্তির প্রাথমিক সীমাবদ্ধতা তার চিৎ-রূপে। এই সীমাবদ্ধতার কারণে জীব বিশ্বময় চৈতন্য থেকে নিজেকে পৃথক বা স্বতন্ত্র মনে করে। এটাই জীবের প্রাথমিক অজ্ঞতা বা অসম্পূর্ণতা। এই অশুদ্ধ পথের পথিক হওয়ার কারণে জীবে মায়ীয় মল কার্মমলের (কার্য-কারণের) যোগ হয়। ফলে প্রকৃত জ্ঞানের অস্বচ্ছতায় বাসনার উদ্ভব হয়। এই বাসনাই ব্যক্তিকে জন্ম জন্মান্তরে ধাবিত করে, মুক্তি দূরে থেকে যায়।

4. মুক্তি (liberation)-

প্রত্যভিজ্ঞা দর্শনে মুক্তি হল স্বরূপোপলব্ধি বা অকৃত্রিম অহমের বিমর্শ বা চেতনা লাভ। সাধারণ অর্থে অহম হল একের থেকে (নিজের থেকে) অন্যের পৃথকত্ব বোধ। স্বরূপোপলব্ধিতে এই পৃথকত্ব বোধ থাকে না, সেটাই মোক্ষ বা মুক্তি। অভিনবগুপ্ত তন্ত্রালোকের প্রথম ভাগে (পৃঃ 192) বলেছেন-

'মোক্ষো হি নাম নৈবান্যঃ স্বরূপপ্রথনং হি তৎ।'

অর্থাৎ মোক্ষের অর্থ অন্য কিছু নয় নিজের স্বরূপ সচেতনতা। সর্বোচ্চ প্রাপ্তি শুধু স্বরূপের জ্ঞান নয় বরং শিব-চৈতন্যে উত্তরণ অর্থাৎ বিশ্বময়তার বোধ লাভ। এই অবস্থার লাভকে বলে শক্তিপাত বা শিবের অনুগ্রহ। এই অনুগ্রহ লাভের হল চার ধারা i) অনুপায়, ii) শাম্ভবোপায়, iii) শাক্তোপায় এবং iv) আণবোপায়।

i) অনুপায় অর্থাৎ সাধকের স্বল্প পরিমাণ উপায় এবং গুরুর কৃপাই বেশি বিশ্ববোধে। শিব-সূত্রে অনুপায়ের উল্লেখ নেই কারণ এই ধারায় সাধনার বিশেষ প্রয়োজন হয় না কৃপাই মুখ্য। অভিনবগুপ্ত বলেছেন-

উপায়জালং ন শিবং প্রকাশয়েদ্
ঘটনে কিম্ ভাতি সহস্রদীধিতিঃ।
বিবেচয়ন্নিত্থমুদারদর্শনঃ
স্বয়ংপ্রকাশং শিবমবিশেৎক্ষণাৎ।।

অর্থাৎ অসংখ্য পথে শিব লাভ হয় না। সূর্যের অপরিমিত আলোয় প্রকাশিত ঘট সূর্যের কাছে নিয়ে যেতে পারে না দর্শককে। সুতরাং যে নিজে (জ্ঞানে) আলোকিত সেই শিব লাভ করে। সার কথা হল- 'যার হয় তার হয়, প্রচেষ্টাই নিশ্চয়াত্মক নয়'।

এই গ্রন্থের তিন পর্ব। প্রথম পর্বে শাম্ভবোপায়, দ্বিতীয় পর্বে শাক্তোপায় এবং তৃতীয় পর্বে আণবোপায় বর্ণিত হয়েছে। আমরা এখন শিবসূত্রের এই পর্বানুসন্ধান করবো।

প্রথম পর্ব – শাম্ভবোপায়

এই পর্যায়ে প্রথম সূত্রে শৈবধর্মে দর্শনের প্রেক্ষাপট এবং শাম্ভব যোগের উপলব্ধির কথা আলোচিত হয়েছে। বলা হয়েছে চৈতন্য হল স্বত্ব (Self-নিজেতে স্থিত) এবং তা সত্যের প্রকৃতি (nature of reality)। চৈতন্য শুধুমাত্র চেতনা (awareness) নয়। চৈতন্যে আছে স্বেচ্ছা, জ্ঞান ও ক্রিয়াত্মিকতা। চৈতন্যের মূল হল চিৎ (conscience) ও তার আনন্দ (bliss)। চৈতন্য প্রকাশমান তাঁর ইচ্ছা, জ্ঞান ও ক্রিয়ার মাধ্যমে।

শৈব দর্শনে বলা হয় শিব, জীব ও জগতের সবেতেই বর্তমান। প্রশ্ন উঠতে পারে তবে বন্ধনের কারণে শিবের আনন্দ সবেতে অনুভূত হয় না কেন? বন্ধন কেন সব কিছুকে সীমিত করে দেয়।

উত্তর হল এই বন্ধন আণব, মায়ীয় ও কর্মের মলের দ্বারা হয়। আণব মলের ধর্মই হল শিবকে জানতে না দেওয়া এবং তার দরুণ ব্যক্তি অজ্ঞানতার শিকার হয়। এই মল জীব ও জগতের প্রাথমিক অস্তিত্ব অণুর উপর আচ্ছাদিত প্রাথমিক মল। মায়ীয় মল জীবের সূক্ষ্ম ও স্থূল শরীরের কারণ যা ভেদের সৃষ্টি করে। কর্মের মল উৎপন্ন হয় জীবের অপূর্ণতা জনিত বাসনা থেকে, উদ্দেশ্যমূলক কর্ম থেকে। সূত্র-2-তে আণবমল, মায়ীয়মল এবং কর্মের মলের বর্ণনা সূত্র-3-তে করা হয়েছে। মলের প্রকৃতিই ব্যক্তির বন্ধনের কারণ।

সূত্র-2-তে উল্লেখিত, সঙ্কুচিত জ্ঞান (limited knowledge) যা স্বচ্ছ জ্ঞানকে সীমিত তথা আবৃত করে (vitiate), তা ব্যক্তিতে প্রাথমিক অজ্ঞতার সৃষ্টি করে।

শিবের শক্তি স্বাতন্ত্র্য শক্তি, এই শক্তি জগৎ সংসারের খেলা সংঘটিত করে (cosmic game or drama)। এই খেলায় শিব মহামায়া-শক্তিকে যোজিত করেন। এই মহামায়া শক্তিই আরোপিত সীমিত জ্ঞান ও রূপের দ্বারা জগতের খেলা সম্ভব করেন– 'স্ব-স্বাতন্ত্র্য-শক্ত্যাভাসিত-স্বরূপ-গোপনা-রূপয়া মহামায়াশক্ত্যা'। মহামায়ার প্রথম কার্যই হল স্বরূপ-গোপন, ব্যক্তির শিব অস্তিত্বকে ঢেকে ফেলা। প্রকৃতপক্ষে এই আচ্ছাদিত শিবই জগৎ-রূপ ও তার খেলা সম্ভব করে। শিব আচ্ছাদিত রূপে সবেতেই বর্তমান; সৃষ্টিতে তাঁর অবতরণের (involuted in creation) প্রতীক রূপ হল অধোচাপ (arc of descent)। এরপর তিনি বিভিন্নভাবে নিজেকে প্রকাশ করেন (arc of ascent) এবং জীব ও জগতের খেলা শুরু হয়। এই প্রত্যভিজ্ঞা জ্ঞান লাভের জন্যই এই দর্শনে যোগের উল্লেখ আছে।

তিন মলের দ্বারা জগতের শুরু বা প্রকাশ, শব্দ তথা অক্ষরের দ্বারা রূপায়িত। এই শব্দের আমাদের জীবনে প্রচণ্ড প্রভাব আছে। শব্দের থেকে গঠিত অক্ষর সমূহকে মাতৃকা বলে। মাতৃকা হল সীমিত জগৎ-জ্ঞানের ভাণ্ডার। মাতৃকার অর্থই হল অজ্ঞাত 'মা'। সূত্র-4-তে উল্লেখ আছে- 'জ্ঞানাধিষ্ঠানং মাতৃকা'। অর্থাৎ, যখন তাকে জানা যায় তখন মুক্তির পথ উন্মুক্ত হয়।

শাম্ভব যোগ-

সূত্র-5-এর উক্তি হল- 'উদ্যমো ভৈরব', যা শাম্ভব যোগের অতি সংক্ষিপ্ত বর্ণনা বলা যেতে পারে। উদ্যমের অর্থ শাম্ভব যোগে পরিশ্রম নয়। এর অর্থ ইচ্ছোপায় বা ইচ্ছা-যোগ।

উদ্যমের অর্থ ইচ্ছার দ্বারা প্রণোদিত হওয়া। যোগ সাধনায় উদ্যমের আর এক নাম অভেদোপায় বা ঈশ্বর মনস্ক (শিব ভাব) হওয়া। নিজের এই শিবভাব নিজের নামের দ্বারা পরিচিত আমিত্ব নয়। একে অবিকল্প বা নির্বিকল্প যোগ বা উপায় যোগও বলে যার দ্বারা অবিকল্প আমিত্বের অনুভব হয়। এই উদ্যমে মন, প্রাণ ও বুদ্ধি স্থির হয়। ক্ষেমরাজ এই প্রচেষ্টাকে 'উন্মজ্জনরূপাঃ' বলে অভিহিত করেছেন শিব-চৈতন্য লাভের উপায় হিসাবে।

শাম্ভব যোগের তিনটি লক্ষণ- i) উদ্যমে সহসা শিব ভাবের উৎপত্তি (sudden flash of Siva's I-cosciousness), ii) সব ধারণার (ideation) বিলুপ্তি – 'সকল-কল্পনাকুলালঙ্ককবলন', এবং iii) ব্যক্তির অন্তরে ভৈরব তত্ত্বে (ভ.র.ব) অন্তর্মুখীনতা- 'অন্তর্মুখ-এতৎ-তত্ত্বাবধানধনানাম্ জায়তে'।

মালিনীবিজয়ে শাম্ভবোপায় প্রসঙ্গে বলা হয়েছে-

'অকিঞ্চিৎচিন্তকসৈব গুরুণা প্রতিবোধতঃ।
জায়তে যঃ সমাবেশঃ শাম্ভবোঽসাবুদাহৃতঃ।।'

অর্থাৎ, শিবভাব তারই হয় যে নিজেকে গুরুর সহায়তায় সব ধারণা থেকে মুক্ত হয়ে নিজের গভীর জাগরণ (intensive awakening) ঘটাতে পেরেছে।

এই শিবভাব (identification with Siva) কোনও চিন্তা ছাড়াই স্বতঃস্ফূর্ত হয় ঐশ্বরিক ইচ্ছা-শক্তির গুণের প্রাপ্তিতে। তখন ব্যক্তিতে হয় শাম্ভব সমাবেশ এবং শাম্ভব যোগের গুণ। দৈনন্দিনতায় জীব যখন আলোর দিশা পায় তখন সে নিস্তরঙ্গ হয়, কোনো কিছুই তার কাছে গ্রহণীয় বা বিসর্জনীয় বলে মনে হয় না। শিবভাবে তার অভেদ উপায় হয় এবং বিকল্প রহিত হয়। অভিনবগুপ্ত বলেছেন- 'মা কিঞ্চিৎ ত্যজ, যা গৃহাণ, বিরম স্বস্থো যথাবস্থিতঃ'। (অনুত্তরাষ্টিকা, সূত্র-2)

অর্থাৎ, কিছুই গ্রহণ বা বর্জন করার নেই, শুধু তোমার স্বরূপের সঙ্গ করো যা সদা বর্তমান। সাম্প্রতিক কালের যোগী জে. কৃষ্ণমূর্তি একে বলেছেন ব্যক্তির বিকল্পহীন চেতনা (choiceless awareness) যা সতত বর্তমান। শাম্ভব যোগ আমাদের সেই পথে অনুপ্রাণিত করে।

'তাও' মতের নির্লিপ্তি (non-interference) বা 'জেন' মতের 'নিরুদ্ধতা (let-go) যোগী কৃষ্ণমূর্তির বিকল্পহীন চেতনারই অনুরণন।

অভিনবগুপ্ত তন্ত্রশাস্ত্রের তৃতীয় পর্বে শাম্ভবোপায়ের ইচ্ছাশক্তির উল্লেখ করে বলেছেন ইচ্ছাশক্তির উদ্যমে জ্ঞানশক্তি বর্ধিত হয় এবং জানা যায় যে জগৎ শিবের প্রতিবিম্বিত স্বরূপ (abides essential self as its reflection)। শক্তির প্রকাশের বর্ণন মাতৃকার 'ক' থেকে 'হ' অক্ষর সমন্বিত যা জীবে ও সৃষ্টিতে ছত্রিশ তত্ত্বে বিধৃত শিব থেকে শুরু। দ্বিতীয় পর্বে (সূত্র-7) এসবের উল্লেখ আছে।

শাম্ভবোপায়ের প্রথম পর্বে পঞ্চম সূত্রের ভাষ্যের শেষে ক্ষেমরাজ বলেছেন শাক্তোপায়ও শাম্ভবোপায়ের সহায়ক, তিনি স্পন্দকারিকায় (III সূত্র-9) উল্লেখ করেছেন-

'একচিন্তাপ্রসক্তস্য যতঃ স্যাদপরোদয়ঃ।
উন্মেষঃ সতু বিজ্ঞেয়ঃ স্বয়ং তমুপলক্ষয়েৎ।।'

অর্থাৎ, এক ধারণা থেকেই অন্য ধারণার উন্মেষ (revelation) উপলক্ষিত হয়।

যোগী কৃষ্ণমূর্ত্তি যার কোনো সংস্কৃত ভাষার শিক্ষা ছিল না তিনি তার 'The first and last freedom' গ্রন্থের 211 পৃষ্ঠায় উন্মেষ অর্থে বলেছেন সহসা সৃজনশীলতা (self revelation)।

সূত্র-6 - বিশ্বকে শক্তির বিস্তৃত সমাহার বলে মনে হয়।

সূত্র-7 – এই সূত্রে তুরীয়ের অনুভবের কথা বলা হয়েছে।

সূত্র-8 থেকে 10-এ বলা হয়েছে অজ্ঞানতার উর্দ্ধে যে জাগ্রত, নিজেকে জানতে পেরেছে সে সব বাধা বিঘ্নের অতীত। যে জানতে পারেনি সে স্বপ্নচারী (sleep-walker), জেগে ঘুমিয়ে আছে।

সূত্র-11 – যারা সর্বদা তুরীয়ভাবে থাকে তারাই সর্বদা সুখী (enjoyer) এবং আসল ভোক্তা, তারা ইন্দ্রিয়াধিপতি।

সূত্র-12 ও 13 – সফল যোগী অদ্ভুত শক্তিপ্রাপ্ত হয়ে ইচ্ছাশক্তির অধিকারী হয়।

সূত্র-14 ও 15 – যোগী অন্তরে বাহিরে সর্বদা নিজের চেতনাকেই দেখেন।

সূত্র-16 – যোগীর কাছে সব কিছুর মূল পরমশিব।

সূত্র-17 – যোগীর সম্পূর্ণ বিশ্বাস যে শিবই তার সত্ত্বা।

সূত্র-18 – যোগীর সচেতনতা সদা বর্তমান।

সূত্র-19 – যোগী ইচ্ছাশক্তি যোগে সবকিছুই সৃষ্টি করতে পারেন।

সূত্র-20 – সিদ্ধযোগী সবকিছুর সংযোগ ও বিয়োগে সক্ষম।

সূত্র-21 - সিদ্ধযোগী শুদ্ধবিদ্যায় অর্থাৎ উন্মনা শক্তির প্রভাবে বিশ্বচেতনা (cosmic consciousness) লাভ করে সব শক্তির প্রভুত্ব লাভ করেন। তাঁর সর্বোচ্চ অনুভব শুধু আত্মবোধে সীমাবদ্ধ নয়, তাঁর অনুভব শিব-যোজনা (শিবে ব্যাপ্ত); অর্থাৎ তাঁর সর্বস্ব শিব আধারিত, ব্যাপ্ত (experience of everything as self-expression of Siva)।

সূত্র-22 - সিদ্ধযোগী সর্বোচ্চ চৈতন্যের মহাহ্রদে (infinite reservoir) নিজেকে অনুভব (united) করেন সেই ঐশ্বরিক শক্তিতে যাঁর থেকে সৃষ্টির মন্ত্রের উদ্গম।

প্রথম পর্বের উপসংহার-

আমরা দেখেছি শাম্ভবোপায়ে স্বরূপোপলব্ধির জন্য কোনো নির্দিষ্ট পথের কথা বলা নেই। যখন আমরা কোনও কিছু গ্রহণ বা বর্জনে আগ্রহী নই, আমাদের চেতনা কোনও ধারণার দ্বারা ভারগ্রস্ত নয় বরং মুক্ত, তখন হঠাৎই স্বতঃস্ফূর্তভাবে আমাদের স্বরূপ উপলব্ধি হতে পারে। এই প্রক্রিয়া বা সংঘটনাই শাম্ভব সমাবেশ বা স্বতঃপ্রণোদিত আত্মবোধ। অন্যদিকে আণব এবং শাক্ত উপায় পারম্পরিকভাবে সংঘটিত হয়। প্রথমে আণব ও পরে শাক্ত উপায় এবং শেষে শাম্ভবোপায়, পূর্ববর্ত্তী দুই উপায়ের ক্রমে শাম্ভব যোগ সিদ্ধ হয়। মাতৃকার সম্যক উপলব্ধিতেও শাম্ভবযোগে সিদ্ধ হওয়া যায়। শাক্ত উপায় সম্বন্ধে আলোচনার সময় এবিষয়ে বিস্তারিত বলা হবে। শাম্ভব উপায় শৈবাগমে একটি বিশেষ স্থান অধিকার করে আছে। বেদান্ত বা পতঞ্জলি যোগে এ ধরণের কোনো উল্লেখ নেই। বেদান্তের জ্ঞানযোগের সঙ্গে শাম্ভবোপায়ের মিল পাওয়া যায়। তেমনি পাতঞ্জলি যোগে আণবোপায়ের কিছু লক্ষণ দেখা যায়। অন্যথায় বেদান্ত বা পাতঞ্জলি যোগে শাম্ভবোপায় অশ্রুত। লক্ষ করলে দেখা যাবে আমরা পূর্বে যে অনুপায়ের আলোচনা করেছি শাম্ভব যোগের সিদ্ধি তার উৎকৃষ্ট উদাহরণ- 'স (শাম্ভবোপায়ঃ) এব পরাং কাষ্ঠাং প্রাপ্তশ্চানুপায় ইত্যুচ্যতে'। (তন্ত্রকারিকা I-142)।

পরবর্ত্তীকালে বাতুলনাথ (কাশ্মীরের), শাম্ভবযোগে 'সহসা' শব্দ যুক্ত করে 'অনুপায়ে'র ধারণার প্রবর্তন করেছেন। 'সহসা' শব্দে দৈব কৃপার অনুভব আছে।

বেদান্ত বা সাঙ্খ্যযোগ উভয়েরই উদ্দেশ্য হল মুক্তি। এই মুক্তি হল কৈবল্য বা সম্পূর্ণ নির্লিপ্ততা (perfect isolation or soleness)। এ বিষয়ে সাঙ্খ্য ও বেদান্তে তফাৎ হল সাঙ্খ্য সিদ্ধির জন্য প্রকৃতিকে ব্যক্তিতে স্থিত পুরুষ থেকে পৃথক করার পরামর্শ দেয়; বেদান্ত প্রকৃতিকে অসৎ ও মায়া বলে ত্যাগ করতে বলে। সাঙ্খ্য ও বেদান্তের আরও একটি

সূক্ষ্ম ভেদ হল সাঙ্খ্যে পুরুষ সর্বোচ্চ ও সৎ-চিৎ, পৃথকরূপে সদা বর্তমান অবিকৃত চৈতন্য; বেদান্তে ব্যক্তি মূলত আত্মা বা সৎ-চিৎ আনন্দময় অনির্বচনীয় ব্রহ্মন।

উপরোক্ত দুই দার্শনিক মতবাদের তুলনায় শৈবাগমে মুক্তিই একমাত্র উদ্দেশ্য নয় বরং শিবত্বের যোজনা বা শিবভাব প্রাপ্ত হওয়াই উদ্দেশ্য। এই শিবত্বে আছে জ্ঞান ও ক্রিয়ার একত্র স্থিতি যা সর্বদা সমথিত (regenerated)। শৈবাগমে আত্মব্যাপ্তি বা বেদান্তে তদনুরূপে স্বরূপোপলব্ধি হয় কিন্তু বেদান্তে এই উপলব্ধি জ্ঞানমাত্র। শৈবাগমে এই আত্মব্যাপ্তি সর্বোচ্চ স্তরে শিবেতে ব্যাপ্তি যা বিশ্বময় ক্রিয়াত্মক পরম শিব। এই ব্যাপকত্ব ব্যক্তিতে অনুভূত হলে তাকে ব্যক্তির উন্মনা শক্তি বলে।

বেদান্তে মুক্তিতে মায়ার অবলুপ্তি হয় এবং জগৎও অন্তর্হিত হয় যাকে কাল্পনিক মনে করা হয়। শিব-ব্যাপ্তিতে এই বিশ্বব্রহ্মাণ্ড হয় শিবেরই শক্তিরূপ বৃহৎ (magnificent) প্রকাশ।

সাঙ্খ্যে মুক্ত পুরুষ প্রকৃতি ব্যতিরেকে সৎ-চিৎ, বেদান্তে সচ্চিদানন্দ অর্থাৎ বেদান্তে মুক্তিতে আনন্দের যোগ আছে কিন্তু এই আনন্দ আত্মানন্দ। শিব-ব্যাপ্তিতে সমগ্র বিশ্ব আনন্দে অনুভূত হয়।

সাঙ্খ্য ও বেদান্তে চিত্ত বা ব্যক্তির অন্তঃকরণ মুক্তিতে প্রকৃতিতে কার্য-কারণ চক্রে (causal matrix) ফিরে যায়। এ বিষয়ে পতঞ্জলি যোগে একটি উৎকৃষ্ট শব্দের প্রয়োগ আছে- প্রতিপ্রসব (re-emergence into Prakriti)। অর্থাৎ ব্যক্তির মলযুক্ত বুদ্ধি ও চিত্ত আদিম 'কারণে' মিশে যায় (reabsorbed) যাতে করে মুক্ত পুরুষ তার নিষ্কলুষতায় একক রূপে সমুজ্জল হয়ে উঠতে পারে।

কিন্তু শৈবাগম মতে এই উচ্ছিষ্ট চিত্ত যেহেতু মুক্ত পুরুষের সাহচর্যে ছিল, ক্রমান্বয়ে তার শুদ্ধিতে চিৎ-রূপ লাভ করে বা প্রকারন্তরে শিবেই বিলীন হয়। প্রত্যভিজ্ঞাহৃদয়মে এ বিষয়ে (সূত্র-13) উল্লেখ আছে-

'তৎপরিজ্ঞানে চিত্তমেব অন্তর্মুখীভাবেন চেতনপদাধ্যারোহাৎ চিতিঃ'।

অর্থাৎ, ব্যক্তির চিত্ত ক্রমান্বয়ে অশুদ্ধ থেকে পঞ্চ স্তর (মায়া-সদবিদ্যা-ঈশ্বর-সদাশিব-শক্তি) অতিক্রম করে চিতিতে পর্যবসিত হয়। এ বিষয়ে ক্ষেমরাজেরও সুন্দর বক্তব্য আছে যা প্রণিধান যোগ্য।

'চিত্তং সঙ্কোচিনীং বহির্মুখতাং জহৎ অন্তর্মুখীভাবেন চেতনপদাধ্যারোহাৎ গ্রাহকভূমিকা-ক্রমণক্রমেণ সঙ্কোচকলায়া অপি বিগলনেন স্বরূপাপত্ত্যা চিতির্ভবতি- স্বাং চিন্ময়ীং পরাং ভূমিমাবিশতি ইত্যর্থঃ'।

অর্থাৎ, চিত্ত তার অন্তর্মুখীনতা লাভ করে বহির্মুখী থেকে চেতনায় বা জ্ঞাতায় (subject) উন্নত হয় এবং ব্যক্তির সীমিত অবস্থা অতিক্রম করে চিতিতে পর্যবসিত হয়।

শৈবাগমে ব্যক্তির চিত্ত কোনও বহিরাগত বিষয় নয়, প্রত্যভিজ্ঞাহৃদয়মে এ বিষয়ে (সূত্র-5) পরিষ্কার উল্লেখ আছে-

'চিতিরেব চেতনপদাদবরূঢ়া চেত্যসঙ্কোচিনী চিত্তম্'।

অর্থাৎ, চিতিই সর্বচৈতন্য (knower) স্তর থেকে অবতরণ (অবরোহণ-নিমেষ) করে চিত্ত হয় (individual consciousness) সঙ্কুচিত চেতনা রূপে। আবার চিত্তের (সঙ্কুচিত চেতনা) অধ্যারোহণে (বিকাশ-উন্মেষ) চিৎ-রূপ লাভ করে। এই উন্মেষ ও নিমেষ এখানে ব্যক্তির চিত্তের বিষয়ে বক্তব্য বুঝতে হবে, জগতের সৃষ্টি বা সংহার নয়।

দ্বিতীয় পর্ব – শাক্তোপায়

প্রথম পর্বে বলা হয়েছে মন বিকল্পের (thought-construct) সন্ধানী সেটাই স্বরূপ সত্ত্বার জ্ঞানের পথে বাধা। বিকল্পের লয়ে নিজের সত্যরূপ তার ঐশ্বর্যসহ অনুভূত হয়। এই সত্য বাইরে লাভ করা যায় না, অন্তরে জানার। বিকল্পকে দূর করার বিষয়ে অভিনবগুপ্ত বলেছেন- 'বিকল্প উপস্থিত হলে গ্রহণও করবে না বর্জনও করবে না, বিকল্প নিজে থেকেই লুপ্ত হয়ে যাবে এবং ব্যক্তি নিজের স্বরূপ উপলব্ধি করতে পারবে'।

বিকল্প মুক্ত হওয়া সহজ নয়, কিছু লোকই এ বিষয়ে সফল হয়।

দ্বিতীয় পর্বে সেই উদ্দেশ্যে শাক্তোপায়ের বর্ণনা করা হয়েছে। প্রথম পর্বের শেষ সূত্রে (সূত্র-22) এ বিষয়ে সংকেত করা হয়েছে। সূত্রটিতে তিনটি প্রয়োজনীয় শব্দ বা পদ আছে তাহল, মহাহ্রদ, অনুসন্ধান ও মন্ত্রবীর্যানুভবঃ। মহাহ্রদ অর্থাৎ মহাশক্তি, অনুসন্ধান অর্থ মানসিক সংযোগের প্রচেষ্টা এবং মন্ত্রবীর্যানুভবঃ অর্থ মন্ত্রের পুরুষকার বা ক্ষমতার পরিচয় লাভ। মন্ত্রের ক্ষমতা মহাশক্তিতে প্রবেশ করে যা ব্যক্তি মানসিকভাবে অনুভব করতে পারে মুক্তির উদ্দেশ্যে। শাক্তোপায়ে মুক্তির জন্য মন্ত্রের বিশেষ ভূমিকা আছে কারণ তা সাধকের অন্তরে চিৎ-শক্তিকে উজ্জীবিত করে। এই প্রক্রিয়াকে তাই শাক্তোপায় বলে। শাক্তোপায় শাক্ত-যোগ, জ্ঞানযোগ, জ্ঞানোপায়, ভাবনোপায় বা মন্ত্রোপায় নামেও জানা যায়।

আগেই বলা হয়েছে বিকল্পমুক্ত হওয়া সহজ নয় তাই নৌকারূপী মন্ত্রে শক্তির সামর্থ্যে মনোভিষ্ঠের প্রাপ্তির চেষ্টা করা। অভিনবগুপ্ত শুদ্ধ ও অশুদ্ধ বিকল্পের ভেদ তন্ত্রসারে (পৃঃ 21) উল্লেখ করেছেন-

'বিকল্পবলাৎ এব জন্তবো বদ্ধম্ আত্মানম্ অভিমন্যন্তে। স অভিমানঃ সংসার প্রতিবন্ধহেতুঃ। অতঃ প্রতিদ্বন্দ্বিরূপো বিকল্প উদিতঃ সংসারহেতুং বিকল্পং দলয়তি ইতি অভ্যুদয়হেতুঃ।।'

অর্থাৎ, লোকের ধারণা অশুদ্ধ বিকল্পের ঘেরে তারা বন্ধনমুক্ত হতে পারে না। এটা ভুল ধারণা কারণ বিপরীত বিকল্পের সংযোগে পূর্ববর্ত্তী বিকল্প দলিত হয়ে উন্নত বিকল্পের উদয় হয়।

অশুদ্ধ বিকল্প কি? যার দরুণ লোকের হীনমন্যতা বোধ হয়। আর শুদ্ধ বিকল্প কি? অভিনবগুপ্ত তন্ত্রসারে (পৃঃ 21) উল্লেখ করেছেন- 'স চ একরূপঃ সমস্তেভ্যঃ পরিচ্ছিন্ন-স্বভাবেভ্যঃ শিবান্তেভ্যঃ তত্ত্বেভ্যোয়ৎ উত্তীর্ণম্ অপরিচ্ছিন্ন-সংবিন্মাত্ররূপং তদেব চ পরমার্থঃ তদেব চ অহম্। অতো বিশ্বোত্তীর্ণো বিশ্বাত্মা চ অহম্ ইতি'।

অর্থাৎ, শুদ্ধ বিকল্প হল সর্বব্যাপী অবস্তু চেতনা শিব থেকে মেদিনী পর্যন্ত যা সর্বোত্তম এবং আমাতে নিহিত। সুতরাং আমি অন্তরে বাহিরে ব্যাপ্ত।

এই শুদ্ধ বিকল্পের চর্চাই শাক্তোপায়। প্রশ্ন হল শুদ্ধ বিকল্পকে সত্যিই কি চিন্তা করা যায়। এর উত্তর হল যার চিন্তা করা যায় না জীবনে তার প্রয়োজনই বা কি।

শৈব দর্শনে বলা হয়েছে সর্বোচ্চ সত্য কোনও বিকল্প নয়। অভিনবগুপ্ত বলেছেন-

'পরং তত্ত্বং তু সর্বত্র সর্বরূপতয়া প্রকাশমেব ইতি ন তত্র বিকল্পঃ কশৈচিৎ উপক্রিয়ায়ৈ খণ্ডনায়ৈ ব'। (তন্ত্রসার পৃঃ 23)

অর্থাৎ, সর্বোচ্চ সত্য সর্বত্র উজ্জ্বলরূপে বিদ্যমান তাঁর বিকল্পের প্রয়োজন হয় না।

'অভ্যাসশ্চ পরে তত্ত্বে শিবাত্মনি স্বস্বভাবে ন সম্ভবত্যেব।....সংবিদ্রূপে তু ন কিঞ্চিৎ আদাতব্যং ন অপসরণীয়ম্ ইতি কথম্ অভ্যাসঃ'। (তন্ত্রসার পৃঃ 24)

অর্থাৎ, সর্বোচ্চ সত্য অবিনাশী, তার লয় বৃদ্ধি নেই সুতরাং তার রীতি নিয়ম (discipline or practice) সম্ভব নয়।

সুতরাং শুদ্ধ বিকল্পেরই বা কি প্রয়োজন? শুদ্ধ বিকল্পের প্রয়োজন হল দ্বৈত ধারণার অপনয়ন। দ্বৈত ধারণার অর্থ কি? অভিনবগুপ্তের কথায়-

'দ্বৈতাধিবাসো নাম ন কশ্চন পৃথক বস্তুভূত:, অপিতু স্বরূপাখ্যাতিমাত্রং তৎ। অতো দ্বৈতাপাসনং বিকল্পেন ক্রিয়ত'। (তন্ত্রসার পৃঃ 24)

অর্থাৎ, দ্বৈতের অর্থ অন্য কিছু নয়, এ হল ব্যক্তির নিজের অজ্ঞতা তার প্রকৃত সত্ত্বা সম্পর্কে। এই দ্বন্দ্ব বিকল্পের শুদ্ধ ধারণায় দূরীভূত হয়।

শুদ্ধ বিকল্পের গঠনমূলক ভূমিকা (positive function) আছে। শুদ্ধ বিকল্প তিন প্রকারে এই গঠনমূলক ভূমিকা পালন করে মানুষের জীবনে। i) মন্ত্রশক্তি, ii) সৎ-তর্কের দ্বারা সঠিক চিন্তন এবং iii) শুদ্ধ বিদ্যা লাভ। আমরা এই তিন প্রকার ভূমিকার স্বরূপ সন্ধান করবো।

i) মন্ত্রশক্তি

পূর্ববর্ত্তী পর্বের শেষ সূত্র (22) পরবর্ত্তী পর্ব শাক্তোপায়ের সূচনা করেছে। দ্বিতীয় পর্বের প্রথম সূত্রের ভাষ্যে ক্ষেমরাজ বলেছেন- 'তত্র শক্তিঃ মন্ত্রবীর্যস্ফাররূপা....ইতি মন্ত্রস্বরূপং তাবৎ নিরূপয়তি'। অর্থাৎ, মন্ত্রের শক্তি মন্ত্রের ক্ষমতার নির্ণায়ক। তাই মন্ত্রের প্রকৃতি প্রথমে নির্ণয় করা দরকার। শাক্তোপায়ের প্রথম সূত্র হল তাই 'চিত্তম্ মন্ত্রঃ'। চিত্তমের অর্থ এখানে যেকোনো মন নয়; সেই মন যা সর্বোচ্চ সত্যের সন্ধানে নিয়োজিত।– 'চেত্যতে বিমৃশ্যতে অনেন পরং তত্ত্বম্ ইতি চিত্তম'।

মন্ত্রের তখন কি ভূমিকা? মন্ত্রে দুটো পদ আছে 'মন' ও 'ত্র'। মনের অর্থ ভাবা, কোনো বিষয়ে সচেতন হওয়া; 'ত্র'-এর অর্থ উদ্ধার করা।

'পরস্ফুরত্তাত্মকমননধর্মাত্মতা, ভেদময়সংসার প্রশমাত্মকত্রাণধর্মতা চ অস্য নিরূচ্যতে'।

উপরোক্তের অর্থ হল মন্ত্রে ব্যক্তি মানসিক সচেতনতার দ্বারা নিজের স্বরূপ বুঝতে পারে সর্বোচ্চের সঙ্গে নিজেকে সংশ্লিষ্ট বোধ করলে; এবং এই বোধের দ্বারা তার জগতের থেকে পৃথক অস্তিত্বের ধারণার নিবারণ হয়।

শাক্তোপায়ে ব্যক্তির চেতন-শক্তি তার সাধনায় উন্নতি ঘটায়। শক্তি মন্ত্রের পদকে আধারিত করে ব্যক্তির উজ্জীবন ঘটায়। সাধকের মন মন্ত্রের দেবীর সঙ্গে এত বেশি অন্তরঙ্গ হয়ে যায় যে মন্ত্রই তার কাছে কৃপা প্রদানকারী দেবী বলে অনুভূত হয়। ব্যক্তির চিত্ত তখন তার ঘনীভূত চেতনা রূপে অবস্থান করে।

প্রথম পর্বের প্রথম সূত্রে সত্ত্বাকে বিশ্বময় বলা হয়েছিল যাঁর স্বাতন্ত্র্য শক্তি, জ্ঞান ও ক্রিয়ার দ্বারা জগৎ সাধন করে। শাক্তোপায়ে ব্যক্তির ঘনীভূত চিত্তই ব্যক্তির কাছে সেই ভূমিকা পালন করে যাতে করে মন্ত্র ব্যক্তিতে ব্যাপ্ত হয়। প্রতি মন্ত্র বিভিন্ন পদের দ্বারা

গঠিত। উন্মুখী সাধক মন্ত্রের সেই পদগুলির উচ্চারণে মন্ত্রের দেবীকে নিজের মধ্যে অনুভব করে।

পূর্ণহন্তা বা শিবের স্বরূপত্ব হল বিমর্শ শক্তির বা শিব-চৈতন্যের সৃজনশীল স্পন্দন, ব্যক্তি মন্ত্রের মাধ্যমে অনুভব করার চেষ্টা করে। এই শিব-চৈতন্য নিজে কোনো বচন নয়, বচনের উৎস। ব্যক্তির কাছে শুদ্ধ বিকল্প হল সেই পূর্ণহন্তাতে মন্ত্রের মাধ্যমে নিজে ভাবিষ্ট হওয়া। এই ভগবৎ-চৈতন্য শিবের সৃষ্টির শক্তি। শাক্তোপায়ে মন্ত্রের মাধ্যমে শক্তির আরাধনায় ব্যক্তির শিবত্বের পথ সুগম হয়। মালিনীবিজয়ে (II-22) শাক্তোপায়ে এ ধরণের সংজ্ঞা নির্দেশিত হয়েছে।

'উচ্চাররহিতং বস্তু চেতসৈব বিচিন্তয়ন্।
যং সমাবেশমাপ্নোতি শাক্তঃ সোহত্রাভিধীয়তে।।'

অর্থাৎ, যখন সাধক একাগ্র চিত্তে সেই একের উচ্চারণ ছাড়াই মনন করে তখন সাধকে সৃষ্টির শক্তির সমাবেশ হয়। শিবের এই শক্তিই সাধকে ঐশ্বরিক চেতনা (সার্বিক) ঘটায়।

উচ্চারণ-রহিত মননের অর্থ কি? উচ্চারণ-রহিত হল পরাবাক যার অনেক নাম, পরাশক্তি, পরাহন্তা, বিমর্শ-শক্তি, পূর্ণাহম্-বিমর্শাত্মিকা-সম্বিত-শক্তি, মাতৃকা ইত্যাদি। ভগবৎ-চৈতন্য সব উচ্চারণের উর্দ্ধে যা সৃজনের আদি স্পন্দন। উন্মেষের প্রক্রিয়ায় পরাবাকের পরে পশ্যন্তি যখন শব্দ ও নির্দেশিত বস্তু অভেদরূপে অবস্থান করে। পরবর্ত্তী স্তর হল মধ্যমা যখন শব্দ ও বস্তুর ভেদ শুরু হয় কিন্তু সেই ভেদ অস্ফুট, নির্দিষ্ট নয়। শুধু সৃষ্টির চেতনাতেই সীমাবদ্ধ। এই ভেদ প্রকট হয় পরবর্ত্তী স্তরে বৈখরীতে। বৈখরীর অর্থ হল দেহ, অর্থাৎ শব্দ তার দৈহিক রূপ লাভ করে এবং স্পষ্ট হয় বস্তুকে নির্দিষ্ট ভাবে উচ্চারণ বা নির্দেশ করার জন্য অক্ষরের পদবিন্যাস করে স্থূল শব্দে। বৈখরীতে অক্ষরের প্রকটের আগে শব্দ ও বস্তুর পশ্যন্তিতে আভাসের পরে শব্দমাত্রের একটা সূক্ষ্ম স্তর থাকে সেই মাধ্যম ঘনীভূত হলে বৈখরীতে অক্ষর প্রকট হয়। সুতরাং শব্দ তথা শব্দের মাধ্যমে ব্রহ্মাণ্ডের আবির্ভাবের তিনটি স্তর পর, সূক্ষ্ম ও স্থূল (higher, subtle and gross) পরাবাক হল সৃষ্টিতে শিবের স্বরূপ (raison d'etre
of all mantras)। তন্ত্রসদ্ভাবে দেবী পার্বতীকে সম্ভাষণ করে বলা হয়েছে-

'মন্ত্রানাং জীবভূতা তু যা স্মৃতা শক্তিরূপয়া।
তথা হীনা বরারোহে নিষ্ফলাঃ শরদভ্রবৎ।।'

অর্থাৎ, যাকে অক্ষয় শক্তি বলে মনে করা হয়, সেই শক্তিই মন্ত্রের হৃদয়। এই শক্তি বিনা মন্ত্র শরৎ কালের মেঘের মতো ক্ষণস্থায়ী নিষ্ফলা। মন্ত্রের অক্ষর শক্তির প্রতীক।

অক্ষর সমূহকে একত্রে মাতৃকা বলে। এই মাতৃকার বিভিন্ন সমাবেশে মন্ত্রের শক্তি সুপ্ত। তন্ত্রসদ্ভাবের এই ভাগের তৃতীয় সূত্রে বলা হয়েছে- 'বিদ্যাশরীরসত্তা মন্ত্ররহস্যম্'। অর্থাৎ, মন্ত্রে নিহিত উজ্জ্বল জ্ঞানের সত্তা মন্ত্রের প্রতিটি অক্ষরে সমাহিত, যার দ্বারা মন্ত্রের অদ্বৈত রহস্যের পরিচয় হয়। তন্ত্রসদ্ভাবে আরও বলা হয়েছে-

'সর্বে বর্ণাত্মকা মন্ত্রাস্তে চ শক্ত্যাত্মকাঃ প্রিয়ে।
শক্তিস্তু মাতৃকা জ্ঞেয়া সা চ জ্ঞেয়া শিবাত্মিকা।।'

'হে প্রিয়ে, মন্ত্র অক্ষরের সন্নিবেশে গঠিত হয় যা শক্তির রূপ। শক্তিকে মাতৃকারূপে সম্বোধন করা হয় এবং মাতৃকা শিবের শক্তি'। তন্ত্রসদ্ভাবে আবারও বলা হয়েছে-

'যা সা তু মাতৃকা দেবি পরতেজঃ-সমন্বিতা।
তয়া ব্যাপ্তমিদং বিশ্বং সব্রহ্মভুবনান্তকম্।।'

'হে দেবি, বিশ্বভুমণ্ডল ব্রহ্ম থেকে শুরু করে মেদিনী পর্যন্ত সব মাতৃকাময় যিনি পরাহন্তার দ্যুতিতে উজ্জ্বল'।

এই পরাহন্তা পরম শিবের সৃজন শক্তি। পরাহন্তাকে পরাশক্তি, পরাবাক, পরা, মহামাতৃকা বা সহজ করে মাতৃকা বলে।

মন্ত্রশক্তি লাভের জন্য গুরুর প্রয়োজন যিনি সাধকের মধ্যে চৈতন্যের সৃজন শক্তির সঞ্চার করবেন এবং মন্ত্রে মাতৃকার বর্ণের বিভিন্ন সমাবেশের শিক্ষা দান করবেন। সংস্কৃতে 'অ' অর্থে অহম্। 'অ' এবং 'হ'-এর মধ্যে বাকি সব অক্ষর ধরা আছে। যেহেতু প্রতিটি অক্ষর কোনো না কোনও সৃষ্টির প্রকরণ, সুতরাং 'অহম্'-এ পরম শিবের সৃষ্টির সব পৃথক বিষয় ও তার বিষয়ী (object and subject) ধরা আছে। আলোচ্য পর্বের সপ্তম সূত্রে গুরু মাতৃকার মাধ্যমে শিষ্যকে সৃষ্টি তথা মন্ত্রের বিষয়ে অবগত করেন।

পরম শিবের চৈতন্যে সমগ্র ব্রহ্মাণ্ড সৃষ্টির সম্ভাবনায় সুপ্ত থাকে (universe in ideal state)। যেমন ক্ষেমরাজ প্রত্যভিজ্ঞাহৃদয়মে (পৃঃ 108-9) বলেছেন-

'অত এব অনুত্তরাকুলস্বরূপাৎ অকারাৎ আরভ্য শক্তিস্ফাররূপহকলাপর্যন্তং যৎ বিশ্বং প্রসৃতং....তৎ অকারহকারাভ্যামেব সম্পুটীকারযুক্তয়া প্রত্যাহারন্যায়েন অন্তঃস্বীকৃতং সৎ

অবিভাগবেদনাত্মকবিন্দুরূপতয়া স্ফুরিতম্ অনুত্তর এব বিশ্রাম্যতি- ইতি শব্দরাশি-স্বরূপ এব অয়ম্ অকৃতকো বিমর্শঃ'।

অর্থাৎ, বিস্তৃত বিশ্ব 'অ' থেকে, যা 'অনুত্তর' পরমের প্রকৃতি, শুরু হয়ে 'হ' পর্যন্ত, যা শক্তির উজ্জ্বল বিস্তৃতি, ব্যাপ্ত। এই ব্যাপ্তিই প্রত্যাহার রূপে (প্রত্যাহৃত হয়ে) পরমে বিন্দুতে অভেদ চৈতন্যে সমাবিষ্ট থাকে। সুতরাং শিবের চৈতন্যই শব্দ রূপে (congregation of words) প্রতিভাত হয়।

'অ' শিবের প্রকাশ (শক্তি) আর 'হ' তদ্ভূত শক্তির বিমর্শ বা রূপের গঠন (পরিগ্রহণ)। যদিও শিব সর্বত্র উন্মেষিত সৃষ্টিতে তাঁর কোনো অংশবিভাগ হয় না, তিনি একই থাকেন।

সাধকে মাতৃকার জ্ঞান না হলে মাতৃকা বিভিন্নরূপে প্রকটিত বলে মনে হয়। মাতৃকার জ্ঞান হলে মুক্তির সূচনা হয়। তখন সাধক নিজেকে শিবের সঙ্গে একাত্ম বলে বোধ করে। মাতৃকার মন্ত্রশক্তি ব্যক্তির চিত্তকে শুদ্ধ করে, চিত্তর চিতিবোধ জন্মায়। মন্ত্রের সাধনায় ব্যক্তিতে মন্ত্রের সর্বোচ্চ উন্মনা শক্তির উদ্গম হয় মাতৃকা থেকে। এই শক্তিকে পরাবিদ্যার শক্তি বলে জানা যায়। এই শক্তির মাধ্যমে পরম শিব প্রকট হন সাধকের কাছে। ক্ষেমরাজ এই শক্তিকে প্রথম পর্বে সূত্র-21-তে শুদ্ধবিদ্যা এবং দ্বিতীয় পর্বে সূত্র-5-তে খেচরী শিবাবস্থা বলে নির্দেশ করেছেন।

ii) সৎ-তর্ক, উন্মুখী সাধকের প্রগতির পথ। উন্মুখী সাধক তার গুরু বা শাস্ত্রের দ্বারা তার সত্তার শিবত্ব সম্পর্কে জানতে পারে যে তার দেহ ও মনের জটিল অস্তিত্ব তার নিজের নয়। অভিনবগুপ্ত তন্ত্রসারে (পৃঃ 3) বলেছেন- 'আগমস্য সমুচিত বিকল্পোদয় ব্যাপারঃ'। অর্থাৎ, আগম হল মনে শুদ্ধ বিকল্প উদয়ের বিষয়। এবং বিষয়ে - 'তথাবিধবিকল্পপ্রবন্ধ এব সৎ-তর্ক ইতি উক্তঃ'। (তন্ত্রসার পৃঃ 23)। অর্থাৎ, সৎ-তর্কে শুদ্ধ বিকল্পের বোধ হয়। সৎ-তর্কে যে শুদ্ধ বিকল্পের ভাবনা হয় সেই ভাবনার অর্থ এখানে সদর্থক চিন্তা। অভিনবগুপ্ত ভাবনার ব্যাখ্যায় বলেছেন- 'অস্ফুটত্বাৎ ভূতমিব অর্থম্ অভূতমিব স্ফুটত্বাপাদনেন ভাব্যতে যয়া'। (তন্ত্রসার পৃঃ 23)। অর্থাৎ, ভাবনার দ্বারা যে সত্য এতদিন অস্পষ্ট ছিল সেই সত্য স্পষ্ট হয়। ক্রমচিন্তনে অচেতনতার গভীর থেকে সহসা সত্য প্রকট হয়।

iii) শুদ্ধ বিদ্যা লাভ। উপরোক্ত সৎ-তর্কের দ্বারা শুদ্ধ বিকল্পের (পরমত্বের) খোঁজে শুদ্ধবিদ্যা বা সদবিদ্যা যেখানে অহম ও জগৎ (ইদম) সাম্যাবস্থায় বিরাজমান সেই স্তরে মায়া থেকে প্রাথমিক উৎক্রমণ করা যায়। পরবর্ত্তীতে ভাবনার গভীরতায় ইদম অতিক্রম

করে অহমই (I-consciousness) সর্বত্র অনুভূত হয়। সেই অহমে জ্ঞাতা (knower) জ্ঞেয় (known) ও জ্ঞানের (knowledge) তফাৎ অন্তর্হিত হয়।

স্পন্দ তত্ত্বের মাধ্যমেও শাক্তোপায়ের এই অনুসন্ধান করা যায়। সেখানে একাধিক চিন্তার মধ্যবর্ত্তীদশাকে ধরে রাখতে পারলে অপার্থিব উন্মেষের বোধ হয় যাতে জগৎ অন্তর্হিত হয়ে সর্বত্র অহমের অনুভব হয়।

মাতৃ-চক্রের তথা মন্ত্রের শব্দের তরঙ্গের উর্দ্ধে উঠতে পারলে সাধক যোগী হয়। তখন তার আর মন্ত্রের অনুষ্ঠান (ritual) করতে হয় না, তার আধ্যাত্মিক (spiritual) স্থিতি হয়। দ্বিতীয় পর্বের সূত্র-৪-তে বলা হয়েছে যজ্ঞের ঘৃতাহুতিতে স্থূল ও সূক্ষ্ম শরীরের চিতিতে আহুতি হয়।

সূত্র-9-এর বক্তব্য খাদ্যাদি (ধান, গম ইত্যাদি) ছাড়াই যোগীর আত্মার পুষ্টিসাধন হয়। অভিনবগুপ্ত তার ব্যাখ্যায় আরও কিছু শব্দ (পদ) যোগ করেছেন। তিনি বলেন ভগবৎ ভাবনাই জপ। জাগতিক সবকিছুই ভগবানের, ভগবৎ চিন্তায় জগৎ বিস্মৃত হওয়াই যোগ।

তথাপি শাক্তোপায়ের মূল মন্ত্রশক্তি, এই শক্তি মাতৃকাতে নিহিতি, ভগবৎ চিন্তায় সেই শক্তি লাভ হয়। ভাবনার সঞ্চালনে ভগবৎ দ্বার সামান্য উন্মুক্ত হয়ে প্রবেশাধিকার জন্মালে ব্যক্তিগত অহম বিস্মৃত হয়ে ব্যক্তি বিশ্ব অঙ্গনে প্রবিষ্ট হতে পারে।

তৃতীয় পর্ব – আণবোপায়

উপায়ের অর্থ উদ্দেশ্য সাধনের পথ, প্রক্রিয়া। শাম্ভবোপায়ে ভগবৎ চৈতন্য লাভের নির্দিষ্ট উপায় নেই, শুধু নির্লিপ্ত সচেতনতাই (alert passivity) পথ। সেখানে কোনো আশ্রয় (support) নেই যাতে চিত্ত মনোনিবেশ করবে, এ হল নিরালম্ব যোগ সাধনার পথ যাতে সহসা ভগবৎ চৈতন্য লাভ হয়। শাক্তোপায়ে চিত্তকে ভগবৎ চিন্তনে মন্ত্রের আধারে ভগবৎ ভাবনায় রত করতে হয়। ফলে ব্যক্তির চিত্তে অহমভাব বা নিজত্ব দূরীভূত হয়ে স্বতঃস্ফূর্ত জ্ঞানের (প্রতিভা জ্ঞান) (intuitive realisation) উন্মেষ হয় এবং চিত্ত চিতিতে পর্যবসিত হয় অর্থাৎ বিশ্বময়তা লাভ করে যা ভগবৎ চৈতন্যবৎ। আণবোপায়ের শুরু অণুর ধারণা দিয়ে, যেই ক্ষুদ্রত্বে ব্যক্তি মন, বুদ্ধি, অহঙ্কার সমন্বিত
হয়ে স্থিত হয় এবং দেহ সংযোগে তার জাগতিক সাধনা শুরু হয়।

শাম্ভবোপায়ের প্রথম সূত্র হল- 'চৈতন্যম্ আত্মা'। এই চৈতন্য বিশ্বময়, মুক্ত এবং জ্ঞান ও ক্রিয়ায় সমন্বিত হয়ে জগৎময় ব্যাপ্ত, সাধকের অনুভবনীয়।

শাক্তোপায়ের প্রথম সূত্র হল- 'চিত্তম্ মন্ত্রঃ'। ব্যক্তির চিত্তের লক্ষ্য হল মন্ত্রের জপের মাধ্যমে আরাধ্য ভগবৎ চৈতন্য লাভ।

আণবোপায়ের প্রথম সূত্র হল- 'আত্মা চিত্তম্'। চিত্ত মন, বুদ্ধি, অহঙ্কার সমন্বিত অণু যার রূপান্তর ঘটে এক জন্ম থেকে জন্মান্তরে আত্মারূপে [অততি(অত-অতিত)-সঞ্চরতি ইতি আত্মা] যাতে ব্যক্তির সত্ত্বা মুক্ত না হওয়া অবধি বর্তমান থাকে। এই সম্পূর্ণ মানসিক ও উপলব্ধ (psychological and emperical) অণু (individual self) আণবোপায়ে যোগ সাধনার ভূমি। এখানে চিত্ত প্রথমে ব্যক্তি আধারিত বা আত্মায় আবদ্ধ তাই সাধনায় তাকে ভগবৎ চৈতন্য থেকে পৃথক জ্ঞান করতে হয়। একে বলে ভেদোপায়।

শাম্ভবোপায়ে চৈতন্য সর্বমুক্ত। শাক্তোপায়ে সৃষ্টিতে জ্ঞানের (শব্দময় জগৎ জানার) প্রাধান্য। আণবোপায়ে ক্রিয়ার প্রাধান্য (আত্মার উন্নয়ন)। একে ক্রিয়োপায়ও বলে, মানস ক্রিয়া জপ, যজ্ঞ আত্মার উন্নতিতে।

এটা মনে রাখতে হবে যে এই তিনটি উপায় একে অন্যের থেকে সম্পূর্ণ পৃথক নয় (not water-tight separation)। আণবোপায় থেকে শাক্তোপায়, শাক্তোপায় থেকে শাম্ভবোপায়ে, এই হল ক্রম। এক উপায় থেকে অন্য উপায়ে অভিযোজন। যখন কোনোকিছু উপলক্ষ্য করে সাধনা করা হয় তখন তা শাক্তোপায়। এই উপলক্ষ্য যখন শাম্ভবোপায়ে বিলীন হয়ে যায় তখন ব্যাপ্ত চৈতন্য যা শিবের অভিব্যক্তি সেটাই লক্ষ্য হয়ে দাঁড়ায়। কিন্তু এই শিব জগতেই স্থিত এবং শিবেরই জগৎ যা তাঁর শক্তিরূপ। সেই হেতু শিবসূত্রে কোনো উপায়ই নির্দিষ্ট নয় বরং একে অন্যের সহায়ক।

আণবোপায়ের বিশেষত্ব:

মালিনীবিজয়ে আণবোপায় প্রসঙ্গে বলা হয়েছে (ভাগ II, শ্লোক-21)-

'উচ্চারকরণধ্যানবর্ণস্থানপ্রকল্পনৈঃ।
যো ভবেত্তু সমাবেশঃ সম্যগাণব উচ্যতে।।'

অর্থাৎ, সর্বোচ্চ চৈতন্যে সম্পূর্ণ বিলয় (perfect absorption) সম্ভব হয় উচ্চার, করণ, ধ্যান, বর্ণ এবং স্থান কল্পনার সম্যক আণব লয়ে। ব্যক্তি তখন তার দোষ গুণ রহিত হয়ে চৈতন্যময় হয়।

আণবোপায়ে ব্যক্তির পরিচয় তার i) বুদ্ধি, ii) স্থূল প্রাণবায়ু, iii) সূক্ষ্ম প্রাণ (ব্যক্তিতে বর্ণের পশ্যন্তি, মধ্যমা), iv) অঙ্গপ্রত্যঙ্গ বিশিষ্ট শরীর যা ক্রিয়াত্মক 'করণ' এবং v) বাহ্যিক অবলম্বনে (স্থান-কল্পনা- support) সিদ্ধ হয়। মালিনীবিজয়ের উপরোক্ত শ্লোকে তার সংজ্ঞা দেওয়া হয়েছে- 'উচ্চারকরণধ্যানবর্ণস্থানপ্রকল্পনৈঃ'। সংজ্ঞা অনুযায়ী আণবোপায়ে সমাবিষ্ট a) উচ্চার, b) করণ c) ধ্যান d) বর্ণ ও e) স্থান-কল্পনা।

বিস্তারিত বর্ণনা নিম্নরূপ।

a) উচ্চার:

উচ্চার প্রাণশক্তির (bioplasma- শরীর চালক) সঙ্গে সম্পর্কিত। উচ্চারের বৈশিষ্ট্য হল উর্দ্ধমুখী রব বা রণন (rising upward and appearing as sound)। প্রাণ কথাটি দুরকম ভাবে ব্যবহৃত হয় এক হল স্থূল অর্থে (specific) নির্দিষ্ট প্রাণবায়ু এবং সূক্ষ্ম প্রাণশক্তি। প্রাণকে সাধারণভাবে তার ক্রিয়াত্মিকা বোধে 'প্রাণনা' বলা হয়। প্রাণের প্রকরণগত ভাগ প্রাণ, অপান, সমান, উদান ও ব্যান। প্রত্যেক ক্রিয়াত্মিক প্রাণের নির্দিষ্ট করণ প্রক্রিয়াকে বলে তার উচ্চার (characteristic)। উচ্চারের প্রক্রিয়া হল প্রাণবায়ুর ধারণ (প্রাণ-ধারণ) এবং প্রাণের উপরোক্ত বৈশিষ্ট্যগত বিষয়ে প্রক্রিয়াভেদে মনোনিবেশ (attention) করা। সূক্ষ্মপ্রাণ 'বর্ণ' বলে পরিচিত যা পৃথক আলোচনার বিষয়।

প্রাণের বিভিন্ন প্রকরণে মনোনিবেশে 'আনন্দে'র প্রকৃতিও ভিন্ন ভিন্ন বোধ হয়। যখন মন প্রমাতায় (সাক্ষী-subject) নিবদ্ধ হয় তখন উদ্ভূত আনন্দকে বলে 'নিজানন্দ'। যখন মন বিষয়হীনতায় নিবদ্ধ হয় তখন আনন্দকে বলে 'নিরানন্দ'। প্রাণ ও অপানের মিলনে মন নিবদ্ধ হলে উদ্ভূত আনন্দকে বলে 'পরমানন্দ'। যখন একাকার বা একীভূত বাস্তবে মন নিবদ্ধ হয় তখন প্রাপ্ত আনন্দকে বলে 'ব্রহ্মানন্দ'। যখন উন্মুখী ব্যক্তির প্রাণশক্তি 'উদানে' অর্থাৎ জ্ঞানরহিত বস্তুহীনতায় নিবিষ্ট করা সম্ভব হয় তখন ব্যক্তির দেহে, মনে জাগতিক সত্তায় যে আনন্দ অনুভূত হয় তাকে বলে 'মহানন্দ'। যখন ব্যক্তির মন প্রাণের প্রকরণে 'ব্যানে' নিবেশিত হয় অর্থাৎ শরীরময় হয় তখন উদ্ভূত আনন্দকে বলে 'চিদানন্দ'। এই ছয় প্রকার প্রাণ বিষয়ে মনোনিবেশের কারণে যখন উন্মুখী ব্যক্তি প্রাণ-শক্তিকে সামগ্রিকভাবে বুঝতে পারে তখন তার আনন্দকে বলে 'জগদানন্দ'। এই আনন্দের কোনো প্রক্রিয়াগত ভাগ নেই। এই আনন্দ সর্বত্র দ্যুতিমান যা একাধারে প্রমাতা, প্রমাণ ও প্রমেয় স্বরূপ ভাবনার প্রয়োজন রহিত অমৃত সমান। সমগ্র এই প্রক্রিয়ার নাম উচ্চার বা প্রাণ যোগ।

প্রাণ যোগের সমূহ উৎকর্ষে (উন্নতিতে) বিশেষ ফল লাভ হয় যথা, i)আনন্দানুভব, ii)উদ্ভাব- অন্তর উল্লাস iii)কম্প- অনিয়ন্ত্রিত শারীরিক কম্পন, iv)ঘূর্ণী- আনন্দের উৎফুল্লতা (reeling in delight)।

প্রাণ-যোগ প্রাণায়াম থেকে সম্পূর্ণ ভিন্ন। প্রাণায়ামে হয় শ্বাস-বায়ুর নিয়ন্ত্রনের ফল লাভ। প্রাণ-যোগে হয় প্রাণসহ প্রাণশক্তির গতি নির্ধারণ সত্ত্বাকে অনুভবের উদ্দেশ্যে।

b) করণ:

আমরা দেখেছি আণবোপায়ে বুদ্ধি, স্থূল প্রাণ (প্রাণবায়ু) ও সূক্ষ্ম প্রাণের (প্রাণশক্তি -বর্ণ) প্রযুক্তি (উচ্চার ভেদ)। ব্যক্তির দেহের অর্থ এখানে স্থূল শরীর, সূক্ষ্ম শরীর ও দেহাতীত কারণ শরীর (causal body)। করণের ব্যবহারে শারীরিক মুদ্রার (posture) ভূমিকা প্রধান, এই মুদ্রা সাত প্রকার- i) গ্রাহ্য, ii) গ্রাহক, iii) চিৎ বা সম্বিত, iv) নিবেশ বা সন্নিবেশ, v) ব্যাপ্তি, vi) ত্যাগ ও vii) আক্ষেপ (তন্ত্রালোক V -129)। জয়রথ তার ভাষ্যে করণের প্রয়োজনীয়তা ব্যাখ্যা করেছেন-

'ইহ গ্রাহ্যাদিভিঃ সপ্তভিঃ প্রকারর্ভিন্নং করণং নাম বোধপূর্বকমভ্যাসং প্রাহুঃ বোধ্যন্যগভাবেন স্বাত্মৈকতানতামাপন্নং বোধমেব কথিতবন্তঃ'।

অর্থাৎ, করণের সাত প্রকার ভেদ গ্রাহ্য ইত্যাদির দ্বারা বাস্তব সীমিত করলে ব্যক্তির বোধ তার স্বকীয়তা লাভ করে, স্বরূপত্ব অনুভব করে।

প্রথম চারটি করণ আণবোপায়ের অন্তর্গত। 'গ্রাহ্য' হল বস্তুর বোধ, 'গ্রাহক' হল ইন্দ্রিয়র বোধ, এরা গৃহীত হয় বা মিশে যায় সম্বিতে। এরপর চতুর্থ করণ নিবেশ বা সন্নিবেশে গ্রাহ্য ও গ্রাহকের লেশ অবশিষ্ট থাকে না।

পঞ্চম করণ 'ব্যাপ্তি' হল সাধকের ব্যাপ্তভাবনা বস্তুহীনতায়। করণের পরবর্তী ষষ্ঠ করণ হল 'ত্যাগ' যখন সাধক নিচেষ্ট ভাব অবলম্বন করে। পরবর্তী সপ্তম করণ 'আক্ষেপে' সাধক উন্নীত হয় শাম্ভব যোগে বা শিবত্বে। আণবোপায়ে (তৃতীয় পর্বে) সূত্র 16 ও 25 শাম্ভবযোগের উল্লেখ করে।

c) ধ্যান:

অভিনবগুপ্ত তাঁর তন্ত্রসারে (পৃঃ 36) বলেছেন উন্মুখী ব্যক্তি প্রমাতা (knower-subject), প্রমাণ (knowledge) ও প্রমেয় (known-object) এই তিনের উপর একত্রে ধ্যান করবে। ফলস্বরূপ অন্তঃকরণ উজ্জ্বল রূপে প্রজ্জ্বলিত হবে (sharply lit) ব্যক্তির কাছে। আণবোপায়ের বিষয় ও তার প্রয়োজনীয়তা তখন তার কাছে প্রজ্জ্বলিত অন্তঃকরণে;

তাদেরই ভাবনায় ব্যক্তির অন্তঃকরণে আণবোপায়ের বিষয়ই তখন আহুতি। তখন ব্যক্তিতে অন্তর-বাহির, তার চেতনা ও বিষয়ের ভেদও লুপ্ত হয়ে সর্বত্র এক অনুভূত হয়।

ধ্যানের আরেকটি প্রক্রিয়া তৃতীয় পর্বের চতুর্থ সূত্রে উল্লেখ করা হয়েছে। শিব থেকে শুরু করে মেদিনী পর্যন্ত পরিব্যাপ্ত ছত্রিশ তত্ত্বকে ভাবনায় স্থূল ধারণা থেকে সূক্ষ্ম এবং সূক্ষ্ম থেকে জগৎ সংসারের অবধারক কার্য-কারণ শরীরে (causal body) নিমজ্জিত মনে করতে হবে ক্রমান্বয়ে সাধককে। একে বলে 'লয় ভাবনা'। অথবা মনে করতে হবে ধ্বংসের দেবতা রুদ্র তার কালাগ্নি (কালনাশক অগ্নি) দিয়ে ডান পায়ের আঙুল থেকে উত্থিত হয়ে সমগ্র দেহকে ভস্মীভূত (গ্রাস) করছে। একে বলে 'দাহ ভাবনা'। প্রকৃত অর্থে এটি এক শাক্তোপায়। এই সব প্রক্রিয়ায় চিত্ত সমাবেশিত হয়।

d) বর্ণ:

প্রাণের দুই রূপ সাধারণ (স্থূল) ও সূক্ষ্ম। উচ্চার হল প্রাণশক্তির প্রয়োগিক প্রক্রিয়া করণ। আমরা আরও দেখেছি যে আণবযোগে মন প্রাণ সহ ব্যক্তির সত্তার বিভিন্ন উপসর্গের (বুদ্ধি, ইন্দ্রিয়বোধ ইত্যাদি) চৈতন্যে লয় হয়; এখন দেখবো প্রাণে উচ্চারের প্রকোপ বা প্রক্রিয়া। অভিনবগুপ্ত তন্ত্রালোকে (ভাগ V শ্লোক-131) বলেছেন-

'উক্তো য এষ উচ্চারস্তত্র ত্র যোহসৌ স্ফুরন্ স্থিতঃ।
অব্যক্তানুকৃতিপ্রায়ো ধ্বনির্বর্ণঃ স কথ্যতে।।'

অর্থাৎ, প্রাণবায়ুর উচ্চারে অস্ফুট (inarticulate) অনবধারিত (impercetible) শব্দের নিঃসরণ অনির্দেশিত (naturally) এবং সতত (continuously)।

ক্ষেমরাজের স্বচ্ছন্দতন্ত্রের সূত্রে বলা হয়েছে-

'নাস্যোচ্চারয়িতা কশ্চিৎপ্রতিহন্তা ন বিদ্যতে।
স্বয়মুচ্চরতে দেবঃ প্রাণিনামুরসি স্থিতঃ।।'

অর্থাৎ, কেউ প্রাণবায়ুর উচ্চার নিজেতে নিজে থেকে করে না বা এই উচ্চার বন্ধও করতে পারে না। জীবের হৃদয়ে স্থিত দেবী এই উচ্চার করেন।

অভিনবগুপ্ত তন্ত্রালোকে (ভাগ VI শ্লোক-216) বলেছেন-

'একো নাদাত্মকো বর্ণঃ সর্ববর্ণবিভাগবান্।
সোহনস্তমিতরূপত্বাদনাহত হোদিত:।।'

অর্থাৎ, নাদরূপে একটি আদি বর্ণই আছে যাতে সব বর্ণ স্থিত সুপ্তরূপে ও অবিভাজিত রূপে। যেহেতু এই নাদ অবিরত তাই একে অনাহত বলা হয় যার আরেক অর্থ নিরোধিত। এবিষয়ে জয়রথের বক্তব্য নিম্নরূপ।

"সর্ববর্ণাবিভাগস্বভাবত্বাদব্যক্তপ্রায়ো যোহসাবনাহতরূপো নাদঃ স বর্ণোৎপত্তিনিমিত্তত্বাদ্' বর্ণ উচ্যতে বর্ণশব্দাভিধেয়ো ভবেদিত্যর্থঃ"।

অর্থাৎ, এই অস্ফুট অবোধ্য (impercetible) অনাহত নাদ অভেদ রূপে অবস্থান করে। যেহেতু সব অক্ষর এই নাদ থেকে উৎপন্ন হয় তাই একে বর্ণের পূর্বরাগময় বর্ণ (proleptical) বলা হয়। এই নাদের অনুসন্ধান বা তীব্র অনুভবের চর্চাকে বর্ণযোগ বা ধ্বনি যোগ বলে। এই যোগ অতি প্রাচীন। শঙ্করাচার্য তাঁর 'যোগ-তারাবলী'তে একে নাদানুসন্ধান বলে অভিহিত করেছেন। গোরক্ষনাথের তন্ত্রেও এই নাম পাওয়া যায়। ধর্মেতিহাসের মধ্যযুগে উত্তর ভারতের সাধক কবীর ইত্যাদি এই নাদের চর্চা বা অনুসন্ধানকে 'সুরতি-শব্দ যোগ' নামে জানতেন। রাধাস্বামী সম্প্রদায়ও এই নামেই নাদ সাধনাকে অভিহিত করেছেন।

এই নাদাত্মক বর্ণের সাধনা কিভাবে সম্ভব? অভিনবগুপ্ত তন্ত্রালোকে বলেছেন-

'সৃষ্টি সংহারবীজং চ তস্য মুখ্যং বপুর্বিন্দুঃ'। (ভাগ V শ্লোক-132)

অর্থাৎ, সৃষ্টিবীজ ও সংহারবীজ দ্বারা নাদ গঠিত হয়।

জয়রথ বলেছেন- 'প্রধানমভিব্যক্তিস্থানমিত্যর্থঃ'। অর্থাৎ, সৃষ্টিবীজ ও সংহারবীজের স্থান নির্দেশ করতে পারলেই নাদ বোঝা যায় (revelation)। সৃষ্টিবীজ ও সংহারবীজ কি? 'স' হল সৃষ্টিবীজ আর 'হ' হল সংহারবীজ।

ক্ষেমরাজ তৃতীয় পর্বের সূত্র-27-এর ভাষ্যে নাদের সব জীবের শ্বাসে স্থিতির উল্লেখ করেছেন।

'সকারেণ বহির্যাতি হকারেণ বিশেৎপুনঃ।
হংসহংসেত্যতো মন্ত্রং জীবো জপতি নিত্যশঃ।।
ষট্'শতানি দিবারাত্রৌ সহস্রাণ্যেকবিংশতিঃ।
জপো দেব্যা বিনির্দিষ্টঃ সুলভো, দুর্লভো জড়ৈঃ।।'

অর্থাৎ, 'স' শব্দের শেষে শ্বাস ত্যাগ করা এবং 'হ' শব্দের শেষে শ্বাস গ্রহণ করা হয়। সেইহেতু সাধারণ মানুষ সর্বদা হংস জপ করে। সারা দিনে এই জপ 21600 বার করা

হয়। এই জপ গায়ত্রী দেবীর নামে জ্ঞানীর জন্য নির্দেশিত ও সহজে কৃত, কিন্তু অজ্ঞান ব্যক্তির পক্ষে কঠিন।

দিবারাত্র 21600 বার জপ সাধারণ লোকের দ্বারা বিনা প্রয়াসে সম্ভব হয় বলে তখন তাকে বলা হয় নিশ্বাস প্রশ্বাসে 'অজপাজপ'। শ্বাসত্যাগে 'হং' (expiration) শ্বাসগ্রহণে 'স' (inspiration) ধ্বনি হয় বলে একে 'হংস' মন্ত্র বলে বা অজপা গায়ত্রীও বলে। মানসিকভাবে বিনা উচ্চারণে (mental observation-অনুসন্ধান) এই জপে প্রাণ (exhalation) ও অপানের (inhalation) সমভাব হলে সুষুম্না নাড়ীর মাধ্যমে অধোমুখী হয়ে মূলাধারে (base of spine) সুপ্ত সাড়েতিন বৃত্তের জীবনীশক্তি কুণ্ডলিনীকে উর্দ্ধমুখে জাগ্রত করে। সেই সময় সাধকের সুমধুর ধ্বনি শ্রুত হয়। কিন্তু সাধক সেই ধ্বনিতে নিজেকে নিবেশিত করা থেকে বিরত থাকবে। শুধু অনাহত নাদে মনঃসংযোগ করবে, কুণ্ডলিনী জাগরণে নয়। এই অশ্রুত অনাহত নাদে, অপর নাম পরনাদ, মনোনিবেশে চিত্ত দ্রবীভূত হয় বিশুদ্ধ চৈতন্যে যা সাধকের সাধনার উদ্দেশ্য।

কুণ্ডলিনী চক্র জাগরিত হলে শরীরের বিভিন্ন কর্মের তেজ সমন্বিত (জনন, পরিপাক, শ্বাস প্রকরণ ইত্যাদি) সুষুম্নায় স্থিত ষটচক্র (মূলাধার- basal plexus, স্বাধিষ্ঠান- sacral plexus, মণিপুর- solar plexus, অনাহত- cardiac plexus, বিশুদ্ধ- pharyngeal plexus, আজ্ঞা- রুদ্রগ্রন্থি, ব্রহ্মরন্ধ্র- brain region, তদুপরি সহস্রার-মস্তক শীর্ষ), অতিক্রম করে জীবন-শক্তি সহস্রারে বিশ্বে মুক্ত হয়। সুষুম্না নাড়ী ও সহযোগী ইড়া ও পিঙ্গলা নাড়ী এবং চক্রসমূহ কোনো স্থূল বস্তু নয় এগুলো প্রাণময় কোষ। এই কোষ সমূহের উপস্থিতি স্নায়ুতে এবং শিরার গ্রন্থিতে (ganglia) অনুভূত হয়। প্রতিটি চক্র জীবনের বিভিন্ন প্রকারের কাজের জন্য (জনন, পাচন, শ্বসন, মনন ইত্যাদি) একেকটি কেন্দ্রস্থল বা প্রাণের একেকটি শক্তিস্থল যা সুষুম্নায় নির্দিষ্ট দূরত্বে স্থিত। কুণ্ডলিনীর অভিমুখ সহস্রারে পৌঁছলে সাধকের শরীরে অমৃততুল্য অনির্বচনীয় আনন্দের ধারাপাতের অনুভব হয়।

শব্দের মূল অনাহত নাদ সুষুম্নায় যা প্রবাহিত হয় শব্দের সম্ভাবনায় তাকে অশ্রুত পশ্যন্তি বলে, সাধক যেন প্রকাশের জ্যোতি (light), দিশা অনুভব করে; সব বিকল্প (বাস্তবতা) দূরীভূত হয়ে ব্যক্তিতে শান্তভাবের আবির্ভাব হয় যা পূর্ণতা বোধের (পূর্ণহন্তা) সমতুল্য। হংস নাদ হল জীবনের সংকেত। সূক্ষ্ম (অনাহত) নাদ প্রণব (ওম্) নামে অভিহিত।

প্রণবের অনুভূতি (জ্ঞান) যোগের দ্বারা লব্ধ। এই যোগে সাধনার নয়টি স্তর। i) বিন্দু (অর্ধমাত্রা), ii) অর্ধচন্দ্র, iii) বোধিনী iv) নাদ, v) নাদান্ত, vi) শক্তি, vii) ব্যাপিনী, viii) সমনা, ও ix) উন্মনা। একটি অপরটি থেকে ক্রমান্বয়ে সূক্ষ্ম। উন্মনা সর্বোৎকৃষ্ট, এতে চৈতন্যের বোধ হয়। সমনায় হয় আত্মব্যাপ্তি (realisation of self), উন্মনায় হয় শিবে-ব্যাপ্তি। শিবে-ব্যাপ্তি হল আত্মবোধ থেকে জগৎ বোধ, ব্যক্তির বিশ্বময়তার বোধ।

তৃতীয় পর্বের সূত্র-7-এর ভাষ্যে ক্ষেমরাজ উন্মনার ব্যাখ্যা করেছেন। সমনা পর্যন্ত ব্যক্তি মায়া অধ্যুষিত। উন্মনাতে মায়ার লেশ থাকে না। উন্মনার আর এক নাম সহজবিদ্যা। ক্ষেমরাজের ব্যাখ্যা- 'আত্মাব্যাপ্ত্যন্তস্য মোহস্য জয়াৎ উন্মনাশিবব্যাপ্ত্যাত্মনঃ সহজবিদ্যায়াঃ প্রাপ্তিরুক্তা'।

অর্থাৎ, স্বচ্ছন্দতন্ত্রে সহজবিদ্যা লাভ হল উন্মনা প্রাপ্তি যা শিব-চৈতন্যের সর্বোচ্চ সোপান, ব্যক্তি মোহমায়া জয়যুক্ত হয় এই স্তরে। ক্ষেমরাজ বলেছেন শাক্তোপায়েও উন্মনা স্তর লভ্য কিন্তু আণবোপায়ে উন্মনার উল্লেখের কারণ আণবোপায় থেকে শাক্তোপায়ে উন্নয়ন প্রসিদ্ধ। এই পর্বে সূত্র-15, 21, 26, 44, 45 শাক্তোপায় জনিত।

e) স্থান-কল্পনা:

যারা চিত্তকে বুদ্ধিতে বা প্রাণকে নাদে স্থাপন বা নিবেশ করতে পারে না, আণবোপায়ে তাদের মনকে বাহ্য লক্ষ্যে স্থাপন করতে বলা হয়েছে। একে বলে স্থান-কল্পনা। অভিনবগুপ্ত (তন্ত্রসার পৃঃ 45) বলেছেন-

'অথ বাহ্যবিধিঃ স এব স্থানপ্রকল্পনশব্দেন উক্তঃ।
তত্র ত্রিধা স্থানং প্রাণবায়ুঃ, শরীরং বাহ্যং চ।'

অর্থাৎ, আণবোপায়ের বাহ্য প্রক্রিয়ার তিনটি স্থান, প্রাণবায়ু, শরীর, বা শরীরের বাইরের কোনো লক্ষ্য বস্তু।

এই প্রাণবায়ু আমাদের দৈনন্দিন স্থূল শ্বাস, সূক্ষ্ম অনুভবনীয় প্রাণ-শক্তি (প্রাণ, অপান, সমান, উদান, ব্যান) নয়। শরীর (হৃদয়) থেকে নাসিকার বারো আঙুল বহির্ভাগের দূরত্বে (বাইরের স্থিত লক্ষ্য- বাহ্যং চ) নিশ্বাস প্রশ্বাসের আদান প্রদান। এই বাহ্যিক শ্বাসের চলনে মনোনিবেশ করতে পারলে বিকল্পবোধের রোধ হয়। দেহতেও মনোনিবেশের বিষয়

যথা, ভ্রূমধ্য, নাসিকাগ্র ইত্যাদি করা সম্ভব। তাছাড়া বাহ্য বস্তুকেও মনঃসংযোগের বিষয় (মূর্তি ইত্যাদি) করা সম্ভব। শেষাবধি শিব-চৈতন্য প্রাপ্তি। আণব যোগ থেকে শাক্ত যোগ এবং সেখান থেকে শাম্ভব যোগে উন্নয়ন।

সূত্র সমূহের সারমর্ম

প্রথম পর্ব

শাম্ভবোপায়

সূত্র-1 আত্মনের বিশিষ্টতা- আত্মা ব্যক্তির চৈতন্য (মূল) যা জ্ঞান ও ক্রিয়া মুক্ত।

সূত্র-2 ব্যক্তির জগতে বন্ধন তার জাগতিক দেহের সীমিতাবস্থার শর্ত যাকে বলে আণব মল এবং সত্যের অজ্ঞতা তার প্রকৃতি।

সূত্র-3 আরও দুটো সীমিতাবস্থার শর্ত ব্যক্তিতে প্রযোজ্য তা'হল মায়া ও কর্মের মল।

সূত্র-4 উপরোক্ত তিনটি শর্ত শব্দের দ্বারা উল্লেখে সেই শব্দ (সৃষ্ট অক্ষর) অসংস্কৃত রূপে (vitiated) প্রকাশিত হয়। ব্যক্তির জীবনে এই অক্ষর সমূহের প্রভাব বর্তমান।

সূত্র-5 শাম্ভব উপায় হল ভৈরব-পন্থা, অজ্ঞতা দূর করে ব্যক্তিকে বন্ধন মুক্ত করে।

সূত্র-6 ভৈরব-চেতনা হল জগতের ভরণ (পোষণ), রবণ (সংহার) ও বমন (সৃষ্টি) শিব থেকে উদ্ভূত কল্পিত মাধ্যম ভৈরবের দ্বারা সংঘটনের জ্ঞান; যা মূলত শিবময় অর্থাৎ ভৈরবের উপরোক্ত ধর্ম অন্তিমে শিবের একত্বের (একমাত্র সত্যের) বোধ জন্মায়। শিবেরই জগতের সৃষ্টি ও সংহার কর্তৃত্ব বা শক্তির বোধ সাধকের গভীর অনুধ্যানে (intensive awareness) অনুভূত হয়। তখন জগতের পৃথকত্ব ব্যক্তির মনে অবলুপ্ত হয়। এই সুত্রে শিবের চৈতন্যের জ্ঞান ব্যক্তিতে হয়। শাক্তোপায়ে এই প্রাপ্তির কথা বলা হয়েছে।

সূত্র-7 ভগবৎ কৃপায় যখন ভৈরবের জ্ঞান হয় এবং শাক্তোপায়ে অর্থাৎ শক্তির সঙ্গে মানসিকভাবে একাত্মতা (শক্তি-সন্ধান) হয় তখন শক্তির মাধ্যমে সৃষ্ট জগতের উর্দ্ধে ওঠা যায়। অর্থাৎ জাগরণ, স্বপ্ন ও নিদ্রার উর্দ্ধে ব্যক্তি সর্বদা তুরীয় অবস্থার আনন্দে মত্ত (rapturous delight) থাকে। সেই ব্যক্তিকে তখন জীবন্মুক্ত বলে।

সূত্র-8 জাগ্রত অবস্থায় ব্যক্তি তার ইন্দ্রিয়ের দ্বারা জগতের অভিজ্ঞতা সঞ্চয় করে।

সূত্র-9 স্বপ্নাবস্থায় ব্যক্তি বিভিন্ন সম্ভাবনাকে কল্পিত রূপ দেয় (thought formed)।

সূত্র-10 গভীর নিদ্রায় ব্যক্তি-চেতনা অবসিত হয়। জগৎ ও জীবন সম্বন্ধে কোনও জ্ঞান থাকে না। মায়া ব্যক্তির দেহ ও মনের অস্তিত্বকে ব্যক্তির সত্তায় শুধু ধরে রাখে, ফলে জাগরণের পর ব্যক্তি বুঝতে পারে সে গভীর নিদ্রায় ছিল। যোগীর ক্ষেত্রেও হয়।

সূত্র-11 সর্বোচ্চ চৈতন্যের আনন্দের উপলব্ধি হলে ব্যক্তির সব ইন্দ্রিয় তার বশ হয়।

সূত্র-12 উপরোক্ত যোগী অদ্ভুত ক্ষমতার অধিকারী হয়।

সূত্র-13 ভৈরবের জ্ঞানপ্রাপ্ত যোগী তখন স্বাতন্ত্র্য শক্তির গুণ লাভ করে যার ফলে জগৎ তার কাছে ইচ্ছানুসারে দৃশ্য (manifest) ও সংহৃত (withdrawn) হতে পারে। ভৈরবের জ্ঞানই জ্ঞানযুক্ত ভৈরবের চৈতন্য অর্থাৎ একত্বময় চৈতন্যের অনুভূতি।

সূত্র-14 এইরূপে যোগীর কাছে তার ভিতর-বাহির সব চৈতন্যময় হয়।

সূত্র-15 এই অভিজ্ঞতা যোগীর পক্ষে সম্ভব যখন সে তার জ্ঞানকে বিশ্বময় চৈতন্যে নিমজ্জিত করতে পারে।

সূত্র-16 যখন ব্যক্তি নিজেকে শিবত্বে অনুভব করে তখন তার 'সদাশিব' দশা হয়, যে অবস্থায় তার কাছে জগতের সব বন্ধন দূরীভূত হয়ে যায় কারণ সদাশিব দশা জগতের সম্ভাবনার পূর্ববর্ত্তী দশা, শিবের শক্তি সমন্বিত।

সূত্র-17 শিবের সঙ্গে ব্যক্তির সাজুয্যতা হল সত্ত্বার (Self) জ্ঞান।

সূত্র-18 জগতের প্রতিটি বিষয়ের জ্ঞান তখন চৈতন্যময় আনন্দের জ্ঞান। যারা যোগীর সঙ্গ লাভ করে তারাও এই জ্ঞানের ভাগীদার হয়।

সূত্র-19 ইচ্ছা-শক্তির ক্ষমতার বলে যোগী যেকোনো রূপ দেহ ধারণ করতে পারে।

সূত্র-20 শক্তির সঙ্গে একত্ব লাভে যোগী বিভিন্ন উপাদানের পারস্পরিক সংযোগ বা বিয়োগ ঘটাতে পারে স্থান-কাল নির্বিশেষে।

সূত্র-21 ইচ্ছা-শক্তির গুণে যোগী যে বিশ্বময় চৈতন্যের সামিল হয়, তাতে উন্মনা শক্তির উদ্গম হয়। যোগীর শুদ্ধবিদ্যা লাভ হয়, জগতকে নিজের অধীনস্ত মনে হয়।

সূত্র-22 সর্বোচ্চ শক্তি হল শিবের পরম শক্তি বা পরাশক্তি; 'পরা' অতল গভীর, একটা সরোবরের মতো। এই গভীরতা যোগী অনুভব করলে সেই যোগীই মন্ত্রের বা মন্ত্রশক্তির উদ্গাতা হতে পারে, কারণ জগতের সৃষ্টির স্পন্দন তার দ্বারা অনুভূত হয়। এই স্পন্দন পরমের চৈতন্যের স্পন্দন যা সৃষ্টিকারী মন্ত্রের আভাস, যার থেকে মন্ত্রের পদে সৃষ্টিরূপ সম্ভব হয়।

দ্বিতীয় পর্ব

শাক্তোপায়

সূত্র-1 সর্বদা মন্ত্রের জপে ব্যক্তি মন্ত্রের সঙ্গে একাত্মতা বোধ করে। মনই তখন মন্ত্রময় হয়ে যায়। মন্ত্রের সত্তা সৃষ্টির পরিচয়। মন্ত্রের জপের তন্ময়তায় ব্যক্তির কাছে মন্ত্র ও মন্ত্রের জপের ভেদ অবলুপ্ত হয়ে যায়। তখন সে নিজেকে আর আবদ্ধ মনে করে না এবং জগৎ প্রকৃত নয় মোহময় বোধ হয় যা মন্ত্রের দ্বারাও সৃষ্ট হতে পারে জ্ঞানের নিম্নস্তরে। শাক্তোপায়ে মন্ত্রের অবলম্বন জগতে সীমাবদ্ধ থাকার জন্য নয়, বরং শিবের চৈতন্যের অনুভবের জন্য, যখন বিশ্বকে নিজের মনে হয়।

সূত্র-2 উন্মুখী ব্যক্তির আগ্রহ ও উৎসাহ মন্ত্রের দেবীর সঙ্গে মন্ত্রের মাধ্যমে সংযোগ সাধন করে।

সূত্র-3 & 4 বিদ্যাশরীর – শব্দরাশি, মন্ত্রের শব্দ সমূহ। মন্ত্রের সত্তা সর্বোচ্চ চৈতন্য কারণ মন্ত্র ও মন্ত্রের শক্তি সেই সর্বোচ্চ চৈতন্য থেকেই উদ্ভূত। ব্যক্তি যদি মায়ীক জগৎ নিয়েই তুষ্ট থাকে তবে সে সীমিত ক্ষমতার অধিকারী। মন্ত্র শাক্তোপায়ে এই ক্ষমতাকে অতিক্রমণে সহায়তা করে।

সূত্র-5 উন্মুখী ব্যক্তিতে মন্ত্রের সমুত্থানে (spontaneous emergence) খেচরী মুদ্রার আবির্ভাব হয় অর্থাৎ ব্যক্তি জগতকে শিবময় মনে করে।

সূত্র-6 গুরুর বা দৈবী কৃপা উপরোক্ত উত্থানে সহায়তা করে।

সূত্র-7 মন্ত্রের শব্দরাশি (বাচক) এবং তার দ্বারা নির্দেশিত বাচ্য (মন্ত্রের রূপ) মাতৃকা (শব্দরাশি সমূহ) থেকে জাপককে শিবাবস্থায় উন্নীত করে।

সূত্র-8 এই উন্নয়নে ব্যক্তি স্থূলশরীরের যা জগৎবোধে সম্পৃক্ত শিবভাবে আহুতি দেয়।

সূত্র-9 জগতের জ্ঞান তখন যোগী অন্নের মতো গ্রাস করেন। যদি স্বরূপ জ্ঞান হয়ে থাকে তখন এই গ্রাস যোগীর আনন্দের কারণ হয়।

সূত্র-10 প্রথম পর্বের সূত্র-21-তে উল্লেখিত শুদ্ধবিদ্যা বা উন্মনাশক্তির প্রভাবে বিকল্পজ্ঞান (অশুদ্ধ বিদ্যা) অবসিত হয়। আচার্য ভাস্করের মতে অশুদ্ধবিদ্যা শুধু স্বপ্নবৎ থেকে যায় (apprehended in delusion) অস্থায়ী রূপে।

তৃতীয় পর্ব

আণবোপায়

সূত্র-1 ব্যক্তির চিত্ত দৃশ্যমান জগতের দ্বারা প্রভাবিত হয়। চিত্তের লক্ষণ হল বুদ্ধি, অহঙ্কার ও মন যা চিত্তের আশয়। চিত্তকেই ব্যক্তির আত্মরূপ বা আত্মা মনে করা হয়
যা সত্ত্ব, রজ ও তম গুণের সমন্বয়ে ব্যক্তি জন্ম জন্মান্তরে বহন করে।

সূত্র-2 আণবোপায়ে ব্যক্তির অণুতে স্থিতি তার মানসিক লক্ষণযুক্ত (psychic apparatus) অবস্থায় থাকে, যাতে ইন্দ্রিয়জনিত ক্রিয়ার সুখ দুঃখের লিখন হয় এবং ফলস্বরূপ ব্যক্তি জন্মান্তরে ধাবিত হয়।

সূত্র-3 ব্যক্তির জগৎ বন্ধন মায়ার কারণে। মায়ার অর্থ সৎ অসতের বিচারহীনতা। এই মায়ার বন্ধন হয় বিভিন্ন সীমিতাবস্থার কারণে। ব্যক্তির এই সীমিতাবস্থা পাঁচ প্রকার। i) কলা (সীমিত ক্ষমতা বা দক্ষতা), ii) সীমিত বিদ্যা (জ্ঞান), iii) সীমিত রাগ (অহমত্ব), iv) সীমিত কাল (সময়ের স্থূলত্ব, সঙ্কুচিত) v) নিয়তি (ফলভোগী দোষে গুণে ভরা সূক্ষ্ম শরীর)।

সূত্র-4 ব্যক্তি উপরোক্ত অবস্থার নিরসনে তার স্থূল শরীর থেকে সূক্ষ্ম শরীর এবং সূক্ষ্ম শরীর থেকে শিব চৈতন্যের উপলব্ধিতে সাধনা করবে।

সূত্র-5 প্রাণায়াম, প্রত্যাহার, ধারণা ইত্যাদির মাধ্যমে সাধক প্রাণ ও অপানকে সুষুম্নায় চালিত করে নিজেকে বাস্তব বিমুখ তথা জগতের উর্দ্ধে অবস্থিত করতে বা জগৎ-অধিপ জ্ঞান করতে পারে।

সূত্র-6 প্রাণায়াম ইত্যাদিতে মোহের আবরণ দূরীভূত হয় এবং সর্বোচ্চের বোধ হয়।

সূত্র-7 মায়াকে জয় করতে পারলে সহজবিদ্যা বা অকলুষ জ্ঞান হয় শিবত্বের পথে।

সূত্র-8 উন্মনা সাধক জগতকে জ্যোতিস্বরূপ মনে করে।

সূত্র-9 ব্যক্তির স্বরূপত্ব নাটকের নটবৎ, জগতের ঘটনা তাকে প্রভাবিত করে না।

সূত্র-10 সূক্ষ্ম শরীর এই নাটকের কুশীলব (চরিত্র)।

সূত্র-11 যোগীর চিত্ত অন্তর্মুখী তাই জগতের ঘটনা তার কাছে মজাদার।

সূত্র-12 যোগী সত্ত্ব গুণের প্রভাব এই নাটকে আধিপত্য বিস্তার করতে পারে।

সূত্র-13 জগতের জ্ঞান ও ক্রিয়ায় আধিপত্য বিস্তারে যোগী ক্রমে সর্বকর্তৃত্ব লাভ করে।

সূত্র-14 যোগীর এই কর্তৃত্ব দেহ ছাড়াও অন্যত্র প্রদর্শন সম্ভব হয়।

সূত্র-15 যোগীকে সর্বদা পরাশক্তিমুখী হতে হবে।

সূত্র-16 যোগী পরাশক্তি লাভ করলে তার আর সাধনার আবশ্যকতা হয় না।

সূত্র-17 শুদ্ধবিদ্যা পরাতত্ত্ব, যোগীর ক্ষমতা অনুসারে তাকে সৃষ্টির যোগান দেয়।

সূত্র-18 শুদ্ধবিদ্যা মায়ার উর্দ্ধে তাই সেই বিদ্যার পুনঃ লাভে যোগীর আর পুনর্জন্ম হয় না।

সূত্র-19 যোগীর শুদ্ধবিদ্যা তথা সহজবিদ্যার উন্মেষে তাকে সজাগ থাকতে হয় যাতে অক্ষরের দেবীর চক্রে পতিত হয়ে তাকে দৈব তথা নিয়তির বশবর্ত্তী না হতে হয়।

সূত্র-20 যোগী তার তুরীয় অবস্থায় পূর্ববর্ত্তী তিন অবস্থার (জাগ্রত, স্বপ্ন ও সুষুপ্তি) উপর আধিপত্য বজায় রাখবে যেমন প্রদীপের তেল প্রদীপের প্রাণ।

সূত্র-21 তুরীয় অবস্থায় অলীক কল্পনার (স্বপ্ন) কোনো অবকাশ নেই।

সূত্র-22 তুরীয় দশায় যোগী বাহ্যিক জ্ঞান রহিত হয়ে চিদানন্দ হয়।

সূত্র-23 তুরীয় দশায় যোগী পূর্ববর্ত্তী দশা সম্বন্ধে সজাগ ও অবহিত থাকে।

সূত্র-24 যখন যোগী নিজেতে সর্বোচ্চ চেতনার আভাসে সবের সঙ্গে একত্ব অনুভব করে তখন তার মধ্যে অতীন্দ্রিয়ের (transcendental consciousness) উদয় (revival) হয়।

সূত্র-25 তুরীয়ে একাগ্রতায় তুরীয়াতীত অবস্থার যোগীতে সঞ্চার হয়। এই অবস্থা শিবত্বের বোধের সমান।

সূত্র-26 যোগীর দেহে ও মনে সঞ্চিত কর্ম ফলের ক্ষয় বা প্রারব্ধ তাঁর ব্রত উদযাপন।

সূত্র-27 যোগীর শুদ্ধ চৈতন্যে তাঁর প্রতিটি কথাই ঈশ্বরের জপের মতো।

সূত্র-28 যোগীর কাজ হল ভগবৎ চৈতন্যের (শুদ্ধ) জ্ঞানের বিতরণ।

সূত্র-29 উক্ত যোগী শক্তি চক্রের অধিকারী হয়ে ব্যক্তির সীমিত অবস্থা সম্পর্কে নিজেকে অবহিত করার (enlighten) যোগ্যতা অর্জন করেন।

সূত্র-30 এই যোগী শিবতুল্য তাই শিবের শক্তি তার কাছে উন্মেষিত জগৎ।

সূত্র-31 জগতের পোষণ ও সংহার এই উন্মীলনের অংশ।

সূত্র-32 জগতে বিষয়ের রূপান্তর হলেও বিষয়ী অপরিবর্তিত থাকে। অর্থাৎ রূপান্তরে সাক্ষীর আবশ্যকতা আছে।

সূত্র-33 যোগীর কাছে জগতের সুখ দুঃখ বর্ণময় রূপময় ঘটের মতো যা তাকে বিচলিত করতে পারে না।

সূত্র-34 যোগী 'কেবলী', সুখ দুঃখের অতীত চৈতন্যকে জানেন।

সূত্র-35 ভগবৎ উন্মুখী সাধক অজ্ঞতার বন্ধন কাটাতে পারে না যখন সে জগতে (সংসারে) কর্মের বন্ধনে আবদ্ধ হয়।

সূত্র-36 যখন যোগী দেহ, প্রাণ সব কিছুই অস্বীকার করতে পারে তখন নতুন কিছু সৃষ্টিও করতে পারে তাঁর শুদ্ধ চৈতন্যের দ্বারা।

সূত্র-37 স্বপ্নে যেমন আমরা কল্পনার জাল বুনতে পারি, যোগী বাস্তবে তেমনি সৃষ্টি করতে পারেন।

সূত্র-38 তুরীয়ের পূর্বাবস্থা ব্যক্তির জীবনে স্বাভাবিক ও অবশ্যম্ভাবী।

সূত্র-39 তুরীয় অবস্থায় যেমন পূর্ববর্ত্তী তিন অবস্থার উপর আধিপত্য বর্তমান থাকে, তেমনি তুরীয়াতীত অবস্থা (ইন্দ্রিয়াতীত চৈতন্য) পূর্ববর্ত্তী চার অবস্থার (জগতের ভাব, বর্তমানতা) কারণেই সম্ভব হয়; জগৎই সাধকের উচ্চমার্গীয় সম্ভাব্যতার ভিত্তি।

সূত্র-40 আণব মলের আধারে ব্যক্তি অভিভুত হলে তুরীয়াতীত অবস্থা লাভ করে না।

সূত্র-41 তুরীয় অবস্থায় স্থিত হলে ব্যক্তির উর্দ্ধগতি চিৎ প্রমাতা প্রাপ্তি হয় এবং শুদ্ধ চৈতন্য লাভ সম্ভব হয়, এর কারণ তার জাগতিক স্পৃহা নষ্ট হয়ে তার সীমিত জগৎও অন্তর্হিত হয়ে যায়।

সূত্র-42 উক্ত অবস্থায় তার শরীর বহিরাবরণ হিসাবেই বর্তমান থাকে, ব্যক্তি চৈতন্যময় শিবত্ব অর্জন করে।

সূত্র-43 ব্যক্তির আবরণরূপ শরীরে তখনও প্রাণবায়ুর চলাচল অব্যাহত থাকে যা জগৎ সম্বন্ধিত জীবনশক্তি এবং শিবের স্বাতন্ত্র্যশক্তি থেকেই উদ্ভূত ঐশ্বরিক এক প্রকাশ।

সূত্র-44 প্রাণের বহির্প্রকাশ নাসিকার মাধ্যমে চলাচলে। প্রাণ শক্তির আন্তর্প্রকাশ হল সম্বিত। মধ্য প্রকাশ হল চৈতন্য। সদা এই চৈতন্যের সাধনায় নির্ব্যুথান (প্রত্যাবর্তন রহিত) সমাধি লাভ হয়।

সূত্র-45 ব্যক্তির সত্তা যা এতদিন তার সঠিক আত্ম পরিচয় ভুলে ছিল, তার ভগবৎ সত্ত্বার পরিচয় লাভ করে সর্বত্র শিবের চৈতন্য জ্ঞান করে।

শিব সূত্র

শিব সূত্র ও ক্ষেমরাজের ভাষ্য 'বিমর্শিনী'

-জয়দেব সিং

শিব সূত্রের প্রবর্তন ও ক্ষেমরাজের ভাষ্যের মহৎ উদ্দেশ্য হল দ্বৈত তত্ত্বের (dualism) দুর্ভোগ তথা ফলের নিবারণ (counter to effects of dualism)।

এই সূত্র কোনও ব্যক্তি দ্বারা লিখিত হয়নি, শিব থেকে উদ্ভূত। আচার্য সাধক বসুগুপ্ত এই সূত্র প্রথম প্রাপ্ত হয়েছেন বলা হয়। এক সিদ্ধযোগী এই সূত্রের প্রকাশ ঘটান বসুগুপ্তের স্বপনে। অথবা পর্বত গাত্রে শিবের নির্দেশে সূত্রগুলো লিখিত হয়েছে যা বসুগুপ্ত পরে দেখতে পান, এমনও বলা হয়।

'কদাচিৎ অসৌ দ্বৈতদর্শনাধিবাসিতপ্রায়ে জীবলোকে রহস্যসম্প্রদায়ো মা বিচ্ছেদি ইত্যাশয়তঃ অনুজিঘৃক্ষাপরেণ পরমশিবেন স্বপ্নে উন্মিষিত-প্রতিভঃ কৃতঃ।'

– শিব-সূত্র বিমর্শিনী পৃঃ-5

অর্থাৎ, শিব-সূত্র, শিব সিদ্ধযোগীর মাধ্যমে বসুগুপ্তকে স্বপ্নে দেন অথবা বসুগুপ্ত সেগুলো পর্বতের পাথরে ক্ষোদিত অবস্থায় দেখেন সেটা কোনও বিচার্য্ বিষয় নয়, এই জ্ঞান লাভের ক্ষেত্রে।

প্রথম শ্লোক

শিবের বন্দনা

রুদ্রক্ষেত্রজ্ঞবর্গঃ সমুদয়তি যতো যত্র বিশ্রান্তিমৃচ্ছেদ্
যত্তত্ত্বং যস্য বিশ্বং স্ফুরিতময়মিয়দ্যন্ময়ংবিশ্বমেতৎ।
স্বাচ্ছন্দ্যানন্দবৃন্দোচ্ছলদমৃতময়ানুত্তরস্পন্দতত্ত্বং
চৈতন্যং শাঙ্করং তজ্জয়তি যদখিলং দ্বৈতভাসাদ্বয়াত্ম।।

উপরোক্ত শ্লোকে সর্বোচ্চ চৈতন্য শিবের বন্দনা করা হয়েছে। শিবের চৈতন্য সর্বদা্ জয়যুক্ত হোক যা অদ্বৈত সত্য, যদিও তা দ্বৈত রূপে আবির্ভূত; যার থেকে 'রুদ্র' ও 'ক্ষেত্রজ্ঞ' প্রকট হয় ও যাতে লীন হয় (rests in)। এটাই প্রাথমিক বাস্তবতা (যৎ তত্তম – fundamental reality) যা স্ফুরিত হয়ে (burst forth) বিশ্বরূপ দৃষ্ট হয় আনন্দঘন স্পন্দের তত্ত্বরূপে (primary creative pulsation)।

ক্ষেমরাজ তাঁর ভাষ্য লেখার কারণ দিয়েছেন নিম্নোক্ত শ্লোকে।

আসমঞ্জস্যমালোচ্য বৃত্তীনামিহ তত্ত্বতঃ।
শিবসূত্রং ব্যাকরোমি গুর্বাম্নায়বিগানতঃ।।

অর্থাৎ শিবসূত্রের বিভিন্ন ব্যাখ্যায় বৈষম্য দেখে, শাস্ত্রের সঠিক ঐতিহ্যের বিক্ষেপে (sacred tradition-আম্নায়), একজন শিক্ষকের কর্তব্য মনে করে, ক্ষেমরাজ শিবসূত্রের সঠিক প্রতিপন্ন করেছেন তার ভাষ্যে। সূত্রসমূহ তিনভাগে বিভক্ত- শাম্ভবোপায়, শাক্তোপায় ও আণবোপায়। প্রথম ভাগ শাম্ভবোপায়।

প্রথম পর্ব (First section)

সূত্র-1

চৈতন্যমাত্মা

আত্মা অর্থ্ 'স্ব'(self i.e. reality); এ হল সচেতনতা যা পূর্ণ স্বাধীন। এই স্বাধীনতা জ্ঞান, কর্ম উভয়েরই।

ভাষ্য

ইহ অচেতিতস্য কস্যাপি সত্তাভাবাৎ, চিতিক্রিয়া সর্বসামান্যরূপা ইতি, চেতয়তে ইতি চেতনঃ সর্বজ্ঞানক্রিয়াস্বতন্ত্রঃ, তস্য ভাবঃ চৈতন্যং সর্বজ্ঞানক্রিয়াসংবন্ধময়ং পরিপূর্ণ্ স্বাতন্ত্র্যম্ উচ্যতে। তচ্চ পরমশিবস্যৈব ভগবতঃ অস্তি; অনাশ্রিতান্তানাং তৎপরতন্ত্রবৃত্তিত্বাৎ। স চ যদ্যপি নিত্যত্ব – ব্যাপকত্বামূর্তত্বাদ্যনন্তধর্মাত্মা, তথাপি নিত্যত্বাদীনাম্ অন্যত্রাপি সম্ভাব্যত্বাৎ, অন্যাসম্ভবিনঃ স্বাতন্ত্র্যস্যৈব উদ্ধুরীকারপ্রদর্শনমিদম্। ইত্থং ধর্মান্তরপ্রতিক্ষেপতশ্চ, চৈতন্যমিতি ভাবপ্রত্যয়েন দর্শিতম। তদেতৎ আত্মা, ন পুনরন্যঃ কোঽপি ভেদবাদ্যম্যুপগতো ভিন্ন ভিন্ন স্বভাবঃ। তস্য অচৈতন্যে জড়তয়া অনাত্মত্বাৎ। চিদাত্মত্বে ভেদানুপপত্তেঃ; চিতো দেশকালাকারৈঃ চিদ্ব্যতিরেকাৎ অচেত্যমানেত্বন অসদ্ভিঃ চেত্যমানত্বেন তু চিদাত্মভিঃ, ভেদস্য আধাতুম্ অশেক্যত্বাৎ; চিন্মাত্রত্বে তু আত্মনাং স্বভাবভেদস্য অঘটনাৎ; বক্ষ্যমাননীত্যা অব্যতিরিক্তমলসম্বন্ধযোগেনাপি ভেদস্য অনুপপত্তেঃ; প্রাক্ মলস্য সত্ত্বেঽপি মুক্তিদশায়াং তদুপশমনাৎ নানাত্ববাদস্য বক্তুম্ অশক্যত্বাৎ, মলসংস্কারসম্ভবে বা, অনাদিশিবাৎ কথঞ্চিৎ অপকর্ষে বা, মুক্তশিবাঃ সংসারিণ এব স্যুরিতি। যথোক্তম্ 'চৈতন্যমেক এবাত্মা' ইতি নানাত্মবাদস্য অনুপপত্তিঃ সূচিতা।

ভাষ্যের অর্থ

জগতে চৈতন্য ব্যতিরেকে (অচেতিতস্য) কোনও কিছুরই অস্তিত্ব থাকতে পারে না। চেতনা বিশ্বময়; ব্যক্তির চেতনার দ্বারাই সে চিন্তন করে, জ্ঞান আহরণ করে ও কার্য করে। চৈতন্যের দ্বারাই ব্যক্তি সচেতন হয়। 'ন'-য়ে য্-ফলা(য্য) প্রত্যয়, চৈতন্যের সঙ্গে বাকি সব

কিছুর সম্বন্ধ স্থাপক, চৈতন্য নিজে স্বেচ্ছাধীন জ্ঞান ও কর্মে (পরিপূর্ণম্ স্বাতন্ত্র্যম)। শিবেরই সেই স্বাধীনতা আছে যা স্বেচ্ছাধীন। বাকি সব শিবের আশ্রিত (সকল) এবং তাঁর উপর নির্ভরশীল (তৎ পরতন্ত্রবৃত্তিত্বাৎ)। এতেই মূলে নানাত্ববাদ দূরীভূত হয়।

শিবের অসংখ্য গুণবত্ত্বা- অনন্ত, নিরাকার সর্বব্যাপ্ত ইত্যাদি। উপরোক্ত গুণের দ্বারা তাঁর স্বাধীনতার কথা বলা হয়েছে কিন্তু চৈতন্যের দ্বারা তাঁর বিশেষ গুণের নির্দেশ করা হয়েছে যা অন্যে অনুপলব্ধ। অন্যের চৈতন্য আশ্রিত চৈতন্য যাকে আত্মা বলে সম্বোধন করা হয়। আত্মার চেতনা জীবকে নির্জীব থেকে পৃথক করে এবং জীবে বিভিন্ন ব্যক্তিসত্তা প্রদান করে। চিৎ-কে স্থান, কালে পৃথক করা যায় না তাই তাকে দেখাও যায় না। আত্মার বিভিন্নতা ব্যক্তি সাপেক্ষ হলেও তা চিৎ-এর থেকেই স্বাতন্ত্রতা প্রাপ্ত হয় এবং চিৎ বিশ্বজনীন। এই স্বাতন্ত্রতা অণু-রূপ (কণ্) মলের দ্বারা প্রাথমিক ভাবে সিদ্ধ হয়, বস্তুরূপ লাভ করে। শিবের থেকে উদ্গত ক্রমান্বয়ে জীবের এ হল অতি নিম্ন দশা। এই দশা থেকে মুক্ত যোগীর জীবন্মুক্ত দৈহিক স্থিতি থাকলে তাঁর পুনর্জন্মের আশঙ্কা থাকে যেহেতু চৈতন্য শারীরিকভাবে যোগী নয়। চৈতন্য এক অনাদি শিব।

ভাষ্যের দ্বিতীয়াংশ

অথ চ 'আত্মা ক' ইতি জিজ্ঞাসূন্ উপদেশ্যাৎ প্রতি বোধয়িতুং, ন শরীর-প্রাণ-বুদ্ধি-শূন্যানি লৌকিক-চার্বাক-বৈদিক-যোগাচার-মাধ্যমিকাদ্যভ্যুপগতানি আত্মা; অপি তু যথোক্তং চৈতন্যমেব। তস্যৈব শরীরাদি-কল্পিতপ্রমাতৃপদেহপি অকল্পিতাহংবিমর্শময়-সত্যপ্রমাতৃত্বেন স্ফুরনাৎ।

তদুক্তং শ্রীমৃত্যুজিড্ডট্টারকে-

'পরমাত্মস্বরূপং তু সর্বোপাধিবিবর্জিতম্।
চৈতন্যমাত্মনো রূপং সর্বশাস্ত্রেষু পঠ্যতে।'

ইতি। বিজ্ঞানভৈরবেহপি

'চিদ্ধর্মা সর্বদেহেষু বিশেষো নাস্তি কুত্রচিৎ।
অতশ্চ তন্ময়ং সর্বং ভাবয়নভবজিজ্জনঃ।'

ইতি। এতদেব

'যতঃ করণবর্গোহ্যং....'

ইতি। কারিকাদ্বয়েন সংগৃহ্য উপদেশ্যান্ প্রতি সাভিজ্ঞানং গুরুণা উপদিষ্টং শ্রীস্পন্দে।

ভাষ্যের অর্থ

আত্ম তথা ব্যক্তির আত্মা কি, এ বিষয়ে ভাষ্যকার বলছেন আত্মা মানুষের দেহ নয়, যা চার্বাক দর্শনের মত, প্রাণ-শক্তি নয় যা বেদের মত, মনের তথা বুদ্ধির নির্ণায়ক ক্ষমতা নয় যা বুদ্ধের অনুসারী যোগাচারীদের মত, শূন্য নয় যা 'মাধ্যমিক' বুদ্ধ অনুসারীদের মত; এ হল জ্ঞান ও কর্মের জন্য আবশ্যক চেতনা। এমনকি যারা দেহেই আত্মভাব বলেন, সেখানেও মূল চৈতন্যই প্রকৃতিতে প্রকাশিত হয়। কাশ্মীরি শৈবগ্রন্থে 'নেত্র তন্ত্রে' (মৃত্যুঞ্জিৎ) বলা হয়েছে- প্রকৃতির চেতনা স্বাধীন ভগবৎ চৈতন্যই যা সর্বশাস্ত্রে বিবৃত -(শ্লোকঃ VIII-28)।

বিজ্ঞান-ভৈরবেও বলা হয়েছে ঐশ্বরিক চেতনাই সীমিতাবস্থায় ব্যক্তিতে নিহিত এবং জন্ম জন্মান্তরে বাহিত হয় যতক্ষণ না সে নিজেতে পূর্ণত্ব উপলব্ধি করে (শ্লোকঃ-100)। বসুগুপ্ত সে কথাই স্পন্দকারিকায় ব্যাখ্যা করেছেন উদাহরণের সাহায্যে। যথা- ব্যক্তির প্রবৃত্তি, নিবৃত্তি, ভোগ সবই তার ইচ্ছাধীন, ভগবানেরও তাই, যা অংশত জীবে সঞ্চারিত। তবে ভগবান তা স্বতঃস্ফুর্ত জীবে তা অঙ্গপ্রতঙ্গ ও মন, বুদ্ধি, অহঙ্কার সাপেক্ষ, সুতরাং পরিণতিশীল।

ভাষ্যের শেষাংশ

কিঞ্চ যদেতৎ চৈতন্যম্ উক্তং স এব আত্মা, স্বভাব, বিশেষাচোদনাৎ ভাবাভাবরূপস্য বিশ্বস্য জগতঃ। নহি অচেত্যমানঃ কোহপি কস্যাপি কদাচিদপি স্বভাবো ভবতি। চেত্যমানস্তু স্বপ্রকাশচিবেকীভূতত্বাৎ চৈতন্যাত্মৈব।

তদুক্তং শ্রীমদুচ্ছুষ্মভৈরবে-

'যাবন্ন বেদকা এতে তাবদ্বেধ্যাঃ কথং প্রিয়ে।
বেদকং বেদ্যমেকং তু তত্ত্বং নাস্ত্যশুচিস্ততঃ।।'

ইতি। এতদেব

'যস্মাৎসর্বময়ো জীবঃ.......।'

ইতি। কারিকাদ্বয়েন সংগৃহীতম্।

যতঃ চৈতন্যং বিশ্বস্য স্বভাবঃ তত এব তৎসাধনায় প্রমানাদি বরাকম্ অনুপযুক্তম্; তস্যাপি স্বপ্রকাশচৈতন্যাধীন সিদ্ধিকত্বাৎ, চৈতন্যস্য চ প্রোক্তযুক্ত্যা কেনাপি আবরীতুম্ অশক্যত্বাৎ সদা প্রকাশমানত্বাৎ। যদুক্তং শ্রীত্রিকহৃদয়ে-

'স্বপদা স্বশিরশ্ছায়াং যদ্বল্লঙ্কিতুমীহতে।

পাদোদ্দেশে শিরো ন স্যাত্তথেয়ং বৈন্দবী কলা।।'

ইতি। যো লঙ্ঘিতুম্ ইহতে তস্য যথা পাদোদ্দেশে শিরো ন স্যাৎ তথা ইয়মিতি অত্র সংবদ্ধঃ। অনেনৈব আশয়েন স্পন্দে-

'যত্র স্থিতম্......'

ইত্যাদি উপক্রম্য

'......তদস্তি পরমার্থঃ।।'

ইত্যন্তেন মহতা গ্রন্থেন শঙ্করাত্মক-স্পন্দ-তত্ত্বরূপং চৈতন্যং সর্বদা স্বপ্রকাশং পরমার্থসৎ অস্তি ইতি প্রমাণীকৃতম।

ভাষ্যের অর্থ

প্রকৃতপক্ষে এই চৈতন্য সর্বত্র স্থিত সজীব, নির্জীব বা কাল্পনিক (যেমন- আকাশ কুসুম); কারণ সূত্রে নিশ্চিত করে কিছু নির্দেশ করা হয়নি।

যা কিছুই প্রকাশিত হয় তা চিৎ-এর জ্যোতিতে ভাসিত। কোনও কিছুর অভিজ্ঞতা চেতনার মাধ্যমেই হয়, চেতনারই স্বভাবে হয়। এই বক্তব্য উচ্ছুষ্মভৈরবে ব্যক্ত হয়েছে নিম্নরূপে-

'ওহে আমার প্রিয়, যদি জ্ঞাতাই না থাকে তবে জানারই বা কি থাকে? জ্ঞাতা এবং জ্ঞেয় সমার্থক; সুতরাং কিছুই মূলে অশুদ্ধ নয় (not inherently impure)।'

স্পন্দ কারিকার দুটি শ্লোকে এই কথা আরও গভীরভাবে বলা হয়েছে-'অহ, সার্বভৌম কারণ জানার উপায় জ্ঞাতাতেই যিনি 'অহম' (self)। শিব সর্বত্র স্থিত জ্ঞাতা ও জ্ঞেয় রূপে (শ্লোক II-3,4)।

যেহেতু চেতনা প্রকৃতিতেই আছে সুতরাং প্রকৃতিকে জানতে হলে (means of knowledge) আলাদা করে আর প্রমাণের দরকার নেই। চেতনায় সব সমুজ্জ্বল।

'শ্রীত্রিকহৃদয়ে' বলা হয়েছে- কেউ যদি নিজের মস্তকের ছায়াকে অতিক্রম করার চেষ্টা করে তবে সে কখনই সফল হবে না, কারণ তার প্রচেষ্টা মাত্রই মস্তক স্থাণান্তরিত হয়ে যাবে (সরে যাবে)। একে বলে চৈতন্যের বৈন্দবী কলা, অর্থাৎ জ্ঞাতার বিন্দুবৎ সর্বোচ্চ শক্তি যা ধরা ছোঁওয়ার বাইরে। স্পন্দ কারিকায় অনেক শ্লোকের মাধ্যমে এই বিষয়, যা চেতনার ভগবত্তা (শঙ্করাত্মক), সিদ্ধ হয়েছে।

'যা থেকে সব কিছুর উদ্ভব তাকে কখনো আবৃত করা (ধরা) যায় না।' যা সুখ দুঃখের অতীত সর্ব অভিজ্ঞতা সম্পন্ন তা মূল সত্য (absolute reality)।

দ্বিতীয় সূত্রের প্রস্তাবনা

যদি জীব জড়াত্মনো বিশ্বস্য পরমশিবরূপং চৈতন্যমেব স্বভাবং তৎ কথম অয়ং বন্ধ ইত্যাশঙ্কাশান্তয়ে সংহিতয়া ইতরথা চ অকারপ্রশ্লেষাপ্রশ্লেষপাঠিতঃ সূত্রম আহ-

অর্থাৎ, যদি সম্পূর্ণ জীব ও জড় জগৎ জাগতে চৈতন্যে তথা পরমশিবে এখানেই সীমিত থাকে তবে জীব ও জড় জগতের আপাত বন্ধন (apparent bondage) অব্যাখ্যাত থেকে যাবে, ধারণা সীমিত হবে।

ক্ষেমরাজ সূত্রকে দুই ভাবে অধ্যয়ন করতে বলেছেন। এক হল 'সন্ধি প্রকরণ' অর্থাৎ শব্দে শব্দে ব্যবহার সম্পর্ক প্রথম অংশের শেষ ও পরের অংশের প্রথম অক্ষরের সন্ধির মাধ্যমে (in euphonic coalescence)। অর্থাৎ, চৈতন্যমাত্মা+অজ্ঞানম বন্ধঃ হবে 'চৈতন্যমাত্মাজ্ঞানং বন্ধঃ'। দ্বিতীয় হল, দুই অক্ষরের (final and initial letters of previous and following words) দ্বারা নতুন শব্দ গঠন (সন্ধি) না করে (not in coalescence)। যেমন 'চৈতন্যমাত্মা জ্ঞানং বন্ধঃ'।

সূত্র-2

জ্ঞানং বন্ধঃ

অর্থাৎ, অজ্ঞান বা সীমিত জ্ঞান(emperical self) বন্ধনের কারণ।

দ্বিতীয় সূত্রের ভাষ্য

ইহ উক্তযুক্ত্যা চিৎপ্রকাশব্যতিরিক্তং ন কিঞ্চিদ্ উপপদ্যত ইতি মলস্যাপি কা সত্তা কীদৃগ বা তন্নিরোধকত্বং স্যাদিতি ভেদবাদোক্তপ্রক্রিয়াপরিহারেণ

'মলমজ্ঞানমিচ্ছন্তি সংসারাঙ্কুরকারণম্।'

ইতি।

'অজ্ঞানাদ্বধ্যতে লোকস্ততঃ সৃষ্টিশ্চ সংহৃতিঃ।'

ইতি শ্রীমালিনীবিজয়-শ্রীসর্বাচারোক্তস্থিত্যা যঃ পরমেশ্বরেণ স্বস্বাতন্ত্র্যশক্ত্যাভাসিতস্বরূপ-গোপনারূপয়া মহামায়াশক্ত্যা স্বাত্মন্যাকাশকল্পেহনাশ্রিতাৎপ্রভৃতি মায়াপ্রমাত্রন্তং সংকোচোহবভাসিতঃ স এব শিবাভেদাখ্যাত্যাত্মকাজ্ঞানস্বভাবোহপূর্ণম্মন্যতাত্মকাণবমল-সতত্ত্বসংকুচিতজ্ঞানাত্মা বন্ধঃ।

ভাষ্যের অর্থ

কোনও কিছুই চৈতন্যের জ্যোতি ব্যতিরেকে সম্ভব নয়। দ্বৈতবাদীরা মনে করে ‘শিব’ ও ‘মল’ বাস্তবে এই দুই অবস্থা বর্তমান। কিন্তু যেহেতু সব কিছুই চৈতন্য সাপেক্ষে ঘটে (মল) সুতরাং তা চৈতন্যকে আবিল (veil) করতে পারে না। ‘মালিনী বিজয়’-এ তাই উভয়ের সম উপমানতা (বিভেদ) অস্বীকার করা হয়েছে এই বলে যে- ‘মল হল নিজের সম্বন্ধে অজ্ঞানতা। এই অজ্ঞানতা হল আণব মল যার কারণে সংসার বা ‘মায়ীয় মল’। ‘মায়ীয় মল’ আবার কর্মের সংঘটক (কার্মমল)।’

‘সর্বাচারে’ও বলা হয়েছে ব্যক্তি অজ্ঞানতার বন্ধনে আবদ্ধ থাকার কারণে জন্ম-মৃত্যুর চক্রে ঘুরতে থাকে।

পরমেশ্বর অনাশ্রিত শিব যা আকাশের মত স্বচ্ছ (pure) তা মায়ার মোহ ধারণ করে (মায়াপ্রমাতা) দৃশ্যমান হয়। এই মোহজনিত তাঁর আবির্ভাবের শক্তিকে বলে মহামায়া। এই মহামায়ার শক্তির দরুণই জগতে (i) অজ্ঞানতার উদ্ভব এবং (ii)সীমিত জ্ঞানের উদ্ভব যা ব্যক্তিকে অশুদ্ধ রূপে(imperfect) অবতীর্ণ করে।

ভাষ্যের দ্বিতীয়াংশ

যথা চ ব্যতিরিক্তস্য মলস্যানুপপন্নত্বং তথা অস্মাভিঃ শ্রীস্বচ্ছন্দোদ্দয়োতে পঞ্চমপটলান্তে দীক্ষাবিচারে বিতত্য দর্শিতম্। এষ চ সূত্রার্থঃ

‘নিজাশুদ্ধয়াসমর্থস্য......।’

ইতি কারিকাভাগেন সংগৃহীতঃ। এবমাত্মনি অনাত্মতাভিমানরূপাখ্যাতি লক্ষণাজ্ঞানাত্মকং জ্ঞানং ন কেবলং বন্ধো যাবদ্ অনাত্মনি শরীরাদৌ আত্মতাভিমানাত্মকম্ অজ্ঞানমূলং জ্ঞানমপি বন্ধ এব। এতৎ চ-

‘পরামৃতরসাপায়.......।’

ইতি কারিকয়া সংগৃহীতম্।

ভাষ্যের অর্থ

ভাষ্যকার দীক্ষা বিচারে তাঁর উদ্যোত ভাষ্যে স্বচ্ছন্দ তন্ত্রের পরিপ্রেক্ষিতে পঞ্চম পটলে বলেছেন ‘মল’ চৈতন্যের থেকে পৃথক কখনই প্রমাণ করা যায় না। একই উদ্দেশ্যে স্পন্দকারিকায় বলা হয়েছে –

‘ব্যক্তি আণব, মায়ীয় ও কর্ম মলের প্রভাবে অশুদ্ধতা অর্জন করে এবং সীমিত দক্ষতার শিকার হয়, সে কখনই তুষ্ট নয়। নিজের দেহে মনে নিজের পরিচয়ের বন্ধনে নিজেকেই

স্বরূপে চিনতে পারে না। এই অবস্থা (অতৃপ্তি) অতিক্রম করলে পরে ব্যক্তি সর্বোত্তমের সাক্ষী হয়।' -(স্পন্দকারিকা শ্লোকঃ I-19)

অর্থাৎ শুধু সীমিত জ্ঞানই নয়, ব্যক্তির অদক্ষতা জনিত অজ্ঞতাও ব্যক্তির জাগতিক শরীর ও মানসিকতা তার নিজেরই সত্তা বলে প্রতীতি হয়। স্পন্দকারিকায় আরও বলা হয়েছে-

'পশু তথা জীবের জ্ঞান তার ইন্দ্রিয় ও ধারণা জাত (ideation)। সেই কারণে সে অমৃত লাভ থেকে বঞ্চিত কেননা এই জ্ঞান তন্মাত্রের (রূপ, রস, শব্দ, গন্দ, স্পর্শ) যা বস্তুগত'- (স্পন্দকারিকা শ্লোক III-14)

ভাষ্যের শেষাংশ

এবং চৈতন্যশব্দেনোক্তং যৎকিঞ্চিৎ স্বাতন্ত্রতাত্মকং রূপং; তত্র চিদাত্মন্যপি স্বাতন্ত্র্যাপ্রথাত্মবিজ্ঞানাকলবদ্ অপূর্ণম্মন্যতামাত্রাত্মনা রূপেণ; স্বাতন্ত্র্যেহপি দেহাদৌ অবোধরূপেণ অনাত্মন্যাত্মতাভিমানাত্মনা রূপেণ; দ্বিপ্রকারমাণবমলম্ অনেন সূত্রেন সূত্রিতম্। তদুক্তং শ্রীপ্রত্যভিজ্ঞায়াম্।

'স্বাতন্ত্র্যহানির্বোধস্য স্বাতন্ত্র্যস্যাপ্যবোধতা।
দ্বিধাণবং মলমিদং স্বস্বরূপাপহানিতঃ।।' ইতি।

ভাষ্যের অর্থ

প্রথম সূত্রে চৈতন্যের স্বাতন্ত্র্য শক্তির কথা বলা হয়েছে যা জ্ঞান ও ক্রিয়াশীল। শুদ্ধ বিদ্যার নিচের স্তর হল বিজ্ঞানকল যা মায়ার উর্দ্ধে স্থিত। এই বিজ্ঞানকলে আছে শুদ্ধ বিদ্যার প্রকাশ (clear knowledge) যা কর্ম্মমুখী কিনত্ত পূর্ণ চৈতন্যের অভাব যা পূর্ববর্তী স্তর পর্যন্ত উপলব্ধ সম্বিতে।

ঈশ্বরপ্রত্যভিজ্ঞা গ্রন্থে ব্যক্তির অস্তিত্বে (আণব মল), উপরোক্ত জ্ঞান ও ক্রিয়াশীলতার পরিপ্রেক্ষিত দুই ভাবে দেখা হয়েছে। এক হল বোধ ও জ্ঞান (জ্ঞানের সার্বিক বর্তমানতা), দ্বিতীয় হল, কর্তার স্বাতন্ত্রতা (কর্তৃত্ব স্বাতন্ত্র)। ব্যক্তির এই পৃথকত্বই তাকে সীমিত করে যা শুদ্ধ স্তরে থাকে না।

-ঈশ্বরপ্রত্যভিজ্ঞা শ্লোক-III 2,4

তৃতীয় সূত্রের প্রস্তাবনা

কিম্ ইদৃগাণবমলাত্মৈব বন্ধঃ? ন ইত্যাহ-

ভাবানুবাদ

'আণবমল'ই কি বন্ধনের একমাত্র কারণ? না তা নয়, এছাড়াও মায়ীয় মল ও কার্ম মল বন্ধনের কারণ।

সূত্র-3

'যোনিবর্গঃ কলাশরীরম্'

ভাষ্য

বন্ধ ইত্যনুবর্ততে, যোহং যোনের্বিশ্বকারণস্য মায়য়াঃ সম্বন্ধী বর্গঃ সাক্ষাৎ পারম্পর্যেণ চ; তদ্ধেতুকো দেহভুবনাদ্যারম্ভী কিঞ্চিৎ কর্তৃতাদ্যাত্মককলাদিক্ষিত্যন্তস্তত্ত্বসমূহঃ; তদ্রূপং মায়ীয়ম্, তথা কলয়তি স্বস্বরূপাবেশেন তত্তদ্ বস্তু পরিছিন্নত্তীতি কলা ব্যাপারঃ; শরীরং স্বরূপং যস্য তৎ কলাশরীরং কার্মমলমপি বন্ধ ইত্যর্থঃ। এতদপি

'নিজাশুদ্ধয়াসমর্থস্য কর্তব্যেম্বভিলাষিনঃ।'

ইত্যনেনৈব সংগৃহীতম। যথা চৈতৎ তথা অস্মদীয়াৎ স্পন্দনির্ণয়াদববোদ্ধব্যম্। এষাং চ কলাদীনাং কিঞ্চিৎকর্তৃত্বাদিলক্ষণং স্বরূপমানবমলভিত্তিলগ্নং পুংসামাবরকতয়া মলত্বেন সিদ্ধমেব।

যদুক্তং শ্রীমৎস্বচ্ছন্দে-

'মলপ্রধ্বস্তচৈতন্যং কলাবিদ্যাসমাশ্রিতম্।
রাগেন রঞ্জিতাত্মানাং কালেন কলিতং তথা।।
নিয়ত্যা যমিতং ভূয়ঃ পুংভাবেনোপবৃংহিতম্।
প্রধানাশয়সম্পন্নং গুণত্রয়সমন্বিতম্।।
বুদ্ধিতত্ত্বসমাসীনমহঙ্কারসমাবৃতম্।
মনসা বুদ্ধিকর্মাক্ষৈস্তন্মাত্রৈঃ স্থূলভূতকৈঃ।।

ইতি। কার্মমলস্যাপ্যাবরকত্বং শ্রীমালিনীবিজয়ে প্রদর্শিতম্

'ধর্মাধর্মাত্মকং কর্ম সুখদুঃখাদিলক্ষনম্।

ইতি। তদেতৎ মায়ীয়ং কার্ম চ মলম্

'ভিন্নবেদ্যপ্রথাত্রৈব মায়াখ্যং জন্মভোগদম্।
কর্তর্যবোধে কার্ম চ মায়াশক্ত্যেব তৎত্রয়ম্....।।'

ইতি শ্রীপ্রত্যভিজ্ঞায়াম্ আণবমলভিত্তিকং সংকুচিতবিশিষ্টজ্ঞানতয়েবোক্তম্।

ভাষ্যের অর্থ

'বন্ধঃ' বা বন্ধন, পূর্ববর্ত্তী সূত্রের অনুসর্গে এখানে উল্লেখিত। 'যোনিবর্গঃ'-র অর্থ নিম্নরূপ।

যোনি অর্থ এই নশ্বর জগতের সৃষ্টরূপ যেখানে সম্ভব হয় সেই মূল অর্থাৎ মায়া। ভর্গ অর্থ তত্ত্ব সমূহ যা মায়াতে যুক্ত বা ক্রমান্বয়ে মায়ায় উদ্ভূত। এর দরুণ বস্তুর উৎপত্তি সীমিত অবস্থায় এবং ক্ষমতায় কলা (limited appearance) ইত্যাদি। তাই 'যোনিবর্গ' হল মায়ামল। সীমিত ক্ষমতা হল কর্মক্ষমতা (activity), শরীর হল আকৃতি তাই 'কলাশরীর' হল ক্রিয়াশীল আকৃতি বা কার্মমল। মায়ীয় মলের মত কার্মমলও বন্ধনের কারণ। পূর্বে উল্লেখিত স্পন্দকারিকায় এই ধারণাই ব্যক্ত হয়েছে-

'ব্যক্তির আণব, মায়ীয় ও কার্মমল জনিত অশুদ্ধির কারণে সে সীমিতাবস্থায় স্থিত। তার অতৃপ্ত বাসনা কখনই পূর্ণ হয় না। তার অতৃপ্তির যখন নিবৃত্তি হয় তখন তার উচ্চতম স্থিতির অনুভব হয়।'

-স্পন্দকারিকা শ্লোকঃ I-19

ক্ষেমরাজের স্পন্দকারিকার ভাষ্য 'স্পন্দনির্ণয়'-এর পাঠেরও এই বক্তব্য। কলা সমূহ আণবমলের বৈশিষ্ট্য যা জীবের স্বরূপকে আবৃত করে রাখে, মলই ব্যক্তির সীমিত ক্ষমতার কারণ এবং তা প্রতিষ্ঠিত মত, যা 'স্বচ্ছন্দ শাস্ত্রে'ও উল্লেখিত-

'আণব মলের দ্বারা ব্যক্তিতে চৈতন্য দমিত অবস্থায় (suppressed) থাকে। এই আবৃত অবস্থার কলা ও বিদ্যা, প্রলেপিত থাকে রাগ বা মোহের দ্বারা, যা তার পুরুষত্বে (অহম্) কর্তারূপ এবং প্রকৃতিতে কর্মরূপ গ্রহণ করে সত্ত্ব, রজ, তম গুণে গুণান্বিত হয়ে মন, বুদ্ধি ও অহঙ্কারের (আত্মবোধ) দ্বারা চালিত হয় দেহের জ্ঞানেন্দ্রিয়, কর্মেন্দ্রিয় ও তন্মাত্রের বোধের আশ্রয়ে।'

–(স্বচ্ছন্ধ শ্লোক II-39-41)

'মালিনীবিজয়ে' বলা হয়েছে- শুধু আণবমল নয়, কার্মমলও ব্যক্তির স্বরূপকে আবৃত করে। তার ভাল-মন্দ কাজের দ্বারা তার সুখ-দুঃখ লাভ হয়। মালিনীবিজয় শ্লোকঃ I-24

ঈশ্বরপ্রত্যভিজ্ঞার শ্লোকার্থে (III-2,5) বলা হয়েছে- মায়ীয়মল ও কার্মমল, আণব মলের ভিত্তিতে সীমিত জ্ঞানে ক্রিয়াশীল।

'আণব মল ব্যক্তির অজ্ঞতার কারণ। মায়ীয় মল সেই অজ্ঞ ব্যক্তির ধারণায় বস্তুতে, জীবে বিভিন্ন প্রভেদ ঘটায়; কার্মমল সুখ দুঃখের ভোগ ঘটায়। এসবই শিবের মায়া শক্তির প্রভাবে হয়।' (উপরোক্ত শ্লোক)

চতুর্থ শ্লোকের প্রস্তাবনা

অথ কথমস্যাজ্ঞানাত্মকজ্ঞান-যোনিবর্গ-কলাশরীররূপস্য ত্রিবিধস্য মলস্য বন্ধকত্বমিত্যাহ-

ভাবানুবাদ

অর্থাৎ, এখন বিচার্য যে উপরোক্ত তিন প্রকারের মল কেন বন্ধনের কারণ, এই প্রশ্নের উত্তর পরবর্ত্তী সূত্রে দেওয়া হয়েছে।

সূত্র-4

জ্ঞানাধিষ্ঠান মাতৃকা

ভাষ্য

যদেতৎ ত্রিবিধমলস্বরূপম্ অপূর্ণম্মন্যতাভিন্নবেদ্যপ্রথা-শুভাশুভ-বাসনাত্মকং বিবিধং জ্ঞানরূপমুক্তম্, তস্য আদিক্ষান্তরূপা অজ্ঞাতামাতা মাতৃকা বিশ্বজনীন।

ভাষ্যের অর্থ

ত্রিবিধমলের দ্বারা সীমিত ব্যক্তিত্বের কথা পূর্বে বলা হয়েছে। আণব মলের কারণে ব্যক্তির অতৃপ্তি জন্মে, তৎপরবর্ত্তী মায়ীয় মলের কারণে বিভিন্নতার বোধ হয় যা তাকে ভাল-মন্দ কাজে লিপ্ত করে (কার্মমল) ও ফল ভোগ করায়। এই সীমিত জ্ঞানে দৃশ্যমান জগৎ 'অ' থেকে 'ক্ষ' পর্যন্ত অক্ষরের দ্বারা প্রকাশিত যার অধিষ্ঠাতৃ দেবী হল মাতৃকা। তাঁকে মাতৃকা বলা হয় কারণ অক্ষরের সূচনা অজানা।

ভাষ্যের দ্বিতীয়াংশ

তত্তৎসংকুচিত বেদ্যাভাসাত্মনো জ্ঞানস্য 'অপূর্ণাহস্মি, ক্ষামঃ স্থূলো বাস্মি, অগ্নিষ্টোমযাজ্যস্মি, ইত্যাদিতত্তদবিকল্পকসবিকল্পকাবভাসপরামর্শময়স্য তত্তদ্বাচকশব্দানুবেধ- দ্বারেণ শোক-স্ময়-হর্ষ-রাগাদিরূপতামাদধানা।

ভাষ্যের অর্থ

মাতৃকাদেবী যে জ্ঞানের অক্ষরমালার অধিষ্ঠাতৃ যথা অতৃপ্তি (আণব মল), বিশেষতা বিভিন্নরূপে (ক্ষীণ, স্থূল-মায়ীয় মল), কার্য ধারক (performer) অগ্নিষ্টোম যজ্ঞাদি (র্কামমল), সেই জ্ঞান সূক্ষ্মরূপে যখন মাতৃকাদেবী বিভিন্নভাবে চিন্তনে (পরামর্শ) দৃশ্যে (অবিকল্প, সবিকল্প) ও বিস্তারিত (ময়স্য) ব্যক্তি মানসে সঞ্চারিত করেন তখন ব্যক্তির সুখ, দুঃখ গৌরব, আনন্দ ইত্যাদি অনুভূত হয়।

ভাষ্যের তৃতীয়াংশ

'করন্ধ্রচিতিমধ্যস্থা ব্রহ্মপাশাবলম্বিকাঃ।
পীঠেশ্বর্যা মহাঘোরা মোহয়ন্তি মুহুর্মুহুঃ।।'

ইতি শ্রীতিমিরোদ্ঘাটপ্রোক্তনীত্যা বর্গ-কলাদ্যধিষ্ঠাতৃবাহ্ম্যাদিশক্তিশ্রেণীশোভিনী শ্রীসর্ব-বীরাদ্যাগমপ্রসিদ্ধলিপিক্রমসংনিবেশোত্থাপিকা অম্বা-জ্যেষ্ঠা-রৌদ্রী-বামাখ্যশক্তিচক্রচুম্বিতা শক্তিরধিষ্ঠাত্রী।

ভাষ্যের অর্থ

মাতৃকাদেবী আবার বিভিন্ন বর্ণ সমন্বিত শক্তির অধিষ্ঠাত্রী দেবী।

যেমন ভাষ্যের শ্লোকে বলা হয়েছে-

জীবের ব্রহ্মরন্ধ্রে যে চেতনা সেই 'করন্ধ্রে'র বা পীঠের চারপাশে 'মহাঘোর শক্তি' বিচরণ করে (hovering around) জীবকে অজ্ঞানতার ফাঁসে বদ্ধ করে।

মাতৃকা শক্তি, জগতের সূক্ষ্ম অবস্থা যে 'কলা' ইত্যাদি ব্রাহ্মী ও অপরাপর বর্ণ শক্তি সমন্বিত, তার বিভিন্ন বর্গে (classes of letters) উজ্জ্বল মহিমায় বিচরণ করেন। তিনি ব্যক্তিকে উদ্দীপ্ত করেন বিভিন্ন অক্ষরের সমাবেশ ঘটিয়ে ভাব প্রকাশে। এই বিষয় 'সর্ববীর' ও অন্যান্য আগমে বর্ণিত হযেছে। মাতৃকাদেবী বিভিন্ন শক্তি যথা অম্বা, জ্যেষ্ঠা, রৌদ্রী ও বামা-র বিভিন্ন গোষ্ঠীর সঙ্গে বিশেষভাবে জড়িত।

ভাষ্যের শেষাংশ

তদধিষ্ঠানাদেব হি অন্তরভেদানুসন্ধিবন্ধ্যত্বাৎ ক্ষণমপি অলব্ধবিশ্রান্তীনি বহির্মুখান্যেব জ্ঞানানি, ইতি যুক্তৈব এষাং বন্ধকত্বোক্তিঃ। এতৎ চ – 'শব্দরাশিসমুত্থস্য....।' ইতি কারিকয়া,

'স্বরূপাবরণে চাস্য শক্তয়ঃ সততোত্থিতাঃ।'

ইতি চ কারিকয়া সংগৃহীতম্।

ভাষ্যের অর্থ

মাতৃকার আধারে ব্যক্তির সীমিত জ্ঞান তার অবিভাজ্য ঐশ্বরিক সত্তাকে জানতে পারে না এবং সদাই সে বহির্মুখী থাকে। তাই এ কথা সত্য যে আমাদের দৈনন্দিন জ্ঞানই আমাদের বন্ধনের কারণ। স্পন্দকারিকায় সেইরূপ বলা হয়েছে।

'যেহেতুব্যক্তি তার দৈনন্দিন জীবনে (emperical self) 'কলা'-র তথা অক্ষরের দেবী শক্তি ব্রাহ্মী ইত্যাদির দ্বারা রজ্জুবদ্ধ (পাশ) তাই সে পশু।'(শ্লোকঃ III-13)

'এই অক্ষরের শক্তি তথা প্রকাশের শক্তিই (অক্ষর দ্বারা) তাকে আবদ্ধ করে রাখে যার দ্বারাই সবকিছু বিবৃত।'(শ্লোকঃ III-15)

পঞ্চম সূত্রের প্রস্তাবনা

অথ এতদ্বন্ধ প্রশমোপায়মুপেয়বিশ্রান্তিসতত্ত্বমাদিশতি-

অর্থাৎ, পরবর্ত্তী সূত্রে আমরা মূল উপায় সম্বন্ধে অবগত হব যার দ্বারা আমাদের বন্ধন মুক্তি হবে ভৈরব চৈতন্যে।

সূত্র-5

উদ্যমো ভৈরবঃ

উদ্যম অর্থ, ক্ষেমরাজের ভাষায় উন্মজ্জনরূপ :- চৈতন্যের আকস্মিক বোধ। পঞ্চম সূত্রের তাই অর্থ হল ব্যক্তিতে পরম চৈতন্যের আকস্মিক বোধ (transcendental consciousness)হল ভৈরব বা শিবের উপলব্ধি। এই আকস্মিকতাই উপায় বলে মনে করা হচ্ছে।

ভাষ্য

যোহং প্রসরদ্রূপায়া বিমর্শময়াঃ সংবিদো ঝগিতি উচ্ছলনাত্মকপরপ্রতিভোন্মজ্জনরূপ উদ্যমঃ স এব সর্বংশক্তিসামরস্যেন অশেষবিশ্বভরিতত্বাৎ সকলকল্পনাকুলালংকবলনময়ত্বাচ্চ ভৈরবো ভৈরবাত্মক-স্বস্বরূপাভিব্যক্তিহতুত্বাৎ ভক্তিভাজাম্ অন্তর্মুখৈতত্তত্ত্বাবধানধনানাং জায়তে, ইত্যুপদিষ্টং ভবতি।

ভাষ্যের অর্থ

সেই উদ্যম বা চৈতন্যের আকস্মিক আবির্ভাব জগৎ প্রণয়নে হল ঈশ্বরের প্রতিভা তথা চিৎ বা শিবের পরাবাক্ শক্তি- পরাত্রিংশিকা। উদ্যম নিজেই ভৈরব, সেই কারণে ভৈরবে সাধক উন্মেষিত। এই উদ্যম সাধকে দৃষ্ট হয় তার শিবের সাধনায় যখন সে অন্তরে ভৈরবমুখী হয়। পঞ্চম সূত্রে এই শিক্ষাই দেওয়া হয়েছে।

ভাষ্যের শেষাংশ

উক্তং চ মালিনীবিজয়ে-

'অকিঞ্চিৎচিন্তকসৈব গুরুণা প্রতিবোধতঃ।
জায়তে যঃ সমাবেশঃ শাম্ভবোহসাবুদীরিতঃ।।'

ইতি। অত্র হি 'গুরুনা প্রতিবোধতঃ' ইত্যত্র গুরুতঃ স্বস্মাৎ প্রতিবোধতঃ ইত্যসার্থো গুরুভিরাদিষ্টঃ। শ্রীস্বচ্ছন্দেহপি উক্তম।

'আত্মনো ভৈরবং রূপং ভাবয়েদ্যস্তু পুরুষঃ।

তস্য মন্ত্রাঃ প্রসিদ্ধয়ন্তি নিত্যযুক্তস্য সুন্দরি।।'

ইতি। ভাবনং হি অত্র অন্তর্মুখোদ্যন্তৃতাপদবিমর্শনমেব। এতৎ চ-

'একচিন্তাপ্রসক্তস্য যতঃ স্যাদপরোদয়ঃ।

উন্মেষঃ সতু বিজ্ঞেয়ঃ স্বয়ং তমুপলক্ষয়েৎ।।'

ইত্যনেন সংগৃহীতম্।

ভাষ্যের অর্থ

মালিনীবিজয় তন্ত্রেও বলা হয়েছে যে ব্যক্তির চিত্ত যখন ভগবানে সমাবিষ্ট হয় (absorbed) তার আগে তার চিত্তে জাগরণ (awakening) হয়, একে বলে প্রতিবোধতা যা গুরুর শিক্ষার মাধ্যমে প্রাপ্তি হয় জগতের ধারণা (ideation) থেকে মুক্ত হলে (তন্ত্র সূত্র II-23)। এই সমাবেশকে বলে শাম্ভব।

স্বচ্ছন্দ তন্ত্রেও অনুরূপভাবে পার্বতীকে আবাহন করে বলা হয়েছে-

'অহ সুন্দরি, (পার্বতী) ব্যক্তি যখন অন্তরের তাগিদে শিবের ভৈরব (সৃষ্টি) প্রকৃতিকে জানতে পারে তখন শিবের অসীমত্বায় (eternity) উপস্থিত হয়, তখন তার উদ্গীত মন্ত্রসকল শক্তিযুক্ত হয়ে কার্যকরী হয়।'

উপরোক্ত শ্লোকে 'ভাবনা'-র অর্থ চিন্তন নয় বরং উপাসনায় অন্তস্থ চিত্তের উদ্বিগ্নতা, আকুলতা। স্পন্দকারিকায় অন্যভাবে বর্ণিত-

'যখন ব্যক্তি এক চিন্তায় থেকে অন্য চিন্তাগ্রস্ত হয় তখন দুই চিন্তার কেন্দ্রে তার উন্মেষ হয় (revelation) তার সত্য প্রকৃতির (true nature) কারণ দুই চিন্তার অবস্থানের (background) টানাপোড়েন। যে কোনও ব্যক্তিরই নিজের ক্ষেত্রে এটা সত্য। -(স্পন্দকারিকা III-9)

ষষ্ঠ সূত্রের প্রস্তাবনা

এবং ঝগিতি পরপ্রতিভোন্মেষাবষ্টম্ভোপায়িকাং ভৈরবসমাপত্তিম্ অজ্ঞানবন্ধপ্রশমৈকহেতুং প্রদর্শ্য, এতৎপরামর্শপ্রকর্ষাদ্ ব্যুত্থানমপি প্রশান্তভেদাবভাসং ভবতীত্যাহ-

অর্থাৎ, সর্বোচ্চ প্রতিভার উন্মেষের অবধারক ব্যক্তি ভৈরব চেতনায় বন্ধন মুক্ত হতে পারে। সূত্রকারের মতে ভৈরব চৈতন্যে শিবভাব হলে, সাধকের সমস্ত দ্বৈতের অবলুপ্তি ঘটে তার ব্যবহারিক জীবনেও।

সূত্র-6

শক্তিচক্রসন্ধানে বিশ্বসংহারঃ

অর্থাৎ, সার্বভৌম শক্তির সাক্ষাতে, তীব্র চেতন উন্মুখ হয়ে, ব্যক্তির চৈতন্য বিশ্বকে আর অনুভব করে না।

ভাষ্য

যোহ্যং পরপ্রতিভোন্মজ্জনাত্মোদ্যন্তৃতাস্বভাবো ভৈরব উক্তঃ অস্যৈব অন্তর্লক্ষ্যবহির্দৃষ্টয়াত্মতয়া নিঃশেষশক্তিচক্রমাক্রমাক্রামিণী অতিক্রান্তক্রমাক্রমাতিরিক্তারিক্ততদুভয়াত্মতয়াপি অভিধীয়মানাপি অনেতদ্রূপা অনুত্তরা পরা স্বাতন্ত্র্যশক্তিঃ কাপ্যস্তি যয়া স্বভিত্তৌ মহ্যুল্লাসাৎ প্রভৃতি পরপ্রমাতৃবিশ্রান্ত্যন্তং শ্রীমৎসৃষ্টয়াদিশক্তিচক্রস্ফারণাত্মা ক্রীড়েয়মাদর্শিতা। তস্যৈতদাভাসিতস্য শক্তিচক্রস্য রহস্যাম্নায়াম্নাতনীত্যা যৎসন্ধানং যথোচিতক্রমবিমর্শনং তস্মিন্ সতি কালাগ্ন্যাদেশ্চরমকলান্তস্য বিশ্বস্য সংহারো দেহাত্মতয়া বাহ্যতয়া চ অবস্থিতস্যাপি সতঃ পরস্ংবিদগ্নিসাত্ভাবো ভবতীত্যর্থঃ।

ভাষ্যের অর্থ

সেই উদ্যম বা চৈতন্যের আকস্মিক আবির্ভাব যা জগৎ প্রণয়নের ভগবৎ প্রতিভা তথা ভৈরব তা হল শিবের সর্বোচ্চ স্বাতন্ত্র্য শক্তি। শিবের অন্তর্স্থিত এই শক্তি বহির্জগতের প্রণয়নে উদ্যোগী এবং সমস্ত ক্রম বিশিষ্ট বলে দৃষ্ট কিন্তু সমুৎসারিত (simultaneity) শক্তি। যদিও এই ধারক (seizing) শক্তি কোনও ক্রম বা বিচ্ছিন্নতার সঙ্গে সম্পর্কিত নয়, কিন্তু সেই রকমই যেন মনে হয়।

এই শক্তি শিবের স্বাতন্ত্র্য শক্তি যা সৃষ্টিকে দেখায়। যখন সৃষ্টির সঙ্গে শিবের এই ‘সন্ধান’ (union by awareness) বিভিন্ন প্রকারের শক্তিতে (group) উন্মোচিত হয় তখন শক্তির কটাহে হয় কালাগ্নির আলোড়ন যা বাইরে জগৎ দর্শায় কিন্তু ভিতরে পূর্ণ ও অপূর্ণ বা উভয়েরই অদ্বৈত অবস্থায় ‘চরমকল’ (স্তরহীন) তথা শান্তাতীত কলায় থাকে।

ভাষ্যের শেষাংশ

উক্তং চ শ্রীভর্গশিখায়াম্-

‘মৃত্যং চ কালং চ কলাকলাপং বিকারজালং প্রতিপত্তিসাত্ম্যম্।
ঐকাত্ম্যনানাত্ম্যবিকল্পজাতং তদা স সর্ব কবলীকরোতি।।’

ইতি। শ্রীমৎবীরাবলাবপি-

‘যত্র সর্বে লয়ং যান্তি বহ্যন্তে তত্ত্বসংচয়াঃ।
তাং চিন্তি পশ্য কায়স্থাং কালানলসমত্রিষম্।।’

ইতি। শ্রীমৎমালিনীবিজয়েহপি-

'উচ্চাররহিতং বস্তু চেতসৈব বিচিন্তয়ন্।
যং সমাবেশমাপ্নোতি শাক্তঃ সোহত্রাভিধীয়তে।।'

ইত্যুক্ত্যা এতদেব ভঙ্গয়া নিরূপিতম্। এতৎ চ সদগুরুচরণোপাসনয়া অভিব্যক্তিমায়াতীতি নাধিকমুন্মীলিতম্।

এতদেব,

'যস্যোন্মেষনিমেষাভ্যাং....।'

ইতি,

'যদা ত্বেকত্র সংরূঢ়ঃ.....।'

ইতি চ প্রথমচরমশ্লোকাভ্যাং সংগৃহীতম্।

ভাষ্যের শেষাংশের অর্থ

'শ্রীভর্গশিখায়' বলা হয়েছে-

'সাধকের উন্মুখী চেতনায় জগৎ যখন অন্তর্হিত হয় বিশ্বসংহার তখন সে সবকিছুই নিরাকরণ (devours) করে, মৃত্যু(কাল), বিভিন্ন কর্ম, কর্মের জটাজাল(network), পরিবর্তন, জ্ঞানের দ্বারা বিনিশ্চয়, এমনকি সর্বোচ্চের মনন (mental worship)।'

শ্রীমৎবীরাবলীতে বলা হয়েছে- 'অন্তরে সেই ভগবৎ চৈতন্যের সাক্ষাৎ কর যা কালাগ্নি রুদ্রের মত দেদীপ্যমান যাতে বিভিন্নতার দহন হয় ও লীন হয়(dissolve)।

'শ্রীমৎমালিনীবিজয় তন্ত্রে' বলা হয়েছে-

'যখন উন্মুখী সাধক একাগ্র চিত্তে সত্যের উপলব্ধির জন্য উন্মুখ হয় (keenly eager) তখন সে চৈতন্যে সমাবিষ্ট হয়ে শাক্ত অবস্থা প্রাপ্ত হয় শাক্তোপায়ে।'

-(শ্লোকঃ II-22)

সঠিক গুরুর শিক্ষায় এই প্রাপ্তি সম্ভব, চরণকমলে আশ্রয় লাভ করে। স্পন্দকারিকায় (শ্লোকঃ I-1) উল্লেখ আছে-

'আমরা সেই শঙ্করের কাছে নতি স্বীকার করি যার শক্তিতে এই জগতের উদ্ভব ও বিলয়, যিনি শক্তির বিভিন্ন রূপের মূল।'

'যখন সাধক স্পন্দ তত্ত্বের অনুধ্যানে চৈতন্যে স্থিত হতে পারে তখন তার সূক্ষ্ম শরীরে বিভিন্ন শক্তিকে বশ করে বাস্তবিক আনন্দময় হয়।

-(স্পন্দকারিকা শ্লোকঃ III-19)

সপ্তম সূত্রের প্রস্তাবনা

এবমুপসংহৃতবিশ্বস্য ন সমাধিব্যুত্থানভেদঃ কোঽপি ইত্যাহ-
অর্থাৎ, যখন ব্যক্তিতে জগতের বিলয় হয় শিব-চৈতন্যে তখন তার মধ্যে সমাধি ও ব্যুত্থানের কোনও ভেদ থাকে না। সমাধি হলে ধ্যানের দ্বারা সংহৃত (collected) মন আর ব্যুত্থান হল সমাধির ধ্যান থেকে উত্থান (rising), কিন্ত ব্যক্তির শিব-চৈতন্যের সঙ্গে একত্ব বোধ তার মধ্যে সদা জাগ্রত থাকে সাধারণ অবস্থাতে ও দৈনন্দিন জীবনে।

সূত্র-7

জাগ্রতস্বপ্নসুষুপ্তিভেদে তুর্যাভোগসম্ভবঃ

সূত্রের অর্থ

জাগ্রত, স্বপ্ন ও সুষুপ্তি (গভীর নিদ্রা) অবস্থাতেও ব্যক্তির তৎপরবর্ত্তী চতুর্থ তুরীয় উচ্ছ্বসিত আনন্দদশা (rapturous experience) পূর্ববর্ত্তী সব দশায় অব্যাহত থাকে(abides)।

ভাষ্যে

সমনন্তরনিরূপয়িষ্যমাণানাং জাগ্রতস্বপ্ননসুষুপ্তানাং ভেদে নানারূপে পৃথকত্বাবভাসে 'উদ্যমো ভৈরবঃ' (1-5) ইতি লক্ষিতস্য স্ফুরত্তাত্মনঃ সর্বদশানুস্যূতস্য তুর্যস্য য আভোগশ্চমৎকারঃ তস্য সম্ভবো নিত্যমেব তুর্যচমৎকারময়ত্বং প্রোক্তমহাযোগযুক্তস্য ভবতীত্যর্থঃ। কেচিৎ সম্ভব ইত্যত্র সংবিদিত স্পষ্টার্থ পঠন্তি।

ভাষ্যের অর্থ

চতুর্থ তুরীয় উচ্ছ্বসিত আনন্দ দশাকে পঞ্চম সূত্রে 'উদ্যমো ভৈরবঃ' বলা হয়েছে। যা অন্তরের স্বতঃ সতত প্রবাহিত শিব-চৈতন্য; সেটাই যোগের শাম্ভবোপায়। কেউ কেউ শাম্ভবকে সম্বিতও বলেন যার অর্থ সম্পূর্ণ স্বচ্ছ (perfetly clear) সাক্ষী অবস্থা (experience)।

ভাষ্যের শেষাংশ

এতৎ চ,

'যথেন্দুঃ পুষ্পসংকাশঃ সমন্তাদবভাসতে।
আহ্লাদনসমূহেন জগদাহ্লাদয়েৎক্ষণাৎ।।
তদ্বৎদেবি মহাযোগী যদা পর্যটতে মহীম্।
জ্ঞানেন্দুকিরণৈঃ সর্বৈর্জগচ্চিত্রং সমস্তকম্।।
আহ্লাদয়েৎসমন্তাত্তদবীচ্যাদিশিবান্তকম্।'

ইত্যাদিনা শ্রীচন্দ্রজ্ঞানে জাগরাদৌ তুর্যাভোগময়ত্বং মহাযোগিনী দর্শিতম। স্পন্দে তু

'জাগরাদিবিভেদেহপি......।'

ইতি কারিকয়া সংগৃহীতম্।

ভাষ্যের অর্থ

শ্রীচন্দ্রজ্ঞান শাস্ত্রে উপরোক্ত স্তোত্রে, যোগীর চিত্তে উচ্ছ্বসিত আনন্দের চৈতন্যময় অভিজ্ঞতা জাগ্রত অবস্থায়ও বর্তমান থাকে বলা হয়েছে নিম্নোক্ত প্রকারে।

'চন্দ্রের মাধুর্য ফুলের মত সর্বত্র ব্যাপ্তি লাভ করে সুখানুভূতি ঘটায় কিরণের দ্বারা, জগতে সুখ ছড়িয়ে পরে সর্বত্র 'অবীচি' নরক থেকে শিব পর্যন্ত।'

স্পন্দকারিকাও এই ধারণার বশবর্ত্তী। সেখানে স্তোত্রে বলা হয়েছে-

'ব্যক্তির জীবনে চেতনার বিভিন্ন স্তরে যথা জাগরণ, স্বপ্ন ও সুষুপ্তিতে তার তুরীয়ভাব সর্বদা (তদাভিন্নে) তার প্রকৃতিতে জ্ঞাতা (knower) বা সাক্ষীরূপে (experient) বর্তমান থাকে।

অষ্টম, নবম ও দশম সূত্রের প্রস্তাবনা

এতৎ জাগ্রদাদিত্রয়ং সূত্রত্রয়েন লক্ষয়তি-

অর্থাৎ, তিনটি সূত্রের মাধ্যমে সূত্রকার জাগ্রত, স্বপ্ন ও সুষুপ্তি অবস্থাকে ব্যাখ্যা করেছেন।

সূত্র-8

জ্ঞানং জাগ্রৎ

সূত্র-9

স্বপ্নো বিকল্পাঃ

সূত্র-10

অবিবেকো মায়াসৌষুপ্তম্

ভাষ্য

সর্বসাধারণার্থবিষয়ং বাহ্যেন্দ্রিয়জং জ্ঞানং লোকস্য জাগ্রৎ জাগরাবস্থা। যে তু মনোমাত্রজন্যা অসাধারানার্থবিষয়া বিকল্পাঃ স এব স্বপ্নাঃ স্বপ্নাবস্থা; তস্য এবং-বিধবিকল্পপ্রধানত্বাৎ। যস্তু অবিবেকো বিবেচনাভাবোহখ্যাতিঃ, এতদেব মায়ারূপং মোহময়ং সৌষুপ্তম্। সৌষুপ্তং লক্ষয়তা প্রসঙ্গাৎ উচ্ছেদ্যায়া মায়ায়া অপি স্বরূপমুক্তম্।

ভাষ্যের অর্থ

আচার্য ক্ষেমরাজ প্রথমে জাগ্রত, স্বপ্ন ও সুষুপ্তি অবস্থার সাধারণ ব্যাখ্যা দিয়েছেন নিম্নোক্ত রূপে।

জাগ্রত অবস্থায় ব্যক্তির বস্তু সম্বন্ধে একপ্রকার বাহ্যিক জ্ঞান থাকে। স্বপ্নাবস্থায় ব্যক্তির মন এক বিকল্প গঠন (thought construct) করে, স্বপ্ন ভঙ্গে যা দূরীভূত হয়। সেটা স্বপ্ন কারণ বাস্তবিক ধারণা নয়। গভীর নিদ্রায় ব্যক্তির বিবেক কাজ করে না, একে বলে চেতনারহিত অবিবেকী গভীর নিদ্রা। সূত্রকার বলেছেন সুষুপ্তিতে মায়ার আবরণ ব্যক্তিতে বর্তমান থাকে; তার থেকে মুক্তিই স্বরূপমুক্তি।

ভাষ্যের দ্বিতীয়াংশ

এরপরে আচার্য ক্ষেমরাজ উপরোক্ত তিন অবস্থার দার্শনিক ব্যাখ্যা দিয়েছেন। ক্ষেমরাজ বলেছেন যে জাগ্রত অবস্থায় আমরা যা দেখি সেটাও আসল নয়, প্রাথমিক অবিকল্প স্বপ্ন। স্বপ্নে যা দেখি নিদ্রাকালে সেটা বিকল্প বাস্তব বা স্বপ্ন (thought construct), একে দিবাস্বপ্ন (reveries) মনে করা যেতে পারে।

গভীর নিদ্রায়(deep sleep) মনের সক্রিয়তা না থাকলেও সেই নিদ্রার শুরুতে জগতের জাগ্রত অবস্থাজনিত ধূসর অভিজ্ঞতা বর্তমান থাকে।

আচার্য ক্ষেমরাজ তারপর যোগের পরিপ্রেক্ষিতে এই তিন অবস্থা ব্যাখ্যা করেছেন।

ভাষ্যের শেষাংশ

কিং চ যোগ্যভিপ্রায়েণ প্রথমং তত্তদ্ধারণারূপং জ্ঞানং জাগ্রৎ, ততঃ তৎপ্রত্যয়-প্রবাহরূপা বিকল্পাঃ স্বপ্নঃ, গ্রাহ্যগ্রাহকভেদাসংচেতনরূপশ্চ সমাধিঃ সৌষুপ্তম্, ইত্যপ্যনয়া বচোযুক্ত্যা দর্শিতম। অতএব শ্রীপূর্বশাস্ত্রে জাগরাদীনাং পরস্পরানুবেধকৃতো যোগ্যভিপ্রায়েণাপি-

'.....অবুদ্ধাং বুদ্ধমেব চ।

প্রবুদ্ধং সুপ্রবুদ্ধং চ.....।।'

ইত্যাদিনা ভেদো নিরূপিতঃ।

ভাষ্যের অর্থ

যোগীর দিক থেকে দেখতে হলে তাঁর জগৎ সম্পর্কে প্রাথমিক জ্ঞান বা ধারণা হল জাগ্রত অবস্থায় বস্তুতে মনোনিবেশ। পরবর্ত্তীতে ত্রমাগত চিন্তার প্রবাহে বিকল্পের গঠন স্বপ্নে (reverie); শেষে চিন্তক ও চিন্তন এক হয়ে যায় গভীর নিদ্রায়।

'মালিনীবিজয় তন্ত্রে' জাগরণ এবং পরবর্ত্তী ক্রমিক অবস্থার পরিবর্তন (transmission) যোগির ক্ষেত্রে কিরূপ সেটা দেখানো হয়েছে।

'চতুর্বিধং তু পিণ্ডস্যমবুদ্ধং বুদ্ধমেব চ।

প্রবুদ্ধং সুপ্রবুদ্ধং চ পদস্থং তচ্চতুর্বিধম্।।' (শ্লোকঃ II-43)

অর্থাৎ, ব্যক্তির স্বশরীরে স্থিত অবস্থায় চেতনা (objective consciousness) চার প্রকার যথা, অবুদ্ধ (unawakened), বুদ্ধ (awakened), প্রবুদ্ধ (well-awakened) এবং সুপ্রবুদ্ধ (perfectly well awakened) বা যথার্থরূপে সচেতন।

যোগির ক্ষেত্রে তুলনাত্মক দুই বিভাগ হল 'পদ' ও 'রূপ' বিশেষ।

যোগির চতুর্দশা একাধারে পদস্থ অবস্থা, পদ হল স্তর (condition)। চার দশা যথাক্রমে 'গতাগত' বা সাধারণ জন্ম জন্মান্তরের অবস্থা, 'সুবিক্ষিপ্ত' বা সাধারণ অবস্থার বিকল্প স্বপ্নাবস্থা, 'সংগত' বা দৈহিক স্থিতিতে সঠিক চৈতন্য, শেষে 'সুসমাহিত' বা তুরীয় বা সাক্ষীভাব। তুরীয়াতীত অবস্থায় যোগীর উচ্ছ্বসিত চেতনার (I-consciousness) অনুভূতি হয়।

যোগির চতুর্দশার 'পদস্থ' বিভাজন ছাড়াও 'রূপস্থ' বিভাজন হতে পারে। এই বিভাগগুলো হল যথাক্রমে, উদিত, বিপুল, শান্ত, এবং সুপ্রসন্ন। উদিত অবস্থায় বস্তুগত অভিজ্ঞতাই প্রকট, বিপুল অবস্থায় মানস-ক্রিয়া (mentation) প্রধান, শান্ত অবস্থা স্বপ্নহীন বা সুষুপ্তি, সুপ্রসন্ন হল তুরীয় অবস্থা যেখানে মনের কোনও বিকারই হতে পারে না, দেহ-মন রূপাতীত, কর্তা (subject) কর্মর (object) উর্দ্ধে। পরবর্ত্তীতে তুরীয়াতীত অবস্থা। এই অবস্থায় আর যোগ সাধনার প্রয়োজন হয় না।

জ্ঞানী তুরীয় অবস্থাকে প্রচয় (collectively) বলে জানে যেখানে সবকিছু ভগবৎ রসে (divine delight) নিমজ্জিত হয়। তুরীয়াতীত অবস্থা তার কাছে মহাপ্রচয় বলে পরিজ্ঞাত, যখন অন্তর বাহির শিবে সমাহিত।

একাদশ সূত্রের প্রস্তাবনা

এবং লোকযোগ্যনুসারেণ ব্যাখ্যাতে জাগরাদিত্রয়ে শক্তিচক্রসন্ধানাদ্বিশ্চসংহারেণ যস্য তুর্যাভোগময়ত্বম- ভেদব্যাপ্ত্যাত্মকং স্ফুরতি স তদ্দ্বারাধিরোহেণ তুর্যাতীতং পূর্বোক্তং চৈতন্যমাবিশন্-

ভাবানুবাদ

যোগী জাগরণ, স্বপ্ন, সুষুপ্তি ও তুরীয় অবস্থায় উপনীত হন স্ফুরিত দশায়।

সূত্র-11

ত্রিত্রয়ভোক্তা বীরেশঃ

অর্থাৎ, তুরীয়াতীত তথা উচ্ছ্বসিত চৈতন্যের আনন্দ প্রাপ্ত হয়ে যোগী তাঁর ইন্দ্রিয়সমূহকে বশীভূত করেন।

ভাষ্য

এতজ্জাগরাদিত্রয়ং শক্তিচক্রনুসন্ধানযুক্ত্যা তুর্যানন্দাচ্ছুরিতং যঃ তৎপরামর্শনুপ্রবেশ-প্রকর্ষাদ্বিগলিতভেদসংস্কার মানন্দরসপ্রবাহময়মেব পশ্যতি স ত্রিতয়স্যাস্য ভোক্তা চমৎকর্তা। তত এব

'ত্রিষু ধামসু যদ্ভোগ্যং ভোক্তা যশ্চ প্রকীর্তিতঃ।

বেদৈতদুভয়ং যস্তু স ভুঞ্জানো র লিপ্যতে।।'

ইতি নীত্যা নিঃসপত্নস্বাত্মসাম্রাজ্যোহয়ং পরমানন্দপরিপূর্ণো ভবভেদগ্রসন প্রবণানাং বীরাণামিন্দ্রিয়াণামীশ্বরঃ স্বামী; শ্রীমন্থানভৈরবসত্তানুপ্রবিষ্টো মহাম্নায়েষুচ্যতে। যস্তু এবংবিধো ন ভবতি স জাগরাদ্যবস্থাভির্ভুজ্যমানো লৌকিকঃ পশুরেব। যোগ্যপি ইমাং ধারামনধিরূঢ়ো ন বীরেশ্বরঃ; অপি তু মূঢ় এবেত্যুক্তং ভবতি।

ভাষ্যের অর্থ

'যে সাধক জাগরণ ইত্যাদি ত্রিদশাকে চতুর্থ দশার আনন্দে (delight) নিমজ্জিত বলে বিবিধ শক্তির সংসর্গে চেতনায় আনন্দের প্রবাহে অনুভব করেন তখন তার আনন্দের তীব্রতায় চতুর্থ দশায় সব ভেদ উচ্ছ্বাসে লুপ্ত হয়ে যায়। তার চিত্তের সাক্ষীস্বরূপ স্থিতি, তিন দশার কর্তা কর্ম লুপ্ত করে তাকে কলুষমুক্ত দ্রষ্টা করে।'

সাধক ইন্দ্রিয় সমূহকে বশ করে (বীরানাম্) তাদের একীভূত করে (dissolving) মন্থন ভৈরবে উপনীত হন। মন্থন ভৈরব হল বিষয় বহির্ভূত স্বাতন্ত্র্য শক্তি যা বিভিন্ন বাস্তবিক অভিজ্ঞতাকে মন্থন (churn) করে বিভেদ নষ্ট করে।

যতক্ষণ পর্যন্ত সাধকের এই অবস্থা প্রাপ্ত না হয় ততক্ষণ পর্যন্ত জাগরণ ইত্যাদি বাস্ববতা, তার উন্নয়নের বিঘ্নতায় তাকে গ্রাস করে থাকে।

ভাষ্যের শেষাংশ

এতৎ চ

'যোগী স্বচ্ছন্দযোগেন স্বচ্ছন্দগতিচারিণা
স ‍স্বচ্ছন্দপদে যুক্তঃ স্বচ্ছন্দসমতাং ব্রজেৎ।'

ইত্যাদিনা শ্রীস্বচ্ছন্দাদিশাস্ত্রেষু বিতত্য দর্শিতম্। স্পন্দেহপি

'তস্যোপলব্ধি সততং ত্রিপদাব্যভিচারিণী।'

ইতি কারিকয়া সংগৃহীতমেতৎ।

ভাষ্যের অর্থ

স্বচ্ছন্দশাস্ত্রে (শ্লোকঃ VIII-260) এ বিষয়ে বলা হয়েছে-

'যোগী স্বচ্ছন্দ যোগের মাধ্যমে মুক্ত (free) জীবন যাপন করে এবং স্বচ্ছন্দের গুণ লাভ করেন। স্বচ্ছন্দ কারিকায় বলা হয়েছে-

'সর্বোচ্চের চৈতন্য হল সুপ্রবুদ্ধ অবস্থা (perfectly well awakened person); জাগরণ, স্বপ্ন ও সুষুপ্তির তিন ক্ষেত্রেই বিঘ্নরহিত হয়ে (without interruption)।'

-(স্বচ্ছন্দকারিকা শ্লোকঃ I-171)

দ্বাদশ সূত্রের প্রস্তাবনা

কিমস্য মহাযোগিনঃ কাশ্চিৎ তত্ত্বাধিরোহপ্রত্যাসন্না ভূমিকাঃ সন্তি? যাভিস্তত্ত্বোর্ধ্ববর্তিনী ভূমির্লক্ষ্যতে। সন্তি, ইত্যাহ-

ভাবানুবাদ

মহাযোগী তাঁর উত্তরণে বিভিন্ন অবস্থার মধ্য দিয়ে যান। এর দরুন তিনি বিভিন্ন জাগতিক ছত্রিশ তত্ত্বর উচ্চে অবস্থান করেন। বর্তমান সূত্রে সেই নির্দেশ করা হয়েছে।

সূত্র-12

বিস্ময়ো যোগভূমিকাঃ

যোগের বিভিন্ন স্তর এবং সেই সেই স্তরে যোগীর অবস্থান এক বিস্ময়কর স্থিতি!

ভাষ্য

যথা সাতিশয়বস্তুদর্শনে কস্যচিৎ বিস্ময়ো ভবতি তথা অস্য মহাযোগিনী নিত্যং তত্তদ্বেদ্যাবভাসামর্শাভোগেষু নিঃসামান্যাতিশয়নবনবচমৎকার চিদ্ঘনস্বাত্মাবেশবশাৎ

স্মেরস্মেরস্তিমিতবিকসিতসমস্তকরণচক্রস্য যো বিস্ময়োহনবচ্ছিন্নানন্দে স্বাত্মনি অপরিতৃপ্তত্বেন মুহুর্মুহুরাশ্চর্যায়মানতা; তা এব যোগস্য পরতত্ত্বৈক্যস্য সম্বন্ধিয়ো ভূমিকাঃ; তদধ্যারোহবিশ্রান্তিসূচিকাঃ পরিমিতা ভূময়ো, ন তু কন্দবিন্দ্বাদ্যনুভববৃত্তয়ঃ।
তদুক্তং শ্রীকুলযুক্তৌ-

'আত্মা চৈবাত্মনা জ্ঞাতো যদা ভবতি সাধকৈঃ।
তদা বিস্ময়মাত্মা বৈ আত্মন্যেব প্রপশ্যতি।।'

ইতি। এতৎ চ

'তমধিষ্ঠাতৃভাবেন স্বভাবমবলোকয়ন্।
স্ময়মান ইবাস্তে যস্তস্যেয়ং কুসৃতিঃ কুতঃ।।'

ইতি কারিকয়া সংগৃহীতম্।

ভাষ্যের অর্থ

যোগী যখন তার সাধনায় (তুরীয়াতীত অবস্থায়) বিস্ময়াভূত হয় তখন তাঁর জন্য এক আনন্দদায়ক চমৎকার (pleasant surprise) অপেক্ষা করে। সেই অবস্থায় প্রবেশ করে যোগী নীরব দর্শকের মতো আশ্চর্য হয়ে তাঁর অন্তরের বিস্তৃতিতে (expanded power) ইন্দ্রিয়ের জটিল উপদ্রব (complex sense) স্ববশ দেখতে পান। তাঁর এই স্বভাব ঘনীভূত চিতি রূপে তাঁর কাছে অদ্ভুত (unique) প্রধান (pre-eminent) স্বতই নবীন বিকসিত চিৎ (I-consciousness) বলে মনে হয়, যা তিনি বিভিন্ন বস্তুতেও স্ফুরিত (blossming) বলে অনুভব করেন। যোগীর এই আনন্দের আর নিবৃত্তি হয় না (never satiated), যোগীর সাধনার সমস্ত স্তরে (various stations and stages) তা ব্যাপ্ত হয় সর্বোচ্চের সন্নিধানে (communion with the highest)।

এইসব স্তর কুণ্ডলিনী চক্রের স্তর নয় যা দেহ ও প্রাণ-শক্তির সঙ্গে জড়িত, অথবা ভ্রূ-মধ্যস্থিত আজ্ঞাচক্রের মানসিক (psychic) ধ্যান। এ হল যোগীর মানসিক বৃত্তির পরাকাষ্ঠায় উপলব্ধ। 'কুলযুক্তি' শাস্ত্রেও এই সিদ্ধান্ত দেওয়া হয়েছে- 'যখন উন্মুখী যোগী তাঁর ভিতরেই সত্ত্বার (self) অস্তিত্ব অনুভব করে তখন সে আশ্চর্য আনন্দে উপনীত হয়।'

স্পন্দকারিকারও একই বক্তব্য।

'সাধকের কি করে জাগতিক সুখ দুঃখময় (wretched) জন্মান্তর (transmigration) হতে পারে যখন সে অন্তরে সত্ত্বাকে (self) অনুভব করে যা সর্বাত্মক ও আশ্চর্য জনক আনন্দ (everything abides in pleasant surprise)।'

-(স্পন্দকারিকা শ্লোকঃ I-11)

ত্রয়োদশ সূত্রের প্রস্তাবনা

ইদৃগ্যোগভূমিকাসমাপন্নস্যাস্য যোগিনঃ-

অর্থাৎ, সেই যোগির কথা বলবার মতো যিনি সর্বাত্মক আনন্দ প্রাপ্ত হয়েছেন।

সূত্র-13

ইজ্ছা শক্তিরুমা কুমারী।

অর্থাৎ, যোগী শিবের কুমারী উমার (পার্বতী) মতো।

ভাষ্য

যোগিনঃ পরভৈরবতাং সমাপন্নস্য যা ইচ্ছা সা শক্তিরুমা; পরৈব পারমেশ্বরী স্বাতন্ত্র্যরূপা, সা চ কুমারী বিশ্বসর্গসংহারক্রীড়াপরা 'কুমার ক্রীড়ায়াম্' ইতি পাঠাৎ।

ভাষ্যের অর্থ

(শাম্ভবোপায়ে অভেদত্ব দৃষ্টিভঙ্গী থেকে এই ভাষ্যে অর্থ করা হয়েছে)

যোগী সর্বোচ্চ ভৈরব শক্তি প্রাপ্তি 'উমা' তথা পরমেশ্বরের স্বাতন্ত্র্য শক্তির সঙ্গে তুলনীয়। এই শক্তির অপর নাম 'কুমারী' কারণ তা উন্মেষের সম্ভাবনা পূর্ণ (intent of manifestation)। ধাতুমূল 'কুমারে'র অর্থ খেলা করা, এখানে তা সৃষ্টির খেলায় প্রযোজ্য।

ভাষ্যের দ্বিতীয়াংশ

অথ চ কুং ভেদোত্থাপিকাং মায়াভূমিং মারয়তি অনুদ্ভিন্নপ্রসরাং করোতি তচ্ছীলা। কুমারী চ পরানুপভোগ্যা ভোক্ত্রেকাত্ম্যেন স্ফুরন্তী।

ভাষ্যের অর্থ

(ক্ষেমরাজ এখানে সূত্রকে শাক্তোপায়ে ভেদাভেদের দৃষ্টিভঙ্গী থেকে ব্যাখ্যা করেছেন।)

'কু' মানে মায়ার বশে বিষয়ে বিষয়ে ভেদ দর্শন করা আর 'মারী'-র অর্থ হল যে এই ভেদ নিবারণ করে। সুতরাং 'কুমারী'-র অর্থ হল যে মায়ার বৃদ্ধি রোধ করে।

এখানে 'কুমারী' সর্বদা ভোক্তৃরূপা (enjoyer- ভোক্ত্রেকাত্ম্যেন স্ফুরন্তী) (never enjoyed by others - পরৈরনুপভোগ্যা)।

ভাষ্যের তৃতীয়াংশ

অথবা যথা উমা কুমারী পরিহৃতসর্বাসঙ্গা মহেশ্বরৈকাত্ম্যসাধনারাধনায় নিত্যোদ্যুক্তা তথৈব অস্যেচ্ছা, ইত্যস্মদ্গুরুভিরিত্থমেব পাঠো দৃষ্টো ব্যাখ্যাতশ্চ।

ভাষ্যের অর্থ

(এখানে সূত্রকে ক্ষেমরাজ আনবোপায়ে ভেদের দৃষ্টিভঙ্গী থেকে দেখেছেন।)

উমার সাধনা শিবের সঙ্গে মিলনের, তেমনি যোগীর সাধনা। তখন পাঠ হবে- (যোগিনঃ) ইচ্ছা কুমারী উমাশক্তিঃ।

ভাষ্যের শেষাংশ

অন্যৈস্তু 'শক্তিতমা' ইতি পঠিত্বা জ্ঞানক্রিয়াপেক্ষোহস্যাঃ প্রকর্ষো ব্যাখ্যাতঃ। এবং ন লৌকিকবৎ অস্য যোগিনঃ স্থূলেচ্ছা, অপি তু পরা শক্তিরূপৈব সর্বত্রাপ্রতিহতা।

তদুক্তং শ্রীমৎস্বচ্ছন্দে-

'সা দেবী সর্বদেবীনাং নামরূপৈশ্চ তিষ্ঠতি।
যোগমায়াপ্রতিচ্ছন্না কুমারী লোকভাবিনী।।'

ইতি শ্রীমৃত্যুঞ্জয়ভট্টারকেহপি

'সা মমেচ্ছা পরা শক্তিরবিযুক্তা স্বভাবজা।
বহ্নেরূষ্মেব বিজ্ঞেয়া রশ্মিরূপা রবেরিব।।
সর্বস্য জগতো বাপি সা শক্তিঃ কারণাত্মিকা।'

ইতি। তদেতৎ,

নহীচ্ছানোদনস্যায়ং প্রেরকত্বেন বর্ততে।
অপি ত্বাত্মবলস্পর্শাৎপুরুষস্তৎসমো ভবেৎ।'

ইতি কারিকয়া ভঙ্গ্যা প্রতিপাদিতম্।

ভাষ্যের অর্থ

আচার্য ভাস্কর তাঁর বার্ত্তিকে অর্থ করেছেন- ইচ্ছা শক্তিতমা কুমারী, অর্থাৎ যোগীর অনুভবে (cognition) ইচ্ছার গুরুত্ব বেশি শিবের এই শক্তি প্রাপ্তিতে। এই শক্তি অপ্রতিবন্ধিত পরাশক্তি (unimpeded everywhere)। স্বচ্ছন্দ তন্ত্রেও একই কথা বলা হয়েছে-

'সর্বোচ্চ ভগবৎ শক্তি বিভিন্ন দেবীতে প্রসরিত বিভিন্ন শক্তিমত্তায় যা কুমারী যোগমায়ায় সঞ্চিত (concealed primarily) এবং সর্ব জীবের সর্ব ইচ্ছা পূর্ণকারী।'

-(স্বচ্ছন্দ তন্ত্র শ্লোকঃ X-727)

শ্রীমৃত্যুঞ্জয়েও সেই রকম বলা হয়েছে। ভগবান বলেছেন- 'সর্বোচ্চ শক্তি আমারই ইচ্ছাশক্তি এবং আমার থেকে অভিন্ন । সেই শক্তিরূপা আমারই স্বভাব (natural to me)। তাকে জানতে হবে আগুনের উত্তাপ বলে বা সূর্যর জ্যোতি বলে। সেই শক্তিই জগতের কারণ।' -(শ্রীমৃত্যুঞ্জয় শ্লোক I-25,26)

স্পন্দ কারিকারও সেই রকম বক্তব্য।

'কোনও ব্যক্তি নিজের থেকে অভীপ্সু (impeller of desire) হতে পারে না, তার ভিতরের শক্তিরূপা তাকে ব্রতী করে।' -(স্পন্দকারিকা শ্লোকঃ I-8)

চতুর্দশ সূত্রের প্রস্তাবনা

ইদৃশস্য মহেচ্ছস্য-

অর্থাৎ, সেই ইচ্ছাশক্তিমত্ত্বা যোগী এখন আলোচ্য বিষয়।

সূত্র-14

দৃশ্যং শরীরম্

অর্থাৎ, অন্তর বাহিরের সমস্ত বিষয় (phenomenon) যোগীর জীবনে তখন অনুভূত (like his own body)।

ভাষ্য

যদ্যদ্ দৃশ্যং বাহ্যমাভ্যন্তরং বা, তত্তৎ সর্বম্ 'অহমিদম্' ইতি-সদাশিববৎমহাসমাপত্ত্যা স্বাঙ্গকল্পমস্য স্ফুরতি; ন ভেদেন।

শরীরং চ দেহধীপ্রাণশূন্যরূপং নীলাদিবৎ দৃশ্যং; ন তু পশুবদ্'দ্রষ্টৃতয়া ভাতি। এবং দেহে বাহ্যে চ সর্বত্রাস্য ময়ূরাণ্ডরসবদবিভক্তৈব প্রতিপত্তির্ভবতি।

যথোক্তং শ্রীবিজ্ঞানভৈরবে-

'জলস্যেবোর্ময়ো বহ্নের্জ্বালাভঙ্গয়ঃ প্রভা রবেঃ।
মমৈব ভৈরবস্যৈতা বিশ্বভঙ্গয়ো বিনির্গতাঃ।।'

ইতি। এতৎ চ

'ভোক্তৈব ভোগ্যভাবেন সদা সর্বত্র সংস্থিতঃ।'

ইত্যনেন সংগৃহীতম্।

ভাষ্যের অর্থ

ক্ষেমরাজ চতুর্দশ সূত্রকে দুই ভাবে ব্যাখ্যা করেছেন। প্রথম হল- দৃশ্যম্ শরীরম্। অর্থাৎ, অন্তর বাহিরের যা কিছুই দৃশ্যমান (অনুভূত) যোগীর জীবনে (শরীরে) সবই তাঁর থেকে অভেদ। তার কারণ সদাশিব স্তরে যোগী সবকিছুতেই নিজেকে অনুভব করেন।

এরপর ক্ষেমরাজ সূত্রকে ব্যাখ্যা করেছেন- শরীরম্ দৃশ্যম্।

অর্থাৎ যোগী নিজের শরীরকে পৃথকরূপে বর্ণগন্ধময় এই জগতের মতো দেখেন। শরীর তখন যোগীর কাছে মন (ধী) প্রাণ, শূন্য, দেহ সমন্বিত এক অবস্থা। সুতরাং তার শরীর ও বাহিরের জগতের কোনও ভেদ নেই; ময়ূরের অণ্ড অবস্থা (undifferentiated plasma) যাতে প্রসূত ময়ূরের সম্ভাবনা রয়েছে।

বিজ্ঞান ভৈরবে বলা হয়েছে-

'যেমন জলের লহরী জলের এক ভঙ্গিমা, আলোর প্রতিফলনের ছটা (sparkling) তেমনি জগৎ আমাতে উদ্ভূত, আমিই ভৈরব।'

-(বিজ্ঞান ভৈরব শ্লোকঃ-110)

স্পন্দ কারিকারও সেই রকম বক্তব্য।

'সাক্ষীই (experient) সর্বব্যাপ্ত অভিজ্ঞতার বিষয় (object) হয়ে।'

-(স্পন্দকারিকা শ্লোকঃ II-4)

পঞ্চদশ সূত্রের প্রস্তাবনা

যচ্চেদং সর্বস্য দৃশ্যস্য শরীরতয়া, শূন্যান্তস্য চ দৃশ্যতয়া, একরূপং প্রকাশনমুক্তং নৈতৎ দুর্ঘটম্; অপি তু -

অর্থাৎ, যা কিছুই যোগীর দ্বারা বোধ্য (perceptible phenomena) শূন্য অবধি, সব তাঁর কাছে এক দেহে সন্নিবিষ্ট। এই একাকার বোধ সম্ভব যোগীর সাধনায়।

সূত্র-15

হৃদয়ে চিত্তসংঘট্টাদ্'দৃশ্যস্বাপদর্শনম্

অর্থাৎ, মন যখন নিজের অন্তঃকরণের সঙ্গে মিলে যায় (unites with core of consciousness) তখন দৃশ্য ও শূন্যতা উভয়েরই অবতারণা হয় একযোগে চেতনায়।

ভাষ্য

বিশ্বপ্রতিষ্ঠাস্থানাত্বাৎ চিৎপ্রকাশো হৃদয়ং; তত্রসংঘট্টাৎ চলতশ্চলতঃ তদেকাগ্রভাবনাৎ দৃশ্যস্য, নীলদেহপ্রাণবুদ্ধয়াত্মনঃ; স্বাপস্য চ, এতদভাবরূপস্য শূন্যস্যঃ; দর্শনং

ত্যক্তগ্রাহ্যগ্রাহকবিভেদেন যথাবস্তু স্বাঙ্গকল্পতয়া প্রকাশনং ভবতি। চিৎপ্রকাশতামভিনিবিশমানং হি চিত্তং তদাচ্ছুরিতমেব বিশ্বং পশ্যতি।
তদুক্তং শ্রীবিজ্ঞানভৈরবে-

'হৃদ্যাকাশে নিলীনাক্ষঃ পদ্মসম্পুটমধ্যগঃ।
অনন্যচেতাঃ সুভগে পরং সৌভাগ্যমাপ্নুয়াৎ।।'

ইতি। পরং হি অত্র সৌভাগ্যং বিশ্বেশ্বরতাপত্তিঃ। তত্ত্ববৃত্তিসমাপন্নং মহাযোগিনমুদ্দিশ্য শ্রীমৎস্বচ্ছন্দেহপি

'স চ ভূতেষু সর্বেষু ভাবতত্ত্বেন্দ্রিয়েষু চ।
স্থাবরং জঙ্গমং চৈব চেতনাচেতনং স্থিতম্।।
অধ্যানং ব্যাপ্য সর্বং তু সামরস্যেন সংস্থিতঃ।'

ইতি। স্পন্দে তু

'তথা স্বাত্মন্যধিষ্ঠানাৎসর্বত্রৈবং ভবিষ্যতি।'
-(স্পন্দকারিকা-39)

ইত্যনেনৈব এতৎ সংগৃহীতম্।

ভাষ্যের অর্থ

এখানে হৃদয়ের অর্থ হল চৈতন্যের জ্যোতি যা বিশ্বসৃষ্টির মূল (foundation)।
'চিত্তসংঘট্টাৎ'-এর অর্থ হল চঞ্চল মনের একাগ্রতা সেই বিশ্বসৃষ্টির চৈতন্য মূলে (foundational consciousness)। 'দৃশ্যস্য' অর্থ হল দৃশ্যবর্ণময় দৃশ্যমান জগৎ ও প্রাণ, মন, দেহাদি।
'স্বাপস্য'-র অর্থ হল বস্তুবিহীন শূন্যতা। 'দর্শনম্'-র অর্থ হল বিষয়ী (subject) ও বিষয়ের (object) বাস্তবিক (যা সম্ভব) অবস্থা (essential reality) ব্যক্তির অনুভবে (component of oneself)।

সমগ্র সূত্রের সার হল, উন্মুখ ব্যক্তি যখন চৈতন্যের জ্যোতিতে (light of foundational consciousness) প্রবেশ করতে পারে তখন সে সমগ্র বিশ্বকে সম্পৃক্ত (saturated) দেখে সেই চৈতন্যে।

শ্রীবিজ্ঞানভৈরবে বলা হয়েছে-

'ব্যক্তির মন ও ইন্দ্রিয় সমূহ তার অন্তরের নির্মল আকাশে (ether) যখন সংস্থাপিত হয় দুই পদ্মের মধ্যবর্ত্তী স্থানে, মনের দ্বারা (mentally) চিত্ত থেকে সবকিছু ত্যাগ করে, তখন সে পরম সৌভাগ্যবান ও শ্রীময়ী হয়।'

-(বিজ্ঞানভৈরব শ্লোকঃ-49)

বিঃ দ্রঃ- দুই পদ্ম হল প্রমান (knowledge) ও প্রমেয় (জ্ঞেয় বস্তু বা বিষয়), তাদের মধ্যস্থানে স্থিত প্রমাতা (knower)।

স্বচ্ছন্দ তন্ত্রে,

'পরম সৌভাগ্য' হল জগতের উপর আধিপত্য। স্বচ্ছন্দ তন্ত্রে মহাযোগীকে বলা হয়েছে সর্বোচ্চ কাঙ্খিত বস্তুর (highest reality) প্রাপক। এর দুটি অভিমুখ (aspects- অধ্বা, পথ)। এক হল বর্ণ, পদ ও মন্ত্র আধারিত; দ্বিতীয় হল কলা, তত্ত্ব ও ভুবন আধারিত। প্রথম ক্ষেত্র অচেতনে (অজ্ঞ-unconscious) প্রকাশিতব্য। দ্বিতীয় ক্ষেত্রের প্রকাশ ভৈরব তত্ত্বের সমতুল্য অর্থাৎ, ভৈরবশক্তি কলা (period), তত্ত্ব (realm) ও ভুবন (world around) ব্যাপ্ত ব্যক্তির আত্মস্থতায়।'

-(স্বচ্ছন্দতন্ত্র শ্লোকঃ IV-310)

স্পন্দ কারিকাতেও এই কথা বলা হয়েছে।

'স্পন্দের তত্ত্ব যখন ব্যক্তির দেহে, মনে উপবিষ্ট হয় তখন ব্যক্তির জ্ঞান ও ক্রিয়া সেইরূপ কর্তৃত্ব লাভ করে এবং তার সর্বজ্ঞতা ও সর্বকার্যশীলতা প্রাপ্তি হয় (omniscience, omnipotent)।' -(স্পন্দকারিকা শ্লোকঃ III-7)

যোড়শ সূত্রের প্রস্তাবনা

অত্রৈব উপায়ন্তরমাহ-

অর্থাৎ, শিব-চেতনার আর একটি উপায় বর্ণিত হল।

সূত্র-16

শুদ্ধতত্ত্বসন্ধানাদ্বাহপশুশক্তিঃ

অর্থাৎ, যোগীর দ্বারা অনবরত নির্মল তত্ত্বের অনুধ্যানে (constant awareness of pure principle), যোগীর সীমিত ক্ষমতার অবসান হয়।

ভাষ্য

শুদ্ধং তত্ত্বং পরমশিবাখ্যং, তত্র যদা বিশ্বমনুসংধত্তে ‘তন্ময়মেব এতৎ’ ইতি, তদা অবিদ্যমানা পশ্বাখ্যা বন্ধশক্তির্যস্য তাদৃগয়ং তদাশিববৎ বিশ্বস্য জগতঃ পতির্ভবতি। তদুক্তং শ্রীমৎলক্ষ্মীকৌলার্ণবে

‘দীক্ষাসিদ্ধৌ তু যে প্রোক্তাঃ প্রত্যয়াঃ স্তোভপূর্বকাঃ।
সন্ধানস্যৈব তে দেবি কলাং নার্হন্তি ষোড়শীম্।।’

ইতি। শ্রীবিজ্ঞানভৈরবে তু

‘সর্ব দেহং চিন্ময়ং হি জগদ্ধা পরিভাবয়েৎ।
যুগপন্নির্বিকল্পেন মনসা, পরমোদ্ভবঃ।।’

ইতি। তদেতৎ

‘ইতি বা যস্য সংবিত্তিঃ ত্রীড়াত্বেনাখিলং জগৎ।
স পশ্যন্সততং যুক্তো জীবন্মুক্তো স সংশয়।।’

ইতি কারিকয়া সংগৃহীতম্।

ভাষ্যের অর্থ

‘শুদ্ধ তত্ত্ব’-র অর্থ হল পরম শিব বা সর্বোচ্চ তত্ত্ব (absolute principle)। যখন উন্মুখী যোগী সেই শুদ্ধ তত্ত্বে উপনীত হয়ে বিশ্বকে তদ্রূপ বা শিবময় দেখেন তখন তিনি নিজেকে সদাশিবের, সৃষ্টির জ্ঞানের (বিজ্ঞানকল) পূর্ব অধিকারী, কর্তৃত্বযুক্ত মনে করেন, যোগী কর্তৃত্ব লাভে হন বন্ধন মুক্ত।

লক্ষ্মীকৌলার্ণবে বলা হয়েছে-

‘হে দেবী, সকল ধর্মমতের সার গ্রহণ করলে (initiation) যে আনন্দ হয় তা শিব-চৈতন্যে স্থিতির ষোল ভাগের এক ভাগও নয়, যাতে তুমি স্বয়ং কেন্দ্রীভূত।’

বিজ্ঞানভৈরবে বলা হয়েছে-

‘দেহ ও বিশ্বকে একত্রে কল্পনা রহিত (without thought-construct) চৈতন্যই মনে করা উচিৎ, তাহলেই শাক্তোপায়ে যোগীর সর্বোচ্চ চৈতন্যের বোধ (emergence of highest consciousness) সম্ভব। -(বিজ্ঞানভৈরব শ্লোকঃ-63)

স্পন্দ কারিকায় বলা হয়েছে-

‘সাক্ষীর নিজেকেই যখন বিষয় (object)মনে হয়, জগৎ তখন ভগবৎ ক্রীড়া, যোগী ভগবৎ চৈতন্যে (universal consciousness) জীবন্মুক্ত। দেহের এই মুক্তিও ‘শাক্তোপায়ে’ সম্ভব।’ -(স্পন্দকারিকা শ্লোকঃ II-5)

সপ্তদশ সূত্রের প্রস্তাবনা

ইদৃগজ্ঞানরূপস্য অস্য যোগিনঃ-

যোগির এই প্রকার জ্ঞান, জগৎ ও নিজের সম্বন্ধে 'শিবতুল্য'।

সূত্র-17

বির্তক আত্মজ্ঞানম্

অর্থাৎ, এই হল নিজের অবিচলিত (বির্তক-unwavering) জ্ঞান যা সত্ত্বার জ্ঞান।

ভাষ্য

'বিশ্বাত্মা শিব এবাস্মি' ইতি যো বির্তকো বিচারঃ, এতদেব অস্য আত্মজ্ঞানম্। তদুক্তং শ্রীবিজ্ঞানভৈরবে-

'সর্বজ্ঞ সর্বকর্তা চ ব্যাপকঃ পরমেশ্বরঃ।

স এবাহং শৈবধর্মা ইতি দার্ঢ্যাচ্ছিবো ভক্তে।।'

ইতি। স্পন্দেহপি

'......অয়মেবাত্মনো গ্রহঃ।'

ইত্যনেন এতদুক্তম। তত্র হি আত্মনো গ্রহণং গ্রহো জ্ঞানম্ এতদেব, যদিশ্বাত্মকশিবাভিন্নত্বম্; এষোহপি অর্থো বিবক্ষিতঃ।

ভাষ্যের অর্থ

এই অবিচলিত চেতনা যা আত্মস্বরূপ বিশ্বচৈতন্য, সেই অবস্থা যোগীর শাক্তোপায়ে শৈবাবস্থা (I am Siva)।

বিজ্ঞানভৈরবে (শ্লোকঃ-102) বলা হয়েছে-

'পরমেশ্বরের সর্বজ্ঞতা, সর্বশক্তিমত্তা ও সর্বস্থিতি যে যোগী নিজেতে উপলব্ধি করেন প্রত্যয়ের সঙ্গে তিনি শিবে স্থিত।'

সে কথা স্পন্দ কারিকাতেও আছে,

'যোগীর স্বরূপে শিবের উপলব্ধি অমৃতের আস্বাদন (acquisition of ambrosia); এ হল নির্বাণের দীক্ষা যাতে শিবত্ব (identity with Siva) লাভ হয়।'

-(স্পন্দকারিকা শ্লোকঃ II-7)।

নির্বাণ অর্থ দ্বৈত থেকে মুক্ত মানসিকতা।

অষ্টাদশ সূত্রের প্রস্তাবনা

কিং চ অস্য-

অর্থাৎ, যোগী এতে কী?

লোকানন্দঃ সমাধিসুখম্।

অর্থাৎ, যোগী জ্ঞাতা (knower) ও জ্ঞেয়-র (known) উভয়বিধ সুখ আনন্দময় সমাধিতে উপভোগ করেন।

ভাষ্য

লোক্যতে ইতি লোকো, বস্তুগ্রামঃ; লোকয়তি ইতি লোকো গ্রাহকবর্গঃ; তস্মিনস্ফুরতি সতি

'গ্রাহ্যগ্রাহকসংবিত্তিঃ সামান্যা সর্বদেহিনাম্।
যোগিনাং তু বিশেষোহয়ং সম্বন্ধে সাবধানতা।।'

ইতি। শ্রীবিজ্ঞানভট্টারকনিরূপিতনীত্যা প্রমাতৃপদবিশ্রান্ত্যবধানতশ্চমৎকারময়ো য আনন্দ এতদেব অস্য সমাধিসুখম। তদুক্তম তত্রৈব

'সর্বং জগৎস্বদেহং বা স্বানন্দভরিতং স্মরেৎ।
যুগপৎস্বামৃতেনৈব পরানন্দময়ো ভবেৎ।।'

ইতি। এতৎ চ

'ইয়মেবামৃতপ্রাপ্তিঃ.....।'

ইত্যনেন সংগৃহীতম্।

অথ চ যৎ অস্য স্বাত্মারামস্য সমাধিসুখং, তদেব তত্তাদৃশম্ অবলোকয়তাং লোকানাম্ আনন্দসংক্রমণযুক্ত্যা স্বানন্দাভিব্যক্তিপর্যবসায়ি ভবতি। এতদপি শ্রীচন্দ্রজ্ঞানগ্রন্থেন প্রাগুক্তেন (23পৃঃ সূত্রঃ7) সুসম্বাদম্।

ভাষ্যের অর্থ

'লোক'-এর দুই প্রকার অর্থ হয়, এক হল বিভিন্ন বিষয় (object), দ্বিতীয়ত হল বিভিন্ন দর্শক (subject) শ্রেণী। যোগীর ক্ষেত্রে এই বিভাগ থাকে না যখন সে সমাধি সুখে উপনীত হয়। শ্রীবিজ্ঞানভট্টারকে উল্লেখিত যে- 'বিষয় ও দর্শকের ভেদ সাধারণ্যে প্রযোজ্য, কিন্তু যোগী জানেন যে উভয়েই একসূত্রে গ্রথিত (mindful of relation)।' -(বিজ্ঞানভট্টারক শ্লোকঃ-106)

অনত্র একই গ্রন্থে বলা হয়েছে-

'জগৎকে আনন্দময় এবং নিজেতে সমাবিষ্ট মনে করা উচিৎ এবং এই উপলব্ধি হল নিজেতে উচ্ছ্বসিত অমৃত আস্বাদন (welling ambrosia) হয়'

-(বিজ্ঞানভট্টারক শ্লোকঃ-65)

স্পন্দকারিকা (শ্লোকঃ II-7) একেই শিবে নির্বাণের দীক্ষা বলে অভিহিত করেছে।

ক্ষেমরাজ একেই বলেছেন- সমাধিসুখং লোকানন্দঃ; অর্থাৎ, যোগীর এই সুখপ্রবাহ জগতেও সঞ্চারিত হয়।

তাছাড়া যোগীর এই সুখময়তা দেখেও (তৎ তাদৃশম) লোকের সেই জাতীয় আনন্দ হয় (transmission of delight), যে কথা 'চন্দ্রজ্ঞানে' বলা হয়েছে।

ঊনবিংশ সূত্রের প্রস্তাবনা

অথ ইদৃশস্য অস্য যোগিনো বিভূতিযোগং দর্শয়তি-

এই সূত্রে যোগির বিভূতিযোগের (super normal powers) কথা কথিত।

সূত্র-19

শক্তিসন্ধানে শরীরোৎপত্তিঃ

অর্থাৎ, একাগ্র যোগী যখন ইচ্ছাশক্তির সঙ্গে (সদাশিব তত্ত্ব) সম্পৃক্ত হয়ে যান তখন যেকোনও বস্তুর সৃষ্টির ক্ষমতা লাভ।

ভাষ্য

'ইচ্ছাশক্তিরুমা কুমারী' (সূত্র-13) ইতি সূত্রেন যা অস্য শক্তিরুক্তা, তামেব যদা অনুসন্ধত্তে, বাঢ়র্য়েন তন্ময়ীভবতি, তদা তদ্বশেন অস্য যথাভিমতং শরীরমুৎপদ্যতে। তদুক্তম শ্রীমৃত্যুঞ্জয়ভট্টারকে

'ততঃ প্রবর্ততে শক্তির্লক্ষ্যহীনা নিরাময়া।
ইচ্ছা সা তু বিনির্দিষ্টা জ্ঞানরূপা ক্রিয়াত্মিকা।।'

ইত্যুপক্রম্য

'সা যোনিঃ সর্বদেবানাং শক্তীনাং চাপ্যনেকধা।
অগ্নীষোমাত্মিকা যোনিস্তস্যাং সর্বং প্রর্বততে।।'

ইতি। শক্তিসন্ধানমাহাত্ম্যং লক্ষ্মীকৌলার্ণবে-

'ন সন্ধানং বিনা দীক্ষা ন সিদ্ধীনাং চ সাধনম্।
ন মন্ত্রো মন্ত্রযুক্তিশ্চ ন যোগাকর্ষণং তথা।।'

ইত্যাদীন্ প্রতিপাদিতম্। এতৎ চ

'যথেচ্ছাভ্যর্থিতো ধাতা জাগ্রতোহর্থাৎহৃদি স্থিতান্।

সোমসূর্যোদয়ং কৃত্বা সম্পাদয়তি দেহিনঃ।।'

ইত্যনেন সংগৃহীতম্।

দেহিনঃ অত্যক্তুদেহবাসনস্য যোগিনো হৃদি স্থিতান্ অর্থান্ তত্তদপূর্বনির্মাণাদিরূপান্ ধাতা মহেশ্বরঃ প্রকাশানন্দাত্মতয়া সোমসূর্যোরূপবাহোন্মীলনেন সোমসূর্যোসাম্যরস্যাত্মনশ্চ শক্তেরুদয়ং কৃত্বা বহির্মুখবাহিত্বেন তামাসাদ্য সম্পাদয়তি; ইতি হি অস্যার্থঃ

'তথা স্বপ্নেহপ্যভীষ্টার্থান্......।'

ইত্যেতচ্ছ্'লোকপ্রতিপাদিতস্বপ্নস্বাতন্ত্র্যং প্রতি দৃষ্টান্তে যোজিতঃ, ইতি স্পন্দনির্ণয়ে ময়ৈব দর্শিতম্।

ভাষ্যের অর্থ

ত্রয়োদশ সূত্রে উল্লেখিত ইচ্ছাশক্তির সঙ্গে যখন যোগী যোজিত হন দৃঢ়তন্ময়তার সঙ্গে (দার্ঢ্যেন তন্ময়ীভবতি), তখন তিনি সবকিছুকেই বাস্তবে প্রকাশিত করতে পারেন ইচ্ছামত। শ্রীমৃত্যুঞ্জয়ভট্টারকের 'নেত্র তন্ত্রে'-র প্রথম শ্লোকেই এ কথা বলা হয়েছে।

'তখন সেই ইচ্ছাশক্তি মায়ার কবলিত থাকে না, অর্থাৎ সীমিত জ্ঞান ও ক্রিয়ায় সীমাবদ্ধ নয়।'

'নেত্র তন্ত্রে'-র শেষে বলা হয়েছে- 'সেই ইচ্ছাশক্তি (পরাশক্তি) হল অন্য সব শক্তির দেবদেবীর মূল (যোনি) শক্তি। পরাশক্তির প্রকৃতি হল অগ্নি ও চন্দ্রের (সোম) মত। অগ্নি হল প্রাণশক্তি আর চন্দ্র হল অপান শক্তি।'

-(নেত্রতন্ত্র শ্লোক VII-36-40)

'স্বামী লক্ষণ জু' যোনিকে অভিহিত করেছেন অপরিহার্য উপায় বলে। সেই শক্তির মূলের থেকেই অধস্তন দেবেরা শিবের সঙ্গে একত্বের শক্তি লাভ করেন (শাম্ভবোপায়)। শক্তির সাধনায় পরাশক্তি থেকে ব্যক্তির শাক্তোপায়ে ঐশ্বরিক বোধ হয় (spiritual realisation) এবং যোগী, সাধকেরা সেই লক্ষ্য পূরণ করেন আণবোপায়ে বিভিন্ন রীতি, প্রথার মাধ্যমে কারণ তারা সাধনার তীব্রতায় তাঁর (শক্তি মূলের) কৃপা লাভ করেন দেহের সূক্ষ্মতায়।

শক্তির শক্তিমত্তার মহত্ত্ব যোগীর তপস্যার একাগ্রতায় তার চেতনায় অনুভূত হয় (শক্তি-সন্ধান)। লক্ষ্মীকৌলার্ণবে বলা হয়েছে- 'চেতনার (ব্যক্তির) একাগ্র অনুভব (সন্ধান) ছাড়া

শক্তিমত্তা তথা নির্বাণের পথে দীক্ষিত হওয়া যায় না। মন্ত্র ও মন্ত্রের বিভিন্ন স্তরের অতিপ্রাকৃত শক্তিও অর্জিত হয় না, যোগ সাধনাও ফলপ্রসূ হয় না।'

স্পন্দকারিকায় বলা হয়েছে- 'শিবের সাহচর্য বা কৃপা যখন যোগীর দ্বারা গভীরভাবে চাওয়া হয় তখন যোগীর মধ্যে সেই তেজ (সূর্য) ও শ্রী (চন্দ্র) লাভ হয়।' - (স্পন্দকারিকার সূত্র III-1)

এখানে অর্থ হল জগতের অধিষ্ঠাতা পরমেশ্বর যোগীর বাহ্যিক বাঞ্ছা পূরণ করেন, যতক্ষণ পর্যন্ত না যোগী দেহত্যাগ করেন। যোগী দেহে থেকেই প্রকাশের আনন্দ উপভোগ করেন তার প্রাণ বায়ু (সূর্য) ও অপান বায়ু সোমের (চন্দ্র) প্রবাহে। এই উর্দ্ধ ও অধোগতি সম্পন্ন বায়ুর মিলনে দেহে বায়ুর সাম্য (সমান শক্তি) উদয় হয়। 'স্পন্দনির্ণয়ে যোগীকে তখন স্বাধীন বলা হয়েছে। (স্পন্দকারিকার সূত্র III-2)

শিব যোগীর মধ্য নাড়ীতে (সুষুম্না) আবির্ভূত হয়ে ইচ্ছাশক্তি পূর্ণ করেন।

বিংশ সূত্রের প্রস্তাবনা

অন্যা অপি অস্য যথাভিলষিতাঃ সিদ্ধয় এতন্মাহাত্ম্যেনৈব ঘটন্তে ইত্যাহ-

অর্থাৎ, ইচ্ছাশক্তির প্রাধান্যে যোগীর মধ্যে অতিপ্রাকৃত শক্তির আবির্ভাব হয়।

সূত্র-20

ভূত সন্ধানভূত পৃথকত্ববিশ্বসংঘট্টাঃ

অর্থাৎ, যোগীর অপরাপর অতিপ্রাকৃত শক্তি সমূহ হল - i) বিভিন্ন বস্তু ও বিষয়ের (parts and elements) সংযোগ সাধন (synthetical power), ii) বিষয় ব্যবচ্ছেদ (separating analytical power), iii) সবের একত্রীকরণ, সার্বিকত্ব (remove space and time differences)।

ভাষ্য

ভূতানি শরীরপ্রাণভাবাদ্যাত্মকানি; তেষাং ক্বচিৎ আপ্যায়নাদৌ সন্ধানং, পরিপোষণং; ব্যাধ্যাদ্যুপশমাদৌ পৃথকত্বং, শরীরাদের্বিশ্লেষণং; দেশকালাদিবিপ্রকৃষ্টস্য চ বিশ্বস্য সংঘট্টো, জ্ঞানবিষয়ীকার্যত্বাদিকঃ; অস্য পূর্বোক্তশক্তিসন্ধানে সতি জায়তে। এতৎ চ সর্বাগমেষু সাধনাধিকারেষু অস্তি। তদেব স্পন্দে।

'দুর্বালোহপি তদাক্রম্য যতঃ কার্যে প্রবর্ততে।
আচ্ছাদয়েদ্বুভুক্ষাং চ তথা যোহতিবুভুক্ষিতঃ।।'

ইতি।

'গ্লানির্বিলুণ্ঠিকা দেহে তস্যাশ্চাজ্ঞানতঃ সৃতিঃ।
তদুন্মেষবিলুপ্তং চেৎকুতঃ স্যাদহেতুকা।।'

ইতি।

'যথা হ্যর্থোহস্ফুটো দৃষ্টঃ সাবধানেহপি চেতসি।
ভূয়ঃ স্ফুটতরো ভাতি স্ববলোদ্যোগভাবিতঃ।।
তথা যৎপরমার্থেন যেন যত্র যথা স্থিতম্।
তত্তথা বলমাক্রম্য ন চিরাৎসংপ্রবর্ততে।।'

ইত্যাদীনা বিভূতিস্পন্দে সোপপত্তিকং দর্শিকম্।

ভাষ্যের অর্থ

'ভূতসন্ধানে'র অর্থ জাগতিক বিষয়কে একত্রিত করা পরবর্ত্তী উন্নয়নের জন্য। 'ভূতপৃথকত্ব' হল পৃথক করার শক্তি। 'বিশ্বসংঘট্টাঃ' হল স্থান কাল ব্যতিরেকে সমগ্র বিশ্বকে একীভূত করা তার জ্ঞান লাভের জন্য। যোগী এইসব ক্ষমতার অধিকারী হন যখন তার ইচ্ছাশক্তি চেতনায় মিশে যায়। 'আগমে'র এই হল সাধন (accomplishment)।

স্পন্দকারিকায় অতিপ্রাকৃত শক্তির (super normal power) পরিপ্রেক্ষিতে (বিভূতি) বলা হয়েছে-

'একজন দুর্বল ব্যক্তিও স্পন্দের শক্তিতে বলীয়ান হতে পারে যদি সে তার জন্য বুভুক্ষা বোধ করে।' -(স্পন্দকারিকা শ্লোকঃ III-6)

'একটি চোর যখন সর্বস্ব অপহরণ করে নিয়ে যায় তখন গৃহস্বামী নিজেকে হৃতবল মনে করে। যদি তার 'বিষয়' পরস্ব এইরূপ জ্ঞানের উদয় হয় তবে তার হৃতবল (depression) হওয়ার কারণই থাকে না।'

-(স্পন্দকারিকা শ্লোকঃ III-8)

যে ব্যক্তি স্পন্দের শক্তিতে বলীয়ান সে কোনও বস্তু ও বিষয় অস্পষ্ট রূপে অনুধাবন প্রথমে করলেও একাগ্র ইচ্ছায় কাঙ্খিত বাস্তবকে (যৎ পরমার্থেন) যেমন, যেখানে, যে রূপে স্থিত সেইভাবে অনুধাবন করতে পারে। এটাই স্পন্দের ব্যক্তিতে প্রবিষ্ট ভগবৎ সৃষ্টির তরঙ্গ। -(স্পন্দকারিকা শ্লোক III-4,5)

একবিংশ সূত্রের প্রস্তাবনা

যদা তু মিতসিদ্ধীরনভিলষ্যন্ বিশ্বাত্মপ্রথামিচ্ছতি তদা অদ্য-

অর্থাৎ, সেই বলীয়ান যোগী তার ইচ্ছায় সীমিত ক্ষমতা অতিক্রম করে বিশ্বচৈতন্য লাভ করেন।

সূত্র-21

শুদ্ধবিদ্যোদয়াচ্চক্রেশত্বসিদ্ধিঃ

অর্থাৎ, সার্বিক ক্ষমতার অধিকারী হলে (mastery over collective 'Saktis') যোগীর 'শুদ্ধবিদ্যার' সাক্ষাৎ প্রাপ্তি হয়।

ভাষ্য

বৈশ্বাত্ম্যপ্রথাবাঞ্ছয়া যদা শক্তিং সংঘত্তে তদা 'অহমেব সর্বম্' ইতি শুদ্ধবিদ্যায়া উদয়াৎ বিশ্বাত্মকস্বশক্তিচক্রেশত্বরূপং মাহেশ্বর্যমস্য সিদ্ধয়তি।

তদুক্তং স্বচ্ছন্দে

'তস্মাৎসা তু পরা বিদ্যা যস্মাদন্যা ন বিদ্যতে।
বিন্দতে হ্যাত্র যুগপৎসার্বজ্ঞয়াদিগুনাৎপরান্।।
বেদনানাদিধর্মস্য পরমাত্মত্ববোধনা।
বর্জনাপরমাত্মত্বে তস্মাদ্বিদ্যেতি সোচ্যতে।।
তত্রস্থো ব্যঞ্জয়েত্তেজঃ পরং পরমকারণম্।
পরস্মিংস্তেজসি ব্যক্তে তত্রস্থঃ শিবতাং ব্রজেৎ।।'

ইতি। তদেতৎ

দিদৃক্ষয়েব সর্বার্থান্যদা ব্যাপ্যাবতিষ্ঠতে।
তদা কিং বহুনোক্তেন স্বয়মেবাবভোৎস্যতে।।'

ইত্যনেনৈব সংগৃহীতম্।

ভাষ্যের অর্থ

যোগীর একাগ্রতায় তাঁর চেতনা শক্তির সংযোগে শুদ্ধবিদ্যা প্রাপ্ত হয় এবং সার্বিক বিশ্বের শক্তিমত্তা নিজেতে উপলব্ধি করে।

স্বচ্ছন্দ তন্ত্রে বলা হয়েছে যে- 'শুদ্ধবিদ্যায় আর কোনো জ্ঞান (knowledge) না থাকায় সেটাই সর্বোচ্চ বিদ্যা যা যোগীর প্রাপ্তি হয়। সেই শক্তিরূপা শিবেরই স্বাতন্ত্রশক্তি। যোগী সেই শক্তির জ্যোতিতে 'উন্মনা' হয়ে বিষয় স্থিত সৃষ্টির কারণ হতে পারে। এটাই তাঁর শিবত্ব।' -(স্বচ্ছন্দতন্ত্র শ্লোক IV-396,397)

স্পন্দকারিকাতেও সেই রকম কথা বলা হয়েছে।

'যখন যোগি সমগ্র জগৎকে একযোগে নিজের মধ্যে উপলব্ধি করে (in one sweep) তখন তাঁর আর কোনও বাক্যবিন্যাসের দরকার পরে না, কারণ তাঁর মধ্যে জন্ম হয় বিশ্বের জ্ঞান (universal knowership)।'

-(স্পন্দকারিকা শ্লোকঃ III-11)

দ্বাবিংশ সূত্রের প্রস্তাবনা

যদা তু স্বাত্মারামতামেব ইচ্ছতি তদা অস্য-

অর্থাৎ, যখন যোগী অতিপ্রাকৃত শক্তিকে উপেক্ষা করে আত্মাস্থিত হতে চায় সে হয় এইপ্রকার।

সূত্র-22

মহাহ্রদানুসন্ধানাৎমন্ত্রাবীর্যানুভবঃ

অর্থাৎ, ভগবৎ শক্তির বিশাল সরোবরে সর্বোচ্চ চৈতন্যের বোধে যোগী মন্ত্রের সৃষ্টিশক্তি (বীর্য্য) লাভ করে।

ভাষ্য

পরা ভট্টারিকা সম্বিৎ ইচ্ছাশক্তিপ্রমুখং স্থূলমেয়পর্যন্তং বিশ্বং বমন্তী, খেচরীচক্রাদ্যশেষবাহপ্রবর্তকত্ব – স্বচ্ছত্বানাবৃতত্ব – গভীরত্বাদি – ধর্মযোগান্মহা - হ্রদঃ তস্যানুসন্ধানাৎ, অন্তর্মুখতয়া অনারতং তত্তাদাত্ম্যবিমর্শনাৎ; বক্ষ্যমাণস্য শব্দরাশি-স্ফারাত্মকপরাহন্তাবিমর্শময়স্য মন্ত্রবীর্যস্যানুভবঃ, স্বাত্মরূপতয়া স্ফুরণং ভবতি। অত এব শ্রীমালিনীবিজয়ে-

'যা সা শক্তির্জগদ্ধাতুঃ......।'

ইত্যুপক্রম্য ইচ্ছাদিপ্রমুখপঞ্চাশদ্ভেদরূপতয়া মাতৃকা-মালিনীরূপতাম্ অশেষবিম্বময়ীং শক্তেঃ প্রদর্শ্য, তত এব মন্ত্রোদ্ধারো দর্শিতঃ; ইতি পরৈব শক্তির্মহাহ্রদঃ; তত তদনুসন্ধানাৎ মাতৃকা-মালিনীসতত্ত্বমন্ত্রবীর্যানুভব ইতি যুক্তমুক্তম্।

এতদেব

'তদাক্রম্য বলং মন্ত্রাঃ.....।'

ইত্যাদুক্ত্যা ভঙ্গ্যা প্রতিপাদিতম্।

ভাষ্যের অর্থ

সর্বাধিক বরণীয় সর্বোচ্চ চৈতন্য তথা পরাসম্বিৎ ইচ্ছাশক্তিকে প্রধান সূক্ষ্ম কারকরূপে তার থেকে স্থূল বিশ্বের অভিক্ষেপণ (projection) ঘটায়। ইচ্ছাশক্তির সূক্ষ্মতা থেকে বিশ্বের স্থূলত্বের ব্যাপ্তি একটা সরোবরের মতো কারণ এই সরোবরের সঙ্গে যুক্ত খেচরী ইত্যাদি উদ্ভূত বৈশিষ্ট্য এবং বিভিন্ন ক্রিয়ার তরঙ্গ। এই ইচ্ছাশক্তির নির্মল (limpid) সূক্ষ্মতায় সমগ্র জগৎ প্রতিভাসিত (reflected)।

অন্তরস্থিত চৈতন্যের সঙ্গে যখন ব্যক্তি মানসিকভাবে (অনুসন্ধানাৎ) যুক্ত হয়ে যায় তখন সর্বোচ্চ চৈতন্যের মূল মন্ত্রের বোধ হয়, যেখান থেকে শক্তি বিশেষে বাকি মন্ত্রের উদ্ভব। মালিনীবিজয়ে বলা হয়েছে-

'তিনিই শক্তিরূপা জগৎ সৃষ্টির কারণে, সর্বদা পরমের অন্তরঙ্গ (intimate in unison) ইচ্ছা যা পরমেশ্বরের সৃষ্টির বাসনা (desire to create) সম্ভব করে।'

-(মালিনীবিজয় শ্লোকঃ III-5)

শক্তি বিশ্বভূত সুতরাং বিশ্বই শক্তিরূপে মাতৃকা ও পঞ্চাশ অক্ষরের বিশেষ বিন্যাসে (মালিনী) প্রকাশিত ও ভগবৎ ইচ্ছার দ্বারা অগ্রসরিত (led by the divine will power)। যোগীর মনে মন্ত্রের প্রকাশ শক্তির সঙ্গে সংযুক্ত হলেই সম্ভব হয়। তখন তিনি মন্ত্রের শক্তি উপলব্ধি করেন (তত্রএব)। মাতৃকা হল অবোধ্য মাতা যার রহস্য কেই জানে না, যিনি পঞ্চাশ শৃঙ্খলাবদ্ধ স্বরবর্ণ ও ব্যঞ্জনবর্ণ সমন্বিত মাতৃপ্রতিম। মালিনী হল বিশেষভাবে বিন্যাসকৃত বর্ণমালা – ন ঋ ঋৄ লৃ লৄ থ চ ধ ঈ ন উ ঊ ব(বর্গীয়) ক খ গ ঘ ঙ ই অ ব(অন্তঃস্থ) ভ য ড ঢ ঠ ঝ ঞ জ র ট প ছ ল আ স অঃ হ ষ ক্ষ ম শ অ ত এ ঐ ও ঔ দ ফ

মন্ত্রের শক্তি সম্পর্কে স্পন্দকারিকায় মন্তব্য করা হয়েছে –

'মন্ত্র হল স্পন্দের সেই শক্তি যা ব্যক্তির (বা যোগীর) ইন্দ্রিয় বাসনা করে।'

-(স্পন্দকারিকা শ্লোকঃ-II-1)

ভাষ্য

তদেবং 'চৈতন্যমাত্মা'(প্রথম সূত্র) ইত্যুপক্রম্য তৎস্বাতন্ত্র্যাবভাসিততদখ্যাতিময়ং সর্বমেব বন্ধং যথোক্তোদ্যমাত্মকভৈরবসমাপত্তিঃ প্রশময়ন্তী বিশ্বং স্বানন্দামৃতময়ং করোতি, সর্বাশ্চ সিদ্ধীঃ মন্ত্রবীর্যানুপ্রবেশান্তা দদাতি। ইতি শাম্ভবোপায়প্রথনাত্মা অয়ং প্রথম উন্মেষ উক্তঃ। অত্র তু মধ্যে শক্তিস্বরূপমুক্তং, তৎ শাম্ভবরূপস্য শক্তিমত্তাপ্রদর্শনাভিপ্রায়েণ ইতি শিবম্।

ইতি শ্রীমৎমহামাহেশ্বরাচার্যাভিনবগুপ্তপাদপদ্মোপজীবি- শ্রীক্ষেমরাজবিরচিতায়াং শিবসূত্র-বিমর্শিন্যাং শাম্ভবোপায়প্রকাশনং নাম প্রথম উন্মেষঃ।

ভাষ্যের অর্থ

প্রথম পর্বকে (section) শাম্ভবোপায় বলে নির্দেশ করা হয়েছে কারণ এতে ভৈরবের পথে চৈতন্য লাভ বিস্তারিত হয়েছে; আণব, মায়ীয় ও কার্মমল ছিন্ন করে যা অজ্ঞতা প্রসূত এবং পূর্ণ স্বাধীনতার অন্তরায় আত্মোপলব্ধিতে (সূত্র-1)। এই আত্মবোধের কারণে জগৎকে অমৃততুল্য (ambrosia) বোধ হয়।শক্তির প্রকৃতিও সেই সাথে বিবৃত হয়েছে শাম্ভবোপায়ে চৈতন্য লাভের পরিপ্রেক্ষিতে।

এভাবেই ক্ষেমরাজ শিব-সূত্রের প্রথম পর্বর ভাষ্য তথা বিমর্শিনী নির্মাণ করে তাঁর গুরু অভিনবগুপ্তের পাদপদ্মে নিবেদন করেছেন।

প্রথম পর্বর সমাপ্তি

দ্বিতীয় পর্ব

(second section)

প্রথম সূত্রের প্রস্তাবনা

ইদানীং শাক্তোপায়ঃ প্রদর্শ্যতে। তত্র শক্তিঃ মন্ত্রবীর্যস্ফাররূপা ইতি প্রথমোন্মেষান্ত-সূত্রিততৎস্বরূপবিবেচনপুরঃসরমুন্মেষান্তরমারভমাণো মন্ত্রস্বরূপং তাবৎ নিরূপয়তি-

সূত্রের অর্থ

এখন শাক্তোপায়ের বিষয়ে বলা হবে। প্রথম পর্বর শেষ সূত্রে দেখানো হয়েছে, মন্ত্রের বল শক্তির দ্বারা সঞ্চারিত। দ্বিতীয় সূত্রে প্রথমে মন্ত্রের চরিত্র বিশ্লেষণ করা হবে।

সূত্র-1

চিত্তং মন্ত্রঃ

অর্থাৎ, নিজের স্বরূপের (identity) সম্বন্ধে গভীর সচেতনতা (intensive awareness) হল চিত্তের সন্ধান (highest reality is cognised)। তাতে মনের আশ্রয় তথা তারিণী বা ত্রাণকর্ত্রী হল মন্ত্র।

ভাষ্য

চেত্যতে বিমৃশ্যতে অনেন পরং তত্ত্বম্ ইতি চিত্তং, পূর্ণস্ফুরত্তাসতত্ত্বপ্রাসাদ-প্রণবাদিবিমর্শরূপং সংবেদনম্ঃ তদেব মন্ত্র্যতে গুপ্তম্, অন্তর্ অভেদেন বিমৃশ্যতে পরমেশ্বররূপম্ অনেন, ইতি কৃত্বা মন্ত্রঃ। অত এব চ পরস্ফুরত্তাত্মকমননধর্মাত্মতা, ভেদময়সংসারপ্রশমনাত্মক – ত্রাণধর্মতা চ অস্য নিরূচ্যতে।

অথ চ মন্ত্রদেবতাবিমর্শপরত্বেন প্রাপ্ততৎসামরস্যম্ আরাধকচিত্তমেব মন্ত্রঃ, ন তু বিচিত্র-বর্ণসংঘট্টনামাত্রকম্।

যদুক্তং শ্রীমৎসর্বজ্ঞানোত্তরে-

‘উচ্চার্যমাণা যে মন্ত্রা ন মন্ত্রাংশ্চাপি তান্বিদুঃ।
মোহিতা দেবগন্ধর্বা মিথ্যাজ্ঞানেন গর্বিতাঃ।।’

ইতি। শ্রীতন্ত্রসদ্ভাবেহপি

‘মন্ত্রাণাং জীবভূতা তু যা স্মৃতা শক্তিরব্যয়া।
তয়া হীনা বরারোহে নিষ্ফলাঃ শরদভ্রবৎ।।’

ইতি। শ্রীশ্রীকণ্ঠীয়সংহিতায়াং তু

‘পৃথগ্’মন্ত্রঃ পৃথগ্’মন্ত্রী ন সিদ্ধয়তি কদাচন।
জ্ঞানমূলমিদং সর্বমন্যথা নৈব সিদ্ধয়তি।।’

ইত্যুক্তম্। এতৎ চ স্পন্দে

‘সহারাধকচিত্তেন তেনৈতে শিবধর্মিণঃ।।’

ইতি ভঙ্গয়া প্রতিপাদিতম্।

ভাষ্যের অর্থ

চিৎ হল সর্বোচ্চ সত্যের ভাবুক (ponder on highest reality) বা তদ্গত। অন্য অর্থে চিত্ত প্রণব বা প্রসাদ ইত্যাদি মন্ত্রের আরাধক যা চিৎ-এর (I-consciousness) বৈশিষ্ট্য (characteristics)। এই আরাধনা অন্তর্মুখী এবং ক্রমান্বয়ে মন্ত্রই চিত্ত, শব্দের বিশ্লেষণে মননের ত্রাণ মন্ত্র। ভক্তের অনুধ্যানে মন্ত্রের দেবীই মন্ত্র বলে প্রতিপাদিত হয়

এবং মনই তখন মন্ত্র হয়, মন্ত্রের তখন আক্ষরিক রূপ অন্তর্হিত হয় যোগীর মনে। শ্রীমৎসর্বজ্ঞানোত্তরে বলা হয়েছে-

'মন্ত্র সাধারণ অর্থে কোনও লিখিত সূত্র নয়, উচ্চারণ মাত্র(enunciation)। দেব, গন্ধর্বও ভ্রমে উদ্ধত হয়ে (pride of false knowledge) অনেক সময়েই মন্ত্রের প্রকৃত অর্থের ধারণা করতে পারে না।' -(সর্বজ্ঞানোত্তর শ্লোক-16,17)

'তন্ত্রসদ্ভাবে' বলা হয়েছে অনশ্বর শক্তি (শক্তিরব্যয়া) হল মন্ত্র।

'হে নির্মলা শক্তি তোমার বিরহে জীবন ক্ষণ সুখকারক শরতের মেঘের মতো।'

শ্রীকণ্ঠীয়সংহিতায় বলা হয়েছে-

'মন্ত্র যদি মন্ত্রের ধারকের থেকে পৃথক হয় তবে ধারক কখনই সার্থকতা লাভ করতে পারে না। ভগবৎ চৈতন্যের জ্ঞানই মন্ত্রের মূল। এই বোধ বিনা মন্ত্র অসার্থক।'

স্পন্দকারিকাও একই ভাবে মন্ত্রের ব্যাখ্যা করেছে-

'মন্ত্রকে বস্তুগতভাবে জানা যায় না (নিরঞ্জনঃ), সম্পূর্ণ শান্ত (শান্তরূপাঃ)। মন্ত্রের ধারকের মন অভ্যাসে মন্ত্রে সমাবিষ্ট হলে স্পন্দে লীন (absorbed) হয়। সুতরাং মন্ত্রে শিব অধিষ্ঠিত (শিবধর্মিণ)।' -(স্পন্দকারিকা শ্লোকঃ II-2)

দ্বিতীয় সূত্রের প্রস্তাবনা

অস্য চ-

অর্থ- অতএব মন্ত্রের বিচার।

সূত্র-2

প্রযত্নঃ সাধকঃ

অর্থাৎ, মন্ত্রের ধারণে আগ্রহ ও স্বতঃস্ফূর্ততা মন্ত্রকে ফলপ্রসূ করে।

ভাষ্য

যথোক্তরূপস্য মন্ত্রস্য অনুসন্ধিৎসাপ্রথমোন্মেষাবষ্টম্ভ প্রযত্নাত্মা অকৃতকো যঃ প্রযত্নঃ স এব সাধকো, মন্ত্রয়িতুর্মন্ত্রদেবতাতাদাত্ম্যপ্রদঃ।

তদক্তুং শ্রীতন্ত্রসদ্ভাবে

'আমিষং তু যথা খস্থঃ সংপশ্যঞ্শকুনিঃপ্রিয়ে।

ক্ষিপ্রমাকর্ষয়েদ্যদ্বদ্বেগেন সহজেন তু।।

তদ্বদেব হি যোগীন্দ্রো মানা বিন্দুং বিকর্ষয়েৎ।

যথা শরো ধনুঃসংস্থো যত্নেনাতাড়্য ধাবতি।।

তথা বিন্দুর্বরারোহে উচ্চারেণৈব ধাবতি।'

ইতি অন্যত্রাপি

'তদ্'গ্রোহ মন্ত্রসদ্ভাবঃ.....।'

ইতি। অত্র হি তদবৎ ইতি, অকৃতকনিজোদ্যোগবলেন যোগীন্দ্রো মনঃ (কর্ম), বিন্দুং বিকর্ষয়েৎ পরপ্রকাশাত্মতাং প্রাপয়েৎ ইতি। তথা বিন্দুঃ পরপ্রকাশঃ অকৃতকোদ্যন্তৃতাত্মনা উচ্চারেন ধাবতি, প্রসরতি ইত্যর্থঃ।

এতৎ চ স্পন্দে

'অয়মেবোদয়স্তস্য ধ্যেয়স্য ধ্যায়িচেতসি।
তদাত্মতাসমাপত্তিরিচ্ছতঃ সাধকস্য যা।।'

ইত্যনেনোক্তম।

ভাষ্যের অর্থ

প্রযত্ন-এর অর্থ হল স্বতঃস্ফুর্ততায় কোনও বিষয়ে যত্নবান হওয়া; মন্ত্রে ঐশ্বরিক বোধের অনুসন্ধান এমনই এক প্রযত্ন। এই প্রযত্নে সাধক চিন্তনে মন্ত্রের দেবীর সঙ্গে নিজেকে একাত্ম করেন। শ্রীতন্ত্রসদ্ভাবে বলা হয়েছে-

'আকাশে একটি উড়ন্ত চিল নিচে এক টুকরো মাংস দেখতে পেলে স্বতঃপ্রণোদিত হয়ে নিমেষে সংগ্রহ করে উড়ে যায়। তেমনি মহৎ যোগী নিজের থেকেই অন্তরে নিজের আলোকের সন্ধান করে। যেমন একটি ধনুক সঠিক শরসন্ধানে তার লক্ষ্যে ছুটে যায় তেমনি নিজের সম্বন্ধে জ্ঞান সমৃদ্ধ হয় (ব্যাপ্তি পায়) একাগ্র সচেতনাতায়।'

অন্যত্র বলা হয়েছে- 'নিজের সম্বন্ধে জ্ঞানের উদ্বেগই (apprehension) মন্ত্র।'

'মন' এখানে কর্মকারক (objective case), মনের দ্বারা কর্ম করা হচ্ছে এবং তদুপরি (even so) তাঁর (যোগির) স্বতঃস্ফুর্ততায় (spontaneously) মনকে বিন্দুতে স্থিত করে যোগী সর্বোচ্চ জ্যোতির (light of consciousness) সন্ধান করে।

উপরোল্লিখিত ভাষ্যের প্রথম শ্লোকের চতুর্থ পংক্তির অর্থ হল, 'বিন্দু তথা ব্যক্তির নিজের সূক্ষ্ম সত্তা (of self) 'উচ্চার' (rising up) বা পূর্ণ স্বতঃস্ফুর্ততায় (spontaneous emergence of quest) নিজেকে বিস্তার করে।'

এই ধারণার সমর্থনে স্পন্দকারিকায় বলা হয়েছে-

'উন্মুখী সাধক মন্ত্রের অত্যুগ্র সাধনে (ইচ্ছাহঃ-desire) আরাধ্য (মননীয়-contemplated) দেবীশক্তিকে নিজেতেই অনুভব করে নির্মল মনে (realises with a mind free of thought-construct)।' -(স্পন্দকারিকা শ্লোকঃ II-6)

তৃতীয় সূত্রের প্রস্তাবনা

ইদৃশসাধকসাধ্যস্য মন্ত্রস্য পুর্বোপক্ষিপ্তং বীর্যং লক্ষয়তি-

এই সূত্রে বক্তব্য হল, পূর্বোক্ত দ্বিতীয় সূত্রে মন্ত্রের ক্ষমতা (potency) সম্পর্কে যা বলা হয়েছে তা সাধকের উন্মুখতায় প্রাপ্য। সাধক উন্মুখ হলে সেই প্রাপ্তি স্বতঃ উৎসারিত (spontaneous) হয় সাধকে।

সূত্র-3

বিদ্যাশরীরসত্তা মন্ত্ররহস্যম্

অর্থাৎ, মন্ত্রের রহস্য হল, মন্ত্রের অক্ষরে নিহিত জ্ঞানের জ্যোতি যা চৈতন্যের আলোয় মণ্ডিত এবং অদ্বৈত।

ভাষ্য

বিদ্যা পরাদ্বয়প্রথা, শরীরং স্বরূপং, যস্য স বিদ্যাশরীরী ভগবান্ শব্দরাশিঃ; তস্য যা সত্তা, অশেষবিশ্বাভেদময়পূর্ণাহংবিমর্শনাত্মা স্ফুরত্তা, সা মন্ত্রাণাং রহস্যম্ উপনিষৎ।

যদুক্তং শ্রীতন্ত্রসদ্ভাবে

'সর্বেং বর্ণাত্মকা মন্ত্রাস্তে চ শক্ত্যাত্মকাঃ প্রিয়ে।
শক্তিস্তু মাতৃকা জ্ঞেয়া সা চ জ্ঞেয়া শিবাত্মিকা।।'

ইতি।

ভাষ্যের অর্থ

বিদ্যা হল অদ্বৈতের জ্ঞান আর 'শরীর' হল নিজের স্বরূপের প্রকৃতি জানা (essential nature)। বিদ্যা-শরীরের অর্থ হল সেই অক্ষরময় অদ্বৈতের জ্ঞান যা ভগবৎ শরীর। তাঁর সত্তা হল অদ্বৈত অশেষের বিশ্বময় স্ফুরণ। এটাই মন্ত্রের রহস্য বা জ্যোতির্ময়তা। সুতরাং মন্ত্রের শরীরে আছে অদ্বৈতের বিশ্বময় জ্ঞান বা চৈতন্য।

শ্রীতন্ত্রসদ্ভাবে বলা হয়েছে দেবীকে উপলক্ষ করে-

'ও প্রিয়ে, সব মন্ত্রই অক্ষর সমন্বিত। অক্ষরগুলো শক্তির রূপ এবং এই শক্তিরূপা হল 'মাতৃকা' যা শিবকেই দর্শায়'

ভাষ্যের শেষাংশ

তত্রৈব চ অয়মর্থঃ অতিরহস্যোহপি বিতত্য স্ফুটীকৃতঃ। তথা চ

'ন জানন্তি গুরুং দেবং শাস্ত্রোক্তাঙ্গময়াংস্তথা।
দম্ভকৌটিল্যনিরতা লৌল্যার্থাঃ ক্রিয়াযোজ্ঝিতাঃ।।
অস্মাত্তু কারণাদ্দেবি ময়া বীর্য প্রগোপিতম্।
তেন গুপ্তেন তে গুপ্তাঃ শেষা বর্ণাস্তু কেবলাঃ'

ইতি পীঠিকাবন্ধং কৃত্বা

'যা সা তু মাতৃকা দেবি পরতেজঃসমন্বিতা।
তয়া ব্যাপ্তমিদং বিশ্বং সব্রহ্মভুবনান্তকম্।।
তত্রস্থং চ সদা দেবি ব্যাপিতং চ সুরার্চিতে।
অবর্ণস্থো যথা বর্ণঃ স্থিতঃ সর্বগতঃ প্রিয়ে।।
তৈথাহং কথয়িষ্যামি নির্ণয়ার্থং স্ফুটং তব।'

ইত্যুপক্রম্য

'যা সা শক্তিঃ পরা সূক্ষ্মা নিরাচারেতি কীর্তিতা।।
হৃদ্বিন্দুং বেষ্টয়িত্বান্তঃ সুষুপ্তভুজগাকৃতিঃ।
তত্র সুপ্তা মহাভাগে ন কিঞ্চিৎমন্যতে উমে।
চন্দ্রাগ্নিরবিনক্ষত্রৈর্ভুবনানি চতুর্দশ।
ক্ষিপ্তোদরে তু যা দেবী বিষমূঢ়েব সা গতা।।
প্রবুদ্ধা সা নিনাদেন পরেণ জ্ঞানরূপিণা।
মথিতা চোদরস্থেন বিন্দুনা বরবর্ণিনি।।
তাবদ্বৈ ভ্রমবেগেন মথনং শক্তিবিগ্রহে।
বেধাত্তু প্রথমোৎপন্না বিন্দবস্তেহতিবর্চসঃ।।
উত্থিতা তু যদা তেন কলা সূক্ষ্মা তু কুণ্ডলী।
চতুষ্কলময়ো বিন্দুঃ শক্তেরুদরগঃ প্রভু।।
মথ্যমন্থনযোগেন ঋজুত্বং জায়তে প্রিয়ে।
জ্যেষ্ঠাশক্তিঃ স্মৃতা সা তু বিন্দুদ্বয়সুমধ্যগা।।
বিন্দুনা ক্ষোভমায়াতা রেখৈবামৃতকুণ্ডলী।

রেখিণী নাম সা জ্ঞেয়া উভৌ বিন্দু যদন্তগৌ।।
ত্রিপয়া সা সমাখ্যাতা রৌদ্রী নাম্না তু গীয়তে।
রোধিনী সা সমুদিষ্টা মোক্ষমার্গনিরোধনাৎ।
শশাঙ্কশকলাকারা অম্বিকা চার্ধচন্দ্রিকা।
একৈবেত্থং পরা শক্তিস্ত্রিধা সা তু প্রজায়তে।
আভ্যো যুক্তবিযুক্তাভ্যঃ সঞ্জাতো নববর্গকঃ।
নবধা চ স্মৃতা সা তু নববর্গোপলক্ষিতা।।
পঞ্চমন্ত্রগতা দেবি সদ্য আদিরনুক্রমাৎ।
তেন পঞ্চবিধা প্রোক্তা জ্ঞাতব্যা সুরনায়িকে।।
স্বরদ্বাদশগা দেবি দ্বাদশস্থা উদাহৃতা।
অকারাদিক্ষকারান্তা স্থিতা পঞ্চশতা ভিদা।।
হৃৎস্থা একণবা প্রোক্তা কণ্ঠে প্রোক্তা দ্বিতীয়কা।
ত্রিরাণবা তু জ্ঞাতব্যা জিহ্বামূলে সদা স্থিতা।।
জিহ্বাগ্রে বর্ণনিষ্পত্তির্ভবত্যত্র ন সংশয়।
এবং শব্দস্য নিষ্পত্তিঃ শব্দব্যাপ্তং চরাচরম।।'

ইত্যাদিনা গ্রন্থেন পরভৈরবীয়পরাবাকশক্ত্যাত্মকমাতৃকা, অত এব জ্যেষ্ঠা-রৌদ্রী-অম্বাখ্যশক্তি-প্রসরসংভেদবৈচিত্র্যেণ সর্ববর্ণোদয়স্য উক্তত্বাৎ, বর্ণসংঘটনাশরীরাণাং মন্ত্রাণাং সৈব ভগবতী ব্যাখ্যাতরূপা বিদ্যাশরীরসত্তা রহস্যম্ - ইতি প্রদর্শিতম্। প্রত্যাগমং চ মাতৃকামালিনীপ্রস্তারপূর্বকং মন্ত্রোদ্ধারকথনস্য অয়মেব আশয়ঃ। রহস্যাগমসারসংগ্রহরূপত্বাৎ শিবসূত্রাণাম্ আগমসংবাদে ভরঃ অস্মাভিঃ কৃত ইতি নাস্মভ্যম্ অসূয়িতব্যম্। এবমপি সংবাদিতে আগমে যদি রহস্যার্থো ন বুদ্ধয়তে, তস্মাৎ সদগুরুসপর্যা কার্যাং। এষ চ সূত্রার্থঃ

'তবাক্রম্য বলং মন্ত্রাঃ.....।'

ইত্যনেন কারিকাদ্বয়েন স্পন্দে দর্শিতঃ।

ভাষ্যের অর্থ

শ্রীতন্ত্রসদ্ভাব গ্রন্থে এই গুপ্তজ্ঞান (occult information) বিস্তারে বর্ণনা করা হয়েছে। ভূমিকায় বলা হয়েছে- লোকে সঠিক দৈবী ক্ষমতা সম্পন্ন (spiritiual) গুরু বা সঠিক শাস্ত্রের সঙ্গে পরিচিত নয়। ভণ্ড এবং মতলবী (hypocrite and crooked) সাধুরা শাস্ত্রের সঠিক পথের দিশা দেখাতে পারে না এবং ইন্দ্রিয়সুখে মত্ত হয়ে সাধক প্রকৃত

সাধনা থেকে বঞ্চিত হয়। 'হে দেবি, সেই কারণে মন্ত্র অক্ষরমাত্র বোধ হয় এবং তার সঠিক শক্তি লুক্কায়িত থাকে (concealed)।'

তাই গ্রন্থে মন্ত্রের রহস্য নিম্নোক্তরূপে উদ্ঘাটিত হয়েছে-

'হে দেবি, এই বিশ্ব ব্রহ্মা থেকে মেদিনী পর্যন্ত 'মাতৃকা' দ্বারা সমাচ্ছন্ন (pervaded), যিনি সর্বোচ্চ চেতনার দ্যুতি সম্পন্ন। হে সর্বপূজ্যা দেবি, মাতৃকার সেই দ্যুতি সাধকে উপলব্ধ হয় 'অ' অক্ষরে সমস্ত অক্ষর ধারণ করে, সে কথাই তোমাকে অনুধাবন করাবো (ascertain)।'

এই শক্তি সূক্ষ্ম পরম এবং পূজার্চনা বা ধ্যানের দ্বারা উপলব্ধ নয়। এই শক্তির কেন্দ্রে 'বিন্দু' স্থিত কুণ্ডলাকৃতি সাপের মতো। ও সুদেবী উমা! সেই কুণ্ডলী সুপ্ত অবস্থায় থাকে অজ্ঞাত রূপে (incognito)। তার অন্দরে সূর্য, চন্দ্র, গ্রহ ও তারা সমন্বিত চতুর্দশ ভুবন সংকলিত (cast), এবং কুণ্ডলী যেন নিজের বিষে অচেতন হয়ে থাকে। হে সুন্দরী, সেই কুণ্ডলী পরমা শক্তির দ্বারা মথিত হয়ে (churned) জ্ঞানে নিনাদিত হয় (throb)। শক্তির দ্বারা এই মন্থন চলতেই থাকে যতক্ষণ পর্যন্ত না শিবের শক্তি বিন্দুবৎ ঐশ্বর্যে (great splendour), তাতে প্রবিষ্ট হয় তারপর কুণ্ডলী প্রলম্বিত হয় উর্দ্ধমুখে। শিব ও শক্তির দুই বিন্দুবৎ কল্পনায় মধ্যস্থিত শক্তির স্থিতিকে বলে জ্যেষ্ঠাশক্তি, আর প্রলম্বিত কুণ্ডলীকে বলে 'অমৃত কুণ্ডলী' বা 'রেখিণী' যার দুই প্রান্তে শক্তি ও শিব বিন্দু স্থিত। তাকে 'রৌদ্রী' বলে তেজ সমন্বিত বলে আবার 'ত্রিপথা'ও বলে, কারণ তার উলম্ব তিন স্তর (ইচ্ছা, জ্ঞান, শক্তি)। তাকে 'রোধিনী'ও বলে কারণ তার উর্দ্ধভাগ (শুদ্ধ অধ্বা- শুদ্ধপথ) এবং অধোভাগ (অশুদ্ধ অধ্বা- অশুদ্ধপথ), মধ্যে প্রতিবন্ধ (রোধ)। এই প্রতিবন্ধ মুক্তির অর্গল। 'অম্বিকা'ও (দেবীশক্তি) আর এক নাম।

পরাশক্তি বা পরাবাক্ ত্রিরূপী, 'অ' অনুত্তর, 'ই' ইচ্ছা, এবং 'উ' উন্মেষ বা জ্ঞান। এদের সংযোগ ও বিয়োগে বর্ণের নয় বর্গের উদ্ভব 'অ' থেকে 'ক্ষ' পর্যন্ত- অ-বর্গ এবং ঋ ৃ ও লৃ ৃ(12+2), ক-বর্গ(5), চ-বর্গ(5) ট-বর্গ(5), ত-বর্গ(5), প-বর্গ(5), য-বর্গ(4), শ-বর্গ(4), ক্ষ এবং ং ও ঃ; মোট পঞ্চাশ অক্ষর। বিভিন্ন অক্ষর সমন্বিত মন্ত্রের পাঁচ বিভাগ- সদ্যজাত, তৎপুরুষ, ঈশান, বামদেব ও অঘোর।

হৃদয়ে এই পরাবাক্ বা পরাশক্তি এক কণঃ (one atom), কণ্ঠে দুই কণা (two atoms) এবং জিহ্বামূলে মিলিত ভাবে তিন কণা (three atoms)। এই তিন কণার সহযোগে মুখ গহ্বরে জিহ্বার চলনে বিভিন্ন অক্ষরের তথা শব্দের উৎপত্তি।

আগে বলা বলা হয়েছে পরাবাক্ বা পরাশক্তি হল কুণ্ডলিণী শক্তি। এই শক্তিই মাতৃকার (শব্দ সমূহের) সৃষ্টি শক্তি, শব্দ ও বস্তুগত ভাবে (subjective and objective phenomena)। এই শক্তি নিজেকে ব্যক্ত করেন তিন স্তরে ক্রমান্বয়ে। এই তিনটি স্তর হল যথাক্রমে পশ্যন্তি, মধ্যমা ও বৈখরী। পশ্যন্তি স্তরে 'শব্দ ও বস্তু' একীভূত, অভেদ। এই অবস্থায় শুধুমাত্র চৈতন্যের জ্যোতি (light of consciousness) বিরাজ করে। সুতরাং সৃষ্টি এই অবস্থায় দ্রষ্টব্য (সম্ভাবনাময়-vision) তাই 'পশ্যন্তি' এবং এক কণঃ মাত্র; হৃদয়ে স্থিত। এর পরবর্তী অবস্থা হল 'মধ্যমা' যেখানে শব্দ ও বস্তুর ভেদ আভাসিত হয় কিনত্ত প্রকট হয় না, কণ্ঠে ধরা থাকে শব্দ ও বস্তুর অব্যক্ত দুই কণা রূপে। তৃতীয় দশায় শব্দ ও বস্তু সম্পূর্ণ পৃথক রূপে প্রকট হয়। এই অবস্থা হল 'বৈখরী' (পৃথকত্ব) এবং জিহ্বামূলে প্রকাশ পায়।

পরাবাক্ বা পরাশক্তি থেকেই মাতৃকার সংবদ্ধ (orderly) অক্ষরের দোসর মালিনীর অক্ষর মালার আবির্ভাব। জগতের সবকিছুই অক্ষর তথা শব্দের মাধ্যমে প্রকাশিতব্য। শব্দে প্রকাশিতব্য বস্তু ও শব্দ বা প্রাথমিক অক্ষর যখন একীভূত থাকে কিনত্ত হৃদয় যেন তা অনুভব করতে পারে তখন তাকে বলে পশ্যন্তি। পরের অবস্থায় শব্দ ও বস্তুর বিভাজন শুরু হলে সেই অবস্থা মধ্যমা বা মধ্যস্তরীয়। বিভাজন হলে তা বৈখরী দশা। পৃথকীকৃত বস্তুর শব্দের দ্বারা নির্দেশ তখন বৈখরী রূপে উদ্দিষ্ট।

মাতৃকা হল ভৈরবের বাক্যস্থিত প্রকাশ এবং মন্ত্রের উদ্গাতা তাই 'আগমে' স্বীকৃত সব মন্ত্র হল মাতৃকা ও মালিনীর বিস্তার। শিব-সূত্র হল লব্ধ গূঢ় জ্ঞানের (occult 'Aagama') সমাহার (compendium) যা উপযুক্ত দৈবগুণ সম্পন্ন গুরুর (good spiritual Director) মাধ্যমেই বোঝা সম্ভব।

অবশেষে তৃতীয় সূত্রের উদ্দেশ্য স্পন্দকারিকার দুটি সূত্রের মাধ্যমে ব্যক্ত করা যেতে পারে।

'স্পন্দের শক্তিতে মন্ত্র সর্বজ্ঞতার ও সর্বক্ষমতার অধিকারী হয়।' (শ্লোকঃ II-1)

'যাকে (objective existence) জানা যায় না (নিরঞ্জন) এবং যে নিস্তরঙ্গ, ভক্তের মনে তখন সে শিবের স্পন্দে লীন।' (শ্লোকঃ II-2)

চতুর্থ সূত্রের প্রস্তাবনা

যেষাং তু এবংবিধমেতমন্ত্রবীর্যং প্রোক্তমহাহ্রদানুসন্ধানৌপয়িকমপি পরমেশ্বরেচ্ছাত এব ন হৃদয়ঙ্গমী ভবতি; অপি তু আনুষঙ্গিকমাত্রবিন্দুনাদাদিকলাজনিতাসু মিতসিদ্ধিষু চিত্তং রোহতি, তেষাম্-

অর্থ

যেসব সাধকের মন মন্ত্রের শক্তির দ্বারা মানসিক ভাবে পরাশক্তি থেকে মেদিনী পর্যন্ত বিস্তারিত ভগবৎ চৈতন্যের সরোবরে নিমজ্জিত হতে পারে না, বিন্দু বা 'নাদ'এর আলোকের সীমিতাবস্থায় আবদ্ধ থাকে তখন তারা সীমাবদ্ধ জীব।

সূত্র-4

গভ চিত্তবিকাসোহবিশিষ্টবিদ্যাস্বপ্নঃ

অর্থাৎ, তারা মায়ার জগতে সীমিত ক্ষমতার অধিকারী হয়ে অসম্পূর্ণ জ্ঞান নিয়ে (inferior knowledge) বিভ্রমে কালাতিপাত করে যা বস্তুত স্বপ্নবৎ।

ভাষ্য

গর্ভঃ অখ্যাতির্মহামায়া; তত্র তদাত্মকে মিতমন্ত্রসিদ্ধিপ্রপঞ্চে যশ্চিত্তস্য বিকাসঃ, তাবন্মাত্রে প্রপঞ্চে সন্তোষঃ; অসাবেব অবশিষ্টা, সর্বজনসাধারণরূপা; বিদ্যা, কিঞ্চিৎজ্ঞত্বরূপা অশুদ্ধবিদ্যা; সৈব স্বপ্নো, ভেদনিষ্ঠো বিচিত্রো বিকল্পাত্মা ভ্রমঃ। তদুক্তং পাতঞ্জলে

'তে সমাধাবুপসর্গা ব্যুত্থানে সিদ্ধয়ঃ।।' (পাতঞ্জল যোগসূত্র 3-37)

ইতি। তদেতৎ

'অতো বিন্দুরতো নাদো রূপমস্মাদতো রসঃ।
প্রবর্তন্তেহচিরেণৈব ক্ষোভকত্বেন দেহিনঃ।।'

ইত্যনেন দর্শিতম্।

ভাষ্যের অর্থ

'গর্ভ' যা মহামায়া তা হল প্রাথমিক অজ্ঞানতা, সেখানে মায়ার রাজত্ব। চিত্তস্য বিকাসঃ অর্থ হল ব্যক্তির সীমিত অনুভবের সন্তুষ্টি (satisfaction of limited phenomenal power)। এই সীমিত অশুদ্ধ স্থিতিতে ব্যক্তির বিভ্রম বস্তুগত।

পতঞ্জলির 'যোগশাস্ত্রে' বলা হয়েছে অতিপ্রাকৃত শক্তি (super normal power) সমাধির পথে বাধা, কারণ সেগুলো মূলত সাধনার সাধারণ (normal consciousness) শক্তি। (শ্লোকঃ III-37)

স্পন্দকারিকায় বলা হয়েছে-

'যোগী যার দৈহিক বোধ এবং বিভিন্ন অনুভুতির যথা, বিন্দুর (ভ্রূ-মধ্যস্থিত আলোর সংকেত), বুকে অনাহত নাদ বৈচিত্র, রূপ দর্শন, রসাস্বাদ ইত্যাদি লোপ হয়নি, তখন অতিপ্রাকৃত শক্তি তার যোগ সাধনায় বাধা স্বরূপ।' (স্পন্দকারিকা শ্লোকঃ III-10)

পঞ্চম সূত্রের প্রস্তাবনা

যদা তু আগতামপি মিতসিদ্ধিং খিলীকৃত্য পরামেব স্থিতিমবষ্টভ্নাতি যোগী তদাঃ-

অর্থাৎ, যোগী যখন সামান্য অপ্রাকৃত শক্তি প্রাপ্তিকে অস্বীকার করতে পেরে যোগ সাধনায় রত হয় তখন সে নিজেকে সঠিক পথে চালিত করে।

সূত্র-5

বিদ্যাসমুত্থানে স্বাভাবিকে খেচরী শিবাবস্থা

অর্থাৎ, যোগী যোগ সাধনার উন্নয়নে তখন স্বতঃস্ফুর্তভাবে পরম জ্ঞান লাভ করে বিশ্বময় চিৎ-এর সাক্ষাৎ পায় যা শিব ও পরম সত্য।

ভাষ্য

প্রাঙনির্দিষ্টসতত্ত্বায়া বিদ্যায়াঃ স্বাভাবিকে সমুত্থানে, পরমেশেচ্ছামাত্রঘটিতে মিতসিদ্ধিন্যগভাবিনি সহজে সমুন্মজ্জনে; খে বোধগগনে চরতি ইতি খেচরী মুদ্রা অভিব্যজ্যতে। কীদৃশী খেচরী, শিবস্য চিন্নাথস্য অবস্থাতুঃ সম্বন্ধিনী অবস্থা, স্বানন্দোচ্ছলত্তারূপা। ন তু

'বদ্ধবা পদ্মাসনং যোগী নামাবক্ষেশ্বরং ন্যসেৎ।
দণ্ডাকারং তু তাবত্তন্নয়েদ্যাবৎকখত্রয়ম্ ।।
নিগৃহ্য তত্র তত্তূর্ণ প্রেরয়েৎ খত্রয়েণ তু।
এতাং বদ্ধবা মহাযোগী খে গতিং প্রতিপদ্যতে।।'

ইত্যেবং সংস্থানবিশেষানুসরণরূপা; অপি তু

'.........পরাম্।
গতিমেত্যর্থভাবেন কুলমার্গেণ নিত্যশঃ।
চরতে সর্বজন্তূনাং খেচরী নাম সা স্মৃতা।'

ইতি- শ্রীতন্ত্রসদ্ভাবনিরূপিতপরসংবিত্তিস্বরূপা। এবমিহ ভেদাত্মকমায়ীয়সমস্তক্ষোভপ্রশান্ত্যা চিদাত্মকস্বরূপোন্মজ্জনৈকরূপং মন্ত্রবীর্য মুদ্রাবীর্য চ আবিষ্টম্। তদুক্তম্ কুলচূড়ামণৌ

'একং সৃষ্টিময়ং বীজমেকা মুদ্রা চ খেচরী।

দ্বাবেতৌ যস্য জায়েতে সোহতিশান্তপদে স্থিতঃ।।'

ইতি। স্পন্দে তু মন্ত্রবীর্যস্বরূপনিরূপণেনৈব মুদ্রাবীর্যং সংগৃহীতম্।

'যদা ক্ষোভঃ প্রলীয়েত তদা স্যাৎপরমং পদম্।'

ইত্যর্ধেন অন্যপরেণাপি চূড়ামণ্যুক্তং খেচরীস্বরূপং ভঙ্গয়া সূচিতম্।

ভাষ্যের অর্থ

সাধকের মধ্যে অদ্বৈত বিদ্যার বা জ্ঞানের আবির্ভাবে খেচরী বৃত্তি (মুদ্রা) বিকসিত করে এবং তাঁর সীমিতাবস্থা দূরীভূত হয়। এই শাক্ত বিদ্যার ফলে সাধকের 'অ' থেকে 'ক্ষ' সমস্ত অক্ষরের বোধ তথা বিশ্বময়তার বোধ জন্মে এবং সবেতেই সাধক নিজেকে উপলব্ধি করেন। এই 'খেচরী'র শ্রীতন্ত্রসদ্ভাবে উল্লেখ করা হয়েছে যার দ্বারা যোগী মায়াকে নস্যাৎ করতে পারেন এবং যা মন্ত্র ও মুদ্রার শক্তি। একটাই বীজমন্ত্র, একটাই মুদ্রা; অর্থাৎ 'খেচরী'র মাধ্যমে ভৈরবে সর্বোত্তম যোগ সাধন হয়। যে যোগীর খেচরী মন্ত্র ও মুদ্রার আত্মীকরণ হয়েছে তাঁর স্পন্দে স্থিতি সম্ভব।

স্পন্দকারিকায় মন্ত্রের শক্তির আলোচনায় খেচরী মুদ্রার ইঙ্গিত করা হয়েছে। উপরে স্পন্দকারিকার যে অর্ধেক শেষ শ্লোকটি কুলচূড়ামণি গ্রন্থের প্রসঙ্গে উল্লেখিত হয়েছে, সেখানে বলা হয়েছে- 'মানসিক বিক্ষেপ শান্ত হলে খেচরী মুদ্রায় সর্বোচ্চ স্তরের মন্ত্রের প্রাপ্তি হয়।' (স্পন্দকারিকা শ্লোকঃ I-9)

'খেচরী'র আর এক প্রক্রিয়া হল পদ্মাসনে বসে একাগ্রমনে নাভিতে মনোনিবেশ করলে মস্তিষ্কে ত্রিশক্তি (তুরীয়, বন্ধনমুক্তি ও হর্ষ) উজ্জীবিত হয় এবং ব্যক্তি উড্ডীয়ন শক্তি লাভ করে; যদিও প্রকৃত যোগীর পক্ষে এই ধরণের শক্তি অর্জনের চেষ্টা কাম্য নয়।

ষষ্ঠ সূত্রের প্রস্তাবনা

তদত্র মুদ্রামন্ত্রবীর্যাসাদনেহপি-

অর্থাৎ, মুদ্রা ও মন্ত্রের শক্তি ব্যক্তির কাম্য।

সূত্র-6

গুরুরুপায়ঃ

অর্থাৎ, গুরু যার আত্মবোধ জন্মেছে (self realisation) তিনিই উন্মুখীকে মুদ্রা ও মন্ত্রের শক্তি প্রাপ্তির পথ দেখাতে পারেন।

ভাষ্য

গৃণাতি উপদিশতি তাত্ত্বিকমর্থমিতি গুরুঃ; সোহত্র ব্যাপ্তিপ্রদর্শকত্বেন উপায়ঃ। তদুক্তং শ্রীমালিনীবিজয়ে

'স গুরুর্মৎসমঃ প্রোক্তো মন্ত্রবীর্যপ্রকাশকঃ।'

ইতি। স্পন্দে তু এবমাদিপ্রসিদ্ধত্বাৎ ন সংগৃহীতম্।

'অগাধসংশয়াম্ভোধিসমুত্তরণতারিণীম্।
বন্দে বিচিত্রার্থপদাং চিত্রাং তাং গুরুভারতীম্।।'

ইতি- পার্য়ন্তিকোকত্যা চ এতদপি সংগৃহীতমেব।

গুরুর্বা পারমেশ্বরী অনুগ্রাহিকা শক্তিঃ। যথোক্তং শ্রীমালিনীবিজয়ে

'শক্তিচক্রং তদেবোক্তং গুরুবক্ত্রং তদুচ্যতে।'

ইতি। শ্রীমন্ত্রিশিরোভৈরবেহপি

'গুরোর্গুরুতরা শক্তির্গুরুবক্ত্রগতা ভবেৎ।'

ইতি। সৈব অবকাশং বদতী উপায়ঃ।

ভাষ্যের অর্থ

গুরু হলেন তিনি যিনি সত্যের সন্ধান দেন। তিনি মন্ত্র ও মুদ্রা শক্তি প্রাপ্তির পথ দেখান। শ্রীমালিনীবিজয়ে বলা হয়েছে- 'যে সমস্ত নীতি নিয়মের মূল তত্ত্ব বোঝে, উপলব্ধি করে, যেমন আমি, সে মন্ত্রের শক্তিমত্তার (virility) উপর আলোকপাত করতে পারে এবং গুরুতুল্য।' (মালিনীবিজয় শ্লোকঃ II-10)

গুরুই ভগবৎ কৃপা এমনও মনে করা হয় শ্রীমালিনীবিজয়ে।– 'ভগবৎ কৃপা হল সেই সামূহিক শক্তি যা গুরুর মুখে শ্রাব্য, সুতরাং গুরুই কৃপাশক্তি।'

স্পন্দকারিকায় যদিও মন্ত্র ও মুদ্রা নিয়ে বিশেষ ভাবে বলা হয়নি তবুও শেষ শ্লোকে বলা হয়েছে-

'আমি আমার গুরুর বর্ণনা করি তাঁর অতীব সুন্দর শিক্ষার জন্য যাতে আমি অতল ভবসাগর পার হতে পারি, বিভিন্ন শব্দ ও ধারণার বন্ধন খণ্ডন করে।'

'শ্রীমন্ত্রিশিরোভৈরবে' বলা হয়েছে- 'গুরুর কৃপা তার মুখ নিস্রবঃ শক্তি যা গুরুর থেকেও বড়। এই কৃপা শিষ্যের কাছে মন্ত্রকে উন্মোচিত কর'

সপ্তম সূত্রের প্রস্তাবনা

তস্মাৎগুরোঃ প্রসন্নাৎ-

সুতরাং প্রসন্ন গুরুর থেকে শিষ্যের কৃপা প্রাপ্তির বিষয় এখন আলোচ্য।

সূত্র-7

মাতৃকাচক্র সম্বোধঃ

অর্থাৎ, প্রসন্ন গুরুর থেকে মাতৃকা সমুচ্চয় বর্ণবিভাগ প্রাপ্তি হয়।

ভাষ্য

শিষ্যস্য ভবতীতি শেষঃ। শ্রীপরাত্রিংশকাদিনির্দিষ্টনীত্যা অহংবিমর্শপ্রথমকলা অনুত্তরাকুল-স্বরূপা, প্রসরন্তী আনন্দস্বরূপা সতী, ইচ্ছেশনভূমিকাভাসনপুরঃসরং, জ্ঞানাত্মিকামুন্মেষদশাং জ্ঞেয়াভাসাসূত্রেণাধিক্যেন চ ঊনতাং প্রদর্শ্য, ইচ্ছামেব দ্বিরূপাং বিদ্যুদ্বিদ্যোতনকল্পতেজো-মাত্ররূপেণ, স্থৈর্যাত্মনা চ এষনীয়েন রঞ্জিতত্বাৎ র-লশ্রুত্যা আরুষিতেন, অত এব স্বপ্রকাশাত্মীকৃত মেয়াভাসত্বতঃ অমৃতরূপেণ, মেয়াভাসারুষণমাত্রতশ্চ বীজান্তরপ্রসবা-সমর্থতয়া, ষণ্ডাখ্যবীজচতুষ্টয়াত্মনা রূপেণ প্রপঞ্চ্য, প্রোক্তানুত্তরানন্দেচ্ছাসংঘট্টেন ত্রিকোণ-বীজম্, অনুত্তরানন্দোন্মেষয়োজনয়া চ ক্রিয়াশবত্যুপগমরূপমোকারং, প্রোক্তৈতদ্বীজদ্বয়-সংঘট্টেন ষট্'কোণং শূলবীজং চ, ইচ্ছাজ্ঞানশক্তিব্যাপ্তপূর্ণক্রিয়াশক্তিপ্রধানত্বাৎ শক্তিত্রয়-সংঘট্টনময়ং প্রদর্শ্য, ইয়ৎপর্যন্তবিশ্বৈকবেদনরূপং বিন্দুমুন্মীল্য, যুগপদন্তর্বহির্বিসর্জনময়-বিন্দুদ্বয়াত্মানং বিসর্গভূমিমুদ্দর্শিতবতী, অত এব অন্তর্বিমর্শনেন অনুত্তরে এব এতদ্বিশ্বং বিশ্রান্তং দর্শয়তি, বহির্বিমর্শেন তু কাদি-মান্তং পঞ্চক-পঞ্চকম্ অ-ই-উ-ঋ-লৃশক্তিভ্যঃ পুরুষান্তং সমস্তং প্রপঞ্চয়তি। একৈকস্যাশ্চ শক্তেঃ পঞ্চ শক্তিত্বমস্তি, ইত্যেকৈকতঃ পঞ্চকোদয়ঃ। আভ্য এব শক্তিভ্যঃ শিক্ষোক্তসংজ্ঞানুসারেণ অন্তঃ-পুংভূমৌ নিয়ত্যাদিকঞ্চুকত্বেন অবস্থানাৎ অন্তঃস্থাখ্যাৎপ্রমাতৃভূমিধারণেন বিশ্বধারণাৎ ধারণাশব্দেন আনায়েষু উক্তান্, তদুপরি ভেদবিগলনেন অভেদাপত্ত্যা উন্মিষিতত্বাৎ ঊষ্মাভিধানন্ চতুরো বর্গানাভাসিতবতী। অত্র চ অন্তে সর্বসৃষ্টিপর্যন্তবর্তি পরিপূর্ণমমৃতবর্ণ প্রদর্শ্য, তদন্তে প্রাণবীজপ্রদর্শনং কৃতম্; তৎ অনুত্তরশক্ত্যাপ্যায়িতানাহতময়ম্, ইয়দ্বাচ্যবাচকরূপং ষড়ধ্বস্ফারময়ং বিশ্বম্; ইতি প্রত্যভিজ্ঞাপয়িতুম্। অতএব প্রত্যাহারযুক্ত্যা অনুত্তরানাহতাভ্যামেব শিবশক্তিভ্যাং গর্ভীকৃতম্ এতদাত্মকমেব বিশ্বম্; ইতি মহামন্ত্রবীর্যাত্মনোহহংবিমর্শস্য তত্ত্বম্। যথোক্তমস্মৎপরমেষ্টিশ্রীমদুৎপলদেবপাদৈঃ

'প্রকাশস্যাত্মবিশ্রান্তিরহংভাবো হি কীর্তিতঃ।
উক্তা সৈব চ বিশ্রান্তিঃ সর্বাপেক্ষানিরোধতঃ।।
স্বাতন্ত্র্যমথ কর্তৃত্বং মুখ্যমীশ্বরতাপি চ।'

ইতি। তদিয়ৎপর্যন্তং যন্মাতৃকায়াস্তত্ত্বং তদেব ককার-সকারপ্রত্যাহারেণ অনুত্তর-বিসর্গসংঘট্টসারেণ কূটবীজেন প্রদর্শিতমন্তে; ইত্যলং রহস্যপ্রকটনেন। এবং বিধয়াঃ

'..........ন বিদ্যা মাতৃকাপরা'

ইত্যাম্নায়সূচিতপ্রভাবায়া মাতৃকায়াঃ সম্বন্ধিনশ্চ কস্য প্রোক্তানুত্তরানন্দেচ্ছাদিশক্তিসমূহস্য চিদানন্দঘনস্বস্বরূপসমাবেশময়ঃ সম্যক্ বোধো ভবতি। এতচ্চেহ দিঙমাত্রেণোট্টঙ্কিতম্। বিততং তু অস্মৎপ্রভুপাদৈঃ শ্রীপরাত্রিংশকাবিবরণ-তন্ত্রা-লোকাদৌ প্রকাশিতম্। উক্তং চ শ্রীসিদ্ধামৃতে

'সাত্র কুণ্ডলিনী বীজজীবভূতা চিদাত্মিকা।
তজ্জং ধ্রুবেচ্ছোন্মেষাখ্যং ত্রিকং বর্ণাস্ততঃ পুনঃ।।
আ ইত্যবর্ণাদিত্যাদি যাবদ্বৈসর্গিকী কলা।
ককারদিসকারন্তা বিসর্গাৎপঞ্চধা স চ।।
বহিশ্চান্তশ্চ হৃদয়ে নাদেহথ পরমে পদে।
বিন্দুরাত্মনি মূর্ধান্তে হৃদয়াৎব্যাপকো হি সঃ।।
আদিমান্ত্যবিহীনাস্তু মন্ত্রাঃ স্যুঃ শরদভ্রবৎ।
গুরোর্লক্ষণমেতাবদাদিমান্ত্যং চ বেদয়েৎ।।
পূজ্যঃ সোহহমিব জ্ঞানী ভৈরবো দেবতাত্মকঃ।
শ্লোকগাথাদি যৎকিঞ্চিদাদিমান্ত্যযুতং যতঃ।।
তস্মাদ্বিদংস্তথা সর্ব মন্ত্রত্বেনৈব পশ্যতি।।'

ইতি। এতচ্চ স্পন্দে

'সেয়ং ক্রিয়াত্মিকা শক্তিঃ শিবস্য পশুবর্তিনী।
বন্ধয়িত্রী স্বমার্গস্থা জ্ঞাতা সিদ্ধ্যুপপাদিকা।।'

ইত্যনেনৈব ভঙ্গয়া সূচিতম্।

ভাষ্যের অর্থ

সবশেষে গুরুর কৃপায় শিষ্যের কাছে মন্ত্রের উন্মোচন হয়। কি সেই উন্মোচন ? অনুত্তর শক্তির (সর্বশ্রেষ্ঠ শক্তি তথা চৈতন্য) প্রথম লক্ষণ (aspect) স্পন্দ, সেই স্পন্দ ব্যক্তির দেহে (কুল) 'অ' অক্ষর সমন্বিত হয়। এই 'অ' হল শিবের চিৎ-শক্তি। এই শক্তির বিস্তৃতিতে অর্থাৎ, 'অহম্'ভাবে 'আ' অক্ষর তথা আনন্দ শক্তির উদয় হয়। এই আনন্দ শক্তি যখন ক্রিয়াত্মক হয় তখন 'ঔ' শক্তির তথা অক্ষুব্ধ 'ই'-র উদয় হয়। এই অক্ষুব্ধ ইচ্ছাশক্তি

ক্ষুব্ধ (ক্ষোভিত) ইচ্ছাশক্তি (ঈ) রূপে ঈশন বা ঈশিত্রী (শক্তি প্রদায়িনী) রূপে আবির্ভূত হয়। তার অক্ষুব্ধ অবস্থার অন্তঃস্থিত জ্ঞানের উন্মেষ হয় (display) 'উ' অক্ষরের মাধ্যমে। জ্ঞান যখন ক্ষুব্ধ হয় তখন তা সীমিত (ঊনতা) হয়ে জগতে ধরা দেয় বা জগৎ-কে ব্যক্ত করে ঈশ্বরের শক্তিতে।

যেমন বিদ্যুতের ঝলকানির সূচনা হয় অস্পষ্ট আলোয়। তেমনি অক্ষুব্ধ ইচ্ছাশক্তি 'ই', 'র্'এর সংস্পর্শে 'ঋ' হয়। 'র্' হল অগ্নির বীজ অক্ষর। সেইমতো অক্ষুব্ধ 'ই' 'ল্'এর স্পর্শে 'লৃ'(ঌ) হয়। 'ল্' হল মেদিনীর (স্থিতি) বীজ অক্ষর। এই সংস্পর্শ গভীর হলে লৄ (ৡ) হয়। 'ঋ ৠ লৃ লৄ' এই চারটি অক্ষর অসম্পৃক্ত, নিজেরাই নিজেতে উজ্জ্বল তাই এরা অক্ষয় অমৃতবৎ। যেহেতু এদের মনে করা হয় অন্য অক্ষরের সঙ্গে অসংবদ্ধ তাই এদের নপুংসক (ষন্ড) (unuch vowels) অক্ষরও বলে।

'অ' থেকে 'আ' তথা আনন্দ এবং 'ই' তথা ইচ্ছা একত্রে মিলিত হয়ে, হয় ত্রিকোণবীজ (triangular vowel) 'এ'র সৃষ্টি হয়। তেমনি 'অ' থেকে 'আ' এবং 'এ' যোগে ষট্' কোণ (hexagonal) 'ঐ' (ষড়ঙ্গ বিশেষণ)। 'অ' থেকে 'আ' তথা আনন্দ এবং 'উ' তথা উন্মেষ যোগে 'ও'এর বা ক্রিয়াশক্তির উদ্ভব। 'আ'এর সঙ্গে 'ও' যোগে 'ঔ'। 'ঔ' এর মিলিত শক্তি ত্রিদণ্ডী শূলবীজ বা ত্রিশূল (trident) ইচ্ছা, জ্ঞান ও ক্রিয়া, তাতে ক্রিয়া প্রধান।

সর্বোচ্চ চৈতন্যের জ্ঞানের একীভূত রূপ হল বিন্দু(.); দ্বিখণ্ডিত বিন্দু বা দুই বিন্দুর ধারণা বিসর্গ(:) হল বহির্মুখী ও অন্তর্মুখী জ্ঞানের উন্মেষ বা প্রকাশ।

'অ','ই','উ','র্','ল্' হল পাঁচ ধরণের তথা পঞ্চবর্গীয় বর্ণের প্রকাশ।

'অ'- ক-বর্গ : পৃথ্বী, জল, অগ্নি, বায়ু ও আকাশ- পঞ্চ মহাভূত

'ই'- চ-বর্গ : গন্ধ, রস, রূপ, স্পর্শ, ও শব্দ- পঞ্চ তন্মাত্র

'ঋ'- ট-বর্গ : উপস্থ, পায়ু, পাদ, পাণি, ও বাক্- পঞ্চ কর্মেন্দ্রিয়

'ঌ'- ত-বর্গ : প্রাণ, রসনা, চক্ষু, ত্বক্, ও শ্রোতৃ- পঞ্চ জ্ঞানেন্দ্রিয়

'উ'- প-বর্গ : অহঙ্কার, মন, বুদ্ধি, প্রকৃতি ও পুরুষ- সীমিত সত্তা

প্রতিটি বর্গের পাঁচ 'বাচক' শক্তি এবং তার থেকে উদ্ভূত পাঁচ 'বাচ্য' যা গোত্রীয় (বাচ্য) তত্ত্ব। ক্ষেমরাজের মতে চিৎ, আনন্দ, ইচ্ছা, জ্ঞান ও ক্রিয়া এক এক বর্গে প্রাধান্য পায়; যেমন 'অ'তে চিৎ, 'ই'তে ইচ্ছা, 'ঋ'তে ক্রিয়া, 'ঌ'তে আনন্দ, ও 'উ'তে জ্ঞান।

বর্ণমালার য,র,ল,ব, ক্ষেমরাজের মতে অন্তঃস্থ বর্ণ কারণ তারা মায়া ও কঞ্চুকের দ্বারা সীমিত। 'য'-এর অর্থ হল 'নিয়তি', 'র'-এর অর্থ হল নির্ণায়ক 'কাল', 'ল'-এর অর্থ হল 'রাগ ও বিদ্যা' এবং 'ব'-এর অর্থ হল 'মায়া ও কলা'। য,র,ল,ব অন্তঃস্থ বর্ণ হওয়ার আর এক কারণ তারা স্বরবর্ণ বা ব্যঞ্জনবর্ণ কোনোটাই নয়, মধ্যস্থ।

অভিনবগুপ্তের মতে শ,ষ,স ইচ্ছাশক্তির তিন রূপ 'ই', 'ঋ' ও 'ঌ'-র প্রকাশ। 'হ' হল বিসর্গ-র প্রকাশ। 'শ','ষ'ও'স' হল শুদ্ধবিদ্যা, ঈশ্বর, ও সদাশিব।

'স'-কে বলা হয় পরিপূর্ণ অমৃতবর্ণ কারণ বিশ্ব এই বর্ণে সুপ্ত।

'য,র,ল,ব'-কে 'আগম' শাস্ত্রে 'ধারণ' বলা হয়।

'শ,ষ,স'-কে উষ্মবর্ণও বলে কারণ তাতে শক্তির উষ্মতা (zeal) সুপ্ত।

'স'তে যেমন বিশ্ব স্থিত তেমনি 'হ' উন্মুক্ত বিশ্ব বাচক (অনাহতময়)।

মন্ত্রের শক্তি 'অ'তে প্রত্যাহৃত। `প্রত্যাহারে'র ব্যাকরণে অর্থ শব্দের শুরু, যাতে শব্দের বাকি সব অক্ষর সমাহিত (wombed)। 'হ' হল উন্মুক্ত অবস্থা বা শেষাবস্থা। এই দুই-য়ের সংযোগ বিন্দুতে। 'অ' হল শিব আর 'হ' হল শক্তি বা শক্তির প্রকাশ। 'বিন্দু'র অর্থ যে জানে (বেত্তি ইতি বিন্দু)। অভিনবগুপ্ত বলেছেন- 'অবিভাগ প্রকাশো যঃ স বিন্দু পরমো হি নঃ।' অর্থাৎ, বিন্দু হল সেই অবিভক্ত আলোর কণা জগতের পরিবর্তনেও যার পরিবর্তন হয় না। বিশ্ব 'অ' এবং 'হ'-এর কেন্দ্রে বিন্দুর গর্ভে স্থিত। উৎপলদেব আমাদের মহান শিক্ষক; তিনি বলেছেন- 'অ', 'হ' এবং বিন্দু সহযোগে গঠিত সংস্কৃত শব্দ 'অহং' হল চিৎ-এর জ্যোতির স্বাধিষ্ঠান যাতে বহির্জগতের স্থিতি নেই (অজড়-প্রমাতৃ-সিদ্ধি)।

অনুত্তর বা সর্বোচ্চ কূটবীজ 'অ' এবং 'হ' হল বিসর্গ শক্তি। 'অ' মূলত 'ক্ষ'কে নির্দেশ করে কারণ 'ক্ষ' গঠিত 'ক'+'ষ' এর দ্বারা; 'ক' উদ্ভূত 'অ' থেকেই আর 'ষ' উদ্ভূত বিসর্গ (ঃ) থেকে যা মাতৃকায় স্থিত বিসর্গ শক্তি 'হ'। 'অহং'ই পরামাতৃকা শক্তির পঞ্চাশ বর্ণের জাগতিক আধার।

মাতৃকাচক্র হল অক্ষরের মাধ্যমে সব শক্তির ফল প্রকাশক। মাতৃকার বাইরে কোনও কিছু জানা যায় না। এ সমস্তই 'তন্ত্রালোক', 'পরাত্রিংশকা' ইত্যাদি গ্রন্থে ব্যক্ত হয়েছে। 'পরাত্রিংশকা'র অর্থ পঞ্চ তত্ত্বশক্তি (মহাভূত-প্রপঞ্চ, তন্মাত্র, কর্মেন্দ্রিয়, জ্ঞানেন্দ্রিয় ও সীমিত সত্তার পুরুষ) নিহিত পঞ্চ স্বরবর্ণে (অ,ই,উ,ঋ,ঌ) ও প্রতিটি তত্ত্বের পঞ্চ ব্যঞ্জনবর্ণের বর্গ।

'সিদ্ধামৃত'তে বলা হয়েছে- "ভগবৎ চৈতন্য সৃষ্টিভূত থাকে জীবদেহে কুণ্ডলিনী হয়ে সাড়েতিন প্যাঁচে (বীজ-জীবভূতা)। তাঁর থেকেই তিনটি বর্ণের উদ্ভব, যথা অনুত্তর বা 'অ', ইচ্ছা বা 'ই' এবং উন্মেষ বা 'উ'। এগুলোই মূল অক্ষর।"

বর্ণের শেষ অক্ষর 'বিসর্গ'র প্রকাশ হয় পাঁচ ভাবে- হৃদয়ে, কণ্ঠে (নাদ), ভ্রু-মধ্যে (পরম পদে), ব্রহ্মরন্ধ্রে এবং বিস্তৃত বিশ্বে।

গুরুর কাজ হল শিষ্যের কাছে মন্ত্রের ব্যাখ্যা করা 'অ' থেকে শুরু করে 'অহম্'এর 'ম' পর্যন্ত বিভিন্নভাবে গানে, গাথায় ও শ্লোকে, যা সর্বোচ্চ চৈতন্যের অভিব্যক্তি।

একই কথা স্পন্দকারিকায় বলা হয়েছে-

'শিবের সেই ক্রিয়াশক্তি (স্পন্দ) সীমিতভাবে ব্যক্তিতে সাক্ষী হিসাবে স্থিত। যখন ব্যক্তির সত্য জ্ঞান হয় শিবভাবে তখন সে সর্বোচ্চ ক্ষমতার প্রাপক হয়।'

-(স্পন্দকারিকা শ্লোকঃ III-16)

অষ্টম সূত্রের প্রস্তাবনা

ইদৃশস্য অস্য মাতৃকাচক্র সম্বোধবতঃ-

অর্থাৎ, যিনি মাতৃকার সার্বভৌমত্ব যথার্থ বুঝতে পেরেছেন তিনি এখন বিচার্য্য।

সূত্র-8

শরীরং হবিঃ

অর্থাৎ, মানুষের শরীরই উৎসর্গীকৃত বস্তু।

ভাষ্য

সর্বৈর্যৎপ্রমাতৃত্বেন অভিষিক্তং স্থূলসূক্ষ্মাদিস্বরূপং শরীরং তৎ মহাযোগিনঃ পরস্মিন্ চিদগ্নৌ হূয়মানং হবিঃ; শরীরপ্রমাতৃতাপ্রশমনেন সদৈব চিন্মাতৃতাভিনিবিষ্টত্বাৎ। যদুক্তং শ্রীবিজ্ঞানভৈরবে

'মহাশূন্যালয়ে বহ্নৌ ভূতাক্ষবিষয়াদিকম্।
হূয়তে মনসা সাকং স হোমঃ স্রুক্চ চেতনা।।'

ইতি। শ্রীতিমিরোদ্ঘাটেহপি

'যঃ প্রিয়ো যঃ সুহৃদ্বন্ধুর্যো দাতা যোহতিবল্লভঃ।
তদঙ্গভক্ষনাদ্দেবি হ্যুৎপতেদ্গগনাঙ্গনা।।'

ইতি। অত্র হি দেহপ্রমাতৃতাপ্রশমনমেব পিণ্ডার্থঃ। শ্রীমদ্ভগবৎগীতাস্বপি

'সর্বাণীন্দ্রিয়কর্মাণি প্রাণকর্মানি চাপরে।

আত্মসংযমযোগাগ্নৌ জুহ্বতি জ্ঞানদীপিতে ।।'

ইতি। স্পন্দে তু।

'যদা ক্ষোভঃ প্রলীয়েত তদা স্যাৎপরমং পদম্।'

ইত্যনেনৈব সংগৃহীতম্। ক্ষোভো দেহাদ্যহংপ্রত্যয়নরূপঃ; ইতি হি তদ্বৃত্তৌ ভট্টশ্রীকল্লটঃ।

ভাষ্যের অর্থ

মহাযোগীর স্থূল শরীর সূক্ষ্মশরীর এবং শরীরের কার্য্য-কারণ, সবকিছুই তাঁর শুদ্ধসত্তার (সীমিত জ্ঞানের আমিত্ব সহ) পরম চৈতন্যে উৎসর্গীকৃত। তাঁর এই অস্বীকৃত দেহে সে সর্বদা শুদ্ধচেতনে অগ্রনী (steeped in idea of pure consciousness)| বিজ্ঞানভৈরবে বলা হয়েছে-

'সাধক সর্বোচ্চ চৈতন্যের অগ্নিতে সর্বদা তার শরীর, মন ও ইন্দ্রিয়কে আহুতি দেবে। এটাই প্রকৃত হোম এবং তার উন্মুখ চিত্ত হল দৰ্ব্বী (ladle)।'

-(বিজ্ঞানভৈরব শ্লোকঃ-149)

'তিমিরোদ্ঘাটে' বলা হয়েছে-'বৈরাগ্যে ব্যক্তির সাধনার শক্তির চিদাকাশে উন্নয়ন হয় (rises higher)।'

গীতায় আছে-'যোগে শমিত স্বচ্ছ ধারণার অগ্নিতে যোগী প্রাণ ও ইন্দ্রিয়র আহুতি দেয়।' -(গীতা শ্লোকঃ IV-27)

স্পন্দকারিকায়ও সে কথা বলেছে-

'যখন ব্যক্তির অশান্ত মন থেকে ধীরে ধীরে ক্ষোভ দূরীভূত হয় তখন সে স্পন্দ তথা সর্বোত্তমকে সাক্ষাৎ করে।' -(স্পন্দকারিকা শ্লোকঃ I-9)

ভট্টকল্লট এই ক্ষোভের অর্থই করেছেন নিজের দেহ ইত্যাদিকে সত্ত্বা বলা।

নবম সূত্রের প্রস্তাবনা

অস্য চ-

অর্থাৎ সেই যোগী।

সূত্র-9

জ্ঞানমন্নং

ভাষ্য

"যৎপূর্ব 'জ্ঞানং বন্ধঃ' (শিব-সূত্র I-2) ইত্যুক্তং তৎ অদ্যমানত্বাৎ, গ্রস্যমানত্বাৎ যোগিনামন্নং। যৎসংবাদিতং প্রাক্

'মৃত্যুং চ কালং চ কলাকলাপং
বিকারজাতং প্রতিপত্তিসাত্ম্যম্।
একাত্ম্য-নানাত্ম্যবিতর্কজাতং
তদ স সর্বং কবলীকরোতি।"

ইতি।

অথ চ যৎস্বরূপবিমর্শাত্মকং জ্ঞানং তৎ অস্য অন্নং, পূর্ণপরিতৃপ্তিকারিতয়া স্বাত্মবিশ্রান্তিহেতুঃ। তদুক্তং শ্রীবিজ্ঞানভৈরবে

'অত্রৈকতমযুক্তিস্থে যোৎপদ্যেত দিনাদ্দিনম্।
ভরিতাকারিতা সাত্র তৃপ্তিরত্যন্তপূর্ণতা।।'

ইতি। যুক্তির্হি তত্র দ্বাদশোত্তরশতভূমিকাজ্ঞান-রূপৈব। এতচ্চ স্পন্দে

'প্রবুদ্ধঃ সর্বদা তিষ্ঠেৎ......।'

ইত্যনয়া কারিকয়া সংগৃহীতম্।

ভাষ্যের অর্থ

পূর্বোক্ত সূত্রে বলা হয়েছে সীমিত জ্ঞানই বন্ধনের কারণ এবং যোগী একে খাদ্যের মতো গলাধঃকরণ করেন।

'ভর্গশিখা'তে উল্লেখ আছে-

'যোগী নিজের প্রকৃত রূপকে চিনতে পেরে তাঁর মৃত্যুকে (দেহ), কালকে (মৃত্যুর দেবতা), কর্ম, জ্ঞান, ভেদ-অভেদ বস্তু ও মন সহ, সবই হজম করে নেন।'

শ্রীবিজ্ঞানভৈরব অন্যভাবে ব্যাখ্যা করেছে-

'প্রকৃত আত্মবোধের (self realisation) পথে ব্যক্তির পূর্ণতার আনন্দ তাকে শুদ্ধতায় পৌঁছে দেয় (highest perfection)।' (বিজ্ঞানভৈরব শ্লোকঃ-148)

স্পন্দকারিকায় (শ্লোকঃ III-12) বলেছে-

'সাধক সদা জাগ্রত (aware) থাকবে এবং সবকিছুই শিবময় মনে করে অন্যভাবে বিক্ষিপ্ত হবে না।' -(স্পন্দকারিকা শ্লোকঃ III-12)

দশম সূত্রের প্রস্তাবনা

যদা তু এবং সততাবহিতো ন ভবতি, তদা জ্ঞানবতোহপি অস্য অবধানাবলেপাৎ-

সূত্র-10

বিদ্যাসংহারে তদুত্থস্বপ্নদর্শনম্।

অর্থাৎ, সাধারণ জ্ঞানের লোপ হয়ে নিজের সম্বন্ধে প্রকৃত জ্ঞান লাভ হলে পূর্ববর্ত্তী জ্ঞানকে স্বপ্নবৎ মনে হয়।

ভাষ্য

প্রোক্তজ্ঞানস্ফাররূপায়াঃ শুদ্ধবিদ্যায়াঃ সংহারে, নিমজ্জনে, তদুত্থস্য ক্রমাৎক্রমন্যক্কৃতবিদ্যাসংস্কারস্য স্বপ্নস্য, ভেদময়স্য বিকল্পপ্রপঞ্চরূপস্য দর্শনং স্ফুটম্ উন্মজ্জনং ভবতি।

তদুক্তং শ্রীমালিনীবিজয়ে

'ন চৈতদপ্রসন্নেন শঙ্করেণোপদিশ্যতে।
কথঞ্চিদুপদিষ্টেহপি বাসনা নৈব জায়তে।।'

ইত্যুপক্রম্য

'বাসনামাত্রলাভেহপি যোহপ্রমত্তো ন জায়তে।
তমনিত্যেষু ভোগেষু যোজয়ন্তি বিনায়কাঃ।।'

ইতি। তদেতৎ

অন্যথা তু স্বতন্ত্রা স্যাৎসৃষ্টিস্তদ্ধর্মকত্বতঃ।
সততং লৌকিকস্যেব জাগ্রৎস্বপ্নপদদ্বয়ে।।'

ইত্যনেন স্পন্দে সংগৃহীতম্। অতশ্চ নিত্যং শুদ্ধবিদ্যাবিমর্শনপরেণৈব যোগিনা ভাব্যম্ ইত্যুপদিষ্টং ভবতি। যথোক্তম্

'তস্মান্ন তেষু সংসক্তিং কুর্বীতোত্তমবাঞ্ছয়া।'

ইতি-শ্রীপুর্বে। শ্রীস্পন্দেহপি

'অতঃ সততমুদ্যুক্তঃ স্পন্দতত্ত্ববিবিক্তয়ে।
জাগ্রদেব নিজং ভাবমচিরেণাধিগচ্ছতি।'

ইতি।

ভাষ্যের অর্থ

যোগী সর্বদা শুদ্ধবিদ্যায় রত থাকবে। শ্রীমালিনীবিজয়ে বলা হয়েছে-

'যে প্রকৃত স্বরূপকে জানতে আগ্রহী সে জাগতিক বস্তুগত সুখে লিপ্ত হবে না।'

স্পন্দকারিকায় বলা হয়েছে-

'সাধক যিনি স্পন্দ সম্পর্কে স্বচ্ছ দৃষ্টি লাভ করতে চান, তিনি শীঘ্রই জাগ্রত অবস্থাতেও নিজের প্রকৃত স্বরূপ সম্বন্ধে অবহিত থাকেন।'

-(স্পন্দকারিকা শ্লোকঃ I-21)

ভাষ্যের শেষাংশ

এবং 'চিত্তং মন্ত্রঃ' (শ্লোকঃ II-1) ইত্যতঃ প্রভৃতি মন্ত্রবীর্য-মুদ্রাবীর্যানুসন্ধিপ্রধানম্

'উচ্চাররহিতং বস্তু চেতস্যৈব বিচিন্তয়ন্।

যং সমাবেশমাপ্নোতি শাক্তঃ সোহত্রাভিধীয়তে।।'

ইত্যাম্নাতং শাক্তোপায়ং বিবিচ্য, অবধানাবলিপ্তং প্রতি 'বিদ্যাসংহারে তদুত্থস্বপ্নদর্শনম্' ইতি সূত্রেণ এতদনুষঙ্গেণ আণবোপায়প্রতিপাদনস্য অবকাশো দত্তঃ। ইতি শিবম্।

অর্থ

'মননের দ্বারাই শিবের সঙ্গে মিলন সম্ভব, বচনের দ্বারা সম্ভব নয়, এটাই শাক্তোপায়।' -(মালিনীবিজয় শ্লোকঃ II-22)

দ্বিতীয় পর্বর শেষ বর্তমান (দশম) সূত্র ''বিদ্যাসংহারে তদুত্থস্বপ্নদর্শনম্', বিক্ষিপ্ত চিত্ত কিন্ত উন্মুখ সাধককে নির্দেশ করে বলা হয়েছে; যিনি জাগতিক দেহের কারণে একাগ্রতা থেকে বিচ্যুত হয়ে যান। এটা আণবোপায়ের পথে বিচ্যুতির লক্ষণ, কারণ আণবোপায়ে দেহকে অস্বীকার করা যায় না।

দ্বিতীয় পর্বর সমাপ্তি

তৃতীয় পর্ব (আণবোপায়)

(Third section)

প্রথম সূত্রের প্রস্তাবনা

ইদানীমাণবোপায়ং প্রতিপিপাদয়িষুঃ, অণোঃ তাবৎস্বরূপং দর্শয়তি।

অর্থ

ব্যক্তির নিজস্ব হল মন, বুদ্ধি ও অহঙ্কারের সমাবেশ।

সূত্র-1

আত্মা চিত্তম্

ভাষ্য

যদেতৎ বিষয়বাসনাচ্ছুরিতত্বাৎ নিত্যং তদধ্যবসায়াদিব্যাপারবুদ্ধ্যহংকৃন্মনোরূপং চিত্তং, তদেব অততি, চিদাত্মকস্বস্বরূপাখ্যাত্যা সত্ত্বাদিবৃত্ত্যবলম্বনেন যোনীঃ সঞ্চরতি, ইতি আত্মা অণুরিত্যর্থঃ। ন তু চিদেকরূপস্য অস্য অতনমস্তি। অত এব 'চৈতন্যমাত্মা' (শ্লোকঃ I-1) ইতি স্বভাবভূততাত্ত্বিকৈতৎস্বরূপপ্রতিপাদনাশয়েন পূর্বাত্মা লক্ষিতঃ। ইদানীং তু এতদীয়সঙ্কোচাবভাসপ্রধানাণবদশৌচিত্যেন, ইতি ন পূর্বাপরবৈষম্যম্।

ভাষ্যের ভাবানুবাদ

ব্যক্তির মন, বুদ্ধি ও অহঙ্কার এবং পঞ্চ তন্মাত্রের জ্ঞানেন্দ্রিয়গত বোধ সমাবিষ্ট 'পুর্যষ্টক' ব্যক্তিকে তার বাসনার দ্বারা নিম্নাভিমুখী করে জন্ম জন্মান্তরে স্থানান্তরিত করে। এর থেকে মুক্তির পথ স্পন্দশাস্ত্রে বর্ণিত।

দ্বিতীয় সূত্রের প্রস্তাবনা

অস্য চিত্তস্বরূপস্য অন্বাত্মনঃ

অর্থাৎ, এই সীমিত জীবের নিজের পরিচয় তার চিত্ত। এখন কর্তব্য সেই চিত্তের অনুসন্ধান।

সূত্র-2

জ্ঞানং বন্ধঃ

অর্থাৎ, আণবোপায়ে সূত্রের মাধ্যমে বদ্ধজীবের আত্মা তথা চিত্তের অনুসন্ধান।

ভাষ্য

সুখদুঃখমোহময়াধ্যবসায়াদিবৃত্তিরূপং তদুচিতভেদাবভাসনাত্মকং যৎ জ্ঞানং, তৎবন্ধঃ। তৎপাশিতত্বাদেব হি অয়ং সংসরতি। তদুক্তং শ্রীতন্ত্রসদ্ভাবে

'সত্ত্বস্থো রাজসস্থশ্চ তমস্থো গুণবেদকঃ।
এবং পর্যটতে দেহী স্থানাৎস্থানান্তরং ব্রজেৎ।।'

ইতি। এতদেব

'তন্মাত্রোদয়রূপেণ মনোহহংবুদ্ধিবর্তিনা।
পুর্যষ্টকেন সংরুদ্ধস্তদুত্থং প্রত্যয়োদ্ভবম্।।
ভুঙ্'ক্তে পরবশো ভোগং তদ্ভাবাৎসংসরেৎ...।'

ইত্যনেনানুদিতম্

'..........অতঃ।
সংসৃতি প্রলয়স্যাস্য কারণং সংপ্রচক্ষ্মহে।।'

ইত্যেতৎপ্রতিবিধানায় স্পন্দশাস্ত্রে।

ভাষ্যের ভাবানুবাদ

মায়া হল সীমিত জ্ঞানের প্রসারিত স্থিতি যা ব্যক্তিকে জগতে বন্ধন রজ্জুরূপে আবৃত করে সত্ত্ব, রজ, তম গুণের তারতম্যে। এর প্রতিবিধানেই মুক্তি।

তৃতীয় সূত্রের প্রস্তাবনা

ননু চ

'জ্ঞানং প্রকাশকং লোকে আত্মা চৈব প্রকাশকঃ।
অনয়োরপৃথগভাবাৎ জ্ঞানে জ্ঞানী প্রকাশতে।।'

ইতি-শ্রীবিজ্ঞানভৈরবোক্তদৃষ্টয়া জ্ঞানমপি প্রকাশময়মেব, ইতি কথমস্ত বন্ধ রূপত্বম্। সত্যমেতৎ, যদি পরমেশ্বরপ্রসাদাদেবং প্রত্যভিজ্ঞায়েত, যদা তু তন্মযাশক্তিতো নৈবং বিমর্শস্তদা-

অর্থ

বিজ্ঞানভৈরবে বলা হয়েছে জ্ঞানমাত্রই ব্যক্তিকে আলোকিত করে; তবে সীমিত জ্ঞানে ব্যক্তির বিকাশ হবে না কেন? উত্তর হল সেই জ্ঞান মায়াময় না হয়ে গুরু তথা ঈশ্বরের কৃপায় ব্যক্তিকে উদ্ভাসিত করলে ফলপ্রসূ হবে।

সূত্র-3

কলাদীনাং তত্ত্বনামবিবেকো মায়া।

অর্থ

তত্ত্বসমূহের (কলা ইত্যাদি) বিচার না করাই মায়ার বশ্যতা স্বীকার করা (অবিবেকী হওয়া)।

ভাষ্য

কিঞ্চিৎকর্তৃতাদিরূপকলাদিক্ষিত্যন্তানাং তত্ত্বানাং কঞ্চুক-পুর্যষ্টক-স্থূলদেহত্বেন অবস্থিতানাং যোহ্যমবিবেকঃ; পৃথকত্বাভিমতানামেব অপৃথগাত্মত্বেন প্রতিপত্তিঃ, সা মায়া তত্ত্বাখ্যাতিময়ঃ প্রপঞ্চঃ।

তদুক্তং শ্রীতন্ত্রসদ্ভাবে

'কলোদ্বলিতচৈতন্যো বিদ্যাদর্শিতগোচরঃ।
রাগেণ রঞ্জিতাত্মাসৌ বুদ্ধ্যাদিকরণৈর্যুতঃ।।

এবং মায়াত্মকো বন্ধঃ প্রোক্তস্তস্য দরাত্মকঃ।

তদাশ্রয়গুণো ধর্মোঽধর্মশ্চৈব সমাসতঃ।।

তত্রাসৌ সংস্থিতঃ পাশ্যঃ পাশিতস্তৈস্তু তিষ্ঠতি।'

ইতি স্পন্দে তু

'অপ্রবুদ্ধধিয়ঃস্ত্বেতে স্বস্থিতিস্থগনোদ্যতাঃ।'

ইত্যনেন এতৎ ভঙ্গয়া উক্তম্।

ভাষ্যের ভাবার্থ

মায়া হল অবিবেকী এবং প্রাথমিক অজ্ঞতার বিস্তার। মায়ার থেকেই জ্ঞান ও কর্তৃত্বের সীমিত করণ যা বিষয়ের ভেদ ও আকর্ষণ এবং তার অনুভবে (রাগ) আবদ্ধ করে ব্যক্তিকে। এই বন্ধন ভয়াবহ (দরাত্মকঃ)। শ্রীতন্ত্রসদ্ভাবে বলা হয়েছে উপরোক্ত মায়াই বন্ধন। সত্ত্ব, রজ ও তম গুণ মায়ার কারণে এবং ভাল-মন্দ কার্য করাও মায়াতে থেকেই ব্যক্তি করে।

স্পন্দকারিকায় বলা হয়েছে-

'মায়া ব্যক্তিকে তার মূল প্রকৃতি স্পন্দের সাক্ষাৎ থেকে বঞ্চিত রাখে।'

-(স্পন্দকারিকা শ্লোকঃ I-20)

চতুর্থ সূত্রের প্রস্তাবনা

অতশ্চ এতৎ প্রশমায়-

অর্থ

অতএব মায়াকে প্রশমিত করতে হবে।

সূত্র-4

শরীরে সংহারঃ কলানাম্।

অর্থ

অর্থাৎ, তত্ত্বসমূহকে ভাবনার দ্বারা বিচার করে আত্মস্থ করাই (dissolution) বাঞ্ছনীয়।

ভাষ্য

মহাভূতাত্মকং, পুর্যষ্টকরূপং, সমনান্তং যৎ স্থূলং, সূক্ষ্মং, পরং শরীরং, তত্র যাঃ পৃথিব্যাদিশিবান্ততত্ত্বরূপাঃ কলা ভাগাঃ, তাসাং সংহারঃ, স্বকারণে লয়ভাবনয়া দাহাদিচিন্তনযুক্ত্যা বা ধ্যাতব্যঃ, ইতি শেষঃ।

যদুক্তং শ্রীবিজ্ঞানভৈরবে

'ভুবনাধ্বাদিরূপেণ চিন্তয়েৎক্রমশোহখিলম্।
স্থূলসূক্ষ্মপরস্থিত্যা যাবদন্তে মনোলয়ঃ।।'

ইতি। তথা

'কালাগ্নিনা কালপদাদুত্থিতেন স্বকং পুরম্।
প্লুষ্টং বিচিন্তয়েদন্তে শান্তাভাসঃ প্রজায়তে।।'

ইতি-শ্রীপূর্বশাস্ত্রে ধ্যানাদি এব আণবত্বেন উক্তম্। এতচ্চ স্থূলত্বাৎ শাক্তোপায়প্রকাশাত্মনি স্পন্দশাস্ত্রে ন সংগৃহীতম্।

যত্তু অত্র পর্যবসানভঙ্গ্যা শাক্তাদি অস্তি, তৎ অস্মাভিঃ অত্রাপি স্পন্দগ্রন্থাৎ সংবাদিতং; সংবাদয়িষ্যতে চ কিঞ্চিৎ।

ভাষ্যের ভাবার্থ

শরীর অর্থে স্থূল শরীর যাতে আছে পঞ্চ মহাভূত, পঞ্চ তন্মাত্র, মন, বুদ্ধি, অহঙ্কার, সূক্ষ্ম শরীর ও প্রাণ সমন্বিত কারণ, উপর্যুপরি 'সমান' বা শিবের বিশ্বব্যাপী উন্মনা শক্তি।

বিজ্ঞানভৈরবে বলা হয়েছে- 'ব্যক্তির মন ক্রমান্বয়ে স্থূল থেকে সূক্ষ্ম, সূক্ষ্ম থেকে পরা (সৃষ্টি-সম্ভব) বা কারণ এবং 'কারণ' শেষে মিলিয়ে যায়।'

-(বিজ্ঞানভৈরব শ্লোকঃ-56)

বিজ্ঞানভৈরবে (শ্লোকঃ-52) সাধনা প্রসঙ্গে বলা হয়েছে- 'সাধক চিন্তা করবে তার দক্ষিণ পদের বৃদ্ধাঙ্গুষ্ঠ থেকে কালাগ্নি উৎপন্ন হয়ে তার দেহকে লুপ্ত করবে এবং শেষে তার শান্তোপায়ে জ্ঞানের জ্যোতির অধিকার অনুভূত হবে।' এই বিলুপ্তির কথা সব আগমেই বলা হয়েছে।

শ্রীমালিনীবিজয়ে 'উচ্চার', 'করণ', 'ধ্যান', 'বর্ণ', 'স্থান ও কল্পনা'র (Time and space) সমাবেশকে 'আণব সমাবেশ' বলা হয়েছে। ব্যক্তির সাধনে এই সমাবেশ 'আণবোপায়' সাধনা। (পর্ব-II শ্লোকঃ-21)

উপরোক্ত উপায় স্থূল উপায় (gross body) হওয়ার দরুণ স্পন্দশাস্ত্রে উল্লেখ নেই। স্পন্দশাস্ত্রে চর্চিত হয়েছে শাক্ত উপায়।

পঞ্চম সূত্রের প্রস্তাবনা

এবং ধ্যানাখ্যমানবমুপায়ং প্রদর্শ্য তদেকযোগক্ষেমান্

প্রাণায়াম-ধারণা-প্রত্যাহার-সমাধীন্ প্রদর্শয়তি-

অর্থাৎ, প্রাণায়াম, ধারণা, প্রত্যাহার ও সমাধি হল ধ্যানের উপায়।

সূত্র-5

নাড়ীসংহার-ভূতজয়-ভূতকৈবল্য-ভূতপৃথকত্বানি

অর্থাৎ, প্রাণের সুষুম্নায় নিয়ন্ত্রিত প্রবাহে, মনের প্রত্যাহারে ভাবনার মধ্য দিয়ে যোগী জগৎকে বশ করেন।

ভাষ্য

যোগিনা ভাবনীয়ানি ইতি শেষঃ। নাড়ীনাং প্রাণাপানাদিবাহিনীনাং সুষীণাং সংহারঃ, প্রাণাপানযুক্ত্যা একত্র উদানবহ্ন্যাত্মনি মধ্যনাড়্যাং বিলীনতাপাদনম্।
যদুক্তং শ্রীমৎস্বচ্ছন্দে

'অপসব্যেন রেচ্যেত সব্যেনৈব তু পুরয়েৎ।
নাড়ীনাং শোধনং হ্যেতন্মোক্ষমার্গপথস্য চ।।
রেচনাৎপুরণাদ্রোঘাৎপ্রাণায়ামস্ত্রিঘা স্মৃতাঃ।
সামান্যা বহিরেতে তু পুনশ্চাভ্যন্তরে ত্রয়ঃ।।
আভ্যন্তরেণ রেচ্যতে পূর্যেতাভ্যন্তরেণ তু।
নিঃস্পন্দং কুম্ভকং কৃত্বা কার্যাশ্চাভ্যন্তরাস্ত্রয়ঃ।।'

ইতি। ভূতানাং পৃথিব্যাদীনাং জয়ো ধারণাভির্বশীকারঃ। যথোক্তং তত্রৈব

'বায়বী ধারণাঙ্গুষ্টে আগ্নেয়ী নাভিমধ্যতঃ।
মাহেয়ী কণ্ঠদেশে তু বারুণী ঘন্টিকাশ্রিতা।।
আকাশধারণা মূর্ধ্নি সর্বসিদ্ধিকরী স্মৃতা।'

ইতি। ভূতেভ্যঃ কৈবল্যং, চিত্তস্য ততঃ প্রত্যাহরণম্। যদুক্তং তত্রৈব

'নাভ্যাং হৃদয়সঞ্চারান্মশেন্দ্রিয়গোচরাৎ।
প্রাণায়ামশ্চতুর্থস্তু সুপ্রশান্ত ইতি স্মৃতঃ।।'

ইতি। হৃদয়ান্নাভৌ প্রাণস্য, বিষয়েভ্যো মনসশ্চ তত্রৈব সঞ্চারণাদিত্যর্থঃ। ভূতেভ্যঃ পৃথকত্বং, তদনুপরক্তস্বচ্ছন্দচিদাত্মতা। যদুক্তং তত্রৈব

'ভিত্ত্বা ক্রমেণ সর্বাণি উন্মনান্তানি যানি চ।
পূর্বোক্তলক্ষণৈর্দেবি ত্যক্ত্বা স্বচ্ছন্দতাং ব্রজেৎ।।'

ইতি। 'ভূতসন্ধানভূতপৃথকত্ববিশ্বসংঘট্টাঃ' (শ্লোকঃ I-20) ইতি যৎ পূর্বমুক্তম্, তৎ শাম্ভবোপায়সবাবিষ্টস্য অয়ত্নতো ভবতি। ইদং তু আণবোপায়প্রযত্নসাধ্যমিতি বিশেষঃ।

ভাষ্যের অর্থ

শ্রীমৎস্বচ্ছন্দশাস্ত্রে বলা হয়েছে, অপসব্য মানে ডান নাসারন্ধ্রে শ্বাস ত্যাগ ও বাম নাসারন্ধ্রে শ্বাস গ্রহন (সব্য) ও শ্বাস সাময়িক ধারণ করে; অর্থাৎ রেচক, পূরক ও কুম্ভক করে প্রাণায়াম বা প্রাণের নিয়ন্ত্রন হয়। এই নিয়ন্ত্রনের দ্বারা নাড়ী শুদ্ধ হয়।

-(স্বচ্ছন্দশাস্ত্র শ্লোক VII-294-296)

মনকে একাগ্র করলে (ধারণা) বস্তুর উপর জয় লাভ করা যায়। প্রাণবায়ুকে বাম বৃদ্ধাঙ্গুষ্ঠে, অগ্নিকে নাভিতে, মেদিনীকে কণ্ঠে, জলকে আলজিহ্বায় (Uvula) এবং আকাশকে শিরোপরি ধারণ করতে পারলে, সেই একাগ্র চিন্তনে অতিপ্রাকৃত (super normal) শক্তিলাভ হয়। -(স্বচ্ছন্দশ্লোক VII-299-300)

প্রাণকে হৃদয় থেকে নাভিতে মনের সঙ্গে একাগ্র করাকে বলে প্রত্যাহার। প্রত্যাহার প্রাণায়ামের চতুর্থ স্তর যখন ব্যক্তি 'শান্ত' অবস্থা প্রাপ্ত হয়।-(স্বচ্ছন্দশ্লোকঃ VII-297)

শিবের উন্মনা অবস্থা প্রাপ্ত ব্যক্তির হৃদয়, কণ্ঠ ইত্যাদি গ্রন্থি ছেদনে ব্যক্তির আত্ম (spirit) স্বাধীনতা লাভ হয় ভৈরব সাধনায়, অর্থাৎ দেহযুক্ত প্রচেষ্টায় (আণবোপায়)।

-(স্বচ্ছন্দশ্লোকঃ VII-327)

যদি ভগবৎ কৃপায় এই আত্ম স্বাধীনতা লাভ হয় প্রচেষ্টা ব্যতিরেকে, তবে তা হবে শাম্ভবোপায়ে প্রাপ্তি; পূর্ববর্ত্তী সুকৃতির জন্য।

ষষ্ঠ সূত্রের প্রস্তাবনা

এবং দেহশুদ্ধি-ভূতশুদ্ধি-প্রাণায়াম-প্রত্যাহার-ধারণা-ধ্যান-সমাধিভির্যা

তত্তত্তত্ত্বরূপা সিদ্ধির্ভবতি সা মোহাবরণাৎ, ন তু তত্ত্বজ্ঞানাদিত্যাহ-

অর্থাৎ, যোগীর অতিপ্রাকৃত শক্তির লাভ হয় প্রাণায়াম ইত্যাদির দ্বারা দেহ ও মনের শোধনে। কিনত্ত এই অতিপ্রাকৃত শক্তি সর্বোচ্চ জ্ঞান অর্জন করাতে পারে না তাই প্রয়োজন মোহের আবরণ ছেদ।

সূত্র-6

মোহাবরণাৎসিদ্ধিঃ

অর্থাৎ, মোহের আবরণ থেকে উন্মোচিত হওয়া সিদ্ধিলাভ করার জন্য প্রয়োজন।

ভাষ্য

মোহয়তি ইতি মোহো, মায়া, তৎকৃতাদাবরণাৎ প্রোক্তধারণাদিক্রমসমাসাদিতা তত্তত্তত্ত্বভোগরূপা সিদ্ধির্ভবতি। ন তু পরতত্ত্বপ্রকাশঃ।

যদুক্তং শ্রীমৎলক্ষ্মীকৌলার্ণবে

'স্বয়ম্ভূর্ভর্গবান্দেবো জন্মসংস্কারবর্জিতঃ।
নির্বিকল্পং পরং ধাম অনাদিনিধনং শিবম্।।
প্রত্যক্ষং সর্বজন্তূনাং ন চ পশ্যতি মোহিতঃ।'

ইতি। বিগলিতমোহস্য তু

মধ্যমং প্রাণমাশ্রিত্য প্রাণাপানপথান্তরম্।
আলম্ব্য জ্ঞানশক্তিং চ তৎস্থং চৈবাসনং লভেৎ।।
প্রাণাদিস্থূলভাবং তু ত্যক্ত্বা সূক্ষ্মমথান্তরম্।
সূক্ষ্মাতীতং তু পরমং স্পন্দনং লভ্যতে যতঃ।।
প্রাণায়ামঃ স নির্দিষ্টো যস্মাৎ ন চ্যবতে পুনঃ।
শব্দাদিগুণবৃত্তির্যা চেতসা হ্যনুভূয়তে।।
ত্যক্ত্বা তাং পরমং ধাম প্রবিশেত্তৎ স্বচেতসা।
প্রত্যাহার ইতি প্রোক্তো ভবপাশনিকৃন্তনঃ।।
ধীগুণাৎসমতিক্রম্য নির্ধ্যেয়ং পরমং বিভূম্।
ধ্যাত্বা ধ্যেয়ং স্বসংবেদ্যং ধ্যানং তৎ চ বিদুর্বুধাঃ।।
ধারণা পরমাত্বং ধার্য়তে যেন সর্বদা।
ধারণা সা বিনির্দিষ্টা ভবপাশনিবারিণী।।
স্বপরস্থেষু ভূতেষু জগত্যস্মিন্সমানধীঃ।
শিবোঽহমদ্বিতীয়োঽহং সমাধিঃ স পরঃ স্মৃতঃ।।'

ইতি শ্রীমৎমৃত্যুজিভট্টারকনিরূপিতনীত্যা ধারণাদিভিরপি পরতত্ত্বসমাবেশ এব ভবতি, ন তু মিতসিদ্ধিঃ।

ভাষ্যের অর্থ

শ্রীলক্ষ্মীকৌলার্ণবে বলা হয়েছে- 'ভগবান যিনি স্বতঃসিদ্ধ (self existent) যার কোনো অবশেষ বলে কিছু নেই (non-residual); ব্যক্তি এই বোধ অর্জন করতে না পারলে ভগবৎ ধামে গতি হতে পারে না।'

'মোহ দূর করার জন্য সাধক প্রাণ (সুষুম্নায় উদান বায়ু) ও অপানের মধ্যে নিজের জ্ঞানশক্তির উন্মোচন ঘটাবে আসনে (seat) স্থিত হয়ে।'

স্পন্দের স্পন্দন পূর্বোক্ত প্রাণায়ামে উপলব্ধ হয়; এবং প্রাকৃতিক গুণসঞ্জাত অতিপ্রাকৃত শব্দের গুঞ্জন অবসিত হয় মন চিন্তারহিত হলে। তখন সর্বোচ্চ সত্ত্বার (highest reality) জ্যোতি চেতনাকে অধিকার করে। এই সত্ত্বাকে বস্তুগতভাবে মনন করা যায় না কারণ তা অবয়বহীন, শুধু নিজেকে প্রমাতা তথা জ্ঞাতারূপে (knower) চৈতন্যের ছটার সাক্ষী করা যায়। সর্বোচ্চ সত্ত্বার এই মননই ধারণা।

জগত থেকে দেহে ও মনে শিবভাবই সমাধি (স্বচ্ছন্দশ্লোক VIII-11-18)। 'শ্রীমৎমৃত্যুজিতে'(নেত্রতন্ত্র), ভট্টারক সিদ্ধান্ত করেছেন 'ধারণা' ইত্যাদি যোগচর্চার মাধ্যমেও অতিপ্রাকৃত শক্তির উর্দ্ধে সর্বোচ্চ সত্ত্বায় পৌঁছানো যায়।

সপ্তম সূত্রের প্রস্তাবনা

তদাহ-

অর্থাৎ, মোহকে জয়।

সূত্র-7

মোহজয়াদনন্তাভোগাৎসহজবিদ্যাজয়ঃ

অর্থাৎ, সাধকের অন্তরে সত্ত্বার প্রকৃত জ্ঞান মোহমুক্ত করে।

ভাষ্য

মোহস্য, অখ্যাত্যাত্মকসমনান্তপাশাত্মনো মায়ায়া জয়াদ্, অভিভবাৎ কীদৃশাৎ ? অনন্তঃ, সংস্কারপ্রশমপর্যন্তঃ আভোগো বিস্তারো যস্য তাদৃশাৎ- 'বেদনানাদিধর্মস্য.....।'

ইত্যাদিনা নিরূপিতরূপয়াঃ সহজবিদ্যায়াঃ জযো লাভো ভবতি। আণবোপায়স্যাপি শাক্তোপায়পর্যবসানাদিত্যুক্তত্বাৎ। তথা চ শ্রীস্বচ্ছন্দে

'সমনান্তং বরারোহে পাশজালমনন্তকম্।'

ইত্যুপক্রম্য

'পাশাবলোকনং ত্যক্ত্বা স্বরূপাবলোকনং হি যৎ।
আত্মব্যাপ্তির্ভবত্যেষা শিবব্যাপ্তিস্ততোহন্যথা।।
সার্বজ্ঞাদিগুণা যেহর্থা ব্যাপকাৎভাবয়েদ্যদা।
শিবব্যাপ্তির্ভবত্যেষা চৈতন্যে হেতুরূপিণী।।'

ইতি-গ্রন্থেন আত্মব্যাপ্ত্যন্তস্য মোহস্য জয়াৎ উন্মনাশিবব্যাপ্ত্যাত্মনঃ সহজবিদ্যায়াঃ প্রাপ্তিরুক্তা। যদুক্তং তত্রৈব

'আত্মতত্ত্বং ততস্ত্যক্ত্বা বিদ্যাতত্ত্বে নিয়োজয়েৎ।
উন্মনা সা তু বিজ্ঞেয়া মনঃ সংকল্প উচ্যতে।।
সংকল্পাৎক্রমতো জ্ঞানমুন্মনং যুগপৎস্থিতম্।
তস্মাৎসা চ পরা বিদ্যা যস্মাদন্যা ন বিদ্যতে।।
সন্দতেবিহ্য ত্র যুগপৎ সার্বজ্ঞাদি গুণাৎপরান্।
বেদনানাদিধর্মস্য পরমাত্মত্ববোধনা।।
বর্জনাপরমাত্মত্বে তস্মাদ্বিদ্যেতি চোচ্যতে।
তত্রস্থো ব্যঞ্জয়েত্তেজঃ পরং পরমকারণম্।।' ইতি।

ভাষ্যের ভাবার্থ

মোহ বা প্রাথমিক অজ্ঞতা (primal ignorance) যা জগৎময় ব্যাপ্ত তাকে জয় করার অর্থ কী? অজ্ঞাত শিবের অনুধ্যান। আণবোপায়ে যে 'সহজবিদ্যা' লাভের কথা বলা হয় তা শাক্তোপায়ে পর্যবসিত হয়। স্বচ্ছন্দতন্ত্রে তাই পার্বতীকে উদ্দেশ্য করে বলা হয়েছে- 'হে শ্রীময়ী, যোগী অসংখ্য জটাজালের বন্ধনে আবদ্ধ থাক 'সমনা' অবস্থায়;
'সহজবিদ্যা'র মাধ্যমে শিবের 'উন্মনা' শক্তি লাভ হয়।' 'উন্মনা' শক্তি হল সার্বজ্ঞাদি গুণ। উন্মনাশক্তি-র থেকে পৃথক হল 'শিবে প্রবেশ' (শিব-ব্যাপ্তি)। শিবে ব্যাপ্তিতে স্বাতন্ত্র্য লাভ হয়। -(স্বচ্ছন্দঃ IV-434-435)

বিদ্যা (সহজ) তত্ত্বের অনুধ্যানে শিবের 'উন্মনা' (শিব-চৈতন্য) শক্তির সাহচর্য হয়। এই সাহচর্য হলে সর্বোচ্চ জ্যোতি (চৈতন্যের জ্যোতি) দৃষ্ট (manifest) হয়।

-(স্বচ্ছন্দঃ IV-393-397)

অষ্টম সূত্রের প্রস্তাবনা

এবময়মাসাদিতসহজবিদ্যঃ-

সুতরাং সহজবিদ্যার সাধনঃ

সূত্র-8

জাগ্রদ্'দ্বিতীয়করঃ

অর্থাৎ, সাধকের 'উন্মনা' অবস্থায় জাগরণের কালেও চৈতন্যের জ্যোতি দৃষ্ট হয়।

ভাষ্য

লব্ধাপি শুদ্ধবিদ্যাং তদৈকধ্যব্যাপ্তৌ জাগরুকঃ, পূর্ণবিমর্শাত্মকস্বাহন্তাপেক্ষয়া যৎ দ্বিতীয়মিদন্তাবমৃশ্যং বেদ্যাবভাসাত্মকং জগৎ, তৎ করো রশ্মির্যস্য তথাবিধো ভবতি। বিশ্বমস্য স্বদীধিতিকল্পং স্ফুরতি ইত্যর্থঃ।

যথোক্তং শ্রীবিজ্ঞানভৈরবে

'যত্র যত্রাক্ষমার্গেণ চৈতন্যং ব্যজ্যতে বিভোঃ।
তস্য তন্মাত্রধর্মিত্বাচ্চিল্লয়াড্ভরিতাত্মতা।।'

ইতি শ্রীসর্বমঙ্গলায়ামপি

'শক্তিশ্চ শক্তিমাংশ্চৈব পদার্থদ্বয়মুচ্যতে।
শক্তয়োহস্য জগৎকৃৎস্নং শক্তিমাংস্তু মহেশ্বরঃ।।' ইতি।

ভাষ্যের ভাবার্থ

সাধকের জাগ্রত অবস্থায়ও শিবের 'উন্মনা' বোধের (শিব-চৈতন্য) সাহচর্যে সবকিছুতে চৈতন্যের জ্যোতির দর্শন হয়। বিজ্ঞানভৈরবে বলা হয়েছে- 'সাধক যা কিছু দেখে সবেতেই চৈতন্য অন্তঃসলিলা। তখন সেই বিশ্বময়তায় সাধক নিজেকে নিমজ্জিত করে এবং ভৈরব হয়।' -(বিজ্ঞানভৈরব শ্লোকঃ-117)

শ্রীসর্বমঙ্গলায় বলা হয়েছে- 'দুটোই স্থিতি আছে, এক হল শক্তির অধিকারী, দ্বিতীয় হল জগৎ-স্বরূপ শক্তির প্রকাশ।'

নবম সূত্রের প্রস্তাবনা

ইদৃশ্চায়ং সর্বদা স্বস্বরূপবিমর্শাবিষ্টঃ-

অর্থাৎ, সেই শক্তির অধিকারী সর্বদাই নিজেতে নিমজ্জিত সেটাই তাঁর প্রকৃতি।

সূত্র-9

নর্তক আত্মা

উপরোক্ত তত্ত্ব যিনি বুঝতে পেরেছেন তিনি নিজেকে সর্বদা নর্তক মনে করেন।

ভাষ্য

নৃত্যতি, অন্তর্বিগূহিতস্বস্বরূপাবষ্টম্ভমূলং তত্তজ্জাগরাদিনানাভূমিকাপ্রপঞ্চং স্বপরিস্পন্দলীলয়ৈব স্বভিত্তৌ প্রকটয়তি ইতি নর্তক আত্মা। তদুক্তং শ্রীনৈশ্বাসদেবীমহেশ্বরনর্তকাখ্যে সপ্তমপটলে দেবীকৃতস্তবে

'ত্বমেকাংশেনান্তরাত্মা নর্তকঃ কোশরক্ষিতা।।'

ইতি ভট্টশ্রীনারায়ণেনাপি

'বিসৃষ্টাশেষসদ্বীজগর্ভং ত্রৈলোক্যনাটকম্।

প্রস্তাব্য হর সংহর্তুং ত্বত্তঃ কোহন্যঃ কবিঃ ক্ষমঃ।।'

ইতি। সর্বাগমোপনিষদি শ্রীপ্রত্যভিজ্ঞায়াম্

'সংসারনাটয়প্রবর্তয়িতা সুপ্তে জগতি জাগরুক এক এব পরমেশ্বরঃ। ইতি।

ভাষ্যের ভাবার্থ

নর্তন হল সর্বশক্তিমানের ক্রীড়াত্মক সঞ্চালন। 'নৈশ্বাস্যতন্ত্রে' সপ্তমভাগে দেবী পার্বতী সব দেবদেবীকে নর্তক বলে অভিহিত করেছেন।

সাধকের আত্মোপলব্ধিতে তিনিও একজন নর্তক।

ভট্টশ্রীনারায়ণ তাঁর 'স্তব-চিন্তামণি'তে বলেছেন- 'হে শিব মায়ার দ্বারা তুমি ত্রিকালের সৃষ্টি করেছ, নাটকের সূচনা করেছ, তুমিই এর সমাপ্তি করো।'

-(স্তব-চিন্তামণি শ্লোকঃ-59)

ঈশ্বরপ্রত্যভিজ্ঞায় বলা হয়েছে- জগৎ যখন ঘুমিয়ে, সর্বশক্তিমান নাট্যকার তখন জেগে থাকেন।

দশম সূত্রের প্রস্তাবনা

এবংবিধস্য অস্য জগন্নাট্যনর্তকস্য ভূমিকাগ্রহণ-পদবন্ধনস্থানরঙ্গমাহ-

অর্থাৎ, নাটমঞ্চে নাট্যকারের পদার্পণ ও তার ভূমিকা অভিনীত হয়।

সূত্র-10

রঙ্গোহন্তরাত্মা

অর্থাৎ, অন্তরাত্মাই হল মঞ্চ।

ভাষ্য

রজ্যহেস্মিন্ জগন্নাট্যক্রীড়া প্রদর্শনাশয়েনাত্মনা ইতি রঙ্গঃ, তত্তদ্'ভূমিকাগ্রহণস্থানম্; অন্তরাত্মা, সংকোচাবভাসসতত্ত্বঃ শূন্যপ্রধানঃ প্রাণপ্রধানো বা পুর্যষ্টকরূপো দেহাপেক্ষয়া অন্তরো জীবঃ। তত্র হি অয়ং কৃতপদঃ স্বকরণপরিস্পন্দক্রমেণ জগন্নাট্যমাভাসয়তি।

উক্তং চ শ্রীস্বচ্ছন্দে

'পুর্যষ্টকসমাবেশাদ্বিচরৎসর্বযোনিষু।

অন্তরাত্মা, স বিজ্ঞেয়ঃ......।।' ইতি।

ভাষ্যের ভাবার্থ

সত্ত্বার আনন্দ হল রঙ্গে, এই রঙ্গই আবার মঞ্চ। অন্তরাত্মা, পুর্যষ্টকের সূক্ষ্ম শরীর শূন্যবৎ যা প্রাণস্বরূপে জীবের দেহে প্রকাশিত হয়। জীব অর্থে আমরা বুঝি বাহ্যিক শরীর সেই শরীরে সূক্ষ্ম শরীরের পদার্পণে তার শূন্যবৎ অন্তরাত্মা, জগতে নাট্য শুরু করে (জগন্নাট্যক্রীড়া)।

স্বচ্ছন্দতন্ত্রে বলা হয়েছে- 'অন্তরাত্মা জড় ও জগতের ভালো-মন্দ দিয়ে ঘেরা।'

-(স্বচ্ছন্দঃ XI-85)

একাদশ সূত্রের প্রস্তাবনা

ইত্থমন্তরাত্মরঙ্গে নৃত্যতোহস্য-

অর্থাৎ, এইভাবে অন্তরাত্মার নাটক অনুষ্ঠিত হয়।

সূত্র-11

প্রেক্ষকারণীন্দ্রিয়ানি

অর্থাৎ, যোগীর ইন্দ্রিয় সমূহ নিষ্ক্রিয় হলে সেসবও দর্শকবৎ হয়ে যায়।

ভাষ্য

যোগিনশ্চক্ষুরাদীনি ইন্দ্রিয়াণি হি সংসারনাট্যপ্রকটনপ্রমোদনির্ভরং স্বস্বরূপম্ অন্তর্মুখতয়া সাক্ষাৎকুর্বন্তি, তৎপ্রয়োগপ্ররূঢ়্যা বিগলিতবিভাগাং চমৎকার-
রসসম্পূর্ণতামাপাদয়ন্তি। যচ্ছ্রুতিঃ

'কশ্চিদ্ধীর প্রত্যগাত্মানমৈক্ষদ্ আবৃত্তচক্ষুরমৃতত্বমশ্নন্।।'

ইতি। -(কঠোপনিষদ অ.2,ব.4,মন্ত্র.1)

ভাষ্যের ভাবার্থ

কঠোপনিষদে বলা হয়েছে- কিছু প্রাণী (যোগী) অমরত্বকে মহানন্দে আস্বাদন করার জন্য তার বহির্দৃষ্টিকে অন্তর্মুখী করে অন্তরাত্মার সন্ধান করেন। সত্যসন্ধানী 'উন্মনা' যোগীর দ্বারাই এই আস্বাদন সম্ভব।

দ্বাদশ সূত্রের প্রস্তাবনা

অস্য চ-

অর্থাৎ, সেই 'উন্মনা' যোগী।

সূত্র-12

ধীবশাৎসত্ত্বসিদ্ধিঃ

যোগীর সাধনার উন্নতিতে তার যে ঐশ্বরিক ধীশক্তি প্রাপ্তি হয় (spiritual intelligence) তাতে তার সত্ত্বার জ্যোতি দৃষ্ট হয়।

ভাষ্য

ধীঃ, তাত্ত্বিকস্বরূপবিমর্শনবিশারদা (বিশদা-স্পষ্ট) ধিষণা তদ্বশাৎ সত্ত্বস্য স্ফুরত্তাত্মনঃ সূক্ষ্মস্য আন্তরপরিস্পন্দস্য সিদ্ধিরভিব্যক্তির্ভবতি। নাট্যে চ সাত্ত্বিকাভিনয়-সিদ্ধির্বুদ্ধিকৌশলাদেব লভ্যতে।

ভাষ্যের ভাবার্থ

ধী-এর অর্থ সর্বোচ্চ চৈতন্যকে জানার বুদ্ধিমত্তা; এর দরুণ সত্ত্বের স্পন্দিত সূক্ষ্মতার অনুভূতি হয় জ্যোতি স্বরূপ। নাটকেও কুশলী নটুয়াই চরিত্রের মানসিকতা সঠিকভাবে সঞ্চারিত করে দর্শক সমাবেশে।

ত্রয়োদশ সূত্রের প্রস্তাবনা

এবং স্ফুরত্তাত্মকসত্ত্বাসাদনাদেব অস্য যোগিনঃ-

অর্থাৎ, যোগীর নিজের স্বরূপের স্পন্দমান সূক্ষ্ম জ্যোতির অনুভব হয়।

সূত্র-13

সিদ্ধ স্বতন্ত্রভাবঃ

অর্থাৎ, যোগী তখন স্বাধীন হয়।

ভাষ্য

সিদ্ধঃ সম্পন্নঃ, স্বতন্ত্রভাবঃ, সহজজ্ঞত্ব- কর্তৃত্বাত্মকম্ অশেষবিশ্ববশীকারি স্বাতন্ত্র্যম্। যদুক্তং শ্রীশ্রীনাথপাদৈঃ

'শ্রয়েৎস্বাতন্ত্র্যশক্তিং স্বাং সা শ্রীকালী পরা কলা।'

ইতি। শ্রীস্বচ্ছন্দেহপি

'সর্বতত্ত্বানি ভূতানি মন্ত্রবর্ণাশ্চ যে স্মৃতাঃ।
নিত্যং তস্য বশাস্তে বৈ শিবভাবনয়া সদা।।'

ইতি।

ভাষ্যের ভাবার্থ

শ্রীনাথপাদ (শ্রীঅবতারকনাথ) বলেছেন- 'সাধক তার স্বাতন্ত্র শক্তির অভিমুখী হবে।' শক্তি অর্থে পরা কলা তথা পোষণকারী শক্তিময়ী কালী। শ্রীস্বচ্ছন্দতন্ত্রে বলা হয়েছে যে সব

জীব, সব তত্ত্ব, সব মন্ত্র অধিগত হলে সাধক নিজেকে শিবের সঙ্গে একীভূত (non-different) মনে করে। (স্বচ্ছন্দঃ শ্লোকঃ II-245)

তখন তার স্বাতন্ত্রভাব সিদ্ধি হয় এবং জগতের অধিকার (বশকৃত্বতা) সম্পন্ন হয় ও সাধক কার্য-কারণের উর্দ্ধে স্থিত হয়।

চতুর্দশ সূত্রের প্রস্তাবনা

এষ স্বতন্ত্রভাবোহস্য-

অর্থাৎ, সাধক সর্বত্র স্বাধীন অবস্থা প্রাপ্ত।

সূত্র-14

যথা তত্র তথান্যত্র

অর্থাৎ, যোগী স্বদেহে স্বাধীন হলে সর্বগামী হয়।

ভাষ্য

যত্রদেহে যোগিনঃ স্বাভিব্যক্তির্জাতা তত্র যথা, তথা অন্যত্র সর্বত্র সদাবহিতস্য সা ভবতি। যথোক্তং শ্রীস্বচ্ছন্দে

'স্বচ্ছন্দশ্চৈব স্বচ্ছন্দঃ স্বচ্ছন্দো বিচরেৎসদা।'

ইতি। শ্রীস্পন্দেহপি

'লভতে, তৎপ্রযত্নেন পরীক্ষ্যং তত্ত্বমাদরাৎ।
যতঃ স্বতন্ত্রতা তস্য সর্বত্রেয়মকৃত্রিমা।।'

ইতি।

ভাষ্যের ভাবার্থ

যোগীর শক্তির উন্মেষ তার শরীরে হয় তাই সে নিজেকে স্থানান্তরেও প্রকাশিত করতে পারে। স্বচ্ছন্দে বলা হয়েছে- 'যোগী সর্বদা সর্বত্র নিজেকে গমনশীল করতে পারে সিদ্ধি প্রাপ্ত হলে। -(স্বচ্ছন্দঃ শ্লোকঃ VII-260)

স্পন্দকারিকায় বলা হয়েছে- যোগীর স্পন্দানুভবের পর স্পন্দের স্বাধীনতা তার ক্ষেত্রে সহজ ও সর্বত্র লব্ধ হয়। -(স্পন্দকারিকা শ্লোক I-6,7)

পঞ্চদশ সূত্রের প্রস্তাবনা

ন চৈবমপি উদাসীনেন অনেন ভাব্যম্ অপি তু-

অর্থাৎ, যোগী কখনো উদাসীন হবেন না বরং কেন্দ্রীভূত হবেন।

সূত্র-15

বীজাবধানম্

যোগী চৈতন্যের (অনু)সন্ধানে ব্যাপৃত থাকবেন।

ভাষ্য

কর্তব্যমিতি শেষঃ। বীজং বিশ্বকারণং স্ফুরত্তাত্মা পরা শক্তিঃ।
যদুক্তং মৃত্যুজিদ্ভট্টারকে

'সাং যোনিঃ সর্বদেবানাং শক্তীনাং চাপ্যনেকধা
অগ্নীষোমাত্মিকা যোনিস্ততঃ সর্ব প্রবর্ততে।।'

ইত্যাদি। তত্র পরশক্ত্যাত্মনি বীজে, অবধানং ভূয়ো ভূয়শ্চিত্তনিবেশনং কার্যম্।

ভাষ্যের ভাবার্থ

বীজম্ অর্থ বিশ্বের মূল এবং কর্তব্যম্ অর্থ তাতে অভিনিবেশ। ভট্টারক লিখিত মৃত্যুজিৎ-এ বলা হয়েছে পরাশক্তি সব দৈবশক্তির আধার। এই শক্তি থেকেই অগ্নি চন্দ্র সবকিছুর প্রকৃতির উদ্ভব যা যোগীর অনুধাবনীয়। -(মৃত্যুজিৎ শ্লোকঃ VII-40)

ষোড়শ সূত্রের প্রস্তাবনা

এবং হি সতি অসৌ যোগী-

অর্থাৎ, এমতাবস্থায় যোগীর স্থিতি বিচার্য্য।

সূত্র-16

আসনস্থঃ সুখং হ্রদে নিমজ্জতি

অর্থাৎ, যোগী দৈবী শক্তির বলে ক্ষমতাবান হয়ে অমরত্ব হ্রদে নিমজ্জিত হয়।

ভাষ্য

আস্যতে, নিত্যর্মৈকাত্ম্যেন স্থীয়তে অস্মিন্ ইতি আসনং, পরং শাক্তং বলম্; যস্তত্র তিষ্ঠতি, পরিহৃত পরাপরধ্যানধারণাদিসর্বক্রিয়াপ্রয়াসো নিত্যমন্ত্রর্মখতয়া তদেব পরামৃশতি যঃ, স সুখমনায়াসতয়া, হ্রদে, বিশ্বপ্রবাহপ্রসরহেতৌ স্বচ্ছোচ্ছলত্তাদিযোগিনি পরামৃতসমুদ্রে নিমজ্জতি, দেহাদিসংকোচসংস্কারব্রীড়নেন তন্ময়ীভবতি। যদুক্তং শ্রীমৃত্যুজিদ্ভট্টারকে এব-

'নোর্দ্ধে ধ্যানং প্রযুঞ্জীত নাধস্তান্ন চ মধ্যতঃ।

নাগ্রতঃ পৃষ্ঠতঃ কিঞ্চিৎ ন পার্শ্বে নোভয়োরপি।।
নান্তঃ শরীরসংস্থং তু ন বাহ্যে ভাবয়েৎ ক্বচিৎ।
নাকাশে বন্ধয়েল্লক্ষ্যং নাধো দৃষ্টিং নিবেশয়েৎ।।
ন চক্ষুর্মীলনং কিঞ্চিৎ ন কিঞ্চিৎদৃষ্টিবন্ধনম্।
অবলম্বং নিরালম্বং সালম্বং নৈব ভাবয়েৎ।।
নেন্দ্রিয়াণি ন ভূতানি শব্দস্পর্শরসাদয়ঃ।
এবং ত্যক্ত্বা সমাধিস্থঃ কেবলং তন্ময়ীভবেৎ।।
সাবস্থা পরমা প্রোক্তা শিবস্য পরমাত্মনঃ।
নিরাভাসং পদং তত্তু তৎপ্রাপ্য বিনিবর্ততে।।'

ইতি।

ভাষ্যের ভাবার্থ

যোগী সিদ্ধ অবস্থায় (full sense of identification) নিজের স্বরূপে, যেখানে উপবিষ্ট হন সেটা তার আসন। উচ্চ নীচ পরিপ্রেক্ষিত, সাধন ভজন, সবই সেখানে নিরর্থক; সেই অবস্থায় সেটাই তার সর্বোচ্চ শক্তির ধারক। যোগী সেখানে সুখাসনে (leaving all practices) বিষয়ের ধারণা রহিত হয়ে (drowning all limitations) নিমজ্জিত অমরত্বের স্বচ্ছ সাগরে; এই সাগরেই আবার অন্তর্লীন সৃষ্টির সম্ভবনাময় তরঙ্গায়িত 'উচ্ছল যোগিনী'। ভট্টারক লিখিত মৃত্যুজিৎ-এর নেত্রতন্ত্রে এমনই বক্তব্য।

যোগীর সেই সমাধিস্ত শিবময় স্বরূপের কোনো অবলম্বন, নিরাবলম্বন, সাবলম্বন (নজর, খেয়াল), ইন্দ্রিয়গ্রাহ্যতা, জাগ্রত অবস্থায় দৃষ্টি বা দৃষ্টিহীনতা (অলক্ষ্যতা) থাকে না। যোগী স্থিত থাকেন সর্বোচ্চ আত্মোপলব্ধিতে। সেই যোগীর আর জগতে প্রত্যাগমন হয় না। -(মৃত্যুজিৎ শ্লোকঃ VII-41-45)

সপ্তদশ সূত্রের প্রস্তাবনা

তদৈবং নাড়ীসংহারাদ্যাণবোপায়ক্রমাসাদিতমোহজয়োন্মজ্জচ্ছুদ্ধবিদ্যাত্মকশাক্তবলাসাদন-প্রকর্ষাদ্ আত্মীকৃতপরামৃতহ্রদাত্মকশাম্ভবপদো যোগী-

অর্থাৎ, যোগী জগতের বিভ্রম থেকে আণবোপায়ে সাধনার দ্বারা প্রাণবায়ুকে সুষুম্না নাড়ীতে সঞ্চালিত করে পরাশক্তিতে স্থিত হয় শুদ্ধবিদ্যার আধারে। যোগী আরও অগ্রসর

হলে শাম্ভবে প্রবেশ করে নিজেকে অমরত্বের সাগরে নিমজ্জিত করে; যোগীর স্বমাত্রা প্রাপ্তি হয়।

সূত্র-17

স্বমাত্রানির্মাণমাপাদয়তি

অর্থাৎ, স্বমাত্রা হল চেতনার ঘনীভূত ভাব। এইভাবে ভাবাবিষ্ট হলে যোগী তার ভাবের সামর্থ্য অনুযায়ী বিভিন্ন নির্মাণ করতে পারে।

ভাষ্য

স্বস্য চৈতনস্য সম্বধিনী মাত্রা চিদ্রসাশ্যানতাত্মা অংশঃ, তদ্রূপং যথেষ্টবেদ্যবেদকাবভাসাত্মকং নির্মাণমাপাদয়তি, নির্মিতত্বেন দর্শয়তি।

যদুক্তং শ্রীস্বচ্ছন্দে

'তদেব ভবতি স্থূলং স্থূলোপাধিবশাৎ প্রিয়ে।
স্থূল সূক্ষ্মবিভেদেন তদেকং সংব্যবস্থিতম্।।'

ইতিঃ প্রত্যভিজ্ঞায়ামপি

'আত্মানমত এবায়ং জ্ঞেয়ীকুর্যাৎপৃথক্'স্থিতি।
জ্ঞেয়ং ন তু.......।।'

ইতি। আগমেহপি

'জলং হিমং চ যো বেদ গুরুবক্ত্রাগমাৎ প্রিয়ে।
নাস্ত্যেব তস্য কর্তব্যং তস্যাপশ্চিমজন্মতা।।'

ইতি অনেনৈব আশয়েন উক্তম্। এতদেব

'ইতি বা যস্য সংবিত্তিঃ ক্রীড়াত্বেনাখিলং জগৎ।
স পশ্যৎসততং যুক্তো জীবন্মুক্তো ন সংশয়।।'

ইতি অনেন স্পন্দে প্রতিপাদিতম্।

ভাষ্যের ভাবার্থ

স্বমাত্রা হল যোগীর চেতনার মাত্রা (ব্যাপ্তি- পরিধি) তথা ইচ্ছাশক্তির সীমাবদ্ধতা। স্বচ্ছন্দতন্ত্রে বলা হয়েছে- 'এই ইচ্ছাশক্তিই সিদ্ধপুরুষের স্থূল ও সূক্ষ্ম নির্মাণের ক্ষমতা।' - (স্বচ্ছন্দঃ শ্লোকঃ IV-295)

ঈশ্বরপ্রত্যভিজ্ঞাতে বলা হয়েছে- 'সৃষ্টির জন্য যে চিন্তাশক্তির (বিমর্শ শক্তি) প্রয়োজন সেটাই পরমেশ্বরের শক্তিরূপ জ্ঞান (objective knowledge)। বস্তুর এই শক্তি ছাড়া

কোনও অস্তিত্ব নেই। যদি সৃষ্টির জন্য অন্য কোনও সহয়তার আবশ্যক হয় তবে সৃষ্টির স্বাধীনতা বিঘ্নিত হয়। -(ঈশ্বরপ্রত্যভিজ্ঞা শ্লোক I-5,15)

আগমে দেবী পার্বতীকে সম্বোধন করে বলা হয়েছে- 'হে প্রিয়ে, যিনি গুরু মুখ থেকে জেনে জ্ঞান লাভ করেন যে জল আর বরফে কোনও ভেদ নেই, তিনি মুক্ত।

স্পন্দকারিকাতেও বলা হয়েছে- 'যে জানে জগৎ শিবের ক্রীড়াস্থল এবং শিবের বাইরে আর কিছুই নেই, সেই শিবের সন্নিধানে, সে মুক্ত।'

-(স্পন্দকারিকা শ্লোক II-5)

অষ্টাদশ সূত্রের প্রস্তাবনা

ন চৈবং স্বশক্তি নির্মিত ভূতভাবশরীরবতোহস্য জন্মাদিবন্ধঃ কশ্চিদিত্যাহ-

অর্থাৎ, সিদ্ধযোগী পঞ্চমহাভূতের দ্বারা কোনও বস্তুর গঠন ও তার মানসিক স্থিতি প্রদান করতে সক্ষম হলেও সে নিজের জন্ম-মৃত্যু প্রতিরোধ করতে পারে না। এর কারণ তার কর্মবন্ধন, সে কর্মই করে; সুতরাং তার জন্ম-মৃত্যু নিশ্চিত।

সূত্র-18

বিদ্যাহবিনাশো জন্ম মৃত্যুবিনাশঃ

বিদ্যা অর্থ সহজবিদ্যা বা শুদ্ধ বিদ্যা যার থেকে মায়ার প্রভাবে জগতের উদ্ভব। তাই এই বিদ্যার সংস্পর্শ রহিত না হতে পারলে জন্ম ও মৃত্যুর চক্র থেকে নিস্তার নেই।

ভাষ্য

প্রোক্তায়াঃ সহজবিদ্যায়া অবিনাশে সততোন্মগ্নতয়া স্ফুরণে, জন্মনঃ অজ্ঞানসহকারি-কর্মহেতুকস্য দুঃখময়স্য, দেহেন্দ্রিয়াদিসমূহদায়স্য, নাশো বিধ্বংসঃ সম্পন্ন এব।

যদুক্তম শ্রীকণ্ঠায়াম্

'সপ্রপঞ্চং পরিত্যজ্য হেয়োপাদেয়লক্ষণম্।
তৃণাদিকং তথা পর্ণ পাষাণং সচরাচরম্।।
শিবাদ্যবনিপর্যন্তং ভাবাভাবোপবৃংহিতম্।
সর্বং শিবময়ং ধ্যাত্বা ভূয়ো জন্ম ন প্রাপ্নুয়াৎ।।'

ইতি। শ্রীস্বচ্ছন্দে

'স্বনির্বাণং পরং শুদ্ধং গুরুপারম্পরাগতম্।
তদ্বিদিত্বা বিমুচ্যেত গত্বা ভূয়ো ন জায়তে।।'

ইতি। শ্রীমৃত্যুজিত্যপি

'তত্ত্বত্রবিনির্মুক্তং শাশ্বতং ত্বচলং ধ্রুবম্।
দিব্যেন যোগমার্গেণ দৃষ্টাৢ ভূয়ো ন জায়তে।।'

ইতি।

ভাষ্যের ভাবার্থ

ব্যক্তি আণব (বস্তুগত) অবস্থায় মায়ীয়মলে আবৃত হওয়ায়, তার কর্ম ও অজ্ঞতা এই দুইয়ের সহযোগে সে যে শুদ্ধবিদ্যা বা সহজবিদ্যার সঞ্চারিত গণ্ডীতে আবদ্ধ তাতেই তার জন্ম ও মৃত্যুর আবর্তন ঘটে।

শ্রীকণ্ঠে বলা হয়েছে-'উপরোক্ত অবস্থা ব্যক্তির কাছে ইতিবাচক (positive) বা নেতিবাচক (negative) যে দশাই হোক না কেন, শিবের সাধনায় দশামুক্ত হয়ে ব্যক্তি পুর্ণজন্ম (rebirth) রহিত হতে পারে।'

স্বচ্ছন্দতন্ত্রে বলা হয়েছে যে ধর্মগুরুর কৃপায় ব্যক্তি জীবদ্দশাতেই শুদ্ধ মুক্তি লাভ করে এবং তার পুর্ণজন্ম হয় না। মৃত্যুজিৎতন্ত্রও সে কথাই বলে- 'যখন সাধক ত্রিতত্ত্ব (ভেদপ্রধান নরদেহ, ভেদাভেদপ্রধান শক্তি ও অভেদপ্রধান শিব), থেকে স্বাধীনতা অর্জন করে, যোগ সাধনায় তখন তার আর জন্ম-মৃত্যুর বিকার ঘটে না।

-(মৃত্যুজিৎ শ্লোক VIII-26, 27)

ঊনবিংশতি সূত্রের প্রস্তাবনা

যদা তু শুদ্ধবিদ্যাস্বরূপম্ অস্য নিমজ্জিত তদা-

অর্থাৎ, যোগীর শুদ্ধবিদ্যার অবসান তার মুক্তির জন্য কাম্য।

সূত্র-19

কবর্গাদিষু মাহেশ্বর্যাদ্যাঃ পশুমাতরঃ

অর্থাৎ, মাহেশ্বরী ও অপরাপর দেবীরা, যারা ক বর্গ ও অন্যান্য বর্গের তথা অক্ষরের অধিষ্ঠাত্রী তাঁরা বিভিন্ন শক্তির জাগতিক মাতৃরূপা।

ভাষ্য

অধিষ্ঠাত্র্যো ভবন্তি ইতি শেষঃ।

'যা সা শক্তির্জগদ্ধাতুঃ কথিতা সমবায়িনী।।
ইচ্ছাত্বং তস্য সা দেবি সিসৃক্ষোঃ প্রতিপদ্যতে।
সৈকাপি সত্যনেকত্বং যথা গচ্ছতি তচ্ছৃণু।।

এবমেতদিতি জ্ঞেয়ং নান্যথেতি সুনিশ্চিতম্।
জ্ঞাপয়ন্তী জগৎযত্র জ্ঞানশক্তির্নিগদ্যতে।।
এবং-ভূতমিদং বস্তু ভবত্বিতি যদা পুনঃ।
জাতা তদৈব তত্তদ্বৎকুর্বত্যত্র ক্রিয়োচ্যতে।।
এবং সৈষা দ্বিরূপাপি পুনর্ভেদৈরনন্ততাম্।
অর্থোপাধিবশাৎপ্রাপ্তা চিন্তামণিরিবেশ্বরী।।
তত্র তাবৎসমাপন্নমাতৃভাবা বিভিদ্যতে।
দ্বিধা চ নবধা চৈব পঞ্চাশদ্বা চ মালিনী।।
বীজয়োন্যাত্মকাদ্ভেদাদ্ দ্বিঘা বীজং স্বরা মতাঃ।
কাদিভিশ্চ স্মৃতা যোনির্নবধা বর্গভেদতঃ।।
বীজমত্র শিবঃ শক্তির্যোনিরিত্যভিধীয়তে।
বর্গাষ্টকবিভেদেন মাহেশ্বর্যাদি চাষ্ঠকম্।।
প্রতিবর্ণবিভেদেন শতার্ধকরণোজ্জ্বলা।
রুদ্রাণাং বাচকত্বেন তৎসংখ্যানাং নিবেশিতা।।'

ইতি-শ্রীমালিনীবিজয়নিরূপিতনীত্যা পারমেশ্বরী পরাবাক্ প্রসরন্তী, ইচ্ছা-জ্ঞান-ক্রিয়ারূপতাং শ্রিত্বা, বীজযোনি-বর্গ-বর্গ্যাদিরূপা শিব-শক্তি-মাহেশ্বর্যাদি বাচক-আদি-ক্ষান্তরূপাং মাতৃকাত্মতাং শ্রিত্বা, সর্বপ্রমাতৃষু অবিকল্পক-সবিকল্পক-তত্তৎসংবেদনদশাসু, অন্তঃপরামর্শাত্মনা স্থূলসূক্ষ্মশব্দাবেধনং বিদধানা, বর্গ-বর্গ্যাদিদেবতাধিষ্ঠানাদিদ্বারেণ স্ময়-হর্ষ-ভয়-রাগদ্বেষাদিপ্রপঞ্চং প্রপঞ্চয়ন্তী, অসংকুচিতস্বতন্ত্রচিদ্ঘনস্বস্বরূপমাবৃণ্বানা সংকুচিত-পরতন্ত্রদেহাদিময়ত্বমাপাদয়তি। তদুক্তং শ্রীতিমিরোদ্ঘাটেপি

'করন্ধ্রচিতিমধ্যস্থা ব্রহ্মপাশাবলম্বিকাঃ।
পীঠেশ্বর্যো মহাঘোরা মোহয়ন্ত্যো মুহুর্মুহুঃ।।'

ইতি পূর্বমপি সংবাদিতম্। 'জ্ঞানাদিষ্ঠানং মাতৃকা' (শিব-সূত্র শ্লোকঃ I-4) ইতি সামান্যেন উক্তম্, ইদং তু প্রাপ্ততত্ত্বোঽপি প্রমাদ্যন্ মাহেশ্যাদিভিঃ পশুজনাধিষ্ঠাতৃভূতাভিরপি শব্দানুবেধদ্বারেণ মোহ্যতে ইত্যাশয়েন ইতি বিশেষঃ।

ভাষ্যের ভাবার্থ

শুরুতে ভগবানের ইচ্ছাশক্তি (মন্ত্রমহেশ্বর) সৃষ্টি করতে চায়, যার জ্ঞান (মন্ত্রেশ্বর) শিবের থেকে প্রাপ্য হয়। এর পরে তাঁর ক্রিয়াশক্তি (মন্ত্র) দুই ধারা অবলম্বন করে; এক হল তাঁর মাতৃভাব এবং দ্বিতীয় হল বস্তুতে অধিষ্ঠান। মাতৃভাবে তিনি 'চিন্তামণি' বৈচিত্রের অধিকারিণী। এই মাতৃকাভাবে বা শক্তিতে তিনি দ্বিবর্ণ (স্বরবর্ণ ও ব্যঞ্জনবর্ণ), নয় বর্গ এবং পঞ্চাশ অক্ষরমালা সমন্বিতা। স্বরবর্ণ হল বীজ, ব্যঞ্জনবর্ণ হল যোনি। বীজ হল শিব আর যোনি হল শক্তি। স্বরবর্ণ ব্যতীত ব্যঞ্জনবর্ণের যে আট ভাগ তাঁর মাহেশ্বরী ইত্যাদি আট দেবী, বর্গ অনুযায়ী। প্রতি অক্ষরে শক্তি হল দেবী আর দেব হল তাঁর পঞ্চাশ পৃথক পৃথক রুদ্র।

-(শ্রীমালিনীবিজয় শ্লোকঃ III-5-13)

উপরোক্ত মালিনী বিজয়ের বিভাগ অনুযায়ী পরাবাক্ বিভক্ত ও বিস্তারিত অক্ষরের সমাহার 'অ' থেকে 'ক্ষ' অবধি। ব্যক্তির সত্ত্বায় (সাক্ষী অবস্থায়), চিন্তায় (thought construct), অচিন্তায় (without thought construct) স্থূলরূপে তার অথবা সূক্ষ্ম শরীরে অন্তরের চেতনায় অক্ষর তথা শব্দের সূচনা হয়। সেই সাথে আবেগেরও সূচনা হয় বিভিন্ন বর্গের দেবীর নির্দিষ্ট ভাব অনুযায়ী। 'তিমিরোদ্ঘাটে' এই প্রকার উল্লেখ আছে।

এমতাবস্তায় জগৎ প্রতিভাত হলে ব্যক্তির ব্রহ্মরন্ধ্র মহাঘোর শক্তির কবলে ব্রহ্মের পাশে (ফাঁসে) আবদ্ধ থাকে। মহাঘোর শক্তি ব্যক্তিকে জগতমুখী করে। মহাঘোর শক্তি ব্যক্তির চতুর্দিকে পঞ্চাশ অক্ষরের পীঠে ব্যক্তিকে আবর্তিত করে রাখে এবং 'মহেশী' ও অন্যান্য অক্ষরের দেবীদের দ্বারা রূপময় এই জগৎ ব্যক্তিকে বিভ্রান্ত (delude) করে তার সত্য সত্ত্বার অনুভবে।

বিংশতি সূত্রের প্রস্তাবনা

যৎ এবম্ অতঃ শুদ্ধবিদ্যাস্বরূপমুক্তযুক্তিভিরাসাদিতমপি যথা ন নশ্যতি, তথা সর্বদশাসু যোগিনা সাবধানেন ভবিতব্যম্ ইত্যাহ-

অর্থাৎ, যোগীর শুদ্ধবিদ্যার স্তর থেকে উর্দ্ধগমনে উন্নয়ন হয়, তাই যোগী শুদ্ধবিদ্যা বিস্মৃত হবে না।

সূত্র-20

ত্রিষু চতুর্থ তৈলবদাসেচ্যম্।

অর্থ

ব্যক্তির চেতনার চতুর্থ তথা তুরীয় দশা তার পূর্ব ত্রিদশা যথা জাগ্রত, স্বপ্ন ও গভীর নিদ্রাবস্থার উপর প্রবহমান তেলের মতো ঝরে পড়ে।

ভাষ্য

ত্রিষু জাগরিদাষু পদেষু, চতুর্থ শুদ্ধবিদ্যাপ্রকাশরূপং তুর্যানন্দরসাত্মকং ধাম, তৈলবদিতি, যথা তৈলং ক্রমেণ অধিকমধিকং প্রসরদ্ আশ্রয়ং ব্যাপ্নোতি তথা আসেচ্যম্। ত্রিষ্বপি পদেষু উন্মেষোপশান্ত্যাত্মকাদ্যন্তকোটয়োঃ পরিস্ফুরতা তুর্যরসেন মধ্যদশামপি অবষ্টম্ভযুক্ত্যা ব্যাপ্নুয়াৎ, যেন তন্ময়ীভাবমাপ্নুয়াৎ।

'জাগ্রৎস্বপ্নসুষুপ্তেষু তুর্যাভোগসম্ভবঃ' (শিব-সূত্র শ্লোকঃ I-7) ইত্যনেন উদ্যম-শক্তিচক্রানুসন্ধ্যবষ্টম্ভভাজঃ স্বরসপ্রসরজ্জাগরাদিপদেষু সত্তামাত্রং তুর্যস্যোক্তম্। 'ত্রিতয়ভোক্তা বীরেশঃ' (শিব-সূত্র শ্লোকঃ I-11) ইতি শাম্ভবোপায়ানুগুণহঠপাকযুক্ত্যা জাগরাদিসংহারো দর্শিতঃ। অনেন তু সুত্রেণ আণবোচিতাবষ্টম্ভযুক্ত্যা দলকল্পং জাগরাদিত্রয়ং তুর্যরসাসিক্তং কার্যম্ ইত্যুক্তম্; ইতি বিশেষঃ।।

ভাষ্যের ভাবার্থ

প্রথম পর্বর সপ্তম সূত্রে বলা হয়েছে তুরীয় দশা যা জাগ্রত অবস্থায়ও সাধকের জীবন ছেয়ে থাকে সেই জীবনের সুধা (elixir) স্বতোৎসারিত অথবা শক্তির সশক্ত চেতনায় (firm grip on awareness) বর্তমান।

প্রথম পর্বর একাদশ সূত্রে বলা হয়েছে শাম্ভবোপায়ে চেতনার তিন অবস্থাকে (জাগ্রৎ, স্বপ্ন, সুষুপ্তি) সাধনার হঠপাকে (obstinate grip) আত্মস্থ (assimilation) করা সম্ভব।

বর্তমান সূত্রে (III-20) বলা হয়েছে, আণব যোগের মাধ্যমে (ইন্দ্রিয়, প্রাণ ও মনের একীকরণ), পূর্বোক্ত ত্রিদশাকে তুরীয় তরোবারির বশ (saturated) করাই হল তুরীয়র বৈশিষ্ট্য।

একবিংশতি সূত্রের প্রস্তাবনা

অত্রোপায়মাহ-

তুরীয়ের দ্বারা পূর্বোক্ত ত্রিদশাকে সম্পৃক্ত (saturated) করার উপায় ব্যক্ত করা হচ্ছে।

সূত্র-21

মগ্ন স্বচিত্তেন প্রবিশেৎ

অর্থাৎ, সাধক মানসিকভাবে নিজেতে প্রবিষ্ট হবে।

ভাষ্য

‘প্রাণাদিস্থূলভাবং তু ত্যক্ত্বা সূক্ষ্মমথান্তরম্।
সূক্ষ্মাতীতং তু পরমং স্পন্দনং লভ্যতে যতঃ।।’

ইত্যুপক্রম্

‘...........প্রবিশেত্তৎস্বচেতসা।’

ইতি শ্রীমৃত্যুজিদ্ভট্টারকনিরূপিতনীত্যা প্রাণায়াম-ধ্যান-ধারণাদিস্থূলোপায়ান্ পরিত্যজ্য, স্বচিত্তেন অবিকল্পকরূপেণ অন্তর্মুখান্তরবিমর্শচমৎকারাত্মনা সংবেদনেন, প্রবিশেৎ সমাবিশেৎ। কীদৃক্ সন্? মগ্নঃ, শরীরপ্রাণাদিপ্রমাতৃতাং তত্রৈব চিচ্চমৎকাররসে মজ্জনেন প্রশময়ন্। তদুক্তং শ্রীস্বচ্ছন্দে

‘ব্যাপারং মানসাং ত্যক্ত্বা বোধরূপেণ যোজয়েৎ।
তদা শিবত্বমভ্যেতি পশুর্মুক্তো ভবানবাৎ।।’

ইতি শ্রীবিজ্ঞানভট্টারকেঽপি

‘মানসং চেতনা শক্তিরাত্মা চেতি চতুষ্টয়ম্।
যদা প্রিয়ে পরিক্ষীণং তদা তদ্ভৈরবং বপুঃ।।’

ইতি এতদেব জ্ঞানগর্ভে স্তোত্রে

‘বিহায় সকলাঃ ক্রিয়া জননি মানসীঃ সর্বতো
বিমুক্তকরণক্রিয়ানুসৃতিপারতন্ত্র্যোজ্জ্বলম্।।
স্থিতৈসত্বদনুভাবতঃ সপদি বেদ্যতে সা পরা
দশা নৃভিরতন্দ্রিতাসমসুখামৃতস্যন্দিনী।।’

ইত্যনেন মহাগুরুভির্নিবদ্ধম্।

ভাষ্যের ভাবার্থ

‘মৃত্যুজিতে’ বলা হয়েছে, স্থূল প্রাণায়াম, এমনকি সূক্ষ্ম প্রাণায়ামেরও উর্দ্ধে স্থিত স্পন্দের তরঙ্গের অনুভূতি। এই অনুভূতি প্রাপ্ত হলে সাধক জ্ঞাতার স্থানের অধিকারী হয়। (মৃত্যুজিত শ্লোকঃ VIII-12)

স্বচ্ছন্দতন্ত্রে বলা হয়েছে- “মানসিক ক্রিয়ার অবসানেই শিবে ‘বোধ’ উৎপন্ন হয় যা মুক্তির পথ।” (স্বচ্ছন্দঃ শ্লোকঃ IV-437)

বিজ্ঞানভৈরবে পার্বতীকে শিবের সম্বোধনে উক্ত- ‘হে প্রিয়ে, যখন মন, চেতনা, শক্তি ও আত্মার লয় হয় (dissolve) তখন ভৈরব উত্থিত হয়।’

-(বিজ্ঞানভৈরব শ্লোকঃ -138)

কল্লটের শিষ্য প্রদ্যুম্নভট্টপাদ তাঁর 'জ্ঞানগর্ভ' গ্রন্থে লিখেছেন- 'হে মাতৃদেবি, মানুষ তার সমস্ত মানসিক ক্রিয়া ইন্দ্রিয়চর্চার বন্ধন থেকে মুক্ত হলে পরে তোমার কৃপায় সর্বোচ্চ স্তরে উপনীত হলে অমৃতের বর্ষণের অনুপম সুখ অনুভব করে।'

দ্বাবিংশতি সূত্রের প্রস্তাবনা

ইত্থং চ পরমপদপ্রবিষ্টস্য অস্য বস্তুস্বাভাব্যাৎ যদা পুনঃ প্রসরণং ভবতি তদা-

অর্থাৎ, সর্বোচ্চ স্তরে উন্নীত হলে যোগীর চিত্তের বিস্তার হয়।

সূত্র-22

প্রাণসমাচারে সমদর্শনম্

অর্থাৎ, যোগীর প্রাণ (অস্তিত্ব) ধীরে ধীরে বিস্তার লাভ করলে তার চেতনায় সবকিছুর সঙ্গে একত্ব অনুভব হয়।

ভাষ্য

পরস্ফুরত্তাত্মকশাক্তপরিমলসংস্কৃতস্য প্রাণস্য, সম্যক্ ইতি বিকসিতসমগ্রগ্রন্থ্যাত্মকান্তরাবষ্টম্ভবলাৎ, আ ঈষৎ বহির্মন্দমন্দং চারে প্রসরণে, সমং চিদানন্দঘনাত্মতয়া একরূপং, দর্শনং সংবেদনম্, অর্থাৎ সর্বদশাসু অস্য ভবতি ইত্যর্থঃ। উক্তং চ শ্রীমদানন্দভৈরবে

'উৎসৃজ্য লৌকিকাচারমদ্বৈতং মুক্তিদং শ্রয়েৎ।

স সমং সর্বদেবানাং তথা বর্ণাশ্রমাদিকে।।

দ্রব্যাণাং সমতাদর্শো স মুক্তঃ সর্ববন্ধনৈঃ।'

ইতি। অত এব শ্রীপ্রত্যভিজ্ঞায়াম্

'বুদ্ধিপ্রাণপ্রসরেঽপি বাহ্যদেশাদ্যুপাদানানাহিতসঙ্কোচানাং বিশ্বাত্মস্বরূপলাভ এব।।'

ইত্যুক্তম্।

ভাষ্যের ভাবার্থ

'প্রাণস্য' অর্থ যোগীর অস্তিত্ব যা শক্তির সুগন্ধে সংস্কৃত (consecrated)। 'সম'-র অর্থ সম্যক্ (অন্তরের সবল অধিকার)। 'আচরে' অর্থ ধীরে ধীরে বিকসিত। 'সমদর্শনম্' অর্থ সবেতেই চিত্তে একত্ব বোধ।

আনন্দভৈরবে বলা হয়েছে- 'এমতাবস্থায় (উপরোক্ত) যোগী জীবনের সর্বাবস্থায় (আশ্রমে) এবং বিবিধের (দৈবাদৈব) থেকে মুক্ত হয়ে ভগবানকেই দেখেন।'

ঈশ্বরপ্রত্যভিজ্ঞায় কথিত- 'স্থান, কাল ও রূপ থেকে মুক্ত পুরুষ তার বুদ্ধি এবং প্রাণে স্থিত হয়েও জগৎকে নিজের মধ্যে দেখতে পান।'

ত্রয়োবিংশতি সূত্রের প্রস্তাবনা

যদা তু অন্তর্মুখতুর্যাবধানাবষ্টম্ভপ্রকর্ষলভ্যং তুর্যাতীতপদম্ এবময়ং ন সমাবিশতি, অপি তু পূর্বাপরকোটি-সংবেদ্যতুর্যচমৎকারমাত্রে এব সংতুষ্যন্নাস্তে, তদা অস্য-

অর্থাৎ, যোগী যখন তুরীয় দশায় উপনীত হয়ে ত্রিদশাকে অধিকার করে (আবৃত করে- জাগরণের সূচনা ও সুষুপ্তির শেষ) সন্তুষ্ট থাকে, তুরীয়াতীত অবস্থার আকাঙ্খা করে না, তখন তার চেতনার জ্ঞানের আনন্দও তদবধি সীমিত থাকে।

সূত্র-23

মধ্যেহবরপ্রসবঃ

এই মধ্যাবস্থায় মন সম্পূর্ণ অবসিত হয় না, তার সীমিত প্রভাব (অবর- inferior state) ব্যক্তিতে দৃষ্ট হয়।

ভাষ্য

পূর্বাপরকোটয়োস্তুর্যরসমাস্বাদয়তো, মধ্যে মধ্যদশায়াম্, অবরঃ অশ্রেষ্ঠঃ, প্রসবো ব্যুত্থানাত্মা কুৎসিতঃ সর্গো জায়তে। ন তু 'বিদ্যাসংহারে তদুত্থস্বপ্নদর্শনম্' (শিব-সূত্র শ্লোকঃ II-10) ইত্যুক্তসূত্রার্থনীত্যা সদা ব্যামুহ্যতি ইত্যর্থঃ।

উক্তং শ্রীমালিনীবিজয়ে

'বাসনামাত্রলাভেহপি যোহপ্রমত্তো ন জায়তে।
তমনিত্যেষু ভোগেষু যোজয়ন্তি বিনায়কাঃ।।
তস্মাৎ তেষু সংসক্তিং কুর্বোতোত্তমবাঞ্ছয়া।'

ইতি প্রাগপি সংবাদিতম্।

ভাষ্যের ভাবার্থ

দ্বিতীয় পর্বর দশম সূত্রে বলা হয়েছে যে যোগী তুরীয় অবস্থায় সম্পূর্ণরূপে জগতের ভ্রম থেকে মুক্ত হতে পারে না। মালিনীবিজয়ে বলা হয়েছে-

'যোগীর তুরীয় অবস্থায় খুব সচেতন থাকা আবশ্যক যাতে জগতের স্বল্পসুখ (transient pleasure) তাকে অধিকার করতে না পারে। নচেৎ বিভিন্ন দৈব (নিয়তি) তাকে বশ করবে।

চতুর্বিংশতি সূত্রের প্রস্তাবনা

এবমেব প্রসবেহপি প্রবৃত্তে যদি তুর্যরসাবষ্টম্ভেন মধ্যপদং সিঞ্চতি পুনরপি, তদা

অর্থাৎ, পূর্বোক্ত অবর মানসিক স্থিতিতেও যদি তুরীয়ের আনন্দানুভব পূর্বের তিন দশায় ছড়িয়ে দিতে পারে (sprinkle) তবেই যোগীর উন্নয়ন সম্ভব।

সূত্র-24

মাত্রাস্বপ্রত্যয়সন্ধানে নষ্টস্য পুনরুত্থানম্

অর্থাৎ, যখন চিৎ (real I-consciousness) বস্তুতে দৃষ্ট হয় তখন অতীন্দ্রিয় অনুভূতি সাময়িক হারিয়ে গেলেও সাধকের চিত্তে তার উদ্ধার হয়।

ভাষ্য

মাত্রাসু পদার্থেষু স্বপ্রত্যয়সন্ধানম্।

'চক্ষুষা যচ্চ সন্ধানং বাচা বা যশ্চ গোচরঃ।
মনশ্চিন্তয়তে যানি বুদ্ধিশ্চৈবাধ্যবস্যতি।।
অহঙ্কৃতানি যান্যেব যচ্চ বেদ্যতয়া স্থিতম্।
যশ্চ নাস্তি স তত্রৈব ত্বন্বেষ্টব্যঃ প্রযত্নতঃ।।'

ইতি-শ্রীস্বচ্ছন্দনিরূপিতনীত্যা 'বিশ্বমিদম্ অহম্, ইতি চিদঘনাত্মরূপতাং সর্বত্র অনুসন্দধতঃ, পূর্বোক্তাবরপ্রসবাৎ নষ্টস্য, অপহারিততুর্যৈকঘনচমৎকারময়স্বভাবস্য, পুনরুত্থানম্ উন্মজ্জনং তদৈক্যসম্পৎসম্পূর্ণত্বং যোগিনো ভবতি ইত্যর্থঃ।

তদুক্তং শ্রীস্বচ্ছন্দে

'প্রসহ্য চঞ্চলীত্যেব যোগিনামপি যন্মনঃ।'

ইত্যুপক্রম্য

'যস্য জ্ঞেয়ময়ো ভাবঃ স্থিরঃ পূর্ণঃ সমন্ততঃ।
মনো ন চলিতে তস্য সর্বাবিস্থাগতস্য তু।।
যত্র যত্র মনো যাতি জ্ঞেয়ং তত্রৈব চিন্তয়েৎ।
চলিত্বা যাস্যতে কুত্র সর্বং শিবময়ং যতঃ।।'

ইতি।

'বিষয়েষু চ সর্বেষু ইন্দ্রিয়ার্থেষু চ স্থিতঃ।
যত্র তত্র নিরূপ্যেত নাশিবং বিদ্যতে ক্বচিৎ।।'

ইতি চ।

ভাষ্যের ভাবার্থ

'মাত্রাসু'-র অর্থ বস্তুগত বিশেষত্ব বা অবিশেষত্ব যা চৈতন্যের সঙ্গে যোগ স্থাপন করে। অবিশেষত্ব কারণ বস্তুর বিশেষত্ব প্রকটিত অবিশেষত্বের পরিপ্রেক্ষিতে। উভয় অবস্থাতেই শিবের চৈতন্যের জ্যোতির অনুধ্যান আবশ্যক।

-(স্বচ্ছন্দঃ শ্লোক-XII 163-164)

উপরোক্ত স্বচ্ছন্দ তন্ত্রের আরও বক্তব্য এই যে শিবের জ্যোতির অনুধ্যানে পূর্বোক্ত তুরীয়ভাবের সম্ভাব্য নিমজ্জনের বা সাময়িক অন্তর্হিত অবস্থার আবার সাধকের ভিতর পুনঃপ্রকাশ সম্ভব যোগীর বিক্ষেপে (বিভ্রমে)।

তথাপি শিব সর্ব অবস্থায় অনুধ্যানে উপলব্ধ। -(স্বচ্ছন্দঃ শ্লোক-IV 311-314)

পঞ্চবিংশতি সূত্রের প্রস্তাবনা

ইত্থমাসাদিত প্রকর্ষো যোগী-

অর্থাৎ, দক্ষ যোগী ভগবৎ চৈতন্য লাভে সক্ষম।

সূত্র-25

শিবতুল্যো জায়তে

অর্থাৎ, সেই যোগী তখন শিবের প্রায় (শিবতুল্য)

ভাষ্য

তুর্যপরিশীলনপ্রকর্ষাৎ প্রাপ্ততুর্যাতীতপদঃ পরিপূর্ণস্বচ্ছস্বচ্ছন্দচিদানন্দঘনেন শিবেন ভগবতা তুল্যো, দেহকলায়া অবিগলনাৎ তৎসমো জায়তে। তৎবিগলনে সাক্ষাচ্ছিব এব অসৌ ইত্যর্থঃ। তথা চ শ্রীকালিকাক্রমে

'তস্মান্নিত্যমসন্দিগ্ধং বুদ্ধা যোগং গুরোর্মুখাৎ
অবিকল্পেন ভাবেন ভাবয়েত্তন্ময়ত্বতঃ।।
যাবত্তৎসমতাং যাতি ভগবাৎভৈরবোহব্রবীৎ।'

ইতি।

ভাষ্যের ভাবার্থ

'তুরীয়'র একাগ্র অনুধ্যানে তুরীয়াতীত অবস্থা প্রাপ্ত হওয়া যায়। এই অবস্থায় যোগী নির্মল, মুক্ত এবং চৈতন্যের আনন্দঘন মূর্তি হয়। এ হল যোগীর দেহ ও দেহমুক্ত অবস্থায় তার শিব ভাব।

সুতরাং গুরুর নির্দেশ প্রণিধান করে, চিন্তারহিত হয়ে শিবের সঙ্গ স্থাপনে শিবময় হওয়া সম্ভব। শিব-সূত্রে এটাই ভগবান ভৈরবের বক্তব্য।

ষড়বিংশতি সূত্রের প্রস্তাবনা

এবমপি চ 'যেনেদং তদ্ধি ভোগতঃ' ইত্যাদ্যুক্তরীত্যা উপনতভোগাতিবাহন-মাত্রপ্রয়োজনাৎ দেহস্থিতিঃ অস্য ন অতিক্রমণীয়া ইত্যাহ-

অর্থাৎ, এই দেহে লব্ধ অভিজ্ঞতা অনস্বীকার্য নয় কারণ দেহের কারণেই তা স্বীকৃত।

সূত্র-26

শরীরবৃত্তির্ব্রতম্

অর্থাৎ, শরীরে শুদ্ধবিদ্যা সর্বদা লক্ষণীয় এবং গ্রহণীয়।

ভাষ্য

প্রোক্তদৃশা শিবতুল্যস্য যোগিনঃ শিবাহম্ভাবেন বর্তমানস্য, শরীরে বৃত্তির্বর্তনং যৎ, তদেব ব্রতম্; স্বস্বরূপবিমর্শাত্মকনিত্যোদিতপরপূজাতৎপরস্য নিয়মেন অনুষ্ঠেয়ম্ অস্য। তথা চ শ্রীস্বচ্ছন্দে

'সুপ্রদীপ্তে যথা বহ্নৌ শিখা দৃশ্যেত চাম্বরে।
দেহপ্রাণস্থিতোহপ্যাত্মা তদ্বল্লীয়েত তৎপদে।।'

ইত্যুক্ত্যা দেহপ্রাণাদ্যবস্থিতস্যৈব শিবসমাবিষ্টত্বমুক্তম্। ন পুনস্তস্য দেহস্থিতিব্যতিরিক্তং ব্রতমুপযুক্তম্।

যদুক্তং শ্রীত্রিকসারে

'দেহোত্থিতাভির্মুদ্রাভির্যঃ সদা মুদ্রিতো বুধঃ।
স তু মুদ্রাধরঃ প্রোক্তঃ শেষা বৈ অস্থিধারকাঃ।।'

ইতি। শ্রীকুপঞ্চাশিকায়ামপি

'অব্যক্তলিঙ্গিনং দৃষ্ট্বা সম্ভাষন্তে মরীচয়ঃ।
লিঙ্গিনং নোপসর্পন্তি অতিগুপ্ততরা যতঃ।।'

ইতি।

ভাষ্যের ভাবার্থ

স্বচ্ছন্দতন্ত্রে (শ্লোকঃ IV-398) বলা হয়েছে-

‘যেমন প্রজ্জ্বলিত অগ্নি উর্দ্ধগামী হয়ে আকাশে দৃষ্ট হয় তেমনি সিদ্ধ যোগী দেহে স্থিত হয় অবিচলিত শিব সাধনায় এবং নিজেকে (আত্ম) ও তাঁর প্রাণকে শিবে উত্থিত দেখেন। সেই যোগীর ক্ষেত্রে প্রাণ রক্ষা ব্যতীত অন্য করণীয় নেই।’

ত্রিকাসারে বলা হয়েছে-

‘জ্ঞানীর মধ্যে যোগীর লক্ষণ বর্তমান। অন্যেরা যারা বিভিন্ন মুদ্রার আশ্রয় নেয় তারা দেহকঙ্কাল মাত্র (অস্থিপঞ্জর সার)।’

কুলপঞ্চশিকায় উল্লেখ আছে-

‘উচ্চাঙ্গের সাধক কোনও ধর্মীয় চিহ্ন সমন্বিত ব্যক্তির সঙ্গে সংলাপ করেন না এবং ‘ধর্মীয় বিনয়’কেও মহত্ত্ব দেন না কারণ তাঁরা ঐশ্বরিক (occult) পথের পথিক।’

সপ্তবিংশতি সূত্রের প্রস্তাবনা

এবং-বিধস্য অস্য-

অর্থাৎ, এই সব যোগীরা স্মরণ যোগ্য।

সূত্র-27

কথা জপঃ

অর্থাৎ, উপরোক্ত যোগীদের কথা জপ যোগ্য।

ভাষ্য

‘অহমেব পরো হংসঃ শিব পরমকারণম্।’

ইতি- শ্রীস্বচ্ছন্দনিরূপিতনীত্যা নিত্যমেব পরাহংভাবনাময়ত্বাৎ।

‘তস্য দেবাতিদেবস্য পরবোধস্বরূপিণঃ।

বিমর্শঃ পরমা শক্তিঃ সর্বজ্ঞা জ্ঞানশালিনী।।’

ইতি- শ্রীকালিকাক্রমনিরূপিতনীত্যা মহামন্ত্রাত্মকাকৃতকাহংবিমর্শারূঢ়স্য যদ্যদালাপাদি তত্তদস্য স্বাত্মদেবতাবিমর্শানবরতাবর্তনাত্মা জপো জায়তে।

যদুক্তং শ্রীবিজ্ঞানভৈরবে

‘ভূয়ো ভূয়ঃ পরে ভাবে ভাবনা ভাব্যতে হি যা।

জপঃ সোহত্র স্বয়ং নাদো মন্ত্রাত্মা জপ্য ইদৃশঃ।।’

ইতি। তথা

'সকারেণ বহির্যাতি হকারেণ বিশেৎপুনঃ।
হংস-হংসেত্যমুং মন্ত্রং জীবো জপতি নিত্যশঃ।।
ষট্'শতানি দিবারাত্রৌ সহস্রাণ্যেকবিংশতিঃ।
জপো দেব্যা বিনির্দিষ্টঃ সুলভো দুর্লভো জড়ৈঃ।।'

ইতি।

ভাষ্যের ভাবার্থ

যোগী পূর্ণরূপে সর্বোচ্চ চেতনায় সমাবিষ্ট। স্বচ্ছন্দতন্ত্রে বলা হয়েছে-

'আমিই সেই আত্মা, কারণ শরীর, আমিই শিব।'

কালিকাক্রমে বলা হয়েছে- 'সর্বোচ্চ শক্তির অধিকারী সেই ভগবান হল চৈতন্য যিনি সর্বজ্ঞ।'

যোগীও সেই শক্তি উপলব্ধি করেন। শুদ্ধ যোগীর স্বাভাবিকত্বই চেতনার প্রকাশ, তার সংলাপ 'মন্ত্র'সম যেন জপ। এই সংলাপ তার চেতনার আবৃত্তি করণ (ceaseless repitition of awareness)।

বিজ্ঞানভৈরবে (শ্লোকঃ 145) বলা হয়েছে জপ হচ্ছে অন্তরের স্বতঃস্ফুর্ত মন্ত্র যার বারম্বার মননে সর্বোচ্চের চিন্তন হয় । যোগীর পক্ষে শ্বাসত্যাগে 'হ' এবং শ্বাসগ্রহণে 'স', প্রতিদিন 21600 বার করণীয়, এর দ্বারা 'হংস' বা সর্বোচ্চ বন্দনা হয়।

অষ্টবিংশতি সূত্রের প্রস্তাবনা

ইদৃগ্জপব্রতবতোহস্য চর্যামাহ-

অর্থাৎ, দৈনন্দিন জপ করা ও ব্রত পালন করা যোগীর জীবনের এক লক্ষণ।

সূত্র-28

দানমাত্রজ্ঞানম্

যোগী তাঁর স্বরূপের জ্ঞান প্রাপ্ত হন বিতরণের জন্য।

ভাষ্য

প্রোক্তচৈতন্যরূপস্য আত্মনো যৎ জ্ঞানং, সাক্ষাৎকারঃ, তৎ অস্য দানম্; দীয়তে পরিপূর্ণ স্বরূপম্, দীয়তে খণ্ডয়তে বিশ্বভেদঃ, দায়তে শোধ্যতে মায়াস্বস্বরূপম্, দীয়তে রক্ষ্যতে লব্ধঃ শিবাত্মা স্বভাবশ্চ অনেন ইতি কৃত্বা। অথ চ দীয়তে ইতি দানম্ আত্মজ্ঞানমেব অনেন অন্তেবাসিভ্যো দীয়তে। তদুক্তম-

'দর্শনাৎস্পর্শনাদ্বাপি বিততাণ্ডবসাগরাৎ।
তারয়িষ্যন্তি যোগীন্দ্রাঃ কুলাচারপ্রতিষ্ঠিতাঃ।।'

ইতি।

ভাষ্যের ভাবার্থ

'দান' শব্দটি সংস্কৃতে বিভিন্নভাবে ব্যাখ্যা করা হয়েছে। 'দানম্'-এর মূল 'দা'র তৃতীয়া বিভক্তিতে (conjugation) অর্থ হল মহার্ঘ দান করা। দ্বিতীয়া বিভক্তিতে অর্থ হল দ্বিখণ্ডিত করা (বস্তুভেদ)। প্রথমা বিভক্তিতে (দৈ) অর্থে শুদ্ধ করা (মায়ার থেকে)। দ্বিতীয়া বিভক্তির যদি মূল হয় 'দী' তবে তার অর্থ হয় রক্ষণ, অর্থাৎ যোগী দানের মাধ্যমে নিজেতে শিবের প্রকৃতি রক্ষা করেন। সামগ্রিক অর্থ হল যোগী তাঁর জ্ঞান শিষ্যদের মধ্যে বন্টন করেন। কুলাচারী বা সিদ্ধযোগী দৃষ্টিপাতে বা স্পর্শে উন্মুখীকে ভবতরী পার করান; এটা যোগীর এক সঠিক লক্ষণ। কুলাচারী যোগী নিজেতে (নরদেহে) শক্তি ও শিবকে একত্রে অনুভব করেন।

নববিংশতি সূত্রের প্রস্তাবনা

যথোক্তনীত্যা শিবতুল্যতয়া নিত্যমেবং ব্রতজপচর্যানিষ্ঠত্বাৎ নিজশক্তিচক্রারূঢ়ঃ স এব তত্ত্বত উপদেশ্যানাং প্রতিবোধক ইত্যাহ-

অর্থাৎ, ব্রত, জপ এবং বিভিন্ন নিষ্ঠাযুক্ত আচরণের মাধ্যমে যোগী বিভিন্ন শক্তিকে বশীভূত করে শিবত্ব পান শক্তির অধিকারে।

সূত্র-29

যোঽবিপস্থো জ্ঞাহেতুশ্চ

অর্থাৎ, শক্তির অধিকার প্রাপ্তিতে যোগী জ্ঞানের স্রোত বহন করেন।

ভাষ্য

অধীন্ পশুন্ পাতি ইতি অবিপং 'কবর্গাদিষু মাহেশ্বর্যাদ্যাঃ পশুমাতরঃ'(শিব-সুত্র III-19)। ইত্যভিহিতদৃশা মাহেশ্বর্যাদিশক্তিচক্রং, তত্র তিষ্ঠতি বিদিতস্বমাহাত্ম্যত্বাৎ প্রভূত্বেন যঃ প্রতপতি, সংজ্ঞাহেতুঃ; জানাতি ইতি জ্ঞা জ্ঞানশক্তিঃ, তস্যা হেতুঃ, উপদেশ্যান্ জ্ঞানশক্ত্যা প্রতিবোধয়িতুং ক্ষমঃ। অন্যস্তু শক্তিচক্রপরতন্ত্রীকৃতত্বাৎ স্বাত্মনি অপ্রভবিষ্ণুঃ কথমন্যান্ প্রবোধয়েৎ। যচ্ছব্দাপেক্ষয়া সূত্রেঽত্র তচ্ছব্দোঽধ্যাহার্যঃ। চ শব্দো হ্যর্থে। যোঽয়মবিপস্থঃ স যস্মাৎ জ্ঞানপ্রবোধনহেতুস্তস্মাদুক্তমুক্তম্ 'দানমাত্মজ্ঞানম্' ((শিব-সুত্র III-28) ইতি।

অন্যে তু 'অক্ষরসারূপ্যাৎ প্রব্রূয়াৎ' ইতি নিরুক্তস্থিত্যা 'যো' ইতি যোগীন্দ্রঃ, 'বি' ইতি বিজ্ঞানম্, 'প' ইতি পদম্,'স্থ' ইতি পদস্থঃ ইত্যস্য অন্ত্যমক্ষরম্। 'জ্ঞ' ইতি জ্ঞাতা, 'হে' ইতি হেয়ঃ, 'তু' ইতি তুচ্ছতা, বিসর্জনীয়েন বিসর্গশক্তিঃ, চকারেণ অনুক্তসমুচ্চয়ার্থেন কর্তা পরামৃশ্যতে ইত্যাশ্রিত্য, যো যোগীন্দ্রো বিমর্শশক্ত্যা স্বরূপাত্মবিজ্ঞানপদস্থঃ, স জ্ঞাতা কর্তা চ অবগন্তব্যঃ; তদা চ অস্য হেয়তাং তুচ্ছতাং নিঃসারতাং, ন তু উপাদেয়তামাসাদয়তি ইতি ব্যাচক্ষতে। এতচ্চ ন নঃ প্রতিভাতি, পদার্থসঙ্গতের্নাতিচারুত্বাৎ; প্রতিসূত্রং চ ইদৃশব্যাখ্যাক্রমস্য সহস্রশো দর্শয়িতুং শক্যত্বাৎ।

ভাষ্যের ভাবার্থ

অবিপস্থঃ (অবি-পশু, প-রক্ষক বা পোষক, স্থ-স্থিত), অর্থাৎ জীবের পোষকভাবে দৈবীশক্তির অধিকারে স্থিত যোগী, জ্ঞাহেতু অর্থাৎ জ্ঞানযুক্ত। যোগীন্দ্র অর্থাৎ উত্তম যোগী, বিজ্ঞান বা বিশেষ জ্ঞানে পদস্থ বা স্থিত। 'জ্ঞা' অর্থ জ্ঞাতা (যে অবগত), জ্ঞাহেতু অর্থ জ্ঞানশক্তি।

উত্তম যোগী তার নিজের চেতনায় স্থিত থাকেন, তিনি জ্ঞানের কর্তা হয়ে উপবিষ্ট তাই তিনি কারকও (হেতু), অর্থাৎ দৈনন্দিন জগৎ তখন তাঁর কাছে হেয় বা অপ্রয়োজনীয়।

ত্রিংশতি সূত্রের প্রস্তাবনা

অস্য চ-

সুতরাং এই যোগী

সূত্র-30

স্বশক্তিপ্রচয়োঽস্য বিশ্বম্

অর্থাৎ, বিশ্বই যেন যোগীর শক্তির এক প্রকার প্রকাশ।

ভাষ্য

যতোঽয়ং শিবতুল্য উক্তস্ততো যথা

'শক্তয়োঽস্য জগৎকৃৎস্নম্....।'

ইত্যাদাম্নায়দৃষ্টয়া শিবস্য বিশ্বং স্বশক্তিময়ং, তথা অস্যাপি স্বস্যাঃ সংবিদাত্মনঃ শক্তেঃ, প্রচয়ঃ ক্রিয়াশক্তিস্ফুরণরূপো বিকাসো, বিশ্বম্।

যদুক্তং শ্রীমৃত্যুজিতি

'যতো জ্ঞানময়ো দেবো জ্ঞানং চ বহুধা স্থিতম্।

নিয়ন্ত্রিতানাং বদ্ধানাং ত্রাণং তন্নেত্রমুচ্যতে।।'

কালিকাক্রমেহপি

'তত্তদ্রূপতয়া জ্ঞানং বহিরন্তঃ প্রকাশতে।
জ্ঞানাদৃতে নার্থসত্তা জ্ঞানরূপং ততো জগৎ।।
ন হি জ্ঞানাদৃতে ভাবাঃ কেনচিদ্বিষয়ীকৃতাঃ।
জ্ঞানং তদাত্মতাং যাতমেতস্মাদবসীয়তে।।
অস্তিনাস্তিবিভাগেন নিষেধবিধিযোগতঃ।
জ্ঞানাত্মতা জ্ঞেয়নিষ্ঠা ভাবানাং ভাবনাবলাৎ।।
যুগপদ্বেদনাৎজ্ঞানজ্ঞেয়যোরেকরূপতা।'

ইতি।

ভাষ্যের ভাবার্থ

যারা মনে করেন বিশ্ব শিবের শক্তি, তাদের জ্ঞাতব্য এই যে বিশ্ব শিবের এক প্রকার শক্তির প্রকাশ মাত্র। যখন বলা হয় সিদ্ধযোগী শিবের শক্তি প্রাপ্ত তখন 'প্রচয়' (বিস্তারিত) শিবের ব্যাপ্ত চৈতন্যের যোগী এক কণা মাত্র। মৃত্যুজিৎ-এ বলা হয়েছে শিব জ্ঞানশক্তিময় এবং জগৎ প্রকাশিত বিভিন্ন রূপে (forms)। জীবের সীমিত ক্ষমতার বন্ধনে আবদ্ধতার কারণে শিব তাকে রক্ষা করেন কেন্দ্রে স্থিত হয়ে নেত্ররূপে।

-(মৃত্যুজিৎ শ্লোকঃ IX-12)।

কালিকাক্রমে বলা হয়েছে-

'চেতনা ব্যতীত অন্তরে বাহিরে কোনও কিছুর অস্তিত্ব নেই, জগৎও তাই। ইতিবাচক ও নেতিবাচক প্রয়োগে সাকার (positive) ও নঞর্থক (negative- অভাব) স্থিতির উদ্ভব হয়। উভয়ই চিত্ত ভাবনা। জ্ঞান (subject) এবং জ্ঞেয় (object) উভয়ই এক এবং একত্রে স্থিত।

একত্রিংশৎ সূত্রের প্রস্তাবনা

ন কেবলং সৃষ্টিদশায়াং নিজশক্তিবিকাসোহস্য বিশ্বং, যৎ তৎপৃষ্ঠপাতিনৌ-

অর্থাৎ, বিশ্বের শুধু উন্মেষই নয় তার পরবর্ত্তী ক্রম পরিণামেও পরমেশ্বরের স্থিতি।

সূত্র-31

স্থিতিলয়ৌ

অর্থাৎ, উন্মেষিত সৃষ্টির পোষণ এবং তার সংহার (reabsorrtion) পরমেশ্বরের শক্তিমত্তার প্রকাশ।

ভাষ্য

'স্বশক্তিপ্রচয়ঃ' ইত্যনুবর্ততে। ক্রিয়াশক্ত্যা ভাসিতস্য বিশ্বস্য তত্তৎপ্রমাত্রপেক্ষং কঞ্চিৎকালং বহির্মুখত্বাবভাসনরূপা যা স্থিতিঃ, চিন্ময়প্রমাতৃবিশ্রান্ত্যাত্মা চ যো লয়ঃ, তাবেতৌ এতস্য স্বশক্তিপ্রচয় এব; তত্তদ্বেদ্যং হি আভাসমানং বিলীয়মানং চ নিজসংবিৎশক্ত্যাত্মকমেব, অন্যথা অস্য সংবেদনানুপপত্তেঃ। অতএব শ্রীকালিকাক্রমে

'অস্তিনাস্তিবিভাগেন......।'

ইত্যাদি স্থিতিলয়পরত্বেনোক্তম্। তথা

'সর্বং শুদ্ধং নিরালম্বং জ্ঞানং স্বপ্রত্যয়াত্মকম্।
যঃ পশ্যতি স মুক্তাত্মা জীবন্নেব ন সংশয়ঃ।'

ইতি।

ভাষ্যের ভাবার্থ

স্থিতি হল প্রকাশিত জগতের ক্রিয়া শক্তির প্রভাবে সাময়িক অবস্থান, আর লয় হল চিৎ তথা সাক্ষীতে অপ্রকাশিত অবস্থান। দুই ভাবই যোগে উপলব্ধ। কালিকাক্রমে অস্তিত্ব ও অনস্তিত্বের কথা বলা হয়েছে উপরোক্ত স্থিতি ও লয়ের অর্থে। সুতরাং যিনি 'নিজের শুদ্ধ চেতনায় নিরপেক্ষ (সাপেক্ষ নয়) অবস্থান করেন তিনি চেতনার দ্বারা জীবিতাবস্থায়ই মুক্ত থাকেন, এ বিষয়ে কোনও সন্দেহ নেই।'

দ্বাত্রিংশৎ সূত্রের প্রস্তাবনা

নন্বেবং সৃষ্টিস্থিতিলয়াবস্থাসু অন্যোন্যভেদাবভাসময়ীষু অস্য স্বরূপান্যথাত্বমায়াতম্! ইত্যাশঙ্কাশান্ত্যর্থমাহ-

অর্থাৎ, সৃষ্টি, স্থিতি, ও বিনাশের (লয়) ভাবনায় যোগীর অন্তরে তিন বিভাগের উদ্ভব হতে পারে বলে মনে হয়, কিন্তু বাস্তবে তা নয়।

সূত্র-32

তৎপ্রবৃত্তাবপ্যনিরাসঃ সংবেত্তৃভাবাৎ

অর্থাৎ, জগতের পোষণ ও তার নিবৃত্তি ক্রমান্বয়ে হওয়া সত্ত্বেও যোগীর কোনও বিকার (break in awareness) হয় না কারণ যোগী শিবের শক্তির প্রভাবে জ্ঞাতা (subject)।

ভাষ্য

তেষাং সৃষ্ট্যাদীনাং প্রবৃত্তাবপি উন্মজ্জনেহপি, নাস্য যোগিনঃ সংবেত্তৃভাবাৎ তুর্যচমৎকারাত্মকবিমর্শময়াৎ উপলব্ধৃত্বাৎ, নিরাশ্চলনম্; তন্নিরাসে কস্যচিদপ্যপ্রকাশনাৎ। যদুক্তং তত্রৈব

'নাশেহবিদ্যাপ্রপঞ্চস্য স্বভাবো ন বিনশ্যতি।
উৎপত্তিধ্বংসবিরহাত্তস্মান্নাশো ন বাস্তবঃ।।
যতোহবিদ্যা সমুৎপত্তিধ্বংসাভ্যামুপচর্যতে।
যৎস্বভাবেন নষ্টং ন তন্নষ্টং কথমুচ্যতে।।'

ইতি। এতদেব স্পন্দে

'অবস্থাযুগলং চাত্র কার্যকর্তৃত্বশব্দিতম্।
কার্যতা ক্ষয়িণী তত্র কর্তৃত্বং পুনরক্ষয়ম্।।

তথা।

'কার্যোন্মুখঃ প্রযত্নো যঃ কেবলং সোহত্র লুপ্যতে।
তস্মিংল্লুপ্তে বিলুপ্তোহস্মীত্যবুধঃ প্রতিপদ্যতে।।
ন তু যোহন্তর্মুখো ভাবঃ সর্বজ্ঞত্বগুণাস্পদম্।
তস্য লোপঃ কদাচিৎস্যাদন্যস্যানুপলম্ভনাৎ।।'

ইত্যনেনোক্তম্।

ভাষ্যের ভাবার্থ

উন্মেষ ও পরবর্তী ঘটনাক্রম সত্ত্বেও যোগীর চিত্তে কোনও বিকার হয় না যেহেতু যোগী তুরীয় অবস্থার আনন্দে জ্ঞাতা রূপে বিচরণ করেন। কালিকাক্রমে বলা হয়েছে- 'অবিদ্যার (nescience) কারণে স্থিতির নিবৃত্তি (disappearance) যোগীর চেতনায় কোনও রেখাপাত করে না কারণ জ্ঞাতার জ্ঞানের বিলোপ সাধন হয় না।'

স্পন্দকারিকায় বলা হয়েছে- 'আত্মায় আছে দুই প্রকার ভেদ, কর্তা ও কার্য (subject and object)। কার্য্যের বিবর্তন হয় কর্তার নয়। বাইরের পরিবর্তন প্রজ্ঞার স্তরে কোনও পরিবর্তন ঘটায় না।' -(স্পন্দকারিকা শ্লোকঃ I-14-16)

ত্রয়োত্রিংশৎ সূত্রের প্রস্তাবনা

অস্য যোগিনঃ

উক্ত যোগী

সূত্র-33

সুখদুঃখয়োর্বহির্মননম্

উক্ত যোগী সুখদুঃখকে বাহ্যিক মনে করেন।

ভাষ্য

বেদ্যস্পর্শজাতয়োঃ সুখদুঃখয়োর্বহিরিব নীলাদিবৎ ইদন্তাভাসতয়া মননং সংবেদনং, ন তু লৌকিকবৎ অহন্তাস্পর্শনেন; অস্য হি 'স্বশক্তিপ্রচয়োহস্য বিশ্বম্'। (শিব-সূত্র III-30) ইত্যুক্তসূত্রার্থনীত্যা সর্বম্ অহন্তাচ্ছাদিতত্বেন স্ফুরতি, ন তু নিয়তং সুখদুঃখাদ্যেব, ইত্যেবংপরমেতৎ। যোগী হি প্রশান্তপুর্যষ্টকপ্রমাতৃভাবঃ কথং সুখদুঃখাভ্যাং স্পৃশ্যতে। তথা চ শ্রীপ্রত্যভিজ্ঞাসূত্রবিমর্শিন্যাম্।

'গ্রাহকভূমিকোত্তীর্ণানাং বাস্তবপ্রমাতৃদশাপ্রপন্নানাং তত্তৎস্বহেতুপস্থাপিতসুখদুঃখসাক্ষাৎকারেহপি ন তেষাং সুখদুঃখাদি, নোৎপদ্যত এব বা সুখাদি হেতুবৈকল্যাৎ, সহজানন্দাবির্ভাবস্তু তদা স্যাৎ।।' ইত্যুক্তম্। অত এব

'ন দুঃখং ন সুখং যত্র ন গ্রাহ্যং গ্রাহকো ন চ।
ন চাস্তি মূঢ়ভাবোহপি তদস্তি পরমার্থতঃ।।'

ইতি স্পন্দে নিরূপিতম্।

ভাষ্যের ভাবার্থ

এই যোগী সুখদুঃখকে বাহ্যিক মনে করে তার দ্বারা পীড়িত হন না কারন তা চেতনার অঙ্গ নয়। পূর্বোক্ত ত্রিশ সংখ্যক সূত্রে বলা হয়েছে যে এই জগৎ শক্তির প্রকাশ যা চেতনার (I-consciousness) দ্বারা পরিব্যাপ্ত। যোগী চেতনায় স্থিত হলে জগতের সুখদুঃখ তাঁকে প্রভাবিত করতে পারে না। প্রত্যভিজ্ঞাসূত্রবিমর্শিনীতে সে কথাই বলা হয়েছে। 'যাদের জীবন সীমিত ক্ষমতার বন্ধনে আবদ্ধ নয় সেই চৈতন্য প্রাপ্ত যোগী সুখদুঃখের বোধের উর্দ্ধে অবস্থান করেন। তাঁদের অবস্থান ঐশ্বরিক আনন্দে।'

স্পন্দকারিকায় বলা হয়েছে- 'যখন যোগীর জীবনে জগৎ ও জগতের সুখদুঃখ অন্তর্হিত এবং তাঁর বোধ প্রাণবন্ত (স্থবির নয়), তখন তিনি সত্যে উপনীত (actual reality)।' -(স্পন্দকারিকা শ্লোকঃ I-5)

চতুর্ত্রিংশৎ সূত্রের প্রস্তাবনা

যতশ্চ উত্তীর্ণপুর্যষ্টকপ্রমাতৃভাবস্য যোগিনো নান্তঃ সুখদুঃখসংস্পর্শঃ, অত এবাসৌ-

অর্থাৎ, যোগী যখন তাঁর সূক্ষ্ম শরীরের অনুভূতি লাভ করে সেখানেও নিজেকে বোধ করে, তখন তার অন্তরের সুখদুঃখ বোধও অন্তর্হিত হয়ে যায়।

সূত্র-34

তদ্বিমুক্তস্তু কেবলী

অর্থাৎ, সুখদুঃখ রহিত সাধক নিজেতেই নিজে চেতনায় লীন থাকে।

ভাষ্য

তাভ্যাং সুখদুঃখাভ্যাং বিশেষণ মুক্তঃ সংস্কারমাত্রেণাপি অন্তর্ অসংস্পৃষ্টঃ, কেবলী, কেবলং চিন্মাত্রপ্রমাতৃতারূপং যস্য। তদুক্তং শ্রীকালিকাক্রমে

'সুখদুঃখাদিবিজ্ঞানবিকল্পানল্পকল্পিতম্।
ভিত্ত্বা দ্বৈতমহামোহং যোগী যোগফলং লভেৎ।।'

ইতি। তু-শব্দো বক্ষ্যমাণপেক্ষয়া বিশেষদ্যোতকঃ, এবমুত্তরসূত্রগতোহপি এতৎ-সূত্রাপেক্ষয়া।

ভাষ্যের ভাবার্থ

বিমুক্ত অর্থ অন্তরে বিশেষভাবে মুক্ত, 'তাভ্যাং' বা সুখদুঃখ রহিত হয়ে চৈতন্যে জ্ঞাতাস্বরূপে স্থিত হয়ে। কালিকাক্রমে বলা হয়েছে- 'যোগী যোগের ফল লাভ করে দ্বৈতের দ্বন্দ্ব থেকে এবং বস্তুগত চিন্তা (thought-construct) থেকে মুক্ত হয়ে মুক্তির ফল ভক্ষণ করবেন।'

সূত্রে 'তু'-এর অর্থ পরবর্ত্তী সূত্রের 'তুলনায়'। পরবর্ত্তী সূত্রে 'তু'-এর অর্থ এই (বর্তমান) সূত্রের অপেক্ষায়।

পঞ্চত্রিংশৎ সূত্রের প্রস্তাবনা

যদাহ-

তুলনীয় এই সূত্র

সূত্র-35

মোহপ্রতিসংহতস্তু কর্মাত্মা

অর্থাৎ যিনি মোহতে নিমজ্জিত তিনি সুখদুঃখের ফলভোগী।

ভাষ্য

মোহেন অজ্ঞানেন, প্রতিসংহতঃ তদেকঘনঃ, তত এব সুখদুঃখাশ্রয়ো যঃ, স পুনঃ কর্মাত্মা নিত্যং শুভাশুভকলঙ্কিতঃ। তদুক্তং তত্রৈব

'যদবিদ্যাবৃততয়া বিকল্পবিধিযোগতঃ।
শিবাদীন্নৈব ঝটিতি সমুদ্ভাবয়তেহখিলান্।।
ততঃ শুভাশুভা ভাবা লক্ষ্যন্তে তদ্বশৎবতঃ।
অশুভেভ্যশ্চ ভাবেভ্যঃ পরং দুঃখং প্রজায়তে।।'

ইতি।

ভাষ্যের ভাবার্থ

এখানে 'মোহ'-কে অনুঘটক মনে করা হয়েছে যার মাধ্যমে (প্রতিসংহতঃ) সুখ দুঃখ ঘটে; কর্ম হল এর কারণ। কালিকাক্রমে উক্ত- 'অবিদ্যায় (primal ignorance) স্থিত ব্যক্তি তার চিন্তনে সত্যের সব তত্ত্ব প্রাথমিকভাবে অনুধাবন করতে পারে না। নিজেকে বিমুক্ত ও শিবতুল্য না ভাবায় সুখ দুঃখের ফল ভোগ করে।'

ষট্'ত্রিংশৎ সূত্রের প্রস্তাবনা

এবমীদৃশস্যাপি কর্মাত্মনো যদা অনর্গলমাহেশশক্তিপাতবশোন্মিষিতসহজস্বাতন্ত্র্যযোগো ভবতি, তদা অস্য-

অর্থাৎ, পরমেশ্বরের কৃপায় কর্মেযুক্ত ব্যক্তিও যখন 'স্বাতন্ত্র' শক্তি লাভ করে তখন প্রকৃতপক্ষে তারমধ্যে ঈশ্বরের সংযোগ স্থাপন হয়।

সূত্র-36

ভেদতিরস্কারে সর্গান্তরকর্মত্বম্

অর্থাৎ, যখন বস্তুর বিভিন্নতাবোধ দূরীভূত হয় তখন যোগী নিজেকে অন্য আনন্দদায়ক জগতের বাসিন্দা মনে করে।

ভাষ্য

শরীরপ্রাণাদ্যহন্তাভিমানাত্মনঃ সকলপ্রলয়াকলাদিপ্রমাত্রুচিতস্য ভেদস্য, তিরস্কারে স্থিতস্যাপি চিদ্ঘনস্বভাবোৎমজ্জনাদ্ অপহস্তনে সতি, ক্রমেণ মন্ত্রমন্ত্রেশ্বর-মন্ত্রমহেশ্বরাত্মকস্বমাহাত্ম্যাবাপ্তৌ, সর্গান্তরকর্মত্বং যথাভিলষিতনির্মেয়নির্মাতৃত্বং ভবতি। তথা চ শ্রীস্বচ্ছন্দে

'ত্রিগুণেন তু জপ্তেন স্বচ্ছন্দসদৃশো ভবেৎ।'

ইতি স্বচ্ছন্দসাদৃশ্যেন ভেদতিরস্কারমস্য উক্ত্বা

'ব্রহ্মবিষ্ণিন্দ্রদেবানাং সিদ্ধদৈত্যোরগেশিনাম্।।

ভয়দাতা চ হর্তা চ শাপানুগ্রহকৃদ্ভবেৎ।
দর্পং হরতি কালস্য পাতযেদ্ভূধরানপি।।'

ইত্যুক্তম্।

ভাষ্যের ভাবার্থ

ঘনীভূত চেতনার উদ্গমে যোগী সকল, প্রলয়াকলা ইত্যাদিকে, অর্থাৎ কালভেদকে নিজের মানসিকতা (দেহ ও মন) থেকে দূরীভূত (তিরস্কার) করেন, এবং তখন মন্ত্র, মন্ত্রেশ্বর, মন্ত্রমহেশ্বর তার মধ্যে প্রাধান্য পায় নতুন জগতের সৃজনে।

তখন যোগী ত্রিধারার জপে অগ্রসর হন। i)শাম্ভব জপ- প্রকাশ ও বিমর্শের সংযোগস্থলের ধ্যান, ii) শাক্ত জপ- প্রমাণ ও প্রমেয়র সংযোগস্থলের ধ্যান, iii) আণব জপ- প্রাণ ও অপানের সংযোগস্থলের ধ্যান। এই ত্রিধারার জপের শক্তিতে তিনি ভৈরবের স্বাধীনতা লাভে এবং ব্রহ্মা, বিষ্ণু, ইন্দ্র; তাছাড়া দৈত্য, সিদ্ধ, সর্পরাজ দ্বারা অনুগৃহীত হয়ে ভয়কে জয় করেন, মৃত্যুকে উপেক্ষা করেন, এমন কি বাধাস্বরূপ পর্বতকেও ধ্বংস করতে পারেন। - (স্বচ্ছন্দতন্ত্র VI 54-55)

সপ্তত্রিংশৎ সূত্রের প্রস্তাবনা

ন চ এতদস্য অসম্ভাব্যম্ যতঃ-

এই নতুন জগৎ যোগীর ক্ষেত্রে অসম্ভব কিছু নয়।

সূত্র-37

করণশক্তিঃ স্বতোহনুভবাৎ

সাধকের পক্ষে তার সৃজনের ক্ষমতার অনুভব সম্ভব।

ভাষ্য

স্বতঃ স্বস্মাদেবানুভবাৎ সংকল্পস্বপ্নাদৌ, করণশক্তিঃ তত্তদসাধারণার্থ নির্মাতৃত্বম্ আত্মনঃ সিদ্ধমেব। অনেনৈব আশয়েন শ্রীপ্রত্যভিজ্ঞায়াম্

'অত এব যথাভীষ্টসমুল্লেখাবভাসনাৎ।
জ্ঞানক্রিয়ে স্ফুটে এব সিদ্ধে সর্বস্য জীবতঃ।।'

ইত্যুক্তম্। তথা সম্ভবাৎ যদি চৈতৎ গাঢ়াভিনিবেশেন বিমৃশতি, তদা সর্বসাধারণা অভীষ্টার্থনির্মাতৃতাপি ভবতি। তদুক্তং তত্ত্বগর্ভে

'যদা তু তেহপি সুব্যক্তস্বসামর্থ্যগুণোজ্জ্বলাঃ।
ভবেদ্'দৃঢ়তরাদূরদারিতা দার্ঢ্যদীনতা।

তদা চ তেষাং সংকল্পঃ কল্পপাদপতাং ব্রজেৎ।।'

ইতি।

ভাষ্যের ভাবার্থ

ধারণার বশবর্ত্তী হয়ে কোনো কিছু ভাবনার দ্বারা সৃষ্টি করা অসম্ভব নয়। শ্রীপ্রত্যভিজ্ঞায় বলা হয়েছে- 'ধারণায় (অবভাসনাৎ) কিছু করা (সমুল্লেখ) হল জ্ঞানক্রিয়া যা সাধকে উপলব্ধ।'

তত্ত্বগর্ভে বলা হয়েছে- 'যখন যোগী উন্মেষের শক্তি দ্বারা সৃজনে অগ্রণী হন তখন তাঁর জাগতিক ইচ্ছা অনিচ্ছার কোনও অবকাশ থাকে না জগতের নির্দিষ্ট বিষয়ে। তার ইচ্ছাশক্তি তখন কল্পতরু হয়ে যায়।'

অষ্টত্রিংশৎ সূত্রের প্রস্তাবনা

যতশ্চ করণশক্তিশব্দোক্ত্যা তুর্যাত্মা স্বাতন্ত্র্যশক্তিরেব বোধরূপস্য প্রমাতুঃ সারম্, অতো মায়াশক্ত্যপহস্তিততৎস্বরূপোত্তেজনায়-

অর্থাৎ, যখন করণ-শক্তি (creative power) তুরীয় পর্যায়ে স্বাতন্ত্র্যশক্তিতে (absolute will power) পর্যবসিত হয় তখন ব্যক্তি চৈতন্যময় হয়ে যায় তুরীয়র একাগ্রতায় মায়াশক্তিকে উপেক্ষা করে।

সূত্র-38

ত্রিপদাদ্যনুপ্রাণনম্

ত্রিপদ অর্থাৎ মন, দেহ ও ইন্দ্রিয়সকল স্বাতন্ত্র্যশক্তির (absolute will power) দ্বারা সচেতন (enliven) থাকে। এই স্বাতন্ত্র্য সৃজনশীল শক্তি।

ভাষ্য

ত্রয়ানাং ভাবৌন্মুখ্যতদভিষ্বঙ্গতদন্তর্মুখীভাবনাময়ানাং সৃষ্টিস্থিতিলয়শব্দোক্তানাং, পদানামস্থানাং যদ্ আদি প্রধানাং ত্রিচমৎকৃতিত্বেন আনন্দঘনং তুর্যাখ্যং পদং মায়াশক্ত্যাচ্ছাদিতমপি তত্তদ্বিষয়োপভোগাদ্যবসরেষু বিদ্যুদ্বদাভাসমানং তেন তত্তদবসরেষু ক্ষণমাত্রোদিতেনাপি, অনুপ্রাণনম্ অন্তর্মুখতদ্বিমর্শাবস্থিতিতারতম্যেন অনুগততয়া প্রাণনম্, আত্মনস্তেনৈব জীবিতেনাপি জীবিতস্য উত্তেজনং কুর্যাৎ। তদুক্তং শ্রীবিজ্ঞানভৈরবে

'অন্তঃ স্বানুভবানন্দা বিকল্পোন্মুক্তগোচরা।

যাবস্থা ভরিতাকারা ভৈরবী ভৈরবাত্মনঃ।।

তদ্বপুস্তত্ত্বতো জ্ঞেয়ং বিমলং বিশ্বপুরণম্।'

ইত্যাদ্যুপক্রম্য

'শক্তিসঙ্গমসংক্ষুব্ধশক্ত্যাবেশাবসানিকম্।
যৎসুখং ব্রহ্মতত্ত্বস্য তৎসুখং স্বাক্যমুচ্যতে।।
লেহনামন্থনাকোটৈঃ স্ত্রীসুখস্য ভরাৎস্মৃতেঃ।
শক্ত্যভাবেহপি দেবেশি ভবেদানন্দসংপ্লবঃ।।
আনন্দে মহতি প্রাপ্তে দৃষ্টে বা বান্ধবে চিরাৎ।
আনন্দমুদ্গাতং ধ্যাত্বা তন্ময়স্তল্লয়ীভবেৎ।।
জগ্ধিপানকৃতোল্লাসরসানন্দবিজৃম্ভণাৎ।
ভাবয়েদ্ ভরিতাবস্থাং মহানন্দস্ততো ভবেৎ।।
গীতাদিবিষয়াস্বাদাসমসৌখ্যৈকতাত্মনঃ।
যোগিনস্তন্ময়ত্বেন মনোরূঢ়েস্তদাত্মতা।।'

ইত্যাদিনা উপায়প্রদর্শনেন প্রপঞ্চিতম্। এতৎ চ

'অতিক্রুদ্ধঃ প্রহৃষ্টো বা কিং করোমীতি বা মৃশন।
ধাবন্বা যৎপদং গচ্ছেত্তত্র স্পন্দঃ প্রতিষ্ঠিতঃ।।' (স্পন্দকারিকা I-22)

ইত্যাদিনা

'.....প্রবুদ্ধঃ স্যাদনাবৃতঃ।।'

ইত্যন্তেন প্রদর্শিতম্। এতৎ স্পন্দনির্ণয়ে নিরাকাঙ্খং ময়ৈব নির্ণীতম্। 'ত্রিষু চতুর্থ তৈলবদাসেচ্যম্' (শিব-সূত্র III-20) ইতি সূত্রেণ জাগরাদৌ তুর্যানুপ্রাণনমুক্তম্। অনেন সর্বদশানুগতাদিমধ্যান্তেষু সৃষ্টিস্থিতিসংহারনিরূপিতয়া ভঙ্গয়া নিরূপিতেষু ইতি বিশেষঃ।

ভাষ্যের ভাবার্থ

সৃষ্টি, স্থিতি ও লয়ের ভাবনাগত অভিমুখ (ভাবনামুখ্য) হল তাদের বস্তুগত (তদভিষঙ্গ) বিষয়ের অর্থাৎ বস্তুরই সৃষ্টি, স্থিতি ও লয়। ভাবনাগত অভিমুখের পিছনে কি বিচার আছে ? উত্তর হল বস্তুরূপের বিচার আছে। আর এদের কারণ সেই অন্তর্মুখী জগতের ভাবনাময়তা (inner assimilation) যা মূল বা আদি এবং ব্যক্তির সেই অনুভূতি তার স্বানন্দ তুরীয়ভাবের দ্বারা জাগরণ, স্বপ্ন ও সুষুপ্তিকে সমাচ্ছন্ন করে সম্পর্কিত।

তুরীয়ভাবে এই সম্পর্কের অনুধাবন (অনুপ্রাণনম) যোগীকে চেতনার দ্বারা অনুভব্য জগতের আনন্দ প্রদান করে তার অন্তরে। বিজ্ঞানভৈরবে বলা হয়েছে যোগী সেই আনন্দে স্থিত হয়ে কখনো তাঁর প্রাণবন্ততা (vitality) হারাবে না। 'যোগীর এই প্রাণবন্ততা

একপ্রকার পরাশক্তির আনন্দ (bliss) যাতে বিভিন্নতার চিন্তার (thought-construct) অবকাশ থাকে না। ভৈরবের শক্তির (আদি শক্তি) এই পরাশক্তিকে ভৈরবী বলে যা সর্বব্যাপী।' -(বিজ্ঞানভৈরব শ্লোক-15)

বিজ্ঞানভৈরবে আরও বলা হয়েছে- 'যৌন সংসর্গের সময় স্ত্রীজাতি যে আনন্দ (orgasm) নিজেতে গ্রহণ তথা অনুভব করে তা একপ্রকার ব্রহ্মারই আনন্দ সৃষ্টিতে।' স্ত্রীপ্রসঙ্গ না থাকলেও অন্যকারণেও যথা কালক্ষয়ে প্রিয়জনের দর্শনে বা আনন্দদায়ক ঘটনায় সুখানুভূতি হতে পারে যাকে প্রলম্বিত করলে তার গভীরতার বৃদ্ধি হয়। সেই আনন্দের চিন্তনেও ব্রহ্মার সৃষ্টিসুখের অনুরণন থাকে।

যোগী যখন মানসিকভাবে সম্পৃক্ত হয়ে এই আনন্দে অন্য সবকিছু ভুলে যায় এই আনন্দের চিন্তনে তখন সে আনন্দময় হয়ে যায় (becomes one with it)।

-(বিজ্ঞানভৈরব শ্লোক 69-73)

স্পন্দকারিকার বিভিন্ন শ্লোকে (I-22,25) বলা হয়েছে- 'যখন ব্যক্তিতে অত্যুৎসাহের (exalted) ভাব হয় তখনই তার জীবনে স্পন্দতত্ত্বের বোধ হয় (I-22) এবং সে একই সাথে অবিদ্যা থেকে মুক্ত হয় (I-25)।' স্পন্দনির্ণয়ে এবিষয়ে সবিস্তারে প্রমাণ করা হয়েছে।

শিব-সূত্রের (III-20) 'ত্রিষু চতুর্থ তৈলবদাসেচ্যম্' সূত্রে বলা হয়েছে- 'ব্যক্তির জাগরণ, স্বপ্ন ও সুষুপ্তি, চতুর্থ তুরীয় অবস্থার দ্বারা প্রণোদিত (vitalized) এবং সমাচ্ছন্ন; সেইরকম জগতের সৃষ্টি, স্থিতি ও লয় চৈতন্যের রসে (elixir) রসায়িত। এই বক্তব্য বর্তমান সূত্রের মুখ্য উদ্দেশ্য।

নবত্রিংশৎ সূত্রের প্রস্তাবনা

এতৎ চ ত্রিপদাদ্যনুপ্রাণনমন্তর্মুখত্বাবষ্টম্ভত্বদশায়ামেবাসাদ্য ন সংতুষ্যেৎ, অপি তু-

অর্থাৎ, যোগী তুরীয়ের দ্বারা জাগরণ, স্বপ্ন ও সুষুপ্তির প্রণোদনায় সন্তুষ্ট থাকবেন না, এই প্রণোদনা অন্যান্য ক্ষেত্রেও সঞ্চার করতে হবে।

সূত্র-39

চিত্তস্থিতিবচ্ছরীরকরণবাহ্যেষু

অর্থাৎ, যেমন মনের ক্ষেত্রে তেমনি দেহ, অঙ্গপ্রত্যঙ্গ, ইন্দ্রিয় এবং বহির্জগতের ক্ষেত্রেও চিৎ-এর প্রেরণা (transcendal consciousness) সঞ্চারিত।

ভাষ্য

'ত্রিপদাদ্যনুপ্রাণনম্' ইত্যেব। যথা অন্তর্মুখরূপায়াং চিত্তস্থিতৌ তুর্য়েণানুপ্রাণনং কুর্যাৎ, তথা শরীরকরণবাহ্যাভাসাত্মিকায়াং বহির্মুখতায়ামপি আন্তরবিমর্শাবষ্টম্ভবলাৎ ক্রমাৎত্রমং তারতম্যভাজা তেন অনুপ্রাণং কুর্যাৎ। যদুক্তং শ্রীবিজ্ঞানভৈরবে

'সর্বং জগৎস্বদেহং বা স্বানন্দভরিতং স্মরেৎ।
যুগপৎস্বামৃতেনৈব পরানন্দময়ো ভবেৎ।।' (বি.ভৈ. শ্লোক-65)

ইতি এবং হি আনন্দাত্মা স্বাতন্ত্র্যশক্তিঃ সর্বদশাসু স্ফুটীভূতা সতী যথেষ্টনির্মাণকারিণী ভবতি।

ভাষ্যের ভাবার্থ

যোগী তার অন্তরের চেতনাকে গ্রহণ করে সেই চেতনার দ্বারা তার শরীর, অঙ্গপ্রতঙ্গ, ইন্দ্রিয় ও বহির্জগত নিজেতে উজ্জীবিত করেন। বিজ্ঞানভৈরবেও (শ্লোকঃ-65) সে কথা বলা হয়েছে-'সাধক জগৎ ও নিজের দেহকে, আনন্দময় অনুভবে অনুভব করবেন সর্বোৎকৃষ্ট-রূপে।' ব্যক্তির স্বাতন্ত্র্য শক্তি যখন সবেতে অনুভূত হয় তখন সে বিভিন্ন সৃষ্টিতে সক্ষম হয়।

চত্বারিংশৎ সূত্রের প্রস্তাবনা

যদা তু অয়মেব আন্তরীং তুর্যদশাম্ আত্মত্বেন ন বিমৃশতি, তদা দেহাদিপ্রমাতৃতাভাবাদ্ অপূর্ণমন্যতাত্মকাণবমলরূপাৎ-

অর্থাৎ, যখন ব্যক্তির তুরীয়ভাব হয় না তখন সে দেহসচেতন (self identification) হয়। এই অবস্থাকে বলে আণবমল অবস্থা যার চরিত্র হল অসম্পূর্ণতার ত্রুটি।

সূত্র-40

অভিলাষাদ্বহির্গতিঃ সংবাহ্যস্য

অসম্পূর্ণতার ত্রুটির কারণে ব্যক্তি বহির্মুখী হয়ে স্থান থেকে স্থানান্তরে বস্তু থেকে বস্তুতে সুখের সন্ধান করে।

ভাষ্য

শক্তিচক্রাধিষ্ঠিতৈঃ কঞ্চুকান্তঃকরণবহিষ্করণতন্মাত্রভূতৈঃ সহ, সংবাহ্যতে যোনের্য়োন্যন্তরং নীয়তে ইতি সংবাহ্যঃ, কর্মাত্মরূপঃ পশুঃ তস্য

'.....অভিলাষো মলোহত্র তু।'

ইতি শ্রীস্বচ্ছন্দোক্তনীত্যা অপূর্ণমণ্যতাত্মকাবিদ্যাখ্যাণবমলরূপাদ্ অভিলাষাদ্বেতোর্বহির্গতিঃ, বিষয়োন্মুখত্বমেব ভবতি; ন তু অন্তর্মুখরূপাবহিতত্বং জাতুচিৎ। যদুক্তং কালিকাক্রমে

'যদাবিদ্যাবৃততয়া বিকল্পবিধিযোগতঃ।
শিবাদীন্নৈব ঝটিতি সমুদ্ভাবয়তেখিলান্।।
ততঃশুভাশুভা ভাবা লক্ষ্যন্তে তদ্বশত্বতঃ।
অশুভেভ্যশ্চ ভাবেভ্যঃ পরং দুঃখং প্রজায়তে।।
অতথ্যাং কল্পনাং কৃত্বা পচ্যন্তে নরকাদিষু।
স্বৌখৈর্দোষৈশ্চ দহ্যন্তে বেণবো বহ্নিনা যথা।।
মায়াময়ৈঃ সদা ভাবৈরবিদ্যাং পরিভূঞ্জতে।
মায়াময়ীং তনুং যান্তি তে জনাঃ ক্লেশভাজনম্।।

ইতি।

ভাষ্যের ভাবার্থ

'সংবাহ্য' অর্থ মায়ার দ্বারা আবৃত হয়ে কর্মে লিপ্ত হওয়া। শক্তির অধিষ্ঠান স্থূল শরীরে, তন্মাত্রে যা ইন্দ্রিয়ের বোধ। স্বচ্ছন্দতন্ত্রে বলা হয়েছে যে এসবই ব্যক্তিতে অবিদ্যার বশে আণবমলে স্থিত হয়ে ব্যক্তিকে বহির্জগত থেকে সুখের সন্ধানে প্রবৃত্ত করে। কালিকাক্রমে বলা হয়েছে- 'অবিদ্যা জনিত চিন্তনে ব্যক্তি ব্যাপৃত থাকায় ব্যক্তি তার শিবচৈতন্যকে ভুলে কুকর্মে (অবাঞ্ছিত আশ্রয়) লিপ্ত হয়। ফলে নরকের কষ্ট পেয়ে বাঁশ গাছের মত নিজেই জ্বলে পুড়ে যায়।'

একচত্বারিংশৎ সূত্রের প্রস্তাবনা

যদা তু পারমেশশক্তিপাতবশোন্মিষিতং স্বং স্বভাবমেব বিমৃশতি, তদা অভিলাষাভাবাদ্ ন অস্য বহির্গতিঃ, অপি তু আত্মারামতৈব নিত্যমিত্যাহ-

অর্থাৎ, ব্যক্তি যখন নিজের স্বরূপকে চিনতে পারে ভগবৎ কৃপায় চিত্ত জাগরিত হলে, তখন সে নিজেতেই লীন (rest within) থাকে।

সূত্র-41

তদারূঢ়প্রমিতেস্তৎক্ষয়াজ্জীবসংক্ষয়ঃ

যে যোগী তুরীয় অবস্থায় দৃঢ়রূপে স্থিত হয় তার জাগতিক বাসনার আর উদয় হয় না।

ভাষ্য

তদিতি পূর্বনির্দিষ্টসংবেত্রাত্মনি তুর্যপদে, আরূঢ়া তদ্বিমর্শনপরা, প্রমিতিঃ সংবিৎ যস্য যোগিনস্তস্য। তদিতি অভিলাষক্ষয়াৎ, জীবস্য সংবাহ্যাত্মনঃ পুর্যষ্টকপ্রমাতৃভাবস্য, ক্ষয়ঃ প্রশমঃ; চিৎপ্রমাতৃতয়ৈব স্ফুরতি ইত্যর্থঃ। যদুক্তং তত্রৈব

'যথা স্বপ্নানুভূতার্থাৎ প্রবুদ্ধো নৈব পশ্যতি।
তথা ভাবনয়া যোগী সংসারং নৈব পশ্যতি।।'

ইতি। তথা

'নিরস্য সদসদ্বৃত্তীঃ সংশ্রিত্য পদমান্তরম্।
বিহায় কল্পনাজালমদ্বৈতেন পরাপরম্।।
যঃ স্বাত্মনিরতো নিত্যং কালগ্রাসৈকতৎপরঃ।
কৈবল্যপদভাগ্'যোগী স নির্বাণপদং লভেৎ।।'

ইতি। কৈবল্যপদভাগিতি ইন্দ্রিয়তন্মাত্রাভিরসংবাহ্যঃ।

ভাষ্যের ভাবার্থ

এখানে 'তৎ' অর্থাৎ তুরীয় অবস্থা এবং 'আরূঢ় প্রমিতেঃ' অর্থাৎ যোগী যে তুরীয় অবস্থায় স্থিত তার, 'তৎ-ক্ষয়তে' বা বাসনার লেশ হয় এবং 'জীব-সংক্ষয়ঃ' অর্থাৎ পুর্যষ্টক সমন্বিত সূক্ষ্মশরীর জন্ম জন্মান্তরের কবল থেকে মুক্ত হয় ও স্বরূপে স্থিত হয় (foundational consciousness)।

কালিকাক্রমে বলা হয়েছে- 'স্বপ্ন থেকে জেগে উঠলে ব্যক্তি স্বপ্নকে আর দেখতে পায় না; তেমনি যোগী আত্মাকে মূলীভূত জানলে পরে জগৎবিস্মৃত হয়।'

'জগতকে অস্বীকার করে যোগী অস্তিত্ব ও অনস্তিত্বের মধ্যভাগে নিজেকে স্থিত করলে তার দ্বৈতাদ্বৈতের দ্বন্দ্ব দূর হয়ে যায় এবং মৃত্যুকে অতিক্রম করে নির্বাণ লাভ করে।'

যোগীর উপরোক্ত অবস্থা হয় তাঁর 'কৈবল্যপদভাগে'র (devoted to the state of isolation) প্রাপ্তিতে, অর্থাৎ তাঁর ইন্দ্রিয় ও তজ্জনিত তন্মাত্রের বোধ নষ্ট হয় এবং যোগী এই বোধের দ্বারা আর পীড়িত হয় না।

দ্বাচত্বারিংশৎ সূত্রের প্রস্তাবনা

নত্বেবং জীবসংক্ষয়ে সতি অস্য দেহপাতঃ প্রাপ্তঃ, ন চ অসৌ সুপ্রবুদ্ধস্যাপি দেহিনঃ সদ্য এব দৃশ্যতে, তৎকথময়ং তদারূঢ়প্রমিতিঃ ? ইত্যাশঙ্ক্যাহ-

অর্থাৎ, সম্পূর্ণ জ্ঞাতা (perfectly enlightened) যোগী কি করে দেহে স্থিত হয়ে চৈতন্যকে (transcendental awareness) উপলব্ধি করে সে বিষয়ে শঙ্কা (দ্বন্দ্ব) হতে পারে। সেই দ্বন্দ্বের নিবৃত্তিতে বর্তমান সূত্রের উপস্থাপনা।

সূত্র-42

ভূতকঞ্চুকী তদা বিমুক্তো ভূয়ঃ পতিসমঃ পরঃ

অর্থাৎ যিনি শরীরকে স্থূল আবরণ (ভূতকঞ্চুকী) মনে করেন তাঁর শিবে মুক্তি হয়।

ভাষ্য

তদেতি অভিলাষক্ষয়াৎ, জীবসংক্ষয়ে পুর্যষ্টকপ্রমাতৃতাভিমানবিগলনে সতি, অয়ং ভূতকঞ্চুকী, শরীরারম্ভীণি ভূতানি কঞ্চুকমিব ব্যতিরিক্তং প্রাবরণমিব, ন তু অহন্তাপদস্পর্শীনি যস্য, তথাভূতঃ সন্ বিমুক্তো নির্বাণভাক্, যতো ভূয়ো বাহুল্যেন পতিসমঃ চিদ্ঘনপারমেশ্বরস্বরূপাবিষ্টঃ, তত এব পরঃ পূর্ণঃ, 'শরীরবৃত্তির্ব্রতম্' (শিব-সূত্র III-26) ইত্যুক্তসূত্রার্থনীত্যা দলকল্পে দেহাদৌ স্থিতোহপি, ন তৎপ্রমাতৃতাসংস্কারেণাপি স্পৃষ্টঃ। তদুক্তং শ্রীকুলরত্নমালায়াং

'যদা গুরুবরঃ সম্যক্ কথয়েত্তন্ন সংশয়ঃ।
মুক্তস্তেনৈব কালেন যন্ত্রস্তিষ্ঠতি কেবলম্।।
কিং পুনশ্চৈকতানস্তু পরে ব্রহ্মণি যঃ সুধীঃ।
ক্ষণমাত্রস্থিতো যোগী স মুক্তো মোচয়েৎপ্রজাঃ।।'

ইতি। শ্রীমৃত্যুজিত্যপি-

'নিমেষোন্মেষমাত্রং তু তত্ত্বং যদ্যুপলভ্যতে।
তদৈব কিল মুক্তোহসৌ ন পুনর্জন্ম চাপ্নুয়াৎ।।'

ইতি। কুলোসারেহপি-

'অহো তত্ত্বস্য মাহাত্ম্যং জ্ঞাতমাত্রস্য সুন্দরি।
শ্রীত্রান্তরং তু সম্প্রাপ্তে তৎক্ষণাদেব মুচ্যতে।'

ইতি।

ভাষ্যের ভাবার্থ

যিনি নির্বাণ প্রাপ্ত বা কঞ্চুকীর প্রভাব মুক্ত তিনি শিবের মত (পতিসম) পূর্ণ। 'শরীরবৃত্তি' সূত্রানুসারে (শিব-সূত্র III-26) তার দেহ একটি মোড়কের মতো।

'কুলরত্নমালা'য় বলা হয়েছে- 'সদগুরুর প্রভাবে মুক্তাবস্থা হলে শরীর যন্ত্রবৎ পরিগণিত হয় এবং যোগীর একাগ্রতায় ক্ষণমাত্র ব্রহ্মোপলব্ধি হলেও তাঁর মুক্তি হয়।'

'মৃত্যুজিতে' (শ্লোকঃ VIII-8) বলা হয়েছে- 'চোখের পলক পড়ার ক্ষণমাত্র সময়েও যদি সাধকের আত্মবোধ হয় তবে তিনি মুক্ত পুরুষ।'

'কুলসার' সে কথাই বলে- 'হে দেবি, সত্যের কি মহিমা! কেউ যদি জ্ঞানে (intellectually) সত্যকে আত্মসাৎ করতে পারে বা অন্যে বিতরণ করতে পারে তবে তৎক্ষণাৎ তার মুক্তি সাধিত হয়।'

ত্রিচত্বারিংশৎ সূত্রের প্রস্তাবনা

ননু ভূতকঞ্চুকিত্বমপি অস্য কস্মাৎ তদৈব ন নিবর্ততে! ইত্যাহ-

প্রশ্ন উঠতে পারে যোগীর নির্বাণ প্রাপ্তিতে তাঁর স্থূল শরীর কেন বিনষ্ট হয় না।

সূত্র-43

নৈসর্গিক প্রাণসম্বন্ধঃ

শরীরের প্রাণশক্তির সঙ্গে বিশ্বের জীবনশক্তি সাযুজ্য সম্পন্ন।

ভাষ্য

নিসর্গাৎ স্বাতন্ত্র্যাত্মনঃ স্বভাবাৎ আয়াতো নৈসর্গিকঃ, প্রাণসম্বন্ধঃ, সংবিৎ কিল ভগবতী বিশ্ববৈচিত্র্যম্ অববিভাসয়িষুঃ সঙ্কোচাবভাসপূর্বকং সংকুচদশেষবিশ্বস্ফুরত্তাত্মক-প্রাণনারূপগ্রাহকভূমিকাং শ্রিত্বা গ্রাহ্যরূপজগদাভাসাত্মনা স্ফুরতীতি নৈসর্গিকঃ, স্বাতন্ত্র্যাৎ প্রথমমুদ্ভাসিতোহস্যাঃ প্রাণসম্বন্ধঃ। তথা চ শ্রীবাজসনেয়ায়াম্-

'যা সা শক্তিঃ পরা সূক্ষ্মা ব্যাপিনী নির্মলা শিবা।
শক্তিচক্রস্য জননী পরানন্দামতাত্মিকা।।
মহাঘোরেশ্বরী চণ্ডা সৃষ্টিসংহারকারিকা।
ত্রিবহং ত্রিবিধং ত্রিস্থং বলাৎকালং প্রকর্ষতি।।'

ইতি সম্বিদ এব ভগবত্যাঃ প্রাণক্রমেণ নাড়িত্রয়বাহিসোমসূর্যবহ্ন্যাত্মাবস্থিতাতীতানাগত-বর্তমানরূপবাহ্যকালোল্লাসনবিলাপনকারিত্বমুক্তম্। তদুক্তং স্বচ্ছন্দেহপি-

'প্রাণঃ প্রাণময়ঃ প্রাণো বিসর্গাপূরণং প্রতি।
নিত্যমাপূরয়ত্যেষ প্রাণিনামুরসি স্থিতঃ।।'

ইতি। প্রাণস্য

'হকারস্তু স্মৃতঃ প্রাণঃ স্বপ্রবৃত্তো হলাকৃতিঃ।'

ইত্যুক্তনীত্যা শ্রীস্বচ্ছন্দভট্টারকরূপপ্রাণময়ত্বাৎ বিসর্গাপূরতয়া সৃষ্টিসংহারকারিত্বমভিহিতম্ ইতি যুক্তমুক্তম্ 'নৈসর্গিক প্রাণসম্বন্ধঃ' ইতি। অতএব শ্রীভট্টকল্লটেন প্রাণাখ্যনিমিত্তদার্ঢ্যম্।

'প্রাক্ সম্বিৎ প্রাণে পরিণতা।'

ইতি তত্ত্বার্থচিন্তামনাবুক্তম্।

ভাষ্যের ভাবার্থ

'নৈসর্গিক' অর্থাৎ নিসর্গ (nature) থেকে প্রাপ্ত প্রাণশক্তি (স্বাতন্ত্র্য শক্তি) যা জীবে সঞ্চারিত ও জগতে গ্রাহ্য বস্তুরূপে, তা পরমেশ্বরের স্বাধীনতা। 'বাজসেনয়া'-তে বলা হয়েছে 'মহাঘোরেশ্বরী' মহাশক্তি চণ্ডারূপী (terrible) জগতের উন্মেষ ঘটান ও নিমীলন বা প্রকর্ষিত করেন অতীত, বর্তমান ও ভবিষ্যতকে সংহৃত করে। জগৎ সময়ে স্থিত তিন রূপে; ত্রিবহং (ইড়া, পিঙ্গলা ও সুষুম্না তিন জীবনবাহী নাড়ী), ত্রিবিধং (প্রমাতা-subject-অগ্নি, প্রমেয়-object-চন্দ্র, প্রমাণ-knowledge-সূর্য) ও ত্রিস্থং (ত্রিকাল)।

শ্রীস্বচ্ছন্দতন্ত্রে (শ্লোকঃ VIII-25) জীবের প্রাণশক্তিকে জীবনদায়ী তাই প্রাণ বলা হয়েছে যা হৃদয়ে স্থিত। প্রাণের দুই রূপ, প্রাণ (নিঃশ্বাস) ও অপান (শ্বাস)।

শ্রীস্বচ্ছন্দতন্ত্রে (শ্লোকঃ IV-257) প্রাণকে 'হ' অক্ষর দ্বারা নির্দেশিত এবং হলাকৃতি (plough) বলা হয়েছে যা জীবনের লক্ষণ স্বরূপ দেহে সচল (automatic)।

শ্রীভট্টলক তাঁর 'তত্ত্বার্থচিন্তামণি'-তে প্রাণের কার্যের ব্যাখ্যায় বলেছেন- 'চেতনা প্রাণে সঞ্চারিত হয়।' অর্থাৎ প্রাণের নিষ্ক্রমণে চৈতন্য দেহত্যাগ করে।

চতুশ্চত্বারিংশৎ সূত্রের প্রস্তাবনা

অতশ্চ স্থিতেহপি নৈসর্গিকে প্রাণসম্বন্ধে যস্তদারূঢ় আন্তরীং কলাং বিমৃশন্নাস্তে স লোকোত্তর এব ইত্যাহ-

অর্থাৎ, যে ব্যক্তি জাগতিক অবস্থায় প্রাণ ধারণ করেও তুরীয় ভাব প্রাপ্ত হয়ে সর্বোচ্চ চৈতন্যের জন্য উন্মুখ হয় সেই ব্যক্তি (যোগী) তাঁর লোকোত্তর দশায় (beyond the common people) চৈতন্যকে অন্তরে সন্ধান করেন।

সূত্র-44

নাসিকান্তর্মধ্যসংযমাৎ, কিমত্র, সব্যাপসব্যসৌষুম্নেষু

অর্থাৎ, ইড়া (left), পিঙ্গলা (right) ও সুষুম্না (মধ্যনাড়ী) ব্যক্তির প্রাণশক্তির অন্তরস্থিত যাতায়াতের পথ। মধ্যনাড়ীতে ক্রমাগত চেতনশক্তিকে (awareness of reality) অনুভব

করার সাধনা করলে পরে যোগী সর্বদা সর্বোচ্চ চৈতন্যের সন্নিধানে থাকে যেকোনো অবস্থায়।

ভাষ্য

সর্বনাড়ীচক্রপ্রধানরূপেষু সব্যাপসব্যসৌষুম্নেষু দক্ষিণবামমধ্যনাড়ীপদেষু, যা নাসিকা, নসতে কৌটিল্যেন বহতি ইতি কৃত্বা, কুটিলবাহিনী প্রাণশক্তিঃ, তস্যাঃ অন্তরিতি আন্তরী সম্বিৎ, তস্যাঃ অপি মধ্যং সর্বান্তরতমতয়া প্রধানম্।

'তস্য দেবাতিদেবস্য পরবোধস্বরূপিণঃ।
বিমর্শঃ পরমা শক্তিঃ সর্বজ্ঞা জ্ঞানশালিনী।।'

ইতি শ্রীকালিকাক্রমোক্তনীত্যা যৎ বিমর্শময়ং রূপং তৎসংযমাৎ অন্তর্নিভালন প্রকর্ষাৎ; কিমত্র উচ্যতে, অয়ং হি সর্বদশাসু দেদীপ্যমানো নির্ব্যুত্থানঃ পরঃ সমাধিঃ।
তদুক্তং শ্রীবিজ্ঞানভৈরবে

'গ্রাহ্যগ্রাহকসম্বিত্তিঃ সামান্যা সর্বদেহিনাম্।
যোগিনাং তু বিশেষোহয়ং সম্বন্ধে সাবধানতা।।

ইতি।

ভাষ্যের ভাবার্থ

প্রাণিক পথে (ইড়া, পিঙ্গলা ও সুষুম্না) প্রাণশক্তি নাসিকায় (নস্যতে- আঁকাবাঁকাভাবে) প্রবাহিত হয়। 'অন্তর' অর্থাৎ প্রাণশক্তির মূল বা চৈতন্য (inner consciousness) মধ্যনাড়ীতে (সুষুম্নায়) বিমর্শ বা সচেতন করে যোগীকে। কালিকাক্রমে বলা হয়েছে- 'সেই পরমেশ্বর এই বিমর্শ বা সচেতনতায় সর্বজ্ঞ রূপে বাস করেন।'

সংযম বা ক্রমাগত একাগ্রতায়, সর্বোচ্চ চৈতন্যের মননে, যোগী জ্যোতিষ্মান নির্ব্যুত্থান (উত্থিত) সমাধি (সর্বদা ভগবৎ চৈতন্যে মগ্ন) প্রাপ্ত হন।

বিজ্ঞানভৈরবে বলা হয়েছে- 'কর্তা-কর্মের (subject-obiect) বোধ সকলেরই থাকে। যোগী এবিষয়ে সর্বদা সচেতন থাকেন এবং পর-প্রমাতা (ঐশ্বরিক জ্ঞাতা ও সাক্ষী) সব কিছুর কারণ বলে জানেন; যার অবর্তমানে কোনও সৃষ্টিই সম্ভব নয়।

-(বিজ্ঞানভৈরব শ্লোকঃ-106)

পঞ্চচত্বারিংশৎ সূত্রের প্রস্তাবনা

এবমীদৃশস্য যোগফলং দর্শয়ন্ প্রকরণমুপসংহরতি।

এই সর্বশেষ সূত্রে যোগীর যোগ সাধনার ফলপ্রাপ্তির কথা বলা হয়েছে।

সূত্র-45

ভূয়ঃ স্যাৎপ্রতিমীলনম্

অর্থাৎ, এই লব্ধসিদ্ধি যোগী সর্বদা ভগবৎ চৈতন্য অন্তরে ও বাহিরে অনুভব করেন।

ভাষ্য

চৈতন্যাত্মনঃ স্বরূপাৎ উদিতস্য অস্য বিশ্বস্য ভূয়ঃ পুনঃ, বিগলিতভেদসংস্কারাত্মনা বাহুল্যেন চ প্রতিমীলনম্, চৈতন্যাভিমুখ্যেন নিমীলনং, পুনরপি চৈতন্যাত্ম-স্বস্বরূপোন্মীলনরূপং পরযোগাভিনিবিষ্টস্য যোগিনো ভবতি। তদুক্তং শ্রীস্বচ্ছন্দে

'উন্মনাপরতো দেবি তত্রাত্মানং নিয়োজয়েৎ।
তস্মিন্যুক্তস্ততো হ্যাত্মা তন্ময়শ্চ প্রজায়তে।'

ইতি তথা চ

'উদ্বোধিত যথা বহ্নি নির্মলোহতীব ভাস্বরঃ।
ন ভূয়ঃ প্রবিশেৎকাষ্ঠে তথাত্মাধ্বনউদ্ধৃতঃ।।
মলকর্মকলাদৈস্তু নির্মলো বিগতক্লমঃ।
তত্রস্থোহপি ন বধ্যেত যতোহতীব সুনির্মলঃ।।'

ইতি। ভূয়ঃ স্যাদিত্যভিদধতোহয়মাশয়ঃ, যৎ শিবত্বমস্য যোগিনী ন অপূর্বম্, অপি তু স্বভাব এব, কেবলং মায়াশক্ত্যুত্থাপিতস্ববিকল্পদৌরাত্ম্যাৎ ভাসমানমপি তৎ নায়ং প্রত্যবমৃষ্টুং ক্ষমঃ, ইত্যস্য উক্তোপায়প্রদর্শনক্রমেণ তদেব অভিব্যজতে ইতি শিবম।

'সেয়মাগমসংবাদস্পন্দসংগতিসুন্দরা।
বৃত্তিঃ শৈবরহস্যার্থে শিবসুত্রেষু দর্শিতা।। 1
শিবরহস্যনিদর্শনসংস্রবন্নবনবামৃতসাররসোল্বণাম।
সুকৃতিনো রসয়ন্তু ভবচ্ছিদে স্ফুটমিমাং শিবসূত্রবিমর্শিনীম্।। 2
ইয়মরোচকিনাং রুচিবর্ধিনী পরিণতিং তনুতে পরমাং মতেঃ।
রসনমাত্রত এব সুধৌঘবন্মৃতিজরাজননাদিভয়াপহৃৎ।। 3
দেহপ্রাণসুখাদিভিঃ পরিমিতাহন্তাস্পদৈঃ সংবৃতশ্চৈতন্যং
চিনুতে নিজং ন সুমহন্মাহেশ্বরং স্বং জনঃ।
মধ্যে বোধসুধাব্ধি বিশ্বমভিতস্তৎফেনপিণ্ডোপমং
যঃ পশ্যেদুপদেশতস্তু কথিতঃ সাক্ষাৎস এক শিবঃ।। 4

তরত তরসা সংসারাব্ধিং বিধত্ত পরে পদে
পদমবিচলং নিত্যালোকপ্রমোদসুনির্ভরে।
বিমৃশত শিবপ্রোক্তং সূত্রং রহস্যসমুজ্জ্বলং
প্রসভবিলসৎসদ্যুক্ত্যান্তঃ সমুৎপ্লবদায়ি তৎ।’ 5
ইতি শ্রীমন্মহামাহেশ্বরাচার্যবর্যাভিনবগুপ্তপাদপদ্মোপজীবিশ্রীক্ষেমরাজ-
বিরচিতায়াং শিবসূত্রবিমর্শিন্যামাণবোপায়প্রকাশনং নাম তৃতীয় উন্মেষঃ।। 6
সমাপ্তা চেয়ং শিবসূত্রবিমর্শিনী।।
কৃতিঃ শ্রীক্ষেমরাজস্য ক্ষেমায়াস্তু বিমর্শিনাম্।
শিবস্বাত্মৈক্যবোধার্থা শিবসূত্রবিমর্শিনী।।

ভাষ্যের ভাবার্থ

যোগী যখন সর্বোচ্চ চৈতন্যে নিবিষ্ট হয় (পরোযোগাভিনিবিষ্টস্য) তখন তার ভগবৎ প্রতিমিলন অর্থাৎ নিমীলন বা অন্তর্মুখী এবং উন্মীলন বা বহির্মুখী চৈতন্য অন্তরে উপলভ্য হয়। এই প্রতিমিলনের ক্রমধারায় (continuity) তার অন্তরে জগতের অবশেষও (residual traces of differences) দূরীভূত (বিগলিতভেদসংস্কারাত্মনা বাহুল্যেন) হয়ে যায়।

শ্রীস্বচ্ছন্দতন্ত্রে (শ্লোকঃ IV-332) দেবীকে উদ্দেশ্য করে বলা হয়েছে- ‘হে দেবি, সমনার (মনের উর্দ্ধগতি) উর্দ্ধে উন্মনা (মনেরও উর্দ্ধে) স্তরে ব্যক্তি নিজের সত্ত্বার সঙ্গে মিলিত হয় (joins one’s self)।’ তদোপরি- ‘প্রোজ্জ্বলিত অগ্নির উজ্জ্বলতা যেমন দাহ্য পদার্থে আর ফিরে আসে না, তেমনি ব্যক্তির নিজের সত্ত্বা একবার তার আণবমল, কার্মমল ও মায়ীয়মল অতিক্রম করে উন্মোচিত হলে জগতের বন্ধন মুক্ত হয়। অর্থাৎ নির্মল হয় (স্বচ্ছন্দতন্ত্র শ্লোকঃ X-371-372)। সত্ত্বার এই উন্মোচন তথা মুক্তি হয় ষড়বিধ (ষড়ধ্বা) জগৎ প্রকাশ (phenomenal manifestation) থেকে উত্তরণে; এই ষড়ধ্বা প্রকাশভেদে (subjective side) বর্ণ, মন্ত্র ও পদ এবং তার ফলশ্রুতি (কিরণ) (objective side) তিন বিষয় কলা, তত্ত্ব ও ভুবন।

বর্তমান সূত্রের শুরুতে সূত্রকার যে ‘ভূয়ঃ স্যাৎ’ (is again) বলেছেন তার বক্তব্য হল যোগীর শিবত্ব লাভ কোনও নতুন ঘটনা নয়। যোগী ততদিন পর্যন্ত শিবত্ব লাভ করেন না যতদিন পর্যন্ত তিনি মায়াশক্তির প্রভাবে চিন্তার দ্বারা বস্তুগত জাল (thought-construct)

বুনে যান। সূত্রে ও ভাষ্যে সে কথা বিশ্লেষণের দ্বারা নিবারিত হয়েছে। শিব সবার মঙ্গল করুণ (ইতি শিবম)।

ক্ষেমরাজের ভাষ্যের শেষ নিবেদন (উপসংহার)

শৈব যোগ সাধনা, শিব-সূত্র ও শৈব আগমের সহায়তায় এখানে উন্মোচিত। 1

শিবসূত্রের ভাষ্য বিমর্শিনীর যোগে ধার্মিক ব্যক্তি অমৃত লাভ করুণ। 2

এই ভাষ্য ব্যক্তিকে শিবে উন্মুখ করে তার জন্ম-জন্মান্তরের ভয় দূরীভূত করুক। 3

শরীর, মন, প্রাণ ও তার ভোগে সীমাবদ্ধ প্রাণী চৈতন্যঘন হলে জগৎ বুদ্বুদ সম বোধ হয়। 4

সঠিক গুরুর সংস্পর্শে চৈতন্য লাভে জগৎ পারাবার পার হওয়া যায়। 5

গ্রন্থের তৃতীয় ভাগ 'শিব-সূত্র বিমর্শিনী আণবোপায়' প্রণেতা ক্ষেমরাজ তাঁর গুরু মহামহেশ্বর রাজানক অভিনবগুপ্তের পাদপদ্ম ভরসা করে এই রচনা করেছেন।

এই গ্রন্থ তাদের প্রশান্তি ও মঙ্গলের জন্য লিখিত যারা শিব-সূত্র বিমর্শিনীর পাঠে ও উপলব্ধিতে শিবের সঙ্গে একাত্মতা লাভ করবেন।

শিব-সূত্র

বিভিন্ন শব্দার্থ (Glossary)

'অ'

অ- শিবের চিহ্ন স্বরূপ, অনুত্তরের (সর্বোচ্চ) পরিচায়ক এক অক্ষর যাতে সর্ববর্ণ সমাহিত।

অকল- শিবরূপ সাক্ষী।

অকুল- শিব বা 'অ'

অক্রম-অক্রমায়িত প্রকৃত প্রকৃতির উন্মেষ (successionless essential nature)।

অখ্যাতি- আদিম (primal) অজ্ঞতা।

অগ্নি (প্রতীকি)- 'প্রমাতা' জ্ঞাতা (বিষয়ী)।

অগ্নিষোমাত্মিকা- পরাশক্তি যা বিশ্বের সৃষ্টি ও সংহারকারী।

অগ্নিষোমময়- বিশ্ব যা জ্ঞানের প্রমাণ এবং প্রমেয় (বিষয়ী)।

অজ্ঞানম-আদিম সীমাবদ্ধতা (মল) (primal limitation)। পুরুষে স্থিত অজ্ঞানতা যার দরুণ পুরুষ নিজেকে সীমিত বোধ করে। বুদ্ধিতে স্থিত এই অজ্ঞানতাকে বলে 'বৌদ্ধ অজ্ঞানতা' যে জন্য পুরুষের অশুদ্ধ বিকল্প বোধ (thought construct) হয়। আর এই পুরুষ হল মায়াকল্পে, ক্রিয়াকাণ্ডের পূর্ববর্ত্তী উদ্দিষ্ট পুরুষ।

অঘোর- করুণাঘন শিব।

অঘোর শক্তি- যে শক্তির বলে চিত্তে (conditioned experient) শিবের জ্ঞান হয়।

অঘোরেশ- মায়ার ঈশ্বর, অনন্তনাথ।

অধিষ্ঠান- তল (substratum)।

অণু- 'অণিতি স্বসিতি ইতি অণু', অর্থাৎ মায়ায় আবদ্ধ জীব বা বস্তুর ক্ষুদ্র স্থিতি।

অতিশান্ত পদম- তত্ত্বের উর্দ্ধে পরমশিব।

অধ্বা- পথ, অশুদ্ধ অধ্বা হল চিত্তে জাগতিক বিকাশের অনুভব (mundane manifestation)।

অনচক- স্বরবর্ণের প্রত্যয় (suffix) রহিত ব্যঞ্জনবর্ণ, অনুচ্চারিত শব্দ।

অনাশ্রিত-শিব - যে শিবে অদ্যাবধি জগৎ যুক্ত হয়নি।

অনন্তভট্টারক- মন্ত্রের অধিষ্ঠাতৃ বা দেবতা।

অন্তকোটি- বিন্দুর অন্ত (দ্বাদশান্ত)।

অন্তর্মুখীভাব- চেতনার অন্তর্মুখীনতা (introversion)।

অনুপায়- নিজের সত্ত্বার স্বতঃস্ফূর্ত বোধ।

অনুগ্রহ- কৃপা

অনুত্তরা- i) সর্বোচ্চ, ii) 'অ'-স্বরবর্ণ।

অনুসন্ধান- ক্রমাগত সত্যের প্রয়াস (essential reality), অভিজ্ঞতার সংযোগে সত্য সন্ধান (synthetic unity of apperception)।

অন্তরাত্মা- সূক্ষ্ম শরীর (পুর্যষ্টক)

অন্তঃস্থ- আক্ষরিক অর্থে য,র,ল,ব বর্ণ, যেহেতু স্বরবর্ণ ও ব্যঞ্জনবর্ণের মধ্যে স্থিত। ক্ষেমরাজের মতে অন্তঃস্থ কারণ মায়া ও তার কঞ্চুক দ্বারা মনে (অন্তরে) সৃষ্ট বর্ণ। অভিনবগুপ্তের মতে অন্তরের ইচ্ছাশক্তির দ্বারা উন্মেষিত, তাই অন্তঃস্থ বর্ণ।

অপশুশক্তি- বণ্ধনমুক্ত, সৃষ্টির পূর্বক্রম সদাশিবসুলভ।

অপান- শ্বাসগ্রহণ

অপবর্গ- মুক্তি

অপরা- পরা-র নিম্নবর্গীয়।

অপবেদ্য সুষুপ্তি- গভীর বাস্তবতা বোধহীন নিদ্রা।

অবুদ্ধ, অপ্রবুদ্ধ- অজ্ঞান (unawakened)।

অমৃত বর্ণ- 'স' বর্ণ।

অম্বা- সর্বোচ্চ দৈবী শক্তিরূপা

অমায়ীয়- মায়ার বহির্ভুত

অলংগ্রাস- ব্যক্তির অভিজ্ঞতায় বস্তুর লয় -একাকার।

অবধান- সর্বদা অভিনিবেশ।

অবিকল্প (নির্বিকল্প) জ্ঞান- মানসিক সংস্কার ছাড়াই বাস্তব জ্ঞান বা অনুভব।

অবিকল্প (নির্বিকল্প) প্রত্যক্ষ- ইন্দ্রিয়গত তাৎক্ষণিক অনুভব মাত্র শব্দ, স্পর্শাদির।

অবিবেক- অজ্ঞতা, শুদ্ধাশুদ্ধ বিচারহীনতা।

অব্যক্ত- অপ্রকাশিত (unmanifested)।

অশুদ্ধ বিদ্যা- জাগতিক জ্ঞান।

অসৎ- অসত্য

অহঙ্কার- জগতে নিজত্ব বোধ।

'আ'

আণব উপায়- এই যোগের মাধ্যমে ব্যক্তি নিজের অতীন্দ্রিয় সত্ত্বাকে জানার চেষ্টা করে। এই যোগকে আণব যোগ, ভেদোযোগ, ক্রিয়াযোগ, ক্রিয়োপায়ও বলে।

আণব সমাবেশ- উপরোক্ত উপায়ে ভগবানের সান্নিধ্য লাভ।

আণব মল- মল অর্থ রূপ (অবস্থা) যুক্ত কণা বা জীবের প্রাথমিক অজ্ঞতা যা তাকে ফলতঃ সীমাবদ্ধ করে মনে, বুদ্ধিতে ও দেহে।

আত্মসাৎকৃ- সর্বত্র সমভাব আত্মীকরণ করা।

আত্ম-বিশ্রান্তি- আত্মবোধে বিশ্রাম লাভ।

আত্ম ব্যাপ্তি- শিবত্ব লাভের পূর্বে নিজের ব্যাপ্তিবোধ।

আদি কোটি- হৃদয়ে যেখান দ্বাদশান্তের শুরু, বাইরে সেখান থেকে বারো আঙুল তফাতে শ্বাসের (শ্বাস ত্যাগের) শেষ।

আনন্দ- 'আ' বর্ণ শক্তির চিহ্ন স্বরূপ; এখানে চিত্তের সুঅনুভূতি (bliss) হয়।

আনন্দ উপায়- যোগের মাধ্যম ছাড়াই শিবের প্রকৃতির জ্ঞান যা 'আনন্দযোগ' বা 'অনুপায়' বলেও কথিত।

আভোগ- বিস্তার, চমৎকার বা স্বর্গীয় আনন্দ।

আসন- বিশেষ মুদ্রায় স্থিত হওয়া, নিজেতে আত্মস্থ হওয়া।

'ই'

ইচ্ছা- 'ই' বর্ণ দ্বারাও নির্দেশিত, বাসনা (উদ্দেশ্য)।

ইচ্ছোপায়- শাম্ভব উপায়, ইচ্ছাযোগ।

ইচ্ছাশক্তি- পরম শিবের অচ্যুত অন্তরের ইচ্ছা প্রকাশ। এই ইচ্ছায় জ্ঞান ও ক্রিয়া সমন্বিত যা সদাশিবের বৈশিষ্ট্য।

ইদন্তা- ইদম্ বা 'ইহা'র (this) চেতনা।

ইন্দু- প্রমেয় বা জ্ঞেয় (object), অপান, ক্রিয়াশক্তি।

'ঈ'

ঈশান- 'ঈ' অক্ষর। শিবের অন্তরের শক্তি যা শৈব শাস্ত্রের শিক্ষা দেয়।

ঈশ্বর-তত্ত্ব - শিবের থেকে শুরু করে যথাক্রমে শিব, শক্তি, সদাশিব ও চতুর্থ ক্রমে ঈশ্বর-তত্ত্ব। এই তত্ত্বের মূল হল ইদমে অহমের জ্ঞান।

ঈশ্বর ভট্টারক- ঈশ্বরতত্ত্বে মন্ত্রেশ্বরের অধিষ্ঠাতৃ দেবতা (presiding deity)।

'উ'

উচ্চার- আণব উপায়ের অন্তর্গত বিশেষ প্রক্রিয়ায় 'প্রাণে' মনোনিবেশ।

উচ্ছলত্তা- ঐশ্বরিক আনন্দে সৃষ্টি ও সংহরণ।

উদান- শরীরে প্রাণ বায়ু (vital) যা উর্দ্ধমুখী। এর দ্বারা শক্তি সুষুম্নায় উর্দ্ধগামী হয়ে জীবের অতীন্দ্রিয় জাগরণ ঘটায়।

উদ্যম- তাৎক্ষণিক (sudden) সর্বোচ্চ ভগবৎ সচেতনতা।

উদ্যন্তৃতা- ঐ

উদ্যোগ- ঐ

উন্মেষ- আক্ষরিক অর্থে নেত্রের উন্মীলন। উন্মীলনের চার অর্থ।

1) স্বভাব অর্থে (ভগবৎ প্রকৃতি) ভগবৎ সচেতনতা (I-consciousness)।

2) 'প্রকাশ' (manifestation) অর্থে ভগবৎ ইচ্ছাশক্তির বহিঃপ্রকাশ।

3) শিবযোগে উন্মেষ হল ধারণার উদ্ভব ঐশ্বরিক চেতনায়।

4) 'উ'-বর্ণ

উন্মনা- পরমশিবের প্রাথমিক প্রকাশ শক্তি যেখানে শিবের আর এক নাম উন্মন বা উন্মনী। আক্ষরিক অর্থ যিনি মনের উর্দ্ধে। শিবের এই শক্তি অপরিমেয়। ক্ষেমরাজ 'নেত্রতন্ত্রে'র (ভাগ II পৃঃ 285) উপর তাঁর উদ্যোত ভাষ্যে উন্মনার অর্থে করেছেন-

'উন্মনা মন উৎক্রম্য গতা অনবচ্ছিন্নপ্রকাশস্ফুরত্'। অর্থাৎ মনের উর্দ্ধে অনির্বাণ আলোকময় শক্তি।

উমা- 'উ'=শিব, 'মা'-শক্তি; উমা অর্থ শিবের ইচ্ছাশক্তি।

'ঊ'

ঊনতা- ঊ অক্ষর

ঊষ্ম- শ, ষ, স, হ অক্ষর

'এ'

একাণবা- পশ্যন্তি বাক্, যেখানে অক্ষর ও বিষয়ের ভেদের উদ্গাম অনুচ্চারিত।

'ঔ'

ঔন্মুখ্য- শিবের অন্তরের আনন্দের কারণেই তাঁর সৃষ্টির উন্মুখতা, সৃষ্টির ইচ্ছাশক্তির উদ্গাম।

'ক'

কঞ্চুক- মায়ার আবরণ যে কারণে শিবের থেকে জীবের উদ্ভব সম্ভব হয়।

পঞ্চকঞ্চুক হল, কলা, (অশুদ্ধ) বিদ্যা, রাগ, নিয়তি এবং কাল।

কন্দ (bulbous)- মূলাধারে চেতনার কেন্দ্র (psychic centre)।

করণ- জ্ঞান ও ক্রিয়ার উপায় সমূহ যথা, অন্তঃকরণ ও বহিষ্করণ যা অন্তর ও বহির্জগতের অনুভবের মানসিক উপায়।

করণেশ্বরী- খেচরী, গোচরী, দিকচরী, ও ভূচরী চক্র।

কর্মেন্দ্রিয়- পঞ্চ ক্রিয়াশক্তির উপায় যথা, বাক (মুখ), হস্ত, পদ, পায়ু, উপস্থ।

কলা- i) চৈতন্যের শক্তির ছত্রিশ তত্ত্ব। ii) জীবাত্মা (part), চিৎকণা (particle) ও তার সত্ত্বা (aspect)। iii) 'কিঞ্চিৎ কর্তৃত্ব'- ব্যক্তির কর্মের সীমাবদ্ধতা। iv) বিষয়ের (সূক্ষ্ম শরীরের) সূক্ষ্মতা যথা, শান্তা, শান্ত্যতীতা, বিদ্যা, প্রতিষ্ঠা ও নিবৃত্তি।

কলাচক্র- মাতৃচক্র, শক্তিচক্র, দেবীচক্র; 'অ' থেকে 'ক্ষ' পর্যন্ত অক্ষরের দ্যোতক।

কলাশরীর- কর্ম মল বা ক্রিয়ারূপ (essential nature of activity)।

'কা'

কারণ- হেতু

কার্য- ফল

কর্ম মল- কর্মের সীমাবদ্ধতা, সীমিতাবস্থা।

কালাগ্নি- ভুবনের সর্বনিম্ন তল। কালাগ্নি-ভুবনেশ- নিবৃত্তি কলায় এক রুদ্রদেব।

কাল অধ্বা- উন্মেষের ত্রিবিশেষ, বর্ণ, মন্ত্র, পদ।

কাল পদ- ডান পায়ের আঙুল।

কাল তত্ত্ব- ক্রমবিশেষে, অতীত, বর্তমান ও ভবিষ্যৎ।

কালশক্তি- ভগবৎ শক্তি যা উপরোক্ত ক্রমের কারক।

'কু'

কুণ্ডলিনী বা কুণ্ডলী- শিবের কর্মের ক্ষমতা, যা 'ত্রি ও অর্ধ' কুণ্ডলে মূলাধারে কুণ্ডলিত থাকে।

কুম্ভক- প্রাণবায়ু রোধ করা।

কুল- ভগবৎ চেতনার ছত্রিশ তত্ত্ব বা আলোকের প্রকাশ।

কুলাম্নায়- শাক্তধারায় 'অ' থেকে 'ক্ষ' অক্ষরের মাধ্যমে ভগবৎ অনুভব।

কুলমার্গ- শাম্ভব উপায়, যার দ্বারা জ্যোতির্ময় চেতনার আলোক প্রাপ্ত হয়।

'কূ'

কূট-বীজ- 'ক্ষ' অক্ষর

'কে'

কেবলী- যে নিজের চৈতন্য সত্তায় প্রতিষ্ঠিত।

'ক্র'

ক্রম- বিকল্পিত ধারণার (determinate ideas) বিভিন্ন স্তর (ক্রম) অতিক্রমের মাধ্যমে নিজেকে শুদ্ধ করা। ক্রিয়াযোগের মাধ্যমে নিজেকে শুদ্ধ করা। এটাই শাক্তোপায়। একেই আবার বলে 'মহানয়' বা মহার্থ দর্শন।

ক্রিয়াশক্তি- যে কোনও রূপ ধারণ (সর্বাকারযোগিত্বম্ ক্রিয়াশক্তিঃ)।

'ক্ষ'

ক্ষেত্রজ্ঞ- বিষয়ী যিনি বিষয় সম্বন্ধে জ্ঞাত।

ক্ষেম- প্রাপ্ত ফলের রক্ষা।

ক্ষোভ- স্থূল ও সূক্ষ্ম শরীরে নিজেকে অনুভব করা।

'খ'

খ-ত্রয়- চৈতন্যের তিন আকাশরূপ- শক্তি, ব্যাপিনী, সমনা। ব্যক্তিতে ভ্রূমধ্য থেকে ব্রহ্মরন্ধ্র পর্যন্ত ব্যাপ্ত তিন বিন্দু যার মাধ্যমে উর্দ্ধগতি হয়।

খেচরী- খেচরী হল সেই ভাব যা চেতনার সর্বব্যাপ্তি বোধক।

খেচরী চক্র- খেচরীর সেই সামূহিক শক্তি যা বিষয়ীভূত হয় (enters in vast of consciousness)।

খেচরীমুদ্রা- বিস্তৃত চেতনায় আনন্দের উপলব্ধি, শিবস্থা বা দিব্যমুদ্রা।

খ্যাতি- জ্ঞানলাভ

'গ'

গগনাঙ্গনা- চিৎশক্তি, চেতনার শক্তি।

গর্ভ- অখ্যাতি, আদিম অজ্ঞতা মহামায়া।

গুণত্রয়- সত্ত্ব, রজ ও তমগুণ।

গুরু-বক্ত্র- গুরুমুখ, তাঁর অনুগ্রহ শক্তি।

গোচরী- গো অর্থ ইন্দ্রিয়। অন্তঃকরণ হল ইন্দ্রিয়বোধ সমূহের আবাস ভূমি, তাই গোচরী অন্তঃকরণে ইন্দ্রিয়যুক্ত ভাব।

গ্রন্থি- মানসিক বিমর্শ, বিকার (psychic complex)।

গ্রাহক- সাক্ষী (knower, experient)

গ্রাহ্য- জ্ঞাতব্য

'ঘ'

ঘোরশক্তি- বিভিন্ন দেবদেবীর শক্তি যার কারণে জাগতিক আনন্দ হয়।

ঘোরতারী শক্তি- দেবদেবীর যে শক্তি জীবকে সংসারে নিমজ্জিত করে।

'চ'

চক্র- শক্তি সামূহিকতা।

চক্রেশ্বর- উপরোক্ত শক্তির চক্রের কর্তা।

চমৎকার- সচেতনতার আনন্দ বা শৈল্পিক সুষমার বোধ।

চরমকলা- উন্মেষের সর্বোচ্চ স্তর, শান্ত্যাতীতা বা শান্তাতীতা কলা।

'চি'

চিৎ- জীবের মূল ভিত্তি বা চিৎকণা।

চিতি- ঐশ্বরিক সচেতনতা যা ব্যক্তিতে কণমাত্র উপলব্ধ।

চিত্ত- বিশ্বময় চৈতন্য যা ব্যক্তিতে সীমিত জাগতিক অনুভবে।

চিদানন্দ- i) মূলসত্য যাতে আছে চেতনার আনন্দ, ii) আণব উপায়ে 'উচ্চার যোগে'-র আনন্দময় ষষ্ঠ স্তর (stratum)।

'চে'

চেতন- পরম শিবের সঞ্চারিত বোধ।

চেত্য- ব্যক্তির চেতনায় প্রাপ্য (knowable, object of consciousness)।

চৈতন্য- চেতনার মূল যা জ্ঞান ও ক্রিয়াশক্তি বন্ধন মুক্ত।

'ছ'

ছেদ- প্রাণ ও অপানের নিবারণে উচ্চারিত বর্ণ(স্বর)হীন শব্দ-'অনচক' (vowel-less sound); 'অনচক' অর্থ অন(শ্বাস)+চক(নিবারণ)।

'জ'

জগৎ- চলমান চরাচর (the world process)।

জগদানন্দ- জীবের, ঈশ্বরের জগৎরূপ আনন্দের দর্শন বা অনুভব।

'জা'

জাগ্রত অবস্থা- জাগরিত অবস্থা।

জাগ্রত জ্ঞান- দৃশ্যমান জগতের উপলব্ধি বা জগতের অস্তিত্বের জ্ঞান।

জাগ্রত- অতীন্দ্রিয় অর্থে আলোক প্রাপ্ত।

'জী'

জীব- ব্যক্তির সংস্কারের দ্বারা সৃষ্ট সীমিত নিজত্ব, জগতের পরিপ্রেক্ষিতে।

জীবন্মুক্ত- শরীরে স্থিত হয়েও নিজেকে স্বাধীন ও মুক্ত মনে করা, যা হল শিবের অনুভব করা।

জীবন্মুক্তি- উপরোক্ত অনুভব।

‘জ্ঞা’

জ্ঞান- ভগবৎ বুদ্ধি (spiritual wishes)।

জ্ঞানযোগ- শাক্ত উপায়ে মুক্তির সাধনা।

জ্ঞান শক্তি- সর্বোত্তমের জ্ঞানজনিত শক্তি।

জে্যষ্ঠা- শিবের শক্তি যা জীবকে আত্ম সন্ধান বা শিব চৈতন্যে অনুপ্রাণিত করে।

‘ত’

তত্ত্ব- সেই তথ্য বা সত্য (that principle or reality)।

তত্ত্ব-ত্রয়- নর, শক্তি, শিব বা আত্মা, বিদ্যা, শিব এই ক্রম।

তৎপুরুষ- শিবের পঞ্চ তত্ত্বের এক তত্ত্ব।

তন্মাত্র- আক্ষরিক অর্থে সেই মাত্র। বোধের পঞ্চ উপায়, শব্দ, স্পর্শ ইত্যাদি।

তমস- প্রকৃতির তমভাব বা জড়ত্ব, ভ্রম।

তর্কশাস্ত্র- যুক্তি স্থাপন, দ্বিমত।

‘তু’

তুরীয় বা তুর্য্য- সজ্ঞানতার চতুর্থ অবস্থা, জাগরণ, স্বপ্ন ও সুপ্তির পরে তুরীয় অবস্থা। উক্ত প্রথম তিন মনোবিকার থেকে ভিন্ন। এই মানসিকতা অধিবিদ্যা জনিত (metaphysical), ব্যক্তির দৈবভাব যুক্ত চেতনাই (চিত্ত) তখন কেবলমাত্র বন্ধনহীন ব্যক্তিতে সাক্ষীরূপে সজা্গ।

তুরীয়াতীত বা তুর্য্যাতীত- যে অবস্থায় নিজেকে বিশ্বময় মনে হয়।

‘ত্রি’

ত্রিকা- দর্শনের ত্রয়ী বিচার নর, শক্তি ও শিব। অন্য বিচারে, i) পরা- বস্তুত (identity) সর্বোচ্চ ভাব, ii) পরাপর- সর্বোচ্চ ও তদনিম্ন ভাব, iii) অপরা- নিম্নভাব বা পরা বোধের অভাব।

ত্রিকা(পরা)- প্রকাশ, বিমর্শের সাম্যরস অর্থাৎ যেখান থেকে প্রকাশ ও তার বিচারের উদ্ভব।

ত্রিকা(পরাপর)- ইচ্ছা, জ্ঞান ও ক্রিয়া সমন্বিত।

‘দ’

দর্শন- i) দৃষ্টিপাত, অন্তরে বোঝা, ii) দর্শনশাস্ত্র।

'দি'

দিক্- স্থান (space)

দিক্'চরী- বাহ্যিক জ্ঞান (বহিষ্করণ)।

দিব্যমুদ্রা- খেচরী মুদ্রা।

'দী'

দীক্ষা- i) ঐশ্বরিক জ্ঞান লাভ। ii) ঐশ্বরিক জ্ঞানের উপক্রম বা অনুষ্ঠান ও শুদ্ধিকরণ।

'দে'

দেশ- স্থান

দেশ অধ্ব- ব্যাপ্ত প্রকাশ - কলা, তত্ত্ব ও ভুবন (spatial manifest)।

'ধ'

ধারণা- i) ধ্যান, ii) অক্ষর- 'য','র','ল' ও 'হ'।

ধ্রুব- গৃহীত রূপ (অনুত্তার অবস্থা) বা অক্ষর।

ধ্যানযোগ- আণব উপায়ে সর্বোচ্চ ধারণা যাতে প্রমাণ (জ্ঞান), প্রমেয় (জ্ঞেয়) ও প্রমাতা (জ্ঞাতা)-র সংবিতে (foundation cobsciousness) অবস্থান।

ধ্বনিযোগ- ধারণার অনাহত শব্দ (unstruck sound) যা প্রাণ শক্তিতে অবস্থান করে। আর এক নাম বর্ণ যোগ।

'ন'

নববর্গক- অক্ষরের নব বর্গ i) অ বর্গ, ii) ক বর্গ, iii) চ বর্গ iv) ট বর্গ, v) ত বর্গ, vi) প বর্গ, vii) য বর্গ, viii) শ বর্গ, ix) ক্ষ অক্ষর।

'না'

নাড়ী সংহার- সুষুম্নায় প্রাণ ও অপানের নিমজ্জন।

নাদ- i) শিব-শক্তির প্রথম পদক্ষেপ উন্মেষে (আধ্যাত্মিক অর্থে)।

ii) সুষুম্নায় অনাহত শব্দ।

iii) শক্তি সমস্ত সৃষ্টিতে বিকীর্ণ হলে তাকে নাদ বলে। একে সদাশিব তত্ত্বও বলে কারণ এ হল সৃষ্টির পূর্বাবস্থা।

নাসিকা- প্রাণশক্তির শরীরে প্রাণ, অপানের মাধ্যমে সুষুম্নায় সর্পিল গমনের দ্বার।

'নি'

নিগ্রহ ক্রিয়া- শিবের নিজের আবরণ উন্মোচন।

নিজানন্দ- আণবোপায়ে আনন্দের প্রথম উদ্গাম যখন প্রাণে মনোনিবেশ করলে মনের বিশ্রান্তিতে সাক্ষীর আনন্দ বোধ হয়।

নিভালন- মানসিক ক্রিয়া, মনের দ্বারা বোঝা।

নিমেষ- আক্ষরিক অর্থে নেত্র পল্লব নিমীলন।

i) স্পন্দের ক্রিয়ায় উদ্দেশ্য ও বিধেয়ের একীভূত করণ,

ii) অন্তরে শক্তি চক্রের সংহার,

iii) বস্তুকে শিবভূত করা।

নিমীলন সমাধি- অন্তর্মুখী ধ্যানের দ্বারা নিজেকে বিশ্বময় করা।

নিয়তি- কার্য-কারণের সীমিত উদ্ভূত অবস্থা।

নিরানন্দ- আণবোপায়ে আনন্দের প্রথম উদ্গামের পর দ্বিতীয় স্তর যখন প্রাণশক্তির শূন্যে অভিনিবেশ হয়।

নির্বাণ- শূন্যে নিজের অবলুপ্তি, মুক্তি।

নির্বিকল্প- ধারণার অন্তর্ধান।

নির্বৃতি- আনন্দ

নির্ব্যুত্থান সমাধি- নিজেকে ধ্যানে না থেকেও বিশ্বময় মনে করা।

'প'

পঞ্চক্রিয়া- শিবের পর্যায়ক্রমে অবিরত পঞ্চক্রিয়া যথা- সৃষ্টি, স্থিতি, সংহার, স্বতঃবিলয় বা পিধান (আচ্ছাদন-veiling) ও অনুগ্রহ। এছাড়া 'সময়ানুগ পঞ্চকর্ম' হল- আভাষণ (আলাপন), রতি (আসক্তি), বিমর্শন (বিচার), বীজাবস্থান(জীবনের বীজ প্রদান) ও বিলাপন (ক্ষেদ)। (প্রত্যভিজ্ঞাহৃদয়ম্ সূত্র-11)।

* পঞ্চমন্ত্র- ঈশান, তৎপুরুষ, সদ্যোজাত, বামদেব ও অঘোর মন্ত্র। পঞ্চবক্ত্র- উপরোক্ত মন্ত্র সমষ্টি।

পঞ্চশক্তি- শিবের পঞ্চশক্তি, চিৎ, আনন্দ, ইচ্ছা, জ্ঞান ও ক্রিয়া।

পতি- শুদ্ধ অধ্বার সাক্ষী; মুক্ত পুরুষ।

পতি-দশা- মুক্তাবস্থা

পর- পরম তত্ত্ব (highest, absolute)।

পর প্রমাতা- পরম শিব।

পরম শিব- শিব যিনি পরম ও সর্বোচ্চ।

পরাপর- মধ্যবর্ত্তী একত্বে বৈচিত্রময় (unity in diversity) উদাসীন (natural) অবস্থা।

পরমার্থ- চরম লক্ষ্য বা সত্য।

পরানন্দ- আণবোপায়ে আনন্দের তৃতীয় স্তর যে অবস্থায় প্রাণ ও অপানে যুগপৎ মনোনিবেশ করলে মনের বিশ্রান্তিতে আনন্দ বোধ হয়। একে উচ্চার যোগও বলে।

পরামর্শ- মানসিক গ্রাহ্যতা (contemplation)।

পরাবাক- প্রকাশের পূর্বে ধারণার স্পন্দন (vibratory pulsation before manifestation- Logos)।

পরাশক্তি- সর্বোচ্চ প্রকাশোন্মুখ শক্তি (চিতি)।

পরিণাম- অবস্থান্তর।

পশু- অবিদ্যায় আচ্ছাদিত জীব।

পশুমাতরঃ- মাহেশ্বরী বা অন্যান্য শক্তির অঙ্গ; বিভিন্ন অক্ষর।

পশ্যন্তি-একত্বের ঐশ্বরিক অবধান (undifferentiated form) যা বাকশক্তির কারক; বাচক শব্দ ও বাচ্য বিষয়ের পূর্বাবস্থা।

পাশ- বন্ধন, বন্ধন রজ্জু।

পিধানকৃত্য- স্ব-আচ্ছাদন কর্ম বা বিলয়।

পুংস্তত্ত্ব- পুরুষ তত্ত্ব, জীবের স্বরূপ তত্ত্ব বা পশু প্রমাতা।

পুর্যষ্টক- আক্ষরিক অর্থে অষ্ট পুরের (নগরের) সমাবেশ। গ্রন্থে প্রদেয় অর্থ সূক্ষ্ম শরীর যাতে আছে পঞ্চ জ্ঞানেন্দ্রিয় (শব্দ, স্পর্শ ইত্যাদি) এবং মন বুদ্ধি অহঙ্কার বোধ।

পূর্ণত্ব- নির্ভুল

পূর্ণহন্তা- অকলুষিত চেতনা (non-relational)।

প্রকাশ- আক্ষরিক অর্থে আলোকিত হওয়া (প্রকাশিত-manifest); অপর অর্থ জ্ঞানোন্মেষ।

প্রকৃতি ও প্রধান- জীবের বুদ্ধি থেকে শুরু করে বাস্তব জগতের ভাবরূপ।

প্রমা- সত্যজ্ঞান

প্রমাণ- জ্ঞানের পরিচয়।

প্রমাতা- সাক্ষী, জ্ঞাতা (experient)।

প্রমেয়- জ্ঞেয় (knowable)।

প্রথ- বিস্তার, আবির্ভাব।

প্রথা- আবির্ভাবের উপায় বা পথ।

প্রতিভা- i) চেতনায় সৃজনশীলতা, ii) সর্বোচ্চ সচেতনতা, iii) পরাশক্তি।

প্রতিমিলন- নিমীলন ও উন্মীলন সমাধি; অন্তরে শিব ও বাহিরে শক্তি, অন্তরে বাহিরে ভগবৎ ভাব।

প্রত্যভিজ্ঞা- পূর্বের জ্ঞান (recognition)।

প্রত্যাহার- i) অক্ষর দিয়ে গঠিত শব্দ ও বাক্যের বোধ যেখানে প্রথম অক্ষরে সূত্রের সূচনা এবং শেষ অক্ষরে বোধ প্রাপ্তি। ii) যোগের মাধ্যমে ইন্দ্রিয়বোধের সঙ্কোচন।

প্রত্যবমর্শ- নিজেকে জানা।

প্রবুদ্ধ- প্রকৃত জ্ঞান প্রাপ্ত।

প্রলয়- সৃষ্টির বিলয়।

প্রলয়াকল বা প্রলয়কেবলী- মায়াতত্ত্বে স্থিত হয়ে শূন্যের অবধান।

প্রসর- বিকাশের বিস্তার।

প্রাণ- জীবন শক্তির নাম (name of vital power), বায়ু প্রধান।

প্রাণ-প্রমাতা- প্রাণকে বিষয় (subject) রূপে স্বীকৃতি।

প্রাণ-বীজ- অক্ষর ‘হ’।

প্রাণায়াম- শ্বাস-প্রশ্বাসে সংযম।

প্রসাদ- ‘সৌ’ মন্ত্র।

পৃথ্বী- ‘পৌ’ মন্ত্র ও পৃথিবী তত্ত্ব বা ধরিত্রী।

পৌরুষ-অজ্ঞান- পুরুষের নিজের স্বরূপ সম্বন্ধে অজ্ঞানতা।

পৌরুষ-জ্ঞান- নিজের শিব প্রকৃতি সম্বন্ধে জ্ঞান।

‘ব’

বন্ধ- সীমিত জ্ঞান, বন্ধন, জীবের প্রাথমিক অজ্ঞতায় গড়ে ওঠা জ্ঞান, যোগ লব্ধ প্রত্যাহার।

বল- চিৎবল, বিশ্বচেতনার বল।

বিন্দু- i) অতীন্দ্রিয় সূক্ষ্মাতিসূক্ষ্ম স্থান, ii) জ্ঞানের আলোর উদ্ভব স্থান, iii) শক্তির একীভূত স্থান, iv) পরঃপ্রমাতা বা সর্বোচ্চ স্থান, v) অনুস্বর 'ং' বা বৈচিত্রপূর্ণ শিবের অভেদ রূপ, vi) ভ্রূমধ্যস্থিত 'তেজ' যা ধ্যানে উদ্দীপিত হয়, vii) বীর্যের বিন্দু (drop)।

বহির্মুখীতা- বাহ্যিকভাব (extroversion)।

ব্রহ্ম (শঙ্কর বেদান্তের অনুসারী)- চেতনার বা অপরিমিত জ্ঞানের নিকর্ম (without activity); শৈবমতে পরম শিব বা স্বাতন্ত্র্য শক্তি।

ব্রহ্ম নাড়ী- সুষুম্না নাড়ী (central nerve)।

ব্রহ্ম নির্বাণ- বিজ্ঞানাকল বা শুদ্ধ জ্ঞান তত্ত্বে স্থিতি।

ব্রহ্মরন্ধ্র- সহস্রচক্র

ব্রহ্মবাদ- শঙ্কর বেদান্ত।

বীজ- i) সর্বোচ্চ শক্তির আলো যা সৃষ্টির কারণ, ii) স্বরবর্ণ, iii) দেবদেবী বিশেষের মন্ত্রের আদ্যক্ষর, iv) মন্ত্রের আদ্যক্ষর যা মন্ত্রের মূল।

বুদ্ধ- যিনি জ্ঞানের বা চেতনার আলোকে উদ্ভাসিত।

বুদ্ধি- নির্ধারণ ক্ষমতা।

বুদ্ধিন্দ্রিয়- শব্দ, স্পর্শ ইত্যাদি জ্ঞানের পঞ্চ ইন্দ্রিয়।

বৈন্দবী কলা- বিন্দু বা পরম শিবের স্বাতন্ত্র্য শক্তি।

বৌদ্ধ অজ্ঞান- বুদ্ধিতে নিহিত অজ্ঞানতা, অশুদ্ধ বিকল্পতা।

বৌদ্ধ জ্ঞান- শুদ্ধ বিকল্পতায় নিজের শিবজ্ঞান।

'ভ'

ভক্তি (অপরা)- গভীরভাবে শিবের প্রতি অনুরাগ।

ভক্তি (পরা)-শিবের প্রতি একাত্মতা এবং করুণা প্রাপ্তি।

'ভা'

ভাব- অন্তর বাহিরে বিষয়ীভূত, নশ্বর জগৎ বোধ (objective existence)।

ভাবনা- চিন্তন স্বভাব যা শিব, জ্ঞান যোগ, শাক্তোপায়, সৃজনশীলতা, শঙ্কা, ঐশ্বরিক চেতনা আধারিত।

'ভু'

ভুবন- হওয়া (becoming)

ভুবন অধ্বা- 108 আশ্রয় বাচক ভুবন বা স্থান (spatial existence)।

'ভূ'

ভূত- স্থূলাবস্থা

ভূত কৈবল্য- বিষয় বৈরাগ্য, মনকে বস্তু থেকে গুটিয়ে নেওয়া।

ভূত-জয়- বস্তুকে জয়, আধিপত্য।

ভূত-প্রথকত্ব- ব্যক্তির সত্ত্বার কৈবল্য।

ভূত-শরীর- দেহেই নিজত্বের স্বীকৃতি।

ভূচরী- ভব সম্পর্কিত বস্তু।

ভূমিকা- রূপান্তর পরিগ্রহ (role)।

'ভৈ'

ভৈরব (অপরা)- চেতনায় সিদ্ধ (জগতের সঙ্গে একাত্ম)।

ভৈরব (পরা)- i) পরম শিব ii) অদ্ভুত (anachronistic) শব্দবন্ধ যেখানে 'ভ' অর্থ (ভার গ্রহণ), 'র' অর্থ রাবণ (সংহার), 'ব' অর্থ বমন (উদ্গম)।

ভৈরব আগম- অদ্বৈতের শিক্ষায় চৌষট্টি শৈব আগম প্রণালী।

ভৈরব (গুরু)- মুক্ত ভৈরব আগমের শিক্ষাগুরু।

ভৈরব বা ভৈরব মুদ্রা- নেত্রের পলকপাত না করে বাহ্যদৃষ্টি হয়ে অন্তর্মুখী ভাব।

ভৈরব সম্পত্তি- শিবত্ব প্রাপ্তি।

'ভো'

ভোগ- অভিজ্ঞতা বা সংকীর্ণ সুখের অনুভূতি।

ভোক্তা- জগতের সাক্ষী অথবা সংকীর্ণ অর্থে ভোগী।

'ম'

মঠিকা- শৈবধর্মের চার ঐতিহ্য (four traditions)।

মধ্য- i) মূল চেতনা, ii) সুষুম্না বা প্রাণিক নাড়ী।

মধ্য ধাম- ব্রহ্মনাড়ী বা সুষুম্না।

মধ্যমা- অন্তঃকরণে স্থিত শব্দের প্রকাশের পূর্ববর্ত্তী সূক্ষ্ম রূপ।

মধ্যমক- বৌদ্ধধর্মে মুক্তির বাস্তবতা সুখ ও তপস্যার মধ্যম পন্থা (নৈতিক ও আধ্যাত্মিক)।

মধ্যশক্তি- সংবিদশক্তি

মানস- মনের পঞ্চ ইন্দ্রিয়ের সঙ্গে সাযুজ্য অবস্থা।

মন্ত্র- i) কীর্তন যোগ্য শুদ্ধ শব্দের সূত্র (গ্রন্থন), ii) শুদ্ধ শব্দের মননের দ্বারা জগৎ যন্ত্রণার থেকে পরিত্রাণ, (শাক্তোপায়), iii) সাক্ষীরূপ সাধকের শুদ্ধাবিদ্যা।

মন্ত্রমহেশ্বর- সাক্ষী সাধকের শিবের সদাশিবরূপ (ইচ্ছাশক্তি) জ্ঞান।

মন্ত্র-বীর্য্য- সমুচিত (perfect) ও সম্পূর্ণ সচেতনতা (I-consciousness); পরাবাকের অভিজ্ঞতা, মন্ত্রের শক্তির অনুভব।

মন্ত্রেশ্বর- সেই সাক্ষী যার ঈশ্বর তত্ত্বের অনুভব হয়েছে।

মন্থন ভৈরব- যে ভৈরব মন্থনের দ্বারা আত্ম চেতনায় সবকিছু নিমজ্জন করে। এই ভৈরবের আর এক নাম স্বচ্ছন্দ ভৈরব।

মরীচি- শক্তি

মল- অজ্ঞতা, সীমিতাবস্থা, আবরণ (dross)।

মহেশ্বর- পরমশিব

মহানন্দ- আণবোপায়ে আনন্দের পঞ্চস স্তর, উদান অগ্নিতে প্রমাণ ও প্রমেয়ের গ্রাস।

মহার্থ- ক্রম এবং কৌল ধারায় সর্বোচ্চ ও সর্বশেষ প্রাপ্তি।

মহামন্ত্র- শুদ্ধ সচতেনতার মন্ত্র।

মহামায়া (অপরা)- শুদ্ধ বিদ্যার নিম্নস্তর ও মায়ার উর্দ্ধে, যা বিজ্ঞানতলে অবস্থান করে।

মহামায়া (পরা)- শুদ্ধ বিদ্যার নিম্নে বিদ্যেশ্বরের আবাস যেখানে শুদ্ধ চেতনায় থেকে জগতকে পৃথক অনুভূত হয়।

মহাহ্রদ- সর্বোচ্চ সচতেনতা (I-consciousness) গভীর ও নমনীয় (limpid)।

'মা'

মাতৃকা- i) সেই অপরিচিত সূক্ষ্ম 'মা' যিনি সব বর্ণের আধার, ii) পরাবাক শক্তি যার থেকে জগতের উদ্ভব।

মাতৃকাচক্র- মাতৃকার শক্তি সমূহ।

মাধ্যমিক- 'মাধ্যমক' বৌদ্ধ ধর্ম অনুসারী।

মায়াতত্ত্ব- যেই তত্ত্বে জগতে শুদ্ধ সত্ত্বা আবরিত মায়ায়; পঞ্চ কঞ্চুকের কারণ।

মায়া (শঙ্কর বেদান্তে)- অনাদি এবং জগতের ভ্রম কারক।

মায়াশক্তি- শিবের মায়াশক্তি তাঁর অসীমতাকে মায়াতত্ত্বে সীমিত করে।

মায়া-প্রমাতা- মায়ায় দ্বারা প্রযোজিত সত্ত্বা (emperical self)।

মায়ীয়মল- মায়ার দ্বারা সীমাবদ্ধতার কারণে চিৎ-এর সূক্ষ্ম ও স্থূল শরীর।

মালিনী- বর্ণের শক্তিতে ধৃত বিশ্ব যাতে 'ন' থেকে 'ফ' বর্ণ অনিয়মিত সংস্থাপিত।

মাহেশ্বর্য- মহাপ্রভু বা মহেশ্বরের শক্তি।

মাহেশ্বর্যাদয়ঃ- মাহেশ্বরী ও অন্যান্য দেবদেবী যারা বিভিন্ন বর্ণের অধিষ্ঠাতৃ।

মুক্ত-শিব- শিব বোধের স্তরভেদ যথা মন্ত্র, মন্ত্রেশ্বর, মন্ত্রমহেশ্বর এবং সাক্ষীরূপ যথা শিব, রুদ্র, ভৈরব।

মুক্তি- জীবনের বন্ধন থেকে শিবত্বে বা শিবভাবে মুক্তি, জীবন্মুক্তি। বিদেহ-মুক্তি হয় জাগতিক মুক্তির পর শিব চেতনায় লীন হওয়া, দেহের থেকে মুক্তি।

'মু'

মুদ্রা- i) মুদ (সুখ) র (দান), অর্থাৎ সুখদানকারী, কারণ এর দ্বারা অতীন্দ্রিয় চেতনার অনুভব হয়; এই প্রক্রিয়ায় বিশ্ব মুদনাৎ (মুদিত) হয়ে যায় যোগীর কাছে এবং যোগী জাগতিক অনুভবের বাইরে 'তুরীয়' অবস্থায় উপনীত হন। ii) যোগীর সব ইন্দ্রিয়কে বশ করা।

মুদ্রাক্রম- যে অবস্থায় শিবের সমাবেশ শক্তির আবেশে যোগীর অন্তর্মুখী ও বহির্মুখী ভাবে গমনাগমন (swing) হয়, সবই শিবময় রূপে।

মুদ্রাবীর্য্য- মন্ত্র-বীর্য্য, যোগীর খেচরী অবস্থা।

মূর্তি- ক্রিয়া শক্তির মূর্তরূপ (manifest form)।

'মে'

মেয়- প্রমেয় (object)।

'মো'

মোহ- মায়ার প্রভাবে শরীরকে নিজের (সত্ত্বা) ভাবা।

মোক্ষ- মুক্তি

'যো'

যোগ- i) কোনোকিছুর প্রাপ্তি, ii) পরমের সঙ্গে যোগ, iii) সমাধি- 'যুজি সমাধৌ', (পতঞ্জলি মতে) মানসিক বিকারের অবসান।

যোগিন্যঃ- খেচরী, ভূচরী, দিকচরী, গোচরী ইত্যাদি শক্তি।

যোনি- i) গর্ভ, মূল, ii) স্বরবর্ণ ও ব্যঞ্জন বর্ণ (আট) মিলে নয় প্রকার। iii) শক্তি হল যোনি ও শিব হল বীজ। শক্তি চার প্রকার- অম্বা, জ্যেষ্ঠা, রৌদ্রী ও বামা, iv) মায়াশক্তি।

যোনিবর্গ- মায়া ও তার তত্ত্ব সমূহ (পুরুষ ও 25 প্রকৃতি)।

'র'

রজঃ- প্রকৃতির কর্ম, সচলতা ও অনৈক (disharmony)।

রবি- আক্ষরিক অর্থে সূর্য্য, অন্যথায় যোগ, প্রমাণ (জ্ঞান) ও প্রাণ দর্শনশাস্ত্রে।

রশ্মি- শক্তি বা প্রকটিত শক্তি।

রাগ- মায়ার পঞ্চ কঞ্চুকের এক কঞ্চুক, অতি অনুরাগ।

রেখিণী- শক্তির অক্ষরে সরল রেখার রূপ।

রোধিনী- মোক্ষের প্রতিরোধী শক্তি।

রৌদ্রী- জাগতিক সুখ সন্ধানীর শক্তি।

'রু'

রুদ্র- কালাগ্নি, নিবৃত্তির সর্বনিম্ন স্তর।

রুদ্র-প্রমাতা- মুক্ত শিব।

রুদ্রঃ- রুদ্রদেব, প্রকৃতির প্রকাশ ও সংহারের পতি। ব্যক্তির এই শক্তির রূপ প্রাপ্তি।

রুদ্রঃ (গুরু)- 18 শৈবাগমের (শিবে মুক্তি) গুরু।

'ল'

লয়- চেতনার আত্মস্থ করণ, বিলয় (dissolution)।

লোক- বস্তুগত অস্তিত্বের স্তর।

'ব'

বর্গ- শ্রেণী, ক-বর্গ, চ-বর্গ ইত্যাদি।

বর্ণ- i) অক্ষর, ii) অনুধ্যানের বিষয় (object of concentration) যাকে আণবোপায়ে ধ্বনি বলা হয়; সুষুম্নায় অনাহত নাদ (unstruck sound)।

'বা'

বাচক- শব্দ, পদ যা বোধগম্য; বর্ণের মন্ত্র।

বাচ্য- বক্তব্য বিষয় (referent); কলা, তত্ত্ব, ভুবন।

বামা বা বামেশ্বরী- দৈবীশক্তি যা জগতকে প্রকাশিত করে সর্বোচ্চ তত্ত্ব শিব থেকে দ্বৈতরূপে একত্বের প্রতিরূপে (বাম- reverse from obverse)।

বাসনা- কর্মের, ধারণার স্বভাব (habit energy) যার বাস মনে।

বাহ- প্রণালী (channel), ধারা (flow); প্রাণের প্রবাহ ইড়া নাড়ীতে এবং অপানের প্রবাহ পিঙ্গলা নাড়ীতে উভয়ের মিলিত রূপ 'বাহ'।

'বি'

বিকল্প- বোঝার বৈচিত্র, ধারণার বৈচিত্র।

বিকল্প-ক্ষয়- বিকল্পের বিলোপ।

বিকল্পনম- মনে বিকল্পতার ধারণা।

বিকল্প (শুদ্ধ)- আমিই শিব এই অবিচলিত ধারণা।

বিকাস- উন্মোচন, উন্মেষ।

বিগ্রহ- নির্দিষ্ট রূপ।

বিগ্রহী- দেহী

বিজ্ঞানাকল- পরম সাক্ষীর শুদ্ধবিদ্যার নিম্নস্থিত কিন্তু মায়ার উর্দ্ধস্থিত অবস্থা। কর্মমল এবং মায়ীয়মল থেকে মুক্ত কিন্তু আণবমল মুক্ত নয়।

বিতর্ক- 'বিতর্ক আত্মজ্ঞানম্' (শিব-সূত্র I-17)। আমিই শিব এই ধারণা।

বিদ্যা- i) শুদ্ধ বিদ্যা তত্ত্ব, ii) সহজ বিদ্যা, উন্মনা শক্তি, iii) সীমিত বিদ্যা।

বিদ্যাশরীর- শব্দরাশি (শিব-সূত্র II-3)।

বিনায়কাঃ- বারণকারী, ভগবৎ উন্নতিতে বাধাস্বরূপ।

বিমর্শ- পরম শিবে পূর্ণ সচেতনতা যার থেকে জ্ঞান ও ক্রিয়ায় এই জগৎ উদ্ভূত।

বিবর্ত- শঙ্কর বেদান্তে বস্তুর পরিবর্ত রূপ।

বিশ্ব- বিশ্বময়তা (বিশেষণ)।

বিশ্বময়-বিশ্বাত্মক- বিশ্বে অন্তর্লীন (immanent)।

বিশ্বোত্তীর্ণ- তুরীয় ভাব।

বিসর্গ- সৃজন (emanation)।

বিসর্গ ভূমি- উলম্ব দুটি বিন্দু, একটি হল সমাহিত শিব দ্বিতীয়টি তার শক্তি জগৎ প্রকাশ।

বীরেশ- ইন্দ্রিয়ের (বীরশক্তি) অধিকর্তা।

বৈখরী- বৈখরী বা ভৈখরী- শক্তির প্রতিভূ স্থূল শব্দ।

‘ব্য’

ব্যান- ব্যাপক সর্বত্র বিস্তৃত প্রাণ।

ব্যামোহিততা- ব্যাপ্ত, বিস্মৃতি (delusion)।

ব্যুত্থান- আক্ষরিক অর্থে উদয়, অন্য অর্থে সমাধির পরে জাগরণ।

‘ভে’

ভেদক- ভেদকারী সাক্ষী।

ভেদ্য- ভেদকৃত বিষয় (object)।

‘শ’

শক্তি- i) শিবের ক্ষমতার প্রকাশ সৃষ্টি স্থিতি লয়ে; ii) স্পন্দের সৃষ্টি চেতনা।

শক্তিচক্র- সৃষ্টি অভিমুখী দ্বাদশ মহাকালী, শক্তি সমূহ, মন্ত্র সমূহ, খেচরী ইত্যাদি।

শক্তি তত্ত্ব- ইদম্ বা আনন্দের প্রকাশশক্তি, ছত্রিশ তত্ত্বের দ্বিতীয় তত্ত্ব।

শক্তিপঞ্চক- শক্তির পাঁচ ভূমি যথা, চিৎ, আনন্দ, ইচ্ছা, জ্ঞান ও ক্রিয়া।

শক্তিপাত- শক্তির অবতরণ যার মাধ্যমে ব্যক্তি পরম করুণাময়কে লাভ করে।

শক্তিমান- মহেশ্বর, শিব।

শব্দ- ধ্বনি, অক্ষর, পদ।

শব্দব্রহ্ম- বাস্তব জগতের কারণ, চিৎ-এর কম্পন।

শব্দ-রাশি- ‘অ’ থেকে ‘ক্ষ’ পর্যন্ত সমস্ত অক্ষর সমূহ।

‘শা’

শাক্ত-উপায়- সর্বদা শিবের চিন্তন করে চেতনায় শুদ্ধতা লাভ।

শাক্ত-জপ- সর্বোচ্চের সর্বদা মনন।

শাক্ত-সমাবেশ- শাক্ত-উপায়ে সর্বোচ্চের সন্ধান প্রাপ্তি।

শাক্ত-যোগ, জ্ঞান-যোগ ঐ

শাম্ভব-উপায়- চৈতন্যে সহসা অবিকল্প শিবত্ব লাভ। এর অপর নাম শাম্ভব যোগ, ইচ্ছাযোগ বা ইচ্ছা-উপায়। শিবের কণামাত্র চিন্তনেও এই যোগ করা হয়।

শাম্ভব-প্রমাতা, শিব-প্রমাতা- শিবে স্থিতি।

শাম্ভব-সমাবেশ- শাম্ভব-উপায়ে শিবের অবিকল্প চিন্তন।

‘শি’

শিব- শুভ, ঐশ্বরিক জ্যোতি।

শিব (পরম)- অতীন্দ্রিয় ভগবৎ তত্ত্ব।

শিবতত্ত্ব- ছত্রিশ তত্ত্বের প্রথম তত্ত্ব আদিম উন্মেষ।

'শু'

শুদ্ধ অধ্বা- বাস্তব জগতের আবির্ভাবের পূর্বে শিব থেকে 'সদবিদ্যা' পর্য্যন্ত্য পাচঁ স্তরের তত্ত্ব।

শুদ্ধ তত্ত্ব- পরম শিব।

শুদ্ধ বিকল্প- নিজেকে শিব মনে করা।

শুদ্ধবিদ্যা বা সদবিদ্যা- বাস্তব জগত তথা মায়ার কর্তৃত্বের পূর্বাবস্থা।

'শূ'

শূন্য (বৌদ্ধ)- যেখানে জ্ঞাতা, জ্ঞান ও জ্ঞেয়র কোনও তফাৎ বোধ নেই।

শূন্য (শৈব)- যে অবস্থায় বস্তুর নিরাকরণ, নিবৃত্তি হয় প্রলয়ে।

শূন্য (বেদান্ত)- বস্তু অসত্য, অস্বীকৃত।

শূন্য-প্রমাতা- সাক্ষী প্রলয়াকল শূন্য স্বরূপ।

'শৈ'

শৈব আগম-শৈবধর্মে দশ দ্বৈত শাস্ত্র, অষ্টাদশ দ্বৈতাদ্বৈত শাস্ত্র, চৌষট্টি অদ্বৈত শাস্ত্র।

শৈব যোগ বা সাধনা- আণব উপায়, শাক্ত উপায়, শাম্বব উপায়।

'ষ'

ষড়ধ্বা, ষড় প্রকাশ- তিনটি সাময়িক (সীমিত) যথা, মন্ত্র, বর্ণ ও পদ; অপর তিনটি ব্যাপক যথা, কলা, ভুবন ও তাত্ত্বিক প্রকাশ।

ষড়ধ্বা বীজ- অক্ষর ঋ, ঋৃ, ৯, ৯ৢ৯, যার থেকে অন্য অক্ষরের প্রকাশ হয়।

ষষ্ঠ বক্ত্র- আক্ষরিক অর্থ মেঢ্র-কেন্দ্র বা উপস্থের মূলদেশ, মূলাধার।

'স'

সঙ্কোচ- সঙ্কুচন, সীমিতাবস্থা।

সন্ধান- আক্ষরিক অর্থ সংযোগ সাধন। অপর অর্থ অভিনিবেশের দ্বারা চেতনায় অন্তর্মুখী ও বহির্বিশ্বের সংশ্লেষ।

সংঘট্ট- মিলন, মানসিক সংযোগ।

সংবাহ্য- পশু, জন্ম জন্মান্তরে গমনকারী।

সম্বোধ- সম্যক বোধ।

সংবিদ- চেতনা, সচেতনতা (awareness)।

সম্বিদ দেবতা- খেচরী, ভূচরী ইত্যাদি বৃহৎ অর্থে (macrocosmic), ভাব বা অনুভূতি অর্থে (microcosmic) অন্তর ও বাহিরের অনুভূতি।

সংসার বা সংসৃষ্টি- নশ্বর জগৎ।

সংহার- সংহরণ, ফিরিয়ে নেওয়া।

সংহার কৃত্য- শিবে লয় প্রাপ্তি।

সংসারিন- সংসারী জীব।

সকল- জীব জগৎ।

সৎ- চিৎ-এর উপস্থিতি (conscious existence)।

সত্ত্ব (সত্তা)- জীবেজড়ে প্রকৃতি (the principle of being)।

সত্য প্রমাতা- পরা শিব।

সদবিদ্যা- শুদ্ধবিদ্যা

সদাশিব (সদাখ্য তত্ত্ব)- এই অবস্থায় হয় ইদমে অহমের ক্রিয়ার প্রকাশ।

সমনা- যখন শিবের উন্মনা শক্তি শূন্যের মাধ্যমে (থেকে) বিশ্বের প্রকাশ ঘটায় তখন প্রমাতা বা সৃষ্টির নিজ জ্ঞান (knowing self) থেকে সমনার উদয় হয় -'অশেষমন-মাত্র-রূপত্বাৎ-সমনা', অর্থাৎ সব সৃষ্টিতত্ত্বের উদয়।

সমরস- চেতনায় সমত্ব বা চেতনার অনুভব।

সমাধি- মানসিক সংহৃতি বা বিক্ষেপহীনতায় একীভূত করণ।

সমাধি-সুখ- জ্ঞাতার (প্রমাতৃ পদের) সুখানুভূতি।

সমান- প্রাণ ও অপান বায়ুর মিলন।

সমাচার- 'সম-সম্যক, আ-ঈষৎ, চার-প্রসরণ'- প্রাণের সম্যক ব্যাপ্তি, সূত্র III-22

সমাপত্তি- সমাধি (consummation)।

সমাবেশ- ভগবৎ আবেশে ব্যক্তি চেতনার ভগবৎ ভাবে নিমজ্জন।

সর্বকর্তৃত্ব- ক্ষমতার পরাকাষ্ঠা (omnipotence)।

সর্বজ্ঞত্ব- জ্ঞানের পরাকাষ্ঠা (omniscience)।

সবিকল্প জ্ঞান- মানসিক জ্ঞান (acquired knowledge)।

সহজ- অন্তর প্রকৃতি (innate essential knowledge)।

সহজ বিদ্যা- অন্তর প্রকৃতিতে উপলব্ধ জ্ঞান; যাকে 'উন্মনা'ও বলা হয় কারণ তা অন্তরে উদ্ভূত স্বচ্ছ (pure) জ্ঞান, শিবে ব্যাপ্ত মনের বিকার রহিত।

'সা'

সামরস্য- শিব ও শক্তির সম্মেলন (unison), দ্বৈতাদ্বৈতের একত্ব।

সাযুজ্য- উন্মুখী সাধক শিবের সঙ্গে দ্বৈতাবস্থায় নিজের সংযোগ বোধ করে।

সারূপ্য- উন্মুখী সাধক শিবের সঙ্গে নিজের একত্ব বোধ করে।

সালোক্য- উন্মুখী সাধক সাধ্যের সঙ্গে নিজেকে সম স্তরে (same plane) স্থিত (সমলোক প্রাপ্তি) বোধ করে।

সাক্ষাদ উপায়- শাম্ভব উপায়।

সাক্ষাৎকার- প্রজ্ঞা লব্ধ নিজের মূল প্রকৃতির পরিচয়।

'সু'

সুগত- ভগবান বুদ্ধ।

সুপ্রবুদ্ধ- অতীন্দ্রিয় চেতনায় সদাজাগ্রত।

সুষুপ্তি- স্বপ্নহীন গভীর নিদ্রা।

সুষুপ্তি (সবেদ্য)- গভীর নিদ্রায় লাঘববোধ ও ইন্দ্রিয় বৃত্তির ক্ষীণতা।

সুষুপ্তি (অপবেদ্য)-গভীর নিদ্রায় সর্ব প্রবৃত্তির (objective conscience) নিবৃত্তি।

সুষুপ্ততা, সৌষুপ্তম- অজ্ঞতার কারণে ভ্রমোৎপাদন।

সূক্ষ্ম শরীর- অন্তরে স্থিত পুর্যষ্টক সমন্বিত দেহহীন ক্ষুদ্র শরীর।

'সূ'

সূর্য্য (প্রতীকী)- প্রাণ, প্রমাণ (জ্ঞান- knowledge), জ্ঞানশক্তি।

সূর্যনাড়ী- প্রাণের বাহক ইড়া নাড়ী।

সৃষ্টি-বীজ- সৃষ্টির মন্ত্র-বীজ, সৃষ্টি-সম্ভব চৈতন্য।

'সো'

সোম (প্রতীকী)- প্রমেয় (প্রমাণের বিধেয়- অপান), প্রাণে জীবন ধারণ।

সোমনাড়ী- অপানের বাহক পিঙ্গলা নাড়ী।

'সৌ'

সৌগত- ভগবান বুদ্ধের মত ও পথ অনুসারী।

সৌষুপ্ত সৃষ্টি- প্রলয়াকলে স্থিত সৃষ্টি।

'স্থ'

স্থান কল্পনা- আণব উপায়ের এক পদ্ধতি, বহির্দেশে মনঃসংযোগ।

স্থিতিকৃত্য- উন্মেষ, অব্যাহত বিকাশ।

স্থূল ভূতম- স্থূল বস্তু (বায়ু, অগ্নি, দ্যুলোক-ether, জল ও পৃথ্বী)।

স্থূল শরীর- স্থূল দেহ।

'স্প'

স্পন্দ- অবিচল শিবে স্থিত কম্পন, শিবের স্বাতন্ত্র্য শক্তির হিল্লোল।

'স্ফ'

স্ফুরত্ত- কম্পন প্রসূত ঝলক (gleam), এবং স্বতন্ত্রতার উদ্ভাস।

'স্ব'

স্বতন্ত্র- স্বাধীন অতুল ইচ্ছা।

স্বচ্ছন্দ- সম্পূর্ণ স্বাধীন শিব।

স্বপ্ন- বিকল্প

স্বপ্ন সৃষ্টি- যে স্তরে ভুবন ও তার বিষয় স্বপ্নের মতো সূক্ষ্ম।

স্বরূপ- মূল প্রকৃতি।

স্বরূপাপত্তি- ব্যক্তির স্বতন্ত্র স্বরূপের অনুভূতি লাভ।

স্বলক্ষণ- স্থানে ও সময়ে সীমিত বস্তু।

স্বসংবেদন- অন্তর্দৃষ্টিতে নিজেকে চেনা।

'স্বা'

স্বাচ্ছন্দ্য- পরমের স্বতন্ত্র স্বাধীনতা।

স্বাতন্ত্র্য- শক্তির স্বাধীনতা (বিমর্শ বা বিচার ক্ষমতা)।

স্বাত্ম-শক্তৃ- আত্মস্থ হওয়া (assimilate within self)।

'স্বে'

স্বেচ্ছা- শিব ও শক্তির স্বাতন্ত্রতা।

'হ'

হ- অতীন্দ্রিয় শক্তি।

হঠপাক- সাক্ষীর চেতনায় অনুভবের একত্রীকরণ (assimilation)।

‘হৃ’

হৃদয়- আক্ষরিক অর্থ অন্তঃকরণ। চিৎ বা ব্যক্তির উন্মেষের মূল (central consciousness of experient)।

‘হে’

হেতু- কারণ

হেতুমত- কারণ উদ্ভূত ফল বা কার্য।

‘হ্র’

হ্রদ- আক্ষরিক অর্থ সরোবর। ভগবৎ চেতনা (supreme spiritual awareness) যা গভীর, অনন্ত, কলুষমুক্ত।

‘হং’

হংস- আত্মা

হংসজপ- নাদ-কলার প্রতি সচেতনতা।

......

শিব-সূত্র গ্রন্থে উল্লেখিত সংস্কৃত শব্দাবলী

......

বিজ্ঞানভৈরব

মুখবন্ধ

বিজ্ঞানভৈরব যোগ সম্বন্ধে একটি অতি প্রাচীন গ্রন্থ। এই গ্রন্থে শৈবাগমের মূল তত্ত্ব অনুসরণ করা হয়েছে। এতে 112 রকমের যোগের বর্ণনা করা হয়েছে। যোগশাস্ত্রের উপর এই রকম আর কোনও গ্রন্থ সম্ভবত নেই যেখানে জীবনের মূলসত্যকে (central reality) এত ব্যাপকভাবে অনুধাবন করা হয়েছে যা প্রত্যেক মানুষের সত্তার (essential self) সঙ্গে জড়িত। এই অনুসন্ধান যা যোগের তত্ত্বে করা হয়েছে তা একাধারে বহির্মুখী এবং অন্তর্মুখী (extensive and intensive)।

এই প্রথম বিজ্ঞানভৈরবের মতো একটি উত্তম গ্রন্থের উপর ইংরাজি গ্রন্থ প্রণয়ন করা হল। ইংরাজি গ্রন্থটি কাশ্মীরের শৈবধর্মের বিভিন্ন অপরাপর গ্রন্থের তথা চর্চার উপর আধারিত। ইংরাজি বইটিতে কোনো কোনও ক্ষেত্রে বোঝার সুবিধার জন্য পণ্ডিত স্বামী লক্ষণ জু-র সহায়তায়, বিষয়কে একটু অন্যভাবেও উপস্থাপন করা হয়েছে।

সংস্কৃতের প্রতিটি স্তোত্রকে বর্তমান গ্রন্থে (ইংরাজি গ্রন্থ) দেবনাগরী ও রোমান হরফে দেওয়া হয়েছে। এরপরে ইংরাজি অনুবাদ এবং অর্থ নির্দেশ (expository note) করা হয়েছে। শেষে বিশেষ বিশেষ শব্দের (technical terms) একটি শব্দকোষ দেওয়া হয়েছে।

এখানে যেসব যোগ সাধনার কথা বলা হয়েছে বিজ্ঞানভৈরবে সেসবই (tenets) অদ্বৈত শৈব দর্শনের উপর আধারিত। বোঝার সুবিধার জন্য পাঠক লেখকের ইংরাজি গ্রন্থ 'প্রত্যভিজ্ঞাহৃদয়ম' বা 'শিব-সূত্র'র ভূমিকা (introductory portion) প্রথমে পাঠ করে নিলে উপকৃত হবেন।

আমি স্বামী লক্ষণ জু-কে আমার সশ্রদ্ধ কৃতজ্ঞতা জানাই বিজ্ঞানভৈরবের প্রতিটি শব্দের শিক্ষা লাভের জন্য। আমি শ্রীদীননাথ গঞ্জ(Ganj)-কে এই সাথে কৃতজ্ঞতা জানাই বিভিন্ন সংস্কৃত শব্দের সূচক এবং বর্ণমালা অনুসারী স্তোত্রের সূচক সহৃদয়তার সঙ্গে তৈরী করার জন্য। গ্রন্থটি স্বামী লক্ষণ জু-কে উৎসর্গিত।

1-6-1979

জয়দেব সিং

সংস্কৃত শব্দের পৃষ্ঠা নির্দেশ মূল পাঠে এক পাতা কখনো উপর নিচে হতে পারে।

ভূমিকা

বিজ্ঞানভৈরবের বিশেষত্ব

এদেশে সত্যের নির্ধারণ তথা প্রকৃত প্রকৃতির (essential nature of self) অনুসন্ধানে দুই পথ বিবেক মার্গ ও যোগ মার্গ অনুসৃত হয়েছে। প্রথমটি বিবেচনার দ্বারা বিশ্লেষণ (distinction) এবং দ্বিতীয়টি হল আত্মীকরণ (integration)। পাতঞ্জল যোগ এবং শঙ্করের বৈদান্তিক পথ হল বিবেক মার্গ যেখানে পুরুষ বা আত্মা (The Self) প্রকৃতি থেকে পৃথক (পাতঞ্জল যোগ) বলে গণ্য অথবা মায়া থেকে ভিন্ন (বেদান্ত মতে)। পতঞ্জলির মার্গে যোগ অর্থ সম্মেলন নয়, এখানে যোগের অর্থ সমাধি (intense abstract meditation), ব্যাসদেবের ভাষায়- 'যুজি সমাধৌ'। শৈবাগমে যে যোগের কথা বলা হয়েছে সেখানে ব্যক্তির সত্তা প্রকৃতি (nature) থেকে বিচ্ছিন্ন নয় বা মায়াতত্ত্ববিহীন নয়; বরং ব্যক্তি জগতের সঙ্গে একাত্ম, বিশ্বময়। এই বিশ্বময়তা ভৈরব বা শিবের ক্ষমতা যা শক্তিরূপে প্রতিভাত (spiritual energy)। শৈবাগম বিশ্বকে অস্বীকার নয় বরং তার আত্মীকরণ (assimilation)। বিজ্ঞানভৈরব যোগমার্গের উত্তম বিচার, সেটাই পুস্তকের মহত্ত্ব। বিজ্ঞানভৈরব বিভিন্ন নামে উল্লিখিত- *'আগম'(1), 'শিববিজ্ঞান'(2), অভিনবগুপ্ত লিখিত 'রুদ্রযামলসার'(3)। *যোগরাজ উল্লেখ করেছেন 'শৈবোপনিষদ'(4) নামে। ক্ষেমরাজ তাঁর শিব-সূত্রের ভাষ্যের বিভিন্ন স্থানে বিজ্ঞানভৈরবের উল্লেখ করেছেন।

পাঠ্যবিষয় (The text)

কাশ্মীরী শৈবশাস্ত্রে ক্ষেমরাজকৃত বিজ্ঞানভৈরবের অসম্পূর্ণ ভাষ্য উপলব্ধ। শিবোপাধ্যায় এবং ভট্টআনন্দের পূর্ণাঙ্গ ভাষ্য পাওয়া যায়।

মূল পাঠের দ্বাত্রিংশৎ স্তোত্রের পরে (পৃ: 16) নিম্নোক্ত পাঠ পাওয়া যায়- 'ইতি উত্তরং শ্রীশিবোপাধ্যায় বিবৃতিঃ'। অর্থাৎ, এই ভাষ্যের পর শিবোপাধ্যায়ের ভাষ্য সূচিত হয়েছে। জানা যায় শিবোপাধ্যায়ের জীবিত কালেও ক্ষেমরাজের সম্পূর্ণ ভাষ্য পাওয়া যায়নি। এটাও জানা সম্ভব নয় যে ক্ষেমরাজ তাঁর ভাষ্য সম্পূর্ণ করে যেতে পেরেছিলেন কিনা বা তার বাকি ভাষ্য লুপ্ত হয়ে গেছে। কেবলমাত্র বলা যেতে পারে যে তাঁর ভাষ্যের বাকি অংশ পাওয়া যায়নি।

*(1)ঈশ্বরপ্রত্যভিজ্ঞা-বিবৃতি-বিমর্শিনী-পৃ:207, -(2)পৃ:405, -(3)পৃ:285, (4)বিবৃতি-পরমার্থসার।

শিবোপাধ্যায় শঙ্কর বেদান্তের গুণগ্রাহী ছিলেন। তাই তাঁর ভাষ্যকে বিজ্ঞানভৈরবের ব্যাখ্যায় পুরোপুরি নির্ভর করা যায় না। ভট্টআনন্দ আরও বেশি করে শঙ্করের বেদান্তের অনুসারী ছিলেন। এমতাবস্থায় তারঁ ভাষ্য মূল পাঠের ব্যাখ্যায় দূরস্থান। বর্তমান গ্রন্থ এঁদের ভাষ্য সেই জন্য গ্রহণ করা হয়নি।

বিজ্ঞানভৈরব ও তার ভাষ্যের কাল নির্ণয়

বিজ্ঞানভৈরব প্রাচীন তন্ত্রের অংশ বিশেষ। শৈবাগমে এই শাস্ত্রের স্থান অতি উচ্চে। অভিনবগুপ্ত 'শিববিজ্ঞান-উপনিষদ' নামে এই শাস্ত্রকে আখ্যায়িত করেছেন।

বিজ্ঞানভৈরব 'রুদ্রযামল' তন্ত্র গ্রন্থের সার বলা হয়, যেখানে রুদ্র ও শক্তির (ঐশ্বরিক) মিলনের উল্লেখ করা হয়েছে। রুদ্রযামলের সঠিক পাঠ পাওয়া যায় না, তাই বিজ্ঞানভৈরবের সঙ্গে রুদ্রযামলের সত্যিকারের সাযুজ্য কতখানি বলা কঠিন।

তন্ত্রে মূলত ধর্মীয় আচার ও পবিত্র সূত্রের (sacred formulae) উল্লেখ রয়েছে। গূঢ় (mystical), নক্সা (diagram-যন্ত্র), মুদ্রা (gesture), আসন (posture), দীক্ষা (initiation), সাধনা (mystic practices), এসবই তন্ত্রের লক্ষণ। বিজ্ঞানভৈরবে এসব শৈবসাধনা ক্রমে উল্লেখ করা হয়েছে যথাস্থানে।

বর্তমানে বিজ্ঞানভৈরবের উদ্গমের সঠিক কাল নির্ণয় করা মুস্কিল। বামননাথের 'অদ্বয়সমপত্তি' বার্তিকে বিজ্ঞানভৈরবের সবচেয়ে প্রাচীন উল্লেখ পাওয়া যায়। সম্ভবত বামননাথ ও বামন একই ব্যক্তি যার কবিতার কাশ্মীরের রাজা জয়পীড়ের (779-813

A.D.) রাজত্বকালে খুব সুখ্যাতি ছিল। তার অর্থ হল অষ্টম শতকে বিজ্ঞানভৈরব সুপ্রসিদ্ধ ছিল; সম্ভবত এক শতক আগে থেকেই।

ভাষ্যকারদের মধ্যে ক্ষেমরাজের খ্যাতি ছিল দশম শতকে। ভট্টআনন্দের ভাষ্যের শেষে তাঁর সময়কাল সপ্তদশ শতক উল্লেখ আছে। শিবোপাধ্যায়ের ভাষ্যের শেষে তাঁর সময়কাল রাজা সুখজীবনের রাজত্বকালে বলে উল্লেখ আছে। রাজা সুখজীবন অষ্টাদশ শতাব্দীর লোক, সুতরাং শিবোপাধ্যায়ও সেই সময়কার লোক বলা যেতে পারে।

বিজ্ঞানভৈরবের উল্লেখযোগ্যতা

বিজ্ঞানভৈরবে দুটো পদ ব্যবহার করা হয়েছে, এক হল বিজ্ঞান অন্যটি ভৈরব। আমরা প্রথমে ভৈরব শব্দের অর্থ উদ্ঘাটন করার চেষ্টা করবো। ক্ষেমরাজ তাঁর 'উদ্যোত' ভাষ্যে ভৈরব শব্দের রহস্য ব্যাখ্যা করেছেন। ভৈরব শব্দের প্রতিটি অক্ষর গূঢ়ার্থ সমন্বিত (acrostic word)-ভ,র,ব। 'ভ' হল ভরণ (বিশ্বের পোষণ), 'র' হল রাবণ (বিশ্বের সংবরণ), এবং 'ব' হল বমন (দর্শানো বা প্রক্ষেপণ) বা বিশ্বের প্রকাশ। ভৈরব শব্দে পরমেশ্বরের এই তিনটি গুণই অভিব্যক্ত।

তন্ত্রালোকে (স্তোত্র III- 283-5) অভিনবগুপ্ত উপরোক্ত ব্যাখ্যাই দিয়েছেন। স্রষ্টার বিশ্বরূপতায় তাঁর চৈতন্য সমগ্র বিশ্বে ব্যাপ্ত ও 'ষড়ধ্বা'য় (ছয়রূপে) প্রতিবিম্বিত (reflected) এবং ভৈরবেই সবকিছু লয়প্রাপ্ত হয়।

একটু আগে যে ভৈরবের তিনটি বিশেষত্বের কথা বলা হয়েছে, সেখানে তন্ত্র সাধকের (mystic) পরিপ্রেক্ষিতে আবার ভৈরব যুগ্মভাবে প্রতিভাত হয় প্রকাশ (light of consciousness) ও বিমর্শে (eternal awareness); সংহার সেখানে উহ্য। প্রকাশ চৈতন্যেই স্থিত (fused)। অর্থাৎ পরম শিবে যে বিমর্শতা ও প্রকাশ, সেটাই শিব ও শক্তি, ভৈরব ও ভৈরবীর একীভূত রূপ। ভৈরব বা পরমশিবে অন্তর্মুখীনতা ও ব্যাপ্তি একত্রিত শিব ও শক্তি রূপে। এই ভৈরবই সাধকের বাঞ্ছিত।

ভৈরবের স্বরূপ হল বিজ্ঞান বা বোধ বা মহাবোধ; চিৎ বা চৈতন্য হল তার লক্ষণ যা স্বাতন্ত্র্য এবং উন্মেষিত ইচ্ছা, জ্ঞান ও ক্রিয়ায়। এই বিজ্ঞানভৈরবই সাধকের সাধনার প্রাপ্তব্য লক্ষ্য।

পরমেশ্বরের উন্মেষ বিষয়ী ও তার বিষয় রূপে এই বিজ্ঞানময় বিশ্বে প্রতিবিম্বিত, যেমন একটি নগর দর্পণে প্রতিবিম্বিত হতে পারে। বিজ্ঞানই বিশ্ব হয়ে প্রতিবিম্বিত বা দৃষ্ট।

বিজ্ঞানভৈরবের প্রারম্ভিক 2 থেকে 6-সংখ্যক শ্লোকে কতকগুলো পরিচিত সূত্রের অবতারণা করে ক্ষেমরাজ ভৈরবের পরাবস্থা বা মূল প্রকৃতি সম্পর্কে আগ্রহ প্রকাশ করেছেন। পরবর্ত্তীতে ভৈরব সরাসরি তাঁর সম্পর্কে প্রচলিত ধারণার নিরাকরণ করে মূল প্রকৃতি সম্পর্কে 14 ও 15-সংখ্যক শ্লোকে সারগর্ভ উজ্জ্বল ও স্বচ্ছ বর্ণন করেছেন।

ভৈরবের পরাবস্থা (the highest state) দিক্ (direction) ও সময়ের (time) উর্দ্ধে এবং কোনো স্থান (দেশ) বা উদ্দেশ্য (designation) দ্বারাও বিশেষিত করা যায় না। ভৈরবের পরাবস্থা সাধক শুধু অনুভব করতে পারে যদি সে বিকল্প (thought-construct) থেকে মুক্ত হয়। সাধকের অন্তরেই তা অনুভবনীয় যখন সে তার (নিজের) অহম্ বোধ থেকে মুক্ত অবস্থায় পূর্ণহন্তা রূপে অবস্থান করতে পারে (plentitude of divine I-consciousness)।

'ভৈরবের সমগ্র বিশ্বের সঙ্গে একাত্মতা (ভরিতাকার) হল তাঁর 'ভৈরবী' বা শক্তি স্থিতি।'

উক্ত অবস্থা হল বিজ্ঞান বা নির্বিকল্প (free from thought-construc) চেতনা।

পরাদেবী বা ভৈরবী হল ভৈরবের শক্তি (power of energy)। আগুন এবং তার দাহিকা শক্তির মধ্যে যেমন কোনো অন্তর স্থাপন করা যায় না, ভৈরব ও ভৈরবীর সম্পর্কও সেই রকম। ভৈরবী বা পরাদেবী শৈবমুখী, শিবে জড়িত।

যোগ সাধনায় 'ধারণা'

দেবী যখন প্রশ্ন করেন কিরূপে পরাবস্থার অনুভব হয়, উত্তরে ভৈরব 112টি ধারণার উল্লেখ করেন।

পতঞ্জলী 'ধারণা'কে সীমিত অর্থে উল্লেখ করেছেন- 'কোনো বিষয়ে মনোনিবেশ'। বিজ্ঞানভৈরবে বিস্তৃত অর্থে 'মনোযোগ' (concentration of mind or Yoga), মনের যোগ অর্থে ব্যবহার করা হয়েছে। যোগ শব্দ পরাশক্তির সঙ্গে সংযোগ (communion) ও তার বাস্তব উপায় (means) এই দুই অর্থেই ব্যবহার করা হয়। তাই বিজ্ঞানভৈরবে যে 112 রকম যোগের বর্ণনা করা হয়েছে সেসবই ভৈরবের সঙ্গে সংযোগের উপায় সম্বন্ধে উল্লেখিত।

দুর্ভাগ্যবশত যোগ কথাটার বর্তমান কালে অনেক অশুদ্ধ ব্যাখ্যা হয়েছে। তথাকথিত যোগীর হৃৎস্পন্দন বন্ধ করা, আগুনের উপর দিয়ে হাঁটা, এ্যাসিড খাওয়া ইত্যাদি অস্বাভাবিক ক্রিয়াকর্ম যোগ নয়। এমনকি যোগীর অপরকে মনের দ্বারা প্রভাবিত করাও যোগ নয়। যোগ হল চৈতন্য, ব্যক্তির স্বজ্ঞানতাকে (consciousness) ঐশ্বরিক চৈতন্যের সঙ্গে সাযুজ্যে স্থাপন করা।

বিজ্ঞানভৈরব একটি যোগ সাধনার শাস্ত্র, কোনও দর্শন শাস্ত্র নয়, যাতে 112টি যোগ সাধনার উপায় (ধারণা) দর্শানো আছে। তবে যার ঐশ্বরিক প্রবণতা আছে (divine inclination) তার পক্ষে এই সাধনা সুগম। পাঠক যদি প্রথমে বর্তমান লেখকের প্রত্যভিজ্ঞাহৃদয়ম বা শিবসূত্রের ভূমিকা অধ্যয়ন করেন তবে তার এই গ্রন্থের আধ্যাত্মিক (metaphysical) বিষয় সম্পর্কে খানিকটা ধারণা হবে। সেই ধারণার বশবর্তী হয়ে তিনি যোগ সাধনায় অগ্রসর হতে পারবেন।

ভৈরবের সঙ্গে সংযোগ স্থাপনকে চারভাগে বিভক্ত করা হয় শৈবাগমে। যথা-

অনুপায়, শাম্ভবোপায়, শাক্তোপায় ও আণবোপায়। শিবসূত্রের ভূমিকায় এ বিষয়ে বিস্তৃত আলোচনা করা হয়েছে। এই পুস্তকে প্রতিটি উপায়ের টীকায় সেই সেই উপায়ের ব্যাখ্যা দেওয়া হয়েছে। সংক্ষিপ্তাকারে অনুপায়ের অর্থ হল উপায়হীনতা (no means) যাকে জয়রথ আখ্যায়িত করেছেন ‘ঈষৎ উপায়’ বলে। এই স্বল্প আভাসই গুরুর থেকে শিষ্যকে সাধনায় প্রণোদিত করে। আণব, শাক্ত ও শাম্ভব হল নির্দিষ্ট উপায় (definite techniques) যার মাধ্যমে যোগ সাধনায় সত্ত্বর অগ্রসর হওয়া যায়। অবশ্য এইসব উপায়ের কোনোটাই একে অপরের থেকে সম্পূর্ণ বিছিন্ন নয়। সাধককে প্রথমে আণব থেকে শাক্তে এবং পরে শাক্ত থেকে শাম্ভব সাধনায় অগ্রসর হতে হয়।

বিজ্ঞানভৈরবে সব ঐতিহ্যগত সাধনার উপকরণ গ্রন্থিত আছে, যথা- যোগাসন, মুদ্রা, প্রাণশক্তির উত্থান, কুণ্ডলিনী জাগরণ, মন্ত্রশক্তি সূত্র, জপ, ভক্তিযোগ, জ্ঞানযোগ, ধ্যান, ধারণা (creative meditation) ইত্যাদি। এতে কিছু অপ্রচলিত সাধন পথেরও উল্লেখ আছে, যথা অন্ধকারে শূন্যদৃষ্টিতে দেখা, পর্বতচূড়ায় শূন্যদৃষ্টিপাত, চেতনার উত্থান-পতন অনুধাবন, ঘুমের প্রারম্ভে চেতনার বোধ, ফুলের গুচ্ছের আধারকে অবিচ্ছিন্ন ভাবে দেখা ইত্যাদি। এইপথ ও উপায়গুলো সাধকের সাধ্য অনুযায়ী অনুসরণীয় ক্রমান্বয়ে বা স্বতন্ত্রে।

এই সাধনার লক্ষ্য ভৈরবের সঙ্গে চিত্তের একাত্মতা। ভৈরবের সঙ্গে চিত্তের তথা হৃদয়ের একাত্মতাই অমৃত লাভ। তত্ত্বৎ বা আত্মার মহাসত্ত্বার স্বরূপে স্থিত হওয়া, সম্পূর্ণ শূন্যের অনুভব; নিম্নোক্ত প্রক্রিয়ায় যা উপলব্ধ।

i) নিজেতে সম্পূর্ণ অন্তর্লীন হওয়া যাতে মহাসত্ত্বার হৃদয়ে স্থান হয় (absorbed in heart of Supreme)। ii) বিকল্প (duality) থেকে নির্বিকল্পে (thought-free) উত্তরণ। iii) ব্যক্তিগত অহমের (pseudo-I) অবসান। এই অহম প্রকৃতি সম্ভূত আর সৎ অহম পরমেশ্বরের (Real universal-I বা পূর্ণহন্তা)। iv) ব্যক্তিগত চিত্তের অবসানে 'চিৎ' (universal consciousness) লাভ।

এই হল বিজ্ঞানভৈরবের যোগ সাধনা ও সাধ্য।

ধারণার প্রকারভেদ

1. প্রাণ-

ভারতীয় আধ্যাত্মিক চিন্তাধারায় দেহ ও মনের ক্রিয়ার সংযোগ সেতু (between material & mental energy) হল প্রাণ, যাকে অনেকে জীবনী-শক্তিও (vital force) বলেন। ইংরাজিতে যার বিভিন্ন নাম biological energy, bio-plasma etc.; পাশ্চাত্য দেশে মনের ক্রিয়ার পন্থা (psychic act on body or matter) এক বিশেষ চর্চার বিষয়। ভারতীয় দর্শনে প্রাণকেই মন ও দেহের মধ্যে ক্রিয়াত্মক সমন্বয়ক মনে করা হয়। প্রাণ মন নয় কারণ প্রাণ আপাত অচেতন কিন্তু শুধুমাত্র শক্তি (physical energy) নয়, বরং সূক্ষ্ম সজীব শক্তি (subtle biological energy) যা মনের তরঙ্গায়িত ভাবকে (mind's vibration) স্নায়ুতন্ত্রে সঞ্চালিত করে এবং কর্মে উদ্বোধিত করে। মনকে নিয়ন্ত্রণ করলে প্রাণের নিয়ন্ত্রণ হয়, আবার তেমনি প্রাণের নিয়ন্ত্রণে মনের নিয়ন্ত্রণ সম্ভব।

শৈবাগমে সম্বিতের সঙ্গে প্রাণের যোগ আছে। কিন্তু সম্বিতের সূচনায় প্রাণের আবশ্যকতা হয়- 'প্রাক্ সম্বিত প্রাণে পরিণতা।' অর্থাৎ সম্বিতে প্রাণ বর্তমান, প্রাণ ছাড়া সম্বিত হয় না তা যতটুকুই হোক না কেন। প্রাণকে আবার শ্বাসও বলে (প্রাণ-বায়ু)। শুধুমাত্র প্রাণ হল শ্বাস ত্যাগ (প্রশ্বাস- exhale)। আর শ্বাস গ্রহণ হল অপান। সুতরাং প্রাণের তিন প্রকার অর্থ- এক হল প্রাণ-শক্তি বা জীবনীশক্তি (life force), দ্বিতীয় হল

ক্রিয়াত্মক, জীবন-সঞ্চালক (agent of biological functions) এবং তৃতীয় হল শ্বাস (in the sense of breath)।

এই শ্বাসের হয় গ্রহণ ও ত্যাগ (inhalation and exhalation)। প্রাণের উপরোক্ত প্রথম ধারণা বিজ্ঞানভৈরবের 24-সংখ্যক শ্লোকে বর্ণিত হয়েছে, শ্বাসত্যাগে দুই বিন্দুর ধারণায়। প্রথম বিন্দু দ্বাদশান্তে অর্থাৎ নাসিকাগ্রের সমান্তরালে দেহের বহির্ভাগে দ্বাদশ অঙ্গুলি পরিমান দূরত্বে স্থিত বিন্দু যেখান পর্যন্ত শ্বাসত্যাগ সম্পূর্ণ হয়। আর একটি বিন্দু হল কণ্ঠকূপ থেকে দ্বাদশ অঙ্গুলি নিচে মধ্যচ্ছদার (diaphragm) কেন্দ্রে যেখানে শ্বাসগ্রহণ শেষ হয়। এই দুই কেন্দ্রে মনোনিবেশ করলে ভৈরবের বোধ হয় (realise the state of Bhairava)।

পর্যায়ক্রমে 2,3,4,5,6,7, ইত্যাদি শ্লোকে ভৈরবের উপলব্ধির জন্য প্রাণের প্রয়োগের পদ্ধতি বর্ণিত হয়েছে।

সুষুম্না নাড়ীতে প্রাণ-শক্তির উজ্জীবনের বিষয়ে সঠিক আধ্যাত্মিক উপায় বা ধারণার বর্ণনা আছে। প্রাণ শক্তিকে মেরুদণ্ডস্থিত কাল্পনিক সুষুম্না নাড়ীতে মূলাধার থেকে কুণ্ডলিনী শক্তিকে জাগ্রত করে উর্দ্ধগমন করালে বিশ্বচেতনার সঙ্গে মানব চেতনার সমন্বয়ের অনুভব হয়। এ বিষয়ে 'ধারণার' (সাধনা) উল্লেখ আছে 35,38,39 ইত্যাদি শ্লোকে। মনোযোগের সাথে শ্লোকগুলো প্রণিধান করা আবশ্যক।

'উচ্চার' হল প্রাণের স্বাভাবিক লক্ষণ (natural characteristic)। উচ্চার হল সূক্ষ্ম অব্যক্ত নাদ (subtle-sound) যা সুষুম্না নাড়ীতে উর্দ্ধগামী। এই নাদে বর্ণের উদ্ভব (অব্যক্ত শব্দ বা বর্ণের আভাস)। অভিনবগুপ্তের ভাষায়-

'উক্তো য এষ উচ্চারস্তত্র যোহসৌ স্ফুরন্ স্থিতঃ।
অব্যক্তানুকৃতিপ্রোয়ো ধ্বনির্বর্ণঃ স কথ্যতে।।'

- তন্ত্রালোক V- 131

প্রাণের উচ্চার থেকে অস্ফুট যা তরঙ্গায়িত হয় তা বর্ণ।

স্বচ্ছন্দ তন্ত্রে বলা হয়েছে—

'নাস্যোচ্চারয়িতা কশ্চিৎ প্রতিহন্তা ন বিদ্যতে।
স্বয়মুচ্চরতে দেবঃ প্রাণিনামুরসি স্থিতঃ।।'

- স্বচ্ছন্দঃ VII- 50

কেউ স্বেচ্ছায় এই শব্দের উচ্চারণ করতে পারে না, কেউ এই শব্দের প্রতিবন্ধকতাও করতে পারে না; দেবী জীবের অন্তরে নিজেই এই শব্দে শব্দিত হন। অভিনবগুপ্ত নাদের নিম্নোক্ত ব্যাখ্যা করেছেন-

'একো নাদাত্মকো বর্ণঃ সর্ববর্ণাবিভাগবান্।
সোহনস্তমিতরূপত্বাদনাহত *স ইহোদিতঃ।।'

- তন্ত্রালোক VI- 217

*অনুবাদকের সন্নিবেশ

প্রথমত শব্দের তরঙ্গে বা নাদে একটিই বর্ণ উত্থিত যার অন্তরে অবিচ্ছিন্ন রূপে অন্যান্য বর্ণ স্থিত। যেহেতু এই নাদ সতত বহমান স্বতঃস্ফুর্ত, অঘোষিত (unstruck) তাই একে বলা হয় অনাহত। অপরাপর বর্ণ এই নাদের থেকেই উত্থিত(proleptical) (বিজ্ঞানভৈরব শ্লোক-38)।

এই অনাহত নাদের অস্তিত্ব কি ভাবে জানা যাবে ? অভিনবগুপ্ত তন্ত্রালোকে তার আভাস দিয়েছেন—

'সৃষ্টিসংহারবীজ চ তস্য মুখ্যং বপুর্বিদুঃ।'

- তন্ত্রালোক V- 132

'সৃষ্টিবীজ এবং সংহারবীজই হল প্রধান আকার।' জয়রথের কথায় প্রধান আকারের অর্থ- 'প্রধানম অভিব্যক্তিস্থানম।' অর্থাৎ সৃষ্টিবীজ এবং সংহারবীজই হল শব্দের উদ্গমের মুখ্যস্থান। 'স' হল সৃষ্টিবীজ যা নির্গম (expiration) বোধক এবং 'হ' হল সংহারবীজ যা আগম (inspiration) বোধক নিগূঢ় শব্দ (mystic sound or letter)।

বিজ্ঞানভৈরবের 155 ও 156-সংখ্যক শ্লোকে বলা হয়েছে কি করে 'স' এবং 'হ' ধ্বনি জীবের শ্বাসে চলে। নিশ্বাসে বা শ্বাস ত্যাগে 'স' ধ্বনি এবং শ্বাস গ্রহণে 'হ' ধ্বনি শব্দিত হয়। তাই ব্যক্তি সর্বদাই 'হংস' মন্ত্র জপ করে (শ্লোক-155), দিবারাত্র 216 বার। এই জপ নিজের থেকে করাও সহজ, কেবল অজ্ঞান ব্যক্তিই পারে না (শ্লোক-156)।

এই মন্ত্র শ্বাসে-নিশ্বাসে সবাই জপ করে স্বতই। একে বলে 'অজপা জপ' অর্থাৎ চেষ্টা ছাড়াই জপ। এই হংস মন্ত্র (আমিই শিব বা ঈশ্বরীভূত) হল আদি প্রাণ যা চেতনার প্রথম বোধ।

এই প্রাণিক মন্ত্রকে দুই পথে কাজে লাগানো যেতে পারে কুণ্ডলিনীকে জাগ্রত করার জন্য। এক হল 'অনুসন্ধান' অর্থাৎ গভীর মানসিক সচেতনতা, দ্বিতীয় হল 'সোহম' বা 'ওম'এর সচেতন জপ। পরে এর ব্যাখ্যা করা হবে।

দৈবীশক্তির সর্বোচ্চ সৃজনশীলতা হল তরঙ্গের সর্বোচ্চ স্তর পরাবাক্ যাকে বিমর্শ নামেও সম্বোধন করা হয়। এই স্তরে বাকের কোনো রূপ থাকে না। সৃষ্টির বা ব্যক্তির বোধের (reality) থেকে তার বহির্মুখী বৃত্তের (outer circle) উদ্ভবে সৃষ্টি হয় 'পরাবাণী'র (নাদ সম্ভূত)। সেই স্তরকে বলে 'পশ্যন্তী' (বাক্ শক্তি)। এই পশ্যন্তী স্তরে বাচক (বক্তব্য) ও বাচ্যে (ব্যক্ত বস্তু) কোনও ভেদ থাকে না। এর পরের স্তর 'মধ্যমা' যেখানে শব্দ সূক্ষ্ম আকার গ্রহণ করে (শব্দের অন্তঃকরণ)। এর পরে হয় শব্দের প্রকাশ (manifestation) 'বৈখরী' রূপে (gross physical speech)। দৈবীশক্তির সৃজনশীলতার তরঙ্গের সর্বনিম্ন তল পূর্ণ রূপ লাভ করে 'বৈখরী' নামে (gross speech)। এই হল সৃষ্টির প্রক্রিয়া।

আমরা যে সাধারণ মন্ত্র জপ করি তা ঠিক বিপরীত ক্রমে। সেখানে বৈখরী (স) থেকে মধ্যমা (ং), সেখান থেকে 'পশ্যন্তী' (হ) এবং শেষে পরাবাণী তথা পরাবাক্-এ গমন।

সাধারণভাবে জপ বৈখরী বা শব্দ উচ্চারণের মাধ্যমে শুরু হয়। অনবরত প্রচেষ্টায় একটা সময় আসে যখন জপকর্ম আর জপকারীর ইচ্ছাধীন থাকে না। এই জপ তার ভিতরে বিনা প্রচেষ্টায় চলতেই থাকে। একে তখন বলা হয় অজপা জপ। এরও অনেক পরে প্রাণ ও অপান স্রোত, সুষুম্নার বামদিকে ইড়া ও ডানদিকে পিঙ্গলা নাড়ীর ভিতর দিয়ে অর্ধ বৃত্তাকারে চলতে থাকে বলে অনুভূত হয়। এই চলন এক সময় সমাবিষ্ট হয় (equilibriated)। তখন কুণ্ডলিনীর জাগরণ হয়। এই সমাবিষ্ট স্রোত সুযুম্নায় প্রবেশ করে উর্দ্ধমুখী হয়। এই উর্দ্ধমুখী গতিকে বলে 'উচ্চারণ'। আগে বলা হয়েছে প্রাণ ও মনের আছে গভীর সংযোগ, এক অপরের দ্বারা আধারিত। তাই উচ্চারণে, প্রাণ ও অপান স্রোতের উর্দ্ধগতিতে মনেরও হয় উর্দ্ধগমন যা কুণ্ডলিনীকে জাগ্রত করে উর্দ্ধমুখী করে। তখন ব্যক্তি অনাহত নাদ অনুভব করে। কুণ্ডলিনী মূলাধার থেকে স্বাধিষ্ঠান, মণিপুর, অনাহত, বিশুদ্ধ ও

আজ্ঞাচক্র হয়ে সহস্রারে পৌঁছয়। আজ্ঞাচক্র পর্যন্ত ব্যক্তির অস্ফুট (অনাহত) ধ্বনির অনুভব হয়। আজ্ঞাচক্রের পর সেই ধ্বনি স্তব্ধ হয়ে যায়। অর্থাৎ সৃষ্টি তখন ব্যক্তির কাছে অব্যক্ত হয়ে যায়। সহস্রারে আছে ব্রহ্মরন্ধ্র। সেই রন্ধ্রের উন্মুক্ত দ্বারে নাদ জ্যোতি স্বরূপ হয়।

2. জপ-

জপ সম্বন্ধে আলোচনা করা হয়েছে, সাধনায় জপ হল প্রাণের আধ্যাত্মিক অনুশীলন (spiritual praxis)। এ বিষয়ে বিজ্ঞানভৈরবের 90,145,155,156 ইত্যাদি শ্লোকে উল্লেখ আছে। প্রণব বা 'ওম' জপে হয় বিভিন্ন শক্তির উদ্বোধন যা 42-সংখ্যক শ্লোকে বিবৃত করা হয়েছে। এ বিষয়ে পরে আরও বিস্তৃত রূপে অবগত করানো হবে।

3. ভাবনা-

অভিনবগুপ্ত তার তন্ত্রসার গ্রন্থে 'ভাবনার' এক উত্তম অর্থ নির্দেশ করেছেন। মানুষের মন বিভিন্ন বস্তুতে (বিকল্প) বিক্ষিপ্ত থাকে। বিকল্প চিন্তাই বস্তুতে মনের মনোনিবেশ। যদি তাই হয় তবে শুদ্ধ অবস্থাতেও (highest I-consciousness) মনোনিবেশ করতে পারে, যেই শুদ্ধ অবস্থা হল শিব ও শিবের স্বত্বা। ভাবনা একাধারে সৃজনশীল, কল্পনার সৃজন এর এক বিশেষত্ব। ব্যক্তি কল্পনাতে শিবভাবের চিন্তা করতে পারে। শিবভাবের চিন্তন হয় তখন শুদ্ধ বিকল্প। শুদ্ধ বিকল্পের চিন্তন অন্য বিকল্পের অবসান ঘটায়। ব্যক্তি তখন আধ্যাত্মিকতায় লীন বা আধ্যাত্মিক ভাবনায় মগ্ন হয়।

অভিনবগুপ্ত আধ্যাত্মিক ভাবনার স্তর নির্ণয় করেছেন। সদগুরু (realised spiritual director) শিষ্যকে আগম শাস্ত্রে দীক্ষিত করেন অবিসংবাদিত শিবের ধারণায়। দ্বিতীয় পদক্ষেপ হল সৎ তর্ক। সৎ তর্কের অর্থ অন্য মতের খণ্ডন নয়, বরং শিবের সত্যে উপনীত হওয়ার প্রচেষ্টা। এই হল ভাবনার পরিণতি স্বাভাবিক ভাবে। তখন ভাবনা হয় আধ্যাত্মিক অভিনিবেশ (spiritual attention)। ব্যক্তির চিত্তের পরিণত অনুধাবন (spiritual thrust towards the source of one's being)।

ভাবনা অবশেষে শুদ্ধ বিদ্যায় পর্যবসিত (metamorphos) হয়। ব্যক্তির অহম জগৎময় হয় (বিজ্ঞানভৈরব শ্লোক-49)। অন্যান্য কিছু শ্লোকে ভাবয়েৎ, ভাব্য ইত্যাদি ক্রিয়ারূপ ব্যবহৃত হয়েছে। 54-সংখ্যক শ্লোকে ভাবনার তত্ত্বগত লয় দেখানো হয়েছে স্থুল ভাবনা থেকে সূক্ষ্ম ভাবনায়, সূক্ষ্ম থেকে সূক্ষ্মতর ও শেষে লয়ে।

4. শূন্য (void)—

ভাবনার আর একটি রূপ হল শূন্যের চিন্তন। বিজ্ঞানভৈরবের 39,40,45,58,122 ইত্যাদি সংখ্যক শ্লোকে এই চিন্তার কল্পনা করা হয়েছে।

5. ব্যাপকত্বের অনুভব—

বিস্তৃতি বা ব্যাপকের অনুভব সম্ভব হয় অবলম্বনহীনতায়। বিকল্প নির্মাণ (thought-construct) তখন রুদ্ধ হয়ে যায়। অতীন্দ্রিয় বোধের তখন জন্ম হয়, যার বিচার 60-সংখ্যক শ্লোকে করা হয়েছে।

6. অনুভবের গভীরতা-

ইন্দ্রিয়গ্রাহ্য বিষয়ের অনুভূতিতেও ঐশ্বরিক উপলব্ধি (divine experience) হতে পারে। বিজ্ঞানভৈরবে এ বিষয়ে পৃথকভাবে 69 ও 70 সংখ্যক শ্লোকে বর্ণনা করা হয়েছে। বস্তুত এই অনুভব জাগতিক থেকে পারমার্থিক জগতে উত্তরণের। এই অনুভবে আত্মজৈবনিক অনুভবের প্রবণতার (sexual indulgence) কোনও স্থান নেই। তাই এই শ্লোকগুলো সাবধানে অনুধাবন করা উচিৎ। চৈনিক 'তাও' সাধনার ক্ষেত্রেও একই কথা বলা হয়েছে- "তুমি জানার চেষ্টা কখনো করবে না যে ভালবাসা কি বা কাকে ভালবাসতে হবে। আমি তোমাকে বলি, ভালবাসা হল 'তাও' তন্ত্রের তরঙ্গ। আমি তোমাকে বলেছি, তুমি 'তাও' থেকে উদ্ভূত এবং 'তাও'-তেই তোমার প্রত্যাগমন হবে। কোনও নারীকে দেখে তোমার মনে হতে পারে সেই তোমার জীবনের লক্ষ্য এবং তার সঙ্গ তোমাকে উৎফুল্ল করতে পারে। কিন্তু তোমাকে এই ভাললাগা অতিক্রম করতে হবে। এই অতিক্রমনই 'তাও'।

"নারীর সৌন্দর্য্য বিকারহীন 'তাও'-য়ের (formless) এক অবাস্তব রূপ (vague reflection)। তোমার মধ্যে সেই সৌন্দর্য্য যে আবেগ সৃষ্টি করে বা তোমাকে আকর্ষিত করে(blot unto her beauty), বিশ্বাস কর সেটাও 'তাও'-য়ের তরঙ্গের প্রতিনিধিত্ব; কিন্তু তুমি বুঝতে পার না। নারীতে ব্যক্তিগতভাবে সুখের সন্ধান করবে না। তার সৌন্দর্য্য 'তাও'-য়ের প্রকৃতির সৌন্দর্য্য, নারী নিমিত্ত মাত্র সাধারণ জীব। 'তাও'-য়ের কোনো আকার নেই অভিব্যক্তিরও শেষ নেই। তোমার হৃদয়ের আকাঙ্খা হল সেই 'তাও'কে অনুভব করা।

'এতদিন তুমি তোমার প্রেমিক 'তাও'কে হারিয়ে ভ্রমিত ছিলে; তুমি 'তাও'-য়ের সঙ্গেই মিলিত হতে চাও। এই মিলনই অতি আনন্দদায়ক কারণ তা সম্পূর্ণ ও চিরকালীন, জন্ম-মৃত্যু কোনও বিচ্ছেদ ঘটাতে পারে না। এই আনন্দ শুদ্ধ শান্ত, শান্তির ও উজ্জ্বল। 'তাও' হল আত্মার একত্ব, শুদ্ধ, প্রশান্ত, ব্যাপ্ত, অনন্ত, চিরকালীনতা।" ('আর্য্য' পত্রিকা, জুন 1915 থেকে 'মাদার ইন্ডিয়া' পত্রিকার জানুয়ারী 1979 সংখ্যায় উল্লেখিত)।

যৌনতা সুখের একপ্রকার তীব্র অনুভূতি যা স্পর্শের মাধ্যমে সঞ্চারিত হয়।

বিজ্ঞানভৈরবের 71-সংখ্যক শ্লোকে বলা হয়েছে পরিচিত জনকে দর্শন করলে তার রূপ অতি আনন্দের কারণ হয়। রস বা স্বাদের আনন্দের উল্লেখ 72-সংখ্যক শ্লোকে এবং শব্দের শ্রবণের আনন্দের উল্লেখ 73-সংখ্যক শ্লোকে করা হয়েছে।

7. মুদ্রা ও আসন-

ধারণার সাধনার জন্য বিভিন্ন মুদ্রা ও আসনের সহায়তা প্রয়োজন। মুদ্রা হল শরীরের বিভিন্ন অঙ্গের পরিচালন যার দরুণ একাগ্রতা বৃদ্ধি পায়। মুদ্রার পদ্ধতি বিজ্ঞানভৈরবের 77-সংখ্যক শ্লোকে ব্যাখ্যা করা হয়েছে। আসন হল শারীরিক স্থাপনার বিভিন্ন উপক্রম, ধারণার উন্নত চর্চায় যা 78,79,82-সংখ্যক শ্লোকে বর্ণিত হয়েছে।

এবার নিম্নে বিজ্ঞানভৈরবের কতকগুলো বিষয়ের উল্লেখ করা হচ্ছে যেগুলো বিজ্ঞানভৈরবে বিশেষ ভাবে প্রণিধান করতে বলা হয়েছে 'ধারণা'র বিষয় বোঝার জন্য।

ক্ষোভ-

ক্ষোভের অর্থ হল মানসিক অস্থিরতা, অসন্তোষ, উদ্বেলতা। বিজ্ঞানভৈরবের 74-সংখ্যক শ্লোকে বলা হয়েছে যেখানেই মানসিক তুষ্টি উপলব্ধ সেখানেই মনঃসংযোগ করতে হবে। এই মনঃসংযোগ যে আনন্দ দেয় তার দরুণ অস্থিরতার নিবৃত্তি হয়। 'যখনই আমাদের কোনো সুন্দর বস্তু, ধরা যাক সুন্দরী নারী দৃষ্ট হয়, তখন সেই সৌন্দর্য্যে উপলব্ধ হয় শিবের অধিষ্ঠান যা আমার নিজের সত্ত্বা।' এই মানসিকতাই আমাদের সঠিক ধারণায় পৌঁছে দেয় যা ঐশ্বরিক অনুভূতির কারণ। অস্তির মনে এই ধারণা লাভ হয় না; ফলে যোগ সাধনায় তা অর্থহীন। স্পন্দকারিকার প্রথম পর্বে 9-সংখ্যক শ্লোকে বলা হয়েছে- 'যথা ক্ষোভ প্রসীয়েৎ তদা স্যাৎ পরম পদম।' অর্থাৎ ক্ষোভের নিবৃত্তিতে পরম পদ লাভ হয়।

মানসিক অস্থিরতার কারণ, 'শরীর-মনের জাগতিক প্রয়োজনের সঙ্গে নিজেকে জড়িয়ে ফেলা।' যখন ব্যক্তি বুঝতে পারে যে শরীর-মনের জট (mind-body complex) সে নিজে নয়, সে শিবত্বময় দর্শনধারী, শিবের এক অভিব্যক্তি মাত্র, তখন ব্যক্তির মন শান্ত হয়, শিবভাব তার অস্থিরতা দূর করে।

বিকল্প—

বিকল্প হল কল্পনা (thought-construct)। বিকল্পের বিভিন্নতার মাধ্যমেই ব্যক্তি জীবন অতিবাহিত করতে সক্ষম হয় দৈরন্দিনতায়। বিকল্প জাগতিক সবকিছু ফুল, পাখী, পর্বত, গাছ ইত্যাদি দর্শায় এবং মনে বিভিন্ন বিকল্প ধারণার সৃষ্টি হয়। প্রতি বিকল্প অপর বিকল্প থেকে ভিন্ন। প্রতি বিকল্পের ভালো, মন্দ দুটো দিক আছে। ব্যক্তির ভালো দিক গ্রহণ করার প্রবণতা থাকে। বিকল্প পারস্পরিক (subject-object relational), একের থেকে আর একের উদ্ভব। এই পারস্পরিকতার কারণে সত্যে পৌঁছানো সম্ভব হয় না। সত্য (মূল বাস্তব) পরনির্ভরশীল নয়।

তথাপি এক শুদ্ধ বিকল্পের অবস্থান আছে, সেই বিকল্প হল 'আমিই শিব'-এর ধারণা। এই ভাবনার ফলে অন্য সব বিকল্প নিবৃত্ত হয় এবং ব্যক্তি আত্মস্থ হয়ে নির্বিকল্পে পৌঁছয়। এই আত্মস্থতা হল সত্যের সচেতনতা।

মধ্যবিকাস

যখন ব্যক্তির প্রাণ (শ্বাস ত্যাগ) শরীরের কেন্দ্র থেকে উদ্গত হয়ে ক্ষণকালের জন্য (split-second) দ্বাদশান্তে (12 fingers away from nose in outer space) রুদ্ধ হয় এবং অপানও (শ্বাস গ্রহণ) ক্ষণকালের জন্য অন্তর্মুখী (হৃদয়ে) না হয়ে সেখানেই প্রাণের সঙ্গে মিলিত হয়ে রুদ্ধ হয়, সেই অবস্থাকে বলে 'মধ্যদশা'। মধ্যদশাকে নিবিড়ভাবে উপলব্ধি করতে পারলে মধ্যদশায় 'মধ্যবিকাস' হয়।

'মধ্যবিকাস' বিভিন্নভাবে সম্ভব; এক, প্রাণ ও অপানের সংযোগস্থলে একাগ্র মনোযোগ (সচেতনতা) (বিজ্ঞানভৈরব শ্লোক-25), দুই অপর সব বিকল্পের নিবৃত্তি (শ্লোক-26), তিন প্রাণ ও অপান একত্রে ধারণ করা (শ্লোক-27) বা বিকল্প-ক্ষয়, শক্তি-সঙ্কোচ, শক্তি-বিকাশ ইত্যাদি; যেমনটা প্রত্যভিজ্ঞাহৃদয়মের 18-সংখ্যক সূত্রে উল্লেখ করা হয়েছে। অথবা এক

ভাবনার থেকে অন্য ভাবনার শুরুর মধ্যন্তরকে ধারণ করা, যে পদ্ধতি স্পন্দকারিকাতে (শ্লোক-III-9) উল্লেখিত।

প্রত্যভিজ্ঞাহৃদয়মের 17-সংখ্যক সূত্রে বলা হয়েছে- 'মধ্যবিকাসাচ্চিদানন্দলাভঃ।' অর্থাৎ মধ্যাবস্থার বিকাশে 'চিৎ-এর আনন্দ লাভ হয়।

কিন্তু মধ্যের বিশেষতা কি ? ক্ষেমরাজ উপরোক্ত সূত্রের ভাষ্যে (ব্যাখ্যায়) সে বিষয়ে বিস্তৃতাকারে বলেছেন।

'সম্বিত হল বিশ্বচৈতন্যের কেন্দ্রে উদ্ভূত এবং জগৎব্যাপী তার স্থিতি, সর্বকারণের কারণ। আবার এই সম্বিৎ-ই প্রাণশক্তি হয়ে দেহে বুদ্ধিতে অবস্থান করে এক হিসাবে। এই সম্বিত আবার প্রাণের মাধ্যমে মধ্যনাড়ীতে সুষুম্নায় উপস্থিত। যখন সুষুম্নায় প্রাণশক্তির বিকাশ বা উর্দ্ধগতি হয় তখন ব্যক্তির বিশ্বচেতনার সঙ্গে যোগাযোগ সাধন হয়।'

সুতরাং 'মধ্যবিকাস'-এর অর্থ হল বিশ্বচৈতন্যের বোধ প্রাপ্তি। এই অবস্থায় চিত্ত বা ব্যক্তির জাগতিক সচেতনতা চিৎ-রূপে চিতিতে রূপান্তরিত হয় ধীরে ধীরে বিশ্বচৈতন্যের লক্ষ্যে।

শূন্য

শূন্যের অর্থ অনস্তিত্ব (void) বা বস্তুর অভাব। কিন্তু বিজ্ঞানভৈরবে শূন্যকে বিভিন্নভাবে ব্যাখ্যা করা হয়েছে বা দেখানো হয়েছে। মেরুদণ্ডের মধ্যনাড়ীর অন্তর্পথ শূন্যস্বরূপ (শূন্যাতিশূন্য- absolute void)। বিজ্ঞানভৈরবের 42-সংখ্যক শ্লোকে যে শূন্যের উল্লেখ আছে শিবোপাধ্যায় তাকে উন্মাদ স্থিতি বলেছেন। ক্ষেমরাজ শূন্যকে মায়া এবং শূন্যাতিশূন্যতে মহামায়া বলে সম্বোধিত করেছেন স্বচ্ছন্দ তন্ত্রের ভাষ্যে (শ্লোক VII-57)। কখনও শিবকেই শূন্য বা শূন্যাতিশূন্য বলা হয়েছে। বিজ্ঞানভৈরবের 127-সংখ্যক শ্লোকের ভাষ্যে শিবোপাধ্যায় শূন্যের প্রধান ব্যাখ্যা করেছেন—

'সর্বালম্বনধর্মৈশ্চ সর্বত্ত্বৈরশেষতঃ।
সর্বক্লেশাশয়ৈঃ শূন্যং ন শূন্যং পরমার্থতঃ।।'

অর্থাৎ, যাকে বাইরে থেকে ধারণ করার বা অন্তরের দুঃখ সুখে, চিন্তায় গ্রহণ করার বা কোনও তত্ত্বে বা একাধিক তত্ত্বে উপায় নেই সেটাই শূন্য। আবার শূন্যও অস্তিত্বহীন। অবিদ্যা, রাগ, দ্বেষ, অভিনিবেশ ইত্যাদিকে ক্লেশ মনে করা হয় যা শূন্যে অনুপস্থিত।

শিবোপাধ্যায় বিমর্শ-দীপিকা থেকে শূন্যের এক দীর্ঘ বিবরণ উদ্ধার করেছেন যার অর্থ হল শিব পূর্ণ ও অনালম্ব হয়ে শূন্যরূপে জ্ঞাত, যার থেকে সকল তত্ত্বের উদ্ভব ও যাতে লয় হয়। যেহেতু শিব চৈতন্যস্বরূপ (foundational consciousness) তাকে চিন্তা বা বর্ণনা করা যায় না, তাই তিনিই শূন্যের উপমা। শূন্যের সর্বোত্তম সার্বিক ব্যাখ্যা করা হয়েছে স্বচ্ছন্দতন্ত্রের দুই শ্লোকে।

'অশূন্যং শূন্যমিত্যুক্তং শূন্যং চাভাব উচ্যতে।
অভাবঃ স সমুদ্দিষ্টো যত্র ভাবাঃ ক্ষয়ং গতাঃ।
সত্তামাত্রং পরং শান্তং তৎপদং কিমপি স্থিতম্।।'

-(স্বচ্ছন্দঃ শ্লোক IV-292, 293)

স্বচ্ছন্দতন্ত্রে যাকে শূন্য বলা হয়, সঠিক অর্থে তা শূন্য নয়, শুধু বস্তুর অভাবই সেখানে বিশেষিত, সেই অভাব অস্তিত্বহীনতা। এটাই অতীন্দ্রিয় (transcendent) অন্তিম শান্তি (absolute peace)।

ক্ষেমরাজ এ প্রসঙ্গে তাঁর ভাষ্যে বলেছেন, অশূন্য (non-void) হল—'চিদানন্দঘন-পরম-শিবতত্ত্বম'। অর্থাৎ পরমশিব (absolute divine reality) হল আনন্দঘন চৈতন্য, 'মহাসত্তা' যা 'প্রকাশাত্মৈব হি সর্বেষাম ভাবাভাবানাম্ সত্তা' (light of universal consciousness), অস্তিত্ব-অনস্তিত্বের মূল। অভাব হল— 'ন বিদ্যতে ভাবঃ সর্বঃ প্রমেয়াদি প্রপঞ্চো যত্র'। অর্থাৎ 'অভাবে' সব উন্মেষের পরিসমাপ্তি। এই পরিসমাপ্তি বস্তুহীনতা।

শূন্য-ষটক (Group of six Sunyas)

স্বচ্ছন্দতন্ত্র ছয় প্রকার শূন্যের উল্লেখ করেছে (শ্লোক III-288-290)। কল্পনার অতীত প্রথম শূন্য হল উচ্চতর (higher) শূন্য বা উর্দ্ধশূন্য যেখানে শক্তির অধিষ্ঠান। দ্বিতীয় হল অধোশূন্য হৃদয়ে স্থিত, তৃতীয় শূন্য মধ্যেস্থিত কণ্ঠে, চতুর্থ তালুতে ('ব্যাপিনী'), পঞ্চম ভ্রূমধ্যে ('সমান') ও ষষ্ঠ ব্রহ্মরন্ধ্রে ('উন্মনা')। এই সব শূন্যকেই অস্তিত্বহীন ধরে অগ্রাহ্য করতে হবে। বাকি থাকে পরম অতি সূক্ষ্ম সর্বোচ্চ শূন্য যার কোনো বন্ধন নেই (সর্বাবস্থা বিবর্জিতম- free from all conditions)। সেই শূন্য মনেরও অগোচর (transcendent to all manifestations, characterisation)। 'ব্যাপিনী' ইত্যাদি পরবর্তী 'প্রণব ও শক্তি' প্রসঙ্গে আলোচিত হয়েছে।

'সময়'ও এক শূন্য যা অধরা থাকে। সর্বোত্তম শূন্য পরম শিব, অন্তস্থ (final rest)। অন্যান্য বা অপর শূন্যসমূহ পরম শিব প্রাপ্তির উপায় (পরাশূন্য-উপায়ভূত পদ প্রাপ্তি)।

প্রণব ও শক্তি

প্রণবের একাধিক অর্থ- 1) প্রণূয়তে-পরম প্রভুর জয়, 2) প্রাণান অবতি- জীবনী শক্তি (vital force), 3) প্রকর্ষেণ নবীকরোতি- যিনি সবকিছু নবনির্মাণ করেন, অন্তরাত্মাও। প্রণবের প্রকারভেদও আছে, শাক্তপ্রণব, শৈবপ্রণব, বেদ আধারিত প্রণব। প্রণব মন্ত্র হিসাবে (মননাৎ ত্রায়তে ইতি মন্ত্র) ব্যবহৃত হলে, তা শরণার্থীর রক্ষার্থে তার উপর প্রতিবিম্বিত হয়।

বৈদিক প্রণব মন্ত্র হল 'ওম্' যার বারংবার উচ্চারণে অধিক শক্তির সঞ্চার হয়। স্বচ্ছন্দতন্ত্রে 'ওম্' উচ্চারণে বিভিন্ন প্রকার শক্তির সঞ্চার বিষয়ে বর্ণনা পাওয়া যায়। সেখানে 'ওম্' উচ্চারণের দ্বারা কিভাবে প্রাণের উর্দ্ধগতি এবং কুণ্ডলিনীর জাগরণ হয় তা বলা আছে। কুণ্ডলিনী জাগরিত হয়ে সুষুম্না নাড়ীতে উর্দ্ধগতি প্রাপ্ত হয়।

শৈবাগমে বলা হয়েছে বিশ্বচৈতন্য বা সম্বিত তার উন্মেষে প্রথমে প্রাণশক্তিতে পর্যবসিত হয় এবং তারপরে জীবনের শুরু হয়। 'ওম্'-এর সঠিক উচ্চারণে সৃষ্টির তরঙ্গের উর্দ্ধমুখে (on the area of ascent) প্রাণ সম্বিতে পরিণত হলে ব্যক্তির চিত্ত (emperical consciousness) চিতিতে (absolute consciousness) প্রত্যাগমন করে (returns to its essence)।

বিজ্ঞানভৈরবে ধারণার বিচার তথা সাধনার স্তর নির্ণয় করা হয়েছে শ্লোক সংখ্যা- 24 (ধারণা-1) থেকে শ্লোক সংখ্যা-137 (ধারণা-112) পর্যন্ত। ধারণা-19 যথার্থ বিবৃত হয়েছে শ্লোক 42-তে ও আংশিক শ্লোক 154-6-তে। সেখানে উল্লেখ করা হয়েছে, 'ওম্' উচ্চারণে প্রণবের উর্দ্ধগতি স্থূলরূপ থেকে সূক্ষ্ম স্পন্দে এবং শেষে এই স্পন্দনের অনুভব মনে প্রতিবিম্বিত হলে ব্যক্তির শিবভাব উৎপন্ন হয়। 'ওম্'-এর স্তর নির্ণয় বিস্তারে নিম্নরূপ।

দ্বাদশ স্তর (চক্র)

প্রণবের উর্দ্ধগতি তথা 'ওম্'-এর বারংবার উচ্চারণে প্রাণবায়ু মধ্যশক্তিতে (সুষুম্নার শক্তি- middle energy) পর্যবসিত হয় 'হংস' রূপে এই হংস শক্তি সহজেই কুণ্ডলিনীকে একাদশ পর্যায়ে উর্দ্ধমুখে উত্থিত করে নিম্নের পর্যায়ক্রমে।

প্রথম তিন 1-3 পর্যায়ক্রম হল 'অ', 'উ', 'ম'-র উচ্চারণ। 'অ' উচ্চারিত হয় নাভি থেকে, 'উ' হৃদয় থেকে এবং 'ম' মুখ থেকে। এই উচ্চারণ স্থূল অর্থাৎ অক্ষরের পূর্ণ উচ্চারণ। প্রতিটি উচ্চারণ এক একটি মাত্রা।

4. এরপর নাসিকায় বিন্দুর (চন্দ্রবিন্দুর 'ঁ' বিন্দু) উচ্চারণ অনুরণনে; যার উদ্দেশ্য হল শব্দের এই শক্তিকে কেন্দ্রীভূত করা। ধ্বনি তখন একত্রিত অবস্থায় স্থিত থাকে বিন্দুতে জ্যোতি স্বরূপ। 'ম'-এর উচ্চারণের পর যেহেতু ধ্বনি স্তব্ধ হয়ে যায় তখন সেই ধ্বনি কর্ম কারক হয় নিজে থেকে। এই কর্ম হল প্রাণিক শক্তির সূক্ষ্ম স্পন্দন। সূক্ষ্ম স্পন্দন সূক্ষ্ম থেকে সূক্ষ্মতর হয়ে অগ্রসর হয় এবং ভ্রূমধ্যে জ্যোতিরূপে প্রতিভাত হয়। প্রাণশক্তির এই 'বিন্দু' পরিমাপ অক্ষর বিশিষ্ট উচ্চারণের সময়ের অর্ধমাত্রা (1/2)। ক্ষেমরাজ বিজ্ঞানভৈরবের পঞ্চম শ্লোকের ভাষ্যে বলেছেন বিন্দুর অর্ধমাত্রার অর্থ হল জ্যোতির বস্তুভাব।

5. এরপর বিন্দু নাদে পর্যবসিত হয়। নাদ হল সূক্ষ্ম স্ফুটনোন্মুখ শব্দ। নাদ তখন অর্ধচন্দ্রের ('ঁ') আকার প্রাপ্ত হয় এবং ললাটে আবির্ভূত হয়। অর্ধচন্দ্রের স্পন্দনের মাত্রা বর্ণের এক-চতুর্থাংশ (1/4)।

6. এরপরে বিন্দুর অস্তিত্ব লুপ্ত হয়ে কপালে উর্দ্ধদিকে (upper part of forehead) একটি সরলরেখার রূপ ধারণ করে। সরলরেখার স্পন্দন এক-অষ্টমাংশ মাত্রার। এই মাত্রার নাম নিরোধিকা বা নিরোধিনী (আক্ষরিক অর্থ বাধা)। কারণ অযোগ্যের নাদে প্রবেশে বাধা দেয় এবং যোগ্যের দ্বৈতভাবে পতন রোধ করে।

7. নাদ এক রহস্যময় (mystical) অনুরণন। নাদ হল অনাহত (inarticulate) শব্দ যা ব্রহ্মরন্ধ্র থেকে সুষুম্নায় অবিরত চলাচল করে। সব জীবে এই নাদ ক্রিয়াশীল। এর স্পন্দনের মাত্রা বর্ণের এক-ষোড়শাংশ (1/16)।

8. নাদান্ত—এ হল নাদ ছাড়িয়ে শক্তির এক রূপ। এই রূপ খুবই সূক্ষ্ম এবং ব্রহ্মরন্ধ্রে স্থিত। ব্রহ্মরন্ধ্র শিরোদেশের উর্দ্ধে কেন্দ্রস্থিত (a little above the top of the head)। এর স্পন্দনের সূক্ষ্মতার পরিমাপ এক-দ্বাত্রিংশ (1/32) মাত্রা।

এই মাত্রা পর্যন্ত ব্যক্তি অনুভব করতে পারে, এর পরে তার শব্দের সূক্ষ্ম অনুভব লুপ্ত হয়।

9. শক্তিতত্ত্ব (energy itself)– শক্তিতত্ত্বের স্থিতিতে আনন্দের অনুভব হয় (identification), যার মাত্রা এক-চতুঃষষ্ঠি (1/64)। বলা হয় শক্তির অবস্থান ত্বকে।

10. এরপরে শক্তি হয় ব্যাপিকা বা ব্যাপিনী যা বিশ্বময়। ক্ষেমরাজ বলেছেন ত্বক পর্যন্ত শরীরের যে জাগতিক সীমা তার উর্দ্ধে যোগী আনন্দময়, আকাশের মতো। ব্যাপিকা শক্তি শিখামূলে (root of tuft of hair on the head) বিদ্যমান এক-অষ্টবিংশতক (1/128) মাত্রায়।

11. সমনা– ব্যাপিনী স্তরে পৌঁছে যোগী সমস্ত স্থান-কালকে অতিক্রম করে যান শুধু তাঁর বোধ থাকে। ক্ষেমরাজের মতে ব্যক্তি বোধে উত্তীর্ণ হলে তার বস্তুহীন ভাবনার অবশেষ থাকে—'মননমাত্রাত্মক-করণরূপা-বোধমাত্রাবশেষে সমনাকম্', (বিজ্ঞানভৈরব শ্লোকঃ V-5)। এই 'সমনা'র নিবাস শিখায় এবং এর মাত্রা এক-ষষ্ঠিপঞ্চদ্বিশতক (1/256)। এই স্থানে ও মাত্রায় অধিষ্ঠিত শক্তিতে শিব তাঁর পাঁচ প্রকার উন্মেষ (manifestation) ঘটান- সৃষ্টি, পোষণ, সংহার, তিরোধান ও কৃপা; এই পাঁচ তাঁর অনুগ্রহ।

যোগী যদি 'সমনা'য় নিজেকে বিশ্বময় অনুভব করতে পারে তবে তাঁর অতীন্দ্রিয় শক্তিতে সর্বজ্ঞতা, সর্বেস্থিতি ইত্যাদি লাভ হয়। কিন্তু যোগী এই শক্তিকেও উপেক্ষা করেন 'উন্মন' শক্তির অপেক্ষায়। 'উন্মনা' শক্তিতে যোগী পরম শিব (absolute reality) প্রাপ্ত হন।

যোগী শুধু 'সমনা' স্তরেই তুষ্ট হলে আত্মব্যাপ্তি অবধি অনুভব করেন। ক্ষেমরাজ এই স্তরকে বলেছেন 'শুদ্ধবিজ্ঞানকেবলতা'। এই স্তর শুদ্ধবিজ্ঞানের, শিবেব্যাপ্তি তখনও অধরা থেকে যায়, যাকে পরম শিব বলা হয়।

12. 'উন্মনা'— 'উৎক্রান্তম উকর্ষম চ মনঃ প্রাপ্তং যত্র তদুন্মনম'। অর্থাৎ উন্মনা হল সেই স্তর যেখানে মানস প্রক্রিয়া উৎক্রান্ত শূন্যের লক্ষ্যে। এই শূন্য শুধুমাত্র বস্তুর অন্তর্ধান নয়, এ হল স্বত্ত্বামাত্র, ক্ষেমরাজ যাকে বলেছেন বিশ্বচৈতন্যের আলোকময় সর্বের আকর।

অনেকের মতে এই স্থিতির চিন্তন হবে শিখার শিখায় এবং এর মাত্রা হবে এক-দ্বাদশপঞ্চশতক (1/512)। কিন্তু স্বচ্ছন্দতন্ত্রে এই স্থিতিকে মাত্রাহীন বা 'অমাত্র' বলা হয়েছে। কারণ এই স্থিতি মানস (mental state) ও সময় (time) বহির্ভূত।

যোগী 'সমনা' পর্য্যন্তই আত্মব্যাপ্ত, মায়া ও প্রকৃতি থেকে মুক্ত। কিন্তু শৈবাগমে এটাই সর্বোচ্চ সাধনা নয়। সর্বোচ্চ লক্ষ্য হল শিব-ব্যাপ্তি বা শিব-যোজনা, শিবত্ব বোধ যা সর্বসংগ্রহ। 'উন্মনা'র এই স্তরে যোগীর শিবের স্বাতন্ত্র্য শক্তির (absolute freedom) অনুভব হয়।

মানসের (mental process) লক্ষণ হল সঙ্কল্প (determinate thought and purpose)। সঙ্কল্প সময় সাপেক্ষ ক্রিয়া বা শিক্ষা। কিন্তু 'উন্মনা' স্থিতি যা চিন্তার উর্দ্ধে তা হল স্বাতন্ত্র্য শক্তি, মনের ক্রমান্বয়িত জ্ঞান সেখানে নেই।

'মনঃ ক্রমাতো জ্ঞানাম, উন্মনম্ যুগপৎ স্থিতম, বিন্দতে হ্যত্র যুগপৎ সর্বজ্ঞানাদিগুণান পরান'। (স্বচ্ছন্দতন্ত্র V-394,395)

উপসংহার

বিজ্ঞানভৈরবের সব ধারণার সার নিম্নোক্ত শ্লোকে বিধৃত।

'মানসং চেতনা শক্তিরাত্মা চেতি চতুষ্টয়ম্।
যদা প্রিয়ে পরিক্ষীণং তদা তদ্ ভৈরবং বপুঃ।।'

(বিজ্ঞানভৈরব শ্লোক- 138)

চিতি যা বিশ্বময় চেতনা তার প্রকাশ হয় মানবের চতুর্দশায়। i) চেতনা- যা শিবোপাধ্যায় বুদ্ধি বলে পরিগণিত করেছেন। ii) মানস বা মন যার লক্ষণ হল সঙ্কল্প (thought construct)। iii) শক্তি- এ স্থলে প্রাণশক্তি যা জাগতিক শরীরকে ধারণ করে। iv) চতুর্থদশা, এ স্থলে জীবাত্মা, অহম বা ব্যক্তির ব্যক্তিত্ব যা উপরোক্ত তিন দশার দ্বারা নির্দিষ্ট (conditioned)।

এই অবস্থা হল চিতির (বিশ্বচৈতন্যের) ব্যক্তিরূপে অবতরণ। এ হল বিশ্বতরঙ্গের নিমেষভাগ বা অবরোহ। সৃষ্টির তরঙ্গে একমাত্র মানুষেরই ব্যক্তিগত রূপে উন্মেষ বা অধ্যারোহ সম্ভব (ascent to higher life)। যখন উপরোক্ত চার দশার ক্ষয় (পরিক্ষীণং) বা অবলুপ্তি হয় চিৎরূপে তখনই কেবলমাত্র ভৈরব (consciousness) প্রাপ্তি হয়।

ক্ষেমরাজ শিব-সূত্রের তৃতীয় পর্বের 21-সংখ্যক সূত্রের ভাষ্যে বলেছেন- 'অবিকল্প-রূপেণ...সংবেদনেন,...প্রবিশেৎ সমাবিশেৎ। কিদৃক? মগ্নঃ শরীরপ্রাণাদিপ্রমাতৃতাম্ তত্রৈব চিৎচমৎকাররসে মজ্জনেন প্রশময়ন্।'

অর্থাৎ, চিন্তামুক্ত ঐশ্বরিক চেতনা ব্যক্তিতে প্রবেশ করলে অনাসক্ত চৈতন্য লাভ হয়। কি ভাবে ? নিজের সত্তার অর্থাৎ শরীর, প্রাণ ইত্যাদির বিলয়ে বিশ্বচৈতন্যের স্বাদু রসে।

অহমের বীজ (chrysalis) ভেঙ্গেই ঈশ্বরের দ্বারে (divine presence) পৌঁছতে হবে। কঠোপনিষদে বলা হয়েছে- 'যোগ প্রভাবাপ্যয়ৌ'। অর্থাৎ, যোগেই লয় সাধন ও উন্মেষ (both death and birth)। বাঁচার জন্য মরতেই হবে। সেই বাঁচা (filiation) হল দিব্যভাবে বাঁচা, যাকে ভাষায় প্রকাশ করা যায় না। আনন্দ কুমারস্বামী সুন্দর শব্দ চয়নে ব্যাখ্যা করেছেন- 'দৈবভাব হল অন্য সব ভাবের থেকে মুক্ত'। এই ভাবে সিক্ত হওয়ার জন্যই (consummation), বিজ্ঞানভৈরবে 112টি ধারণার অবতারণা করা হয়েছে।

বিজ্ঞানভৈরবের উপস্থাপনার ক্রম

প্রথম শ্লোক 'শ্রুতম্ দেব...' থেকে শুরু করে ষষ্ঠ শ্লোকের শেষ '...ছিন্ধি সংশয়ম্' পর্যন্ত দেবী পার্বতী তাঁর সংশয় উত্থাপন করেছেন। সপ্তম শ্লোকের প্রথমাংশের (7a) 'সাধু সাধু...' থেকে 21-সংখ্যক শ্লোকের শেষ '...শিব প্রিয়' পর্যন্ত ভৈরব পার্বতীর উত্থাপন করা প্রশ্নের উত্তর দিয়েছেন। 22-সংখ্যক শ্লোকের শুরু 'দেব দেব...' থেকে 23-সংখ্যক শ্লোকের শেষ '...ব্রূহি ভৈরব' পর্যন্ত দেবী ভৈরবকে সর্বোচ্চ জ্ঞানের উপদেশ দিতে অনুরোধ করেছেন।

ভৈরব তখন 24-137 শ্লোকে 112 রকম যোগের ধারণার (সাধনার) উল্লেখ করেছেন। এরপরে দেবী আরও কিছু প্রসঙ্গের উত্থাপন করলে ভৈরব তারও সমাধান দিয়েছেন। শেষে দেবী তাঁর সন্তোষ প্রকাশ করে ভৈরবে একাত্ম হয়েছেন।

বিজ্ঞানভৈরব তন্ত্র

শ্লোক 1

শ্রীদেব্যুবাচ্য

শ্রুতং দেব ময়া সর্বং রুদ্রযামলসম্ভবম্।
ত্রিকভেদমশেষেণ সারাৎসারবিভাগশঃ।।

শব্দার্থ : ত্রিক- তিন রাস্তা

ভাবার্থ :

শ্রীদেবী ভৈরবী(1) ভৈরবকে বললেন(2)- 'হে দেব!(3) আমি বিস্তৃতরূপে রুদ্র(4) এবং তাঁর শক্তি(5) সম্মিলনে উদ্ভূত রুদ্রযামল তন্ত্রের বিবরণ শুনেছি। আমি সাধনার তিন পথ 'ত্রিক'(6) যা সর্বশেষ জ্ঞান সেই সম্বন্ধেও অবগত।'

ব্যাখ্যা শ্লোক 1

1. ভৈরব কথাটি পরম সত্যের পরিপ্রেক্ষিতে ব্যবহৃত হয়। এর সমার্থক শব্দ হল পরম শিব। ভৈরব অর্থে আমরা বুঝি ভয়ঙ্কর, এখানে যিনি অহঙ্কার (অহম) দূর করেন। ভৈরবে তিনটি অক্ষর আছে 'ভ', 'র' ও 'ব'। ভৈরব পদের শাস্ত্রীয় শব্দগত অর্থ হল নিম্নরূপ।

'ভ'-এর অর্থ ভরণ- বিশ্বের পোষণ; 'র'-এর অর্থ রাবণ- বিশ্বের সংহার; 'ব'-এর অর্থ বমন- বিশ্বের প্রক্ষেপণ বা উন্মেষ (appearance)। সুতরাং ভৈরব শব্দে দৈবিক তিনটি বিষয়ই আছে সৃষ্টি, স্থিতি ও সংহার। এসবই দৈবিক, কারণ অন্যথায় অব্যাখ্যাত থেকে যায়।

ভৈরবী হল ভৈরবের শক্তি। আগম তন্ত্র সাধারণভাবে ভৈরব ও ভৈরবীর কথোপকথন বা শিব ও তার অর্ধাঙ্গিনী পার্বতীর বাক্যালাপ। এই তন্ত্রে ভৈরবী বা শক্তি প্রশ্ন করেন এবং শিব তার উত্তর দেন।

ভারতীয় এই শাস্ত্রের উল্লেখে বলা হয় এ হল সত্যের ভগবতীয় আবরণ উন্মোচন (revelation)। একটি প্রাসঙ্গিক প্রশ্ন হল- 'ভৈরবী বা শক্তি ভৈরবের থেকে অভিন্ন বলা হয়, তাহলে সত্যের উদ্ঘাটনে কথোপকথনের কি প্রয়োজন? অভেদের মধ্যে কথোপকথন কি করে সম্ভব?' এর উত্তর হল 'অনুগ্রহ' যা পাঁচ প্রকারের- সৃষ্টি, স্থিতি, সংহার, তিরোধান ও কৃপা তাঁর অনুগ্রহ। তাঁর অনুগ্রহই তাঁর শক্তি। এর জন্য কিছু সত্যের উদ্ঘাটন করা আবশ্যক যা মানুষের প্রচলিত ধারণায় অজ্ঞাত। সত্য পরাবাকে গুহ্যরূপে নিহিত শিব বা ভৈরবের অপ্রকট ঐক্যে (indistinguishable unity)। এই সত্য মানুষের কাছে পৌঁছনোর জন্য ভগবৎ অনুগ্রহই ভৈরবী রূপে উপস্থাপিত যিনি পরাবাক্ থেকে 'পশ্যন্তী'তে অগ্রসর হয়ে বিভিন্ন প্রশ্ন করেন কারণ 'পশ্যন্তী'র পূর্বে শব্দের সূচনা হয় না এবং 'পশ্যন্তী'তে সৃষ্টিরও প্রারম্ভ। এই কথোপকথন বৈখরীতে (human language) হয়। এই বাক্যালাপ প্রশ্নোত্তরে সূক্ষ্ম সত্যের জনসমাজের অবগতির জন্য।

2. শ্লোকে যে 'উবাচ' শব্দের ব্যবহার করা হয়েছে তা অতীত কালে উক্ত সেটাই অর্থ, কিন্তু এই প্রশ্নোত্তর যেহেতু চিরকালীন তাই সেসব বর্তমান কালে (present tense) ব্যক্ত।

পরাবাক্ সময়ের উর্দ্ধে, 'পশ্যন্তী' থেকে সময়ের শুরু। 'পশ্যন্তী' যেহেতু বর্তমান কালে মানুষের ভাষার (বৈখরী) পূর্বাবস্থা এবং শিব-পার্বতীর বাক্যালাপের সত্য চিরকালীন তাই কথোপকথন অতীত কালে সংঘটিত।

3. 'দেব' শব্দের শব্দরূপের মূল হল 'দিব্' যার অনেক অর্থ যথা, উন্মেষ, ক্রীড়া ইত্যাদি। ক্ষেমরাজ এ প্রসঙ্গে তাঁর ভাষ্যেও বলেছেন- 'বিশ্বাবদ্যোতনক্রীড়নাদিসতত্ত্ব স্বাত্মন্।' অর্থাৎ- 'ওহে! আমার অন্তরাত্মাই (my very self) জগতের উন্মেষে ক্রীড়াত্মক।' দেবী তাঁর কথোপকথনে দেবকে বলেছেন 'আমার অন্তরাত্মা' কারণ দেব তাঁর থেকে অভেদ।

4. রুদ্র- ভৈরব বা শিবের আর এক নাম রুদ্র। 'রু' অর্থ ক্লেশ (রোগ) আর 'দ্র' হল দ্রবণ (দ্রাবক)। ক্ষেমরাজের কথায় রুদ্র হল 'সমস্তরোগদ্রাবী'। জীবনের সব ক্লেশ দূরকারী।

5. যামলের অর্থ হল জোড়া (pair), ক্ষেমরাজ উল্লেখ করেছেন- 'রুদ্রচ্ছক্তি সামরস্যাত্মনো যামলাৎ।' অর্থাৎ, যামল শব্দ রুদ্র ও শক্তিকে, প্রকাশ ও বিমর্শকে যুগ্মভাবে বোঝায়। এই হল এই উৎকৃষ্ট শাস্ত্রের প্রেক্ষিত যাতে সত্য উদ্ঘাটিত। ক্ষেমরাজ তার মতের সপক্ষে নিম্নোক্ত শ্লোক বর্ণনা করেছেন।

'যদৃষ্টবিগ্রহাচ্ছান্তাচ্ছিবাৎপরমকারণাৎ।
ধ্বনিরূপং বিনিষ্ক্রান্তং শাস্ত্রং পরমদুর্লভম্।'

অর্থাৎ, 'সবচেয়ে অগম্য এই শাস্ত্র শিব-পার্বতীর বাক্যালাপের পরিপ্রেক্ষিতে উদ্ঘাটিত হয়েছে, যে শিব অদৃষ্ট, শান্ত ও পারমার্থিক (supreme source)।

রুদ্রযামল (তন্ত্র) একটি পুরাতন শাস্ত্র রূপেও জানা যায় যার সংস্কৃত (edited) রূপ অপ্রাপ্য।

6. ত্রিকভেদম- ত্রিকার ব্যাখ্যা ক্ষেমরাজ নিম্নোক্ত সূত্রে করেছেন।

'ত্রিকস্য পরাদিশক্তিত্রয়সারনরশক্তি-শিবাত্মনস্তত্ত্বত্রয়স্য

ভেদো জ্ঞানক্রিয়াপ্রাধান্যেতরাদিপ্রতিপাদনেন ভিদ্যমানতা যত্র।'

ত্রিকার অর্থ শক্তির ত্রিভেদ- পরা (transcendent), পরাপরা (intermediate), ও অপরা (immanent)। ত্রিকার অন্য অর্থ শিব, শক্তি ও নর (জীব)। এই ভেদ আরও জটিল হয় যখন অপরার (জীবের) চর্চা হয়; তখন ক্রিয়াই প্রাধান্য পায়। পরা ও পরাপরে, শিব ও শক্তিতে জ্ঞান ও ক্রিয়া উভয়েরই মাহাত্ম্য আছে। তবে এটা মনে রাখতে হবে যে নর পৃথ্বীতত্ত্ব (স্থূল জগৎ) ও মায়া তত্ত্বের জীব। শক্তি শুদ্ধবিদ্যা থেকে সদাশিব তত্ত্বে ব্যাপ্ত, শিব শক্তির সঙ্গে সম্পৃক্ত।

7. সারাৎসার'বিভাগশঃ- ত্রিকা হল সব শাস্ত্রের সার। এই সিদ্ধান্তের পক্ষে ক্ষেমরাজের বক্তব্য-

'বেদাদিভ্যঃ পরং শৈবং শৈবাদ্বামং তু দক্ষিণম্।

দক্ষিণাৎপরতঃ কৌলং কৌলাৎপরতরং ত্রিকম্।।'

অর্থাৎ, শিবদ্বৈত বাদ (dualistic) বেদ ও অপরাপর শাস্ত্রের থেকেও উন্নত, বামাচারী পন্থা শিবদ্বৈত বাদ থেকে উন্নত, দক্ষিণাচার বামাচারী পন্থা থেকে উন্নত, কৌল মত দক্ষিণাচার থেকে উন্নত, আর ত্রিকা দর্শন তার থেকেও উন্নত। যেহেতু ত্রিকা অন্যান্য শাস্ত্রের উপরে তাই একে সার বলা হয়েছে।

শৈব দ্বৈতবাদে আচারের (external rituals) প্রাধান্য আছে। বামাচারের বিশেষত্ব হল ইন্দ্রিয়ের অভিজ্ঞতার মাঝে (রূপ, রস, শব্দ, গন্ধ, স্পর্শ) থেকেও আত্মার অমোঘত্বের সাধনা। দক্ষিণাচারে ধ্যানের প্রাধান্য। কৌলমতে বিশ্বচেতনা কাঙ্খিত। ত্রিকা দর্শনে বিশ্বচেতনা একমাত্র লক্ষ্য নয়, সেই সাথে জগদানন্দও কাম্য যাতে আছে ঐশ্বরিক আনন্দের দৃশ্যমানতা।

সারাৎসার-বিভাগ সম্ভবত অন্তরাত্মায় আরও গভীর ভগবৎ অনুভবের নির্দেশক। সেটাই ক্ষেমরাজ বলতে চেয়েছেন শৈব দ্বৈতবাদের প্রসঙ্গে।

'তত্রাপি সিদ্ধামালিন্যুত্তরাদিক্রমাৎ জ্ঞানপ্রকর্ষোপদেশোৎকর্ষাৎ উৎকৃষ্টম্', যার সঠিক পাঠ হল- 'তত্রাপি সিদ্ধানামকমালিন্যুত্তরাদিক্রমাৎ জ্ঞানপ্রকর্ষোপদেশকমাৎ উৎকৃষ্টম্'। ত্রিকা সম্পর্কে এখানে উচ্চ, উচ্চতর এবং উচ্চতম স্তরের শিক্ষার কথা জ্ঞানের (gnosis) দ্বারা উপলব্ধ বলা হয়েছে।

পন্থা (করণীয়) ভেদে, 'সিদ্ধা' হল ক্রিয়াত্মক যাতে আচার (ritual) এবং ধ্যান সমন্বিত। 'নামক' পন্থায় জ্ঞানের প্রাধান্য; 'মালিনী'তে জ্ঞান ও ক্রিয়া উভয়ই করণীয়। এসব হল 'ত্রিকা'র আরও বিভাগ।

শ্লোক 2

অদ্যাপি ন নিবৃত্তো মে সংশয়ঃ পরমেশ্বর।
কিম্ রূপম্ তত্ত্বতো দেব শব্দরাশিকলাময়ম্(1)।।

শব্দার্থ: রাশি- সমূহ, কলঃ- মধুর ধ্বনি

ভাবার্থ:

'হে মহাদেবঃ অনেক শ্রবণের পরেও আমার তত্ত্ব সম্বন্ধে দ্বিধা দূর হয়নি। তোমার অস্তিত্বের মূল সত্য কি? তুমি কি শব্দে নিহিত শক্তি যার থেকে সকল মন্ত্রের আবির্ভাব?

শ্লোক 3

কিম্ বা নবাত্মাভেদেন ভৈরবে ভৈরবাকৃতৌ(2)।
ত্রিশিরোভেদভিন্নং বা কিম্ বা শক্তিত্রয়াত্মকম্।।

শব্দার্থ: ত্রিশির- ত্রিফলা যুক্ত, ত্রিধারা

ভাবার্থ:

ভৈরব আগমে (3) নয়টি (নব) পথের (4) কথা বলা আছে উচ্চতর চেতনার লক্ষ্যে; সেই পথে কি তোমার চেতনার সত্যতা উপলব্ধ ? ত্রিশির (ইড়া, পিঙ্গলা, সুষুম্নায় প্রবাহিত শক্তি) ভৈরব তন্ত্র (5) থেকে এই পথ কি পৃথক ? নাকি

ত্রিশক্তি (6) (ইচ্ছা, জ্ঞান, ক্রিয়া) আধারিত ?

শ্লোক 4

নাদবিন্দুময়ং বাপি কিম্ চন্দ্রার্ধনিরোধিকাঃ।
চক্রারূঢ়মনচ্কং বা কিম্ বা শক্তিস্বরূপকম্।।

শব্দার্থ: চন্দ্রার্ধ- 'ম্'এর উচ্চারণ, চক্রারূঢ়-শরীরে সপ্ত শক্তিস্থল (ওঁ,ওঃ,হ,য,র,ব,ল)

ভাবার্থ:

সবকিছুর মূল কি নাদ ও বিন্দুর অস্তিত্ব (7) নাকি ওঁ-এর বন্ধন অর্ধচন্দ্র (8),
অথবা মনঃসংযোগ করলে উচ্চক্রমে (ascending order) শরীরে স্থিত সপ্ত শক্তিচক্র

মূলাধার স্বাধিষ্ঠান প্রভৃতির মাধ্যমে অস্পর্শিত স্বরহীন 'হ' শব্দ (vowel less sound of `ha') (9) এবং তরঙ্গহীন অনাহত চক্র ? অন্যথায় শক্তিরূপা (10) (pure changeless energy)?

মন্তব্য শ্লোক (2-4)

1. ভৈরবাকৃতৌ-র অর্থ ভয়ঙ্কর শিব নয়; সঠিক অর্থ হল 'ভৈরবোস্বরূপায়'। এইটি নিমিত্তে অধিকরণ কারক (সপ্তমী বিভক্তি)। তাই অর্থ হল ভৈরবের দ্বারা নিজের পরিচয় প্রাপ্তি।

2. তৃতীয় শ্লোকে 'ভৈরবে' অর্থ ভৈরব আগমে।

3. শব্দরাশিকলাময়ম্- দেবীর প্রথম প্রশ্ন ছিল জগতে বস্তুই প্রধান, প্রতিটি বস্তুই শব্দ বা পদের দ্বারা চিহ্নিত। শব্দ-রাশি হল অনেকগুলো শব্দ অথবা অক্ষর 'অ' থেকে শুরু করে 'ক্ষ' পর্যন্ত। 'কলা'-র অর্থ হল বিমর্শ বা ঈশ্বরের (divine) সৃজনশীল শক্তি (creative energy)। এই শক্তির ভেদ যথাক্রমে অনুত্তর, আনন্দ, ইচ্ছা, জ্ঞান, ও ক্রিয়া। এর থেকেই বিভিন্ন অক্ষরের সৃষ্টি। এই অক্ষরগুলো বিভিন্ন তত্ত্বের কারণ (consitutive principles) যার দ্বারা বিশ্ব গঠিত। এ বিষয়ে লেখকের ইংরাজী গ্রন্থ শিব-সূত্রের দ্বিতীয় পর্বের সপ্তম সূত্রের মন্তব্য (notes) সংখ্যা-10 দ্রষ্টব্য।

'অ'-অক্ষর শিবের প্রকাশ অর্থে, প্রকাশের পূর্বাবস্থা সম্পন্ন; 'হ' হল সেই প্রকাশের শক্তি বা বিমর্শ বা সৃজনশীলতা (creative energy) 'কলা' নামে উল্লেখিত। দুইয়ে মিলে 'অহং' সংস্কৃতে সব অক্ষরের ধারক। এই অহং আবার আমি অর্থে সর্বোচ্চ সত্য; (highest reality) যখন তাতে শিব ও শক্তি সমাহিত যুগ্মরূপে। তখন জগৎই উদ্দেশ্য (subject), জগৎই বিধেয় (object)।

পরম শিব প্রচ্ছন্ন থাকলে তিনি ভৈরব বা পরম ব্রহ্ম আর তাঁর উন্মেষে তিনি শব্দ-ব্রহ্ম। প্রথম প্রশ্নে দেবী জানতে চেয়েছেন (দ্বিতীয় শ্লোক) বিজ্ঞান বা বোধ শব্দ ব্রহ্ম কিনা।

4. দেবীর দ্বিতীয় প্রশ্ন হল পরমেশ্বরের (supreme) প্রকৃতি কিরূপ, যাকে মন্ত্রের নবধা (নবাত্ম) রূপ বলা হয়ে থাকে। এসব 'নেত্রতন্ত্রে' নিম্নোক্ত রূপে উল্লেখিত।

i) শিব, ii) সদাশিব, iii) ঈশ্বর, iv) বিদ্যা, v)মায়া, vi) কলা, vii) নিয়তি, viii) পুরুষ, ও ix) প্রকৃতি। অন্যমতে 1) শিব, 2) শক্তি, 3) সদাশিব, 4) ঈশ্বর, 5) শুদ্ধবিদ্যা,

6) মহামায়া, 7) মায়া, 8) পুরুষ, 9) প্রকৃতি। এ হল তত্ত্বভেদে নয়ভাগ। মন্ত্রভেদে নয়ভাগ হল a) হ্ b) র্ c) ক্ষ্ d) ম্ e) ল্ f) ব্ g) য্ h) ণ্ i) ওঁ(ণূঁ)।

5. ত্রিশিরোভৈরব একটি তন্ত্র গ্রন্থের নাম বর্তমানে যা উপলব্ধ নয়। এতে সমগ্র বিশ্বকে তিন ভাগে শিব, শক্তি ও নর (জীব), বিভক্ত করে বর্ণনা করা হয়েছে। দেবীর তৃতীয় প্রশ্ন ছিল, পরমের প্রকৃতিতে উক্ত তিনভাগ মন্ত্র 'সৌঃ'-এর দ্বারা সূত্রবদ্ধ কিনা। এই 'সৌঃ' মন্ত্র পরাবীজ, হৃদয়বীজ বা প্রসাদ নামে জানা যায়। 'সৌঃ'-এর 'স' হল মায়ার জগতের তত্ত্ব (শৈব দর্শনে 31 তত্ত্ব), 'ঔ' হল শুদ্ধবিদ্যায় ঈশ্বরের নাম, আর বিসর্গ (:) দুই বিন্দু শিব ও শক্তির প্রতীক। বিশদে শিব-সূত্রের দ্বিতীয় পর্বের প্রথম সূত্রের মন্তব্য (notes) সংখ্যা-2 দ্রষ্টব্য। শুদ্ধবিদ্যায় 'স' জীবের প্রতীক, 'ঔ'-তে শক্তি এবং বিসর্গে শিব প্রধান। শৈবাগমে একত্রিশ তত্ত্ব জীব ও জড় সম্পর্কিত; তিন তত্ত্ব সদাশিব, ঈশ্বর ও শুদ্ধবিদ্যা, শক্তি সম্পর্কিত; বাকি দুই বিসর্গ তত্ত্ব শিব সম্পর্কিত; মোট ছত্রিশ তত্ত্ব।

6. দেবীর চতুর্থ প্রশ্ন হল পরমেশ্বরের প্রকৃতিতে পরাশক্তি (শিব ও শক্তি যেখানে অভেদ), অপরাশক্তি (বহির্মুখী) এবং পরাপরাশক্তি (মধ্যন্তর), পূর্বোক্ত ছত্রিশ তত্ত্বের আধার কিনা। স্বাতন্ত্র্যশক্তি (সার্বভৌমত্ব) হল পরাশক্তি যা পরিব্যাপ্ত, সেই শক্তিই সৃষ্টির ইচ্ছায় হয় পরাপরাশক্তি ও জগতের অপরা শক্তিরূপে জগতকে প্রকটিত করে।

7. নাদ প্রসঙ্গে ক্ষেমরাজ বলেছেন- 'যদি বা সর্বমন্ত্র-চক্র-সামান্যবীর্য্যাত্মক-বিশ্ববাচ্যাবিভাগ-প্রকাশরূপবিন্দু অশেষবাচকাবিভাগ-বিমর্শ-পরামর্শময়নাদাত্মকম।'

অর্থাৎ, নাদ হল বিমর্শ (ভাব) যা সব শব্দের প্রকাশে বাচকরূপে বিদ্যমান এবং বিন্দু সব বাচ্যে উক্ত প্রকাশিত রূপ।

পঞ্চম প্রশ্ন হল ভৈরব মূলত নাদ-বিন্দু কিনা। বিন্দু হল আলো বা প্রকাশের প্রতীক (শিব) এবং প্রকাশের সঙ্গে অবিভক্তরূপে বর্তমান যেমন অগ্নি ও তাপ। তেমনি নাদের সঙ্গে বিন্দুর সম্পর্ক, নাদ হল শব্দে প্রকাশিত বিমর্শ (ভাব)।

8. ষষ্ঠ প্রশ্ন হল ভৈরবের প্রকৃতিতে অর্ধচন্দ্রের ভূমিকা। অর্ধচন্দ্র হল নাদ-বিন্দুর বিস্তার (proliferation); চন্দ্রার্ধনিরোধিকাঃ-বহুবচনে নিরোধিকাঃ ইত্যাদি অর্থে নাদান্ত, শক্তি, ব্যাপিনী, সমনা ও উন্মনা।

বিন্দু (a point) হল অবিক্ষিপ্ত জ্যোতি (undivided light) যা সবেতে (বাচ্য) বর্তমান অন্তর্ধ্বনি (interior sound) নাদ রূপে। বিন্দু থেকে নাদ উৎপন্ন হলে (বহির্মুখী হলে) তার বাহ্যরূপ (objectivity) খানিক হ্রাস পায়, সেটাই অর্ধচন্দ্র অবস্থা, সেখানে শক্তি অর্ধচন্দ্রাকৃতি রূপে আবির্ভূত হয়। এই অর্ধচন্দ্রাকৃতির পরবর্ত্তী নিরোধিকা হল সরলরেখায় পর্যবসিত হওয়া। নিরোধিকা সেখানে বাধা স্বরূপ। এর আর এক অর্থ হল শক্তি এখানে অযোগ্যের (undeserving aspirant) নাদে প্রবেশের বাধাস্বরূপ এবং যোগ্যের বিক্ষেপ রোধক। এরপরে নাদ আরও সূক্ষ্মরূপ গ্রহণ করলে (অপ্রকট হলে) তাকে বলে 'নাদান্ত'। তখন নাদ অশ্রুত হয়ে যায় এবং পরবর্ত্তী পর্যায়ে শক্তির ঐশ্বরিক আনন্দের (spiritual delight) অনুভব হয় যা সাধকের শরীর ছাড়িয়েও ব্যাপ্ত হয়। তখন তাকে বলে 'ব্যাপিনী' (all pervasive)।

যখন ভাল-মন্দ সবকিছুর অস্তিত্বই নিশেষ হয়ে যায়, মানসে শুধু মনন থেকে যায়, সেই অবস্থাকে বলে 'সমনা'। সবশেষে 'উন্মনা' যখন মানস ক্রিয়াও রুদ্ধ হয়ে যায় এবং সাধকের শিব চৈতন্যে নিজেকে বিশ্বচৈতন্যের সঙ্গে (অভেদ শিব-শক্তি) একত্র (একত্ব) বোধ হয়। এই হল পরম শিবে নিষ্কল (transcendent) স্থিতি।

প্রথম প্রশ্নটি ছিল 'মাতৃকা' সম্বন্ধিত, দ্বিতীয় ও তৃতীয় প্রশ্ন ছিল মন্ত্র সম্বন্ধিত, চতুর্থ প্রশ্ন ছিল তিন শক্তির (শিব, শক্তি ও জীব) দৈবত্ব (divinity), পঞ্চম ও ষষ্ঠ প্রশ্ন ছিল মন্ত্র-বীর্য্য বা মন্ত্রের শক্তি সম্বন্ধিত।

9. সপ্তম প্রশ্নে দেবী জানতে চেয়েছেন ভৈরবের প্রকৃতিতে কিছু নিগূঢ় শক্তি সম্বন্ধে যা বিভিন্ন চক্রে (energy centre) বর্তমান অক্ষর রূপে যেমন স্পন্দমান 'হ' প্রাণকুণ্ডলিনীতে। প্রাণের শক্তি অনাহত নাদ রূপে সর্বদা সুষুম্নায় বর্তমান, তার স্পন্দন স্বচ্ছন্দ (spontaneous) এবং কুণ্ডলিনীর উর্দ্ধগমনে ক্রিয়াশীল। মূলাধারে স্থিত কুণ্ডলিনীকে চক্রারূঢ় বলেও অভিহিত করা হয়। নাকি সেটাই অহম্ (I-consciousness) যা বিভিন্ন চক্রের সমন্বয়ে 'অ' থেকে শুরু করে 'হ' পর্যন্ত ব্যাপ্ত? এটা লেখকের প্রশ্ন।

10. দেবীর অষ্টম প্রশ্ন, পরমের শুদ্ধ শক্তি কি পরিবর্তনশীল?

শ্লোক 5

পরাপরায়াঃ(1) সকলম্(2) অপরায়াশ্চ বা পুনঃ।

পরায়া যদি তদ্বৎস্যাত্ পরত্বং তদ্বিরূধ্যতে।।

ভাবার্থ :

অপরা এবং পরা অর্থাৎ প্রকৃতি এবং প্রকৃতির উর্দ্ধে সকলই প্রকৃতি রূপেই প্রতীয়মান হয়। প্রকৃতি যদি শুধু নিজেতেই নিমজ্জিত থাকে (immanent) তবে প্রকৃতির বহির্ভূত অতীন্দ্রিয় বিষয় (transcendental) একে অপরের সংযোগ রহিত।

শ্লোক 6

ন হি বর্ণবিভেদেন দেহভেদেন বা ভবেৎ।

পরত্বম নিষ্কলত্বেন(3) সকলত্বে ন তদ্ভবেৎ।।

শব্দার্থ: নিষ্কল- কলাশূন্য, অপরিবর্তনীয় পরব্রহ্ম

ভাবার্থ:

পরত্ব বা অতীন্দ্রিয়তা (transcendence) বর্ণ, শব্দ বা রূপভেদ রহিত। যদি অতীন্দ্রিয় স্থিতি অভেদ্য (বিভাজন রহিত) হয় তবে তা বস্তুদ্বারা গঠন করা যায় না এবং তার ব্যাখ্যাও করা যায় না।

মন্তব্য শ্লোক (5-6)

1. পরা, পরাপরা এবং অপরা—

পরমেশ্বরের সার্বভৌমত্ব পরাশক্তি সেখানে সবকিছুই সম্বিৎ। সেটাই অদ্বৈত চৈতন্য। যেখানে তত্ত্বে ভেদাভেদ তা'হল পরাপরা শক্তি যেমন কোনোকিছু দর্পণে দেখলে একই বস্তু হলেও দর্পণে প্রতিবিম্বিত রূপে পৃথক। কিন্তু দর্পণ ব্যতিরেকে পৃথক হলে তা হয় অপরা শক্তির প্রকাশ, যেমন জগৎ শক্তি থেকে উদ্ভূত অপরা শক্তি বিশিষ্ট।

2. 'সকলত্ব' হল পরাপরা এবং অপরার ভেদব্যঞ্জক। যদি সকলত্বকে পরা স্থিতি বলে মনে করা হয় তবে তারমধ্যে পরাপরা এবং অপরার ভেদও অন্তর্ভুক্ত বলে স্বীকার করতে হয়, সেটা সম্ভব নয় কারণ পরা ভেদহীন। পরা মূলত নিষ্কল, সঙ্গবিহীন। পরাপরা ও অপরা যদি ভেদব্যঞ্জক, দেবীর প্রশ্ন নিষ্কলে কি করে তাদের স্থিতি হয়।

শ্লোক 7a

প্রসাদং কুরু মে নাথ নিঃশেষং ছিন্ধি সংশয়ম্।

ভাবার্থ:

হে নাথ আমার সকল সংশয় আপনার প্রসাদে দূর করুণ।

শ্লোক 7b

ভৈরব উবাচ।

সাধু সাধু ত্বয়া পৃষ্টং তন্ত্র সারমিদং প্রিয়ে।

শব্দার্থ: পৃষ্টং- জিজ্ঞাসিত

ভাবার্থ:

ভগবান ভৈরব বললেন- খুব ভাল কথা প্রিয়ে! তুমি যা জিজ্ঞাসা করেছ তাই হল তন্ত্রের সার।

শ্লোক 8

গুহনীয়তং ভদ্রে তথাপি কথয়ামি তে।

যৎকিঞ্চিৎসকলম্(1) রূপম্ ভৈরবস্য প্রকীর্তিতম্।।

শব্দার্থ: গুহনীয়- গভীর, গম্ভীর

ভাবার্থ:

ভদ্রে! আমি যে তত্ত্ব বলব তা অত্যন্ত গভীর তবুও ভৈরব প্রমাণে আমি সেই তত্ত্বের কথা বলব।

শ্লোক 9

তদসারতয়া দেবি বিজ্ঞেয়ং শক্রজালবৎ।

মায়াস্বপ্নোপমং চৈব গন্ধর্বনগরভ্রমম্।।

শব্দার্থ: তদসারতয়া- অসার, অবস্তু; শক্রজাল- ইন্দ্রজাল, অলীক

ভাবার্থ:

হে দেবি! ভৈরবে সম্পৃক্ত 'সকল' (সাকার) অর্থ অসার অবস্তু (insubstantial) এবং চৈব অর্থাৎ দেবদত্ত কিছু নয় (no spiritual value) বরং দেবরাজ ইন্দ্রের জালের মতো ঐন্দ্রজালিক (magical), মায়াস্বপ্নময় যেন গন্ধর্বদেবের (2) মোহময় সঙ্গীতের সুরের মতো।

শ্লোক 10

ধ্যানার্থং ভ্রান্তবুদ্ধীনাং ক্রিয়াড়ম্বরবর্তিনাম্।

কেবলং বর্ণিতং পুংসাং বিকল্পনিহিতাত্মনাম্(3)।।

শব্দার্থ: ধ্যানার্থং- সাকারের ধ্যান, ভ্রান্তবুদ্ধীনাম্- মায়াময়, নির্বুদ্ধি

ভাবার্থ:

সাকার সাধনা হল নির্বুদ্ধি মায়াময় সাধনা, যেই সাধনায় ফলের আশায় আড়ম্বরের বাহুল্য থাকে। ফলে আচার সর্বস্ব বহির্মুখী ক্রিয়ার মাধ্যমে আরাধনা করা হয়।

মন্তব্য শ্লোক (7-10)

1. পরমেশ্বরের উন্মেষে (সৃষ্টিতে) সবকিছুই 'সকল' (কলাযুক্ত-পৃথক)। 'সকল' মায়াতত্ত্ব আধারিত যাতে বিভিন্ন ভেদ বর্তমান। ভৈরবের প্রকৃতি 'সকল'-এর মাধ্যমে জানা সম্ভব নয়।

2. স্বর্গীয় নৃত্যকলা বিশারদদের বলে গন্ধর্ব যারা কাল্পনিক জগতের অধিবাসী ভৈরব প্রসূত।

3. 'বিকল্পনিহিতাত্মনাম্' পাঠের অর্থ যার প্রতিষ্ঠা দ্বৈতমতে (established in dichotomised thought-constructs)।

শ্লোক 11

তত্ত্বতো(1) ন নবাত্মাসৌ শব্দরাশির্নে ভৈরবঃ।

ন চাসৌ ত্রিশিরা দেবো ন চ শক্তিত্রয়াত্মকঃ।।

শব্দার্থ: নবাত্মা- এই নবাত্মা হল ভৈরবের নবশক্তির আধার যথা, কাল, উর্দ্ধমুখীনতা, নাম(রূপ), জ্ঞান, সচেতনতা, শব্দ, বীজ (সৃষ্টি প্রবণতা), তরঙ্গ, আত্মা; শব্দরাশিন-অক্ষরমালা। অপর পক্ষে, ত্রিধারা- ইড়া, পিঙ্গলা ও সুষুম্না; ত্রিশির- ইড়া, পিঙ্গলা ও সুষুম্না এই তিন নাড়ীতে প্রবাহিত প্রানশক্তি; ত্রিশক্তি-জ্ঞান, বল (ইচ্ছা), ক্রিয়া।

ভাবার্থ:

প্রকৃতপক্ষে ভৈরব নয়টি রূপ বা অর্থে অক্ষরমালা, জগত প্রতীক ত্রিশূলধৃত অবস্থা, এই ত্রিশূলে প্রাণের ত্রিধারা প্রবাহিত। সৃষ্টির তিন শক্তি জ্ঞান-বল-ক্রিয়া ভৈরবত্বের প্রকাশ।

শ্লোক 12

নাদ বিন্দুময়ো বাপি ন চন্দ্রার্ধনিরোধিকাঃ।

ন চক্রক্রমসংভিন্নো ন চ শক্তিস্বরূপকঃ।।

শব্দার্থ: অর্ধচন্দ্র- বালচন্দ্র (কাস্তে আকৃতির চন্দ্রের উদয়), চক্র- সপ্ত দেহচক্র

ভাবার্থ:

নাদ, বিন্দু, উদ্গামরুদ্ধ (নিরোধিকাঃ) অর্ধচন্দ্র বা দেহের সপ্ত শক্তিচক্রের বা দেহস্থ সর্বব্যাপি শক্তির দ্বারা ভৈরবকে ব্যাখ্যা করা যায় না।

শ্লোক 13

অপ্রবুদ্ধমতীনাং(2) হি এতা বালবিভীষিকাঃ।
মাতৃমোদকবৎসর্বং প্রবৃত্ত্যর্থমুদাহৃতম্।।

শব্দার্থ: প্রবুদ্ধ- তত্ত্বজ্ঞ, বালবিভীষিকা- শিশুর ভীতির কারক, প্রবৃত্ত্যর্থ- উদ্দেশ্যগত

ভাবার্থ:

পূর্বোক্ত বিশেষণগুলোর (লক্ষণ) দ্বারা নির্ভয়ে ভৈরবে প্রলুব্ধ করার অর্থ, যেমন মায়েরা বাচ্চাদের নাড়ুর লোভ দেখিয়ে নির্দিষ্ট কাজ করাতে চায়, সেই রকম।

মন্তব্য শ্লোক (11-13)

1. তত্ত্বতো- শ্লোক (2-4)-এর মন্তব্য দ্রষ্টব্য।

2. অপ্রবুদ্ধমতীনাং- ভৈরবের বিভিন্ন বৈশিষ্ট্যের কীর্তন প্রকৃতপক্ষে অবোধকে বোঝানোর জন্য নির্দিষ্ট উদ্যোগে লিপ্ত হওয়ার উদ্দেশ্যে।

শ্লোক 14

দিক্কালকলনোন্মুক্তা দেশোদ্দেশাবিশেষিণী।
ব্যপদেষ্টুমশক্যাসাবকথ্যা(1) পরমার্থতঃ।।

শব্দার্থ: কলন- চিহ্ন, ধারণা- নির্ধারণ (identification), দিক- দিশা, কাল- সময়, ব্যপদেষ্টু- বিশেষত্ব (attribute), সাবক- উৎপাদক

ভাবার্থ:

সবশেষে (ultimately) ভৈরবস্থাকে স্থান, কাল, দিশা, পাত্র বা কোনও বিশেষণ দ্বারা আখ্যায়িত করা যায় না।

শ্লোক 15

অন্তঃ স্বানুভবানন্দা বিকল্পোন্মুক্তগোচরা(2)।
যাবস্থা ভরিতাকারা(3) ভৈরবী ভৈরবাত্মনঃ।।

শব্দার্থ: স্বানুভবানন্দা- অন্তর্নিহিত আনন্দের অনুভব, ভরিত- পূর্ণ

ভাবার্থ:

অন্তরের অন্তর্নিহিত আনন্দ রূপান্তরহীন এবং অদৃশ্য ভাবময়। ভৈরবের আত্ম স্বরূপ ভৈরবী সেই অবস্থায় সাধকের চেতনায় উপলব্ধ হয় পূর্ণতো বিকল্প রহিত হয়ে। অর্থাৎ সমস্ত বিশ্বই তখন তাঁর মধ্যে সম্পুট (ভরে) থাকে।

শ্লোক 16

তদ্বপুস্তত্ত্বতো জ্ঞেয়ং বিমলং(4) বিশ্বপূরণম্(5)।
এবংবিধে পরে তত্ত্বে কঃ পূজ্যঃ কশ্চ তৃপ্যতি।।

শব্দার্থ: তদ্বপু- ভৈরবের ব্যাপ্তি

ভাবার্থ:

ভৈরবীকে বিশ্বের নির্মল আধারস্বরূপ জানার পর কেই বা আবার পূজ্য রূপে অবশিষ্ট থাকে, কাকেই বা আবার তৃপ্ত করা প্রয়োজন।

শ্লোক 17

এবংবিধা ভৈরবস্য যাবস্থা পরিগীয়তে।
সা পরা, পররূপেণ পরাদেবী প্রকীর্তিতা।।

ভাবার্থ:

এই রূপে ভৈরবের যে অবস্থান সে কথা বলার পরে বা কীর্তন করার পরে পরম দেবী কীর্তিতা হন।

মন্তব্য শ্লোক (14-17)

1. অকথ্য- 'অকথ্য'র অর্থ অবর্ণনীয় (indescribable in words- বৈখর্যাপ্যব্যাবর্ণীয়া)। ক্ষেমরাজ তাঁর ভাষ্যে (বিবৃতি) বলেছেন- 'ব্যপদেষ্টুম অশক্যা', অর্থাৎ বিষয়টি (ভৈরবের ধারণা) সম্পর্কে কিছু নির্দিষ্ট করে বলা মুস্কিল (can not be indicated) যেমন শব্দের (বৈখরী) পূর্ববর্তী 'মধ্যমা'য় সূক্ষ্ম শব্দরূপ বিরাজমান (মধ্যমাজল্পাবিষয়া)।

2. বিকল্পোন্মুক্তগোচরা- 14-সংখ্যক শ্লোকে ভৈরবের সর্বোত্তম বিপরীত ভাবের কথা বলা হয়েছে যা স্থান, কাল ও সময়ের উর্দ্ধে এবং অবর্ণনীয়।

15-সংখ্যক শ্লোকে ভৈরবের সক্রিয় (positive) ভাবের কথা বলা হয়েছে; যদিও তা বর্ণনা করা সম্ভব নয় কিন্তু অনুভবনীয়। এই অনুভবের জন্য দুটি শর্ত আছে। প্রথম শর্ত, ব্যক্তি চিন্তামুক্ত হলে (beyond thought-construct- বিকল্পোন্মুক্তগোচরা), মনের

অস্থিরতা চলে যায় এবং নৈশব্দ বিরাজ করে, তার দরুণ সত্যের আবির্ভাব ঘটে। মনের চঞ্চলতাই সাধনার বাধা।

দ্বিতীয় শর্ত হল ব্যক্তির অহঙ্কার (অহম) দূরীকরণ। অহঙ্কার দূর হলে তার মন শান্ত হয় এবং আনন্দের বোধ হয় (অন্তঃস্বানুভবানন্দা)। কথায় আছে যার জীবন বস্তুমুখী নয় তার জীবনই সুরক্ষিত (He saveth life who loseth it)। এ হল শাম্ভব যোগের পথ। এই যোগে ভৈরবের পরাবস্থার বর্ণনা করা না গেলেও তাকে অনুভব করা সম্ভব।

3. ভৈরবের সার্বভৌম স্থিতি (plenary state); সার্বিক সর্বময় আনন্দ হল সৃজনের (ভরিতাকারা)। সেটা পরমেশ্বরের শক্তি বা ভৈরবী যা পরমেশ্বরেরই অঙ্গ (inclusive)। যখন আমরা পরমেশ্বরের সর্বময়তাকে ভুলে অংশে মনোনিবেশ করি, ভৈরবের সেই 'সকল' রূপ (অবচ্ছিন্নতা) আমাদের বিভ্রম ঘটায়।

4. ক্ষেমরাজ ভাষ্যে বলেছেন ভৈরবের ভাব হল বিমলা (immaculate), অর্থাৎ জগৎ তাঁর মধ্যে প্রতিফলিত হলেও তিনি জগতে আবদ্ধ নন- 'স্বভিত্যাভাসিত জগদনাচ্ছাদিতম'।

5. যখন ভৈরবের স্বরূপকে আমরা অন্তরে উপলব্ধি করতে পারি তখন সাধক (পূজক) ও সাধ্যের (পূজ্য) ভেদ অন্তর্হিত হয় এবং অদ্বৈত প্রতীয়মান হয়।

শ্লোক 18

শক্তিশক্তিমতোর্যদ্বৎ(1) অভেদঃ সর্বদা স্থিতঃ।
অতস্তদ্ধর্মধর্মিত্বাৎ(2) পরাশক্তিঃ পরাত্মনঃ।।

শব্দার্থ: যদ্বদ্- সেইরূপ

ভাবার্থ:

ভৈরবীর শক্তি ভৈরবের শক্তিমানতা থেকে আলাদা কিছু নয়। এতেই দ্বি-স্থিতি, একে অপরের ধর্ম বা গুণত্ব। সর্বোত্তম ভৈরবের শক্তিই ভৈরবীর শাক্তধর্ম।

শ্লোক 19

ন বহ্নের্দাহিকা শক্তিঃ ব্যতিরিক্তা বিভাব্যতে।
কেবলম্ জ্ঞানসত্তায়াং প্রারম্ভোহয়ং প্রবেশনে।।

শব্দার্থ: বিভাব্যতে- প্রকাশিত, প্রভা বিস্তারী, প্রস্ফুটিত

ভাবার্থ:

আগুনের দাহিকা শক্তি যেমন আগুন থেকে পৃথক নয়, সেই রকম পরাশক্তি ভৈরবী ভৈরব থেকে পৃথক নয়। শুরুতে পৃথক মনে হলেও জ্ঞানোন্মেষে,(3) এই প্রভেদ দূর হয়।

মন্তব্য শ্লোক (18-19)

1. শক্তির অর্থ কার্য ক্ষমতা।

2. যেহেতু ভৈরব সর্বজ্ঞ, সর্বশক্তিমান ইত্যাদি, ভৈরবের শক্তিও তদ্রূপ।

3. আগুনের দাহিকা শক্তি আগুন থেকে পৃথক নয় যদিও পৃথকভাবে বলা সম্ভব, তা আগুনের গুণাগুণ বিচারের জন্য। তেমনি পরাশক্তি পরা থেকে পৃথক নয় এবং পরাশক্তির থেকে প্রাপ্ত অভিজ্ঞতাই আমাদের পরামুখী বা ভৈরবমুখী করে তোলে।

শ্লোক 20

শক্ত্যবস্থাপ্রবিষ্টস্য নির্বিভাগেন ভাবনা।
তদাসৌ শিবরূপী স্যাৎ শৈবী মুখমিহোচ্যতে।।

শব্দার্থ: শক্ত্যবস্থা- শক্ত্যাবেশ, শক্তির আবেশ

ভাবার্থ:

সাধকের মধ্যে যখন শক্ত্যাবেশ ঘটে তখন তার বোধে শক্তি ও শক্তিমানের কোনও ভেদ থাকে না। ভৈরবের (শিব) মুখারবিন্দই(1) তখন শৈবী (ভৈরবী) মনে হয়।

শ্লোক 21

যথালোকেন দীপস্য কিরণৈর্ভাস্করস্য(2) চ।
জ্ঞায়তে(3) দিগ্বিভাগাদি তদ্বচ্ছক্ত্যা শিবঃ প্রিয়ে।।

ভাবার্থ:

যেমন দীপের কিরণে চতুর্দিক আলোকিত হয়ে যায় সেই রকম শিবের শক্তি শিবানীর (ভৈরবী) মাধ্যমে প্রকটিত।

মন্তব্য শ্লোক (20-21)

1. একজন মানুষের পরিচয় তার মুখ দেখে হয়, তেমনি শিবের পরিচয় তাঁর শক্তিতে। এই শক্তিই শিবের অভেদ পরিচয়।

2. কিরণৈর্ভাস্করস্য চ...(ইত্যাদি) প্রসঙ্গ, রূপ (figure) ও আকারের (forms)।

3. 'জ্ঞায়তে' এই রূপকের (simile) তিন প্রকার অর্থ। i) আগুনের আলো তার জ্যোতি থেকে পৃথক নয়, সূর্য থেকে সূর্যের জ্যোতি পৃথক নয়। সেই রকম শক্তিও শিব থেকে পৃথক নয়। ii) সূর্য বা প্রদীপের আলো থেকে জগতের পরিচয় হয়, তেমনি শিবের পরিচয় তার শক্তিতে। iii) একটি প্রজ্জ্বলিত প্রদীপকে খুঁজে পেতে আর একটি প্রদীপের প্রয়োজন হয় না কারণ প্রদীপের আলোই তার পরিচয় করিয়ে দেয়। তেমনি শক্তির মাধ্যমে শিবের পরিচয় পাওয়া যায়। অর্থাৎ শক্তি ও শিবের পরিচয় অভেদ।

শ্লোক 22

শ্রীদেব্যুবাচ

দেবদেব ত্রিশূলাঙ্ক কপালকৃতভূষণ।
দিগ্দেশকালশূন্যা চ ব্যপদেশবিবর্জিতা।।

শব্দার্থ: কপাল- নরমুণ্ডের খুলি, ব্যপদেশ- নির্দেশক

ভাবার্থ:

দেবী জিজ্ঞাসা করলেন- হে দেবাদিদেব! ত্রিশূলধারী(1), হস্তে কপাল(2) শোভিত দেশ, কাল, স্থান শূন্য ইনি তবে কে?

শ্লোক 23

যাবস্থা ভরিতাকার ভৈরবস্যোপলভ্যতে।
কৈরূপায়ৈর্মুখং তস্য পরাদেবি(3) কথং ভবেৎ।।
যথা সম্যগহম্ বেদ্মি তথা মে ব্রুহি ভৈরব।

শব্দার্থ: উপলভ্য- উপলব্ধ, বেদ্মি- জানা, ব্রুহি- বলা

ভাবার্থ:

ভৈরবী কিরূপে পূর্ণাবস্থা (ভরে ওঠা) প্রাপ্ত হন, কিরূপেই বা সর্বশক্তিরূপা ভৈরবী ভৈরবের মুখাবয়ব হন ? এসবই আমার (ভৈরবী) বোধগম্যরূপে বিবৃত করুণ।

মন্তব্য শ্লোক (22-23)

1. ভৈরবের পরিচয় শিবের ত্রিশূলের মাধ্যমেও হয়। ভৈরব এই ত্রিশূল বহন করেন বলা হয়। ত্রিশূলে তিন শির হল ইচ্ছা, জ্ঞান ও ক্রিয়া, যা ভৈরবের লক্ষণ।

2. ভৈরবের হাতে একটি নরমুণ্ডের খুলি (কপাল) দেখা যায়। এই খুলি বিশ্বের রূপক যা শব্দ ও বস্তুর আধার। কপাল ভৈরবের স্বাতন্ত্র্য ও চৈতন্যের বাহক।

3. শিবের শক্তি হল পরাশক্তি (সর্বোচ্চ শক্তি)। শক্তি (দেবী) সত্য (পরা) সম্বন্ধে অবগত কিন্তু তিনি ভৈরবকে সেই সম্বন্ধে বলতে অনুরোধ করেছেন বৈখরীতে (gross speech) বা বোধগম্য ভাষায় বলেছেন 'বেদ মি'- বর্তমানে আমার কাছে ব্যক্ত করুন। এর কারণ কি? কারণ হল এই জ্ঞান আগে (পূর্বে) পরাস্তরে ছিল যা মানুষের অগোচর, সেইজন্য সকলের হিতার্থে শিবকে ব্যক্ত করতে বলেছেন।

শ্লোক 24 (ধারণা 1)

শ্রীভৈরব উবাচ।

উর্দ্ধে প্রাণো হ্যধো জীবো বিসর্গাত্মা পরোচ্চরেৎ।

উৎপত্তিদ্বিতয়স্থানে ভরণাদ্ভরিতা স্থিতিঃ।।

শব্দার্থ: বিসর্গ- স্থানান্তর, ভরণাদ্ভরিতা- আধার, আধারিত, প্রাণ ও অপান

ভাবার্থ:

পরাদেবী বা পরাশক্তির প্রকৃতি হল বিসর্গ বা উভয়তো যা 'প্রাণ ও অপান'-এর মাঝে উদ্ভূত সৃষ্টিরূপে প্রভাসিত। সাধক তার মনকে এই দুইয়ের মধ্যে স্থিত করে সমগ্রকে অনুভব করে।

মন্তব্য শ্লোক 24 (ধারণা 1)

1. বিসর্গাত্মা- যিনি বিসর্গের প্রকৃতি। বিসর্গের অর্থ ছেড়ে দেওয়া, প্রক্ষেপ বা সৃষ্টি করা। সুতরাং যার প্রকৃতি বিসর্গ তিনি সৃজনশীল। ঈশ্বরের এই সৃজনশীলতা অন্তর্মুখী ও বহির্মুখী উন্মেষ (centripetal and centrifugal) যা শ্বাস গ্রহণ ও শ্বাসত্যাগের মাধ্যমে ব্যক্তিতে পরিগণিত। পরা বা পরাদেবী বা পরাশক্তির আর এক পরিচয় বিসর্গাত্মা বলে কারণ জগতের বলেরও অন্তর্মুখী ও বহির্মুখী প্রবণতা আছে শক্তির প্রকাশে। শিবের শক্তিরূপা দেবী সূক্ষ্মরূপে (microcosm) এবং স্থূলরূপে (macrocosm) সেই খেলাই খেলে যান। এই চলনকে পরাদেবীর উচ্চার বা স্পন্দ বলে যা চলতেই থাকে আবহমান কাল।

সংস্কৃতে বিসর্গ হল অক্ষর পরিচয়ে লম্বমান স্বল্প পরিসরে দুই বিন্দু (:)। উপরের বিন্দুকে বলে দ্বাদশান্ত যাতে প্রাণে স্থিত আর নিচের বিন্দু হল 'হৃৎ' শরীরে যা অপান। এই দুই বিন্দু মিলে পরাশক্তি বিসর্গাত্মা নামে পরিচিত। 2. 'দ্বাদশান্ত'-র আক্ষরিক অর্থ হল দ্বাদশ সংখ্যার শেষ যা নাসাগ্র থেকে বারো আঙুল দূরে বাইরে স্থিত এক কাল্পনিক বিন্দু। এই বিন্দু পর্যন্ত মানুষের দেহের শ্বাসত্যাগের সীমা, তাই এই বিন্দুকে বাহ্য দ্বাদশান্তও বলে।

3. অপান ও প্রাণ বা শ্বাস চলাচল হল জীবের বাঁচার প্রাথমিক উপায়। তাই প্রাণ, অপানকেও জীবন বলে।

4. ভরণাড্ভরিতা স্থিতিঃ- 'নিত্যোন্মিষদাদ্যস্ফুরত্তাত্মভৈরবীযশক্ত্যউপলক্ষণাৎ।' প্রকারন্তরে 'ভরণাদিতি' হল সদা উত্থিত ভৈরবের জ্যোতি (flash) যা শক্তিরূপা, তার অভিনিবেশ।

5. উপরোক্ত শ্লোকে যোগীর ধারণার (সাধনার) অর্থ নিম্নরূপ-

দুই বিন্দুর মধ্যে মানুষের শ্বাস প্রশ্বাস প্রবাহিত হয়। এক হল 'হৃৎ' যেখানে প্রাণবায়ু গ্রহণকে কার্যকর করা হয় (অপান অর্থাৎ গ্রহণ সমাপ্ত হয়), দ্বিতীয় হল নাসাগ্রের অদূরে বারো আঙুল তফাতে শ্বাসত্যাগের অন্তিম বিন্দু (দ্বাদশান্ত)। জীবে এই প্রক্রিয়া অনবরত চলতেই থাকে। এর মধ্যবর্তী অবস্থাকে বলে 'বিশ্রান্তি' যেখানে তাৎক্ষণিকভাবে শ্বাস তার চলাচলে রুদ্ধ হয় প্রতিবার। সেই স্থানে শক্তির আবির্ভাব হয়। সেই স্থানে মনোনিবেশ হল সাধনার প্রথম পদক্ষেপ। ক্রমাগত সেই স্থানে মনোনিবেশ করলে ব্যক্তির ভৈরবের অপার শক্তির (ভরিতা শক্তি) বোধ হয়। যেহেতু এই অভ্যাস স্বপ্রণোদিত (সহায়তা ছাড়া) বা বিকল্পরহিত তাই এই পদ্ধতিকে বলে 'শাম্ভব' উপায়।

বর্তমান ধারণার আর একটি বিশেষ ব্যাখ্যা হল শ্বাস গ্রহণে 'হ' অক্ষর এবং শ্বাসত্যাগে 'সঃ' অক্ষর এবং মধ্যন্তরে (centre) 'ং' যুক্ত হয় অনুচ্চারে; তিনে মিলে 'হংস'। পরাদেবী প্রত্যেক জীবে এই মন্ত্র সর্বদা জপ করতে থাকেন। হৃদয়ে শ্বাস গ্রহণে 'হ'-এর শুরু এবং দ্বাদশান্তে শেষ। দ্বাদশান্তে শ্বাসত্যাগে 'সঃ'-এর শুরু এবং হৃদয়ে শেষ। এই দুই বিন্দুর ধ্যানে ভৈরব ভাব হয় এবং একে 'আণব' উপায় বলে। 'সঃ' হল শিব, 'হ' বল শক্তি এবং 'ং' হল জীব। এই অভ্যাসে ত্রিকা দর্শনের (শিব, শক্তি ও জীব) চর্চা হয়।

শ্লোক 25 (ধারণা 2)

মরুতোহন্তর্বহির্বাপি বিয়দ্যুগ্মানিবর্তনাৎ।
ভৈরব্যা ভৈরবস্যেত্থং ভৈরবি ব্যজ্যতে বপুঃ।।

শব্দার্থ: বিয়দ্যুগ্মা- বিযুক্তা

ভাবার্থ:

অন্তর্গামী প্রাণবায়ু এবং বহির্মুখী প্রশ্বাসকে রোধ করলে (1) ব্যক্তি সচেতন হয় হৃদয়ে (হৃৎ) ও দ্বাদশান্তে তাদের স্বস্বস্থানে, তখন ভৈরব যার স্বভাব (essence) ভৈরবীর বিশেষত্ব (অপৃথক) সেইভাব (2) সাধকের কাছে প্রতীয়মান হয়।

মন্তব্য শ্লোক 25

1. দ্বাদশান্তে শ্বাসত্যাগের শেষকে বলে বহিঃকুম্ভক, তেমনি হৃদয়ে শ্বাস গ্রহণের শেষকে বলে অন্তঃকুম্ভক। এই দুই বিন্দুতে মন একাগ্র হলে তাকে বলে অনুসন্ধান, তখন মন অন্তর্মুখী হয়। প্রাণ ও অপানের ক্রিয়া রুদ্ধ হয় এবং মধ্যদশা প্রাধান্য লাভ (upsurge) করে; মধ্যনাড়ী বা সুষুম্নানাড়ীর দ্বার উন্মুক্ত হয়ে যায়।

2. দুই বিন্দুতে মানসিক একাগ্রতায় ভৈরবের পরিচয় পাওয়া যায়। এই প্রক্রিয়াকে বলে 'আণব' উপায়; আর এর দ্বারা অন্তঃকুম্ভক ও বহিঃকুম্ভক, দুই কুম্ভকে ধ্যান হয় প্রাণ ও অপানের।

শ্লোক 26 (ধারণা 3)

ন ব্রজেন্ন বিশেচ্ছক্তির্মরুদ্রূপা বিকাসিতে।
নির্বিকল্পতয়া (1) মধ্যে তয়া ভৈরবরূপতা।।

শব্দার্থ: বিশত্- বিশিষ্ট

ভাবার্থ:

বিশেষ শক্তি সম্পন্ন চলমান প্রাণবায়ু শরীরে যখন স্থিতাবস্থা প্রাপ্ত হয় (2) বৈচিত্রহীনরূপে তখন তা ভৈরবরূপ (3) হয়।

মন্তব্য শ্লোক 26

1. বর্তমান ধারণায় হয় মধ্যদশার (সুষুম্না) উজ্জীবন (উন্নয়ন)। প্রাণশক্তি সুষুম্নানাড়ীতে উদ্দীপিত হলে নির্বিকল্পভাবে স্থিতির অর্থাৎ চিন্তার থেকে অব্যাহতি হয় এবং ভৈরবের প্রকৃত পরিচয় উদ্গত (reveals) হয়।

শিবোপাধ্যায় তাঁর ভাষ্যে বলেছেন ব্যক্তির বহির্মুখী দশায় নির্বিকল্পভাব সম্ভব ভৈরবী মুদ্রায়। কারণ ভৈরবী মুদ্রায় তার মন ও ইন্দ্রিয়ের অন্তর্মুখীনতা বহির্মুখী বিকল্পভাব (thought construct) রুদ্ধ করে। প্রাণ ও অপান রুদ্ধে ভৈরবভাব হয়।

2. প্রাণবায়ুর স্থিতাবস্থা হয় দ্বাদশান্তে যার ব্যাখ্যা পূর্বে করা হয়েছে।

3. পূর্ববর্ত্তী 2-নং ধারণার সঙ্গে বর্তমান ধারণার তফাৎ হল পূর্বের ধারণায় মধ্যদশার উজ্জীবন তথা উন্নয়ন হয় প্রাণ ও অপানের ক্রিয়া রুদ্ধ করে নির্বিকল্পভাবে।

অভিনবগুপ্ত বর্তমান ধারণার কথা ব্যক্ত করেছেন তন্ত্রালোকের 22-সংখ্যক শ্লোকে (পৃঃ-333)। তিনি বলেছেন ব্যক্তি প্রাণ, অপান ও উদানের (কণ্ঠস্থিত বায়ু) কেন্দ্রে (মধ্যচ্ছদার কেন্দ্রে?) মনোনিবেশ করলে প্রাণ ও অপান রুদ্ধ হয়ে যাবে এবং মন বিকল্প থেকে (thought construct) মুক্ত হলে মধ্যদশায় নির্বিকল্পে উন্নীত হবে এবং সাধকের নিজের প্রকৃতিতে ভৈরবের পরিচয় হবে।

শিবোপাধ্যায় মনে করেন এই ধারণা আণব উপায়েই মধ্যদশার সহায়তা গ্রহণ করে হয়। কিন্তু বর্তমান ধারণায় নির্বিকল্পভাবই বক্তব্য। সেই অর্থে বর্তমান ধারণা শাম্ভব উপায়।

শ্লোক 27 (ধারণা 4)

কুম্ভিতা রেচিতা বাপি পূরিতা বা যদা ভবেৎ।
তদন্তে শান্তনামাসৌ শক্ত্যা শান্তঃ প্রকাশতে।।

শব্দার্থ: কুম্ভক- শ্বাস নিরোধ করা

ভাবার্থ:

যখন শ্বাস নেওয়া বা ছাড়ার পর শ্বাস নিরোধ (বন্ধ) করা হয় কুম্ভকে (1) তখন শক্তির শান্তা ভাব (2) অনুভূত হয়। সেই ভাব চেতনায় ভৈরবকে প্রকাশ (3) করে।

মন্তব্য শ্লোক 27

1. কুম্ভক অভ্যাসে মানসিক ও শারীকি স্থিরতা আসে এবং মধ্যদশার উন্নতি বিধান হয়। প্রাণ ও অপানের ভেদ দূর হয়। তাই প্রাণশক্তির আর এক নাম শান্তা।

2. এই শান্তার অর্থ হল নিবারণ বা নিবৃত্তি (subside)।

3. ব্যক্তিতে ভৈরবভাব হলে (divine self) তাকেও শান্তা বলে কারণ স্থান-কালের ভাব দূর হয়ে অদ্বৈতভাব হয়। এ হল আণবোপায়ের এক রূপ।

শ্লোক 28 (ধারণা 5)

আমূলাৎকিরণাভাসাং সূক্ষ্মাৎ সূক্ষ্মতরাত্মিকাম্।
চিন্তয়েত্তাম্ দ্বিষট,'কান্তে শ্যাম্যন্তীং ভৈরবোদয়ঃ।।

শব্দার্থ: দ্বিষট্- অনাগ্রহ, শ্যাম্য- কৃষ্ণবর্ণ, হরিৎবর্ণ

ভাবার্থ:

শক্তির (1) মূলাধার (2) থেকে উত্থানে সূর্যকিরণের মতো সূক্ষ্মতর হয়ে দ্বাদশান্তে (3) বিলয় হলে ব্যক্তিতে ভৈরবভাবের (4) সূচনা হয়। অর্থাৎ মূল থেকে উদ্ভূত সূর্যরশ্মিবৎ কিরণের সূক্ষ্ম থেকে সূক্ষ্মতর চিন্তনে, সেই রশ্মিও দূরীভূত হলে হৃদয়ে ভৈরবের উদয় হয়।

মন্তব্য শ্লোক 28

1. শক্তি এই শ্লোকে প্রাণশক্তি যা প্রাণকুণ্ডলিনীবৎ; কুণ্ডলিনী মূলাধারে সাড়ে তিন প্যাঁচে স্থিত।

2. মূলাধার চক্রের কেন্দ্রে প্রাণশক্তির সঞ্চার হয়ে প্রাণময় কোষে শরীরের অভ্যন্তরে ব্যাপ্ত হয়। এই শ্লোকে (ধারণা 5) কুণ্ডলিনীর ব্রহ্মরন্ধ্রে বিলয়ের প্রসঙ্গ বিবৃত হয়েছে। কুণ্ডলিনীর ব্রহ্মরন্ধ্রে শেষ স্থিতি হল চিৎ-স্থিতি বা অক্রম কুণ্ডলিনী।

3. শ্লোকে দ্বিষট,'কান্তে (twice six) অর্থ হল দ্বাদশান্ত। এই অপর দ্বাদশান্ত ব্রহ্মরন্ধ্রে স্থিত, ভ্রূমধ্য থেকে যার দূরত্ব বারো আঙুল পরিমান।

4. ব্রহ্মরন্ধ্রে কুণ্ডলিনী জ্যোতিতে দ্রবীভূত হয় (light of consciousness) এবং ব্যক্তিতে জ্যোতির প্রকাশ হয় যা ভৈরবের প্রকৃতি বিশেষ।

প্রাণশক্তি তথা কুণ্ডলিনীর উত্থান এই সাধনার (ধারণা 5) বিষয় তাই একে সাধনার আণব উপায় বলা হয়। নেত্রতন্ত্রে এই ধারণার প্রক্রিয়াকে আবার শাম্ভব উপায় বলা হয়েছে (নেত্রতন্ত্র-VIII পৃঃ 200)।

শ্লোক 29 (ধারণা 6)

উদ্গচ্ছন্তীং তড়িদ্রূপাং প্রতিচক্রং ক্রমাৎক্রমম্।
উর্দ্ধং মুষ্টিত্রয়ং যাবৎ তাবদন্তে মহোদয়ঃ।।

শব্দার্থ: মুষ্টিত্রয়ং- পঞ্চভূত, পঞ্চেন্দ্রিয় এবং সম্মিলিত মন, বুদ্ধি ও পরমাত্মা।

ভাবার্থ:

উপরোক্ত শক্তির ধ্যানে বিদ্যুতের গতিতে ভাবের উদ্গতি দেহস্থিত সপ্তচক্র অতিক্রম করে দ্বাদশান্তে (1), পঞ্চভূত, পঞ্চেন্দ্রিয় এবং সম্মিলিত মন, বুদ্ধি ও পরমাত্মার বোধকে পার করে ভৈরবের উদয় (2) সংঘটিত (dawns within) হয়।

মন্তব্য শ্লোক 29

1. ব্রহ্মরন্ধ্রকেও দ্বাদশান্ত বলে।

2. কুণ্ডলিনী শরীরের ষটচক্র পার করে প্রাণকুণ্ডলিনীরূপে শেষে ব্রহ্মরন্ধ্রে পৌঁছায়। এই ধারণার (ধারণা 6) বিষয় হল কুণ্ডলিনীর বিভিন্ন চক্রের মধ্যদিয়ে ব্রহ্মরন্ধ্রে উর্দ্ধগমন। পূর্ববর্ত্তী ধারণায় কুণ্ডলিনীর ব্রহ্মরন্ধ্র অভিমুখী ও দ্রবণের বিষয়ে বলা হয়েছে,; বর্তমান ধারণায় কুণ্ডলিনীশক্তি তড়িৎ গতিতে বিভিন্ন চক্র ভেদ করে দ্বাদশান্তে উপস্থিত হয়ে সাধকের ভৈরব সিদ্ধি ঘটায়।

জয়রথ তাঁর তন্ত্রালোকের ভাষ্যে (শ্লোক 22) এই ধারণাকে শাক্তোপায় বলেছেন।

শ্লোক 30 (ধারণা 7)

ক্রম দ্বাদশকং(1) সম্যগ্ দ্বাদশাক্ষরভেদিতম্।
স্থূলসূক্ষ্মপরস্থিত্যা মুক্ত্বা মুক্ত্বান্ততঃ শিবঃ।।

শব্দার্থ: দ্বাদশাক্ষর(2)- জীব জগতের বাচ্যার্থ প্রকাশক বারোটি অক্ষর।

ভাবার্থ: বারোটি অক্ষরের স্তর যা জীবের শরীরে দ্বাদশচক্রে বিশেষিত, তার সম্যকরূপে উপলব্ধি ও ক্রমান্বয়ে চক্রছেদ করে স্থূল ও সূক্ষ্মের উর্দ্ধে উঠে মুক্তিতে শিব প্রাপ্তি হয়। স্বামী লক্ষণ জু কথিত দ্বাদশচক্র- পায়ু, মূলাধার, মূলাধারের উপরিস্থিত কন্দ, নাভি, হৃৎ (বক্ষস্থল), কণ্ঠকূপ, মূর্ধা, ভ্রূমধ্য, ললাট, ব্রহ্মরন্ধ্র, ব্রহ্মরন্ধ্রের উপরিভাগ, এবং তার উর্দ্ধে ব্যাপ্তি (ব্যাপিনী) যেখানে কুণ্ডলিনী দ্রবীভূত (লয়) হয়। অন্যমতে ব্রহ্মরন্ধ্রের নিচে শক্তিস্থল, ব্রহ্মরন্ধ্রের উপরে সহস্রার।

মন্তব্য শ্লোক 30

1. সমগ্র শরীরেও দ্বাদশ স্থান নির্ধারিত আছে যাদের দ্বাদশচক্র বলা হয় (ক্রম দ্বাদশকম) যথা, মূলা, জন্মাগ্র (প্রজনন মূল), কন্দ (স্নায়ু মূল), নাভি, হৃদয়, কণ্ঠ, তালু, ভ্রূমধ্য, ললাট, ব্রহ্মরন্ধ্র, শক্তি ও ব্যাপিনী। কুণ্ডলিনী এই পথেই অভিগমন করে। এই দ্বাদশ স্থান দ্বাদশ স্বরবর্ণের ব্যঞ্জক। নাভি পর্য্যন্ত প্রথম চার স্তর হল অপরা।

i) মূল বা মূলাধারের স্থিতি জন্মাগ্রের নিচে মেরুদণ্ডের গোড়ায়। এটাই হল শরীরের সর্বনিম্ন চক্র (centre)।

ii) মূলাধারের উপরে জন্মাগ্র, জন্ম বা জন্মাধার বা জন্মস্থান স্থিত। জন্মাগ্র প্রজনন অঙ্গের কেন্দ্র।

iii) জন্মাগ্রের উপরে কন্দকেন্দ্র (স্বাধিষ্ঠান) যেখানে বিভিন্ন স্নায়ু একত্রিত (roots of nerves)।

iv) কন্দকেন্দ্রর উর্দ্ধে নাভি বা মণিপুর চক্র নাভির পিছনে স্থিত।

উপরোক্ত চার ভেদের পরবর্ত্তী পাঁচ স্থান ভেদাভেদ বা পরাপর স্থান।

v) হৃদয় (হৃৎচক্র)

vi) কণ্ঠ (কণ্ঠকূপ)

vii) তালু

viii) ভ্রূমধ্য (centre between eye-brows)

ix) ললাট (forehead)।

এরপর শক্তির তিন স্তর (stages) যাকে পরা বা অভেদ বলা হয়।

x) ব্রহ্মরন্ধ্র (apex of cranium)

xi) শক্তি (pure energy beyond body) ও

xii) ব্যাপিনী- কুণ্ডলিনীর যাত্রা শেষে প্রকটিত।

2. দ্বাদশ স্বরবর্ণ হল- অ,আ,ই,ঈ,উ,ঊ,এ,ঐ,ও,ঔ,ং,ঃ; এই স্বরবর্ণগুলো কুণ্ডলিনীর প্রতিচক্রে ক্রমান্বয়ে স্মর্তব্য।

এই ধারণা স্থূলরূপে আণব উপায় এবং সূক্ষ্মরূপে শাক্তোপায়।

শ্লোক 31 (ধারণা 8)

তয়াপূর্যাশু মূর্ধান্তং ভঙ্ক্ত্বা ভ্রূক্ষেপসেতুনা।

নির্বিকল্পং মনঃ কৃত্বা সর্বোর্দ্ধে সর্বগোদ্গমঃ।।

শব্দার্থ: পূর্যা- পার করা

ভাবার্থ:

তারপরে মন মুখের অভ্যন্তরে মূর্ধার উপরিস্থল (1) ভেদ করে ভ্রূমধ্যভাগ (2) দিয়ে সর্বোর্দ্ধে নির্বিকল্প হয়ে স্থিত হলে সর্বগামীর (omnipresent) অনুভব করতে পারে।

মন্তব্য শ্লোক 31

1. ব্রহ্মরন্ধ্রের আর এক নাম মূর্ধান্ত যাকে দ্বাদশান্তও বলা হয়।

2. একটি নদী যেমন সেতুর মাধ্যমে পার হওয়া যায়, সেই রকম প্রাণশক্তিকে পার করার পন্থা হল 'ভ্রূক্ষেপ'। প্রাণশক্তি তখন চিৎ-শক্তিতে পর্যবসিত হয়। সাধকের চেতনা ব্রহ্মরন্ধ্রের উর্দ্ধে উত্থিত হয় এবং তখন সর্বব্যাপ্তির বোধ হয়। এই 'ভ্রূক্ষেপ' সাধনা তান্ত্রিকদের মধ্যে লুক্কায়িত ছিল। তান্ত্রিক সাধনা এখন লুপ্ত প্রায়। এই সাধনা শাক্ত উপায়।

শ্লোক 32 (ধারণা 9)

শিখিপক্ষৈশ্চিত্ররূপৈর্মণ্ডলৈঃ শূন্যপঞ্চকম্।
ধ্যায়তোহনুত্তরে শূন্যে প্রবেশো হৃদয়ে ভবেৎ।।

শব্দার্থ: পঞ্চশূন্য(1)- আকাশ, অন্তরীক্ষ, বিন্দু, অসীমতা (পূর্ণ) ও রিক্ততা, শিখিপক্ষচিত্র- ময়ূরের পেখমের অর্ধচন্দ্র মণ্ডলী।

ভাবার্থ:

ময়ূরের পেখমে যে রঙীন অর্ধচন্দ্র মণ্ডলের (2) বা চক্রের সমাহার সেইগুলোর মতো আকাশ ইত্যাদি পঞ্চশূন্যের ধ্যানের পরে হৃদয়ে মহাশূন্যেরই (3) অনুভূতি হয়।

ব্যাখ্যা শ্লোক 32

1. শূন্যকে পাঁচ প্রকার ভেদে গণ্য করা হয়- 'শূন্যপঞ্চকম্'। যোগী ইন্দ্রিয়ের পাঁচ মাত্রার (পঞ্চ তন্মাত্রা) সাধনা করেন। শব্দ, স্পর্শ, রূপ, রস ও গন্ধের মাত্রা (source)। এই পঞ্চ তন্মাত্রার কোনও নির্দিষ্ট প্রকাশ নেই বরং সমন্বিত শূন্যাবস্থা আছে।

দ্ব্যর্থক 'শূন্যপঞ্চকম্'-এর অপর একটি ধারণা হল ময়ূরের পেখমের উপর-নীচে, ডাইনে-বায়ে এবং কেন্দ্রে পাঁচটি চক্র আছে কিন্তু যোগী শুধুমাত্র মধ্যের চক্রেই মনোনিবেশ করবে। তবেই পঞ্চ তন্মাত্রা বা শূন্যের সাধনা হবে।

2. মণ্ডল (circle)- মণ্ডল একটি দ্ব্যর্থক শব্দ। ময়ূরের পেখমের মণ্ডল হল তার পাঁচটি চক্র, যোগীর ক্ষেত্রে বিভিন্ন ইন্দ্রিয়ের সমূহের সমাহার। 'মণ্ডম্ রসসারম্ লান্তি ইতি মণ্ডলানি'- পাঁচ ইন্দ্রিয়ের সার বহনকারী মণ্ডল।

3. ভৈরব হল শূন্যমাত্র (absolute void), মন ইন্দ্রিয় সমূহের বাইরে। মানুষের দৃষ্টিতে তিনি সম্পূর্ণ শূন্য। কিন্তু বাস্তবিক তিনি সার্বভৌম (most full), উন্মেষের মূল।

শ্লোক 33 (ধারণা 10)

ইদৃশেন ক্রমেণৈব(1) যত্র কুত্রাপি চিন্তনা।

শূন্যে কুড্যে পরে পাত্রে(2) স্বয়ম লীনা বরপ্রদা(3)।।

শব্দার্থ: কুড্য- গণ্ডী, দেওয়াল; পাত্র- অবস্থান

ভাবার্থ: এইভাবে ক্রমে ক্রমে চিন্তাশূন্য হয়ে সব মানসিক প্রতিবন্ধকতাকে যখন মন পার হয় তখন তার পরবর্ত্তী অবস্থা হয় নিজেতে লীন এক মঙ্গলময় অবস্থা।

মন্তব্য শ্লোক 33

1. ক্রমেণৈব- সাধক শরীরের বিভিন্ন স্তরে মনোনিবেশ করতে পারে যথাক্রমে, জন্মাগ্র (প্রজনন মূল), কন্দ (স্নায়ু মূল), নাভি, হৃদয়, কণ্ঠ, তালু, ভ্রূমধ্য, ললাট, ব্রহ্মরন্ধ্র, ইত্যাদি। তেমনি বহির্জগতেও মনোনিবেশ করা যায় কোনও উন্মুক্ত স্থানে বা উত্তুঙ্গ শিখরে ইত্যাদি।

2. 'পরে পাত্রে'- সঠিক, উপযুক্ত, বিষয়ানুগ।

3. বরপ্রদা- সর্বোচ্চ অনুভব হয় ঐশ্বরিক কৃপার দ্বারা।

উপরোক্ত ধারণার (সাধনার) শুরু আণবোপায়ে এবং শেষ শাক্তোপায়ে।

শ্লোক 34 (ধারণা 11)

কপালান্তর্মনো(1) ন্যস্য তিষ্ঠন্মীলিতলোচনঃ(2)।

ক্রমেণ মনসো দার্ঢ্যাৎ(3) লক্ষয়েল্লষ্যমুত্তমম্।।

শব্দার্থ: কপাল- কপাল (forehead), দার্ঢ্য- দৃঢ়, লষ্য- লীন

ভাবার্থ:

চক্ষু মুদে কপালে ভিতরে দৃষ্টি নিবদ্ধ করলে ক্রমে মনের দৃঢ়তায় লক্ষ্যের উত্তমতায় লীন (4) হওয়া যায়।

মন্তব্য শ্লোক 34

1. অন্তর্মনো- অর্থাৎ, অন্তরের সদা প্রজ্জ্বলিত আলোয় নিবেশিত।

2. `তিষ্ঠন্মীলিতলোচনঃ'- অর্থাৎ, চক্ষু মুদে বহির্জগতের সঙ্গে বিচ্ছিন্ন হয়ে অন্তরে সম্পূর্ণ নিবেশিত।

3. 'মনসো দার্ঢ্যাৎ'- অর্থাৎ, মনের স্থিরতায়।

4. 'লীন' হওয়ার অর্থ হল ঐশ্বরিক সত্যে সচেতন হওয়া।

এইরূপ অভ্যাসের ফলে ইন্দ্রিয় সমূহের আর্তি ধীরে ধীরে নিবৃত্ত হয় এবং সাধক সমগ্র বিশ্বকে শিবতুল্য মনে করে।

বর্তমান ধারণা শাক্তোপায় আধারিত।

শ্লোক 35 (ধারণা 12)

মধ্যনাড়ী(1) মধ্যসংস্থা বিসসূত্রাভরূপয়া।
ধ্যাতান্তর্ব্যোময়া দেব্যা তয়া দেবঃ প্রকাশতে(2)।।

শব্দার্থ: মধ্যনাড়ী- সুষুম্না নাড়ী, বিস- পদ্মের মৃণাল, ব্যোম- শূন্যাবস্থা

ভাবার্থ:

পদ্মের মৃণালের সূত্রের আভাসরূপ সূক্ষ্ম সুষুম্না নাড়ী, যা মেরুদণ্ডে কাল্পনিক ইড়া ও পিঙ্গলার মধ্যে সুষুম্না নাম্নী নাড়ী রূপে অবস্থান করে, সেই নাড়ীর ভিতরের শূন্যতার ধ্যান করলে দেবীর কৃপায় তথাকার দেব উদ্ভাসিত হন।

মন্তব্য শ্লোক 35

1. নাড়ী এখানে প্রাণগ্রন্থি (প্রাণিক channel)।

2. প্রাণশক্তির স্থিতি মধ্যনাড়ীতে সুষুম্নায়। এই নাড়ীতে মনোনিবেশ করলে প্রাণ ও অপান সুষুম্নায় এসে মিলে যায় এবং উদান বায়ু সক্রিয় হয়, তখন কুণ্ডলিনী জাগ্রত হয়ে উর্দ্ধমুখে গমন করে বিভিন্ন শক্তিচক্র ভেদ করে সহস্রারে মেশে। তখন যোগী নিজেকে ঐশ্বরিক আলোতে নিমজ্জিত মনে করে। এর অর্থ হল সুষুম্নায় স্থিত প্রাণশক্তির সহায়তায় যোগীর ঐশ্বরিক অনুভূতি হয়। একই কথা স্পন্দকারিকায় বলা হয়েছে-

তদা তস্মিন মহাব্যোমি প্রলীনশশিভাস্করে।
সৌষুপ্তপদবন্মূঢ়ঃ প্রবুদ্ধঃ স্যাদনাবৃতঃ।।
-(স্পন্দকারিকা শ্লোক-25)

অর্থাৎ, যখন চন্দ্র (প্রাণশক্তিতে অপান প্রবাহ) এবং সূর্য (প্রাণশক্তিতে প্রাণ প্রবাহ) মিশে যায় সুষুম্নায়, যোগী যেন হতবুদ্ধি হয়ে যায়, গভীর নিদ্রায় নিমগ্ন হয়; কিন্তু যে যোগী সজাগ (সচেতন) থাকে তাঁর ঐশ্বরিক আলোর (divine light) অনুভব হয়। এই ধারণাও (সাধনা) আণবোপায়ে শুরু এবং শাক্তোপায়ে শেষ।

শ্লোক 36 (ধারণা 13)

কররুদ্ধদৃগস্ত্রেণ(1) ভ্রূভেদাৎ(2) দ্বাররোধনাৎ।

দৃষ্টে বিন্দৌ(3) ক্রমাল্লীনে(4) তন্মধ্যে পরমা স্থিতিঃ।।

শব্দার্থ: কররুদ্ধ- দুই হাতের তলে বদ্ধ, দিক- দিশা

ভাবার্থ:

দুই হাতের মধ্যে বদ্ধ দিকদর্শী অস্ত্রের মতো ভ্রূমধ্যের দ্বার বন্ধ করলে যে বিন্দুর দর্শন হয় তার মধ্যে পরমের স্থিতি।

মন্তব্য শ্লোক 36

1. `কররুদ্ধদৃগস্ত্রেণ'- এ হল একপ্রকার করণ (কৃত্য) যার প্রয়োগ হয় আণবোপায়ে। করণের সংজ্ঞা হল- 'করণম্ দেহসন্নিবেশ-বিশেষাত্মা মুদ্রাদিব্যাপারঃ'। অর্থাৎ, অঙ্গ প্রত্যঙ্গের বিশেষ স্থিতি যাকে মুদ্রা বলে, যার ফলে ইন্দ্রিয় সংযম ও অঙ্গের বিশেষ অবস্থানে একাগ্রতা বৃদ্ধি পায়। এখানে করণ হল হাতের বিভিন্ন মুদ্রা। দুই হাতের দশ অঙ্গুলিকে এই মুদ্রায় ব্যবহার করা হয়। বৃদ্ধাঙ্গুষ্ঠ দিয়ে দুই কান প্রথমে রুদ্ধ করা হয়, চক্ষু তর্জনী দিয়ে, মধ্যমা দিয়ে দুই নাকের পার্শ্বদেশ, অনামিকা ও কনিষ্ঠা দিয়ে মুখ রুদ্ধ করা হয়। এর অর্থ হল হাতের অঙ্গুলি অস্ত্র হিসাবে ব্যবহার করে বাহ্যিক ইন্দ্রিয়দ্বার রুদ্ধ করা (জ্ঞানেন্দ্রিয়)। এতে ব্যক্তির চেতনা অন্তর্মুখী হয় এবং প্রাণশক্তি অন্তরে স্থিত হয়।

2. উপরোক্ত প্রক্রিয়ায় ইন্দ্রিয়দ্বার রুদ্ধ হলে প্রাণশক্তি মূলাধার থেকে ধীরে ধীরে ভ্রূমধ্যে পৌঁছলে আজ্ঞাচক্রে স্নায়ুকেন্দ্রের গ্রন্থির (node) রুদ্ধ শক্তিতে আঘাত করে।

3. ভ্রূমধ্যে স্নায়ুর গ্রন্থি প্রাণশক্তির দ্বারা উন্মুক্ত (ruptured) হলে, উজ্জ্বল আলোর দর্শন হয়। এই হল বিন্দুর দর্শন।

4. বিন্দুর দর্শনে যোগী সেখানে মনোনিবেশ করেন। ক্রমে ক্রমে বিন্দু অন্তরাকাশে মিলিয়ে যায় (চিদাকাশ)। একে পরম স্থিতি বলে যা যোগীর সর্বোচ্চ প্রাপ্তি।

এই ধারণার (সাধনা) প্রক্রিয়ায় পাঁচটি স্তর আছে। i) দ্বার-রোধনম্, ii) ভ্রূভেদ, iii) বিন্দু দর্শনম্, iv) 'ক্রমাৎ-একাগ্রতাপ্রকর্ষাৎ লীনে সংবিদ্গগনে।' অর্থাৎ, বিন্দুতে একাগ্র হলে তা বিলীন হতে থাকে চিদাকাশে। এবং v) 'তন্মধ্যে যোগিনঃ পরমা স্থিতি ভৈরবাভিব্যক্তিঃ', অর্থাৎ যোগী তখন চিদাকাশে ভৈরবের প্রকৃতি দর্শন করে সর্বোচ্চ দশা প্রাপ্ত হয়।

স্বামী লক্ষণ জু অবশ্য একটি ভিন্ন ব্যাখ্যা দিয়েছেন এই ধারণার। তিনি বলেছেন- 'ভ্রূভেদাৎ' হল 'ল্যবলোপে পঞ্চমি'। অর্থাৎ ভ্রূভেদে হয় স্নায়ুর গ্রন্থিমোচন, তখন একরূপ আলোর কণা সেখানে বর্ষিত হয়, তারপরে মুদ্রার দ্বারা ইন্দ্রিয়ের দ্বার রুদ্ধ করতে হয় তাতে প্রাণশক্তি সুষুম্না দিয়ে ব্রহ্মরন্ধ্র পৌঁছয়। আলোর কণা ব্রহ্মরন্ধ্রে দ্রুত বিলীন হয় এবং যোগীর স্বরূপ দর্শন হয়। এই পদ্ধতিতে যোগীর হয় আণবোপায় থেকে শাক্তোপায়ে সাধনা।

শ্লোক 37 (ধারণা 14)

ধামান্তঃ ক্ষোভসম্ভূত সূক্ষ্মাগ্নিতিলকাকৃতিম্।
বিন্দুং শিখান্তে(1) হৃদয়ে লয়ান্তে ধ্যায়তো লয়ঃ।।

শব্দার্থ: ধামান্তঃ- তিলক সদৃশ অগ্নি শিখার শেষ, তিলক(2)-কপালে আলম্বিত চিহ্ন

ভাবার্থ:

যখন সাধক কপালে অগ্নিশিখার(3) ন্যায় তিলকের শীর্ষে তার মনোযোগ নিবদ্ধ করে তখন শুরুতে মনে এক প্রকার সংক্ষোভের সূচনা হয়। ধীরে ধীরে সংক্ষোভ প্রশমিত হয়ে হৃদয়ে লীন হয়ে যায়। সাধকের ধ্যানে লয় অনুভূত হয়।

মন্তব্য শ্লোক 37

1. শিখান্ত অর্থ শিখার শিখা।

2. তিলক- চন্দন, সিন্দুর ইত্যাদির টীকা।

3. চক্ষু রুদ্ধ করলে এক প্রকার ছটা (spark) দৃষ্ট হয়, যোগী তার কেন্দ্রকে (বিন্দু) মনে ধারণ করবে এবং হৃদয়ে বা দ্বাদশান্তে তার ধ্যান করবে। এর দরুণ বিকল্প বা অন্য চিন্তা দূর হবে এবং ভৈরবের প্রকৃতি অনুভব করা সম্ভব হবে।

শ্লোক 38 (ধারণা 15)

অনাহতে পাত্রকর্ণেঽভগ্নশব্দে সরিৎদ্রুতে।
শব্দব্রহ্মণি নিষ্ণাতঃ(1) পরং ব্রহ্মাধিগচ্ছতি।।

শব্দার্থ: অনাহতে(2)- অনাঘাতে, পাত্রকর্ণে(3)- গ্রাহকের কানে, নিষ্ণাতঃ- নিষ্পন্ন, জলধারাবৎ স্নাত।

ভাবার্থ:

হৃদয়ে স্পর্শহীন (আঘাত বিহীন) জলধারার বহমান উদ্ভূত শব্দ সাধকের কানে পৌঁছলে, সাধক তার ক্ষমতা বলে (সাধনার দ্বারা) শব্দব্রহ্মের উপলব্ধি করতে পারে।

মন্তব্য শ্লোক 38

1. নিষ্ণাতঃ- এর দুই প্রকার অর্থ। কোনও বিষয়ে অভিজ্ঞ বা যথেষ্ট নিমজ্জিত।

2. অনাহত নাদ আক্ষরিক অর্থে যা আঘাতে উৎপন্ন হয় না। এই নাদ অস্ফুট এবং হতেই থাকে। যোগশাস্ত্রে এরকম নাদের দশ প্রকার ভেদ বর্ণনা করা হয়েছে। এখানে তারমধ্যে সবচেয়ে সূক্ষ্ম নাদের কথা বলা হয়েছে যা প্রাণশক্তির দ্বারা সুষুম্নায় রণিত। প্রাণশক্তি বিশ্বে ব্যাপ্ত শিবের পরাশক্তি। প্রাণশক্তি চৈতন্যের চিরকালীন স্পন্দন।

কুণ্ডলিনী জাগরণে এই নাদ শ্রুত হয়। যোগী এই নাদে মনোনিবেশ করলে পূজারীর হস্তস্থিত ঘণ্টাধ্বনির মতো শব্দ অনুভব করে, পরে সূক্ষ্মরূপে বংশীধ্বনি তারপরে আরও সূক্ষ্মরূপ মধুমক্ষিকার গুঞ্জন ধ্বনি অনুভব করে। ধীরে ধীরে যোগীর কাছে বহির্জগত অন্তর্হিত হয়ে যায় তার অন্তরের ধ্বনিতে এবং শেষে চিদাকাশে। একেই বলে ব্রহ্ম প্রাপ্তি। এই যোগ আণবোপায় লব্ধ 'বর্ণ' নামে জানা যায় শৈব সাধনায়; 'নাদানুসাধনা' বলে উল্লেখ আছে কিছু উপনিষদে এবং নাথ সম্প্রদায়ের মধ্যে। কবীর ও অন্যান্য মধ্যযুগীয় সাধকরা একে বলেছেন 'সুরতি (শ্রুতি?) শব্দ যোগ' সাধনা।

3. পাত্রকর্ণের অর্থ অন্তরে স্বতোৎসারিত অস্ফুট শব্দ যা শুধু কর্ণরন্ধ্রেই আবির্ভূত হয়। এবং লয় পায়। সঠিক গুরুর শিক্ষায় এই শব্দ শোনা সম্ভব হয়। এ হল আণবোপায়।

শ্লোক 39 (ধারণা 16)

প্রণবাদি(1)-সমুচ্চারাৎ প্লুতান্তে(2) শূন্যভাবনাৎ।

শূন্যয়া পরয়া শক্ত্যা(3) শূন্যতামেতি(4) ভৈরবি।।

শব্দার্থ: প্লুত- দীর্ঘায়িত 'অউম'-এর উচ্চারণ

ভাবার্থ:

সমভাবে যিনি প্রণবমন্ত্র (ওঁ- অউম) উচ্চারণ করে শূন্য ভাবনায় মন নিযুক্ত করেন, সেই ভাবনার ক্রমান্বয়ে চিন্তনে পরব্রহ্ম লাভ করেন। সেই শক্তি সাধকে উদিত হয়।

মন্তব্য শ্লোক 39

1. শ্লোকে প্রণব শব্দের পরে ইত্যাদি বলা হয়েছে। তিন প্রকার প্রণব আছে- i) বৈদিক প্রণব 'ওঁ', ii) শৈব প্রণব 'হূম্', iii) শাক্ত প্রণব 'হ্রীম্'।

2. প্লুত হল দীর্ঘস্থায়ী তিন মন্ত্রের উচ্চারণ, যেমন মোরগের আওয়াজ প্রথমে হ্রস (short) তারপরে দীর্ঘ (long) ও শেষে প্লুত (নিঃশব্দ প্রায়)।

'ওঁ'-এর উচ্চারণ প্রথমে অর্ধচন্দ্রের বিন্দুতে শুরু হয়ে উন্মনা স্তরে (protracted) সমাপ্ত হয়। এই শ্লোকে ভৈরব অন্য অভ্যাস করতে বলেছেন। তিনি বলেছেন উচ্চারণ শেষে অর্ধচন্দ্র, বিন্দু ইত্যাদির চিন্তন না করতে, শূন্যের চিন্তন করতে যেখানে অন্তর বাহির সত্যে বিলীন হয়ে যায়, সব ক্লেশ সহ। মন তখন নির্বিকল্প অবস্থা প্রাপ্ত হয়।

3. শূন্যের বৈশিষ্ট হল তা পরাশক্তি সম্পন্ন, সেটাই যোগীর কাছে শূন্যের বোধ।

4. শূন্যের বোধ অর্জন করা হল ভৈরবের প্রকৃতি লাভ। এই ধারণার (সাধনা) শুরু আণবোপায়ে এবং শেষ শাক্তোপায়ে।

শ্লোক 40 (ধারণা 17)

যস্য কস্যাপি বর্ণস্য পূর্বান্তাবনুভাবয়েৎ।

শূন্যয়া(1) শূন্যভূতোহসৌ শূন্যাকারঃ(2) পুমানভবেৎ।।

শব্দার্থ: পুমান- উল্লিখিত ব্যক্তি

ভাবার্থ:

যে সাধক 'অউম' অক্ষরত্রয় প্রথম থেকে শেষ অবধি শূন্যরূপে চিন্তন করেন, তিনি শূন্যে স্থিত হন বা নিজেকে শূন্য মনে করেন।

মন্তব্য শ্লোক 40

1. শূন্যের শক্তি হল পরাশক্তি।

2. শূন্যের বোধে যোগী প্রাণ, দেহ ইত্যাদির বোধ থেকে মুক্ত হয়। এই ধারণা শাক্তোপায়ের এবং সাধনা সাধককে শাম্ভবোপায়ে উন্নীত করে।

শ্লোক 41 (ধারণা 18)

তৎ ত্রয়াদিবাদ্যশব্দেষু দীর্ঘেষু ক্রমসংস্থিতেঃ(1)।

অনন্যচেতাঃ প্রত্যন্তে পরব্যোমবপুর্ভবেৎ(2)।।

শব্দার্থ: ত্রয়াদিবাদ্য- উচ্চ, মধ্য ও হ্রস্ব স্বরের বাদ্য বা ধ্বনি

ভাবার্থ:

বিভিন্ন স্বরের ধ্বনি যখন ক্রমে হৃদয়ে সমতা প্রাপ্ত হয়, অবিচলিত চেষ্টায় তখন অসীমতার বোধ হয়।

মন্তব্য শ্লোক 41

1. সংগীতের অনুরণন দীর্ঘস্থায়ী এবং তা সুরগ্রাহী (melodious) হওয়ায় শ্রোতাকে আকর্ষিত করে এবং সেই সুর স্তব্ধ হলেও শ্রোতার মনে তার রেশ থেকে যায়। একটি সঠিক সুর মনে হয় স্বর্গীয় এবং শোনার পরে যেন ধীরে ধীরে স্বর্গেই মিলিয়ে যায়।

2. সংগীত শেষ হলেও তার স্পন্দন স্মৃতিতে থেকে যায়, যোগী তেমনি তার মন অন্য কিছুতে বিভ্রান্ত হতে দেয় না। যোগী সেই স্পন্দনেই নিজেকে নিমজ্জিত করে। সেই হল পরাবাক্ যা ভৈরবের প্রকৃতি।

শ্লোক 42 (ধারণা 19)

পিণ্ডমন্ত্রস্য সর্বস্য স্থূলবর্ণক্রমেণ তু।

অর্ধেন্দুবিন্দুনাদান্তঃ শূন্যোচ্চারাদ্ভবেচ্ছিবঃ।।

শব্দার্থ: পিণ্ড- মূল

ভাবার্থ:

ক্রমাগত উচ্চারণে 'ওঁ' এই বীজ মন্ত্রের (1) প্রতিটি অক্ষরের এবং বিন্দু বিশিষ্ট অর্ধচন্দ্রের মননে (2) সাধক শিবে স্থিত হন। পিণ্ড মন্ত্রের ক্রম উচ্চারণ (3) স্থূল থেকে সূক্ষ্মে সংঘটিত হয়।

মন্তব্য শ্লোক 42

1. শ্লোকে 'উচ্চার' শুধুমাত্র উচ্চারণ (muttering) নয়। এই উচ্চার স্থূল থেকে উর্দ্ধমুখী স্পন্দন (vibration), মনে প্রতিবিম্বিত।

2. পিণ্ড মন্ত্র (বীজ মন্ত্র) বর্ণিত হয় বিভিন্ন অক্ষরের সমাবেশে এবং প্রায়শ মন্ত্রের প্রতিটি শব্দের শেষে স্বরবর্ণ থাকে। 'ওঁ' পিণ্ড মন্ত্র, সেই রকম নয় অক্ষরের 'নবাত্মা' একটি পিণ্ড মন্ত্র (হ,র,ক্ষ,ম,ল,ব,য,ণ,উঁ(ণূঁ)।

3. পিণ্ড মন্ত্রে প্রথমে অক্ষরের স্থূল উচ্চারণ হয় যথা, 'ওঁ' (প্রণব), বাকি 'হ' থেকে 'ণূঁ(ণূং) নবাত্মা মন্ত্র, তারপর স্পন্দনের সূক্ষ্ম অভিব্যক্তি বিন্দু, অর্ধচন্দ্র, শেষে শূন্য চিন্তা (উন্মনা) যোগীকে শিবানুভূতিতে পৌঁছে দেয়।

শিবোপাধ্যায় বলেছেন 'ওঁ' মন্ত্রের উচ্চারণে প্রাণশক্তি ধীরে ধীরে নাভি থেকে দ্বাদশান্তে পৌঁছায়।

'ওঁ'-এর প্রথম অক্ষর 'অ' উচ্চারিত হয় নাভিতে, 'উ' উচ্চারিত হয় হৃদয়ে, শেষে 'ং' উচ্চারিত হয় মুখে (তালুতে), বিন্দু ভ্রুমধ্যে, অর্ধচন্দ্র কপালে, কপালের উর্দ্ধদিকে সরলরেখায় নিরোধিকা, নাদ শিরে, এবং নাদান্ত ব্রহ্মরন্ধ্রে; শক্তি অনুভূত হয় ত্বকে, 'ব্যাপিনী' শিখার মূলে, 'সমনা' শিখার শিখরে। এর উর্দ্ধে বিশ্বময় চৈতন্য যাকে আমরা ভৈরব বলে জানি। যোগী তখন ভৈরবের স্তরে উন্নীত।

'ওঁ'-এর সম্পূর্ণ উচ্চারণ নাভি থেকে মুখ পর্যন্ত একটি মন্ত্র। এই মন্ত্র এক মাত্রার এবং সময় সাপেক্ষ। বিন্দু থেকে 'সমনা' অর্ধমাত্রার। 'উন্মনা' মাত্রাহীন।

এই ধারণা আণবোপায়ে শুরু এবং শাম্ভবোপায়ে সম্পূর্ণ।

শ্লোক 43 (ধারণা 20)

নিজদেহে সর্বদিক্কং যুগপদ্ভাবয়েদ্বিয়ৎ।
নির্বিকল্পমনাস্তস্য বিয়ৎসর্বং প্রবর্ততে।।

শব্দার্থ: বিয়ৎ- অন্তরীক্ষ

ভাবার্থ:

নিজদেহে চতুর্দিকের (দিশা) অস্তিত্ব উপলব্ধি সম্বন্ধে এই ধারণা পোষণ করতে হবে যে 'দিক্' বলে কিছু নেই সবই শূন্য। এই দিকশূন্য (যুগপৎ) ভাব গ্রহণ করতে পারলে নিজের অস্তিত্ব শূন্যে লয় করা (নির্বিকল্প) সম্ভব মানসিক ভাবে। এই অবস্থায় চেতনাই শুধু বর্তমান থাকে।

মন্তব্য শ্লোক 43

ধ্যানের দুই পন্থা যুগপৎ ও নির্বিকল্পমন। শূন্যের ধ্যান পরিব্যাপ্ত হয় মন যখন স্থির হয়, যোগীর তখন দুই পথই সিদ্ধ হয় এবং শূন্যাতিশূন্যে স্থিত হয়, যে শূন্যদশায় কোনো ভেদাভেদ নেই। সেই অর্থে সর্বৈব শূন্য।

এই ধারণা (সাধনা) শাক্তোপায়ের।

শ্লোক 44 (ধারণা 21)

পৃষ্ঠশূন্যং(1) মূলশূন্যং যুগপদ্ভাবয়েৎ চ যঃ।

শরীরনিরপেক্ষিণ্যা শক্ত্যা(2) শূন্যমনা ভবেৎ।।

শব্দার্থ: পৃষ্ঠ- পীঠ, শরীরের উর্দ্ধাঙ্গের পিছন দিক; মূল- কুণ্ডলিনীমূল

ভাবার্থ:

সাধক যখন তার মেরুদণ্ডের অনস্তিত্ব বোধ এবং শরীরের নিম্নে সুষুম্না নাড়ীর মূলের (মূলাধার) যে কল্পনা করা হয় তার অস্তিত্বহীনতার ভাবনা করতে পারে তখন তার শরীর ধারণের মূল শক্তির অনুভব হতে পারে।

মন্তব্য শ্লোক 44

1. পৃষ্ঠশূন্যং অর্থ উর্দ্ধে শূন্য (void above)।
2. 'শরীরনিরপেক্ষিণ্যা শক্ত্যা' অর্থ প্রাণ শক্তির সহায়তা।

এই সাধনা শাক্তোপায়ের।

শ্লোক 45 (ধারণা 22)

পৃষ্ঠশূন্যং মূলশূন্যং হৃচ্ছূন্যং ভাবয়েৎস্থিরম্।

যুগপন্নির্বিকল্পত্বান্নির্বিকল্পোদয়স্ততঃ।

শব্দার্থ: হৃচ্ছূন্য- হৃদয় শূন্যতা

ভাবার্থ:

পৃষ্ঠদেশ, মূলাধার এবং সেই হৃদয়ের (heart) অস্তিত্ব সম্পর্কেও যদি অনবহিত (অচেতন) হতে পারা যায় তবেই নির্বিকল্পতা লাভ হয়।

মন্তব্য শ্লোক 45

শিবোপাধ্যায়ের এখানে পৃষ্ঠশূন্যং-এর বিষয়ে বক্তব্য হল যোগী তার সাধনায় 'প্রমাতা'র উর্দ্ধে শূন্যের ধ্যান করবেন। প্রমাতা হল সৃষ্টির অনির্বচনীয় সাক্ষী। মূলশূন্যমের অর্থ হল 'প্রমেয়'রূপ (অস্তিত্বযুক্ত) শূন্যের উর্দ্ধে ধ্যান; আর হৃৎ-শূন্যম্ ধ্যানে হয় প্রমাণের (জ্ঞানের) উর্দ্ধে ধ্যান।

এই ধারণা (সাধনা) শাক্তোপায়ে কৃত্য।

শ্লোক 46 (ধারণা 23)

তনূদেশে শূন্যৈতব ক্ষণমাত্রং বিভাবয়েৎ।

নির্বিকল্পং নির্বিকল্পো নির্বিকল্পস্বরূপভাক্।।

শব্দার্থ: তনূ- শরীর (তুলনা, তনু- কৃশ), ভাক্- প্রতীত হওয়া

ভাবার্থ:

যদি কেই শূন্য শরীরের কল্পনা ক্ষণমাত্রও করতে পারে মুক্ত মনে, তবে তার শূন্যবোধ হবে এবং সেই সময় শূন্যই তার কাছে ভৈরব হয়।

মন্তব্য শ্লোক 46

এখানে যোগীকে তিনটি স্তর অতিক্রম করতে নির্দেশ দেওয়া হয়েছে। প্রথমে বিকল্প মুক্ত হয়ে দেহে স্থিত হয়ে ধ্যান, পরে দেহভাবহীন (নির্বিকল্প) হয়ে ধ্যান, এবং শেষে ভৈরবে স্থিতি (নির্বিকল্পস্বরূপভাক্)।

এই ধারণার চলন শাক্তোপায় থেকে শাম্ভবোপায়ে।

শ্লোক 47 (ধারণা 24)

সর্ব দেহগতং দ্রব্যং বিয়দ্ব্যাপ্তং মৃগেক্ষণে।

বিভাবয়েত্ততস্তস্য ভাবনা সা স্থিরা ভবেৎ।।

শব্দার্থ: বিয়দ্ব্যাপ্তং- বিয়ৎ (আকাশ), ব্যাপ্ত (বিস্তৃত)

ভাবার্থ:

হে মৃগনয়না, দেহতে যদি শূন্যের বোধ হয় তবে মন দৃঢ়তা প্রাপ্ত হয়।

মন্তব্য শ্লোক 47

শরীরের বিভিন্ন অংশ শূন্যবৎ মনে করা। এই সাধনা (ধারণা) শাক্তোপায়ে কৃত্য।

শ্লোক 48 (ধারণা 25)

দেহান্তরে ত্বগ্বিভাগম্ ভিত্তিভূতম্ বিচিন্তিয়েৎ।

ন কিঞ্চিদন্তরে তস্য ধ্যায়ত ন অধ্যেয়ভাগ ভবেৎ।।

শব্দার্থ: ত্বগ্বিভাগম্- ত্বক বা দেহের বহিরাবরণ, ভিত্তিভূতম্- ভিতরে শূন্যবোধ

ভাবার্থ:

সাধক শরীরের আবরণ ত্বককে (1) একটা শুধু আবরণ বলে মনে করলে এবং সেই আবরণের মধ্যে স্থিত শরীরকে শূন্য মনে করলে শরীরের ধ্যান (2) অনাবশ্যক হয়।

মন্তব্য শ্লোক 48

1. প্রত্যেক মানুষ স্বাভাবিক ভা্বেই তার শরীর সম্পর্কে সচেতন (অনুভবী)। যখন যোগী নিজের চেতনাকে শরীরের গণ্ডীর বাইরে ধারণা করতে পারে তখন তার নিজের সর্বব্যপকত্বের ধারণা হয়।

2. উপরোক্ত অভ্যাসের ফলে তার মহাজাগতিক (cosmic) চেতনা বোধ হয় এবং শিবের ব্যাপ্ত অনুভব হয় নিজেতে। তাঁর ব্যক্তিগত ক্ষুদ্র অস্তিত্বের ধারণা দূরীভূত হয়। ভৈরবের উক্তি- 'এবং বিধে পরে তত্ত্বে কঃ পূজ্যঃ কশ্চ তৃপ্যতি' (বিজ্ঞানভৈরব শ্লোকঃ 16)। অর্থাৎ, সর্বোচ্চ তত্ত্বের যথন জ্ঞান হয় তখন কেই বা পূজ্য কাকেই বা পূজায় সন্তুষ্ট করবে। এই ধারণার দ্বারা হয় শূন্য (void) থেকে মহাশূন্যে (vast void) বিচরণ; শাক্তোপায়ে শিবত্ব লাভ।

শ্লোক 49 (ধারণা 26)

হৃদ্যাকাশে নিলীনাক্ষঃ পদ্মসম্পূটমধ্যগঃ।
অনন্যচেতাঃ সুভগে পরং সৌভাগ্যমাপ্নুয়াৎ।।

শব্দার্থ: নিলীনাক্ষঃ- হৃৎকন্দর (হৃদয় গহ্বর) (1)

ভাবার্থ:

হে দেবী! যখন কেউ হৃদপদ্মের কেন্দ্রে (2) মুদিত নয়নে মনোনিবেশ করে সেই স্থানের মনন (meditate upon) (3) করে তখন তার সর্বোৎকৃষ্ট বোধ (4) হয় (realisation)।

মন্তব্য শ্লোক 49

1. হৃৎ বা হৃদয় এখানে দৈহিক নয়, মধ্যচ্ছদার কেন্দ্রে এক বিন্দু। এই বিন্দু অব্যক্ত (etheric structure) কমলস্বরূপ, যেমন হৃদয়কেও একটি কমলের সঙ্গে (হৃৎকমল) তুলনা করা হয়। এই কমলের কেন্দ্রে চৈতন্যের ধারণা হল প্রমাতা স্বরূপ যিনি কারক (subject), কার্য (প্রমেয়-object) নন। এখানেই মানুষের সত্ত্বা বিশ্বজগতের সঙ্গে (macrocosmic) সম্পর্কিত এবং উন্মেষ বিষয়ী। শ্লোকে হৃদয়ের প্রয়োগ হৃদয়ের আনন্দ অর্থে। শিবোপাধ্যায় তাঁর ভাষ্যে বলেছেন উর্দ্ধ গোলক হল প্রমাণ বা জ্ঞান এবং নিম্ন গোলক হল প্রমেয় (বস্তুগত)। গোলেকের অনুভূমিক মধ্যভাগ হল প্রমাতা যিনি জ্ঞাতা, ব্যক্তির সত্ত্বা। এই সত্ত্বার কেন্দ্রের অনুধ্যান কর্তব্য বর্তমান ধারণায় (সাধনায়)।

3. এখানে অর্থ হল একাগ্রতার সঙ্গে (one-pointed)।

4. শিবোপাধ্যায় ব্যাখ্যা করেছেন- 'পরম সৌভাগ্যম' যেন 'বিশ্বেশ্বরতা-স্বরূপম পরমানন্দম', অর্থাৎ পরমেশ্বরের সর্বোচ্চ আনন্দময় কৃপা। ক্ষেমরাজ তাঁর শিব-সূত্রের প্রথম

পর্বে 15-সংখ্যক শ্লোকের ব্যাখ্যায় বিশ্বেশ্বরতাপত্তিঃ অর্থে, বিশ্বব্রহ্মাণ্ডের আধিপত্য উপস্থাপিত করেছেন । এই ধারণা শাক্তোপায়ে উপলব্ধ।

শ্লোক 50 (ধারণা 27)

সর্বতঃ স্বশরীরস্য দ্বাদশান্তে মনোলয়াৎ।

দৃঢ়বুদ্ধের্দৃঢ়ীভূতং তত্ত্বলক্ষ্যং প্রবর্ততে।।

শব্দার্থ: দৃঢ়বুদ্ধে- ভাবনায় (সিদ্ধান্তে) অনড়, দৃঢ়ীভূতং- সেই ভাবনায় শক্ত হওয়া

ভাবার্থ:

যখন মন দৃঢ়ীভূত ভাবনায় (সিদ্ধান্তে) শরীরের অস্তিত্বকে বিস্মরণ করতে পারে মনও তখন শরীরের সেই শূন্যতায় বিলুপ্ত হয়ে যায় এবং শরীরে জগতের সাধন প্রতিভাত হয়। অর্থাৎ শরীর জগতময় হয়।

মন্তব্য শ্লোক 50

শরীরে দ্বাদশান্ত শব্দের প্রয়োগের প্রকৃত অর্থ এখানে বোধগম্য নয়। নাভি থেকে হৃদয়, কণ্ঠকূপ থেকে ভ্রূমধ্য, আবার ভ্রূমধ্য থেকে ব্রহ্মরন্ধ্র যা ভ্রূমধ্য থেকে বারো আঙুল উপরে স্থিত, মনে করা হয় এসবই দ্বাদশান্তের পরিমাপ।

আনন্দভট্ট তাঁর ভাষ্য 'বিজ্ঞান কৌমুদী'তে বলেছেন দ্বাদশান্তের অর্থ মহাজাগতিক সর্বোচ্চ শূন্যাতিশূন্যও হতে পারে অথবা শরীরে মধ্যনাড়ী বা সুষুম্না নাড়ী।

এই সাধনা (ধারণা) আণবোপায় থেকে শাক্তোপায়ের।

শ্লোক 51 (ধারণা 28)

যথা তথা যত্র তত্র দ্বাদশান্তে (1) মনঃ ক্ষিপেৎ।

প্রতিক্ষণম্ ক্ষীণবৃত্তের্বৈলক্ষণ্যং (2) দিনৈর্ভবেৎ।।

শব্দার্থ: ক্ষীণবৃত্তের্বৈলক্ষণ্যং- মনের বৃত্ত ধীরে ধীরে ছোট হওয়া

ভাবার্থ:

মনকে যখন দৃশ্যমান জগত (জাগতিক ও তজ্জনিত মানসিকতা) থেকে গুটিয়ে আনা যায় তখন তার বৃত্ত দিনে দিনে ছোট হতে থাকে বৃহত্তর থেকে ক্ষুদ্রতর বৃত্তে।

মন্তব্য শ্লোক 51

1. মনকে উর্দ্ধ দ্বাদশান্ত ব্রহ্মরন্ধ্রে অথবা বাহ্যদ্বাদশান্ত নাসাগ্রে বা দেহে অন্তর দ্বাদশান্ত মধ্যচ্ছদার কেন্দ্রে স্থির করতে হবে।

2. শিবোপাধ্যায় ব্যাখ্যা করেছেন- 'অসামান্যপরভৈরবরূপতা', অর্থাৎ ভৈরবের অতুলনীয় অক্ষত অবস্থা।

এ হল আণবোপায়ে সাধনা।

শ্লোক 52 (ধারণা 29)

কালাগ্নিনা(1) কালপদাদুত্থিতেন(2) স্বকং পুরম্।

প্লুষ্টং বিচিন্তয়েদন্তে শান্তাভাসস্তদা(3) ভবেৎ।।

শব্দার্থ: প্লুষ্ট- দগ্ধ, কালাগ্নি- প্রলয় অগ্নি, স্বক- নিজের

ভাবার্থ:

একজন সাধক যদি মনে করে কালে বা কাল অতিবাহিত হলে প্রলয় (অগ্নিবৎ) তার স্বকীয়তাকে পূর্ণরূপে দগ্ধ করবে তবে সাধক অন্তরে শান্তভাবে ভাসিত হন।

মন্তব্য শ্লোক 52

1. কালাগ্নি- প্রলয়কালীন অগ্নি, বিশ্বব্রহ্মাণ্ডের ধ্বংসকারী। উন্মুখী সাধক মনে করবেন তার শরীর এই কালাগ্নিতে পুড়ে যাচ্ছে, অর্থাৎ শরীরের অশুদ্ধতা নষ্ট হচ্ছে।

2. কালপদ, ডানপায়ের বৃদ্ধাঙ্গুষ্ঠের প্রতীকি (technical) নাম।

3. এই অভ্যাসের ফলে সাধক নিজেকে শুদ্ধ মনে করে আনন্দিত হয় এবং মনে শান্তি লাভ করে। এটি আণবোপায়।

শ্লোক 53 (ধারণা 30)

এবমেব জগতসর্বং দগ্ধং(1) ধ্যাত্বা বিকল্পতঃ।

অনন্যচেতসঃ(2) পুংসঃ পুংভাবঃ পরমো ভবেৎ।।

শব্দার্থ: পুংসঃ- মনুষ্য, পুংভাবঃ- পুরুষার্থ ভাব, মোক্ষ, ধ্যাত্বা- অবধান

ভাবার্থ:

সকল জগৎ ধ্বংস (দগ্ধ) সাপেক্ষ মনে করে যে ব্যক্তি বিকল্পের খোঁজে একাগ্র হয় সে মনুষ্য পদবাচ্য এবং তার পুরুষার্থ লাভ হয়।

মন্তব্য শ্লোক 53

1. পূর্ববর্তী শ্লোকের ধারণায় সাধকের দেহ কালাগ্নিতে প্রতীকি রূপে ভস্মীভূত করার কথা বলা হয়েছিল। বর্তমান ধারণায় সমগ্র বিশ্বজগতই ভস্মীভূত মনে করতে হবে।

2. শিবোপাধ্যায় তার ভাষ্যে ব্যাখ্যা করেছেন- 'অপরিমিতপ্রমাতৃভৈরবতা'। অর্থাৎ, মানুষের উদ্দেশ্য ভৈরবের 'জগৎ কর্তৃত্বের' অনুভব লাভ।

এ হল শাক্তোপায়ের সাধন পথ।

শ্লোক 54 (ধারণা 31)

স্বদেহে জগতো বাপি সূক্ষ্মসূক্ষ্মতরাণি চ।
তত্ত্বানি যানি নিলয়ং ধ্যাত্বান্তে ব্যজ্যতে পরা।।

শব্দার্থ: নিলয়- প্রকোষ্ঠ

ভাবার্থ:

নিজের দেহ এবং জগৎ একই, এই ধারণার বশবর্ত্তী হয়ে যে ব্যক্তি জগতের সংগঠক সূক্ষ্ম থেকে সূক্ষ্মতর বস্তুর কারণ (respective causes) অনুসন্ধান (1) করেন তিনি বিভিন্ন তত্ত্ব ও তন্মাত্রের সূক্ষ্মতায় ব্যাপৃত হন এবং ক্রমে পরাশক্তি তার কাছে প্রকাশিত (revealed) (1) হয়।

মন্তব্য শ্লোক 54

1. এই শ্লোকে মানুষের দ্বারা ব্যাপ্তিবোধ প্রাপ্তির উপায় (technique) সম্বন্ধে বলা হয়েছে, স্থূল তত্ত্বের সূক্ষ্ম থেকে সূক্ষ্মতর, সূক্ষ্মতম রূপান্তরের মাধ্যমে। যেমন পঞ্চ মহাভূতের তত্ত্ব (ক্ষিতি, অপ, তেজ, মরুৎ, ও ব্যোম) যেন শরীরে লয় হচ্ছে তন্মাত্র রূপে; অর্থাৎ, এদের মাত্রার (সূক্ষ্ম ধারক) ধ্যান। উদ্দেশ্য, শক্তির যে সদাশিব তত্ত্ব (জগতময় শক্তির ব্যাপ্তি) তাতে একত্বভাব। তখন শক্তি পরাদেবী রূপে (supreme Goddess) অনুভূত হয় (revealed)। শক্তির এই অনুভূতি আত্মব্যাপ্তি। ব্যাপ্তির আর একটি স্তর হল শিবব্যাপ্তি (শ্লোক 57)।

2. পরাদেবীর অনুভবে সমগ্র বিশ্বব্রহ্মাণ্ড এক মহাজাগতিক দৈব শক্তিপুঞ্জ বলেই মনে হয় সাধকের কাছে।

এই ধারণা শাক্তোপায়ের।

শ্লোক 55 (ধারণা 32)

পীনাং চ দুর্বলাং শক্তিং ধ্যাত্বা দ্বাদশগোচরে।
প্রবিশ্য হৃদয়ে ধ্যায়ন্মুক্তঃ স্বাতন্ত্র্যমাপ্নুয়াৎ।।

শব্দার্থ: পীন- প্রবৃদ্ধ, স্থূল; দ্বাদশ- দ্বাদশ ইন্দ্রিয়

ভাবার্থ:

প্রবৃদ্ধ বা দুর্বল ব্যক্তি যদি তার স্থূল ও সূক্ষ্ম সব ইন্দ্রিয়ের (দ্বাদশ) সহায়তায় ধ্যান করে, তবে সে হৃদয়ে ধ্যানস্থ হলে তার দেহাতিরিক্ত মোক্ষ প্রাপ্তি হয়।

মন্তব্য শ্লোক 55

এই শ্লোকে অভিনবগুপ্তের 'তন্ত্রালোকে'র শেষ দুই শ্লোকের (XV 480-81) কিছু পদের যথা, 'সুপ্তঃ স্বাচ্ছন্দ্যম আপ্লুয়াৎ' মিল খুঁজে পাওয়া যায়। আলোচ্য শ্লোকের শেষ পদ 'স্বাতন্ত্র্যমাপ্লুয়াৎ', ক্ষেমরাজের স্পন্দনির্ণয়ে (স্রোত্র-56) উল্লেখ আছে 'স্বপ্নস্বাতন্ত্র্যম আপ্লুয়াৎ'। অভিনবগুপ্ত ও ক্ষেমরাজের শ্লোকদ্বয় সমার্থক, কিন্তু বর্তমান আলোচ্য শ্লোকের অর্থ পৃথক। স্বামী লক্ষণ জু-র ব্যাখ্যা নিম্নরূপ।

পীনাং-এর অর্থ হল স্থূল শ্বাসগ্রহণ ও সশব্দে শ্বাসত্যাগ এবং 'দুর্বলাং শক্তিং ধ্যাত্বা' অর্থ দ্বাদশান্তে ধীরে ধ্যান করতে হবে। ফলে বর্তমান শ্লোক অনুসারে যোগী ধীরে ধীরে হৃদয়ে ধ্যান করে নিদ্রামগ্ন হলে তাঁর স্বপ্ন দর্শন ইচ্ছাকৃত হবে।

এখানে আণবোপায় থেকে শাম্ভবোপায়ে উত্তরণ।

শ্লোক 56 (ধারণা 33)

ভুবনাধ্বাদিরূপেণ চিন্তয়েৎ ক্রমশোহখিলম্।
স্থূলসূক্ষ্মপরস্থিত্যা যাবদন্তে মনোলয়ঃ।।

ভাবার্থ:

ভুবনের ধ্যান থেকে শুরু করে ক্রমশ বিশ্বচরাচরের ধ্যান(1) এবং তারপরে স্থূল থেকে সূক্ষ্মের চিন্তায় পরাবস্থায় মনেরই লয় হয় চিন্মাত্রায়(2) (pure consciousness)।

মন্তব্য শ্লোক 56

1. ত্রিকা (triad) দর্শনে সমগ্র জগতের বিষয় ও তার কর্তৃত্ব (object and subject) স্বাতন্ত্র্যশক্তি ও পরাবাকের মিশ্রণ ছয় মাধ্যমে 'ষড়াধ্বা'। অধ্ব অর্থ পথ। এর মধ্যে তিনটি হল উন্মেষের (subjective) বাচক (inicator)। অপর তিনটি হল বাচ্য (indicated-objective)।

পরাবাকে, বাচ্য ও বাচক, শব্দ ও অর্থে (subject and object) কোনো ভেদ থাকে না। উন্মেষে (manifestation) ভেদ শুরু হয়। এই ভেদের প্রথম পদক্ষেপ হল বর্ণ ও

কলার ভেদ। বর্ণ কোনও রঙ বা অক্ষর নয়, বর্ণ হল কর্মের স্তর নির্দেশক (measure-index), কলা হল সৃজনশীলতা (aspect of creativity)। বর্ণ হল কর্মের ভেদ আর কলা হল তার সম্ভাবনা। এই হল পরাবাকের ভেদের (polarisation) শুরু। এই অদ্ধা মূল বা পরা (supreme) বা অভেদ।

পরবর্ত্তী অদ্ধা হল সৃজনের মন্ত্রের ও তত্ত্বের ভেদ। এ হল পরাপর বা ভেদাভেদ স্তর (identity in difference) যেখানে সূক্ষ্মতার (subtle) শুরু। মন্ত্র হল তত্ত্বের সূত্র (formulae), সূক্ষ্মতার শরীরী অবয়ব (structured principle) যা পরে রূপ গ্রহণ করবে। তৃতীয় ভেদ (polarity) হল পদ ও ভুবনের। এই স্তর অপরা (inferior); বাচক ও বাচ্যের স্থূলত্ব এখানে দৃষ্ট হয়। ভুবন হল জগৎ এবং পদ হল শব্দে তার বর্ণনা।

বাচক ত্রিকা কালাধ্ব অর্থাৎ কাল বা সময়ের দ্বারা বিশেষিত, বাচ্যে সেটাই দেশাধ্বা অর্থাৎ স্থানের দ্বারা (spatial) নির্দেশিত। সুতরাং এই দুইয়ে সম্বন্ধ ক্ষণিক-স্থানিক বা কাল ও স্থানের।

ষড়াধ্বা সরণী

বাচক বা শব্দ	বাচ্য বা অর্থ
পরা (অভেদ)	বর্ণ কলা
পরাপর (ভেদাভেদ)	মন্ত্র তত্ত্ব
অপরা (ভেদ)	পদ ভুবন

প্রথম অধ্বার পরবর্ত্তী অধ্বা বা তার পরবর্ত্তী অধ্বার শুরু ব্যাপক (বৃহতোন্মুখ) অর্থে এবং অনুসৃত ব্যাপ্য অর্থে; সুতরাং সম্পর্ক হল ব্যাপকব্যাপ্য।

2. বর্তমান শ্লোকে বলা হয়েছে যোগী ধ্যানে তাঁর ভাবনার এমনভাবে উত্তরণ ঘটাবে যাতে সে স্থূল থেকে সূক্ষ্মতর বোধে ক্রমশ উন্নীত হতে পারে। যেমন অপরা স্তরে পদ ও ভুবন থেকে যোগীর পরবর্ত্তী সূক্ষ্ম পরাপর স্তরে হবে মন্ত্র ও তত্ত্বে উন্নয়ন। সেখান থেকে সূক্ষ্মতর পরা স্তরে হবে বর্ণ ও তার বিভাজিত কলায় উত্তরণ। সবশেষে পরাবাক্ বা পরাশক্তিতে বিলীন হবে শিবে অর্থাৎ চিন্মাত্রে বা বিশেষ জ্ঞানে (বিজ্ঞান) (pure consciousness), সর্বোচ্চ তত্ত্ব (ultimate divine principle) বা প্রত্যয়ন (ascertainment) যা ভৈরব নামে আখ্যায়িত।

শ্লোকে 'ক্রমশো' অর্থ হল স্তরে স্তরে উন্নীত, প্রথম হল ভাবনার স্থূলস্তর, যা দ্রবীভূত হয় সূক্ষ্মে। যখন যোগী তার ভাবনার গভীরতায় অনুভব করে যে এই জগত (ভুবন) ও তার বর্ণনে (speech-শব্দে) আরও সূক্ষ্মতা (subtle process) আছে তখন সেই সূক্ষ্মতা (মন্ত্র ও তত্ত্ব) তাঁর চর্চার বিষয় হবে। এই মন্ত্র ও তত্ত্ব আরও সূক্ষ্ম অবস্থা প্রাপ্ত হয় (পরা) বর্ণ ও তার কলায়।

যোগী যখন পর্যাপ্তরূপে ভাবনায় চর্চা করে বিজ্ঞানে পৌঁছতে পারে তখন তাঁর মন তথা চিত্ত (অন্তর) চিৎ-এ দ্রবীভূত হয়। এই অবস্থাকে বলে লয় ভাবনা (creative perception of dissolution)। দৈবত্ব ভাবে উন্নতিকে বলে আরোহ বা অধ্যারো ক্রম। 'প্রত্যভিজ্ঞাহৃদয়ম'-এর 13-সংখ্যক সূত্রে বলা হয়েছে সাধকের চিত্ত অবশেষে চিতিতে পর্যবসিত হয় যা ব্যাপক। একে বলে 'চিত্তপ্রলয়' বা সাধকের দৈবভাবে লয়।

বর্তমান শ্লোক এবং 53-সংখ্যক শ্লোকের বক্তব্যের তফাৎ হল পূর্বোক্ত শ্লোকের ধারণার বশে প্রকাশিত জগতে কর্তাকে শক্তিরূপে অনুভব, আর বর্তমান শ্লোকে নিজের (যোগীর) চেতনাকে সাধনার দ্বারা ঐশ্বরিক চেতনায় পরিবর্তন তথা লয় (মনোলয় বা চিত্তপ্রলয়) করা।

এ হল শাক্তোপায় থেকে শাম্ভবোপায়ে উত্তরণ।

শ্লোক 57 (ধারণা 34)

অস্য সর্বস্য বিশ্বস্য পর্যন্তেষু সমন্ততঃ।
অধ্বপ্রক্রিয়য়া তত্ত্বং শৈবং ধ্যাত্বা মহোদয়ঃ।।

শব্দার্থ: অধ্ব- পথ, উপায়; পর্যন্তেষু- অবশেষ

ভাবার্থ:

এই ভাবে শিবের তত্ত্বে (1) বিশ্বের সবকিছু ষড়াধ্বা সরণীতে (2) অনুসন্ধানের শেষে, এই ধারণায় সমত্ব লাভ করলে তারপরে হয় মহোদয় (3) বা যোগীর মহৎ তত্ত্ব লাভ।

মন্তব্য শ্লোক 57

1. শিব প্রকাশ ও বিমর্শ উভয়ই, চেতনার আলোক বর্তিকা এবং চেতনা স্বয়ং। শৈবতত্ত্ব হল স্বরূপ বা শিবের প্রকৃত প্রকৃতির তত্ত্ব। শৈবতত্ত্বের ধ্যান হল সেই স্বরূপের ধ্যান যা প্রকাশ ও বিমর্শ।

2. আগেই বলা হয়েছে ষড়াধ্বের দুই দিক, বাচক ও বাচ্য। বাচক দিক হল বর্ণ, মন্ত্র ও পদ এবং বাচ্য দিক হল কলা, তত্ত্ব ও ভুবন। প্রথম দিক হল প্রকাশ এবং দ্বিতীয় দিক হল বিমর্শ।

56-সংখ্যক শ্লোকে ষড়াধ্বের অনুসরণে বিশ্বে বাচ্য ও বাচকের অনুসন্ধানের কথা বলা হয়েছিল। সেই অনুসন্ধান অসমাপ্ত যদি তা বাচ্য ও বাচকের মিলন জ্ঞানেই (integration of universe to source) শেষ হয়। শৈব তত্ত্বের প্রাপ্তি তখনও বাকি থেকে যায় যার জ্ঞান হল সেই মিলিত অবস্থার প্রকৃতি তথা প্রকাশ ও বিমর্শের জ্ঞান যা বাচক ও বাচ্যের উৎস।

53-সংখ্যক শ্লোকে আত্মব্যাপ্তির পথনির্ণয় করা হয়েছে 'ত্রিকা'র পদ্ধতিতে স্থূল থেকে সূক্ষ্ম, সূক্ষ্ম থেকে সূক্ষ্মতমে যাত্রায় (manifestation of lower to essential self)। এই আত্মব্যাপ্তি প্রথমত সাধকের নিজের, বিশ্বের সঙ্গে সম্পর্ক রহিত (exclusion of universe)।

বর্তমান শ্লোকে সেই বিশ্বময়তার প্রসঙ্গ উত্থাপন করা হয়েছে যেখানে প্রকাশ ও বিমর্শ উভয়ই সাধকে অনুভূত এবং তাঁর বিশ্বময়তা (inclusive of universe) শিবে-ব্যাপ্ত অনুভব। এই বোধে সাধকের শিবের বিমর্শতা অর্জন হয় এবং অনন্ত বিশ্বের উপলব্ধি হয় (sub specie eternitatis universe)।

3. পূর্ববর্তী 56-সংখ্যক শ্লোকে বাচ্য ও বাচকের মিলন জ্ঞান হল শিবের প্রকাশ ও বিমর্শের মিলিত অবস্থার প্রকৃতি, কিন্তু বর্তমান শ্লোকে বলা হয়েছে সেই প্রকৃতি বিশ্বময়- 'অস্য সর্বস্য বিশ্বস্য পর্যন্তেষু', অর্থাৎ সেই মিলনই (dissolution) সর্বোচ্চ (supreme) এবং শিবের তত্ত্ব।

শিবোপাধ্যায় বলেছেন- 'ভুবনাদিঅধ্বপর্যন্তেষু জগতঃ শিবাৎ বিনা ন কিঞ্চিৎ ইতি জগদ্রূপম ত্যক্ত্বা, শিবমেবধ্যায়তো মহোদয়ঃ স্যাৎ'। অর্থাৎ, এই জগতের সত্যতায় শিব ব্যতীত কিছুই নেই। সুতরাং এই জগতকে আলাদা করে না দেখে শিবের প্রকাশিত রূপ (Modality) হিসাবে দেখা উচিৎ।

সুতরাং শিবেরই অনুধ্যান আবশ্যক। সে পথেই সম্ভব সর্বোত্তমের বোধ (great spiritual awakening)। এই ধারণা শাক্তোপয়ে সাধনার দ্বারা উপলব্ধ।

শ্লোক 58 (ধারণা 35)

বিশ্বমেতন্মহাদেবি শূন্যভূতং বিচিন্তয়েৎ।
তত্রৈব চ মনো লীনং ততস্তল্লয়ভাজনম্।।

ভাবার্থ:

হে দেবী! সাধক বিশ্বচরাচরকে শূন্যই মনে করবে; এর ফলে সে নিজের মনকে বিশ্বে লীন করতে পারবে।

মন্তব্য শ্লোক 58

এই সাধনায় শাক্তোপায় থেকে শাম্ভবোপায়ে শূন্যের ধারণায় ক্রমোন্নয়ন। এই পথে কতকগুলো ধারণার ঘোষনায় বর্তমান প্রসঙ্গের প্রস্তাবনা।

শ্লোক 59 (ধারণা 36)

ঘটাদিভাজনে দৃষ্টিং ভিত্তীস্ত্যক্ত্বা বিনিক্ষিপেৎ।
তল্লয়ং তৎক্ষণাদ্গত্বা তল্লয়াত্তন্ময়ো ভবেৎ।।

শব্দার্থ: ভাজনম্- পাত্র, আধার

ভাবার্থ:

ঘটে দৃষ্টি নিক্ষেপ করলে সাধক ঘটের বাইরের আবরণ ভুলে গিয়ে শুধু ভিতরের শূন্যতাকেই প্রাধান্য দেবে। ঘটের আবরণের অনুপস্থিতিতে ঘটের অবয়ব আর থাকে না, সাধকের মনে অবয়বহীন ঘটের চিন্তা বিকশিত হয়।

মন্তব্য শ্লোক 59

প্রথম প্রসঙ্গ, যোগী একটি ঘটের অন্তস্থিত শূন্যে দৃষ্টিপাত করলে তার মন স্বাভাবিকভাবেই শূন্যে স্তিত হয়। এই অবস্থায় অভিনিবেশকারী শূন্যকে বিস্তৃতভাবে অনুভব করার চেষ্টা করলে তবেই তার মন শিবে শূন্যমাত্র হওয়া সম্ভব।

এ হল শাম্ভবোপায়।

শ্লোক 60 (ধারণা 37)

নির্বৃক্ষগিরিভিত্ত্যাদি-দেশো দৃষ্টিং বিনিক্ষিপেৎ।
বিলীনে মানসে ভাবে বৃত্তিক্ষীণঃ প্রজয়িতে।।

শব্দার্থ: গিরিভিত্ত্যাদিদেশো- পর্বত প্রান্তর

ভাবার্থ:

সাধক ধূসর বৃক্ষহীন পর্বত, তার প্রান্তদেশে দৃষ্টিপাত করলে সেখানে মনের কোনো বস্তুগত খোরাক মেলে না(1), ফলে সাধকের মন বিক্ষিপ্ত হয় না(2)।

মন্তব্য শ্লোক 60

1. যখন মন শূন্যে বিস্তৃত হয় কোনও গণ্ডী ছাড়াই তখন মন প্রকৃতপক্ষে শূন্যাবস্থা প্রাপ্ত হয়।

2. উক্ত বিকল্পহীন অবস্থায় অন্তরে আলোর অনুভূতি হয়, তখন প্রত্যাশী (aspirant) মনে করে, তার ইন্দ্রিয়ানুভূতির পিছনে অন্য সত্য আছে।

অভিনবগুপ্ত এই শ্লোকের প্রথম চরণ তাঁর পরাত্রিংশিকা গ্রন্থে (পৃঃ 136) উল্লেখ করেছেন এবং প্রতিপাদন (confirm) করেছেন- 'ভৈরববোধানুপ্রবেশ', ভৈরব চৈতন্যে প্রবেশ করে।

শূন্যে স্থির দৃষ্টিপাতকে বলে 'দৃষ্টিবন্ধনভাবনা'। তখন অন্য ধ্যান বা জপ অনাবশ্যক হয় শাম্ভবোপায়ে।

শ্লোক 61 (ধারণা 38)

উভয়োর্ভাবয়োর্জ্ঞানে ধ্যাত্বা মধ্যং সমাশ্রয়েৎ।
যুগপৎ চ দ্বয়ং ত্যক্ত্বা মধ্যে তত্ত্বং প্রকাশতে।।

শব্দার্থ: সমাশ্রয়েৎ- সমভাবে আশ্রয় করা, যুগপৎ- উভয়োত

ভাবার্থ:

ধ্যান শুরূ হবে দুটো লক্ষ্যে; বস্তু ও পরিপার্শ্ব থেকে বুদ্ধি বা জ্ঞানের মাধ্যমে নিজেকে মধ্যন্তরে, মধ্যভাগে নিবিষ্ট করা এবং সেই মধ্যন্তরের ধ্যান করা; তখনই ধ্যানের উদ্দেশ্য যে পরমের অনুভব সেটা সম্ভব হবে।

মন্তব্য শ্লোক 61

জয়রথের মতে উপরোক্ত শ্লোকে ধ্যাত্বার স্থানে জ্ঞাতা করলে, যেমন তন্ত্রালোকে (প্রথম আহ্নিক পৃঃ 136) আছে, তখন শ্লোকের অর্থ আরও পরিষ্কার হয়। এটি শাক্তোপায়ের পথ।

আমাদের মন সর্বদাই কিছু না কিছু বিষয়ে নিবেশিত থাকে। আমরা আমাদের সাধারণ ধারণার বশ। মনের সব ক্রিয়াই বাস্তবের সঙ্গে জড়িত তাই মন সজীব ও ক্রিয়াশীল। কিন্তু বাস্তব সম্বন্ধে যে বোধ তাকে ধরা ছোঁওয়া যায় না, মানসিকভাবে অনুভব

করা যায়। মনের এই বোধগুণ চিরকালীন এবং অভিজ্ঞতার ভিত্তিভূমি। যদি আমাদের দুই চিন্তার মধ্যবর্ত্তী অঙ্গনে প্রবেশ করতে পারি তবে আমরা সত্যে উপনীত হব, যা আমাদের চিন্তার বস্তুগত রূপ নয়। এই অনুভব অত্যাশ্চর্য।

উপরোক্ত অনুভবকে বলে নিরালম্ব ভাবনা যার সৃজন হয়েছে দুই চিন্তার মাঝখানে। এই শ্লোকের বিষয় নেত্রতন্ত্রে উল্লেখিত শ্লোকের (পর্ব I পৃঃ 201) অনুরূপ। এ হল এক প্রকার শূন্য ভাবনা যেখানে মন শূন্যের গভীরতায় স্থাপন করা হয়েছে।

এই প্রকার অভ্যাসে সত্যের ঝলকের সাক্ষাৎকার হয় যা স্পন্দকারিকায় সংজ্ঞায়িত, উন্মেষ নামে। পূর্ব ও পরবর্ত্তী চিন্তার ত্যাগকে বলে অনালোচনা (non-observation)। এটি সত্যের প্রকৃতি জ্ঞানে এক অব্যর্থ উপায় (ধারণা)।

শ্লোক 62 (ধারণা 39)

ভাবে ত্যক্তে নিরূদ্ধা চিন্ নৈব ভাবান্তরম্ ব্রজেৎ।

তদা তন্মধ্যভাবেন বিকসত্যতি-ভাবনা।।

শব্দার্থ: চিন্- চ-ইন্(প্রভু), প্রভুর প্রতি

ভাবার্থ:

মন যখন এক স্থানে নিবদ্ধ হয়, সেই উত্তমর্ণে মন বিকসিত হয়।

মন্তব্য শ্লোক 62

পূর্বোক্ত শ্লোকে (ধারণায়) সাধককে পূর্বাপর চিন্তাকে (উভয়োর ভাবয়োঃ) ত্যাগ করে মধ্যদশায় থাকতে বলা হয়েছে ভৈরবের জ্ঞান লাভের জন্য। বর্তমান ধারণায় (শ্লোকে) সেই মধ্যদশায় থাকামাত্র নয়, তার ধ্যান করতে বলা হয়েছে। সেই পথে ভৈরবের প্রকৃতির উদয় হবে সাধকের কাছে।

অভিনবগুপ্ত এই শ্লোকের উল্লেখ করেছেন তাঁর তন্ত্রালোকের প্রথম আহ্নিকের 84-সংখ্যক শ্লোকে।

'আত্মৈব ধর্মঃ ইত্যুক্তঃ শিবামৃতপরিপ্লুতঃ।

প্রকাশাবস্থিতং জ্ঞানং ভাবাভাবাদিমধ্যতঃ।।'

অর্থাৎ, আত্মাই ব্যক্তির অমৃতময় মূল প্রকৃতি যা শিব আধারিত।

জয়রথের নিম্নোক্ত ভাষ্যের পাঠে, অভিনবগুপ্তের উপরোক্ত শ্লোক যে বিজ্ঞানভৈরবের শ্লোকের (61 ও 62) পূর্বাপর চিন্তার অভিব্যক্তি সে বিষয়ে সন্দেহ থাকে না।

'ভাবদ্বয়স্য ভাবাভাষয়োর্বা প্রতীতিকালে মধ্যং তদ্'দ্বয়াবচ্ছেদহেতুং
শূন্যমুপলভ্য তদ্ভাবাভাবাদি যুগপত্ত্যক্ত্বা তত্রৈব সাবধানস্য
পরমোপেয়ে শিবামৃতপরিপ্লুতে পরমাত্মনি বৃত্তির্জায়তে ইতি।।'

অর্থাৎ, মধ্যদশা হল শূন্য যা উভয় দশার দ্বারা নির্ণীত। যিনি এই দশার চিন্তা করতে পারেন উভয় দশাকে ত্যাগ করে তিনিই পরমাত্মার সঙ্গে সাযুজ্য (পরমাত্মানি) স্থাপন করতে পারেন শিবের অমৃত লাভের জন্য।

বর্তমান ধারণা হল শাক্তোপায়ী।

শ্লোক 63 (ধারণা 40)

সর্বং দেহং চিন্ময়ং হি জগদ্বা পরিভাবয়েৎ।
যুগপন্নির্বিকল্পেন মনসা পরমোদয়ঃ।।

শব্দার্থ: জগদ্বা- জগৎ সম্বন্ধীয়, চিন্ময়- বস্তু রহিত চেতন বোধ

ভাবার্থ:

সাধক নিজেকে এবং সবকিছুকে বস্তু বা আকার প্রকারে না ভেবে চেতন শূন্যতায়, একাগ্র চিত্তে অনুভব করার চেষ্টা করলে তার মধ্যেই চেতনাকে উপলব্ধি পারে পরম চেতনা রূপে।

মন্তব্য শ্লোক 63

এই শ্লোকে দুটি বিষয় বিশেষভাবে উল্লেখিত। এক হল স্থিতি প্রাপ্ত মন বা নির্বিকল্প মানস (unwavering mind)। দ্বিতীয় হল যুগপৎ (in one swipe) অর্থাৎ, পর্যায়ক্রমে নয়।

এখানে পরমোদয়ের অর্থ হল পরম চৈতন্য (supreme awakening), যোগীর অনুভবে বিশ্বচরাচর ভগবৎ জ্যোতিতে জ্যোতির্ময়।

এই ধারণা শাক্তোপায়ে লব্ধ।

শ্লোক 64 (ধারণা 41)

বায়ুদ্বয়স্য সংঘট্টাদ্ অন্তর্ বা বহিরন্ততঃ।
যোগী সমত্ববিজ্ঞানসমুদ্গমনভাজনম্।।

শব্দার্থ: সমুদ্গমন- সহগমন, অভাজনম্- মুক্ত হওয়া

ভাবার্থ:

অন্তর্গামী (অপান) ও বহির্গামী (প্রাণ) বায়ুর সংযোগস্থলে প্রাণবায়ু নিস্তরঙ্গ (equilibrium) হলে এবং সেই অবস্থা প্রলম্বিত হলে যোগী চেতনাকে অন্তরে অনুভব করতে পারে।

মন্তব্য শ্লোক 64

শূন্যের ধ্যানে প্রাণ ও অপানে ভেদ থাকে না, সব একাকার। এ হল আণবোপায় থেকে শাক্তেপায়ে যাত্রা।

শ্লোক 65 (ধারণা 42)

সর্বং জগৎস্বদেহং বা স্বানন্দভরিতং স্মরেৎ।
যুগপৎস্বামৃতেনৈব পরানন্দময়ো ভবেৎ।।

ভাবার্থ:

সর্বজগত এবং নিজের একাত্মতা আনন্দে পরিপূর্ণ এই অনুভব হলে উভয়তো (1) পরমানন্দের (2) অনুভব হয়। উভয়ের একত্র অনুভব অমৃতময়(3)।

মন্তব্য শ্লোক 65

1. যুগপৎ অর্থাৎ একযোগে।
2. স্বানন্দভরিতং অর্থাৎ চিদানন্দ লাভ, ইন্দ্রিয় সুখ নয়।
3. মৃতেন অর্থাৎ অমৃতের চিরকালীনতা।

ক্ষেমরাজ তাঁর 'শিবসূত্র বিমর্শিনী'তে দুই জায়গায় এই শ্লোকের উল্লেখ করেছেন (পর্ব I সূত্র 18), (পর্ব III সূত্র 39)

স্বামী লক্ষণ জু-র মতে এই শ্লোকে 'বা' কে 'চ' পড়তে হবে (সমুচ্চয়)। সুতরাং শ্লোকের প্রথম চরণের অর্থ হবে- যোগী সমগ্র বিশ্ব এবং নিজের দেহকে একত্রে ভগবৎ আনন্দে ভোগ করবেন।

এই ধারণা শাক্তোপায়ে করণীয়।

শ্লোক 66 (ধারণা 43)

কুহনেন প্রয়োগেণ সদ্য এব মৃগেক্ষণে।
সমুদেতি মহানন্দো যেন তত্ত্বং প্রকাশতে।।

শব্দার্থ: কুহনন- কুঃ (পাপ) হনন (নিবারণ), ঈক্ষণ- দর্শন, চক্ষু

ভাবার্থ:

হে মৃগনয়নী! শরীর ও মনকে শুদ্ধ করে একাগ্র হলে আনন্দময়ের কৃপা (great bliss) হৃদয়ে অনুভব হয়, সেই কৃপানুভবই পরমবোধের কারণ।

মন্তব্য শ্লোক 66

যখন একটি চমৎকার দৃশ্যের আবির্ভাব হয় চোখের সামনে তখন সাময়িক বিষয় বিষয়ীর ভেদ মন থেকে চলে যায়। মনে এক বিস্ময়ের উদ্রেক হয়। সেই সময় ভৈরবের মানসিক সাক্ষাৎ ঘটে। কখনো কোনও দৃশ্য মনে উচ্ছ্বাসের (ecstasy) সৃষ্টি করলে, ক্ষণিকের জন্য নির্বিকার ভাব হয় যা সর্বোত্তম সত্যের আনন্দ লাভ সদৃশ। এই অনুভব শাক্তোপায়ে উপলব্ধ।

স্বামী লক্ষ্ণণ জু-র মতে এই শ্লোকের আর একটি অর্থ হতে পারে। ‘কুহন’ হল বাহুমূলে সুরসুরি (tickling arm-pit)। তখন শ্লোকের অর্থ হবে- ‘হে সুনয়নী কুহনে তাৎক্ষণিক শিহরিত আনন্দানুভব হয়, যা সত্যের অনুভবের মতো।’

শ্লোক 67 (ধারণা 44)

সর্বস্রোতোনিবন্ধন প্রাণশক্ত্যোর্ধ্বয়া শনৈঃ।

পিপীলস্পর্শবেলায়াং প্রথতে পরমং সুখম্।।

শব্দার্থ: শনৈঃ- ক্রমেক্রমে, পিপীল- পিপীলিকা, বেল- চলাফেরা

ভাবার্থ:

বাহ্যিকবোধ নিরুদ্ধ করলে প্রাণশক্তি ধীরে ধীরে উর্দ্ধমুখী হয়। মনে হয় যেন শিরদাঁড়া বেয়ে এক পিপীলিকা উপরের দিকে এগিয়ে যাচ্ছে, সেই সাথে যেন পরম (অব্যক্ত) সুখানুভূতি হচ্ছে।

মন্তব্য শ্লোক 67

এই ধারণার মূল হল প্রাণশক্তির সহযোগে কুণ্ডলিনীর উর্দ্ধগতি হয় দ্বাদশান্তে তথা ব্রহ্মরন্ধ্রে; এই ধীর গতি দেহে পিপীলিকার আরোহণের মতো সুখদায়ক।

শিবোপাধ্যায়ের মতে কুম্ভক প্রাণায়ামের দ্বারাও এই সুখ অনুভূত হতে পারে। তিনি পতঞ্জলির যোগসূত্র (II 49-50) উল্লেখ করে বলেছেন দীর্ঘ সূক্ষ্ম (prolonged and subtle) কুম্ভক প্রাণায়ামে (restraint breath) এই বোধ হয়। এ হল আণবোপায়ে সাধনা। পতঞ্জলি কুণ্ডলিনী যোগের উল্লেখ করেননি, সুতরাং এই সিদ্ধান্ত আরোপিত।

এখানে ধারণার প্রকৃত বক্তব্য হল ইন্দ্রিয়রোধ এবং মনের নির্বিকল্প স্থিতিতে প্রাণশক্তি সুষুম্নায় ক্রিয়াশীল করা। প্রাণশক্তি ক্রিয়াশীল হলে সুষুম্নায় কুণ্ডলিনী উর্দ্ধগতি লাভ করে ব্রহ্মরন্ধ্রে ধাবিত হয় ধীরে ধীরে; তখন যোগী অতিসুখ লাভ করে (overjoyed)।

শ্লোক 68 (ধারণা 45)

বহ্নের্বিষস্য মধ্যে তু চিত্তং সুখময়ং ক্ষিপেৎ।
কেবলং বায়ুপূর্ণং বা স্মরানন্দেন যুজ্যতে।।

শব্দার্থ: বিষ- পদ্মের মৃণাল

ভাবার্থ:

শিরদাঁড়ায় যে উর্দ্ধগামী (লম্ব) কাল্পনিক নাড়ীর অবস্থান দুই পাশের ইড়া ও পিঙ্গলা নাড়ীর মধ্যবর্ত্তী স্থান দিয়ে, সেই সুষুম্না নাড়ী যেন বহ্নিমান শূন্য। সেইখানে যদি পূর্বোক্ত সুখানুভবকে নিক্ষিপ্ত করা যায় তবে সাধকের পরমানন্দের যোগ হয়।

মন্তব্য শ্লোক 68

এই ধারণায় (সাধনায়) বহ্নি ও বিষের উল্লেখ করা হয়েছে। বহ্নি হল সঙ্কোচ (constriction), এই সঙ্কোচ উৎপন্ন হয় প্রাণের মেঢ্রকেন্দ্রে (near root of rectum) প্রবেশে (উপস্থিতিতে)। বিষের অর্থ হল বিকাস (expansion)। বহ্নি হল অধঃ কুণ্ডলিনীর মূলাধারে উপস্থিতি, আর বিষ উর্দ্ধগামী সেই কুণ্ডলিনীর উর্দ্ধগামিতার সঙ্গে জড়িত। উর্দ্ধমুখী কুণ্ডলিনী প্রাণ ও অপানে মিলে জাগ্রত হয়ে সুষুম্নাতে প্রবেশ করে এবং উর্দ্ধগতি প্রাপ্ত হয়।

কুণ্ডলিনী এক বিশেষ শক্তি যা সাড়েতিন প্যাঁচে মূলাধারে সুপ্ত অবস্থায় থাকে। তার এক-তৃতীয়াংশের চতুর্থ ভাগ সুষুম্নার আলম্ব নাড়ী (লম্বিকা) দিয়ে শরীরের ছয়চক্র ভেদ করে ব্রহ্মরন্ধ্রগামী হয়, তখন সেই অবস্থাকে বলে কুণ্ডলিনীর বিকাস (বিষ)।

সেইমতো সুপ্ত কুণ্ডলিনীর সম অংশ (অর্ধাংশ) সুষুম্নার মাধ্যমে গমন করে। অধঃ কুণ্ডলিনীর মূলাধারে গমন হল বহ্নি। বহ্নি হল প্রাণ বায়ুর প্রতীক, বিষ হল অপান বায়ু।

বহ্নির শব্দার্থ হল বহন। প্রাণ যেহেতু মূলাধারে গমন করে এই গমনকে বলা হয় বহ্নি। বিষের অর্থ বিস্তার (pervade) তাই এখানে বিষ হল প্রসার বা বিকাস।

প্রাণ ও অপানের সুষুম্নায় প্রবেশে ব্যক্তির চিত্ত বহ্নি ও বিষের মধ্যে স্থির হয়। বায়ুপূর্ণ কথাটির অর্থ হল চিত্ত এমন স্থিরতা প্রাপ্ত হয় সুষুম্নায় যাতে বায়ু নাসিকা, গুহ্য বা জননাঙ্গ দিয়ে বাইরে যেতে না পারে। চিত্ত ও বায়ু একে অপরে সম্বন্ধিত (inter connected)। একের স্থিরতায় অপরের স্থিরতা হয়।

স্মরণানন্দের এক অর্থ হল যৌন মিলনের সুখবোধ। চিত্তকে অধঃ ও উর্দ্ধ কুণ্ডলিনীর মধ্যে স্থির করতে পারলে এই আনন্দ অনুভূত হয়। একে বলে যৌনতার বিপরীত মুদ্রা (inverted union) কারণ এই মুদ্রা অন্তর্মুখী (internal), যৌনমুদ্রার যৌন সংযোগ নয়। এই সাধনা আণবোপায়ের।

শ্লোক 69 (ধারণা 46)

শক্তিসংগমসংক্ষুব্ধ-শক্ত্যাবেশাবসানিকম্।

যৎসুখং ব্রহ্ম তত্ত্বস্য তৎসুখং স্বাক্যমুচ্যতে।।

শব্দার্থ: অবসান- রুদ্ধ, সঞ্চিত; স্বাক্যম- স্বা+কম্- সুখমাত্র

ভাবার্থ:

স্ত্রীলোকের (1) সঙ্গম সুখ তার উত্তেজনা আহ্লাদ ও অন্তিমে শিহরণে অনুভূত হয়। এই সুখ তার সত্তায় ব্রহ্মসুখ (2) পরায়ণ বলে বোধ হয়। সাধকের সংক্ষোভ যখন সঞ্চিত বা রুদ্ধ হয় তখন ব্রহ্মপ্রাপ্তির সুখ বা সুখই প্রধান, এই অনুভব হয়।

মন্তব্য শ্লোক 69

1. বর্তমান ধারণায় দৈবশক্তির উপমা হল প্রতীকি। এই উপমার অর্থ সর্বোচ্চ সুখ বোধ দ্বৈতের নিরাকরণে। শিবোপাধ্যায় বলেছেন-

'জায়য়া সম্পরিষ্বক্তো ন বাহ্যং বেদ নান্তরম্।

নিদর্শনং শ্রুতিঃ প্রাহ মূর্খস্তং মন্যতে বিধিম্।।'

অর্থাৎ স্ত্রীর আলিঙ্গন একত্বে নিমজ্জিত করে এবং বাহ্যিক বোধ থাকে না বা আন্তরিক অস্তিত্বের বোধও বিলুপ্ত হয়, মন অব্যাখ্যাত তথা দৈব সুখ প্রাপ্ত হয়, দুই চিত্তের সংযোগে।

শ্রুতিতে আছে স্ত্রী-সম্ভোগ দৈব সম্ভোগই। মূর্খেরাই একে ইন্দ্রিয় সম্পর্কিত জৈব সুখ (carnal pleasure) মনে করে।

2. ব্যক্তির আনন্দ তার সত্তায় সত্ত্বার অনুভবে। এই আনন্দ বাহ্যিক নয়। সম্ভোগে স্ত্রী এক উপায় মাত্র। এই ধারণা শাক্তোপায়ের।

শ্লোক 70 (ধারণা 47)

লেহনামন্থনাকোটৈঃ স্ত্রীসুখস্য ভরাৎস্মৃতেঃ।
শক্ত্যভাবেহপি দেবেশি ভবেদানন্দসংপ্লবঃ।।

শব্দার্থ: সংপ্লবঃ- প্লাবিত, লেহন- চুম্বন, মন্থন- আলিঙ্গন, কোট- স্থান

ভাবার্থ:

হে দেবরাণী! স্ত্রীলোকের আনন্দ (bliss) শক্তির অবর্তমানেও অনুভূত হয়। স্মরণে মননে স্ত্রীলোক চুম্বন আলিঙ্গন আশ্লেষ অনুভব করলে সুখানুভূতি (কৃপানন্দ) হয়।

মন্তব্য শ্লোক 70

যৌন সংসর্গের আনন্দ স্ত্রীর পুরুষের অবর্তমানে মানসিক ভাবে ও চিন্তনে হতে পারে কারণ এই আনন্দ অন্তরের। ধ্যানেও এই আনন্দের দৈবস্বাদ (bliss of consciousness) হতে পারে। এই ধারণা শাক্তোপায়ের।

শ্লোক 71 (ধারণা 48)

আনন্দে মহতি প্রাপ্তে দৃষ্টে বা বান্ধবে চিরাৎ।
আনন্দমুদ্গতং ধ্যাত্বা তল্লয়স্তন্মনা ভবেৎ।।

শব্দার্থ: ধ্যাত্বা- ধরে রাখা, তল্লয়স্তন্মনা- কোনোকিছুতে মানসিকভাবে লীন হওয়া

ভাবার্থ:

যখন কোনো কিছু দেখে বা বন্ধুবান্ধব, আত্মীয় পরিজন সৎসঙ্গে মন আনন্দ উদ্বেলিত হয় তখন সেই আনন্দ বোধে মনোনিবেশ করলে একাগ্র সুখানুভূতি পরমত্বের বোধের সূচক হয়।

মন্তব্য শ্লোক 71

অন্তরে আনন্দের তীব্র অনুভব হলে ব্যক্তি সেই আনন্দের উৎস যথা স্পন্দ, ধ্যানের মাধ্যমে দৈব কম্পনের অনুভব ধরে রাখার চেষ্টা করবে যতক্ষণ না সে নিজেকে ভগবৎ

তত্ত্বে এক অনুভবী মনে করতে পারবে (mind deeply steeped in it)। এই অনুভব কিন্তু ক্ষণিকের, সাধক তাই ধরে রাখার চেষ্টা করে। এই ধারণা শাক্তোপায়ে লভ্য।

শ্লোক 72 (ধারণা 49)

জগ্ধিপানকৃতোল্লাস-রসানন্দবিজৃম্ভণাৎ।

ভাবয়েদ্ভরিতাবস্থাং মহানন্দস্ততো ভবেৎ।।

শব্দার্থ: জগ্ধ- ভক্ষণ, উল্লাস- উৎফুল্লতা, বিজৃম্ভণ- বিকাশ, বিস্তার

ভাবার্থ:

খাদ্য গ্রহণ বা পান করলে মনে যে রস বা আনন্দের উপলব্ধি হয়, সেই আনন্দমাত্রের চিন্তনে সুখ মনে বিকসিত হয়। সুখ পূর্ণতা প্রাপ্ত হলে হৃদয়ে মহানন্দ হয়।

মন্তব্য শ্লোক 72

দৈহিক আনন্দের উপলব্ধি যোগীকে সর্বোচ্চ আনন্দ (spiritual bliss) দিতে পারে যদি যোগী চিন্তনে সেই আনন্দ ধরে রাখতে পারে। এই সাধনা শাক্তোপায়ের।

শ্লোক 73 (ধারণা 50)

গীতাদিবিষয়াস্বাদা-সমসৌখ্যৈকতাত্মনঃ।

যোগিনস্তন্ময়ত্বেন মনোরূঢ়েস্তদাত্মতা।।

শব্দার্থ: রূঢ়- জাত, উৎপন্ন; সৌখ- সুখ

ভাবার্থ:

গীত, বাদ্য, সুরের সমাবেশে যোগীর মনে সুরের সমতায় তন্ময় ভাবের উদয় হয়। এই ইন্দ্রিয়গ্রাহ্য তন্ময়তা যোগিকে পরমভাবে উদ্বেলিত করে।

মন্তব্য শ্লোক 73

শ্লোক 69-73-তে ভৈরবের বক্তব্য, একজন সম্ভোগের আনন্দকেও যোগের আনন্দের উপায় করতে পারে। শ্লোকগুলোতে বিভিন্ন রকম ইন্দ্রিয় সুখের উল্লেখ করা হয়েছে। যৌন সুখ হল স্পর্শজনিত সুখ, বন্ধুর দর্শনে চোখের সুখ, উত্তম স্বাদে রসনার সুখ, উত্তম সঙ্গীতে শ্রবনের সুখ ইত্যাদি। এর প্রতিটির ধ্যানে স্বর্গীয় আনন্দ লাভ হতে পারে। সাধক কেবলমাত্র এই সুখ স্রোতের মনন ও ধ্যান করবে যার বিন্দু বিন্দু ক্ষরণ হয়।

শ্লোক 69-72-তে দৈহিক সুখের উপস্থাপনা, শ্লোক 73 হল সুগম সঙ্গীতের মাধ্যমে ভগবৎ উচ্ছ্বাস (aesthetic rapture) বর্ণিত। শৈব সাধনায় এই উচ্ছ্বাস প্রাপ্তি তখনই হয় যখন আকাঙ্খী তার আনন্দের উচ্ছ্বাসে সমিদ-বিশ্রান্তি লাভ করে। সমিদ-বিশ্রান্তি হল যখন সাধক নিজেকে সবকিছু থেকে গুটিয়ে নেয় এবং অন্তরে নিজের সত্ত্বা অনুভব করে। এই দৈব সুখই (aesthetic delight) ভগবৎ সত্ত্বা অনুভবের উপায়।

শ্লোক 74 (ধারণা 51)

যত্র যত্র মনস্তুষ্টির্মনস্তত্রৈব ধারয়েৎ।

তত্র তত্র পরানন্দস্বরূপং সম্প্রবর্ততে।।

শব্দার্থ: সম্প্রবর্তন- সেখানে উপস্থিত

ভাবার্থ:

যেখানে মনের সন্তুষ্টি (1) হয় এবং মন স্থিত হয় সেখানেই অতীন্দ্রিয় আনন্দের বা পরমানন্দের সম্ভাবনা (2) হয়।

মন্তব্য শ্লোক 74

1. তুষ্টির অর্থ সন্তোষ যা গভীর আনন্দের কারণ এবং শান্ত হৃদয়ে প্রাপ্য। i)তুষ্টিতে বাহ্যিক চিন্তার (thought construct) নিরসন হয় এবং ii)মনে কোনও ক্ষোভ থাকে না।

2. সাধককে আনন্দের উৎস সন্ধান করতে হয় এবং তার ফলে সত্ত্বার খোঁজ বা উৎস পাওয়া যায়।

এ হল শাক্তোপায়।

শ্লোক 75 (ধারণা 52)

অনাগতায়াং নিদ্রায়াং প্রণষ্টে বাহ্য গোচরে।

সাবস্থা মনসা গম্যা পরা দেবী প্রকাশতে।।

শব্দার্থ: অনাগত- আগত প্রায়, প্রণষ্টে- অপ্রাপ্য ভাব

ভাবার্থ:

নিদ্রার প্রাক্কালে সচেতনতা ক্ষীণ হয়, মনের অস্থায়ী ভাব হয়। সেই সন্ধ্যাকালে(1) (অজ্ঞান ও জ্ঞানের সংযোগ অবস্থা) ভগবদ্ধাবেশ হয়(2); সেই সময় মনের নিবৃত্তিতে দেবীর (শক্তির) প্রকাশ হয়।

মন্তব্য শ্লোক 75

1. জাগরণ ও নিদ্রার অন্তর্বর্ত্তী কাল হল নির্বিকল্প দশা যখন চিন্তার নিবারণ হয়। একে চেতনার তুরীয় অবস্থাও বলে।

2. চেতনার এই চিন্তাশূন্য অবস্থায় ঐশ্বরীয় চিন্তাশূন্যতার অনুভব হয়। ঐশ্বরীয়, কারণ এই অনুভব ঠিক ব্যাখ্যা করা যায় না। এর থেকেই পরাদেবী বা শক্তিরূপার অনুভব সম্ভব। এ হল শাক্তোপায়।

শ্লোক 76 (ধারণা 53)

তেজসা সূর্যদীপাদেরাকাশে শবলীকৃতে।

দৃষ্টির্নিবেশয়া তত্রৈব স্বাত্মরূপং প্রকাশতে।।

শব্দার্থ: শবল- বর্ণময়

ভাবার্থ:

সূর্য্য বা দীপের জ্যোতির যে বর্ণময় (1) আকাশ সেখানে দৃষ্টি নিবদ্ধ হলে অন্তরাত্মার দর্শন (2) পাওয়া যায়।

মন্তব্য শ্লোক 76

1. বর্ণময় অর্থাৎ চন্দ্রের স্নিগ্ধ আলোর সঙ্গে তুলনা করা হয় যা রাতের আকাশকে রূপময় (variegated night) করে তোলে।

2. এ সময় যোগীর মনে বস্তুগত চেতনার অবসান হয়ে ভগবৎ চৈতন্যের অসীমতার গুণের উপলব্ধি হয়।

শ্লোক 77 (ধারণা 54)

করঙ্কিণ্যা ক্রোধনয়া ভৈরব্যা লেলিহানয়া।

খেচর্যা দৃষ্টিকালে চ পরাবাপ্তিঃ প্রকাশতে।।

শব্দার্থ: করঙ্কিণী- এই মুদ্রায় শরীর, কঙ্কাল সব শুদ্ধ চেতনায় বিলুপ্ত হয়; ক্রোধনয়- এই মুদ্রায় আবেগশক্তির অন্তরে লয় হয়; ভৈরবী- এই মুদ্রায় হয় বিস্ফারিত দৃষ্টিতে সচেতন অবস্থা; লেলিহান- এই অবস্থায় সবকিছুর শোধন হয়; খেচরী মুদ্রায় শুদ্ধ-বিশ্ব অস্তিত্বে ব্যাপ্ত হয় বা ছেয়ে যায়।

ভাবার্থ:

সিদ্ধ সাধকের কুণ্ডলিনী জাগ্রত হলে গভীর ধ্যানে, উপরোক্ত মুদ্রাগুলি স্বতঃস্ফুর্তভাবে অনুভূত হয়।

মন্তব্য শ্লোক 77

'দৃষ্টি-কালে'র অর্থ স্বামী লক্ষণ জু করেছেন 'যোগ-সাধনার কাল' (on the occasion of yogic practice)। মুদ্রা হল অভিনিবেশের মাধ্যমে অঙ্গ প্রত্যঙ্গের সংযম এবং দেহহীনতা বোধের উপায়। মুদ্রার মাধ্যমে স্বর্গীয় চেতনার বোধে আনন্দের উপলব্ধি হয়।

করঙ্কিণী মুদ্রা সেইরূপ যাতে যোগী জগতকে অভিজ্ঞানহীন কঙ্কালবৎ মনে করে। এ হল জ্ঞান-সিদ্ধ যোগীর মুদ্রা। ক্রোধনয়া মুদ্রায় উদগ্র ক্রোধের উৎপন্ন হয় এবং যোগী নিজেকে অতিরিক্ত তটস্থ (tense) মনে করে। এই তটস্থ অবস্থায় যোগীর মধ্যে পৃথ্বী থেকে প্রকৃতি পর্যন্ত চব্বিশ তত্ত্বের আক্ষরিক মন্ত্রের সমাবেশ হয়। সঠিক মন্ত্রের সাধনায় (জপে) যোগী মন্ত্র-সিদ্ধ হয়।

ভৈরবী মুদ্রায় স্থির দৃষ্টি বা দৃষ্টিপাত স্থির থাকে কিন্তু মন অন্তর্মুখী হয় বাইরের জগৎ থেকে। একে 'মেলাপসিদ্ধি মুদ্রা'ও বলা হয়। 'মেলাপ' অর্থ হল অঙ্গ প্রত্যঙ্গের সন্নিধানে অতীন্দ্রিয় শক্তির (supernatural power) একত্রে বন্ধন।

লেলিহান মুদ্রায় যোগী বিশ্বকে ভগবৎ-চৈতন্য (I-conscious) বলে অনুভব করতে পারে তার নিজের মধ্যে। এই মুদ্রা শাক্তোপায়ে সিদ্ধ সাধকের।

'খেচরী' অর্থ হল আকাশ বা শূন্যস্থান। 'খ' হল চেতনার প্রতীক। খেচরী মুদ্রা চার প্রকার- হঠযোগ প্রদীপিকায় জিহ্বাকে তালুমূলে গুটিয়ে আনার এক প্রক্রিয়ার উল্লেখ আছে। দ্বিতীয় প্রকারের, ক্ষেমরাজের 'শিবসূত্র বিমর্শিনী'তে (পর্ব II সুত্র-5) উল্লেখ আছে।

'যোগী পদ্মাসনে বসে তার মনকে নাভিতে নিবিষ্ট করে মনে ত্রিশক্তির (শক্তি, ব্যাপিনী ও সমনা) ধ্যান করবে শূন্য মস্তিষ্কে। এই ত্রয়ীর সম্মুখ গতির কল্পনায় যোগীর মস্তিষ্কে সঞ্চালন অনুভূত হয়।'

তৃতীয় হল বিবেক-মার্তণ্ড। জিহ্বাকে তালুতে গুটিয়ে ভ্রূমধ্যে যোগী মনোনিবেশ করবে।

চতুর্থ হল খেচরী মুদ্রা যা সর্বোচ্চ। এই মুদ্রায় যোগী সর্বদা শিবে ভাবাবিষ্ট থাকে এবং সর্বত্র শিবের অনুভব হয়। এ হল শাম্ভব সিদ্ধি।

শ্লোক 78 (ধারণা 55)

মৃদ্বাসনে স্ফিজৈকেন হস্তঃপাদৌ নিরাশ্রয়ম্।
নিধায় তৎপ্রসঙ্গেন পরা পূর্ণা মতির্ভবেৎ।।

শব্দার্থ: মৃদ্বাসন- আসন পেতে; স্ফিজৈকেন- স্ফিচ্ (নিতম্ব, পাছা)+একেন (এক দিকে), বা অর্দ্ধপদ্মাসন; নিরাশ্রয়- শিথিল; নিধানম্- আধার, স্থাপন

ভাবার্থ:

নরম আসনে বসে, এক পায়ের উপর আর এক পা টেনে কুক্ষিতে রেখে দুই হাঁটু মুড়লে অর্দ্ধপদ্মাসন হয় এবং শরীরের ভর একটি পাছার উপর পরে। এই অবস্থায় দুই হাত স্বচ্ছন্দে (relaxed) দুই জানু স্পর্শ করে (1)। মন নিমীলিত দৃষ্টিতে কপালে (ভ্রুমধ্যে) স্থির হলে অতীন্দ্রিয়ের অনুভব মনে পূর্ণতা পায় (2) বা মনকে অধিকার করে।

মন্তব্য শ্লোক 78

1. সাধক সুখাসনে বসে থাকবে (relaxed position)।

2. সুখাসনে সাধকের মনের অস্থিরতা (রজস) এবং অন্ধকার (তমস) দূর হয়ে যাবে। তার মন পূর্ণরূপে সহজ (সত্ত্ব) হবে।

এ হল আণবোপায়।

শ্লোক 79 (ধারণা 56)

উপবিশ্যাসনে সম্যক্ বাহূ কৃত্বার্ধকুঞ্চিতৌ।
কক্ষব্যোম্নি মনঃ কুর্বন্ শমমায়াতি তল্লয়াৎ।।

শব্দার্থ: উপবিশ্যাসনে- বসা, বাহূ- হাত, কৃত্বার্ধকুঞ্চিতৌ- হাতের উপর হাত রেখে, কক্ষব্যোম্নি- দুই হাত বৃত্তাকারে, শমম- স্থির হয়ে

ভাবার্থ:

সঠিকভাবে বসে হাতের উপর হাত মুড়ে মাথার উর্দ্ধে একটি অর্ধবৃত্ত (arch) তৈরী করে সেই বৃত্তে মনকে স্থির করলে পরে করলে মন শান্ত হয়।

মন্তব্য শ্লোক 79

এই সাধনার উদ্দেশ্য মনকে শান্ত করা। মন শান্ত হলে আত্মানুভূতি হয়। এ হল আণবোপায়।

শ্লোক 80 (ধারণা 57)

স্থূলরূপস্য ভাবস্য স্তব্ধাং দৃষ্টিং নিপাত্য(1) চ।

অচিরেণ নিরাধারং(2) মনঃ কৃত্বা শিবং ব্রজেৎ।।

শব্দার্থ: অচিরেণ- শীঘ্রই, নিরাধার- শূন্য, ব্রজেৎ- গমন করা

ভাবার্থ:

দৃষ্টি পলকহীন স্থির করে কোনও কিছুর উপর নিবদ্ধ করলে শীঘ্রই সেই দৃষ্টির নিরাধার (supportless) একাগ্রতায় মনে শিবের আবির্ভাব হয়।

মন্তব্য শ্লোক 80

1. কোনও কিছুর উপর সাধকের স্থির দৃষ্টিপাত।

2. 'নিরাধার' অর্থ উপায়হীন, এখানে বিকল্পের সাহায্য ব্যতীত, নিরালম্ব ভাব।

এ হল শাম্ভবোপায়ে ভৈরবী মুদ্রা।

শ্লোক 81 (ধারণা 58)

মধ্যজিহ্বে স্ফারিতাস্যে মধ্যে(1) নিক্ষিপ্য চেতনাম্(2)।

হোচ্চারং মনসা কুর্বস্ততঃ শান্তে প্রলীয়তে।।

শব্দার্থ: স্ফারিতাস্যে- স্ফুরিত হয়, নিক্ষিপ্য- নিক্ষিপ্ত, হোচ্চার- 'হ' উচ্চারণ

ভাবার্থ:

জিহ্বাকে বিস্তৃত করে মধ্যভাগ বিশেষ করে বিস্তারিত করে, নিজের বোধকে (চেতনা) সেইখানে নিক্ষেপ বা নিবদ্ধ করলে এবং 'হ' উচ্চারণ করলে মন শান্তিতে উদ্ভাসিত হয়।

মন্তব্য শ্লোক 81

1. খেচরী মুদ্রা সম্পর্কে বিবেক-মার্তণ্ডে নিম্নোক্ত শ্লোক বর্ণিত আছে।

'কপালকুহরে জিহ্বা প্রবিষ্টা বিপরীতগা।

ভ্রুবোরন্তর্গতা দৃষ্টির্মুদ্রা ভবতি খেচরী।।'

অর্থাৎ, জিহ্বা গুটিয়ে তালু স্পর্শ করলে এবং দৃষ্টি স্থির রেখে ভ্রূমধ্যে মনোনিবেশ করলে তাকে খেচরী মুদ্রা বলে।

2. উক্ত মুদ্রার পরে সাধক তার মনকে উন্মুক্ত মুখের অভ্যন্তরে (middle of the mouth) নিবিষ্ট করবে।

তখন প্রাণের অস্ফুট অন্তর্মুখী 'হংসঃ' ধ্বনি চলতে থাকবে। জিহ্বা তালু স্পর্শ করলে 'স' ধ্বনি উচ্চারণ করা যায় না শুধু হংসের 'হ' ধ্বনি উচ্চারিত হয়। এই 'হ' স্বরবর্ণ ছাড়াই উচ্চারিত হবে। আবার যেহেতু স্বরবর্ণ ছাড়া (অনচক- without vowel) 'হ' উচ্চারণ করা যায় না সুতরাং বর্তমান ধারণায় 'হ' মননে উচ্চারিত হবে। স্বরবর্ণ বিহীন 'হ' হল প্রাণশক্তি এই প্রাণশক্তি মধ্যদশায় (সুষুম্নায়) স্থিত তাই 'হ'-এর মননে মনে শান্তি ও ভগবৎ ভাব হয়। এ হল আণবোপায়।

শ্লোক 82 (ধারণা 59)

আসনে শয়নে স্থিত্বা নিরাধারং বিভাবয়ন্।
স্বদেহং মনসি ক্ষীণে ক্ষণাৎ ক্ষীণাশয়ো ভবেৎ।।

ভাবার্থ:

শুয়ে বা বসে সাধক নিজের শরীরকে অস্তিত্বহীন বা শূন্য মনে করলে মন সঙ্কুচিত হয়ে যাবে এবং একসময়ে মনের আধার বোধও নষ্ট হয়ে যাবে।

মন্তব্য শ্লোক 82

সুখাসনে এবং নরম আসনে বসলে সাধকের পক্ষে নিরালম্বভাব গ্রহণ সহজ হয়। মনও দ্রুত বিকল্পহীন অবস্থা প্রাপ্ত হয়। সেই অবস্থায় অজ্ঞ মনের বাসনাও সহজে দূরীভূত হয়। এ হল শাক্তোপায়।

শ্লোক 83 (ধারণা 60)

চলাসনে স্থিতস্যাথ শনৈর্বা দেহচালনাৎ(1)।
প্রশান্তে মানসে ভাবে দেবি দিব্যৌঘমাপ্লুয়াৎ(2)।

শব্দার্থ: দিব্যৌঘম- স্বর্গীয় সুধা, আপ্লুয়াৎ- পান করা

ভাবার্থ:

হে দেবি! বসে থেকে মৃদু মৃদু দোদুল্যমানতায় সাধক মানসিক স্থিতাবস্থা প্রাপ্ত হলে তার স্বর্গীয় সুধা আস্বাদনের অনুভব হয়।

মন্তব্য শ্লোক 83

1. যদি কেই ঘোড়া বা হাতিতে টানা গাড়িতে বসে থাকে বা অন্যকোনো যানে, গাড়ির দোদুল্যমানতায় তার শরীরও দোলায়মান হবে সামনে পিছনে এবং যাত্রীর মনে অন্য রকম

আনন্দ হবে। তার মন নিজেতে সমর্পিত হওয়ার দরুণ সে প্রভূত অজাগতিক আনন্দ (divine) লাভ করে।

2. 'ঔঘ' কথাটির আক্ষরিক অর্থ প্লাবিত, জলধারায় সিক্ত। এখানে প্রযোজ্য অর্থ, যোগীতে জ্ঞানের ধারা প্রবাহ। তন্ত্রে তিন রকম 'ঔঘে'র উল্লেখ আছে; মানবৌঘ, সিদ্ধৌঘ, দিব্যৌঘ।

পরম্পরাগত জ্ঞান বা ঐশ্বরিক অন্তর্দৃষ্টি (spiritual insight) গুরুর মাধ্যমে প্রাপ্ত হয়, তাকে বলে মানবৌঘ। সিদ্ধ সাধকের মাধ্যমে প্রাপ্ত হলে সিদ্ধৌঘ এবং দৈব উপলব্ধি হলে দিব্যৌঘ। এ হল শাক্তোপায়।

শ্লোক 84 (ধারণা 61)

আকাশং বিমলং পশ্যনকৃত্বা (1) দৃষ্টিং নিরন্তরাম্(2)।

স্তব্ধাত্মা(3) তৎক্ষণাৎ দেবি ভৈরবং বপুরাপ্নুয়াৎ।।

শব্দার্থ: বপু- অবয়ব, শরীর

ভাবার্থ:

নির্মল আকাশে নির্দিষ্ট ভাবে দৃষ্টি নিক্ষেপ করলে একভাবে সেই স্তব্ধ দৃষ্টিতে ভৈরবের অবয়বের দর্শন প্রাপ্তি ঘটে।

মন্তব্য শ্লোক 84

1. নির্মল আকাশে দৃষ্টি নিবদ্ধ করলে মন অসীমতায় শূন্য হয়।

2. অনবরত দৃষ্টিপাতে দেহভাব অন্তর্হিত হয়।

3. দেহভাব অন্তর্হিত হলে চিন্তা ও আবেগ অবরুদ্ধ হয়ে আকাশে ভৈরববোধ হয়।

এ হল শাম্ভবোপায়।

শ্লোক 85 (ধারণা 62)

লীনং মূর্ধ্নি বিয়ৎসর্বম্ ভৈরবত্বেন ভাবয়েৎ।

তৎসর্বম্ ভৈরবাকার-তেজস্তত্ত্বং সমাবিশেৎ।।

শব্দার্থ: মূর্ধন্- মস্তক, বিয়ৎ- আকাশ

ভাবার্থ:

সাধক আকাশের সর্বত্র ভৈরবের অধিষ্ঠান এই ভাবনায় ভাবিত হলে তার মস্তকে সেই আকাশের তেজ, উজ্জ্বলতার সমাবেশ হবে।

মন্তব্য শ্লোক 85

যদি যোগীর ভাবনা (creative contemplation) হয় মহাকাশ ভৈরবতুল্য এবং তিনি যোগীর মষ্তিষ্কে প্রবেশ করেছেন, তবে যোগীর অসীম ভৈরবের অনুভূতি হয় এবং ভৈরবের জ্যোতিতেই যোগী নিজেকে স্নাত মনে করেন। এ হল শাক্তোপায়।

শ্লোক 86 (ধারণা 63)

কিঞ্চিৎ জ্ঞাতং দ্বৈতদায়ি বাহ্যালোকস্তমঃ পুনঃ।
বিশ্বাদি, ভৈরবং রূপং জ্ঞাত্বানন্তপ্রকাশভৃৎ।।

শব্দার্থ: বাহ্যালোকস্তমঃ- আলোক ও তমস, জগতের আলো-আঁধার, প্রকাশভৃৎ- উজ্জ্বলতা প্রাপ্তি

ভাবার্থ:

জগতের আলো-আঁধারির নূন্যতম জ্ঞান হলেই সমগ্র বিশ্বে ভৈরবের উপস্থিতির জ্ঞান হয় এবং সেই জ্ঞানেই ভৈরবের প্রকাশ হয়।

মন্তব্য শ্লোক 86

1. জগতের প্রকাশ ও অপ্রকাশ, আলো ও আঁধারের দ্বৈততার চিন্তনই তার সামগ্রিক আধার তথা তুরীয় ভাবের উদ্রেক করে।

2. সাধারণ জীবনে সর্বদা দ্বৈতভাব (subject-object), আমি ও অন্যান্য ভাব বর্তমান থাকে। জীবনে জাগরণ, স্বপ্ন ও সুপ্তির পরে তুরীয় বা চতুর্থ দশায় তা থাকে না। তখন শুধু ভৈরবের জ্যোতিরই অনুভব হয়। এই জ্যোতি যেহেতু পরম সত্ত্বার, তাতে হয় অসীম চৈতন্যের উদ্ভাস (splendour of infinite consciousness)।

যোগী বুঝতে পারে পূর্ববর্তী তিন অবস্থা প্রকৃত পক্ষে চতুর্থ তুরীয় অবস্থা থেকেই উৎপন্ন। এ হল আণবোপায় থেকে শাম্ভবোপায়ে যাত্রা।

শ্লোক 87 (ধারণা 64)

এবমেব দুর্নিশায়াং কৃষ্ণপক্ষাগমে চিরম্।
তৈমিরং ভাবয়ন্ রূপং ভৈরবং রূপমেষ্যতি।।

শব্দার্থ: দুর্নিশা- গভীর অন্ধকার, কৃষ্ণপক্ষ- চন্দ্রক্ষয় পক্ষ, তৈমিরং- তিমির

ভাবার্থ:

কৃষ্ণপক্ষে অমাবস্যার কালে, গভীর অন্ধকারের ভাবনায় সাধকের ভৈরবমূর্ত্তির আবেশ প্রাপ্তি হয়।

মন্তব্য শ্লোক 87

এখানে কৃষ্ণপক্ষের নিশীথে অন্ধকারের ধারণা লাভ করতে বলা হয়েছে। গভীর নিশীথে কোনোকিছু দৃষ্ট হয় না। এমতাবস্থায় অন্ধকারে দীর্ঘসময় ব্যয় করলে এক অদ্ভুত রহস্যময় ভাব (uncanny mystery) অনুভূত হতে পারে, তখন ব্যক্তির এই অজাগতিক অনুভবের চেতনা (slip into mystic consciousness) হল ভৈরবের এক প্রকৃতির অনুভব। একে বলে ‘বাহ্যতিমির ভাবনা’, উন্মুক্ত দৃষ্টিতে অন্ধকারের অনুভব। এই ধারণা শাক্তোপায়ে লভ্য।

শ্লোক 88 (ধারণা 65)

এবমেব নিমীল্যাদৌ নেত্রে কৃষ্ণাভমগ্রতঃ।
প্রসার্য ভৈরবং রূপং ভাবয়ংস্তন্ময়ো ভবেৎ।।

শব্দার্থ: প্রসার্য- বিস্তারিত, ভাবয়ংস্তন্ময়ো- ভাবে তন্ময়

ভাবার্থ:

চোখ বন্ধ করলে সব অন্ধকারময় হয়ে বিস্তার লাভ করে। সেই অবস্থায় ভৈরবে তন্ময়তা আসে।

মন্তব্য শ্লোক 88

এই শ্লোকে নিমীলন থেকে উন্মীলন সমাধির কথা বলা হয়েছে। নিমীলন সমাধির পরে উন্মীলন সমাধি হলে, উন্মুক্ত দৃষ্টিতে ভৈরবের অবয়বের ধ্যানে, ভৈরবে সাধকের অস্তিত্ব নিমজ্জিত হয় (swallowed up)। এ হল শাক্তোপায়।

শ্লোক 89 (ধারণা 66)

যস্য কস্যেন্দ্রিয়স্যাপি ব্যাঘাতাচ্চ নিরোধতঃ।
প্রবিষ্টস্যাদ্বয়ে শূন্যে তত্রৈবাত্মা প্রকাশতে।।

শব্দার্থ: কস্যেন্দ্রিয়- ইন্দ্রিয় বিশেষ, ব্যাঘাত- রোধ

ভাবার্থ:

কোনও ইন্দ্রিয়ের বোধ রোধ করলে, সেই ইন্দ্রিয়ের শূন্যতা বোধ হয় এবং সেই শূন্যতার অদ্বয়ভাবে বা একত্বে আত্মার উপলব্ধি হয়।

মন্তব্য শ্লোক 89

সাধনার উন্নতিতে যদি দেহের কোনো অঙ্গের অনুভব চলে যায় (unable to contact external world) তখন সেই অঙ্গের শূন্যতার বোধ হয়, সাধক অন্তর্মুখী হয়, দ্বৈতভাব থাকে না। তখনই তার নিজের স্বরূপের উপলব্ধি হয়। এই সাধনা শাক্তোপায় সাধ্য।

শ্লোক 90 (ধারণা 67)

অবিন্দুমবিসর্গং চ অকারং জপতো মহান্।
উদেতি দেবি সহসা জ্ঞানৌঘঃ পরমেশ্বরঃ।।

শব্দার্থ: অ-কার- আদি অক্ষর 'অ', ওঘঃ- প্রবাহ

ভাবার্থ:

বিন্দু বা বিসর্গের চিন্তা না করে অর্থাৎ কোনও চিন্তা না করে শুধু অ-কার জপ করলে সহসা পরমেশ্বরের জ্ঞান মনে প্রবাহিত হয়।

মন্তব্য শ্লোক 90

এখানে বিন্দুর অর্থ অনুস্বার (dot) যার উচ্চারণ নাক থেকে। বিসর্গ হল উপর নিচে দুটি বিন্দু যেকোনো শব্দের পর ব্যবহৃত হয়, অর্ধ 'হ' (হঃ)উচ্চারণের জন্য। প্রথম ক্ষেত্রে অঁ উচ্চারিত হবে অং, অর্থাৎ 'অ' এবং পূরক, দ্বিতীয় ক্ষেত্রে অঃ উচ্চারিত হবে অহঃ, অর্থাৎ 'অ' এবং রেচক। শুধু 'অ'-এর উচ্চারণে পূরক অং বা রেচক অঃ (ং বা ঃ) থাকবে না। অর্থাৎ 'অ' কুম্ভকে উচ্চারিত হবে।

স্বামী লক্ষণ জু 'কুম্ভকস্থস্য' বা কুম্ভকের 'অ'-কে অন্যভাবে ব্যাখ্যা করেছেন। তাঁর মতে কুম্ভকস্থ 'অ' হল 'চকিতমুদ্রায়াম্ স্থিতস্য', অর্থাৎ এই উচ্চারণে জিহ্বা গুটিয়ে তালু স্পর্শ করে থাকবে, মুখ উন্মুক্ত থাকবে। এই অবস্থায় 'অ'-এর উচ্চারণ 'ং' 'ঃ' রহিত হবে। ফলে সাধকের 'অ'-এর মননই শুধু হবে, উচ্চারণ হবে না।

অনুস্বার সহ 'অ'-এর উচ্চারণে শ্বাসগ্রহণ (পূরক) হয় আর বিসর্গসহ 'অ'-এর উচ্চারণে শ্বাসত্যাগ (রেচক) হয়। কুম্ভকে 'অ' ধরে রাখতে হয় শ্বাসে। শুধুমাত্র 'অ'-এর এত ব্যাখ্যাই বা কেন করা হয়?

উত্তর হল, 'অ' এক প্রাথমিক বর্ণ যা অন্যান্য বর্ণের উৎস। 'অ' অন্য কোনও বর্ণ থেকে উৎসারিত হয় না। বা অন্য বর্ণে লয় প্রাপ্ত হয় না। দ্বিতীয় হল 'অনুত্তর' যা শিব ও শক্তির অব্যক্ত মিলন (indistingishable unity) তা 'অ'-তে ব্যক্ত, আত্মার শিবে-শক্তিতে সাযুজ্যতার আবেদন (longing of soul for) শিব-শক্তি সাম্যরস)। 'অ'-তে সেই সাম্যরসের স্মৃতি (nostalgia for ultimate source)। তৃতীয়ত 'অ' অর্থ অহম, অচুক (absolute) চৈতন্য শিবের (I-consciousness)। সবশেষে অনুস্বার, বিসর্গ রহিত 'অ'-এর উচ্চারণ স্বয়ং সম্পূর্ণ ধারণা (চকিতমুদ্রা) যা নির্বিকল্প। আধারহীন ('ং' 'ঃ') 'অ' মননে চকিতে পরমেশ্বরের বোধ তথা ঈশ্বরের জ্ঞান প্রবাহিত হয় সাধকে। এ হল আণব উপায় থেকে শাক্তোপায়ে যাত্রা।

শ্লোক 91 (ধারণা 68)

বর্ণস্য সবিসর্গস্য বিসর্গান্তং চিতিং কুরু।
নিরাধারেণ চিত্তেন স্পৃশেদ্'ব্রহ্ম সনাতনম্।।

ভাবার্থ:

মনে বিসর্গ চিহ্নের চিন্তা করে অন্য কোনও চিন্তার ভাব না হলে তৎপরে সনাতন ব্রহ্মের চিন্তার উদয় হয়।

মন্তব্য শ্লোক 91

অভিনবগুপ্ত বলেছেন বিসর্গে আছে পরমেশ্বরের সৃষ্টি শক্তি নিহিত।

'অনুত্তরং পরম্ ধাম তদেবাকুলমুচ্যতে।
বিসর্গস্তস্য নাথস্য কৌলিকী শক্তিরুচ্যতে।।'
-(তন্ত্রালোক III শ্লোকঃ 143)

অনুত্তর বাস্তবের সর্বোচ্চ স্থিতি যাকে 'অকুল' বলা হয়। সর্বশক্তিমানের আবির্ভাব (বিসর্গ-ঃ) হল শিবের কৌলিকী।

শিবোপাধ্যায় বিসর্গের শক্তি সম্পর্কে আর একটি শ্লোক উদ্ধৃত করেছেন।

'অকুলস্য পরা যেয়ং কৌলিকী শক্তিরুত্তমা।
স এবায়ং বিসর্গস্তু তস্মাৎ জাতমিদং জগৎ।।'

অকুলের (শিবের) সর্বোচ্চ শক্তি হল কৌলিকী। কৌলিকী শক্তিই হল বিসর্গ যা থেকে জগতের উদ্ভব।

বিসর্গের যে উচ্চারণ সেটাই সৃষ্টিধর্মী। বিসর্গের নিচের বিন্দুতে মনঃসংযোগ করলে, মন সৃষ্টি থেকে পৃথক হয়ে শূন্যে স্থিতি লাভ করে এবং সাধক নিঃশব্দ ব্রহ্মভাব পায়।

এই ধারণা আণবে শুরু হয়ে শাক্তোপায়ে শেষ হয়।

শ্লোক 92 (ধারণা 69)

ব্যোমাকারং স্বমাত্মানং ধ্যায়েদ্দিগ্‌ভিরনাবৃতম্।
নিরাশ্রয়া চিতিঃ শক্তিঃ স্বরূপং দর্শয়েত্তদা।।

শব্দার্থ: ব্যোমাকারং- অন্তরীক্ষের মতো, ধ্যায়েদ্দিগ্‌ভিরন- সবদিকের ধারণা

ভাবার্থ:

শূন্য অন্তরীক্ষের সর্বব্যাপী (1) ধারণা হৃদয়ে গ্রহণ (নিজের আত্মায়) করলে, নিরালম্ব হৃদয়ে (2) চিৎ-শক্তির অনুভব হয়।

মন্তব্য শ্লোক 92

1. সাধক নিজেতে মনোনিবেশ করবে অসীম আকাশের ভাবনায়।

2. এই ভাবনায় অন্তর্নিহিত চিতি শক্তি (বা চিৎ-এর শক্তি) নির্বিকল্প রূপে সাধকের উপলব্ধি হয়। সাধক নিজের সত্ত্বার সন্ধান পায়। এ হল শাক্তোপায়।

শ্লোক 93 (ধারণা 70)

কিঞ্চিদঙ্গং বিভিদ্যাদৌ তীক্ষ্ণসূচ্যাদিনা ততঃ।
তত্রৈব চেতনাং যুক্ত্বা ভৈরবে নির্মলা গতিঃ।।

শব্দার্থ: কিঞ্চিদঙ্গং- শরীরে কোনও যৎসামান্য অংশ

ভাবার্থ:

শরীরের কোথাও সূচের আগার মতো যৎসামান্য ছিদ্র করে সেইস্থানে চেতনার (চিন্তার) প্রয়োগ করলে, ভৈরবের শুদ্ধ চিন্তার উন্মেষ ঘটে।

মন্তব্য শ্লোক 93

গভীর মনোনিবেশের ফলে সুখ-দুঃখ বোধ অন্তর্হিত হয়। মনের একাগ্রতায় পরমেশ্বরে প্রকৃতির বোধ হয় (nature of essential revealed)।

এই ধারণা আণবোপায় থেকে শুরু করে শাম্ভবোপায়ে শেষ হয়।

শ্লোক 94 (ধারণা 71)

চিত্তাদ্যন্তঃ কৃতির্নাস্তি মমান্তর্ভাবয়েদিতি।
বিকল্পানামভাবেন বিকল্পৈরুজ্ঝিতো ভবেৎ।।

শব্দার্থ: উজ্ঝিত- পরিত্যক্ত

ভাবার্থ:

চিত্তকে বিস্মৃত হলে, কর্মকে বিস্মৃত হলে, নিজেরও বিস্মৃতি হয়, এই অবস্থায় নিজের অন্য কোনও লক্ষ্য থাকে না। তখন বিকল্পহীনতার বোধ উৎপন্ন হয় যা একমাত্রিক।

মন্তব্য শ্লোক 94

যখন কেই ভাবনার (contempiation) দ্বারা নিশ্চিত হয় যে সে তার মন, বুদ্ধি ও অহঙ্কার সমন্বিত কোন যন্ত্র নয় (psychic apparatus), তার মন তখন বিকল্প (thought-construct) রহিত হয় এবং সে তার পূর্বানুমানের বিকল্পময় অবস্থা অতিক্রম করে প্রকৃত স্বরূপ জানতে পারে। এ হল শাক্তোপায়ে সাধনা।

শ্লোক 95 (ধারণা 72)

মায়া বিমোহিনী নাম কলায়াঃ কলনং স্থিতম্।
ইত্যাদিধর্মং তত্ত্বানাং কলয়ন্ন পৃথগভবেৎ।।

শব্দার্থ: কলনং- ধারণ, চিহ্ন

ভাবার্থ:

মায়া হল মোহময় (delusive) যা নাম, রূপ গ্রহণ করে প্রকাশিত হয়, ক্ষমতার অন্তর্গত নির্দিষ্ট কর্ম করার জন্য। সুতরাং সেসব সাময়িক ঘটনা এবং মূল নিত্যতা থেকে পৃথক। সেসব নিত্যের উপর কার্যকরী নয়।

মন্তব্য শ্লোক 95

অভিনবগুপ্ত মায়াশক্তির বর্ণনা দিয়েছেন-

'সর্বথৈব স্বরূপম্ তিরোধত্তে আবৃণুতে বিমোহিনী সা।'

-(ঈশ্বরপ্রত্যভিজ্ঞা VI শ্লোক 11,17)

অর্থাৎ, মায়াশক্তি শিবের শক্তিকে আবৃত করে মায়াকে প্রতিভাত করে।

'ভেদে ত্বেকরসে ভাতেঽহন্তয়ানাত্মনীক্ষিতে।

শূন্যে বুদ্ধৌ শরীরে বা মায়াশক্তির্বিজৃম্ভতে।।'

-(ঈশ্বরপ্রত্যভিজ্ঞা III শ্লোক 1,8)

অর্থাৎ, মায়ার প্রকাশ বিকল্পে যাকে সত্য বলে মনে হয় এবং সত্য একপ্রকারে সেইসবে (শূন্যে, বুদ্ধিতে, শরীরে) নিহিত থাকে। এখানে শূন্যকে মায়ার আধার মনে করতে হবে।

যোগী এই তফাৎ বুঝতে পারে। মায়া তার কুঞ্চকে (আবরণে) কলা (activity), বিদ্যা (knowledge), রাগ (desire), কাল (time), নিয়তি (causality and space), পৃথক বা খণ্ডিত রূপে পূর্ণ থেকে সীমিতাবস্থায় (ক্ষীণরূপে) প্রকাশ করে।

যোগী উপরোক্ত তত্ত্ব সমূহের সীমিতাবস্থা উপলব্ধি করে মায়ার কবল থেকে মুক্ত হয়ে স্থৈর্য্য লাভ করে। তাঁর উন্মীলন সমাধি হয় শিবে বা সত্যে।

এই সঙ্গে আর একটি পাঠ- 'কল্যাণ না পৃথগ ভবেৎ', গ্রহণ করলে সেই যোগী হয় সাধারণ মানুষ থেকে পৃথক এবং তার নিজের সত্ত্বায় সমাহিত। সত্যে কল্যাণের ধারণা হল কল্যাণের সর্বব্যাপকত্ব।

এ হল শাক্তোপায়।

শ্লোক 96 (ধারণা 73)

ঝগিতীচ্ছাং সমুৎপন্নামবলোক্য শমং নয়েৎ।

যত এব সমুদ্ভূতা ততস্তত্রৈব লীয়তে।।

শব্দার্থ: ঝগিতি- সত্বর শীঘ্র; শমং-দমন; নয়েৎ- নয় (আকাশ)

ভাবার্থ:

হঠাৎ করে বাসনার উদয় হলে এবং তার দমন করলে সেই বাসনা লুপ্ত হয়ে যায় নিরাকারে অর্থাৎ যেখান থেকে উদ্ভূত হয়েছিল সেখানে।

মন্তব্য শ্লোক 96

যখন মনের ভাব (ইচ্ছা) অন্তর্মুখী হয় মন তখন বাহ্যিক বিষয় থেকে মুক্ত হয়ে তার (ব্যক্তির) স্বরূপ সন্ধান করে, বাসনার বিলয় হয় সমুদ্রের ঢেউয়ের সমুদ্রে বিলুপ্ত হওয়ার মতো।

যদি আবারও মনে কোনও জাগতিক বাসনার উদয় হয় তখন সেই বাসনার নিবারণের জন্য উচিৎ হবে মনকে ঐশ্বরিক তত্ত্বে (সত্যে) (spiritual truth) নিয়োজিত করা। এই দুই মেরুর মধ্যবর্ত্তী অবস্থায় ব্যক্তির মানসিক উন্মেষ হয়।

এই সাধনা হল শাক্তোপায় থেকে শাম্ভবোপায় অভিমুখী।

শ্লোক 97 (ধারণা 74)

যদা মমেচ্ছা নোৎপন্না জ্ঞানং বা, কস্তদাস্মি বৈ।
তত্ত্বতোহহম্ তথাভূতস্তল্লীনস্তন্মনা ভবেৎ।।

শব্দার্থ: কস্তদাস্মি- আমি কে, কি?

ভাবার্থ:

সুতরাং আমার বাসনার দরুণ আমি কে বা কি, সেটা জানা যায় না। নিজের স্বকীয়তার চিন্তা করলেই নিজেকে পাওয়া যায়।

মন্তব্য শ্লোক 97

ব্যক্তির বাসনা, বিদ্যা, কর্ম তার অহঙ্কার থেকে প্রবাহিত যা পরমেশ্বরের ইচ্ছা, জ্ঞান বা ক্রিয়া থেকে পৃথক। যখন সাধক পরমেশ্বরের (essential Self) সেই ভাবনায় ভাবিত হয় এবং শুদ্ধ আনন্দময় চৈতন্যের সাধনা করে তখন সে তার ব্যক্তিগত অহঙ্কার থেকে মুক্ত হতে পারে। এ হল শাক্তোপায়।

শ্লোক 98 (ধারণা 75)

ইচ্ছায়ামথবা জ্ঞানে জাতে চিত্তং নিবেশয়েৎ।
আত্মবুদ্ধ্যানন্যচেতাস্ততস্তত্ত্বার্থদর্শনম্।।

ভাবার্থ:

যখন ইচ্ছা বা জ্ঞানের উদয় হয় সেই ইচ্ছা (কর্মের প্রেরণা) বা জ্ঞানে মনোনিবেশ করতে হবে এবং তাতে নিজেকে অনুভব করতে হবে। এই একমুখী একাগ্রতায় আত্মবুদ্ধির অনন্য চেতনা হয়।

মন্তব্য শ্লোক 98

যখন ব্যক্তি জাগতিক ইচ্ছা, জ্ঞান, শক্তি (কর্ম) অতিক্রম করে শিবের শক্তিতে মনোনিবেশ করে মনকে বিকল্প রহিত করতে পারে তখন তার সত্যবোধ হয়।

এ হল শাম্ভবোপায়।

শ্লোক 99 (ধারণা 76)

নির্নিমিত্তং ভবেজ্জ্ঞানম্ নিরাধারং ভ্রমাত্মকম্।
তত্ত্বতঃ কস্যচিন্নৈতদেবম্ভাবী শিবঃ প্রিয়ে।।

শব্দার্থ: নির্নিমিত্তং- অকারণ; কস্যচিন্নৈতদ্- কস্যচিৎ (কখনো)+এনঃ (খিন্নঃ-inferior)+তদ্(তাহা)= কখনো সেই জ্ঞান খিন্নঃ বা অসফল।

ভাবার্থ:

হে প্রিয়েদেবি! জগতের সাময়িক জ্ঞানের মূল কারণ থাকে না, ঘটনা চক্রে উদ্ভূত হয়। সেই জ্ঞান তাই নিরাধার এবং ভ্রমাত্মক, সেই জ্ঞানকে অমূলক ভাবলে শিবভাব হয়।

মন্তব্য শ্লোক 99

এই ভাবনায় হৃদয়ের রহস্যের অনুসন্ধান করা হয়েছে সত্যের সন্ধানে। অভিনবগুপ্ত তাঁর তন্ত্রালোকে (আহ্নিক V শ্লোকঃ 71) বলেছেন হৃদয় হল সর্বাত্মাসঙ্কোচ স্থান। জয়রথ এই সর্বাত্মা-সঙ্কোচের উল্লেখ করেছেন তাঁর ভাষ্যে। এই হৃদয় বাইরের সবকিছু ত্যাগ করে অন্তর্মুখী হয় নিমীলন সমাধিতে যা সম্ভব হয় চক্ষু মুদিত করে আনন্দাতিশয্যের (ecstasy) অন্তরে অনুভবের দ্বারা। এটা সম্ভব হয় সর্বভাবে বাহ্যিক বর্জন (কস্যচিৎ এনঃ) করে।

এর ফলে জ্ঞাতা এবং জ্ঞেয় উভয়ই সাধকের দ্বারা ত্যক্ত হয়। শুধুমাত্র ভৈরবের জ্ঞান বা বিজ্ঞান অবশেষ থাকে যা জ্ঞাতা এবং জ্ঞেয়কে জানার উপায়।

এ হল শাক্তোপায়।

শ্লোক 100 (ধারণা 77)

চিদ্ধর্মা সর্বদেহেষু বিশেষো নাস্তি কুত্রচিৎ।
অতশ্চ তন্ময়ং সর্বং ভাবয়ন্ভবজিজ্জনঃ।।

শব্দার্থ: ভবজিজ্জনঃ- ভবজিৎ জন (জগৎজয়ী)

ভাবার্থ:

ভৈরবের প্রকৃতি হল সর্বব্যাপী চেতনা, যে চেতনা সবকিছুতে বর্তমান। যে সাধক সবকিছুতে সেই চেতনার অনুভব করতে পারে সে পরিবর্তনশীল জগতের উর্দ্ধে উঠে মানসিক স্থিরতা প্রাপ্ত হয়।

মন্তব্য শ্লোক 100

ক্ষেমরাজ তাঁর শিবসূত্রের প্রথম সূত্রের ভাষ্যে বর্তমান শ্লোকের উল্লেখ করেছেন। তিনি চৈতন্যের ব্যাখ্যায় বলেছেন, চৈতন্য শুধুমাত্র জ্ঞান নয় ক্রিয়া সমন্বিত স্বয়ংক্রিয় (autonomously acts)।

কোনও ব্যক্তির যখন চেতনার বোধে তার সত্ত্বার আত্মপরিচয় হয়, সেটা হল সদাশিবের (অহম্-ইদম্) ইচ্ছার দ্বারা কর্মমুখী ক্ষেত্র তৈরী করা, যেখানে ক্ষুদ্রাতিক্ষুদ্র কীটও সেই ক্ষেত্রের অঙ্গ এবং সম অংশী। সেই ক্ষেত্রই বিশ্বজগতে সর্বত্র বিরাজিত এবং জন্ম-মৃত্যুর উর্দ্ধে। এ হল শাম্ভবোপায়।

শ্লোক 101 (ধারণা 78)

কামক্রোধলোভমোহমদমাৎসর্যগোচরে।

বুদ্ধিং নিস্তিমিতাং কৃত্বা তৎতত্ত্বমবশিষ্যতে।।

শব্দার্থ: নিস্তিমিতাং- স্তিমিত করে, তৎতত্ত্বমবশিষ্যতে- তিনিই অবশেষ

ভাবার্থ:

যখন কাম, ক্রোধ, লোভ, মোহ, মদ, ও মাৎসর্য যোগে মানুষের বুদ্ধি অবসন্ন হয়ে যায় বা মানুষ বিচলিত বোধ করে তখন মানুষের কাছে তাঁর নিজের পরম তত্ত্বই শুধু অবশিষ্ট থাকে।

মন্তব্য শ্লোক 101

যখন ব্যক্তি আবেগ তাড়িত হয় তখন যে কারণে তার আবেগ সেই বিষয়বস্তু গৌণ হয়ে যায় এবং আবেগই মুখ্য হয়ে দাঁড়ায়। সেসময় তার অবস্থা কচ্ছপের মতো হয়, সে ভয়ের আবেগে নিজেকে বহির্জগতের থেকে গুটিয়ে নিজের খোলে নিজেকে সীমাবদ্ধ করে। এ হল শাম্ভবোপায়।

শ্লোক 102 (ধারণা 79)

ইন্দ্রজালময়ং বিশ্বং ব্যস্তং বা চিত্রকর্মবৎ।

ভ্রমদ্বা ধ্যায়তঃ সর্বং পশ্যতশ্চ সুখোদ্গমঃ।

শব্দার্থ: ভ্রমদ্বা- ভ্রমৎ বা অর্থাৎ ভ্রমজনক।

ভাবার্থ:

জগতকে ইন্দ্রজাল বা কোনও চিত্রকর্মের মতো অস্থায়ী অলীক মনে করলে সুখের উৎপত্তি হয়।

মন্তব্য শ্লোক 102

উপরোক্ত শ্লোক জয়রথ তন্ত্রালোকের (আহ্নিক V শ্লোকঃ 71) শ্লোকের ভাষ্যে উল্লেখ করেছেন সর্বাত্মা-সঙ্কোচ রূপে। এ হল শাক্তোপায়।

শ্লোক 103 (ধারণা 80)

ন চিত্তং নিক্ষিপেদ্ দুঃখে ন সুখে বা পরিক্ষিপেৎ।
ভৈরবি জ্ঞায়তাং মধ্যে কিং তত্ত্বমবশিষ্যতে।।

শব্দার্থ: পরিক্ষিপেৎ- পরিপ্রেক্ষিতে

ভাবার্থ:

হে ভৈরবি! (জীবের) সুখে দুঃখে বা তার অনুষঙ্গে বিচলিত না হয়ে এসবের কেন্দ্রে অবস্থিত জ্ঞানকেই সত্য বলে জানা উচিৎ।

মন্তব্য শ্লোক 103

দুঃখ-সুখ মনেই (অন্তঃকরণ- inner psychic apparatus) হয়। যা মানুষের সুখ-দুঃখের যুগ্ম স্থিতির উর্দ্ধে সেটাই ভগবৎ সত্য (essential reality)। সাধক সেই সত্যের আকাঙ্খী। এ হল শাক্তোপায়।

শ্লোক 104 (ধারণা 81)

বিহায় নিজদেহাস্থাং সর্বত্রাস্মীতি ভাবয়ন্।
দৃঢ়েন মনসা দৃষ্ট্যা নান্যেক্ষিণ্যা সুখী ভবেৎ।।

শব্দার্থ: বিহায়- ব্যতীত (without), নান্যেক্ষিণ্যা- জাগতিক দৃষ্টিতে না দেখে

ভাবার্থ: নিজেকে দেহবদ্ধ জীব না ভেবে, জাগতিক দৃষ্টিতে না দেখে, সর্বত্র বিস্তৃত মনে করলে সুখী হওয়া যায়।

মন্তব্য শ্লোক 104

এই ধারণায় বস্তুগত ও বস্তুহীনতা (positive-negative) দুটো বিষয় চর্চিত হয়েছে। বস্তুহীনতা হল আমি দেহী নই, আমি কোনও কিছুতে (স্থান, কাল, পাত্র) জড়িত নই। দ্বিতীয় হল আমি সর্বত্র, সবেতেই আছি (all this is myself)। এই চর্চার ফলে ব্যক্তি শিব-শক্তির ধারণায় লিপ্ত হয়ে, তার অতীন্দ্রিয় চেতনার বোধ হয়।

100-সংখ্যক শ্লোকে সবেতেই চিৎ বা অন্তিম চেতনা বিরাজমান সেই ধারণার আরাধনা করতে বলা হয়েছে এবং নিজেকেও সবেতেই ব্যাপ্ত সেই সিদ্ধান্তে পৌঁছতে উপদেশ দেওয়া হয়েছে।

শিবোপাধ্যায় তার ভাষ্যে আরও একটি প্রসঙ্গের উল্লেখ করেছেন তা'হল- 'সর্বম ইদম অহম', অর্থাৎ এসবই আমার; যা সদাশিব বা ঈশ্বর তত্ত্বর পরামর্শ (বিষয়) বা সদাশিব তত্ত্বে শিবের প্রতিরূপ চৈতন্য (representative cobsciousness)। সদাশিব সেটাই (plane)। এ হল শাক্তোপায়।

শ্লোক 105 (ধারণা 82)

ঘটাদৌ যচ্চ বিজ্ঞানমিচ্ছাদ্যং বা মমান্তরে।

নৈব সর্বগতং জাতং ভাবয়ন্নিতি সর্বগঃ।।

শব্দার্থ: বিজ্ঞানমিচ্ছাদ্যং- বিজ্ঞানম (সত্যজ্ঞান)+ইতঃ (একে)+ছাদ্যং (আচ্ছাদিত), অর্থাৎ সত্যজ্ঞানকে ঢেকে রাখে।

ভাবার্থ:

ঘট যেমন এক আধার এবং নিজের অস্তিত্ব জাহির করে, শরীরও সেইরকম অন্তঃস্থিত সত্যকে ঢেকে রাখে এবং সেই সত্যের ভাবনাকে সর্বব্যাপী রূপ ধারণ করতে দেয় না।

মন্তব্য শ্লোক 105

এই শ্লোকে ইচ্ছাকে কর্মের প্রণেতা রূপে দেখানো হয়েছে। বলা হয়েছে জ্ঞান ও ক্রিয়ায় মানুষের একচ্ছত্র অধিকার নেই, এই অধিকার সর্বত্র। এই ভাবই চেতনার ঐক্য চিন্তা। মানুষ ভাবতে পারে যে তার সঙ্গে একটা ঘটের বা গাছের কোনও মিল নেই, কিন্তু যখনই তার মনে হবে জ্ঞান ও ক্রিয়ার লক্ষণ উদ্ভব কালে সবেতেই আছে তখন সে তাকে আর গুটিয়ে রাখবে না বরং একাত্মতা অনুভব করবে।

অভিনবগুপ্ত তাঁর ঈশ্বরপ্রত্যভিজ্ঞাবিমর্শনীতে সে কথাই বলেছেন।

'প্রকাশ এবাস্তি স্বাত্মনঃ স্বপরাত্মভিঃ'

-(ঈশ্বরপ্রত্যভিজ্ঞাবিমর্শনী I শ্লোক 1-5)

অর্থাৎ, সেই একই সবেতে দীপ্তিমান। এই প্রসঙ্গে সোমানন্দ 'শিবদৃষ্টি' থেকে উল্লেখ করেছেন-

'ঘটো মদাত্মনা বেত্তি বেদম্যহং চ ঘটাত্মনা।
সদাশিবাত্মনা বেদ্মি স বা বেত্তি মদাত্মনা।।
নানা ভাবৈঃ স্বমাত্মনং জানন্নাস্তে স্বয়ং শিবঃ।'

অর্থাৎ, একটি ঘটের জ্ঞানে ঘটটি আমার সঙ্গে সম্পর্কিত, আবার ঘটের পরিপ্রেক্ষিতে আমি তার সঙ্গে সম্পর্কিত। একবার আমি ঘটকে জানি, পরবর্ত্তীতে ঘটের সঙ্গে আমার সম্পর্ক স্থাপিত হয়; সুতরাং উভয়ে উভয়ের সঙ্গে জড়িত। আমি সদাশিব সম্পর্কে জানি, সেই রকম সদাশিবও আমাকে জানে। শুধু শিবই সব অবস্থায় নিজেকে জানে। এরপরে অভিনবগুপ্তের ব্যাখ্যা দ্রষ্টব্য-

'তদৈবং যেষাং তার্কিক প্রবাদপাংসুপাতঘসরীভাবো ন বৃত্তোহস্মিন্ সংবেদনপথে, তে ইয়তৈব আত্মানমীশ্বরং বিদ্বাংসো ঘটশরীরপ্রাণসুখতদভাবান তত্রৈব নিমজ্জয়ন্ত ঈশ্বরসমাবিষ্টা এব ভবন্তি।'

অর্থাৎ, যারা এখনও পর্যন্ত বাক্যবাগীশদের তর্কের গুঁতোয় নিজেদের ধূলায় লুণ্ঠিত করেননি, তারা ঈশ্বরের জ্ঞান (divinity) লাভ (সবকিছুর সঙ্গে একাত্মতা) থেকে বঞ্চিত হননি। ঘট, দেহ, প্রাণ, সুখানুভূতি বা এসবের অবর্তমানতা (শূন্যতা) সবই ঈশ্বর প্রসূত।

এ হল শাক্তোপায়ের ধারণা।

শ্লোক 106

গ্রাহ্যগ্রাহকসংবিত্তিঃ সামান্যা সর্বদেহিনাম্।
যোগিনাং তু বিশেষোহস্তি সম্বন্ধে সাবধানতা।।

ভাবার্থ:

গ্রাহ্যগ্রাহক সম্পর্ক সবদেহতেই বিদ্যমান; অর্থাৎ জীবনে দ্রষ্টা আর দ্রষ্টব্যের তফাৎ সবাই বিচার করে। কিন্তু যোগীই এই সম্পর্কের বিশেষ অনুধাবন করেন।

মন্তব্য শ্লোক 106

এই শ্লোকে কোনো ধারণার উল্লেখ নেই বিশেষ করে। যোগী এখন পূর্বোক্ত সব ধারণায় ঋদ্ধ, সে কথাই বলা হয়েছে।

বিষয় (object) বিষয়ীর (subject) সঙ্গে সম্পর্কিত (related)। বিষয় না থাকলে বিষয়ী থাকে না। সাধারণ লোক প্রকৃত সত্ত্বাকে বা জ্ঞাতাকে (knower) ভুলে থাকে।

প্রকৃত সত্ত্বা চৈতন্যের অধিকারী তিনিই আবার সাক্ষী (witnessing awareness) যার থেকে জাগতিক বিষয় ও বিষয়ীর উত্থাপন এবং যাতেই আবার প্রত্যাবর্তন (সমাপন) হয়। যোগী সর্বদা এই সাক্ষীর বিষয়ে সচেতন থাকে।

শ্লোক 107 (ধারণা 83)

স্ববদন্যশরীরেহপি সংবিত্তিং অনুভাবয়েৎ।
অপেক্ষাং স্বশরীরস্য ত্যক্ত্বা ব্যাপী দিনৈর্ ভবেৎ।।

শব্দার্থ: সম্বিৎ- চেতন জ্ঞান, স্ববৎ- নিজের মনে করা, অপেক্ষা- আশা

ভাবার্থ:

স্বশরীর বা পরের শরীর উভয়তো একই সম্বিৎ তথা সংবেদনার অনুভব থাকে। নিজের শরীরের ভালমন্দের আশা আকাঙ্খা ছেড়ে দিলেও বাকি জগৎ পড়ে থাকে অনুভবের জন্য।

মন্তব্য শ্লোক 107

চেতনার জন্য শরীর জরুরী নয়, শরীর না থাকলেও চেতনার বর্তমানতা সর্বত্র বিদ্যমান। স্বপ্নে স্থূল শরীর ছাড়াও চেতনা উপস্থিতি থাকে। গভীর নিদ্রায় দেহ নয় দেহের অভ্যন্তরস্থ সূক্ষ্ম শরীর জেগে থাকে চেতনায়। তুরীয় অবস্থায় এই করণ শরীর (causal body) ছাড়াও চেতনা বর্তমান। সুতরাং চেতনার বর্তমানে থাকা না থাকার বাধ্য বাধকতা নেই, চেতনা সর্বত্র বিরাজিত এবং ভৈরবের প্রকৃতি ব্যক্তিতে ও বিশ্বে। এ হল শাক্তোপায়ের ধারণা।

শ্লোক 108 (ধারণা 84)

নিরাধারং(1) মনঃ কৃত্বা বিকল্পান্ন বিকল্পয়েৎ(2)।
তদাত্মপরমাত্মত্বে ভৈরবো মৃগলোচনে।।

ভাবার্থ: হে হরিণাক্ষী! মনকে সকল বন্ধন থেকে মুক্ত করলে, তদ্রূপ বিকল্প থেকে মুক্ত হয়ে অবশিষ্ট বিকল্পহীনতায় পরমাত্মার অনুভব হয়।

মন্তব্য শ্লোক 108

1. নিরাধারং- আধার অর্থে বাহ্যিক বস্তুর বোধ বা আন্তরিক কল্পনা, সুখ দুঃখ। নিরাধার অর্থ সেই সবের অনুপস্থিতি।

2. ব্যক্তি বিকল্প ধারণা দূর করতে চায় মুক্তির জন্য। সবিকল্পতা হল মনের দ্বারা বিষয়ের চিন্তা, এক বস্তু অভিমুখী মানসিক প্রক্রিয়া।

নির্বিকল্প হল আধ্যাত্মিক স্থিতি যার দ্বারা ব্যক্তি চৈতন্যের সাক্ষী হতে চায়।

এ হল শাম্ভবোপায়।

শ্লোক 109 (ধারণা 85)

সর্বজ্ঞঃ সর্বকর্তা চ ব্যাপকঃ পরমেশ্বরঃ।

স এবাহং শৈবধর্মা ইতি দার্ঢ্যাচ্ছিবো ভবেৎ।।

শব্দার্থ: দার্ঢ্যাচ্ছিবো- দার্ঢ্যাৎ (অনড়)+শিব, অর্থাৎ অনড় শিব

ভাবার্থ:

সর্বজ্ঞঃ, সর্বকর্তা এবং সর্বত্র ব্যাপ্ত হল পরমেশ্বর। সেই শিবের দৃঢ়তার অনুসারী আমার (সাধকের) শৈবধর্ম, শিবত্ব।

মন্তব্য শ্লোক 109

এখানে প্রত্যভিজ্ঞার (recognition) প্রাথমিক স্তরের উল্লেখ করা হয়েছে। মানুষ জীবের মুখোশ পরে নিজের সত্ত্বাকে ভুলে থাকে। সাধনায় সেই মুখোশ সরে গিয়ে ভগবৎ অনুগ্রহে জীব সত্যশিবের সাক্ষাৎ পায়। এ হল শাক্তোপায়।

শ্লোক 110 (ধারণা 86)

জলস্যেবোর্মিয়ো বহ্নের্জ্বালাভঙ্গ্যঃ প্রভা রবেঃ।

মমৈব ভৈরবস্যৈতা বিশ্বভঙ্গ্যো বিভেদিতাঃ।।

শব্দার্থ: উর্মিয়ো- উর্মি (তরঙ্গ) সমূহ, জ্বালাভঙ্গ- অগ্নিশিখা, প্রভা- আভা

ভাবার্থ:

জলের তরঙ্গ বা অগ্নিশিখার বর্ণময় শোভার মতো বিশ্বে ভৈরবের যে বিভিন্ন প্রকাশ বা বিভঙ্গ সে সবই আমাতেও (সাধকে) স্থিত।

মন্তব্য শ্লোক 110

এখানে দ্বিতীয় স্তরের প্রত্যভিজ্ঞার ধারণার উল্লেখ করা হয়েছে। এই ধারণায় ব্যক্তি তার আত্মার উজ্জ্বল অভিব্যক্তি। এই অভিব্যক্তিতে বিশ্বও দৃশ্যমান কারণ সে জগতের। এ হল শাক্তোপায়।

শ্লোক 111 (ধারণা 87)

ভ্রান্তা ভ্রান্তা শরীরেণ ত্বরিতং ভুবি পাতনাৎ।
ক্ষোভশক্তিবিরামেণ পরা সংজায়তে দশা।।

শব্দার্থ: ভ্রান্ত- ঘুর্ণী, ক্ষোভশক্তি- আলোড়ন শক্তি, ভুবি- ভূমিতে

ভাবার্থ:

নিজের শরীরে ঘুর্ণী প্রয়োগ করলে অর্থাৎ ঘূর্ণায়মান হলে, সেই ঘুর্ণী হঠাৎ থেমে গেলে লোকে ভুপতিত হয়; তখন শক্তির বিরামে পরাশক্তির অনুভব হয়।

মন্তব্য শ্লোক 111

যখন ব্যক্তি ঘুর্ণীপাকের (whirls of body) শেষে ভূপতিত হয় তখন তার হতবুদ্ধি অবস্থায় তাৎক্ষণিক অতীন্দ্রিয় বোধ হয়। এ হল শাম্ভবোপায়।

শ্লোক 112 (ধারণা 88)

আধারেষ্বথবাহশক্ত্যাহজ্ঞানাচ্চিত্তলয়েন বা।
জাতশক্তিসমাবেশক্ষোভান্তে ভৈরবং বপুঃ।।

শব্দার্থ: আধারেষু- ধারক (with support), শক্ত্যাহজ্ঞানাচ্চিত্তলয়েন- শক্তি ও তথাকথিত জ্ঞানের লোপ।

ভাবার্থ:

ঘূর্ণন চলাকালীন যে শক্তি এবং শক্তিমত্তার চেতনা বা জ্ঞান থাকে ঘূর্ণন বন্ধ হলে হঠাৎ উভয়ই লুপ্ত হয়। সেই শক্তি এবং বস্তু সাপেক্ষ জ্ঞান (অজ্ঞান) লুপ্ত হলে যে তাৎক্ষণিক দেহহীনতা তাতে ভৈরবের উদ্ভবের অনুভব হয়।

মন্তব্য শ্লোক 112

শক্তিহীনতায় (অনাশ্রিতা শক্তি) ব্যক্তির মন নিস্তেজ হয়ে জাগতিক বুদ্ধিভ্রংশ হয়ে বস্তুগত মনের ক্রিয়া ক্ষীয়মান হয়। তখন ভৈরব অনুভূতি হয়।

এ হল শাক্তোপায়।

শ্লোক 113 (ধারণা 89)

সম্প্রদায়মিমং দেবি শৃণু সম্যগ্বদাম্যহম্।
কৈবল্যং জায়তে সদ্যো নেত্রয়োঃ স্তব্ধমাত্রয়োঃ।।

শব্দার্থ: সম্প্রদায়- ধর্মীয় পথের নির্দিষ্ট পন্থা, শৃণু- শোনো

ভাবার্থ:

হে দেবি! শৈবধর্মের নির্দিষ্ট পন্থার কথা বলি। অপলক দৃষ্টিতে কোনও নির্দিষ্ট বস্তুতে দৃষ্টি স্থাপন করলে কৈবল্য বা মোক্ষের অনুভব হয়।

মন্তব্য শ্লোক 113

'স্তব্ধমাত্রয়োঃ নেত্রয়ো' হল ভৈরব মুদ্রা যখন দৃষ্টি স্থির থাকে কিন্তু মন অন্তর্মুখী হয়ে বিকল্প রহিত এবং ঈশ্বর অভিমুখী ও শিবভাবাপন্ন হয়। ক্ষেমরাজ বর্তমান শ্লোকের উল্লেখ করে তার উদ্যোৎ ভাষ্যে স্বচ্ছন্দতন্ত্রের শ্লোকের (ভাগ II পৃঃ 238) ব্যাখ্যায় বলেছেন-

'নির্লক্ষ্যস্তব্ধদৃষ্টিবন্ধঃ শান্তো বিগলিতাভিলাষপ্রক্ষীণ সকল বিকল্পজালঃ।'

অর্থাৎ ভৈরব মুদ্রার সাহায্যে বহির্জগতের জাল ছিন্ন হলে সাধক মনে শান্তির আনন্দ উপভোগ করেন যেহেতু সব বিকল্প নষ্ট হয়ে যায়।

মনে রাখতে হবে, কৈবল্য (isolation) শৈব দর্শনে সাংখ্য দর্শনের থেকে পৃথক। সাংখ্যযোগে পুরুষ ও প্রকৃতিতে সাধারণ কোনো মিল (common factor) নেই, সেখানে কৈবল্য হল সম্পূর্ণ পৃথক অবস্থা তথা বিশ্ব থেকেও। কিন্তু শৈব দর্শনে বাহ্যের বিলুপ্তি তথা বস্তুগত শক্তির বিলুপ্তি (সংহৃতি) শিবে। সেই শিবের সঙ্গে সাধকের আত্ম উপলব্ধিই হল কৈবল্যভাব।

এই ধারণা শাক্তোপায়ে উপলব্ধ।

শ্লোক 114 (ধারণা 89)

সঙ্কোচং কর্ণয়োঃ কৃত্বা হ্যঘোদ্বারে তথৈব চ।

অনচ্কমহলং ধ্যায়ন্বিশেদ্'ব্রহ্ম সনাতনম্।।

শব্দার্থ: সঙ্কোচং- সঙ্কুচিত, হ্যঘোদ্বারে- হি(নিশ্চয়)+অঘঃ(আসক্তি)+দ্বারে(পথে)= নিশ্চিত আসক্তির পথ।

ভাবার্থ:

দুই কান বন্ধ করে এবং কামনা বাসনা ত্যাগ করে দৃষ্টি কোনও বস্তুতে স্থাপন করলে চিত্তের আলোয় যা যা সমুদ্ভাসিত হয় তাতেই পূর্ণ ব্রহ্মের অনুভব হয়।

মন্তব্য শ্লোক 114

উপরোক্ত শ্লোকের পদ্ধতি অনুসরণে বাহ্যদশা থেকে নিজেকে অবরুদ্ধ করলে স্বরবর্ণ, ব্যঞ্জনবর্ণের (ধ্বনি) সংযোগ রহিত অনাহত অস্ফুট নাদ শ্রুত হয়। এই নাদ অং-এর 'অ'

বর্জিত বিন্দুসম (.) শব্দ, সেটাই শিব। এই অনাহত শব্দ যখন শুদ্ধ বিসর্গ (:) স্বরবর্ণ ও ব্যঞ্জনবর্ণ রহিত, তখন তা হয় শক্তি ও শিবের সমন্বয়। এই শব্দ অনাহত সুতরাং উচ্চারণ সম্ভব নয়, মনন যোগ্য, যা জীবের শিবে প্রত্যাবর্তন সম্ভব করে।

এই সাধনায় যোগী ব্রহ্ম সনাতনে বা শব্দব্রহ্মে প্রবেশ করতে সক্ষম হয়, যার থেকে শব্দ ও বস্তুর উন্মেষ, যিনি চিরকালীন। এই ধারণার অভ্যাসে যোগী অভূতপূর্ব জীবনীশক্তি (vitaliy) লাভ করে। আনন্দ (supreme bliss) ও স্বাতন্ত্র্য (supreme autonomy) অনুভব হয়। এটাই হল অভিনবগুপ্তের পরাত্রিংশিকা।

'পরব্রহ্মময়-'শিব-শক্তি'-সংঘট্টানন্দস্বাতন্ত্র্যসৃষ্টিপরাভট্টারিকারূপেনুপ্রবেশঃ।'

-(পরাত্রিংশিকা পৃঃ 50)

এই ধারণা শাক্তোপায়ে উপলব্ধ।

শ্লোক 115 (ধারণা 90)

কূপাদিকে মহাগর্তে স্থিত্বোপরি নিরীক্ষণাৎ।

অবিকল্পমতেঃ সম্যক্ সদ্যশ্চিত্তলয়ঃ যঃ স্ফুটম্।।

শব্দার্থ: কূপ- কুয়ো (well), সদ্যশ্চিত- তৎক্ষণাৎ, তলয়ঃ- তল

ভাবার্থ:

কুয়োর গভীর গর্তে তলের দিকে দৃষ্টিপাত করলে এবং তল পর্যন্ত্য পর্যবেক্ষণ করলে, সেই অসীম তলের অনুভব হয় যা অন্য সব বিকল্প অনুভবকে লয় করে দেয়।

মন্তব্য শ্লোক 115

যোগীর দীর্ঘ সময় ধরে শূন্যে বা উচ্চশিখরে স্থির দৃষ্টিপাতে তার শরীরে উদ্বেগের সঞ্চার হতে পারে (giddiness) বা ভীত বোধ করতে পারে। এমতাবস্থায় তার অন্তরের স্পন্দন (inner dynamic reality) তাকে সাধারণ চেতনা থেকে বিক্ষিপ্ত করতে পারে। যদি তার ইতোমধ্যে বিকল্প রহিত শুদ্ধ জীবনের স্থির বুদ্ধি (মতি) প্রাপ্ত হয়ে থাকে তবে তার এই বিক্ষেপ তাকে উন্নততর (higher dimension) বোধে উন্নীত করতে পারে। যোগী নিজেকে শান্তিরও উর্দ্ধে তখন অনুভব করে। এ হল শাম্ভবোপায়।

শ্লোক 116 (ধারণা 91)

যত্র যত্র মনো যাতি বাহ্যে বাভ্যন্তরেহপি বা।

তত্র তত্র শিবাবস্থা ব্যাপকত্বাৎ ক্ব যাস্যতি।।

শব্দার্থ: ক্ব- কোথায়

ভাবার্থ:

সাধকের অন্তরে, বাহিরে যেথায় যেথায় মন গমন করে, তথায় (সর্বত্র) শিবের উপস্থিতি হয়।

মন্তব্য শ্লোক 116

এই শ্লোকের দুটো দিক আছে, এক হল অতীন্দ্রিয় (metaphysical) দ্বিতীয় হল বিষয়ের আলো-আঁধার (mystical)। প্রথমটির অর্থ হল সবই শিবের প্রকাশ অর্থাৎ শিবময়। দ্বিতীয়টির অর্থ হল যখন সবই শিবময় তবে বাস্তব জগতকে অস্বীকার করার বা সে সম্বন্ধে খুঁতখুঁতে হবার প্রয়োজন নেই; যা নয়ন লোভন বা মনের সুখের কারণ, আবেগ চিন্তা ইত্যাদি সবেতেই শিবের অনুধ্যান (meditation) করা যেতে পারে। এর ফল চমৎকার। সবকিছুই শিবময় এবং বিশ্বচৈতন্য প্রবাহে বাহিত বলে মনে হবে। এর ফলে মনের সব ইন্দ্রিয়গত ইচ্ছা দূর হয়ে যাবে, মন স্বচ্ছ হয়ে ভগবৎ চৈতন্যে প্রবেশের উপযুক্ত হয়ে উঠবে। এই শিক্ষাই স্পন্দকারিকায় আছে (স্পন্দকারিকা, দ্বিতীয় পর্ব শ্লোক 3,4,5)। এই ধারণা শাক্তোপায়ের।

শ্লোক 117 (ধারণা 92)

যত্র যত্রাক্ষমার্গেণ চৈতন্যং ব্যজ্যতে বিভোঃ।

তস্য তন্মাত্রধর্মিত্বাচ্চিল্লয়াডরিতাত্মতা।।

শব্দার্থ: ব্যজঃ- পাখনা, অক্ষমার্গেণ ব্যজ্যতে চক্ষুরূপ পাখনার দ্বারা

ভাবার্থ:

চোখের নিবদ্ধ দৃষ্টির সহায়তায় চৈতন্যের যে দীপ্ত উড্ডয়ন (উড়ান) হয় এবং চিত্তের আলোয় যা যা সমুদ্ভাসিত হয় তাতেই পূর্ণ ব্রহ্মের অনুভব হয়; পঞ্চেন্দ্রিয়ের অন্যান্য ইন্দ্রিয়ের ক্ষেত্রেও এই অবস্থা প্রযোজ্য।

মন্তব্য শ্লোক 117

শরীরের প্রত্যেক ইন্দ্রিয়ের আলাদা আলাদা অনুভূতি আছে। তেমনি প্রত্যেক অঙ্গ প্রত্যঙ্গের আলাদা আলাদা কর্মও আছে। জ্ঞান ও কর্মজনিত পৃথক পৃথক কর্মবোধ আছে।

বর্তমান ধারণার বক্তব্য হল শরীরের বাইরের বা অন্দরের যে অনুভূতি মানুষের হয় তার সম্পর্ক যেমন দেহ মনে জড়িত তেমনি আবার সেসব বিশ্ব-চেতনারই প্রকাশ। সাধক প্রত্যেকটি অনুভব সেই পরিপ্রেক্ষিতেই দেখবে। দর্পণে যা প্রতিবিম্বিত হয় সেটা বহির্জগতেরই, মানুষের মনেও বিশ্বই বিভিন্নরূপে প্রতিফলিত হয়। দর্পণে প্রতিফলন ধরা ছোঁয়ার বাইরে এবং দর্পণ থেকে আলাদা কিছু নয়। বিশ্বের প্রতিফলন, মনে চিত্তে যা হচ্ছে সেটা আমরা বিশ্বচেতনার আলোতেই অনুভব করতে পারছি। যোগী যখন এভাবে চিন্তা করতে পারে তখন তার মনই বিশ্বচৈতন্যে ডুবে যায় এবং ভৈরবের প্রকৃতি প্রাপ্ত হয়। এ হল শাক্তোপায়।

শ্লোক 118 (ধারণা 93)

ক্ষুতাদ্যন্তে ভয়ে শোকে গহ্বরে বা রণাদ্দ্রুতে।
কুতূহলে ক্ষুধাদ্যন্তে ব্রহ্মাসত্তাময়ী দশা।।

শব্দার্থ: ক্ষুত- হাঁচি, কুতূহল- উৎসুকতা, রণাদ্দ্রুতে- রণভঙ্গে

ভাবার্থ:

হাঁচির বিড়ম্বনার শুরুতে বা শেষে; ভয়ে, শোকে, বিভ্রমে যুদ্ধক্ষেত্র থেকে প্রাণ হাতে করে পালানোর সময়; জাগ্রত উৎসুকতায় বা ক্ষুধা নিবৃত্তিতে তৃপ্তি লাভ করলে, তৎক্ষণাৎ যে অনুভব হয় সেই অনুভব ব্রহ্মতুল্য।

মন্তব্য শ্লোক 118

গহ্বরের অর্থ হল গভীর খাদ অথবা দীর্ঘশ্বাস। যেহেতু মানুষের বেশির ভাগ ভাবই দেহ-মন বা আবেগ তাড়িত (psychophysical or emotional), সেই অর্থে এখানে গহ্বরের অর্থ হল শ্বাস, যার গতিতে প্রকাশিত হয় আবেগ ও শারীরিক বিভিন্ন উপসর্গ। তা সে হাঁচি, কাশি, ক্ষুধা, ভয়, উৎসুক্য, স্পর্ধা বা স্পর্ধা ত্যাগের মানসিক স্থিতিই হোক না কেন; চেতনায় সেসব স্পন্দনের সৃষ্টি করে বা ব্যক্তির তথা জগতের স্পন্দন প্রবাহিত হয়। ব্যক্তিতে স্পন্দনের প্রভাব সজাগ ব্যক্তিকে (aware) সম্পূর্ণ পরিবর্তিত করে দিতে পারে যদি সে সেই মুহূর্তকে সদর্থক ভাবে ধরে রেখে তার অনুসরণ করতে পারে। অন্যতর ক্ষুদ্র বিষয়কে অস্বীকার করে চৈতন্যের গভীরে সেই ক্ষণিকের বিহ্বলতাকে আশ্রয় করে, প্রবেশ করতে পারে সমৃদ্ধ ভাবের জগতে।

স্পন্দকারিকায় (প্রথম পর্ব শ্লোক 22) এইরকম স্থিতির বর্ণনা আছে।

'অতিক্রুদ্ধঃ প্রহৃষ্টো বা, কিম্ করোমীতি বা মৃশন্।

ধাবন্বা যৎপদং গচ্ছেত্তত্র স্পন্দঃ প্রতিষ্ঠিতঃ।।

যখন কেই অতিক্রুদ্ধ বা হর্ষিত হয় তখন তার কিংকর্তব্যবিমূঢ় দশা হয় এবং সেই মানসিক অবস্থায় স্পন্দ প্রকট হয়ে ভগবৎ চৈতন্যের উদয় হয়।

এ হল শাম্ভবোপায়।

শ্লোক 119 (ধারণা 94)

বস্তুষু স্মর্য়মাণেষু দৃষ্টে দেশে মনঃ ত্যজেৎ।

স্বশরীরং নিরাধারং কৃত্বা প্রসরতি প্রভুঃ।

শব্দার্থ: স্মর্য়- গর্দভ, প্রসরতি- উদয় হওয়া

ভাবার্থ:

পারিপার্শ্বিক জগতে গর্দভজনিত বুদ্ধিহীনতা দেখে সাধক নিজের শরীরকেও অহেতুক এবং অস্তিত্ববিহীন (নিরাধার) মনে করলে ঈশ্বর (প্রভু) কেই সর্বত্র অবশিষ্ট রূপে অনুধাবন করে।

মন্তব্য শ্লোক 119

একটি বস্তু বা অবস্থার মননে অন্য বিষয় ধূসরতা প্রাপ্ত হয়। তেমনি ব্যক্তি দেহ থেকে মনকে পৃথক করতে পারলে তার মনে অন্য সবকিছুর ভাবনা অবসিত হয়ে চৈতন্যের উজ্জ্বল উদয় হয়। এই চৈতন্যের শুদ্ধ রূপই হল ভৈরব।

এ হল শাক্তোপায়।

শ্লোক 120(ধারণা 95)

ক্বচিদ্বস্তুনি বিন্যস্য শনৈর্দৃষ্টিম্ নিবর্তয়েৎ।

তজজ্ঞানং চিত্তসহিতং দেবি শূন্যালয়ো ভবেৎ।।

শব্দার্থ: ক্বচিদ্ব- অকস্মাৎ (ক্ষণস্থায়ী), স্তুতি- প্রসঙ্গত, বিন্যস্য- নিক্ষিপ্ত,

শনৈর্দৃষ্টি- অল্পক্ষণের জন্য নজর করা।

ভাবার্থ:

হে দেবি! ক্ষণকালের জন্য কোনও কিছুতে দৃষ্টি নিবদ্ধ করে শীঘ্র দৃষ্টি সরিয়ে নিলে সেই অনুভব মনে শূন্যতার (i) সৃষ্টি করে তথা (ii) ভৈরবী মুদ্রায় অবসিত হয়।

মন্তব্য শ্লোক 120

সাধক বস্তুর জ্ঞান দূর করতে পারলে তার মনে দুই প্রকার অনুভব হয়।

(i) শূন্যভাবানন্দ অথবা (ii) ভৈরব ধারণা (মুদ্রা)।

(i) শূন্যভাবানন্দ হল বস্তু রহিত, বিশ্ব রহিত শূন্যাবস্থার কল্পনা। এই কল্পনায় সবই শূন্যের দ্বারা প্রতিস্থাপিত হয়।

(ii) ভৈরবমুদ্রায় করণীয় স্থির নেত্রে অন্তর্দৃষ্টি পাত। অভিনিবেশ অন্তরস্থ সত্ত্বায়, ফলে বহির্জগতের কিছুই সাধকের নজরে আসে না। এই ধারণার উদ্দেশ্য হল বহির্জগতের প্রভাব মুক্ত হওয়া। এ হল শাক্তোপায়ের সাধনা।

শ্লোক 121 (ধারণা 96)

ভক্ত্যুদ্রেকাদ্বিরক্তস্য যাদৃশী জায়তে মতিঃ।
সা শক্তিঃ শাঙ্করী নিত্যং ভাবয়েত্তাং ততঃ শিবঃ।।

শব্দার্থ: ভক্ত্যুদ্রেকাদি- ঈশ্বরে ভক্তি ইত্যাদি, বিরক্ত- অন্য কিছুতে অনাসক্ত, শাঙ্করী- পার্বতী।

ভাবার্থ:

ভগবানের প্রতি ভক্তি ইত্যাদিভাবে মন নিবিষ্ট হলে মনে যে শক্তির উদয় হয় সদা তাতেই শিবের আবাস। এই মতই শিব পার্বতীকে বললেন।

মন্তব্য শ্লোক 121

যে নিজেকে বাইরের জগৎ থেকে সম্পূর্ণ গুটিয়ে নিতে পারে এবং ভগবানে মতি স্থাপন করতে পারে তার ইন্দ্রিয়ের প্রবৃত্তি দূর হয়ে যায়। 'মতি'র অর্থ শুদ্ধ ভগবৎ প্রবৃত্তি (spiritual dynamic intuition)। মতি হয় শাঙ্করী শক্তিযুক্ত অর্থাৎ শঙ্করে প্রচোদনা যা ব্যক্তিকে পবিত্র করে (consecrate)।

এই ধারণার চার স্তর, i) ব্যক্তির জীবনের উদ্দেশ্য ভগবৎমুখী হওয়া, ii) ভগবৎ শরণ, iii) উপরোক্ত দুই উপায়ে হয় মনশুদ্ধি ও ইন্দ্রিয় বিমুখতা যাতে মন ভগবৎ শক্তিতে জীবনের পিছুটান অতিক্রম করতে পারে, iv) ভগবৎ ভাবনাময় হওয়া- 'নিত্যম ভাবয়েৎ তাম'। ভগবৎ শক্তিই তখন সাধকের মনকে শিবে নিমজ্জিত করে (ততঃ শিবঃ)।

সাধকের এই ভক্তাবস্থা ধূপ-দীপ জ্বালানোর জন্য বা ভগবানকে পুষ্পার্ঘ্য প্রদানের জন্য নয়, ভগবানকে জীবনের আধার বানানোর জন্য। এ হল শাম্ভবোপায়।

শ্লোক 122 (ধারণা 97)

বস্ত্বন্তরে বেদ্যমানে সর্ববস্তুষু শূন্যতা।

তামেব মনসা ধ্যাত্বা বিদিতোহপি প্রশাম্যতি।।

শব্দার্থ: বস্ত্বন্তরে- অন্তরে বস্তু সম্বন্ধীয় জ্ঞান, প্রশাম্যতি- শান্তি

ভাবার্থ:

যখন কোনও বস্তুতে দৃষ্টি বা মন সংযুক্ত হয় তখন বাকি সব শূন্য মনে হয়। বস্তুর সাপেক্ষে সেই শূন্যতার বোধ মনকে শান্ত করে।

মন্তব্য শ্লোক 122

যখন সাধক শূন্যের ধারণা করে তখন শূন্যমুখী হয় এবং সাধকের অন্তরে চিৎ-প্রকাশ সম্ভব হয়, অন্য কিছু নয়। তার মনে তখন বস্তুভেদ হয় না কারণ মন বস্তু গ্রহণে অপারগ। যদিও সে কোনও বস্তুগত অবস্থা থেকেই তার সাধনা শুরু করেছিল, তার বস্তুভেদে মনের নিবৃত্তি হয়েছে এবং সে শান্তি লাভ করেছে। এই ধারণা শাক্তোপায়ের।

এই ধারণার সঙ্গে 120-সংখ্যক শ্লোকের ধারণার কিছু মিল আছে। পূর্বোক্ত শ্লোকে যে একটি বস্তুতে মন নিবিষ্ট করতে বলা হয়েছিল তাতে উদ্দেশ্য ছিল শূন্যবোধ করা; বর্তমান ধারণার উদ্দেশ্য সবেতেই শূন্যবোধ করা।

উভয় ধারণাই শাক্তোপায়ে উপলব্ধ বা অনুসরণীয়।

শ্লোক 123 (ধারণা 98)

কিঞ্চিজ্জৈজ্ঞর্য়া স্মৃতা শুদ্ধিঃ সা শুদ্ধিঃ শম্ভুদর্শনে।

ন শুচির্হ্যশুচিস্তস্মান্নির্বিকল্পঃ সুখী ভবেৎ।।

শব্দার্থ: কিঞ্চিজ্জৈজ্ঞর্য়া- কিঞ্চিৎ জ্ঞাত, অল্পবুদ্ধি

ভাবার্থ:

একজন শিবভক্তের অল্পবুদ্ধিবলে সত্যের (শুদ্ধের) খোঁজ হল শুদ্ধ অশুদ্ধের মিশ্রণ, যদিও সে তার বিচারকেই শুদ্ধ মনে করে। প্রকৃত সাধক শুদ্ধ অশুদ্ধের উর্দ্ধে উঠে সুখ অনুভব করে হৃদয়ে।

মন্তব্য শ্লোক 123

বর্তমান শ্লোকে শৌচের কথা বলা হয়েছে। এই শৌচ শরীরের ধৌতি স্নান ইত্যাদি। শৈবধর্মে ত্রিকায় এর উল্লেখ আছে, ত্রিকা যদিও বাহ্যিক শৌচের উপর বিশেষ জোর দেয় না। মানসিক শৌচ হল মনে বিকল্পত্যাগে শুদ্ধতা। যদিও শারীরিক শৌচ গ্রাহ্য কিন্তু ঐশ্বরিক জগতে প্রবেশে শারীরিক শৌচ অবসম্ভাবী নয়, চারিত্রিক বা ভগবতীয় শুদ্ধতার তুলনায়।

সত্যি কথা বলতে গেলে সেই শুদ্ধ যে নিজের দেহ ভাব থেকে মুক্ত। নির্বিকল্পে তারই সত্যিকারের সুখবোধ হয়। স্বামী লক্ষণ জু-র পাঠ-

'কিঞ্চিজজ্ঞানৈর যা স্মৃতা শুদ্ধিঃ সা শুদ্ধিঃ শম্ভুদর্শনে।

ন শুচির নাশুচিস তস্মান নির্বিকল্পঃ সুখী ভবেৎ।।'

অর্থাৎ, যাকে সাধারণ লোক শুদ্ধ মনে করে, ত্রিকা দর্শনে সেই শুদ্ধতা বা অশুদ্ধতার বিচার নেই। বিকল্পের উর্দ্ধেই সুখ। প্রকৃত শুদ্ধতা দেহে নয়, দেহোত্তর সর্বোত্তম আত্মবোধে। এই ধারণা শাক্তোপায়ে অনুশীলনীয়।

শ্লোক 124 (ধারণা 99)

সর্বত্র ভৈরবো ভাবঃ সামান্যেষ্বপি গোচরঃ।

ন চ তদ্ব্যতিরেকেণ পরোহস্তীত্যদ্বয়া গতিঃ।।

শব্দার্থ: পরোহস্তীত্যদ্বয়া- পর+অস্তিত্য+অদ্বয়া= অন্য অস্তিত্ব নেই

ভাবার্থ:

ভৈরবের অবস্থান ছোটবড় সবেতেই। তিনি ছাড়া অন্য কিছুই সত্য সত্যই নেই। এইভাব হলে সমত্বে অদ্বৈতে সাধক স্থিত হয়।

মন্তব্য শ্লোক 124

এই ধারণায় বিশেষ কোনও চর্চার (practice), বা সাধনার কথা বলা হয়নি। ব্যক্তির কাছে ভৈরব সদা বর্তমান যার দুইটি গভীর বিশ্বাস আছে।

i) সাধারণ লোক আমি(I) বলতে শুধু নিজেকে বোঝে। মহেশ্বরানন্দ তাঁর 'মহার্থমঞ্জরী'তে (শ্লোক-4) বলেছেন-

'যং জানন্তি জড়া অপি জলহার্য়োহপি যং বিজানন্তি।

যস্যাংব নমস্কারঃ স কস্য স্ফুটো ন ভবতি কুলনাথঃ।।'

অর্থাৎ, অজ্ঞান জীব স্থলের বা জলের যাকেই প্রণতি করে শক্তির প্রভু রূপে, তিনি সকলের কাছেই প্রকটিত (evident)। কি করে তিনি প্রকটিত? কারণ সবার মধ্যে তাঁর আমিত্বই (I-consciousness) বিরাজমান। নিজের আমি ব্যক্তির রূপক (pseudo-I) মাত্র, যাকে ব্যক্তি ইচ্ছায় অনিচ্ছায় ব্যবহার করে। চিরকালীন আমি (eternal-I) বিজ্ঞান বা চিদানন্দ, সেটাই ভৈরব এবং অন্তরে উপলব্ধ।

ii) বাহ্যিকভাবেও অন্তরের আমি (অন্তরাত্মা) শক্তিতে প্রকাশমান। যে সাধক ভৈরবকে অন্তরে বাহিরে চেনে এবং বিশ্বাস করে, সে ভৈরবের অংশীদার। সেই ব্যক্তি ভগবৎ স্বাদে মত্ত (God-intoxicate)। ভৈরব সেই ব্যক্তির বাস্তবে সদা বর্তমান তার সঙ্গে দ্বৈত ভাবে।

এই ধারণা অনুপায় ধারণা।

শ্লোক 125 (ধারণা 100)

সমঃ শত্রৌ চ মিত্রে চ সমো মানাবমানয়োঃ।
ব্রহ্মণঃ পরিপূর্ণত্বাদিতি জ্ঞাত্বা সুখী ভবেৎ।।

ভাবার্থ:

যার অন্তরে শত্রু মিত্র ভেদ নেই, মান অপমানের বিচার নেই; ব্রহ্মকেই সর্বত্র, সবেতেই জ্ঞান করে, সেই সুখী।

মন্তব্য শ্লোক 125

ভৈরবের সর্বময়তার বিশ্বাস হল 'ব্রহ্মণঃ'। এই বিশ্বাস সাধকের মনে সমতার জন্ম দেয় এবং এর থেকেই সর্বতোভদ্র ভাবের (goodness to all) উৎপন্ন হয়। এইভাব একবার উৎপন্ন হলে তার আর অপনয়ন হয় না, খ্যাতি অখ্যাতিও ব্যক্তির উপর কোনো প্রভাব বিস্তার করতে পারে না। মনের সব বিক্ষোভ দূর হয়ে চিরকালীন প্রশান্তি লাভ হয়। গীতায় (অধ্যায়-V শ্লোক-18, অধ্যায়-XIV শ্লোক-25) সে কথা বলা হয়েছে। এ হল শাক্তোপায়।

শ্লোক 126 (ধারণা 101)

ন দ্বেষং ভাবয়েৎক্বাপি ন রাগং ভাবয়েৎক্বচিৎ।
রাগদ্বেষবিনির্মুক্তৌ মধ্যে ব্রহ্ম প্রসর্পতি।।

ভাবার্থ:

যে সাধক অনুরাগ বা বিতৃষ্ণার দ্বারা প্রভাবিত নয় এবং অন্তে সবকিছুতেই ব্রহ্মভাব লক্ষ্য করেন তার কাছে পরব্রহ্ম উদিত হন।

মন্তব্য শ্লোক 126

সমতার চেতনা পূর্বোক্ত ও বর্তমান শ্লোকের (125 & 126) বিষয়বস্তু। তফাৎ হল পূর্বোক্ত শ্লোকে সমতার বোধ হয় ব্রহ্মের চিন্তনে এবং বর্তমান শ্লোকে সমতার বোধ হয় খ্যাতি অখ্যাতিতে নির্বিকার থেকে। উভয়ই শাক্তোপায়ে লভ্য।

শ্লোক 127 (ধারণা 102)

যদবেদ্যং যদগ্রাহ্যং(1) যচ্ছূন্যং(2) যদভাবগম্।
তৎসর্বং(3) ভৈরবং ভাব্যং তদন্তে বোধসম্ভবঃ।।

শব্দার্থ: যচ্ছূন্যং- যৎ শূন্যং= যা শূন্য

ভাবার্থ: যাকে জানা যায় না, ধরা যায় না, যা শূন্যময় এই ভাবনার বশবর্ত্তী হলে, সবেতেই ভৈরব ভাবে উপনীত হওয়া যায়।

মন্তব্য শ্লোক 127

1. সর্বোচ্চ সত্যকে (ultimate reality) অবেদ্য (অজানা) ও অগ্রাহ্য (অবোধ্য, অকল্পনীয়) বলা হয়েছে। কারণ সেই সত্য বিচার করা যায় না।

2. শিবোপাধ্যায় তার ভাষ্যে (বিবৃতি), ত্রিকা দর্শনের শূন্যের ব্যাখ্যা করতে গিয়ে বলেছেন-

'সর্বালম্বনধর্মশ্চ সর্বতত্ত্বৈরশেষতঃ।
সর্বক্লেশাশয়ৈঃ শূন্যং ন শূন্যং পরমার্থতঃ।।'

অর্থাৎ, যা সব অবলম্বন, সব তত্ত্ব, ক্লেশের সব অবশেষ থেকে মুক্ত সেই শূন্য। যদিও সর্বার্থে তা শূন্য নয়।

ভৈরবকে শূন্য বলা হয় কারণ তাকে কোনও অবলম্বনের মাধ্যমে সীমাবদ্ধ করা যায় না। তিনি সব তত্ত্বের (principles) উর্দ্ধে। তার কোনও ক্লেশও (দাগও) নেই।

অবিদ্যা হল জগতের প্রাথমিক ক্লেশ, অস্মিতা (ego-sense) দ্বিতীয়, রাগ (attachment), দ্বেষ(aversion), অভিনিবেশ (আকর্ষণ), মৃত্যুর ভয়, এসব পরবর্ত্তী ক্লেশ। শূন্যে কোনও ক্লেশ নেই সেটাই সত্য।

3. অস্তিত্ব ও অনস্তিত্ব শূন্যের সাপেক্ষেই তাই শূন্য পরম সত্য বা পরম স্থিতি।

শিবোপাধ্যায় 'জ্ঞানার্থমঞ্জরী' থেকে (শ্লোক 32) উল্লেখ করেছেন-

'কঃ সদ্ভাববিশেষঃ কুসুমাদ্ভবতি গগনকুসুমস্য।
যৎস্ফুরণানুপ্রাণো লোকঃ স্ফুরণং চ সর্বসামান্যম্।।'

অর্থাৎ, সত্যিকারের ফুল ও আকাশকুসুমের মধ্যে কি তফাৎ ? বিশ্বের স্ফুরণ হয় দৈবে, সেই স্ফুরণের দৈব আকস্মিকতা সর্বত্র বিদ্যমান। এতেই আছে অস্তিত্ব, অনস্তিত্ব।

স্বাতন্ত্র্যশক্তি বা মহাসত্তায় (সৃষ্টি উপলক্ষে মহাঅস্তিত্ব ধারণ) তাৎক্ষণিক স্ফুরত্তের সার্বিক ব্যাপকত্বের উল্লেখ আছে উৎপলদেবের 'ঈশ্বরপ্রত্যভিজ্ঞায়' (ভাগ I শ্লোক 14)।

'সা স্ফুরত্তা মহাসত্তা দেশকালাবিশেষিণী।
সৈষা সারতয়া প্রোক্তা হৃদয়ং পরমেষ্টিনঃ।।'

অর্থাৎ, বিশ্বচৈতন্যের সৃজনশীলতার তাৎক্ষণিক স্ফুরণ সব পরিবর্তনের কারণ যদিও নিজে স্থান-কালের উর্দ্ধে। এই বিশ্বচৈতন্য সর্বোত্তম সার্বভৌমের হৃদয়।

অভিনবগুপ্ত সুন্দর করে বলেছেন-

'সত্তা চ ভবনকর্তৃতা সর্বক্রিয়াসু স্বাতন্ত্র্যম্।
সা চ খপুষ্পাদিকমপি ব্যাপ্নোতি ইতি মহতী।।'

সত্তা এখানে নিজে সৃষ্টিমুখী নয় বা সৃষ্টি নয়, এই সত্তা মহাসত্তা যা সর্বত্র ব্যাপ্ত আকাশকুসুমও তার অন্তর্গত (অনস্তিত্ব)।

সুতরাং বর্তমান শ্লোকের ধারণা সেই ভৈরবের যিনি মহাসত্তার অধিকারী, সর্বতোভাবে মুক্ত। তবেই পূর্ণজ্ঞান (full enlightenment) সম্ভব।

এই ধারণা শাম্ভবোপায়ের।

শ্লোক 128 (ধারণা 103)

নিত্যে নিরাশ্রয়ে শূন্যে ব্যাপকে কলনোজ্ঝিতে।
বাহ্যাকাশে মনঃ কৃত্বা নিরাকাশং সমাবিশেৎ।।

শব্দার্থ: কলনোজ্ঝিতে- কলন (গণনা)+উজ্ঝিতে (পরিত্যক্ত)= গণনার উর্দ্ধে

ভাবার্থ:

অন্তরীক্ষের শূন্যতায় মনোনিবেশ করলে সাধক নিরাশ্রয় (formless), নিত্য, ব্যাপক, অগণন (গণনার উর্দ্ধে) বাহ্যাকাশে (আকাশেরও উর্দ্ধে) নিজেকে উপলব্ধি করেন।

মন্তব্য শ্লোক 128

বর্তমান শ্লোকে দুটো বিশেষ বিষয়ের উল্লেখ করা হয়েছে। এক হল শূন্যকে আলাদা ধারণা করা (abstract) এবং তাতে মনোনিবেশ করা। যেহেতু এই মনোনিবেশ সম্ভব নয়, তাই সাধক অন্তরীক্ষের বিস্তারিত শূন্যে মনোনিবেশ করবে। 'খম্' বা আকাশ হল সেই শূন্য, তাকেই ব্রহ্মণ বা শুদ্ধ মানবে।

দীর্ঘ অভ্যাসে সাধক আধারহীন শূন্যের কল্পনা করতে পারবে। তখন সাধক অন্তরে শূন্যের সন্ধানে রত হলে ঐশ্বরিক চেতনার আভাস পাবে এবং নিজের সত্তায় আধ্যাত্মিক আমি (me- emperical self) তথা আত্মাকে অনুভব করবে। এর ফলে ভৈরবের প্রকৃতির সূত্রে (যোগ) সমাবিষ্ট হওয়া সম্ভব হবে স্থান-কালের উর্দ্ধে।

দ্বিতীয় হল পূর্বোক্ত শ্লোকে ভৈরবকে শূন্য বা শূন্য-ধাম বলে উল্লেখ করা হয়েছে যেখানে শূন্য বিদ্যমান। বর্তমান শ্লোকে শূন্যকে 'নিরাকার' বা 'অতিশূন্য' বা 'অশূন্য' (অতিক্রমিত শূন্য) বলা হয়েছে যা প্রকৃত পক্ষে শূন্যের ভিত্তিভূমি এবং মহাসত্তা বা মহাসামান্য বলে কথিত। এ হল ধারণার শাক্তোপায়।

শ্লোক 129 (ধারণা 104)

যত্র যত্র মনোযাতি তত্তৎ তেনৈব তৎক্ষণম্।
পরিত্যজ্যানবস্থিত্যা নিস্তরঙ্গস্ততো ভবেৎ।।

শব্দার্থ: তেনৈব- তাহাতে

ভাবার্থ:

যেখানে যেখানে মন যায় সেইখানে মনের সাময়িক (ক্ষণমাত্র) স্থিতি হয়। এই ভাব দূর করলে, মন স্থিতি লাভ করে, নিস্তরঙ্গ হয়।

মন্তব্য শ্লোক 129

নির্লিপ্ততার অভ্যাসে ও বৈরাগ্যের দ্বারা মনের অস্থিরতা দূর করা যায়। বৈরাগ্যের অর্থ বিষয় ত্যাগ করে অর্থাৎ জাগতিক প্রয়োজনের বিষয় ত্যাগ করে অন্যত্র মনোনিবেশ করা সদর্থক ধ্যানে। গীতায় (অধ্যায়-VI শ্লোক-26) আছে-

'যতো যতো নিশ্চরতি মনশ্চঞ্চলমস্থিরম্।
ততস্ততো নিয়মৈতদাত্মন্যেব বশং নয়েৎ।।'

অর্থাৎ, মন যেকোনো দিকে বিক্ষিপ্ত হলে তাকে ধরে রাখবে এবং নিজের অনুগত করবে। এ হল শাক্তোপায়।

শ্লোক 130 (ধারণা 105)

ভয়া সর্বম্ রবয়তি সর্বদো ব্যাপকোহখিলে।
ইতি ভৈরবশব্দস্য সন্ততোচ্চারণাচ্ছিবঃ।।

শব্দার্থ: সর্বদো- সর্ব+অদ্ (তিনি)= সেই ভগবান, অখিলে- সর্বত্র, রবয়তি- হুঙ্কার দেয়, সন্ততোচ্চারণ- সাধুদের উচ্চারণ

ভাবার্থ:

ভৈরব কথাটির অর্থ হল যিনি ভয় দূর করেন হুঙ্কার ও চিৎকার করে; আবার নিঃশব্দের দ্বারা সমস্ত জগৎ ব্যাপ্ত করেন। অর্থাৎ প্রথমে প্রকট ও পরে অপ্রকট, এই উভয় অবস্থা তাঁরই। সাধুরা তাকেই শিব নামে উল্লেখ করেন। এই শ্লোকের প্রথম পদ বর্তমান পুস্তকে 'ভয়া'র স্থানে 'মর্য়া' উল্লেখিত, কিন্তু ভৈরবের সঙ্গে জাগতিক ভয় দূরীকরনের সাযুজ্য রেখে 'ভয়া' পদটি গৃহীত হল।

মন্তব্য শ্লোক 130

ত্রিকা দর্শনে ভৈরবের ব্যুৎপত্তিগত অর্থ অনেক রকমে দেওয়া হয়েছে। ভৈরবে-> ভা+ঐ+র+ব, ভা+ঐ সন্ধি করলে হয় ভৈ তার সঙ্গে র এবং ব যোগে ভৈরব। আবার প্রতিটি অক্ষরের পৃথক অর্থও আছে। 'ভা' অর্থাৎ ভাস্বর যা নিজেকেই আলোর বিচ্ছুরণ। ত্রিকা দর্শনে 'ঐ' হল ক্রিয়াশক্তি, আর 'র+ব' রব হল আওয়াজ করা। এখানে 'রব'-এর প্রয়োগ বিমর্শতি বা বুঝতে পারা অর্থে।

'সর্বম্' বা পূর্ণ অর্থ হল যার আলো ক্রিয়াত্মক হয়ে জগতকে স্বরূপ মনে করে (রবয়তি)।

'পরাত্রিংশিকা'য় অভিনবগুপ্ত ভৈরবের ভিন্ন অর্থ করেছেন।

'ভৈরব ভরণাত্মকো মহামন্ত্র রবাত্মকশ্চ' (পৃঃ 63)

অর্থাৎ, ভৈরব বিশ্বকে (cosmos) ধরে রাখে, রক্ষা করে এবং 'অং' বা 'অহম্' এই মহামন্ত্র ধ্বনি উচ্চারিত হয় তাঁর থেকে।

'তন্ত্রালোকে' অভিনবগুপ্ত ভৈরবের অনেক অর্থ করেছেন যার মধ্যে তিনটি প্রধান।

i) এখানে 'ভৃ' ধাতুর উপর জোর দেওয়া হয়েছে যার অর্থ ধারণ ও পোষণ। ভৈরব সেই কর্মটি করেন বিশ্বের (cosmos) ধারক (substratum) হিসাবে আবার এতে সমাবিষ্টও হয়ে যান (ভৃয়তে সবিমর্শতয়া)।

ii) ভৈরব সর্বদা অহম মন্ত্র ধ্বনি করেন (রবরূপতশ্চ)।

iii) ভৈরব ভয়ভীতকে অভয় প্রদান (সংসারভীরু হিতকৃৎ) করেন সর্বদা জন্ম-মৃত্যুর চক্রে বদ্ধ জীবনে (cycle of transmigratory existence)।

'ভৈরবে'র প্রতিটি অক্ষরের শব্দার্থ তার প্রতিটি ক্রিয়ার দ্যোতক। যথা 'ভ'-ভরণ, 'র'-রাবণ বা সংহার, 'ব'-বমন, বিশ্বের প্রক্ষেপ। 'ভৈরবে'র 'রব' এই দুটি অক্ষরে ব্যক্ত বিশেষণ হল সর্বদা (bestower of all) এবং ব্যাপক (all-pervasive)। 'রা' হল 'র'-এর ধাতুরূপ অর্থাৎ দেওয়া (bestow); 'সর্বদা'র বিশ্লেষণ 'সর্বম্ রাতি' (bestow all); 'ব'-এর ধাতুরূপ 'বা' অর্থ বিস্তার (diffuse) বা ব্যাপকত্ব যা ভৈরবের ক্রিয়াত্মক গুণ (সর্বত্র ব্যাপ্ত)।

মনে রাখতে হবে শ্লোকে 'উচ্চার' অর্থ বিরতিহীন উচ্চারণ নয়, বরং দেহস্থিত প্রাণশক্তি যা সম্বিতের বাহক তার উদ্বোধন। এই প্রাণশক্তি হৃদয় থেকে উদ্গত হয়ে প্রকাশ বা ভৈরবে মিলিত হয়। এসব হল শাক্তোপায়।

শ্লোক 131 (ধারণা 106)

অহং মমেদমিত্যাদি প্রতিপত্তিপ্রসঙ্গতঃ।

নিরাধারে মনো যাতি তদ্ধ্যানপ্রেরণাচ্ছমী।।

শব্দার্থ: মমেদমিত্যাদি- মম+ইদম (ইহাকে)+ইত্যাদি- বিভিন্ন ভাবে, প্রতিপত্তি- অস্তিত্ব (বোধ), শমী- শান্ত

ভাবার্থ:

সেই তাকে বিভিন্ন ভাবে আমি যখন বোঝার চেষ্টা করি তখন ধ্যানের মাধ্যমে, আমার মন শান্ত হয়ে যায়।

মন্তব্য শ্লোক 131

'নিরাধার' অর্থাৎ অবলম্বনহীন যিনি তিনি পূর্ণাহম, বা স্বয়মপূর্ণ অহম (I) ও নির্বিকল্প এবং তাঁর অস্তিত্বময় জগতে কোনও কিছুর প্রয়োজন নেই। জগতে ব্যক্তির অস্মিতা বা আমিত্ব নির্বিকল্প হতে পারে না, তার অবলম্বন চাই নিজের অস্তিত্ব রক্ষার জন্য। যদিও তার মনে বিকল্প রহিত সেই আমির অস্তিত্ব অনুভূত হয়। বর্তমান শ্লোকে সেই আমির নাগাল পাওয়ার কথা বলা হয়েছে তাঁর চিন্তনে। তাঁর ধারণায় উদ্বুদ্ধ হলে (তদ্ধ্যানপ্রেরণাৎ) ব্যক্তির সবিকল্প মন নির্বিকল্পতা লাভ করে শান্ত হবে।

এখানে ধ্যান ও চিন্তন (contemplation) সমার্থক। বর্তমান ধারণা শাক্তোপায়ে সিদ্ধ; ফলে শুদ্ধ বিকল্পে বা নির্বিকল্পে ধারণার পরিসমাপ্তি বা ভৈরবের প্রকৃতি প্রাপ্তি।

শ্লোকে 'তদ্ধ্যান' পদে যে তৎ-এর উল্লেখ আছে তার অর্থ নিরাধার তিনি। বর্তমান ধারণা সাধককে নিরাধারে (তৎ) অগ্রসর হতে বলে তাঁকে পাওয়ার জন্য। বর্তমান শ্লোকে সবকিছুর বিকল্প হল শুদ্ধ বিকল্প (pure বিকল্প) যা শাক্ত ভাবনায় সাধকের সাধনায় নির্বিকল্প।

অভিনবগুপ্ত তাঁর 'তন্ত্রালোকে' (আহ্নিক I শ্লোক 214-15) দেখিয়েছেন কি করে শাক্তোপায় থেকে সবিকল্প ও শেষে নির্বিকল্প স্থিতির উপলব্ধি হয়।

'শাক্তোহথ ভণ্যতে চেতো ধীমনোহংকৃতিস্ফুটম্।
সবিকল্পতয়া মায়াময়মিচ্ছাদি বস্তুতঃ।।
অভিমানেন সংকল্পাধ্যবসায়ক্রমেণ যঃ।
শাক্তঃ স মায়োপায়োহপি তদন্তে নির্বিকল্পকঃ।।'

অর্থাৎ, ব্যক্তির চেতনা (জ্ঞান) তার অস্তিত্বে মন, বুদ্ধি ও অহঙ্কারে সীমাবদ্ধ থাকে। যদিও এসবই মায়ার বশ বস্তুতে বস্তুতে তফাৎ মনে করার জন্য, কিন্তু এই পৃথকত্বের ধারণা ব্যক্তির ইচ্ছাশক্তির দ্বারাও প্ররোচিত (inspired)। সেই ইচ্ছাশক্তির বশে ব্যক্তি যদি মনে করে 'আমি সবেতেই আছি' তবে তার বিকল্পতার বোধ (মায়ার কারণে), নির্বিকল্পের ধারণায় পর্যবসিত হতে পারে।

এই ধারণা শাক্তোপায়ে উপলব্ধ।

শ্লোক 132 (ধারণা 107)

নিত্যো বিভুর্নিরাধারো ব্যাপকশ্চাখিলাধিপঃ।

শব্দান্ প্রতিক্ষণং ধ্যায়ন্ কৃতার্থোহর্থানুরূপতঃ।।

শব্দার্থ: ব্যাপকশ্চাখিল- ব্যাপক (দিকে দিকে)+অখিল (সব)= সর্বত্রব্যাপী, অধিপ- কর্তা, অর্থোহর্থানুরূপতঃ- অর্থবহ, অর্থরূপ

ভাবার্থ:

সতত আধার বিহীন সর্বত্র উপস্থিত সর্বস্থানের কর্তা ও জগৎ প্রকাশক সর্ব বাক্যের শব্দের অর্থের বাহক এবং অর্থরূপ যিনি, তাঁর ধ্যানে তাঁর সাথে সংযুক্তি হয়।

মন্তব্য শ্লোক 132

'নিত্য' ও 'বিভু' শব্দের সর্বদা মনন করলে ব্যক্তির শিবে আবেশ হয় এবং ভৈরবের প্রকৃতির উপলব্ধি হয় যা সময়ের উর্দ্ধে এবং ব্যাপক (স্থানে আবদ্ধ নয়)। এই নিরাধারের ধারণা (ধ্যান) তাকে নির্বিকল্পে (transcendental to thought) উত্তীর্ণ করে।

সুতরাং 'নিত্য' ও 'বিভু'-র সাধনায় ব্যক্তি কৃতার্থ হয়ে যায়, তার জীবনের উদ্দেশ্য সফল হয়। এই ধারণা শাক্তোপায়ে প্রাপ্য।

শ্লোক 133 (ধারণা 108)

অতত্ত্বমিন্দ্রজালাভমিদং সর্বমবস্থিতম্।

কিম্ তত্ত্বমিন্দ্রজালস্য ইতি দার্ঢ্যাচ্ছমং ব্রজেৎ।।

শব্দার্থ: অতত্ত্বম- অবাস্তব, ইন্দ্রজালাভম- ইন্দ্রজাল বা ম্যাজিকের মতো, দার্ঢ্যাচ্ছমং- দার্ঢ্যাৎ+শম- দৃঢ়তার দরুণ+শান্তি

ভাবার্থ:

এইজগৎ মোহময় ইন্দ্রজালের মতো, এতে কোনই সারবত্তা নেই; এইরূপ বোধ সুদৃঢ় হলে মানসিকভাবে শান্তি লাভ হয়।

মন্তব্য শ্লোক 133

এই শ্লোকটিতে জগৎকে ম্যাজিক শো-এর সঙ্গে তুলনা করেছে যার কোনও সারবত্তা নেই। সুতরাং তথাকথিত জাগতিক জ্ঞান ও কর্ম অসত্য, এই বোধ হলে মন শান্ত হয়। এই ধারণা শাক্তোপায়ের।

শ্লোক 134 (ধারণা 109)

আত্মনো নির্বিকারস্য ক্ব জ্ঞানং ক্ব চ বা ক্রিয়া।

জ্ঞানায়ত্তা বহির্ভাবা অতঃ শূন্যমিদং জগৎ।।

ভাবার্থ:

আত্মা যদি মূলত নির্বিকার হয় তবে জ্ঞানই বা কি আর কর্মই বা কি। জ্ঞানকে বাহ্যিক মনে করলে জগৎ প্রকৃতপক্ষে শূন্যময়।

মন্তব্য শ্লোক 134

এই শ্লোকে জগতে প্রকৃত জ্ঞান ও কর্মের অভাব বলা হয়েছে। ভগবৎ তত্ত্ব হল চৈতন্যঘন যাতে কোনও ভেদ নেই, সুতরাং জাগতিক জ্ঞান ও কর্ম সেখানে অনুপস্থিত।

ব্যক্তির অন্তঃকরণ (মন, বুদ্ধি, অহঙ্কার) তার জ্ঞানেন্দ্রিয় ও কর্মেন্দ্রিয়র মাধ্যমে ক্রিয়াশীল জাগতিক জ্ঞান ও কর্মে; সুতরাং ইন্দ্রিয়ের দ্বারা প্ররোচিত জ্ঞান ও ক্রিয়া মূল সত্য নয়। মূল সত্যে কোনও পরিবর্তন হয় না তাই সেখানে তথাকথিত জ্ঞান ও কর্মের সুযোগ নেই যা দেহে, মনে থাকে (psycho-physical self)। মূল সত্য বিকারহীন (not prompted by sense difference)। ভগবৎ জ্ঞান ও শক্তি বা ভগবত্তা যদি ব্যক্তির দেহে মনে জ্ঞানশক্তি ও ক্রিয়াশক্তি রূপে সঞ্চারিত হয় তবেই ব্যক্তি প্রকৃত অর্থে শক্তিমান হয়। এই ধারণা শাক্তোপায়ের।

শ্লোক 135 (ধারণা 110)

ন মে বন্ধো ন মোক্ষো মে ভীতস্যৈতা বিভীষিকাঃ।
প্রতিবিম্বমিদং বুদ্ধের্জলেষ্বিব বিবস্বতঃ।।

শব্দার্থ: বুদ্ধের্জলেষ্বিব- বুদ্ধে (বুদ্ধি তুলনীয়)+জলেষ্বব (জলে যেমন), বিবস্বতঃ- সূর্য, প্রতিবিম্বমিদং- প্রতিবিম্ব দৃষ্ট হয়

ভাবার্থ:

আমার বন্ধনও নেই, মোক্ষও (মুক্তি) নেই; ভীরুরা বন্ধন ও মুক্তির জন্য অপেক্ষা করে, ভয় পায়। আমার কাছে এইসব বুদ্ধি বা চিন্তা জলে প্রতিবিম্বিত সূর্যের মতো, যা আসলে সূর্য নয়।

মন্তব্য শ্লোক 135

আমার আত্মা চিন্মাত্রম (চিৎমাত্রম- pure consciousness), কাল ও স্থানের উর্দ্ধে। সুতরাং তাঁর বন্ধনের কোনো কারণ নেই।

সূর্য জলে প্রতিফলিত হলে ক্ষুদ্র দেখায়, সেই রকম বুদ্ধিও ক্ষুদ্র যখন তাতে আত্মাকে সীমিত করি। অভিনবগুপ্ত তাঁর 'ঈশ্বরপ্রত্যভিজ্ঞাবিমর্শিনী'তে বিস্তারিত আলোকপাত করেছেন (শ্লোক IV I-2)।

'তত্র স্বসৃষ্টেদংভাগে বুদ্ধয়াদিগ্রাহকাত্মনা।
গ্রহংকারপরামর্শপদং নীতমনেন তৎ।।'

ভগবৎ চৈতন্যের আলোকে জগতের সৃষ্টি, বুদ্ধি ইত্যাদি যা জীবে দৃষ্ট সেসব তাঁরই বিষয়, জীবের অস্মিতার ধারক, এই অস্মিতা সীমিত অর্থে কার্যকর।

অভিনবগুপ্ত সরল করে তার কারিকায় বিবৃত করেছেন-

'স্বাত্মনি মহেশ্বরে স্থিতে তস্মিন্নেব প্রকাশরূপে স্বাত্মদর্পণে তেনৈব পরমেশ্বরেণ স্বাতন্ত্র্যাৎ তাবৎসৃষ্টঃ সঙ্কোচপুরঃসর ইদংভাগঃ, তন্মধ্যে যদেতদ্বুদ্ধিপ্রাণদেহরূপমিদন্তয়া বেদ্যং তদ্বুদ্ধয়াদিভিন্নস্য বেদ্যস্য গ্রাহকতয়া সমুচিতম্ ইদংভাবোভিভবাপ্রভবিষ্ণুত্বাৎ কৃতকেনাপূর্ণেনাহংভাবেন পরামর্শেন ভাসমানং চকাস্তি 'অহং দেবদত্তোহহং চৈত্র' ইতি।'

বাক্যার্থ- হে পরমেশ্বর, তোমার প্রভাযুক্ত দর্পণে, তোমার শক্তি ও স্বাধীনতা, তোমার সৃষ্টি প্রতিবিম্বিত তার সীমিতাবস্থায়। এই সৃষ্টিতে আছে দেহ, প্রাণ, মন, বুদ্ধি, অহঙ্কার কিন্তু তোমার থেকে পৃথক বস্তুতে সমাবিষ্ট। এইসব বিষয় বস্তু ছাড়া অবস্থান করতে পারে না বা ক্রিয়াশীল হয় না তাদের অসম্পূর্ণ অস্মিতার কারণে অর্থাৎ ব্যক্তি বিশেষণে, যথা - 'আমি দেবদত্ত', 'আমি চৈত্র' ইত্যাদি।

যখন সাধক বুঝতে পারে যে বন্ধন ও মুক্তি মন ও দেহেরই হয়, অতীন্দ্রিয় জগতে নয় তখন সে বিকল্পের উর্দ্ধে উঠে ভৈরবে লীন হতে পারে।

স্বামী লক্ষণ জু মূল শ্লোকে 'ভীতস্য'র স্থানে 'জীবস্য' পাঠ করতে বলেছেন সহজবোধ্য করে, কারণ বন্ধন ও মুক্তি এসব জীবের সঙ্গেই সম্পর্কিত।

এই ধারণা শাম্ভবোপায়ের।

শ্লোক 136 (ধারণা 111)

ইন্দ্রিয়দ্বারকং সর্বং সুখদুঃখাদিসঙ্গমম্।
ইতীন্দ্রিয়াণি সংত্যজ্য স্বস্থঃ স্বাত্মনি বর্ততে।।

ভাবার্থ:

ইন্দ্রিয়ের দ্বারাই সুখ দুঃখের আস্বাদন হয় (সংগম)। ইন্দ্রিয়কে বাহ্যিক বা সর্বতো ত্যজ্য (সংত্যজ্য) মনে করলে নিজের সুস্থ স্বত্ব অনুভূত হয়।

মন্তব্য শ্লোক 136

সব সুখ দুঃখের বোধ ইন্দ্রিয়ের। এই ইন্দ্রিয়জড়িত শরীরকে নিজের বলা ভুল। এই মানসিকতা থেকে মুক্ত হলেই শরীরের চাহিদা মিটে যায়। পূর্বোক্ত ধারণায় নিজের খোঁজে বুদ্ধির উর্দ্ধে উঠতে বলা হয়েছিল। বর্তমান ধারণায় ইন্দ্রিয়ের ক্রিয়াকর্ম থেকেও অব্যাহতি পাওয়ার কথা বলা হয়েছে যা সম্ভব শক্তি সঙ্কোচের সাধনায়।

'প্রত্যভিজ্ঞাহৃদয়ম'য়ে বলা হয়েছে-

'শক্তেঃ সঙ্কোচঃ- ইন্দ্রিয়দ্বারেণ প্রসরন্ত্যা এব
আকুঞ্চনক্রমেণ উন্মুখীকরণম্।।'

শক্তিসঙ্কোচন হল ইন্দ্রিয়ের বহির্মুখীতা থেকে নিজেকে গুটিয়ে আনা। এর ফলে ব্যক্তি স্বস্থঃ (poised) হয় অন্তরে। যোগবশিষ্টের বক্তব্য (ভাগ VI সূক্ত 31,78)-

'এতে হি চিদ্ বিলাসান্তা মনোবুদ্ধীন্দ্রিয়াদয়ঃ'।

অর্থাৎ, অন্তরে ভগবৎ উদ্ভাসে মন, বুদ্ধি ইত্যাদির প্রকোপ নিবারিত হয়।

এ হল শাক্তোপায়ে সাধনা।

শ্লোক 137 (ধারণা 112)

জ্ঞানপ্রকাশকং সর্বং সর্বেণাত্মা প্রকাশকঃ।
একমেকস্বভাবত্বাৎ জ্ঞানং জ্ঞেয়ং বিভাব্যতে।।

শব্দার্থ: একমেক- একম (এক)+ইক (নিরাকরণ-শূন্য) ভাব

ভাবার্থ:

জ্ঞানের প্রকাশে (অভ্যাসে) জ্ঞানার্থীর কাছে সবকিছু প্রকাশিত হয় বা বোধগম্য হয়। আবার এই জানা এবং যাঁর সম্বন্ধে জানা দুটোকেই এক মনে করলে, জ্ঞেয় (যাকে জানার) সেই তিনি প্রকটিত হন।

মন্তব্য শ্লোক 137

'জ্ঞানের দ্বারাই সব কিছুর প্রকাশ হয়।' এই জ্ঞান হল জ্ঞাতার জ্ঞান। তাই বর্তমান শ্লোকের অর্থ, যা কিছু জ্ঞেয় প্রকটিত হয় জ্ঞাতার জ্ঞানে, এবং সেই জ্ঞেয় জ্ঞানের বোধেই (known) আত্মার বোধ হয়। 'উচ্ছুষ্মভৈরবে' বলা হয়েছে-

'যাবন্ন বেদকা এতে তাবদ্বেদ্যাঃ কথং প্রিয়ে।
বেদকং বেদ্যমেকং তু তত্ত্বং নাস্ত্যশুচিস্ততঃ।।'

'হে প্রিয়ে, যখন জ্ঞাতা থাকে না তখন জ্ঞেয় কোথায় ? জ্ঞেয় এবং জ্ঞাতা প্রকৃত পক্ষে একই তত্ত্ব। সুতরাং অশুদ্ধ, জড় বলে কিছু নেই।'

শিবোপাধ্যায় উপরোক্ত উক্তির সপক্ষে বলেছেন-

প্রকাশমানং ন পৃথক্ প্রকাশাৎ
স চ প্রকাশো ন পৃথগ্ বিমর্শাৎ।
নান্যো বিমর্শোঽহমিতি স্বরূপাদ্
অহং বিমর্শোঽস্মি চিদেকরূপঃ।।'

অর্থাৎ, যা উন্মেষিত তা চৈতন্যের আলোক থেকে পৃথক কিছু নয়। চৈতন্যের আলোও পরমাত্মার (I-consciousness) থেকে পৃথক নয়। পরমাত্মাই চিৎ, শুদ্ধ আনন্দ। এ হল শাক্তোপায়ের সাধনা।

স্বামী লক্ষণ জু শৈব মতে বর্তমান শ্লোকের আর একটি পাঠ দিয়েছেন-

'জ্ঞানম প্রকাশকম্ লোকে আত্মা চৈব প্রকাশকঃ।
অন্যোর অপৃথগভাবাৎ জ্ঞানে জ্ঞানী বিভাব্যতে।।'

অর্থাৎ, জ্ঞান সবকিছুর উন্মেষ ঘটায় এবং সেই তিনি (universal Self) সবকিছুর মূলে। তার সঙ্গে জ্ঞাতা, জ্ঞান ও জ্ঞেয় একীভূত।

ধারণার বিবরণের সমাপন

শ্লোক 138

মানসং চেতনা শক্তিরাত্মা চেতি চতুষ্টয়ম্।
যদা প্রিয়ে পরিক্ষীণং তদা তদ্'ভৈরবং বপুঃ।।

শব্দার্থ: চতুষ্টয়ম্- শুদ্ধসত্ত্বার চার উল্লেখযোগ্য রূপ- মন, অন্তঃকরণ (চিত্ত, চিদ্রূপ), শক্তি ও অহং; পরিক্ষীণং- দ্রবীভূত হওয়া।

ভাবার্থ:

হে প্রিয়ে দেবী! যখন মন, অন্তরের চেতনা, শক্তি এবং অহং ডুবে যায় তখন ভৈরব সাধকের কাছে উদিত হন।

মন্তব্য শ্লোক 138

'পরিক্ষীণং' অর্থাৎ, মন, বুদ্ধি ইত্যাদির বিলয়। এর ফলে যা উৎপন্ন হয় বা অবশেষ থাকে শিবোপাধ্যায় তাকে 'চিৎচমৎকারম আপন্নম' অভিহিত করেছেন, যা চিদানন্দেরই এক প্রকৃতি (aspect of pure universal consciousness)।

উপরোক্ত শ্লোক সমস্ত মহাজাগতিক ক্রিয়াকর্মকে ছন্দোবদ্ধ করেছে, যার প্রথম ক্রমে, চিতির কর্ম নিমেষে নির্জীবে প্রকাশিত হয়। এ হল চিতির অবতরণ (অবরোহ) বিশ্ব সৃষ্টিতে (arc of descent) বা বিশ্বের কর্মকাণ্ডের জন্য। চিতির জীবে চার দশা বা ক্রিয়া, i) চেতনা, বুদ্ধি জন্য, ii) মন, কল্পনা বা ধারণার জন্য, iii) প্রাণ জীবনী শক্তির জন্য, iv) অহম বোধের জন্য (জাগতিক জীবের সত্তা)। নির্জীবে চেতনা আছে কারণ চেতনা সর্বব্যাপ্ত কিন্তু বাকি তিনের প্রাধান্য নেই। ক্ষেমরাজ তাঁর 'প্রত্যভিজ্ঞাহৃদয়ম'য়ের পঞ্চম সূত্রে এ ব্যাপারে স্পষ্ট বলেছেন- চিতি হল বিশ্বময় চৈতন্য যা জীবের ক্ষেত্রে প্রয়োজন অনুযায়ী সঙ্কুচিত রূপে 'চিত্ত'।

জীবের ক্রমোন্বয়ন হয় ক্ষুদ্রাতিক্ষুদ্র জীব থেকে উন্মেষে। এই উন্মেষ বেশিরভাগই প্রথমে অর্থাৎ বিশেষ করে বহির্মুখী। মন তখন অতি ক্ষীণ। মনুষ্য জাতিতে হয় মনের অধ্যারোহ (ascending arc of mind)। আবার মানুষেরই সেই গুণ বা সুযোগ আছে, জাগতিক অহমকে বিসর্জন দিয়ে জীবনকে অতীন্দ্রিয়ের শিখরে নিয়ে যাওয়ার।

ত্রিকা দর্শনে বলা হয়েছে জীবের চিত্তকে চিতিতে (বিশ্ব চৈতন্যে) রূপান্তরিত করা সম্ভব। প্রত্যভিজ্ঞাহৃদয়মে বলা হয়েছে-

'চিত্তমেব অন্তর্মুখীভাবেন চেতনপদাধ্যারোহাৎ চিতিঃ।' (সূত্র-13)

অর্থাৎ, 'চিত্ত নিজেই অন্তর্মুখী যাত্রায় চিতি বা চৈতন্যের স্তরে উন্নীত হয়।' এই চেতনা ভৈরবের প্রকৃতি যা আমাদের আত্মা (essential self)। এর উপলব্ধির জন্য বিভিন্ন ধারণার অবতারণা করা হয়েছে বিজ্ঞানভৈরবে। যখন সাধক এক স্তরে উপনীত হয়ে বুঝতে পারে মানুষের বুদ্ধি, প্রাণ, মন ও অহংকার মায়ার বন্ধন ব্যক্তিগত জীবন ধারণের

জন্য, প্রকৃত স্বত্ত্বা নয় তখন সে ভৈরবের প্রকৃতি প্রাপ্তির জন্য উন্মুখ হয়। তখন মন, বুদ্ধি ইত্যাদি ভূতাবস্থায় থেকে যায় মায়ায় এবং ব্যক্তির ভৈরবের প্রকৃতিতে উত্তরণ হয় অবশ্যম্ভাবী।

শ্লোক 139

নিস্তরঙ্গ’গোপদেশানাং শতমুক্তং সমাসতঃ।
দ্বাদশাভ্যধিকং দেবি যজ্জ্ঞাত্বা জ্ঞানবিজ্জনঃ।।

শব্দার্থ: সমাসতঃ -সমাবিষ্ট, শতমুক্তং দ্বাদশাভ্যধিকং-একশোবারোটিরও বেশি

ভাবার্থ:

হে দেবি! আমি সংক্ষেপে একশোবারোটিরও বেশি পথের কথা বলেছি যার দ্বারা মনকে স্থিতিশীল করা যায় এবং যার জ্ঞানে জ্ঞানী ও বুদ্ধিমান (wise) হওয়া যায়।

মন্তব্য শ্লোক 139

নিস্তরঙ্গ অর্থাৎ মনের উদ্বেগহীনতা, মন যখন নির্বিকার। জয়রথ তাঁর ‘বিবেকভাষ্যে’ এ বিষয়ে তন্ত্রালোকের তৃতীয় আহ্নিকের পঞ্চম শ্লোক উদ্ধৃত করেছেন- ‘স্বাত্মমাত্রবিশ্রান্ত্যা শান্তরূপা্’। অর্থাৎ মন নির্বিকার হলে নিজের স্বত্ত্বায় সম্পূর্ণ বিশ্রান্তি লাভ করে।

শ্লোক 140

অত্র চৈকতমে যুক্তো জায়তে ভৈরবঃ স্বয়ম্।
বাচা করোতি কর্মাণি শাপানুগ্রহকারকঃ।।

শব্দার্থ: চৈকতমে- কোনও একটিতেও, জায়তে- উদ্ভূত, বাচা- বচনে, শাপানুগ্রহ- ভালোমন্দজনক।

ভাবার্থ:

সাধক যদি একশোবারোটি পথের কোনও একটিতে সাধনযুক্ত হয় তবে ভৈরব সেই সাধকে প্রকাশিত হয় এবং সাধক বাকসিদ্ধ হয়।

মন্তব্য শ্লোক 140

এখানে পূর্বোক্ত শ্লোকের প্রসঙ্গক্রমে ভৈরবের উক্তি হল একশোবারোটির একটিও যদি সাধক সঠিক অর্থে বুঝে সাধনা করে তবে ক্ষমতা অনুযায়ী শিবের অনুগ্রহে প্রকৃত চৈতন্যে পূর্ণ শান্তি লাভ করবে। শিবের শক্তিতে সবই সম্ভব বলা হয়েছে।

শ্লোক 141

অজরামরতামেতি সোহণিমাদিগুণান্বিতঃ(1)।
যোগিনীনাং প্রিয়ো(2) দেবি সর্বমেলাপকাধিপঃ(3)।।

শব্দার্থ: অণিমাদি- অণিমা, লঘিমা ইত্যাদি শরীর, মনের দ্বারা সাধ্য অদ্ভুত কার্য; সর্বমেলাপকাধিপঃ- সর্বম(সব)+ইলা(দেশ)+অপ(জল)+অধিপ(কর্তা)= সর্বরূপের কর্তা।

ভাবার্থ:

হে দেবি! উপরোক্ত যে কোনও উপায় অবলম্বন করলে সাধক জরা, মৃত্যুর কবল থেকে উন্মুক্ত হয়ে অণিমা, লঘিমা ইত্যাদি গুণের অধিকারী হয়ে যোগীর সিদ্ধাবস্থা প্রাপ্ত হয়। এই অবস্থায় যোগী যোগিনীদের প্রিয় হন, এবং জগতের বিভিন্ন রূপ গ্রহণ করতে সক্ষম হয়।

মন্তব্য শ্লোক 141

উপরোক্ত শ্লোকের দুটি পর্যায় আছে। প্রথম চরণে যোগের দ্বারা উপলব্ধ অত্যুত্তম শক্তির (supernormal powers) বর্ণনা করা হয়েছে; দ্বিতীয় চরণে যোগিনীর প্রসঙ্গ, তাঁর প্রিয়ত্বর উত্থাপন করা হয়েছে এবং সিদ্ধির দরুণ 'মেলাপক'-এর বিষয় উল্লেখিত হয়েছে।

1. i) অনিমা- ক্ষুদ্রত্ব, অণু বা ততোধিক ক্ষুদ্র, ii) লঘিমা- অতি লঘুত্ব, iii) মহিমা- বৃহতত্ব, iv) প্রাপ্তি- সর্বপ্রাপ্তব্য, v) প্রকাম্য- অপ্রতিরোধ্য ইচ্ছাশক্তি, vi) বশিত্ব- সবার আনুগত্য লাভ, vii) ঈশিতৃত্ব- সৃষ্টি ও ধ্বংসের শক্তি, viii) যত্রকামাবসায়িত্ব- সর্বক্ষমতা।

2. যোগিনীনাং প্রিয়ো- এর এক অর্থ হল শক্তির পরাকাষ্ঠা (আধিক্য), যেমন জ্ঞান, ক্রিয়া, আনন্দের সমাবেশ। কৌলমতে যোগিনীর আর একটি অর্থ হল, যুগ্ম সাধনায় পুরুষ হল বীর বা সিদ্ধ স্ত্রী হল যোগিনী। সুতরাং সিদ্ধপুরুষ যোগিনীর প্রিয়।

3. 'মেলাপক'-এর অর্থ একত্র করণ (conjunction)। এই প্রসঙ্গে আনন্দভট্ট বলেছেন- 'সকলস্য অস্য ভেদ্য-ভেদক-আদি-রাশেঃ খিলীকৃতস্বভাবঃ।' অর্থাৎ যিনি জ্ঞাতা ও জ্ঞেয়র উর্দ্ধে উঠতে সক্ষম হয়েছেন তিনি ভৈরবের প্রকৃতি প্রাপ্ত হয়েছেন। কৌলমতে মেলাপকে সিদ্ধ ও যোগিনীর মিলন হয়।

শ্লোক 142

জীবন্নপি বিমুক্তোহসৌ কুর্বন্নপি ন লিপ্যতে।

শ্রীদেবী উবাচ।

ইদং যদি বপুর্দেব পরায়াশ্চ মহেশ্বর।।

ভাবার্থ:

এই হল জীবন্মুক্ত অবস্থা, যাতে সাধক কোনো কিছুতেই লিপ্ত নয়।

পার্বতী দেবী জানতে চাইলেন- এই যদি সত্যের বা মুক্তির প্রকৃত অবস্থা হয় তবে মহেশ্বরও তার জাগতিক কার্যকালে কোনো কিছুর দ্বারা প্রভাবিত হন না।

মন্তব্য শ্লোক 142

শক্তির অধিকারী বলতে আমরা পরাদেবী বা পরাশক্তিকেই বুঝি। ভৈরব তাঁর প্রকৃতির শক্তিতেই পরাদেবী বা পরাশক্তি গড়েছেন সেই শক্তিই দেবদেবীতে, সৃষ্টিতে মূর্ত হয়েছে। সুতরাং দেবাদিদেব মহেশ্বর শক্তির কারণ হওয়ায় তিনি তথা ভৈরব কোনো কিছুর দ্বারা প্রভাবিত নন।

শ্লোক 143

এবমুক্তব্যবস্থায়াং জপ্যতে কো জপশ্চ কঃ।

ধ্যায়তে কো মহানাথ পূজ্যতে কশ্চ তৃপ্যতি।।

ভাবার্থ:

এইরূপ মুক্ত অবস্থায় কাকেই বা জপ করা আর কার জন্যই বা জপ করা ? কাকেই বা আহ্বান (আবাহন) করা, পূজাই বা কার তৃপ্তির জন্য আবশ্যক ?

মন্তব্য শ্লোক 143

সাধকের যদি ভৈরবের ভাব উপলব্ধি হয় তবে দেবীপার্বতীর মতে সিদ্ধ সাধক জপ তপে কাকে আবাহন করবে, পূজায় কেই বা তৃপ্ত হবে; কারণ সাধকের ভৈরবের প্রকৃতির বোধ হয়েছে।

শ্লোক 144

হূয়তে কস্য বা হোমো যাগঃ কস্য চ কিম্ কথম্।

শ্রীভৈরব উবাচ।

এষাত্র প্রক্রিয়া বাহ্যা স্থূলেষ্বেব মৃগেক্ষণে।।

শব্দার্থ: হূয়তে- যজ্ঞে আহুতি, - প্রাপ্তব্যের জন্য আহুতি

ভাবার্থ:

কার জন্যই বা যজ্ঞ করা এবং কি প্রাপ্তির জন্যই বা যজ্ঞে আহুতি দেওয়া ?

শ্রীভৈরব বললেন (উত্তর দিলেন)- হে মৃগনয়নী! এসবই সাধনার বাহ্য ক্রিয়া।

মন্তব্য শ্লোক 144

দেবীপার্বতী আবারও জানতে চাইলেন, যেহেতু সিদ্ধ সাধকের প্রাপ্তব্য কিছু থাকে না যজ্ঞে দেবদেবীকে সন্তুষ্ট করে, সুতরাং তাঁদের নামে যজ্ঞে আহুতি দেওয়ারও প্রয়োজন নেই।

উত্তরে ভৈরব জানালেন- এসবই সিদ্ধ সাধকের কাছে সাধনার বহিরঙ্গ। অর্থাৎ সাধনার বিভিন্ন স্তরে এক প্রকারে করণীয়।

শ্লোক 145

ভূয়ো ভূয়ঃ পরে ভাবে (1) ভাবনা ভাব্যতে হি যা।

জপঃ (2) সোহত্র স্বয়ং নাদো মন্ত্রাত্মা জপ্য ইদৃশঃ।।

শব্দার্থ: ভূয়ঃ- পুনঃ

ভাবার্থ:

অতীন্দ্রিয় চেতনাকে বার বার স্মরণ করতে হবে, একেও জপ করা বলে। এই জপ মনে মনে করার সময় যে শব্দহীন শব্দ মনে উচ্চারিত হয়, তার স্বতঃস্ফুর্ততাই হল জপের মন্ত্র, অর্থাৎ জপ উচ্চারিত হয় হৃদয়ে।

মন্তব্য শ্লোক 145

1. এই শ্লোকে 'পরে ভাবে'র (highest reality) উল্লেখ আছে। উৎপলদেব তাঁর 'অজড়প্রমাতৃসিদ্ধি'তে (শ্লোক 22-23) 'পরে ভাবে'র সুন্দর বর্ণনা করেছেন।

'প্রকাশস্যাত্মবিশ্রান্তিরহংভাবাং হি কীর্তিতঃ।

উক্তা চ সৈব বিশ্রান্তিঃ সর্বাপেক্ষানিরোধতঃ।।

স্বাতন্ত্র্যমথ কর্তৃত্বং মুখ্য ঈশ্বরতাপি চ।'

অর্থাৎ, সববিষয় আত্মায় সমর্পণ। এই সমর্পণে ইচ্ছা স্বাধীন হয়। জাগতিক সম্পর্ক ছেদনে আত্মার সার্বভৌম কর্তৃত্ব স্থাপন হয়।

2. জপ কতকগুলো মন্ত্র উচ্চারণেই সীমিত নয়। প্রকৃত অর্থ হল আত্মার (essential self) চিন্তন। ক্ষেমরাজ তাঁর শিব-সূত্রের তৃতীয় ভাগে 27-সংখ্যক শ্লোকের ভাষ্যে

বলেছেন- 'স্বাত্মদবতাবিমর্শানবরতাবর্তনাত্মা জপো জায়তে।' অর্থাৎ জপে ইষ্ট দেবতার অনুধ্যান হয় নিজের আত্মারই ধ্যান। তেমনি আবার শিব-সূত্রের তৃতীয় ভাগে 27-সংখ্যক শ্লোকের ভাষ্যে বিজ্ঞানভৈরবের এই শ্লোকের উল্লেখ করেছেন।

অভিনবগুপ্ত জপ সম্পর্কে একই কথা তন্ত্রালোকের প্রথম আহ্নিকের 90-সংখ্যক শ্লোকে বলেছেন- 'তৎস্বরূপং জপঃ প্রোক্তো ভাবাভাবপদচ্যুতঃ।' অর্থাৎ জপ হল সকল ধারণা মুক্ত শিবের প্রকৃত ধ্যান।

জয়রথ এই শ্লোকের ভাষ্যে ঈশ্বরপ্রত্যভিজ্ঞায় (প্রথম ভাগ পৃঃ 315) বলেছেন-

'তস্য শিবস্য স্বরূপং পরাবাক্'স্বভাবম্ আত্মরূপম্ ভূয়োভূয়ঃ পরামৃশ্যমানং জপঃ। অত এব ভাবাভাবপদচ্যুতঃ পূর্বোক্তনীত্যা তন্মধ্যস্ফুরৎ পরামর্শমাত্রসারঃ ইত্যর্থঃ।'

অর্থাৎ, শিবের প্রকৃতির সদা মননে পরাবাক্ তথা আত্মা জপিত হন। শ্লোকের দ্বিতীয়ার্ধে মন্ত্র কি সে বিষয়ে বলা হয়েছে। মন্ত্র স্বয়ংনাদ (সোহম-আমিই শিব); যা অন্তর্মুখী প্রাণশক্তিতে সদা সকল জীবে ধ্বনিত হয়। এই স্বয়ং-মন্ত্রের মননই জপ।

শ্লোক 146

ধ্যানং হি নিশ্চলা বুদ্ধির্নিরাকারা নিরাশ্রয়া।
ন তু ধ্যানং শরীরাক্ষিমুখহস্তাদিকল্পনা ।।

ভাবার্থ:

বুদ্ধি(1) যখন স্থির, নিরালম্ব(2), বিচার রহিত (formless) ও নিরাশ্রয় (3), পরিপ্রেক্ষিতহীন, তখন ধ্যানের উদ্রেক হয়। ঈশ্বরকে দেহে, মুখাভ্যন্তরে, চোখের সামনে, অঙ্গপ্রত্যঙ্গে কল্পনা করা সঠিক ধ্যান নয়।

মন্তব্য শ্লোক 146

1. বুদ্ধি হল ব্যক্তির চেতনার স্বতঃসিদ্ধান্ত (determinate aspect of consciousness)।

2. রূপের চিন্তাহীনতার অর্থ কোনও মূর্তি বা যন্ত্রের (diagram) চিন্তা না করা।

3. নিরাশ্রয়া অর্থ আশ্রয় বা বিষয়হীন ধ্যান। অভিনবগুপ্ত তন্ত্রালোকের প্রথম আহ্নিকের 89-সংখ্যক শ্লোকে সেইরকমই ব্যাখ্যা করেছেন-'ধ্যায়তে পরমং ধ্যেয়ম'।

জয়রথ তাঁর তন্ত্রালোকের ভাষ্যে বলেছেন- 'ধ্যায়তে পরমং ধ্যেয়ম', অর্থ হল 'পরমং ধ্যেয়ম্ শিবলক্ষণম পরমকারনম্ ধ্যায়তে স্বাত্মাভেদেন পরামৃশ্যতে।' বিশদে যার অর্থ হল, শিব ধ্যেয় যিনি সকল কারণের কারণ এবং ব্যক্তি স্বত্ত্বা তারই অংশীভূত। এই ভাষ্যের পরে জয়রথ আলোচ্য শ্লোকটির উল্লেখ করেছেন।

শ্লোক 147

পূজা নাম ন পুষ্পাদ্যৈর্য়া (1) মতিঃ ক্রিয়তে দৃঢ়া।
নির্বিকল্পে মহাব্যোম্নি সা পূজা (2) হ্যাদরাল্লয়ঃ।।

শব্দার্থ: দর- অপসারিত হওয়া

ভাবার্থ:

পূজার নাম করে ঈশ্বরকে পুষ্প ইত্যাদি অর্পণ করা পূজা নয়। মনকে দৃঢ় করে নির্বিকল্পে অন্তরীক্ষে স্থিত করতে পারলে সেটাই পূজা। ফলে মনের সবকিছু থেকে আলাদা হলে মন লয়প্রাপ্ত হতে পারে।

মন্তব্য শ্লোক 147

1. 'পুষ্পাদ্যৈর্য়া', অর্থ পূজায় পুষ্প ও ধূপ দীপাদির অর্ঘ্য প্রদান।

2. 'পূজা' বলতে বোঝায় ইন্দ্রিয়ের ধারক অতীন্দ্রিয় চেতনায় মনোসংযোগ। অতীন্দ্রিয় চেতনা হল বিজ্ঞান এবং সর্বোত্তম, ভগবৎ চৈতন্য হল ভৈরব। তন্ত্রালোকের চতুর্থ আহ্নিকের 121-সংখ্যক শ্লোকে অভিনবগুপ্তের পূজার বর্ণনা নিম্নরূপ।

'পূজা নাম বিভিন্নস্য ভাবৌঘস্যাপি সংগতিঃ।
স্বতন্ত্রবিমলানন্তভৈরবীয়চিদাত্মনা।।'

উপরোক্ত সংজ্ঞার উপর জয়রথের ভাষ্য-

'বিভিন্নস্যাপি রূপরসাদের্ভাবৌঘস্য দেশকালাদ্যনবচ্ছিন্ননিরূপাধিপূর্ণপরসংবিদাত্মনা যা সংগতিঃ একীকারঃ সা পূজা।' অর্থাৎ, পূজা বিভিন্ন ধারার রঙ, রূপ, স্বাদ ইত্যাদির একত্রীকরণ। ভৈরবের বিমল অনন্ত নির্ভার চেতনা, স্থান-কালের উর্দ্ধে সঠিক, সম্পূর্ণ সম্বিদ।'

এই ভাষ্যের পরে জয়রথ বিজ্ঞানভৈরবের আলোচ্য শ্লোকটির উল্লেখ করেছেন।

শ্লোক 148

অত্রৈকতমযুক্তিস্থে যোৎপদ্যেত দিনাদ্দিনম্।
ভরিতাকারতা সাত্র তৃপ্তিরত্যন্তপূর্ণতা।।

শব্দার্থ: অত্রে-এখানে(1), যুক্তিস্থে-সম্ভাব্য, উৎপদ্যে-মনে হওয়া(2), তৃপ্তি-সুখ(3)

ভাবার্থ:

এখানে যতরকম সাধনার কথা বলা হল, তার মধ্যে যেকোনো একটিকে আশ্রয় করে চর্চা করলে দিনে দিনে সেই চর্চায় সবকিছু পূর্ণময় মনে হবে এবং মন আনন্দময় হবে।

মন্তব্য শ্লোক 148

1. অত্র- এখানে অর্থ এই যোগ প্রক্রিয়ায়।
2. উৎপদ্যে- অর্থাৎ চর্চায় অতীন্দ্রিয় চেতনা তথা বিজ্ঞানে সঠিক উপলব্ধি ভৈরবের।
3. তৃপ্তি অর্থ আত্মচৈতন্যের অনুভব।

শ্লোক 149

মহাশূন্যালয়ে বহ্নৌ ভূতাক্ষবিষয়াদিকম্।
হূয়তে মনসা সার্ধং স হোমশ্চেতনাস্রুচা।।

শব্দার্থ: ভূতাক্ষ- ভূত (জগৎ)+অক্ষ (আত্মা), হূয়তে-আবাহন, সার্ধং- সহিত,
হোমশ্চেতনা-হোমের আধারে চেতনা, স্রুচা বা ঘৃতাহুতির কাঠের হাতা (যজ্ঞপাত্র)

ভাবার্থ:

অগ্নিরূপ মহাশূন্যে মনের সহিত আত্মা ও জগতকে আহুতিস্বরূপ উৎসর্গ করলে সেটাই প্রকৃত পূজা।

মন্তব্য শ্লোক 149

যজ্ঞে নৈবেদ্য (oblation) তিন প্রকার। i) অগ্নিতে আহুতি, ii) হবন, iii) হবন পাত্র অগ্নিতে রাখা। i) যজ্ঞের প্রকৃত অর্থে অগ্নি হল ভৈরব। ii) সেই অগ্নিতে হবন হল দেহ, মনের সমর্পণ। iii) চেতনা হল যজ্ঞপাত্র। ব্যক্তির চেতনার কোনও ব্যাখ্যা হয় না। এ হল ভগবৎ চিতি (চিৎ) ও ব্যক্তির চিত্তের মধ্যবর্ত্তী দশা। অথবা ব্যক্তির স্বত্ত্বা (ভগবৎ অংশ) ও সত্তার মধ্যবর্ত্তী দশা। শ্লোকে ‘চেতনাস্রুচা’র অপর একটি পাঠ আছে- ‘চেতনা চ স্রুক’, যা ক্ষেমরাজ গ্রহণ করেছেন। দুই পাঠে অর্থের কোনো ভেদ নেই।

শ্লোক 150

যোগাহত্র পরমেশানি তুষ্টিরানন্দলক্ষণা।
ক্ষপণাৎসর্বপাপানাং ত্রাণাৎসর্বস্য পার্বতি।।

শব্দার্থ: তুষ্টিরানন্দ- তুষ্টি (প্রীতি) ও তার আনন্দ, ক্ষপণাৎ- বিনাশের জন্য

ভাবার্থ:

হে পরমানন্দের লক্ষণময়ী দেবী পার্বতী! এই প্রকার তপস্যার দ্বারাই সর্ব পাপের থেকে ত্রাণ পাওয়া যায়।

মন্তব্য শ্লোক 150

ধর্মীয় আচারের বিজ্ঞানভৈরবে উন্নত অর্থ করা হয়েছে। পূর্ববর্ত্তী অপরাপর শ্লোকে জপ (145), ধ্যান (146), পূজা (147), তৃপ্তি (148), (149) ব্যাখাত হয়েছে।

বর্তমান শ্লোকে 'যাগ'-এর অর্থ যজ্ঞকারীর ভগবৎ সন্তোষের আনন্দময় উপলব্ধি। ক্ষেত্র বা তীর্থের অর্থও ভিন্ন প্রকারে করা হয়েছে। ক্ষেত্র-> ক্ষ+ত্র। ক্ষপণ অর্থ হল ধ্বংস বা শক্তির দ্বারা সংহৃত। রদ্রেুর তথা শিবের এই শক্তি যখন ক্রিয়াশীল তখন তা একক বা অনাশ্রিতা শক্তি। 'ত্র'-এর অর্থ ত্রাণ বা রক্ষা করা। শক্তির সংহারে বা তাতে নিমজ্জনে সেই ত্রাণই সৃষ্টিতে সম্ভব হয়।

শ্লোক 151

রুদ্রশক্তি সমাবেশস্তৎক্ষেত্রং ভাবনা পরা।
অন্যথা তস্য তত্ত্বস্য কা পূজা কশ্চ তৃপ্যতি।।

ভাবার্থ:

সবথেকে বড় ভাবনা বা মনন হল মনে রুদ্রের শক্তিকে সমাবিষ্ট করে তার চিন্তন। মন হল চিন্তনের ক্ষেত্র বিশেষ। সমাবিষ্টের চিন্তন না হলে পৃথক পৃথক পূজায় কাকে কাকে তৃপ্ত করা সম্ভব হবে!

মন্তব্য শ্লোক 151

রুদ্রশক্তি হল অনাশ্রিতা শক্তি। যেখানে মৃত্যু সেখানে রুদ্রের প্রকোপ শ্মশানে মশানে। রুদ্র শিবের এক ভয়ানক রূপ। এই রুদ্রের আরাধনা এবং তাঁকে তুষ্ট করতে পারলে তিনি ভয়মুক্ত করেন। তাঁর মনন উচ্চস্তরীয় ভাবনা বা সাধনা।

শ্লোক 152

স্বতন্ত্রানন্দচিন্মাত্রসারঃ স্বাত্মা হি সর্বতঃ।
আবেশনং তৎস্বরূপে স্বাত্মনঃ স্নানমীরিতম্।।

শব্দার্থ: ঈরিত- কথিত

ভাবার্থ:

নিজের সত্তা বা চিত্ত প্রকৃতপক্ষে সর্বব্যাপক আনন্দময়, এই আনন্দই চেতনার সার। সেই আনন্দে নিজের প্রকৃতি, অবয়ব এবং নিজের ভাবকে বিসর্জন দিতে পারলে সেটাই নিজেকে শুদ্ধ করার স্নান।

মন্তব্য শ্লোক 152

প্রত্যেক আচারে স্নানের অর্থ শুদ্ধিকরণ। ভৈরবের উক্তি হল দৈহিক স্নানে শুদ্ধি হয় না। ভগবানের অর্চনায় শুদ্ধির লক্ষণ হল ভগবৎ স্বতন্ত্রতা ও চেতনায় ভগবৎ উপলব্ধির আনন্দ লাভের সম্ভাবনা, সেটাই শুদ্ধির পথ।

অভিনবগুপ্ত তন্ত্রালোকের চতুর্থ আহ্নিকের 116-117-সংখ্যক শ্লোকে এই শুদ্ধির সুন্দর বর্ণনা করেছেন।

'উল্লাসিবোধহুতভুগ্দগ্ধবিশ্বেন্ধনোদিনে।
সিতভস্মনি দেহস্য মজ্জনং স্নানমুখ্যতে।'

অর্থাৎ, বুদ্ধির দ্বারা (intellect) জ্ঞানের বোধ মনে ঝলসে ওঠে আগুনের শিখার মতো। বিষয় ও বিষয়ী সেখানে ব্যক্তির মনের জ্বালানি (fuel)। জ্ঞানের দ্বারা তাদের দহণে যে ভস্ম অবশেষ থাকে ব্যক্তির কাছে সেটাই তার স্বত্ত্বা। এই শ্বেত সীমিত স্বত্ত্বারূপী ভস্ম ঐশ্বরিক স্বত্ত্বায় নিমজ্জিত হলে তবেই প্রকৃত স্নান হয়।

শ্লোক 153

যৈরেব পূজ্যতে(1) দ্রব্যৈস্তর্প্যতে(2) বা পরাপরঃ।
যশ্চৈব পূজকঃ সর্বঃ স এবৈকঃ(3) ক্ব পূজনম্।।

ভাবার্থ:

এই আহুতি বা যজ্ঞে অর্পণ এবং যজ্ঞকারী, দুটোই এক এবং অতীন্দ্রিয় সত্যই পূজিত হন। তখন পূজক এবং পূজা যদি একই হয় তবে কিসের এই পূজা ?

মন্তব্য শ্লোক 153

1. যৈরেব পূজ্যতে- যার দ্বারা পূজা করা হয়, পুষ্প ধূপ দীপ ইত্যাদি।

2. দ্রব্যৈস্তর্প্যতে- পূজায় যে দ্রব্যাদি অর্পণ করা হয়, দুধ মধু মিষ্টান্ন ইত্যাদি।

3. পূজক, পূজিত একই, সুতরাং অদ্বৈত স্থিতিতে জাগতিক পূজা অনাবশ্যক।

শ্লোক 154

ব্রজেৎ প্রাণো বিশেজ্জীব ইচ্ছয়া কুটিলাকৃতিঃ।
দীর্ঘাত্মা সা মহাদেবী পরক্ষেত্রং পরাপরা।।

শব্দার্থ: ব্রজেৎ- গমন করে, বিশেজ্জীব- বিশদ(নির্মল)+জীব(প্রাণ)=নির্মলপ্রাণী, কুটিলাকৃতিঃ- অসরল (বক্র) কুণ্ডলিনী, দীর্ঘাত্মা- ব্যক্তির অন্তরের প্রসারণ।

ভাবার্থ:

প্রাণ ও অপান জীবের আধার বা হেতু, যখন একে অপরের সঙ্গে মিলিত হয় মূলাধারে যেখানে কুণ্ডলিনী শক্তির অবস্থান তখন সেখানে কুণ্ডলিনী নিজেকে প্রসারিত করে ইন্দ্রিয় ও অতীন্দ্রিয়ে ব্যাপ্ত হয়। এই ব্যাপ্তিতে (area) স্থিত সাধকের প্রকৃত, প্রকট ও অপ্রকটের সাধন তীর্থ। উল্লেখ থাকে যে জীবের শারীরিক মূলশক্তি প্রাণশক্তি হল উর্দ্ধগতি সম্পন্ন এবং অপান তার অধোগতি।

মন্তব্য শ্লোক 154

জীবের শ্বাস অর্ধচক্রাকারে সঞ্চালিত হয় প্রাণশক্তির মাধ্যমে। কল্লট কথিত প্রাণ হল- 'প্রাক্ সম্বিত প্রাণে পরিণত।' অর্থাৎ, সজীবে ভগবৎ চৈতন্যই প্রাণে রূপান্তরিত হয়। প্রথমে এর দুই রূপ প্রাণ ও অপান। প্রাণ শ্বাস আর অপান গ্রহণ। শৈবাগমে 'হ' অক্ষরটি প্রাণশক্তির প্রতীক। কাশ্মীরে শারদা বর্ণমালায় 'হ' অক্ষরটি ঢেউয়ের আকৃতির (curvilinear)। জীবে প্রাণ, অপানের চলনও ঢেউয়ের মতো, যে কারণে শ্লোকে বলা হয়েছে কুটিলাকৃতি।

অপানকেই (শ্বাসগ্রহণ- inhalation) বলা হয়েছে জীবন (জৈবনিক)। শ্বাস ত্যাগের পরই শ্বাস গৃহীত হয় এবং এর দ্বারা জীব জীবিত থাকে। ইচ্ছয়া শব্দের অর্থ প্রাণ ও অপানের শরীরে স্বয়ংক্রিয় চলন। প্রাণশক্তি মূলাধারে সাড়েতিন প্যাঁচে নিদ্রিত সাপের মতো থাকে। একেই কুণ্ডলিনী বলে। যখন কুণ্ডলিনী সুপ্ত (dormant) অবস্থায় থাকে তখন তাকে

বলে অপরা (immanent in life)। কুণ্ডলিনীর সুপ্ত অবস্থায় ব্যক্তির জাগতিক বিকল্প বোধ (বস্তুতে বস্তুতে তফাৎ) প্রবল থাকে।

অপান শরীরে শ্বাসের দ্বারা গৃহীত হলে অস্ফুট 'হ' উচ্চারণ হয় এবং নাসিকায় শ্বাস ত্যাগে তার অভিগমন নাসিকার বারো আঙ্গুল বাইরে; পৌঁছনোর সময় 'সঃ' উচ্চারিত হয় নিজে থেকেই। 'হ' ও 'সঃ'-এর সংযোগস্থল মধ্যচ্ছদার কেন্দ্রে মিলনে অনুস্বার (ং) স্বভাবতই উদ্ভূত হয়। ফলে 'হংসঃ' মন্ত্র হল জীবে প্রাণ-অপানের যোগ যা সদাই স্বতঃ উচ্চারিত হয় শরীরে অস্ফুটে। এ হল অজপাজপ। এই মন্ত্রের অর্থ সো'হম (আমিই সেই-আমিই শিব)। যখন জীব স্বতঃপ্রণোদিত হয়ে এই স্বাভাবিক মন্ত্রের জপ করে তখন সে সো'হম। ক্রমাগত উচ্চারণে কুণ্ডলিনীর সুপ্তাবস্থা ভঙ্গ হয় এবং উর্দ্ধমুখী গমন শুরু হয় শরীরের বিভিন্ন চক্রের স্তর অতিক্রম করে, ব্রহ্মরন্ধ্রে পৌঁছনোর জন্য; যেখানে সাধক চৈতন্যের সঙ্গে একাত্ম হয়। তখন কুণ্ডলিনীশক্তি হল পরাশক্তি (excellent, transcendent)। কুণ্ডলিনীর শক্তিতে যে পরাশক্তি নিহিত সেই শক্তিই আবার জীবনের ধারক (অপরা), তাই তাকে বলা হয় পরাপরা।

জগতের গঠনে আছে প্রমাতা (subject) যা প্রমাণের দ্বারা (cognitive relation) প্রতিষ্ঠিত, বস্তুতে তুলনা মূলক অনুভবে। যেমন অগ্নি ও তার দাহিকা শক্তি, জল ও তার স্বাভাবিক শীতলতা।

এই শক্তি প্রকৃত পক্ষে মহাদেব শিবের তাই এই শক্তির আর এক নাম মহাদেবী (the great Goddess)। তিনিই আবার পরাক্ষেত্র নামে (পুণ্যতীর্থ) অভিহিত। কারণ তিনি সাধকের সব পাপ নাশ করেন (ক্ষপণাৎ) এবং তাকে রক্ষা (ত্রাণাৎ) করেন। এ হল ব্যক্তির অতীন্দ্রিয় (mystic) অনুভব, কোনো কুরুক্ষেত্র বা বারানসীর মতো ভৌগলিক স্থান নয়।

শ্লোক 155a

অস্যামনুচরন্ তিষ্টন্ মহানন্দময়েহধ্বরে।
তয়া দেব্যা সমাবিষ্টঃ পরং ভৈরবমাপ্নুয়াৎ।।

শব্দার্থ: অনুচরন্- অনুসরণ, অধ্ব- গমন

ভাবার্থ:

এইপথ অনুসরণ করে মহানন্দে গমন করে সেই দেবীতে সমাবিষ্ট হওয়া যায়, যেখানে পরম ভৈরবের করুণা প্রাপ্তি হয়।

মন্তব্য শ্লোক 155a

এই শ্লোকটি পূর্ববর্ত্তী শ্লোকের পরিপুরক। কুণ্ডলিনীর জাগরণ 'হংস' মন্ত্রের দ্বারা হয়। কুণ্ডলিনী শক্তি শরীরে স্থিত। তার জাগরণের উদ্দেশ্য হল নিজের সচলতায় অবিচল শিবের (যা সবকিছুর ধারক- pillar) সঙ্গে তার মিলন। উদ্দেশ্য হল ব্যক্তির বোধকে ভৈরবের প্রকৃতিতে স্থির করা।

শ্লোক 155b

সকারেণ বহির্য়াতি হকারেণ বিশেৎ পুনঃ।
হংসহংসেত্যমুং মন্ত্রং জীবো জপতি নিত্যশঃ।।

শব্দার্থ: বিশেৎ- প্রবিষ্ট হওয়া

ভাবার্থ:

প্রাণের গ্রহণ বা শ্বাস নেওয়া হয় মানসিকভাবে শুরুতে শব্দহীন হ-কারের উচ্চারণে নিশ্বাস ফেলা হয় শব্দহীন স-কারের উচ্চারণে। এই প্রক্রিয়া ব্যক্তি মানসে এবং দেহে চলতেই থাকে।

মন্তব্য শ্লোক 155b

শ্লোকটিতে বলা হয়েছে যথারীতি 'হ' হল শক্তি এবং 'সঃ' হল শিব, সংযোজক 'ং' হল জীব। এই 'হংসঃ' মন্ত্রকে ত্রিকা মন্ত্রও বলা হয় কারণ এই মন্ত্রে শিব, শক্তি ও নরের (জীব) সহাবস্থান। সাধক 'ং' বা অং-তে মনোসংযোগ করবে।

একবার শ্বাসের চলনে (গ্রহণ ও বর্জন) সময় লাগে 4 সেকেন্ড। এক মিনিটে 15 বার এবং একঘন্টায় (15x60) বা 900 বার জপ হয়। একদিনে (900x24) বা 21600 বার জপ হয়।

শ্লোক 156

ষট্-শতানি দিবা রাত্রৌ সহস্রাণ্যেকবিংশতিঃ।
জপো দেব্যাঃ সমুদ্দিষ্টঃ সুলভো দুর্লভো জড়ে।।

শব্দার্থ: ষট-শতানি সহস্রান্যেকবিংশতিঃ- একুশহাজার ছয়শতবার

ভাবার্থ:

সাধকের পক্ষে একুশহাজার ছয়শতবার দিবারাত্র এই জপ সম্ভব হয় সচেতন ভাবে। অচেতনে শ্বাস গ্রহণ ও ত্যাগ হয় কিন্তু জপ হয় না। আবার প্রাণহীন বস্তুতে প্রাণ বা শ্বাসের প্রশ্নই নেই।

মন্তব্য শ্লোক 156

156-সংখ্যক শ্লোকটি কাশ্মীরে প্রকাশিত বিজ্ঞানভৈরব গ্রন্থে নেই। কিন্তু ক্ষেমরাজ শিব-সূত্রের শ্লোক (III-27) প্রসঙ্গে এই শ্লোকটির উল্লেখ করেছেন, কারণ এই শ্লোকটি ব্যতিত পূর্বোক্ত শ্লোকের অর্থ অসম্পূর্ণ থাকে।

কাশ্মীরের বিজ্ঞানভৈরবের শেষ অংশের পাঠও ভিন্ন- 'প্রাণস্যান্তে সুদুর্লভঃ।' বর্তমান আলোচ্য গ্রন্থে ক্ষেমরাজের পূর্বোক্ত 156-সংখ্যক শ্লোকটি গ্রহণ করা হয়েছে। ক্ষেমরাজ 156-সংখ্যক শ্লোকটি স্বচ্ছন্দতন্ত্রে (VII- শ্লোকঃ 56 পৃঃ 20) উল্লেখ করেছেন নিম্ন বর্ণিত শ্লোকের সঙ্গে।

'প্রাণহংসে সদালীনঃ সাধকঃ পরতত্ত্ববিৎ।
তস্যায়ং জপ উদ্দিষ্টঃ সিদ্ধিমুক্তিফলপ্রদঃ।।'

অর্থাৎ, সাধক প্রাণহংসে সুষুম্নাতে স্থিত প্রাণশক্তি নিবেশিত করেন সর্বোত্তম সত্য লাভের জন্য। এই প্রাণে বিশ্বময় অহম (universal-I) জড়িত যা মন্ত্রের সার পরমহংস। এই মন্ত্র জপে সাধকের ঐশ্বরিক শক্তি লাভ (supernormal power) এবং মুক্তি উভয়ই হয়।

যদি কাশ্মীরে প্রকাশিত বিজ্ঞানভৈরবে উল্লিখিত 'প্রাণস্যান্তে সুদুর্লভঃ' অংশটি গ্রহণ করি তবে অর্থ হয়- অন্তিম শ্বাসে অর্থাৎ মৃত্যুকালে অজপাজপ দুরূহ, কিছু ভাগ্যবান তাদের অতিরিক্ত স্মৃতি শক্তির কারণে অজপাজপের সঙ্গে নিজেকে অভিন্ন মনে করতে পারেন।

শ্লোক 157

ইত্যেতৎকথিতং দেবি পরমামৃতমুত্তমম্।
এতচ্চ নৈব কস্যাপি প্রকাশ্যং তু কদাচন।।

ভাবার্থ:

হে দেবি! এই অমৃতকথা যা অমরত্বের সন্ধান দেয়, একথা সকলের কাছে বাচনীয় নয়।

মন্তব্য শ্লোক 157

অযোগ্য শিষ্য গুরুপ্রদত্ত শিক্ষার সদব্যবহার না করলে শিক্ষালাভের যোগ্য নয়। শিষ্যের উপযুক্ততা অমৃতকথা শ্রবণ ও তজ্জনিত অমরত্বলাভ নিশ্চিত করে।

শ্লোক 158

পরশিষ্যে খলে ক্রূরে অভক্তে গুরুপাদয়োঃ।
নির্বিকল্পমতীনাং তু বীরাণাং উন্নতাত্মনাম্।।

ভাবার্থ:

যারা দুরভিসন্ধিযুক্ত, ক্রূর, অভক্ত এবং গুরুর আশ্রয় লাভ করেনি (অযোগ্য), তাদের এই পরম কথা বলা যাবে না। উচ্চমনা নির্বিকল্প বীরদেরই এই অমৃতকথা বলা যাবে।

মন্তব্য শ্লোক 158

'নির্বিকল্পমতিনাম'-এর অর্থ এখানে চিন্তাহীন অদ্বৈতে মুক্তি নয়। সার্থক যোগী সে অবস্থায় এমনিতেই স্থিত। সেই যোগীর আর গুরুর থেকে শিক্ষার প্রয়োজন নেই। বিকল্পের আর একটি অর্থ হয় মতদ্বৈধতা (indecision); এখানে সেই অর্থই গ্রহণ করতে হবে। এখানে সমাসবদ্ধ 'নির্বিকল্পমতিনাম' পদ প্রয়োগের অর্থ হল সাধক দ্বিধা থেকে (oscillating opinion) মুক্ত।

'বীর' অর্থ এখানে যুদ্ধের নায়ক (Hero) নয়। সঠিক অর্থ হল- 'বিশেষেণ ত্রয়তি আত্মানম ইতি বীরঃ', অর্থাৎ যে আত্মসংযমী। শিবোপাধ্যায়ের মতে যে সব দ্বিধাকে জীবন থেকে মুছে ফেলতে পেরেছে।

শ্লোক 159

ভক্তানাং গুরুবর্গস্য দাতব্যং নির্বিশঙ্কয়া।
গ্রামো রাজ্যং পুরং দেশঃ পুত্রদারকুটুম্বকম্।।

ভাবার্থ:

উচ্চবর্গের ভক্ত যারা নির্বিশেষে এবং নিঃশঙ্কায় বাড়ি, গ্রাম, রাজ্য, দেশ, স্ত্রী পুত্র, আত্মীয়স্বজন প্রভৃতি ছেড়ে সর্বত্যাগী, তাদেরই এই উপদেশ দেওয়া যাবে।

মন্তব্য শ্লোক 159

সুতরাং সর্বৈব সর্বত্যাগীকে বিজ্ঞানভৈরবের উপদেশ অনুশীলনে উদ্বুদ্ধ করা যাবে।

শ্লোক 160

সর্বমেতৎ পরিত্যজ্য গ্রাহ্যমেতৎমৃগেক্ষণে।

কিমেভিরস্থিরৈর্দেবি স্থিরং পরমিদং ধনম্।।

শব্দার্থ: কিমেভির- কিম(কিসের)+অভির(আসক্তি)= কিসের আসক্তি

ভাবার্থ:

হে মৃগনয়নী! সংসারের সাজপোষাক জিনিসপত্র সবকিছুই ক্ষণস্থায়ী। এইসবে আসক্তি না করে পরমপদে আসক্তিই চিরস্থায়ী।

মন্তব্য শ্লোক 160

সাধারণ জীবন যাপন জীবনের লক্ষ্য নয় কারণ তা ক্ষণস্থায়ী। আসক্তিহীন জীবনই মানুষের পরমপদ লাভের উপায়।

শ্লোক 161

প্রাণা অপি প্রদাতব্যা ন দেয়ং পরমামৃতম্।

শ্রীদেবী উবাচ।

দেবদেব মহাদেব পরিতৃপ্তাস্মি শঙ্কর।

ভাবার্থ:

এই উপদেশ প্রাণাধিক। প্রাণ গেলেও এই অমৃতবাণী চিরস্থায়ী।

দেবী পার্বতী বললেন-

হে দেবেশ্বর মহাদেব শঙ্কর! আপনার এই কথায় আমি পরিতৃপ্ত হয়েছি।

মন্তব্য শ্লোক 161

শক্তি শিবেরই অংশ কিন্তু তিনি জগৎমুখী, সৃষ্টির প্রেরণায়। কিন্তু শিবের অবর্তমানে তাঁর সেই সম্ভবনাও থাকে না অথচ শক্তি তাঁর এই অপূর্ণতা বুঝে উঠতে পারে না। তাই পূর্ণ জ্ঞানে তাঁর তৃপ্তি।

শ্লোক 162

রুদ্রযামলতন্ত্রস্য সারমদ্যাবধারিতম্।

সর্বশক্তিপ্রভেদানাং হৃদয়ং জ্ঞাতমদ্য চ।।

শব্দার্থ: রুদ্রযামলতন্ত্র- শিব-পার্বতীর মিলনতন্ত্রের শাস্ত্র যা বর্তমানে লুপ্ত।

ভাবার্থ:

হে শঙ্কর! রুদ্রযামল তন্ত্রের সাধনার অর্থ আমি অদ্য উপলব্ধি করতে পেরেছি এবং বিভিন্ন শক্তির অন্তর্নিহিত শক্তি বুঝতে পেরেছি।

মন্তব্য শ্লোক 162

তন্ত্রের মাধ্যমে আমরা শক্তির সঙ্গে শিবের মিলনের শিক্ষা পাই। সেই নামে একটি গ্রন্থের উল্লেখ পাওয়া যায় কিন্তু বর্তমানে উপলব্ধ নয়।

শ্লোক 163

ইত্যুক্ত্বানন্দিতা দেবি কণ্ঠে লগ্না শিবস্য তু।

ভাবার্থ:

এই কথা বলে দেবি হর্ষে উৎফুল্ল হয়ে শঙ্করকে আলিঙ্গন করলেন।

মন্তব্য শ্লোক 163

'ইত্যুক্ত্বানন্দিতা' অর্থ হল সব জেনে বুঝে দেবীর আনন্দানুভব। 'শিবস্য তু' অর্থাৎ দেবী শিবের সঙ্গে একাত্মভাবাপন্ন হলেন।

বিশিষ্ট সংস্কৃত অর্থের শব্দকোষ

অকুল- শিব

অণু- অতিক্ষুদ্র স্থিতি, নর

অদ্বয়- বিকল্পহীন একত্ব

অদ্ধন (অদ্ধা- পথ

অধঃকুণ্ডলিনী- মূলাধারে কুণ্ডলিনী শক্তির ক্ষেত্র, যেখানে কুণ্ডলিনী সাড়েতিন প্যাঁচে মূলাধারে সুপ্ত অবস্থায় থাকে।

অনচক্- স্বরবর্ণের সংযোগ রহিত ব্যঞ্জন বর্ণ

অনাহত- দেহের অভ্যন্তরে অস্ফুট শব্দ বা নাদ

অনুগ্রহ- কৃপা

অনুত্তর- সর্বোত্তম অক্ষর 'অ'

অনুস্বর- নাসিকায় 'ং' ধ্বনি, শিবকল্প

অন্তর্ব্যোম- দেহের স্থল যেখানে প্রাণ ও অপান দ্রবীভূত।

অপরা- স্থুল জগত

অপান- গৃহীত শ্বাস যা গুহ্যদ্বারমুখী। চন্দ্র (সোম) নামী এবং জীবের দেহাবস্থার সঙ্গে তুলনীয়।

অমৃত- সুধা, দৈবাবস্থা যেখানে সৃষ্টি রহিত হয়ে যায়।

অর্থ- বিষয় বা লক্ষ্য বা সঠিক সত্যর্থ।

অর্ধচন্দ্র- চন্দ্রের অর্থ বৃত্ত, সাধকের ওঁ জপে ইন্দ্রিয়ের বোধের উর্দ্ধে সাধনার স্তর যেখানে সূক্ষ্ম নাদের ধ্বনি (subtle energy of sound) শ্রুত হয়।

অর্ধেন্দু- যথা উপরোক্ত

অবস্থা- স্থিতি

অবিকল্প- অন্তরে চিন্তন বিহীন (intuitive) অনুভব।

অশূন্য- শূন্য নয় এমন

অহম- আমি বা সর্বোচ্চ পরমেশ্বরের আমিত্ব।

অহন্তা- আমিত্বের (সর্বজ্ঞের) চেতনার উপলব্ধি।

অহঙ্কার- জাগতিক আমির বোধ

আকাশ- শূন্যস্থান, অনন্ত, আগম- শাস্ত্র বিশেষ শিব-উক্ত

আণবোপায়- জাগতিক ক্ষুদ্রত্ব বা ব্যক্তির কর্ম বা কর্মের উপায় সমূহ যথা, ইন্দ্রিয়, প্রাণ, মন ইত্যাদি যার দ্বারা ব্যক্তির নিজত্ব বোধ হয় এবং ব্যক্তি নিজেকে পরিচালিত করতে পারে।

আত্মন- নিজের সঠিক পরিচয়

আনন্দ- ঐশ্বরিক প্রীতি বা সুখ।

আবেশ- গ্রহণ, আশ্লেষিত করা।

আশ্রয়- মনে স্থিত বিষয় বা অন্তকরণের বিভিন্ন উপচার যেমন চিন্তা ভাবনা ইত্যাদি।

ইচ্ছা- বাসনা, বাসনার শক্তি।

ইদম- বিষয়

ইদন্ত- বস্তুত

ইন্দ্রজাল- জাদুকরী

ইন্দ্রিয়- মানসিক, শারীরিক বোধের উপায়, অঙ্গ

উচ্চার- শ্বাসের উর্দ্ধটান (upward breathing)

উদয়- জেগে ওঠা, আবির্ভূত হওয়া।

উদান- ব্যক্তির ঈশ্বরমুখী হওয়ায় প্রাণের সুষুম্না নাড়ীতে উত্থান।

উদ্যম- ঐশ্বরিক চেতনার জীবে অনুভব (উড়ান)।

উন্মেষ- জগদুন্মেষ, জগতের আবির্ভাবের শুরু বা উপক্রম, স্বরূপ উন্মেষ বা ভগবৎ চৈতন্যের জগৎ ক্রিয়ায় প্রকাশ।

উন্মীলন সমাধি- সাধকের মনের অবস্থা, উন্মুক্ত দৃষ্টিতে বহির্জগতকে সাধকের মনে হয় শিবের চৈতন্য স্বরূপ।

উপাধি- ব্যক্তিকে সীমিতভাবে নির্ধারণ

উর্দ্ধকুণ্ডলিনী- এই অবস্থা হল কুণ্ডলিনীর জাগ্রত অবস্থা, যখন প্রাণ ও অপান সুষুম্নায় প্রবিষ্ট হয়।

কঞ্চুক- জগতে মায়ার পাঁচ আবরণ।

কন্দ- গুহ্যদ্বারের কন্দাকৃতি অঞ্চল।

কণ্ঠ- কণ্ঠকূপ চক্র (Cakra at base of throat)

কলা- সীমিত সৃজন শক্তি

কাল- সময়

কালাগ্নি- সৃষ্টি ধ্বংসকারী অগ্নি

কুণ্ডলিনী- জৈবশক্তি যা সুপ্ত অবস্থায় সাড়েতিন প্যাঁচে মূলাধার চক্রকে জড়িয়ে থাকে।

কুল- শক্তি বা তার বিস্তারের পূর্ববর্ত্তী অবস্থা।

কুটিলাকৃতি- প্রাণের উপবৃত্তাকার চলন কুণ্ডলিনী জাগরণের পূর্বে।

কুম্ভক- শ্বাস রোধ

কুহন- বাহুমূলে স্পর্শ করলে শরীরের কম্পন জনিত অনুভব।

কেবল- একা

কৈবল্য- প্রকৃতি ও মায়া থেকে মুক্ত হয়ে একক স্থিতি।

কোটি- নির্দিষ্ট স্থিতি, শুরুতে বা শেষে।

ক্রমমুদ্রা- ব্যক্তিতে নিমীলন ও উন্মীলন সমাধি (আবেশ) ক্রমান্বয়ে।

ক্রিয়া- কার্য বা কার্য করার ক্ষমতা।

ক্ষেত্র- তীর্থ

ক্ষোভ- মনে আলোড়ন, অসন্তুষ্টির বোধ বা বিক্ষেপ।

খেচরী মুদ্রা- শূন্যের বিশেষত্ব যে উপায়ে অনুভূত হয়, শূন্যভাবনা।

গ্রাহক- জ্ঞাতা

গ্রাহ্য- বিষয়গত বস্তু

চক্র- প্রাণশক্তির কেন্দ্র। শরীরের মূলাধার থেকে শুরু করে ভ্রূমধ্য পর্যন্ত (আজ্ঞাচক্র) ছয় উলম্বে স্থিত কেন্দ্র।

চমৎকার- শুদ্ধ চৈতন্যের (I-conciousness) আনন্দানুভব।

চিৎ- শুদ্ধ চৈতন্য

চিদাকাশ- চৈতন্যের ব্যাপ্তি

চিদঘন- ঘনীভূত চৈতন্য

চিদানন্দ- আনন্দময় চেতনা

চিদানন্দঘন- উপরোক্ত চেতনার নির্দিষ্ট রূপ।

চিৎকলা- চেতনার শক্তি

চিৎপ্রকাশ- চেতনার জ্যোতি

চিতি- ভগবৎ চৈতন্যের শক্তি যা বিশ্ব সৃষ্টির কারণ বা করণ।

চিত্ত- ব্যক্তির সত্তাজনিত মন (emperical mind)।

চিত্ত বিশ্রান্তি- মনে চেতনার অনুভবে প্রশান্তি।

চিত্ত সম্বোধ- ব্যক্তির মনের ভগবৎ উদ্বোধন।

চিত্ত প্রলয়- মনের চেতনায় নিমজ্জন।

চিন্তা- কল্পনা, ধারণা

চেতনা- এক কথায় ব্যক্তির সচেতনতা, কিন্তু শুদ্ধ অর্থে ইন্দ্রিয়াতীত অস্তিত্বের

বোধ এবং জাগতিক বিষয়ে সচেতনতার মধ্যবর্ত্তী এক সঙ্কল্প।

চৈতন্য- ভগবৎ চেতনা। ভগবানের এই চেতনার লক্ষণ হল তাঁর জ্ঞান ও ক্রিয়ায় স্বাতন্ত্রতা।

জগৎ- বিশ্বচরাচর ও তার চলন।

জগদানন্দ- ঈশ্বরের জগৎ বিষয়ে প্রকাশিত হওয়ার আনন্দের উদ্ভাস।

জপ- শুদ্ধ মনে করে কোনও কিছুর মনন বা অনবরত উচ্চারণ।

জাগ্রত- সজ্ঞান বোধের অবস্থা।

জীব- সজীবতা, স্বতঃপ্রণোদিত চলমানতা।

জীবন্মুক্ত- জীবিত অবস্থায় নিজেকে স্বাধীন বা মুক্ত মনে করা বন্ধন থেকে।

জীবন্মুক্তি- জীবনের বাধ্য-বাধকতা, প্রাণধারণের কর্ম করা ইত্যাদি থেকে মুক্তি।

জ্ঞান- ঈশ্বরে শক্তির বোধ, শিব ও শক্তিরূপার একত্বের বোধ।

জ্ঞানিন- যার উপরোক্ত বোধ প্রাপ্ত হয়েছে।

তত্ত্ব- বস্তুর অস্তিত্ব (সত্তা) বা তার কারণ নির্ণয়্।

তন্ত্র- ঐশ্বরিক শক্তির শাস্ত্র বা তার সন্ধান (revealed work)।

তান্ত্রিক- তন্ত্রের অনুগামী

তিরোধান শক্তি- জড় বাস্তবকে অস্বীকার করার শক্তি।

তুরীয়- ব্যক্তির চার প্রকার স্থিতি; জাগ্রত অবস্থা, স্বপ্নাবস্থা, গভীর স্বপ্নহীন নিদ্রাবস্থা এবং তার উর্দ্ধে তুরীয় অবস্থা। প্রথমোক্ত তিন অবস্থাই দেহ সম্বন্ধীয়। চতুর্থ অবস্থা তার উর্দ্ধে সব নিয়ে।

তুরীয়াতীত- তুরীয় অবস্থারও উর্দ্ধে যেখানে জাগরণ, স্বপ্ন বা দেহের গভীর নিদ্রা অনুপস্থিত। এ সবের নিষেধে ব্যক্তির সূক্ষ্ম অস্তিত্বের স্বরূপ রূপে তার চৈতন্যই বেঁচে থাকে অবশেষ রূপে।

ত্রিকা- ত্রিকা হল শিব, শক্তি ও জীবের (নর) ত্রিবেণি (Triad)। এখানে শিব হল পরা বা সর্বোত্তম অভেদ স্থিতি, শক্তি হল কর্ম প্রধান পরাপর স্থিতি আর নর হল অপরা স্থিতি যাতে শক্তি ক্রিয়াশীল।

দর্শন- জগৎ-জিজ্ঞাসার বুদ্ধির প্রয়োগে সমাধানের পথ।

দাঢ্য- মনের একাগ্রতা।

দৃষ্টি- নজর করা

দিশ- দিশা

দেশ- স্থান

দ্বাদশান্ত- বারো আঙুল দূরত্বের শেষ। দ্বাদশান্তের বহু ব্যাখ্যা হয়। i) নাসাগ্রের সোজাসুজি বারো আঙুল দূরত্বের শেষ, যা বাহ্য দ্বাদশান্ত; ii) বাহ্য দশা থেকে বারো আঙুল দূরত্বে মধ্যচ্ছদার কেন্দ্র, অন্তর দ্বাদশান্ত; iii) মধ্যচ্ছদার কেন্দ্র হৃদয় থেকে বারো আঙুল কণ্ঠের দূরত্বের শেষ (কণ্ঠকূপ); iv) মুখগহ্বরে তালুর কেন্দ্র থেকে বারো আঙুল দূরত্বে ভ্রূমধ্য ভাগ; v)জাগ্রত কুণ্ডলিনীর ভ্রূমধ্য ভাগ (আজ্ঞাচক্র) ভেদ করে গন্তব্য ব্রহ্মরন্ধ্র পর্যন্ত বারো আঙুল দূরত্বের শেষ।

ধ্যান- মনোনিবেশ

ধ্যানী- মনোনিবেশকারী

নবাত্ম- ভৈরব আগমে তত্ত্বের নয় রূপের দিশা।

নাড়ী- প্রাণের চলাচলের সূক্ষ্ম দেহস্থিত কাল্পনিক পথ।

নাদ- দেহভ্যান্তরের অস্ফুট শব্দ

নাদ-বিন্দু- বিশ্বে উপরোক্ত অস্ফুট শব্দের মূল যা সৃষ্টির জন্য শিব-শক্তির নাদ ও জ্যোতি।

নাদান্ত- প্রণবের সূক্ষ্ম শক্তি

নিভালন- মনের বোঝার প্রক্রিয়া (perception)।

নিমেষ- চোখের পলক ফেলা, জগৎকে অস্বীকার করা (dissolution)।

নিমীলন সমাধি- অন্তর্মুখী ধ্যান, এই ধ্যানের গভীরতায় জগতের বোধের বিলুপ্তি এবং বিশ্বচৈতন্যের অনুভব হয়।

নিয়তি- কার্য-কারণের সম্ভাব্যতা এবং পরিণাম।

নিরাধার- অবলম্বনহীনতা

নিরাশ্রয়- আশ্রয় বা আধারহীনতা।

নিরোধিকা- প্রণবের সূক্ষ্ম শক্তি

নির্বিকল্প- ইন্দ্রিয়াতীত বস্তুবিমুখ স্থিতি।

নিবেশন- বিশ্বচৈতন্যে প্রবেশ

নিষ্কল- অভেদ যা সৃষ্টির উর্দ্ধে।

নিস্তরঙ্গ- ক্ষোভ বা তরঙ্গহীনতা

পতি- শিব, মুক্তবোধ সত্তা তথা স্বত্ত্বা

পরা- পরম

পরা প্রমাতা- সর্বোচ্চ অনুভবী, পরম শিব

পরম শিব- সর্বোচ্চ সত্য

পরমাত্মা- পরমের সত্ত্বা

পরমার্থ- সর্বোচ্চ লক্ষ্য যা জীবনের সত্য।

পরামর্শ- মনের অভিজ্ঞতা, বোধ, স্মরণ করার ক্ষমতা যার দ্বারা ব্যক্তি কোনো বিষয়ে অবহিত হয়।

পরাপর- শক্তির মধ্যদশা, যে অবস্থায় শক্তি পরম (পরা) ও সাধারণ (অপরা- ক্রিয়াশীল) উভয়ের গুণে গুণান্বিত।

পরাবাক- অব্যক্ত শক্তি যা তরঙ্গের মাধ্যমে প্রকাশিতব্য শব্দের পূর্বরূপ।

পরাশক্তি- সর্বোচ্চ চিতি শক্তি।

পশু- বন্ধনযুক্ত জীব

পশ্যন্তী- ঈশ্বর দ্বারা জগতের অভেদ রূপের ধারণ যাকে বাকের শক্তি বলা যেতে পারে। ব্যক্ত বাক হল বাক্-এর রূপ গ্রহণ বাচক ও বাচ্যে। বাচ্য হল বর্ণিত বিষয় আর বাচক হল বর্ণনকারী।

পুরুষ- সত্তার মূল বা স্তম্ভ

পুর্যষ্টক- এ হল সত্তায় স্থিত আট প্রকার সমাবেশ যথা তন্মাত্র সমূহ, বুদ্ধি, মন এবং অহঙ্কার।

পূর্ণ- ত্রুটিহীন ভগবৎ চৈতন্য।

পূর্ণহন্তা- শিবের নিরপেক্ষ, নিরালম্ব চেতনা।

প্রকাশ- চৈতন্যের জ্যোতি যাতে জগত প্রকাশিত, উন্মেষিত।

প্রকৃতি- বুদ্ধি থেকে পৃথ্বী পর্যন্ত্য জগতের প্রকাশের পূর্বরূপ।

প্রতিভা- শিবের চৈতন্যের প্রভা, পরাবাক্

প্রত্যভিজ্ঞা- অতীতের অভিজ্ঞতা

প্রমাতা- জগতের জ্ঞাতা

প্রমাতৃতা- উপরোক্ত শক্তি

প্রমাণ- জ্ঞানের উপায়

প্রমেয়- জ্ঞানের বিষয়

প্রসর- বিস্তার

প্রাণ- প্রাণশক্তি, শ্বাস

প্রাণন- জীবে প্রাণের প্রয়োগ

প্রাণায়াম- নিয়ন্ত্রিত শ্বাস

বিন্দু- সাধারণ অর্থে বিন্দু হল একটি সুনির্দিষ্ট চিহ্ন যার দৈর্ঘ, প্রস্থ, বেধ ইত্যাদির মাত্রা নির্দিষ্ট করা যায় না। আধ্যাত্মিক দৃষ্টিতে এটি একটি অভেদ তত্ত্ব যাতে শক্তি সামূহিক রূপে স্থিত। পরা-প্রমাতা বা সর্বোচ্চ সাক্ষী, 'ওম্'-এর অনুস্বার উচ্চারণ বিন্দুর 'শিব-শক্তি'যুক্ত প্রকৃতি।

বুদ্ধি- বুদ্ধি হল জীবের অব্যাখ্যাত নির্ধারণ ক্ষমতা। এই বুদ্ধির বলে জীবের চৈতন্য জাগরিত হয় সত্যের লক্ষ্যে।

বোধ- আধ্যাত্মিক অর্থে আত্মজ্ঞান লাভ, সাধারণ অর্থ বোঝার ক্ষমতা।

ব্রহ্ম- অস্তিত্ব, চৈতন্য ও আনন্দ বোধের মূল।

ব্রহ্মনাড়ী- সুষুম্না নাড়ী, প্রাণের গতিপথ।

ব্রহ্মরন্ধ্র- শিরোপরি প্রাণের চক্র, সহস্রার

ভক্তি- সর্বোচ্চের প্রতি অনুরাগ বা অনুরাগের প্রকাশ।

ভরিত- প্রভূত

ভাব- অন্তর, বাহিরের চিন্তনে মানসিক স্থিতি।

ভাবনা- সৃজনশীল চিন্তন

ভুবন- বিশ্বজগৎ

ভেদ- অন্তর, তফাৎ

ভৈরব- সর্বোচ্চ সত্য যা জগতের ভরণ, পোষণ ও সংহার নির্দেশ করে। ভৈরবের

'ভ' অক্ষর ভরণ, 'র' অক্ষর রাবণ বা সংহার এবং 'ব' অক্ষরের অর্থ বমন বা পুনঃসৃষ্টি।

ভৈরবী- ভৈরবের শক্তি

ভৈরব মুদ্রা- সাধনায় পলকহীন দৃষ্টিপাত বহির্জগতে, মনের অন্তর্মুখী সত্য সন্ধান।

ভ্রুমধ্য- দুই ভ্রু-র মধ্যস্থল

ভোগ- অভিজ্ঞতা সঞ্চয়, সাধারণ অর্থে সুখলাভ।

ভোক্তা- অভিজ্ঞতা সঞ্চয়কারী

মতি- বুদ্ধির বলে বোঝা

মধ্য- অন্তরদশা, চিত্তের চেতনা, প্রাণের গতিপথ সুষুম্না নাড়ী।

মধ্যধাম- সুষুম্না বা ব্রহ্মনাড়ী

মধ্যম-পদ- মধ্যাবস্থা

মধ্যমা- শব্দের উচ্চারণের স্তরে সূক্ষ্মদশা, শব্দের প্রকট বা উচ্চারণের প্রাক্কাল।

মধ্যশক্তি- সম্বিত শক্তি, যা ব্যক্তির চৈতন্যে অনুভূত।

মনস- ক্রিয়াশীল মন

মন্ত্র- জপের অক্ষর

মন্ত্র-বীর্য- মন্ত্রের শক্তি

মরুৎ- বায়ু

মল- ত্যাজ্য

মহাবোধ- মনের সবল সদর্থক জাগরণ।

মহামন্ত্র- সর্বোচ্চের জপের মন্ত্র।

মহাব্যাপ্তি- সর্বে বিস্তার

মহাসত্তা- সর্বোচ্চ জ্যোতি ও স্বাধীনতার উৎস।

মহাশূন্য- অনিশেষ শূন্য

মায়া- ভ্রম, সর্বোত্তমের সীমিত প্রকাশ।

মায়াতত্ত্ব- পরমেশ্বরের আবৃত সীমিত পঞ্চপ্রকার শক্তির তত্ত্ব।

মায়াপ্রমাতা- ব্যক্তির সীমিত সত্তার কারক, মায়ার কার্যকারক।

মায়াশক্তি- মায়ার আবৃত করণ ক্ষমতা।

মায়ীয় মল- মায়ার কারণে ব্যক্তির স্থূল ও সূক্ষ্ম শরীর ও ভেদ।

মুক্তি- মোক্ষলাভ

মুদ্রা- যোগ সাধনায় আধ্যাত্মিক চৈতন্যের খোঁজে উপবেশন।

মূলাধার- জননেন্দ্রিয়ের নীচে স্থিত প্রাণের গম্যস্থল।

মেয়- বস্তু

মোক্ষ- মুক্তাবস্থায় পূর্ণতার অনুভব

মোহ- আসক্তি

যুগপৎ- উভয়তো

যোগী- উচ্চস্তরের সাধক

যোগীন্দ্র- মহাযোগী, শাম্ভবস্থা

যোগিনী- ভৈরবের শক্তিরূপা

রজস- প্রকৃতিতে কার্যের প্রবৃত্তি

রস- ঐশ্বরিক আনন্দ, সাধারণ অর্থে স্বাদ, দ্রবণীয়তা

রাগ- বিশেষ আসক্তি

রুদ্রযামল- রুদ্র ও শক্তির মিলন

রূপ- আকার, সার

লয়-নিলয়- গ্রহণ, আত্মস্থীকরণ

লীন- মিলিয়ে যাওয়া

বপুস- মহাজাগতিক প্রকৃতি (ভৈরবের)

বর্ণ- অক্ষর, অক্ষরের ধ্বনি, বক্তব্যের শরীর বা সূক্ষ্মাবস্থা

বহ্নি- শৈবযোগে অধঃকুণ্ডলিনীর মধ্যভাগের অর্ধাংশের দেহমূলে প্রবেশ। এ হল কুণ্ডলিনীর এক প্রকার স্থিতি।

বাচক- শব্দ, বক্তা

বাচ্য- বস্তু, বক্তব্য

বামেশ্বরী- শক্তিরূপার সর্বোচ্চ চৈতন্যে বিপ্রতীপ স্থিতি।

বিকল্প- চিন্তার দ্বারা কল্পনা করা।

বিকল্পনম- কল্পনার দ্বারা বস্তুতে বস্তুতে, বিষয়ে বিষয়ে ভেদ প্রবর্তন।

বিকল্প-ক্ষয়- বিকল্পের নাশ

বিকাস- উদ্ভাসিত করা, উন্নতি বিধান করা।

বিজ্ঞান- চৈতন্য ও তার জ্ঞান

বিদ্যা- সীমিত জ্ঞান

বিভূতি- সর্বোত্তমের বিভিন্নভাবে পরিদৃশ্যমানতা।

বিমর্শ- জগতাকারে জ্ঞান ও ক্রিয়ার অনুভব।

বিমর্শন- উপরোক্ত বিষয়ে সচেতনতা।

বিয়ৎ- ফাঁকা স্থান

বিলয়- সংহৃতি

বিষ- বিষ কথাটি শৈবযোগে বিশেষিত যার মূল ধাতুরূপ 'বিষ্', অর্থাৎ সবেতে বিস্তার। কুণ্ডলিনীর জাগরণে অধঃকুণ্ডলিনীর বহ্নি-স্থিতির অবশিষ্টাংশের উর্দ্ধ কুণ্ডলিনীতে প্রবেশ।

বিশ্রান্তি- বিশ্রাম, শান্তিলাভ

বিশ্ব- মহাজগত

বিশ্বময়- বিশ্বাত্মক, সর্বেস্থিত

বিশ্বোত্তীর্ণ- অতীন্দ্রিয়

বিসর্গ- শিবের বিশ্বকে প্রকাশের ক্ষমতা শক্তির মাধ্যমে, দুই আলম্ব বিন্দু বিশিষ্ট অক্ষরে (ঃ) স্থিত হয়ে যার উচ্চারণ দীর্ঘ 'হ'।

বীর্য- জীবনী শক্তি

বৈখরী- শব্দের আক্ষরিক প্রকাশ।

বৃত্তি- উপায়, বৈষম্য প্রণয়ন

বৈষম্য- দ্বৈতভাব

ব্যান- প্রাণের ব্যাপকত্ব

ব্যাপ্ত- সম্পূর্ণ বিস্তার

ব্যাপ্তি- বিস্তারিত, সম্পূর্ণে প্রসার

ব্যাপিনী- প্রণবের ব্যাপকত্বের শক্তি

ব্যুত্থান- উদ্গত হওয়া, সমাধির পরে উদ্গমন স্থিতি।

ব্যামোহিততা- ভ্রম

ব্যোম- অন্তরীক্ষ

শক্তি- শিবের ক্ষমতার প্রকাশ মূর্ত্তি, নারী।

শক্তিপাত- অনুগ্রহ, শক্তির রূপ গ্রহণ।

শক্তি-বিকাস- চিত্তে শক্তির উন্মেষ। ইন্দ্রিয়ে বস্তুর বোধ, যার দ্বারা চিত্তে বিষয়ের প্রতিফলন হয়।

শক্তি-সঙ্কোচ- ইন্দ্রিয়বোধের নিবৃত্তি।

শব্দ- ধ্বনি, অক্ষর, পদ

শব্দব্রহ্ম- শব্দের সূক্ষ্মরূপ যা প্রথমে তরঙ্গে আভাসিত ও পরে আক্ষরিক রূপ হয়।

শাক্তোপায়- শক্তির মাধ্যমে সর্বোত্তমের প্রকাশের উপায়, অর্থাৎ বিকল্পহীন শিবে গম্যতার শাক্ত উপায়।

শাম্ভবোপায়- সাধকের সৃষ্টিতে শিবের চৈতন্যের উপলব্ধিতে সরাসরি হস্তক্ষেপ, অর্থাৎ বিকল্পহীন শিবে গম্যতার শৈব উপায়।

শিখান্ত- ব্রহ্মরন্ধ্র

শিব-ব্যাপ্তি- জগতের শিবে বিলয়।

শুদ্ধবিদ্যা- শিব থেকে শুরু করে জগৎ-সিদ্ধান্তের পঞ্চম স্তরে স্থিতি।

শুদ্ধ অধ্বা- শিব থেকে শুরু করে প্রথম পঞ্চতত্ত্ব।

শূন্য- আকারহীনতা

শূন্যাতিশূন্য- শূন্যের আকারহীনতার উর্দ্ধের অবস্থা।

শূন্যতা- শূন্যের বিষয়

শূন্য প্রমাতা- শূন্যের অভিজ্ঞতা, প্রলয় কাল।

ষড়ধ্বা-সৃষ্টির ছয় প্রকার প্রকাশের ধারণা। তিন প্রকার হল উদ্দেশ্য প্রণোদিত (subjective), যথা বর্ণ, মন্ত্র ও পদ; বাকি তিন প্রকার বিষয়গত, যথা, কলা, তত্ত্ব ও ভুবন।

ষষ্ঠ-বক্ত্র- একে বলে ষষ্ঠ ইন্দ্রিয় যার নাম মেঢ্রকন্দ, মূলাধারের নীচে অবস্থিত।

সঙ্কল্প- চিন্তার রূপময়তা বা চিন্তাকে সিদ্ধান্তে আকার দেওয়া।

সঙ্কোচ- শক্তিকে হৃদয়ের রহস্যময় প্রদেশে স্থাপন।

সম্বিদ, সম্বিত্তি- ব্যক্তির তথা বিশ্বের চেতনা।

সংস্কার- মনের অচেতনে স্থিত অবশেষ।

সকল- জড়, জীব ও দেবদেবীর ক্রিয়া প্রক্রিয়া স্বরূপ জ্ঞানের অজ্ঞানতার কারণে।

সত্তা- বাস্তব অস্তিত্ব

সত্তামাত্র- মহাসত্তা

সদাশিব- শিবের থেকে শুরু করে সদবিদ্যা পর্যন্ত পঞ্চতত্ত্বের তৃতীয় তত্ত্ব। সদাশিব তত্ত্বের (অহম্-ইদম্) মাধ্যমে সৃষ্টির ইচ্ছার আবির্ভাব।

সমত্ব- সমতা, পূর্ণ ঐক্য (সর্বত্র সমতান)।

সমনা- সর্বোত্তমের নীচে প্রণবের (ওঁ) শক্তি।

সমরস- সমতানের অনুভূতি

সংহার- সৃষ্টির সংবরণ। সাধারণ অর্থে সংহার হল ধ্বংস, নাশ, লয়। এখানে লয় হল শক্তির দ্বারা সৃষ্টিকে গুটিয়ে নেওয়া।

সংসার- জগতের রূপান্তরময় ক্রিয়াকাণ্ড।

সংসারিন- সংসারের কুশীলব

সমাধি- মনের সংহৃতি। মন নিশ্চল হলে চেতনাই বিরাজ করে।

সমান- প্রাণবায়ু যা শরীরকে চালনা করে বা কার্যক্ষম রাখে সেই বায়ুই প্রাণশক্তিতে (প্রাণ ও অপানে) সমতা রক্ষা করে সারা শরীরে তৎপরতার সঙ্গে।

সমাবেশ- পূর্ণগ্রহণ (absorption)।

সমাপত্তি- সমাধিত্ব (psychic consummstion)।

সর্বকর্তৃত্ব- সর্বাধিকারী

সর্বগ- সর্বত্র গমনশীল

সর্বজ্ঞ- সবকিছুর জ্ঞাতা

সর্বজ্ঞত্ব- সর্বজ্ঞানের কর্তৃত্ব

সামরস্য-শিব ও শক্তির মিলনের বা চৈতন্যের অনুভব (identity of Conscience)।

সার- বিষয়ের শুদ্ধরূপ

সিদ্ধি- কোনও কিছুতে পরম প্রাপ্তি

সুষুপ্তি- স্বপ্নহীন নিদ্রা

সূক্ষ্ম- অতিক্ষুদ্র (বিভেদহীন)

সৃষ্টি- জাত

স্তব্ধ- নিশ্চল

স্থিতি- জগতের ধারণ, পোষণ; সাধনায় প্রাপ্ত স্থির অবস্থা।

স্থূল- বাহ্যিকতা (gross)।

স্পন্দ- শিবের কর্মময়তা যা তরঙ্গিত, অনাদি সৃজনশীলতা।

স্ফুরত্তা- চেতনার (ভগবৎ) ঝলক

স্বতন্ত্র- স্বয়ংক্রিয়, সর্বোত্তম ইচ্ছা

স্বাতন্ত্র্য- সর্বোত্তমের স্বাধীন শক্তি বা ক্ষমতা।

স্বপ্ন- নিদ্রায় মনে বিকল্প নির্মাণ।

স্বরূপ- নিজের প্রকৃতি, নির্মিত বা সত্যরূপে

স্বস্তিতি- উক্ত স্বরূপতার অনুভব।

স্বাত্ম- সত্তা অথবা স্বত্ত্বা।

স্বেচ্ছা- স্ব ইচ্ছা

হ- শক্তির প্রতীক, অস্ফুট স্বতোৎসারিত।

হঠপাক- চেতনায় জগতবোধের ক্রমাগত বিলয় প্রক্রিয়া।

হংস- শ্বাসের প্রাণ ও অপান প্রক্রিয়া। অপানে অস্ফুট 'হ'-য়ে শ্বাস গ্রহণ আবার প্রাণে 'স'-এর মননে শ্বাসত্যাগ। 'ং'-এর দ্বারা এই দুইকে হংস মন্ত্রে একীভূত করে স্বতোৎসার হলে তাকে বলে অজপাজপ, যেহেতু জীবের অন্তরে উচ্চারণ ছাড়াই এই মন্ত্র জপিত হয়। এই মন্ত্রকে অনুভব করতে হলে 'হংস মন্ত্র' আর উচ্চারণ করতে চাইলে সো'হম (আমিই শিব) মন্ত্রের আশ্রয় নিতে হবে। 'হংস' জীবেরই শিবময় পরিচয় এবং জীবের প্রতীক।

হৃদয়- হৃৎ (কমল), কমল তুল্য রহস্যাবৃত (mystic centre) চেতনা।

বিজ্ঞানভৈরব গ্রন্থে বিভিন্ন সংস্কৃত শব্দের প্রয়োগ

মুখবন্ধ

স্পন্দকারিকা হল শিবসূত্রের উপর লিখিত কতকগুলো শ্লোকের বিশ্লেষাত্মক বর্ণনা। শৈবাগম অনুযায়ী ঐশ্বরিক সচেতনতা (Divine Consciousness), শীতল অসংবেদনশীল মনন (cold inert intellection) নয়। বরং এতে আছে স্পন্দিত গতিময়তা, জীবনের তরঙ্গাঘাত (pulsation of creation), সদা সজীব (throbbing with life)। শিব-সূত্রে ঈশ্বরের প্রকাশমানতাকে প্রাধান্য দেওয়া হয়েছে। স্পন্দকারিকায় শিবসূত্রের অনুভবনীয় বিচার বা বিমর্শ করা হয়েছে। এই দুটো আখ্যান একযোগে শৈবদর্শনের সিদ্ধান্ত বলা যেতে পারে।

দার্শনিক ক্ষেমরাজের 'স্পন্দ নির্ণয়' নামে স্পন্দকারিকার উপর একটি ভাষ্য আছে। তিনি দীর্ঘ শব্দবন্ধের (sesquipedalian) তথা যৌগিক শব্দে আগ্রহী ছিলেন। সেগুলো আঁকাবাঁকা (long and windy) বাক্য বন্ধন কিন্তু তাৎপর্য্যময়, তাই অস্বীকার করবার নয়। আমি চেষ্টা করেছি কারিকা এবং স্পন্দ-নির্ণয়ের ভাষ্যের এক সহজবোধ্য ইংরেজী অনুবাদ পরিবেশন করতে।

এই বইয়ে প্রতিটি কারিকা (শ্লোক) দেবনাগরী এবং রোমান হরফে দেওয়া হয়েছে। সঙ্গে ইংরেজী অনুবাদ। সাথে ক্ষেমরাজের সংস্কৃত ভাষ্য দেওয়া। এরপরে ইংরেজীতে দেওয়া হয়েছে ভাষ্যের অনুবাদ। এরপরে বিশেষ বিশেষ শব্দের (technical words) যথাসাধ্য অনেক মন্তব্য (notes) সংযোজিত হয়েছে। শেষে প্রতিটি কারিকার নিজের মত করে বিবরণ দিয়েছি (running exposition)।

মূল শ্লোক এবং ভাষ্যগুলো কাশ্মীরে উপলব্ধ এবং চর্চিত (texts and studies) বিষয় অনুসারী এবং সংগ্রহের উৎস। মূল কাশ্মীরি লেখায় কিছু ভুল লক্ষ্য করা গেছে এবং সেগুলো সংশোধন করা হয়েছে 'স্বামী লক্ষণ জু'র সহায়তায়। আমি তাঁর কৃপাপ্রার্থী এই বিষয়ের উপর তার মাধ্যমে আলোক প্রাপ্তির জন্য। গ্রন্থটি তাঁর নামে উৎসর্গিত।

বইয়ের শুরুতে একটি দীর্ঘ উপক্রমিকা দেওয়া হয়েছে সঠিক বিষয় বোধের জন্য এবং শেষে বিশেষ বিশেষ শব্দের (terms) একটি শব্দকোষ (glossary) দেওয়া হয়েছে।

বারাণসী —জয়দেব সিং
12.04.1980

ভূমিকা

স্পন্দকারিকা -জয়দেব সিং

ইংরেজী গ্রন্থের মুখ্য উদ্দেশ্য

(Importance of the book)

সূচনা

স্পন্দকারিকা হল শিবসূত্রের উপর লিখিত কতকগুলো শ্লোকের বিশ্লেষাত্মক বর্ণনা। শৈবাগম অনুযায়ী ঐশ্বরিক সচেতনতা (Divine Consciousness), শীতল অসংবেদনশীল মনন (cold inert intellection) নয়। বরং এতে আছে স্পন্দিত গতিময়তা, জীবনের তরঙ্গাঘাত (pulsation of creation), সদা সজীব (throbbing with life)।

শিবসূত্রে ঈশ্বরের প্রকাশমানতাকে প্রাধান্য দেওয়া হয়েছে। স্পন্দকারিকায় শিবসূত্রের অনুভবনীয় বিচার বা বিমর্শ করা হয়েছে। এই দুটো আখ্যান একযোগে শৈবদর্শনের সিদ্ধান্ত বলা যেতে পারে।

দার্শনিক ক্ষেমরাজের স্পন্দনির্ণয় নামে স্পন্দকারিকার উপর একটি ভাষ্য আছে। তিনি দীর্ঘ শব্দ বন্ধের (sesquipedalian) তথা যৌগিক শব্দের আগ্রহী ছিলেন। সেগুলো আঁকাবাঁকা বাক্য বন্ধন (windy sentences) কিন্তু তাৎপর্য্যময়, তাই অস্বীকার করবার নয়।

আমি চেষ্টা করেছি কারিকা এবং স্পন্দ-নির্ণয়ের ভাষ্যের এক সহজবোধ্য ইংরেজী অনুবাদ পরিবেশন করতে।

এই বইয়ে প্রতিটি কারিকা (শ্লোক) দেবনাগরী এবং রোমান হরফে দেওয়া হয়েছে। সঙ্গে ইংরেজী অনুবাদ। সাথে ক্ষেমরাজের সংস্কৃত ভাষ্য দেওয়া। এরপরে ইংরেজীতে দেওয়া হয়েছে ভাষ্যের অনুবাদ। এরপরে বিশেষ বিশেষ শব্দের (technical words) যথাসাধ্য অনেক মন্তব্য (notes) সংযোজিত হয়েছে। শেষে প্রতিটি কারিকার নিজের মত করে বিবরণ দিয়েছি (running exposition)।

মূল শ্লোক এবং ভাষ্যগুলো কাশ্মীরে উপলব্ধ এবং চর্চিত (texts and studies) বিষয় অনুসারী এবং সংগ্রহের উৎস। মূল কাশ্মীরি লেখায় কিছু ভুল লক্ষ্য করা গেছে এবং সেগুলো 'স্বামী লক্ষণ জু'র সহায়তায় সংশোধন করা হয়েছে । আমি তাঁর কৃপাপ্রার্থী এই বিষয়ের উপর তার মাধ্যমে আলোক প্রাপ্তির জন্য।

বইয়ের শুরুতে একটি দীর্ঘ উপক্রমিকা দেওয়া হয়েছে সঠিক বিষয় বোধের জন্য এবং শেষে বিশেষ বিশেষ শব্দের (terms) একটি শব্দকোষ (glossary) দেওয়া হয়েছে।

বারাণসী —জয়দেব সিং
12.04.1980

আশীর্বচন

স্পন্দকারিকা কাশ্মীরি শৈবধর্মের একটি প্রধান প্রবক্তা। স্পন্দের বৈজ্ঞানিক ভিত্তি আছে। বিজ্ঞানীদের বক্তব্য যে, সৃষ্টি স্পন্দের থেকেই প্রকীর্ণ হচ্ছে (expanding) যা মূলে প্রচণ্ড বিস্ফোরণের তরঙ্গাঘাত (vibration)। কিন্তু বিজ্ঞানীরা বিস্ফোরণের কারণ অনুসন্ধান করে উঠতে পারেন নি। কিন্তু ভারতের শাস্ত্রীয় গ্রন্থ (scripture) থেকে জানা যায় যে তরঙ্গ (vibration) হল স্পন্দের (pulsation - হিল্লোল,কম্পন) মাধ্যমে প্রকাশ সেই মূল সত্যের (absolute reality) যাকে সার্বিক চেতনা (universal consciousness) বা 'শিব' বলা হয়। জগতের উদ্ভব হয়েছে তাঁর (শিবের) চক্ষু উন্মীলনের কম্পনে। জ্ঞানেশ্বর মহারাজ বলেছেন শিবের ভঙ্গিমায় (মুদ্রা) আছে জগতের বিস্তার।

সুখের বিষয় হল এই সত্য এখন ইংরেজী ভাষায় উপলব্ধ। বিজ্ঞানীরা অবশ্যই এই জ্ঞানের প্রয়োগে তাদের বিদ্যার বিস্তার করবেন। আমেরিকাতে আমি যখন বিজ্ঞানীদের সঙ্গে মিলিত হই তখন আমি স্পন্দের প্রসঙ্গে কথা বলি। বিজ্ঞানীরাও এ ব্যাপারে তাদের উৎসাহ দেখান।

আমি জয়দেব সিং-কে স্বাগত জানাই কাশ্মীরের এই অত্যুত্তম জ্ঞানের বিস্তারের জন্য। জয়দেব সিং কাশ্মীরের শৈবধর্মের ইংরেজীতে কতকগুলো মূল গ্রন্থের প্রকাশ ঘটিয়েছেন। সে গুলো হল শিবসূত্র, প্রত্যভিজ্ঞাহৃদয়ম এবং বিজ্ঞান ভৈরব। এভাবে জয়দেব সিং ইংরেজী ভাষাভাষীদের জ্ঞাতার্থে বইগুলো উপস্থাপিত করেছেন ইংরেজী ভাষায়। আশাকরি তিনি এভাবেই তার কর্তব্যকর্ম করে যান দীর্ঘকাল।

জগতে সবাই তার এই কৃত কর্মের দ্বারা উপকৃত হোন এই আশা রাখি।

মিয়ামী, মার্কিন যুক্তরাষ্ট্র **—স্বামী মুক্তানন্দ**
15-04-1980

বিষয় নির্দেশ (content)

স্পন্দের প্রকৃতি, শক্তির উন্মেষ ও নিমেষ।

স্পন্দ উন্মেষের মূল।

ব্যক্তির সুখে দুঃখে, স্বপ্নে জাগরণে স্পন্দ অবিচল।

স্পন্দই জগতের উদ্দেশ্য ও বিধেয় (subject and object)।

স্পন্দ ইন্দ্রিয়বোধ বা ইন্দ্রিয় শক্তির মূল।

স্পন্দের অপ্রত্যভিজ্ঞতার (non-recognition) কারণ স্পন্দ অনাদি তত্ত্ব (eternal principle)।

সম্পূর্ণ আলোকপ্রাপ্ত যোগীর স্পন্দের অনুভব বা উপলব্ধি।

অতি আশয়ে (আবেশে) স্পন্দের অনুভব (intense emotion)।

স্পন্দের সর্বত্র ব্যাপ্তি (all-pervasive)।

স্পন্দ, মন্ত্র, মন্ত্রেশ্বর ইত্যাদির শক্তি।

স্পন্দ থেকে প্রাপ্য অতীন্দ্রিয় শক্তি।

উন্মেষে স্পন্দের অনুভব্যতা।

বিষয় সূচী (Subject Index)

প্রথম পর্ব – স্বরূপস্পন্দ

II দ্বিতীয় পর্ব—সহজ বিদ্যোদয়

দ্বিতীয় ভাগের সারাংশ

III তৃতীয় পর্ব—বিভূতি স্পন্দ

তৃতীয় ভাগের সারাংশ

IV চতুর্থ পর্ব-উপসংহার

চতুর্থ ভাগের সারাংশ

সংস্কৃত শব্দের পৃষ্ঠা নির্দেশ মূল পাঠে এক পাতা কখনো উপর নিচে হতে পারে।

স্পন্দ কারিকা

ভূমিকা

স্পন্দ কারিকা-মুখ্য উদ্দেশ্য

(Importance of the book)

***

স্পন্দ কারিকাগুলো শিবসূত্রের একাধিক ভাষ্য বলা যেতে পারে। কারিকার অর্থ হল ব্যাকরণ, দর্শন বা বিজ্ঞান জিজ্ঞাসার উপর লিখিত শ্লোক সমূহ। স্পন্দের মানে হল হিল্লোল বা কম্পন। স্পন্দনের দ্বারা ঐশ্বরিক গতিময় (dynamic) হিল্লোলিত নিয়মিত তরঙ্গকে (pulsation) বোঝায় যা সৃষ্টির মূল।

স্পন্দ কারিকার ভাষ্য অনুযায়ী সত্ত্ব বা স্বয়ং শুধুমাত্র সাক্ষী নয় বরং কার্মিকও বটে (both cognition and activity)। যে ব্যক্তি তার নিজের সত্ত্বাকে ক্রিয়াশীল মনে করে সেই একমাত্র পরমত্ব লাভ করে।

স্পন্দ কারিকার লেখকবৃন্দ

স্পন্দকারিকার মূল লেখক বিষয়ে বহুমত আছে। ভাস্কর এবং উৎপল বৈষ্ণব বা ভট্ট উৎপল যারা দশম শতাব্দীর দ্বিতীয়ার্ধের মাঝামাঝি সময়ে (2nd and 3rd quarter of 10th century) জীবিত ছিলেন বলা হয়, তাদের মতে বসুগুপ্তের প্রধান শিষ্য কল্লট দ্বারা কারিকাগুলো রচিত।

ভাস্কর তার শিবসূত্র বার্ত্তিকে কল্লটের যে কারিকার উল্লেখ করেছেন সেটি স্পন্দসূত্র নামে পরিচিত। তার শিবসূত্রের চতুর্থ ভাগের ভাষ্য 'তত্ত্বার্থ চিন্তামনি' নামে বিশেষিত; অর্থাৎ প্রথম তিনভাগের ভাষ্য কারিকা নামে খ্যাত।

ভট্ট উৎপল তার স্পন্দপ্রদীপিকা নামে স্পন্দকারিকার টীকায় উল্লেখ করেছেন (53 সংখ্যক শ্লোকে) ভট্ট কল্লট তার গুরু বসুগুপ্তের কাছে স্পন্দকারিকার জ্ঞান আহরণ করেন এবং শ্লোকের সুত্ররূপে লিখিত রূপ দেন। বসুগুপ্তের স্পন্দের বিষয়ে স্বচ্ছ ধারণা ছিল। (2)

ক্ষেমরাজ এবং মহেশ্বরানন্দ বসুগুপ্তকেই স্পন্দকারিকার সূত্রধর মনে করেন। দুজনেই নিম্নোক্ত শ্লোকটির উল্লেখ করেছেন।

লবদ্ধাপ্যলভ্যমেতজ্জ্ঞানধনং হৃদগুহান্তঃকৃতনিহিতেঃ। বসুগুপ্তবচ্ছিবায় হি
ভবতি সদা সর্বলোকস্য।।

শ্লোকার্থ: এই জ্ঞানের ভাণ্ডার (রত্ন) লাভ খুবই দুরূহ যা জ্ঞানীর হৃদয়ের গুহায়ই সুরক্ষিত। এই দুষ্প্রাপ্য জ্ঞান বসুগুপ্ত নিজের হিতার্থে লাভ করেছিলেন। লোকে এই জ্ঞান প্রাপ্তিতে এবং অন্তরে রক্ষা করে নিজেদেরও হিত সাধন করতে পারবে।

কিন্ত এই মত তথা উল্লিখিত শ্লোক কল্লটের নিজের লেখায় বা ভট্ট উৎপল বা রামকণ্ঠের লেখায় পাওয়া যায় না।

কল্লট স্পন্দকারিকার নিজের টীকায় (বৃত্তি আখ্যাত), শেষাবধি নিম্নোক্ত সিদ্ধান্ত করেছেন।

দৃব্ধং মহাদেবগিরৌ মহেশপ্নোপদিষ্টাচ্ছিবসূত্রসিন্ধৌঃ।
স্পন্দামৃতং যদ্বসুগুপ্তপাদৈঃ শ্রীকল্লটস্তৎপ্রকটীচকার □

উক্ত শ্লোকানুসারে কিছু কিছু লেখক এই সিদ্ধান্তে উপনীত হয়েছেন যে কল্লটই স্পন্দকারিকার সূত্রকার কারণ শ্লোকার্থে তাঁর ইচ্ছায় মহাদেব স্বপ্নে শিবসূত্রের সমুদ্র থেকে স্পন্দামৃত বসুগুপ্তকে আদেশ করছেন এবং শ্রীকল্লট সেই স্পন্দসূত্রকে প্রকাশ করেছেন।

কল্লট আবার বিশেষ করে উল্লেখ করেছেন – "যৎস্পন্দামৃতং বসুগুপ্তপাদৈঃ দৃব্ধং" – অর্থাৎ, স্পন্দকারিকা বসুগুপ্তেরই রচিত। দৃব্ধং শব্দের অর্থ হল সংবদ্ধ, শক্ত, সুগঠিত (composed together) এবং "বসুগুপ্তপাদৈঃ" অর্থ হল শ্রদ্ধেয় বসুগুপ্ত। কল্লট তার নিজের যোগদান বলতে তিনি স্পন্দকারিকাকে জনমানসে উপস্থিত করেছেন মাত্র। 'বসুগুপ্তপাদৈঃ দৃব্ধং' বক্তব্যই কারিকার স্রষ্টা বসুগুপ্তকে নির্দেশ করে।

অস্যার্থ হল কারিকার সূত্রকার বসুগুপ্ত, তিনি কল্লটকে কারিকার শিক্ষা দিয়েছেন এবং কল্লট কারিকাকে নথিবদ্ধ করে জনসমক্ষে প্রকাশ করেছেন।

কারিকার ভাষ্যরূপ

কারিকার চারপ্রকার ভাষ্য পাওয়া যায়, ১) কল্লটের বৃত্তি, ২) রামকণ্ঠের বিবৃত্তি ৩) ভট্ট উৎপলের স্পন্দ প্রদীপিকা, এবং ৪) ক্ষেমরাজের স্পন্দসন্দোহ ও স্পন্দনির্ণয়।

কল্লট নবম শতাব্দীর মাঝামাঝি (2nd & 3rd quarter of 9th century) বর্তমান ছিলেন। আগেই উল্লেখ করা হয়েছে যে তার কারিকা 'বৃত্তি' নামে খ্যাত ছিল। তাঁর ব্যাখ্যায় তিনি স্পন্দসূত্রের সরল অনুবাদ উপস্থাপন করেছেন। তাঁর কারিকার ভাষ্যের তিনটি পর্ব বা নিঃষ্যন্দ। প্রথম নিঃষ্যন্দে পঁচিশটি শ্লোক স্বরূপ-স্পন্দ নামে উল্লেখিত। এতে স্পন্দের মূল প্রকৃতির বর্ণনা আছে। দ্বিতীয় ভাগের নাম সহজ-বিদ্যোদয় অর্থাৎ সহজ বিদ্যার উদয় । এতে আছে সাতটি শ্লোক (26 থেকে 32)। তৃতীয় ভাগের নাম বিভূতি-স্পন্দ বা স্পন্দের অতীন্দ্রিয় বৈভব (supra-normal powers)। এতে আছে কুড়িটি শ্লোক (33 থেকে 52)।

রামকণ্ঠের 'বিবৃত্তি' ভাষ্যে তিনি নিজেকে উৎপলদেবের শিষ্য বলে পরিচয় দিয়েছেন। উৎপলদেব ছিলেন অভিনবগুপ্তের পরমগুরু। সুতরাং রামকণ্ঠদেবের সময়কালও দশম শতাব্দীর মাঝামাঝি (2nd and 3rd quarter of 10th century)। তাঁর ভাষ্যে তিনি কল্লটের ভাষ্য 'বৃত্তি'কেই অনুসরণ (closely followed) করেছেন। তিনি তাঁর রচনার উপসংহারে (colophon) লিখেছেন-'সম্পূর্ণা ইয়ম্ বৃত্তানুসারিণী স্পন্দবিবৃত্তিঃ', অর্থাৎ তাঁর লিখিত ভাষ্য 'স্পন্দবিবৃত্তি' কল্লটের ভাষ্য 'বৃত্তি'-র অনুসরণ করেই সম্পূর্ণ করা হয়েছে। তবে তাঁর গ্রন্থের পর্বগুলো কল্লটের 'বৃত্তি'র পর্ব থেকে পৃথক। তাঁর প্রথম ভাগে ষোলটি শ্লোক আছে 'ব্যাতিরেকোপপত্তিনির্দেশ' নামে; অর্থাৎ এই পর্ব জ্ঞাতা এবং জ্ঞেয়র পার্থক্য বিধান করেছে।

দ্বিতীয় ভাগের নাম 'ব্যতিরিক্ত-স্বভাবোপলব্ধিঃ' অর্থাৎ সুনির্দিষ্ট প্রকৃতির উপলব্ধি। এতে আছে্ এগারোটি শ্লোক।

তৃতীয় ভাগে তিনটি শ্লোকই আছে্ এবং ভাগের নাম— 'বিশ্ব-স্বস্বভাব-শক্ত্যুপপত্তিঃ', অর্থাৎ বিশ্ব প্রকৃতিতে মানুষের নিজেরই প্রকৃতির প্রকাশ হয়।

চতুর্থ ভাগের নাম 'অভেদোপলব্ধিঃ', অর্থাৎ ঐশ্বরিকতার সঙ্গে ব্যক্তির অভেদ বোধ। এতে আছে একুশটি শ্লোক। রামকণ্ঠ আরও একটি শ্লোক চতুর্থভাগে জুড়েছেন তাঁর গুরুর বন্দনা করে।

ভট্ট উৎপল বা উৎপল বৈষ্ণবের কারিকার নাম 'স্পন্দপ্রদীপিকা' আমরা জানি। তিনি দশম শতকের মাঝামাঝি সময়ের লোক (2nd & 3rd quarter of 10th century)। তিনি তাঁর কারিকায় কাশ্মীরের 'নারায়ণ' অঞ্চলে জন্মগ্রহণ করেছেন বলে লিখেছেন। তাঁর বাবার নাম ছিল ত্রিবিক্রম। তাঁর ভাষ্যে বিভিন্ন সূত্র থেকে গৃহীত সমভাবের (parallel) শ্লোক একত্রিত।

ক্ষেমরাজ স্পন্দ কারিকার প্রথম সূত্রকে আধার করে প্রথমে `স্পন্দসন্দোহ' নামে একটি ভাষ্য লেখেন। পরে তার শিষ্য 'শূরা' দ্বারা উপরুদ্ধ হয়ে স্পন্দকারিকার একটি সম্পূর্ণ ভাষ্যরূপে 'স্পন্দনির্ণয়' লেখেন। তিনি দশম শতকের শেষভাগে এবং একাদশ শতকের প্রথম ভাগে জীবিত ছিলেন। তিনি অভিনবগুপ্তের ভ্রাতুষ্পুত্র এবং শিষ্য ছিলেন। তাঁর স্পন্দকারিকা (স্পন্দনির্ণয়) অতি সারগ্রাহী এবং এতে অভিনিবিষ্ট শিক্ষকের জ্ঞানের লক্ষণ (teacher's profundity) পাওয়া যায়। ক্ষেমরাজ কারিকার আর এক লেখক ভট্টলল্লটেরও উল্লেখ করেছেন কিন্তু তাঁর লেখা গ্রন্থ্ এখন উপলব্ধ নয়।

তাঁর কারিকার চারটি পর্ব। প্রথম ভাগের নাম কল্লটের অনুসরণে 'স্বরূপ-স্পন্দ' এবং এতে আছে পঁচিশটি শ্লোক। দ্বিতীয় ভাগের কল্লটের অনুসরণে নাম 'সহজ-বিদ্যোদয়'

এতে আছে সাতটি শ্লোক। তৃতীয় ভাগের কল্লটের অনুসরণে নাম 'বিভূতিস্পন্দ', এতে আছে উনিশটি শ্লোক। কল্লটের গ্রন্থে তাঁর গুরুর বন্দনায় আর একটি (কুড়ি সংখ্যক) শ্লোক আছে যা ক্ষেমরাজ বর্জন করেছেন যেহেতু তা বিভূতি বিষয়ক নয়। পরিবর্তে ক্ষেমরাজ একটি শ্লোকের মা্ধ্যমে স্পন্দকারিকার জ্ঞানের তর্পণ করেছেন (fruition of this knowledge)।

স্পন্দ কী?

স্পন্দ হল স্পন্দকারিকার জ্ঞানের একটি বিশেষ শব্দ (technical word)। আক্ষরিক অর্থে এ হল এক ধরণের গতিশীলতা বা হিল্লোল (throb)। কিন্তু ঐশ্বরিক অর্থে এই গতিময়তার স্থানান্তর হতে পারে না। অভিনবগুপ্ত তার ভাষ্যে বিষয়টি উজ্জ্বল ভাবে নিম্নোল্লিখিত সূত্রে উপস্থাপন করেছেন।

'স্পন্দনং চ কিঞ্চিৎচলম্। স্বরূপাচ্চ যদি বস্ত্বন্তরাক্রমণং তচ্চলনমেব,
ন কিঞ্চিত্ত্বম্। নোচেৎ, চলনমেব ন কিঞ্চিৎ। তস্মাৎ স্বরূপ এব
ক্রমাদিপরিহারেণ চমৎকারাত্মিকা উচ্ছলতা....স্পন্দ ইত্যুচ্যতে।'

-(পরা ত্রিংশিকা বিবরণ পৃঃ 207)

শ্লোকার্থঃ-স্পন্দন অর্থে যা চলন সদৃশ। যদি ঐশ্বরিক মহিমার (divine nature) একস্থান থেকে আর একস্থানে চলনের সম্ভাব্যতার কথা ধরি তবে সেই চলন হতে হবে অনির্দিষ্ট অর্থাৎ বস্তু সাপেক্ষ নয়, কারণ ঐশ্বরত্ব বস্তু কেন্দ্রিক নয়। এই ঐশ্বরিক স্পন্দন হিল্লোল মাত্র, যাকে আমরা অতীন্দ্রিয় উত্তাল (heaving of spiritual rapture) বলতে পারি যার কোনও ক্রম নেই (succession)। 'কিঞ্চিৎ' শব্দের প্রয়োগের এটাই উপলব্ধি (movement as it were)।

সাধারণ অর্থে কোনও কিছুর গমনীয়তা (movement) স্থান-কালের পরিপ্রেক্ষিতেই (spatio-temporal framework) সম্ভব। কিন্তু পরমতত্ত্ব বা পরমে, কোনও স্থান-কালের অবকাশ নেই। তাই পরমতত্ত্বে স্থানিক ও তদ্ভূত মানসিক (psychological) দুঃখ, কষ্টের অনুভূতির স্থান নেই। প্রাণেরও প্রয়োজন নেই, প্রাণের ক্ষুধা তৃষ্ণা বা পরিপোষনেরও প্রয়োজন নেই। তাই স্পন্দন হল ভগবৎ সত্ত্বার সচেতন অনির্বচনীয় ঐশ্বরিক উল্লাস (divine I-conscious ecstasy)। এই ঐশ্বরিক সচেতন গতিময়তাই ঈশ্বরের বোধ বা বিমর্শতা। এতেই আছে সৃজনশীলতার বীজ (creative pulsation of spiritual dynamism)। এতেই শিবের স্বাতন্ত্র্য বা স্বরাট বা স্বয়ং দীপ্ত ভাব।

তবে স্পন্দ যদি তথাকথিত গতিশীল না হয় তবে ঈশ্বরের ক্রিয়াকলাপ কি করে ব্যাখ্যা করা যাবে? এর জবাব অভিনবগুপ্তের-

'স্পন্দন চ কিঞ্চিৎচলনম্। এষৈব চ কিঞ্চিদ্রূপতা যদ অচলমপি চলম্
আভাসতে ইতি, প্রকাশস্বরূপং হি মনাগপি নাতিরিচ্যতে অতিরিচ্যতে
ইব ইতি অচলমেব আভাসভেদযুক্তমেব চ ভাতি ইতি।'
-(ঈশ্বরপ্রত্যভিজ্ঞাঃ শ্লোক V-I-5,14 পৃঃ 208)

শ্লোকার্থঃ-স্পন্দন এক গতিময়তা। এই গতিময়তার বিশেষত্ব হল গতিশীল হয়েও জঙ্গম (সচল বস্তু) নয়, কিন্তু সচলের মতো প্রাণবন্ত (as if moving)। সচেতনতার (ঐশ্বরিক) দীপ্তির কোনও হ্রাসবৃদ্ধি নেই তবু মনে হয় স্থির থেকেও ক্রিয়াশীল (changing as it were)। এই ক্রিয়াশীলতা তাঁর উন্মেষের পরায়ণতায় (having variety of manifestation)।

স্পন্দ তাই এক অতীন্দ্রিয় গতিময়তা যা অচঞ্চল কিন্তু সর্ব কার্যের আধার (causa sine qua non of all)।

তাই অনন্ত তন্নিষ্ঠ ঐশ্বরিক চেতনা (perfect divine consciousness) সদাই সচেতন বিচারক্ষম বা বিমর্শ। এ হল এক সূক্ষ্ম ক্রিয়াশীলতা (spiritual dynamism) যার স্থাবর (physical), মানসিক (psychological) বা প্রাণিক কর্ম দৃষ্ট হয় না। উৎপলদেব এই ক্রিয়াশীলতাকে ঈশ্বরের স্বতন্ত্র জ্ঞান ও কর্ম বলে আখ্যায়িত করেছেন।

'স এব বিমৃশত্ত্বেন নিয়তেন মহেশ্বরঃ।
বিমর্শ এব দেবস্য শুদ্ধে জ্ঞানিক্রিয়ে যতঃ।'
-(ঈশ্বরপ্রত্যভিজ্ঞা শ্লোক I-8,11)

শ্লোকার্থঃ- এই ঈশ্বর মহেশ্বর নামে জ্ঞাত কারণ সদা বর্তমান, অক্ষত (immutable) ও সচেতন (self aware) বিমর্শ। এই সচেতন বিমর্শতা শুদ্ধ স্বরাট (স্বয়ং দীপ্ত) জ্ঞানে ও কর্মে (ক্রিয়াশীলতা)। স্পন্দ এই সচেতন বিমর্শতার এক অভিধেয় বা নাম। ক্ষেমরাজ তাঁর ভাষায় একে স্বাতন্ত্র্যতা বলে বিভূষিত করেছেন (ভগবতঃ স্বাতন্ত্র্য-শক্তিঃ)। বিমর্শ, পরাশক্তি, স্বাতন্ত্র্য, ঐশ্বর্য্য, কর্তৃত্ব, স্ফুরিত্ব, সার, হৃদয় এবং স্পন্দ, এসবই শৈবাগমে সমার্থক।

স্পন্দকারিকার পর্ব সমূহ

যদিও স্পন্দকারিকার শ্লোকগুলো সব ভাষ্যেই যথাযথ একই রূপ, তবু পর্ব অনুযায়ী শ্লোক সংখ্যায় ভেদ আছে বিভিন্ন ভাষ্যে, ভেদ আছে টীকাকারের টীকায়। আমরা এখানে ক্ষেমরাজের ভাষ্য গ্রহণ করেছি।

প্রথম পর্ব

স্বরূপস্পন্দঃ যা শিবেরই স্পন্দ বা শিবের মূল প্রকৃতি-

1. প্রথম শ্লোকে স্পন্দ-শক্তির বর্ণনা করা হয়েছে। উন্মেষ ও নিমেষ হল শিবের মূল শক্তির অভিব্যক্তি (representation)। ক্ষেমরাজ একেই শিবের প্রকৃতি ও তার বিভিন্ন প্রযোজ্য (emperical) স্বভাবের (স্বাতন্ত্রতা বিশেষ-individuality) উল্লেখ করেছেন; যথা- 'স্ফুরত্তাসার-স্পন্দশক্তিময়-স্বস্বভাব'।

উন্মেষ ও নিমেষ হল ক্রমপ্রকাশ্য যা পরস্পর ঘটে (occurring one after another); যদিও এই ঘটনা তাৎক্ষণিক (simultaneous) কিন্তু যুক্তি হল উন্মেষের অব্যবহিত পরে নিমেষ- 'যুগপদেভোন্মেষ-নিমেষোভয়রূপাম প্রতিভাম ভগবতীং বিচ্ছিন্ত মহাধিয়ঃ'।

স্পন্দ-শক্তির কোনো ক্ষয় নেই- 'লেলিহানা সদা দেবী সদাপূর্ণা চ ভাসতে'। অর্থাৎ, ঈশ্বরের দেবীশক্তি সদাই তার শক্তিতে প্রকাশময়ী ও সংহারী এবং পূর্ণরূপা।

'বস্তুতস্তু ন কিঞ্চিদুদেতি ব্যয়তে বা, কেবলং স্পন্দশক্তিরেব
ভগবত্যক্রমাপি তথাতথাভাসরূপতয়া স্ফুরন্ত্যুদেতীয় ব্যয়তে ইব চ ।
(স্পন্দকারিকার প্রথম শ্লোকের ব্যাখ্যায় ক্ষেমরাজের মন্তব্য)

অর্থাৎ, প্রকৃতপক্ষে কিছুই সৃষ্ট হয় না, কিছুই লয় পায় না। এ হল স্পন্দশক্তির ক্রমহীন (simultaneous) প্রকাশ যা কখনো উজ্জ্বল আবার কখনো স্তিমিত বলে মনে হয়। ক্ষেমরাজের মতে স্পন্দক্রমের মধ্যে আছে নিগূঢ় সম্পর্ক।

ক্ষেমরাজ তাঁর 'স্পন্দনির্ণয়' ভাষ্যে একটি বাক্যবন্ধে ক্রমের- 'শক্তি-চক্র-বিভব-প্রভবম্' নির্ণয় করেছেন 'মহার্থ' বলে। শক্তি-চক্রে সৃষ্টি, লয় ইত্যাদি বিভিন্ন দেবীশক্তির শক্তিমত্তার প্রকাশ। বিভবের ব্যাখ্যায় তিনি ক্রমশাস্ত্রের বিশেষ অর্থের (technical terms) আশ্রয় নিয়েছেন। যথা- 'বিভব উদ্যোগাবভাসন-চর্বনাবিলাপাত্মা ক্রীড়াড়ম্বরঃ'। এখানে উদ্যোগ মানে সৃজনশীল কার্য্য এবং অবভাসন মানে পরিতোষণ বা পালন, চর্বনা মানে গ্রহণ বা উদরীকরণ(absorption), বিলাপন হল অনির্দেশ্য স্থিতি (অনাখ্যা- indefinable assumption of state)।

2. দ্বিতীয় শ্লোকে বলা হয়েছে বিশ্বব্রহ্মাণ্ড স্পন্দের বশ (contained) এবং এর থেকেই উদ্ভূত। এর অর্থ এই নয় যে জগৎ শিব থেকে পৃথক কিছু; জগৎ একটি আখরোটের বীজের মতো, তার বাইরের শক্ত আবরণে অর্থাৎ শিবের ভিতর বর্তমান থাকে এবং শক্তির উপস্থিতিতে তার উদ্গম হয়। এই বক্তব্যও মানুষের ভাষার সীমাবদ্ধতার কারণে। জগৎ 'শিব'ই যেমন দর্পণের প্রতিবিম্ব দর্পণেরই অংশ। জগতে বস্তু (object), তার বিষয়

(subject) অর্থাৎ বস্তুর ব্যাখ্যা এবং বস্তুকে বোঝার উপায় (means of knowledge), এই তিনটি শিবের অঙ্গাঙ্গীত্বকে উপেক্ষা করে ব্যক্ত হতে পারে না। কারণ উজ্জ্বল অন্তর্স্থিত শিব ছাড়া বস্তুর বোধই হবে না (cannot appear)। যেমন একটি বিশাল বটবৃক্ষ তার বীজে সুপ্ত থাকে।

3. তৃতীয় শ্লোকে বলা হয়েছে জাগ্রত অবস্থা, স্বপ্নাবস্থা এবং সুষুপ্তি (গভীর নিদ্রা) এই তিন অবস্থাতেই স্পন্দ বর্তমান এবং অপরিবর্তিত অবস্থায় থাকে তার নিজস্ব রীতি নিয়ে, এই তিন অবস্থার সাক্ষী স্বরূপ বা অনুভোক্তা স্বরূপে (experient of all)।

4. দুঃখ সুখের কালান্তর আছে কিন্তু এই অনুভোক্তার কোনও বিকার নেই তাতে, কারণ এই অনুভোক্তাই বিভিন্ন অবস্থার কালিক সংযোজন ঘটায় নিজে নির্বিকার থেকে। নচেৎ অবস্থার পরিবর্তন সম্ভব হত না সময়ের সাপেক্ষে।

5. বস্তুর উপস্থিতি (reality) কোনও মানসিক বিষয় (psychological subject) নয় বা মনোজাগতিক অভিজ্ঞতা (psychophysical experience) নয় বা শুধুই অনস্তিত্ব (void) নয়। প্রকৃত বাস্তব হল সূত্রধর (underlying) স্পন্দ যা বস্তুতে আমাদের মনোজাগতিক বোধ জন্মায়। এই স্পন্দই সর্বত্র মূল বাস্তব (reality) হয়ে অপরিবর্তিত সংযোগ সাধনের দ্বারা উপস্থিত।

6&7. স্পন্দের রীতি অনুযায়ী বিভিন্ন রকম সংবেদনের (senses) উদ্ভব হয়; সেই সংবেদন বস্তুর বোধ (perception) জন্মায় ক্ষণিকে এবং ক্ষণকাল পরে সেই বোধের সংহার করে নিজের মধ্যে (withdraws them towards the centre)।

8. ব্যক্তি তার নিজের ইচ্ছায় এই সংবেদন উৎপন্ন করে না বরং স্পন্দের রীতি অনুযায়ী তার শিবে (স্পন্দে) গম্যতা (dynamism of Siva) প্রাপ্তি হয়।

9. ব্যক্তি তার আণব, মায়ীয় ও কার্ম মলের জন্য স্পন্দের রীতি বা তার উপস্থিতি অনুভব করতে বা বুঝতে পারে না।

10. যখন ব্যক্তির সীমিত অহং বা আণব মল লয় প্রাপ্ত হয় তখন সে স্পন্দকে, তার রীতিকে (innate knowledge of activity) অনুভব করতে পারে।

11. যোগী স্পন্দের রীতিকে অনুভব করতে পারলে বুঝতে পারে মূলত সে স্পন্দের, তার দৃশ্যমান ব্যক্তিত্ত্ব সে নিজে নয়।

12&13. ব্যক্তির দৃশ্যমান অনুপস্থিতির অর্থ (void) এই নয় যে অনুভোক্তাও (finer experient) অনুপস্থিত। অনুভোক্তা সদাই বর্তমান কারণ সেই স্পন্দ।

14,15&16. স্পন্দ বা ঐশ্বরিক রীতির (divine principle) দ্বৈত প্রকাশ, বিষয় (subject) ও বস্তু (object)। এই বস্তুরই রূপান্তর হয় বিষয়ের নয়। স্পন্দ হল অনন্তকালীন বিষয়।

17. সিদ্ধযোগী বা প্রবুদ্ধের (supra.buddha) স্পন্দরীতির এক অন্তর্লীন অনুভব হয় (integral experience), তাঁর শয়নে, স্বপনে, জাগরণে। কিন্তু সাধকের (partially awakened) কাছে স্পন্দ আভাসিত হয় তার গভীর নিদ্রার শুরুতে এবং জেগে ওঠার সময়, দুইয়ের মাঝে নয়।

18. সিদ্ধযোগীর (fully enlightened) কাছে স্পন্দের রীতি জ্ঞানবৎ, বস্তু হল জ্ঞেয়। জ্ঞেয়র স্থিতি তার সচেতনতায় শোষিত (fully integrated to I-consciousness) যা সদাশিবে উপলব্ধ। যোগীর গভীর নিদ্রায় যেহেতু তার ব্যবহারিক জগতের (বস্তুর) কোনও বোধ থাকে না সেইহেতু তখন স্পন্দরীতিই তার চিৎময়তা (চিন্ময়তা) গ্রহণ করে (appears as sheer consciousness)।

19. স্পন্দের দুই ভেদ চেতনায় কল্পনা করা যেতে পারে। এক হল 'স্পন্দ-সামান্য' (underlying) আর দ্বিতীয়টি হল 'স্পন্দ-বিশেষ'। বিশেষ হল স্পন্দের স্ফুরণ (manifestation) ত্রিগুণ (সত্ত্ব, রজঃ, তম) রূপে ব্যবহারিক চেতন বিশিষ্ট অভিজ্ঞতায়; যেমন বর্ণের অনুভব বা সুখের অনুভব ইত্যাদি। সাধারণ লোকের কাছে স্পন্দের এই বিশেষ রূপই প্রতীয়মান হয়, যাকে সে চেতনার এক বহির্প্রকাশ বলে বুঝতে পারে না। যোগীই জানে এই প্রকাশ স্পন্দেরই এক রূপ।

20. সাধারণ লোকের কাছে স্পন্দের সঠিক অনুভবই হয় না। তাই তাদের চেতনা সীমিত থাকে জগতে (doomed to a life of worldly experience of existence)।

21. তাই সবার চেষ্টা করা উচিৎ স্পন্দের বোধে উত্তীর্ণ হতে।

22. যখন অনুভূতি বা আবেগ তীব্র হয় সেই মানসিক অবস্থায় (mental impasse) অপরাপর মানসিক ক্রিয়াই রুদ্ধ হয়ে যায় এবং ব্যক্তি স্পন্দের অনুভবের পথে অগ্রসর হয়।

23,24&25. যোগী যখন স্পন্দের অনুভবে স্থিতপ্রজ্ঞ হয় (lays grip on Spanda principle), তার প্রাণ ও অপান বায়ু সুষুম্নায় এসে মিলিত হয়। তখন তার স্থিতি হয় ব্রহ্মরন্ধ্রে এবং কালে যোগী তার ব্রহ্মরন্ধ্র ভেদ করে ঐশ্বরিক সচেতনতায় (consciousness beyond) বিলীন হয়।

স্পন্দের মূলতত্ত্ব এবং স্পন্দ প্রাপ্তির উপায় বর্ণনা করা হল উপরোক্ত পঁচিশটি শ্লোকের ব্যাখ্যায়।

দ্বিতীয় পর্ব

সহজ বিদ্যোদয়

প্রথম ভাগে স্পন্দের শিবত্ব যা অস্তিত্বের মূল (self), জীব ও জগৎ সম্পর্কে, সেই বর্ণনা করা হয়েছে। প্রথম ভাগে প্রকারান্তরে 'নিমীলন সমাধি'র (introvert meditation) কথা, স্পন্দের উপলব্ধির জন্য বলা হয়েছে।

দ্বিতীয় ভাগে স্পন্দকে ব্যষ্টি ও সমষ্টিতে (self & universe) পরিব্যাপ্ত করা হয়েছে। এই বিষয়টি বোঝার জন্য 'উন্মীলন সমাধি'কে(extrovert meditation) বুঝতে হবে। 'সহজ বিদ্যা'র অভিনিবেশের মাধ্যমে সেটা সম্ভব। এই বিদ্যার অভ্যাসে বৈচিত্রময় এই জগতের মধ্যে ঐক্য অনুভব করা সম্ভব।

1&2. প্রথম দুই শ্লোকে বলা হয়েছে যে মন্ত্রকে মন্ত্র, মন্ত্রমহেশ্বর বা মন্ত্রেশ্বর যাই মনে করা হোক না কেন এর সূত্রশক্তি বা মন্ত্রশক্তি স্পন্দ থেকেই উপলব্ধ।

3&4. পরবর্ত্তী দুই শ্লোকে বলা হয়েছে, ব্যক্তির বস্তুজ্ঞান তাকে বস্তুর সঙ্গে একাত্মতা অনুভব করায়। সুতরাং সবই তার কাছে শিবময়।

5. পঞ্চম শ্লোকের অর্থ, যার উপরোক্ত অনুভব হয়েছে, তার কাছে বিশ্ব সংসারই শিবের ক্রীড়াস্থল।

6&7. এই দুই শ্লোকের অর্থ যখন পূজারী নিজেকে পূজ্যর সঙ্গে (object of meditation) একীভূত করতে পারে তখন সে অমরত্ব লাভ করে।

তৃতীয় পর্ব

বিভূতি স্পন্দ

এই ভাগের বর্ণনার বিষয় হল অতীন্দ্রিয় শক্তি, যাকে লাভ করা যায় স্পন্দকে অনুভব করতে পারলে।

1&2. শিব যোগীর জাগ্রত অবস্থায় তার ইচ্ছা পূরণ করতে পারে। তেমনি যোগীর নিদ্রাতেও তার ইচ্ছার পূর্ত্তি হয় তার সুষুম্নায় শিবের আবির্ভাবে।

3. যোগী যদি প্রয়াসী না হন তবে তার অবস্থা সাধারণ ব্যক্তির মতোই হবে।

4&5. প্রয়াসী হলে তিনি শিবত্বের গুণ বা সবকিছু বোঝার ক্ষমতা লাভ করবেন।

6. সেই যোগী ক্ষুধা তৃষ্ণা রহিত হতে পারেন।

7. সেই যোগী সর্বজ্ঞ বুদ্ধি লাভ করেন।

8. সেই যোগী হতাশা মুক্ত হন কারণ হতাশা অজ্ঞতা প্রসূত।

9. নবম শ্লোকে বোধে উন্মেষের স্থান নির্ণয় করা হয়েছে। সেই স্থান হল দুই পরস্পর চিন্তার সংযোগস্থল বা অন্তঃসলিলা সূত্র।

10. উন্মেষের জ্ঞানে ব্যক্তি ভ্রূমধ্যে জ্যোতির দর্শন লাভ করে, অনাহত নাদ (unstruck sound) সুষুম্নায় অনুভব করে (spontaneous sound), চেহারায় এক ধরণের উজ্জ্বলতা (glow) প্রাপ্ত হয়, জিহ্বাগ্রে অনাস্বাদিত স্বাদ অনুভব করে। অবশ্য এসবই স্পন্দের বিঘ্ন স্বরূপ।

11. প্রকৃত স্পন্দের অনুভবে যোগী স্বমহিমায় বিরাজিত হয়ে জীব থেকে শিব সর্বত্র নিজেকে দেখে।

12. এই স্বমহিমা প্রাপ্তি তার (যোগির) সর্বত্র শৈব উপলব্ধি।

13. ব্যবহারিক জগতের ব্যক্তি অতীন্দ্রিয় ঐশ্বরিক শক্তি (real spiritual power of will), জ্ঞান (knowledge) এবং তদ্ভূত কর্ম প্রেরণা বা বিবিধ শব্দ সম্ভূত শক্তি অর্জন করতে পারে না। বরং অন্তরে (soul) সাধারণ বস্তুগত জীবন (পশুবৎ) নির্বাহ করে।

14. এই বদ্ধ হৃদয় তার ইন্দ্রিয়গ্রাহ্য জগৎ থেকে মুক্ত হতে পারে না।

15. বদ্ধ জীবের মনে যে চিন্তা বিচরণ করে, সেই চিন্তা রূপ পায় শব্দের মাধ্যমে। শব্দ তার চিন্তাকে প্রভাবিত করে শব্দের রূপে (words)।

16. শব্দে নিহিত ধারণা ও তার প্রকাশ (ideation and verbalisation) জন্মায় ক্রিয়া-শক্তি থেকে। যখন সাধারণ মানুষ বুঝতে পারে যে এই ক্রিয়া-শক্তি পরাশক্তি, ঐশ্বরিক শক্তি বা স্পন্দেরই অংশ যা ব্যক্তিকে সঠিক বোধে উত্তীর্ণ করে, তখনই ব্যক্তির যাত্রা হয় মুক্তির পথে।

17&18. আমাদের সব চিন্তা ও বাসনার (ideas and motivated desire) অবশেষ (residual traces) সঞ্চিত থাকে আমাদের সূক্ষ্ম শরীরে বা 'পুর্যষ্টকে'। এতে আছে পাঁচ তন্মাত্র, মন, বুদ্ধি ও অহঙ্কার। আমাদের কালিক জন্মান্তর রোধ করা যেতে পারে যদি আমাদের এই 'পুর্যষ্টক'কে কায়া নির্ভর মল থেকে শুদ্ধ করতে পারি।

19. যখন ব্যক্তি স্পন্দে নিজেকে নির্বিচল ভাবে (firmly rooted) স্থিত করতে পারে তখন সে কালান্তরে 'পুর্যষ্টক'এর আগমন নির্গমন নিজের ইচ্ছাধীন করতে পারে, সর্বশক্তিকে (entire group of Saktis) বশীভূত করে।

চতুর্থ পর্ব

এই ভাগে দুটি মাত্র শ্লোক আছে। প্রথমটি উভয়তো বা দ্বৈতভাবাপন্ন (double entendre); এতে স্পন্দ ও গুরুর বাণী, দুয়ের-ই প্রাধান্য। দ্বিতীয় শ্লোকে বলা হয়েছে যে ব্যক্তি যখন স্পন্দের রীতি বুঝতে এবং গ্রহণ করতে পারে তখনই তার মঙ্গল সাধন হয়।

-জয়দেব সিং

ক্ষেমরাজের স্পন্দকারিকা ভাষ্য 'স্পন্দনির্ণয়'এর
উদ্দেশ্য (purpose) এবং তাঁর মঙ্গলাচরণ।

শ্লোক

-1-

সর্বং স্বাত্মস্বরূপং মুকুরনগরবৎ স্বস্বরূপাৎ স্বতন্ত্র-
স্বচ্ছস্বাত্মস্বভিত্তৌ কলয়তি ধরণীতঃ শিবান্তং সদা যা।
দৃগ্দেবী মন্ত্রবীর্যং সততসমুদিতা শব্দরাশ্যাত্মপূর্ণা
(১) হন্তানন্ত(১)স্ফুরত্তা জয়তি জগতি সা শাঙ্করী স্পন্দশক্তিঃ।।

-2-

স্পন্দামৃতে চর্বিতেহপি স্পন্দসন্দোহতো মনাক্।
পূর্ণস্তচ্চর্বণাভোগোদ্যোগ এষ ময়াশ্রিতঃ।।

-3-

সম্যক্'সূত্রসমন্বয়ং পরিগতিং তত্ত্বে পরস্মিন্পরাং
তীক্ষ্ণাং যুক্তিকথামুপায়ঘটনাং স্পষ্টার্থসদ্ব্যাকৃতিম্।
(২) জ্ঞাতুং বাঞ্ছয়(২) চেচ্ছিবোপনিষদং শ্রীস্পন্দশাস্ত্রস্য তদ্-
বৃত্তাবত্র ধিয়ং নিধত্ত সুধিয়ঃ স্পন্দশ্রিয়ং প্রাপ্নুত।।

পাদটীকা- (১)নন্দেতি পাঠ (২) চিদিতি পাঠ

ভাবানুবাদ

সেই শক্তিদেবী যিনি মন্ত্রশক্তি সম্বন্ধে সদা সজাগ(1), যিনি চির উজ্জ্বল ভগবৎ চেতনায় (I-consciousness) এবং সর্বাক্ষরা(2), যিনি জ্ঞানের আকর (embodying knowledge)(3), সর্বজ্ঞা জগৎ থেকে শিব পর্যন্ত এবং এই জ্ঞান তার অংশ বিশেষ এবং প্রকৃতি থেকেই পরিদৃষ্ট (portrayed) প্রতিফলন রূপে তাঁর মুক্ত স্বচ্ছ দর্পণসূলভ সত্ত্বায় (her own, free clear self); যেমনটা কোনো নগরচিত্র দর্পণে প্রতিফলিত হয়। এই প্রতিফলন দর্পণ থেকে আলাদা কিছু নয়। আমি সেই কম্পন শক্তিকে অভিবাদন করি, সেই সৃজনশীল স্পন্দন শক্তির জয় হোক। শিবের সংযোজিত শক্তি সেই শাঙ্করী জগতের উজ্জ্বল অধিষ্ঠাত্রী।

আমার 'স্পন্দসন্দোহ'(4) পাঠে পাঠক স্পন্দামৃতের যৎকিঞ্চিৎ স্বাদ পেয়ে থাকবেন, আমি এখন স্পন্দের পূর্ণ স্বাদ বিতরণের প্রয়াস করবো।

যদি পাঠক স্পন্দকারিকার সূত্রার্থের সন্ধানের (inter-connection of verses) ইচ্ছা করেন অর্থাৎ অন্তিম সত্যের সন্ধান সূক্ষ্ম তত্ত্বের সাধনে (ascertainment) পেতে চান

স্বচ্ছ যুক্তি ও শৈবাগম শাস্ত্রের অনুধ্যানের মাধ্যমে, তবে হে বুদ্ধিমান পাঠক স্পন্দের ঐশ্বর্য লাভে প্রযত্ন করুন, স্পন্দশাস্ত্রের গৌরব (wealth) লাভ করে।

মন্তব্য (Notes)

1. ঈশ্বরের সচেতনতার (I-consciousness) এই মন্ত্র হল 'অহম্ পরামর্শ' বা 'অন্তিম বিচার্য'।
2. এই সচেতনতা (I-consciousness) বা 'অহম' (অহং) সংস্কৃত ভাষার সব অক্ষরকে ('অ' থেকে 'হ' পর্যন্ত) অধিকৃত করেই উচ্চারিত।
3. দৃগ্দেবী জ্ঞানের আধার (embodying knowledge)। মূলত শক্তি অদ্বৈত বা এক; এ হল ঈশ্বরের স্বাধীনতা (absolute freedom) বা স্বাতন্ত্র্য শক্তি। এই স্বাতন্ত্র্য শক্তির প্রাথমিক আবির্ভাব ইচ্ছাশক্তি রূপে। এই শক্তির প্রকাশ(final appearance) ক্রিয়াশক্তি রূপে। ক্রিয়াশক্তি নিজেকে বিস্তারিত করে জ্ঞান-শক্তি রূপে। যেহেতু স্পন্দশক্তি শিবেরই স্বাতন্ত্রতার পরিচায়ক সমগ্র বিশ্বকে ব্যাপ্ত করে তাই সেই শক্তির অপর নাম দৃগ্দেবী, অর্থাৎ যে দেবীরূপা শক্তির অবস্থান সর্বদিকে। দৃক্ শব্দের আর একটি অর্থ দৃষ্টি, অন্তর্দৃষ্টি, জ্ঞান; সুতরাং সেই অর্থেও দৃগ্দেবী জ্ঞানের প্রতিভূ।
4. 'স্পন্দসন্দোহ ক্ষেমরাজের রচিত এবং 'স্পন্দনির্ণয়ে'র পূর্ববর্ত্তী গ্রন্থ। এই গ্রন্থে ক্ষেমরাজ স্পন্দকারিকার প্রথম শ্লোকের ব্যাখ্যা করেছেন।

প্রসূনম (traditional introduction)

ইহ হি বিশ্বানুজিঘৃক্ষাপরপরমশিবাবেশোন্মীলিতমহিমা স্বপ্নোপলব্ধোপদেশঃ শ্রীমান্বসুগুপ্তাচার্যো মহাদেবপর্বতাড্ডগদিচ্ছয়ৈব মহাশিলাতলোল্লিখিতান্যতিরহস্যানি শিবসূত্রাণ্যাসাদ্য প্রসন্নগম্ভীরৈরেকপঞ্চাশতা শ্লোকৈরাগমানুভবোপপত্ত্যেকীকারং প্রদর্শয়ন্সংগৃহীতবান্।

ভাবানুবাদ

এই শিব সবচেয়ে অধিক কৃপা বসুগুপ্তের উপর করেছেন, ঈশ্বরের উন্মীলিত মহিমা (greatness of lord's self) তার মতো অতি উচ্চ সাধককে (exalted preceptor) তথা গুরুকে অনুপ্রাণিত করে। বসুগুপ্ত স্বপ্নে মহাদেব পর্বতে ভগবৎ ইচ্ছায় সবচেয়ে লুব্ধক (esoteric) শিব-সূত্রের নির্দেশ পান; যেন পর্বতগাত্রে উৎকীর্ণ। তিনি ঈশ্বরের এই নির্দেশ যা একান্নটি শ্লোকের আকারে তাঁর কাছে প্রতিভাত (revealed) হয়েছে গভীর অর্থবোধক রূপে সেসব সহজ ও মধুরভাবে বর্ণনা করেছেন তাঁর শিব-সূত্র গ্রন্থে।

গ্রন্থ পরিচয় (Synopsis)

তত্র 1. পঞ্চবিংশত্যা স্বরূপস্পন্দঃ, 2. সপ্তভিঃ সহজবিদ্যোদয়স্পন্দঃ, 3. একোনবিংশত্যা বিভূতিস্পন্দ উক্তঃ- ইতি ত্রিনিঃষ্যন্দমিদং স্পন্দশাস্ত্রম্।

অনুবাদ

এই গ্রন্থে প্রথম পঁচিশটি শ্লোকে স্পন্দ বা সৃজনশীল কম্পনের কথা বলা হয়েছে যা শিবের বৈশিষ্ট্য (essential nature of Siva) বা স্বরূপস্পন্দ, পরবর্তী সাতটি শ্লোকে স্পন্দের উদ্গমের (emergence) কথা বলা হয়েছে যার নামকরণ করা হয়েছে সহজ-বিদ্যা বলে। শেষ উনিশটি শ্লোকে স্পন্দের বিকাশ বা বিভূতির পরিচয় (glimpses of supernormal power) দেওয়া হয়েছে। স্পন্দশাস্ত্রের এই তিন পর্ব।

প্রথম ভাগের বিষয় পরিচয় বা প্রস্তাবনা।

তত্র প্রথমনিঃষ্যন্দেহস্মিন্ স্তুতিপূর্বং প্রকরণার্থঃ শ্লোকেনোপক্ষিপ্তঃ। ততশ্চতুর্ভিঃ শ্লোকৈঃ সোপপত্তিকং স্পন্দতত্ত্বং ব্যবস্থাপিতম্। ততঃ শ্লোকাভ্যাং সাভিজ্ঞানং তৎপ্রাপ্তাবুপায় উক্তঃ। শ্লোকেনোপায়বিপ্রতিপত্তির্নিরস্তা। শ্লোকেনোপায় এবোপেয়প্রাপ্ত্যানুরূপ্যকথনেনো- পোদ্বলিতঃ। তত একেন তদুপায়লভ্যং যাদৃগুপেয়স্য স্বরূপং তদুপদর্শিতম্। ততস্তদবষ্টম্ভাৎসংসারাভাবঃ শ্লোকেনোক্তঃ। দ্বয়েনাভাববাদিমতং ব্যুদস্যতা তদ্বৈলক্ষণ্যং স্পন্দতত্ত্বস্যোক্তম্। শ্লোকেনো তদুল্লাসিতস্য কার্যস্য ক্ষয়িত্বেহপি তদক্ষয়মিত্যাখ্যাতম্। এতদেব শ্লোকাভ্যামুপপাদ্যাভাববাদ এবোন্মূলিতঃ। তত একেন সুপ্রবুদ্ধস্য সদৈবৈতৎপ্রাপ্তিঃ, প্রবুদ্ধস্য তু পূর্বাপরকোটয়োরিত্যাবেদিতম্। একেন সুপ্রবুদ্ধস্য প্রতীতের্বিষয়বিপর্ব উক্তঃ। ততোহন্যেন সুপ্রবুদ্ধস্যাবরণাভাবে যুক্তিরূপক্ষিপ্তা্ শ্লোকেনাপ্রবুদ্ধস্য স্থগিতস্বরূপতোক্তা। তত একেন সুপ্রবুদ্ধতালাভায় সততমুদ্যন্তব্যমিত্যুক্তম্। শ্লোকেন ব্যবহারাবস্থা এব কাশ্চিত্তদিতরসকলবৃত্তিক্ষয়রূপা উদ্যোগস্য বিষয়াঃ ইত্যাবেদিতম্। ততোহপি প্রাপ্তপ্রবোধেন সুপ্রবুদ্ধতায়ৈ যোগ্যুচিতসৌষুপ্ততমোবরণবিদলনে প্রজাগরিতব্যমিত্যুক্তং শ্লোকত্রয়েন, -ইতি 'যস্যোন্মেষ' ইত্যাদেঃ 'প্রবুদ্ধঃ স্যাদনাবৃত' ইত্যন্তস্য তাৎপর্যম্। অথ গ্রন্থার্থো ব্যাখ্যায়তে।

ভাবানুবাদ

গ্রন্থের প্রথম ভাগের প্রথম স্তোত্র শুরু হয়েছে শিবের বন্দনা দিয়ে এবং তাতে মূল উদ্দেশ্য ব্যক্ত করা হয়েছে। পরবর্তী চারটি শ্লোকে স্পন্দের প্রকৃতি যুক্তি সহকারে বর্ণনা করা হয়েছে। পরের দুটি শ্লোকে স্পন্দকে বোঝা (recognition) এবং অনুভব করার বিষয়ে (means of attaining) বলা হয়েছে। অষ্টম শ্লোকে প্রাপ্তির উপায়ের বিরুদ্ধ যুক্তিকে খণ্ডন করা হয়েছে। নবম শ্লোকে বর্ণিত উপায়কে লক্ষ্যের লাভের সঠিক পন্থা বলা হয়েছে। দশম শ্লোকে লক্ষ্যের প্রকৃতি বর্ণিত হয়েছে। একাদশ শ্লোকে লক্ষ্যের প্রতি প্রবৃত্তি (adherence to goal) শিবকে সার্বিক রূপের ধারণায় জগৎ বহির্ভূত (separate from the world) মনে করার(delusion) নিবারণ করা হয়েছে। দ্বাদশ এবং ত্রয়োদশ শ্লোকে নাস্তিক এবং 'নিরাশায়'বাদীদের (nihilist) নিরাকরণ করা হয়েছে এবং স্পন্দের

মতবাদের বিশেষত্বকে সামনে আনা হয়েছে। চতুর্দশ শ্লোকে স্পন্দের নিত্যতা এবং বস্তুর অনিত্যতা সম্পর্কে বলা হয়েছে। পঞ্চদশ ও ষোড়শ শ্লোকে নাস্তিক এবং 'নিরাশায়'বাদীদের (nihilist) সম্পূর্ণ নিরাশ্রয় করা হয়েছে। সপ্তদশ শ্লোকে বলা হয়েছে যে সম্পূর্ণ ভগবৎ সচেতন ব্যক্তি (fully awakened) স্পন্দের অনুভবী, আর যারা স্বল্প সচেতন তারা নিদ্রা, স্বপ্ন ও সুষুপ্তি অবস্থায় একদম শুরুতে এবং নিদ্রা ভঙ্গের অব্যবহতি পরে স্পন্দের উপলব্ধি করতে পারে। অষ্টাদশ শ্লোকে বলা হয়েছে সম্পূর্ণ সচেতন ব্যক্তি স্পন্দের জগৎ সম্পর্কে (sphere of) ওয়াকিবহাল। ঊনবিংশতিতম শ্লোকে দেওয়া হয়েছে সচেতন ব্যক্তির দ্বারা স্পন্দের আবরণ উন্মোচনের পথের আভাস। বিংশতিতম শ্লোকে অজ্ঞানীর স্পন্দের জ্ঞানের আবরণ উন্মোচনের অক্ষমতার কথা বলা হয়েছে; বা শিবের বৈশিষ্ট্যের সম্বন্ধে ব্যক্তির অজ্ঞানতা উল্লেখিত হয়েছে। একবিংশতিতম শ্লোকে স্পন্দের জ্ঞান লাভের জন্য উৎসাহিত করা হয়েছে। দ্বাবিংশতিতম শ্লোকের বক্তব্য হল স্পন্দের ক্রমে বাকি সব বোধের নিবৃত্তিতে স্পন্দের বোধের উপলব্ধি হয়। ত্রয়োবিংশ, চতুর্বিংশ এবং পঞ্চবিংশতি শ্লোকে স্পন্দের অনুভবের অভিলাষীর জন্য তাকে যোগীর মতো সদা জাগ্রত (সজাগ ও উন্মুখ) থাকতে বলা হয়েছে। নিদ্রারূপী অজ্ঞানতার অন্ধকারকে বিদীর্ণ করে স্পন্দের জ্ঞানের আলোকে উদ্ভাসিত (enlightened) হতে হবে। এই হল প্রথম ভাগের সারার্থ যার সূত্রপাত শিবের চক্ষুর উন্মীলন ও নিমীলন দিয়ে এবং পরিসমাপ্তি অন্ধকারের (veil) নিরাকরণের মাধ্যমে সচেতনতার প্রাপ্তিতে। এবার আমরা উপরোক্ত বিষয়ের ব্যাখ্যা অনুধাবন করবো।

প্রথম পর্ব

মূলশ্লোক (প্রথম)

যস্যোন্মেষনিমেষাভ্যাং জগতঃ প্রলয়োদয়ৌ।
তং শক্তিচক্র বিভবপ্রভবং শঙ্করং স্তুম।।

ভাবানুবাদ

জয়তু শঙ্কর যাঁর চক্ষুর উন্মীলন ও নিমীলনে জগতের শুরু ও সংহার এবং যিনি মহাশক্তির (glorious power) আধার, সেই শক্তি বিভিন্ন ভাবে প্রকাশিত।

ভাষ্য

মূলসংস্কৃত

'শম্' উপশান্তাশেষোপতাপপরমানন্দাদ্বয়ম যস্য চৈতন্যস্ফারপ্রত্যভিজ্ঞাপনস্বরূপমনুগ্রহং করোতি যস্তমিমং স্বস্বভাবং শঙ্করং স্তুমস্তং বিশ্বোৎকর্ষিত্বেন পরামৃশন্তস্তৎক্লৃপ্তকল্পিত-প্রমাতৃপদনিমজ্জনেন সমাবিশামঃ, তৎসমাবেশ এব হি জীবন্মুক্তিফল ইহ প্রকরণ

উপদেশ্যঃ। বহুবচনমনুগ্রহদৃষ্টিকটাক্ষিতাশেষানুগ্রাহ্যাভেদপ্রথনায়। তমিত্যনেন যদস্য নিঃসামান্যত্বমপি ধ্বনিতং তৎপ্রথয়তি যস্যেত্যর্ধেন। ইহ পরমেশ্বরঃ প্রকাশাত্মা মহাদেবঃ শব্দরাশিপরমার্থপূর্ণাহন্তাপরামর্শসারত্বাৎ সদৈবানন্দঘনস্ফুরত্তাত্মকোভয়বিসর্গারণি-পরাশক্ত্যাত্মক পূর্ণস্বাতন্ত্র্যস্বরূপস্তত এব চিৎস্বাভাব্যাদচলস্যাপি শ্রীভগবতঃ স্বাতন্ত্র্যশক্তিরবিভক্তাপ্যশেষসর্গ- সংহারাদিপরম্পরাং দর্পণনগরবৎস্বভিত্তাবেব ভাবিযুক্ত্যানধিকামপ্যধিকামিব দর্শয়ন্তী কিঞ্চিৎচলত্তাত্মকধাত্বর্থানুগমাৎস্পন্দ ইত্যভিহিতা, তেন ভগবান্'সদাস্পন্দতত্ত্বসতত্ত্বো ন স্বস্পন্দঃ। যদাহুঃকেচিৎ 'অস্পন্দং পরং তত্ত্বম্' ইতি। এবং হি শান্তস্বরূপত্বাদনীশ্বরমেবৈ- তদ্ভবেৎ। স্ফুরত্তাসারস্পন্দশক্তিময়-শঙ্করাত্মকস্বস্বভাবপ্রতিপাদনায়ৈর চেদং শাস্ত্রং সমুচিত-স্পন্দাভিধানং মহাগুরুভির্নিবদ্ধম্। এতৎ চ ব্যক্তীভবিষ্যতি। সা চৈষা স্পন্দশক্তির্গর্ভী-
কৃতানন্তসর্গসংহারৈকঘনাহন্তা চমৎকারানন্দরূপা নিঃশেষশুদ্ধাশুদ্ধরূপা মাতৃমেয়সংকোচ-বিকাসাভাসনসতত্ত্বা সর্বোপানিষদুপাস্যা যুগপদেবোন্মেষনিমেষময়ী। তথা হি- শিবাদেঃ ক্ষিত্যন্তস্যাশেষস্য তত্ত্বগ্রামস্য প্রাক্'সৃষ্টস্য সংহর্তৃরূপা যা নিমেষভূরসাবেবোদ্ভবিষ্যদ্'দশা-পেক্ষয়া স্রষ্টৃরূপোন্মেষভূমিস্তথা বিশ্বনিমেষভূশ্চিদ্ঘনতোন্মেষসারা চিদ্ঘনতানিমজ্জনভূমিরপি বিশ্বোন্মেষরূপা। যদাগমঃ

'লেলিহানা সদা দেবী সদা পূর্ণা চ ভাসতে
ঊর্মিরেষা বিবোধাব্ধেঃ শক্তিরিচ্ছাত্মিকা প্রভোঃ।।' ইতি।

শ্রীমান্মহেশ্বরো হি স্বাতন্ত্র্যশক্ত্যা শিবমন্ত্রমহেশ্বরমন্ত্রেশ্বরমন্ত্রবিজ্ঞানাকলপ্রলয়াকল-সকলান্তাং প্রমাতৃভূমিকাং তদ্বেদ্যভূমিকাং চ গৃহ্ণানঃ পূর্বপূর্বরূপতাং ভিত্তিভূততয়া স্থিতামপ্যন্তঃ স্বরূপাবচ্ছাদনক্রীড়য়া নিমেষযত্রেবোন্মেষয়তি উত্তরোত্তররূপতামবরোহ- ক্রমেণ, আরোহক্রমেণ তুত্তরোত্তররূপতাং নিমেষয়ন্নেব জ্ঞানযোগিনামুন্মেষয়তি পূর্বপূর্বরূপতামত এবোত্তরমুত্তরং পূর্বত্র পূর্বত্র সংকোচাত্মতাং জহদ্বিকসিতত্বেনাসাবাভাসয়তি, পূর্ব পূর্ব তু রূপং যথোত্তরং বিকসিততাং নিমজ্জয়ন্ সংকুচিতত্বেন দর্শয়তি। এবং চ সর্বং সর্বময়মেব প্রথয়তি, কেবলং তদবভাসিতসংকোচমাত্রত ইয়ং ভেদপ্রতিপত্তিরিব যদুদ্দলনায়েহত্য উপদেশ ইত্যাস্তাং তাবদেতৎ। নীলসুখাদ্যাভাসোন্মেষময্যপি চ সংবিৎ প্রমাত্রেকাত্মকতৎস্বরূপনিমেষ-রূপাবভাতচরপীতাদ্যাভাসোপসংহাররূপা চেতি স্বসংবেদনসিদ্ধামিমাং যুগোপদেবোন্মেষ-নিমেষোভয়রূপাং প্রতিভাং ভগবতীং বিচিন্বন্ত মহাধিয়ঃ সংসারবিচ্ছেদায়। অত এবোন্মেষনিমেষাভ্যামিত্যেতৎপদং নিজবৃত্তৌ শ্রীভট্টকল্লটেন 'সঙ্কল্পমাত্রেণ' ইত্যবিভক্তমেবে-চ্ছাশক্তিরূপতয়া ব্যাখ্যাপি(১)। সংগ্রহকৃতাপি

'একচিন্তাপ্রসক্তস্য যতঃ স্যাদপরোদয়ঃ।
উন্মেষঃ স তু বিজ্ঞেয়ঃ স্বয়ং তমুপলক্ষয়েৎ।।' (3-6)

ইত্যন্ন প্রারব্ধচিন্তাসংহরনমেব পরস্বরূপোদয়হেতুরূন্মেষ ইত্যভিধাস্যতে। প্রবৃত্তচিন্তা-সংহারং বিনা পরস্বরূপোদয়াভাবাৎ। এতচ্চ তত্রৈব বিতনিষ্যামঃ।

'পরামৃতরসাপায়স্তস্য যঃ প্রত্যয়োদ্ভবঃ।
তেনাস্বতন্ত্রতামেতি স চ তন্মাত্রগোচরঃ।।' (3-74)

ইত্যত্রাপ্যুদয়ঃ প্রলয়পরমার্থ ইতি স্পষ্টমেব বক্ষ্যতে।

'যদা ক্ষোভঃ প্রলীয়েত তদা স্যাৎপরমং পদম্।' (1-6)

ইত্যত্রাপি ক্ষোভপ্রলয়াত্মা নিমেষঃ পরপদোন্মেষরূপ ইত্যপি নিরূপয়িষ্যতে। তদেবমেকৈ-বোভয়রূপাপি শক্তিঃ কদাচিদুন্মেষপ্রধানতয়া ব্যবহ্রিয়তে, কদাচিন্নিমেষপ্রধানতয়া। ততশ্চ যস্য সম্বন্ধিন্যাঃ স্বরূপনিমেষাত্মনঃ কার্যোন্মেষপ্রধানায়াঃ শক্তের্হেতোর্জগতো বিশ্বস্য শিবাদের্ধরণ্যন্তস্যোদয়োহভেদসারতানিমজ্জনসতত্ত্বো নানাবৈচিত্রশালী ভেদরূপঃ সর্গঃ স্বরূপো-ন্মেষাত্মনশ্চ বাহ্যতানিমেষপ্রধানায়াঃ শক্তের্জগতঃ প্রলয়োহভেদময়তোদয়াত্মা বিচিত্রভেদ-রূপতাসংহার ইতি প্রলয়োহপ্যুদয়রূপ উদয়োহপি চ প্রলয়রূপ ইতি ব্যাখ্যয়েয়ম্। বস্তুতস্তু

ন কিঞ্চিদুদেতি ব্যয়তে বা, কেবলং স্পন্দশক্তিরেব ভগবত্যক্রমাপি তথাতথাভাসরূপতয়া স্ফুরন্ত্যুদেতীব ব্যয়ত ইব চেতি দর্শয়িষ্যামঃ। স্থিতিবিলয়ানুগ্রহাণাং বিশিষ্টপ্রলয়োদয়-রূপত্বান্নাধিক্যমিতি প্রলয়োদয়াভ্যামেব পঞ্চবিধং পারমেশ্বর্য কৃত্যং সংগৃহীতম্। নির্ণীতং *চৈবপ্রায়ং(২) ময়ৈব প্রথমসূত্রমাত্রবিবরণে স্পন্দসন্দোহে। ননু শ্রীমৎমহার্থদৃষ্টয়া সৃষ্ট্যাদিদেবতাভিরেব বিচিত্রা জগতঃ প্রলয়োদয়াঃ সম্পাদ্যন্তে তৎকথমেতদুক্তং যস্যেত্যাদি, ইত্যাশঙ্ক্যাহ- তং শক্তিচক্রবিভবপ্রভবমিতি। শক্তীনাং সৃষ্টিরক্তাদিমরীচিদেবীনাং চক্রং দ্বাদশাত্মা সমূহস্তস্য যো বিভব উদ্যোগাবভাসনচর্বণবিলাপনাত্মা ক্রীড়াড়ম্বরস্তস্য প্রভবং হেতুম্। এতা হি দেব্যঃ শ্রীমন্মন্থানভৈরবং চক্রেশ্বরমালিঙ্গ্য সর্বদৈব জগৎসর্গাদিক্রীড়াং সম্পাদয়ন্তীত্যাৎনায়ঃ। অথ চ কস্মাৎপরমেশ্বরস্য জগৎসর্গসংহারাদিহেতুত্বমিত্যাশঙ্কায়া-*মেতদেবোত্তরং(৩) শক্তিচক্রোতি। যাবদ্ধি কিঞ্চিদ্বিশ্বং সংভবতি তৎপ্রকাশমানত্বেন প্রকাশময়ত্বাৎ।

* (১) গ্রন্থকৃতেতি পাঠ, (২) এবং প্রাগ্রিতি পাঠ, (৩) ইদমিতি পাঠ

স্বামিনশ্চাত্মসংস্থস্য ভাবজাতস্য ভাসনম্।
অস্ত্যেব ন বিনা তস্মাদিচ্ছামর্শঃ প্রবর্ততে।।'
-ঈশ্বপ্রত্যভিজ্ঞা শ্লোকঃ I/5/10

ইতি বিপশ্চিন্নিশ্চিতনীত্যা পরমেশ্বরস্যান্তঃ প্রকশৈকাত্ম্যেন প্রকাশমানং স্থিতং সচ্ছক্তিচক্র-মিত্যুচ্যতে যতঃ পরমেশ্বরস্যাগমেষ্বনন্তশক্তিত্বমুদ্ঘোষ্যতে, তস্য শক্তিচক্রস্যাভাসপরমার্থস্য বিশ্বস্য যো বিভবঃ পরস্পরসংযোজনাবিয়োজনা-বৈচিত্র্যমনন্তপ্রকারং তস্য প্রভবং কারনম্। স এব হি ভগবান্বিজ্ঞানদেহা-ত্মকাৎস্বাত্মৈকাত্ম্যেন স্থিতান্বিশ্বানাভাসানন্যোন্যং নানাবৈচিত্রেণ *সংযোজয়ন্বিয়োজয়ংশ্চ বিশ্বোদয়প্রলয়হেতুঃ। তদুক্তং(১) শ্রীভট্টকল্লটেন।

'বিজ্ঞানদেহাত্মকস্য শক্তিচক্রেশ্চর্যস্যোৎপত্তিহেতুত্বম্।'

ইত্যেতদ্বৃত্ত্যক্ষরাণামত্র ব্যাখ্যাদ্বয়েহপ্য নুরূপ্যম্। অপি চ - 'শক্তযোহস্য জগকৃৎস্নম্।' ইত্যাগমদৃষ্টয়া

'তস্মাচ্ছব্দার্থচিন্তাসু ন সাবস্থা ন যা শিবঃ।' (2-4)

ইতীহত্যসস্থিত্যা চ জগদাত্মনঃ

'তৎখেচর্যুর্দ্ধমার্গস্থং ব্যোম বামেশীগোচরম্।'

ইতি রহস্যনীত্যা চ বামেশ্বরীখেচরীগোচরীদিক্চরীভূচরীরূপস্য ময়ৈব স্পন্দসন্দোহে সম্যং-নির্ণীতস্য

'অপ্রবুদ্ধধিয়স্ত্বেতে স্বস্থিতিস্থগনোদ্যতাঃ।' (1-20)

ইত্যত্রহি নির্ণেষ্যমাণস্যৈতদ্ ব্যাখ্যাদ্বয়ব্যাখ্যাতশক্তিচক্রপ্রপঞ্চভূতস্য চ

'যতঃ করণবর্গোহয়ং.....।' (1-6)

ইতি স্থিত্যেন্দ্রিয়গ্রামাত্মনঃ

'তদাক্রম্য বলং মন্ত্রাঃ.....।' (-1)

ইতি নিত্যমন্ত্রাত্মনঃ

'শব্দরাশিসমুৎথস্য শক্তিবর্গস্য.....।' (3-37)

*ইতি নীত্যা(২)বাহ্যয়াদিদেবতাস্বভাবস্বৈবমাদেরনন্তপ্রকারস্যাপি(৩) ময়ৈব স্পন্দসন্দোহে বিতত্য নির্ণীতস্য শক্তিচক্রস্য যো বিভবো মাহাত্ম্যং তত্র প্রভবতীতি প্রভবং স্বতন্ত্রং ন *তু পশুবৎপরতন্ত্রম্। শক্তিচক্রস্য রশ্মিপুঞ্জস্য(৪) যো বিভবোহন্তর্মুখো বিকাসস্ততঃ প্রভব উদয়োহভিব্যক্তির্যস্যেতি বহুব্রীহিনাহন্তর্মুখতৎস্বরূপনিভালনাদয়ত্নেন পরমেশ্বরস্বরূপ-প্রত্যভিজ্ঞানং ভক্তীত্যর্থঃ। কিঞ্চ যস্য চিদানন্দঘনস্যাত্মন উন্মেষনিমেষাভ্যাং স্বরূপোন্মীল-ননিমীলনাভ্যাং 'যদন্তস্তদ্বহিঃ' ইতি যুক্ত্যা জগতঃ শরীররূপস্য তবনুষঙ্গেন বাহ্যস্যাপি বিশ্বস্য প্রলয়োদয়ৌ যথাসংখ্যং মজ্জনোত্মজ্জনে ভবতস্তং শক্তিচক্রবিভবস্য পরসংবিদ্দেবতা- স্ফারস্য প্রভবং ভক্তিভাজামেতৎস্বরূপপ্রকাশকং শঙ্কর স্তুমঃ। তথা যস্য স্বাত্মনঃ সম্বন্ধিনো বহির্মুখতাপ্রসররূপাদুন্মেষাজ্জগৎ উদয়োহন্তর্মুখতারূপাচ্চ নিমেষাৎপ্রলয়স্তং বিশ্ব-

সর্গাদিকার্যুন্মেষাদিস্বরূপসংবিদ্দেবীমাহাত্ম্যস্য হেতুং শঙ্করং স্তুম ইতি যথাসম্ভবপি যোজ্জম্। দেহাদ্যাবিষ্টোহপি পরমেশ্বরঃ করণোন্মীলননিমীলনাভ্যাং রূপাদিপঞ্চকময়স্য জগতঃ সর্গ-সংহারৌ করোতি। যদুক্তং রহস্যতত্ত্ববিদা

'তদেবং ব্যবহারেহপি প্রভুর্দেহাদিমাবিশন্।
ভান্তমেবান্তরর্থৌঘমিচ্ছয়া ভাসয়েদ্বহিঃ।।'
-ঈশ্বপ্রত্যভিজ্ঞা শ্লোকঃ I/6/7

ইতি এবংবিধার্থপরিগ্রহায়াপি 'যস্য স্বাতন্ত্র্যশক্ত্যা' ইতি ত্যক্ত্বা 'যস্যোন্মেষানিমেষাভ্যাম্' ইতি ন্যরূপি গু রূণা। অত্র চ শঙ্করস্তুতিঃ সমাবেশরূপা প্রাপ্যত্বেনাভিধেয়া, শক্তিচক্র-বিভবাৎপ্রভবো যস্যেতি বহুব্রীহিণা শক্তিচক্রবিকাসস্তৎপ্রাপ্তাবুপায় উক্তঃ, শক্তিচক্রবিভস্য পরসংবিদ্দেবতাস্ফারস্য ভক্তিভাজাং প্রভবং প্রকাশকমিতি তৎপুরুষেণ ফলমুক্তম্। যদ্বক্ষ্যতি

'ততশ্চক্রেশ্বরো ভবেৎ।' (3-16)

ইত্যভিধেয়োপায়য়োরূপায়োপেয়ভাবঃ সম্বন্ধ ইত্যভিধেয়োপায়সম্বন্ধপ্রয়োজনান্যনেনৈব সূত্রেণ সূত্রিতানি।

*(১)তদেতদিতি পাঠ (২)অন্যেতি পাঠ (৩)দৃষ্টয়েতি পাঠ (৪)স্বরশ্মিচক্রম্যেতি পাঠ

ভাবানুবাদ

শঙ্করের ক্রিয়া হল 'শম্' ('শম্' করোতি ইতি শঙ্করহ)। শমের অর্থ হল অনুগ্রহ (grace) যার দ্বারা সাধক জগতব্যাপী সচেতনতা কে শিব বলে উপলব্ধি করতে পারে (স্ব-চৈতন্য-স্ফার)। অর্থাৎ বিশ্বব্রহ্মাণ্ডের সচেতনতা কোনো সমূহ নয়, একক। দ্বৈত ভাবাপন্ন নয় এবং পরমানন্দ যা সব কষ্টকে (affliction-আকাঙ্খা সম্ভূত)নিবারণ করে। শঙ্করের সঙ্গে এই সম্পর্ক যা আমাদের প্রকৃতিতে নিহিত তার জয় হোক (we laud)। এই জয়ের ইচ্ছার কারণ হল শঙ্কর সবের ও সর্বোৎকৃষ্ট (excelling) এবং ব্যক্তি নিজের জাগতিক সত্তাকে (আমিত্ব) বিস্মৃত হলে তাঁর অংশী হয়। তাঁর দ্বারা (তৎক্লৃপ) এমনই সম্ভব (কল্পিত-প্রমাতৃ-পদ) হয়।

বর্তমান সন্দর্ভে আমরা সেই শিক্ষাই লাভ করি, অর্থাৎ জানতে পারি তাঁর সাযুজ্যতাই (entry into him) জীবন্মুক্তি। সবাই মিলে তাঁর জয় ঘোষণা (স্তমহ) করার অর্থ হল যারা ভগবৎ কৃপার যোগ্য তাঁদের সঙ্গে নিজেকে একাত্ম করা।

'তম' শব্দের অর্থ সেই সর্বোৎকৃষ্টকে অতুলনীয় (unique) বলে জানা, যা প্রথম শ্লোকের শুরুতেই বলা হয়েছে যথা- 'তাঁর চক্ষুর উন্মীলন....' ইত্যাদি।

আমাদের প্রভু বা ভগবান যিনি আলোর উৎস (nature of light) তিনি স্বাতন্ত্র্য, পরাশক্তি এবং শক্তি দুই তরফে যথা অরণি (অহম্) এবং বিসর্গ (ইদম্) দৃষ্ট। এই ইদম্ হল দৃশ্যমান জগৎ, যাতে তাঁর করুণার আলোকছটা সর্বত্র স্থূল জগৎরূপে বর্ষিত হয় এবং

ঈশ্বরের সচেতনতা (I-consciousness) বস্তুর আক্ষরিক (multitude of letters) প্রকাশের মূল। (1)

তাই স্বাতন্ত্র্য শক্তিকে জানা যায় প্রভুর 'স্পন্দ' বলে। এই স্বাতন্ত্র্যশক্তি (power of absolute freedom) বা স্পন্দ ভগবানের থেকে পৃথক না হলেও সৃষ্টি ও সংহারের কালচক্রের প্রকাশ ও শোষণ ঘটায়, তাঁর নিজেরই পরিপ্রেক্ষিতে বা চিত্তরূপ দর্পণে। পরে বিস্তারিত বলা হবে এই 'স্ত্রী' আখ্যায়িত শক্তি সম্বন্ধে। শিবের এই শক্তি প্রসূত (উৎপন্ন) নয় কোনো ক্ষমতায় বা বাসনায় (অনাদি কামাপি); বরং এই শক্তির অসংখ্যরূপ (supernumerary), অধিকাম (supersensitive) শক্তি। ভগবানের এই শক্তি স্বাভাবিক স্থানুভাবের চেতনার প্রকৃতি (চিৎস্বাভাব্যাদ অচলস্যাপি ভগবতহ) যাকে আমরা স্পন্দ বলে জানি। স্পন্দ কারণ এতে কিঞ্চিৎ সচলতা (চলত্তা) আছে। (2) তাই আমরা ভগবানের যে প্রকৃতির কথা বলছি তাতে আছে কম্পন (সৃষ্টির)। এই কম্পন সৃষ্টির কারণ(creative pulsation)। ভগবান কখনই কম্পন রহিত নন। যদিও কেউ কেউ মনে করেন যে সর্বশক্তিমান কর্ম রহিত সুতরাং কম্পন রহিত।(3) কিন্তু সেক্ষেত্রে সৃষ্টির কোনও কারণ থাকে না, সুতরাং ভগবানেরও প্রয়োজন থাকে না। মহান আচার্য তাঁর এই গ্রন্থে (শাস্ত্রে) ব্যক্তির প্রকৃতিও যে শঙ্করের হিল্লোলিত আলোকসামান্য প্রকৃতির (consisting of quivering light) অনুসারী সে কথার উল্লেখ করেছেন। আমাদের বর্তমান আলোচ্য শাস্ত্রের নামকরণও তাই 'স্পন্দ', যার অর্থ ক্রমশ প্রকাশ্য। স্পন্দ-শক্তি ভগবানের সচেতনতার (I-consciousness) প্রকৃতিগত আনন্দের (compact bliss) এক প্রকাশ যাতে আছে আর্বিভাব ও তিরোভাব (creation & dissolution) চক্রবৎ। এই আগমন ও প্রস্থান মোহময় সত্যের আবরণে (esoteric knowledge) সীমাবদ্ধ যা 'কালচক্র' নামে জ্ঞাত।

এই তত্ত্বে ঈশ্বরের সংহার মূর্ত্তিকে বলা হয় 'নিমেষ'(4) এবং সৃষ্টির আর্বিভাব ক্ষণ হয় তাঁর 'উন্মেষ'। শাস্ত্রে বলা হয় নিমেষের অন্তে উন্মেষের কাল এবং উন্মেষের শেষে নিমেষের শুরু।

'শক্তি সর্বদাই বহিঃপ্রকাশে রত তাঁর এই শক্তি কখনো নিশেষিত হয় না। শক্তি হল ভগবানের সচেতনতার তরঙ্গ স্বরূপ, ভগবানের স্ফুর্তি (volition of power of the Lord)।

মহোত্তম প্রভু তাঁর অতুলনীয় স্বেচ্ছা প্রণোদিত ক্ষমতায় (absolute freedom) বিষয়ীরূপে (subjective role) কখনো শিব, কখনো মন্ত্রমহেশ্বর, মন্ত্রেশ্বর, মন্ত্র, বিজ্ঞানকলা, প্রলয়কলা বা 'সকল'-রূপে প্রতীয়মান তাঁর বিভিন্ন ভূমিকা পালনের জন্য, তাঁর

মূল স্বরূপকে আবৃত রেখে এবং একাদিক্রমে এক একটি রূপ প্রকটিত করে। তাঁর এই ক্রমপ্রকাশ অধোমুখী চক্রে। যখন এই চক্র আবার উর্দ্ধমুখী (ascent) হয়, জ্ঞান-যোগী (gnostic Yogi) সেই অভিমুখ, তার আস্তিক জ্ঞানে বুঝতে পারে। সর্বশক্তিমান, এই শক্তি জ্ঞানযোগীর কাছে প্রকট করেন ক্রমান্বয়ে। সেই মহা শক্তিধর (He) এই ক্রমসন্দর্ভ প্রকাশ করলেও দ্রষ্টা যোগী প্রতিটি ক্রম পৃথকভাবেই অনুভব করেন শক্তিধরের অনুগ্রহ ও অবগ্রহে (obstruction)। শাস্ত্রের উদ্দেশ্য হল শক্তিধরের ব্যাপ্ত ভেদাভেদ (expatiation) থেকে তাঁরই করুণায় এবং সাযুজ্যে মুক্তি পাওয়া।

শক্তিদেবীর মাহাত্ম্য (Goddess consciousness) হল প্রকৃতির উন্মেষ ও নিমীলন (নিমেষ)। দেবীশক্তি যখন জগতের বহির্প্রকাশে রঙ্গীন বর্ণচ্ছটার (ধরা যাক নীল) আগমন ঘটান বা অর্ন্তমুখীনতায় আনন্দের অনুভব ঘটান তখন তাঁর নিজের প্রকৃতি অধরাই থেকে যায় সাধারণ্যে। বুদ্ধিমান ব্যক্তি দেবীর আত্মিক শক্তিকে (goddess consciousness) উন্মেষ ও নিমেষের শক্তি বা প্রতিভা (5) বলে অনুধাবন করেন। একথা বুঝতে পেরে, হর্ষিত জ্ঞানী কল্লট তাঁর শব্দকোষে (glossary) শক্তির ইচ্ছাশক্তি (by the power of mere will) বলে উল্লেখ করেছেন।

এই গভীর তত্ত্ব যে রচয়িতা লিপিবদ্ধ করেছেন সেই বসুগুপ্ত পরবর্ত্তী শ্লোকে উল্লেখ করেছেন, অবধারণের ক্রমোন্মেষ পূর্ববর্ত্তী ধারণাকে অস্তমিত করেই হয়। নচেৎ পূর্ববর্ত্তী ধারণাই তাকে অধিকার করে থাকে। লেখকের (6) বক্তব্যে ধারণার উন্মেষ তাকেই বলে যখন সে পূর্ববর্ত্তী কোনও ধারণার বশ থেকে মুক্ত হয়। বিষয়টি অভিজ্ঞতা থেকে বোঝা যায়, এবং পরে বিস্তারিত আলোচনা করা হবে।

পরের শ্লোকে বলা হয়েছে ব্যক্তির চিন্তার বিষয় তাকে অমৃতত্ব (immortality) থেকে দূরে সরিয়ে দেয়। জাগতিক চিন্তার বিষয় 'প্রত্যয়োদ্ভবঃ' -বিষয় সাপেক্ষ হওয়ার দরুণ ব্যক্তি পরমানন্দ থেকে বঞ্চিত হয়। ব্যক্তি বিষয়ভূত হলে তার স্বাধীনতায় ব্যাঘাত ঘটে। এই বিষয়ভূত হওয়ার অভিজ্ঞতা হল প্রপঞ্চের (জগত সংসার) তন্মাত্রের অভিজ্ঞতা (রূপ, রস, শব্দ, গন্ধ, স্পর্শ)। (শ্লোকঃ 3-14)

পরবর্ত্তী শ্লোকে বলা হয়েছে,

'যখন অন্তরে বিক্ষোভের অবসান হয় তখন সর্বোত্তমের অনুভব হয়।'

অর্থাৎ, নিমেষ(cessation of agitation) প্রক্রিয়ার অবসানেই উন্মেষ (breeds) অনুভূত হয় সর্বোত্তমের। সুতরাং একই শক্তির প্রাবল্য হয় উন্মেষে যখন তার নিমেষ ক্রিয়া অবসিত হয়।

'যাঁর সৃষ্টি শক্তিতে জগৎ-রূপ কার্য (কার্যোন্মেষ-প্রধানয়াঃ) সেই শিবের নিমেষ-প্রকৃতি (স্বরূপনিমেষাত্মনঃ) তখন পরিদৃশ্যমান হয় না, কারণ তখন বৈচিত্রের উত্থান হয় ভগবৎ শক্তির 'শম'ভাব থেকে (essential unity)। আবার সেই একই শক্তির বহির্প্রকাশের শেষের শুরুতে (বাহ্যতানিমেষপ্রধানয়াঃ), অর্থাৎ উন্মেষের অন্তিমে শিবের প্রকৃতি বৈচিত্রময় সৃষ্টির (multi-faceted) সংহার করে।'

'সুতরাং একই শক্তি ভগবানের ক্ষোভের (agitation) কখনো নিমেষ (disappearance) ঘটায়, আবার কখনো উন্মেষের (appearance) কারণ হয়।' তাই শ্লোকের (I-6) বিষয়বস্তু হল একদিকে যখন সংহার (submergence) হয় অপর দিকে আবির্ভাবের (emergence) প্রকরণ ঘটে। অর্থাৎ, পূর্ববর্তী অবস্থাই পরবর্তী অবস্থার সূচক।

আমরা এবার দেখব যে ঐশ্বরিক স্পন্দশক্তি (divine creative pulsation) স্বাধীন হয়েও সৃষ্টির বিভিন্ন রূপ পরিগ্রহ করে আলোকের তাৎক্ষণিক(flash of light) প্রকাশ ও বিলোপের মতো।

জগতের স্থিতি (maintenance of world-process), বিলয় বা প্রকৃতির অপ্রকাশ (concealment of essential nature) হয় শক্তিকার্য রূপে; সে সবই তাঁর বিভিন্ন (পঞ্চবিধ) অনুগ্রহ। এই প্রলয় (absorption) এবং উদয়ের (manifestation) পঞ্চরূপ স্পন্দসন্দোহ সুত্রের টীকায় (gloss) ব্যাখ্যা করা হয়েছে।

এখানে প্রশ্ন হতে পারে যে- 'মহানায় শাস্ত্র (7) অনুসারে বিশ্বব্রহ্মাণ্ডের প্রলয় ও উদয় যদি দেবীশক্তির (goddess of creation) দ্বারা হয় তবে শ্লোকে শুধু পুরুষের কথা (একবচনে) কেন বলা হয়েছে (সেই, তিনি বলে)? শ্লোকে (I-5-10) এই রকম অভিমতের উত্তরে বলা হয়েছে যে- সেই তিনি, বিভিন্ন প্রকার শক্তির উজ্জ্বল ধারক (glorious power)।

শক্তিচক্রের ব্যাখ্যা- বিভব ও প্রভব

শক্তিচক্রের দ্বাদশ প্রকার রূপ (twelve divinities)(8), যেমন সৃষ্টিকালী, রক্তকালী, ভদ্রকালী ইত্যাদি; বিভব কথার অর্থ হল এই দ্বাদশ রূপের সৃষ্টিতে উদ্যোগ বা অংশ গ্রহণ, পোষণ (অবভাসন), চর্বন (ভক্ষণ) এবং অব্যক্ত (অনাখ্য) অবস্থা প্রাপ্তি। প্রভব হল এই বিভিন্ন অবস্থার কারণ। সুতরাং শক্তিচক্রের শব্দবন্ধের(সমাসের) -'শক্তি-চক্র-বিভব-প্রভবম্'এর অর্থ হল দ্বাদশ প্রকার শক্তির সৃষ্টিশীলতা।

এই দৈবীশক্তিরা মন্থন-ভৈরবের সঙ্গে সংশ্লিষ্ট (9)। আর মন্থন-ভৈরব হলেন এইসব শক্তির স্বামী, প্রভু যিনি সৃষ্টির উল্লাসে উল্লসিত। এ হল গুপ্ত আম্নায় (সম্যক-যথার্থ) (sacred tradition)।

আবার প্রশ্ন উঠতে পারে যে-

জগৎগুরু প্রভুই কেন সৃষ্টির ও সংহারের মূল? এর উত্তরে -'শক্তি-চক্র-বিভব-প্রভবম্'এর ব্যাখ্যায় বলা হয়েছে এই জগৎ এক প্রকার প্রকাশ মাত্র (প্রকাশমানত্বেন) এবং প্রকাশের অর্থই হল চেতনার আলোক। আচার্য উৎপলদেব তাঁর রচিত ঈশ্বরপ্রত্যভিজ্ঞা শ্লোকে (I/5/10) বলেছেন, যা কিছু প্রকাশিত তা বাহ্য (outside), কারণ এই বাহ্যদশা প্রভুর ভিতর আগে থেকেই বর্তমান, তা না হলে সেই তিনি সৃষ্টির ইচ্ছাই অনুভব করতেন না। শক্তিচক্র সৃষ্টির সামূহিক বল (aggregate of powers) যা পরমের জ্যোতিভূত (internal light of the supreme)। এই কারনেই শাস্ত্রে স্বতঃপ্রকাশ (revealed scripture) পরমের অফুরন্ত শক্তি 'প্রভবে'র উল্লেখ আছে। বিভব হল সেইসব শক্তির বিভিন্ন সমাবেশ (junction and disjunction), যার ফল হল শক্তির উন্মেষ (প্রদর্শন)। ভগবান তাঁর সচেতনতায় (I-consciousness) এসবেই সম্পৃক্ত মূল কারণ হিসাবে।

উপরোক্ত ধারণার বশবর্তী হয়ে গুরু কল্লটও উল্লসিত তাঁর ভাষ্যে- 'শক্তিসমূহের যে উজ্জ্বল প্রকাশ দৃশ্যমান বস্তুতে সেসব চেতনারই শক্তিভূত প্রাকৃতিক প্রকাশ (powers of the nature of consciousness)।'

শক্তিচক্রের তৃতীয় ব্যাখ্যা

প্রভব ও বিভব ছাড়াও শক্তির বিস্তারও এক প্রকার ক্ষমতা। 'আগম দৃষ্ট্যা' শাস্ত্রানুসারে- 'পরম পুরুষের ক্ষমতার ব্যাপ্তি বিশ্বব্রহ্মাণ্ড জুড়ে এবং সেইসূত্রে (standpoint) সেই ক্ষমতা 'ইহত্য স্থিত্যা' অর্থাৎ ভাব (thought) ভাবের প্রকাশ (object) ও শব্দ (word), সবকিছুই সুদূর বিস্তৃত শিবমহিমা রূপে, শিব থেকে উদ্ভূত তাঁর বিভিন্ন শক্তির (groups of power i.e. Saktis) মাধ্যমে।'

শক্তিচক্রের চতুর্থ ব্যাখ্যা

'বামা বিদ্যা' বা বাসনার বিদ্যা (esoteric teaching) অনুযায়ী- 'জগতের উর্দ্ধে যে শূন্যস্থান (খেচর), সেই 'খেচরী-স্থান' হল 'বামেশ্বরী' ক্ষেত্র (sphere) (10)।
শক্তিপুঞ্জের (group) কতকগুলো উপকরণ আছে বিভিন্ন কারণ বা করণীয় অর্থে যথা- খেচরী, গোচরী, দিক্চরী, এবং ভূচরী। এ বিষয়ে 'স্পন্দসন্দোহে' বিস্তারিত চর্চা আছে যা এই পুস্তকেও অবগত করানো হবে। অননুধ্যায়ীর (unawakened) কাছে
এসব অগম্য (concealed)।

সুতরাং আমরা আপাতত বুঝতে পারলাম যে শক্তিচক্রের অর্থ হল সৃষ্টির শক্তিপুঞ্জ- 'শক্তিচক্র প্রপঞ্চভূত'।

শক্তিচক্রের পঞ্চম ব্যাখ্যা

শক্তিচক্রকে বিভিন্ন ইন্দ্রিয় বোধের (তন্মাত্র ও অপরাপর উপলব্ধি) পুঞ্জও (group of multitude of senses) বলা হয়।

শক্তিচক্রের ষষ্ঠ ব্যাখ্যা

শক্তিচক্রে মন্ত্র শক্তির দ্বারা যে শক্তিপুঞ্জের আবাহনের কথা বলা হয় সেই মন্ত্র নিত্য (eternal) (11)।

শক্তিচক্রের সপ্তম ব্যাখ্যা

শব্দ বা মন্ত্রের মাধ্যমে এই আবাহন(invocation), যেমন ব্রাহ্মীদেবী প্রভৃতির(12) কৃতকার্য হয়।

উপরে 'স্পন্দসন্দোহ' থেকে শক্তিচক্রে বিভিন্ন শক্তিপুঞ্জের উল্লেখ করা হল।

'প্রভব' হল প্রকাশের জ্যোতি (unfolding of light) বা প্রকাশের কারণ যা মুক্ত অবস্থায় বিদ্যমান। 'প্রভব'এর প্রাতিপদ (মূলশব্দ- root noun) হল 'প্রভাব' যার থেকে উদ্ভূত 'প্রভাবতী', অর্থাৎ যে প্রভাব বা নিজের কর্তৃত্ব বিস্তার করে এবং পশুবৎ অন্যের উপর নির্ভর করে না, সেই মুক্তশক্তি।

শক্তিচক্রে 'প্রভব-বিভব'র সংযুক্ত ব্যাখ্যা

'প্রভব-বিভব'কে বহুব্রীহি সমাস (সমস্যমান পদ ব্যতীত অন্যার্থ সংজ্ঞক) বলা যেতে পারে। প্রভবের আর এক অর্থ হল যার উদয় বা অভিব্যক্তি হয়, অর্থাৎ অন্তর্নিহিত দীপ্তি। এই দীপ্তি বা রশ্মিপুঞ্জ (13) দৈবানুভূতি (divinities of senses)। অর্থাৎ শঙ্করের এক রূপ (অভিব্যক্তি) যা তাঁর থেকে উদ্ভূত (this manifestation of senses)। এই বোধকেই (sense) সাধক শঙ্করের ভাব (nature) বোঝার মধ্যে অনুভব করতে চান স্বচ্ছন্দে (brought about effortlessly) নিজের প্রকৃত বোধে(perception) উন্নীত হয়ে।

শ্লোকের পূর্ণ ব্যাখ্যা

শঙ্করের জয় হোক যিনি চিদানন্দঘনস্যাত্মনঃ এবং যাঁর চক্ষুর উন্মীলন ও নিমীলনে জগতের প্রকট ও আবৃতি হয় তাঁর অন্তঃস্থিত এক অবস্থায়; অর্থাৎ উদয় (emergence) ও নিবারণের (submergence) ক্রমান্বয়ে (যথাসংখ্যম্-successively)। বাহ্যিক রূপে তিনি তাঁর ভক্তদের কাছে প্রভবের দ্বারা প্রকাশক (reveals) তাঁর প্রকৃতির শক্তি, শক্তিচক্র বিভবের। এই হল তাঁর সর্বোত্তম চেতনার মহৎ তত্ত্ব (glorious divine greatness)।

শ্লোকটিকে আর এক ভাবেও ব্যাখ্যা করা যায়। শঙ্করের জয় হোক কারণ তিনি শক্তিদেবীর চেতনায় উন্মেষ ও নিমেষ ক্রিয়া সংঘটনের শক্তি এবং শঙ্করই পরম পুরুষ (self) ও সর্বব্যাপী। উৎপলদেব শিবের এই বামাচরণের (esoteric doctrine) ব্যাখ্যা করেছেন-

'তদেবং ব্যবহারেহপি প্রভুর্দেহাদিমাবিশন্।
ভান্তমেবান্তরর্থৌঘমিচ্ছয়া ভাসয়েদ্বহিঃ।।'
-ঈশ্বপ্রত্যভিজ্ঞা শ্লোকঃ I/6/7

অর্থাৎ,'শিবের ইচ্ছাশক্তি মায়াশক্তি রূপে জগতে পরিব্যাপ্ত এবং এই শক্তির বাহ্যিক প্রকাশ অসংখ্যরূপে যা তাঁর নিজের দীপ্তি (shine within Him)।'

সংশ্লিষ্ট শ্লোকের মুখ্যলক্ষ্য হল 'তাঁর স্বাধীন ইচ্ছাশক্তি'-র পরিবর্তে 'তাঁর শক্তির জাগতিক উন্মেষ (revelation) ও নিমেষ অর্থে ব্যবহার বা প্রয়োগ।

ভক্তের শঙ্কর স্তুতির অর্থ শঙ্করে সমাবেশের আগ্রহ বা অংশ ভাগীত্বের প্রয়াস। এইটিই সাধ্য এবং ভক্তের সাধনার অভিপ্রেত (goal)। শক্তিচক্রের 'প্রভব-বিভব'র উদ্গম (unfolding) বুঝতে পারাও সাধনার এক স্তর (means for attainment of the goal)। আবার এই 'প্রভব-বিভব'কেই যদি ভগবৎ জ্ঞান (তৎপুরুষ) করা হয় তাহলে শক্তিদেবীর মাধ্যমে হয় ভগবৎ উপলব্ধি (highest consciousness)। ভগবৎ উপলব্ধিই সাধকের ফলপ্রাপ্তি (fruit)। স্পন্দ কারিকার লেখকের (14) এই অভিমত যা পরে বিস্তারে বলা হয়েছে।

সাধক তার সাধনায় দেবীশক্তিকে লাভ করতে পারেন তার শক্তিপুঞ্জের অধিকারে (imbibing group of power)। 'সুতরাং স্পন্দকারিকা উপায় ও উপেয়র যোগসূত্র। এই সূত্র (কারিকা) সংক্ষেপে বিষয়, বিষয় লাভের উপায় এবং বিষয় লাভ (ফলপ্রাপ্তি) এই তিনের চর্চা (subject)।

মন্তব্য

1. সংস্কৃতে 'অহম্' শব্দের আক্ষরিক অর্থ হল 'আমি'। এই শব্দের প্রধান অক্ষরদ্বয় হল 'অ' ও 'হ'।
2. স্পন্দের মূল অর্থ হল স্বল্প হিল্লোল। ঈশ্বর বা প্রভু স্থানুবৎ। সুতরাং তিনি গতিহীন, স্থবির বা অচল। তাই ঈশ্বর বা শিবের ক্ষেত্রে স্পন্দ হল সৃজনশীল কম্পন (creative pulsation)। একে আমরা বলতে পারি জীবনের দৈবী গতিময়তা বা হিল্লোল (divine dynamism throbbing with life)।
3. বৈদান্তিকেরা বলেন ঐশ্বরিক সচেতনতায় শান্তভাবই বর্তমান।

4. আচার্য বসুগুপ্ত

5. প্রতিভা হল পরা সম্বিত ঈশ্বরের, যাতে শব্দ, বর্ণ, বস্তু, বিষয় সবই সমাহিত।

6. বসুগুপ্ত

7. মহার্থের এক অর্থ হল 'ক্রম' চর্চায় (সর্বোচ্চের উপলব্ধি) মহানায় পদ্ধতি (আত্মশুদ্ধিতে) যা সমগ্র কাশ্মীরে সপ্তম ও অষ্টম শতকে অনুসৃত হত।

8. কালীর দ্বাদশ রূপের মহার্থ (মহানায়) ও 'ক্রম' চর্চায় তার উল্লেখিত পরিচয়।

(i) সৃষ্টিকালী- শক্তি যখন সৃষ্টির উদ্যোগ করেন তখন তাঁর মধ্যে এই শক্তি লাভ হয় যা বস্তুগত বা প্রমেয়।

(ii) রক্তকালী হল সেই শক্তি যা সৃষ্টিকে পাঁচ তন্মাত্রের মাধ্যমে উপলব্ধি করায়।

(iii) স্থিতিনাশা কালী হল জগতের সংহার-রূপ শক্তি। অর্থাৎ তিনি নিজের সংহার মূর্তিতে সৃষ্টিকে নিজের মধ্যে সংহত করেন।

(iv) যমকালী- বহির্মুখী বা অন্তর্মুখী শক্তিরও উর্দ্ধে এই কালীশক্তি, তাই এই শক্তিকে বলা হয় 'অনাখ্যা'।

(v) সংহার কালী- পরাসম্বিত শক্তি যখন বস্তুর বাহ্য প্রমাণ নিজেতে বিলীন করেন শক্তির মাধ্যমে, সেই শক্তি 'সংহার কালী'। এ হল প্রমাণ সাপেক্ষ সৃষ্টির সংহার। 'স্থিতিনাশা কালী'র কালে বস্তুর স্বতন্ত্র উপস্থিতির বোধ থাকে আর 'সংহার কালী'র কালে বস্তুর সংহার শক্তিতে অবলুপ্তি ঘটে।

(vi) মৃত্যুকালী- 'সংহার কালী'রও সংহার (আত্মিক গ্রহণ) করে। এ অবস্থায় বস্তুকে শুধু জানা যায় অতীতে প্রমাণিত রূপে, দেখা যায় না।

(vii) ভদ্রকালী- 'ভ' অর্থে ভেদক (ভেদন) বা বিভিন্নতা। 'দ্র' অর্থে দ্রবণ বা মিশে যাওয়া স্রষ্টার প্রকৃতিতে। ভদ্রকালী প্রমাণেরও সংহার করে। তাই তাঁর আরেক নাম রুদ্রকালী।

(viii) মার্তণ্ড কালী- 'মার্তণ্ড' অর্থ সূর্য। প্রকৃতির দ্বাদশ ইন্দ্রিয়কে সূর্যের সঙ্গে তুলনা করা হয়। দ্বাদশ ইন্দ্রিয় হল, মন, বুদ্ধি, পঞ্চ জ্ঞানেন্দ্রিয় এবং পঞ্চ কর্মেন্দ্রিয়। ইন্দ্রিয় সকল জীবের অহংকার বোধের সঙ্গে যুক্ত হলেই তবে তা ক্রিয়াশীল হয়। মার্তণ্ডকালী 'অহম্' বোধে এই দ্বাদশ ইন্দ্রিয়ের অবসান ঘটায়। তিনি প্রমাণ বহির্ভূত 'অনাখ্যা' শক্তি।

উপরোক্ত পঞ্চম থেকে অষ্টম রূপ কালীর চতুর্বিধা শক্তি, হয় প্রমাণ সাপেক্ষ নয়তো জ্ঞানের দ্বারা জ্ঞাতব্য। পরবর্ত্তী চতুর্শক্তি কালীর প্রমাতা শক্তি যার জ্ঞান বিষয় হিসাবেই সীমিত, প্রমাণ সাপেক্ষ নয়।

(ix) পরমার্ক কালী- ইনি সৃষ্টির শক্তি স্বরূপ এবং অহংকারে সুপ্ত। তার অস্তিত্ব জীবে এবং আণব মলে উপস্থিত যদিও তিনি নিজে বস্তু বা ইন্দ্রিয় রূপে থাকেন না।

(x) কালাগ্নি রুদ্রকালী- শিবের সচেতন (পরাসম্বিত) বিশ্বব্যাপ্তি এই শক্তির মাধ্যমে সূক্ষ্ম রূপে সঞ্চারিত এবং তাঁর দরুণই বাহ্য পোষণ, স্থিতি (maintenance)। তিনি 'কালধারক' মহাকালী।

(xi) মহাকালকালী- ইনি ব্যক্তির চেতনাকে ঈশ্বরের সচেতনতায় বিলুপ্ত করেন। 'অহম্' 'নিত্যঅহম্'এ লুপ্ত হয়।

(xii) মহাভৈরব-ঘোর চণ্ডকালী- অন্যথায়, 'মহাভৈরবচণ্ডোগ্রঘোরকালী'। এই কালী 'অনাখ্যা'রূপী পরাসম্বিত যা অনির্বচনীয় ও অকুল। এতে বস্তু, বিধেয়, উপায়, জ্ঞান (প্রমেয়, প্রমাতা, প্রমাণ ইত্যাদি) সবই নিমজ্জিত ঐশ্বরিক চেতনার স্তরে (dissolved in I-consciousness) এই অবস্থাকে পরা অবস্থাও বলা হয় কারণ তিনিই পূর্ববর্ত্তী সকল অবস্থার প্রকাশ। প্রমাণ, প্রমেয়, প্রমাতা এই শক্তিতে নিমজ্জিত বলে একে বলা হয় 'মহাভৈরব-ঘোর চণ্ডকালী'। এখানে 'ঘোর' অর্থে জ্ঞানের পথ বা সাক্ষী-প্রমাণ; 'চণ্ড' অর্থে প্রমেয় বা বস্তু(object), `মহাভৈরব' অর্থে বিষয়(subject) প্রমাতা।

9. মন্থানভৈরব হল সাধকের শেষ গম্যস্থল, আচার্য মহেশ্বরানন্দ যাকে বলেছেন কুলেশ্বর।

10. বামেশ্বরী হল শক্তির সব গণের (genre) অধিষ্ঠাত্রী দেবী। বাম শব্দটি বম শব্দ থেকে উৎপন্ন যার অর্থ হল বমন করা বা উদগীরণ করা। শক্তিদেবীকে বামেশ্বরী বলার অর্থ তাঁর থেকেই জগৎ উদ্ভূত। বামের অপর অর্থ বিপরীত বা 'বাঁ-ক্রম'। আর একটি অর্থে শিব হল অদ্বৈত চেতন এবং এই সংসারে বামেশ্বরী তাঁর দ্বৈত সত্ত্বা।

খেচরী- ক্ষেমরাজ তাঁর স্পন্দসন্দোহ-তে (পৃঃ 20) খেচরী শক্তিকে বর্ণনা করেছেন- 'বোধগগনে চরন্তি ইতি খেচর্যঃ প্রমাতৃভূমিস্থিতাঃ।' খেচরী হল সেই শক্তি যা আকাশে বিচরণশীল অর্থাৎ চেতনায় (বোধগগনে)। এই শক্তি হল 'প্রমাতা'র বিষয়, সত্ত্বার অনুভূতি (subjective experience)। খেচরী শক্তি ব্যক্তির মায়াভাবকে আবদ্ধ করে সত্তা বা চিত্তকে উন্মুক্ত করে।

গোচরী- 'গো'এর অর্থ হল অন্তঃকরণ যা বুদ্ধি ও অহঙ্কারের মনোভূমি। গোচরী শক্তি মানসিকতার আবাসভূমি (psychic sphere)।
দিক্চরী- 'দিক্ষু দিশাসু বাহ্যভূমিষু চরন্তি ইতি দিকচর্য্যঃ।' আমাদের বাহ্যবুদ্ধি (sense) পরিপার্শ্ব(space) সম্বন্ধে সচেতন। এই সচেতনতা হল দিক্চরী শক্তি।
ভূচরী- 'ভূঃ রূপাদি পঞ্চাত্মকম মেয়পদং তত্র চরন্তি ইতি ভূচর্য্যঃ।' এই শক্তি দৃশ্যগ্রাহ্য বস্তুর (objective phenomenon) জ্ঞান ঘটায় এবং সেটাই এই শক্তির অস্তিত্বের প্রমাণ।

11. 'নিত্যমন্ত্রের' অর্থ হল পূর্ণহন্তা বা সদা বর্তমান যা একাধারে ঐশ্বরিক সচেতনতা।
12. নিম্নবর্ণিত দেবীরা হলেন শব্দের অধিষ্ঠাত্রী। (i) যোগীশ্বরী বা মহালক্ষী অ-বর্গের, (ii) ব্রাহ্মী ক-বর্গের, (iii) মহেশ্বরী চ-বর্গের, (iv) কৌমারী ট-বর্গের, (v) বৈষ্ণবী ত-বর্গের, (vi) বারাহী প-বর্গের, (vii) ঐন্দ্রী বা ইন্দ্রাণী য-বর্গের, এবং (viii) চামুণ্ডা শ-বর্গের।
13. রশ্মিপুঞ্জ আলোর পুঞ্জ বা করণেশ্বরী দেবী বা ইন্দ্রিয় শক্তির দেবত্ব। বহির্মুখী অনুভবকে বলে ইন্দ্রিয়শক্তি আর অন্তর্মুখী অনুভব শক্তিকে বলে করণেশ্বরী দেবীশক্তি।
14. ক্ষেমরাজ স্পন্দকারিকার রচয়িতা বসুগুপ্তকে উদ্দেশ্য করেছেন।

অর্থনির্দেশ (Exposition)

সংস্কৃত শব্দ উন্মেষ ও নিমেষের ব্যঞ্জনা বিস্তৃত। শব্দদ্বয়কে অন্য ভাষায় সরাসরি অনুবাদ করা যায় না্। সুতরাং বিভিন্ন পরিপ্রেক্ষিতে বিভিন্ন শব্দের অর্থ নির্ধারণ করতে হয়।

প্রথম কথা হল স্পন্দকারিকায় শিবকে এক এবং অপরিবর্তনশীল বলা হয়েছে। তাহলে তাঁর দুই অবস্থা উন্মেষ ও নিমেষ, বা উদয় ও অস্ত, বা প্রকাশ ও নিমীলন হয় কি করে? প্রথম শ্লোকেই এই বিরোধাভাস ব্যক্ত হয়েছে।

এর উত্তরে বলা হয়েছে- শিব হল স্বাতন্ত্র্য অর্থাৎ তাঁর স্বেচ্ছা (freedom of will) তাঁকে বিশেষিত করে। এই ইচ্ছার বশবর্ত্তী হয়েই তিনি প্রকাশ (manifestation) ও নিমীলন (absorption) ঘটান জগতের, নিজের থেকে ও নিজের মধ্যে। উন্মেষ ও নিমেষ কখনো একত্র সংঘটিত হয় না, এর মধ্যে ক্রমান্বয় বর্তমান। ক্রমান্বয় এক অর্থে সময়ের সঙ্গে সম্পর্কিত, কিন্তু শিব সময়ের উর্দ্ধে; তাহলে শিবের ইচ্ছায় জগতের উন্মেষ নিমেষের সংঘটন সময়ের ক্রমান্বয়ে হয় কি করে? সুতরাং এই দুই ঘটনাকে শিবের দুরকম

ইচ্ছাশক্তি বলে মান্যতা দিতে হয়। তাই ক্ষেমরাজ লিখেছেন শিবের বহু রকমের ইচ্ছাশক্তির (power of will) কথা। যথা স্পন্দ, স্ফুরত্ত, ঊর্মি, বল, উদ্যোগ, হৃদয়, সার, মালিনী, পরা ইত্যাদি। স্পন্দনির্ণয়েও ক্ষেমরাজ সিদ্ধান্ত করেছেন স্পন্দশক্তিতে উন্মেষ ও নিমেষের সহাবস্থান বা স্পন্দশক্তিই সেইরূপ।

প্রকৃতার্থে উন্মেষ ও নিমেষের চরিত্র পৃথক হলেও, শিবে একত্র সংঘটিত (সমঘটিত এই অর্থ)। যা একাধারে নিমেষ সেটাই আবার উন্মেষ সম্ভাবিত। জগতের নিমেষ বা নিমীলন (disappearance) সেই ধারণার অস্তাচল (ততো চলো) যাতে শিবে উন্মেষর ধারণা হয়েছিল। এই উন্মেষ পৃথক কিছু নয়, এ হল নিমেষের অপর পিঠ শিবে স্থিত, ব্যক্তি যাকে আলাদা মনে করে। ক্ষেমরাজ তাঁর ভাষ্যে বলেছেন- 'যাকে উন্মেষ বলে মনে করা হয় সেটাই যুগপৎ অপর পক্ষে (another point of view) নিমেষ এবং পারস্পরিক (vice versa)।' অর্থাৎ, দুটোই ঘটমান।

তিনি এই প্রসঙ্গে তাঁর ভাষ্যের শেষে সিদ্ধান্ত করেছেন-

'বস্তুতস্তু ন কিঞ্চদুদেতি ব্যয়তে বা কেবলং স্পন্দশক্তিরেব ভগবত্যক্রমাপি
তথা তথা ভাসরূপতয়া স্ফুরন্ত্যুদেতীব ব্যয়ত ইব চ।'

অর্থাৎ, সত্যরূপে (in reality) কোনো কিছুরই উদ্ভব বা অবশেষ (নিঃশেষ) হয় না (nothing arises or subsides) শুধু সেই ঐশ্বরিক স্পন্দশক্তি ক্রমান্বয়হীন ভাবে সংঘটিত হয় উন্মেষ ও নিমেষে।

ক্ষেমরাজ উন্মেষ ও নিমেষকে শৈবদর্শনের আর এক অভিব্যক্তি হিসাবেও গ্রহণ করেছেন। তিনি একে দর্শনের ভাষায় 'উৎসৃজন' (evolution) বলেছেন। উৎসৃজনের দ্বৈত পদক্ষেপ উন্মেষ ও নিমেষ; বৃত্তের দুইভাগের (চাপ-arc) মতো। উন্মেষ হল আরোহীক্রম (ascent) আর নিমেষ হল অবরোহীক্রম (descent), ব্যক্তির জগৎ থেকে শিব-প্রমাতা বা শিবের দ্বার অবধি। অর্থাৎ, অচেতন জগৎ (inconscient i.e. emperical) থেকে সম্বিত (divine consciousness) পর্যন্ত। শাস্ত্রের উদ্দেশ্য হল দেখানো যে (যেমন স্পন্দকারিকায়) ব্যক্তিমানস তার জগৎ থেকে কি করে শিবের দ্বারে (শিব-প্রমাতা) পৌঁছতে পারে। শিবের চৈতন্যের জগৎ হল ব্যক্তির লক্ষ্য (উপেয়) এবং শাস্ত্রে যে পথের কথা বলা হয়েছে তা'হল উপায় (means)।

ক্ষেমরাজ শক্তিচক্রে 'প্রভব-বিভব'কে অনেক প্রকারে ব্যাখ্যা করেছেন তাঁর ভাষ্যে যা যত্ন সহকারে প্রণিধান যোগ্য।

রামকণ্ঠ এবং উৎপলভট্ট দুজনেই সাবধান করেছেন যে উদয় ও প্রলয়কে, উন্মেষ ও নিমেষের সঙ্গে এক আসনে বসানো চলবে না সেই অর্থে যে, উন্মেষে উদয় নয় বরং

প্রকাশের 'উন্মুখতা' আছে বা প্রবৃত্তি (inclination) আছে। নিমেষে আছে নিবৃত্তি (retraction of inclination)।

ক্ষেমরাজ উদয় ও প্রলয়কে বিপরীত ক্রমেও গ্রহণ করেছেন, যেমনটা রামকণ্ঠ এবং উৎপলভট্ট শাস্ত্রে দেখিয়েছেন। অর্থাৎ, শাস্ত্রে উন্মেষের মধ্যে প্রলয় নিহিত আবার নিমেষের মধ্যে উদয় নিহিত।

দেখতে গেলে উভয় ব্যাখ্যাই সঠিক। কারণ উন্মেষ ও নিমেষের শক্তি শিবের থেকে প্রাপ্ত। অপর পক্ষে উদয় ও প্রলয়ের বিরোধাভাস শিবের স্বরূপেই সমাহিত; অর্থাৎ এটাই শিবের প্রকৃতি (nature)।

শাস্ত্র শুধুমাত্র ছন্দবদ্ধ শ্লোকের সমষ্টি বা কবিতা নয়, এতে আছে দর্শন যার উপযোগ ব্যক্তির শুদ্ধিকরণ ও ভগবৎ স্থিতি প্রাপ্তিতে। তবে 'জয় শঙ্কর' (শঙ্কর স্তুমঃ) বলার অর্থ কি? অর্থাৎ কারও নাম করে 'জয়' বলার অর্থ কি? সব আচার্যরাই একমত যে 'স্তুমঃ'এর অর্থ সমাবিশামঃ, অর্থাৎ ব্যক্তিকে ভগবানের সমাবেশে প্রবিষ্ট হয়ে ভগবৎ অনুভূতি প্রাপ্ত হতে হবে। ক্ষেমরাজ বলেছেন- 'কল্পিতপ্রমাতৃপদ-নিমজ্জনেন সমাবিশামঃ, তৎসমাবেশ এব হি জীবনমুক্তিফল ইহ প্রকরণ উপদেশ্যঃ।' অর্থাৎ, আমরা তাঁর সঙ্গে সংযুক্ত হই আমাদের জাগতিক অস্তিত্ব ভুলতে পারলে (obliterating our assumed agency)। এই সন্দর্ভের উদ্দেশ্য হল ব্যক্তির জগতকে ভুলে ভগবৎ সংসর্গে (identification with Him) মুক্তি পাওয়া (liberation in life)।

দ্বিতীয় শ্লোকের প্রস্তাবনা

নন্বেবংভূতশঙ্করস্বরূপসত্তায়াং কিম্ প্রমাণং কুতশ্চোপাদানাদিহেতুং বিনা জগদসৌ জনয়তি, তস্যৈবোপাদানত্বে মৃৎপিণ্ডস্যেব ঘটনে জগতা নিরোধানং ক্রিয়েত, তিরোহিতা-তিরোহিততায়াং চ ভগবতঃ স্বভাবভেদঃ স্যাৎ, পুনরুন্মজ্জনে চ হেতুশ্চিন্ত্যো, জগদুদয়ে দ্বৈতপ্রসঙ্গ ইত্যেতাঃ শঙ্কা একপ্রহারেণাপহর্তুমাহ-

ভাবানুবাদ

এখানে একটা দ্বন্দ্বের উদয় হতে পারে। শঙ্করের আসল সত্ত্বার অস্তিত্বের (reality in itself) কি নিশ্চয়তা আছে? তাঁর সৃষ্ট জগৎ কি করে সম্ভব উপকরণ বিনা? আবার তিনি নিজেই যদি বস্তুগত কারণ হন (material reason) তবে তাঁর নিজেরও নিবারণ (disappearance) হয় সৃষ্ট জগতের অন্তে। যেমন একটা মাটির প্রদীপ বিনাশে মাটিতে রূপান্তরিত হয়ে যায়।

যদি উত্তরে বলা হয় ভগবানের দৃশ্যমানতা (appearance) ও অদৃশ্যমানতা (disappearance) দুটোই সম্ভব তখন প্রশ্ন ওঠে এই দৃশ্যমান জগৎ (প্রকৃতি-nature)

তাঁর থেকে পৃথক কি করে? ভগবান ও দৃশ্যমান জগৎ তথা সেই প্রসঙ্গেই (corollary) সৃষ্টির দৃষ্ট অদৃষ্ট অবস্থার মধ্যে সাপেক্ষতা (contingency) আছে দ্বৈতে (duality)। সুতরাং ভগবানও সৃষ্টি সাপেক্ষ, উর্দ্ধে নয়। এই সন্দেহের নিরসন রচয়িতা করেছেন নিচের শ্লোকে। বস্তুর প্রকাশ বা অপ্রকাশ ভগবানের দ্বৈততা নয়।

দ্বিতীয় শ্লোক

'যত্র স্থিতমিদং সর্বং কার্যং যস্মাৎ চ নির্গতম।
তস্যানাবৃতরূপত্বান্ন নিরোধোহস্তি কুত্রচিৎ।।

অনুবাদ

যেহেতু কোনো কিছুই ভগবৎ শক্তিকে আবৃত করতে পারে না, সুতরাং তিনি সর্বত্র উপস্থিত; তাঁর থেকেই সব কিছুর উদ্ভব তাঁর মধ্যেই সব কিছুর লয়।

ভাষ্য

তস্যাস্য শঙ্করাত্মনঃ প্রকাশানন্দঘনস্য স্বস্বভাবস্য ন কুত্রচিদ্দেশো কাল আকারে বা নিরোধঃ প্রসরব্যাঘাতোহস্তি অনাবৃতরূপত্বাদস্থগিতস্বভাবত্বাৎ। অয়ং ভাবঃ। ইহ যৎকিঞ্চিৎপ্রাণপুর্যষ্টকসুখনীলাদিকং চিৎপ্রকাশস্যাবরকং সম্ভাব্যতে তদ্যদি ন প্রকাশতে ন কিঞ্চিৎ, প্রকাশমানং তু প্রকাশাত্মকশঙ্করস্বরূপমেবেতি কিম্ কস্য নিরোধকং কো বা নিরোধার্থঃ। এতদেব তস্যেত্যেদ্বিশেষণেন যত্রেত্যাদিনোপপাদয়তি। যত্র যস্মিংশ্চিদ্রূপে স্বাত্মনি ইদং মাতৃমানমেয়াত্মকং সর্বং জগতকার্যং স্থিতং যৎপ্রকাশেন প্রকাশমানং সৎস্থিতিং লভতে তস্য কথং তেন নিরোধঃ শক্যস্তন্নিরোধে হি নিরোধকাভিমতমেব ন
*চকাস্যাদিত্যাশয়শেষঃ(১)। যথোক্তম্-

'তদাত্মনৈব তস্য স্যাৎকথং প্রাণেন যন্ত্রণা।' (অজড় প্রমাতৃসিদ্ধি-21)

ইত্যজড়প্রমাতৃসিদ্ধৌ। ননুৎপন্নস্য স্থিত্যাত্মা প্রকাশো ভবতি, উৎপত্তিরেব ত্বস্য কুত ইত্যাহ যস্মাচ্চ নির্গতমিতি। স্মৃতিস্বপ্নসঙ্কল্পযোগিনির্মাণদৃষ্টয়া চিতঃ স্বানুভবসিদ্ধং *জগৎকারণত্বমুজ্ঝিত্বা অপ্রমাণকমনুপপন্নং চ প্রধানপরমাণ্বাদীনাং ন তৎকল্পয়িতুং(২) যুজ্যতে। কার্যপদেন চেদমেব ধ্বনিতং কর্তুঃ ক্রিয়য়া নিষ্পাদ্যং হি কার্যমুচ্যতে ন তু *জড়কারণানন্তরভাবি জড়স্য কারণত্বানুপপত্তেঃ ঈশ্বরপ্রত্যভিজ্ঞোক্তনীত্যা(৩)। ভবিষ্যতি চৈতৎ-

'অবস্থাযুগলং চাত্র কার্যকর্তৃত্বশব্দিতম্।'
-(ঈশ্বরপ্রত্যভিজ্ঞা শ্লোকঃ I-14)

ইত্যত্র। সর্বশব্দেনোপাদানাদিনৈরপেক্ষ্যং কর্তুর্ধ্বনিতম্। ন চ কার্যং ঘটাদি কর্তুঃ কুম্ভকারাদেঃ কদাচিৎস্বরূপং তিরোদধৎদৃষ্টম্। ননু নির্গতিরবস্থিতস্য ভবতি তৎকিমেতৎ-

ক্বচিদাদাবেব স্থিতং, নান্যত্র স্থিতম্ অপি তু তত্রৈব চিদাত্মনীত্যাহ যত্র স্থিতমিতি। আবৃত্ত্যা চৈতদ্যোজ্যম্। অয়মর্থঃ যদি চিদাত্মনি জগদহং প্রকাশাভেদেন ন ভবেত্তৎকথমুপাদানাদিনিরপেক্ষং তত উদিয়াৎ। যতস্তু

'যথা ন্যগ্রোধবীজস্থঃ শক্তিরূপো মহাদ্রুমঃ।
তথা হৃদয়বীজস্থং জগদেতচ্চরাচরম্।।'
-(প. ত্রী. শ্লোকঃ-24)

ইত্যাম্নায়স্থিত্যা-

'স্বামিনশ্চাত্মসংস্থস্য ভাবজাতস্য ভাসনম্।
অস্ত্যেব ন বিনা তস্মাদিচ্ছামর্শঃ প্রবর্ততে।।'
-ঈশ্বপ্রত্যভিজ্ঞা শ্লোকঃ I/5/10

*(১)কিঞ্চিতস্যোদিতি পাঠ। (২) ন তৎকল্পমিতি পাঠ। (৩)ন্যায়াৎ ইতি পাঠ।

ইতি পূর্বোক্তযুক্ত্যা চ তত্রৈতদভেদেন স্ফুরতিস্থতং ততোহয়ং চিদাত্মা ভগবান্নিজরসাশ্যা-নতারূপং জগদুন্মজ্জয়তীতি যুজ্যতে। এবং চ যত্র স্থিতমেব সদ্যস্মান্নির্গতমিত্যত্র যোজনা জাতা। চ এবার্থে ভিন্নক্রমঃ। ননু যদি তস্মাৎপ্রকাশবপুষ ইবং জগন্নির্যাতং তন্ন প্রথেত ন হি প্রথাবাহ্যং চ প্রথতে চেতি যুক্তমিত্যাশঙ্কয় যস্মান্নির্গতমপি সদ্যত্র স্থিতমিত্যাবৃত্ত্যা সংগমনীয়ম্। চোহপ্যর্থে ভিন্নক্রমঃ। এতদুক্তং ভবতি ন প্রসেবকাদিবাক্ষোটাদি তত্তস্মান্নির্গতমপি তু স এব ভগবান স্বস্বাতন্ত্র্যাদনতিরিক্তামপ্যতিরিক্তামিব জগদ্রূপতাং স্বভিত্তৌ দর্পণনগরবৎপ্রকাশয়নিস্থতঃ। ননু চ ভবত্বেবং সর্গস্থিত্যবস্থয়োর্জগতাস্যা-নিরুদ্ধত্বং সংহারাবস্থয়া ত্বভাবাত্মনা সুষুপ্তদেশীয়য়া জগতঃ সংবন্ধিন্যা কথং নৈতত্তিরোধীয়তে, নহি গ্রাহ্যং জগদ্বিনা গ্রাহকশ্চিদাত্মা কশ্চিদিত্যাবৃত্ত্যেতদেবোত্তরং যস্মান্নির্গতমপি সদ্যত্রৈব স্থিতমুৎপন্নমপি জগৎসংহারাবস্থায়াং তদৈকাত্ম্যেনৈবাস্তে ন ত্বস্যান্যঃ কশ্চিদুচ্ছেদঃ শূন্যরূপস্তস্য বক্ষ্যমাণযুক্ত্যা প্রকাশং ভিত্তিভূতং বিনানুপপত্তেরিত্যর্থঃ। যথোক্তং শ্রীস্বচ্ছন্দশাস্ত্রে-

'অশূন্যং শূন্যমিত্যুক্তং শূন্যং চাভাব উচ্যতে।
দেব্যভাবঃ স বিজ্ঞেয়ো যত্র ভাবাঃ ক্ষয়ং গতাঃ।।'(স্বচ্ছন্দ-4-262)

ইতি। এবং সর্বং যস্য কার্যং যৎপ্রকাশেনৈব প্রকাশতে সংহৃতমপি চ সদ্যৎপ্রকাশৈকাত্ম্যেন তিষ্ঠতি ন তস্য দেশকালাকারাদি কিঞ্চিন্নিরোধকং যুজ্যতে,-ইতি ব্যাপকং নিত্যং বিশ্বশক্তিখচিতং স্বপ্রকাশমাদিসিদ্ধং চৈতত্তত্ত্বমিতি। নাস্য সিদ্ধাবজ্ঞাতার্থপ্রকাশরূপং প্রমাণবরকমুপপদ্যত উপযুজ্যতে সম্ববতি বা প্রত্যুতৈতত্তত্ত্বসিদ্ধয়ধীনা প্রমাণাদি বিশ্ববস্তু-সিদ্ধঃ। তদুক্তমস্মদ্গুরুভিস্তণ্ত্রালোকে

'প্রমাণান্যপি বস্তুনাং জীবিতং যানি তন্বতে।
তেষামপি পরো জীবঃ সএব পরমেশ্বরঃ।।'
-(তন্ত্রালোক আহ্নিক-I শ্লোকঃ-55)

ইতি। যস্মান্নির্গতমপীদং জগদ্যত্র স্থিতং যৎপ্রকাশেন প্রকাশমানং তথাভূতমপি যত্র স্থিতং যৎপ্রকাশৈকরূপং। যৎপ্রকাশ এবং যস্য সিদ্ধয়ৈ ন্যক্ষেণেক্ষ্যমাণং ভবতি ন ত্বন্যজ্জগৎনাম *কিঞ্চিৎ। অত্র যত্র স্থিতমিত্যাবর্ত্য(১) দ্বির্য়োজ্যম্। এবং চ স্বানুভবসিদ্ধমেবাস্য তত্ত্বস্য সৃষ্টিস্থিতিংসংহারমেলনাবভাসিনোহতিদুর্ঘটকারিণঃ সর্বদা সর্বত্রানিরুদ্ধত্বম্। যথোক্তং শ্রীমদুৎপলদেবাচার্যঃ -

'পরমেশ্বরতা জয়ত্যপূর্বা তব সর্বেশ যদীশিতব্যশূন্যা।
অপরাপি তথৈব তে যথেদ জগদাভাতি যথা তথা ন ভাতি।।'
-(উৎপল স্তোত্রঃ XVI-30)

ইতি। অত্র হি ভাসমানমেব জগদভাসনৈকশেষীভূতত্বাদ্ভাসনাতিরিক্তং ন কিঞ্চিদ্ভাতীত্যর্থঃ। কিঞ্চ যত্র স্থিতমিত্যুক্ত্যোপশমপদে, যস্মাচ্চ নির্গতমিতি প্রসরপদে যতোহস্য ন নিরোধস্ততো নিমীলনোন্মীলনসমাধিদ্বয়েহপি যোগিনা স্বস্বভাবসমাবেশপরেণৈব ভবিতব্যম্। যদ্বক্ষ্যতে।

'যদা ক্ষোভঃ প্রলীয়েত তদা ম্যাৎপরমং পদম।'
-(উৎপল স্তোত্রঃ I-6)

ইতি। তথা

'তস্মাচ্ছব্দার্থচিন্তাসু ন সাবস্থা ন যা শিবঃ।'
-(উৎপল স্তোত্রঃ II-4)

ইত্যপি চ। কুত্রচিদনাত্মবাদিনি সৌগতদৌ প্রমাতরি কুত্রচিৎ চ বাধকাভিমতে প্রমাণে সতি ন তস্য প্রতিষেধোহস্তি, যতো যস্তস্য প্রতিষেধকো যৎ চ তস্য প্রতিষেধকং প্রমাণং *তদ্যদি ন সিদ্ধমভিত্তিকমেতচ্চিত্রং সিদ্ধিশ্চাস্য প্রকাশতে ইতি(২) তৎসিদ্ধয়ৈব ভগ-বানা দিসিদ্ধস্বপ্রকাশমূর্তিরস্তীত্যেতৎপ্রতিষেধায়োদিতেনাপ্যনক্ষরমুক্তম্। ভবিষ্যতি চৈতৎ

'ন তু যোহন্তর্মুখো ভাব।' -(উৎপল স্তোত্রঃ I-16)

ইত্যত্রান্তরে। এবং চানেন বিশ্বোত্তীর্ণ বিশ্বময়ং বিশ্বসর্গসংহারাদিকারি শাঙ্করং স্বস্বভাবা-ত্মকং তত্ত্বমিত্যভিদধতা সর্বেষু পারমেশ্বরেষু যদুপাস্যং তদিতঃ স্পন্দতত্ত্বান্নাধিকং কেবলমেতৎস্বাতন্ত্র্যবশেনৈব তদুপাসাবৈচিত্র্যমাভাস্যতে। বস্তুতস্তু এতদ্বীর্যসারমেবাশেষম্। যদ্বক্ষ্যত্তি।

'তদাক্রম্য বল মন্ত্রাঃ সর্বজ্ঞ বলশালিন।'
-(উৎপল স্তোত্রঃ II-1)

ইত্যেতদপি ভঙ্গয়া প্রতিপাদিতম্। এবং চ ন কশ্চিদুক্তচোদ্যাবকাশঃ। এবমেতাদৃশেষু চিন্তারত্নপ্রায়েষু শ্রীস্পন্দসূত্রেষু যদন্যৈঃ সর্বৈর্বিবৃতিকৃদ্ভির্ব্যাখ্যায়ি যচ্চাস্মাভিঃ কিঞ্চিদ্বয়াক্রিয়তে তত্রান্তরমমৎসরা অনবলিপ্তাশ্চ স্বয়মেব বিচিন্বন্তু সচেতসো ন তু তদস্মাভিরুদ্ধাটয় প্রতিপদং প্রদর্শ্যতে গ্রন্থগৌরবাপত্তেঃ।
* ১)আবৃত্ত্যা ইতি পাঠ। ২)অনদিতি পাঠ।

ভাষ্যের ভাবানুবাদ

তাঁর অর্থাৎ শঙ্করের স্বরূপ হল ঘনীভূতদ্যুতি এবং আনন্দ, যিনি সর্বত্র অপ্রতিরোধ্য এবং যাঁর কোনও সীমিত অবস্থান, সময় এবং রূপ নেই, তিনি মুক্ত (unrestricted) উন্মুখ (forwarding) কারণ, কোনো কিছু তাকে আবৃত করতে পারে না। এই হল উপরোক্ত ভাষ্যের ভাবার্থ (purport)। এই জগতে প্রাণ (life force), পুর্যষ্টক তথা বর্ণ(রূপ), সুখবোধ প্রভৃতি আবরিত জীবের সূক্ষ্ম শরীর (subtle body) সত্যের দীপ্তিকে (light of consciousness) আড়াল করে রাখে, জানতে দেয় না। এইসত্য আমাদের কাছে প্রকাশিত হয় না কারণ এই দীপ্তি শঙ্করের সঙ্গেই সম্পৃক্ত।

তবে কেন এই দীপ্তি আবৃত হয় এই আবৃতি কিসের দ্বারা হয়? সে ব্যাপারে রচয়িতা বিশেষণ পদ বা বাক্যের (qualifying clause) ব্যবহার করেছেন- 'যত্র ইত্যাদিনা', অর্থাৎ যাতে সব সমাহিত; -'তস্য ন নিরোধ স্তি কুত্রচিৎ...', অর্থাৎ যাঁর সর্বত্র নির্বিরোধ গম্যতা ইত্যাদি। যত্রের অর্থ হল সেই চেতনায়, যা তিনি নিজে। 'ইদম্ সর্বম্ কার্যম্' অর্থ হল সমগ্র জগতের বিষয় (subject) তিনি, যিনি জ্ঞাতব্য(মাতৃ)। এই মাতৃ-ই হল জ্ঞানের উপায় ও উপেয় (জ্ঞেয়)।'

'যত্র স্থিতম্ ইদম্ সর্বম্ কার্যম্', এই বাক্যের তাহলে অর্থ হয়- সেই চেতনায় এই জগতের পূর্ণ বিষয় (subject and object) এবং বিষয়ের জানার উপায় সমাহিত (rests) বা স্থিত। এই স্থিতির অর্থ হল- সেই তিনি যাঁর দীপ্তিতে সবকিছু প্রসূত বা যা কিছু মান্য হয় এবং মান্যতার উপায় বোধ (মেয়) হয়। এই দৃশ্যমানতা তাঁরই ঘটনা, সুতরাং তাঁর নিজের অগম্যতা বা তাকে আবৃত করা সম্ভব নয়। এইটি আমাদের বুঝতে হবে। 'অজড় প্রমাতৃসিদ্ধি'তে এবিষয়ে উল্লেখ আছে। (শ্লোকঃ-21)

'প্রাণ শক্তির দ্বারা তাঁর নিরোধ (restraint) কি করে হতে পারে যে প্রাণশক্তি তাঁরই?'

প্রতিপ্রশ্ন ওঠে যে, দীপ্তির মান্যতা (stance) তখনই হয় যখন তা উৎপন্ন বলে বোধহয় বা কোথাও থেকে উদ্ভূত বলে মনে হয়; সেক্ষেত্রে ঈশ্বরের দীপ্তিরই বা মূল কি? উত্তর পক্ষের প্রত্যুত্তর হল, দীপ্তির উৎস দীপ্তি (তাঁর- from whom who have it)। ব্যক্তি

তাঁর শক্তিই (চেতনা) স্মৃতিতে, স্বপ্নে, সৃষ্টিতে ধারণায় বহন করে, যোগী যা অনুধাবন করতে পারে। কিন্তু কেউ জানে না এই চেতনার প্রাধান্য বা বস্তুত উৎস কোথায়? কারণ একে অনুভব করলেও প্রমাণ করা সম্ভব নয় কোনো কিছু দিয়ে।

কার্য (বস্তুরূপ, ফলরূপ) কথাটির দ্বারা আমরা বুঝি কারণ থেকে (creative agent) এর উদ্ভব। এই কারণ শুধুমাত্র অজড় হতে পারে না কারণ তার ক্রিয়া থাকতে হবে। কারণের এই ক্রিয়াশীলতা আদিতে এমনকি ক্রমান্বয়ে যথার্থ প্রমাণ করা সম্ভব নয়। একে বলে কার্য্যত্ব (causality) এবং একে আখ্যয়িত করা হয় 'ঈশ্বপ্রত্যভিজ্ঞ' বলে। এ বিষয়ে পূর্বোক্ত সংস্কৃত ভাষ্যে উদ্ধৃত শ্লোক-

'অবস্থাযুগলং চাত্র কার্যকর্তৃত্বশব্দিতম্।'

-(ঈশ্বরপ্রত্যভিজ্ঞা শ্লোকঃ I-14)

অর্থাৎ সেই অবস্থাযুগলকে আখ্যায়িত করা হয় কার্য (deed) ও কারণ (doer) বলে। আমরা যে আগে 'ইদম্ সর্বম্ কার্যম্'-এর উল্লেখ করেছি সেখানে 'সর্বম্' এই অর্থে প্রয়োগ হয়েছে যে কর্তা বস্তু সাপেক্ষ নয়। অর্থাৎ, একটি কর্মে কর্তা ঢুকে থাকে এমনটা বলা যাবে না; মাটির ঘটে কুম্ভকারকে খুঁজে পাওয়া যাবে না।

আর একটি পূর্বপক্ষ (তর্ক)- কোনও কিছুর উদ্ভব তখনই হতে পারে যখন তা সুপ্ত থাকে পূর্বাবস্থায়। তার মানে এই জগৎ আগে থেকেই ছিল? উত্তরপক্ষ- না এমনটা সম্ভব নয়। যেটা সম্ভব সেটা হল, জগৎ যাঁর, তাঁরই চেতনার আয়ত্তে ছিল (self-same consciousness)। সুতরাং শ্লোকে বলা হয়েছে- 'স্থিতম্ ইদম্ সর্বম্ কার্যম্ যস্মাৎ চ নির্গতম্।' 'স্থিতম্' শব্দটি দুভাবে বুঝতে হবে। এক হল এই জগৎ যদি ঈশ্বরের সচেতনতায় দীপ্র (দীপ্তগুণ বিশিষ্ট) না থাকত তা'হলে কি করে দৃশ্যমান হত যেখানে ঈশ্বর বস্তু নিরপেক্ষ? বিশাল বটবৃক্ষ একটি অতিক্ষুদ্র বীজে সম্ভবায়িত থাকে; সেইরূপ স্থাবর ও জঙ্গম এই বিশ্বব্রহ্মাণ্ডও সর্বশক্তিমানের (supreme) অন্তরে বীজের(1) মতো (potency) সম্ভবায়িত থাকে (প. ত্রি.-24)। তাই দ্বিতীয় অর্থ হল এই দীপ্তি শুধু তিনিই নন, সৃষ্টির সম্ভবনারূপে ঈশ্বরের ব্যাপ্তিতে স্থিত-

'স্বামিনশ্চাত্মসংস্থস্য'-(ঈশ্বরপ্রত্যভিজ্ঞা শ্লোকঃ I/5/10)।

সুতরাং এ কথা বলা অনুচিত হবে না যে জগতের উদ্ভব তাঁর এক ঘনীভূত রূপ (in congealed form)।

সুতরাং মূল শ্লোক ('যত্র স্থিতমিদং সর্বং...), সামগ্রিক ভাবে যথাযথ বাক্য বিন্যাসে (syntatically) বুঝতে হবে। শ্লোকের প্রথমার্ধে যে 'যস্মাৎ চ' শব্দবন্ধের উল্লেখ আছে, সেখানে 'যস্মাৎ চ'-কে বুঝতে হবে 'যস্মাৎ এব' অর্থে, অর্থাৎ 'তথায় স্থিত থেকে' এই জগতের উদ্ভব।

তৃতীয় পূর্বপক্ষ (তর্ক)- জগৎ যদি আলো থেকেই এসে থাকে তবে সেটা কি করে সম্ভব হয়? আলো তো আলোই, তার থেকে জগতের কি করে উন্মেষ হয় (manifestation)?

উত্তর পেতে হলে আমাদের 'যস্মাৎ চ নির্গতম' শ্লোকের এই অংশকে দুভাবে পাঠ করতে হবে। এক হল 'যস্মাদ নির্গতমপি (সদ) যত্র স্থিতম', অর্থাৎ যাঁর থেকে নির্গত হয়েছে সেখানেই স্থিত আছে (still resting there)। 'চ' পদকে বুঝতে হবে তথাপি (even) অর্থে। এই জগৎ কোনো কিছু থেকে বাইরে বেড়িয়ে এসে প্রকাশিত হচ্ছে না। ঈশ্বরের এক রূপ তাঁর পরিপ্রেক্ষিতেই উদ্ভাসিত হচ্ছে, যেমন দর্পণে এক নগরের প্রতিবিম্ব। জগৎ ঈশ্বরের থেকে পৃথক মনে হলেও সেখানেই আধারিত (abides in Himself)।

চতুর্থ পূর্বপক্ষ (তর্ক)- জগতের প্রকাশ যদি ঈশ্বরকে সীমিত না করে তাঁর সৃষ্টিতে, তবে জগতের সংহারে কোথায় তিনি গা ঢাকা দেন? সংহারকে অস্তিত্বহীন শূন্যের তুল্য (naught) বা গভীর নিদ্রার চেতনহীন ভাব মনে হয়। সুতরাং তখন বুদ্ধিতে ব্যাখ্যা করা (perceiving in consciousness) এই জগৎ অর্থহীন।

প্রত্যুত্তর আগের ব্যাখ্যা থেকেই দেওয়া যেতে পারে। জগৎ যেখান থেকে এসেছে সেখানেই আছে- 'যস্মাৎ নির্গতম অপি (সদ) যত্রৈব স্থিতম।', অর্থাৎ সৃষ্ট জগৎ সংহারে ঈশ্বরেই স্থিত (লীন) হয়। জগতের নিশ্চিহ্ন (void) হওয়ার কোনও উপক্রম নেই। যে কথা স্বচ্ছন্দশাস্ত্রে বলা হয়েছে- 'প্রকৃত অর্থে (in reality) শূন্যের কোনও অবস্থান নেই (অশূন্যমান)। 'শূন্য' মানে অভাব অর্থে আমাদের বুঝতে হবে যেখানে দৃশ্যমান জগতের অনুপস্থিতি (existence dissolved), এই অর্থে ।

সুতরাং স্থান, কাল, পাত্র কোনো কিছুর অবর্তমানে তার নিবারণ হয় না। তাঁর জ্যোতিই সব কিছু প্রকাশিত করে এবং প্রলয়ে সেখানেই স্থিতাবস্থা প্রাপ্ত হয়। অতএব স্থান, কাল, পাত্রের ঔচিত্য নেই ঈশ্বরকে সীমাবদ্ধ করার, তাঁর জ্যোতিকে সীমিত করার কারণ এই জ্যোতিতেই সব কিছু প্রকাশিত হয় এবং কালান্তরে এই জ্যোতিতেই মিশে যায়।

এই সত্য অনন্ত ব্যাপ্ত অনন্ত কালে, তাকে আদি-অন্তহীন 'কারণ শক্তি' বলা হয় বা প্রোজ্জ্বল দ্যুতি বা অন্য কিছু। কোনও কিছুর বস্তুগত অস্তিত্ব তখনই সাব্যস্ত হয় যখন তা আগে থাকে না বা একই সময়ে থাকে না; অর্থাৎ সময়ের আগে সম্ভব নয়, এটাই নিয়ম। এর উল্লেখ আছে শ্রদ্ধেয় আচার্য অভিনবগুপ্তের গ্রন্থ 'তন্ত্রালোকে' (প্রথম পরিচ্ছেদ শ্লোকঃ-55)।

'প্রমানান্যপি বস্তুনাং জীবিতং যানি তন্বতে।
তেষামপি পরো জীবঃ স এব পরমেশ্বরঃ।।'

অর্থাৎ সর্বেশ্বর (the great God) হল মূল যাঁর আধারে (constitute) এই জীব/জগতের (life of all things) প্রামাণ্য উপস্থিতি।

যত্র স্থিতম্ (in whom it rests) এই কথার দুই প্রকার অর্থ। প্রথম ক্ষেত্রে এই জগৎ যখন তাঁর (পরমেশ্বরের) জ্যোতি থেকে উদ্গত বলি তখন সেই জ্যোতিতেই জগৎ উদ্ভাসিত; দ্বিতীয় ক্ষেত্রে জগৎ সেই জ্যোতির সঙ্গে একাত্ম। জগতের অর্থই এই তত্ত্ব (principle)।

সুতরাং ব্যক্তি জগতকে নির্দিষ্ট দেখলেও তা জ্যোতিতে বিরাজিত, মূলত কোনও বাধক (obstruction) ব্যতিরেকে, কারণ স্পন্দিত জ্যোতি অবারিত। আমাদের যা অনুভূত হয় তা'হল জগতের এক চলমান অবস্থা, উন্মেষ, স্থিতি (পোষণ) ও বিলয়। পরম পুরুষের উপস্থিতি ছাড়া এমন সম্ভব নয়। আচার্য উৎপলদেব এ কথা তাঁর ভাষ্যে উল্লেখ করেছেন।- 'ও সর্বেশ্বর তোমার কিছু শাসন, পালন, পোষণ (rule) করার নেই কারণ কিছুই তোমার থেকে পৃথক নয়। তোমার অন্যান্য তত্ত্ব, যেমন 'সদাশিব তত্ত্ব' (অহম্ ইদম্- ইচ্ছাশক্তির প্রকাশ) বা 'ঈশ্বর তত্ত্ব' (ইদম্ অহম্- জ্ঞানশক্তির প্রকাশ), এসবই এক প্রকার শাসন (রাজত্ব) কারণ এসবই তোমার প্রকরণ (owned) যা তোমার ভক্ত ব্যতিত অন্যের কাছে প্রতীয়মান (অনুভূত) হয় না (উৎপল স্তোত্রঃ-XVI-301)।

অতীন্দ্রিয় সংযোগ (Mystic union)

যেহেতু স্পন্দজ্যোতির কোনো বাধক নেই সেইহেতু জগতের স্থিতি (যত্রস্থিতি)(1) বা বর্তমানতা অথবা প্রকাশমানতা (ব্যাপ্তি- যস্মাৎ চ নির্গতম্) উভয়ই যোগীর গম্যস্থান (উন্মীলন, নিমীলন ও সমাধি)(2)। যখন ব্যক্তির বিক্ষোভ (agitation) দূরীভূত হয় তখন সে সর্বোচ্চদশা প্রাপ্ত হয়(3)(শ্লোক:I-9)। 'শব্দ(পদ) বা চিন্তা, ব্যক্তির এরকম কোনও দশা নেই যা শিব অঙ্গীভূত নয়(4)(শ্লোক:II-4)। মানুষের মূল ভাবও বন্ধনহীন। মানুষের চিৎসত্তাকে (experient) বৌদ্ধ মতাবলম্বীরা স্বীকার করেন না যদিও মানুষের উপলব্ধ চিত্র (জগত), চিত্রপট (canvas-চিত্ত) ব্যতীত সম্ভব নয়। সেই রকম কোনও কিছুর অস্বীকৃতির জন্য তার কর্তার(denier) আবশ্যক। এটাই স্পন্দ তত্ত্বেরও আবশ্যকতার এক প্রমাণ যাঁর উপস্থিতিতে জ্যোতির মাধ্যমে সব কিছুর প্রকাশ (প্রকাশতে ইতি)। চিত্তের বাস্তবতা তার প্রমাতা (যা প্রামাণিক)। সুতরাং পরমেশ্বর চিরকালীন(externally established) আদি-সিদ্ধ (5), এবং তিনি অতীন্দ্রিয়ভাবে ব্যক্তির সঙ্গে সংযোজিত। এভাবেই স্পন্দের সত্যতা (Spanda principle) প্রতিষ্ঠিত নাস্তিক্যবাদেও। এ বিষয়ে আরও বিস্তারিত ভাবে ব্যাখ্যা করা হবে যে, 'সত্তার পূর্ণ বিলোপ সম্ভব নয়' (শ্লোক:I-16)।

এই গ্রন্থে তাই বলা হয়েছে যে শঙ্কর সৃষ্টিতে অতীন্দ্রিয় (transcendent) ও অন্তর্ভৌম (immanent), যাঁর জগতের উন্মেষ, পোষণ ও নিমীলন হয়; যিনি ধ্যেয় তাঁর স্পন্দ তত্ত্বের মাধ্যমে। তাঁর ধ্যানে (meditation) স্পন্দের অনুধাবন বা ব্যক্তির গ্রাহ্য, স্পন্দের স্বাতন্ত্রতা উপলব্ধির জন্য। একথাই শ্লোকে সমর্থিত (শ্লোক:II-1)। উক্ত শ্লোকে উল্লেখিত যে, সেই শক্তি(স্পন্দ) যা সর্বজ্ঞ (omniscient) তা মন্ত্রে উপলব্ধ হয় (that strenght of omniscient, mantras become endowed with)।

বুদ্ধিমান, মুক্তমনা, নির্বিরোধী ব্যক্তি বর্তমান লেখকের ব্যাখ্যা এবং স্পন্দকারিকার অন্যান্য মূল্যবান (gem) ব্যাখ্যার বৈচিত্র উপলব্ধি করতে পারবেন। যা আমি প্রতি পদক্ষেপে (words) কলেবর বৃদ্ধির ভয়ে উল্লেখ করিনি।

মন্তব্য

1. হৃদয়-বীজ (heart-seed) বলতে সংহার-বীজকেও উল্লেখ করা হয় মন্ত্রে 'মহা' উচ্চারণ করে। সৃষ্টি-বীজই হল 'অহম্' যা পিণ্ডনাথ-বীজ নামেও জানা যায় এবং মন্ত্রে তার পরিচয় 'রক্ষ-ক্ষেম'।
2. নিমীলন সমাধি হল অন্তর্গ্রাহী অবস্থা (inward meditative condition)। চক্ষু মুদ্রিত অবস্থায় ব্যক্তির চেতনা বিশ্বচৈতন্যে উপনীত হয়। উন্মীলন সমাধিতে উন্মুক্ত চক্ষে বিশ্বচেতনা অনুভূত হয় শিবে স্থিত হয়ে।
3. নিমীলন সমাধি।
4. উন্মীলন সমাধি।
5. 'আদি-সিদ্ধ'র অর্থ হল চিরকালীন বাস্তবতা বা সত্য (eternally established reality)।

অর্থনির্দেশ (Exposition)

এই কারিকাতে জগতের বিশ্লেষণ তিন প্রকারে করা হয়েছে; এক হল প্রমাতা(subject), দ্বিতীয় হল প্রমেয় (object) এবং শেষে প্রমাণ (জ্ঞান)। এসবই শিবে অধিষ্ঠিত বা স্পন্দের একপ্রকার বর্ণন; স্পন্দের দর্পণেই এসব আবার প্রতিবিম্বিত। অর্থাৎ দেখার সময় দর্পণরূপী স্পন্দের অংশ। স্পন্দের নিয়মে আমরা বুঝতে পারি জগৎ শিবময় যদিও তাকে পৃথক মনে হয়।

আমরা যখন বলি এই দৃশ্যমান জগৎ শিবে স্থিত তখন সেটা এই দৃশ্যমান জগৎ সম্পর্কে বলা। জগতের দৃশ্যমান রূপ (expression) ছাড়া অন্য কোনও সত্তা

(metaphysical point) আছে কিনা সেটা আমাদের বিচার্য থাকে না। কিন্তু যদি বলা হয় জগতের একটা নিজস্ব অস্তিত্ব আছে একটা ব্যাগে অসংখ্য মটরের বা বাদামের দানার (walnut) প্রত্যেকের পৃথক পৃথক অস্তিত্বের মতো, সেটা বোধগম্য হয়। তবে পৃথক ভাবে শিবের অস্তিত্ব সম্পর্কে কোনও ধারণা হয় না। যদি বলা হয় জগৎ শিব থেকে উদ্ভূত ব্যাগ থেকে একটা মটর দানা বের করার মতো সেখানেও ব্যাগ ও মটর দানা, শিব ও জগতের পৃথকত্ব। কিন্তু বাস্তবে জগৎ শিবেই অধিষ্ঠিত; শিব জগতের ভিতরে (immanent) ও বাইরে (transcendent) বা বিশ্বময় ও বিশ্বোত্তীর্ণ।

দ্বিতীয় সিদ্ধান্ত হল জগৎ শিবে স্থিত হলে জগতের উপস্থিতিতে শিবের উপস্থিতি বা বর্তমানতা অস্বীকার করা যায় না যেমন 'ঘটে' কুম্ভকারের প্রয়োগ অস্বীকার করা যায় না। সেই সঙ্গে কুম্ভকারের স্বাধীনতাও উপেক্ষা করা যায় না। এই স্বাধীনতা ঘটে প্রযুক্ত এবং ঘটকে ছাড়িয়ে, যেমনটা জগতের পরিপ্রেক্ষিতে শিবের অস্তিত্ব বিধৃত (self-expressed) এবং জগতের বাইরেও শিব স্বাধীনভাবে বিস্তৃত (self-expanded), স্থান-কালের বাইরেও। এই ধারণার বিশেষত্ব হল ব্যক্তির বস্তুগত রূপ ও তার অতীন্দ্রিয় শৈবস্থিতি, যেটা তার আসল পরিচয়। জগতের থেকে সেই পরিচয় পৃথক। ব্যক্তিরই কেবল সেই অভিজ্ঞতা হতে পারে সাধনার দ্বারা। তাই কল্লটের উক্তি,

'তস্য সংসার্যবস্থায়ামপি অনাচ্ছাদিতস্বভাবৎবান্ন ন ক্বচিৎ নিরোধঃ'

অর্থাৎ, জগতে যুক্ত হলেও জগৎ তাকে নিরোধ করতে পারে না বা কোনও ভাবে শিবের সত্যকে আবৃত করতে পারে না।

ক্ষেমরাজের কারিকা সূত্রে বিষয়টি আরও পরিস্কার ভাবে বলা হয়েছে।

'নিমীলনোন্মীলনসমাধিদ্বয়েহপি যোগিনা স্বস্বভাবসমাবেশপরেণৈব ভবিতব্যম্'

অর্থাৎ, যোগীর অন্তর্মুখী ও বহির্মুখী যোগের (meditation) উদ্দেশ্য হল শিবের প্রবেশ যোগীতে, কারণ সেটাই যোগীর অতীন্দ্রিয় (mystic) স্থিতি।

তৃতীয় শ্লোকের প্রস্তাবনা

ননু জাগরাদিদশাস্বীদৃশঃ স্বভাবো নানুভূয়তে যদি চায়মুক্তযুক্তিভির্ন কেনচিন্নিরুধ্যতে তজ্ জাগরাদ্যবস্থাসু স্বয়মেব নিরোৎস্যতে,- ইতি শঙ্কাত উক্তমপ্যর্থমপ্রতিপদ্যমানং প্রতিবোধয়ন্নুপদিশতি-

ভাবানুবাদ

শিবের জাগ্রত অবস্থা অনুধাবন করা যায় না, যা শিবে লীন থাকে বলা হয়, অথচ জগতের (পরিবর্তনশীল) চলমানতা অনুধাবন করা যায়।

মূল শ্লোক

'জাগ্রদাদিবিভেদেঽপি তদভিন্নে প্রসর্পতি।
নিবর্ততে নিজান্নৈব স্বভাবাদুপলব্ধৃতঃ।।'

ভাবানুবাদ

জগতের (জাগ্রত) অবস্থা স্পন্দের তত্ত্বের (Spanda principle) অন্তর্গত। যদিও স্পন্দ তার নিজের চরিত্রের এর জন্য কোনও ব্যতিক্রম ঘটায় না, তা সে (জগতের) যত রকম রূপই পরিবর্তিত হোক না কেন।

শ্লোকের ভাষ্য

জাগরাপরপর্যায়ো জাগ্রচ্ছব্দঃ শিষ্টপ্রযুক্তত্বাৎ। লোকপ্রসিদ্ধে জাগ্রতস্বপ্নসুষুপ্তানাং ভেদে যোগিপ্রসিদ্ধেঽপি বা ধারণাধ্যানসমাধিরূপে প্রসর্পতি- অন্যান্যরূপে প্রবহতি সতি অর্থাৎ তত্তত্ত্বং নিজাদনপায়িনঃ সর্বস্যাত্মভূতাচ্চানুভবিতৃরূপাৎস্বভাবান্নৈব নিবর্ততে। যদি হি স্বয়ং নিবর্তেত তজ্জাগ্রদাদ্যপি তৎপ্রকাশবিনাকৃতং ন কিঞ্চিৎপ্রকাশেত। উপলব্ধৃতা চৈতদীয়া জাগরাস্বপ্নয়োঃ সর্বস্য স্বসংবেদনসিদ্ধা। সৌষুপ্তে যদ্যপি সা তথা ন চেত্যতে তথাপ্যৌত্তরকালিকস্মৃত্যন্যথানুপপত্ত্যা সিদ্ধা, উপলব্ধৃত এব চ স্বভাবান্ন নিবর্ততে, উপলভ্যং ত্ববস্থাদি তন্মাহাত্ম্যান্নিবর্ততাং কামং ক্রাত্র ক্ষতিঃ। এবকারোঽপ্যর্থে ভিন্নক্রমস্তদভাবেঽপি ন নিবর্তত ইত্যর্থঃ। জাগরাদিবিভেদস্য বিশেষণদ্বারেণ হেতুস্তদভিন্নে ইতি, তস্মাচ্ছিবস্বভাবাদভেদেন প্রকাশমানত্বাৎপ্রকাশরূপে ইত্যর্থঃ। যচ্চ যদেকাত্মকং তৎকথং তন্নিবৃত্তাববতিষ্ঠতে। যদ্বা তদিতি কর্তৃপদম্। অভিন্ন ইতি তু কেবলমভিন্নত্বং জাগরাদেঃ শিবাপেক্ষমেব। অর্থাৎ তত্তত্ত্বং জাগরাদিভেদেঽপি সতি প্রসর্পতি প্রসরতি বৈচিত্র্যং গৃহ্ণাতি তত্রৈব স্বভাবান্নিবর্তত ইতি যোজ্যম্। কিঞ্চায়ং জাগ্রদাদিভেদঃ পরিণামো বিবর্তো বেতি যৎসাঙ্খ্যপাঞ্চরাত্রশাব্দিকাদয়ো মন্যন্তে তদব্যুদাসায়াপ্যুক্তং তদভিন্ন ইতি। অবস্থাপ্রপঞ্চোঽপি যদি চিৎমাত্রাৎপরিণামতয়া মনাগপ্যতিরিচ্যেত চিদ্রূপং বা *তৎপরিণতৌ মনাগতিরিচ্যেত(১) তন্ন কিঞ্চিৎচকাস্যাদিতি তাবন্ন পরিনামোঽস্তি। যথোক্তম্-

'পরিণামোঽচেতনস্য চেতনস্য ন যুজ্যতে।'

ইতি শ্রীকিরণে। ন চ ভাসমানোঽসাবসত্যো ব্রহ্মতত্ত্বস্যাপি তথাত্বাপত্তেঃ,- ইত্যসত্যবিভক্তান্যরূপোপগ্রাহিতা বিবর্ত ইত্যপি ন সঙ্গতম্। অনেন চাতি- দুর্ঘটকারিত্বমেব ভগবতো ধ্বনিতম্। যস্মাজ্জাগরাদিবিভেদং চ প্রকাশয়তি তত্রৈব চ *স্বাভেদমিতি ভেদাত্মনা

তদভেদাত্মনোভয়াত্মনা(২) চ রূপেণাপরাপরাপরাপরাশক্তিত্রয়- স্বরূপেণ স্ফুরতীত্যনুত্তরষড়র্ধতত্ত্বাত্মতয়া ভগবানেব স্ফুরতি। অতশ্চ জাগরাদি- দশাবস্থিতোহপি এবমিমং স্বস্বভাবং পরিশীলয়ন্ যশ্চিনুতে স শঙ্কর এবেত্যুপদিষ্টং ভবতি।

* (১) রিক্তমিতি পাঠ। (২) উভয়মেলনাত্মনেতি পাঠ।

ভাবানুবাদ

জাগ্রত ও জাগরা সমার্থক। সংস্কৃতবানেরা দুটো শব্দকেই ব্যবহার করেছেন(1)। যদিও জাগরণ, নিদ্রা ও সুষুপ্তি অবস্থা সম্পর্কে সকলেই জ্ঞাত, আমরা বলতে পারি এ হল ধারণা, ধ্যান ও সমাধি অবস্থা তুল্য। যোগীরা এভাবেই তিন অবস্থাকে উল্লেখ করেন এবং এই তিন অবস্থায় স্পন্দের তত্ত্ব তথা অবস্থাগত কোনও ভেদ হয় না্। যদি হত তবে ঐ তিন অবস্থা কিসের পরিপ্রেক্ষিতে হত? স্পন্দের প্রকৃতি হল ঐ তিন অবস্থার সাক্ষী। এই সাক্ষীই হল স্পন্দের এক ধারণা (স্পন্দ সম্বন্ধে অনুভব)। এই অনুভবই ব্যক্তি মানসে গভীর নিদ্রার পরে জাগরিত অবস্থায় রয়ে যায়। যা ব্যক্তির গভীর নিদ্রারও উপলব্ধি সঞ্জাত। স্পন্দ সাক্ষীমাত্র এবং তা নিজের প্রকৃতি থেকে কখনো চ্যুত হয় না। জাগরণ, নিদ্রা ও সুষুপ্তির পৃথকত্ব স্বীকার করতে(বুঝতে) হলে স্পন্দের
উপরোক্ত সাক্ষীস্বরূপত্ব স্বীকার করতে হয়।

'এব' শব্দ উপরের ভাষ্যে 'অপি' শব্দেও বুঝতে হবে। অর্থাৎ ঐ তিন অবস্থাতেও (অপি) স্পন্দের (তত্ত্বের) রূপান্তর হয় না।

'তদভিন্নে' শব্দের ব্যাখ্যা:

এই শব্দবন্ধ বা সমাসের অর্থ, তাঁর থেকে পৃথক নয়, এবং 'জাগরাদি-বিভেদ' (জাগরণ-নিদ্রা-সুষুপ্তি) প্রসঙ্গে(2) এসেছে। এই তিন অবস্থা ব্যক্তির ক্ষেত্রে শিবের জ্যোতিরই তিন স্থিতি। তাই এই তিন অবস্থা শিবেরই অনুভূত অবস্থা স্পন্দ তত্ত্বের মাধ্যমে ব্যক্তি মানসে, ব্যক্তিতে এই অনুভব হয় শৈবভাবে (experient)(3)।

'তদভিন্নে'র দ্বিতীয় ব্যাখ্যা:

'তৎ'কে প্রসর্পতির (বিস্তারশীল) প্রসরণশীল বিষয় (subject), যা শিবের থেকে (জাগরণ ইত্যাদি অবস্থা) অভিন্ন মনে করা যেতে পারে। তাহলে বাক্যবন্ধ (construction) হবে- 'জাগ্রদাদি-বিভেদ'পি (সতি) প্রসর্পতি'; অর্থাৎ স্পন্দের তত্ত্বে জাগরণ, নিদ্রা ইত্যাদি বহমান, এসব স্পন্দের প্রকৃতিরই বৈচিত্র্য(4)।

উক্ত তিন অবস্থা কি পরস্পর পরিণাম (transformation or evolute) যা সাংখ্য দর্শনের বিষয় অথবা 'পঞ্চরাত্র' শাস্ত্রের বিশ্বাস এবং ব্যাকরণে 'বিবর্ত' দ্বারা আখ্যায়িত?(5)

রচয়িতা (কারিকার) 'তদভিন্নে'র প্রসঙ্গে 'বিশ্বাসের বিষয়'-কেও খণ্ডন করেছেন।

'পরিণাম'এর নিরাকরণ-

যদি জাগরণ, নিদ্রা, সুষুপ্তি, ব্যক্তির চেতনার পরস্পর পরিণাম হয় এবং অতীন্দ্রিয় ভগবৎ সচেতনতা থেকে বিন্দুমাত্র আলাদা হয় তখন তাদের পরিণামে শুদ্ধ ভগবৎ চেতনাতেও সামান্য হলেও পরিণাম সঞ্চারিত হতে পারে। সেখানে বা সেই অর্থে শুদ্ধ চেতনা স্তিমিতও হতে পারে তার জ্যোতি নিভে যাওয়ার মতো(6)। কিন্তু আলো বা জ্যোতির নিরাকরণ বা পরিণাম (transformation) অসম্ভব, আলো ধরা ছোঁওয়ার বাইরে তাই আলো আমাদের জ্ঞানের অগোচর স্বতজ্ঞ, যেমন বিবৃত 'শ্রীকিরণে'।(7)

'অচেতনেরই পরিণাম হয়; চেতনের ক্ষেত্রে (sentient) সেটা প্রযোজ্য নয়।'

'বিবর্ত'র নিরাকরণ (rejection of evolvement)-

যা বোধগম্য তা কখনো অবাস্তব (unreal) হতে পারে না। তাহলে সৃষ্টিকর্তা ব্রহ্মাকেও অবাস্তব হতে হয়। ব্রহ্মার এই সৃষ্টি তথা কর্তার কার্য হিসাবে নির্দিষ্ট তাই সৃষ্টিকর্তা হিসাবে তাঁর 'বিবর্তন' অসিদ্ধ (unreality of His evolution)(8)। 'তদভিন্নে' থাকে সেই ভগবৎ শক্তি যার দ্বারা জাগরণ, নিদ্রা ইত্যাদি ভেদ অনভূত হয়। এটা তাঁর অস্তিত্বেরই প্রকাশ (manifests its identity)(9)। তাঁর শুদ্ধ পরাশক্তি থেকে তিনি অপরা শক্তিতে বিভিন্ন রূপে নিজেকে ধরা দেন পরাপরা সমন্বিত
হয়ে। এ হল তাঁর 'ত্রিকা' তত্ত্ব (principle of Triad)। (10)

বর্তমান শ্লোকে তাঁর এই অতীন্দ্রিয় ক্ষমতা (mystic point) শঙ্করের স্বরূপ বলা হয়েছে। এই স্বরূপে চেতনা, কখনো জাগরণ নিদ্রা বা সুষুপ্তিতে দ্রবীভূত হয় না। চেতনার সাক্ষীভাব অক্ষুন্ন থাকে।

মন্তব্য

1. 'জাগৃ' এই ধাতু পাঠ বিশেষ্য 'জাগরা' থেকে। কিন্তু শিষ্টজনের কাছে 'জাগ্রত' শব্দও বিশেষ্য পদ। 'জাগরা'র ক্ষেত্রে 'জাগ্রত' ব্যবহার সিদ্ধ।

2. এ হল 'হেতুগর্ভ বিশেষণ', অর্থাৎ যে বিশেষণ সরাসরি বিশেষ্যকে বিশেষিত করে না কিন্তু বিশেষ্যের কারণ হিসাবে বর্তমান থাকে। 'জাগরাদি-বিভেদ' (জাগরণ-নিদ্রা-সুষুপ্তি) পার্থক্য আসলে শিবের একই জ্যোতির থেকে উদ্ভূত, সুতরাং সবই জ্যোতির রূপ।

3. শিবের মূলভাব বিশেষ যে স্পন্দ এবং জ্যোতি যাঁর প্রকাশ এবং 'জাগরাদি-বিভেদ' যাতে স্থিত, সেসব যদি অনুভূত না হয় তবে স্পন্দের বা সাক্ষীর কোনও সার্থকতা নেই, সবই নিশ্চিহ্ন (vanish)।

4. শিবের প্রকৃতিই চিরকালীন অনুভবী বিভিন্ন ভাবে বা স্পন্দের রূপে।

5. ইত্যাদি অর্থে বেদান্তীদের ইঙ্গিত করা হয়েছে।

6. দুধ যখন দই হয়ে যায় তখন আর দুধ থাকে না। তেমনি জাগ্রতাদি ভেদে চেতনা সেইসব অবস্থায় অন্তর্লীন থাকে, পৃথকভাবে তার জ্ঞান হয় না। কারণ আমরা বলতে পারি না যে এই সাক্ষী চেতনা জাগ্রতাদি-ভেদের একের অবর্তমানে অবলুপ্ত হয়ে যায়, নাহলে জাগ্রতাদিই সাক্ষী বিহীন হয়ে যায় অনুভবে।

7. 'শ্রীকিরণ' একটি তন্ত্র গ্রন্থ বর্তমানে যা লুপ্ত।

8. 'বিবর্তে'র তিন প্রকার ভেদ। (1) এক হল মরীচিকাবৎ, (2) দুই হল পৃথগত্ব এবং (3) তৃতীয় হল অন্যরূপ গ্রহণ। জগৎ যেহেতু প্রত্যক্ষ তথা বাস্তব সুতরাং মূল কারণ শিব থেকে পৃথক নয় এবং শিবময়তা থেকেও পৃথক কোনও চৈতন্য নয়। সুতরাং জগতের নিজস্ব কোনো বিবর্ত রূপ নেই, শিবেরই বহু প্রকাশ।

9. সাক্ষীর একত্ব(uniformity) না থাকলে বাস্তবের বিভিন্নতা বা বিভিন্ন অনুভব তাতে অনুভূত হয় না। সুতরাং এই বিভিন্নতার জাগতিক প্রকাশ বা অনুভবই অভিন্ন সাক্ষীর প্রমাণ।

10. ষড়র্ধ বা 'ছ'-এর অর্ধাংশ হল তিন। কাশ্মীরের এই 'ত্রিকা দর্শন' হল শিবের ত্রিশক্তির নির্দেশক। পরা, অপরা এবং পরাপরা শক্তি। সর্বোত্তম হল পরাশক্তি, মধ্যন্তর হল পরাপরা শক্তি যা পরাশক্তি থেকে পৃথক হলেও শক্তিরূপ সত্তাবোধ বর্তমান। অপরা শক্তিতে ঐশ্বরিক স্বাতন্ত্র্যবোধ থাকে না।

অর্থনির্দেশ (Exposition)

এই কারিকাতে দুটি বিষয়ের বিশেষ উল্লেখ আছে। এক হল অনুভবীর অনুভব ভিন্ন ভিন্ন হতে পারে কিন্তু অনুভবী (experient) অভিন্ন বা অপরিবর্তনশীল। এ প্রসঙ্গে কল্লটের উক্তি- 'যস্মাদ্ উপলব্ধ-রূপত্বং ন্নিষ্বপি পদেষু সাধারণম্, ন তস্য স্বরূপান্যথাভাবঃ, যথাবিষস্যাঙ্কুরাদিপু পঞ্চসু স্কন্ধেষু।' অর্থাৎ, যেহেতু জাগ্রতাদি তিন অবস্থায় অভিন্ন যেমন কমল তার পঞ্চ অঙ্গে অভিন্ন। উৎপলদেবও (ভট্ট) একই কথা সুন্দরভাবে নিম্নোক্ত শ্লোকে বলেছেন।

অবস্থাস্বেব ভেদোহয়ং নাবস্থাতুঃ কদাচন।
যথাবিষস্যাঙ্কুরাদৌ তচ্ছক্তের্ন তু ভিন্নতা।।

অর্থাৎ, জাগ্রতাদি ভিন্ন ভিন্ন অবস্থা সাক্ষীর নয়, এ হল পদ্মের বীজের বিভিন্ন অঙ্কুরোদ্গম। কমলের শক্তির পর্ব (বিভিন্নতা) নয়। যে বিভিন্নতা আমরা দেখি তার সূত্র

(সন্ধি) একই। যেমন আমরা বলি- 'আমি একটা ভালো স্বপ্ন দেখছিলাম তারপর গভীর নিদ্রা উপভোগ করলাম।' স্বপ্ন ও গভীর নিদ্রা পরস্পর একই সূত্রে গাঁথা।

দ্বিতীয়ত, জাগ্রতাদি অবস্থা আমার চিত্তগত ভাব (consciousness expressed in itself)। বিভিন্ন ভাব আমার চিত্ত থেকে আলাদা স্থিত নয়। এই ভাবকে পরিণামও বলা যায় না আবার বিবর্তও (evolute) বলা যায় না। তারা সম্পূর্ণ শিবের স্বাতন্ত্র্যতার এক প্রকাশ।

দর্শনের একটা প্রায়োগিক বিষয় আছে সাধনায়। যে সাধকের পরিবর্তনশীল জগতে সাক্ষীরূপ বোধ আছে, শিবের সঙ্গে তার একাত্ম বোধও আছে।

চতুর্থ শ্লোকের প্রস্তাবনা

*অথ যে 'একমেবেদং সংবিদ্রুপং হর্ষবিষাদাদ্যনেকাকারবিবর্তং(১)পশ্যাম' ইত্যুক্ত্যা জ্ঞানসন্তান এব তত্ত্বমিতি সৌগতা মন্যন্তে; যে চাহংপ্রতীতিপ্রত্যেয়ঃ সদৈব সুখাদ্যুপাধিতিরস্কৃত আত্মেতি মীমাংসকাঃ প্রতিপন্নাস্তানেকেনৈব শ্লোকেনাপবদতি।

* বিশ্রান্তমিতি পাঠ।

ভাবানুবাদ

বুদ্ধের অনুগামীরা বলেন যে আনন্দ, নিরানন্দ (depression) এসব হল একই চেতনার বিভিন্ন দৃশ্য অবস্থা। এই যুক্তিতে তাঁরা বলেন একমাত্র জ্ঞানই সত্য (reality)। জ্ঞান নিজে সম্পূর্ণ, জ্ঞাতা বলে কিছু নেই। মীমাংসকেরা বলেন ঈশ্বর অর্থে, চেতনায় যদি ঐশ্বরিক 'অহম্' বলে কিছু মনে করা হয় তবে সেই 'অহম্' তাঁর সচেতন আনন্দ স্বরূপে বিলীন হয়ে যায়। বৌদ্ধ ও মীমাংসক উভয় সিদ্ধান্তই নিম্নোক্ত চতুর্থ শ্লোকে খণ্ডন করা হয়েছে।

মূল শ্লোক

'অহং সুখী চ দুঃখী চ রক্তশ্চেত্যাদিসংবিদঃ।
সুখাদ্যবস্থানুস্যূতে বর্তন্তেহন্যত্র তাঃ স্ফুটম্।।'

ভাবানুবাদ

আমি সুখী, আমি দুঃখী, আমি অনুভবের দ্বারা অন্বিত বা জড়িত; এই অনুভব অন্যের সাপেক্ষে উদ্ভূত, অন্যান্য সব একত্রে স্থিত।

শ্লোকের ভাষ্য

য এবাহং সুখী স এব দুঃখী সুখানুশায়িনা রাগেন যুক্তত্বাদ্রক্তো দুঃখানুশায়িনা *দ্বৈষেণ সম্বন্ধাদ্'দ্বিষ্টশ্চেত্যাদয়ঃ(১) সংবিদো জ্ঞানানি তা অন্যত্রেতি অবস্থাতর্য়াত্মতত্ত্বে বর্তন্তে

তত্রৈবান্তর্মুখে বিশ্রাম্যন্তি স্ফুটং স্বসাক্ষিকং কৃত্বা। অন্যথা ক্ষণিকজ্ঞানানাং স্বাত্মমাত্রক্ষীণত্বাৎৎৎসংস্কারজন্মনামপি বিকল্পানামনুভবাগোচরে প্রবৃত্ত্যভাবাদনুসন্ধানমিদং ন ঘটতে। চকারস্তুল্যযোগিতাপরা অনুসন্ধানং দ্যোতয়ন্তি। কীদৃশেহন্যত্র, সুখাদ্যবস্থা উদয়প্রলয়িন্যোহনুস্যৃতা-বৃদ্ধা যস্মিংস্তস্মিন সুখাদ্যবস্থানুস্যূতেহন্তঃস্রক্'সূত্রকল্পতয়া স্থিতে। তা ইত্যনেনানুসন্ধীয়মানাবস্থানাং স্মর্য়মাণতামভিদধৎক্ষণিকজ্ঞানবাদিমতেহনুভব-সংস্কারোৎপন্ন ত্বাদর্থাকারারূপিতত্বেহপি স্মৃতেঃ কামমনুভবসদৃশত্বং ভবতু, ন ত্বনুভবানুভূতাতীতকালার্থ-ব্যবস্থাপকত্বং ঘটতে, সর্বসংবিদন্তর্মুখে তু প্রমাতরি সতি সর্বং যুজ্যত ইতি সূচিতবান্,-ইত্যলং সুকামারহৃদয়ো-পদেশ্যজনবৈরস্যদায়িনীভিরাভিঃ কথাভিঃ। এতদর্থিভিঃ প্রত্যভিজ্ঞা পরীক্ষ্যা। গ্রন্থকৃতৈব তু যত ইহ যুক্তিরাসূত্রিতা ততেইস্মাভিঃ কিঞ্চিদুদ্ঘাটিতমিতি সচেতোভির্নাস্মভ্যম-সূয়য়িতব্যম্। মীমাংসকপরিহারায় তু এতদিত্থং ব্যাখ্যাতব্যম্। অহং সুখীত্যাদিসংবিদো যাস্তা অন্যত্রেতি পুর্যষ্টকস্বরূপে প্রমাতরি সুখাদ্যবস্থাভিরনুস্যূতে অতোপ্রোতরূপে স্ফুটং লোকপ্রতীতিসাক্ষিকং বর্তন্তে তিষ্ঠন্তি, ন ত্বস্মদভ্যুপগতেহস্মিং-শ্চিদানন্দঘনে শঙ্করাত্মনি স্বস্বভাবে, -ইতি ন সর্বদা সুখাদ্যুপাধিতিরস্কৃতোহয়মাত্মাপি তু চিন্ময়ঃ। যদা তু নিজাশুদ্ধয়া বক্ষ্যমাণয়ায়ং স্বস্বরূপং গূহয়িত্বা তিষ্ঠতি তদা পুর্যষ্টকাদ্যবস্থায়াং সুখিত্বাদিরূপতাস্য তত্রাপি ন নিরোধস্তৈঃ সুখাদিভিরস্যেত্যুক্তমেবেতি ন তত্তিরস্কৃতোহয়ং কদাচিদপি। অহং কৃশোহহং স্থূল ইত্যাদি- প্রতীতিপরিহারেণ অহং সুখী দুঃখীত্যাদি বদতোহয়মাশয়ঃ -সুখিত্বাদিপ্রতীতিসম্ভিনাং পুর্যষ্টকভূমিমন্তর্মুখে পদে নিমজ্জয়ংস্তদনুষঙ্গেণ বাহ্যস্যাপি দেহঘটাদের্গলনাৎপ্রত্যভিজ্ঞানা- ত্যেব স্বং শিবস্বভাব- ত্বমিতি সর্বথা পুর্যষ্টকশমনায়ৈব যত্ন আস্থেয় ইতি।

*(১) দ্বেষ্টেতি পাঠ।

ভাষ্যের ভাবানুবাদ

আমি কখনো সুখী কখনো দুঃখী, জগতের সুখে ও বিড়ম্বনায় জড়িত; আমার এই অবস্থা তাঁর নিয়মের অবস্থা (অবস্থাতরী)। সেই সাক্ষীতেই (self) সবকিছু স্থিত। অন্যথা আমার যে ভাসমান (ephemeral) অভিজ্ঞতা এবং তার ধারণা (residual traces) পূর্বাপর সংযোজিত (সন্ধিত) বোধ হত না। এই ধারণা আবার আমারই তাই ক্ষণস্থায়ী বিকল্প(1)।

মূল শ্লোকের প্রথমাংশে 'চ'-এর প্রয়োগ সুখ ও দুঃখের একই সূত্র সম্বন্ধ বা একই সূত্রে গ্রন্থিত, এই অর্থ।

'অন্যত্র'র অর্থ অপর, এই অপর কি? সুখাদ্যবস্থানুস্যূত-এর যে গ্রন্থি তা সর্বেশ্বর প্রসূত মালার সূত্র সমন্বিত; আসে আর যায় পুষ্পালঙ্কার যেন।

শ্লোকের দ্বিতীয়াংশে উল্লেখিত 'তাঃ', শ্লোকের প্রথমাংশের উল্লেখে বিশেষণ (স্ফুটন) ব্যবহারের তাৎপর্য্য প্রসঙ্গে ব্যবহৃত। অনেক দার্শনিক মনে করেন 'ধারণা' ক্ষণস্থায়ী কারণ বিস্মৃতি তাকে ক্ষয় করে। বিশেষত বৌদ্ধ ধর্মাবলম্বীরা এমন মনে করেন(2)। তাঁদের মতে চেতনায় এসব অভিজ্ঞতার কোনও স্থান নেই।

শ্লোকের রচয়িতার বক্তব্য হল একজন অনড় সাক্ষী আছেন অন্তরে যিনি সবকিছুই গ্রহণ করেন এবং এই অভিজ্ঞতার পুনরুদ্ধার (প্রত্যভিজ্ঞা) করেন ব্যক্তি মানসে(3)। এবার বুদ্ধিমান নিজের মতো করে বুঝে নিন।

মীমাংসক দর্শনের সিদ্ধান্তের বিরুদ্ধে শ্লোকের আর এক ব্যাখ্যা নিম্নরূপ। আমরা প্রথমে আত্মাকে (self) বিশ্লেষণ করবো।

সূক্ষ্মশরীরে ব্যক্তিতে পঞ্চ ইন্দ্রিয়ের বোধ (পঞ্চতন্মাত্র) এবং মন, বুদ্ধি ও অহঙ্কারের নিবাস। এই পুর্যষ্টক শরীরের সাক্ষী এবং ভোক্তা, স্ফুটম-এর অর্থ প্রতীতি। এই প্রতীতি ব্যক্তিতে যে শিবভাব বা শঙ্কর অবস্থান করেন তাতে হয় না কারণ সেখানে সত্যের পীঠস্থান। এই প্রতীতি হয় পুর্যষ্টকে তথা সূক্ষ্মশরীরে। এই পুর্যষ্টক হল শঙ্করের শরীরি অবস্থা। ব্যক্তি যখন তাঁর পুর্যষ্টক বোধে শিবভাবে নিমজ্জিত হতে পারে তখনই তার প্রকৃত সন্তোষ বা আনন্দানুভূতি হয়।

মন্তব্য

1. যখন জাগতিক জ্ঞান (বোধ বা পরিচিতি- perception of recognition) দূরীভূত হয় তখন সেই অভিজ্ঞতা আর স্মৃতিতে থাকে না।

2. বৌদ্ধ মতে স্মৃতি সর্বদা এক নয় (same), এক রকম (similar)। স্মৃতি এক না হলে তা ভঙ্গুর এবং নশ্বর। সুতরাং প্রমাণের অধিকারীর (প্রমাতা) কাছে তা অস্তিত্বহীনই বটে। বৌদ্ধমতে তাই সৃষ্টি, ব্যক্তি, মন অর্থহীন।

3. উৎপলদেব উল্লেখিত ঈশ্বর-প্রত্যভিজ্ঞা।

অর্থনির্দেশ (Exposition)

সম্বিত হল 'সম্বিদ্'এর বহুবচন, যার অর্থ সাধারণভাবে বোধ, পরিচিতি, অভিজ্ঞতা ইত্যাদি। এই সম্বিত, সম্বিদ্-এর মূল অর্থ নয় যার দ্বারা আমরা একত্ব (uniformity) বুঝি। যেমনটা রামকণ্ঠ বলেছেন- 'একৈব সম্বিদ্ উপলব্ধৃরূপা অহমিতি স্ফুরন্তী পারমার্থিকী, মায়াশক্তিজনিত তথাবিধস্বভাবপরামর্শাভাববলাৎ সুখাদ্যনিত্যবস্তু-বেদকত্বেন অহং সুখী দুঃখী চ -ইত্যাদিনা বুদ্ধয়াদ্যবস্থাসামানাধিকরণ্যম্ উপগতা সতী, সম্বিদ ইতি বহুবচনেন নির্দিষ্টা।'

সম্বিত বা সম্বিদ্ হল সচেতনতার সর্বোচ্চ অবস্থা, সবকিছুর একমাত্র সর্বশেষ সাক্ষী, অহমস্মি (I) বলে বিদিত। মায়াশক্তির প্রভাবে সেই সাক্ষীকে কেউ অনুভব করতে পারে না, বরং আমি সুখী, আমি দুঃখী, এই পরিচয়েই (cognizer) সাময়িক (incidentally) আপ্লুত থাকে। এসবই হল বুদ্ধির বোধ। এই সাময়িক অভিজ্ঞতার বোধকেই বুদ্ধি বলা হয়েছে যা সম্বিদ্ নয়; সেই নিত্য সাক্ষীভূত (identical experient) নয়। আর একটি বিষয় হল, যদিও আমাদের এই অনুভব (বুদ্ধি) সেই নিত্যসাক্ষীর অংশী নয় চিরকালীন অর্থে তবুও সেই নিত্যসাক্ষী এইসব অভিজ্ঞতার সংযোজক মালার সূত্রের আকারে, এটাই রামকণ্ঠের বক্তব্য- 'সুখাদ্যবস্থানুস্যূতে বর্তন্তে তাঃ' উক্তির মাধ্যমে।

এই বোধ বা বুদ্ধি সেই সর্বোচ্চ সাক্ষী পরিপ্রেক্ষিতে (background) গোচরীভূত অর্থাৎ তাঁর সাপেক্ষে কারণ বলে প্রতীত; এ হল এক রূপ কারণানুপাত (ratio -essendio)। সেই সর্বোচ্চ কারণকে (সাক্ষী) জাগতিক (সাময়িক) বোধের প্রসঙ্গে সুন্দর ভাবে ব্যাখ্যা করেছেন রামকণ্ঠ।

'ন চ পূর্বাপরাবস্থাব্যাপকত্বেন সমস্তপ্রমাতৃপ্রসিদ্ধঃ
সকলব্যবহারহেতোঃ অনুসন্ধানভ্য কর্তা, নিত্য
উপলব্ধমাত্ররূপত্বাদ্ এক এব প্রকাশতে।'

অর্থাৎ সেই সর্বোচ্চ সাক্ষী সকল জাগতিক অবস্থাকেই অনুস্যূত (গ্রন্থিত) করে থাকে এবং সামঞ্জস্য (synthetic unity) বিধান করে। সেই সাক্ষী এসবে প্রতিভাত হয় (ever shines) নিজে অপরিবর্তনশীল থেকে।

উপরোক্ত বক্তব্য জার্মান দার্শনিক এমানুয়েল কান্ট প্রায় হাজার বছর পরে বলেছেন যা তাঁর বিখ্যাত ধারণায় সামঞ্জস্য পূর্ণ বোধের প্রতিভাস (synthetic unity of apperception)।

এই দার্শনিক উক্তিই যোগ সাধনায় অনুপ্রাণিত করে, যে কথা আচার্য ক্ষেমরাজ তাঁর ভাষ্যে বলেছেন। -জগতে পরিবর্তনশীল অনুভব, সুখ দুঃখ যা পুর্যষ্টক বা পঞ্চ জ্ঞানেন্দ্রিয় ও মন বুদ্ধি অহঙ্কার আশ্রিত ব্যক্তির মানসে ও দৃষ্টিতে (psychological and emperical self); ব্যক্তিও তার উর্দ্ধে উঠে নিজেকে মূলে (essential self) বা শিবে (His nature) উপলব্ধি করতে সচেষ্ট হবে।

পঞ্চম শ্লোকের প্রস্তাবনা

উক্তোপপত্তিসিদ্ধাং সমস্তবাদানামনুপপন্নতামনুবদন্নুপপত্তিসিদ্ধং স্পন্দতত্ত্বমেবাস্তীতি প্রতি-জানাতি যুক্ত্যনুভবাগমজ্ঞো রহস্যগুরুপ্রবরঃ।

ভাবানুবাদ

অন্যান্য সব মত (theories) খারিজ করে গুরু প্রবর যে তত্ত্বকে ঐতিহ্যগত পরপম্পরায় (traditional technique) সমুদ্ভূত (revealed) বলে অনুভব করেছেন (personally experienced) সেই স্পন্দতত্ত্বকে (Spanda principle) একমাত্র যুক্তি সিদ্ধ সত্য বলেছেন।

মূল শ্লোক

ন দুঃখং ন সুখং যত্র ন গ্রাহ্যং গ্রাহকং ন চ।
ন চাস্তি মূঢ়ভাবোহপি তদস্তি পরমার্থতঃ।।

ভাবানুবাদ

যেখানে সুখ দুঃখ উদ্দেশ্য (subject) বিধেয় (object) নেই, যেখানে অচেতনেরও অস্তিত্ব নেই, শুধু সুউচ্চ ভাব (sense) আছে সেটাই স্পন্দের তত্ত্ব।

ভাষ্য

ইহ যৎকিঞ্চিদ্'দুঃখসুখাদ্যান্তরং নীলপীতাদিকং বাহ্যং গ্রাহ্যং যৎচৈতদ্'গ্রাহকং পুর্যষ্টকশরীরেন্দ্রিয়াদি তত্ত্বাবৎসৌষুপ্তবদসঞ্চেত্যমানং স্ফুটমেব নাস্তীতি বক্তুং শক্যম্। যদাপি তু সঞ্চেত্যতে তদা সঞ্চেত্যমানস্যাপ্যস্য চৈতন্যময়ত্বাচ্চৈতন্যমেবাস্তীত্যায়াতম্। যদাহুঃ

'প্রকাশাত্মা প্রকাশ্যোহর্থো নাপ্রকাশশ্চ সিধ্যতি।' (ঈশ্বরপ্রত্যভিজ্ঞা: I-5-3)

ইতি রহস্যতত্ত্ববিদোহস্মৎপরমেষ্ঠিনঃ শ্রীমদুৎপলদেবপাদাঃ শ্রীমদীশ্বরপ্রত্যভিজ্ঞায়াম। ইহাপি বক্ষ্যতে- 'তৎসংবেদনরূপেন তাদাত্ম্যপ্রতিপত্তিত:' (শ্লোকঃ II-3)

ইত্যতো দুঃখসুখাদি নীলাদি তদ্'গ্রাহকং চ যত্র নাস্তি তৎপ্রকাশৈকঘনং তত্ত্বমস্তি। নন্বেবং সর্বগ্রাহ্যগ্রাহকোচ্ছেদে শূন্যাত্মৈব তত্ত্বমিত্যায়াতং, নেত্যাহ ন চাস্তি মূঢ়ভাবোহপি ইতি। মূঢ়ভাবো মূঢ়ত্বং শূন্যরূপতাপি যত্র নাস্তি সোহপি হি ন প্রথতে কথমস্তি, প্রথতে চেত্তর্হি প্রথাত্মকত্বান্নাসৌ কশ্চিৎ্প্রথৈবাস্তি, ন চ প্রথায়া; কদাচিদভাবো ভবতি তদভাবে প্রথাভাবস্যাপ্যসিদ্ধেঃ। ভবিষ্যতি চৈতৎ

'ন তু যোহন্তর্মুখো ভাবঃ।' (শ্লোকঃ I-16)

ইত্যত্র। অপি মূঢ়ভাব ঐশ্বর্যাত্মকবিমর্শশূন্যপ্রকাশমাত্রতত্ত্বো ব্রহ্মরূপোহপি যত্র নাস্তি যৎ-শ্রুত্যান্তবিদঃ প্রতিপন্নাঃ 'বিজ্ঞানং ব্রহ্ম' ইতি, তস্যাপি স্বাতন্ত্র্যাত্মকস্পন্দশক্তিং বিনা জড়ত্বাৎ। যথোক্তং প্রত্যভিজ্ঞায়াম্

স্বভাবমবভাসস্য বিমর্শং বিদুরন্যথা
প্রকাশোহর্থোপরক্তোহপি স্ফটিকাদিজড়োপমঃ।।
-(ঈশ্বরপ্রত্যভিজ্ঞা: I-5-11)

ইতি। ভট্টনায়কস্তোত্রেহপি

'নপুংসকমিদং নাথ পরং ব্রহ্ম ফলেক্তিয়ৎ।
ত্বৎপৌরূষী নিয়োক্ত্রী চেন্ন স্যাত্ত্বচ্ছক্তিসুন্দরী।।'

ইতি। এবং চ 'যত্র স্থিতম্' ইত্যতঃ প্রভৃতি যত্তত্ত্বং বিচারিতং তদেবাস্তি, তচ্চাস্ত্যেব পরমার্থতো যুক্ত্যনুভবাগমসিদ্ধেন রূপেণ, পরমার্থত এব চাকল্পিতেন পূর্ণেন রূপেণাস্তি ন তু নীলাদিবৎকল্পিতেন। যথোক্তং মহাগুরুভিঃ

'এবমাত্মন্যসৎকল্পাঃ প্রকাশস্যৈব সন্ত্যমী।
জড়াঃ প্রকাশ এবাস্তি স্বাত্মনঃ স্বপরাত্মভিঃ।।' (অজড় প্র: 13)

ইতি। তত্রভবদ্ভর্তৃহরিণাপি

'যদাদৌ চ যদন্তে চ যৎমধ্যে তস্য সত্যতা।
ন যদাভাসতে তস্য সত্যত্বং তাবদেব হি।।'

ইতি। সাবধারণত্বাৎসর্ববাক্যানামেবকারোহত্র ত্রির্য়োজ্যঃ। এবমনেন সূত্রেণ সুখাদ্যাকারসংবিৎসন্তানবাদিনাং সুখাদিকলুষিতপ্রমাতৃতত্ত্ববাদিনাং গ্রাহ্যগ্রাহকনানাত্ব-বাদিনাং সর্বেষামভাব-*বাদিনাং নিষ্পরামর্শপ্রকাশব্রহ্মবাদিনাং(১) চ মতমনুপপন্নত্বাদসত্ত্বেনানুদ্য পারমার্থিকং স্পন্দশক্তিরূপমেব তত্ত্বমস্তীতি প্রতিজ্ঞাতম্। অথ চ যস্মিন্নস্মিন্ সোপদেশসাবধানমহানুভাব - পরিশীল্যে স্ফুরত্তাসারে স্পন্দতত্ত্বে স্ফুরতি দুঃখসুখগ্রাহ্যগ্রাহকতদভাবাদিকমিদং সদপি ন কিঞ্চিদেব সর্বস্যৈতচ্চমৎকারৈকসারত্বাত্ত-দেবৈতদস্তীত্যুপদিষ্টম্। যন্মহাগুরবঃ

'দুঃখান্যপি সুখায়ন্তে বিষমপ্যমৃতায়নে।
মোক্ষায়তে চ সংসারো যত্র মার্গঃ স শাঙ্করঃ।।'
-(উৎপল স্তোত্রঃ-XX-12)

ইতি। শাঙ্করো মার্গঃ -'শঙ্করাত্মস্বভাবপ্রাপ্তিহেতুঃ পরাশক্তিরূপঃ প্রসরঃ

*(১) ব্রহ্মতত্ত্ববাদিনামিতি পাঠ।

ভাবানুবাদ

অন্তরের সুখ দুঃখ বা বর্হিজগতের বর্ণ রূপ যা পুর্যষ্টক তথা ইন্দ্রিয়, বুদ্ধি ও অহঙ্কারে, মনে সমাবিষ্ট এসবই গভীর নিদ্রায় অনুভূত হয় না। নিদ্রাভঙ্গে, স্বপ্নে বা জাগরণে যখন অনুভূত হয় তখন ব্যক্তির চেতনার প্রকৃতিতে (nature of consciousness) অনুভূত হয়। স্পন্দকারিকার রচয়িতা বসুগুপ্তের গুরুপ্রবর উৎপলদেব তাঁর গ্রন্থ 'ঈশ্বরপ্রত্যভিজ্ঞা'তে সে কথাই বলেছেন, যিনি জানতেন এই তত্ত্বের সার।

'যা পরিদৃশ্যমান তা'হল চেতনার আলোর প্রকৃতি। যা আলোক নয় তার অস্তিত্বই নেই।' -(ঈশ্বরপ্রত্যভিজ্ঞা: I-5-3)

দৃশ্যমান জগতের মাধ্যমে তাঁকে জানাই তাঁর অস্তিত্বের অনুভব। (শ্লোকঃ II-3)

ঘনীভূত আলোয় সুখ দুঃখ, দৃশ্য দ্রষ্টা, তত্ত্বগতভাবে এসব কিছুই নেই।

তর্ক

যদি উদ্দেশ্য, বিধেয় (subject and object) শুদ্ধ সত্ত্বায় (reality) কিছুই না থাকে তাহলে শুধু শূন্যই (কিছু না) থাকে।

উত্তর

এমন নয়। বস্তুর অনুপস্থিতি শূন্য নয়। বস্তু রূপ না পেলেও শূন্যে থাকে চেতনার আলো বা জ্যোতি যা উন্মেষিত রূপ পরিগ্রহ করে। জ্যোতির অনুপস্থিতি প্রমাণ করা সম্ভব নয়। আমরা এ প্রসঙ্গ 'ন তু যোহন্তর্মুখো ভাবঃ।' (শ্লোকঃ I-16) চর্চার সময় অনুসন্ধান করবো।

'মূঢ়ভাব'-এর অপর বিশ্লেষণ-

বেদান্তবাদীদের মতে ব্রহ্ম হল জ্ঞান স্বরূপ। তাঁদের মতে বিচারহীন আলোর কোনও অর্থ নেই। বেদান্তবাদীদের এই বিচারকে বলা হয় বিমর্শ, এই বিচার অনুসন্ধান মূলক। কিন্তু এই বিচার বা বিমর্শ স্বচ্ছন্দ হলেও (মনে করা হলেও) প্রাণহীন যদি তাতে স্পন্দন না থাকে। এ কথাই ঈশ্বরপ্রত্যভিজ্ঞায় বলা হয়েছে।

বিমর্শতা জ্যোতিরই প্রকৃতি। নাহলে জ্যোতি তার বিচ্ছুরণেও হবে নিষ্প্রাণ স্ফটিকবৎ।'-(ঈশ্বরপ্রত্যভিজ্ঞা: I-5-11)। এ কথা ভট্টনায়কও বলেছেন।

'হে প্রভু মহান ব্রহ্ম ক্লীবত্ব প্রাপ্ত হত যদি না তার নপুংসকত্বে শক্তির বলে পুংস্ত্ব (masculine power) সঞ্চারিত হত।'

এই সত্য দ্বিতীয় শ্লোকে (সর্বস্থিতি -where all this rests) আলোচিত হয়েছে। এই সর্বস্থিতিই বিভিন্ন ভগবৎ শ্লোকে (traditional scriptures) উন্মোচিত (revealed) হয়েছে তাঁর শুদ্ধ প্রকৃতির বিচারে মহান আচার্যদের দ্বারা(1)।

'অচেতন পদার্থ দৃশ্যমানই হত না জ্যোতিতে এবং জ্যোতির দ্বারা উদ্ভাসিত না হলে। প্রমাতা(subject) ও প্রমেয়(object) আলোর শর্তে প্রমাণিত।'-(অজড় প্র.13)

শ্রদ্ধেয় ভর্তৃহরির (2) কথায়-

'যা শুরুতে ছিল বর্তমানে আছে এবং ভবিষ্যতেও থাকবে (exists in the beginning, in the middle and in the end) সেটাই বাস্তব সত্য (reality)। যা আসে যায় সেটা তাৎক্ষণিক।'

ভাষ্যে ভর্তৃহরির উপরোক্ত শ্লোকটির পুনরুল্লেখ প্রয়োজন বিস্তারিত ব্যাখ্যার জন্য।

'যদাদৌ চ যদন্তে চ যৎমধ্যে তস্য সত্যতা।
ন যদাভাসতে তস্য সত্যত্বং তাবদেব হি।।'

শ্লোকে নির্দিষ্ট অর্থে (determinate sense), শুরু, বর্তমান এবং ভবিষ্যতের উল্লেখ করা হয়েছে। সুতরাং প্রতিটি শব্দের শেষে 'এব' এই পদ ধরে নিতে হবে পর পর তিনবার(3)। শ্লোকের প্রথমাংশের তখন পুনঃপাঠ হবে- 'যদাদৌ এব চ যদন্তে এব চ যৎমধ্যে এব তস্য সত্যতা।' সুতরাং কারিকার রচয়িতার বক্তব্য হল, উপরোক্ত অবস্থা বিশেষের স্থিতি ছাড়াই মূল সত্য (ultimate reality) স্পন্দ-শক্তি। সে কথা বোঝানোর জন্যই তিন স্থিতির কথা বলা হয়েছে জাগতিক স্থিতির অর্থে, যা সর্বৈব নশ্বর।

বৌদ্ধ মতে অবিনশ্বর সত্য হল চলমান চেতনা (continuum consciousness) সুখ দুঃখ সমন্বিত। চার্বাক মতে সত্য হল যা ব্যক্তি ভোগ করে সুখ দুঃখ প্রভৃতি। সাংখ্য দর্শনে জগতকে এবং সত্যকে কর্তা (পুরুষ) ও কর্মের (শক্তির) বিভাজনে কখনো উদ্দেশ্য (subject) বিধেয়'র (object) দ্বৈততায় (plurality) দেখা হয়েছে। বৈদান্তিকেরা মনে করে অন্তিমে সবকিছুই অবর্তমান (nihilist); থাকে শুধু নিষ্কাম ব্রহ্মজ্যোতির প্রকাশ যা মূলত কর্মহীন সত্য।

কিন্তু স্পন্দের তত্ত্বে আচার্য যখন সুখ দুঃখের অনুভব (object) ও অনুভবীর (subject) কথা বলেন তখন বলেন স্পন্দের চর্চা বা সাধনায় এসব ধারণাই অর্থহীন (naught) কারণ সবকিছুই মূলত (quintessence) স্পন্দের প্রীতিসূলভ (delight of Spanda)।

তাই গুরুপ্রবর উৎপলদেব বলেছেন-

'দুঃখান্যপি সুখায়ন্তে বিষমপ্যমৃতায়তে।
মোক্ষায়তে চ সংসারো যত্র মার্গঃ স শাঙ্করঃ।।'
-(উৎপল স্তোত্রঃ XX-12)

অর্থাৎ সবশেষে আমরা যে শিবকে(শঙ্কর) উপলব্ধি করতে সচেষ্ট হই সেখানে সুখ দুঃখ সবই অমৃতে পর্যবসিত এবং যে জগৎ আমাদের (soul-আত্মাকে) আবদ্ধ করে রাখে তার থেকে মুক্তি লাভ হয়।

এই পথে শঙ্কর শক্তিরূপা এবং সাধকের শক্তির সর্বোচ্চ স্তরে স্থিতি শঙ্করের প্রকৃতিতে হয়।

মন্তব্য

1. উৎপলদেবের উল্লেখ।
2. দার্শনিক ভর্তৃহরির উল্লেখ যিনি ব্যাকরণ দর্শন 'বাক্যপদীয়' লিখেছেন।
3. ক্ষেমরাজ শ্লোকে তিনবার 'এব' যোগ করেছেন সঠিক ব্যাখ্যার জন্য।
4. উৎপলদেবের উল্লেখ।

অর্থনির্দেশ (Exposition)

এই শ্লোকের মূল বক্তব্য যে, সুখ দুঃখ এসব অন্তরের অনুভব এবং রূপ, বর্ণ এসব বহিরঙ্গ (external states)। যে অনুভবী সুখ দুঃখের বা রূপ বর্ণের, সেই ব্যক্তিও সত্য নয় (not highest reality)। অর্থাৎ মানসিক অভিজ্ঞতা এবং অভিজ্ঞতার বিষয় এসব কিছুই সত্য নয়।

কল্লট তাঁর 'বৃত্তি'তে পরম সত্যকে নিম্নোক্ত রূপে ব্যক্ত করেছেন-

'তস্য চায়ং স্বভাবো-যত্র সুখদুঃখগ্রাহ্যগ্রাহকমূঢ়তাদিভাবৈরপৃষ্টঃ স এব পরমার্থোহস্তি নিত্যত্বাৎ সুখাদয়ঃ পুনঃ সঙ্কল্পোত্থাঃ ক্ষণভঙ্গুরা আত্মবাহ্যাঃ শব্দাদিবিষয়তুল্যাঃ।'

এই হল শিবের মূল প্রকৃতি (বা স্পন্দ তত্ত্ব), তিনি অস্পৃষ্ট, অপ্রভাবিত জগৎ সংসারের দ্বারা। এর দুটো কারণ, এক হল এসবই ক্ষণস্থায়ী (ক্ষণভঙ্গুর) আর তিনি চিরকালীন। এসবই রূপ, শব্দাদি বহিরঙ্গের বিষয় তাঁর কাছে (আত্মার বহিরঙ্গ বাহ্য-শব্দাদিবিষয়তুল্যাঃ)। দ্বিতীয় কারণ হল, এসবই ব্যক্তির মনের বা চিন্তা প্রসূত (সঙ্কল্পোত্থাঃ)। কিন্তু মূল আত্মবোধ হল নির্বিকল্প যা চিন্তা বা কল্পনাকে পার করে যায় (transcends thought construct)। তাই সুখদুঃখ প্রভৃতি আত্মবোধের অঙ্গ নয়।

রামকণ্ঠ তাঁর 'বিবৃতি'তে বলেছেন আত্মা কখনো বস্তুতে পর্যবসিত হয় না।

আবার স্পন্দকারিকার তৃতীয় শ্লোকে বলা হয়েছে যে শিব কখনো তাঁর সাক্ষী প্রকৃতি থেকে নিবৃত্ত হয় না। কিন্তু পঞ্চম শ্লোকে বলা হচ্ছে তিনি জগতের বিষয় (object), বা বিষয়ীও (subject) নন সাক্ষী স্বরূপে। এই দুই শ্লোকের মধ্যে আপাত বিরোধাভাস আছে বলে মনে হয়। উত্তরে রামকণ্ঠ বলেছেন-

'গ্রাহকোপি মায়ীয়ঃ প্রমাতা অত্র বিবক্ষিতঃ, ন তাত্ত্বিক উপলব্ধ্মাত্রস্বরূপঃ, তস্য এবং নিত্যসত্ত্বেন প্রতিপাদ্যমানত্বাৎ। এবং মায়ীয় দেহাদ্যহংকারময়ো গ্রাহকোহপি যত্র নাস্তি।'

বিষয়ী (subject) বলতে এখানে 'মায়ীয়ো প্রমাতা'-র (জাগতিক) উল্লেখ হয়েছে যা মূলত সত্যে অবস্থান করে না, বাইরের অভিজ্ঞতা মাত্র বা অন্তর্দ্বন্দ্ব বিশেষ (psychosomatic)।

আর একটি প্রশ্ন হল, শিবের যদি বিষয় ও বিষয়ীর বিষয়ে কিছুই করার না থাকে তাহলে তিনি অনর্থক বা শূন্য মাত্র।

ক্ষেমরাজ তাঁর ভাষ্যে এসব তর্ককে নির্মূল করেছেন।

'তত্র পারমার্থিকং স্পন্দশক্তিরূপমেব তত্ত্বমস্তি।'

অর্থাৎ, বাস্তবে যাকে আমরা পরমার্থ (metemperical) বলি সেটাই স্পন্দ-শক্তি বা স্পন্দ উদ্ভূত শক্তি যা শিবকে প্রভাবিত করে না।

এ প্রসঙ্গে রামকণ্ঠও বলেছেন-

'তৎ বস্তু পরমার্থতঃ অস্তি, সততম্ অবিলুপ্তোপলব্ধৃমাত্রলক্ষণস্বভাবত্বাৎ।'

অর্থাৎ, শিবের থেকেই উদ্ভূত এই পরমার্থ এবং সেটাই পরম বা সর্বোচ্চ সত্য (highest reality) যা চিরকালের বিষয়ী (subject), কখনো বিষয় (object) নয়।

এই আধ্যাত্মিকতা ব্যক্তি মানসের দুর্দৈব (misfortune) দ্বারা বিচলিত হয় না।

ষষ্ঠ ও সপ্তম শ্লোকের প্রস্তাবনা

এবমুপপত্তিপরিঘটিততত্ত্বপ্রত্যভিজ্ঞানায় সাভিজ্ঞানমুপায়ং নিরূপয়তি-

ভাবানুবাদ

স্পন্দকারিকার রচয়িতা এখন কিছু উপায় নির্দেশ (hint) করছেন যাতে এই স্পন্দতত্ত্ব প্রতীয়মান (recognised) হয়।

ষষ্ঠ শ্লোক

যতঃ করণবর্গোঽয়ং বিমূঢ়োঽমূঢ়বৎস্বয়ম্।।
সহান্তরেণ চক্রেণ প্রবৃত্তিস্থিতিসংহৃতীঃ।।

সপ্তম শ্লোক

লভতে তৎপ্রযত্নেন পরীক্ষ্যং তত্ত্বমাদরাৎ।
যতঃ স্বতন্ত্রতা তস্য সর্বত্রেয়মকৃত্রিমা।।

ভাবানুবাদ

এই তত্ত্বকে সযতনে শ্রদ্ধার সঙ্গে বিচার করতে হবে যাতে আমাদের ইন্দ্রিয়গত বোধ যদিও চেতনহীন (চৈতন্য) তবুও বুঝতে হবে যে সক্রিয় রূপে এবং বস্তুর দিকে আমাদের মন ধাবিত হয়।

ভাষ্য

'তন্নির্ণোতং তত্ত্বমাদরাৎ শ্রদ্ধয়া প্রযত্নেন চ'-(উদ্যমো ভৈরবঃ-I-5)

ইতি শিবসূত্রপ্রতিপাদিতেন সর্বভেদোপসংহারাত্মনা নিজৌজোবৃত্তিস্ফারণরূপেণ পরিপূর্ণান্তর্মুখস্বরূপসেবনাত্মনা ভৈরবরূপেণোদ্যমেন পরীক্ষ্যং। যত ইয়মিতি সর্বস্য স্বসংবিদিতা তস্য শঙ্করাত্মনঃ স্বস্বভাবস্যাকৃত্রিমা সহজা-স্পন্দতত্ত্বরূপা স্বতন্ত্রতা সর্বত্র-জড়াজড়বিষয়ে স্ফুরন্তী স্থিতেতি শেষঃ। কিং তত্তত্ত্বমিত্যাহ- যত ইত্যাদি লভত ইত্যন্তম্। অয়মিতি লোকপ্রসিদ্ধো গোলকাদিরূপো ন তু শাস্ত্রতস্তস্য নিত্যপরোক্ষত্বেনায়মিতি নির্দেশাভাবাৎ, করণবর্গস্ত্রয়োদশেন্দ্রিয়াণি বিশেষেণ মূঢ়ো মায়াবশাজ্জড়াভাসীভূতোঽগণো-র্মূঢ়াদপ্যধি মূঢ়ত্বং প্রাপ্তোঽমূঢ়বচ্চেতনবৎস্বয়ং প্রবৃত্তিস্থিতিসংহৃতীর্লভতে বিষয়োন্মুখীভবতি তত্র রজ্যতে ততশ্চ

নিবর্তত ইত্যর্থঃ। কথং সহান্তরেণ চক্রেণ, ইহান্তরং চক্রং করণৈশ্বর্যো নান্তঃকরণানি তেষাং বর্গশব্দেন স্বীকারাৎ, ন বক্ষ্যমানং পুর্যষ্টকং তৎস্থস্যান্তঃকরণত্রয়স্য বর্গশব্দেনৈব গৃহীতত্বাৎ, তন্মাত্রাণাং চ বাসনামাত্ররূপাণামুপদেশ্যমযোগিনং প্রতি সাক্ষাৎপ্রবৃত্ত্যাদি- কর্তৃত্বেনাসিদ্ধেঃ, যোগিনস্তু সাক্ষাৎকৃততন্মাত্রস্য স্বয়মেব পরতত্ত্বপরিশীলনাবহিতস্যো- পদেশ্যত্বাভাবাৎ; তস্মাদেতদেকীয়মতমসৎ। বিমূঢ়োহমূঢ়বদিত্যনেন করণবর্গ এব সম্বন্ধ্যো, ন ত্বান্তরমপি করণেশ্বরীচক্রং, তস্য চিৎচমৎকাররূপত্বাৎ। এবমভিদধানস্যায়মাশয়ঃ, যদয়ং শঙ্করাত্মা স্বস্বভাবোহতিদুর্ঘটকারিণঃ স্বাতন্ত্র্যাদ্যুগপদেব সংবিত্তিসারং চ করণেশ্বরী-চক্রং জড়াভাসরূপং চ করণবর্গমেকতয়ৈব নির্ভাসয়ন প্রবৃত্তিস্থিতিসংহৃতীঃ কারয়তি যেন ভগবত্যঃ করণৈশ্বর্যো যথা তত্তদ্ভাবসৃষ্ট্যাদি বিদধতি তথা করণবর্গো জড়োহপি তৎকারীব লক্ষ্যতে। যদ্যপি রহস্যদৃষ্টৌ ন কশ্চিৎজড়ঃ করণবর্গোহস্তি অপিতু বিজ্ঞানদেহাঃ করণৈশ্বর্য এব বিজৃম্ভন্তে তথাপীহ সুপ্রসিদ্ধপ্রতীত্যনুসারেণোপদেশ্যঃ ক্রমেণ রহস্যার্থো- পদেশোহনুপ্রবেশ্য ইত্যেবমুক্তম্। এবং চ গোলকাদিরূপকরণবর্গবৃত্ত্যাদিক্রমেণ তদধিষ্টাতৃরূপং নিজমরীচিচক্রং চিন্বানেনৈ তদুভয়প্রচোদকং মশ্রীমচ্ছঙ্করাত্মকং স্বস্বরূপং পরীক্ষণীয়ং, *যৎস্তৎপ্রাপ্তৌ তদীয়াকৃত্রিমা স্বতন্ত্রতাস্য(১) যোগিনঃ স্যাদিত্যনেনৈবোক্তং ভবতি। তদেতদেব পরীক্ষণার্হং পরমোপাদেয়ত্বাদেতদেব চ পরীক্ষিতুং শক্যমুক্তযুক্ত্যা সুখোপায়ত্বাৎ, অতএবাদরেণাভিলষিতবিষয়োপভোগানিরোধাত্মনা বহুমানেন। অত্র পরীক্ষণস্যেহত্যোপদেশা-নুসারেণ প্রাপ্তকালতা। যথোক্তং রহস্যগুরুভিঃ

'নিজনিজেষু পদেষু পতন্ত্বিমাঃ করণবৃত্ত্য উল্লসিতা মম।
ক্ষণমপীশ মনাগপি মৈব ভূত্বদ্'বিভেদরসক্ষতিসাহসম।।'

-(উৎপল স্তোত্রঃ VIII-7)

ইতি। পরীক্ষ্যমিত্যর্হে শক্যে প্রাপ্তকালতায়াং প্রৈষাদৌ চ কৃত্যঃ। অথ চ জড়ঃ করণবর্গো যদ্বলাদমূঢ়বৎপ্রবৃত্ত্যাদি লভতে ইতি সর্বস্যানুভবসাক্ষিকমভিদধদিন্দ্রিয়াদিচৈতন্যবাদি-চার্বাকমতমপ্যনেন ব্যুদস্তবান্।

*(১) স্বতন্ত্রা সর্বত্রাস্যেতি পাঠ।

ভাষ্যের ভাবানুবাদ

যে তত্ত্ব শিব-সূত্রের 'উদ্যোম ভৈরবে'র (সূত্র-5,6) মাধ্যমে নির্ধারিত হয়েছে সেই তত্ত্ব যত্নে ও শ্রদ্ধায় বিচার করা উচিৎ। সেই তত্ত্ব সর্বাবস্থার (differences) অবসান ঘটায়(1)। ভৈরবের প্রকৃতির উদ্গাম হলে সৃষ্টি (manifestation), পোষণ (maintenance) ও সংহার (dissolution) সবই প্রলয়ে লয় প্রাপ্ত হয়।

স্পন্দ তত্ত্বে যে মুক্ত অবস্থার আত্যন্তিক স্বস্থিতির (innate freedom) কথা বলা হয়েছে, ব্যক্তির এই অনুভূতিই তার আসল প্রকৃতি এবং শৈবভাব। শৈবভাব সর্বত্র ব্যাপ্ত চেতন ও অচেতনে (reference to sentient and insentient)(2)। 'স্ফুরন্তী স্থিতা' বা জ্যোতির দীপ্তি সর্বত্রগামী (flashing abound), অন্তর অনুভবেও।

'অয়নী করণবর্গেঃ'-র অর্থ হল ইন্দ্রিয়জাত জ্ঞানের সমষ্টি (group of senses), শাস্ত্রে বর্ণিত করণেশ্বরী-বর্গ'(3) নয় (not belonging to divinity of senses); কারণ তা সূক্ষ্ম(imperceptible)। ইন্দ্রিয়গত জ্ঞানের উপায় তেরোটি, পাঁচ কর্মেন্দ্রিয়, পাঁচ জ্ঞানেন্দ্রিয় এবং মন, বুদ্ধি ও অহঙ্কার (অহম্ বোধ)। বিমূঢ়তা হল অজ্ঞতা যা মায়ার প্রভাবে উদ্ভূত হয়। বিমূঢ়তা হল সেই বোধ (sense) যার দ্বারা ব্যক্তি প্রবৃত্তির প্রভাবগ্রস্ত হয়। প্রবৃত্তির দুই রূপ, এক হল 'স্থিতি' যার দ্বারা ব্যক্তি কোনো কিছুতে আকৃষ্ট হয়, আর এক হল 'সংহৃতি' যার দ্বারা ব্যক্তির নিবৃত্তি হয় (withdrawing from)। প্রবৃত্তি কি করে উদ্ভূত হয়? এক পক্ষ বলেন প্রবৃত্তি অন্তঃকরণে থাকে না, প্রবৃত্তির বাস 'করণেশ্বরী'তে যা সূক্ষ্ম (divine) আর করণবর্গে আছে ইন্দ্রিয়জাত অনুভব। করণবর্গের আছে পুর্যষ্টক (পাঁচ জ্ঞানেন্দ্রিয় এবং মন, বুদ্ধি, অহঙ্কার) যা শক্তির প্রকরণ (চক্র)। অপর পক্ষ ত্রৈমাত্রিক মন, বুদ্ধি, অহঙ্কারকে স্বতন্ত্র মনে করেন। তাহলে পঞ্চ তন্মাত্র কি? ক্ষেমরাজ বলেন পঞ্চতন্মাত্রও স্বতন্ত্র যা পাঁচ জ্ঞানেন্দ্রিয়র মাধ্যমে অনুভূত। পঞ্চতন্মাত্র শক্তিচক্রের অঙ্গ নয়, এদের নিজস্ব রূপ বা প্রকৃতি আছে (seminal impression) যা প্রকৃতির অন্তর্গত নয়। যোগীদেরই তন্মাত্রের স্বাতন্ত্র বোধ হয়, সাধারণ সাধকের বা শিষ্যের হয় না। যোগীর এর জন্য কোনও আলাদা সাধনার প্রয়োজন হয় না (needs no instruction)। সত্যের সাধনাতেই যোগীর তন্মাত্রের বোধ হয়। বলা যেতে পারে এই তন্মাত্রের বোধ ঐশ্বরিক (holistic)। সুতরাং তন্মাত্র কোনও ইন্দ্রিয়জাত (partisan) বিষয় নয়, ইন্দ্রিয়ের মাধ্যমে এই শক্তি প্রকট হয়(4)।

'বিমূঢ়-অমূঢ়বৎ' এই শব্দবন্ধও ইন্দ্রিয় জনিত; কিন্তু কোনো অন্তঃকরণ সম্ভূত প্রকৃতি নয়। অন্তঃকরণ হল আনন্দময় চেতনার আবাস (conscious-bliss)। এবার দেখি মূল শ্লোক দুটির বক্তব্য।

"আমরা শঙ্করকে অনুধাবন করতে চাই, সেই শঙ্কর আমাদের মধ্যেই বর্তমান, কিন্তু তাঁর স্বাধীন সত্তায়। এই শঙ্করই অদ্ভুতভাবে কখনো 'করণেশ্বরী' চক্রে (পুর্যষ্টকে) উপস্থিত কখনো অজ্ঞতা প্রসূত প্রবৃত্তিগত করণ-বর্গে উপস্থিত। অর্থাৎ শঙ্করের উপস্থিতি উভয়তো তাই আমাদের প্রবৃত্তির অজ্ঞতাপ্রসূত কর্মেও চেতনার অনুভব হয়।" আসলে শঙ্করের স্বাধীন প্রকৃতিই সর্বত্র বিস্তারিত অনির্বচনীয় রূপে (esoterically)। সাধক বা শিষ্য

প্রথমে তার কর্তা-কর্মের দ্বৈত জগৎ থেকেই তার শিক্ষা প্রাপ্তি করে এবং ক্রমান্বয়ে এই দ্বৈরথের উর্দ্ধে ওঠে।

সুতরাং সাধক তার প্রবৃত্তির শোধন করে ধীরে ধীরে যোগীরূপে শঙ্করের স্বাধীন প্রকৃতির (natural freedom) অংশীদার হতে পারে(5)। এই পথ খুবই গুরুত্বপূর্ণ কারণ এর মাধ্যমে মুক্তির আনন্দ (unhindered enjoyment) অনুভূত হয় এবং সময়ে তার উপলব্ধি হয়, যেমন রচয়িতার(6) নিম্নের বক্তব্য।

'আমার ইন্দ্রিয়জাত ক্রিয়াকর্ম হয়তো আমকে বস্তুগত সুখ দেয়, কিন্তু হে প্রভু আমার সেই ধৃষ্টতা নেই যে ক্ষণিকের তরেও আমি তোমার সাহচর্যের আনন্দের উপেক্ষা করব।' - (উৎপল স্তোত্রঃ-VIII-5)।

সপ্তম শ্লোকের প্রথমাংশে 'পরীক্ষ্যং' পদে যে 'কৃত্য' প্রত্যয়ের (suffix) উল্লেখ আছে তা অর্হা বা যোগ্য (করণীয়) অর্থে (7)।

ব্যক্তির অজ্ঞতা জনিত প্রবৃত্তির ভ্রম (insentient as act of sentient) যা আমরা সবাই অনুভব করি, কিন্তু বুঝতে পারি না; এবং না বোঝার জন্য চার্বাক একেই চেতনা বলে আখ্যায়িত করেছেন। স্পন্দকারিকার রচয়িতা এই যুক্তিতে চার্বাকের মত খণ্ডন করেছেন(8)।

মন্তব্য

1. `সর্বভেদোপসংহার' অর্থ লয়কারি শক্তি; 'নিজৌজ-বৃত্তি-স্ফারণ-রূপেণ' অর্থ হল উন্মেষ (manifestation) বা সৃষ্টি শক্তি; 'পরিপূর্ণন্তরমুখস্বরূপ-সেবনাত্মনা' অর্থ পালন বা স্থিতি শক্তি।

2. জড় (insentient) অর্থ করণ-বর্গ বা ইন্দ্রিয় সমূহের সক্রিয়তা এবং অজড় (sentient) অর্থ 'করণেশ্বরী-বর্গ' বা অন্তরস্থ ঐশ্বরিক বোধ (sense divinities)।

3. 'করণেশ্বরী' হল উল্লিখিত সেই ঐশ্বরিক বোধ সমূহ যা ইন্দ্রিয়গুলোকে কর্মক্ষম করে সুষ্ঠ ভাবে।

4. অন্তর-চক্র হল করণেশ্বরীর ক্রিয়া বোধ যা অন্তঃচক্র থেকে পৃথক; অন্তঃচক্র হল মন, বুদ্ধি ও অহঙ্কার সমন্বিত, যাকে আবার ক্ষেমরাজ বেঠিক বলেছেন।

5. যোগীর এই স্বাধীনতা বা স্বাতন্ত্র হল অকৃত্রিম অর্থাৎ যোগীর সত্য উপলব্ধ, কারণ রামকণ্ঠের ব্যাখ্যায়- "অকৃত্রিমা সহজৈব, ন তু উপাদান- 'সহকার্যাদি-কারণা- তরাপেক্ষিণী স্বেচ্ছামাত্রাধীন-সকল কার্য-কর্তৃত্বরূপা" (পৃ: 33)। অর্থাৎ যোগীর এই স্বাধীন অনুভব কোনো কিছুর অপেক্ষা করে না তাই স্বাতন্ত্র্য এবং স্বেচ্ছাধীন।

6. উৎপলদেব উল্লেখিত।

7. 'পরীক্ষ্যম' পদের প্রত্যয় 'কৃত্য'; পানিনীয় কৃত্য প্রত্যয়ের অর্থ হল 'অর্হ' বা উপযুক্ততা। 'শক্যতা'র অর্থ হল সক্ষমতা বা সম্ভবতা (practicality)। 'প্রাপ্তকালতা'র অর্থ হল সময়োপযুক্ততা। 'প্রৈষ' অর্থ আদেশ করা। এসবই 'পরীক্ষ্যম' শব্দে প্রযোজ্য। ব্যক্তির স্বত্ব বা নিজের প্রকৃতি বুঝতে হলে স্পন্দতত্ত্ব বোঝা জরুরী কারণ এই তত্ত্বের মাধ্যমেই নিজেকে জানা যায়। এই বিশ্লেষণ অসম্ভব নয়। এই হল কৃত্য বা করণীয় বা অর্হতা যা শক্য বা সম্ভব। সেই সঠিক সময় যখন উপস্থিত হয় সেটা হল প্রাপ্তকালতা। তখন গুরুর ইচ্ছায় বা আদেশে (প্রেষণে) পরীক্ষ্যম সম্ভব হয়।

8. চার্বাকের মতে ইন্দ্রিয় উপলব্ধিই হল চেতনা। অর্থাৎ তিনি চেতনাকে পৃথক রূপে অস্বীকার করেছেন। চেতনার ধারণা স্পন্দ তত্ত্বের বিষয়।

অর্থনির্দেশ (Exposition)

লোকে, বিশেষ করে জাগতিক ভাবাপন্ন লোকে (materialistic people) মনে করে ইন্দ্রিয়েই আছে প্রবৃত্তি, ভোগ (স্থিতি) এবং সংহৃতি বা নাশ। ইন্দ্রিয়ের বস্তুর প্রতি আকর্ষণ হল প্রবৃত্তি এবং তার ভোগ হল সে বিষয়ে স্থিতি এবং তার থেকে বহির্গমন বা বিমুখতা হল ব্যক্তির কাছে সে বিষয়ে নিবৃত্তি।

কিন্তু ষষ্ঠ শ্লোকের 'প্রবৃত্তিস্থিতিসংহৃতী' চক্র এই শিক্ষাই দেয় যে এসবই ইন্দ্রিয় সমূহের নিজস্ব নয় বরং কোথাও থেকে প্রাপ্ত এবং সে বিষয়ে শ্রদ্ধার সঙ্গে অনুসন্ধান করা উচিৎ। এ হল স্পন্দ বা শিবশক্তি।

এই শিবচেতনা কোনও দৃশ্যগ্রাহ্য বিষয় নয়। দ্রষ্টা একে অন্তর থেকে জানে। উৎপলদেব তাঁর 'স্পন্দ-প্রদীপিকা'য় এ বিষয়ে সত্যকে সুন্দর রূপে রচনা করেছেন।

'অদৃশ্যং নেত্রবদ্ ব্রহ্ম দ্রষ্টৃত্বং চাস্তি নেত্রবৎ।
স্বাত্মণ্যেবোপলম্ভোহস্য দর্শনং ঘটবন্ন তু।।'

নেত্র যেমন নিজেকে দেখতে পায় না, সে দেখার মাধ্যম; তেমনি ব্রহ্মকে দেখা যায় না, ব্রহ্ম নিজে দেখে (seer)। ব্রহ্মকে অন্তরে উপলব্ধি করা যায় (within one's own self), ব্রহ্ম ঘটবৎ দৃষ্ট নয়।

অষ্টম শ্লোকের প্রস্তাবনা

অথ কথমুক্তং ততস্তস্বাচ্চেতনতামিবাসাদ্যেন্দ্রিয়াণি স্বয়ং প্রবৃত্ত্যাদি লভন্ত ইতি, যাবতায়মেব গ্রাহক ইচ্ছয়া দাত্রাদীনীব করণানি প্রেরয়তি। যদপ্যুক্তং তত্তত্বং প্রযত্নেন

পরীক্ষ্যম্ ইতি তদপি কথং, যতোহস্মাকমিচ্ছা বহিরেবানুধাবতি ন তু তত্ত্বপরীক্ষায়াং প্রবর্তিতুমুৎসহত ইত্যাশঙ্ক্যাহ-

ভাবানুবাদ

কথা হল ইন্দ্রিয় সমূহ স্পন্দ তত্ত্বের দ্বারা চেতনা প্রাপ্ত হয়ে কি করে বস্তুর প্রতি আসক্ত হয় যখন আসক্তির সাক্ষী নিজেই উপকরণের মাধ্যমে ইন্দ্রিয় সমূহকে প্রেষণ বা প্রভাবিত করে? তাহলে স্পন্দ তত্ত্বের বিশ্লেষণের অত প্রয়োজনই বা কেন যদি আমরা প্রবৃত্তির বশে বহির্মুখী। এই প্রশ্নের উত্তরেই অষ্টম শ্লোকের সূত্রপাত-

মূল শ্লোক

স হীচ্ছানোদস্যায়ং প্রেরকত্বেন বর্ততে।
অপি ত্বাত্মবলস্পর্শাৎ পুরুষস্তৎসমো ভবেৎ।।

ভাবানুবাদ

ব্যক্তি তার ইচ্ছাকে ধাবিত (goading) করতে পারে না যদি না সেই উচ্চশক্তির (that Self) বলে বলীয়ান হয়, অর্থাৎ তত্ত্বের বল ব্যক্তিতে সঞ্চারিত হয়।

ভাষ্য

অয়ং লৌকিকঃ পুরুষ ইচ্ছৈব নোদনং প্রতোদস্তস্য প্রেরকত্বেন করণপ্রবর্তনার্থ-ব্যাপারণায় যস্মান্ন প্রবর্ততে, অপি তু আত্মনশ্চিদ্রূপস্য যদ্বলং স্পন্দতত্ত্বাত্মকং তৎস্পর্শাত্তৎকৃতাৎকিয়ৎমাত্রাদাবেশাত্তৎসমো ভবেৎ, অহন্তারসবিপ্রুড়ভিষেকাদচেতনোহপি চেতনতামাসাদয়ত্যেব। ততস্তত্তত্ত্বং ন কেবলং করণানি যাবত্তৎপ্রেরকত্বেন শঙ্কিতং কল্পিতমপি প্রমাতারং চেতনীকৃত্য স্বয়ং প্রবৃত্ত্যাদিপাত্রং করোতি যেনাস্যায়মভিমানোহহং করণানি প্রেরয়ামীতি। স্পন্দতত্ত্বানুবেধং বিনাপি তু স এব ন কিঞ্চিদিতি করণানাং গ্রাহকস্য চ স্বরশ্মিচক্রপ্রসরানুবেধেন চেতনীভাবাপাদকং তত্ত্বং পরীক্ষ্যমিতি যুক্তমেব। যদি পুনরিচ্ছাখ্যেন প্রতোদরূপেণ করণান্তরেণ করণানি প্রেরয়েৎ তদপীচ্ছাখ্যং করণং প্রের্য়ত্বাৎকরণান্তরং স্বপ্রেরণায়াপেক্ষেত তদপ্যন্যদিত্যনবস্থা স্যাৎ। যত্তূক্তম্ 'অস্মাকমিচ্ছা ন তত্র প্রবর্তিতুমুৎসহতে' ইতি তত্রাপ্যাদ্যং শ্লোকার্ধমভ্যুপগমেন, পরং তূত্তরতয়া যোজ্যম্। সত্যং নায়ং পুরুষস্ততত্ত্ব পরীক্ষার্থমিচ্ছাং প্রবর্তয়িতুং শক্নোতি নেচ্ছয়া তত্ত্বং বিষয়ীকর্তুং ক্ষমস্তস্যাবিকল্প্যত্বাদপি তু বিষয়াননুধাবন্তীমিচ্ছাং তদুপভোগপুরঃসরং প্রশময্য যদা ত্বন্তর্মুখমাত্মবলং স্পন্দতত্ত্বং স্বকরণানাং চ চেতনাবহং স্পৃশতি তদা তৎসমো ভবেৎ তৎসমাবেশাদ্বৎসর্বত্র স্বতন্ত্রতামাসাদয়ত্যেব, যস্মাদেবং তস্মাত্তত্ত্বং পরীক্ষ্যমিত্যর্থঃ। শক্তিভূমেঃ স্পর্শপ্রধানত্বাদাত্মবলস্পর্শাদিত্যুক্তম্।

ভাষ্যের ভাবানুবাদ

'অয়ং' এখানে স্বেচ্ছাধীন। 'ইচ্ছা নোদনং প্রতোদঃ তস্য', অর্থাৎ প্রবৃত্তিজাত ইচ্ছা (goad of desire)। শ্লোকের প্রথমাংশের অর্থ, সেই 'স্বেচ্ছাধীন আমি' তাঁর প্রবৃত্তিতে (ইচ্ছায়) কোনও বস্তুর প্রতি আকর্ষিত হয় না। কিন্তু ব্যক্তিতে যৎসামান্য নিজের সত্তাকে (শক্তিকে) স্থাপন করে যেন তাঁর মতো হয় (তৎসমো ভবেৎ)। এই যৎসামান্যই ব্যক্তির স্পন্দ তত্ত্ব থেকে আহৃত চেতনা। তাঁর কৃপাতেই অচেতন (অজ্ঞান) জীব তাঁর সৃষ্ট তন্মাত্র এবং মন, বুদ্ধি ও অহঙ্কারের অধিকারী হয়। অর্থাৎ স্পন্দতত্ত্ব শুধুমাত্র ইন্দ্রিয় বোধ সঞ্চার করে না বরং ব্যক্তির প্রবৃত্তির কর্ম প্ররোচনা ঘটায়। ব্যক্তির তখন মনে হয় সেই কর্তা। যদিও স্পন্দ তত্ত্বের অবর্তমানে ব্যক্তি কর্মশক্তিহীন, অর্থহীন। সুতরাং সঠিকভাবে বোঝার আছে যে ইন্দ্রিয়গত বোধ এবং কর্তার কর্তৃত্বগত বোধ দুয়ের মূলেই স্পন্দ তত্ত্ব এবং স্পন্দের জ্যোতিই ব্যক্তির ব্যক্তিত্ব প্রকাশ করে।

যদি মনে করা হয় যে ইন্দ্রিয়বোধের অন্তর্শক্তি ইন্দ্রিয় সমূহকে চালনা করে তবে তারও কোনও সঞ্চারী থাকবে, এভাবে চলতেই থাকবে (regressus ad infinitum)।

ব্যক্তি যদি স্পন্দ তত্ত্ব বুঝতে অক্ষম হয় বা ইচ্ছাকে প্রবৃত্তি বলে স্বীকার না করে তাহলে ইচ্ছা নিবৃত্তি হলে ভোগের মাধ্যমে বা অপর কোনও শান্তি লাভে তখন সে স্বাধীনভাবে চিন্তা করতে পারে এবং তখনই ইন্দ্রিয়বোধের সঠিক বিচার করতে পারে। এই শ্লোকে ব্যক্তির বোধে তাঁর (সর্বশক্তিমান) যে স্পর্শের কথা বলা হয়েছে তার কারণ শক্তিমানের বর্হিমুখী শক্তির প্রকাশের স্পর্শ (stage of Sakti)।

অর্থনির্দেশ (Exposition)

এই শ্লোকের সারার্থ হল ব্যক্তির ভুল ধারণা যে সেই তার প্রবৃত্তির প্রকৃত চালক। কিন্তু তার প্রবৃত্তির সেরকম কোনও ক্ষমতাই নেই শিবের স্পন্দ তত্ত্বের সহায়তা ছাড়া। অহেতুক তাত্ত্বিক (intellectual) জাল বুনে কোনও লাভ নেই, প্রবৃত্তিকেও অস্বীকার করে লাভ নেই, বরং প্রবৃত্তির নিবৃত্তিজনিত সমপর্ণ করলেই দৈবত্ব (divinity) লাভ হবে। কবি টেনিসনও সেরকম কথা বলেছেন- 'হে ভগবান তোমাতে কি করে সমর্পিত হব (our wills are ours, we know not how to make them thine)? যখন চিত্ত (মন) সম্পূর্ণ রিক্ত করতে পারবো তখনই তা ঈশ্বরের ঐশ্বর্যে ভরে উঠবে।

ক্ষেমরাজ তাঁর ভাষ্যে একটি মহত্ত্বপূর্ণ কথা বলেছেন-

'ভগবানের রূপ, রস, গন্ধ ইত্যাদি সৃজনশীলতা (creative power) যদি অস্বীকার করি তাহলেও শক্তিরূপার স্পর্শ (touch) রয়ে যায়।'

ভগবানের সেই ছোঁওয়াকে আমরা কি করে অনুভব করতে পারি? ক্ষেমরাজের কথায়- 'তৎসমাবেশৎ'। অর্থাৎ, তাঁর গভীরে ডুব দেওয়ার(penetration) মানসিকতা তৈরী করতে হবে। এই মানসিকতা যোগসিদ্ধ (mystic union)।

নবম শ্লোকের প্রস্তাবনা

ননু চায়ং ক্ষেত্রী পরমেশ্বরময়োহপি কিং ন সদা পারিপূর্ণ্যেন স্ফুরতি, কস্মাদন্তর্মুখাত্মবলস্পর্শমপেক্ষত ইত্যাশঙ্ক্যাহ-

ভাবানুবাদ

ব্যক্তির মনে এই প্রশ্ন ওঠা স্বাভাবিক যে সে কেন স্বয়ং সম্পূর্ণ (perfect) নয়। যদিও তার মধ্যে ঈশ্বর বিরাজিত। অন্তরের সাক্ষীর আবশ্যকতা কি? সে সাক্ষী আবার সর্বোৎকৃষ্ট (experient par excellence)। উত্তরে স্পন্দকারিকার রচয়িতা তাঁর এই শ্লোকে বলেছেন-

'নিজাশূদ্ধ্যাসমর্থস্য কর্তব্যেষ্বভিলাষিনঃ।
যদা ক্ষোভঃ প্রলীয়েত তদা স্যাৎপরমং পদম।।'

ভাবানুবাদ

যখন ব্যক্তির অক্ষমতাজনিত ক্ষোভ বিদূরিত হয় এবং ব্যক্তি বাহ্যিক মল থেকে নিজেকে শুচি করতে পারে তখনই পরম বোধ হয়।

ভাষ্য

নিজা স্বাত্মীয়া স্বস্বাতন্ত্র্যোল্লাসিতা যেয়ং স্বরূপাবিমর্শস্বভাবা ইচ্ছাশক্তিঃ সংকুচিতা সত্যপূর্ণম্মন্যতারূপা অশুদ্ধিরাণবং মলং, তন্মলোত্থিতকঞ্চুকপঞ্চকাবিলত্বাৎ, জ্ঞানশক্তিঃ ক্রমেণ ভেদে সর্বজ্ঞত্বকিঞ্চিৎজ্ঞত্বান্তঃকরণবুদ্ধীন্দ্রিয়তাপত্তিপূর্বমত্যন্তং সঙ্কোচগ্রহণেন ভিন্ন-বেদ্যপ্রথারূপং মায়ীয়ং মলমশুদ্ধিরেব। ক্রিয়াশক্তিঃ ক্রমেণ ভেদে সর্বকর্তৃত্বকিঞ্চিৎ-কর্তৃত্ব-কর্মেন্দ্রিয়রূপসঙ্কোচগ্রহণপূর্বমত্যন্তং পরিমিতনাং প্রাপ্তা শুভাশুভানুষ্ঠানময়ং কার্ম মলমপ্যশুদ্ধিঃ। তয়াসমর্থস্য পূর্ণজ্ঞত্বকর্তৃত্ববিকলস্য তত এব কর্তব্যেষু লৌকিক-শাস্ত্রীয়ানুষ্ঠানেষ্বভিলাষিণোহভীষ্টানবাপ্তের্নিত্যমভিলাষব্যাকুলস্য তত এব ক্ষণমপ্যলব্ধস্বরূপ-বিশ্রান্তেঃ। যদা উক্তবক্ষ্যমাণোপপত্ত্যনুভবাবষ্টম্ভতোহভিলাষবিবশগ্রাহকাভিমানাত্মা ক্ষোভঃ প্রলীয়েত অনাত্মন্যাত্মাভিমাননিবৃত্তিপুরঃসরমাত্মন্যনাত্মাভিমানোপশান্তিপর্যন্তেন প্রকর্ষেণ লীয়তে তদা পরমং স্পন্দতত্ত্বাত্মকং পদং স্যাদস্য প্রত্যভিজ্ঞাবিষয়তাং মায়াদিত্যর্থঃ। ন তু তদৈব ভবতি তস্য নিত্যত্বাৎ। উক্তং চ বিজ্ঞানভৈরবে ইতি।

'মানসং চেতনা শক্তিরাত্মা চেতি চতুষ্টয়ম্।
যদা প্রিয়ে পরিক্ষীণং তদা তদ্ভৈরবং বপুঃ।' (শ্লোকঃ-138)

নিজাশুদ্ধিশব্দেন মলং নাম দ্রব্যং পৃথগভূতমস্তীতি যে প্রতিপন্নাস্তে দুষ্যত্বেন কটাক্ষিতাঃ।

ভাষ্যের ভাবানুবাদ

নিজ মানে 'স্বয়ং'য়ের। অশুদ্ধির (impurity) প্রয়োগ বিভিন্ন অর্থে হয়। প্রথমত অশুদ্ধির অর্থ মল (1) যা অতিক্ষুদ্র বস্তুকে সীমিত করে কলুষতায়। অণুর মল বা আণব মল বস্তুতে বা জীবে সম্ভব হয় যখন শিবের ইচ্ছাশক্তির প্রকট সেসবে সীমিত হয়।

জ্ঞানশক্তি (power of knowledge) বস্তুতে, জীবে পাঁচভাবে সঙ্কুচিত হয়, এদের বলে পঞ্চকঞ্চুক (সর্বজ্ঞতার, সর্বকর্তৃত্বের, পূর্ণত্বের, নিত্যত্বের ও স্বতন্ত্রতার) যা সম্ভব হয় মায়ার প্রভাবে। সর্বেশ্বরের এই সীমিত স্থিতি আণব মলে ক্রমান্বয়ে সঞ্চারিত হয়। এই সীমিত্বতা হল মায়ীয় মল বা মায়ার দরুণ উৎপন্ন মল; এ হল দ্বিতীয় অশুদ্ধি। প্রথম অশুদ্ধি আকৃতিগত এবং দ্বিতীয় অশুদ্ধি জ্ঞানগত।

তৃতীয় স্থানে ক্রিয়াশক্তির (power of activity) সীমিত্বতা। অঙ্গ, প্রত্যঙ্গ, ইন্দ্রিয় সকল, মন, বুদ্ধি ভালো ও মন্দ ক্ষমতা সীমিত হয়ে যায়। কর্মের এই সীমিত্বতাকে বলে কার্মমল(2)। ব্যক্তির ব্যাপ্তি বোধ ও পর্যাপ্তি (omniscience and omnipotence) সীমিত্বতা প্রাপ্ত হয়। ক্ষেমরাজ শ্লোকের প্রথমার্ধের 'কর্তব্যেষু অভিলাষিনঃ'-এর ব্যাখ্যায় বলেছেন- 'যেহেতু ব্যক্তি তার ইচ্ছার দ্বারা সঙ্কুচিত হয়ে যায় সেইহেতু তার প্রকৃত প্রকৃতিতে (essential nature) সে এক মুহূর্তের জন্যও স্থির হতে পারে না।'

শ্লোকের দ্বিতীয়ার্ধের ব্যাখ্যায় বলেছেন- 'যখন ব্যক্তির সীমিত অভিজ্ঞতা (self experience) তাকে বিক্ষোভিত (perturbation)(3) করে তোলে তার (ব্যক্তির) ইচ্ছার বশে এবং ক্রমে সেই ইচ্ছার যখন লয় হয় (dissolves-প্রলীয়তে) তখন সে নিজেকে জগৎ থেকে পৃথক করে (not limited self as universal self) চিনতে পারে এবং স্পন্দ তত্ত্ব তার কাছে ধীরে ধীরে উন্মোচিত হয়।'

বিজ্ঞান ভৈরবে সঠিকভাবেই বলা হয়েছে- 'হে প্রাণেশ্বর! যখন আমার মন, বুদ্ধি, প্রাণশক্তি ও সীমিত অভিজ্ঞতা (ক্ষমতা) লয় প্রাপ্ত হয় তখন 'তৎ' (ভৈরবতত্ত্ব-state of Bhairav) আবির্ভূত হয়।' (শ্লোকঃ-138)।

যারা মলকে বহিরাগত আবর্জনা (dross) বলে মনে করেন তাদের জ্ঞাতার্থেও উপরোক্ত ব্যাখ্যা প্রযোজ্য।

মন্তব্য

1. অশুদ্ধি বা মল কোনও বহিরাগত আচ্ছাদন নয় বরং বস্তু বা জীবের সীমিত্বতা।

2. জীবের সীমিত্বতা তিনটি কারণে - মলাণব (আকারগত), মায়ীয় (মায়াবৃত) এবং কার্ম (জাগতিক কর্ম বন্ধন)। অণুত্ব জীব ও বস্তুকে সীমিত করে। এই কারণেই জীব নিজেকে অপূর্ণ মনে করে এবং তার বিস্তীর্ণ ঐশ্বরিক প্রকৃতিকে ভুলে থাকে।

মায়ীয় মল বা মায়ার দ্বারা ব্যক্তি তার বাস্তব (স্থূল) ও সূক্ষ্ম শরীর প্রাপ্ত হয়। এর ফলেই ব্যক্তি 'ভিন্নবেদ্য প্রথা' বা নিজেতে স্বাভিমানী হয় তার সীমিত বোধে।

কার্মমলের কারণ হল শারীরিক, মানসিক ও সীমিত্বতা যা তাকে ভালো-মন্দ কাজে ব্যাপৃত করে।

3. ব্যক্তির অপূর্ণতাজনিত ক্ষোভ তার জাগতিক প্রকৃতিকে মূল প্রকৃতি থেকে দূরে রাখে।

অর্থনির্দেশ (Exposition)

মানুষ যদি সত্যিই ঐশ্বরিক ভাবাপন্ন হয় তবে তার এত ক্লেদঃ (imperfection) কেন? এই প্রশ্নের উত্তরই নবম শ্লোকে দেওয়া হয়েছে। জগতে ভগবৎ উন্মেষের (divine evolution) দুটো অভিমুখ। প্রথমত অশুদ্ধ জগৎরূপ (gradual descent of self)। এর দুই অবস্থা, এক হল জগতে নিজের আসল প্রকৃতিকে বিস্মরণ এবং সূক্ষ্ম শরীর প্রাপ্তি (পুর্যষ্টক) মায়ীয় মলের কারণে। এসবই কর্মমলের উদ্রেক করে। জীবের এই অধোগতির শেষে তার দ্বিতীয় উন্মেষ বা উর্দ্ধগতির উদ্ভব হয় (ascent)। তার ক্ষোভের কারণেই ব্যক্তি ধীরে ধীরে নিজের আসল প্রকৃতিকে আবিষ্কার করে।

দশম শ্লোকের প্রস্তাবনা

ননু চ গ্রাহকাহং ভাবাত্মনি ক্ষোভে ক্ষীণে নিস্তরঙ্গজলধিপ্রখ্যমস্পন্দমেব তত্ত্বং প্রসক্তমিত্যাশঙ্কা শময়তি।

ভাবানুবাদ

মনে হতে পারে যে ঐশ্বরিক সচেতনতায় ক্ষোভ প্রশমিত হলে জাগতিক জগতের লোপ (dissolve) হয় এবং বাস্তবে কোনও কর্ম সংঘটিত হয় না, সর্বত্র নিস্তরঙ্গ সমুদ্রের মতো কর্মহীনতা বিরাজ করে। শ্লোকের রচয়িতা সেই আশঙ্কা দূরীভূত করেছেন।

মূল শ্লোক

'তদাস্যাকৃত্রিমো ধর্মো জ্ঞত্বকর্তৃত্বলক্ষণঃ।
যতস্তদেপ্সিতং সর্বং জানাতি চ করোতি চ।।'

ভাবানুবাদ

তখন ব্যক্তিতে সচেতন ঈশ্বরের জ্যোতি পরিব্যাপ্ত (flash forth) হয় জ্ঞান সম্ভূত হয়ে (characterised by cognition) এবং সেই জ্যোতি ব্যক্তির কর্মের অবধারণে (characteristic activity) তাঁর ইচ্ছাকে প্রবৃত্ত করে (does this desire)।

ভাষ্য

তদেত্যুপদেশ্যাপেক্ষয়া অকৃত্রিমঃ সহজো ধর্মঃ প্রাগুনির্দিষ্টস্বতন্ত্রতারূপঃ পরমেশ্বরস্বভাবো জ্ঞত্বকর্তৃত্বে সামরস্যাবস্থিতপ্রকাশানন্দাত্মনী জ্ঞানক্রিয়ে লক্ষণমব্যভিচারিস্বরূপং যস্য তাদৃক তদা ক্ষোভোপশমেহস্য পুরুষস্য স্যাদভিব্যজ্যত ইত্যর্থঃ। কুত এতদভিব্যজ্যত ইত্যর্থঃ। কুত এতদভিব্যজ্যত ইত্যাহ, যতস্তদা পরমপদপ্রবেশসময়ে সর্বমীপ্সিতমিতি যদ্যজ্জিজ্ঞাসিতং চিকীর্ষিতং বাস্য তৎপ্রবিবিক্ষায়ামভূৎ তত্তজ্জানাতিসচ করোতি চ। চকারাবত্র যৌগপদ্যমাহতূঃ, ন তু যথৈকে চকারাভ্যাং জ্ঞানক্রিয়য়োরৈকাত্ম্যং সুচয়তীতি, তদ্ধি জ্ঞত্বকর্তৃত্বলক্ষণ ইত্যনেনৈবৈকধর্মবিশেষণেন সম্বন্ধিনির্দেশেন বাস্তবস্বরূপাভিধায়িনোক্তম্।

ভাষ্যের ভাবানুবাদ

'তদা'র অর্থ হল 'তখন' এবং শিষ্যকে উদ্দেশ্য করে বলা। 'অকৃত্রিমো ধর্ম' অর্থ অন্তর প্রকৃতি (innate nature) যা স্বাধীন এবং ঈশ্বরের প্রকৃতি সম্ভূত, 'জ্ঞত্ব' আর 'কর্তৃত্ব'-র অর্থ হল জ্যোতির সজ্ঞানতা ও করণীয়তার আনন্দময় মেলবন্ধন (harmoniously blended bliss)। 'লক্ষণে'র অর্থ হল তাঁর সদা লক্ষণ (ever present characteristics)। সম্পূর্ণ শব্দবন্ধের, 'জ্ঞত্ব-কর্তৃত্ব-লক্ষণ'-এর অর্থ, তাঁর জ্যোতির্ময় জ্ঞান ও কর্তৃত্বর সদা আনন্দময় উপস্থিতি 'তদা'(তখন) জাগতিক ব্যক্তির অপূর্ণতাজনিত ক্ষোভ প্রশমিত করে ঈশ্বরে উন্মেষ ঘটায়; অর্থাৎ ব্যক্তির অন্তরে সেই উন্মেষ জাগরিত হয়।

এই উন্মেষ কোথা থেকে হয়? শ্লোকের রচয়িতা তার উত্তরে বলেছেন-'পরমত্বে প্রবেশের কালে ব্যক্তির পরমত্বে প্রবেশের জ্ঞান হয়।' শ্লোকের শেষ ভাগে 'জানাতি' ও 'করোতি' পদের পরে পরে দুবার 'চ' পদের প্রয়োগ হয়েছে একই সঙ্গে। এর অর্থ হল ঈশ্বরের সজ্ঞানতা ও কর্তৃত্ব তাঁর প্রকৃতির 'ধর্ম' এবং সেই বোধ ব্যক্তি নিজের উন্মেষে অনুভব করে।

অর্থনির্দেশ (Exposition)

জাগতিক ব্যক্তির জ্ঞান ও কর্ম (কর্মের ইচ্ছা) কৃত্রিম কারণ; প্রথমত তা সীমিত, দ্বিতীয়ত তা নিজের নয় শিব তথা স্পন্দ তত্ত্ব থেকে লব্ধ। তাই প্রকৃত জ্ঞান ও কর্তব্য জানার জন্য সেই স্পন্দ-তত্ত্বেই প্রবেশ করতে হবে। সেই প্রবেশ সম্ভব নয় বুদ্দির জাল

বুনে বা শুধুমাত্র নিজের প্রবৃত্তির নিবৃত্তির ভরসা করে; চাই সকল প্রবৃত্তির সমর্পণ, যে কথা পূর্বে বলা হয়েছে। ব্যক্তি তার জ্ঞান ও কর্তৃত্বের বিষয়ও এই পথে জলাঞ্জলি দেয়।

রামকণ্ঠের সংযোজন-

'বস্তুত একৈব ঈশ্বরস্য স্বভাবপ্রত্যবমর্শরূপা শক্তিঃ, সা সংবেদনরূপত্বাজ্ জ্ঞানশব্দেন উচ্যতে, তাবৎমাত্রসংরম্ভরূপত্বাৎ ক্রিয়াশব্দেন চ উদ্'ঘোষ্যতে।' (পৃঃ-42)

অর্থাৎ, মূলত শক্তি একই (একক), সর্বশক্তিমানের সচেতনতা একক ভাবে। সর্বশক্তিমানের সেই শক্তিই অনুভবিত (perceiving form) হয় জ্ঞানে ও কর্মে (volition of activity) বা কর্তৃত্বের প্রকাশে (ক্রিয়ায়)।

একাদশ শ্লোকের প্রস্তাবনা

অথ যতঃ করণেতি নিজশুদ্ধীতি সূত্রপ্রতিপাদিতোন্মেষক্রমসমাধানসাক্ষাৎকৃতস্য স্পন্দতত্ত্বস্যং বৃঢ়াবষ্টম্ভাদ্বয়ুত্থানমপি সমাধ্যেকরসং কুর্বতো ভবোচ্ছেদো ভবতীত্যাহ-

ভাবানুবাদ

রচয়িতা এখানে জন্ম-মৃত্যুর উর্দ্ধে সমাধির উত্থানে (ব্যুত্থানে-trance) সাধারণ চেতনার অবস্থান ব্যাখ্যা করেছেন। সমাধির উন্মেষে স্পন্দ তত্ত্বের বোধ হয়, যখন নিজের শুদ্ধিকরণ হয়।

মূল শ্লোক

তমধিষ্ঠাতৃভাবেন স্বভাবমবলোকয়ন্।
স্ময়মান ইবাস্তে যস্তস্যেয়ং কুসৃতিঃ কুতঃ।।

ভাবানুবাদ

ব্যক্তি জন্ম-মৃত্যুর এই দুর্ভোগ চক্রে (accursed way) আর কতদিন লিপ্ত থাকতে পারে যখন সে উৎফুল্ল হয়ে (with amazement) জীবনে স্পন্দের সাক্ষাৎ লাভ করতে পারে?

ভাষ্য

উক্তোপপত্ত্যুপলব্ধ্যনুশীলনপ্রত্যভিজ্ঞাতং তং স্পন্দতত্ত্বাত্মকং স্বভাবমাত্মীয়মধিষ্ঠা-তৃভাবেন ব্যুত্থানদশায়ামপি ব্যাপ্লুবন্তমবলোকয়ংশ্চিন্বানঃ

'ন ব্রজেন্ন বিশেচ্ছক্তির্মরুদ্রূপা বিকাসিতে।
নির্বিকল্পতয়া মধ্যে তথা ভৈরবরূপধৃক্।।'
-(বিজ্ঞান ভৈরব শ্লোকঃ 26)

ইতি, তথা

'সর্বাঃ শক্তীশ্চেতসা দর্শনাদ্যাঃ স্বে স্বে বেদ্যে যৌগপদ্যেন বিম্বক্।
*ক্ষিপ্তা মধ্যে হাটকস্তম্ভভূতস্তিষ্ঠন্বিশ্বাকার একোহবভাসি(১)।।'

* (১) বিভাতীতি পাঠ।

ইতি শ্রীবিজ্ঞানভৈরবকক্ষ্যাস্তোত্রনির্দিষ্টসংপ্রদায়যুক্ত্যা নিমীলনোন্মীলনসমাধিনা যুগপদ্ব্যাপকমধ্যভূম্যবষ্টম্ভাদধ্যাসিতৈতদুভয়বিসর্গারণিবিগলিতসকলবিকল্পোহক্রমস্ফারিতকরণচক্রঃ

'অন্তর্লক্ষ্যা বহির্দৃষ্টির্নিমেষোন্মেষবর্জিতঃ।
ইয়ং সা ভৈরবী মুদ্রা সর্বতন্ত্রেষু গোপিতা।।'

ইত্যাম্নাতভগগবদ্ভৈরবমুদ্রানুপ্রবিষ্টো মুকুরান্তর্নিমজ্জদুন্মজ্জন্নাপ্রতিবিম্বকদম্বকল্পমনল্পং ভাবরাশিং চিদাকাশ এবোদিতমপি তত্রৈব বিলীয়মানং পশ্যন্ জন্মসহস্রাপূর্বপরমানন্দঘনলোকোত্তরস্বস্বরূপপ্রত্যভিজ্ঞানাজ্ ঝটিতি ত্রুটিতসকলবৃত্তিঃ স্ময়মানো বিস্ময়মুদ্রানুপ্রবিষ্ট ইব মহাবিকাসাসাদনাচ্চ সহসৈব সমুদিতসমুচিততাত্ত্বিকস্বভাবো যো যোগীন্দ্র আস্তে তিষ্ঠতি ন ত্ববষ্টম্ভাচ্ছিথিলীভবতি, তস্যেয়মিতি সকলজগৎকম্পকারিণী কুৎসিতাজননমরণাদিপ্রবন্ধরূপা সৃতিঃ প্রবৃত্তিঃ কুতো নিজাশুদ্ধিলক্ষণস্য তদ্ধেতোরভাবান্নৈব ভবতীত্যর্থঃ। যথোক্তং শ্রীপূর্বশাস্ত্রে-

'তত্ত্বে নিশ্চলচিত্তস্তু ভূঞ্জানো বিষয়নপি।
নৈব সংস্পৃশ্যতে দোষৈঃ পদ্মপত্রমিবাম্ভসা।।
বিষাপহারিমন্ত্রাদিসন্নদ্ধো ভক্ষয়ন্নপি।
বিষং ন মুহ্যতে তেন তদ্বদ্যোগী মহামতিঃ।।'

ইতি। -(মালিনী বিজয়-18-120)

ভাষ্যের ভাবানুবাদ

যোগী যখন তাঁর নিজের অন্তর প্রকৃতি বিচরের মাধ্যমে স্পন্দতত্ত্বে জ্ঞান ও কর্তব্য উভয় পক্ষেই স্থিতি (presiding) অনুভব করতে পারে(1) তখন তাঁর সাধারণ চেতনাও সমাধিতে বিলীন হয়ে যায়। তাঁর 'মধ্যদশা'-র উৎপত্তি হয়, যেমনটা বিজ্ঞান ভৈরবে বলা হয়েছে- 'যখন যোগীর নির্বিকল্প সমাধিতে মধ্যদশা-র উৎপত্তি হয় তখন তাঁর প্রাণশক্তি নিশ্বাসের (exhalation) মাধ্যমে বহির্গত হয় না, তাঁর শরীরের কেন্দ্রবিন্দুতে (দ্বাদশান্তে)(২) স্থিত হয়। শ্বাসের (inhalation) মাধ্যমেও প্রাণশক্তি শরীরে প্রবিষ্ট হতে পারে না। তখন যোগী ভৈরবে স্থিত হয়। (বিজ্ঞানভৈরব শ্লো:26)

'কক্ষ্যাস্তোত্রে'ও এ কথার উল্লেখ রয়েছে- 'স্ব ইচ্ছায় ব্যক্তি যখন দর্শন ইত্যাদি সর্বশক্তি ত্যাগ করে এবং অবিকৃত চিত্ত (unmoved) হয় তখন সে শিবের প্রতিভূ বিশ্বাত্মারূপ

স্বর্ণদণ্ড প্রত্যক্ষ করে (golden pillar of entire cosmos)। ব্যক্তির সর্বচিন্তারও বিলুপ্তি ঘটে ('বিগলিত সকল বিকল্প'-vanishes entire thought construct)। এই 'মধ্যদশা' হল নিমীলন ও উন্মীলন সমাধি দশা (3)। এই সমাধিতে যুগপৎ বিসর্গ (নিমীলন) ও অরণি (উন্মীলন) সমাধি স্থিতি হয়। যোগী ভৈরবী মুদ্রায় প্রবিষ্ট হয়, তাঁর সর্বদিশার জ্ঞান থাকলেও সে অন্তরস্থিত হয় (widely sensitive with inward attention)। নিম্নোক্ত শ্লোকে সে কথাই বলা হয়েছে।

'অন্তর্লক্ষ্যা বহির্দৃষ্টির্নিমেষোন্মেষবর্জিতঃ।
ইয়ং সা ভৈরবী মুদ্রা সর্বতন্ত্রেষু গোপিতা।।'

অর্থাৎ, অক্ষিপাত না করেই ব্যক্তি অন্তর্মুখী হয় ভৈরবী মুদ্রায় (4), যে মুদ্রা তন্ত্র শাস্ত্রেও গোপনীয়।

দর্পণে যেমন প্রতিবিম্বের সঞ্চরণ হয় যোগীর কাছেও তেমনি বিশ্বের ক্রমান্বয় উদয় ও অস্ত হয়। জন্ম জন্মান্তরের বিষয়ও সে বিস্মৃত হয়। সে বিস্ময়ে ভৈরবী মুদ্রায় প্রবেশ করে বাকী সব বিস্মৃত হয় (5)। তখন সে হয় বিস্তৃত (vast expanse) এবং তার প্রকৃত দর্শন হয়। মূলশ্লোকে 'আস্তে'-র অর্থ যোগী স্পন্দ-তত্ত্বকে তখন আর হাতছাড়া করে না। 'ইয়ম্ কুসৃতিঃ কুতঃ'-র অর্থ হল আবহমান জন্ম-মৃত্যুর (সৃতিঃ-wandering) থেকে ব্যক্তি মুক্ত হয়; যে কথা 'শ্রীপূর্বশাস্ত্রে' (6) বলা হয়েছে।

যে ব্যক্তি সত্যের (actual reality) সন্ধান পেয়েছে কিছুই তাকে বিচলিত করতে পারে না, যেমন পদ্মপত্রে জলবিন্দু স্থিত হতে পারে না। যেমন মন্ত্রে অধিকার হলে ব্যক্তি বিপন্মুক্ত হয় তেমনি যোগী তার বিচার লব্ধ জ্ঞানের দ্বারা সর্বাবস্থায় ইন্দ্রিয়বোধ (enjoyment etc.) মুক্ত হতে পারে (মহাভারত-XVIII-120)

মন্তব্য

1. মূল তত্ত্বের অর্থ হল অবিচল সাক্ষী (permanent experient)।
2. দ্বাদশান্ত- নাসাগ্র থেকে বারো আঙ্গুল নিচের স্থান।
3. 'মধ্যদশা'- চিদানন্দ (bliss of consciousness)।
4. মুদ্রা- একাগ্রতার সাধনায় শরীরের উপর নিয়ন্ত্রন।
5. বিস্ময়-মুদ্রা- লোল্য জিহ্বা।
6. 'শ্রীপূর্বশাস্ত্র' হল 'মালিনী বিজয়' তন্ত্রের নাম।

অর্থনির্দেশ (Exposition)

স্পন্দ তত্ত্বের অনুভবে যোগী তার জাগতিক বিমূঢ়তা (emperical, psychosomatic) ত্যাগ করে স্বরূপে (own self) স্থিত হতে পারে।

দ্বাদশ ও ত্রয়োদশ শ্লোকের প্রস্তাবনা

অথ যে শ্রুত্যন্তবিদক্ষপাদমাধ্যমিকাদয়ঃ ক্ষোভপ্রলয়ে বিশ্বোচ্ছেদরূপমভাবাত্মকমেব তত্ত্বমবশিষ্যত ইত্যুপাদিক্ষণ্ তাৎপ্রতিবোধয়িতুং তদুপগততত্ত্বপ্রাতিপক্ষেণ লোকোত্তরতাং প্রকরণশরীরস্য স্পন্দতত্ত্বস্য নিরূপয়তি।

ভাবানুবাদ

বৈদান্তিক, নৈয়ায়িক ও মাধ্যমিকদের মত হল ক্ষোভের অপনোদনে শুধু শূন্যই অবশিষ্ট থাকে কারণ ক্ষোভের থেকে যে জগতের সৃষ্টি হয়েছে সেটাই আর থাকে না। পূর্বোক্ত দার্শনিকদের, তাদের অজ্ঞতা থেকে জাগরিত করার জন্য, বর্তমান রচয়িতা স্পন্দ তত্ত্বের এক্ষেত্রে ব্যাখ্যা করেছেন লোকোত্তর বিশেষত্বের উল্লেখ করে, তাদের ভ্রম নিরসনের জন্য।

মূল শ্লোক

দ্বাদশ শ্লোক

নাভাবো ভাব্যতামেতি ন চ তত্রাস্ত্যমূঢ়তা।
যতোহভিযোগসংস্পর্শাত্তদাসীদিতি নিশ্চয়ঃ।।

ত্রয়োদশ শ্লোক

অতস্তৎকৃত্রিমং জ্ঞেয়ং সৌষুপ্তপদবৎসদা।
ন ত্বেবং স্মর্য়মাণত্বং তত্তত্ত্বং প্রতিপদ্যতে।।

ভাবানুবাদ

অস্তিত্বহীনতা ধারণার কোনো বিষয় হতে পারে না এবং অস্তিত্বহীনতার কোনও ঘনীভূত রূপও হতে পারে না কারণ শুধুমাত্র অস্তিত্বহীনতা থেকে সৃষ্টির উদ্ভব হতে পারে না।

সুতরাং অস্তিত্বহীনতার (শূন্যের) এই কৃত্রিম জ্ঞানও অজ্ঞতার গভীর নিদ্রার মতো। স্পন্দতত্ত্বকে এই ধারণার বশবর্ত্তী হয়ে বোঝা যায় না।

ভাষ্য

'অসদেবেদমগ্র আসীৎ।' (ছা. III-16-1)

ইত্যাদ্যুক্ত্যা শ্রুত্যন্তবিদাদ্যভিমতোহভাবো ভাব্যতাং নৈতি ভাবনায়া ভাব্যবস্তুবিষয়ত্বাদ-ভাবস্য ন কিঞ্চিত্ত্ববাত্তাব্যমানতায়াং বা কিঞ্চিত্ত্বে সত্যভাবত্বাভাবাৎ। কিঞ্চ ভাবকস্যাপি যত্রাভাবঃ স বিশ্বোচ্ছেদঃ কথং ভাবনীয়ঃ ভাবকাভ্যুপগমে তু ন বিশ্বোচ্ছেদঃ ভাবকস্যা-বশিষ্যমাণত্বাদিতি ন বিশ্বাভাব এব তত্ত্বম্। অথ কল্পিতহয়ং ভাবকো বিশ্বোচ্ছেদং বিকল্পপ্যমানং ভাবয়ন্ ভাবনাপরিনিষ্পত্তৌ ভাব্যতাদাত্ম্যাদভাবরূপঃ সম্পদ্যত ইতি পক্ষঃ। তত্রোচ্যতে, তত্রাভাবভাবনায়াং নামূঢ়তা ন চ তত্রাস্ত্যমূঢ়তা অপি তু মোহ এবাস্তি

'তস্মাদ্'ভূতভূতং বা যদ্যদেবাতিভাব্যতে।
ভাবনাপরিনিষ্পত্তৌ তৎস্ফুটং কল্পধীফলম্।।'

ইতি ন্যায়াদ্বিশ্বোচ্ছেদাত্মন্যভাবে ভাব্যমানে ন কদাচিৎপরমার্থাপ্তির্ভবতি। অথোচ্যতে

'সর্বালম্বনধর্মৈশ্চ সর্বতত্ত্বৈরশেষতঃ।
সর্বক্লেশাশয়ৈঃ শূন্যং ন শূন্যং পরমার্থতঃ।।'

ইতি নাগার্জুনোক্তমীদৃশং তৎশূন্যমিতি। সত্যং, যদি চিদানন্দঘনা স্বতন্ত্রা পারমার্থিকী ভিত্তিভূতা ভূরভ্যুপেয়তে যথা বিজ্ঞানভৈরবাদৌ পারমেশ্বরীং

'দিক্কালকলনাতীতা' (বিজ্ঞান ভৈরব শ্লো:14)

ইত্যাদিনা পারমার্থিকীং ভিত্তিভূতাং চিদভূমিমবস্থাপ্য শূন্যভাবনোক্তা। অন্যথা ন শূন্যমিতি শূন্যৈবেয়মুক্তিঃ 'যদ্যদেবাতিভাব্যতে' ইতি প্রতিপাদিত্বাৎ। যত্তু-

'সাবস্থা কাপ্যবিজ্ঞেয়া মাদৃশাং শূন্যতোব্যতে।
ন পুনর্লোকরূঢ়য়েব নাস্তিক্যার্থানুপাতিনী।'

ইত্যালোকমালায়ামুক্তং তত্তু সত্যং, স্বাদৃশামবিজ্ঞেয়া অবিজ্ঞেয়ত্বাদ্বক্তুমশক্যেত্যুচ্যতাং, শূন্যতেতি তু কুতঃ, শূন্যতাপি চ যাবদ্ভাব্যতে তাবদ্বিকল্পোল্লিখিতত্বাদসৌ বিজ্ঞৈব। যদি চ ত্বাদৃশাং সা জ্ঞাতুমশক্যা তৎ তৎপদসাক্ষাৎকারাভিজ্ঞসদ্গুরুসপর্য়া কার্যা, ন তু শূন্যেতেতি স্বমনীষিকয়ৈব ব্যবহৃত্যাত্মা পরশ্চাগাধে মহামোহে নিক্ষেপ্তব্য ইত্যলম। অথ কুতো জ্ঞাতং তত্র মূঢ়তাস্তীত্যত্রানেনোত্তরমাহ যত ইতি। অভিযোগঃ সমাধানোত্থিতস্য কীদৃগহমাসমিতি তদবস্থাভিমুখবিমর্শাত্মাভিলাপস্তৎসংস্পর্শাৎ তদ্বশাদ্ধেতোস্তদাসীদিতি যতো নিশ্চয়ঃ 'গাঢ়মূঢ়োহমাসম্' ইতি যতোহস্তি প্রতিপত্তিঃ অতো মোহাবস্থৈব সা কল্পিতা তথা স্মর্য়মাণত্বাৎ, সা চানুভূয়মানত্বাদনুভবিতুঃ প্রমাতুরবস্থাতৃরূপস্য প্রত্যুত সত্তামাবেদয়তে, ন ত্বভাবমিতি। বিশ্বাভাবাস্থায়াং চিদ্রূপস্যাখণ্ডিতমেব রূপং তিষ্ঠতীতি নামুষ্যাভাবো জাতু-চিদ্বক্তুং শক্যত ইত্যুক্তং ভবতি। ননু দৃষ্টং নিশ্চিতং নীলাদি স্মর্য়তে ন চ শূন্যভূতস্য ন্যগভূতবুদ্ধিবৃত্তের্নিশ্চয়োহস্তি তৎকথমুক্তং তদাসীদিত্যৌত্তরকালি-কান্নিশ্চয়ান্মূঢ়তা সেতি। উচ্যতে বেদ্যস্যৈষা গতিঃ, যস্মাত্তদিদন্তাসারমিদন্তয়া যাবৎপ্রমাত্রা স্বাত্মোপারোহেণ ন নিশ্চিতং তাবন্ন স্মর্য়তে, বেদকস্তু কল্পিতশূন্যাদ্যবস্থাসু সঙ্কুচিতোহপ্যসাংকেতিকাহন্তাপরমার্থ এবেতি ন তস্য স্বাত্মনি পৃথক্তাস্তীতি তন্নিশ্চায়কো বিকল্পঃ, ইত্যহংবিমৃশ্যমেব তদা স্বসংবেদনেনৈব সিদ্ধং, শূন্যপ্রমাতৃরূপং বিশ্বপ্রতিযোগিত্বাচ্চ সংকোচসারং সদুত্তরকালং স্মর্য়ত ইতি ন কাচিদনুপপত্তির্য়স্মাদেব-মতস্তচ্ছূন্যাত্মকং পদং কৃত্রিমম্।

'তস্মাদ্'ভূতমভূতং বা যদ্যদেবাতিভাব্যতে।'

*ইতি(১) তদুক্তয়ৈব নীত্যা অভূতভাবনয়ৈবোত্থাপিতং পরমেশ্বরেণৈব জ্ঞানগোপনায়ৈ মূঢ়ানামুপেতয়া তথা ভাসিতমিত্যর্থঃ। জ্ঞেয়ং জ্ঞাতব্যং জ্ঞেয়রূপং চ সদা সুষুপ্তবদিতি দৃষ্টান্তঃ। অয়ং ভাবঃ- সদা সুষুপ্তং মোহরূপমপ্রয়াসসিদ্ধং সর্বস্যাস্ত্যেব তৎকিমনেন সমাধিপ্রযত্নোপার্জিতেনান্যেন শূন্যেন কৃত্যং, দ্বয়স্যাপ্যবস্তুত্বাববিশেষাদিতি। প্রায়শ্চাস্মিন্ শূন্যে দুরুত্তরে মহামোহার্ণব এব বেদান্তবিদক্ষপাদসাংখ্যসৌগতাদিপ্রায়া বহবোহনুপ্রবিষ্টাঃ। স্পন্দতত্ত্বসমাবিবিক্ষুণামপি চ শিথিলীভূতপ্রযত্নানাং শূন্যমেতদ্বিঘ্ন-ভূতম্। যদ্বক্ষ্যতি

'তদা তস্মিন্মহাব্যোম্নি।' (শ্লোকঃ I-25)

ইত্যারম্ভ-

'সৌপুপ্তপদবন্মূঢ়.....।' (শ্লোকঃ I-25)

ইতি। অত এতদুচ্ছেদে গ্রন্থকারস্য মহান্ সংরম্ভো লক্ষ্যতে। তথা চেহ হেয়তয়ৈব তন্নির্ণোয়াপি পুনরপি নির্ণেষ্যতে

'কার্য়োন্মুখঃ প্রযত্নো যঃ.....।' (শ্লোকঃ I-15)

ইত্যত্র। ততোহস্মাভিরেতদ্'দূষণারম্ভঃ কৃত ইতি ন নঃ কোপঃ কার্যোহত্রভবদ্ভিরূপ-*দেশনিভালন(২) দত্তকর্ণৈঃ। সৌগতেষু দূষিতেষু শ্রুত্যন্তবাদাদয়ো দূষিতা এব তুল্য-ন্যায়ত্বাদিতি নাভ্যধিকমুক্তম্। তদিদানীং প্রকৃতমেব ব্রূমহে তত্তু স্পন্দাখ্যং তত্ত্বমেবমিতি শূন্যবন্ন স্মর্য়মানত্বং প্রতিপদ্যতে, তস্য সর্বদানুস্যূতোপলব্ধ্রেকরূপস্য কদাচিদপ্যনু-পলভ্যত্বাযোগাৎ। তথা চাহুঃ

'বিজ্ঞাতারমরে কেন বিজানীয়াৎ।'

-(বৃহদারণ্যক উপনিষদ শ্লোকঃ IV-5-15)

ইতি। যদ্যপি চ সমাবেশদশা ব্যুত্থিতেন প্রাণাদিসংস্কারবশাৎস্মর্যতে তথাপি ন তাবদেব স্পন্দতত্ত্বম্। অপি তু সর্বানুস্যূতানবচ্ছিন্নপ্রকাশানন্দসারপরপ্রমাতৃরূপমেব তৎ। যদক্ষ্যতি

'তস্মাচ্ছব্দার্থচিন্তাসু ন সাবস্থা ন যা শিবঃ।' (শ্লোকঃ II-4)

ইতি। অতোহস্যানবচ্ছিন্নচমৎকাররূপস্য ন জাতুচিৎস্মর্য়মানত্বং মূঢ়ত্বং বা। যস্তু তৎ-তত্ত্বমিতীহ তচ্ছব্দেনাস্য নির্দেশঃ কৃতঃ স

'স্বাতন্ত্র্যামুক্তমাত্মানং....।' (ঈশ্বরপ্রত্যভিজ্ঞা শ্লোকঃ I-5-16)

ইতি। শ্রীপ্রত্যভিজ্ঞাকারিকোক্তনীত্যা কল্পিতস্যৈবাপারমার্থিকস্বরূপস্যন তু তত্ত্বত পারমার্থিকস্য। ন প্রতিপদ্যতে ইত্যনেনেদমাহ- অস্য তত্ত্বস্য স্মর্য়মাণত্বেন প্রতীতিরেব নাস্তীতি।

* (১) এতদিদিতি পাঠ। (২) নিফালনেতি পাঠ।

ভাষ্যের ভাবানুবাদ

বৈদান্তিকেরা অস্তিত্বহীনতাকে বলেন— 'শুরুতে এসব কিছুই ছিল না।' এই ধারণা কোনও ধারণা হতে পারে না কারণ বস্তু সাপেক্ষ হতে হবে। অথচ তাদের অভাব বা অনস্তিত্বতার অর্থ হল 'কিছুই না'।

অস্তিত্ববাদিতা যদি অর্থযুক্ত হতে হয় তবে তা নঞর্থক হতে পারে না। অন্যথায় নঞর্থকও অর্থহীন হয়ে পরে কারণ আমাদের কোনও কিছু বলার অপেক্ষাই থাকে না।

তাছাড়া, জগতের বিনষ্টি কি করে কল্পনা করা যেতে পারে যেখানে কল্পনাকারীরও বিনষ্টি হয় (disappears)। যদি অবধারণকারীকে (contemplator) স্বীকার করতে হয় তবে অস্তিত্বহীনতার (শূন্যবাদের) প্রশ্ন আসে না। যদি অবধারণকারীকে স্বীকার করা হয় তবে অনস্তিত্ববাদীতার জায়গা নেই। আবার যদি মনে করা হয় কেউ একজন (conceiver) থেকে যায় তবে সেই একজনকে হতে হবে সর্বব্যাপী (universal)। সুতরাং সর্বনাশকত্বের (সমূহ বিনাশ) সত্যতা (reality) নেই।

মাধ্যামিকের ব্যাখ্যা

ইতি পক্ষে (সে বিষয়ে) অর্থাৎ মাধ্যমের বিচারে অবধারককেই (conceiver) হতে হয় সর্বব্যাপী (perfection of comtemplation) যা সব কিছুর সঙ্গে জড়িত এবং যার বিষয় হল অনস্তিত্ব। অর্থাৎ থেকেও নেই।

লেখকের বক্তব্য-

শূন্যতার (negation) অর্থ চেতনার অনুপস্থিতি নয় বরং অজ্ঞতার (insentiency) ঘনীভবন। সুতরাং সর্বব্যাপীর (perfection of comtemplation) থাকা না থাকা চিন্তার কল্পনামাত্র (a product of imagination)। অনস্তিত্ববাদের দ্বারা বা শুধুমাত্র শূন্যতার কল্পনায় সত্যকেই (highest reality) অস্বীকার করা হয়।

নাগার্জুন সে কথাই বলেছেন-

'শূন্যের কল্পনায় সর্বতত্ত্বকে বিসর্জন দেওয়া, অবশেষকে অস্বীকার করা, সহায়ককে (support) অস্বীকার করা এবং এক নিরালম্ব অবস্থা (void) যা সম্ভব নয়; অর্থাৎ শূন্য একদম শূন্য নয়্।' সেক্ষেত্রে সত্যসত্যই চেতনাকে অন্তর্লীন (substratum) বলে স্বীকার করতে হয়। এই চেতনা সময় (কাল), স্থান (দিক্) শূন্য (বিজ্ঞান ভৈরব শ্লোক: 14)। তা না হলে শূন্যতারই কোনও অর্থ থাকে না (যদ যদ এব অতিভাব্যতে)।

'আলোকমালা' গ্রন্থে এ বিষয়ে বলা হয়েছে- 'অজ্ঞানের কাছে শূন্যের ব্যাখ্যা হল অজ্ঞাত অবস্থা, যে ব্যাখ্যা সাধারণ্যে সমধিক প্রচলিত। নাস্তিকদের কাছে শূন্য মানে শূন্যই।'

কিন্তু সাধারণের যদি এ বিষয়ে কোনো ধারণা না থাকে তবে শূন্যকে রিক্ত (অভাব) বলা হয় কেন? রিক্ত অবস্থাও তো এক অবস্থা যাকে বক্তা তার চিন্তায় ভেবেছে শূন্য নামে।

যদি শূন্যের বিষয় (realisation of that state) আমরা নির্ধারণ করতে নাই পারি তবে আমাদের গুরুর (spiritual guide) আশ্রয় নেওয়া উচিৎ শ্রদ্ধাবনত হয়ে, শূন্যের অর্থ জানার জন্য। অন্যথায় আমরা অসীম ভ্রমেই (abyss of delusion) রয়ে যাব।

কেন মনে করা হয় শূন্য অচেতন? কারণ ব্যক্তি যখন সমাধি থেকে তার প্রকৃতিস্থ অবস্থায় আসে তখন সে জানতে চায় বা অভিযোগ করে- 'এতক্ষণ আমি কোথায় ছিলাম? আমি নিশ্চয়ই গভীর চেতনাহীন অবস্থায় ছিলাম (তদাসীৎ ইতি নিশ্চয়ঃ)। যদিও সেই অবস্থা আমার কল্পিত (imaginary) চেতনাহীন অবস্থা। একেই কি বলবো, জগত তখন অনুপস্থিত (universal negation) আমার কাছে? চিৎ তখন সর্বব্যাপক আমার প্রকৃতিতে এই সর্বব্যাপকতা না থাকলেও চিৎ বর্তমান (not experienced but abided by knower in Samadhi)।

অপর একটি অভিমত (পূর্বপক্ষ)-

বুদ্ধির দ্বারা (ব্যক্তির নির্ধারক গুণ -determinative faculty) শূন্যকে বোঝা না গেলে শূন্য ব্যক্তির কাছে নিবৃত্ত (suppressed)। তাহলে সমাধি ভঙ্গ হলে বুদ্ধিতে কি করে বোধ হয় যে শূন্য এক চেতনহীন অবস্থা?

এর উত্তরে (উত্তর পক্ষ) বলা হয়-

যতক্ষণ পর্যন্ত বস্তু (জগৎ) জ্ঞাত নয়, পরবর্ত্তীতে তার স্মরণও সম্ভব নয়। সুতরাং শূন্যেরও সীমিত জ্ঞান থাকা আবশ্যক তাকেই অন্তিম সত্য বলে (ultimate reality)। অপরিজ্ঞাত (unconventional) রূপেও তাকে স্বীকার করতে হয় যা নিজের সঙ্গে সম্পর্কিত। শূন্যের অভিজ্ঞতা (self-experience) হয় এভাবেই। সুতরাং শূন্যের অস্তিত্বযুক্ত ধারণায় কোনও বিরোধ নেই। শূন্যকে রিক্ত মনে করাটাই কৃত্রিম (artificial)। পরমেশ্বর অজ্ঞজনের কাছে অস্তিত্বহীন শূন্যের বোধ সঞ্চারিত করেন।

শ্লোকে যে 'জ্ঞেয়ম' (জানার যোগ্য) পদ ব্যবহার করা হয়েছে তাকে গভীর নিদ্রার অজ্ঞাত জগতের সঙ্গে তুলনা করা হয়েছে।

উপরের বক্তব্যের সারসংক্ষেপ হল-

ব্যক্তির নিজের অচেতন গভীর নিদ্রারও অভিজ্ঞতা হয় জাগরণে। সুতরাং ধ্যানে মনের শূন্যাবস্থাই বা কি? উভয়পক্ষেই এই বোধ অবাস্তব (point of unreality)। অনেক দার্শনিকই (বৈদান্তিক, নৈয়ায়িক, সাংখ্য, বৌদ্ধ ইত্যাদি) এই অস্তিত্বহীন শূন্যতার বোধে নিমজ্জিত হয়েছেন। শূন্য স্পন্দতত্ত্ব বোঝার অক্ষমতার (slackened) জন্য কিছু

অন্বেষকের কাছে অস্তিত্বহীন (void) হয়ে দাঁড়িয়েছে। তাই এই পর্বের অন্তিম শ্লোকে (I-25) সঠিক প্রচেষ্টার কথা বলা হয়েছে।

সুতরাং রচয়িতা দ্ব্যর্থহীন ভাষায় উপস্থাপিত করেছেন শূন্যকে। কিন্তু তারই এই রচনায় আলোচ্য পর্বের পনেরো সংখ্যক (I-15) শ্লোকে বলেছে 'কার্যোন্মুখ প্রযত্নো', অর্থাৎ কর্ম প্রচেষ্টার কথা। তাই লেখক সেই প্রচেষ্টার বশবর্ত্তী হয়ে অস্তিত্বহীন শূন্যের ধারণার আরও কিছু দোষের বিশ্লেষণ করেছেন। এই প্রচেষ্টা পাঠকের বিরক্তির কারণ হবে না আশা করা যায়।

বৌদ্ধমতবাদীদের ভুল সিদ্ধান্তের বিচার করতে গিয়ে বেদান্তবাদীদেরও উল্লেখ করা হয়েছে কারণ উভয়পক্ষের একই মত।

স্পন্দতত্ত্ব রিক্ততা আধারিত নয়, সবকিছুতে অন্তিম সাক্ষী বর্তমান থাকে (experient in all experiences)। সে কথাই আবার বৃহদারণ্যক উপনিষদের চতুর্থ পরিচ্ছেদের পঞ্চম ও পঞ্চদশ শ্লোকে বলা হয়েছে- 'অহো, জ্ঞাতাকে কে জানতে পারে?'

যখন আমরা সমাধি বা ধ্যান থেকে অবতরণের পর স্পন্দতত্ত্বকে মনে করতে পারি না তখনও কিন্তু আমরা প্রাণ শক্তির প্রভাবে তার আসল কর্তাকে স্মরণ করতে পারি। সেই মূল সাক্ষী যিনি আলো ও আনন্দের উৎস (quintessence of light and bliss)।

রচয়িতা এই গ্রন্থের দ্বিতীয় পর্বের চতুর্থ শ্লোকে বলেছেন- শব্দ, রূপ বা মনন যাকিছুই বলি না কেন সবকিছুই শিব আধারিত (no state without Siva)। এই আলো ও আনন্দের আধার যা নিজে কোনো বস্তু নয় তাকে ভুলে থাকা এবং অবিদ্যমান মনে করাই স্বাভাবিক।

ত্রয়োদশ শ্লোকের শেষাংশে বলা হয়েছে- 'ন ত্বেবং স্মর্য়মাণত্বং তত্তত্ত্বং প্রতিপদ্যতে।' এখানে প্রথম 'ত্বেবং' ঈশ্বরপ্রত্যভিজ্ঞান উপলক্ষে এবং পরে তৎতত্ত্বং স্পন্দ তত্ত্বের পরিপ্রেক্ষিতে বলা হয়েছে। 'ন প্রতিপদ্যতে'র অর্থ স্পন্দতত্ত্ব কোনও বস্তুগত স্মর্তব্য ইন্দ্রিয়গ্রাহ্য বিষয় নয়।

অর্থনির্দেশ (Exposition)

এই দুটি শ্লোক খুবই অর্থবহ। মাধ্যমিকের ধারণা হল উন্মীলন ও নিমীলন সম্পর্কিত চিদানন্দময় (সচেতন আনন্দ) অবস্থা যাতে অহম্-ইদম্ বা জ্ঞাতা (knower) ও জ্ঞেয় (knowledge) ভেদ নেই, তাই একে অবিজ্ঞাত শূন্যাবস্থা বলা হচ্ছে। এই শূন্যাবস্থা কি করে আমরা বুঝতে পারি? কারণ সমাধির থেকে জাগরণের পর এই অবস্থার স্মৃতি থেকে যায়।

রচয়িতা মাধ্যামিকের পক্ষে তিনটি যুক্তি উপস্থাপন করেছেন। প্রথমত অভাবের কল্পনা মূঢ়তা মাত্র। কারণ রোমন্থেনের মাধ্যমে (backward reference) বা অভিযোজনের (recollection) মাধ্যমে একে জানা যায়। এই অভিযোজন মানসক্রিয়া; এটা কোনও স্পন্দের তত্ত্ব নয়।

দ্বিতীয়ত স্পন্দতত্ত্বে সাক্ষী শিবের কথা বলা হয়েছে, স্থূল শরীর বা সূক্ষ্ম আত্মার কথা বলা হয়নি যার স্মৃতিতে স্মরণ হয়। ত্রয়োদশ শ্লোকে বলা হয়েছে- 'স্পন্দ স্মৃতির বিষয় নয়।' কল্লট তাঁর বৃত্তিতে বলেছেন-

'সা শূন্যাবস্থা অতীতা মম ইতি স্মর্য়তে, ন চ আত্মস্বভাব এষঃ, যস্মান্ন ত্বেবং চিদ্রূপত্বং মূঢ়াবস্থাবৎ স্মর্য়তে, তস্য সর্বকালমনুভবিতৃত্বেনানুভবো নিত্যোদিতত্বাৎ।'

অর্থাৎ, অস্তিত্বযুক্ত সেই শূন্যাবস্থার সমাধিভঙ্গে স্মরণ হয় যা আত্মা বা স্পন্দের বিষয়বস্তু নয় কারণ বিষয়বস্তু বস্তুগত, পরম সচেতনতা (I-consciousness) বস্তুগত নয়। আত্মা বস্তুরই সাক্ষী হয়।

তৃতীয়ত, মাধ্যামিকের মূল বিষয় কিন্তু শূন্যের অভিজ্ঞতা নয়। ত্রিকা দর্শনে শূন্যরূপ প্রমাতার বা শূন্য-সাক্ষীর (experient in void) কথা বলা হয়েছে। মাধ্যামিকে এই প্রমাতার অভিজ্ঞতার অবকাশ নেই, অভিজ্ঞতা-স্বরূপ।

স্পন্দকারিকার রচয়িতা আরও গভীরে গিয়ে দুটো কথা বলেছেন। এক হল, মূল সাক্ষী সর্বদাই বর্তমানের 'উদ্দেশ্য' (subject), তিনি কখনো বিধেয় (object) নন। তিনি ভেদক (সবেতেই আছেন), ভেদ্য (object) নন।

শঙ্করাচার্যের ভাষ্য অনুযায়ী- নাস্তিকের নাস্তিকতা আস্তিক্য বা আত্মাকে উপলক্ষ করেই (affirmatory denial)।

সর্বাত্মক সাক্ষীর কোনও বিশ্রাম নেই। কঠোপনিষদের ভাষায়- 'আলোই সবকিছুকে দর্শায় আলোকে দেখা যায় না।'

চতুর্দশ, পঞ্চদশ ও ষোড়শ শ্লোকের প্রস্তাবনা

ননু যত্র স্থিতমিত্যাদৌ চিদ্রূপস্যৈব বিশ্বকার্যরূপতাগ্রাহিত্বমুক্তং তদ্বানোত্থাপিতং কৃত্রিমমভাবাত্মকং রূপং তেনৈব গৃহীতমিতি কথমস্যানবচ্ছিন্নচমৎকাররূপমমূঢ়ত্ব-মিত্যাশঙ্কায়ামাহ

ভাবানুবাদ

তার্কিকের (পূর্বপক্ষ) কথায়- দ্বিতীয় শ্লোকে বলা হয়েছে যে সবকিছুই তাঁর থেকে সমোদ্ভূত, তাহলে সর্বাত্মক চেতনাও (I-consciousness) এক সর্বাত্মক বস্তু এবং নশ্বর। তাহলে একে চিদানন্দ কি করে বলা সম্ভব? রচয়িতার প্রত্যুত্তর-

চতুর্দশ শ্লোক

অবস্থাযুগলং চাত্র কার্যকর্তৃত্বশব্দিতম,
কার্যতা ক্ষয়িণী তত্র কর্তৃত্বং পুনরক্ষয়ম্।।

পঞ্চদশ শ্লোক

'কার্যোন্মুখঃ প্রযত্নো যঃ কেবলং সোঽত্র লুপ্যতে।
*তস্মিঁল্লুপ্তে বিলুপ্তোঽস্মীত্যবুধঃ(১) প্রতিপদ্যতে।।

ষোড়শ শ্লোক

নতু যোঽন্তর্মুখো ভাবঃ সর্বজ্ঞত্বগুণাস্পদম্।
তস্য লোপঃ কদাচিৎস্যাদন্যস্যানুপলম্ভনাৎ।

*বুদ্বয়তে ইতি পাঠ।

ভাবানুবাদ

স্পন্দ তত্ত্বে দুই পক্ষের (states) কথা বলা হয়েছে, এক হল কর্তা (subject), দ্বিতীয়টি হল কৃতকর্ম (deed-object)। কৃতকর্ম (object) সময়কালে ক্ষয়প্রাপ্ত হয় কিন্তু কর্তা অবিনশ্বর (14)।

সমাধিতে শূন্যের বোধ প্রকৃত সমাধির পথ ও প্রচেষ্টা (effort towards objectivity) অবলুপ্ত করে। শুধু মূর্খেরাই মনে করে তার সমাধি তাকেও লুপ্ত করেছে (I have ceased to be)(15)।

সাধকের অন্তরে প্রকৃতির (inner nature) কোনও অবলুপ্তি ঘটে না কারণ তাতেই সর্বজ্ঞানময় পরমেশ্বর তাঁর অংশবিশেষ প্রবিষ্ট করান (abode of attribute of the omniscient)(16)।

ভাষ্য

অত্র স্পন্দতত্ত্বে কার্যত্বং কর্তৃত্বমিতি চ শব্দিতং - শব্দব্যবহারমাত্রেণ ভেদিতমবস্থা-যুগলমস্তি, বস্তুতো হি তদেকমেব স্বতন্ত্রপ্রকাশঘনশঙ্কররূপং তত্ত্বং কর্তৃসত্ত্বাব্যতিরিক্তয়া প্রকাশাত্মনা ক্রিয়য়া ব্যাপ্তং, তদভেদেন প্রকাশমানং তত্ত্বভুবনশরীরতদভাবাদিরূপত্বং স্বীকুর্বৎকার্যমিত্যুচ্যতে তদন্যস্য কস্যাপি কারণত্বাযোগাৎ। যথোক্তং শ্রীপ্রত্যভিজ্ঞায়াম্-

'জড়স্য তু ন সা শক্তিঃ সত্তা যদসতঃ সতঃ।
কর্তৃকর্মত্বতত্ত্বেব কার্যকারণতা ততঃ।।
-(ঈশ্বরপ্রত্যভিজ্ঞা শ্লোকঃ II-4-2)

ইতি। তস্য চেদমেব কার্যত্বং যদয়ং বিচিত্রদেশকালাদ্যাভাসসংযোজনবিয়োজনক্রমেণা-নন্তান্ দেহনীলাদ্যাভাসাংশ্চিদাত্মনঃ স্বরূপাদনতিরিক্তানপি মুকুরপ্রতিবিম্ববদতিরিক্তা-নিবাভাসয়তি, যাবচ্চ কিঞ্চিদাভাসয়তি তৎসর্বমাভাস্যমানত্বাদেব বহির্মুখেন রূপেণ ক্ষয়ধর্মকং, ক্ষয়শ্চাস্যেদন্তাভাসনিমজ্জনেনাহন্তারূপতয়াবস্থানম্, অত এব দেহাদের্গ্রাহকস্য যো বেদ্যাংশঃ স এব ভগবতা সৃজ্যতে সংহ্রিয়তে চ ন ত্বহন্তাপ্রকাশাত্মকং কর্তৃরূপং তস্য দেহাদ্যাবেশেহপি ভগবদেকরূপত্বাৎ; অতস্তত্র তয়োঃ কার্যকর্তৃত্বয়োর্মধ্যাৎকার্যতা ক্ষয়িণী কর্তৃত্বংচিৎস্বাতন্ত্র্যরূপং পুনরক্ষয়ং, জগদুদয়াপায়যোরপি তস্য স্বভাবাদচলনাৎ। চলনে তু জগদুদয়াপায়াবপি ন কৌচিচ্চকাস্যাতামিতি মূঢ়াদ্যবস্থায়ামপ্যখণ্ডিতচমৎকার-সারম- মূঢ়মেবৈতৎ। নন্বভাবসমাধাননিষ্পত্তৌ সুষুপ্তাদৌ চাস্য কর্তৃত্বং নোপলভামহে, ক্বচিদপি প্রবৃত্ত্যদর্শনাৎ। সত্যং, কার্যোন্মুখইন্দ্রিয়াদিপ্রেরণাত্মকব্যাপারপ্রবণো যঃ প্রযত্নঃ সংরম্ভঃ সোহত্র কার্যক্ষয়পদে লুপ্যতে বিচ্ছিদ্যতে, তস্মিংল্লুপ্তে সতি অবুধোহভাবসমাধ্যপহারিতাত্মরূপো মূঢ়ো বিলুপ্তোহস্মীতি মন্যতে। যঃ পুনরন্তর্মুখোহহন্তাপ্রকাশরূপঃ স্বভাবোহত এব সর্বজ্ঞত্বগুণস্যাস্পদম্ উপলক্ষণং চৈতৎ- সর্বকর্তৃত্বাদেরপি, তস্য লোপো ন কদাচিৎস্যাদ্ভবতীতি ন কদাচিদপি সম্ভাবনীয়োহন্যস্য তল্লোপমুপলব্ধুঃ কস্যাপ্যনুপলম্ভাৎ, যদি স কশ্চিদুপলভ্যতে স এবাসাবন্তর্মুখশ্চিদ্রূপো, ন চেদুপলভ্যতে তর্হি সা লোপদশাস্তীতি কুত নিশ্চয়ঃ। অথ চান্যঃ কশ্চিত্তল্লোপং নোপলভতেহপিতু স এব প্রকাশাত্মা তৎকথং তস্যাভাবঃ। এবং চান্যস্যানুপলম্ভনাদিত্য- ত্রান্যকর্তৃকস্যোপলম্ভস্যাভাবাদিত্যর্থঃ অথ চ ঘটাভাবো যথা ঘট বিবিক্তভূত- লাদ্যুপলম্ভনান্নিশ্চীয়তে তথৈবাত্মাভাবোহপ্যাত্মবিবিক্তস্য কস্যচিদুপলম্ভন্নিশ্চীয়েত তদুপলম্ভকসত্তাবশ্যংভাবিনীতি তদুপলম্ভকস্বাত্মনাস্তিতা ন সিধ্যতি। যদি চ কার্যোন্মুখপ্রযত্নলোপে স লুপ্যেত তদোত্তরকালমন্যস্য কস্যাপ্যুপলম্ভো ন ভবেদ্ অন্যোপলম্ভাভাবঃ প্রসজ্যেতেত্যর্থঃ। অপি চান্যস্য বহির্মুখস্য প্রযত্নস্য সৌষুপ্তাদাবনুপলম্ভাৎ কথমন্তর্মুখস্য তত্ত্বস্য বালিশৈর্লোপ আশঙ্কিতো, যতোহন্যস্য লোপেহন্যস্য কিং বৃত্তম্। অথ চান্যস্য কার্যোন্মুখপ্রযত্নস্যানুপলম্ভাদনুপলম্ভপ্রকাশনান্ন কদাচিৎপ্রকাশাত্মনোহন্তর্মুখস্য তস্যোপ-লব্ধুর্লোপঃ, যতোহসাবন্তর্মুখোভাবঃ সর্বজ্ঞত্বগুণস্যাস্পদং তামপ্যভাবদশাং বেত্ত্যেব অন্যথা সৈব ন সিধ্যেদিতি। অন্যস্যেতি কর্তরি কর্মণি চ ষষ্ঠী। অন্তর্মুখে কার্যত্বপ্রতিযোগিতামিব কর্তৃত্বস্য সম্ভাব্যাবস্থাত্বমুক্তং বস্তুতস্তু উক্তযুক্ত্যা তস্যাবস্থাতৃত্বমেব। অন্তর্মুখ ইতি অন্তঃ-পূর্ণাহন্তাত্মকং মুখ্ং প্রধানং যস্যেতি যোজ্যম্।

ভাষ্যের ভাবানুবাদ

'অত্র' শব্দটি 'অবস্থাযুগলং চাত্র' অর্থে স্পন্দতত্ত্ব; 'কার্যত্বং কর্তৃত্বং চ শব্দিতং', কার্য (deed) ও কর্তৃত্ব (doer) কথিত বলে জ্ঞাত। এই দুই অবস্থার ভেদ শুধু বক্তব্যে বা কথনে। বস্তুত দুটো অবস্থাই একে সমাহিত। শিবের তত্ত্ব স্বাধীন, আলোর মাধ্যমে তার

প্রকাশ। অর্থাৎ আলো বা জ্যোতি এবং তার প্রকাশ উভয়তো কর্তা (subject) ও কর্মের (object) মতো, যা স্পন্দ থেকে উদ্ভূত এবং তারই অঙ্গ (constitutive principle), স্পন্দের ভুবনের (world)। আলোর থেকেই বস্তুর (object) কার্য-কারণের প্রামাণ্যতা, যেমন বলা হয়েছে ঈশ্বরপ্রত্যভিজ্ঞায়।

বীজের ক্ষমতা নেই উদ্গমের যদি না তার মধ্যে সেই শক্তি সুপ্ত থাকে। কার্য-কারণ থেকেই সৃষ্টির উদ্ভব(1)। (ঈশ্বরপ্রত্যভিজ্ঞাশ্লোকঃ II-4-2)

স্রষ্টা ও সৃষ্টিতে হল সংযোগ ও বিয়োজনের মাধ্যমে স্থান, কাল, রং, রূপ ইত্যাদি বিভিন্ন প্রকারের উন্মেষ (manifestation); যা মূলত এক হলেও বিভিন্ন প্রকারে প্রতিবিম্বিত।

পরমেশ্বরের বহির্মুখী প্রকাশ নশ্বর কিন্তু সবই তাঁর মধ্যে নিমজ্জিত। সুতরাং তাঁর কৃতকর্মই আমরা দেখি যা অন্তিমে তাঁর মধ্যেই লীন হয়ে যায় বা সংহৃত হয়। তাঁর কোনো পরিবর্তন হয় না, কারণ তিনি তাঁর চেতনায় স্বাধীন, তাঁর প্রকৃতিতে স্বাধীন। তা নাহলে সৃষ্টির উন্মেষ কোথা থেকে আর অবলুপ্তিই বা কোথায় হত? স্পন্দে তাই আছে অপার চেতন আনন্দ, যে আনন্দ সৃষ্টির প্রকরণ।

একটি ভিন্নমত-

ব্যক্তির সমাধি প্রাপ্তিতে আমরা সৃষ্টির সম্ভাবনা দেখি না, যেমন গভীর নিদ্রাতেও কোনো ঘটনার ঘনঘটা দেখি না। তাহলে সৃষ্টিকর্তা চিরকালীন স্রষ্টা হয় কি করে? এ বিষয়ে পঞ্চদশ ও ষোড়শ শ্লোকের ভাষ্যে রচয়িতা তাঁর বক্তব্য রেখেছেন।

এখানে সেই বক্তব্য ব্যাখ্যাত হল-

সত্যি কথা যে সমাধিতে এবং গভীর নিদ্রায় ব্যক্তির কোনও কর্তব্য (sense towards object) থাকে না, কিন্তু তাই বলে তখন ব্যক্তির বিলয় হয় একথা মূর্খেরাই বলবে। ব্যক্তির অন্তর প্রকৃতিতে ঈশ্বরের প্রভব (উৎস) বাস, সেই অন্তর প্রকৃতির তো বিলয় হতে পারে না। এই ঈশ্বর সর্বজ্ঞ সর্বশক্তিমান।

ষোড়শ শ্লোকের শেষাংশের ভাষ্য

ষোড়শ শ্লোকের শেষাংশে বলা হয়েছে– 'তস্য লোপঃ কদাচিৎস্যাদন্যস্যানুপলম্ভনাৎ।' অর্থাৎ. সেই ঈশ্বরই শুধু বিলয়ের সাক্ষী হতে পারে এবং তাঁর ক্ষেত্রে ব্যক্তি বা বস্তুর অস্তিত্বহীনতা (non-perception), অপরের অস্তিত্বহীনতা।

একটি ঘটের কোনো স্থানে নষ্ট হয়ে যাওয়া বলতে সেই স্থানে তার বিলয় বোঝায়। দ্রষ্টা আর ঘটকে দেখতে পায় না্। সুতরাং ঘটের পরিপ্রেক্ষিতে দ্রষ্টার (perceiver) বিনাশ সম্ভব নয়। সৃষ্টির ক্ষেত্রে এই দ্রষ্টাই তিনি।

যদি কোনও ঘটনার সংঘটনে, ঘটনাক্রমে সংঘটকই না থাকে, এমতাবস্থায় (contingency) ঘটনার সাক্ষীই থাকবে না এবং ঘটনা সম্ভব হয়েছে বলা যাবে না।

তাছাড়া গভীর নিদ্রায় ব্যক্তির বাইরের নিবৃত্তি দেখে কি করে তার অন্তরের অবস্থা বিচার করা যাবে? মূর্খদের পক্ষেই এই বিচার সম্ভব(2)। সুতরাং দৃশ্যমান বস্তুর অবর্তমানে দ্রষ্টার লয় হয় না। নচেৎ অদৃশ্যমানতারই প্রমাণ হয় না।

অনতিপূর্বে 'অপর' (অত্র) পদটিকে কারক (genitive case) হিসাবে ব্যবহার করা হয়েছে; 'অপর' অর্থে অন্য কোনোজনকে বোঝানো হয়েছে (both nominative and accusative case)(3)।

অন্তেরে স্থিত (in the inner state-অবস্থা) বলতে সেই তিনি (possible subject), বোঝানো হয়েছে বা জ্ঞাতার সম্ভবনাই যুক্তিগ্রাহ্য (knowership of subject) করা হয়েছে।

ষোড়শ শ্লোকের প্রথমাংশে 'যোহন্তর্মুখ' সমাসের অর্থ বিশ্লেষণ হল- অন্তঃ অর্থে পূর্ণ সত্তা (perfect I-ness), 'মুখং' অর্থে প্রধান (chief); সামগ্রিকভাবে স্পন্দ তত্ত্ব বোধক।

মন্তব্য

1. কার্য-কারণ ভাব অর্থাৎ কর্ম কর্তৃত্ব ভাব বা কার্য-কারণ সম্ভূত।

2. রামকণ্ঠ 'অন্তর্মুখ-ভাব'-এর ব্যাখ্যায় বলেছেন-

'আত্মনো জ্ঞানক্রিয়াভেদেন দ্বিবিধা যা শক্তিঃ সা সৌষুপ্তাদ্যবস্থায়াম্ অন্তঃকরণবহিষ্করণব্যাপারোপরমে সতি, কেবলস্বাত্মমাত্রাভিমুখ - জ্ঞশক্তিমাত্রত্বেনাবশিষ্যতে; তেন অন্তর্মুখো ভাব ইত্যুক্তম্।' অর্থাৎ, পরমেশ্বরের দ্বিবিধ শক্তি আছে, এক হল সর্বজ্ঞতা এবং দ্বিতীয়টি হল সর্বকার্যশক্তি; এ দুটোই ব্যক্তিতে সামান্যত সঞ্চারিত। গভীর নিদ্রায় ব্যক্তি তথাকথিত কর্ম রহিত হয় আর জ্ঞান থাকে অন্তর্মুখী।

3. নাম কারক (nominative case) অর্থ হল আর কোনো সর্বোপরি দ্রষ্টা নেই, আর নির্দেশিত কৃত্যও (accusative case) তিনিই (অন্য ন উপলভতে-nothing else, other, to be seen)।

অর্থনির্দেশ (Exposition)

তিনটি শ্লোকে দুটোই বিষয় প্রধানত চর্চা করা হয়েছে। প্রথমত স্পন্দ-তত্ত্বে বিষয়ী (subject) ও বিষয় (object)। বিষয়ের ক্ষয় এবং পরিবর্তন হয়। বিষয়ীর হয় না। মাধ্যমিক সিদ্ধান্তের বক্তব্য হল অন্তিমে বিষয় ও বিষয়ীকে আর আলাদা করে নিষ্পন্ন করা যায় না। শ্লোকের রচয়িতা বিষয়ীকে অন্তিমেও পৃথক করে দেখেছেন (exclusive), কারণ তিনি অপরিবর্তনীয়।

দ্বিতীয়ত শূন্যের ধ্যানে ধ্যানীর দৃষ্টি বহির্জগত থেকে অন্তর্মুখী হয়। তার অর্থ এই নয় যে বিষয়ীর (ultimate subject) লোপ হয়। রামকণ্ঠ বলেছেন-

'অভাবসমাধ্যবস্থাসু কার্যভাবাৎ করণব্যাপারবিরতিমাত্রেণাত্মাভাবভ্রান্তিরিতি।'

অর্থাৎ শূন্যের ধ্যানে বস্তুর অনুপস্থিতি ধ্যানীর কর্মহীনতার কারণে, সর্বকার্যশক্তিমানের অনুপস্থিতির ধারণা সেখানে বিভ্রম মাত্র (cessation of Him is sheer delusion)।

সপ্তদশ শ্লোকের প্রস্তাবনা

এবমপ্রবুদ্ধো বহির্মুখব্যাপারনিরোধে গ্রাহকস্যাপ্যাত্মনোহনুপপন্নমপ্যভাবং নিশ্চিনুত ইতি প্রতিপাদ্য সুপ্রবুদ্ধাপ্রবুদ্ধয়োর্যাদৃগাত্মোপলম্ভস্তং নিরূপয়তি।

ভাবানুবাদ

যিনি আলোকপ্রাপ্ত নন অযৌক্তিকভাবে তিনি মনে করেন যে, জগতের বিনাশে সাক্ষীও অন্তর্হিত হয়। শ্লোকের রচয়িতার এখানে আলোচ্য বক্তব্য হল সম্পূর্ণ ও অসম্পূর্ণ আলোকপ্রাপ্ত, উভয় ব্যক্তির কাছে বিষয়টি কি ভাবে ধরা দেয়।

সপ্তদশ শ্লোক

তাস্যাপলব্ধিঃ সততং ত্রিপদাব্যভিচারিণী।
নিত্যং স্যাৎসুপ্রবুদ্ধস্য তদাদ্যন্তে পরস্য তু।।

শ্লোকের ভাবানুবাদ

পূর্ণ আলোকপ্রাপ্ত যোগীর জাগরণে, স্বপ্নে এবং সুষুপ্তিতে সর্বদাই পরমত্বের একাগ্র মনন (undeviating knowledge) থাকে। স্বল্প আলোকপ্রাপ্তার, প্রথম ও শেষ স্তরে এই মনন হয়।

ভাষ্য

তস্য প্রাকরণিকস্বভাবস্য যোপলব্ধিঃ অনবচ্ছিন্নঃ প্রকাশঃ, সা কাথতযুক্ত্যবষ্টম্ভাৎসুষ্ঠু প্রবুদ্ধস্যাপ্রবুদ্ধতাসংস্কারেণাপি শূন্যস্য, সততং ত্রিষ্বপি জাগরস্বপ্নসৌষুপ্তদেষু নিত্যমিতি আদৌ মধ্যেহন্তে চাব্যভিচারিণী-অন্যপায়িনী স্যাদ্ভবত্যেবসদাসৌ শঙ্করাত্মকস্বস্বভাবতয়া স্ফুরতীত্যর্থঃ। পরস্যাপ্রবুদ্ধস্য পুনস্তাসাং দশানাং স্বোচিতসংবিদ্রূপাণাং প্রত্যেকমাদাবুদ্ধুভূ-ষায়ামন্তে চ বিশ্রান্ত্যাত্মকান্তর্মুখত্বে ন তু স্বোচিতার্থাবভাসাবস্থিতিরূপে মধ্যপদে। যদুক্তং শ্রীশিবদৃষ্টৌ-

'যাবৎসমগ্রজ্ঞানাগ্রজ্ঞাতৃস্পর্শদশাস্বপি।
স্থিতৈব লক্ষ্যতে সা তু তদ্বিশ্রান্ত্যাথবা ফলে।। (শিবদৃষ্টি: II-5)

ইতি। ভট্টলোল্লটেনাপি তদাদ্যন্ত ইত্যেবমেব ব্যাখ্যায়ি স্ববৃত্তৌ। ভট্টশ্রীকলল্লটবৃত্যক্ষরাণ্যপেক্ষ্য বয়মপি তদ্বৃত্যক্ষরানুরোধেন সৌত্রমর্থমতিবিমলমপি ক্লিষ্টকল্পনয়া ব্যাকর্তুমশিক্ষিতাঃ যত এবাসুপ্রবুদ্ধস্য তদাদ্যন্তেহস্তি তদুপলব্ধিঃ অত এবায়মিহাধিকারী স্পন্দোপদেশৈঃ সুপ্রবুদ্ধীক্রিয়তে। যদক্ষ্যতি

'অতঃ সততমুদ্যুক্তঃ স্পন্দতত্ত্বাবক্তয়ে।
জাগ্রদেব......।।' (শ্লোকঃ I-21)

ইত্যাদি-

'সৌষুপ্তপদবন্মূঢ়ঃ প্রবুদ্ধ স্যাদনাবৃতঃ।' (শ্লোকঃ I-25)

ইতি

'তথা স্বপ্নেহপি' (শ্লোকঃ III-2)

ইত্যাদি-

'প্রবুদ্ধঃ সর্বদা তিষ্ঠেৎ' (শ্লোকঃ III-12)

ইত্যাদি চ। অত্র হি জাগরাদিত্রিষু পদেষু আদ্যন্তকোটিবন্মধ্যমপ্যর্থাবসায়াত্মকং পদং তুর্যাভোগময়ং কর্তু প্রবুদ্ধস্য সুপ্রবুদ্ধতাপাদনায়োপদেশঃ প্রবৃত্তঃ, এতচ্চ নির্ণেষ্যামঃ।
তথা চ শিবসূত্রম্

'জাগ্রৎস্বপ্নসুষুপ্তভেদে তুর্যাভোগসম্ভবঃ।' (শিবসূত্র I-3)

ইতি। তথা

'ত্রিষু চতুর্থ তৈলবদাসেচ্যম্' (শিবসূত্র I-3-20)

ইতি

ত্রিতয়ভোক্তা বীরেশঃ।' (শিবসূত্র I-11)

ইতি।

ভাষ্যের ভাবানুবাদ

'তস্য'র অর্থ হল সেই মূল প্রকৃতির আলোচনা; উপলব্ধির অর্থ হল নিরন্তর জ্ঞান (uninterrupted knowledge)। সম্পূর্ণ আলোকপ্রাপ্ত ব্যক্তি বা যোগী এই ত্রিস্তরে অর্থাৎ জাগরণ, স্বপ্ন ও সুষুপ্তিতে চেতনার (awareness) প্রবাহমানতার উপলব্ধি করতে পারেন। প্রবাহের উপর তার সক্ষম ধারণা (firm grip) হয়। তিনি অবশেষে মুক্ত স্বাধীন ও অজ্ঞানতা রহিত হন। 'নিত্যম' অর্থ সর্বদা। 'অব্যভিচারিনী'র অর্থ অবিচলিত। যিনি পূর্ণ আলোকপ্রাপ্ত তিনি অন্তরাত্মায় জ্যোতির্ময় শিবে স্থিত।

সাধকের, যিনি স্বল্প আলোকপ্রাপ্ত তাঁর স্পন্দের অনুভব হয় তিন অবস্থার (ত্রিস্তর-জাগরণ, স্বপ্ন, সুষুপ্তি) প্রতিটির প্রথম ও শেষ দশায়। মধ্যবর্তী কালে হয় না কারণ মধ্যবর্তী

স্তরে তিনি ব্যাপৃত থাকেন সেই সেই অবস্থায়। তাই 'শিবদৃষ্টি'তে (2) বলা হয়েছে- 'শৈবত্বের জ্ঞান বা সাক্ষীর ভাব (state of experient) জ্ঞান লাভের শুরু ও শেষে অনুভূত হয় যখন যোগী নিজে সংহৃত অবস্থায় স্থিত থাকেন (mind is withdrawn within)।' ভট্টলোল্লট(3) তার ভাষ্যেও বলেছেন চেতনা (ভগবৎ) প্রতিটি স্তরের শুরুতে ও শেষে উপস্থিত থাকে(4)।

স্পন্দতত্ত্ব উপলব্ধি করতে হলে যে পরবর্তী পদক্ষেপ, রচয়িতা সে বিষয়ে প্রথম পর্বের একবিংশ শ্লোকে অবহিত করেছেন। এ হল স্বল্পালোকিত সাধকের পদক্ষেপের জন্য। যিনি অনালোকিত এবং নিদ্রাতুর তিনি ঐশ্বরিক জগতের বিষয়ে স্থবির (stupefied) এবং অন্ধকারে সমাচ্ছন্ন (শ্লোকঃ I-25)। যিনি আলোকিত তিনি নিদ্রাতেও চেতন। সুতরাং যিনি পূর্ণ আলোকপ্রাপ্ত হতে চান তাঁকে প্রতিটি স্তরের মধ্যবর্ত্তী অবস্থায়ও চেতন হতে হবে।

চতুর্থ স্তরে যোগীর তুরীয় আনন্দের অবস্থা প্রাপ্তি হয়। এ বিষয়ে পরে ব্যাখ্যা করা হবে। শিবসূত্রেও চতুর্থ অবস্থার উল্লেখ আছে। এই অবস্থায় যোগীর ইন্দ্রিয়ের উপর আধিপত্য লাভ হয় (শিবসূত্র শ্লোকঃ I-7)। যোগীর চেতনার আনন্দ অপর তিন স্তরেও বর্ষিত হয় (শ্লোকঃ III-20)।

মন্তব্য

জগতে তিন ধরণের সাক্ষী আছে। এক হল অতীন্দ্রিয় সত্যতা সন্মন্ধে অবগত নয়, এদের বলে অপ্রবুদ্ধ বা অচেতন। এদের এই সত্যকে যোগ ইত্যাদির মাধ্যমে জানার কোনও আগ্রহ নেই। দ্বিতীয় হল যারা এ বিষয়ে উদ্বুদ্ধ। জাগরণ, স্বপ্নদশা অথবা গভীর নিদ্রার শুরুতে এই যোগীরা স্পন্দতত্ত্বের অতীন্দ্রিয় ঐশ্বরীয়ত্ব সম্বন্ধে অনুভবী হয়; কিন্তু এই অনুভব সদা বর্তমান থাকে না, এবং এরা প্রবুদ্ধ অবস্থায় থাকে। অর্থাৎ, আংশিক বোধে উদ্বুদ্ধ। এরা যোগোপদেশ ও তার চর্চায় নিজেদের অগ্রসারিত করেন, সুপ্রবুদ্ধে স্পন্দতত্ত্বের আলোকে। সুপ্রবুদ্ধ যোগীর তুলনায় এদের অপ্রবুদ্ধও বলা যেতে পারে।

তৃতীয় প্রকার হল সুপ্রবুদ্ধ, যাদের কখনও সহজ করে প্রবুদ্ধ বলেও উল্লেখ করা হয়; যাদের স্পন্দের সামগ্রিক জ্ঞান (integral awareness) বর্তমান। তাদের এই অনুভব অবিরত অনুভব (uninterrupted awareness) এবং তাদের আর যোগ শিক্ষার প্রয়োজন হয় না। ব্যক্তি হিসাবে তাদের প্রকৃত আধ্যাত্মিক উন্মেষ হয়েছে বলে মনে করা হয়।

অষ্টাদশ শ্লোকের প্রস্তাবনা

সুপ্রবুদ্ধষু ত্রিষু পদেষু যাদৃশ্যুপলব্ধিস্তাং বিভাগেন দর্শয়তি-

ভাবানুবাদ

রচয়িতা এখানে ব্যক্তির সাধনায় তিনস্তরীয় গোত্রের সাধকের উপর পূর্ণালোক প্রাপ্তির কি প্রভাব সে সম্বন্ধে বলেছেন।

অষ্টাদশ শ্লোক

জ্ঞানজ্ঞেয়স্বরূপিণ্যা শক্ত্যা পরময়া যুতঃ।
পদদ্বয়ে বিভুর্ভাতি তদন্যত্র তু চিন্ময়ঃ।।

শ্লোকের ভাবানুবাদ

সর্বব্যাপ্ত পরমেশ্বরের জ্ঞাতা এবং জ্ঞেয় (knowledge and knowable) হিসাবে যে সর্বশক্তি, সেক্ষেত্রে ব্যক্তির স্বপ্নে ও জাগরণে হয় জ্ঞানের প্রকাশ আর গভীর নিদ্রায় থাকেন জ্ঞাতা (as conscious)।

ভাষ্য

সুপ্রবুদ্ধস্য ভূম্না জ্ঞানজ্ঞেয়স্বরূপয়া মধ্যমে পদে জ্ঞানাগ্রপর্যন্তয়োস্তু স্বস্বরূপয়ৈ স্পন্দতত্ত্বাত্মনা পরাশক্ত্যা যুক্তো বিভুঃ শঙ্করাত্মা স্বভাবো জাগরাস্বপ্নরূপে পদদ্বয়ে ভাতি। তত্র হি বিশ্বমসৌ সদাশিবেশ্বরবৎপম্যতি, তদন্যত্র সুসুষুপ্তে তু যথান্যে সুষুপ্ততুর্যযোরিতি, 'ত্রিপদাব্যভিচারিণী' ইতি প্রক্রান্তেতুর্য়স্যাপ্রস্তুতত্বাৎ তদুপলব্ধেরেব চ তুর্যরূপত্বাৎ, অসৌ বিভুতিশ্চিন্ময় এবাস্য ভাতি অশেষবেদ্যোপশমাৎ। ইত্যেতৎসুপ্রবুদ্ধাভিপায়মেব ন তু বস্তুবৃত্তআনুসারেণ 'তদন্যত্র তু চিন্ময়ঃ' ইত্যস্যানুপপন্নত্বাপত্তেঃ, লোকে সৌষুপ্তস্য মোহময়ত্বাৎ, শিবাপেক্ষয়া তু জাগ্রৎস্বপ্নয়োরপি চিন্ময়ত্বাৎ। এবমপি চ প্রকৃতানুপযুক্তত্বাৎ। ইতঃ প্রভৃতি প্রথমনিঃষ্যন্দান্তো গ্রন্থঃ প্রবুদ্ধস্য সুপ্রবুদ্ধতায়ৈ স্থিতো যথ টীকাকারৈর্ন চেতিতস্তথা পরীক্ষ্যতাং স্বয়মেব, কিয়ৎপ্রতিপদ্ং লিখাম।

ভাষ্যের ভাবানুবাদ

সর্বব্যাপী শঙ্কর যে তাঁর প্রকৃতিতে স্থিত সর্বশক্তির স্বরূপে সেই তিনি পূর্ণালোকিত সাধকের কাছে জাগরণ ও স্বপ্নের মধ্যাবস্থায় একাধারে জ্ঞাতা ও জ্ঞেয় রূপে বিদ্যমান এবং জ্ঞান বা জ্ঞেয় রূপে তার কাছে স্পন্দতত্ত্ব রূপে অনুভাবিত। এই মধ্যস্তরে সে বিশ্বকে নিজের মধ্যে অনুভব করে সদাশিব ও ঈশ্বর রূপে। সদাশিবতত্ত্ব ও ঈশ্বরতত্ত্বের অধিষ্ঠান শিব ও শক্তি তত্ত্বের পরেই। সদাশিবে প্রথমে শিবের অহম্ পরে শক্তির ইদম্ সম্মিলিত। এ হল জ্ঞান শক্তির প্রকাশ। এই দুই তত্ত্ব প্রকাশিত রূপে গভীর নিদ্রায় থাকে না, যা থাকে তা'হল চেতনায় স্পন্দতত্ত্ব। গভীর নিদ্রার কালেই হয় সুষুপ্তি অবস্থা যাকে অনেকে চতুর্থদশা বলেও আখ্যায়িত করেন। কিন্তু শ্লোকের রচয়িতা সপ্তদশ শ্লোকে সেকথা স্বীকার

করেন নি, বরং চতুর্থদশা বলে কোনও দশাকে অস্বীকার করেছেন কারণ ব্যক্তি তখন স্পন্দতত্ত্বের অধীন পূর্ণ প্রমাণে। সেই অবস্থাকে চতুর্থদশা বলা য়েতে পারে।

সদাশিব, ঈশ্বর ও স্পন্দতত্ত্ব যোগীর ক্ষেত্রেই প্রযোজ্য। কারণ জাগ্রত অবস্থা ও স্বপ্নের পরে যে সুষুপ্তি লাভ হয় তা শুদ্ধচেতন যোগীর দ্বারা উপলব্ধ। সাধারণের ক্ষেত্রে গভীর নিদ্রা হল কায়, মন, বাক্যের স্থবিরতা মাত্র। প্রকৃত যোগী জাগরণ, স্বপ্ন ও নিদ্রা সর্বাবস্থায়ই শিব ভাবে শুদ্ধ চেতনায় অবস্থান করে।

পরবর্ত্তী শ্লোকে আমরা বিস্তারে স্বল্পালোকিতের পূর্ণালোক প্রাপ্তির বিষয়ে আলোচনা করবো।

অর্থনির্দেশ (Exposition)

বর্তমান শ্লোকের বৈশিষ্ট্য হল আলোকপ্রাপ্ত যোগীর অনুভবনীয় বিষয়ের উপর উত্তম চর্চা। এই যোগীর কাছে স্পন্দতত্ত্ব জ্ঞাতা ও জ্ঞেয় রূপে, জাগরণের মধ্যাবস্থা ও স্বপ্নের মধ্যাবস্থায় সম্যকরূপে প্রতিভাত হয়। এই বোধ যোগী স্বশরীরে অনুভব করেন ভগবৎ চেতনা রূপে সদাশিব ও ঈশ্বর অধিষ্ঠানে। স্পন্দতত্ত্ব একসময় সুগভীর নিদ্রায় জ্ঞানের (আমিই সেই- 'অহম-ইদম') শুরু ও শেষ পরিব্যাপ্ত হয়ে সিদ্ধ যোগীর চিন্ময়াবস্থায় (sheer consciousness) উত্তরণ ঘটায়, জ্ঞাতা রূপেও সেখানে যোগী আর নিজেকে উপলব্ধি করে না।

উনবিংশতি শ্লোকের প্রস্তাবনা

যথেয়ং জাগরাদিমধ্যদশাপি প্রবুদ্ধং ন প্রতিবধ্নাতি তথোপপাদয়তি-

ভাবানুবাদ

রচয়িতা উল্লেখ করেছেন কি করে জাগরণের মধ্যাবস্থা ও স্বপ্নের মধ্যাবস্থায় পূর্ণালোকিত যোগীর পূর্ণ অনুভব (perfect realisation) হয়।

উনবিংশতি শ্লোক

গুণাদিস্পন্দনিষ্যন্দাঃ সামান্যস্পন্দসংশ্রয়াৎ।
লব্ধত্মালাভাঃ সততং স্যুর্জ্ঞস্যাপরিপন্থিনঃ।।

ভাবানুবাদ

ব্যক্তিতে স্পন্দের স্ফুর্তি হয় গুণের মাধ্যমে। এই স্ফুর্তি (emanation) সুপ্ত থাকে স্পন্দেই (generic)। কিন্তু যোগীর প্রবৃত্তিতে (essential nature) স্পন্দের এই গুণগত স্ফুর্তি, যা সাধারণ্যে প্রযোজ্য, প্রবেশ করতে পারে না।

ভাষ্য

গুণাঃ সত্ত্বরজস্তমাংসি যেষাং প্রকৃতিতত্ত্বং বিভবভূঃ তে মায়াতত্ত্বাবস্থিতা ইহাভিপ্রেতাঃ। যথোক্তং শ্রীস্বচ্ছন্দে মায়ামসূরকবিন্যাসে।

'অঘশ্ছাদনমূর্ধ্ব চ রক্তং শুক্লং বিচিন্তয়েৎ।
মধ্যে তমো বিজানীয়াদ্'গুণাস্ত্বেতে ব্যবস্থিতাঃ।। (শ্রীস্বচ্ছন্দ: II-65)

ইতি। ত আদয়ো যেষাং কলাদীনাং ক্ষিত্যন্তানাং স্পন্দানাং বিশেষপ্রসরাণাং তেষাং যে নিঃষ্যন্দাস্তনুকরণভুবনপ্রসরা নীলসুখাদিসংবিদশ্চ তথা যোগ্যপেক্ষয়া বিন্দুনাদাদয়স্তে সততং জ্ঞস্য সুপ্রবুদ্ধস্য কস্যচিদেবাপশ্চিমজন্মনোহপরিপন্থিনঃ - স্বস্বভাবাচ্ছাদকা ন ভবন্তীতি নিশ্চয়ঃ, যতস্তে সামান্যস্পন্দমুক্তরূপমাশ্রিত্য 'যত্র স্থিতমিতি' অত্র নির্ণীতদৃশা লব্ধাত্মলাভাস্তত এরোৎপন্নাস্তন্ময়াশ্চেত্যর্থঃ। তথাহি

'স্বাঙ্গরূপেষু ভাবেষু পত্যুর্জ্ঞনিং ক্রিয়া চ যা।
মায়াতৃতীয়ে ত এব পশোঃ সত্ত্বং রজস্তমঃ।।
-(ঈশ্বরপ্রত্যভিজ্ঞা শ্লোকঃ III-3-4)

ইতি। শ্রীপ্রত্যভিজ্ঞোক্তদৃশা চিতিশক্তিরেব পারমেশ্বরী জ্ঞানক্রিয়ামায়াশক্তিত্রিতয়তয়া শ্রীসদাশিবাদিপদে স্ফুরিত্বা সঙ্কোচপ্রকর্ষাৎসত্ত্বরজস্তমোরূপং ক্রীড়াশরীরং শ্রয়তি, যতো নিজচিচ্ছক্তিস্ফারময়ত্বাত্তদধিষ্ঠিতমেব সর্বদা সর্বং জ্ঞানস্সুপ্রবুদ্ধো গুণাদিবিশেষস্পন্দান-নুচ্ছিন্দন্নপি স্পন্দতত্ত্বাবেশময় এব।

ভাষ্যের ভাবানুবাদ

গুণগুলো(1) যথা সত্ত্ব(harmony), রজ(motion) এবং তম(inertia), সেগুলো প্রকৃতি থেকে উদ্ভূত; এবং মায়াবদ্ধ বলেই জানা যায় (resides in Maya)। 'স্বচ্ছন্দ তন্ত্রে' বলা হয়েছে এসব হল মায়ার শিরোপাধান (মাথার বালিশ)। এই উপাধানের নিচের পর্ব রক্তিম (রজস), উপরের পর্ব শুভ্র (সত্ত্ব) এবং মধ্যাংশ (তমঃ) কৃষ্ণবর্ণ)('স্বচ্ছন্দতন্ত্র সূত্র:-II-65)।

এদের শুরু ও বিস্তার হল 'কলা' এবং রূপাবস্থা (শেষ) হল জগতের পরিস্ফুটনে, যা স্পন্দের বৈচিত্রময়তা জীব, জগৎ, শব্দ, বর্ণ, ইন্দ্রিয়াদির প্রকাশ। যোগীরা এইসব প্রকাশ বিন্দু (আলো) ও নাদ (শব্দ) তত্ত্বের মাধ্যমে বোঝার চেষ্টা করেন যাতে আর পুনর্জন্ম না হয় এ জগতে। যোগীদের কাছে তাদের অবিচলিত পথ হল সেই মূলের দিকে যা সৃষ্টির কারণ (স্পন্দ)। সেই স্পন্দেই জগৎ-সংসার সমাহিত। (স্পন্দকারিকা I-2)।

ঈশ্বরপ্রত্যভিজ্ঞায়(2) বলা হয়েছে- 'জ্ঞান, ক্রিয়াশক্তি এবং তৃতীয়ত মায়াশক্তি এসবই বাস্তবে (objective reality) প্রভুর (শিব) অঙ্গ প্রত্যঙ্গ যা সীমিত শক্তি জীবের ক্ষেত্রে সত্ত্ব, রজ, তম।' এই ত্রয়ী (triad of powers) ঐশ্বরিক চেতনা শক্তি রূপে সদাশিবে (3)

আরোপিত (principles of power) পরমেশ্বরের ইচ্ছায়। সদাশিব থেকে ক্রমান্বয়ে ঈশ্বরতত্ত্ব (জ্ঞানশক্তি) ও সদ্'বিদ্যাতত্ত্বর (ক্রিয়াশক্তি) প্রকাশ। এর পরে সঙ্কুচিত শক্তি তথা মায়াময় জগতের আবির্ভাব পরমেশ্বরের ত্রীড়াক্ষেত্র রূপে। ঈশ্বরতত্ত্ব জগতের শুরু যাতে (ইদম্) তিনি (অহম্) অংশত প্রবিষ্ট্। তাই পূর্ণালোক প্রাপ্ত যোগীর চিৎশক্তিই পরমেশ্বরের চেতনশক্তি রূপে সর্বত্র বিরাজিত। স্পন্দের প্রকাশিত রূপভেদের (forms) এবং সম্পর্কিত গুণের যোগীর কাছে কোনও মহত্ত্ব নেই, সে সদা স্পন্দে নিমগ্ন।

মন্তব্য

1. গুণ হল অবধারক তত্ত্ব (constitutive principles)। সত্ত্বকে অর্থ করা যেতে পারে-সমতা(harmony), কল্যাণময়তা(goodness), সুখত্ব(pleasure) এবং উদ্ভাস (enlightenment)। রজ হল গতি(motion) বা ক্রিয়াশীলতা(activity); তম হল মোহজনিত জড়ত্ব(dulness, inertia)।

2. ঈশ্বরপ্রত্যভিজ্ঞার রচয়িতা হলেন পরমপূজ্য উৎপলদেব, ক্ষেমরাজের গুরুর গুরু।

3. জ্ঞান হল সদাশিবের প্রধান বল, ক্রিয়া ঈশ্বরের, এবং শিবের সদ্'বিদ্যাজাত হল মায়াশক্তি। সদ্'বিদ্যার অন্য নাম শুদ্ধবিদ্যা।

অর্থনির্দেশ (Exposition)

স্পন্দকে দুরকমভাবে ব্যক্ত করা যেতে পারে সামান্য ও বিশেষ। সামান্য হল চিৎ আর বিশেষ হল গুণসমূহ ও রূপানুভূতি। সাধারণ্যে গুণ ও রূপানুভূতির স্ফুরণ যোগীদের থেকে ভিন্ন, যোগীরা সুপ্রবুদ্ধ। তাদের চেতনা স্পন্দে স্থিত ও ভ্রমাত্মক নয় (conscience is not befuddled)।

বিংশতি শ্লোকের প্রস্তাবনা

যথা ত্বপ্রবদ্ধান্বধ্নন্ত্যেতে তৎপ্রতিপাদয়তি

ভাবানুবাদ

সাধারণ্যে প্রযোজ্য স্পন্দ অনুদ্বুদ্ধের (unawakened) বন্ধন রূপ।

বিংশতি শ্লোক

অপ্রবুদ্ধধিয়স্ত্বেতে স্বস্থিতিস্থগনোদ্যতাঃ।
পাতয়ন্তি দুরূত্তারে ঘোরে সংসারবর্ত্মনি।।

ভাবানুবাদ

গুণ, রূপ সমূহ আসলে প্রকৃত প্রকৃতির আবরণ যা ব্যক্তিকে সংসার সমুদ্রে বিচরণ করায় এবং মুক্তির বিঘ্ন ঘটায়।

ভাষ্য

অপ্রবুদ্ধধিয়ঃ প্রায়ঃ সর্বানপ্রত্যভিজ্ঞাতপারমেশ্বরীশক্ত্যাত্মকনিজস্পন্দতত্ত্বানন্দেহাত্মমানিনো লৌকিকাৎপ্রাণাদ্যাত্মাভিমানিনাশ্চ মিতযোগিনস্ত্বেতে পূর্বোক্তাগুণাদিস্পন্দনিঃষ্যন্দাঃ স্বস্যাঃ স্পন্দতত্ত্বাত্মনঃ স্থিতেঃ স্থগনায়োদ্যতা নিত্যং তদুদ্যমৈকসারাঃ, দুঃখেনোত্তার্যন্তেহস্মাদ্দৈশিকৈর্জনন্তচক্রমিতি দূরূত্তারে-লঙ্ঘয়িতুমশক্যে ঘোরে-দুঃখময়ে সংসরণমার্গে পাতয়ন্তি। যথোক্তং শ্রীমালিনী বিজয়ে-

'বিষয়েষ্বেব সংলীনানঘোহঘঃ পাতয়ন্ত্যণূন্।
রূদ্রাণূন্যাঃ সমালিঙ্গ্য ঘোরতর্য়োহপরাঃ স্মৃতাঃ।।'
-(শ্রীমালিনী বিজয়: III-31)

ইতি। তথা হি পূর্বং প্রতিপাদিতা যেয়ং স্পন্দতত্ত্বাত্মা পরা শক্তিঃ সৈব বিশ্বস্যান্তর্বহিশ্চ বমনাৎসংসারবামাচারত্বাচ্চ বামেশ্বরী শক্তিঃ। তদুত্থাপিতানি তু খেচরীগোচরীদিক্'চরোভূচরীরূপাণি চত্বারি দেবতাচক্রাণি-সুপ্রবুদ্ধস্য পরভূমিসঞ্চারীণি অপ্রবুদ্ধানাং তু অধরাধরসরণিপ্রেনকাণি। তথা হি যা এব সুপ্রবুদ্ধস্য খে বোধগগনে চরন্ত্যঃ খেচর্য়োহকালকলিতত্বাভেদসর্বকর্তৃত্বসর্বজ্ঞত্বপূর্ণত্বব্যাপকত্বপ্রথাহেতবস্তা এবাপ্রবুদ্ধস্য শূন্যপ্রমাতৃ-পদচারিণ্যঃ কঞ্চুকরূপতয়া স্হিতাঃ কালকলিতত্বকিঞ্চিৎকর্তৃত্বাকিঞ্চিজজ্ঞতা-ভিষ্বঙ্গ-নিয়মহেতবঃ। গৌর্বাক্ তদুপলক্ষিতাসু সংজল্পময়ীষু বুদ্ধ্যহংকারমনোভূমিষু চরন্ত্যো গোচর্যঃ সুপ্রবুদ্ধস্য স্বাত্মাভেদময়াধ্যবসায়াভিমানসংকল্পাঞ্জনয়ন্তি, মূঢ়ানাং তু ভেদৈকসারান্। দিক্ষু দশসু বাহ্যেন্দ্রিয়ভূমিষু চরন্ত্যো দিক্'চর্যঃ সুপ্রবুদ্ধস্যাদ্বয়প্রথাসারাঃ অন্যেষাং দ্বয়প্রথাহেতবঃ। ভূঃ রূপাদিপঞ্চকাত্মকং মেয়পদং তত্র চরন্ত্যো ভূচর্যস্তদাভোগময্যা আশ্যানীভাবতয়া তন্ময়ত্বমাপন্নাঃ ভূচর্যঃ সুপ্রবুদ্ধস্য চিৎপ্রকাশশরীরতয়াত্মানং দর্শয়ন্ত্য ইতরেষাং সর্বতোপ্যবচ্ছিন্নতাং প্রথয়ন্ত্যঃ স্হিতাঃ,-ইত্যেবং প্রমাত্রন্তঃকরণবহিষ্করণপ্রমেয়রূপতযৈব তানি চত্বারি চক্রাণি গুণাদিস্পন্দময়ান্যপ্রবুদ্ধবুদ্ধীংল্লৌকিকাংস্তথাবিন্দুনাদাদিপ্রথামাত্রসনত্তষ্টান্ যোগিনস্তত্তত্ত্বপ্রসররূপে সংসারে পাতয়ন্তি।

ভাষ্যের ভাবানুবাদ

অপ্রবুদ্ধ্যঃ অর্থ হল সেই সংসারী লোকেরা যারা স্পন্দকে শুধুমাত্র শক্তিরূপে দেখে এবং নিজেদের মনে করে অহম্। এদের মধ্যে স্বল্পালোকিত যোগীরাও গণ্য যখন তারা প্রাণ ইত্যাদিকে অহম্ মনে করে।

এই শ্লোকে যে 'ইত্যাদি'-র উল্লেখ আছে সেখানে স্পন্দের থেকে গুণ প্রভৃতির স্ফুরণ হয় এই ধারণা বুঝতে হবে।

'স্বস্থিতিস্থগনোদ্যতাঃ'র অর্থ হল সর্বদা স্পন্দ তত্ত্বকে আবৃত করতে উদ্যোত। 'দুরূত্তারে ঘোরে সংসারবর্ত্মনি পাতয়ন্তি'-র অর্থ হল ঘোর সংসার চক্রে ঘুরতে থাকা, যার থেকে ত্রাতার পক্ষেও ব্যক্তিকে উদ্ধার করা প্রয়াস সাধ্য (1)।

মালিনীবিজয় তন্ত্রে বলা হয়েছে- যা পরম নয় (অপরা) এবং ঘোরতর শক্তির সহায়ে হৃদয়ে 'রুদ্র'-কে জড়িয়ে থাকে সেক্ষেত্রে জীব ইন্দ্রিয়ে আবদ্ধ। (মা.বি.III-31)।

সুতরাং পরাশক্তি যা স্পন্দের প্রকৃতি, তার কাজ (প্রকাশ) উভয়তো অন্তর শক্তি ও বহির্শক্তি; তখন তিনি বামেশ্বরী(2)। কারণ তাঁর ভূমিকা বিরুদ্ধভাব অবলম্বন (3)। এর হয় চতুর্রূপ- খেচরী, গোচরী, দিক্চরী ও ভূচরী; যাদের মাধ্যমে পূর্ণ জ্ঞান উপলব্ধ হয়।

খেচরীর মাধ্যমে স্থান কালে নিয়ম ও নিয়তিতে থেকেও একত্ব, সর্বব্যাপকত্ব ও সর্বজ্ঞত্বের বোধ হয়। শূন্যের সাক্ষী হিসাবে অভিগমন হয় গোচরীতে। 'গো'-এর অর্থ হল বাক্। বাকের সঙ্গে বুদ্ধি, অহংকার ও মনের (ideating) যোগ। এসবের মধ্যে দিয়ে বাকের মাধ্যমে চারণ করে (রূপায়িত করে) যোগী ক্রমান্বয়ে আলোক প্রাপ্ত হয়। দিক্চরীর অর্থ যোগীর একস্থানে স্থিত হয়েও দশদিশায় অভিগমন শক্তি।

'ভূ' অর্থে যার সম্বন্ধে জানা যায়(objects)। যোগী 'ভূ'-এর প্রকৃত জ্ঞানের সীমা অতিক্রম করেন যা সাধারণ লোক করতে পারে না। এ হল যোগীর ভূচরী অবস্থা।

সুতরাং এই চতুর্শক্তির চর্চায় যোগী স্পন্দকে পরিলক্ষণ করতে পারেন তার প্রবুদ্ধ অবস্থায়। যারা স্বল্পালোকিত সেই অপ্রবুদ্ধেরা আলোর বিন্দু এবং শব্দের নাদকে অনুভব করেই তুষ্ট থাকেন।

মন্তব্য

1. 'মালিনী বিজয়' তন্ত্রে তিন শক্তির কথা বলা হয়েছে। প্রথম হল ঘোরতরী শক্তি। এই অপরা শক্তিতে হৃদয়ে রুদ্রভাব থাকলেও ইন্দ্রিয়ের প্রকোপ থেকে মুক্তি হয় না। দ্বিতীয় হল ঘোর শক্তি। এর দরুণ কর্মফলে আসক্তি থেকে যায় (পরাপরা)। তৃতীয় হল অঘোর শক্তি (পরা)।, শিবমুখীভাব।

2. বামেশ্বরী দুই রূপে ব্যাখ্যাত। এক হল বিপরীত বা বাম, দ্বিতীয় হল সুন্দর বা মোহনীয়। প্রথম অর্থে বামেশ্বরীর কাজ হল প্রচলিত সংসারের বিপরীতমুখী হওয়া, যেই সংসারে ভেদ বর্তমান। দ্বিতীয় অর্থে বামেশ্বরী জগতকে শিবের সৌন্দর্যে উপস্থাপিত করেন। স্পন্দসন্দোহে ক্ষেমরাজ বামেশ্বরীর নিম্নোক্ত ব্যাখ্যা দিয়েছেন।

'যত্র বমন্তি বিশ্বং ভেদাভেদময় ভেদসারং চ, গৃণন্তি উচ্চৈর্গিরন্তি চ ভেদসারং ভেদাভেদময়ং চ অভেদসারং অপাদয়ন্তি ইতি সংসারবামাচারাঃ বামাঃ শক্তয়ঃ তাসাম্ ঈশ্বরী স্বামিনী।' অর্থাৎ, খেচরী, ভূচরী এসব বামাশক্তি, যার মাধ্যমে জগতে ভেদাভেদ প্রকটিত। যোগী এই ভেদাভেদ নিজের মধ্যে একীভূত করতে পারেন। এই শক্তি বামাশক্তি নামে প্রতিষ্ঠিত।

3. অন্তরে অভেদ ভাব, বাইরে ভেদ ভাব।

অর্থনির্দেশ (Exposition)

স্পন্দের প্রকাশের প্রকারভেদে বস্তুগত রূপই অজ্ঞ ব্যক্তিকে আকৃষ্ট করে। প্রতিটি রূপ এবং তার পিছনের শক্তির পৃথক পৃথক অধিষ্ঠিত দেবতা হয়। তাঁরা ব্যক্তিকে ভোগের জগতে মত্ত করে, যদি ব্যক্তির ঐশ্বরিক মুক্তির (spiritual journey) ইচ্ছা না থাকে। পৃথক পৃথক শক্তির দেবতার দ্বারা ব্যক্তির এই অবনমন তার ক্ষেত্রেই প্রযোজ্য যে ঐশ্বরিক চেতনার আকাঙ্খী নয়।

একবিংশতি শ্লোকের প্রস্তাবনা

যত এবম্

অর্থাৎ, ইহা এই রূপ

একবিংশতি শ্লোক

অতঃ সততমুদ্যুক্তঃ স্পন্দতত্ত্ববিবিক্তয়ে।
জাগ্রদেব নিজং ভাবমচিরেণাধিগচ্ছতি।।

ভাবানুবাদ

সুতরাং স্পন্দতত্ত্বের অনুধাবনে সদৈব সচেতন ব্যক্তি জাগ্রত অবস্থায়ও অল্প সময়েই স্পন্দের স্বরূপ বা স্পন্দকে (essential state of Spanda) উপলব্ধি করে।

ভাষ্য

উক্তবক্ষ্যমানরূপস্য স্পন্দতত্ত্বস্য বিবিক্তয়ে-বিমর্শনায় সততমুদ্যুক্তঃ

'ময়্যাবেশ্য মনো যে মাং নিত্যযুক্তা উপাসতে' (গীতা শ্লোকঃ XII-2)

ইতি গীতোক্তদৃশা সততমেবান্তর্মুখস্বরূপনিভালনপ্রবণো যঃ স জাগ্রদেব জাগরাবস্থাস্থিত এব নিজমাত্মীয়ং শঙ্করাত্মকং স্বস্বভাবমচিরেণাধিগচ্ছতি, তথা অস্য শঙ্করাত্মা আন্তরঃ স্বভাবঃ স্বয়মেবোন্মজ্জতি যেন প্রবুদ্ধো নিত্যোসুপ্রবুদ্ধো জীবন্মুক্তো ভবতীত্যর্থঃ।

ভাষ্যের ভাবানুবাদ

যে সবসময় স্পন্দকে জানার জন্য উদগ্রীব শঙ্করের সঙ্গে তার উৎপন্ন হয় অভিন্নতা। আমরা এ বিষয়ে শীঘ্র আলোচনা করবো। এই অভিন্নতা ব্যক্তির কাছে জাগরিত অবস্থায়ও বর্তমান (1), যেমটা গীতার দ্বাদশ অধ্যায়ের দ্বিতীয় শ্লোকে বলা হয়েছে। যথা- যারা আমাতে (ভগবানে) মন সমাবিষ্ট করে তারা আমার সঙ্গে একাত্ম হয়, তারাই আমার একান্ত উপাসক (wait upon me)।

উপাসকের অন্তরে শঙ্কর অধিষ্ঠিত থাকে তার জাগ্রত অবস্থায়ও। এই উপস্থিতি তাকে সুপ্রবুদ্ধ (fully enlightened) করে এবং বেঁচে থেকেও সে মুক্ত জীবন যাপন করে। সেই ব্যক্তি সর্বদা তার অন্তরে শিবের সন্ধানে, সন্নিধানে যুক্ত থাকে। (2)

মন্তব্য

1. শুধুমাত্র স্পন্দের অনুধ্যানে নয়, জাগতিক কাজে কর্মেও শঙ্করভাবে ভাবিত।
2. সর্বদা ভগবৎ সচেতন।

অর্থনির্দেশ (Exposition)

যারা সর্বদা ঈশ্বর ভাবে ভাবিত তাদের ভিতরে এক অজ্ঞাত রসায়ন সংঘটিত হয় এবং তার অনুভূতিতে ঈশ্বর বা ভগবৎ চেতনার প্রকাশ হয়। উৎপলভট্টের কথায়- 'গ্রহং শুদ্ধবোধৈকরূপো জগচ্চেদং মৎস্ফার এব।' অর্থাৎ, আমিই শুদ্ধ চেতনা, এই জগৎ আমারই গৌরবময় প্রকাশ।

দ্বাবিংশতি শ্লোকের প্রস্তাবনা

যথাস্যোদ্যুক্তস্য বলবদালম্বনবশোদিতানায়াসতদন্যসকলবৃত্তিক্ষয়ময়ীষু নিয়তাসু যাস্যবস্থাসু স্পন্দনিধানমুন্মুদ্রিতমভিমুখীভূতমাস্তে তা এতাঃ প্রথমুদ্যোগস্য বিষয়া ইত্যুপদেষ্টুমাহ।

ভাবানুবাদ

স্পন্দের ঐশ্বর্য যখন ব্যক্তির কাছে উন্মুক্ত হয়ে যায় তখন ব্যক্তি স্পন্দ ব্যতীত আর কিছু সম্বন্ধেই সচেতন থাকে না। স্পন্দের বিষয়ে অধিকারের সক্ষমতাই তাকে এ বিষয়ে বলীয়ান করে। রচয়িতা বলেছেন যে সাধকের প্রচেষ্টার দ্বারাই সেটা সম্ভব।

দ্বাবিংশতি শ্লোক

অতিক্রুদ্ধঃ প্রহৃষ্টো বা কিং করোমীতি বা মৃশন্।
ধাবন্বা যৎপদং গচ্ছেত্তত্র স্পন্দঃ প্রতিষ্ঠিতঃ।।

ভাবানুবাদ

ব্যক্তির মধ্যে স্পন্দতত্ত্ব প্রতিষ্ঠিত হয় যখন ব্যক্তি তত্ত্বের চর্চায় একসময় হয়রান হয়ে (exasperated) উল্লসিত (overjoyed) হয় বা হতবাক (impasse) হয়ে কিংকর্তব্যবিমূঢ় হয় বা তার এই ঘোর অবস্থা থেকে পলায়ন করতে চায়।

ভাষ্য

সর্বত্র তাবদুপায়মার্গে সমস্তেতরবৃত্তিপ্রশমপূর্বমেকাগ্রীভবন্তি যোগিনঃ, এতাস্বতিক্রোধাদ্য-বস্থাসু স্বরসত এব সমস্তাপরবৃত্তিক্ষয়ময়ীষু যদি স্পন্দতত্ত্ববিবিক্তয়ে সততমুদ্যুক্তা ঝটিত্যন্তর্মুখীভবন্তি যোগিনস্তৎসমীহিতমচিরেণৈব লভন্তে। অযোগিনস্ত্বত্র মূঢ়া এবেতি তাৎপর্যম্। তথাহি সমনন্তরবিহিতদারুণোপঘাতশক্রদর্শনাত্মর্মস্পর্শিত-ত্তদ্বচনাকর্ণনাদ্বা প্রথমা-মেবোন্মিষৎসংজিহীর্ষাদেবতাবলাদন্তর্মুখীভবদ্রশ্মিচক্রোহতিক্রুদ্ধঃ, চিরপ্রার্থিতপ্রাণেশীবদনেন্দু-দর্শাদেব তৎক্ষণমেবোন্মজ্জৎপূর্ণাভিলাষদেবতাবশবিকসিতানু-ধাবৎসমস্তকরণচক্রঃ প্রহৃষ্টো বা, বলবদাততায়িবলেন সর্বতো বলিতত্বাৎকান্দিশীকঃ কিং করোমীতি মৃশন্বিকল্প যৎসংশয়-ধারাধিরোহ্াত্মনি পদেহনুপ্রবিষ্টঃ ক্ষীণসকলালম্বন-বিকসৎসংশয়সংবিন্নিরালম্বনীকৃতবৃত্তিপ্রসরো বা, মত্তাবারণাদ্যনুবধ্যমানো ধাবন্ শরীরনিরপেক্ষমেব স্বাত্মপ্রবণীকৃতে তরবৃত্তিপ্রসরৎ-উদ্যোগদেবীপ্রেরণয়াতিত্বরিত-পলায়নক্রিয়াবিষ্টো বা; এবমন্যাস্বপ্যেবংপ্রায়াসু সিংহাজগরাদি অবলোকনজনিতমহাত্রা-সাদ্যবস্থাসু যদ্বৃত্তিক্ষয়াত্মকং পদং গচ্ছেদধিতিষ্ঠেৎ স্পন্দতত্ত্ববিবিক্তয়ে সততমুদ্যুক্তো যো যোগিজনস্তস্য তত্র বৃত্তিক্ষয়াত্মকে পদেহবস্থাবিশেষে স্পন্দঃ প্রতিষ্ঠিতঃ স্পন্দতত্ত্বমভিমুখীভূতমেব তিষ্ঠতি। তস্মাদেতদ্বৃত্তিক্ষয়পদং সংচেত্য ঝটিতি কূর্মাঙ্গসংকোচ-যুক্ত্যা ক্রোধসংশয়বৃত্তীঃ প্রশময্য মহাবিকাসব্যাপ্তিযুক্ত্যা বা প্রহর্ষধাবনবৃত্তীর্বিস্ফার্য্যাভিমুখী-ভূতনিজস্পন্দশক্তিবিমর্শবতা যোগিনা ভাব্যম্। যথোক্তং শ্রীবিজ্ঞানভৈরবে-

'কামক্রোধলোভমোহমদমাৎসর্যগোচর।
বুদ্ধিং নিস্তিমিতাং কৃত্বা তত্তত্ত্বমবশিষ্যতে।।'
-(বিজ্ঞানভৈরব-101)

'আনন্দে মহতি প্রাপ্তে দৃষ্টে বা বান্ধবে চিরাৎ।
আনন্দমুদ্গতং ধ্যাত্বা তল্লয়স্তন্মনা ভবেৎ।।'
-(বিজ্ঞানভৈরব-71)

'ক্ষুতাদ্যন্তে ভয়ে শোকে গহ্বরে বারণাদ্'দ্রুতে।
কুতূহলে ক্ষুধাদ্যন্তে ব্রহ্মাসত্তাময়ী সমীপগা।' ইতি।
-(বিজ্ঞানভৈরব-118)

ভাষ্যের ভাবানুবাদ

ভগবৎ লক্ষ্যে যোগী মনকে একাগ্র করে স্থিত হয়, সব বিক্ষেপকে অপসারিত করে। যোগীর এই উগ্র একাগ্রতায় স্পন্দতত্ত্বের উদ্ঘাটনে সে অন্তর্মুখী হলেই অভীপ্সিত ফল লাভ করে। অর্থ হল যারা যোগী নয় তারা এমতাবস্থায় স্থবির হয়।

ভাবনার অতিক্রুদ্ধ অবস্থায় (exasperated) বা উগ্রতায় যোগীর ভাব অন্তর্মুখী হলে তার শক্তিতে তখন দৈবীশক্তির উদ্ভব হয়, যা তার সাধারণ শক্তির সংহার করে। এই সময় যোগী বিভিন্ন সংহারজনিত নিনাদ শুনতে পান এবং শীঘ্রই প্রহৃষ্ট (overjoyed) হন এবং দেবীর সুন্দর মুখ অবলোকন করে যোগীর ইন্দ্রিয় সব আনন্দে সেই দিকে ধাবিত হতে চায়। যোগীর তখন এক হতবাক অবস্থা (কিম্ করোমি) হয় তার এই নিরালম্ব (helpless) ভাবে।

যোগীর 'ধাবন' (running for life) অর্থে যেন বোঝায় মত্ত হস্তীর তাড়ায় যোগীর উর্দ্ধশ্বাস পলায়ন। দৈবীশক্তির প্রভাবে তার এই মানসিক অবস্থা হতে পারে। তখন আর অন্য কোনো জানোয়ারের, সিংহ বা অজগরের ভয় থাকে না। স্পন্দতত্ত্বের প্রতি যোগীর এই প্রকার মানসিক মুক্তির প্রচেষ্টাই তার স্পন্দ প্রাপ্তির গভীরতা।

সুতরাং তার অন্যান্য প্রবৃত্তির নিবৃত্তিতে যোগী কুর্মের মতো নিজেকে গুটিয়ে ফেলে, নিজেকে বিক্ষেপের বিপদ থেকে মুক্ত করে স্পন্দের সুখানন্দে অগ্রসর হয়। বিজ্ঞানভৈরবে আছে- 'যদি মনকে অবিচলিত করা যায় লোভ, মোহ, মত্ততা ও মাৎসর্য থেকে তবে আসল সত্যে (underlying reality) স্থিত হওয়া (subsists) যায়' (বিজ্ঞানভৈরব-101)। তখন যে আনন্দের উপলব্ধি হয় যেন পুরানো বন্ধুবান্ধবদের বহুকাল বাদে দর্শনলাভ হল। সেই আনন্দকে বজায় রাখলে মন আনন্দস্নাত হয় (identified with it) (বিজ্ঞানভৈরব-71)।

ভয়, দুঃখ, দীর্ঘশ্বাস, ক্ষুত (হাঁচি), অতি উৎসুকতা, আক্রমন (যথা হস্তী), ক্ষুধা প্রভৃতির উদ্বেগ ও অবসানে যে মানসিক অবস্থা হয় সেই অবস্থা ব্রহ্মোপলব্ধির সমীপ অবস্থা (বিজ্ঞানভৈরব-118)।

অর্থনির্দেশ (Exposition)

যখন উগ্র ক্রোধ, অতি ভয় বা অতি আনন্দ বা কিংকর্তব্যবিমূঢ়তা উপস্তিত হয় এবং মনের বহির্মুখীনতা স্তব্ধ হয়, তখন ব্যক্তির চিন্তায় অচিন্ত্যভাব উদয় হয়। ব্যক্তির এই অবাস্তব অবস্থা স্পন্দ অভিমুখী অবস্থার অনুরূপ। যোগী, তান্ত্রিকেরা ধ্যানের মাধ্যমে তাদের মানসিক অস্থিরতা বন্ধ করেন এবং তাদের ধ্যানের গভীরতায় কাঠবিড়ালীর মতো মনের চঞ্চলতাও স্তব্ধ হয়ে যায়। এই স্তব্ধতার সময়েই অন্তর্মুখীনতার সুযোগ; অন্তর্মুখীনতায় স্পন্দনের কম্পন অনুভূত হয়, দৃষ্ট হয়। সবার সেই ভাগ্য হয় না, এই অনুভব ধ্যানীর উগ্র

অনুধ্যানের উপর নির্ভর করে। তাই ক্ষেমরাজ সতর্ক করে দিয়েছেন- 'এতাস্বতিক্রোধাদ্যবস্থাসু স্বরসত এব সমস্তাপরবৃত্তি- ক্ষয়ময়ীষু যদি স্পন্দতত্ত্ববিবক্তয়ে সততমুদ্যুক্তা ঝটিত্যন্তর্মুখী ভবন্তি যোগিনস্তৎ- সমীহিতমচিরেণৈব লভন্তে। অযোগিনস্ত্বত্র মূঢ়া এব।' অর্থাৎ, এই উগ্র অনুধ্যানে মনের অন্যান্য ক্রিয়াকর্ম রূদ্ধ হয়ে যায়। যে যোগি সর্বদা সচেতন (alert) থাকেন স্পন্দ তত্ত্বের প্রাপ্তিতে অন্তর্মুখী হয়ে তার মানসিকতায় (psychological) স্পন্দতত্ত্ব ক্ষণমাত্রে দৃষ্ট হয়। অযোগীরা স্থবির স্তম্ভিত অবস্থা (stupefied bewilderment) প্রাপ্ত হয়। রামকণ্ঠ বলেছেন-'এতাশ্চ প্রবুদ্ধস্য প্রত্যবমৃশ্যমানাঃ সদ্যঃ প্রতিষ্ঠিতস্পন্দোপলব্ধ্যুপায়তাং ভজন্তে, ন চু অনুভূয়মানাঃ। সা হি অবস্থা দুঃখাদিময়্যেব'(রামকণ্ঠ 'বিবৃতি'পৃ:-74)।

অর্থাৎ, ভাবের এই উগ্রতা সাধককে অনবরত স্পন্দের সমীপবর্ত্তী করে তার ঈশ্বর সচেতনতার চিন্তনে। প্রকৃত পক্ষে এই অবস্থা আনন্দ ও কষ্টের কারণ; সাধক তার ঈশ্বর সচেতনতা অনুভূতিতেই স্মরণ করেন (reflective recollection), নিমগ্ন হওয়ার অপেক্ষায়। তাই অপ্রাপ্তির কষ্ট ও প্রাপ্যর আনন্দ।

ত্রয়োবিংশ, চতুর্বিংশ ও পঞ্চবিংশতি শ্লোকের প্রস্তাবনা

এবমেতাস্ববস্থাসূক্তযুক্ত্যা প্রথমং স্পন্দশক্তিং পরিশীল্য তদনু নামেবানুসন্দধৎ *সর্বাস্ববস্থাসু তদ্দার্ঢ্যানুপ্রবেশময়ীং জীবন্মুক্ততামাহরেৎ(১) সততোদ্যুক্ত ইত্যুপদিশতি।

* (১) আরোহয়েদিতি পাঠ।

ভাবানুবাদ

রচয়িতা ব্যাখ্যা করেছেন যে সচেতন সাধক পূর্বে উল্লেখিত সাধনার সূত্রে (techniques) স্পন্দের শক্তি সমীপাবস্থায় নিরীক্ষণ করে (closely observing), সর্বদা অনুধ্যানে মুক্তিগামী হয় এবং সেই মুক্তিতে স্থিত হয় (impenetrated firmly into it)।

ত্রয়োবিংশ শ্লোক

যামাবস্থাং সমালম্ব্য যদয়ং মম বক্ষ্যতি।
তদবশ্যং করিষ্যেহহমিতি সংকল্প্য তিষ্ঠতি।।

চতুর্বিংশ শ্লোক

তামাশ্রিত্যোর্ধ্বমার্গেণ চন্দ্রসূর্যাবুভাবপি।
সৌষুম্নেহধ্বন্যস্তমিতো হিত্বা ব্রহ্মাণ্ডগোচরম্।।

পঞ্চবিংশতি শ্লোক

তদা তস্মিন্মহাব্যোম্নি প্রলীনশশিভাস্করে।
সৌষুপ্তপদবন্মূঢ়ঃ প্রবুদ্ধঃ স্যাদনাবৃতঃ।।

শ্লোকসমূহের ভাবার্থ

ঈশ্বরে সচেতন যোগী স্পন্দের দৃঢ় প্রাপ্তিতে নিজেকে দায়বদ্ধ করেন স্পন্দের অনুভবের ক্রমে। প্রাণ (সূর্য), অপান (চন্দ্র) তার সুষুম্না ধরে তাকে সম্মিলিতভাবে উর্দ্ধগামী করতে সচেষ্ট হয়, বিশ্বচেতনায় মিলিত হবার জন্য। শরীরের অনুভূতিও ত্যক্ত হয় যখন প্রাণ ও অপান বায়ু ব্রহ্ম রন্ধ্রে নীত হয়। সেই স্থিতিও আলোকপ্রাপ্ত যোগীর কাছে ত্যজ্য, পূর্ণানন্দ (full enlightenment) প্রাপ্তির জন্য। অপর পক্ষে স্বল্পালোকিত যোগী এমতাবস্থায় গভীর নিদ্রায় অভিভূত (darkness of infatuation) থাকে।

ভাষ্য

অয়ং-শঙ্করাত্মা স্বভাবো যন্মম বক্ষ্যতি-অভিব্যক্তং সদ্ *(১) যচ্চিদানন্দঘনমনুভূত পূর্ব স্বরূপং মাং বিমর্শয়িষ্যতি তদবশ্যমহং করিষ্যে বহির্মুখতাং হিত্বা তৎপ্রবণ এব ভবিষ্যামি ইতি সঙ্কল্প্য-নিশ্চিত্য, যামতিক্রোধাবস্থাস্বনুভূতচরীং চিদানন্দঘনাং *স্পন্দাত্মিকামবস্থামবলম্ব্য(২)-প্রাপ্যত্বেনাভিসন্ধায় তিষ্ঠতি শমিতবিকল্পগতিমবিকল্পাম-বস্থামবিচলত্বেন ভজতে যো যোগী তদীয়াং তামবস্থাং সমাশ্রিত্য চন্দ্রসূর্যৌ অপানঃপ্রাণশ্চোভাবপি হৃদয়ভূমৌ মিলিত্বা যুগপদেব সৌষুম্নেহধ্বনি ব্রহ্মনাড়্যামূর্দ্ধমার্গেণো-দানপথেনাস্তমিতঃ শাম্যতঃ, কথং ব্রহ্মাণ্ডলক্ষণং গোচরং হিত্বা-ব্রহ্মবিলাধিষ্ঠাতৃব্রহ্মা-ধিষ্ঠিতমণ্ডং মুক্তা-উর্দ্ধকবাটান্তাং দেহব্যাপ্তিং ত্যক্তা তদা চোল্লঙ্ঘিতদেহব্যাপ্তিকেহত এব প্রকর্ষেণ লীনাদুক্তরূপৌ শশিভাস্করৌ যত্র, তস্মিন্মহাব্যোম্নি নিঃশেষবেদ্যোবপশমরূপে পরমাকাশে প্রাপ্তেহপি যঃ শিথিলপ্রযত্নতয়া খেচর্য়াদ্যাত্মনা গুণাদিস্পন্দনিঃষ্যন্দেন ব্যামোহিতত্বাৎ সৌষুপ্তপদবদ্ভবতি, সৌষুপ্তেন চ সুপ্তমপ্যুপক্ষিতং, তেন চ স্বপ্নসুষুপ্তবৎ যঃ শূন্যাদিভূমিমেবাধিতিষ্ঠতি স যোগী সম্যগনভিব্যক্তস্বস্বভাবো মূঢ় ইত্যুচ্যাত। যথোক্তং শ্রীভট্টকল্লটেন-

'যাং স্পন্দাত্মিকামবস্থামবলম্ব্য।' ইতি 'যোগিনঃ'।
ইতি চ -'যস্য স্বস্বভাবাভিব্যক্তিনং সম্যক্'বৃনা ম
স্বপ্নাদিনা মুহ্যমানোহপ্রবুদ্ধো নিরুদ্ধঃ স্যাৎ।'

ইতি যস্তু তত্রাপি প্রযত্নপাটবাদুদ্যন্তৃতাবলাৎ ক্ষণমপি ন শিথিলীভবতি স তমসানভি-ভূতত্বাৎ চিদাকাশময়ত্বেনৈবাবস্থিতঃ প্রবুদ্ধ উচ্যতে, অত এব সততোদ্যোগবতৈব যোগিনা ভবিতব্যম্,-ইত্যাদিষ্টং গুরুভিঃ, ইতি শিবম।

ইতি শ্রীমহামাহেশ্বরাচার্যক্ষেমরাজানকনির্মিতে স্পন্দনির্ণয়ে স্বরূপস্পন্দঃ প্রথমো নিষ্যন্দঃ।

* (১) সম্যগিতি পাঠ। (২) সমবলম্ব্যেতি পাঠ।

ভাষ্যের ভাবানুবাদ

'অয়ম্'(ইহা) অর্থাৎ আমার মূল (essential self) শঙ্করেরই প্রকৃতি জাত। আমার এই মূল প্রকৃতি (আনন্দময় চেতনা) প্রারব্ধ (previously experienced nature); প্রকৃতিকে সর্বদা সংস্কৃত (admonish) করে, অর্থাৎ বহির্মুখীভাবকে অন্তর্মুখী করে। সঙ্কল্পের অর্থ সম্ভাব্য ক্ষেত্রে সিদ্ধান্ত নেওয়া। 'যামাবস্থাং সমালম্ব্য' অর্থ সেই স্পন্দকেই অবলম্বন করা যা প্রাপনীয়। 'তিষ্ঠতি'-র অর্থ সব প্রজল্পনাকে (thought-construct) বিসর্জন করে, চিন্তামুক্ত হয়ে অবিকল্পে স্থিত হওয়া। প্রাণ ও অপান শরীরে (হৃদয়ে) কেন্দ্রীভূত হয়ে সুষুম্নায় যখন ব্রহ্ম নাড়ীতে উর্দ্ধমুখে (উদানে) গমন করে, তখন ব্রহ্মের আবাস শরীর থেকে কেন্দ্রীভূত প্রাণ ও অপান ব্রহ্মরন্ধ্রের শীর্ষদেশে উপস্থিত হয়। শীর্ষদেশ হল ব্রহ্মদ্বার (Gate high up)। সেখান থেকে দ্রবীভূত হয় বিশ্বচেতনায়। যোগী যদি মুক্ত হওয়ার সময় স্পন্দের বিকসিত (প্রকাশিত) জাগতিক গুণাদির দ্বারা আকৃষ্ট হয় এবং সাধনার প্রয়াসে শৈথিল্য থাকে তবে খেচরী শক্তি ব্রহ্মাণ্ড থেকে উপরে উঠতে দেয় না। যোগী ব্রহ্মরন্ধ্রেই স্থবির ও সীমিত থাকে। তার তখন মূঢ় অবস্থা বা মোহগ্রস্ত। সৌষুপ্তিতে (গভীর নিদ্রায়) স্বপ্নের রেশ থেকে যায় ফলে যোগীর সেই অবস্থায় শুধু শূন্যের (বিন্দু) অনুভব হয়। শ্রীভট্টকল্লটের বৃত্তিতে আছে- 'স্পন্দের এই বিকসিত অবস্থা যদি স্বল্পালোকিত (unawakened) যোগীর কাছে গুণ সমন্বিত হয়ে প্রতিভাত হয় তখন স্পন্দের মূল প্রকৃতি (চেতনার সর্বব্যাপ্তি) অধরা থাকে।'

যে যোগীর প্রয়াস অব্যাহত থাকে, নিরলস থাকে, সেই যোগীই প্রবুদ্ধ তথা সুপ্রবুদ্ধ অবস্থা (fully enlightened) প্রাপ্ত হয়। যোগীর প্রতি রচয়িতার এটাই উপদেশ। ক্ষেমরাজকৃত স্পন্দকারিকা তথা 'স্পন্দনির্ণয়ে'র প্রথম পর্বের (first part) এখানেই পরিসমাপ্তি। আচার্য ক্ষেমরাজ সর্বোত্তম প্রভু এক পরম ভক্ত।

অর্থনির্দেশ (Exposition)

যোগী যখন স্পন্দতত্ত্ব সম্যক্ উপলব্ধি করতে পারে তাঁর প্রাণবায়ু ও অপান বায়ু সমন্বিত হয়ে সুষুম্নার মাধ্যমে ব্রহ্মরন্ধ্র ভেদ করে সর্বময় চেতনায় মিশে যায় (dissolve)। তাঁর অনুভূতি স্বল্পালোকিত যোগীর তুলনায় অফুরন্ত আনন্দময় হয়ে ওঠে।

দ্বিতীয় পর্ব

সারসংক্ষেপ

এবং প্রথমনিঃষ্যন্দেন স্বস্বরূপাত্মকং যুক্ত্যপপন্নং সাভিজ্ঞানং নিমীলনসমাধি-প্রত্যভিজ্ঞেয়ং স্পন্দতত্ত্বং প্রতিপাদ্য যথা সততং তৎস্বরূপসমাসাদনেন সুপ্রবুদ্ধতা প্রাক্সূচিতা ভবতি তথা ইদানীং তস্যৈব বৈশ্বাত্ম্যমুন্মীলনসমাধিপ্রত্যভিজ্ঞেয়ং যুক্তিতোহপি নির্ণেতুং সর্বত্র চিদভেদপ্রকাশকং সহজবিদ্যোদয়াখ্যম্ ইমং দ্বিতীয়ং নিঃষ্যন্দং 'তদাক্রম্য' ইত্যাদিনা 'শিবসদ্ভাবদায়িনী' ইত্যন্তেন শ্লোকসপ্তকেন নিরূপয়তি। তত্র বিশ্বং শুদ্ধাশুদ্ধভেদেন দ্বিধা। তত্র শুদ্ধং মন্ত্রাদিরূপং তত এবোৎপন্নং তন্ময়ং তত্রৈব বিশ্রাম্যতি, -ইতি শ্লোকদ্বয়েনোক্তম্। অশুদ্ধমপি তন্ময়মেব, -ইত্যপরেণ শ্লোকদ্বয়েনাভিহিতম্। তৎসংবেদনাধিরূঢ়ো জীবন্মুক্তঃ, -ইতি শ্লোকেনোক্তম। এতত্তত্ত্বসমাসাদনেনৈব সাধকানাং স্বেষ্টসিদ্ধিঃ, -ইতি শ্লোকদ্বয়েনাভিহিতমিতি সংক্ষেপঃ।

অথ গ্রন্থোব্যাখ্যায়তে। যদুক্তম্

'যত্র স্থিতমিদং সর্ব কার্য যস্মাচ্চ নির্গতম।' (শ্লোকঃ I-2)

ইতি তত্র শুদ্ধং তাবন্মন্ত্রাদিরূপং, তদ্যথা তত এবোৎপন্নং তদ্বলেনৈব প্রকাশমানং তত্রৈব বিশ্রাম্যতি তৎপ্রথমনিঃষ্যন্দপরিঘটিতদৃষ্টান্তপুরঃসরং নিরূপয়তি।

ভাবানুবাদ

প্রথম পর্বে রচয়িতা সেই সেই-র সবিশেষ দিক নির্ণয় করেছেন। রচয়িতা বোঝাতে চেয়েছেন এই তত্ত্ব একাধারে ব্যক্তির নিমীলিত সমাধি, যার প্রাপ্তি হয় ব্যক্তি আলোকপ্রাপ্ত (enlightened) হলে। দ্বিতীয় পর্বে ব্যক্ত, সমাধিতে ব্যক্তির উন্মীলন যা ব্যাখ্যাত যুক্তির মাধ্যমে। দ্বিতীয় পর্বে সাতটি শ্লোক আছে যার শুরু- 'সেই শক্তির বশে...ইত্যাদি।' এবং শেষ- 'শিবের সমভাবে প্রতিষ্ঠিত।' ব্যক্তিতে উদ্গম হয় জ্ঞানের, যার দ্বারা ব্যক্তি বিশ্বময় চেতনার বোধ অনুভব করে।

বিশ্বজগতের দুই রূপ শুদ্ধ ও অশুদ্ধ (1)। প্রথম দুই শ্লোকে বলা হয়েছে যে শুদ্ধরূপ স্পন্দ থেকে উদ্ভূত এবং স্পন্দেই বিলীন হয়। পরবর্তী দুই শ্লোকে অশুদ্ধ রূপের ক্ষেত্রেও একই কথা বলা হয়েছে। পঞ্চম শ্লোকে বলা হয়েছে প্রয়াস মুক্তির সোপান। ষষ্ঠ ও সপ্তম শ্লোকে যোগের মাধ্যমে স্পন্দ তত্ত্বের প্রাপ্তির কথা উল্লেখিত।

মন্তব্য

শুদ্ধ বিশ্বে আছে ১)মন্ত্র, ২)মন্তেশ্বের, ৩)মন্ত্রমহেশ্বর, ৪)শিবভাব এবং ৫)শক্তি। অশুদ্ধ বিশ্বে আছে মায়া সম্ভূত এই জগত।

প্রথম ও দ্বিতীয় শ্লোকের প্রস্তাবনা

প্রথম দুই শ্লোকে উল্লেখ করা হয়েছে জগৎ কোথা থেকে আসে এবং কোথায়ই বা যায়। জগতের উদ্ভবের তত্ত্ব হল, এই জগৎ মন্ত্র থেকে আগত তার (জগতের) শুদ্ধ সত্ত্ব মন্ত্রেই এবং তারপরে জগতে অপরাপর সৃষ্টির উন্মেষ। প্রথম শ্লোকে রচয়িতা উদাহরণের মাধ্যমে এই ধারণার ব্যাখ্যা করেছেন; যেমন মানুষের ইন্দ্রিয় স্পন্দের কারণে বলীয়ান হয়ে কার্যশীল।

দ্বিতীয় শ্লোকের বক্তব্য হল, কার্য সম্পাদনে ব্যক্তি শিবে তথা স্পন্দে লীন হয়।

প্রথম শ্লোক

তবাক্রম্য বলং মন্ত্রাঃ সর্বজ্ঞবলশালিনঃ
প্রবর্তন্তেহধিকারায় করণানীব দেহিনাম্।।

দ্বিতীয় শ্লোক

তত্রৈব সংপ্রলীয়ন্তে শান্তরূপা নিরঞ্জনাঃ।
সহারাধকবিত্তেন তেনৈতে শিবধর্মিণঃ।

শ্লোকের ভাবানুবাদ

স্পন্দ-তত্ত্ব, মন্ত্র, অতীন্দ্রিয় ইত্যাদি (divinities) শক্তির সূচকের (indicators) মাধ্যমে যে সূত্রের (sacred formulae) সংঘটন হয় সর্বজ্ঞানের প্রতিভূ রূপে তার দ্বারাই জগতের সৃষ্টি যেমন স্পন্দের শক্তিতে শক্তিমান হয়ে ইন্দ্রিয়সকলের বোধ, ঘ্রাণ ইত্যাদি তন্মাত্র (senses), দেহবোধের কারণ হয়। (শ্লোক-1)

নির্দিষ্ট দৈবশক্তি সম্পাদন করার পর (নিরঞ্জন) সেই সেই শক্তির দেবতারা নিজেদের গুটিয়ে নেন (শান্তরূপ) ব্যক্তির সাপেক্ষে, ব্যক্তির সেই সেই মানসিকতাকে হরণ করে স্পন্দ তত্ত্বে লীন হয়ে যান। সুতরাং এসব শিবেরই প্রকৃতি।(শ্লোক-2)

ভাষ্য

তৎ স্পন্দতত্ত্বাত্মকং বলং-প্রাণরূপং বীর্যামাক্রম্য অভেদেন আশ্রয়তয়া অবষ্টভ্য ভগবন্তোহনন্তব্যোমব্যাপ্যাদয়ো মন্ত্রাঃ সর্বজ্ঞবলেন সর্বজ্ঞত্বাদিসামর্থ্যেন শ্লাঘমানাজৃম্ভমাণা অধিকারায়, দেহিনাং প্রবর্তন্তে- সৃষ্টিসংহারতিরোধানানুগ্রহাদি কুর্বন্তীত্যর্থ। সর্বজ্ঞশব্দো ভাবপ্রধানঃ সর্বকর্তৃত্বাদ্যুপলক্ষয়তি। যথা দেহিনাং করণান্যুপপাদিতদৃশা তদ্বলমাক্রম্য বিষয়প্রকাশাদৌ প্রবর্তন্তে ইতি দৃষ্টান্তঃ। তথা নিরঞ্জনাঃ কৃতকৃত্যত্বান্নিবৃত্তাধিকারমলাঃ শান্তবিশিষ্টবাচকাত্মস্বরূপাস্তত্রৈব স্পন্দাত্মকে বলে সম্যগভেদাপত্ত্যা প্রকর্ষেণাপুনরাবৃত্ত্যা লীয়ন্তে-অধিকারমলান্মুচ্যন্তে আরাধকচিত্তেন উপাসকলোকসংবেদনেন সহ। যথোক্তম্

'অনুগৃহ্যাণুসংঘাতং যাতাঃ পদনাময়ম্।' (মালিনী বিজয় শ্লোক-141)

ইতি। যতশ্চ তত এবোদিতাস্তদ্বলেন বিসৃষ্টাস্তত্রৈব লীয়ন্তে তেনৈতে মন্ত্রমন্ত্রেশ্বরাদয়ঃ শিবস্য পরমেশ্বরস্য সম্বন্ধী ধর্মঃ স্বভাবো বিদ্যতে যেষাং তে তথা সামান্যস্পন্দসারা ইত্যর্থঃ। ননু করণানাং মন্ত্রাণাং চ তত, উদয়াদৌ তুল্যে, কিমিতি করণানি ন সর্বজ্ঞাদিরূপাণি? উচ্যতে পরমেশ্বরো মায়াশক্ত্যা শরীরকরণানি ভেদভয়ানি নির্মিমীতে, বিদ্যাশক্ত্যা ত্বাকাশীয়বিচিত্রবাচক পরামর্শশরীরান্মন্ত্রান্। বাচকস্য মায়াপদেহপি

'ঘটোহ্যমিত্যধ্যবসা নামরূপাতিরেকিণী।
পরেশশক্তিরাত্মেব ভাসতে ন ত্বিদন্তয়া।।'
-(প্রত্যভিজ্ঞাকারিকা টীকাসূত্র I-5-20)

ইতি শ্রীপ্রত্যভিজ্ঞাকারিকাটীকায়াং বিতত্য দর্শিতম্। এবং বিদ্যাপদাবস্থিতসৃষ্ট্যাদিকার্যনন্ত ভট্টারকাদ্যপেক্ষয়ৈতদ্'ব্যাখ্যেয়ম্। তথা দীক্ষাদিপ্রবৃত্তানামাচার্যাদীনাং করণরূপাঃ সর্বে মন্ত্রাস্তৎস্পন্দতত্ত্বরূপং বলমাক্রম্য অনুপ্রাণকত্বেন অবষ্টম্য আচার্যাদীনামেব সম্বন্ধিনারাধক-চিত্তেন সহ মোক্ষভোগসাধনাদ্যধিকারায় প্রবর্তন্তে, তত্রৈব শান্তবাচকশব্দাত্মকশরীররূপা অত এব চ নিরঞ্জনাঃ শুদ্ধাঃ সম্যক্ প্রলীয়ন্তে-বিশ্রাম্যন্তি। অত্র ব্যাখ্যানে 'সহারাধকচিত্তেন' ইতি পূর্বশ্লোকেন যোজ্যম্। এবং চ মন্ত্রানামুদয়প্রলয়কোটিব্যাপি প্রবৃত্তাবপি ভিত্তিভূতমিতি অভিহিতম্। এবং চ দশষ্টাদশাদিভেদেন ভিন্নে শৈবে মন্ত্রাণাং স্পন্দতত্ত্বসারতৈবেত্যুক্তং ভবতি।

ভাষ্যের ভাবানুবাদ

'তদ বলং' অর্থ হল স্পন্দের শক্তি (power) ও সজীবতা (vitality) বিষয়ে বলা। 'আক্রম্য' অর্থ পূর্বোক্ত শক্তিকে ধারণ, কারণ তা স্পন্দেরই শক্তি। মন্ত্রঃ অর্থ হল দৈবশক্তি যথা অনন্তভট্টারক, ব্যোমব্যাপীত্ব ইত্যাদি। 'সর্বজ্ঞবলশালীনঃ' অর্থ সর্বজ্ঞের শক্তিতে ঘটমান (having full play)। 'অধিকারায় দেহিনাম্ প্রবর্তন্তে' অর্থ হল নির্দিষ্ট কার্য যথা প্রকাশ(manifestation) রম্যতা, আবরণ (veiling) সংহৃত্য (withdrawal) ইত্যাদি জীবাত্মার কর্ম। 'সর্বজ্ঞ' হল গুণবাচক নাম (abstract noun) সর্বজ্ঞত্ব বিশেষ (omniscience); 'সর্বকর্তৃত্ব'ও তদ্রূপ(omnipotent)।

উপরোক্ত শব্দগুলো স্পন্দের শক্তি হিসাবে প্রযোজ্য। প্রথম পর্বের ষষ্ঠ শ্লোকে-'যতঃ করণবর্গোহয়ং...।' সে কথাই বলা হয়েছে, অর্থাৎ-

'নির্বিঘ্নে (freed from limitation) কর্ম সম্পাদন করার পর (নিরঞ্জন) (1), সেই মন্ত্রশক্তির বলে কর্মের শেষে দৈবের ক্রিয়া সূত্রের (sacred formulae) নিরসনে ব্যক্তি শান্তভাব (শান্তরূপ) প্রাপ্তি হয় এবং তার চালক সব দৈবীশক্তি তার সাথেই স্পন্দে মিলিয়ে যায় (dissolve)।

'সম্যক্ প্রলীয়ন্তে' শব্দে উপসর্গ 'শম'-এর অর্থ 'সম্যগভেদাপত্তা' বা সম্পূর্ণ একত্ব (identity) লাভ। অপর শব্দ 'প্রকার্ষেণাপুনরাবৃত্যা' শব্দের 'প্র' অর্থ আধিক্য (intensity) যার দরুণ ব্যক্তির জাগতিক গুণগুলো ব্যক্তিতে আর দেখা দেয় না। 'লীয়ন্তে' অর্থ তার থেকে মুক্ত। 'সহারাধকচিত্তেন' অর্থ হল সাধুসঙ্গের জ্ঞাতসারে।(2)

'মালিনী বিজয়' তন্ত্রের প্রথম পর্বের একচল্লিশ সংখ্যক শ্লোকেও বলা হয়েছে- জীব মঙ্গলময় উপধায় ভূষিত হলে (conferred with grace) দৈবীশক্তিরা চলে যান এবং ব্যক্তি নির্বিঘ্ন হন।

মন্ত্র, মন্ত্রেশ্বর ইত্যাদি স্পন্দ থেকেই উৎপন্ন হয় এবং কর্ম শেষে তাতেই লয় প্রাপ্ত হয়।

একটি তর্ক-

ইন্দ্রিয় বোধ (senses-তন্মাত্র) ও মন্ত্র, দুটোই যদি স্পন্দ থেকে উৎপন্ন হয় তবে তন্মাত্রের সর্বজ্ঞতার ক্ষমতা নেই কেন?

তর্কের নিরসন-

সর্বজ্ঞ ও সর্বশক্তিমান ভগবান অসংখ্য বিভিন্ন ব্যক্তি ও তাদের বিভিন্ন ইন্দ্রিয় বোধের তারতম্য করেছেন মায়াশক্তির প্রভাবে। এই সৃজনশীল ক্রিয়াশক্তিকে বলে সদ্'বিদ্যা বা শুদ্ধ বিদ্যার উদ্ভূত শক্তি। মন্ত্রে আছে অদ্ভুত বাচিক শক্তি (wonderfully expressive) যা ভগবৎ চেতনারই এক প্রকৃতি। এই বাচিক শক্তি মায়ার দ্বারা অনুভবনীয় (experient-প্রমাতৃ) দেহে, মনে (পুর্যষ্টক)। সুতরাং তার মধ্যেও আছে সর্বানুভূতি, সর্বজ্ঞতা। 'ঈশ্বরপ্রত্যভিজ্ঞা'রও এই অভিমত।

অধ্যবসায়ের মাধ্যমেই জ্ঞাত হয়ে দ্রষ্টা ভাণ্ডকে ঘট বলে নির্ধারণ (ascertainment) করতে পারে এই নির্ধারণ শক্তি ঈশ্বর প্রদত্ত, ঘট থেকে এই নির্ধারণ শক্তির উদয় হয় না (ঈশ্বরপ্রত্যভিজ্ঞা I-5,20)। মায়ার মাধ্যমে প্রকারভেদ বা বিভিন্নতা দৃষ্ট হয় (ঈশ্বরপ্রত্যভিজ্ঞা III-1,8)।

আরেকটি ব্যাখ্যা হল ইন্দ্রিয় বোধ (senses-তন্মাত্র) ও মন্ত্র, উভয়ই শুদ্ধবিদ্যা প্রসূত, সুতরাং উভয়ই সর্বজ্ঞের শক্তিপ্রাপ্ত। মন্ত্রগুলো হল আচার্যের শিক্ষা ও দীক্ষা দানের মাধ্যমে প্রাপ্তি হয় (3)। ভক্ত ও শিষ্যদের মন্ত্র প্রদান করা হয় মুক্তি ও আনন্দ লাভের জন্য। যাতে করে ভক্ত ও শিষ্য শুদ্ধ হয়ে স্পন্দে স্থিত হতে পারে। শুদ্ধবিদ্যার ক্রমে ব্যক্তির যে উন্মেষ তাতেই স্থিতি লাভ হয়, উপলব্ধ হয়। এই তত্ত্ব শুধু উন্মেষ বা নিমেষ সম্বন্ধেই নয়, কর্ম সম্বন্ধেও (functional) একই কথা প্রযোজ্য। শৈবশাস্ত্রে স্পন্দতত্ত্বের দশ থেকে আঠারোটি ভাগের (4) উল্লেখ আছে যা মন্ত্রের আধান (quintessence)।

মন্তব্য

1. অভিনবগুপ্তের ভাষায় 'নিরঞ্জন'এর অর্থ-'ন অজ্ঞয়ন্তে প্রকটীক্রয়ন্তে (প্রমেয়রূপেণ) ইতি নিরঞ্জনঃ।' অর্থাৎ, যা অজ্ঞেয় তাই নিরঞ্জন। সেটাই মন্ত্রের চেতনা (subject), কার্য (object) নয়; কার্য হল তার প্রয়োগের ফল।।

2. 'সহারাধকচিত্তেন'কে রামকণ্ঠ ব্যাখ্যা করেছেন- 'তস্যাং দশায়ামভিসন্ধ্যুপাধি -বিহরাৎ স্বাভাবিকমাত্রাবশেষং যৎ সাধক-চিত্তং তেন সহ (পৃঃ-83)।' অর্থাৎ, উল্লেখিত অবস্থায় সাধকের মন্ত্রসিদ্ধ মন নির্বিকল্প স্থিতি (original state) লাভ করে।
এবং মন্ত্রের দ্বারা কাঙ্খিত উদ্দেশ্য সিদ্ধ হয়। উদ্দেশ্য সিদ্ধ হওয়ায় মন্ত্র স্পন্দে মিশে (dissolve) যায়। কিন্তু আর একটি গভীর অর্থ হল সাধকের সীমিত জ্ঞানের লয় হয়। সাধক চেতনার উচ্চতর স্তরে উন্নীত হয়।

3. শৈবমতে দীক্ষা চার প্রকার। 1) সাময়িক দীক্ষা- এই দীক্ষায় গুরু শিষ্যকে প্রথমত পুঁথিগত (traditional) আচরণ করতে শেখার উদ্দেশ্যে ও পালন করতে দীক্ষা দেন। 2) দ্বিতীয়ত পুত্রক দীক্ষা- এই দীক্ষায় গুরু তার শিষ্যকে উত্তরাধিকারে বরণ করেন। 3) তৃতীয় হল সাধক দীক্ষা- এই দীক্ষায় গুরু তার শিষ্যকে যোগ রহস্যে (mysteries of Yoga) দীক্ষিত করেন। 4) চতুর্থ হল আচার্য দীক্ষা- এই সর্বশেষ দীক্ষায় গুরু তার শিষ্যকে আচার্য পদে স্বীকৃতি দেন।

4. শৈবচর্চায় (Saiva thought) তিনটি ধারা (school) আছে। শৈবশাস্ত্রে স্পন্দতত্ত্বের 1) প্রথম ধারা শিবতন্ত্রে আছে, দশটি উপভোগ যা ভেদ বিষয়ক। 2) দ্বিতীয় ধারায় আছে, আঠারোটি উপভোগ যা ভেদাভেদ তত্ত্ব (unity in diversity) বিষয়ক। 3) তৃতীয় ধারা হল ভৈরব তন্ত্রের যাতে আছে চৌষট্টিটি উপভোগ, যেখানে অভেদ তত্ত্ব বিষয়ে বলা হয়েছে।

অর্থনির্দেশ (Exposition)

ক্ষেমরাজ প্রথম শ্লোকে উদ্ধৃত 'মন্ত্রে'র ব্যাখ্যা দুপ্রকারে করেছেন এক হল মন্ত্র, মন্ত্রেশ্বর ও মন্ত্রমহেশ্বরে উদ্দেশিত দেবদেবীরা কর্মানুষ্ঠানের জন্য এবং দ্বিতীয় হল মন্ত্রকে শুদ্ধতত্ত্ব (sacred formula) রূপে গ্রহণ, যা ভক্ত ও শিষ্যেরা পাঠ ও ব্যক্ত করেন; এর উদ্ভব ও নিমজ্জন স্পন্দে। রামকণ্ঠ ও উৎপলভট্ট দুজনেই মন্ত্রকে আবৃত্তিযোগ্য সূত্র মনে করেছেন যা উদ্দেশ্য সাধক।

তৃতীয় ও চতুর্থ শ্লোকের প্রস্তাবনা

এবং মন্ত্রমন্ত্রমহেশ্বরাদিরূপা শুদ্ধাভিমতা সৃষ্টিঃ শিবস্বভাবেতি প্রতিপাদ্যাধুনা অশুদ্ধাভিমতাপি সা মায়া বিরূপা শিবস্বরূপৈব,- ইতি উপপাদয়ন্ শ্রীমতশাস্ত্রাদি রহস্যদৃষ্টিমপি উপক্ষিপতি।

ভাবানুবাদ

সুতরাং মন্ত্র, মন্ত্রেশ্বর ও মন্ত্রমহেশ্বরে যে শিবের শুদ্ধ প্রকৃতির সঞ্চার হয় (উদ্ভব-manifestation) উদ্দেশ্য প্রণোদিত, সে কথা পূর্বোল্লিখিত শ্লোকে বলা হয়েছে। তেমনি মায়ার বশে যে অশুদ্ধ প্রকৃতির প্রকাশ হয় সেখানেও এই মায়া শিবেরই আধারিত। শ্লোকের রচয়িতা এই দ্বৈততায় তন্ত্রোক্ত (esoteric) অভিমতও (শ্রীমতশাস্ত্র ইত্যাদি কথিত) উদ্দিষ্ট করেছেন।

তৃতীয় শ্লোক

যস্মাৎসর্বময়ো জীবঃ সর্বভাবসমুদ্ভবাৎ।
তৎসংনবদনরূপেণ নাদাম্যপ্রতিপত্তিতঃ।।

চতুর্থ শ্লোক

তস্মাচ্ছব্দার্থচিন্তাসু ন সাবস্থা ন যা শিবঃ।
ভোক্তৈব ভোগ্যভাবেন সদা সর্বত্র সংস্থিত।।

ভাবানুবাদ

ব্যক্তির সীমিত জীবাত্মা শরীর বিশ্বের সঙ্গে তুলনীয়, যেহেতু সবকিছুই শিবের থেকে সম্ভূত। এই জ্ঞান হলে ব্যক্তি নিজেকে সবকিছুতে প্রতিভাত বোধ করে। শব্দ, বস্তু ও মনন সবকিছুই শিবে অধিষ্ঠিত। সাক্ষীই নিজেকে অনুভব করে (experient abides form of experienced)। সাক্ষী বিশ্বজনীন হয়ে বিশ্বকে অনুভব করে (being universe views it as his field of experience)।

ভাষ্য

যতো জীবো গ্রাহকঃ সর্বময়ঃ শিববদ্বিশ্বরূপঃ তেন হেতুনা শব্দেষু বাচকেষু, অর্থেষু বাচ্যেষু, চিন্তাসু বিকল্পজ্ঞানাদিরূপাসু আদিমধ্যান্তরূপা সাবস্থা নাস্তি যা শিবো ন ভবতি সর্বমেব শিবস্বরূপমিত্যর্থঃ। যতশ্চৈবমতো ভোক্তৈব চিদাত্মা গ্রাহকো ভোগ্যভাবেন দেহনীলাবিরূপেণ সদা নিত্যং সর্বত্র বিচিত্রতত্ত্বভুবনাদিপদে সম্যগনুনাধিকতয়া স্থিতঃ, ন তু ভোগ্যং নাম কিঞ্চিদ্ভোক্তুর্ভিন্নমস্তি। জীব ইত্যুপক্রম্য শিব ইত্যুপসংহারেণ জীবশিবয়ো-র্বাস্তবো ন কোহপি ভেদঃ -ইতি দেহাদ্যবস্থাসু ন কাসুচিদপ্যপূর্ণংমন্যতা মন্তব্যা, অপি তু চিদ্ঘনশিবস্বভাবতৈবেতি ভঙ্গয়োপদিশতি। যথোক্তম 'শরীরমপি যে ষড়ত্রিংশতত্ত্বময়ং শিব-

রূপতয়া পশ্যন্তি অর্চয়ন্তি চ তে সিদ্ধ্যন্তি ঘটাদিকমপি তথাভিনিবিশ্য পশ্যন্তি অর্চয়ন্তি চ তেহপীতি নাস্ত্যত্র বিবাদঃ' ইতি শ্রীপ্রত্যভিজ্ঞাটীকায়াম্। ভট্টশ্রীবামনেনাপ্যুক্তম্

'আলম্ব্য সংবিদিতং যস্মাৎসংবেদ্য! ন স্বভাবতঃ।
তস্মাৎসংবিদিতং সর্বমিতি সংবিন্ময়ো ভবেৎ।।'

ইতি। কস্মাৎজীবঃ সর্বময়ঃ ইত্যত্র হেতুঃ সর্বভাবনাং সমুদ্ভবাদুৎপত্তিহেতুত্বাদ্ অপাদান-ভাবপ্রধানশ্চ নির্দেশঃ।

'প্রমাতৃমিতিমানমেয়ময়ভেদজাতস্য তে
বিহার ইহ হেতুতাং সমুপয়াতি যস্মত্ত্বেয়ি।
নিবৃত্তবিবৃতৌ ক্বচিত্তদপয়তি তেনাধুনা
নয়েন পুনরীক্ষ্যতে চগতি জাতুচিৎকেনচিৎ।।'

ইতি। শ্রীজ্ঞানগর্ভস্তোত্রোক্তনীত্যা সংবিদ্যেব উদয়তি বিশমতোহয়ং সর্বময়ো বিশ্বশক্তি-রিতি যাবৎ। নির্ণীতং চৈতদ্'দ্বিতীয়সূত্রবৃত্তৌ। সর্বময়ত্বে হেত্বন্তরমাহ 'তৎসংবেদন' ইত্যর্ঘেন। তস্য সর্বস্য নীলসুখাদের্য়েৎসংবেদনং প্রকাশস্তেন রূপেণ স্বভাবেন তাদাত্ম্যপ্রতিপত্তেঃ সর্বময়ত্বস্যোপলম্ভাৎ। এবমনেন শ্লোকদ্বয়েন রহস্যচর্যাঃ সর্বভেদ- পাদপোন্মূলনোপপত্তি পরিঘটিতাশ্র্ব জ্ঞানোপদেশকথাঃ, প্রথমচরমসূত্রাভ্যাং মহার্থতত্ত্বং, জাগ্রদাদিসূত্রেণ ষড়র্ধপরমার্থঃ, 'তবাক্রম্য' ইত্রনেন সর্বসারতেত্রাদ্যুপক্ষিপ্তমিতি স্পন্দতত্ত্বে-নৈব বিশ্বোপদেশাঃ স্বীকৃতাঃ।

ভাষ্যের ভাবানুবাদ

যেহেতু সাক্ষীই সমস্ত বিশ্বচরাচরকে অধিকার করে থাকে সুতরাং এই বিশ্বব্রহ্মাণ্ডের কোনও আদি অন্ত নেই কারণ সাক্ষীরও বস্তুতে, শব্দে, মননে কোনও আদি অন্ত নেই, সবই শিবময়, রূপে, বর্ণে, সর্বত্র এবং সবসময়। তত্ত্বের বিভিন্ন স্তরেও সাক্ষী ও সাক্ষ্য একই।

অভিজ্ঞতার শুরু হয় জীবের মাধ্যমে এবং পরিসমাপ্তি হয় শিবে। এর অর্থ হল জীব নিজেকেও শিবরূপ সম্পূর্ণ মনে করবে। শিব হল চেতনার ঘনীভূত তত্ত্ব।

শ্রীপ্রত্যভিজ্ঞাটীকায়(1) বরা হয়েছে-

'যারা মনে করে দেহ ছত্রিশ তত্ত্বে গঠিত তাদেরও জানা উচিৎ যে জীবে আর শিবে মূলত তফাৎ নেই। অর্থাৎ জীব নিজেকে কখনো অসম্পূর্ণ (imperfect essentially) মনে করবে না। তাকে ইন্দ্রিয়াতীত সম্পূর্ণতা অর্জন করতে হবে। এই কৃত্যকর্মে কোনও দ্বিমত নেই।'

ভট্টও(2) 'শ্রীবামনে' বলেছেন—

'সবকিছুই চেতনায় স্থিত বা চেতনার দ্বারা আধারিত। সুতরাং নিজেকে চেতনায় সম্পৃক্ত মনে করাই সঠিক।'

সাক্ষী সর্বভূতময় কেন মনে করব? এর উত্তর হল তিনিই মূল কারণ।

তৃতীয় শ্লোকের প্রথমাংশে 'সমুদ্ভবাৎ' শব্দবন্ধ একের থেকে অপরের উদ্বব (ablative) এই অর্থে ব্রবহার করা হয়েছে। আরও পরিষ্কার করে বলতে হলে 'সমুদ্ভবত্বাৎ' অর্থাৎ তাঁর থেকে বিমূর্ত (abstract) এই অর্থে বুঝতে হবে।

তাঁরই ক্রীড়া, এই সৃষ্টি জ্ঞাতা (knower), জ্ঞান (knowledge), জ্ঞেয় (knowable) ও জ্ঞাতমান (knowing) রূপে। আবার তিনিই নিজেকে কোথাও (somewhere) (3) সংহৃত করেন বা গুটিয়ে নেন। তাঁর জ্যোতি তখনও অনুভব্য হয় কতিপয়ের দ্বারা যাদের তিনি করুণা করেন, অর্থাৎ সংহারেও কেউ কেউ তাঁর সাহচর্য্য পান ((4)। ভাষ্যের দ্বিতীয় শ্লোক 'শ্রীজ্ঞানগর্ভ'(5) থেকে উদ্ধৃত এবং শ্লোকানুসারে 'ক্বচিত্তদপয়তি তেনাধুনা নয়েন পুনরীক্ষ্যতে' অর্থাৎ কেউ বা পুনরদর্শণ করেন।

'শ্রীজ্ঞানগর্ভ' শ্লোকের অপর বক্তব্য হল জীবের অবস্থিতি সৃষ্টির শুরুতে কেননা জীবেই চেতনার প্রাদুর্ভাব। জীবের সাক্ষীর সঙ্গে একই ভাব হওয়ার আর একটি কারণ হল তার জ্ঞানান্বেষণ বা জানার প্রবৃত্তি, অনুভব করার প্রবৃত্তি।

এই দুই শ্লোকের মাধ্যমে সাক্ষী ও সাক্ষ্যের সমুদ্ভবত্বের মহার্থ তত্ত্ব (great reality)(6) পুনরস্থাপিত হয়েছে। প্রথম পর্বের তৃতীয় শ্লোকের-

'জাগ্রদাদিবিভেদেহপি তদভিন্নে প্রসর্পতি।
নিবর্ততে নিজান্নৈব স্বভাবাদুপলব্ধৃতঃ।।'

এবং এই পর্বের প্রথম শ্লোকের-

তবাক্রম্য বলং মন্ত্রাঃ সর্বজ্ঞবলশালিনঃ
প্রবর্তন্তেহধিকারায় করণানীব দেহিনাম্।।

একই অর্থ যা ত্রিকা দর্শনের (পরা,অপরা,পরাপরা তথা শিব,শক্তি,জীব) সারাংশ এবং স্পন্দতত্ত্বে শিক্ষণীয়।

মন্তব্য

1. এই টীকা উৎপলদেবের স্বরচিত এবং বর্তমানে অপ্রাপ্য।
2. কাশ্মীরে ক্ষেমরাজ নামে অনেক রচয়িতা ছিলেন।
3. সংহৃতরূপে সেই ভগবান কোথাও স্থিত।
4. কৃপাপ্রাপ্ত কেউ কেউ।
5. এর রচয়িতা অজ্ঞাত।

6. ক্রমধারায় আছে মহার্থ তত্ত্বের উল্লেখ।

অর্থনির্দেশ (Exposition)

এই দুটি শ্লোকে (তৃতীয় ও চতুর্থ) দুটি বিষয়ের বিশেষ উল্লেখ আছে। এক হল ব্যক্তি ও সত্যের সাদৃশ্য যার কারণ হল ব্যক্তির জ্ঞানের সংবেদনা (perception) যার মাধ্যমে সে সত্যকে জানতে পারে। ক্ষেমরাজের ভাষায় বিশ্বশক্তির (universal power) সঙ্গে ব্যক্তি সমতা বোধ করে জ্ঞানের মাধ্যমে।

দ্বিতীয় হল যেহেতু জীব সবকিছুতে নিজেকে প্রতিভাত দেখে তাই সেও শিবময় হয়ে যায়।

পঞ্চম শ্লোকের প্রস্তাবনা

অথৈতৎপ্রতিপত্তিসারতৈব মোক্ষইত্যাদিশতি

ভাবানুবাদ

রচয়িতা এখানে বলেছেন যেহেতু ব্যক্তি বিশ্বের সঙ্গে একাত্ম বোধ করে, এটাই তার মোক্ষের কারণ।

পঞ্চম শ্লোকে

ইতি বা যস্য সংবিত্তিঃ ক্রীড়াত্বেনাখিলং জগৎ।
স পশ্যন্সততং যুক্তো জীবন্মুক্তো ন সংশয়ঃ।।

ভাবানুবাদ

যার নিজেকে জগতের সঙ্গে একাত্ম বোধ হয় এবং জগতকে ক্রীড়াময় মনে হয়, তার জীবিত কালেই মুক্তি হয়।

ভাষ্য

বাশ্বব্দঃ প্রথমনিঃষ্যন্দোক্তনিমীলনসমাধিপ্রকারং বিকল্পয়ন্ অস্যাঃ সমাপত্তের্দুর্লভতাং ধ্বনয়তি। তেনায়মর্থঃ,-ইদৃশী তাবৎসংবিত্তিঃ দুর্লভা যস্য কস্যচিদেবাপশ্চিমজন্মনো ভবতি সোহখিলং জগৎক্রীড়াত্বন পশ্যন্ নিজসংবিদুন্মেষনিমেষাভ্যাং সৃজন সংহরংশ্চ-

'ময়াবেশ্য মনো যে মাং নিত্যযুক্তা উপাসতে।' (গীতা XII-2)

ইতি স্থিত্যা সততসমাবিষ্টো মহাযোগী জীবন্নেব প্রানাদিমানপি বিজ্ঞানাগ্নিনির্দগ্ধাশেষবন্ধনো দেহপাতে তু শিব এব জীবংশ্চেদৃঙ্'মুক্ত এব ন তু কতঞ্চিদপি বদ্ধঃ। 'ন সংশয়ঃ' ইত্যনেন

ইদং ধ্বনয়তি, দীক্ষাদিনা গুরুপ্রত্যয়তো মুক্তিঃ, ইদৃশাত্তু জ্ঞানাৎসমাচারাদ্বা স্বপ্রত্যয়ত এবেতি।

ভাষ্যের ভাবানুবাদ

রচয়িতা 'বা' শব্দের ব্যবহারে শ্লোকের প্রথমাংশে, বোঝাতে চেয়েছেন যে নিমীলন-সমাধির চেষ্টা ঐচ্ছিক কিন্তু এর দ্বারা বিশ্বব্রহ্মাণ্ডের সঙ্গে যে একাত্ম বোধ হয় তা সুদুর্লভ হলেও তার প্রয়োজন আছে।

উক্ত বোধ কষ্ট সাকুল্যে লাভ হলে আর পুনর্জন্ম হয় না। তখন যোগীর কাছে সমস্ত বিশ্বব্রহ্মাণ্ড এক ক্রীড়াজগৎ বলে মনে হয়, যাতে ব্যক্তির উন্মেষ (evolution) ও নিমেষ (involution) হয়। এ কথাই ভগবদগীতার উপরোক্ত শ্লোকে বলা হয়েছে। অর্থাৎ, যে ভক্ত আমাতে মন নিবিষ্ট করে আমার উপাসনা করে সেই ভক্ত আমাতে যুক্ত হয়ে শ্রেষ্ঠ সাধক হয়।'

অর্থাৎ, শ্রেষ্ঠ যোগী দেহগত প্রাণিক অবস্থাতেই ভগবৎ চেতনায় যুক্ত হয় এবং তার ভৌতিক যোগ ছিন্ন হয়ে শৈবভাবে উন্নীত হয়। শ্লোকে 'ন সংশয়ঃ'-এর উল্লেখে রচয়িতা বোঝাতে চেয়েছেন যে শিষ্যের সঠিক জ্ঞান ও আচরণের মাধ্যমে দীক্ষা ও মুক্তি গুরুর প্রতি পূর্ণ আস্থার দ্বারা সম্ভব এবং প্রযত্নে অনুভব্য।

ষষ্ঠ ও সপ্তম শ্লোকের প্রস্তাবনা

ইয়মেব মহাসমাপত্তিঃ সাধকার্যাদীনামভীস্টপ্রাপ্তিহেতুঃ,- ইতি শ্লোক দ্বয়নাহ-

ভাবানুবাদ

সমাত্মবোধ লাভই হল সর্বসাধকের ও আচার্য়ের অভীষ্ট (great realisation)।

ষষ্ঠ শ্লোক

অয়মেবোদয়স্তস্য ধ্যেয়স্য ধ্যায়িচেতসি।
তদাত্মতাসমাপত্তিরিচ্ছতঃ সাধকস্য যা।।

সপ্তম শ্লোক

ইয়মেবামৃতপ্রাপ্তিরযমেবাত্মনো গ্রহঃ।
ইয়ং নির্বাণদীক্ষা চ শিবসদ্ভাবদায়িনী।।

শ্লোক দ্বয়ের ভাবানুবাদ

সাধনার যে লক্ষ্য (object of meditation) তার প্রকাশই (manifestation), অর্থাৎ মনে একাত্ম ভাব, সাধকের বাঞ্ছিত।

এই হল অমৃত লাভ বা সাধকের অমৃতত্ব (this is ambrosia) সাধকের মুক্তি ও শিবভাব (identity with Siva)।

ভাষ্য

ইহ 'শিবো ভূত্বা শিবং যজেৎ' ইতি যদুদ্ঘোষ্যতে তত্র ধ্যয়িনশ্চেতসি সংবেদনে তস্যেতি 'ন সাবস্থা ন যা শিবঃ' ইতি প্রতিপাদিতশিবস্বভাবস্য ধ্যেয়স্য অন্যস্য বা কস্যচিত্তৎসিদ্ধিহেতোর্মন্ত্রদেবতাবিশেষস্য অয়মেবোদয়ঃ প্রকটীভাবঃ যা সাধকস্য ধ্যাতুরাচার্যাদেঃ

'তস্মাচ্ছব্দার্থচিন্তাসু ন সাবস্থান যা শিবঃ।' (শ্লোকঃ II-4)

ইতি। প্রতিপাদিতরূপা তদাত্মতাসমাপত্তিঃ -শিবৈক্যাবেশো ন তু পঞ্চ্যবক্ত্রাদের্ব্যতিরিক্ত-স্যাকারস্য দর্শনং, ন তু নিশ্চয়মাত্রেণ তদাত্মতাসমাপত্তিঃ অপি তু ইচ্ছতোহবিকল্প-বিশ্বাহন্তাত্মকশিবৈক্যরূপেচ্ছাপরামর্শাধিরূঢ়স্য। এতদুক্তং ভবতি, অহমেব তৎসংবেদেনরূপেণ তাদাত্ম্যপ্রতিপত্তিতো বিশ্বশরীরশ্র্চিদানন্দঘনঃ শিব ইতি সঙ্কল্পো যস্যাবিকল্পশেষীভূতত্বেন ফলতি, তস্য ধ্যেয়মন্ত্রদেবতাদি কিং ন নাম অভিমুখীভবতি সর্বস্যৈতদদ্বয়প্রথালগ্নত্বাৎ।

যথোক্তমস্মৎপরমেষ্ঠিপাদৈঃ

'সাক্ষাদ্ভবন্ময়ে নাথ সর্বস্মিনভুবনান্তরে।
কিং ন ভক্তিমতাং ক্ষেত্রং মন্ত্রঃ ক্বৈষাং ন সিধ্যতি।।'
-(উৎপল স্তোত্র I-4)

ইতি। ইয়মেব চ সমাপত্তিঃ পরমাদ্বয়রূপস্যামৃতস্য প্রাপ্তিঃ, অন্যস্মিঁস্ত্বমৃতে কতিপয়কাল-শরীরদাঢ্যদায়িনি প্রাপ্তেহপি সাধকৈর্মরণমবশ্যমবাপ্যত এবেত্যেবকারাশয়ঃ। এবং সর্বত্রানে-নৈবাশয়নে শ্রীস্বচ্ছন্দে স্থূলদৃষ্টয়ামৃতপ্রাপ্তিপ্রকরণে

'নৈব চামৃতযোগেন কালমৃত্যুজয়ো ভবেৎ'

ইত্যুকত্যোপসংহৃত্য তাত্ত্বিকস্তৎপ্রাপ্তিপ্রকারঃ

'অথবাপরতত্ত্বস্থঃ সর্বকালৈর্ন বাধ্যতে।।' (স্বচ্ছন্দ VII-223)

ইত্যাদিনা

'.....সর্ব শিবশক্তিময়ং স্মরেৎ।'

ইতি মধ্যেন

'জীবন্নেব বিমুক্তোহসৌ যস্যেয়ং ভাবনা সদা।
যঃ শিবং ভাবয়েন্নিত্যং ন কালঃ কলয়েত্তু তম্।
যোগী স্বচ্ছন্দযোগেন স্বচ্ছন্দগতিচারিণা।

স স্বচ্ছন্দপদে যুক্তঃ স্বচ্ছন্দসমতাং ব্রজেৎ।
স্বচ্ছন্দশ্চৈব স্বচ্ছন্দঃ স্বচ্ছন্দো বিচরেৎসদা।' (স্বচ্ছন্দ VII-258)

ইত্যনেন সহজসন্দর্ভেণ সপ্রশংসং পশ্চাদুপদিষ্টঃ। অয়মেবাত্মনো গ্রহো জ্ঞানং যদুচ্যতে 'আত্মা জ্ঞাতব্য' ইতি তত্রেদমেব সর্বজ্ঞসর্বকর্তৃস্বতন্ত্রশিবস্বরূপতয়া প্রত্যভিজ্ঞানমাত্মনো জ্ঞানং, ন তু - 'পুরুষ এবেদং সর্বম।' (শ্বেতাশ্বতর উ. III-15)। ইতি শ্রুত্যন্তবিদুক্তং

* 'ত আত্মোপাসকাঃ সর্বে ন গচ্ছন্তি (১) পরং পদম্।' (স্বচ্ছন্দ IV-388)

ইত্যাম্নায়োক্তেঃ। তথা দীক্ষাবসরে যোজনিকাদ্যর্থময়মেব শিষ্যাত্মনোহনুগ্রহঃ, ইমামেব সমাপত্তিং বিদ্বানাচার্যঃ শিষ্যাত্মানং শিবে যোজয়ন্নাচার্যো ভবতীত্যর্থঃ। ইয়ং স্বপ্রত্যয়সিদ্ধা পুত্রকাদেঃ শিবাত্মনঃ সদ্ভাবস্য পারমার্থিকস্বরূপস্য দায়িনী নির্বাণদীক্ষা্ যথোক্তম্-

'এবং যো বেদ তত্ত্বেন তস্য নির্বাণদায়িনী।
দীক্ষা্ ভবত্যসন্দিগ্ধা তিলাজ্যাহুতিবর্জিতা।।' (পরা ত্রীশিকা-25)

ইতি। হোত্রী দীক্ষা্পি দীক্ষৈব, তত্র মা ভূৎকস্যচিদনাশ্বাস ইত্যাশয়েনাত্রৈবকারো ন কৃতঃ শ্রীমহাগুরুপ্রবরেণেতি শিবম।

ইতি। শ্রীমহামাহেশ্বরাচার্যক্ষেমরাজানকনির্মিতস্পন্দনির্ণয়ে সহজবিদ্যোদয়স্পন্দো দ্বিতীয়ো নিঃষ্যন্দঃ।

* (১) গামিনীতি পরাত্রীশিকা পুস্তকস্যঃ মূল পাঠঃ।

ভাষ্যের ভাবানুবাদ

এখানে বলা হয়েছে যে ব্যক্তি শিবভাবে শিবের উপাসনা করবে। সেটাই ধ্যানে একত্ব বোধে উন্মুক্ত (manifest) করবে। 'ধ্যায়িনশ্চেতসি' অর্থ ধ্যানীর মনে ধ্যেয় (তস্য) হল শিব। শিব ছাড়া আর কিছুই ধ্যেয় হতে পারে না। মন্ত্রের দ্বারা ধ্যেয় দেবদেবী হল জাগতিক বাসনার সাধন, শিবের সাধনা নয়।

'অয়মেব উদয়ঃ' অর্থ সাধ্যের (সাধনীয়) উদ্ভব বা উদ্গম যা সাধক বা আচার্য (1) ধ্যান করে শিবরূপে (দ্বিতীয় পর্ব শ্লোক-4)।

'তদাত্মতাসমাপত্তিঃ' অর্থ শিবভাব, পঞ্চশির বিশিষ্ট কোনো শিবমূর্ত্তির ধ্যান নয়।

'ইচ্ছতঃ' অর্থ শুধু একাগ্র ইচ্ছা নয়, নিজেতে শিবের সম্ভাবনার ইচ্ছা।

যেহেতু সবকিছুই স্পন্দের অদ্বৈত জ্যোতির সঙ্গে সম্পর্কিত, তথা শিবে স্থিত; এই ধারণার বশবর্ত্তী হলে বাসনার কারণে দেবদেবীর মন্ত্রে আর আকর্ষণ থাকে না।(2)

রচয়িতা তার মহাগুরু উৎপলদেবের স্তোত্রের (3) উল্লেখ করে বলেছেন- 'হে প্রভু এ জগতে সবকিছুই তোমার প্রকাশ এবং সবই ভক্তের কাছে তীর্থস্থানীয়, সুতরাং ভক্তের উচ্চারিত সব মন্ত্র সর্বদা ফলপ্রসূ কারণ গন্তব্য তুমিই। (উৎপলস্তোত্র I-4)

সপ্তম শ্লোকের প্রথমাংশে 'এব' শব্দের প্রয়োগ একমাত্র অর্থে। ব্যক্তির সাময়িক সুস্থ থাকতে তার অনেক পন্থা থাকতে পারে কিন্তু অমৃত (ambrosia) হল শিবের ভাব।

স্বচ্ছন্দতন্ত্রে যে অমৃতের কথা বলা হয়েছে সেখানে 'সহজ সন্দর্ভেণ' বলা হয়েছে- 'সবকিছুই কালের গর্ভে যায় শুধু তাঁর তত্ত্ব সময়ের উর্দ্ধে।' স্বচ্ছন্দতন্ত্রের মধ্যভাগে বলা হয়েছে সবকিছুই শিব ও শক্তির সমন্বয়িত। যোগী 'স্বচ্ছন্দ যোগ'-এর (4) মাধ্যমে স্বচ্ছন্দে (5) বিরাজ করতে পারেন। তাঁর এই স্বচ্ছন্দভাব যোগীকে পূর্ণ স্বাধীনতা দেয় তাঁর গমনীয়তায়। এর মাধ্যমে যোগীর কাম্য লাভ হয়। (স্বচ্ছন্দ VII-258)। এই কাম্য শিবের সর্বময়তা, বেদান্তের শুধুমাত্র পুরুষতত্ত্ব নয়।(6) পুরুষতত্ত্ব শ্বেতাশ্বতর উপনিষদে উল্লিখিত। (শ্বেতাশ্বতর উ. III-15)।

স্বচ্ছন্দতন্ত্রে আরও বলা হয়েছে যে বৈদান্তিকেরা যে 'পুরুষে'র উদ্গাতা তাঁর মাধ্যমে সর্বোচ্চ প্রাপ্তি সম্ভব নয় (7)। (স্বচ্ছন্দতন্ত্র V-388)।

আচার্যের উপরোক্ত জ্ঞান শিষ্যের শিবভাব প্রাপ্তির সহায়ক। দীক্ষার মাধ্যমে মুক্তির শিক্ষা গুরু শিষ্যকে দেন।

অহম শব্দে (শিবে) 'অ' থেকে 'হ' সব বর্ণ সমাবিষ্ট ('পুত্রকে' নির্দিষ্ট)(8)।
যারা এই সত্য প্রাপ্ত হয়েছেন তারা তিল ও ঘৃত মিশ্রিত জলে পুণ্যস্নান না করেই মুক্তি লাভ করেন ('পুত্রক ত্রিকা- 25)।

প্রথানুযায়ী গুরুস্থানীয়ের দীক্ষাও শিষ্যের হিতৈষণা যুক্ত। তাই রচয়িতা ক্ষেমরাজ 'এব' শব্দ ব্যবহার করেছেন তাঁর শ্লোকে। ক্ষেমরাজের গুরু (9) তাঁর মতে, শুধুমাত্র একনিষ্ঠতার জন্য এই 'এব' শব্দ ব্যবহার করেন নি তাঁর 'নির্বাণদীক্ষা'তে।

দ্বিতীয় পর্বের স্পন্দনির্ণয়ে সহজবিদ্যোদয় প্রসঙ্গে ক্ষেমরাজনকের রচনার ব্যাখ্যার এখানেই পরিসমাপ্তি।

মন্তব্য

1. সাধক উচ্চস্তরে উন্নীত হয় সাধনার দ্বারা।
2. উপলব্ধি ধারণার দ্বারা নয় বরং প্রাপ্তির ইচ্ছাশক্তির বলে সম্ভব।
3. উৎপলদেব
4. 'স্বচ্ছন্দ যোগ' অর্থ হল ভগবৎ চেতনা বা শিবের সঞ্চার হওয়া ব্যক্তির স্বাতন্ত্রে।
5. 'স্বচ্ছন্দ-ভৈরব'-এর অর্থ হল ভৈরবের স্বাধীন ইচ্ছা।
6. বৈদান্তিকের উল্লিখিত পুরুষ, আত্মার ঐশ্বরিক চেতনা।
7. 'ত্রিকা দর্শন' অনুযায়ী 'আত্ম-ব্যাপ্তি' ব্যক্তির অন্তিম উদ্দেশ্য নয়; শিবব্যাপ্তি বা স্বয়ং ও জগতকে শিবময় অনুভব করাই উদ্দেশ্য।

8. উপরোক্ত দ্বিতীয় মন্তব্য স্বীকার্য
9. স্পন্দকারিকার রচয়িতা বসুগুপ্ত।

অর্থনির্দেশ (Exposition)

দ্বিতীয় পর্বের নাম সঠিক অর্থে সহজবিদ্যোদয় রাখা হয়েছে। যার অর্থ হল সহজ বিদ্যার উদয়। সহজবিদ্যা হল শুদ্ধ বিদ্যা। এই বিদ্যার মাধ্যমে জাগতিক বৈচিত্রের মধ্যেও এক সংযোগ সূত্র দৃষ্ট হয় যা ঐশ্বরিক চেতনার দ্বারা বিশ্বকে একসূত্রে গ্রথিত করে। বসুগুপ্তের কথায়-

'তস্মাৎ শব্দার্থচিন্তাসু ন সাবস্থান যা শিবঃ।'

অর্থাৎ আক্ষরিক শব্দ, চিন্তা বা শব্দের মাধ্যমে ব্যক্ত বস্তু সবই শিবময়।

প্রথম পর্বে প্রণিধান করার ছিল 'আত্মব্যাপ্তি', দ্বিতীয় পর্বে প্রণিধান করার বিষয় শিবব্যাপ্তি, সর্বত্র শিবময়তার।

যোগসূত্রে প্রথম পর্বে অনুধ্যান অন্তর্যাত্রায় নিমীলন ও সমাধির মাধ্যমে। দ্বিতীয় পর্বে উন্মীলন ও সমাধির মাধ্যমে নিজেকে বহির্মুখী করে ধ্যানে জগতের গন্তব্য, শিবের কৃপায় আনন্দঘন হওয়া। ক্ষেমরাজ বলেছেন এ হল 'মহাসমাপত্তি' বা সর্বোচ্চ ঐশ্বরিক বোধের অভ্যুত্থান।

এই পর্বের শেষে দুই শ্লোকের রচয়িতা অতিসুন্দর ভাবে সহজবিদ্যার মাধ্যমে আরাধনার (praxis) বর্ণনা (উৎসাহিত) করেছেন।

সাধক মন্ত্রের সাধনে দেবদেবীর কৃপা লাভ করতে চায়। রচয়িতার কথায় শিবের সঙ্গে একাত্মতাই দেবদেবীর অনুসরণের উদ্দেশ্য।

মানুষের অমৃতের সন্ধানের উদ্দেশ্য জন্ম মৃত্যুর চক্র থেকে মুক্তি, তার জন্য দীক্ষা ইত্যাদির দ্বারা নির্বাণ লাভ করার চেষ্টা করা। রচয়িতা এই নির্বাণ শিবভাব বলেই উল্লেখ করেছেন। উৎপলভট্ট দীক্ষার নিম্নোক্ত ব্যাখ্যা দিয়েছেন।

'দদাতি জ্ঞানসদভাবং ক্ষপয়ত্যখিলং মলম্।
বোধানুবেধাৎদীক্ষোক্তা দানক্ষপণর্ধামণী।।'

অর্থাৎ, দীক্ষার মাধ্যমে ব্যক্তির মনের অশুদ্ধতার অপনোদন হয়। তার নিদ্রাগ্রস্ত অজ্ঞতার জাগরণ হয়। দীক্ষা শব্দে 'দী' (দান) এবং 'ক্ষ' (নাশ) এই উভয় শব্দের সম্মেলন।

তৃতীয় পর্ব

সারসংক্ষেপ

এবং নিমীলনোন্মীলনসমাধিদ্বয়সমাধেয় উভয়বিসর্গারণীভূতঃ সুপ্রবুদ্ধতাভিব্যক্তয়ে স্পন্দতত্ত্বসমাবেশো নিঃষ্যন্দদ্বয়েন নির্ণীতঃ। অথেদানীমেতদবষ্টম্ভাভ্যাসেন পরাপর-

বিভূত্যুদয়ো ভবতীত্যভিধায় সংক্ষেপেণ বন্ধমোক্ষস্বরূপং বিরূপ্য প্রথমোপক্রান্তং নিগময়তি- যথেচ্ছেত্যাদিভিঃ চক্রেশ্বরো ভবেদিত্যন্তৈরেকোনবিংশত্যা শ্লোকৈরনেন বিভূতিস্পন্দাখ্যেন তৃতীয়নিঃষ্যন্দেন। তত্র শ্লোকদ্বয়েন জাগ্রতসিদ্ধস্বাতন্ত্র্যদৃষ্টান্তপুরঃসরং স্বপ্নস্বাতন্ত্র্যম্। একেন তদ্বিপর্যয়মভিদধতা সততোদ্যুক্তৈতৈবাশ্রয়ণীয়েতি তাৎপর্যেণোক্তম্। দ্বিতয়েনাভীষ্টবস্তুজ্ঞানাবির্ভাবঃ। একেন কর্তৃশক্ত্যাবির্ভূতিঃ ক্ষুধাবিজয়শ্চ। একেন সর্বজ্ঞতাপ্রাপ্তিঃ। একেন গ্লানিনাশশ্চেত্যষ্টকে নিরূপিতম্। ততঃ স্পন্দাত্মন উন্মেষস্যৈকেন স্বরূপং লক্ষিতম। একেন পরসমাধিবিঘ্নভূতানাং সিদ্ধীনাং হেয়তোক্তা। একেন দ্বিতয়নিঃষ্যন্দনির্ণীতবিশ্বাত্মতাস্বভাবঃ সমাবেশ উক্ত। ততঃ সমাবিষ্টতালাভে যুক্তিরূক্তৈকেন। ত্রয়েণ পশুপাশনির্ণয়ঃ। একেন স্পন্দ-তত্ত্বস্যৈব বন্ধমোক্ষভয়পদা ক্রান্তিরূক্তা। দ্বয়েনোচ্ছেদ্যত্বেন বন্ধস্বরূপমনুদিতম্। একেন তদুচ্ছিত্ত্যুপায়মভিদঘতাদি- সূত্রোক্তার্থী নিগমিত ইতি সংক্ষেপো নিঃষ্যন্দস্য।

ভাবানুবাদ

পূর্বোক্ত দুই পর্বে যোগীর মধ্যে স্পন্দতত্ত্বের আলোকপ্রাপ্তির বিষয় সম্পূর্ণরূপে ব্যাখ্যা করে নিমীলন (অন্তর্মুখীনতা) এবং উন্মীলন (বহির্মুখীনতা) ধ্যানের কথা বলা হয়েছে। এই দুই ধ্যানই গভীর ও একে অপরের অন্তর্ভেদী (interpenetrative- উভয় বিসর্গারণীভূতাঃ)। যোগীকে অন্তর্ভাব (নিমীলন) বাইরেও অনুভব করতে হবে এবং বহির্ভাব (উন্মীলন) অন্তরে অনুভব করতে হবে।

তৃতীয় পর্বে উনিশটি শ্লোক আছে যাকে বলা হয়েছে বিভূতি স্পন্দ। প্রথম শ্লোকের শুরু ‘যথেচ্ছা’ (যথা ইচ্ছা) বা পূর্ণ স্বাধীনতা দিয়ে এবং শ্লোকের শেষ ‘চক্রেশ্বর ভবেৎ’ (যূথের প্রভু) দিয়ে। রচয়িতা বলেছেন সর্বোচ্চ ও সর্বনিম্নগতি স্পন্দ থেকেই সম্ভব (বন্ধন ও মুক্তি)। এই সূত্র থেকেই প্রথম পর্বের শুরু।

বর্তমান তৃতীয় পর্বের প্রথম দুই শ্লোকে স্বপ্নের স্বাধীনতা অর্থে জাগরিত অবস্থার কথা বলা হয়েছে। তৃতীয় শ্লোকে স্বাধীনতাহীন অবস্থায় স্বপ্নে ও জাগরণে মুক্তির জন্য যোগীর কঠিন প্রয়াস কাম্য। চতুর্থ ও পঞ্চম শ্লোকে ঐশ্বরিক বাঞ্ছায় জ্ঞানের উন্মেষের উল্লেখ করা হয়েছে। ষষ্ঠ ও সপ্তম শ্লোকে যথাক্রমে প্রাপ্তির জন্য অভিনিবেশ এবং নিবৃত্তি ও সর্বজ্ঞতা লাভের কথা বলা হয়েছে। অষ্টম শ্লোকে অপ্রাপ্তি বোধের (depression) নিরসন এবং তারপরে উন্মেষের প্রকৃতি ও স্পন্দে অতীন্দ্রিয় চেতনার বোধ সম্বন্ধে বলা হয়েছে। পরবর্তী শ্লোকে উন্নত ধ্যানী হওয়ার কথা বলা হয়েছে। তৎপরবর্তী শ্লোকে দ্বিতীয় পর্বে উল্লিখিত একত্ব লাভের প্রসঙ্গ সম্বন্ধে বলা হয়েছে।(1)

পরবর্তী শ্লোকে একত্ব প্রাপ্তির উপায় উল্লিখিত হয়েছে। এর পরের তিনটি শ্লোকে ব্যক্তির জাগতিক বন্ধন সম্পর্কে এবং পরবর্তী শ্লোকে মুক্তির ও স্পন্দের অধিকার বিষয় ব্যক্ত হয়েছে। তারপরের দুটি শ্লোকে বন্ধনমুক্তির জন্য আবারও বন্ধনের অবতারণা এবং শেষ শ্লোকে প্রকৃত মুক্তির উল্লেখ করা হয়েছে যা প্রথম পর্বের প্রথম শ্লোকের উদ্দেশ্য।

মন্তব্য

1. 'সমাবেশ উক্ত' সমাবেশে উক্ত অর্থে পাঠ করতে হবে নিমিত্তার্থে, অর্থাৎ সমাবিষ্ট (absorption) হওয়া।

প্রথম ও দ্বিতীয় শ্লোকের প্রস্তাবনা

অথ গ্রন্থো ব্যাখ্যায়তে। যদুক্তং 'সুপ্রবুদ্ধস্য সততং স্পন্দতত্ত্বোপোলব্ধিঃ' ইতি। তত্র 'অতঃ সততমুদ্যুক্ত' ইত্যনেন জাগরায়াং তৎপরিশীলনেন শিক্ষা প্রবুদ্ধস্য সুপ্রবুদ্ধতা-প্রাপ্ত্যর্থমুক্তা। যামবস্থামিত্যাদিনা প্রতিপদোপায়পরিশীলনপাটবেন যোগিসুষুপ্তাবরণভঙ্গ উক্তঃ।

ইদানীং লৌকিকস্বপ্নসুষুপ্তবিদলেন সুপ্রবুদ্ধতামেব সাধয়িতুং স্বপ্নোচিতাং বিভূতিমস্য-দর্শয়িতুমাহ-

ভাবানুবাদ

প্রথম পর্বের সপ্তদশ শ্লোকে বলা হয়েছে যিনি পূর্ণালোক প্রাপ্ত তিনি স্পন্দতত্ত্ব উপলব্ধি করেন। একবিংশতি শ্লোকে যোগীকে সদা সর্বদা এ বিষয়ে সতর্ক থাকতে বলা হয়েছে। ত্রয়োবিংশতি, চতুর্বিংশতি ও পঞ্চবিংশতি শ্লোকে যোগীকে গভীর অভ্যাস করতে নির্দেশ দেওয়া হয়েছে ফল লাভের জন্য।

বর্তমান পর্বের প্রথম দুই শ্লোকে যোগীকে সাধারণ স্বপ্নের নিদ্রা ও গভীর নিদ্রার স্তর ভেদের উপদেশ দেওয়া হয়েছে।

প্রথম শ্লোক

যথেচ্ছাভ্যর্থিতো ধাতা জাগ্রতোহর্থান্ হৃদি স্থিতান্।
সোমসূর্যোদয়ং কৃত্বা সম্পাদয়তি দেহিনঃ।।

দ্বিতীয় শ্লোক

তথা স্বপ্নেহপ্যভীষ্টার্থান্ প্রণয়স্যানতিক্রমাৎ।
নিত্যং স্ফুটতরং মধ্যে স্থিতোহবশ্যং প্রকাশয়েৎ।।

শ্লোকদ্বয়ের ভাবানুবাদ

সর্বধাতৃ শিব, যোগীর চিত্তে সূর্য চন্দ্রের (বিষয়ী তথা জ্ঞান ও বিষয় তথা ক্রিয়া) উদয়ে সদাজাগ্রত, যোগীকে তার অভীষ্ট ফল দান করেন।

তেমনি যোগীর নিদ্রায় তার মধ্য নাড়ীতে, তপস্যার কালে শিব বিরাজ করে অভীষ্ট দর্শন করান।

ভাষ্য

ধত্তে সর্বমাত্মনীতি ধাতা-শঙ্করাত্মা স্বভাবঃ। স যথা জাগ্রতঃ-জাগরায়ামভিব্যক্তস্বস্বাতন্ত্র্যস্য দেহিনো দেহভূমিকায়ামেব প্রকটীভূতপিণ্ডস্থজ্ঞানস্য যোগিনঃ সম্বন্ধিন্যেচ্ছয়াভ্যর্থিতোহন্তর্মুখস্বরূপবিমর্শবলেন প্রসাদিতো হৃদি-চেতসি স্থিতানর্থানিতি বিন্দু-নাদাদিজ্ঞানপুরঃসরং ক্ষোভপ্রতিভাচালনবোধস্তোভজ্ঞানসঞ্চারাদিপ্রয়োজনানি সম্পাদয়তি। কথং সোমসূর্যয়োর্জ্ঞানক্রিয়াশক্ত্যোরূদয়ং কৃত্বা, জ্ঞানশক্ত্যা ভাস্যমানং হি তত্তৎ-ক্রিয়াশক্ত্যোন্মীল্যতে। সমাবেশোন্মিষৎপ্রতিভাত্মকমূলাবষ্টম্ভযুক্তিস্ফারিতজ্ঞানক্রিয়াব্যাপ্তি-সার-সব্যেতরমরীচিবিস্ফারণক্রমেণ তত্তদ্বেধসংক্রমনাদি সম্পাদয়তি যোগিশরীরারুপ্রবিষ্টঃ পরমেশ্বরঃ। যথা চৈবং তথা

অনাগতায়াং নিদ্রায়াং বিনষ্টে বাহ্যগোচরে।
সাবস্থা মনংসা গম্যা পরা দেবী প্রকাশতে।। (বিজ্ঞান ভৈ.-75)

ইতি

পীনা চ দুর্বলা শক্তি ধ্যাত্বা দ্বাদশগোচরে।
প্রবিষ্ট হৃদয়ে ধ্যায়ন্ স্বপ্নস্বাতন্ত্র্যমাপ্নুয়াৎ।। (বিজ্ঞান ভৈ.-55)

ইতি সম্প্রদায়স্থিত্যা বমনগ্রাসসক্তদুভয়বিসর্গারণিচিতিশক্তিপরামর্শমুখেন নিত্যং প্রণয়-মনতিক্রামতো ভগবৎপ্রার্থনাপরস্য যোগনিদ্রারূঢ়স্য স্ফুটতরমনাচ্ছাদিতরুপতয়া মধ্যে-সৌষুম্নধামনি স্থিতো ধাতা স্বপ্নেহপ্যভীষ্টানেবাণবশাক্তশাম্ভবসমাবেশাদীনন্যানপি সমাবেশা-ভ্যাসরসোন্মৃষ্টমতিমুকুরস্য জিজ্ঞাসিতানর্থান্নবশ্যং প্রকটীকরোতি, নাস্য যোগিনঃ স্বপ্নসুষুপ্তয়োর্ব্যামোহো ভবতীত্যর্থঃ। স্বপ্নেন সৌষুপ্তমপ্যুপলক্ষিতম্। অত্রাভীষ্টার্থপ্রকাশে আবৃত্যা অয়মেব হেতুঃ, প্রণয়স্য প্রার্থনায়া অন্তর্মুখস্বরূপপরিশীলনোপাসাসম্পাদ্যস্য মায়াকালুষ্যোপশমলক্ষণস্য প্রসাদস্য ভগবতানতিক্রমাৎ। পরমেশ্বরো হি চিদাত্মা যদ্যন্তর্মুখোচিতসেবাক্রমেণার্থ্যতে তত্তৎসম্পাদয়ত এব, জাগ্রতঃ-ইতি পরতত্ত্বে জাগরূকস্য জাগরাবস্থাস্থস্য চেতি শ্লেষোক্ত্যা ব্যাখ্যেয়ম্।

ভাষ্যের ভাবানুবাদ

ধাতা শিব সবকিছুই নিজের মধ্যে ধারণ করেন। 'জাগ্রতঃ' অর্থ যে জেগে উঠছে বা যার স্বাধীনতার শুরু হচ্ছে। 'দেহিনঃ' অর্থ জ্ঞানে জাগ্রত যোগী(1)। 'ইচ্ছাভ্যর্থিতো' অর্থ অন্তরভাব জানতে পেরে যোগী সুখী। যোগীর অন্তর যোগীর কাছে পরিজ্ঞাত হলে তার জ্ঞান ও ক্রিয়া (নাদ) বহির্মুখী হয় (2) এবং তার ক্ষোভের দ্বারা নিজের প্রতিভার সঞ্চারে

অপরের বর্তমান জ্ঞানকে জ্ঞাত হয়ে (জেনে) যোগীর জ্ঞান সঞ্চারে অপরের জ্ঞানকে অচল (immobilise- বোধস্তোভ) করে দেয়। এসবই ধাতা বা অধিকর্তার কারণে সম্ভব হয়।

কিন্তু কি প্রক্রিয়ায়? প্রথম শ্লোকে বলা হয়েছে যোগীর জ্ঞানশক্তির উন্মেষ (সূর্য) ও ক্রিয়াশক্তির (চন্দ্র) সংযোগ। প্রভু যোগীর শরীরে প্রবেশ করে প্রাণ ও অপান শক্তিতে জ্ঞান ও ক্রিয়ার বিস্তার ঘটায় যোগীর সমাবিষ্ট ধ্যানে (compenetrative meditation), এবং এসবই হয় স্পন্দের অন্তর্দৃষ্টি লাভে।(3)

কথায় আছে যখন কেউ ঘুমের দরজায় পৌঁছয় তখন তার অন্য সবকিছু বিস্মৃত হতে থাকে। এই নিদ্রা ও জাগরণের সন্ধিক্ষণে ব্যক্তির মন নিবিষ্ট হলে তখন মহাশক্তি (supreme Goddess) আবির্ভূতা হন।

প্রাণশক্তি যার ঘনরূপ শব্দ সম্ভূত, সাধনায় তার তরলীভবন হয়ে সূক্ষ্মতা ঘটে। এই সূক্ষ্মতায় মনোনিবেশকে বলে 'দ্বাদশান্ত'(4) যার অবস্থান হৃদয় থেকে কণ্ঠকূপ ও ভ্রূমধ্যে ব্যাপ্ত। নিদ্রার দোরগোড়ায়, সাধনার ফলে, স্বপ্ন অবসিত হয় এবং ইচ্ছাধীন হয়, অর্থাৎ যা চাইবে স্বপ্নে তাই দর্শন করবে (বিজ্ঞান ভৈ.-74,75)। এর জন্য ধাতা শিব যোগীর সুষুম্না নাড়ীতে স্থিত হন এবং যোগী তার চিৎ শক্তির সচেতনতায় প্রাণ (বিসর্গ) ও অপান (অরণি), শ্বাস গ্রহণ (গ্রাস) ও উদ্গীরণের (বমন) মাধ্যমে আনন্দময় নিদ্রায় (যোগনিদ্রা) অভিভূত হয়। তার বস্তুশক্তি (আণব) ও শিবের ইচ্ছাকৃত দর্শন হয়, চিত্তের দর্পণে প্রতিফলিত হয়ে। বারংবার স্বেচ্ছা দর্শনের এটাই কারণ বা প্রক্রিয়া।(5)

ভগবান সর্বদা তাঁর ভক্তকে মায়ার বন্ধন থেকে মুক্ত করার কৃপা করেন, ভক্ত তাঁকে স্মরণ (প্রার্থনা) করলে। ভগবানের প্রকৃতি হল চৈতন্যময়তা, এই ভগবৎ চেতনাই তাঁর বিবেক এবং দয়াশীলতা।

জাগ্রতের দুই অর্থ, এক হল জাগ্রত অবস্থা, দ্বিতীয় হল সর্বদা সচেতন (alert) যা ব্যক্তির সাধনায় প্রযোজ্য।

মন্তব্য

1. পিণ্ডস্থজ্ঞান- জাগ্রত অবস্থার জ্ঞান যা যোগীর ক্ষেত্রে প্রযোজ্য। সাধারণের ক্ষেত্রে তা হল পারিপার্শ্বিক জ্ঞান। যোগীর পিণ্ডস্থজ্ঞানে হয় 'সর্বতোভদ্র' আচরণ।

2. শাক্তমতে বা বস্তুগত ভাবে প্রাণ(বিন্দু) ও অপান(নাদ) হল প্রমাণ ও প্রমেয়। শাম্ভব উপায়ে জ্ঞান ও ক্রিয়া এবং আণব উপায়ে (অনুপায়) হল প্রকাশ ও বিমর্শ (প্রকাশের দ্বারা ভাবিত)।

3. 'সোমসূর্যোদয়ং কৃত্বা'- আক্ষরিক অর্থ হল সূর্য ও চন্দ্রের উদয়। সূর্য হল প্রাণশক্তি এবং চন্দ্র হল অপানশক্তি যা আণব উপায়ে প্রযোজ্য। শাক্তভাবে প্রমাণ ও প্রমেয়। শাম্ভবে এরা জ্ঞানশক্তি ও ক্রিয়াশক্তি। শাম্ভবোপায়ে সূর্য জ্ঞান ও চন্দ্র হল ক্রিয়া।

4. অন্তর 'দ্বাদশান্ত'এর ত্রিস্তর; হৃদয় (শরীরের কেন্দ্রস্থল), কণ্ঠকূপ (কণ্ঠের নিম্নতল) এবং ভ্রূমধ্য। কণ্ঠকূপ ও হৃদয়ের দূরত্ব দ্বাদশ অঙ্গুলি প্রমাণ।

5. বারংবার (by repetition) সুষুপ্তির কালে (সৌষুপ্তেপ্যভীষ্টার্থান প্রকাশয়েৎ) অর্থাৎ সুষুপ্তিতে তিনি অভীষ্ট প্রাপ্তি ঘটান।

তৃতীয় শ্লোকের প্রস্তাবনা

যদি পুনরেবং সাবধানো ন ভবতি তদা নাস্য যোগিতেত্যাহ

অর্থাৎ যোগী নিজেকে উপরোক্ত ভাবে সিদ্ধ করতে না পারলে তিনি যোগী নামের যোগ্য নন।

তৃতীয় শ্লোক

অন্যথা তু স্বতন্ত্রা স্যাৎসৃষ্টিস্তদ্ধর্মকত্বতঃ।
সত্ততং লৌকিকস্যেব জাগ্রৎস্বপ্নপদদ্বয়ে।।

ভাবানুবাদ

অন্যথা যেমন সাধারণ্ লোকের কাছে যা কিছু দর্শনীয় যোগী ঐশ্বরিক সৃজন শক্তির প্রভাবে সেসবই স্বপ্নে ইচ্ছা করলে দর্শন করতে পারেন।

ভাষ্য

যদ্যুক্তযুক্তা নিত্যং নারাধ্যতে ধাতা তদাস্বস্বরূপস্থিত্যভাবে সততং-প্রত্যহং লৌকিক- স্যেব চাস্য যোগিনোহপি জাগরায়াং স্বপ্নে চ সাধরণাসাধরণার্থপ্রকাশনতন্নিশ্চয়নাদিস্বভাবা পারমেশ্বরী সৃষ্টিঃ স্বতন্ত্রা স্যাৎ, লৌকিকবদ্যোগিনমপি সংসারাবট এবাসৌ পাতয়েদিত্যর্থঃ। যথোক্তম্ -'প্রবৃত্তির্ভূতানামৈশ্বরী' ইতি। 'তদ্ধর্মকত্বতঃ' ইতি স্বপ্নজাগরাদিপদপ্রকাশনে ভগবৎসৃষ্টেঃ স্বাতন্ত্র্য ভাবাদিত্যর্থঃ।

ভাষ্যের ভাবানুবাদ

যোগির অনবধানতায় যদি ধাতার প্রতি একনিষ্ঠতায় ভেদ হয় তবুও ধাতা তার ঐশ্বরিক বলে ভালোমন্দ সবকিছুই যোগীর সাধারণ জ্ঞানে দর্শন করাতে পারেন। (1)

যোগীতে আবার বহির্মুখী প্রবৃত্তির উদয় হতে পারে তখন তাকে কালচক্রে প্রত্যাবর্তন করতে হতে পারে। এসবই ভগবানের ইচ্ছানুসারী।

মন্তব্য

জাগ্রত অবস্থায় সকল সাধারণের অভিজ্ঞতাই এক ধরণের। সাধারণ লোক দৃশ্যমানকেই দেখে। কিন্তু নিদ্রিত অবস্থায় অভিজ্ঞতা ভিন্ন ভিন্ন হয়।

অর্থনির্দেশ (Exposition)

যোগী তার প্রার্থনায় ঋদ্ধ হলে ভগবৎ স্থিতি লাভ করে (divine nature), যা সাধারণের পক্ষে সম্ভব নয়। আবার যোগীর অসাবধনতায় তার পদস্খলনও সম্ভব।

চতুর্থ ও পঞ্চম শ্লোকের প্রস্তাবনা

এবং স্বপ্নসৌষুপ্তনির্দলনোপায়ং স্বপ্রবুদ্ধতায়ৈ সংসাধ্য স্পন্দতত্ত্বসমাবেশোপায়ং সুপ্রবুদ্ধস্য দৃষ্টান্তযুক্তিপূর্বকং নিরূপয়তি জিজ্ঞাসিতার্থজ্ঞপ্তিরপীত্থং ভবতীত্যাবিশতি-

ভাবানুবাদ

যোগী স্বপ্ন ও গভীর নিদ্রার (সুষুপ্তি) মধ্যে পৃথকত্ব স্থাপন করে (tear asunder) স্পন্দকে উপলব্ধি করে আলোকিত হন।

চতুর্থ শ্লোক

যথাহ্যর্থোহস্ফুটো দৃষ্টঃ সাবধানেহপি চেতসি।
ভূয়ঃ স্ফুটতরো ভাতি স্ববলোদ্যোগভাবিতঃ।।

পঞ্চম শ্লোক

তথা যৎপরমার্থেন যেন যত্র যথা স্থিতম্।
তত্তথা বলমাক্রম্য ন চিরাৎসম্প্রবর্ততে।।

ভাবানুবাদ

যেকোনো বস্তু প্রথম দর্শনে যত পরিষ্কার দেখা যায় পরবর্ত্তীতে আরও পরিষ্কার বোধ হয়। সেই রকম যোগী স্পন্দের সামর্থে বা পরমার্থ লাভে প্রথমে যা (যেন) যখন (যত্র) যে অবস্থায় (যথা) দেখেন তা (তৎ) অতি শীঘ্রই (ন চিরাৎ) স্বস্বরূপে (তথা) তার কাছে প্রতিভাত হয়।

ভাষ্য

হিশব্দঃ কিলশব্দার্থে। সাবধানেহপি চেতসি দূরত্বাদিদোষৈর্যথা কিলার্থোহস্ফুটোদৃষ্টো ভূয়োহধ্যক্ষনিরীক্ষণাত্মনা। স্ববলোদ্যোগেন ভাবিতো-ভৃশমালোকিতো ন কেবলং স্ফুটো যাবৎস্ফুটতরোহপি ভাতি, তথা যৎস্পন্দতত্ত্বাত্মকং বলং যেনানন্দঘনতাত্মনা পরমার্থেন যত্রেতি-শঙ্করাত্মনি স্বস্বভাবে যথেতি-অভেদব্যাপ্ত্যা স্থিতং তৎকর্তৃ তথেতিস্ববললোদ্যোগেন-অন্তর্মুখতদেকাত্মতাপরিশীলনপ্রযত্নেন সম্ভাবিতং শীঘ্রমেব স্ফুটতরত্বেন প্রবর্ততে

অভিব্যজ্যতে। কথমাক্রম্যারাধকস্য কল্পিতদেহাদিপ্রমাতৃভূমিং স্বাত্মন্যেব নিমগ্নাং কৃত্বা, অথচ স্পন্দাত্মকং বলমাক্রম্য স্থিতস্য কল্পিতদেহবুদ্ধিপ্রমাতৃ-ভূমিমসকৃদুত্তেজয়তঃ সাধকস্য যোগিনো যজ্জিজ্ঞাসিতং নিধানাদি যত্র দেশাদৌ যেন হেমাদিনা পরমার্থেন যথা সন্নিবেশেন স্থিতং তথা তদচিরাদেব প্রকাশতে।

ভাষ্যের ভাবানুবাদ

'হি' শব্দটি 'প্রকৃত পক্ষে' (indeed) এই অর্থে, চতুর্থ শ্লোকের শুরুতে ব্যবহৃত হয়েছে। কোনও কিছুর আবির্ভাব বা উদয় প্রথমে অস্পষ্ট মনে হয় দূরত্ব ইত্যাদির কারণে, পরে আরও স্পষ্ট হয় দৃষ্টি শক্তির অভিনিবেশে। যোগী স্পন্দের সামর্থে স্থিত হলে (যেন-আনন্দঘনতাত্মনা পরমার্থেন), সেই সচেতন আনন্দে নিজের প্রকৃতিতে পরমার্থের প্রাপ্তিতে শিবভাব লাভ করেন।

যোগীর মানসিক অস্থিরতা এবং উদ্বেগ পরিপার্শ্ব থেকে অন্তরে মূল প্রকৃতিতে সমাবিষ্ট (merging) হওয়ার প্রেরণায় এবং চেষ্টায় তার এই যাত্রার ফল প্রাপ্তি সম্ভব হয়।

পঞ্চম শ্লোকের একটি তাৎপর্য- যোগী স্পন্দের সামর্থে তার দেহকে বুদ্ধি থেকে (so-called physical state of experient) উদ্ধার করে যথার্থ স্বপ্রকৃতি প্রাপ্ত হলে তার যা ইচ্ছা যথা ইচ্ছা প্রাপ্তিযোগ হয়।

ষষ্ঠ শ্লোকের প্রস্তাবনা

কর্তৃ শক্ত্যাদিরপ্যমুত এব বলাৎপ্রাদুর্ভবতীত্যাহ

ভাবানুবাদ

যোগীর ইচ্ছাধীন ক্ষমতা স্পন্দকৃত।

ষষ্ঠ শ্লোক

দুর্বলোহপি তদাক্রম্য যতঃ কার্যে প্রবর্ততে।

শ্রাচ্ছাদয়েদ্বুভুক্ষাং চ তথা যোহতিবুভুক্ষিতঃ।।

ভাবানুবাদ

স্পন্দের সাহচর্যে একজন বুভুক্ষ ব্যক্তিও তার ক্ষুধাকে অতিক্রম করতে পারে।

ভাষ্য

যথা ক্ষীণধাতুর্ঋষিপ্রায়ঃ সোহপি স্পন্দাত্মকং বলমাক্রম্য স্পন্দসমাবেশবলেন প্রাণ-প্রমাতৃভূমিমসকৃদুত্তেজ্য কার্যেহবশ্যকর্তব্যে কর্মনি প্রবর্ততে, অশক্যমণি বস্তু তদ্বলা- ক্রমনৈব করোতীত্যর্থঃ। তথা যোহপ্যতিবুভুক্ষিতঃ সোহপি তদ্বলাক্রান্ত্যা ক্ষুৎপিপাসাদি শময়তি। নহি

চিদঘনাং ভূমিমনুপ্রবিষ্টস্য দ্বন্দ্বাভিভবঃ কশ্চিৎপ্রাণাদিভুব এব তদাশ্রয়ত্বাত্তস্যাশ্চেহ চিদ্ভূমৌ নিমগ্নত্বাৎ।

ভাষ্যের ভাবানুবাদ

যোগী ত্যাগের ও স্পন্দের আশ্রয়ে নিজের প্রাণিক বোধের (experient of prana) সঞ্চালনে (stimulating) যথেচ্ছ কৃতকর্ম করতে পারে। ক্ষুৎপিপাসাও জয় করতে পারে।(1)

যে যোগী সঘন চেতনায় প্রবেশ করেছে (mass of conscious state) তার শীত গ্রীষ্মের ভেদ হয় না। কারণ বিরোধাভাস তার থাকে না।

মন্তব্য

1. উৎপলদেব বলেছেন- 'বুভুক্ষাশব্দোহত্রোপলক্ষণার্থম। তেন ক্ষুৎতৃষৌ শোকমোহৌ জরামৃত্যু চেতি ষড়ূর্ময়োহপি নশ্যন্তীত্যর্থঃ।' অর্থাৎ, ক্ষুধা শব্দটির ব্যবহার এখানে উদ্ভূত উপবৃত্তাকারে (বৃত্তের বা প্রাণের আয়ত ব্যাপ্তির ষড় তরঙ্গে ক্রমাবর্তন)। জীবনের বা প্রাণের এই ব্যাপ্তি ক্ষুধা ও পিপাসা (প্রাণের), মনের দুঃখ ও হতাশা (delusion), শরীরের বৃদ্ধাবস্থা ও মৃত্যু, সবেতেই বর্তমান।

সপ্তম শ্লোকের প্রস্তাবনা

যত এবমুক্তসূত্রোপপত্তিক্রমানুসারেণেদৃক্'সিদ্ধিসমুদায়োহস্মাদ্ভবতীত্যতঃ।

ভাবানুবাদ

উপরোক্ত শ্লোকে যুক্তিসংগত উপায়ের কথা বলা হয়েছে যার দ্বারা যোগী বিভিন্ন অতীন্দ্রিয় শক্তি ধারণ করতে পারে স্পন্দের শক্তিতে।

সপ্তম শ্লোক

অনেনাধিষ্ঠিতে দেহে যথা সর্বজ্ঞতাদয়ঃ।
তথা স্বাত্মন্যধিষ্ঠানাৎসর্বত্রেবং ভবিষ্যতি।।

ভাবানুবাদ

যতকিছু জ্ঞাতব্য যখন স্পন্দ তত্ত্বের দ্বারা ব্যাপৃত হয় যোগির সত্তায় (1), যোগী তখন সবেতে সর্বজ্ঞতা প্রাপ্ত হয়।

ভাষ্য

অনেন স্বস্বভাবাত্মনা স্পন্দতত্ত্বেনাধিষ্ঠিতে ব্যাপ্তে দেহে সতি যথা তদবস্থোচিতার্থানুভবকরণাদিরূপাঃ সর্বজ্ঞতাসর্বকর্তৃতাদয়ো ধর্মা আবির্ভবন্তি দেহিনঃ, তথা যদ্যপং কূর্মাঙ্গসঙ্কোচবৎসর্বোপসংহারেণ মহাবিকানযুক্ত্যা বা স্বস্মিন্নপায়িন্যাত্মণি চিদ্রূপে অধিষ্ঠানং

করোতি উক্তাভিজ্ঞানপ্রত্যভিজ্ঞাতে তত্রৈব সমাবেশস্থিতিং বধ্নাতি তদা সর্বত্রেতি শিবাদৌ ক্ষিত্যন্তে এবমিতি শঙ্করতদুচিতসর্বজ্ঞতাসর্বকর্তৃতাদিরূপো ভবিষ্যতি।

ভাষ্যের ভাবানুবাদ

যখন স্পন্দের দ্বারা ব্যক্তি ব্যাপৃত হয় তখন ব্যক্তির সর্বজ্ঞতা, সর্বকর্তৃত্ব ক্ষমতার উদয় হয় তার অতীন্দ্রিয় চেতনায়। তখন সে জগৎ থেকে নিজেকে নিবৃত্ত করে অথবা চিত্তের বিকাসে কূর্মের মতো সঙ্কুচিত করে (2)। অর্থাৎ অন্তরে শিবভাবে থেকে জগতকে নিজেতে বিকসিত করে।

মন্তব্য

1. 'স্বাত্মনি'-র অর্থ ক্ষেমরাজ করেছেন যোগীর অবিনাশী সত্ত্বা। রামকণ্ঠের ব্যাখ্যা- 'স্বস্বভাবে দেহাদিব্যতিরিক্ত-বিশুদ্ধা দ্বয়চিন্মাত্রবপুষি।' অর্থাৎ, সেই শুদ্ধসত্ত্বা বা অতীন্দ্রিয় চিত্ত দেহ থেকে ভিন্ন (নির্দিষ্ট)।

2. সঙ্কোচ' অর্থ হল ক্রমান্বয়ে জাগতিক নিবৃত্তি এবং অন্তর্মুখীনতা। এখানে বিকাসের অর্থ বহিরঙ্গে (দেহে) থেকেও অন্তরে বিকাসশীলতা।

অষ্টম শ্লোকের প্রস্তাবনা

ইদমপ্যেতৎপ্রসাদেনেত্যাহ

ভাবানুবাদ

স্পন্দের কৃপায়ই উপরোক্ত বোধ হয়।

অষ্টম শ্লোক

গ্লানির্বিলুণ্ঠিকা দেহে তস্যাশ্চাজ্ঞানতঃ সৃতিঃ।
তদুন্মেষবিলুপ্তং চেৎকুতঃ সা স্যাদহেতুকা।।

ভাষ্য

দেহে যা গ্লানিঃ অর্থাদ্দেহাভিমানিনঃ পুংসো যো হর্ষক্ষয়োহসৌ বিলুণ্ঠিকা পরসংবিদ্দ্রবিণাপহারেণ পারিমিত্যদৌর্গত্যপ্রদা তস্যাশ্চ গ্লানেরজ্ঞানতশ্চিদানন্দঘনস্বস্বরূপা-প্রত্যভিজ্ঞানাৎসৃতিরূদ্ভবোহস্থিতিশ্চ। তবজ্ঞানং প্রদর্শয়িষ্যমাণস্বরূপেণোন্মেষরুপেণ চেদ্বিলুপ্তং-নিকৃত্তং তদাসৌ গ্লানিরজ্ঞানাত্মনো হেতোরভাবাৎ কুতঃ স্যান্ন ভবেদিত্যর্থঃ। গ্লান্যভাবে চ দেহেহবশ্যংভাবিন্যো ব্যাধ্যাদিসন্তাপাবস্থা অপি যথা যথা যোগিনোহপকৃষ্যন্তে তথা তথা হেম্ন ইবাতিতাপ্যমানস্য কালিকাপগমে স্বস্বরূপং দেদীপ্যত এব। এবং চ দেহাবস্থিতস্যাপি সর্বদা গ্লান্যভাব এব পরযোগিনো বিভূতিঃ। যথোক্তং পরমযোগিন্যা মদালসয়া বালদারকান্ প্রয়োগীকুর্বত্যা

ত্বং কঞ্চুকে শীর্য্যমানে নিজেহস্মিংস্তস্মিংশ্চ
দেহে মূঢ়তাং মা ব্রজেথাঃ।

শুভাশুভৈঃ কর্মভির্দ্দেহমেতন্মদাদিমূঢ়ৈঃ
কঞ্চুকস্তেহপি নদ্ধঃ।।-(মার্কণ্ডেয় পুরাণ XXV-14)

ইতি মিতসিদ্'ধ্যভিলষিণো যোগিনঃ সমাবেশাভ্যাসত্বসেন দেহং বিধ্যতো বলীপলিতাদি-ব্যাধিজয়ো ভক্তীত্যপি ভঙ্গযানে ন প্রতিপাদিতম্।

ভাষ্যের ভাবানুবাদ

'দেহে যা গ্লানিঃ' অর্থ ব্যক্তির আনন্দানুভূতির অবলুপ্তি(1), যার ফলে সে নিজের দেহকেই নিজের সত্তা বলে অনুভব করে। এমতাবস্থায় তার চিত্ত নিশেষে লুণ্ঠিত (বিলুণ্ঠিকা)(2) হয় এবং তার জীবনকে সীমিতাবস্থায় আবদ্ধ করে বিষাদে ভরে দেয়। অর্থাৎ নিজেকে না জানাটাই দুঃখ। উন্মেষে যদি সেই অজ্ঞানতা দূরীভূত হয় সেই উন্মেষে প্রকৃতি (পরে ব্যাখ্যা আছে) তার দুঃখ দূর করে।

দুঃখের অবসানে শারীরিক কষ্টও দূর হয় যেমন তপ্ত সোনা কলুষমুক্ত (removal of gross) হয়। এই হল যোগীর গৌরব স্থিতি। মহিয়সী যোগিনী মদালসা সে কথাই তার সন্তানদের বলেছেন-

'বৎস শরীরকে কখনো নিজের সত্তা (নিজত্ব) মনে করবে না, এই শরীর নশ্বর এবং ত্যাজ্য। এই শরীরের বন্ধন ভাল, মন্দ, অতৃপ্তি, অহঙ্কার দ্বারা গঠিত। যোগী তার অন্তর্মুখী ধ্যানের দ্বারা মূল চেতনার স্পর্শমণি (elixir) লাভ করে, তখন তার ত্বকের ক্লিষ্টতা বা বলিরেখা (wrinkle), পলিত কেশ (grey hair) ইত্যাদিও দূর হয়ে যায়।

মন্তব্য

1. শ্লোকে 'গ্লানি'র অর্থ শরীরের সঞ্জীবনী শক্তির ক্ষয়(disappearance of essential delight); রামকণ্ঠের ভাষায়-'সহজানন্দ-হানিরূপা' ('স্পন্দবিবৃত্তি' পৃ:-114), অর্থাৎ সহজসুখানন্দের (psychosomatic feeling of pleasure) লুপ্তি। প্রকৃতপক্ষে এই আনন্দ পার্থিব (emperical)। এই আনন্দের উর্দ্ধে উঠে নিজেকে অপার্থিব (metemperical) আনন্দে (real happiness) প্রতিষ্ঠিত করতে হবে।

2. শ্লোকে 'অজ্ঞতা'র অর্থ সম্বন্ধে ক্ষেমরাজের উক্তি- 'চিদানন্দঘনস্বস্বরূপ অপ্রত্যভিজ্ঞান', অর্থাৎ নিজের মূল প্রকৃতি যা চিদানন্দঘনরূপ তাকে অনুভব করতে না পারার অক্ষমতা; জাগতিক শিক্ষার অভাব নয়।

নবম শ্লোকের প্রস্তাবনা

অথ যোহয়মুন্মেষঃ স কিংস্বরূপঃ কিমুপায়লভ্যশ্চেত্যাকাঙ্খায়ামাহ-

ভাবানুবাদ

উন্মেষের প্রকৃতি সম্বন্ধেই রচয়িতা নবম শ্লোকের উপস্থাপনা করেছেন।

নবম শ্লোক

একচিন্তাপ্রসক্তস্য যতঃ স্যাদপরোদয়ঃ।
উন্মেষঃ স তু বিজ্ঞেয়ঃ স্বয়ং তমুপলক্ষয়েৎ।।

ভাবানুবাদ

উন্মেষের অর্থ হল মনে এক ভাব থাকা সত্ত্বেও আর এক ভাবের উদয়।

ভাষ্য

ভাবে ত্যক্তে নিরুদ্ধা চিত্রৈব ভাষান্তরং ব্রজেৎ।
তদা তন্মধ্যভাবেন বিকসত্যতিভাবনা।। (বিজ্ঞান ভৈ.-62)

ইতি নীত্যা একস্যাং কস্যাঞ্চিদালম্বনবিশেষনিভৃতবিকারাত্মিকায়াং চিন্তায়াং প্রসক্তস্য-একাগ্রীভূতস্য যোগিনো যত ইতি-তদেকাগ্রতাপ্রকর্ষোল্লসৎসংবিৎস্ফারতস্তদালম্বন-নিমীলনাজ্ঝটিতি গ্রস্তসমস্তচিন্তাসন্ততেরগ্নীষোমাবিভেদাত্মনঃ স্পন্দতত্ত্বাদপর এবোদয়শ্চিৎ-চমৎকারাত্মান্য এব লোকোত্তর উল্লাসঃ স্যাৎ স তৎচমৎকারোন্মেষকত্বাদেবোন্মেষো বিজ্ঞাতব্যোঽন্বেষণীয়ঃ, ইত্যমেব যোগিনা জ্ঞাতুং শক্যঃ ততশ্চ স্বয়মিতি ইদন্তাবিষয়ত্বা-ভাবাদকৃতকপ্রযত্নাত্মনাবধানেনাহন্তয়ৈবোপেত্যাত্মনি লক্ষয়েৎ-অসাধারণেন চমৎকারাত্মনা প্রত্যভিজানীয়াৎ। 'যত একস্যাং বিষয়বিচারাদিচিন্তায়াং প্রসক্তস্য অপরস্যাশ্চিন্তায়া ঝটিত্যুদয়ঃ স্যাৎ স চিন্তাদ্বয়ব্যাপক উন্মেষঃ' ইত্যন্যে।

ভাষ্যের ভাবানুবাদ

যখন কোনও ব্যক্তি একই বিষয়ে (object) মনকে নিরুদ্ধ বা নিবিষ্ট করে অন্য বস্তুর অপেক্ষা তখন তার মন পূর্বপক্ষ ও পরপক্ষের মধ্যে স্থিত হয়। এই মধ্যাবস্থায় শুদ্ধ চেতনার উদয় হয় যা সব চিন্তার উর্দ্ধে (transcends contemplation of all)।

বিজ্ঞান ভৈরবের উপরোক্ত মত অনুসারে ব্যক্তি তখন এক অন্য (অপরোদয়) (1) অতীব গ্রাহী চৈতন্যে (super transcendental awareness) উপনীত হয়।-'চিৎচমৎকারাত্মন্য এব লোকোত্তর উল্লাসঃ স্যাৎ।', ব্যক্তির চিত্তে চমৎকার লোকোত্তর উল্লাসের আবির্ভাব হয়।

যোগীর এই দশা- 'একস্যাং চিন্তায়াং প্রসক্তস্য-একাগ্রীভূতস্য', একমাত্র চিন্তার উদয় (ভাবের) যার দ্বারা-'কস্যাঞ্চিদ্ আলম্বন-বিশেষ-নিভৃতবিকারাত্মিকায়াং চিন্তায়াম্', যোগীর চিন্তা অবিচলিত হয় (মানস)। অর্থাৎ যোগীকে চিন্তা বিচলিত করে না।

কোথা থেকে এর উদ্ভব হয়? এর উদ্ভব হয় স্পন্দতত্ত্ব থেকে যখন যোগীর জ্ঞান ও বস্তুর প্রভেদ লুপ্ত হয় (অগ্নীষোমাবিভেদাত্মনঃ) যার ফলে(2) অন্য সব চিন্তা সহসা আর উদয় হতে পারে না, অন্য চিন্তার গ্রাস হয় স্পন্দতত্ত্বে। স্পন্দতত্ত্বের গভীর চেতনার উদ্বেলতায় (swell) যা অতিরিক্ত একাগ্রতার প্রতিফলন (radiation)।

যেহেতু এই প্রতিফলন চিদানন্দরই দ্যুতি (efflorescenc) তাই একে বলা উন্মেষ যা যোগির কাঙ্খিত, বোধ্য এবং জ্ঞাত- 'স্বয়ং তমুপলক্ষয়তে।' উন্মেষ যেহেতু কোনও হাতে পাওয়ার ব্যাপার নয়, সুতরাং সৎচিদানন্দে অভিনিবেশের (approaching I-consciousness) কৃত্রিম চেষ্টা বিমুক্ত হয়ে যোগী অন্তরে তাকে আনন্দস্বরূপ প্রত্যক্ষ করেন।

এই শ্লোককে অনেকে অন্যভাবেও ব্যাখ্যা করেন, যথা একটি চিন্তা অপর চিন্তার সূচনা করতে পারে এবং দ্বিতীয় চিন্তা সর্বব্যাপীরূপে উন্মেষিত হতে পারে(manifest)।

মন্তব্য

1. 'অপরোদয়ঃ'-এর অর্থ হতে পারে এক ভাবনা থেকে অন্য ভাবনার উদয়। ক্ষেমরাজ অন্য ভাবনার উদয় না হওয়াকেই অপরোদয়ঃ মনে করেছেন।

2. অগ্নি প্রমাতা বা প্রমাণ (knower or knowledge) উভয়তো বলা যেতে পারে। এখানে জ্ঞান (knowledge) অর্থেই ব্যবহার হয়েছে। কেই কেই বস্তু (জ্ঞেয়) অর্থেও অগ্নিকে উল্লেখ করেন।

3. 'বিজ্ঞেয়ঃ'-কে দুই ভাবে ব্যাখ্যা করা হয়েছে, 'অর্হার্থ' এবং 'শক্যার্থ'। 'অর্হার্থ' অর্থাৎ জানার যোগ্য বা জ্ঞাতব্য, 'শক্যার্থ' অর্থাৎ জ্ঞেয় (to be known)। ক্ষেমরাজ উভয় অর্থই গ্রহণ করেছেন।

অর্থনির্দেশ (Exposition)

এই শ্লোকে যে স্বাধ্যায়ের কথা বলা হয়েছে তা যোগোপলব্ধ এক বিশেষ প্রক্রিয়া। এই শ্লোকে তিনটি বিষয়ের উল্লেখ করা হয়েছে। এক হল অপরোদয়ঃ, চিন্তার থেকে চেতনার উদয় যা ক্ষেমরাজের ব্যাখ্যা। এই অর্থে পরপ্রমাতৃভাব বা নিজের অতীন্দ্রিয় সত্ত্বার (metaphysical) অনুভব হয়। ক্ষেমরাজের কথায় মন যখন চেতনায় তদ্গত হয় তখন চিন্তার বিক্ষেপ হয় না, চেতনা নিরুদ্ধ বা নিশ্চল হয়। মনের নিরুদ্ধ চিন্তা একাগ্র হয় মূল সত্যে স্থিত হয়।

দ্বিতীয়ত যোগীকেই নিজের রক্ষক হতে হবে বস্তুর (জাগতিক) উর্দ্ধে উঠে, নচেৎ তার পতন হবে-'স্বয়ং তমুপলক্ষয়েৎ।' ক্ষেমরাজ সঠিক ব্যাখ্যা করেছেন- 'ইদন্তা বিষয়ত্বাভাবাদ অকৃতকপ্রযত্নাত্মনাবধানেনাহন্তয়ৈবোপেত্যাত্মনি লক্ষয়েৎ'। যেহেতু অতীন্দ্রিয় সত্ত্বা বস্তুগত হতে পারে না তাই জীবাত্মাও বস্তুগত নয় (metaphysical self) এবং এটি স্বচ্ছন্দ

(effortless awareness) কারণ জাগতিক বন্ধন মুক্ত। একই অর্থে রামকণ্ঠ বলেছেন- 'পরমার্থ- পরমেশ্বরঃ সর্বতো বিবিক্তঃ পরমকারণং পরমাত্মা অয়মহমস্মি ইতি প্রতিপদ্যেত। ন হি তস্য শব্দাদিবৎ ইদন্তয়া স্বরূপমুপলক্ষয়িতুং শক্যম্।' অর্থাৎ এই অভিজ্ঞতা 'অহম্'-এর অভিজ্ঞতা, সর্বোচ্চ সত্ত্বার উৎসৃজন (fountain), একে কখনো অর্থাৎ এর প্রকৃতিকে হস্তগত (grasp) করা যায় না বস্তু বা শব্দার্থে (ইদম্)।

রামকণ্ঠ তৃতীয় আরও একটি গুরুত্বপূর্ণ মন্তব্য করেছেন- 'যস্ত্বয়ং মন্যতে- যস্যাং চিন্তায়াং সত্যাম্ অপরচিন্তোদয়ঃ সা চিন্তৈব চিন্তান্তকারণং নান্তরাবর্তি বস্ত্বন্তরং বিদ্যতে, যৎচিন্তাদ্বয়স্বরূপব্যতিরেকেণ উপলক্ষণীয়াত্মকং দ্বিতীয়চিন্তাকারণং স্যাদ্ ইতি, তং প্রতি কারণভাবেণ কার্যভাবেন চ অভিমতস্য পূর্বাপরীভূতস্য চিন্তাদ্বয়স্য এষ সম্বন্ধো ন সিধ্যতি, অনুসন্ধাতারং তৃতীয় বিনা। পূর্ব কারণম্ অপরা চ কার্যভূতা চিন্তা ইতি যোহনুসন্ধত্তে, যশ্চাসাবনপহ্নবনীয়োহনুসন্ধাতা সোহনুসন্ধেয়চিন্তাদ্বয়ব্যাপকবিশুদ্ধচিৎমাত্র-স্বরূপঃ সর্বকারণমাত্মৈবোন্মেষ ইত্যুক্তঃ।'

অর্থাৎ, কেই কেই মনে করেন প্রথম চিন্তার থেকেই দ্বিতীয় চিন্তার উদয় হয়, এর মধ্যে অন্তর্বর্ত্তী কোনো অবস্থা নেই। অবস্থান্তরই হল দ্বিতীয় চিন্তা (রামকণ্ঠ বৌদ্ধ ভাবধারা অনুসারী ছিলেন)।

এর উত্তরে বলা যেতে পারে যে, তাহলে প্রথম ও দ্বিতীয়ের মধ্যে কোনও কার্য-কারণ সম্পর্ক নেই কোনও তৃতীয় অবস্থার (intervening) মাধ্যমে। সুতরাং সবকিছু এক থেকে ক্রমান্বয়ে উদ্ভূত হয়েছে। সেই একই হল উন্মেষ।

দশম শ্লোকের প্রস্তাবনা

ইদানীং মিতযোগিজনপ্রযত্নসাধ্যাস্বপি তাসু তাসু সিদ্ধিষুন্মেষপরিশীলনমাত্রোদিতাসু পরযোগিনো হেয়ত্বমেব মন্তব্যমিত্যাদিশতি-

ভাবানুবাদ

রচয়িতা এই শ্লোকে উৎকৃষ্ট যোগীকে অতীন্দ্রিয় ক্ষমতার আকাঙ্খী হতে মানা করেছেন, সেসব অধম যোগীর কৃত্য।

দশম শ্লোক

অতে বিন্দুরতো নাদো রূপমস্মাদতো রসঃ।
প্রবর্তন্তেহচিরেণৈব ক্ষোভকত্বেন দেহিনঃ।।

ভাবানুবাদ

উন্মেষ পথে আলো, অশ্রুত (supernormal) নাদ এবং অচিন্ত্য ভাবাস্বাদের উদয় হয় যখন যোগী স্বরূপে গমন করে বা গম্য স্বরূপ তত্ত্বে; যদিও এসবই পথের অন্তরায় (disturbing factor)।

ভাষ্য

অত উন্মেষাদুপলক্ষ্যমাণাদপ্রলীয়মানস্থূলসূক্ষ্মাদিদেহাহম্ভাবস্য যোগিনোহচিরেণৈব ভ্রূমধ্যাদৌ তারকাপ্রকাশরূপো বিন্দুরশেষবেদ্যসামান্যপ্রকাশাত্মা, নাদঃ সকলবাচকাবিভেদিশব্দনরূপো-হনাহতধ্বনিরূপো, রূপমন্ধকারেহপি প্রকাশনং তেজঃ, রসশ্চ-রসনাগ্রে লোকোত্তর আস্বাদঃ ক্ষোভকত্বেন-স্পন্দতত্ত্বসমাসাদনবিঘ্নভূততাবৎ সন্তোষপ্রদত্বেন বর্তন্তে। যদাহুঃ

'তে সমাধাবুপসর্গা ব্যুত্থানে সিদ্ধয়ঃ।' (পাতঞ্জল সূত্র III-37)

ইতি। এবমুন্মেষনিভালনোদ্যুক্তস্যাপি দেহাত্মমানিনো যোগিনো বিন্দুনাদাদয়ঃ ক্ষোভকা ভবন্তীত্যুক্তম্।

ভাষ্যের ভাবানুবাদ

যোগীর উন্মেষ অনুশীলনে অতি শীঘ্র ভ্রূদ্বয়ের মধ্যে নক্ষত্রের আলোর মতো দীপ্তির দর্শন হয় যা জগতের উদ্ভবের জ্যোতি, অনাহত সমস্ত শব্দের সমূহ নাদ শ্রবন হয়, অনাস্বাদিত আস্বাদের অনুভব হয় জিহ্বাগ্রে। এসবই যোগীর 'অহম', সূক্ষ্ম শরীরে ব্যবস্থিত অনুভব (1)। তবে এই অনুভব স্পন্দের পথে বাধা (2) যেমন পুরুষ সুক্তে (III-7) কথিত। এসবই যোগীর লক্ষ্যে (ধ্যানের পথে) বিঘ্নস্বরূপ তান্ত্রিক (occult) শক্তি, যা ব্যুত্থানে অর্থাৎ, সাধারণভাবে ধ্যানে আত্মস্থ (absorbed) হলে উদ্ভূত হয়।

যোগীর এই বাধাগুলো তাঁর ধ্যানে দেহানুভূতি নষ্ট না হওয়া অবধি বর্তমান থাকে। যদিও তাঁর এই ধ্যান উন্মেষের জন্য।

মন্তব্য

1. 'ইত্যাদি' অর্থে কার্য-কারণ সমন্বিত এই নশ্বর দেহ।

2. এই তন্ত্রশক্তি (occult) যোগীর মনস্তাত্ত্বিক (psychosomatic) ও দৈহিক (organic obstacle) অন্তরায়। এর ফলে যোগীর কাছে স্পন্দতত্ত্ব দুস্তর হয় কারণ যোগী এই শক্তিতেই মোহিত হয়ে পরে।

একাদশ শ্লোকের প্রস্তাবনা

ইদানীমত্রোন্মেষাত্মমনি স্বভাবে দেহপ্রমাতৃতাং নিমজ্জয়তি। তদাকারামপি পরপ্রমাতৃতাং লভত ইত্যাহ

ভাবানুবাদ

যোগী যখন তার মূল প্রকৃতিতে (real nature) এই মনস্তাত্ত্বিক ও দৈহিক (psychosomatic organism) অনুভূতি নিমজ্জিত করতে পারে, তারপরেই তার উন্মেষ হয়।

একাদশ শ্লোক

দিদৃক্ষয়েব সর্বার্থান্যদা ব্যাপ্যাবতিষ্ঠতে।
তদা কিং বহুনোক্তেন স্বয়মেবাবভোৎস্যতে।।

ভাবানুবাদ

যখন যোগী তার চেতনার্ আলোয় সবকিছু সমুজ্জ্বল দেখেন তখন আর কিছু যোগী সম্বন্ধে বলা অনাবশ্যক কারণ তিনি সাক্ষী হিসাবে চক্ষুষ্মান হন।

ভাষ্য

যথা পশ্যন্তীরূপাবিকল্পকদিদৃক্ষাবসরে দিদৃক্ষিতোহর্থোহন্তরভেদেন স্ফুরতি তয়ৈব স্বচ্ছন্দাদ্যধ্বপ্রক্রিয়োক্তান্ ধরাদিশিবান্তান্তর্ভাবিনোহশেষানর্থান্ ব্যাপ্যেতি সর্বমহমিতি সদাশিববৎ স্ববিকল্পানুসন্ধানপূর্বকমবিকল্পান্তমভেদবিমর্শান্তঃ ক্রোড়ীকারেণাচ্ছাদ্য যদাবতিষ্ঠতে অস্যাঃ সমাপত্তের্ন বিচলতি, তাবদশেষবৈদেকীকারেণোন্মিষত্তাবদ্বেদ্যগ্রাসী-কারিমহাপ্রমাতৃতা-সমাবেশচমৎকাররূপং যৎফলং তৎস্বয়মেবাবভোৎস্যতেস্বসংবিদেবানু ভবিষ্যতি, কিমত্র বহুনা প্রতিপাদিতেন।

ভাষ্যের ভাবানুবাদ

শব্দের উৎপত্তি থেকে রূপলাভের চারটি স্তর পরা, পশ্যন্তি, মধ্যমা ও বৈখরী। পশ্যন্তি হল শব্দের শুরু আর বৈখরী হল উচ্চারিত শব্দ। পশ্যন্তি স্তরে যোগী নিজের অন্তরে শব্দের উজ্জ্বল (gleam) আভাস পান এবং শব্দের দ্বারা (অবতিষ্ঠতে) সবকিছু প্রতিষ্ঠিত দেখেন। এই দর্শন জগৎ থেকে শিব পর্যন্ত, যেমন 'স্বচ্ছন্দ' ও অন্যান্য শাস্ত্রে বলা হয়েছে 'ভুবনাধ্বা' শব্দের ব্যাখ্যায়। এই শব্দের অর্থ হল সর্বোচ্চ চেতনার (I-conscious) জাগতিক ইচ্ছাশক্তি (সদাশিব) বা অহম্ সর্বত্র (জগতে) বর্তমান, যা যোগীতে সঞ্চারিত হয় সংশ্লেষিত আত্তীকরণের মাধ্যমে এবং বক্তব্য বা বস্তুর সঙ্গে একত্ব অনুভবে। যোগী তখন 'যদা অবতিষ্ঠতে', অর্থাৎ আর বিচলিত হন না।

'স্বয়মেবাবভোৎস্যতে' অর্থাৎ যোগী তখন নিজের চেতনাকেই প্রত্যক্ষ করেন ফলে তার অন্যত্র গমনের বা অন্য কিছুর (expatiation) প্রয়োজন হয় না।

অর্থনির্দেশ (Exposition)

যখন যোগী সবকিছুই আন্তরিক প্রকাশ বলে (inner divine self expressed) অনুভব করেন তখন তিনি শিবভাব অন্তরে অনুভব ও বাইরে দর্শন করেন।

দ্বাদশ শ্লোকের প্রস্তাবনা

তস্যোপলব্ধিঃ সততম্ ইতি প্রতিজ্ঞায় তদনন্তরমুপপাদিতমুপায়জাতং পরিশীলয়তঃ সততং স্পন্দতত্ত্বসমাবিষ্টত্বং সুপ্রবুদ্ধস্য ভবতীতি তদনন্তপ্রমেয়সম্ভিন্ন-ত্বাদুপদেশ্যহৃদয়ে স্মারয়ন্ননুপ্রবেশযুক্ত্যুপসংহারভঙ্গ্যাহ-

ভাবানুবাদ

শ্লোকের রচয়িতা প্রথম পর্বের সপ্তদশ শ্লোকে বলেছেন সম্পূর্ণ আলোকপ্রাপ্ত যোগী (fully enlightened) স্পন্দতত্ত্বের জ্ঞানপ্রাপ্ত হয়ে সর্বদা তাতেই অবস্থান করেন এবং সাধনায় তারই অনুধ্যান করেন। আচার্য রচয়িতা তাঁর শিষ্যদের সে কথাই শিক্ষা দেন এবং পথের সন্ধান দেন।

দ্বাদশ শ্লোক

প্রবুদ্ধঃ সর্বদা নিষ্ঠেৎজ্ঞানেনালোক্য গোচরম্।
একত্রারোপয়েৎসর্বং ততোঽন্যেন ন পীড্যতে।।

ভাবানুবাদ

পারিপার্শ্বিক সম্বন্ধে অবহিত হয়েও ব্যক্তি সর্বদাই জাগ্রত অবস্থায় থাকবেন এবং সবকিছু একপাত্রে রাখবেন স্পন্দের বোধে (everything identical with Spanda) যা তার নিজেরই। সুতরাং অপরাপর কিছুই তাকে বিচলিত করার জন্য অবশেষ থাকে না।

ভাষ্য

সর্বদা জাগরাস্বপ্নসুষুপ্তসংবিদাদিমধ্যান্তপদেষু প্রবুদ্ধস্তিষ্ঠেদ্ উন্মীলিতস্পন্দতত্ত্বাবষ্টম্ভ-দিব্যদৃষ্টিঃ সুপ্রবুদ্ধতামেব ভজতে। কথং জ্ঞানেন বহির্মুখেনাবভাসেন সর্বং গোচরং নীলসুখাদিরূপং বিষয়মালোক্য

তস্মাচ্ছব্দার্থচিন্তাসু ন সাবস্থা ন যা শিবঃ (শ্লোক II-4)

ইত্যুপপাদিতদৃশা বিমৃশ্য একত্র-ত্রষ্টরি শঙ্করাত্মনি স্বভাবে সর্বমারোপয়েৎ-নিমীলনোন্মীলন-দশয়োস্তদভেদেন জানীয়াৎ, পূর্বাপরকোট্যবষ্টম্ভদার্ঢ্যান্মধ্যভূমিমপি চিদ্রসাশ্যানতারূপতয়ৈব পশ্যেদিত্যর্থঃ। এবং চ ন কেনচিদন্যেন ব্যতিরিক্তেন বস্তুনা বাধ্যতে সর্বস্মিন্ স্বাত্মনঃ স্বীকৃতত্বাৎ। যথোক্তং শ্রীপ্রত্যভিজ্ঞাকারেণ

যোঽবিকল্পমিদমর্থমণ্ডলং পশ্যতীশ্ নিখিলং ভবদ্বপুঃ।
স্বাত্মপক্ষপরিপুরিনে জগন্যস্য নিত্যসুখিনঃ কুতো ভয়ম্।।

ভাষ্যের ভাবানুবাদ

সর্বদা অর্থাৎ ব্যক্তি তার চৈতন্যের অগ্রে মধ্যে পশ্চাতে এবং শয়নে স্বপনে ও জাগরণে সবসময় সজাগ (aware) থাকবে। এই সদাজাগ্রত ভাব (full awarebess) তার কাছে স্পন্দের দ্বার ক্রমশ উন্মুক্ত (unfold) করে দেয়। ফলে তার বস্তু, ব্যাখ্যা (শব্দের দ্বারা) এবং চিন্তনে শিব ছাড়া আর কিছু থাকে না। সেখান থেকেই তার গ্রহণ ও নিবেদন। সাধকের সাধনার সাধ্যের শুরু ও শেষ সম্পূর্ণ নিয়ন্ত্রণে থাকলে মধ্যাবস্থা ঘনীভূত চেতনা বলে উপলব্ধ হয়। সব কিছুই তার কাছে স্বত্ত্ব বলে বোধ হয়, কোনও কিছুই বিক্ষেপ বলে মনে হয় না। উৎপলদেব তাঁর শ্রীপ্রত্যভিজ্ঞায় (1) বলেছেন- 'হে প্রভু, যে সর্বত্র নিজেকে দেখে, তার সুখে মুক্ত অনুভবের (thought-free) চিরন্তনী অবস্থায় কখনো ভয়ের উদ্রেক হতে পারে না।'(2)

-(উৎপল স্তোত্র XIII-16)

মন্তব্য

1. উৎপলদেব শ্রীপ্রত্যভিজ্ঞা, ঈশ্বরপ্রত্যভিজ্ঞা গ্রন্থ লিখেছেন।
2. উৎপলদেব ঈশ্বরপ্রত্যভিজ্ঞা ছাড়াও আরও অনেক স্তোত্র লিখেছেন সেগুলো উৎপল স্তোত্রাবলী নামে গ্রন্থিত।

অর্থনির্দেশ (Exposition)

এই শ্লোকে দুটি অবস্থান উল্লেখনীয়। এক হল সাধক নিজেকে সাধনার শুরু, মধ্য, অন্ত এবং জাগরণ, স্বপ্ন ও নিদ্রা, সর্ব অবস্থায় স্বত্ত্ববান মনে করবে (essential self)। দ্বিতীয় হল সব কিছুই সাধক তার অন্তরের আলোকে (inward light of consciousness) তার মধ্যে ভাস্বর (identical with) বলে সিদ্ধ করবে। তার ভীতির আর কোনও অবকাশ থাকবে না।

ত্রয়োদশ শ্লোকের প্রস্তাবনা

'ততোহন্যেন ন পীড়্যতে' ইতি যদুক্তং তত্র কোহসাবন্যঃ পীড়কঃ কশ্চ পীড়্যঃ, যতঃ শিবাত্মকমেব বিশ্বমুক্তমিত্যাশঙ্ক্য পাশানাং পশোশ্চ স্বরূপং নির্ণেতুমাহ

ভাবানুবাদ

পূর্বোক্ত শ্লোকে বলা হয়েছে- 'সাধকের আর কোনও বিপত্তি থাকে না।' যেহেতু সমগ্র বিশ্বই সাধকের কাছে শিবময়, সুতরাং বিপত্তিতে কে ফেলবে আর বিপদই বা কি? রচয়িতা শিবের এই বাঁধন ও তার প্রকৃতি বিশ্লেষণ করেছেন।

ত্রয়োদশ শ্লোক

শব্দরাশি সমুত্যস্য শক্তিবর্গস্য ভোগ্যতাম্।
কলাবিলুপ্তবিভবো গতঃ সৎস পশুঃ স্মৃতঃ।।

ভাবানুবাদ

তার স্বমহিমার পরিবর্তনে (কালের দ্বারা), সাধক শব্দাকৃতি বিভিন্ন দৈব শক্তির (শক্তি সমূহের) দ্বারা বন্ধনগ্রস্ত (পাশ-পশু) অবস্থা প্রাপ্ত হয়।

ভাষ্য

ইহ যোহ্যং প্রকাশাত্মা স্বস্বভাবঃ শাঙ্কর উক্তঃ, অসৌ
ব্যবস্থিতঃ করোত্যেষ বিশ্বকারণমীশ্বরঃ।
সৃষ্টি স্থিতি চ সংহারং তিরোধানমনুগ্রহম্।।

ইতি শ্রীস্বচ্ছন্দশাস্ত্রদৃষ্টয়া নিজশক্ত্যাশ্লিষ্টঃ সদা পঞ্চবিধকৃত্যকারী স্বতন্ত্রঃ স্পন্দললিতেশ্বরাদিশব্দৈরাগমেষূদ্'ঘোষ্যতে। স্বাতন্ত্র্যশক্তিরেবাস্য সনাতনী পূর্ণাহন্তারূপা পরা মৎস্যোদরী মহাসত্তা সফুরত্তোর্মিঃ সারাং হৃদয়ং ভৈরবী দেবী শিখা ইত্যাদিভিরসংখৈঃ প্রকারৈস্তত্র তত্র নিরূচ্যতে। পূর্ণাহন্তৈব চাস্যানুত্তরানাহতশক্তিসং-পুটীকারস্বীকৃতাননন্ত-বাচ্যাচকরূপষড়ধ্বস্ফারময়াশেষশক্তিচক্রক্রোড়ীকারান্তকৃতনিঃশেষ-সর্গপ্রলয়াদিপরম্পরাপ্যক্রমবিমর্শরূপৈবনিত্যোদিতানুচ্চার্যমহামন্ত্রময়ী সর্বজীবিতভূতা পরা বাক্। এষৈব ভগবত ইয়দ্বিশ্ববৈচিত্র্য-চলত্বামিব স্বাত্মনি প্রথয়ন্তী স্পন্দতে ইত্যর্থানুগমাৎ স্পন্দ ইতি ইহোচ্যতে। এবং চেয়দ্বিশ্বশক্তিখচিতপরাশক্তিসুন্দরস্য স্বাত্মনঃ স্বরূপগোপনক্রীড়য়া স্বাত্মভিত্তাবে-বাংশাংশিকয়া নির্ভাসনং ভগবান্ যাবচ্চিকীর্ষতি তাবদেকৈবাভিন্নাপ্যসৌ তদীয়া বিমর্শশক্তিরিচ্ছাত্বং প্রতিপদ্য জ্ঞানক্রিয়ারূপতয়া স্থিত্বা শিবশক্তিপরামর্শাত্মকবীজযোনিভেদেন দ্বিধা ভূত্বা বর্গভেদেন তৎকলাভেদেন চ নবধা পশ্চাশদ্ধা চ স্ফুরন্তী তদ্বিমর্শসারৈর-ঘোরঘোরঘোরতরৈঃ সংবিত্তিদেবতাত্মভিঃ রূপৈঃ প্রথমানা ভগবতঃ পঞ্চবিধকৃত্যকারিতাং নির্বহতি। যথোক্তং শ্রীমালিনীবিজয়োত্তরে-

যা সা শক্তির্জদ্ধাতুঃ কথিতা সমবায়িনী।
ইচ্ছাত্বং তস্য সা দেবী সিসৃক্ষোঃ প্রতিপদ্যতে।।
-(শ্লোক III-5)

সৈকাপি সত্যনেকত্বং যথা গচ্ছতি তচ্ছৃণু।
এবমেতদিতি জ্ঞেয়ং নান্যথেতি সুনিশ্চিতম্।।

জ্ঞাপয়ন্তী জগত্যত্র জ্ঞানশক্তির্নিগদ্যতে।
এবং ভবত্বিদং সর্বমিতি কার্যোন্মুখী যদা।।
জাতা তদৈব তদ্বস্তু কুর্বত্যত্র ক্রিয়োচ্যতে।
এবমেষা দ্বিরূপাপি পুনর্ভেদৈরনন্ততাম্।।
অর্থোপাধিবশাদ্যাতি চিন্তামণিরিবেশ্বরী।
তত্র তাবৎসমাপন্না মাতৃভাবং বিভিদ্যতে।।
দ্বিধা চ নবধা চৈব পশ্চাশদ্ধা চ মালিনী।
বীজয়োন্যাত্মকাদ্ভেদাদ্দ্বিধা বীজং স্বরা মতাঃ।
কাদয়শ্চ স্মৃতা যোনির্নবধা বর্গভেদতঃ।
পৃথগ্বর্ণবিভেদেন শতার্ধকিরণোজ্জ্বলা।।
বীজমন্ত্র শিবঃ শক্তির্যোনিরিত্যভিধীয়তে।
বর্গাষ্টকমিতি জ্ঞেয়মঘোরাদ্যমনুক্রমাৎ।।
তদেব শক্তিভেদেন মাহেশ্বর্যাদি চাষ্টকম্।
শতার্ধভেদভিন্না চ তৎসংখ্যানাং বরাননে।।
রুদ্রাণাং বাচকত্বেন কল্পিতা পরমেষ্টিনা।
তদ্বদেব চ শক্তীনাং তৎসংখ্যানামনুক্রমাৎ।।

ইত্যাদি তথা

বিষয়েষ্বেব সংলীনানধোহধঃ পাতয়ন্তণূন্।
রূদ্রাণূন্যাঃ সমালিঙ্গ্য ঘোরতর্য্যোহপরাস্তু তাঃ।।
মিশ্রকর্মফলাসক্তিং পূর্ববৎজনয়ন্তি যাঃ।
মুক্তিমার্গনিরোধিন্যস্তাঃ স্যুর্ঘোরাঃ পরাপরাঃ।।
পূর্ববৎজন্তুজাতস্য শিবধামফলপ্রদাঃ।
পরাঃ প্রকথিতাস্তৎজ্ঞৈরঘোরাঃ শিবশক্তয়ঃ।।

-(শ্লোক III-33)

রময়াদিক্ষান্ত-বর্ণভট্টারিকা তত এব স্বীকৃতানন্তঃ

ইতি। এবং শব্দরাশেঃ সমুত্থিতো বর্গনকরূপো যো ব্রাহ্ময়াদিদেবতাবর্গঃ শিবসহিতস্তস্য ভোগ্যতাং-পাশ্যতাং গতঃ সন্ স এব শঙ্করাত্মা স্বভাবঃ পশুঃ স্মৃতঃ - আগমেষু তথোক্তঃ। ননু কথং ভোক্তা মহেশ্বর ইমামবস্থাং প্রাপ্তঃ, ইত্যাশঙ্কাশান্ত্যৈ বিশেষণদ্বারেণ হেতুমাহ কলাবিলুপ্তবিভব ইতি। কলয়তি-বহিঃ ক্ষিপতি-পারিমিত্যেন পরিচ্ছিনত্তীতি কলা মায়াশক্তিঃ, তয়া বিলুপ্তিবিভবঃ স্বমায়য়া গূহিতৈশ্বর্য়ঃ স্থিত ইত্যর্থঃ। অথ চ কলয়া

কিঞ্চিৎকর্তৃত্বোপোদ্বলনাত্মনা শক্তয়া তদুপলক্ষিতেন কলাবিদ্যাকালনিয়তিরাগাত্মনা কঞ্চুকেন বিলুপ্তিবিভবঃ স্থগিতপূর্ণত্বকর্তৃত্বাদিধর্মঃ। ভবত্বেবং, ভোগ্যতাং তু কথমসৌ শক্তিবর্গস্য গতঃ ইত্যত্রৈতদেবোত্তরম্। কলাভিরকারাদিবর্গাধিষ্ঠায়িকাভির্ব্রাহ্ ম্যাদিভিস্তদ্বর্ণ-ভট্টারকাধিষ্ঠাতৃভূতাভিশ্চ শ্রীমালেনীবিজয়োক্তদেবতারূপাভিঃ কলাভিরকারাদিবর্ণৈর্বিলুপ্ত-বিভবঃ -সঙ্কুচিতোহস্মি, অপূর্ণোহস্মি, করবাণি কিঞ্চিদিদমুপাদদে, ইদং জহামি ইত্যাদি বিচিত্র বিকল্পকাবিকল্পকপ্রতিপত্তিকদম্বকান্তরনুপ্রবিষ্টস্থূলসূক্ষ্মশব্দানুবেধকদর্থিতো হর্ষশোকা-দিরূপতাং নেনীয়মান ইব ক্ষণমপি স্বরূপস্থিতিং ন লভতে যতঃ, অতোহসাবুক্তরূপঃ শক্তিবর্গেণ ভুজ্যমানঃ পশুরূক্তঃ। কলয়া অখ্যাত্যাত্মনাংশেন বিলুপ্তিবিভবঃ সঙ্কুচিত ইব, ন তু তত্ত্বতঃ শিবাত্মা স্বভাবোহস্য ক্বাপি গতঃ, তদভাবে হি স এব ন স্ফুরেৎ। তথাবভাসম। নৈরেব কলাভিঃ সঙ্কুচিতৈঃ শব্দৈর্জ্ঞানৈশ্চ বিলুপ্তবিভবস্তথারূপমাত্মানং ন বিভ্রষ্টুং ক্ষম ইত্যর্থঃ।

ভাষ্যের ভাবানুবাদ

যাকে ব্যাক্তির মূল প্রকৃতি বলা হয়, তা আলো তথা শঙ্করের ব্যক্তি অভিমুখী প্রকৃতি যা স্পন্দ, ললিত, ঈশ্বর প্রভৃতি নামে উল্লেখিত এবং শাস্ত্রে কথিত।

নিম্নোক্ত 'স্বচ্ছন্দ শাস্ত্রের' বক্তব্য অনুসারে শঙ্করের আবরণ শক্তি এবং শঙ্করের ইচ্ছানুগ্রাহীত হয়ে পঞ্চ সমাবেশে প্রকাশিত। এই পঞ্চতত্ত্ব হল যথাক্রমে শিবতত্ত্ব, শক্তিতত্ত্ব, সদাশিবতত্ত্ব, ঈশ্বরতত্ত্ব এবং সদ্'বিদ্যাতত্ত্ব; এরা আবার যথাক্রমে চিৎ-এর প্রকাশ, আনন্দের প্রকাশ, ইচ্ছাশক্তির প্রকাশ, জ্ঞানশক্তির প্রকাশ ও ক্রিয়াশক্তির প্রকাশ। শঙ্কর বিশ্বব্রহ্মাণ্ডের কারণ। শক্তির মাধ্যমে তিনি সৃষ্টি, স্থিতি, সংহার এবং এসবের তিরোধান (concealment) ও অনুগ্রহ করেন। প্রভুর এই বৈভব ও সচেতন (I-conscious) পূর্ণ স্বাধীনতাকে শাস্ত্রে বিভিন্ন নামে ও ভাবে অভিহিত করা হয়েছে। পরা (the highest), মৎসোদর (creatively thoughtful), মহাসত্তা (highest being), স্ফুরত্ত (glimmer of light), উর্মি (তরঙ্গ- great manifestation), সার (quintessence of existence), হৃদয় (creative centre), ভৈরবী (ভৈরবের শক্তি), দেবী, শিখা (flame) ইত্যাদি। প্রভুর সম্পূর্ণ সচেতনতা হল প্রভুর অহম। 'অ' অক্ষর হল সর্বোচ্চ এবং 'হ' অক্ষর হল শক্তি (power)। অহমে আছে শক্তি- পরা বাক (highest sound)। এই সর্বোচ্চ শব্দই জীবনের মন্ত্র যার মধ্যে সর্বপ্রকার তথা ষড়ধ্বা (ছয় ধারার) (1) শক্তির সমাবেশ। এর থেকে বাকি শব্দ ও রূপের নির্গলন।

স্পন্দের মাধ্যমে জগতের দৃশ্যমানতা বা আবির্ভাব। 'স্পন্দতে ইতি স্পন্দ', অর্থাৎ জীবনের দ্বারা যা স্পন্দিত বা কম্পমান সেটাই স্পন্দ। যখন তিনি সর্বোচ্চ শক্তির

(পরাশক্তি) দ্বারা সমাচ্ছন্ন থাকেন, ক্রীড়াচ্ছলে তখন তিনি তাঁর ইচ্ছাশক্তিকে কাজে লাগান। অর্থাৎ, শিবতত্ত্ব (অহম্) শক্তিতত্ত্বের (ইদম্) দ্বারা আবৃত করে হয় সদাশিবতত্ত্বের (ইচ্ছাশক্তি- অহম্ ও ইদম্) উদয়। এই তত্ত্বের বীজ হল স্বরবর্ণ আর পীঠ (বা আকরিক যোনি) হল ব্যঞ্জন বর্ণ, প্রকারান্তরে শিব ও শক্তি। বর্গভেদে ব্যঞ্জন বর্ণ পঞ্চবিধ (five groups of letters) এবং সর্বমোট সংখ্যা স্বরবর্ণ ও ব্যঞ্জনবর্ণ মিলে পঞ্চাশ।

মালিনীবিজয় তন্ত্রে, তন্ত্রমতে বিভিন্ন বর্ণ বন্ধনের বিভিন্ন দেবী আছেন -অঘোর, ঘোর, ঘোরতরী, যা সাধকের বোধ্য। শক্তি এই জগতে হল জ্ঞানশক্তি (power of knowledge)। তিনি যখন ক্রিয়াশক্তি (power of execution) হন তখনই সৃষ্টি হয়। দেবীশক্তি হলেন যেন চিন্তামণি (gem of thoughts)। তাঁর মাতৃশক্তিতে দ্বিরূপ (জ্ঞান ও ক্রিয়া), নবধা (রসসিদ্ধা- শৃঙ্গার, করুণ, অদ্ভুত, হাস্য, ভয়ানক, বীভৎস, রৌদ্র, বীর ও শান্ত) এবং পঞ্চাশৎ বর্ণের মালা পরিহিতা। পঞ্চাশ বর্ণের নয় বিপর্ব- স্বরবর্ণ, পঞ্চবর্গ, অন্তস্থবর্ণ (য,র,ল,ব), উষ্মবর্ণ (শ,ষ,ষ,হ) এবং অযোগবাহ বর্ণ (ং,ঃ)। বর্ণের আট বিভাগের আট দেবী- মাহেশ্বরী ও অন্যান্য(2)। এই পঞ্চাশ বর্ণের পঞ্চাশ রুদ্রদেব(3) এবং পঞ্চাশদেবী (মালিনীবিজয় III-5-13)।

অঘোর শক্তি হল শিবের পরাশক্তি যার মাধ্যমে সত্যজ্ঞান (reality) হয়, শিবভাব হয়। (মালিনীবিজয় III-33)

ঘোর শক্তিতে ফলের আকাঙ্খা থাকে এই শক্তি পরা-অপরা।

ঘোরতরী শক্তি যখন রুদ্রশক্তিকে আবেষ্টন করে তখন আলোকিত যোগীর চিত্ত আরও উর্দ্ধগামী হয় এই অপরা যুগ্ম শক্তির মাধ্যমে (অপরা কারণ তখনও যোগী অধ্যায়ী)। এই শক্তি চিত্তের যাবতীয় ইন্দ্রিয় সুখকে অধোগামী করে।

শিবভাবের আগে পর্য্যন্ত যোগী নবধা শব্দ বিভাগের দেবীদের (ব্রাহ্মী ইত্যাদি) বশীভূত থাকে। (4)।

প্রশ্ন হল ব্যক্তির শিবভাব, যে শিব সবের সাক্ষীস্বরূপ তিনি ব্যক্তিতে কেন নেমে আসেন। স্বরবর্ণ রচয়িতা বলছেন ব্যক্তি তখন কালের যে বিশেষ বিশেষণ 'কলা', তার থেকে মুক্ত হতে চায় তখন তিনি নেমে আসেন। 'কলা' শব্দের ব্যুৎপত্তিগত মূল হল 'কল' অর্থাৎ ত্যাগ করা (মায়া শক্তির সীমিত অবস্থাকে)। কারণ জগতে শিব মায়াশক্তির দ্বারা আচ্ছাদিত থাকেন এবং যোগী কলামুক্ত হলে তার অবস্থা হয় 'কলাবিলুপ্তবিভবঃ' অর্থাৎ তিনি শিবেরই আশ্রিত হন।

'কলাবিলুপ্তবিভবঃ'র দ্বিতীয় ব্যাখ্যা হল 'কলা'কে (5) সীমিত শক্তি বলেও মনে করা যেতে পারে। এই সীমিত শক্তির বিপর্ব হল কলা, বিদ্যা, কাল (নির্দিষ্ট সময়), নিয়তি ও

রাগ। অর্থাৎ 'কলা' বিমুক্ত হলে ব্যক্তি উপরোক্ত অবস্থা থেকে মুক্ত হয়(6)। তবুও প্রশ্ন থেকে যায় যে ব্যক্তি এই শক্তিগুলোর দ্বারা কি করে আধারিত হয়?

'কলাবিলুপ্তবিভবঃ'র তৃতীয় ব্যাখ্যায় তাই বলা হয়েছে- 'ব্যক্তি স্বাভাবিক অবস্থায় জগতে কখনোই সত্যজ্ঞানে একক্ষণও স্থিত থাকে না। তাই তাকে পশু বা পাশের দ্বারা বদ্ধ চিত্ত বলা হয়। তখনও তার শব্দের নবধা দেবীশক্তির বন্ধন থেকে মুক্তি লাভ হয় না। তার সীমিত অবস্থায় জগত তার কাছে বর্ণিত, সুখ দুঃখের দোলাচলে।'

'কলাবিলুপ্তবিভবঃ'র চতুর্থ ব্যাখ্যায় 'কলা'কে অংশবিশেষ মনে করা যেতে পারে। এই সীমিত অবস্থাই তার সত্যজ্ঞানের (glory of his real nature) অন্তরায়। তার অন্তরের শিবভাব ছাড়া তার নিজের প্রকাশই হতে পারে না। যদিও কলা তাকে শব্দ ও ধারণার মাধ্যমে সীমিত করে।

মন্তব্য

1. 'ষড়ধ্বা' (the course of six) অর্থে বাচক (word) ও বাচ্যের (referent) তিন তিন বিপর্ব নিম্নে উদ্ধৃত। প্রথমটি উদ্দেশ্য (subjective) এবং দ্বিতীয়টি বিধেয় (objective)।

বাচক বা শব্দ (উদ্দেশ্য):

শব্দের ক্রম (subjective order), মুখ গহ্বরে নিবাস ক্রম (temporal order) এবং ধ্বনির উদ্ভব (phonetic manifestation)। অর্থাৎ, পরা বা অভেদ স্তর, পরাপর বা ভেদাভেদ স্তর বা সুক্ষ্ম স্তর এবং অপরা বা স্থূল স্তর।

বাচ্য বা অর্থ (referent):

বক্তব্য (objective order) ক্রম, স্থানিক ক্রম (spatial order) এবং শব্দ থেকে জগতে অর্থের প্রকাশ (cosmogenic manifestation)। এই প্রকাশ নিম্নোক্ত।

বক্তব্য তথা বর্ণ তথা কলা, স্থানিক তথা মন্ত্র তথা তত্ত্ব এবং অর্থের প্রকাশ তথা পদ তথা ভুবন।

2. বর্ণের সম্বনিত দেবী:

i)	'অ' বর্গ বা স্বরবর্ণ সমূহ	যোগীশ্বরী বা মহালক্ষ্মী
ii)	'ক' বর্গ (ক,খ,গ,ঘ,ঙ)	ব্রাহ্মী
iii)	'চ' বর্গ (চ,ছ,জ,ঝ,ঞ)	মাহেশ্বরী
iv)	'ট' বর্গ (ট,ঠ,ড,ঢ,ণ)	কৌমারী
v)	'ত' বর্গ (ত,থ,দ,ধ,ন)	বৈষ্ণবী
vi)	'প' বর্গ (প,ফ,ব,ভ,ম)	বারাহি
vii)	'য' বর্গ (য,র,ল,ব)	ঐন্দ্রী বা ইন্দ্রানী

viii) ‘শ’ বর্গ (শ,ষ,স,হ,ক্ষ) চামুণ্ডা

3. প্রতিটি বর্ণের পঞ্চাশটি নিম্নোক্ত রুদ্ররূপ (16+34)।

স্বরবর্ণে ষোলটি রুদ্ররূপ (অ থেকে ঔ, অনুস্বার, বিসর্গ)- a) অমৃত b) অমৃতপূর্ণ c) অমৃতাভ d) অমৃতদ্রব e) অমৃতৌঘ f) অমৃতোর্মি g) অমৃতস্যদন h) অমৃতাঙ্গ i) অমৃতবপু j) অমৃতোদ্গার k) অমৃতাস্য l) অমৃততনু m) অমৃতসেচন n) অমৃতমূর্ত্তি o) অমৃতেশ ও p) অমৃতধারা। স্বরবর্ণের উৎপত্তি বীজ থেকে।

ব্যঞ্জনবর্ণে চৌত্রিশটি রুদ্ররূপ (ক থেকে হ এবং ক্ষ)-১) জয় ২) বিজয় ৩) জয়ন্ত ৪)অপরাজিত ৫) সুজয় ৬) জয়রুদ্র ৭) জয়কীর্তি ৮) জয়বহ ৯) জয়মূর্ত্তি ১০) জয়োৎসাহ ১১) জয়দ ১২) জয়বর্ধন ১৩) বল ১৪) অতিবল ১৫) বলভদ্র ১৬) বলপ্রদ ১৭) বলাবহ ১৮) বলবান ১৯) বলদাতা ২০) বলেশ্বর ২১) নন্দন ২২) সর্বতোভদ্র ২৩) ভদ্রমূর্ত্তি ২৪) শিবপ্রদ ২৫) সুমনাঃ ২৬) স্পৃহণ ২৭) দুর্গঃ ২৮) ভদ্রকাল ২৯) মনোনুগ ৩০) কৌশিক ৩১) কাল ৩২) বিশ্বেশ ৩৩) সুশিব এবং ৩৪) কোপ। সাকুল্যে (16+34) পঞ্চাশ।

পঞ্চাশ রুদ্রাণীর নাম হবে রুদ্রের নামের সঙ্গে ‘আ’-কার যুক্ত করে।

4. স্বরবর্ণ ও ব্যঞ্জনবর্ণের অধিষ্ঠাত্রী দেবীদের যখন শক্তি রূপে অভিহিত করা হয় তখন সেই শক্তি নবধা। ‘অ’-বর্গ বীজরূপ যুগ্ম শিব-শক্তি; ‘ক্ষ’- যোগেশ্বরী; অবশিষ্ট শক্তিরা হলেন পূর্বোক্ত দেবীরা যেমন ‘ক’-বর্গে ব্রাহ্মী ইত্যাদি।

5. যে বিশেষণ কারণ নির্দেশ করে তাকে ‘হেতুগর্ভ’ বিশেষণ বলে। যেহেতু ‘কলা’কে সীমিত শক্তি বলেও মনে করা যেতে পারে ‘কলাবিলুপ্তবিভবঃ’র দ্বিতীয় ব্যাখ্যায়, সেই অর্থে যোগী কলামুক্ত হলে তার অবস্থা হয় ‘কলাবিলুপ্তবিভবত্বাৎ’ অর্থাৎ কলারহিত বিলক্ষণ।

6. এই কলা হল মায়ার সঙ্কুচিত জগত যার পাঁচ বিশেষত্ব (পঞ্চ কঞ্চুক)। a)কলা (কর্তৃত্বের সঙ্কোচন), b)বিদ্যা (সর্বজ্ঞত্বের সঙ্কোচন) c)রাগ (পূর্ণত্বের সঙ্কোচন) d)কাল (নিত্যত্বের সঙ্কোচন) ও e)নিয়তি (স্বতন্ত্রতার সঙ্কোচন)।

চতুর্দশ শ্লোকের প্রস্তাবনা

অধুনা পশুঃ সঙ্কুচিতদৃকশক্তিবাধ্যঃ পাশ্যশ্চেত্যেতদ্বিভজতি

ভাবানুবাদ

রচয়িতা এই শ্লোকে সীমিত জ্ঞানের কারণে ব্যক্তির চিত্তে সকল বৃত্তির বন্ধনাবস্থা ব্যক্ত করেছেন।

চতুর্দশ শ্লোক

পরামৃতরসাপায়স্তস্য যঃ প্রত্যয়োদ্ভবঃ।
তেনাস্বতন্ত্রতামেতি স চ তনামাত্রগোচরঃ।।

ভাবানুবাদ

বন্ধনযুক্ত চিত্তে সকল বৃত্তির (ভাবনার) উদয় অমৃতের আনন্দানুভব থেকে বঞ্চিত করে মানুষকে। ধারণ ইন্দ্রিয়গ্রাহ্য তাই তার (ব্যক্তির) প্রকৃত স্বাতন্ত্রতার অনুভব হয় না।

ভাষ্য

তস্য পশোর্য় প্রত্যয়ানাং-লৌকিকশাস্ত্রীয়বিকল্পানাং তদধিবাসিতানাং ভিন্নার্থজ্ঞানানাং বিকল্পানামপ্যুদ্ভবঃ বিনাশাঘ্রাত উৎপাদঃ স পরস্যামৃতরসস্য-চিদ্ঘন-স্যানন্দপ্রসরস্যাপায়ো নিমজ্জসম্। উদিতেষু ভিন্নার্য়েষু প্রত্যয়েষু চিদ্'ভূমিঃ স্থিতাপ্যপরামৃশ্যমানত্বাদস্থিতেব লক্ষ্যতে, তত এবমুকক্তম্। তেন চ প্রত্যয়োদ্ভবেনায়মস্বতন্ত্রতামেতি-তদ্বশঃ সম্পদ্যতে। যদুক্তং শ্রীশিবসূত্রেষু 'জ্ঞানং বন্ধঃ' (সূত্র I-2) ইতি। শ্রীমৎব্যাসমুনিসাপি 'মাতাপিতৃময়ো বাল্যে' ইতি। শ্রীমদালসয়াপি-

তাতেতি কিঞ্চিত্তনয়েতি কিঞ্চিদ্
অম্বেতি কিঞ্চিদ্দয়িতেতি কিঞ্চিৎ।
মমেতি কিঞ্চিন্ন মমেতি কিঞ্চিদ্
ভৌতং সংঘং বহুধা মা লপেথাঃ।।
-(মার্কণ্ডেয় পুরাণ XXV-15)

ইতি প্রত্যয়স্যোদ্ভবস্তন্মাত্রাণি তীব্রাতীব্রভেদসামান্যবৃত্তয়ো গোচরো যস্য তথাভূতো ভিন্নবেদ্যবিষয় ইত্যর্থঃ। অনেনেদমাহ- যাবদিয়ং ভিন্নবেদ্যপ্রথা তাবদ্'বদ্ধ এব, যদা তুক্তোপদেশযুক্ত্যা সর্বমাত্মময়মেবাবিচলপ্রতিপত্ত্যা প্রতিপদ্যতে তদা জীবন্মুক্ত ইতি। যথোক্তম্ 'ইতি বা যস্য সংবিত্তিঃ' (শ্লোকঃ II-5) ইত্যাদি। এবং চ যৎপূর্বমুক্তং 'তস্মাচ্ছব্দার্থচিন্তাসু ন সাবস্থা ন যা শিবঃ।' (শ্লোকঃ II-4) ইত্যাদি। ন তেন সহ 'পরামৃতরসাপায়স্তস্য যঃ প্রত্যয়োদ্ভবঃ।' (শ্লোকঃ III-14) ইত্যস্য বৈষম্যং কিঞ্চিৎ।

ভাষ্যের ভাবানুবাদ

বদ্ধ জীবের অন্তরের চিন্তা এই জগতের, লৌকিক শাস্ত্রের জ্ঞান এবং দৃশ্যমান বস্তু তাকে নিম্নগামী করে। এই চিন্তার ফলে তার মানসে আনন্দময় চেতনার প্রবেশ রুদ্ধ হয়ে যায়। যদিও এই আনন্দময় চেতনা তার সবসময়েই লভ্য সে এই চেতনাকে অনুভব করতে পারে না। অন্যান্য ধারণার উদ্ভবে তার স্বাতন্ত্রতা বা স্বাধীন চিন্তার স্ফুরণ হয় না। শিব-সূত্রে তাই বলা হয়েছে-'সীমিত জ্ঞানই বন্ধনের কারণ (সূত্র I-2)। যেমন ব্যাসদেব বলেছেন- 'শৈশবে তাঁর মাতা পিতার প্রতি নির্ভরতার কারণে সীমাবদ্ধতা।'

মার্কণ্ডেয় পুরাণেও যোগিনী মদালসা বলেছেন- জাগতিক সঙ্গের প্রতি বেশি আগ্রহ দেখাবে না। তেমনি মাতা, পিতা, স্ত্রী, কন্যা, নিজের বা পরের বোধ বেশি পোষণ করবে না (মার্কণ্ডেয় পুরাণে XXV-15)।

অর্থাৎ রচয়িতা বলতে চাইছেন এসবই প্রপঞ্চের তন্মাত্রের দরুণ গোচরীভূত। এর দরুণই বিভিন্ন মাত্রায় ও মাধ্যমে বস্তুগত বোধ ও অনুভব হয় বিভিন্ন মাত্রা বা বৃত্তের (sphere)।

রচয়িতার বক্তব্য, যতক্ষণ আমরা বিভিন্নতায় জড়িত ততক্ষণ আমরা সীমাবদ্ধ বা আবদ্ধ। অবিচলিত সত্ত্বার জ্ঞানের মাধ্যমেই জীবিতাবস্থায় মুক্তি সম্ভব (শ্লোক II-5)।

সুতরাং শব্দ, বস্তু ও চিন্তা সবই শিবময় এবং অন্তরে এই অনুভবই উক্ত বিষয়গুলোর নিবারণে অমৃতের আনন্দের প্রাপ্তি ঘটায়।

অর্থ নির্দেশ (Exposition)

ব্যক্তি তার ইন্দ্রিয় বোধের দ্বারা ও তজ্জনিত চিন্তায় বিভিন্ন ধারণার বশীভূত। তার সৃষ্টিশীলতা সে সবেই সীমাবদ্ধ। অমৃতের উপলব্ধির আনন্দের স্তর ভিন্ন উচ্চতার (different dimension) যা সাধারণ ধারণায় (thought-construct) উপলব্ধ নয়।

পঞ্চদশ শ্লোকের প্রস্তাবনা

ননু যদি প্রত্যয়োদ্ভবোহপ্যস্য পরামৃতরসাপায়ঃ তৎকথমুক্তং শক্তিবর্গস্য ভোগ্যতাং গতঃ - ইত্যাশঙ্কাং পরিহরতি

ভাবানুবাদ

প্রশ্ন জাগে সাধারণ জ্ঞানের দ্বারা ব্যক্তি সীমাবদ্ধ হলে এবং অমৃতময় আনন্দ থেকে বঞ্চিত হলে, বিভিন্ন গুণের দেবদেবীর কি করে শিকার হয়? রচয়িতা এই শ্লোকে তার উত্তর দিয়েছেন।

পঞ্চদশ শ্লোক

স্বরূপাবরণে চাস্য শক্ত্যঃ সততোত্থিতাঃ।
যতঃ শব্দানুবেধেন ন বিনা প্রত্যয়োদ্ভবঃ।।

ভাবানুবাদ

ব্রাহ্মী ইত্যাদি শক্তি ব্যক্তির মূলভাবকে ব্যক্তির কাছ থেকে লুকিয়ে রাখতে সর্বদা সচেষ্ট শব্দ, রূপের মাধ্যমে, কারণ শব্দ, রূপই ধারণার সৃষ্টি করে।

ভাষ্য

চঃ শঙ্কা! দ্যোতয়ন্ তৎপরিহাররূপং প্রমেয়ান্তরং সমুচ্চিনোতি। অস্য-পশোঃ স্বস্য শিবাত্মনো রূপস্যাবরণে-ভিত্তিভূতত্বেন প্রথমানস্যাপি সম্যগপরামর্শনে তন্নিমিত্তং, ব্যাখ্যাতরূপাঃ শক্তয়ঃ সততমুত্থিতাঃ, যাবদ্ধি পরামৃতরসাত্মকস্যস্বস্বরূপপ্রত্যভিজ্ঞানমস্য ন বৃত্তং তাবদেতাঃ স্বস্বরূপাবরণায়োদ্যচ্ছন্ত্যেব। যতোহস্য যঃ প্রত্যয়োদ্ভবো বিকল্পকাবিকল্পকজ্ঞানপ্রসরঃ স শব্দানুবেধেন 'অহমিদং জানামি' ইত্যাদিনা সূক্ষ্মান্তঃ

শব্দানুরঞ্জনেন স্থূলাভিলাপসংসর্গেণ চ বিনা ন ভবতি, -ইতি তিরশ্রম্নপ্যসাঙ্কেতিকঃ নির্দেশঃ প্রখ্যঃ, স্বাত্মনি চ শিরোনির্দেশপ্রখ্যোহন্তরভ্যুপগমরূপঃ শব্দনবিমর্শোহস্ত্যেব, অন্যথা বালস্য প্রথমসংকেতগ্রহণং ন ঘটেত অন্তরূহাপোহাত্মক বিমর্শশূন্যত্বাৎ। স্থূলশব্দানুবেধময়স্তু বিকল্পঃ সর্বস্য স্বানুভবসিদ্ধঃ।

ভাষ্যের ভাবানুবাদ

শ্লোকে 'চ' শব্দের উল্লেখ তর্কের নিরসনের জন্য; বক্তব্য হল, দেবদেবীর গুণ শিবের সত্যকে আবৃত করে ব্যক্তির থেকে, যদিও এই সত্যই হল মূল। যতক্ষণ ব্যক্তি এই সত্যের নাগাল না পায় ততক্ষণ সে দেবদেবীর মাহাত্ম্যের দ্বারা প্রভাবিত থাকে। ব্যক্তির জাগতিক ধারণার সূক্ষ্মতা বা স্থূলত্ব উভয়ই তার কাছে জ্ঞান বলে প্রতিভাত হয় (I know this)। নিকৃষ্ট জীবের ক্ষেত্রেও সে কথা প্রযোজ্য, আদান প্রদান করার জন্য। যেমন একটা শিশু সত্যজ্ঞান আহরণ করতে পারে তার অনুভব্য অভিজ্ঞতা থেকে।

অর্থ নির্দেশ (Exposition)

13,14,15 সংখ্যক শ্লোকে ব্যক্তির মূল সত্ত্বা ভুলে থাকার প্রসঙ্গ আলোচিত হয়েছে; বলা হয়েছে ব্যক্তি তার সীমিত ধারণায় আবদ্ধ বা ধারণার ক্রীড়নক (tools of ideas)। এই ধারণাগুলো শব্দরূপে বাঁধা এবং প্রচণ্ড শক্তিশালী।

এই ধারণা ব্যক্তি মানসে সৃষ্ট শব্দরূপে; তার জীবনকে এই শব্দ এতটাই প্রভাবিত করে যে সে নিজেকে ভুলে থাকে। এই শব্দ এবং রূপ সবই সীমিত; তার নিজের সত্ত্বা অসীম। সেই অসীম সত্ত্বায় পৌঁছতে হলে সসীম ধারণাকে বিসর্জন দিতে হয়।

ষোড়শ শ্লোকের প্রস্তাবনা

শ্লোকত্রয়োক্তমর্থমুপসংহরন্নিয়তঃ প্রমেয়স্য সামান্যস্পন্দতত্ত্বাদভিন্নতাং প্রাগুক্তামনুবন্ধন্ তৎপ্রত্যভিজ্ঞানাপ্রত্যভিজ্ঞানময়ৌ বন্ধমোক্ষৌ, ইতি লক্ষয়তি।

ভাবানুবাদ

পূর্বোক্ত তিনটি শ্লোকের উপসংহারে বর্তমান শ্লোকে বলা হয়েছে যে বহির্প্রকাশ স্পন্দের থেকে, এবং যিনি সেটা পান, রচয়িতার বক্তব্যে, তিনি বন্ধনকে অতিক্রম করে যান (bondage as non-recognition of Spanda pvinciple)।

ষোড়শ শ্লোক

সেয়ং ক্রিয়াত্মিকা শক্তিঃ শিবস্য পশুবর্তিনী।
বন্ধয়িত্রী স্বমার্গস্থা জ্ঞাতা সিদ্ধ্যুপপাদিকা।।

ভাবানুবাদ

শিবের ক্রিয়াত্মক শক্তি জীবের বন্ধন রূপে যখন ব্যক্তির কাছে প্রতীয়মান হয় এবং শিবের মূলভাবকে (essential reality) নিজের মধ্যে অনুভব করে তখন ব্যক্তি সাফল্য লাভ করে তথা মুক্তি প্রাপ্ত হয়।

ভাষ্য

সেতি শ্লোকত্রয়নির্ণীতত্বাৎ, ইয়মিতি-প্রমেয়পর্যন্তেন রূপেণ স্ফুরন্তী-স্বস্বভাবরূপস্য চিদাত্মনঃ শিবস্য সম্বন্ধিনী স্পন্দতত্ত্বাত্মিকা পরাভট্টারিকৈব বিশ্ববৈচিত্র্যাবস্থিতিকারিত্বাৎ ক্রিয়াশক্তিঃ প্রাঙনির্ণীতদৃশা শিব এব গৃহীতপশুভূমিকে বর্তমানা প্রাণপুর্যষ্টকরূপমমুং কর্তৃতাত্মনাহন্তাবিপ্রুষা প্রোক্ষিতং কুর্বাণা তথারূপেণাপ্রত্যভিজ্ঞায় স্বরূপাবারকত্বা-দ্ধানাদাদি-পরিক্লেশহেতুত্বাৎচ বন্ধয়িত্রী ভবতি। যদা তু স্বস্য শিবাত্মনো রূপস্য যো মার্গঃ

শক্ত্যবস্থাং প্রবিষ্টস্য নির্বিভাগেন ভাবনা।
তদাসৌ শিবরূপী স্যাচ্ছৈবী মুখমিহোচ্যতে।।
-(শ্রীবিজ্ঞানভট্টারক সূত্র-20)

ইতি শ্রীবিজ্ঞানভট্টারকোক্তনীত্যা প্রাপ্ত্যপায়ঃ পরাশক্তিস্তদাত্মতয়াসৌ ক্রিয়াশক্তিজ্ঞয়িতে যোগিনা, যদা বা বিকল্পকাবিকল্পকপ্রসরেহপি শিবস্বরূপস্য স্বাত্মনোংহশভূতমেবাশেষ-বেদ্যমনেনেক্ষ্যতে তদাস্যাসৌ পরানন্দময়ীং পরাং সিদ্ধিমুপপাদয়তি।

ভাষ্যের ভাবানুবাদ

পূর্বোক্ত তিন শ্লোকে 'ইদম্'এর অর্থ শক্তি বা শক্তির প্রকাশ বলা হয়েছে। শক্তির ক্রিয়াশক্তি স্পন্দেরই প্রকাশ কারণ ক্রিয়াশক্তির মাধ্যমেই জগতের বৈচিত্রের প্রকাশ। এই ক্রিয়াশক্তিই প্রাণ ও পুর্যষ্টকে (তন্মাত্র ও মন, বুদ্ধি, অহঙ্কার) শিবের সচেতনতার কণামাত্র সঞ্চার করে ব্যক্তির প্রাণ প্রতিষ্ঠা (সচলতা) করে। ফলে শক্তিই ব্যক্তির বন্ধন হয়ে দাঁড়ায়। যোগী এই ক্রিয়াশক্তি ও পরাশক্তির তফাৎ অনুধাবন করতে পারে। বিজ্ঞানভট্টারক পরবর্ত্তী উন্নত অবস্থার উল্লেখ করেছেন-

'ব্যক্তির ক্রিয়াশক্তির বোধে শিব ও শক্তির অভিন্নতার জ্ঞান (1) হয়। শিব হল 'আগম' (ইহ) আর শক্তি হল তাঁর দ্বারী (শিবেতে প্রবেশ)।' (বিজ্ঞানভৈরব-20)। যোগী যখন বৈচিত্র্যময় জাগতিক বিষয়বস্তুর ধারণার মধ্যেও নিজের শৈবসত্ত্বা (2) অনুভব করে শক্তি সহায়ে তখন তার সর্বোচ্ আনন্দ প্রাপ্তির সাফল্য লাভ হয়।

মন্তব্য

1. বিজ্ঞানভৈরবে শিব-শক্তির যে অভেদের কথা বলা হয়েছে যোগীর কাছে তা দুই ধারার সঙ্গম (meeting of two polarities)। আণবোপায়ে এ হল প্রাণ ও অপানের হৃদয়ে মিলন। এই কেন্দ্রবিন্দু শরীরের মধ্যচ্ছদার (diaphragm) ঠিক উপরে অবস্থিত।

শাক্তোপায়ে সেই স্থান জ্ঞান ও ক্রিয়ার সংযোগে নির্বিভাগে একীভূত।

2. শাম্ভব বা শম্ভুর উপলব্ধি।

অর্থ নির্দেশ (Exposition)

ধারণার প্রকাশ হল শিবের ক্রিয়াশক্তি। এর ফলে ব্যক্তি তার মানসিকতায় (pychosomatic-organism) আবদ্ধ হয়ে থাকে এবং ক্লেশ ভোগ করে। যখন সে বুঝতে পারে যে ক্রিয়াশক্তি শিবেরই পরাশক্তির প্রকাশ যা কেন্দ্রীভূত প্রাণ ও অপানের কেন্দ্রে, প্রমাণ ও প্রমেয়ের কেন্দ্রে এবং জ্ঞান ও ক্রিয়ায় ব্যাপ্ত, তখন সে মুক্ত হয়।

সপ্তদশ ও অষ্টাদশ শ্লোকের প্রস্তাবনা

ইত্থংকারং পশুরত্র বধ্যতে, বক্ষ্যমাণোপায়পরিশীলনেন চ মুচ্যতে, ইতি প্রতিপাদ্যন্ বন্ধস্বরূপমুচ্ছেদ্যত্বেনানুবদতি।

ভাবানুবাদ

বন্ধন ও মুক্তির বিষয় উল্লেখ করে রচয়িতা এই দুই শ্লোকে আবারও বন্ধনের অবসানের কথা ব্যক্ত করেছেন।

সপ্তদশ শ্লোক

তন্মাত্রোদ্বয়রূপেণ মনোহহংবুদ্ধিবর্তিনা।
পুর্যষ্টকেন সংরূদ্ধস্তদুত্থং প্রত্যয়োদ্ভবম।।*

*উপরোক্ত শ্লোকের টীকা উপলব্ধ নয়।

অষ্টাদশ শ্লোক

ভুঙক্তে পরবশো ভোগং তদ্ভাবাৎসংসরেদতঃ।
সংসৃতিপ্রলয়স্যাস্য কারণং সংপ্রচক্ষ্মহে।।

শ্লোকদ্বয়ের ভাবানুবাদ

পুর্যষ্টকের উৎপত্তি হয় তন্মাত্র থেকে এবং মনে তার স্থিতি ব্যক্তির অহম্ বোধে (I-feeling) নিয়ন্ত্রক রূপে শরীর ও মনে। এর জন্য তার বস্তু এবং তন্মাত্র জনিত সুখ দুঃখের ধারণা হয়। পুর্যষ্টক (তন্মাত্র অর্থাৎ প্রপঞ্চের গুণভাব এবং মন বুদ্ধি অহঙ্কার) তাকে

বাস্তব ও পরাবাস্তবের দোলাচলে রাখে (transmigratory existence)। এই দুই শ্লোকে দোলাচলের দরুণ ব্যক্তির উদ্ভূত বিবশতার (extirpation) কারণ সন্ধান করা হয়েছে।

ভাষ্য (অষ্টাদশ শ্লোক)

পুর্যষ্টকোত্থিতং ভোগং ভুঙক্তে। যত এব প্রত্যয়েষু-সুখাদি-প্রত্যয়োদ্ভবঃ, অত এবাসৌ প্রত্যয়োদ্ভবাৎ পশুঃ পরবশঃ শব্দানুবেধক্রমেণ পদে পদে ব্রাহ্মাদিদেবীভিরাক্ষি- প্যমানঃ ন তু সুপ্রবুদ্ধবৎ স্বতন্ত্রঃ। তস্য পুর্যষ্টকস্য ভাবাদেব পুনঃপুনরুদ্বোধিতবিচিত্রবাসনঃ সংসরেৎ-তত্তদ্ভোগোচিতভোগায়তনানি শরীরাণ্য-র্জয়িত্বা গৃহ্ণাতি চোৎসৃজতি চ। যতশ্চৈবমতোঽস্য পুর্যষ্টকসংরুদ্ধস্য যা সংসৃতিস্তস্যা যঃ প্রকৃষ্টো লয়ঃ পুর্যষ্টকাত্মকমলোচ্ছেদেন বিনাশঃ তস্য কারণং-সম্যক্ সুখোপায়ং প্রচক্ষ্মহে সমনন্তরমেব ক্রমঃ, তথা সংপ্রচক্ষ্মহে প্রকরণেঽস্মিন্ স্বয়ং প্রতিপাদিতবন্তঃ। 'বর্তমানসামীপ্যে বর্তমানবদ্ধা' (পাণিনি সূত্র III-3-131) ইতি বর্তমানপ্রয়োগঃ।

অষ্টাদশ শ্লোকের ভাষ্যের ভাবানুবাদ

ব্যক্তি পুর্যষ্টকের মাধ্যমে অভিজ্ঞতা অর্জন করে। তার সুখ ইত্যাদি বোধ হয় বা ধারণা হয় যা তার বন্ধনের পরাকাষ্ঠা ব্রাহ্মী ইত্যাদি দেবীর শক্তিতে তাঁদের (দেবীদের) শব্দবন্ধনে, যেহেতু ব্যক্তি যোগীর মতো সজাগ (awakened) নয়।

পুর্যষ্টকের কারণে ব্যক্তির মধ্যে বার বার অতৃপ্ত ও উদগ্র বাসনার উদয় হয় জন্ম জন্মান্তরে, তার জন্ম থেকে জন্মে যাত্রা হয় অব্যাহত। এই যাত্রা থেকে মুক্তির উপায় হল পুর্যষ্টক বাহিত ক্লেদ থেকে মুক্তি পাওয়া কারণ বৈয়াকরণ পাণিনির অষ্টাধ্যায়ীর সূত্র (III-3-131) অনুযায়ী- বর্তমান কাল, অতীত ও ভবিষ্যতের সংকেত (indication) বাহী।

অর্থ নির্দেশ (Exposition)

দুটো শ্লোকই অতি মূল্যবান কারণ, শ্লোক দুটি জন্মান্তরের বন্ধন জনিত যৌক্তিকতার নির্দেশক। প্রথম শ্লোকে মায়া শক্তির প্রভাবে সীমিত জ্ঞান ও ক্রিয়াশক্তিতে চিত্তের অবসন্নতার (extirpation) উল্লেখ করা হয়েছে এবং দ্বিতীয় শ্লোকে শব্দরূপের মাধ্যমে বিভিন্ন দেবীশক্তির প্রভাব নির্দেশ করা হয়েছে।

এই দুই শ্লোকে পুর্যষ্টককে বিশেষিত করা হয়েছে মানুষের বন্ধনের ব্যাখ্যায়। মানুষ দেহে ও সূক্ষ্ম শরীরে একটি জটিল প্রাণী। মানুষের ভাব ও ভাবনা (impression, desire, thoughts) সবই পুর্যষ্টকে সমাহিত। পুর্যষ্টকই হল মৃত্যুর পরে মানুষের চিত্তের বাহক।

পুর্যষ্টকে মানুষের জীবনের দ্বৈতরূপ। সপ্তদশ শ্লোকে বলা হয়েছে- 'তদুত্থং প্রত্যয়োদ্ভবম্', অর্থাৎ মানুষ যে জীবন বর্তমানে অতিবাহিত করে, পুর্যষ্টক সেই জীবন ধারণায় ধারণ করে পরবর্ত্তী জীবনে বহন করে নিয়ে যায়; যা পরবর্ত্তী জীবন নির্ধারণ করে। ক্ষেমরাজ বলেছেন- 'পুর্যষ্টকাত্মকমলোচ্ছেদেন তস্য (সংসৃতেঃ) বিনাশঃ', অর্থাৎ ভোগ বা দুর্ভোগে জন্মান্তরে পুর্যষ্টকের গ্লানি দূর হয় না, কেবলমাত্র তার মলের (impurities) বিনাশেই এই গ্লানি দূর হয়।

উনবিংশতি শ্লোকের প্রস্তাবনা

এতত্ প্রতিপাদয়ন্ আদ্যং সূত্রোক্তমর্থ নিগময়তি-

ভাবানুবাদ

রচয়িতা এই শ্লোকে পূর্বোক্ত শ্লোকসমূহের নিগূঢ়াতার্থ (substance), প্রথম শ্লোকের আধারে উপস্থিত করেছেন।

উনবিংশতি শ্লোক

যদা ত্বেকত্র সংরূঢ়স্তদা তস্য লয়োদয়ৌ।

নিয়চ্ছন্বোক্তৃতামেতি ততশ্চক্রেশ্বরী ভবেৎ।।

ভাবানুবাদ

যখন ব্যক্তি অবিচলিত রূপে স্পন্দে স্থিত হয় তখন পুর্যষ্টকের উদয়-অস্ত ব্যক্তিতে তার ইচ্ছাধীন। তখন সে প্রকৃত সুখ ভোক্তা।

ভাষ্য

যদা পুনরয়মুক্তাঃ পরতত্ত্বসমাবেশোপদেশযুক্তীঃ পরিশীলয়ন্ একত্র পূর্ণাহন্তাত্মনি স্পন্দতত্ত্বে সম্যগবিচলত্বেন রূঢ়ঃ সমাবিষ্টস্তন্ময়ো ভবতি, তদা তস্যেতি পূর্বসূত্রনির্দিষ্টস্য পুর্যষ্টকস্য তদ্'দ্বারেণৈব বিশ্বস্য নিমীলনোন্মীলনসমাবেশাভ্যাং লয়োদয়ৌ নিয়চ্ছন্ প্রথম-সূত্রনির্ণীতদৃশা একস্মাদেব শঙ্করাত্মনঃ স্বভাবাৎ সংহারং সর্গং চ কুর্বন্ ভোক্তৃতামেতি ধরাদিশিবান্তসমগ্রভোগ্য-কবলনেন পরমপ্রমাতৃতাং সতীমেব প্রত্যভিজ্ঞানক্রমেণাবলম্বতে। ততশ্র্ব প্রথমসূত্রনির্ণীতস্য শক্তিচক্রস্য স্বমরীচিনিচয়স্যেশ্বরোহধিপতির্ভবেৎ। অনেনৈব চ দেহেন মহেশ্বরত্বমবাপ্নোত্যেবেতি যাবৎ। এবং চোপক্রমোপসংহারয়োর্মহার্থসম্পুটীকারং দর্শ-য়ন্ তৎসারতয়া সমস্তশাঙ্ককরোপনিষন্মূর্ধন্যতামস্যাবিষ্করোতি শাস্ত্রস্য শ্রীমান্বসুগুপ্তাচার্যঃ, ইতি শিবম। ইতি শ্রীস্পন্দনির্ণয়ে বিভূতিস্পন্দস্তৃতীয়ো নিষ্পন্দঃ সমাপ্তঃ।

ভাষ্যের ভাবানুবাদ

যখন যোগী ক্রমাগত প্রচেষ্টায় স্পন্দতত্ত্বে তথা ভগবৎ চেতনায় অবিচল হয় তখন পূর্বোক্ত শ্লোক অনুসারে অন্তর্মুখী হয়ে তাঁর প্রকৃত পরিচয় শিবানন্দ লাভ করে। সাক্ষীভাবে (প্রকৃত- সতীম এব) শক্তির প্রভুত্ব করে।

পরম শ্রদ্ধেয় বসুগুপ্ত পরা বাস্তবের (great reality) চিরকালীন সমভাবের শৈবশাস্ত্রে বিশেষ উল্লেখ করেছেন, যা পরম কল্যাণকর। তাই পুস্তকের এই তৃতীয় পর্বের নামকরণ করা হয়েছে বিভূতিস্পন্দ।

অর্থ নির্দেশ (Exposition)

এই শ্লোকে ব্যক্তির জীবনে যাত্রাপথের শেষ দর্শানো হয়েছে। ব্যক্তি জগতে, ঐশ্বরিক ভাবাপন্ন হওয়া সত্ত্বেও নির্বাসিতের জীবন যাপন করে অহেতুক দুঃখ কষ্টে ভ্রমণ করে। তার এই ভ্রমণের শেষে তার উন্মেষ হয় নকল 'অহম' ছেড়ে আসল 'অহমে' ফিরে যাওয়ার। এই আসল 'অহম্' হল স্পন্দ, শিবের হৃদয়ের কম্পন। তার এই ফিরে যাওয়াও আর তার কাছে তখন অবোধ্য নয় (not foreign), সবই এক। এই অনুভব ভাষায় ব্যক্ত করা যায় না, সবই অনির্বচনীয়।

চতুর্থ পর্ব

সূচনা

গ্রন্থান্তে পরমাং স্পন্দভূমিং গুরুগিরং চ শ্লেষোক্ত্যা স্তৌতি

ভাবানুবাদ

রচয়িতা এই শ্লোকে দ্বিমুখী (double entendre) স্তুতি করেছেন স্পন্দের এবং সেই সাথে তাঁর গুরুদেবের।

প্রথম শ্লোক

অগাধসংশয়াম্ভোধিসমুত্তরণতারিণীম্।
বন্দে বিচিত্রার্থপদাং চিত্রাং তাং গুরুভাবতীম্।।

ভাবানুবাদ

আমি আমার গুরুর সুভাষিতাবলীর নৌকায় এই অসীম দ্বিধাদ্বন্দ্বময় শব্দরূপ সমুদ্র পার করার জন্য তাঁর অপূর্ব অর্থাগমের (wonderful meaning) কারণে বন্দনা করি (pay homage)। আমি নৌকারূপী স্পন্দকেও ভক্তিভরে বন্দনা করি তার পরাবাক্ তত্ত্বের সর্বোচ্চ আনন্দ অনুভবের জন্য।

ভাষ্য

তামসামান্যাং ভগবতীং গুরুং 'শৈবী মুখমিহোচ্যতে' (বিজ্ঞান ভৈরব শ্লোকঃ 20) ইতি স্থিত্যা শিবধামপ্রাপ্তিহেতুত্বাদাচার্যরূপাম্। অথচ গুরুং পশ্যন্ত্যাদিক্রোড়ীকারাৎ মহতীং ভারতীং পরাং বাচম্, তথা গূরোরাচার্যস্য সম্বন্ধিনীমুপদেষ্ট্রীং গিরং চিত্রাং-লোকোত্তরচমৎকাররূপাং বন্দে-সর্বোৎকৃষ্টত্বেন সমাবিশামি। অথ চ সর্বাবস্থাসু স্ফুরদ্রূপত্বাদমিবদন্তীমুদ্যন্তৃতাপ্রযত্নেনাভিবাদয়ে-স্বরূপবিমর্শনিষ্ঠাং তাং সমাবেষ্টুং সংমুখী-করোমি। কীদৃশীমগাধো দুরুত্তরো যঃ সংশয়ঃ- পূর্ণাহন্তানিশ্রয়ামাবাত্মা বিচিত্রঃ শঙ্কাকলঙ্কঃ স এব বিততত্বেনাম্ভোধিস্তস্য সম্যগুত্তরণে যা তারিণী নৌরিব তামিত্যুভয়ত্রাপি যোজ্যম্। তথা বিচিত্রার্থানি নানাচমৎকারপ্রযোজনানি পদানি বিশ্রান্তয়ো যস্যাং পরস্যাং বাচি তাং বিচিত্রাণি রম্যরচনানুপ্রবিষ্টানি অর্থপদানি বাচ্যবাচকানি যস্যাং গুরুবাচি তাম্।

ভাষ্যের ভাবানুবাদ

'আমি'ই সেই শক্তি, শিবের দ্বারী এবং প্রবেশকারীর আচার্য। এখানে গুরু হল 'মহতীং ভারতীম', ভারতী হল বাক্-এর অধিষ্ঠাতৃ, মহতীং অর্থ পরাবাক্। শব্দের সব স্তরই পরা, পশ্যন্তি ইত্যাদি সবই তাতে নিহিত। 'গুরুভারতী'র অর্থও একই। 'চিত্রাম' অর্থ মনোহর (wonderful) শিক্ষকের কাছে এবং পরাবাকের আনন্দময়তাময়। 'বন্দে' অর্থে বন্দনা করি, শব্দের সর্বস্তরে এই পরাবা্ক্'কে যা সত্যে স্থিত এবং যার থেকে শব্দের সকল স্তরের উৎপত্তি। 'ভারতী' হল শব্দের সমুদ্র পার করার নৌকা। এই সমুদ্র পার করলে বিচিত্র-অর্থপদ উপলব্ধ হয় অর্থাৎ সমাধি প্রাপ্তি হয়। শিক্ষকের সুভাষিতাবলীতে সেই সুন্দর পরাবা্ক্ জগতের সুবিন্যস্ত সন্ধান।

দ্বিতীয় শ্লোকের প্রস্তাবনা

প্রসিদ্ধপ্রভাবস্বনামোদীরণাৎসম্ভাবনাপ্রত্যয়েনার্থিনঃ প্রবর্তয়ণ গুহনীয়তয়া মহাফল-তামস্য শাস্ত্রস্য নিরুপয়তি শাস্ত্রকারঃ

ভাবানুবাদ

বসুগুপ্তের নাম উল্লেখ করে শ্লোকের রচয়িতা উৎপলদেব অনুসন্ধিৎসুর (seeker of knowledge) কাছে স্পন্দের মহান উদ্গাতা বসুগুপ্তের হৃদয়ে সঞ্চিত এই শাস্ত্রের শিবত্ব সর্বত্র লভ্য সেই কথা বলেছেন।

দ্বিতীয় শ্লোক

লব্ধাপ্যলভ্যমেতৎজ্ঞানধলং হৃদ্'গুহান্তকৃতনিহিতেঃ।
বসুগুপ্তেবৎশিবায় হি ভবতি সদা সর্বলোকস্য।।

ভাষ্য

এতৎশাস্ত্রোক্তমেতৎজ্ঞানমেব পুরুষার্থপ্রাপ্তিহেতুত্বাদ্ধনমলভ্যমপি-দুষ্প্রাপমপি লব্ধা-শঙ্কর-স্বপ্নোপদেশসারং শিলাতলাদবাপ্য প্রকাশবিমর্শাত্মকং হৃদয়মেব বিশ্রান্তঃপ্রবেশাবকাশ-প্রদত্বাদ্'গহা তস্যামন্তেন-নিশ্রয়েন কৃতা নিহিতিঃ স্থাপনা যেন অর্থাত্তস্যৈব জ্ঞানঘনস্য, তস্য স্বামিনঃ শ্রীবসুগুপ্তাভিধানস্য গুরোর্য়থৈব তচ্ছিবায় জ্ঞাতং, তদ্বদধিকারিনিয়ম-সঙ্কোচাভাবাৎসর্বলোকস্যাপি হৃদ্'গুহান্তকৃতনিহিতের্যত্নাদসাময়িকাদ্ গোপয়তঃ দৃঢ়প্রতিপত্ত্যা চ স্বাত্মীকুর্বতঃ সদা শিবায় ভবতি নিত্যশঙ্করাত্মকস্বস্ব-ভাবসমাবেশলাভায় সম্পদ্যত ইতি শিবম্।

যদ্যপ্যস্মিন্ বিবৃতিগণনা বিদ্যতে নৈব শাস্ত্রে
লোকশ্রায়ং যদপি মতিমান্ ভূয়সোত্তানবৃত্তিঃ।
জ্ঞানন্ত্যেতে তদপি কুশলাস্তেহস্মদুক্তের্বিশেষং
কেচিৎসারগ্রহণনিপুণাশ্চেতনারাজহংসাঃ।।
অনন্তাপরটীকাকৃৎমধ্যে স্থিতিমমৃষ্যতা।
বিবৃতং স্পন্দশাস্ত্রং নো গুরূণা নো, ময়াস্য তু।।
বিশেষলেশঃ সন্দোহে দর্শিতঃ পূর্বমদ্য তু।
রুদ্রশক্তিসমাবেশশালিনঃ শিবরূপিণঃ।।
শূরনাম্নঃ স্বশিষ্যস্য প্রার্থনাতিরসেন তৎ।
নির্ণীতং ক্ষেমরাজেন স্ফারান্নিজগুরোর্গুরোঃ।।
যেষাং নো ধিষনোপদেশবিশদা সদ্দৈশিকৈর্দর্শিতা
শ্রীমৎশাম্ভবশাসনোপনিষদাং যেষাং ন ভগ্নো ভ্রমঃ।
যে নাস্বাদিতপূর্বিণো মৃদুধিয়ঃ শ্রীপ্রত্যভিজ্ঞামৃতং
তে নাত্রাধিকৃতাঃ পরৈঃ পুনরিদং পূর্ণাশয়ৈশ্রর্ব্যতাম্।।
শিবাদিক্ষিত্যন্তো বিততবিততো যোহধ্ববিভবঃ
স্ফুরন্নানাসর্গস্থিতিলয়দশাচিত্রিততনুঃ।
ইয়দ্বিশ্বং যস্য প্রসরকণিকাসৌ বিজয়তে
পরঃ সংবিৎস্পন্দো লসদসমসৌখ্যায়তনভূঃ।।
সমাপ্তোহয়ং শ্রীস্পন্দনির্ণয়ঃ।

কৃতিঃ শ্রীপ্রত্যভিজ্ঞাকারপ্রশিষ্যস্য মহামাহেশ্বরাচার্যশ্রীমদভিনবগুপ্তনাথদত্তোপদেশস্য শ্রীক্ষেমরাজস্যেতি শিবম্।

ভাবানুবাদ

এই শাস্ত্রে উল্লিখিত জ্ঞান রত্নের মতো মূল্যবান কেননা এর দ্বারা জীবনের সর্বোচ্চ প্রাপ্তি হয়। এই কঠিন জ্ঞান বসুগুপ্ত স্বপ্নে শঙ্করের নির্দেশ হিসাবে পেয়েছিলেন একটি শিলার উপর স্থিত হয়ে। 'হৃদগুহান্তকৃতনিহিতেঃ'র অর্থ হল হৃদয়েই হয় চেতনার (বিমর্শ) প্রকাশ (আলো)। হৃদয় প্রকাশ-বিমর্শ স্বরূপ এক গুহার মতো, আচার্য বসুগুপ্ত যেখানে নিজের মধ্যে এই জ্ঞান লাভ করেছিলেন সর্বলোকের হিতে বিতরণের জন্য। এই জ্ঞান আচার্যকে বিশ্বাসে (যথোচিত জ্ঞানে) আত্মস্থ করতে হয় সর্বমঙ্গলের (শিবভাব) জন্য।

ক্ষেমরাজের শেষোক্তি

যদিও এই বিষয়ের (শাস্ত্র) উপর ভাষ্যের কোনও অভাব নেই কিন্তু সেসবের বেশির ভাগ পর্বই শিক্ষকের উপর উপর বুদ্ধিমত্তা। আমার আচার্য এদের মধ্যে নন এবং এদেরও তিনি স্বীকার করেননি। আমি ক্ষেমরাজ 'স্পন্দ-সন্দোহ'তে এবিষয়ে কিছু বক্তব্য রেখেছি এখন শূর নামে এক শিষ্যের উপরোধে (যার রুদ্রের তথা শিবের অনুভব হয়েছে) আমার এই শেষোক্তি।

যাদের জ্ঞান গভীরতা প্রাপ্ত হয়নি (tender intellect) এবং যারা প্রত্যভিজ্ঞার স্বাদ পূর্বে আস্বাদন করেনি তারা শৈবতন্ত্রের শিক্ষায় (esoteric teaching of Saiva discipline) বঞ্চিত।

স্পন্দের জয় হোক! স্পন্দ অতুলনীয় আনন্দের উজ্জ্বল দিশারী ও আকর। স্পন্দ জগৎ থেকে শিবে ব্যাপ্ত সৃষ্টি স্থিতি ও সংহারের সন্নিবেশ, এবং আমাদের দৃশ্যমান এই জগৎ তার এক কণিকা মাত্র।

~~

ক্ষেমরাজ পরমভক্ত অভিনবগুপ্তের নির্দেশে, যিনি 'ঈশ্বরপ্রত্যভিজ্ঞা'র প্রণেতা গুরুশ্রেষ্ঠ বসুগুপ্তের শিষ্য, এই শ্লোকগুলোর সংকলন ও প্রণয়ন করেছেন।

--

স্পন্দকারিকার পরিশিষ্ট

বিশিষ্ট সংস্কৃত শব্দার্থ (Glossary)

'অ'

অ- শিবের চিহ্ন স্বরূপ, অনুত্তরের (সর্বোচ্চ) পরিচায়ক এক অক্ষর যাতে সর্ববর্ণ সমাহিত।

অকুল- শিব বা 'অ'

অক্রম-অক্রমায়িত প্রকৃত প্রকৃতির উন্মেষ (successionless essential nature)।

অকৃত্রিম- স্বাভাবিক

অখ্যাতি- আদিম (primal) অজ্ঞতা।

অগ্নি (প্রতীকি)- 'প্রমাতা' জ্ঞাতা (বিষয়ী)।

অগ্নিষোমময়ম- বিশ্ব যা জ্ঞানের প্রমাণ এবং প্রমেয় (বিষয়ী)।

অজ্ঞানম-আদিম সীমাবদ্ধতা (মল) (primal limitation)। পুরুষে স্থিত অজ্ঞানতা যার দরুণ পুরুষ নিজেকে সীমিত বোধ করে। বুদ্ধিতে স্থিত এই অজ্ঞানতাকে বলে 'বৌদ্ধ অজ্ঞানতা' যে জন্য পুরুষের অশুদ্ধ বিকল্প বোধ (thought construct) হয়। আর এই পুরুষ হল মায়াকল্পে, ক্রিয়াকাণ্ডের পূর্ববর্ত্তী উদ্দিষ্ট পুরুষ।

অঘোর- করুণাঘন শিব।

অঘোর শক্তি- যে শক্তির বলে চিত্তে (conditioned experient) শিবের জ্ঞান হয়।

অধিকার- কর্মের অধিকার (right)।

অধিষ্ঠান- তল (substratum)।

অধিষ্ঠাতৃ- পোষক তত্ত্ব, প্রাণ।

অধ্বা- পথ, অশুদ্ধ অধ্বা হল চিত্তে জাগতিক বিকাশের অনুভব (mundane manifestation)।

অনাশ্রিত-শিব - যে শিবে অদ্যাবধি জগৎ যুক্ত হয়নি।

অনন্তভট্টারক- মন্ত্রের অধিষ্ঠাতৃ বা দেবতা।

অন্তর্মুখীভাব- চেতনার অন্তর্মুখীনতা (introversion)।

অনুপায়া- নিজের সত্ত্বার স্বতঃস্ফূর্ত বোধ।

অনুগ্রহ- কৃপা

অনুত্তরা- i) সর্বোচ্চ, ii) 'অ'-স্বরবর্ণ।

অনুসন্ধান- ক্রমাগত সত্যের প্রয়াস (essential reality), অভিজ্ঞতার সংযোগে সত্য সন্ধান (synthetic unity of apperception)।

অনুসন্ধাতা- অভিজ্ঞতার একত্ব বা সংযোজন।

অনুস্যূতা- সূত্রনিবদ্ধ

অপান- শ্বাসগ্রহণ

অপবর্গ- মুক্তি

অবুদ্ধ, অপ্রবুদ্ধ- অজ্ঞান (unawakened)।

অভাব- রিক্ততা, শূন্যতা

অভিন্ন- এক

অভিযোগ- সজাগতার পূর্বক্রম (backward reference of awareness)।

অমায়ীয়- মায়ার বহির্ভুত

অমূঢ়- মূর্খ নয়, সচেতন

অবধান- মনোযোগ, কোনও বিষয়ে সজাগতা।

অবিকল্প প্রত্যক্ষ- ইন্দ্রিয়গত তাৎক্ষণিক অনুভব।

অবিবেক- শুদ্ধাশুদ্ধ বিচারহীনতা।

অব্যক্ত- অপ্রকাশিত (unmanifested)।

অশুদ্ধ বিদ্যা- জাগতিক জ্ঞান।

অবস্থা- স্থিতি

অসৎ- অসার

অশুদ্ধি- সীমিত, কলুষিত

অহঙ্কার- জগতে নিজত্ব বোধ

অহন্তা- আত্মবোধ

'আ'

আণব উপায়- এই যোগের মাধ্যমে ব্যক্তি নিজের অতীন্দ্রিয় সত্ত্বাকে জানার চেষ্টা করে। এই যোগকে আণব যোগ, ভেদোযোগ, ক্রিয়াযোগ, ক্রিয়োপায়ও বলে।

আণব সমাবেশ- উপরোক্ত উপায়ে ভগবানের সান্নিধ্য লাভ।

আত্মলাভ- নিজেকে চেনা।

আত্মবিশ্রান্তি- আত্মবোধে বিশ্রাম লাভ।

আত্ম ব্যাপ্তি- শিবত্ব লাভের পূর্বে নিজের ব্যাপ্তিবোধ।

আনন্দ- 'আ' বর্ণ শক্তির চিহ্ন স্বরূপ; এখানে চিত্তের সুঅনুভূতি (bliss) হয়।

আনন্দ উপায়- যোগের মাধ্যম ছাড়াই শিবের প্রকৃতির জ্ঞান যা 'আনন্দযোগ' বা 'অনুপায়' বলেও কথিত।

আভোগ- বিস্তার, চমৎকার বা স্বর্গীয় আনন্দ।

'ই'

ইচ্ছা- 'ই' বর্ণ দ্বারাও নির্দেশিত, বাসনা (উদ্দেশ্য)।

ইচ্ছোপায়- শাম্ভব উপায়, ইচ্ছাযোগ।

ইচ্ছাশক্তি- পরম শিবের অচ্যুত অন্তরের ইচ্ছা প্রকাশ। এই ইচ্ছায় জ্ঞান ও ক্রিয়া সমন্বিত যা সদাশিবের বৈশিষ্ট্য।

ইদন্তা- ইদম্ বা 'ইহা'র (this) চেতনা।

ইন্দু- প্রমেয় বা জ্ঞেয় (object), অপান, ক্রিয়াশক্তি।

ঈশ্বর-তত্ত্ব - শিবের থেকে শুরু করে যথাক্রমে শিব, শক্তি, সদাশিব ও চতুর্থ ক্রমে ঈশ্বর-তত্ত্ব। এই তত্ত্বের মূল হল ইদমে অহমের জ্ঞান।

ঈশ্বর ভট্টারক- ঈশ্বরতত্ত্বে মন্ত্রেশ্বরের অধিষ্ঠিত দেবতা (presiding deity)।

'উ'

উচ্চার- আণব উপায়ের অন্তর্গত বিশেষ প্রক্রিয়ায় 'প্রাণে' মনোনিবেশ।

উচ্ছলত্তা- ঐশ্বরিক আনন্দে সৃষ্টি ও সংহরণ।

উদয়- উদ্ভব

উদান- শরীরে প্রাণ বায়ু (vital) যা উর্দ্ধমুখী। এর দ্বারা শক্তি সুষুম্নায় উর্দ্ধগামী হয়ে জীবের অতীন্দ্রিয় জাগরণ ঘটায়।

উদ্যম- তাৎক্ষণিক (sudden) সর্বোচ্চ ভগবৎ সচেতনতা।

উন্মেষ- আক্ষরিক অর্থে নেত্রের উন্মীলন। উন্মীলনের চার অর্থ।

1) স্বভাব অর্থে (ভগবৎ প্রকৃতি) ভগবৎ সচেতনতা (I-consciousness)।

2) 'প্রকাশ' (manifestation) অর্থে ভগবৎ ইচ্ছাশক্তির বহিঃপ্রকাশ।

3) শিবযোগে উন্মেষ হল ধারণার উদ্ভব ঐশ্বরিক চেতনায়।

4) 'উ'-বর্ণ

উপলব্ধৃ-সাক্ষী, জ্ঞাতা

উপলব্ধি- জানা (awareness)

'ঊ'

ঊর্দ্ধমার্গ- ঊর্দ্ধমার্গী পথ, সুষুম্না নাড়ী।

'ক'

কঞ্চুক- মায়ার আবরণ যে কারণে শিবের থেকে জীবের উদ্ভব সম্ভব হয়। পঞ্চকঞ্চুক হল, কলা, (অশুদ্ধ) বিদ্যা, রাগ, নিয়তি এবং কাল।

করণ- জ্ঞান ও ক্রিয়ার উপায় সমূহ যথা, অন্তঃকরণ ও বহিষ্করণ যা অন্তর ও বহির্জগতের অনুভবের মানসিক উপায়।

করণেশ্বরী- খেচরী, গোচরী, দিকচরী, ও ভূচরী চক্র।

কর্তৃত্ব- উদ্দেশ্য বা কর্তা হয়ে বিরাজ করা।

কর্মেন্দ্রিয়- i) পঞ্চ ক্রিয়াশক্তির উপায় যথা, বাক (মুখ), হস্ত, পদ, পায়ু, উপস্থ।

কলা- i) চৈতন্যের শক্তির ছত্রিশ তত্ত্ব। ii) জীবাত্মা (part), চিৎকণা (particle) ও তার সত্ত্বা (aspect)। iii) 'কিঞ্চিৎ কর্তৃত্ব'- ব্যক্তির কর্মের সীমাবদ্ধতা। iv) বিষয়ের (সূক্ষ্ম শরীরের) সূক্ষ্মতা যথা, শান্তা, শান্ত্যতীতা, বিদ্যা, প্রতিষ্ঠা ও নিবৃত্তি।

কলাচক্র- মাতৃচক্র, শক্তিচক্র, দেবীচক্র; 'অ' থেকে 'ক্ষ' পর্যন্ত অক্ষরের দ্যোতক।

কলাশরীর- কর্ম মল বা ক্রিয়ারূপ (essential nature of activity)।

'কা'

কারণ- হেতু

কার্য- ফল

কর্ম মল- কর্মের সীমাবদ্ধতা, সীমিতাবস্থা।

কাল অধ্বা- উন্মেষের ত্রিবিশেষ, বর্ণ, মন্ত্র, পদ।

কাল তত্ত্ব- ক্রমবিশেষে, অতীত, বর্তমান ও ভবিষ্যৎ।

কালশক্তি- ভগবৎ শক্তি যা উপরোক্ত ক্রমের কারক।

'কু'

কুণ্ডলিনী বা কুণ্ডলী- শিবের কর্মের ক্ষমতা, যা ত্রি ও অর্ধ কুণ্ডলে মূলাধারে কুণ্ডলিত থাকে।

কুম্ভক- প্রাণবায়ু রোধ করা।

কুল- ভগবৎ চেতনার ছত্রিশ তত্ত্ব বা আলোকের প্রকাশ।

কুলাম্নায়- শাক্তধারায় 'অ' থেকে 'ক্ষ' অক্ষরের মাধ্যমে ভগবৎ অনুভব।

কুলমার্গ- শাম্ভব উপায়, যার দ্বারা জ্যোতির্ময় চেতনার আলোক প্রাপ্ত হয়।

'ক্র'

ক্রম- বিকল্পিত ধারণার (determinate ideas) বিভিন্ন স্তর (ক্রম) অতিক্রমের মাধ্যমে নিজেকে শুদ্ধ করা। এটাই শাক্তোপায়। একেই আবার বলে 'মহানয়' বা মহার্থ দর্শন।

কৃত্রিম- বিকল্পের দ্বারা ধারণার সৃষ্টি (pseudo-reality)।

ক্রিয়াযোগ- আণব উপায় বা ক্রিয়োপায়।

ক্রিয়াশক্তি- যে কোনও রূপ ধারণ (সর্বাকারযোগিত্বম ক্রিয়াশক্তিঃ)।

ক্রীড়া- ঈশ্বরের সৃষ্টির উল্লাস।

'ক্ষ'

ক্ষেত্রজ্ঞ- বিষয়ী যিনি বিষয় সম্বন্ধে জ্ঞাত।

ক্ষোভ- স্থূল ও সূক্ষ্ম শরীরে নিজেকে অনুভব করা।

'খ'

খেচরী- খেচরী হল সেই ভাব যা চেতনার সর্বব্যাপ্তি বোধক।

খেচরী চক্র- খেচরীর সেই সামূহিক শক্তি যা বিষয়ীভূত হয় (enters in vast of consciousness)।

খেচরীমুদ্রা- বিস্তৃত চেতনায় আনন্দের উপলব্ধি, শিববস্থা বা দিব্যমুদ্রা।

খ্যাতি- জ্ঞানলাভ

'গ'

গগনাঙ্গনা- চিৎশক্তি, চেতনার শক্তি।

গর্ভ- অখ্যাতি, আদিম অজ্ঞতা মহামায়া।

গুণত্রয়- সত্ত্ব, রজ ও তমগুণ।

গোচরী- গো অর্থ ইন্দ্রিয়। অন্তঃকরণ হল ইন্দ্রিয়বোধ সমূহের আবাস ভূমি, তাই গোচরী অন্তঃকরণে ইন্দ্রিয়যুক্ত ভাব।

গ্রন্থি- মানসিক বিমর্শ, বিকার (psychic complex)।

গ্রাহক- সাক্ষী (knower, experient)

গ্রাহ্য- জ্ঞাতব্য

'ঘ'

ঘোরশক্তি- বিভিন্ন দেবদেবীর শক্তি যার কারণে জাগতিক আনন্দ হয়।

ঘোরতারী শক্তি- দেবদেবীর যে শক্তি জীবকে সংসারে নিমজ্জিত করে।

'চ'

চক্র- শক্তি সামূহিকতা।

চক্রেশ্বর- উপরোক্ত শক্তির চক্রের কর্তা।

চমৎকার- সচেতনতার আনন্দ বা শৈল্পিক সুষমার বোধ।

চরমকলা- উন্মেষের সর্বোচ্চ স্তর, শান্ত্যাতীতা বা শান্তাতীতা কলা।

'চি'

চিৎ- জীবের মূল ভিত্তি বা চিৎকণা।

চিতি- ঐশ্বরিক সচেতনতা যা ব্যক্তিতে কণমাত্র উপলব্ধ।

চিত্ত- বিশ্বময় চৈতন্য যা ব্যক্তিতে সীমিত জাগতিক অনুভবে।

চিদানন্দ- i) মূলসত্য যাতে আছে চেতনার আনন্দ, ii) আণব উপায়ে 'উচ্চার যোগে'-র আনন্দময় ষষ্ঠ স্তর (stratum)।

'চে'

চেতন- পরম শিবের সঞ্চারিত বোধ।

চেত্য- ব্যক্তির চেতনায় প্রাপ্য (knowable, object of consciousness)।

'ছ'

ছেদ- প্রাণ ও অপানের নিবারণে উচ্চারিত বর্ণ(স্বর)হীন শব্দ-'অনচক' (vowel-less sound); 'অনচক' অর্থ অন(শ্বাস)+চক(নিবারণ)।

'জ'

জগৎ- চলমান চরাচর (the world process)।

জগদানন্দ- জীবের, ঈশ্বরের জগৎরূপ আনন্দের দর্শন বা অনুভব।

'জা'

জাগ্রত অবস্থা- জাগরিত অবস্থা।

জাগ্রত জ্ঞান- দৃশ্যমান জগতের উপলব্ধি বা জগতের অস্তিত্বের জ্ঞান।

জাগ্রত- অতীন্দ্রিয় অর্থে আলোক প্রাপ্ত।

'জী'

জীব- ব্যক্তির সংস্কারের দ্বারা সৃষ্ট সীমিত নিজত্ব, জগতের পরিপ্রেক্ষিতে।

জীবন্মুক্ত- শরীরে স্থিত হয়েও নিজেকে স্বাধীন ও মুক্ত মনে করা, যা হল শিবের অনুভব করা।

জীবন্মুক্তি- উপরোক্ত অনুভব।

'জ্ঞা'

জ্ঞান- ভগবৎ বুদ্ধি (spiritual wishes)।

জ্ঞানযোগ- শাক্ত উপায়ে মুক্তির সাধনা।

'ত'

তত্ত্ব- সেই তথ্য বা সত্য (that principle or reality)।

তত্ত্ব-ত্রয়- নর, শক্তি, শিব বা আত্মা, বিদ্যা, শিব এই ক্রম।

তৎপুরুষ- শিবের পঞ্চ তত্ত্বের এক তত্ত্ব।

তন্মাত্র- আক্ষরিক অর্থে সেই মাত্র। বোধের পঞ্চ উপায়, শব্দ, স্পর্শ ইত্যাদি।

তমস- প্রকৃতির তমভাব বা জড়ত্ব, ভ্রম।

তর্কশাস্ত্র- যুক্তি স্থাপন, দ্বিমত।

'তু'

তুরীয় বা তুর্য্য- সজ্ঞানতার চতুর্থ অবস্থা, জাগরণ, স্বপ্ন ও সুপ্তির পরে তুরীয় অবস্থা। উক্ত প্রথম তিন মনোবিকার থেকে ভিন্ন। এই মানসিকতা অধিবিদ্যা জনিত (metaphysical), ব্যক্তির দৈবভাব যুক্ত চেতনাই (চিত্ত) তখন কেবলমাত্র বন্ধনহীন ব্যক্তিতে সাক্ষীরূপে সজা্গ।

তুরীয়াতীত বা তুর্য্যাতীত- যে অবস্থায় নিজেকে বিশ্বময় মনে হয়।

'ত্রি'

ত্রিকা- দর্শনের ত্রয়ী বিচার নর, শক্তি ও শিব। অন্য বিচারে, i) পরা- বস্তুত (identity) সর্বোচ্চ ভাব, ii) পরাপর- সর্বোচ্চ ও তদনিম্ন ভাব, iii) অপরা- নিম্নভাব বা পরা বোধের অভাব।

ত্রিকা(পরা)- প্রকাশ, বিমর্শের সাম্যরস অর্থাৎ যেখান থেকে প্রকাশ ও তার বিচারের উদ্ভব।

ত্রিকা(পরাপর)- ইচ্ছা, জ্ঞান ও ক্রিয়া সমন্বিত।

'দ'

দর্শন- i) দৃষ্টিপাত, অন্তরে বোঝা, ii) দর্শনশাস্ত্র।

'দি'

দিক্- স্থান (space)

দিক্'চরী- বাহ্যিক জ্ঞান (বহিষ্করণস)।

দিব্যমুদ্রা- খেচরী মুদ্রা।

'দী'

দীক্ষা- i) ঐশ্বরিক জ্ঞান লাভ। ii) ঐশ্বরিক জ্ঞানের উপক্রম বা অনুষ্ঠান ও শুদ্ধিকরণ।

'দে'

দেশ- স্থান

দেশ অধ্ব- ব্যাপ্ত প্রকাশ - কলা, তত্ত্ব ও ভুবন (spatial manifest)।

'ধ'

ধারণা- i) ধ্যান, ii) অক্ষর- 'য','র','ল' ও 'হ'।

ধ্রুব- গৃহীত রূপ (অনুত্তার অবস্থা) বা অক্ষর।

ধ্যানযোগ- আণব উপায়ে সর্বোচ্চ ধারণা যাতে প্রমাণ (জ্ঞান), প্রমেয় (জ্ঞেয়) ও প্রমাতা (জ্ঞাতা)-র সংবিতে (foundation cobsciousness) অবস্থান।

ধ্বনিযোগ- ধারণার অনাহত শব্দ (unstruck sound) যা প্রাণ শক্তিতে অবস্থান করে। আর এক নাম বর্ণ যোগ।

'না'

নাদ- i) শিব-শক্তির প্রথম পদক্ষেপ উন্মেষে (আধ্যাত্মিক অর্থে)।

ii) সুষুম্নার অনাহত শব্দ।

'নি'

নিগ্রহ ক্রিয়া- শিবের নিজের আবরণ উন্মোচন।

নিভালন- মানসিক ক্রিয়া, মনের দ্বারা বোঝা।

নিমেষ- আক্ষরিক অর্থে নেত্র পল্লব নিমীলন।

i) স্পন্দের ক্রিয়ায় উদ্দেশ্য ও বিধেয়ের একীভূত করণ,

ii) অন্তরে শক্তি চক্রের সংহার,

iii) বস্তুকে শিবভূত করা।

নিমীলন সমাধি- অন্তর্মুখী ধ্যানের দ্বারা নিজেকে বিশ্বময় করা।

নির্বাণ- শূন্যে নিজের অবলুপ্তি, মুক্তি।

নির্বিকল্প- ধারণার অন্তর্ধান।

নির্ব্যুত্থান সমাধি- নিজেকে ধ্যানে না থেকেও বিশ্বময় মনে করা।

নিয়তি- কার্য-কারণের সীমিত উদ্ভূত অবস্থা।

'প'

পঞ্চক্রিয়া- শিবের পর্যায়ক্রমে অবিরত পঞ্চক্রিয়া যথা- সৃষ্টি, স্থিতি, সংহার, স্বতঃবিলয় বা পিধান (আচ্ছাদন-veiling) ও অনুগ্রহ। এছাড়া 'সময়ানুগ পঞ্চকর্ম' হল- আভাষণ (আলাপন), রতি (আসক্তি), বিমর্শন (বিচার), বীজাবস্থান(জীবনের বীজ প্রদান) ও বিলাপন (ক্ষেদ)। (প্রত্যভিজ্ঞাহৃদয়ম্ সূত্র-11)।

পঞ্চমন্ত্র- ঈশান, তৎপুরুষ, সদ্যোজাত, বামদেব ও অঘোর মন্ত্র।

পঞ্চবক্ত্র- উপরোক্ত মন্ত্র সমষ্টি।

পঞ্চশক্তি- শিবের পঞ্চশক্তি, চিৎ, আনন্দ, ইচ্ছা, জ্ঞান ও ক্রিয়া।

পতি- শুদ্ধ অধ্বার সাক্ষী; মুক্ত পুরুষ।

পর- পরম তত্ত্ব (highest absolute)।

পর প্রমাতৃ- পরম শিব।

পরাপর- মধ্যবর্ত্তী একত্বে বৈচিত্রময় (unity in diversity) উদাসীন (natural) অবস্থা।

পরমার্থ- চরম লক্ষ্য বা সত্য।

পরামর্শ- মানসিক গ্রাহ্যতা (contemplation)।

পরাবাক- প্রকাশের পূর্বে ধারণার স্পন্দন (vibratory pulsation before manifestation- Logos)।

পরাশক্তি- সর্বোচ্চ প্রকাশোন্মুখ শক্তি (চিতি)।

পরিণাম- অবস্থান্তর।

পশু- অবিদ্যায় আচ্ছাদিত জীব।

পশুমাতরঃ- মাহেশ্বরী বা অন্যান্য শক্তির অঙ্গ; বিভিন্ন অক্ষর।

পশ্যন্তি-একত্বের ঐশ্বরিক অবধান (undifferentiated form) যা বাকশক্তির কারক; বাচক শব্দ ও বাচ্য বিষয়ের পূর্বাবস্থা।

পাশ- বন্ধন, বন্ধন রজ্জু।

পিধানকৃত্য- স্ব-আচ্ছাদন কর্ম বা বিলয়।

পুংস্তত্ত্ব- পুরুষ তত্ত্ব, জীবের স্বরূপ তত্ত্ব বা পশু প্রমাতা।

পুর্যষ্টক- আক্ষরিক অর্থে অষ্ট পুরের (নগরের) সমাবেশ। গ্রন্থে প্রদেয় অর্থ সূক্ষ্ম শরীর যাতে আছে পঞ্চ জ্ঞানেন্দ্রিয় (শব্দ, স্পর্শ ইত্যাদি) এবং মন বুদ্ধি অহঙ্কার বোধ।

পূর্ণত্ব- নির্ভুল

পূর্ণহন্তা- অকলুষিত চেতনা (non-relational)।

প্রকাশ- আক্ষরিক অর্থে আলোকিত হওয়া (প্রকাশিত-manifest); অপর অর্থ জ্ঞানোন্মেষ।

প্রকৃতি ও প্রধান- জীবের বুদ্ধি থেকে শুরু করে বাস্তব জগতের ভাবরূপ।

প্রমা- সত্যজ্ঞান

প্রমাণ- জ্ঞানের পরিচয়।

প্রমাতৃ- সাক্ষী, জ্ঞাতা (experient)।

প্রমেয়- জ্ঞেয় (knowable)।

প্রথ- বিস্তার, আবির্ভাব।

প্রথা- আবির্ভাবের উপায় বা পথ।

প্রতিভা- i) চেতনায় সৃজনশীলতা, ii) সর্বোচ্চ সচেতনতা, iii) পরাশক্তি।

প্রতিমিলন- নিমীলন ও উন্মীলন সমাধি; অন্তরে শিব ও বাহিরে শক্তি, অন্তরে বাহিরে ভগবৎ ভাব।

প্রত্যভিজ্ঞা- পূর্বের জ্ঞান (recognition)।

প্রত্যাহার- i) অক্ষর দিয়ে গঠিত শব্দ ও বাক্যের বোধ যেখানে প্রথম অক্ষরে সূত্রের সূচনা এবং শেষ অক্ষরে বোধ প্রাপ্তি। ii) যোগের মাধ্যমে ইন্দ্রিয়বোধের সঙ্কোচন।

প্রত্যবমর্শ- নিজেকে জানা।

প্রলয়- সৃষ্টির বিলয়।

প্রলয়কেবলী বা প্রলয়াকল- মায়াতত্ত্বে স্থিত হয়ে শূন্যের অবধান।

প্রসর- বিকাশের বিস্তার।

প্রাণ- জীবন শক্তির নাম (name of vital power), বায়ু প্রধান।

প্রাণ-প্রমাতা- প্রাণকে বিষয় (subject) রূপে স্বীকৃতি।

প্রাণ-বীজ- অক্ষর 'হ'।

প্রাণায়াম- শ্বাস-প্রশ্বাসে সংযম।

প্রসাদ- 'সৌ' মন্ত্র।

পৃথ্বী- 'পৌ' মন্ত্র ও পৃথিবী তত্ত্ব বা ধরিত্রী।

পৌরুষ-অজ্ঞান- পুরুষের নিজের স্বরূপ সম্বন্ধে অজ্ঞানতা।

পৌরুষ-জ্ঞান- নিজের শিব প্রকৃতি সম্বন্ধে জ্ঞান।

'ব'

বন্ধ- সীমিত জ্ঞান, বন্ধন, জীবের প্রাথমিক অজ্ঞতায় গড়ে ওঠা জ্ঞান, যোগ লব্ধ প্রত্যাহার।

বল- চিৎবল, বিশ্বচেতনার বল।

বিন্দু- i) অতীন্দ্রিয় সূক্ষ্মাতিসূক্ষ্ম স্থান, ii) জ্ঞানের আলোর উদ্ভব স্থান, iii) শক্তির একীভূত স্থান, iv) পরঃপ্রমাতা বা সর্বোচ্চ স্থান, v) অনুস্বর 'ং' বা বৈচিত্রপূর্ণ শিবের অভেদ রূপ, vi) ভ্রূমধ্যস্থিত 'তেজ' যা ধ্যানে উদ্দীপিত হয়, vii) বীর্যের বিন্দু (drop)।

বহির্মুখীতা- বাহ্যিকভাব (extroversion)।

ব্রহ্ম (শঙ্কর বেদান্তের অনুসারী)- চেতনার বা অপরিমিত জ্ঞানের নিকর্ম (without activity); শৈবমতে পরম শিব বা স্বাতন্ত্র্য শক্তি।

ব্রহ্ম নাড়ী- সুষুম্না নাড়ী (central nerve)।

ব্রহ্ম নির্বাণ- বিজ্ঞানাকল বা জ্ঞান তত্ত্বে স্থিতি।

ব্রহ্মরন্ধ্র- সহস্রচক্র

ব্রহ্মবাদ- শঙ্কর বেদান্ত।

বীজ- i) সর্বোচ্চ শক্তির আলো যা সৃষ্টির কারণ, ii) স্বরবর্ণ, iii) দেবদেবী বিশেষের মন্ত্রের আদ্যক্ষর, iv) মন্ত্রের আদ্যক্ষর যা মন্ত্রের মূল।

বুদ্ধ- যিনি জ্ঞানের বা চেতনার আলোকে উদ্ভাসিত।

বুদ্ধি- নির্ধারণ ক্ষমতা।

বুদ্ধিন্দ্রিয়- শব্দ, স্পর্শ ইত্যাদি জ্ঞানের পঞ্চ ইন্দ্রিয়।

বৈন্দবী কলা- বিন্দু বা পরম শিবের স্বাতন্ত্র্য শক্তি।

বৌদ্ধ অজ্ঞান- বুদ্ধিতে নিহিত অজ্ঞানতা, অশুদ্ধ বিকল্পতা।

বৌদ্ধ জ্ঞান- শুদ্ধ বিকল্পতায় নিজের শিবজ্ঞান।

'ভ'

ভক্তি (অপরা)- গভীরভাবে শিবের প্রতি অনুরাগ।

ভক্তি (পরা)-শিবের প্রতি একাত্মতা এবং করুণা প্রাপ্তি।

ভব- নশ্বর জগৎ।

'ভা'

ভাব- অন্তর্মুখী ও বহির্জগতের বোধ (objective existence)।

ভাবনা- চিন্তন স্বভাব যা শিব, জ্ঞান যোগ, শাক্তোপায়, সৃজনশীলতা, শঙ্কা, ঐশ্বরিক চেতনা আধারিত।

'ভু'

ভুবন- হওয়া (becoming); 108 আশ্রয় বাচক ভুবন বা স্থান।

'ভূ'

ভূত- স্থূলাবস্থা

ভূচরী- ভব সম্পর্কিত বস্তু।

ভূমিকা- রূপান্তর পরিগ্রহ (role)।

'ভৈ'

ভৈরব (অপরা)- চেতনায় সিদ্ধ (জগতের সঙ্গে একাত্ম)।

ভৈরব (পরা)- i) পরম শিব ii) অদ্ভুত (anachronistic) শব্দবন্ধ যেখানে 'ভ' অর্থ (ভার গ্রহণ), 'র' অর্থ রাবণ (সংহার), 'ব' অর্থ বমন (উদ্গাম)।

ভৈরব বা ভৈরব মুদ্রা- নেত্রের পলকপাত না করে বাহ্যদৃষ্টি হয়ে অন্তর্মুখী ভাব।

ভৈরব সম্পত্তি- শিবত্ব প্রাপ্তি।

'ভো'

ভোগ- অভিজ্ঞতা বা সংকীর্ণ সুখের অনুভূতি।

ভোক্তা- জগতের সাক্ষী অথবা সংকীর্ণ অর্থে ভোগী।

'ম'

মধ্য- i) মূল চেতনা, ii) সুষুম্না বা প্রাণিক নাড়ী।

মধ্য ধাম- ব্রহ্মনাড়ী বা সুষুম্না।

মধ্যমা- অন্তঃকরণে স্থিত শব্দের প্রকাশের পূর্ববর্ত্তী সূক্ষ্ম রূপ।

মধ্যশক্তি- সংবিদশক্তি

মানস- মনের পঞ্চ ইন্দ্রিয়ের সঙ্গে সাযুজ্য অবস্থা।

মন্ত্র- i) কীর্তন যোগ্য শুদ্ধ শব্দের সূত্র (গ্রন্থন), ii) শুদ্ধ শব্দের মননের দ্বারা জগৎ যন্ত্রণার থেকে পরিত্রাণ, (শাক্তোপায়), iii) সাক্ষীরূপ সাধকের শুদ্ধাবিদ্যা।

মন্ত্রমহেশ্বর- সাক্ষী সাধকের শিবের সদাশিবরূপ (ইচ্ছাশক্তি) জ্ঞান।

মন্ত্র-বীর্য্য- সমুচিত (perfect) ও সম্পূর্ণ সচেতনতা (I-consciousness); পরাবাকের অভিজ্ঞতা, মন্ত্রের শক্তির অনুভব।

মন্ত্রেশ্বর- সেই সাক্ষী যার ঈশ্বর তত্ত্বের অনুভব হয়েছে।

মন্থন ভৈরব- যে ভৈরব মন্থনের দ্বারা আত্ম চেতনায় সবকিছু নিমজ্জন করে। এই ভৈরবের আর এক নাম স্বচ্ছন্দ ভৈরব।

মরীচি- শক্তি

মহার্থ- ক্রম এবং কৌল ধারায় সর্বোচ্চ ও সর্বশেষ প্রাপ্তি।

মহামন্ত্র- শুদ্ধ সচতেনতার মন্ত্র।

মহামায়া (অপরা)- শুদ্ধ বিদ্যার নিম্নস্তর ও মায়ার উর্দ্ধে, যা বিজ্ঞানতলে অবস্থান করে।

মহামায়া (পরা)- শুদ্ধ বিদ্যার নিম্নে বিদ্যেশ্বরের আবাস যেখানে শুদ্ধ চেতনায় থেকে জগতকে পৃথক অনুভূত হয়।

মহানয়- ক্রম ধারা (discipline)।

মহাহ্রদ- সর্বোচ্চ সচতেনতা (I-consciousness) গভীর ও নমনীয় (limpid)।

'মা'

মাতৃকা- i) সেই অপরিচিত সূক্ষ্ম 'মা' যিনি সব বর্ণের আধার, ii) পরাবাক শক্তি যার থেকে জগতের উদ্ভব।

মাতৃকাচক্র- মাতৃকার শক্তি সমূহ।

মাধ্যমিক- 'মাধ্যমক' বৌদ্ধ ধর্ম অনুসারে।

মায়াতত্ত্ব- যেই তত্ত্বে জগতে শুদ্ধ সত্ত্বা আবরিত মায়ায়; পঞ্চ কঞ্চুকের কারণ।

মায়া (শঙ্কর বেদান্তে)- অনাদি এবং জগতের ভ্রম কারক।

মায়াশক্তি- শিবের মায়াশক্তি তাঁর অসীমতাকে মায়াতত্ত্বে সীমিত করে।

মায়া-প্রমাতা- মায়ায় দ্বারা প্রযোজিত সত্ত্বা (emperical self)।

মায়ীয়মল- মায়ার দ্বারা সীমাবদ্ধতার কারণে চিৎ-এর সূক্ষ্ম ও স্থূল শরীর।

মালিনী- বর্ণের শক্তিতে ধৃত বিশ্ব যাতে 'ন' থেকে 'ফ' বর্ণ অনিয়মিত সংস্থাপিত।

মাহেশ্বর্য- মহাপ্রভু বা মহেশ্বরের শক্তি।

মাহেশ্বর্যাদয়ঃ- মাহেশ্বরী ও অন্যান্য দেবদেবী যারা বিভিন্ন বর্ণের অধিষ্ঠাতৃ।

মুক্তি- জীবনের বন্ধন থেকে শিবত্বে বা শিবভাবে মুক্তি।

বিদেহ-মুক্তি- জাগতিক মুক্তির পর শিব চেতনায় লীন হওয়া।

'মু'

মুদ্রা- i) মুদ (সুখ) র (দান), অর্থাৎ সুখদানকারী, কারণ এর দ্বারা অতীন্দ্রিয় চেতনার অনুভব হয়; এই প্রক্রিয়ায় বিশ্ব মুদনাৎ (মুদিত) হয়ে যায় যোগীর কাছে এবং যোগী জাগতিক অনুভবের বাইরে 'তুরীয়' অবস্থায় উপনীত হন। ii) যোগীর সব ইন্দ্রিয়কে বশ করা।

মুদ্রাক্রম- যে অবস্থায় শিবের সমাবেশ শক্তির আবেশে যোগীর অন্তর্মুখী ও বহির্মুখী ভাবে গমনাগমন (swing) হয়, সবই শিবময় রূপে।

মুদ্রাবীর্য্য- মন্ত্র-বীর্য্য, যোগীর খেচরী অবস্থা।

'মে'

মেয়- প্রমেয় (object)।

'মো'

মোহ- মায়ার প্রভাবে শরীরকে নিজের (সত্ত্বা) ভাবা।

মোক্ষ- মুক্তি

'যো'

যোগ- i) কোনোকিছুর প্রাপ্তি, ii) পরমের সঙ্গে যোগ, iii) সমাধি- 'যুজি সমাধৌ', (পতঞ্জলি মতে) মানসিক বিকারের অবসান।

যোগিন্যহ- খেচরী, ভূচরী, দিকচরী, গোচরী ইত্যাদি শক্তি।

যোনি- i) গর্ভ, মূল, ii) স্বরবর্ণ ও ব্যঞ্জন বর্ণ (আট) মিলে নয় প্রকার। iii) শক্তি হল যোনি ও শিব হল বীজ। শক্তি চার প্রকার- অম্বা, জ্যেষ্ঠা, রৌদ্রী ও বামা, iv) মায়াশক্তি।

যোনিবর্গ- মায়া ও তার তত্ত্ব সমূহ (পুরুষ ও 25 প্রকৃতি)।

'র'

রজঃ- প্রকৃতির কর্ম, সচলতা ও অনৈক (disharmony)।

রবি- আক্ষরিক অর্থে সূর্য্য, অন্যথায় যোগ, প্রমাণ (জ্ঞান) ও প্রাণ দর্শনশাস্ত্রে।

'রা'

রাগ- মায়ার পঞ্চ কঞ্চুকের এক কঞ্চুক, অতি অনুরাগ।

'রু'

রুদ্র- কালাগ্নি, নিবৃত্তির সর্বনিম্ন স্তর।

'ল'

লয়- চেতনার আত্মস্থ করণ, বিলয় (dissolution)।

'লো'

লোক- বস্তুগত অস্তিত্বের স্তর।

'ব'

বর্গ- শ্রেণী, ক-বর্গ, চ-বর্গ ইত্যাদি।

বর্ণ- i) অক্ষর, ii) অনুধ্যানের বিষয় (object of concentration) যাকে আণবোপায়ে ধ্বনি বলা হয়; সুষুম্নায় অনাহত নাদ (unstruck sound)।

'বা'

বাচক- শব্দ, পদ যা বোধগম্য; বর্ণের মন্ত্র।

বাচ্য- বক্তব্য বিষয় (referent); কলা, তত্ত্ব, ভুবন।

বামা বা বামেশ্বরী- দৈবীশক্তি যা জগতকে প্রকাশিত করে সর্বোচ্চ তত্ত্ব শিব থেকে দ্বৈতরূপে একত্বের প্রতিরূপে (বাম- reverse from obverse)।

বাসনা- কর্মের, ধারণার স্বভাব (habit energy) যার বাস মনে।

বাহ- প্রণালী (channel), ধারা (flow); প্রাণের প্রবাহ ইড়া নাড়ীতে এবং অপানের প্রবাহ পিঙ্গলা নাড়ীতে উভয়ের মিলিত রূপ 'বাহ'।

'বি'

বিকল্প- বোঝার বৈচিত্র, ধারণার বৈচিত্র।

বিকল্প-ক্ষয়- বিকল্পের বিলোপ।

বিকল্পনম- মনে বিকল্পতার ধারণা।

বিকল্প (শুদ্ধ)- আমিই শিব এই অবিচলিত ধারণা।

বিগ্রহ- নির্দিষ্ট রূপ।

বিগ্রহী- দেহী

বিজ্ঞানাকল- পরম সাক্ষীর শুদ্ধবিদ্যার নিম্নস্থিত কিন্তু মায়ার উর্দ্ধস্থিত অবস্থা। কর্মমল এবং মায়ীয়মল থেকে মুক্ত কিন্তু আণবমল মুক্ত নয়।

বিদ্যা- i) শুদ্ধ বিদ্যা তত্ত্ব, ii) সহজ বিদ্যা, উন্মনা শক্তি, iii) সীমিত বিদ্যা।

বিমর্শ- পরম শিবে পূর্ণ সচেতনতা যার থেকে জ্ঞান ও ক্রিয়ায় এই জগৎ উদ্ভূত।

বিশ্ব- বিশ্বময়তা (বিশেষণ)।

বিশ্বাত্মক- বিশ্বে অন্তর্লীন (immanent)।

বিসর্গ- সৃজন (emanation)।

বিসর্গ ভূমি- উলম্ব দুটি বিন্দু, একটি হল সমাহিত শিব দ্বিতীয়টি তার শক্তি জগৎ প্রকাশ।

'ভে'

ভেদক- ভেদকারী সাক্ষী।

ভেদ্য- ভেদকৃত বিষয় (object)।

'ভৈ'

বৈখরী বা ভৈখরী- শক্তির প্রতিভূ স্থূল শব্দ।

'ব্য'

ব্যাপকত্ব- সর্বত্র বিস্তৃত।

ব্যামোহিততা- ব্যাপ্ত, বিস্মৃতি (delusion)।

ব্যুত্থান- আক্ষরিক অর্থে উদয়, অন্য অর্থে সমাধির পরে জাগরণ।

'শ'

শক্তি- i) শিবের ক্ষমতার প্রকাশ সৃষ্টি স্থিতি লয়ে; ii) স্পন্দের সৃষ্টি চেতনা।

শক্তিচক্র- সৃষ্টি অভিমুখী দ্বাদশ মহাকালী, শক্তি সমূহ, মন্ত্র সমূহ, খেচরী ইত্যাদি।

শক্তি তত্ত্ব- ইদম্ বা আনন্দের প্রকাশশক্তি, ছত্রিশ তত্ত্বের দ্বিতীয় তত্ত্ব।

শক্তিপঞ্চক- শক্তির পাঁচ ভূমি যথা, চিৎ, আনন্দ, ইচ্ছা, জ্ঞান ও ক্রিয়া।

শক্তিপাত- শক্তির অবতরণ যার মাধ্যমে ব্যক্তি পরম করুণাময়কে লাভ করে।

শক্তিমান- মহেশ্বর, শিব।

শব্দ- ধ্বনি, অক্ষর, পদ।

শব্দব্রহ্ম- বাস্তব জগতের কারণ, চিৎ-এর কম্পন।

শব্দ-রাশি- 'অ' থেকে 'ক্ষ' পর্যন্ত সমস্ত অক্ষর সমূহ।

'শা'

শাক্ত-উপায়- সর্বদা শিবের চিন্তন করে চেতনায় শুদ্ধতা লাভ।

শাম্ভব-উপায়- চৈতন্যে সহসা অবিকল্প শিবত্ব লাভ। এর অপর নাম শাম্ভব যোগ, ইচ্ছাযোগ বা ইচ্ছা-উপায়। শিবের কণামাত্র চিন্তনেও এই যোগ করা হয়।

'শি'

শিব- শুভ, ঐশ্বরিক জ্যোতি।

শিব (পরম)- অতীন্দ্রিয় ভগবৎ তত্ত্ব।

শিবতত্ত্ব- ছত্রিশ তত্ত্বের প্রথম তত্ত্ব আদিম উন্মেষ।

'শু'

শুদ্ধ অধ্বা- বাস্তব জগতের আবির্ভাবের পূর্বে শিব থেকে 'সদবিদ্যা' পর্যন্ত্য পাচঁ স্তরের তত্ত্ব।

শুদ্ধ বিকল্প- নিজেকে শিব মনে করা।

শুদ্ধবিদ্যা বা সদবিদ্যা- বাস্তব জগত তথা মায়ার কর্তৃত্বের পূর্বাবস্থা।

'শূ'

শূন্য (বৌদ্ধ)- যেখানে জ্ঞাতা, জ্ঞান ও জ্ঞেয়র কোনও তফাৎ বোধ নেই।

শূন্য (শৈব)- যে অবস্থায় বস্তুর নিরাকরণ, নিবৃত্তি হয় প্রলয়ে।

শূন্য (বেদান্ত)- বস্তু অসত্য, অস্বীকৃত।

শূন্য-প্রমাতা- সাক্ষী প্রলয়াকল শূন্য স্বরূপ।

'শৈ'

শৈব আগম-শৈবধর্মে দশ দ্বৈত শাস্ত্র, অষ্টাদশ দ্বৈতাদ্বৈত শাস্ত্র, চৌষট্টি অদ্বৈত শাস্ত্র।

'ষ'

ষড়ধ্বা, ষড় প্রকাশ- তিনটি সাময়িক (সীমিত) যথা, মন্ত্র, বর্ণ ও পদ; অপর তিনটি ব্যাপক যথা, কলা, ভুবন ও তাত্ত্বিক প্রকাশ।

ষড়ধ্বা বীজ- অক্ষর ঋ, ঋৃ, ঌ, ঌৢ, যার থেকে অন্য অক্ষরের প্রকাশ হয়।

ষষ্ঠ বক্ত্র- আক্ষরিক অর্থ মেঢ্র-কেন্দ্র বা উপস্থের মূলদেশ, মূলাধার।

'স'

সঙ্কোচ- সঙ্কুচন, সীমিতাবস্থা।

সন্ধান- আক্ষরিক অর্থ সংযোগ সাধন। অপর অর্থ অভিনিবেশের দ্বারা চেতনায় অন্তর্মুখী ও বহির্বিশ্বের সংশ্লেষ।

সংঘট্ট- মিলন, মানসিক সংযোগ।

সংবিদ- চেতনা, সচেতনতা (awareness)।

সম্বিদ দেবতা- খেচরী, ভূচরী ইত্যাদি বৃহৎ অর্থে (macrocosmic), ভাব বা অনুভূতি অর্থে (microcosmic) অন্তর ও বাহিরের অনুভূতি।

সংসার বা সংসৃষ্টি- নশ্বর জগৎ।

সংহারকৃত্য- শিবে লয়।

সংসারিন- সংসারী জীব।

সকল- জীব জগৎ।

সৎ- চিৎ-এর উপস্থিতি (conscious existence)।

সত্ত্ব (সত্তা)- জীবেজড়ে প্রকৃতি (the principle of being)।

সদবিদ্যা- শুদ্ধবিদ্যা

সদাশিব (সদাখ্য তত্ত্ব)- এই অবস্থায় হয় ইদমে অহমের ক্রিয়ার প্রকাশ।

সমনা- যখন শিবের উন্মনা শক্তি শূন্যের মাধ্যমে (থেকে) বিশ্বের প্রকাশ ঘটায় তখন প্রমাতা বা সৃষ্টির নিজ জ্ঞান (knowing self) থেকে সমনার উদয় হয় -'অশেষমন-মাত্র-রূপত্বাৎ-সমনা', অর্থাৎ সব সৃষ্টিতত্ত্বের উদয়।

সমরস- চেতনায় সমত্ব বা চেতনার অনুভব।

সমাধি- মানসিক সংহৃতি বা বিক্ষেপহীনতায় একীভূত করণ।

সমান- প্রাণ ও অপান বায়ুর মিলন।

সমাপত্তি- সমাধি (consummation)।

সমাবেশ- ভগবৎ আবেশে ব্যক্তি চেতনার ভগবৎ ভাবে নিমজ্জন।

সর্বকর্তৃত্ব- ক্ষমতার পরাকাষ্ঠা (omnipotence)।

সর্বজ্ঞত্ব- জ্ঞানের পরাকাষ্ঠা (omniscience)।

সবিকল্প জ্ঞান- মানসিক জ্ঞান (acquired knowledge)।

সহজ- অন্তর প্রকৃতি (innate essential knowledge)।

সহজ বিদ্যা- অন্তর প্রকৃতিতে উপলব্ধ জ্ঞান; যাকে 'উন্মনা'ও বলা হয় কারণ তা অন্তরে উদ্ভূত স্বচ্ছ (pure) জ্ঞান, শিবে ব্যাপ্ত মনের বিকার রহিত।

'সা'

সামরস্য- শিব ও শক্তির সম্মেলন (unison), দ্বৈতাদ্বৈতের একত্ব।

সাক্ষাদ উপায়- শাম্ভব উপায়।

সাক্ষাৎকার- প্রজ্ঞা লব্ধ নিজের মূল প্রকৃতির পরিচয়।

'সু'

সুগত- ভগবান বুদ্ধ।

সুপ্রবুদ্ধ- অতীন্দ্রিয় চেতনায় সদাজাগ্রত।

সুষুপ্তি- স্বপ্নহীন গভীর নিদ্রা।

সুষুপ্তি (সবেদ্য)- গভীর নিদ্রায় লাঘববোধ ও ইন্দ্রিয় বৃত্তির ক্ষীণতা।

সুষুপ্তি (অপবেদ্য)-গভীর নিদ্রায় সর্ব প্রবৃত্তির (objective conscience) নিবৃত্তি।

সূক্ষ্ম শরীর- অন্তরে স্থিত পুর্যষ্টক সমন্বিত দেহহীন ক্ষুদ্র শরীর।

'সূ'

সূর্য্য (প্রতীকী)- প্রাণ, প্রমাণ (জ্ঞান- knowledge), জ্ঞানশক্তি।

সূর্যনাড়ী- প্রাণের বাহক ইড়া নাড়ী।

'সো'

সোম (প্রতীকী)- প্রমেয় (প্রমাণের বিধেয়- অপান), প্রাণে জীবন ধারণ।

সোমনাড়ী- অপানের বাহক পিঙ্গলা নাড়ী।

'সৌ'

সৌগত- ভগবান বুদ্ধের মত ও পথ অনুসারী।

'স্থ'

স্থান কল্পনা- আণব উপায়ের এক পদ্ধতি, বহির্দেশে মনঃসংযোগ।

স্থিতিকৃত্য- উন্মেষ, অব্যাহত বিকাশ।

স্থূল ভূতম- স্থূল বস্তু (বায়ু, অগ্নি, দ্যুলোক-ether, জল ও পৃথ্বী)।

স্থূল শরীর- স্থূল দেহ।

'স্প'

স্পন্দ- অবিচল শিবে স্থিত কম্পন, শিবের স্বাতন্ত্র্য শক্তির হিল্লোল।

'স্ফ'

স্ফুরত্ত- কম্পন প্রসূত ঝলক (gleam), এবং স্বতন্ত্রতার উদ্ভাস।

'স্ব'

স্বতন্ত্র- স্বাধীন অতুল ইচ্ছা।

স্বচ্ছন্দ- সম্পূর্ণ স্বাধীন শিব।

স্বপ্ন- বিকল্প

স্বরূপ- মূল প্রকৃতি।

স্বরূপাপত্তি- ব্যক্তির স্বতন্ত্র স্বরূপের অনুভূতি লাভ।

স্বলক্ষণ- স্থানে ও সময়ে সীমিত বস্তু।

স্বসংবেদন- অন্তর্দৃষ্টিতে নিজেকে চেনা।

'স্বা'

স্বাচ্ছন্দ্য- পরমের স্বতন্ত্র স্বাধীনতা।

স্বাতন্ত্র্য- শক্তির স্বাধীনতা (বিমর্শ বা বিচার ক্ষমতা)।

স্বাত্ম-শকৃ- আত্মস্থ হওয়া (assimilate within self)।

'স্বে'

স্বেচ্ছা- শিব ও শক্তির স্বাতন্ত্রতা।

'হ'

হ- অতীন্দ্রিয় শক্তি।

হঠপাক- সাক্ষীর চেতনায় অনুভবের একত্রীকরণ (assimilation)।

'হৃ'

হৃদয়- আক্ষরিক অর্থ অন্তঃকরণ। চিৎ বা ব্যক্তির উন্মেষের মূল (central consciousness of experient)।

'হে'

হেতু- কারণ

হেতুমত- কারণ উদ্ভূত ফল বা কার্য।

'হ্র'

হ্রদ- আক্ষরিক অর্থ সরোবর। ভগবৎ চেতনা (supreme spiritual awareness) যা গভীর, অনন্ত, কলুষমুক্ত।

'হং'

হংস- আত্মা

হংসজপ- নাদ-কলার প্রতি সচেতনতা।

স্পন্দকারিকা গ্রন্থে উল্লেখিত সংস্কৃত শব্দাবলীর সন্ধান

.....